DER NEUE PAULY
Supplemente

Herausgeber:

Hubert Cancik
Manfred Landfester
Helmuth Schneider

DER NEUE PAULY
Supplemente Band 4

Manfred Landfester und Brigitte Egger (Hrsg.)

Rezeptions- und Wissenschaftsgeschichte

Register zu den Bänden 13–15/3
des Neuen Pauly

Verlag J. B. Metzler
Stuttgart · Weimar

Mitglieder der Redaktion:

Volker Dallmann
Susanne Fischer
Tina Jerke
Manuel Kramer
Dr. Anne Wittke

Bibliografische Information der Deutschen Bibliothek
Die Deutsche Bibliothek verzeichnet diese Publikation
in der Deutschen Nationalbibliografie;
detaillierte bibliografische Daten sind im Internet
über ⟨http://dnb.ddb.de⟩ abrufbar.

Gedruckt auf chlorfrei gebleichtem, säurefreiem und
alterungsbeständigem Papier

ISBN-13: 978-3-476-02051-2
ISBN-10: 3-476-02051-7

Dieses Werk einschließlich aller seiner Teile ist
urheberrechtlich geschützt. Jede Verwertung außerhalb
der engen Grenzen des Urheberrechtsgesetzes ist ohne
Zustimmung des Verlages unzulässig und strafbar.
Das gilt insbesondere für Vervielfältigungen, Übersetzungen, Mikroverfilmungen und die Einspeicherung
und Verarbeitung in elektronischen Systemen.

© 2005 J.B. Metzler'sche Verlagsbuchhandlung und
Carl Ernst Poeschel Verlag GmbH in Stuttgart

www.metzlerverlag.de
info@metzlerverlag.de

Einbandgestaltung: Willy Löffelhardt
Satz: pagina GmbH, Tübingen
Druck und Bindung: Ebner & Spiegel GmbH, Ulm
Printed in Germany
November 2005

Verlag J.B. Metzler Stuttgart · Weimar

Inhalt

Vorwort	VII
Benutzerhinweise	IX
Register:	
A. Personen	1
A.1. Mythologie und Religion	1
A.2. Antike	20
A.3. Mittelalter bis Gegenwart	77
B. Orte	257
C. Sachbegriffe	307

Vorwort

Im Unterschied zum altertumswissenschaftlichen Teil des *Neuen Pauly,* der eine hohe Stichwortdichte und vorwiegend kürzere Einträge aufweist, enthält der rezeptions- und wissenschaftsgeschichtliche Teil (RWG) eine begrenzte Anzahl an Lemmata von größerem Umfang, die eine nur grobe Systematisierung des rezeptionsgeschichtlichen Wissens zulassen und seine Vielfalt daher strukturell nur unzureichend abbilden. Der Verzicht auf Personenartikel hat diese Tendenz noch verstärkt. Mit den Bänden 13 bis 15/3 liegt jedoch eine einzigartige Schatzkammer vielfältigen rezeptionsgeschichtlichen Wissens zu Personen, Orten und Sachbegriffen vor, die jetzt durch ein mehrteiliges Register in seiner Fülle erschlossen wird.

Das Sachregister führt zum einen durch die Differenzierung der Sachbegriffe zu einer detaillierteren Systematisierung und besseren Auffindbarkeit der Inhalte, zum andern fördert es die Vernetzung der Artikel und Informationen. Das geographische Register hat eine ganz analoge Funktion: Die begrenzte Liste der lemmatisierten prominenten Orte wird durch eine Vielzahl zusätzlicher Ortsnamen erweitert, die ebenfalls rezeptionsgeschichtliche Bedeutung haben.

Von besonderem Wert sind die Personenregister, die zumindest für die herausragenden Figuren der Rezeptions- und Wissenschaftsgeschichte die in den fünf RWG-Bänden fehlenden Eigennamenartikel kompensieren. Die Personenregister – gesondert für die Antike und für die Zeit vom Mittelalter bis zur Gegenwart – spiegeln die beiden Aspekte der Rezeptionsgeschichte: die Wirkung der Antike und die Rezeption durch nachantike Personen. Das Register zur antiken Mythologie und Religion vermittelt einen Eindruck von der Wirkungsmächtigkeit des antiken Mythos.

Vollständigkeit bei der Erfassung der in den Texten genannten Personen und Orte ist nicht angestrebt worden. Nennungen, die nur Teil einer Aufzählung ohne Angabe individueller Leistungsmerkmale oder Charakteristika sind, bleiben unberücksichtigt.

Die Herausgeber

Hinweise zur Benutzung dieses Bandes

Band 4 der Supplement-Reihe enthält gesonderte Register zur Rezeptions- und Wissenschaftsgeschichte (RWG) des *Neuen Pauly*. Er erschließt (1) Eigennamen, (2) Ortsnamen und (3) Sachbegriffe zu Band 13 bis 15/3 in alphabetischer Form.

Nach dem Indexbegriff (und ggf. dessen Namensvarianten oder -alternativen in Klammern) sind die Fundstellen angegeben: Name des Artikels, Band, Spalte(n). Es wird empfohlen, auch den Kontext der genannten Fundstellen zu prüfen.

Die Diphthonge ä, ö und ü sind alphabetisch generell wie ae, oe, ue eingeordnet.

A. Personen

Die antiken Eigennamen sind in zwei Listen erfasst: »Personen der Antike« sowie »Mythologie und Religion«. Das Personenregister »Mittelalter bis Gegenwart« enthält Eigennamen der Rezeptions- und Wissenschaftsgeschichte, darunter auch Forschernamen. Die kursiv gesetzten Kurzdefinitionen sollen allein der leichteren Identifikation dienen; sie sind also nicht als essentielle Personenbestimmung intendiert.

Die Trennungslinie zwischen »antiken« und »nachantiken« Personen orientiert sich an der Konzeption des *Neuen Pauly*; sie liegt im Westen im 8. Jahrhundert, im Osten im 6. Jahrhundert. In Grenzfällen empfiehlt es sich, in beiden Listen nachzuschlagen.

Kompliziertere oder mehrteilige Namen sind in der Regel in der allgemein verwendeten Form aufgenommen. Bei antiken Namen ist dies häufig das Gentile, jedoch sind auch die im Deutschen üblichen Namensformen erfasst (Cicero, Äsop, Aelius Aristides). Die im *Pauly* lemmatisierte antike Namensform ist jeweils mit angegeben (Mark Anton, Marcus Antonius und Antonius [I 9]*), z.T. verkürzt; die vollständigen, korrekten antiken Personennamen sind vor Ort in Bd. 1–12 aufzufinden. Personen, die in den Bänden 1–12/2 mit einem eigenen Lemma geführt werden, sind mit Asterisk (*) gekennzeichnet; weiterführende Informationen können dort nachgelesen werden. Ziffern in eckigen Klammern (Beispiel: Gorgias [2]* von Leontinoi) beziehen sich auf die Numerierung von Homonymen. Datierungen vor Christus sind als solche gekennzeichnet; wo der Zusatz fehlt, handelt es sich um ein Datum nach Christus.

Auch bei Namen der Rezeptions- und Wissenschaftsgeschichte finden sich im Falle von Varianten, Pseudonymen und von komplexeren Formen Querverweise auf die registrierte Namensform. Dies gilt ebenso für Grenzfällen zwischen »Vornamen« und »Familiennamen« aus Mittelalter und Renaissance sowie für Transliterationen aus dem Griechischen, Arabischen usw. (Beispiel: Bulgares/Vulgaris). Auch hier empfiehlt es sich, unter verschiedenen Namensteilen bzw. -varianten nachzuschlagen.

B. Orte

Auch bei den geographischen Einträgen sind die antiken ebenso wie die gängigen modernen Namensformen aufgenommen, die in den Texten der Bände 13–15/3 auftreten (Abusir und Busiris [1]*; Trier und Augusta [6]* Treverorum). Querverweise vernetzen die zusammengehörigen Bezeichnungen. Zusätzlich dienen Länderkürzel (*Tü, Kre*) der Lokalisierung und Identifizierung des gesuchten Ortsnamens. Diese Kürzel beziehen sich auf die aktuelle geographisch-politische Lage, nicht auf ggf. wechselnde historische Länderzuordnungen.

Orte, denen in den Bänden 13–15/3 zur Rezeptions- und Wissenschaftsgeschichte ein eigener Artikel gewidmet ist, sind mit doppeltem Asterisk gekennzeichnet (**); weitergehende Informationen können dort nachgelesen werden. Ein einzelner Asterisk (*) verweist auf einen Artikel in den Bänden 1–12; Ziffern in eckigen Klammern nach dem Namen (Beispiel: Caesarea [2]* Maritima) beziehen sich auf die dortige Numerierung von Homonymen.

C. Sachbegriffe

In diesem Register sind nicht nur wesentliche Sachbegriffe erfasst, die in den Bänden 13–15/3 kein eigenes Lemma haben; zusätzlich werden die Lemmabegriffe mit den anderen Artikeln der Rezeptions- und Wissenschaftsgeschichte vernetzt sowie in untergeordnete Themen diversifiziert.

Indexbegriffe, die in den RWG-Bänden mit einem eigenen Artikel vertreten sind, sind mit doppeltem Asterisk gekennzeichnet (**); weitergehende Informationen können dort nachgelesen werden. Ein einzelner Asterisk (*) verweist auf einen Beitrag in den Bänden 1–12. Diese Markierungen können auch kombiniert auftreten. Werktitel sind in Anführungszeichen gefasst.

Die einzelnen Museen, Universitäten und nationalen Forschungsinstitutionen sind jeweils unter dem Oberbegriff »Museum«, »Universität« und »Nationale Forschungsinstitute« aufzufinden.

---

[1] Eine geographische Konkordanz antiker und moderner Ortsnamen sowie ein Register zur Lokalisierung von Ortsnamen in den Karten finden sich in Band 16 des *Neuen Pauly* (S. 162–242).

[2] Ein systematisches Sachregister der RWG-Artikel, geordnet nach Themengebieten, findet sich in Band 16 des *Neuen Pauly* (S. 73–81), ebenso Verzeichnisse der Karten und Abbildungen (S. 254–267).

A. Personen

A.1. Mythologie und Religion

Abkürzungen
* Lemma in den Bänden 1–12/2 (Antike)
[1] Homonymziffer in den Bänden 1–12/2 (Antike)

A

Aaron* *Bruder Moses*: Okkultismus 15/1, 1150; Triumphbogen 15/3, 589; Vasen/Vasenmalerei 15/3, 955

Abel: Orient-Rezeption 15/1, 1224

Abigail: Vasen/Vasenmalerei 15/3, 955

Abraham [1]* *der biblische Ptr.*: Allegorie 13, 84; Baalbek 13, 365; Babylon 13, 374; Geschichtsmodelle 14, 166f.; Interpretatio Christiana 14, 622; Jerusalem 14, 726; Okkultismus 15/1, 1159; Orient-Rezeption 15/1, 1224; Papyri, literarische 15/2, 76; Philosophia perennis 15/2, 333; Vasen/Vasenmalerei 15/3, 955; Wallfahrt 15/3, 1086; Zeitrechnung 15/3, 1182; 1184; 1187

Achilleus [1]* (Achill/Achilles) *Heros des griech. Mythos*: Denkmal 13, 741–742; Deutschland 13, 803; 816; 820; Ekphrasis 13, 941; Enzyklopädie 13, 972; Frankreich 14, 14; Georgien 14, 133ff.; Germanische Sprachen 14, 154; Homerische Frage 14, 513; Italien 14, 697; Kunsterwerb/Kunstraub 14, 1149; Lateinische Tragödie 15/1, 84; Moderne 15/1, 499; Mythologie 15/1, 635; Niederlande und Belgien 15/1, 1049–1050; Oratorium 15/1, 1188; Österreich 15/3, 1294; Papyri, literarische 15/2, 74; Park 15/2, 149; Preußen 15/2, 544; Rekonstruktion/Konstruktion 15/2, 659; Romantik 15/2, 976; Slowenien 15/3, 71; Spanien 15/3, 141; Sperlonga 15/3, 183f.; Thematologie/Stoff- und Motivforschung 15/3, 408; 410; Tragödie/Tragödientheorie 15/3, 538; Troja 15/3, 594–595; 599–601; 603; 616–617; Türkei 15/3, 667–668; United Kingdom 15/3, 781–782; 827; 831; United States of America 15/3, 872

Acontius → Akontios*

Actaeon → Aktaion*

Adam* *der biblische Urmensch*: Geschichtsmodelle 14, 165ff.; Gotik 14, 243; Griechisch 14, 303; Interpretatio Christiana 14, 622; Kabbala 14, 767; Matriarchat 15/1, 323; Melancholie 15/1, 378; Nacktheit in der Kunst 15/1, 650; Nobilitas 15/1, 1080; Philosophia perennis 15/2, 332–333; Politische Theorie 15/2, 421; Porträt 15/2, 498; Spanien 15/3, 130; Torso (Belvedere) 15/3, 516; Totengespräch 15/3, 522; Troja 15/3, 622; Typologie 15/3, 677; United Kingdom 15/3, 775

Admetos* *Teilnehmer am Argonautenzug*: Österreich 15/3, 1295; Spanien 15/3, 151

Adonis* *myth. Hirtenjüngling phönizischer Herkunft*: Barock 13, 406; Comics 13, 672; Gattung/Gattungstheorie 14, 92; Laokoongruppe 15/1, 14; Mythologie 15/1, 625; 635; Niederlande und Belgien 15/1, 1041; 1059; Park 15/2, 172; Spanien 15/3, 134; 136; United Kingdom 15/3, 805

Ägisth → Aigisthos*

Aegisthus → Aigisthos*

Aello* *Harpyie*: Moderne 15/1, 503

Aeneas* (Aineias*) *Sohn des Anchises und der Venus, sagenhafter Stammvater Roms*: Adaptation 13, 7–15; Allegorese 13, 78; 82; Altsprachlicher Unterricht 13, 124; Barock 13, 404–405; Deutschland 13, 783; Ekphrasis 13, 941; Enzyklopädie 13, 972; Epos 13, 1017; 1031; Frankreich 14, 13; 13f.; Gotik 14, 247; Imitatio 14, 574; Irland 14, 646; Italien 14, 695; Karthago 14, 849f.; Kunsterwerb/Kunstraub 14, 1148; Mythologie 15/1, 620; 625; Naturwissenschaften 15/1, 844; Niederlande und Belgien 15/1, 1042; 1047; 1051; 1060; Österreich 15/1, 1143; Park 15/2, 134; 154–155; Philhellenismus 15/2, 233; Rom 15/2, 875; 877; Sperlonga 15/3, 184; 187; Spiele 15/3, 192; Tanz 15/3, 363; Trajanssäule 15/3, 546; Troja 15/3, 596–597; 602; 617; 619; United Kingdom 15/3, 793; Vertonungen antiker Texte 15/3, 1021

Aeolus → Aiolos [2]*

Aesculapius* (Äskulap; vgl. Asklepios) *röm. Heilheros*: Deutschland 13, 774

Agamemnon* *König der Argeier in Mykenai*: Deutschland 13, 822; 825; Finnland 13, 1148; Frankreich 15/3, 1264; Griechische Tragödie 14, 320; Italien 14, 699f.; Lateinische Tragödie 15/1, 84; Mykene 15/1, 603; 605; Niederlande und Belgien 15/1, 1053; 1059; 1061; Revolution 15/2, 756; Slowenien 15/3, 71; Spanien 15/3, 142; 147

Agathos* *Daimon* (Agathodaimon) *Gute Gottheit, Segensgottheit*: Arabisch-islamisches Kulturgebiet 13, 164

Agenor [1]* *König in Sidon, Vater der Europa*: Europa 13, 1059

Aglaia [1]* *jüngste der Chariten*: Drei Grazien 13, 869; Musen 15/1, 567

Agnes *röm. Märtyrerin*: Typologie 15/3, 678

Ahriman* (Ahreman) *Gottheit im System Zoroasters und im Pantheon einiger Mithräen*: Zoroastres/ Zoroastrismus 15/3, 1231f.

Ahura* Mazdā (Ohrmazd) *persischer Gott*: Zoroastres/ Zoroastrismus 15/3, 1231f.

Aias [1]* (Aiax) *Heros vor Troia, Sohn des Telamon*: Philologie 15/2, 244; Samos 15/2, 1059; Slowenien 15/3, 72; Troja 15/3, 595; 601

Aias [2]* (Aiax) *Heros vor Troia, Sohn des Oileus*: Samos 15/2, 1059

Aietes* *König von Aia/Kolchis*: Georgien 14, 137

Aigisthos* (Ägisth/Aegisthus) *Sohn des Thyestes, Mörder des Agamemnon*: Frankreich 15/3, 1263; Italien 14, 700; Mykene 15/1, 603; United States of America 15/3, 878

Aineias* → Aeneas*

Aiolos [2]* (Aeolus) *Herrscher über die Winde*: Park 15/2, 132

Akontios* (Acontius) *Gatte der Kydippe*: Papyri, literarische 15/2, 72; Tschechien 15/3, 634

Aktaion* (Actaeon) *theban. Heros*: Barock 13, 406; Boston, Museum of Fine Arts 13, 535; Deutschland 13, 785; Frankreich 15/3, 1261; Italien 14, 673; Metamorphose 15/1, 395; 398; Niederlande und Belgien 15/1, 1040f.; 1054; 1057; Preußen 15/2, 543; United Kingdom 15/3, 806

Alceste → Alkestis*

Alcestis* → Alkestis*

Alekto* (Allechtu) *Erinnye*: Irland 14, 644

Alkestis* (Alcestis/Alceste) *Tochter des Pelias*: DDR 13, 693; 695; Deutschland 13, 819; Frankreich 14, 43; Frankreich 15/3, 1264; Griechische Tragödie 14, 322; Italien 14, 699f.; 707; Lateinische Tragödie 15/1, 85; Lettland 15/1, 125; Medien 15/1, 350; Mythologie 15/1, 629; Niederlande und Belgien 15/1, 1052; 1059; Oper 15/1, 1182; Österreich 15/3, 1295; Papyri, literarische 15/2, 76; Philologie 15/3, 1316; Preußen 15/2, 556; Spanien 15/3, 151; Theater 15/3, 399; United Kingdom 15/3, 818; 829; United States of America 15/3, 878–879; Vertonungen antiker Texte 15/3, 1021

Alkinoos [1]* *König der Phaiaken*: Italien 14, 704

Alkmene* (Alcmena) *Gattin des Amphitryon; von Zeus Mutter des Herakles*: Frankreich 15/3, 1263; Komödie 14, 1076; Philologie 15/2, 248

Allogenes* *Name des Seth als Sohn von Adam und Eva im Gnostizismus*: Philosophia perennis 15/2, 332

Amaltheia [1]* *kret. Nymphe*: Barock 13, 414

Amata* *Frau des Latinus, Mutter der Lavinia*: Niederlande und Belgien 15/1, 1051

Amazonen (Amazones*): Georgien 14, 138; Park 15/2, 129; 131; 163; 166; 169; Rom 15/2, 941

Ammon → Amun*

Amor* (Cupido; vgl. Eros) *Personifikation der Liebe*: Deutschland 13, 791; Erotica 13, 1041–1042; Festkultur/Trionfi 13, 1106–1107; Frankreich 14, 19–20; Gotik 14, 243; Historismus 14, 489; Italien 14, 708; Mythologie 15/1, 623; Niederlande und Belgien 15/1, 1038; Österreich 15/1, 1142; Park 15/2, 131; Polen 15/2, 400; Slowakei 15/3, 64; Vasen/Vasenmalerei 15/3, 955

Amphion [1]* *Sohn des Zeus und der Antiope*: Frankreich 15/3, 1261; 1272; Musik 15/1, 601–602; Niederlande und Belgien 15/1, 1042

Amphitrite* *Meergöttin und Herrin der Meerestiere*: Niederlande und Belgien 15/1, 1038

Amphitryon* (Amphitruo) *Gatte der Alkmene*: DDR 13, 692–693; Frankreich 14, 40; Frankreich 15/3, 1263; Komödie 14, 1072ff.; Lateinische Komödie 15/1, 66ff.; 77ff.; Mythologie 15/1, 628; Romantik 15/2, 976; Tschechien 15/3, 635; United Kingdom 15/3, 808

Amun* (Ammon) *Ammon, ägypt. Gott, mit Zeus gleichgesetzt*: Judentum 14, 766; New York, Metropolitan Museum 15/1, 963; United Kingdom 15/3, 777

Andromache* *Ehefrau Hektors*: Frankreich 14, 40; Italien 14, 694; 707; Mythologie 15/1, 629; Philologie 15/2, 248; Troja 15/3, 600–601

Andromeda* *Frau des Perseus*: Deutschland 13, 785; Finnland 13, 1149; Italien 14, 708; Mythologie 15/1, 625; 629; Niederlande und Belgien 15/1, 1041; 1054

Antaios* (Antaeus) *libyscher Riese, Sohn Poseidons*: Park 15/2, 154; Portugal 15/2, 525; Rom 15/2, 932; Uffizien, Florenz (Galleria degli Uffizi, Firenze) 15/3, 740; United Kingdom 15/3, 827

Antenor [1]* *Sohn des Hiketaon oder Aisyetes*: Troja 15/3, 619

Antigone [3]* *Tochter des Oidipus und seiner Mutter Iokaste*: DDR 13, 691–692; 695; Deutschland 13, 783; 813; 824–825; Estland 13, 1048; Frankreich 15/3, 1266; 1270; 1272; Griechische Tragödie 14, 318ff.; Italien 14, 693; 699f.; 710; Lettland 15/1, 125; Makedonien/Mazedonien 15/1, 279; Marxismus 15/1, 299; Medien 15/1, 350; Niederlande und Belgien 15/1, 1052; 1057–1058; 1061; Oper 15/1, 1184; Portugal 15/2, 525; Preußen 15/2, 556–557; Psychoanalyse 15/2, 595; 599; Slowakei 15/3, 67; Slowenien 15/3, 71; Spanien 15/3, 123; 145f.; Südafrika 15/3, 342; Theater 15/3, 400; Thematologie/Stoff- und Motivforschung 15/3, 410; Tragödie/ Tragödientheorie 15/3, 535; 538; Troja 15/3, 601; Tschechien 15/3, 635–637; 640–641; Türkei 15/3, 646; Ungarn 15/3, 753; United

Kingdom 15/3, 825; 830–831; United States of America 15/3, 863; Übersetzung 15/3, 733; Vertonungen antiker Texte 15/3, 1023; Vorsokratiker 15/3, 1069; Weißrußland 15/3, 1108

Antinoos [1]* (Antinous) zügellosester Freier der Penelope: Frankreich 15/3, 1266; Nacktheit in der Kunst 15/1, 655

Antiope [2]* Amazonenkönigin: DDR 13, 693

Anubis* ägypt. Gott mit Hundekopf: Park 15/2, 155

Aphaia* Göttin auf Aigina: Aigina 13, 27; 29–30; Bayern 13, 440; Denkmal 13, 743; Epochenbegriffe 13, 1003

Aphrodite* (vgl. Venus) griech. Göttin der Liebe und Sexualität: Athen 13, 297; DDR 13, 691; Deutschland 13, 819; 824; Erotica 13, 1041–1042; Estland 13, 1049; Film 13, 1133; Frankreich 14, 34; Frankreich 15/3, 1265; Gender Studies 14, 117; Gotik 14, 243; Italien 14, 718; Knidische Aphrodite 14, 981ff.; Medien 15/1, 354; Milet 15/1, 427; Mimesislegenden 15/1, 440; Moderne 15/1, 514; Mythologie 15/1, 619; Nacktheit in der Kunst 15/1, 649; Niederlande und Belgien 15/1, 1057; Orient-Rezeption 15/1, 1230; Pakistan/Gandhara-Kunst 15/2, 34; Rezeptionsformen 15/2, 760; Rhodos 15/3, 1324; 1329; Rom 15/2, 929; Samos 15/2, 1060; Sparta 15/3, 174; Theater 15/3, 401; Türkei 15/3, 667–668; United Kingdom 15/3, 829; United States of America 15/3, 864; Venus von Milo 15/3, 963; Werbung 15/3, 1126

Apis [1]* im ägypt. Kult verehrter Stier: Orient-Rezeption 15/1, 1196; 1199

Apollon* (Apoll/Apollo) griech. Gott der Heilkunst und Musik: Abguß/Abgußsammlung 13, 3; Aigina 13, 27; 29; Antikensammlung 13, 140; Apoll von Belvedere 13, 152ff.; 155; Apollinisch und dionysisch 13, 157ff.; Apotheose 13, 160; Athen 13, 296; 298; Barberinischer Faun 13, 393; Barock 13, 403; 407; 410; 412; Basel, Antikenmuseum und Sammlung Ludwig 13, 420; DDR 13, 691; 696; Delos 13, 703–704; Delphi 13, 716; 721; Demokratie 13, 732; Deutschland 13, 765; 774; 776; 788; 814; 821; Drei Grazien 13, 871; Druckwerke 13, 895; Ekphrasis 13, 942; Enzyklopädie 13, 972; Epochenbegriffe 13, 1003; Europa 13, 1059; Fälschung 13, 1075; Fin de siècle 13, 1143; Frankreich 14, 34; 43; 51; Frankreich 15/3, 1272; Herrscher 14, 375; Italien 14, 673; Kassel, Staatliche Kunstsammlungen Antikenabteilung 14, 862; 869; Knidos 14, 989ff.; Laokoongruppe 15/1, 9; Makedonien/Mazedonien 15/1, 278; Mannheim, Antikensaal und Antiquarium 15/1, 293; Matriarchat 15/1, 323; Metamorphose 15/1, 397; Moderne 15/1, 501; 503; 510; Musen 15/1, 564ff.; Musik 15/1, 602; München, Glyptothek und Antikensammlungen 15/1, 548; 550; Mythologie 15/1, 621; 632; Nacktheit in der Kunst 15/1, 655; Nationale Forschungsinstitute 15/1, 717–718; Nationale Forschungsinstitute 15/3, 1287; Niederlande und Belgien 15/1, 994–995; 1037; 1054; Nietzsche-Wilamowitz-Kontroverse 15/1, 1066; Numismatik 15/1, 1125; Onomastik 15/1, 1178; Österreich 15/1, 1141; Park 15/2, 125; 127; 130–131; 163; 168; Parnaß 15/2, 176ff.; Physiognomik 15/2, 356; Poetik 15/2, 390; Politische Theorie 15/2, 433; Porträt 15/2, 500; Portugal 15/2, 521; 525; Preußen 15/2, 543–545; 547; 549; Proportionslehre 15/2, 570; Revolution 15/2, 752; Rhodos 15/3, 1326; 1329; 1333; Rom 15/2, 865–866; 910; 914; 918; 932; 942; Rosse von San Marco/Quadriga 15/2, 989–990; Rußland 15/2, 1024; Sachbuch 15/2, 1032; Souvenir 15/3, 80; Spanien 15/3, 134; 137; Sparta 15/3, 165; Stil, Stilanalyse, Stilentwicklung 15/3, 293; Tanz 15/3, 359; 362; Terminologie 15/3, 387; Theater 15/3, 399; Torso (Belvedere) 15/3, 516; Türkei 15/3, 651; 666; 668; 673; United Kingdom 15/3, 782; United States of America 15/3, 854; 878; Vertonungen antiker Texte 15/3, 1021; Werbung 15/3, 1123; 1125; Wirtschaft und Gewerbe 15/3, 1143–1145

Apollonius* rex Tyri fiktiver König: United Kingdom 15/3, 771ff.

Apsyrtos [1]* Sohn des Aietes und der Idyia: Georgien 14, 137

Arachne* Weberin, von Athena in eine Spinne verwandelt: Metamorphose 15/1, 397; Mythologie 15/1, 611; Österreich 15/3, 1296; Spanien 15/3, 136

Ares* (vgl. Mars) griech. Kriegsgott: Athen 13, 296; Rom 15/2, 929; Slowenien 15/3, 72; Türkei 15/3, 675

Arethusa [7]* Nymphe: Niederlande und Belgien 15/1, 1056; Philologie 15/3, 1314; Psychoanalyse 15/2, 600

Argeia [2]* ältere Tochter des Adrastos und der Amphithea: Italien 14, 700

Argonauten (Argonautai*): Georgien 14, 137–138; Italien 14, 709; Papyri, literarische 15/2, 79; Slowenien 15/3, 71

Argos [I 5]* Wächter der in eine Kuh verwandelten Io: Mythologie 15/1, 635; Niederlande und Belgien 15/1, 1041

Ariadne* Tochter des Minos und der Pasiphaë oder der Krete: Deutschland 13, 819; Frankreich 15/3, 1260; 1270; Germanische Sprachen

14, 154; Historismus 14, 489; 497; Moderne 15/1, 501; Niederlande und Belgien 15/1, 1049; Oper 15/1, 1184; Park 15/2, 131; Rom 15/2, 865; 932; Rosse von San Marco/Quadriga 15/2, 990; Spanien 15/3, 140; Tanz 15/3, 361; United States of America 15/3, 854; Vertonungen antiker Texte 15/3, 1021

Artemis* (vgl. Diana) *griech. Göttin*: Aizanoi 13, 39; Boston, Museum of Fine Arts 13, 535; Delos 13, 714; Deutschland 13, 785; 816; Diana von Ephesus 13, 836; Eleusis 13, 951; Ephesos 13, 975–976; Kassel, Staatliche Kunstsammlungen Antikenabteilung 14, 862; Milet 15/1, 427; Nationale Forschungsinstitute 15/1, 704; 720; Paganismus 15/2, 22; Rezeptionsformen 15/2, 760; Samos 15/2, 1060; Türkei 15/3, 663; 667; 672–673; Weltwunder 15/3, 1110; 1112; 1114; Werbung 15/3, 1127

Ascanius → Iulus*

Askanios → Iulus*

Asklepios* (vgl. Aesculapius) *griech. Heilheros*: Arabisch-islamisches Kulturgebiet 13, 166; Inschriftenkunde, griechische 14, 606; Magie 15/1, 254; Orchomenos 15/1, 1190; Pergamon 15/2, 205–206; Rhodos 15/3, 1329; Wallfahrt 15/3, 1081; 1093

Assur [2]* *Stadtgott der gleichnamigen Stadt*: Deutsche Orient-Gesellschaft 13, 744

Astarte* *Göttin der Liebe, der Fruchtbarkeit und des Krieges*: Österreich 15/3, 1295

Asterion [2] → Minotauros*

Astyanax* *Sohn des Hektor und der Andromache*: Terminologie 15/3, 387

Atalante* (Atalanta) *Jungfrau und Jägerin*: Mythologie 15/1, 624; 627; United Kingdom 15/3, 816; Vertonungen antiker Texte 15/3, 1021

Athena*, Athene (vgl. Minerva) *griech. Gottheit*: Aigina 13, 29–30; Athen 13, 279; 288; 299; 301; Atlantis 13, 334; Boston, Museum of Fine Arts 13, 532; 535; Delphi 13, 716; Denkmal 13, 741; Deutschland 13, 824; Dresden, Staatliche Kunstsammlungen, Skulpturensammlung 13, 876; Frankfurt am Main, Liebieghaus – Museum alter Plastik 14, 2; Griechen-Römer-Antithese 14, 256; Kassel, Staatliche Kunstsammlungen Antikenabteilung 14, 862; Makedonien/Mazedonien 15/1, 278; Milet 15/1, 425; 428; Moderne 15/1, 505; Nationalsozialismus 15/1, 757; Neugriechische Literatur 15/1, 909; Norwegen 15/1, 1087; Numismatik 15/1, 1123; Parthenon 15/2, 189; Pergamon 15/2, 204; Priene 15/2, 559; 564; Rhodos 15/3, 1324; 1329; Rom 15/2, 923; 937; Romantik 15/2, 971; Spanien 15/3, 136; Sparta 15/3, 174; Troja 15/3, 602–603; 609; United States of America 15/3, 861; 869; Werbung 15/3, 1122

Atlas [2]* *riesenhafter Sohn des Titanen Iapetos*: Atlantis 13, 333; 335; Kartographie 14, 854; Paganismus 15/2, 24; Papyri, literarische 15/2, 75; Park 15/2, 131; Sport 15/3, 217; Stützfiguren/Erechtheionkoren 15/3, 327; 331; United States of America 15/3, 850

Atreus* *Stammvater des Atridenhauses*: Frankreich 14, 49; Irland 14, 644; Kretisch-Mykenische Archäologie 14, 1100; Mykene 15/1, 603–605; 607; 609

Attis* *Hirtenjunge des phryg. Mythos, verbunden mit Kybele*: Niederlande und Belgien 15/1, 1013; Südafrika 15/3, 343; Türkei 15/3, 667; 673

Augeias* (Augias) *Epeierkönig in der Ilias*: Estland 13, 1047; Medien 15/1, 349

Aurora* (vgl. Eos) *Göttin der Morgenröte*: Deutschland 13, 819; Moderne 15/1, 509; Rosse von San Marco/Quadriga 15/2, 989; Türkei 15/3, 647

Azan *Heros*: Aizanoi 13, 35

B

Baal* (Bel/Belos) *syr.-phöniz. Gottesappellativ*: Baalbek 13, 365

Bacchae → Mänaden*

Bacchus* (Bakchos; vgl. Dionysos) *Epiklese des Dionysos*: Apollinisch und dionysisch 13, 158; Baalbek 13, 366; 368; 370; Druckwerke 13, 895; Frankreich 15/3, 1260; 1270; Künstlerlegenden 14, 1128; Luxemburg 15/1, 239; Magie 15/1, 260; München, Glyptothek und Antikensammlungen 15/1, 550; Nobilitas 15/1, 1079; Park 15/2, 125; 130; 154; Parnaß 15/2, 177; 179; Preußen 15/2, 543; 549; Rezeptionsformen 15/2, 768; Rom 15/2, 912; Spanien 15/3, 136; 149; Südafrika 15/3, 343

Bakchai → Mänaden*

Bakchos → Bacchus*

Baubo* *Ureinwohnerin von Eleusis*: Psychoanalyse 15/2, 599

Baukis* (Baucis) *phryg. Frau, die Iuppiter und Merkur beherbergt*: Lettland 15/1, 124; Medien 15/1, 349–350; Park 15/2, 138; United Kingdom 15/3, 827

Bel → Baal*

Bellerophontes*, Bellerophon *Enkel des Sisyphos oder Sohn des Poseidon*: Deutschland 13, 788; 822; United States of America 15/3, 877

Bellona* *röm. Kriegsgöttin*: Paganismus 15/2, 23

Belos → Baal*

Briseis* *Kriegsgefangene des Achilleus*: Frankreich 15/3, 1271; Italien 14, 693; Niederlande und Belgien 15/1, 1050

Byblis* *Tochter des Miletos*: Park 15/2, 126

Byzas *Stadtgründer von Byzanz*: Geschichtswissenschaft/Geschichtsschreibung 14, 187

C

Cacus* *Monster in einer Höhle des Palatin oder Aventin*: Park 15/2, 154; Rom 15/2, 915–916; 918
Cadmus → Kadmos [1]*
Caelus*, **Caelum** *göttl. Personifikation des Himmels*: Mythologie 15/1, 614; 619
Calchas → Kalchas*
Calliope → Kalliope [1]*
Callisto → Kallisto*
Calypso → Kalypso*
Camena (vgl. Musen): Neulatein 15/1, 938
Canace → Kanake*
Cassandra → Kassandra*
Castor → Kastor [1]*
Cecrops → Kekrops*
Ceres* (vgl. Demeter) *ital. Göttin, mit Getreide und der Totenwelt verbunden*: Kunsterwerb/Kunstraub 14, 1150; Park 15/2, 131; Preußen 15/2, 543; Südafrika 15/3, 343; United States of America 15/3, 845
Ceyx → Keyx*
Charites* (Grazien/Gratiae) *Göttinnen, die Schönheit, Heiterkeit und Überfluß verkörpern*: Matriarchat 15/1, 326; Moderne 15/1, 504; 509; Musen 15/1, 567; Orchomenos 15/1, 1191; Park 15/2, 175; Rom 15/2, 864; Türkei 15/3, 675; Wirtschaftslehre 15/3, 1153
Charon [1]* *Fährmann der Unterwelt*: Moderne 15/1, 507; Totengespräch 15/3, 521
Charybdis*: Sperlonga 15/3, 184
Chimaira* (Chimaera): United States of America 15/3, 877
Chiron* *Kentaur*: United States of America 15/3, 876
Chloe *Geliebte des Daphnis [1]*: Frankreich 15/3, 1271; Tanz 15/3, 359; 363
Chloris [1]* *urspr. Name der Göttin Flora bei Ovid*: Historismus 14, 495
Chronos* *Personifikation der Zeit*: Torso (Belvedere) 15/3, 517
Circe → Kirke*
Clio → Klio*
Clytaemnestra → Klytaimestra*
Codrus → Kodros*
Concordia* *Personifikation und Vergöttlichung der Eintracht*: Rom 15/2, 886; 891
Cressida (Criseyde): Tragödie/Tragödientheorie 15/3, 539; Troja 15/3, 599–600; United Kingdom 15/3, 780
Criseyde → Cressida
Cronus → Kronos*
Cupido → Amor*
Cupido* (vgl. Amor) *Personifikation der sexuellen Liebe*: Deutschland 13, 791; Fälschung 13, 1071; Frankreich 14, 43; Mythologie 15/1, 623; 628; Roman 15/2, 947
Cybele → Kybele*
Cydippe → Kydippe [1]*

D

Daedalus → Daidalos [1]*
Dagon* *westsemit. Gott*: Orient-Rezeption 15/1, 1226
Daidalos [1]* (Daedalus) *myth. Handwerker, Bildhauer und Erfinder*: DDR 13, 694; Gotik 14, 248; Irland 14, 647; Kinder- und Jugendliteratur 14, 880; Mimesislegenden 15/1, 437; Moderne 15/1, 502; Niederlande und Belgien 15/1, 1059; Stil, Stilanalyse, Stilentwicklung 15/3, 289; United Kingdom 15/3, 806; United States of America 15/3, 873; 880
Damokles* *fiktiver Höfling des Dionysios I.*: Moderne 15/1, 509; Slowakei 15/3, 67
Danae* *Tochter des Akrisios, Geliebte des Zeus*: Deutschland 13, 821; 824; Erotica 13, 1042; Moderne 15/1, 505; Mythologie 15/1, 617; Oper 15/1, 1184
Daniel *at. Prophet*: Babylon 13, 372–373; Epochenbegriffe 13, 1013; Geschichtsmodelle 14, 160; 166ff.; Imperium 14, 579; Interpretatio Christiana 14, 623; Monarchie 15/1, 536; Naturwissenschaften 15/1, 849; Orient-Rezeption 15/1, 1211; Traumdeutung 15/3, 553; Tyrannis 15/3, 689
Daphne [2]* *Nymphe, in Lorbeer verwandelt*: Apoll von Belvedere 13, 155; Deutschland 13, 784; 819; 821; Druckwerke 13, 895; Historismus 14, 490; Italien 14, 673; Metamorphose 15/1, 395; 397; Mythologie 15/1, 621; Nationale Forschungsinstitute 15/1, 717; Oper 15/1, 1180; 1184; Polen 15/2, 400; Rezeptionsformen 15/2, 767; Spanien 15, 134; 148); Terminologie 15/3, 387; Theater 15/3, 399; Vertonungen antiker Texte 15/3, 1021
Daphnis [1]* *myth. Kuhhirte, Sohn des Hermes*: Frankreich 15/3, 1271; Orient-Rezeption 15/1, 1223; Roman 15/2, 944ff.; Rumänien 15/2, 1006; Tanz 15/3, 359; 363
Dardanos [1]* *Sohn des Zeus*: Troja 15/3, 599; 622
Dea Roma → Roma* (IV.)
Deianeira* *Frau des Herakles*: Frankreich 15/3, 1270; Moderne 15/1, 502; Niederlande und Belgien 15/1, 1038
Demeter* (vgl. Ceres) *griech. Göttin des Getreidebaus, des Frauenlebens und der Mysterien*: Deutschland 13, 819; 822; 824; 826; Eleusis 13, 947; Europa 13, 1059; Matriarchat 15/1, 323; 326; Milet 15/1, 426; Niederlande und Belgien 15/1, 1052; Österreich 15/3, 1296; Pergamon 15/2, 205; Priene 15/2, 562; Rhodos 15/3, 1329; Türkei 15/3, 663; 669; United States of America 15/3, 872–873
Diana* (vgl. Artemis) *ital. Göttin, Schützerin der Grenze zwischen ›Innen‹ und ›Draußen‹, Jägerin und Herrin der Tiere*: Barock 13, 406; 412; Deutschland

13, 782; 785; 788; Diana von Ephesus
13, 836ff.; Ephesos 13, 975; Frankreich 14, 20;
51; Historismus 14, 490; Italien 14, 673;
Karikatur 14, 800f.; Magie 15/1, 260;
Metamorphose 15/1, 395; Moderne 15/1, 501;
504–505; Mythologie 15/1, 621; 623;
Niederlande und Belgien 15/1, 1040; 1042; 1057;
1059; Ostia und Porto 15/1, 1249; 1251;
Paganismus 15/2, 20; 24; Park 15/2, 125; 128;
Philologie 15/3, 1319; Preußen 15/2, 543;
United Kingdom 15/3, 805; Vasen/
Vasenmalerei 15/3, 956; Verwandlungen/
Illustrationen von Ovid-Texten 15/3, 1033
Dido* (Elissa) *myth. Gründerin von Karthago*:
Adaptation 13, 9; 15; Gotik 14, 247; Historienmalerei 14, 433; Irland 14, 646; Italien
14, 694; 700; Karthago 14, 836; 839; 849ff.;
Lateinamerika 15/1, 41; Medien 15/1, 357;
Moderne 15/1, 501; Mythologie 15/1, 627;
Naturwissenschaften 15/1, 844; Niederlande und
Belgien 15/1, 1047; 1050; Österreich
15/1, 1143; Park 15/2, 126; 154; Preußen
15/2, 544; Spiele 15/3, 192; Tanz 15/3, 363;
Tragödie/Tragödientheorie 15/3, 540;
Übersetzung 15/3, 733; Vertonungen antiker
Texte 15/3, 1021–1022
Diomedes [1]* *kultisch verehrter Heros der Stadt Argos*:
Dioskuren vom Monte Cavallo 13, 864;
Niederlande und Belgien 15/1, 1057; Rom
15/2, 938; Sperlonga 15/3, 184; United
Kingdom 15/3, 806; Wirtschaftslehre 15/3, 1153
Dione* *griech. Göttin, viell. Zeus' urspr. Gattin*:
Mythologie 15/1, 619
Dionysos* (vgl. Bacchus) *griech. Gott des Theaters, des Weins und der Erotik*: Afrika 13, 24; Apollinisch
und dionysisch 13, 157ff.; Barberinischer Faun
13, 393; DDR 13, 694; Demokratie 13, 732;
Deutschland 13, 765; 814; 818–819; 826;
Festkultur/Trionfi 13, 1105; Fin de siècle
13, 1143; Frankreich 15/3, 1260; Griechische
Tragödie 14, 317ff.; Historismus 14, 497;
Hymnos 14, 569; Komödie 14, 1067; 1074f.;
Köln 14, 1037; 1041; Kulturanthropologie
14, 1139; Lateinamerika 15/1, 45;
Makedonien/Mazedonien 15/1, 278; Milet
15/1, 426; Musik 15/1, 602; Nationale
Forschungsinstitute 15/1, 666; Nationalsozialismus 15/1, 763; Niederlande und Belgien
15/1, 1053; 1058; Nietzsche-Wilamowitz-
Kontroverse 15/1, 1066f.; Nobilitas
15/1, 1079; Okkultismus 15/1, 1154; 1158;
Österreich 15/3, 1295; Paganismus 15/2, 19; 24;
28–29; Parnaß 15/2, 176; Pergamon 15/2, 204;
208; Poetik 15/2, 390; Politische Theorie
15/2, 433; Psychoanalyse 15/2, 592; Religion
und Literatur 15/2, 671ff.; 673ff.; Religionsgeschichte 15/2, 689; 693ff.; Rosse von San
Marco/Quadriga 15/2, 990; Rumänien
15/2, 1006; Samos 15/2, 1060; Spanien
15/3, 148; Tanz 15/3, 358; 360; 363; Tragödie/
Tragödientheorie 15/3, 533; Türkei 15/3, 659;
United Kingdom 15/3, 831; United States of
America 15/3, 879; Wagnerismus 15/3, 1078
Dioskuroi* (Dioskuren) *die göttl. Zwillinge Kastor und Polydeukes*: Moderne 15/1, 505; Nationalsozialismus 15/1, 760; Pakistan/Gandhara-Kunst
15/2, 34; Porträt 15/2, 499; Proportionslehre
15/2, 570; Rom 15/2, 886–888; 923; Souvenir
15/3, 80
Diotima* *Priesterin aus Mantineia, Lehrerin des Sokrates*: Romantik 15/2, 974; Spanien 15/3, 147

E
Echo [2]* *Personifikation*: Metamorphose 15/1, 397;
Niederlande und Belgien 15/1, 1060; Oper
15/1, 1182; Romantik 15/2, 976; Tschechien
15/3, 635
Eileithyia* *griech. Göttin der Schwangerschaft und Geburt*: Matriarchat 15/1, 326
Eirene [1]* (vgl. Pax) *Personifikation und Vergöttlichung des Friedens*: München, Glyptothek und Antikensammlungen 15/1, 548; Rom 15/2, 899; 938
Electra → Elektra [4]*
Elektra [4]* (Electra) *Tochter des Agamemnon und der Klytaimestra*: DDR 13, 693; Deutschland 13, 819;
822; 825; Film 13, 1136; 1139; Fin de siècle
13, 1144; Frankreich 15/3, 1262–1264;
Griechische Tragödie 14, 319ff.; Italien
14, 705; Lettland 15/1, 125; Medien
15/1, 350; Niederlande und Belgien 15/1, 1049;
1061; Oper 15/1, 1184; Österreich 15/3, 1294–
1295; Philologie 15/2, 244; Spanien 15/3, 124;
139; 142; 147; Südafrika 15/3, 342; Theater
15/3, 400; Tragödie/Tragödientheorie
15/3, 534–535; Tschechien 15/3, 640; Türkei
15/3, 646; Ungarn 15/3, 751; United States of
America 15/3, 870; Vertonungen antiker Texte
15/3, 1021
Elias [1]* *der Prophet Elia*: Wallfahrt 15/3, 1086
Endymion* *myth. König von Elis*: Niederlande und
Belgien 15/1, 1042f.; 1059; Romantik
15/2, 979; Tschechien 15/3, 635; United
Kingdom 15/3, 806
Enkelados* *Gigant*: Deutschland 13, 791; Park
15/2, 131; United States of America 15/3, 865
Enlil* *Stadtgott von Nippur*: Philadelphia, University
of Pennsylvania Museum of Archaeology and
Anthropology 15/2, 226
Enoch → Henoch*
Eos* (vgl. Aurora) *griech. Göttin der Morgenröte*: Rosse
von San Marco/Quadriga 15/2, 989

Epimenides* kret. religiöse Figur: Märchen 15/1, 252; Sparta 15/3, 176
Epona* kelt. Göttin der Pferde: Herrscher 14, 366
Erato [1]* eine der neun Musen: Musen 15/1, 569
Erichthonios [1]* Erdgeborener aus Athen: Numismatik 15/1, 1103
Erinys* Rachegöttin: Griechische Tragödie 14, 319ff.
Eros [1]* (vgl. Amor) Griech. Gott der sexuellen Liebe: Erotica 13, 1042; Mythologie 15/1, 619; Norwegen 15/1, 1087; Slowenien 15/3, 72; United States of America 15/3, 877
Esther* Hauptfigur des gleichnamigen at. Buches: Iranistik 14, 636; Italien 14, 693; Oratorium 15/1, 1187
Eteokles [1]* (Eteocles) Sohn des Oidipus und der Iokaste: Italien 14, 700; Park 15/2, 165
Eumeniden → Erinys
Euphrosyne* eine der Chariten: Drei Grazien 13, 869; Musen 15/1, 567
Europe [2]* (Europa) Geliebte des Zeus auf Kreta: Deutschland 13, 785; Ekphrasis 13, 941; Europa 13, 1059; 1062–1063; Moderne 15/1, 498; 505; 508; 512; 514; Orient-Rezeption 15/1, 1213
Eurydike [1]* (Eurydice) Frau des Orpheus: Dänemark 13, 678; DDR 13, 694; Deutschland 13, 819–820; Finnland 13, 1148; Frankreich 15/3, 1264; Musik 15/1, 602; Mythologie 15/1, 618; 623–624; Niederlande und Belgien 15/1, 1057–1058; Okkultismus 15/1, 1158ff.; Oper 15/1, 1180; 1182; Österreich 15/1, 1145; Portugal 15/2, 525; Spanien 15/3, 134; Tanz 15/3, 362–363; Theater 15/3, 399; United Kingdom 15/3, 773; 830; United States of America 15/3, 864; 872; 880; Vergina 15/3, 997; Vertonungen antiker Texte 15/3, 1021
Euterpe* Muse: Musen 15/1, 569
Eva die erste Frau: Gnosis 14, 228; Gotik 14, 243; Körperkultur 14, 1045: Nacktheit in der Kunst 15/1, 650; Nobilitas 15/1, 1080; Spanien 15/3, 130; Türkei 15/3, 667

F
Fama* Personifikation der öffentl. Rede: United Kingdom 15/3, 806
Faramundus myth. Großvater Merowechs trojanischer Abstammung: Troja 15/3, 619; 621
Faunus* röm. Gott des Draußen: Frankreich 15/3, 1261; 1271; Moderne 15/1, 501; München, Glyptothek und Antikensammlungen 15/1, 548; 550; Portugal 15/2, 525; Rom 15/2, 924; Spanien 15/3, 149; Tanz 15/3, 359; United States of America 15/3, 864
Faustulus* Ziehvater von Romulus und Remus: Rom 15/2, 911

Flora* röm. Göttin der Blüte: Deutschland 13, 819; Park 15/2, 169; Preußen 15/2, 543
Fortuna* röm. Göttin des Zufalls: Festkultur/Trionfi 13, 1106; Frankreich 14, 25; Klassizismus 14, 973; Österreich 15/1, 1144; Park 15/2, 173; Sport 15/3, 217; Stoizismus 15/3, 300; United Kingdom 15/3, 777
Francio eponymer Vorfahr der Franken trojanischer Abstammung: Troja 15/3, 618; 621–622
Friga pannonischer König trojanischer Abstammung, Vorfahr der Franken: Troja 15/3, 618

G
Gaia* (Gaea) Personifikation der Erde: Park 15/2, 165
Galateia [1]* (Galatea) Nereide: Bukolik/Idylle 13, 563; Historienmalerei 14, 429
Ganymedes [1]* (Ganymed) Mundschenk des Zeus: Erotica 13, 1042; Fälschung 13, 1075; Karikatur 14, 799; Medien 15/1, 350; Moderne 15/1, 509; Mythologie 15/1, 617; Niederlande und Belgien 15/1, 1052; Rom 15/2, 898; Sperlonga 15/3, 182ff.; Sturm und Drang 15/3, 340; Werbung 15/3, 1122
Georg Drachentöter: Triumphbogen 15/3, 589; United Kingdom 15/3, 806; Wallfahrt 15/3, 1088
Giganten*: Papyri, literarische 15/2, 80; Park 15/2, 131; Preußen 15/2, 545
Gilgamesch* Herrscher von Uruk: Altorientalische Philologie und Geschichte 13, 103; Babylon 13, 381; Orient-Rezeption 15/1, 1219; 1229–1231; Rezeptionsformen 15/2, 761
Glaukos [1]* Meerdämon: Südafrika 15/3, 342
Glaukos [4]* (Glaucus) Anführer der Lykier vor Troia: Wirtschaftslehre 15/3, 1153
Goliath: Wallfahrt 15/3, 1086
Gratiae → Charites*
Grazien → Charites*

H
Hades* Personifikation der Unterwelt: Comics 13, 672; Deutschland 13, 825; Moderne 15/1, 507; Neugriechische Literatur 15/1, 915; Türkei 15/3, 673; United Kingdom 15/3, 827
Ham* Sohn Noahs: Zoroastres/Zoroastrismus 15/3, 1230
Harmonia* Personifikation der Eintracht: Frankreich 14, 43
Hathor* menschen- oder kuhgestaltige ägypt. Göttin: Kairo, Ägyptisches Museum 14, 773
Hebe* Personifikation der Jugendschönheit: Bayern 13, 439
Hecale → Hekale [1]*
Hecate → Hekate*
Hector → Hektor*

Hecuba → Hekabe*
Hekabe* (Hecuba) *Gattin des Priamos*: Finnland 13, 1148; Italien 14, 707; Niederlande und Belgien 15/1, 989; 1049; Philologie 15/2, 244; Rumänien 15/2, 1006; Spanien 15/3, 140; Türkei 15/3, 646; United Kingdom 15/3, 824
Hekale [1]* (Hecale) *Att. Heroine, Gastgeberin des Theseus*: Papyri, literarische 15/2, 72
Hekate* (Hecate) *griech. Göttin, Geisterherrin*: Magie 15/1, 260; Moderne 15/1, 507
Hektor* (Hector) *Gegenspieler des Achilleus im Troian. Krieg*: Barock 13, 404; Epos 13, 1019; Frankreich 14, 14; 25; Frankreich 15/3, 1257; 1263; Georgien 14, 133; Italien 14, 694; 697; 707; Moderne 15/1, 501; Niederlande und Belgien 15/1, 1036; Terminologie 15/3, 387; Troja 15/3, 601–602; 619; United Kingdom 15/3, 774; 781; 831
Helene [1]* (Helena) *schöne Gattin des Menelaos*: Comics 13, 673; Deutschland 13, 820; Erotica 13, 1041; Frankreich 14, 18; Frankreich 15/3, 1262–1263; Gotik 14, 247; Italien 14, 693ff.; Lettland 15/1, 125; Medien 15/1, 349; Moderne 15/1, 499; Mythologie 15/1, 627; 631; Niederlande und Belgien 15/1, 1038; 1057–1058; Oper 15/1, 1182; 1184; Österreich 15/1, 1143; Park 15/2, 154; Spanien 15/3, 139; Troja 15/3, 596–597; 599; 601; Tschechien 15/3, 633; Türkei 15/3, 651; United Kingdom 15/3, 824; 826; 831; United States of America 15/3, 861–862; 872; 879; Verskunst 15/3, 1014
Helenos [1]* *einer der frühen großen Seher*: Sperlonga 15/3, 184
Heliopolitanus* *Hauptgott der Biqāʿ-Ebene*: Baalbek 13, 365ff.
Helios* (vgl. Sol) *griech. Sonnengott*: Rhodos 15/3, 1329; Rosse von San Marco/Quadriga 15/2, 989; Tschechien 15/3, 635; United States of America 15/3, 850; Weltwunder 15/3, 1110
Helle* *Tochter des Athamas und der Nephele*: Georgien 14, 137
Henoch* (Enoch) *biblischer Urvater*: Okkultismus 15/1, 1151; United Kingdom 15/3, 786
Hephaistos* (Hephaestus; vgl. Vulcanus) *griech. Gott des Feuers*: Athen 13, 291; Kunsterwerb/Kunstraub 14, 1148f.; Rhodos 15/3, 1331; Wirtschaftslehre 15/3, 1151
Hera* (vgl. Iuno) *griech. Göttin, Gattin des Zeus*: Delos 13, 709; Laokoongruppe 15/1, 14; Moderne 15/1, 503; Mythologie 15/1, 635; Mythos 15/1, 644; Nationale Forschungsinstitute 15/1, 699; Olympia 15/1, 1173; Paganismus 15/2, 21; Pergamon 15/2, 205; Samos 15/2, 1054ff.; Souvenir 15/3, 80; Sport 15/3, 213; Tiryns 15/3, 503

Herakles [1]* (Herkules; vgl. Hercules) *griech. Heros*: Abguß/Abgußsammlung 13, 4; Byzanz 13, 593; Comics 13, 672ff.; DDR 13, 691–694; Denkmal 13, 743; Deutschland 13, 774; 785; 788; 826; Dioskuren vom Monte Cavallo 13, 864; Estland 13, 1047; Film 13, 1136; Finnland 13, 1149; Herrscher 14, 375; Irland 14, 644; Karikatur 14, 801; Karolingische Renaissance 14, 823; Kinder- und Jugendliteratur 14, 880; Künstlerlegenden 14, 1128; Laokoongruppe 15/1, 14; Malibu, J. Paul Getty Museum 15/1, 287; Matriarchat 15/1, 327; Naturwissenschaften 15/1, 842; Neapel, Archäologisches Nationalmuseum (Museo Nazionale Archeologico, Napoli) 15/1, 874; Niederlande und Belgien 15/1, 1053; 1057; 1060; Nietzsche-Wilamowitz-Kontroverse 15/1, 1068; Pakistan/Gandhara-Kunst 15/2, 34; Panegyrik 15/2, 54; Papyri, literarische 15/2, 75; Preußen 15/2, 545; Rom 15/2, 911; 932; Sparta 15/3, 161; Südafrika 15/3, 343; Tiryns 15/3, 498; Torso (Belvedere) 15/3, 514; Tschechien 15/3, 633; 635; Türkei 15/3, 667; 674–675; Typologie 15/3, 678
Hercules* (Herkules; vgl. Herakles) *röm.-ital. Gott u.a. des Handels*: Abguß/Abgußsammlung 13, 3; Apotheose 13, 160; Baghdad, Iraq Museum 13, 384; Barock 13, 410; Comics 13, 672ff.; Denkmal 13, 742; Film 13, 1136; Frankreich 14, 51; Gotik 14, 243ff.; Herrscher 14, 394; Karikatur 14, 802; Lateinische Tragödie 15/1, 82; Medien 15/1, 349; 351; 354; 357–358; Moderne 15/1, 499–500; 502–503; 505; 511; Monarchie 15/1, 542; Mythologie 15/1, 618; 622; 624; 626; 631; Nacktheit in der Kunst 15/1, 651; Naturwissenschaften 15/1, 835; Niederlande und Belgien 15/1, 1038; Oratorium 15/2, 1187; Paganismus 15/2, 20; Park 15/2, 125; 127–128; 130–131; 153–154; 163; 165–166; Porträt 15/2, 500; Proportionslehre 15/2, 570; Revolution 15/2, 751f.; 755f.; Rezeptionsformen 15/2, 761; Rom 15/2, 912; 922; Spanien 15/3, 135f.; Theater 15/3, 397; Theaterbau/Theaterkulisse 15/3, 405; Torso (Belvedere) 15/3, 515–516; Trajanssäule 15/3, 549; Tschechien 15/3, 635; Uffizien, Florenz (Galleria degli Uffizi, Firenze) 15/3, 740; United Kingdom 15/3, 760; 826–827; United States of America 15/3, 878; Vergina 15/3, 992
Herkules → Herakles [1]*; → Hercules*
Hermaphroditos*: Metamorphose 15/1, 398
Hermes* (vgl. Mercurius) *griech. Gott der Hirten, Boten und der Mysterien*: Arabisch-islamisches Kulturgebiet 13, 164; 170; Delphi 13, 718; Irland 14, 647; Klassische Archäologie 14, 928; Magie 15/1, 257; München, Glyptothek und

Antikensammlungen 15/1, 550; Niederlande und Belgien 15/1, 1037; Okkultismus 15/1, 1147ff.; Olympia 15/1, 1171; Orient-Rezeption 15/1, 1195; Park 15/2, 155; Platonismus 15/2, 367; Rom 15/2, 865; 932; 942; Türkei 15/3, 667; 675; United Kingdom 15/3, 825; 827; Zoroastres/Zoroastrismus 15/3, 1230

Hermione* *Tochter des Menelaos und der Helene*: Niederlande und Belgien 15/1, 1060; Norwegen 15/1, 1086

Hero* *Aphroditepriesterin in Sestos, Geliebte des Leandros*: Österreich 15/1, 1141–1142; Slowakei 15/3, 68; Spanien 15/3, 123

Hesperiden* *Töchter der Nacht*: Moderne 15/1, 507; Park 15/2, 127–128

Hestia* (vgl. Vesta) *Göttin des Herdes*: Olympia 15/1, 1173

Hippolytos [1]* (Hippolytus) *Sohn des Theseus und einer Amazone*: Frankreich 14, 33; 40; Griechische Tragödie 14, 319; Park 15/2, 128; Philologie 15/2, 248; Preußen 15/2, 557; Psychoanalyse 15/2, 600; Spanien 15/3, 151; United States of America 15/3, 869–870; 872

Horai* (Horen) *Göttinnen des Zeitwechsels*: Klassik als Klassizismus 14, 896f.; Musen 15/1, 567

Horus* *ägypt. Falkengott*: Kairo, Ägyptisches Museum 14, 773; Magie 15/1, 258; Okkultismus 15/1, 1156

Hyacinthus → Hyakinthos [1]*

Hyakinthos [1]* (Hyacinthus/Hyazinth) *griech. Heros*: Erotica 13, 1042; Nacktheit in der Kunst 15/1, 655; Tschechien 15/3, 635; Vertonungen antiker Texte 15/3, 1021

Hyazinth → Hyakinthos [1]*

Hylas* *Heros von Kios*: Vasen/Vasenmalerei 15/3, 955

Hyperion* *Titan, Vater des Helios*: Brief, Briefliteratur 13, 543; Deutschland 13, 796; Romantik 15/2, 974; 981; Vorsokratiker 15/3, 1069

Hypnos* *Personifikation des Schlafes*: Sepulchralkunst 15/3, 20

I

Ianus* (Janus) *Gott des Durchgangs*: Krieg 14, 1113; Metamorphose 15/1, 396

Iason [1]* (Jason) *Anführer der Argonauten*: Apoll von Belvedere 13, 156; Dänemark 13, 677; Frankreich 14, 14; Georgien 14, 137; Historienmalerei 14, 431; Medien 15/1, 357–358; Mythologie 15/1, 623; Österreich 15/1, 1142; Spanien 15/3, 146: Troja 15/3, 599; United Kingdom 15/3, 781; 829

Icarus → Ikaros [1]*

Idomeneus [1]* *Anführer der kret. Truppen vor Troia*: Vertonungen antiker Texte 15/3, 1021

Ikaros [1]* (Icarus) *Sohn des Daidalos*: Comics 13, 672; DDR 13, 691; 694–697; Kinder- und Jugendliteratur 14, 880; Moderne 15/1, 501; 508; Mythologie 15/1, 626; 634; Niederlande und Belgien 15/1, 1042–1043; Tschechien 15/3, 633

Io* *Geliebte des Zeus*: Erotica 13, 1042; Film 13, 1136; Niederlande und Belgien 15/1, 1041

Iocasta → Iokaste*

Iokaste* (Iocasta) *Mutter und Gattin des Oidipus*: Griechische Tragödie 14, 318; Italien 14, 693; 699; 707; Niederlande und Belgien 15/1, 1058; 1060; Papyri, literarische 15/2, 74; Psychoanalyse 15/2, 594; Tanz 15/3, 361

Ion [1]* *Heros der Ionier*: École française d'Athènes 13, 910; Griechische Tragödie 14, 318ff.; Medien 15/1, 350; Österreich 15/1, 1142

Iphigeneia* (Iphigenie) *Tochter des Agamemnon und der Klytaimnestra*: Bildung 13, 512; DDR 13, 693; Deutschland 13, 802; 813; 822; Film 13, 1136; 1139; Lateinamerika 15/1, 44; Lettland 15/1, 125; Medien 15/1, 350; Moderne 15/1, 503–504; Mythologie 15/1, 629; Niederlande und Belgien 15/1, 989; 1049; Oper 15/1, 1182; Österreich 15/1, 1140; Tragödie/Tragödientheorie 15/3, 535; 541; Troja 15/3, 600; Tschechien 15/3, 636–637; 639; United States of America 15/3, 872; Übersetzung 15/3, 732; Vertonungen antiker Texte 15/3, 1021

Iphigeneia* (Iphigenie) *Tochter des Agamemnon und der Klytaimnestra*: Frankreich 14, 40; Griechische Tragödie 14, 318; Historismus 14, 489f.; Italien 14, 693; 698; Klassik als Klassizismus 14, 899

Iphis* *Heros*: Irland 14, 647

Isaak [1]* *Sohn Abrahams und Saras*: Interpretatio Christiana 14, 622; Metaphysik 15/1, 414; Papyri, literarische 15/2, 76; Romanik 15/2, 952; Theologie und Kirche des Christentums 15/3, 424

Isis* *Göttin aus Ägypten*: Diana von Ephesus 13, 836; 838ff.; 844; Eleusis 13, 951; Italien 14, 704; Magie 15/1, 261; Makedonien/Mazedonien 15/1, 278; Naturwissenschaften 15/1, 832; Okkultismus 15/1, 1150; 1154; 1156; 1158; Orient-Rezeption 15/1, 1195–1196; Paganismus 15/2, 22; Park 15/2, 129; 138; Pompeji 15/2, 473; Pompeji/Rezeption des freigelegten Pompeji in Literatur und Film 15/2, 491; Rezeptionsformen 15/2, 761; 766

Ismene [1]* *theban. Heroine*: Italien 14, 700

Ištar* (Ischtar) *semit. Göttin*: Deutsche Orient-Gesellschaft 13, 744; Magie 15/1, 260; Niederlande und Belgien 15/1, 1060; Rezeptionsformen 15/2, 765

Iulus* (Askanios/Ascanius) *Sohn des Aeneas, Ahnherr der röm. Gens Iulia*: Park 15/2, 154; Sperlonga 15/3, 187; Vertonungen antiker Texte 15/3, 1021
Iuno* (Juno; vgl. Hera) *wichtigste Göttin des röm. Pantheons*: Herrscher 14, 375; Mythologie 15/1, 614; 626–627; Niederlande und Belgien 15/1, 1041; Onomastik 15/1, 1178; Rom 15/2, 845; 856; 902
Iupiter → **Iuppiter***
Iuppiter* (Iupiter/Jupiter; vgl. Zeus) *höchster röm. Gott*: Apotheose 13, 160; Baalbek 13, 365ff.; Erotica 13, 1042; Europa 13, 1063; Fälschung 15/1, 1075; Festkultur/Trionfi 13, 1107; Film 13, 1136; Frankreich 15/3, 1262–1264; Herrscher 14, 370; 375ff.; 394; 398; Kunsterwerb/Kunstraub 14, 1149; Magie 15/1, 260; Mainz 15/1, 274; Moderne 15/1, 500–501; Musen 15/1, 568; Mythologie 15/1, 614; 617–618; 622; 627; Orient-Rezeption 15/1, 1213; Paganismus 15/2, 20; 24; Park 15/2, 132; 165; Preußen 15/2, 547; Religionsgeschichte 15/2, 696; Rom 15/2, 845; 902; 911–912; 915; 922; Sperlonga 15/3, 187; Staufische Renaissance 15/3, 275; United Kingdom 15/3, 788–789; 823; Weißrußland 15/3, 1109
Ixion* *König Thessaliens*: Mythologie 15/1, 627; Türkei 15/3, 675

J

Jahwe* *Eigenname des Gottes der Israeliten und Judäer*: Babylon 13, 380; Orient-Rezeption 15/1, 1231
Jakob [1]* *Sohn Isaaks und Rebekkas*: Naturwissenschaften 15/1, 832
Jakobus *Apostel*: Triumphbogen 15/3, 588; Wallfahrt 15/3, 1090
Janus → **Ianus***
Japhet(h) *Sohn Noahs*: Europa 13, 1060; Troja 15/3, 599; 621–622
Jason → **Iason [1]***
Jonas: Interpretatio Christiana 14, 622f.; Nacktheit in der Kunst 15/1, 650; Naturwissenschaften 15/1, 835; Orient-Rezeption 15/1, 1228; Typologie 15/3, 678
Josef *Pflegevater Jesu*: Totengespräch 15/3, 522
Josef* *Sohn Jakobs*: Deutschland 13, 822; Horoskope 14, 535; Naturwissenschaften 15/1, 835; Orient-Rezeption 15/1, 1194; 1229
Josua *Nachfolger des Moses*: Herrscher 14, 388; Interpretatio Christiana 14, 622; Konstantinopel 14, 1088; United Kingdom 15/3, 774
Judith* (Iudit) *Hauptfigur des gleichnamigen lat. Buches*: Italien 14, 693
Juno → **Iuno***
Jupiter → **Iuppiter***

K

Kadmos [1]* (Cadmus) *Sohn des Agenor und der Telephassa*: Frankreich 14, 43; Frankreich 15/3, 1261; Mythologie 15/1, 629; Oper 15/1, 1182; Religionsgeschichte 15/2, 683; Schriftwissenschaft 15/2, 1100
Kain: Orient-Rezeption 15/1, 1224
Kalchas* (Calchas) *Seher der Hellenen im Troian. Krieg*: United Kingdom 15/3, 780
Kalliope [1]* (Calliope) *eine Muse*: United Kingdom 15/3, 829
Kallisto* (Callisto) *arkad. Nymphe*: Deutschland 13, 785; Niederlande und Belgien 15/1, 1040f.; Vasen/Vasenmalerei 15/3, 956
Kalypso* (Calypso) *Geliebte des Odysseus*: Deutschland 13, 821; 827; Frankreich 15/3, 1265; Moderne 15/1, 497; Österreich 15/3, 1296; Park 15/2, 132
Kanake* (Canace) *Tochter des Aiolos und der Enarete*: Park 15/2, 126; Theater 15/3, 397
Kassandra* (Cassandra) *Seherin, Tochter des Priamos und der Hekabe*: Afrika 13, 25; Comics 13, 672; DDR 13, 690–691; 694; 696–697; Deutschland 13, 825; Historismus 14, 497; Italien 14, 707; Medien 15/1, 350; Moderne 15/1, 500; Mythologie 15/1, 627; 634; Spanien 15/3, 139f.; Troja 15/3, 602; United Kingdom 15/3, 806; 824; United States of America 15/3, 877
Kastor [1]* (Castor) *einer der Dioskuren*: Moderne 15/1, 502; Pakistan/Gandhara-Kunst 15/2, 34; Porträt 15/2, 499; Proportionslehre 15/2, 570; Rom 15/2, 886–888
Kekrops* (Cecrops) *myth. Urkönig Athens*: Humanismus 14, 549; Zeitrechnung 15/3, 1181
Kentauren* (Zentauren) *Mischwesen aus Mensch und Pferd*: Rom 15/2, 924; Slowakei 15/3, 64; Spanien 15/3, 149
Kephalos [1]* *athen. Heros*: Mythologie 15/1, 621; 623; 626; Nationale Forschungsinstitute 15/1, 657
Keret* (Kirta) *Protagonist eines ugaritischen Epos*: Orient-Rezeption 15/1, 1223
Keyx* (Ceyx) *König von Trachis*: Österreich 15/3, 1296
Kirke* (Circe) *Geliebte des Odysseus*: DDR 13, 691; 695; Epos 13, 1033; Georgien 14, 137; Metamorphose 15/1, 396; Niederlande und Belgien 15/1, 1042; 1060; Philologie 15/3, 1310; Roman 15/2, 947; United Kingdom 15/3, 829–830; United States of America 15/3, 872
Kirta → **Keret***
Kleito *Geliebte des Poseidon*: Atlantis 13, 334
Klio* (Clio) *Muse*: Musen 15/1, 567; 569; Mythologie 15/1, 632; 635; Preußen 15/2, 544; Werbung 15/3, 1127

Klytaimnestra* (Clytaemnestra; Klytaimestra) *Gattin des Agamemnon*: DDR 13, 693; Fin de siècle 13, 1144; Frankreich 15/3, 1257; 1264; Italien 14, 700; 707; Mykene 15/1, 603–604; 607; Spanien 15/3, 145ff.; Südafrika 15/3, 342; Tanz 15/3, 361

Kodros* (Codrus) *myth. König Athens*: Historienmalerei 14, 430

Kore [1]* (vgl. Persephone) *Göttin der Unterwelt*: United Kingdom 15/3, 827; United States of America 15/3, 880

Kreon [1]* *Regent und König von Theben*: Frankreich 15/3, 1263; Südafrika 15/3, 342

Krösus → Kroisos*

Kroisos* *lyd. König*: Numismatik 15/1, 1102; Wagnerismus 15/3, 1076; Zeitrechnung 15/3, 1167; 1178–1179

Kronos* (Cronus) *griech. vorolymp. Gott*: DDR 13, 694; Historismus 14, 490; Politische Theorie 15/2, 450; Sturm und Drang 15/3, 340

Kybele* (Cybele; vgl. Magna Mater) *Fruchtbarkeitsgöttin, Stadtbeschützerin, Prophetin und Heilende*: Aizanoi 13, 36; Mythologie 15/1, 614; Niederlande und Belgien 15/1, 1013; Numismatik 15/1, 1126; Okkultismus 15/1, 1154; Pantheon 15/2, 57; Pergamon 15/2, 206–207; Revolution 15/2, 751; Rezeptionsformen 15/2, 760; Südafrika 15/3, 343; Vergina 15/3, 995

Kydippe [1]* (Cydippe) *Frau des Akontios*: Papyri, literarische 15/2, 72; Tschechien 15/3, 634

L

Laios [1]* *myth. thebanischer König*: Italien 14, 709

Laocoon → Laokoon [1]*

Laokoon [1]* (Laocoon) *Troianer*: Abguß/ Abgußsammlung 13, 3; Antikensammlung 13, 140; Apoll von Belvedere 13, 152; Barock 13, 410; 412; DDR 13, 691; 693; 696; Deutschland 13, 798; Druckwerke 13, 895; Ekphrasis 13, 941; Epochenbegriffe 13, 1005; Finnland 13, 1149; Frankreich 14, 43; Karikatur 14, 799ff.; Klassische Archäologie 14, 903ff.; Kroatien 14, 1122; Laokoongruppe 15/1, 9ff.; Mannheim, Antikensaal und Antiquarium 15/1, 293; Park 15/2, 127; Physiognomik 15/2, 356–357; Poetik 15/2, 389; Preußen 15/2, 551; Proportionslehre 15/2, 570; Rom 15/2, 865–866; 932; Schweiz 15/2, 1141; Souvenir 15/3, 80; Spanien 15/3, 150; Sperlonga 15/3, 182ff.; Sturm und Drang 15/3, 339; United States of America 15/3, 866; Ut pictura poesis 15/3, 934; Warburg Institute, The 15/3, 1100; Wirtschaft und Gewerbe 15/3, 1143; Zeitrechnung 15/3, 1169

Laomedon [1]* *myth. König von Troia*: Troja 15/3, 599

Latona* (Leto) *Mutter von Apollo und Diana*: Park 15/2, 131

Lavinia [1]* *Tochter des Anios*: Adaptation 13, 9; Frankreich 14, 14

Lavinia [2]* *Tochter des Latinus und der Amata*: Adaptation 13, 9; Niederlande und Belgien 15/1, 1047; 1051

Leander (Leandros) *Geliebter der Hero**: Österreich 15/1, 1141–1142; Slowakei 15/3, 68; Spanien 15/3, 123

Leda* *Geliebte des Zeus*: Deutschland 13, 785; Erotica 13, 1042; Frankreich 15/3, 1262; Kroatien 14, 1122; Moderne 15/1, 498; 502–507; 509; Niederlande und Belgien 15/1, 1059; Rom 15/2, 914; Spanien 15/3, 148; United States of America 15/3, 872

Leto → Latona*

Liber*, Liberalia *ital.-röm. Gott der Natur, der Fruchtbarkeit und des Weins*: Parnaß 15/2, 177

Linos* (Linus) *Sohn des Apollon und einer Muse*: Park 15/2, 130

Lucifer [1] → Satan*

Lucretia [1]* (Lukrezia) *Gattin des Numa Pompilius*: Preußen 15/2, 543

Lucretia [2]* (Lukrezia) *Gattin des Collatinus*: Historienmalerei 14, 433; Italien 14, 692; Tragödie/Tragödientheorie 15/3, 538; Triumphbogen 15/3, 589

Lukrezia → Lucretia [2]*

Luna [1]* (vgl. Selene) *röm. Mondgöttin*: Rosse von San Marco/Quadriga 15/2, 989

Lykaon* *ältester myth. König Arkadiens*: Mythologie 15/1, 611

Lykomedes [1]* *König der Dolopes auf Skyros*: Park 15/2, 149

Lysistrate, Lysistrata *Komödienfigur*: Deutschland 13, 824; 826; Erotica 13, 1042; Lettland 15/1, 126; Medien 15/1, 350; Neugriechische Literatur 15/1, 913; Niederlande und Belgien 15/1, 1061; Türkei 15/3, 659; United Kingdom 15/3, 815; United States of America 15/3, 877; Weißrußland 15/3, 1109; Wirtschaft und Gewerbe 15/3, 1144; Zensur 15/3, 1196

M

Mänaden* (Bakchai/Bacchae; Mainades) *Begleiterinnen des Dionysos*: Griechische Tragödie 14, 321

Magna* Mater (vgl. Kybele) *die Göttin Kybele in Rom*: Rom 15/2, 915ff.

Maia [1]* *Tochter des Atlas [2] und der Pleione*: Italien 14, 705

Marduk* *Stadt- und Hauptgott Babylons*: Orient-Rezeption 15/1, 1229

Mars* (vgl. Ares) *röm. Kriegsgott*: Deutschland 13, 821; Herrscher 14, 373; Krieg 14, 1113; Moderne 15/1, 500; Mythologie 15/1, 627; 631; 635; Nationalsozialismus 15/1, 757; Naturwissenschaften 15/1, 844; Porträt 15/2, 500; Preußen 15/2, 547; Religionsgeschichte 15/2, 696; Rom 15/2, 897; 900–901; 923; 933; Torso (Belvedere) 15/3, 516; Zensur 15/3, 1196

Marsyas [1]* *phryg. Flußgott und Schutzgottheit von Kelainai*: DDR 13, 694; 696; Finnland 13, 1149; Niederlande und Belgien 15/1, 1037; Türkei 15/3, 658; 666–667; 673

Martha *Heilige*: Theorie/Praxis 15/3, 464–465

Medeia* (Medea) *Zauberin, Frau des Iason*: Dänemark 13, 678; DDR 13, 691; 693–694; Deutschland 13, 820; 824; 826–827; Film 13, 1136; Frankreich 14, 40; Frankreich 15/3, 1262; 1264; 1272; Georgien 14, 137–138; Griechische Tragödie 14, 319ff.; Historienmalerei 14, 431; Historismus 14, 490; Italien 14, 692; 704; 708ff.; Lateinische Tragödie 15/1, 82; Lettland 15/1, 125; Medien 15/1, 349; 351; Moderne 15/1, 503; Niederlande und Belgien 15/1, 1059–1061; Oper 15/1, 1183; Österreich 15/1, 1141f.; Philologie 15/2, 248; Preußen 15/2, 557; Slowenien 15/3, 71; Spanien 15/3, 140; 145ff.; Tanz 15/3, 361; 363; Thematologie/Stoff- und Motivforschung 15/3, 408; Tragödie/Tragödientheorie 15/3, 535; Troja 15/3, 599; Tschechien 15/3, 641; Türkei 15/3, 646; United Kingdom 15/3, 781; 825; 827; 832; United States of America 15/3, 869; 878

Medusa* *eine der drei Gorgonen*: Deutschland 13, 816; Kulturanthropologie 14, 1139; Moderne 15/1, 503; 506–507; Nationalsozialismus 15/1, 757; Psychoanalyse 15/2, 592; United Kingdom 15/3, 830; United States of America 15/3, 873; 878; Wirtschaft und Gewerbe 15/3, 1147

Melchisedech *at. König*: Vasen/Vasenmalerei 15/3, 955

Meleagros [1]* (Meleager) *Heros aus vortrojan. Zeit, Argonaut*: Frankfurt am Main, Liebieghaus – Museum alter Plastik 14, 1; Mythologie 15/1, 624

Melpomene* *Muse*: Musen 15/1, 569; Türkei 15/3, 668

Memnon [1]* *myth. König der Äthioper*: United States of America 15/3, 865

Menelaos [1]* *Herrscher von Sparta, Gatte der Helena*: Sperlonga 15/3, 183; Wirtschaftslehre 15/3, 1153

Mentor [2]* *Sohn des Alkimos, Gefährte des Odysseus*: Park 15/2, 132

Mercurius* (Merkur; vgl. Hermes) *röm. Gott, mit Hermes identifiziert*: Baalbek 13, 366; Drei Grazien 13, 871; Festkultur/Trionfi 13, 1108; Karikatur 14, 802; Kopenhagen 14, 1097; Magie 15/1, 260; Mainz 15/1, 264; Moderne 15/1, 498; 501; 507; Musen 15/1, 567; Mythologie 15/1, 620; Niederlande und Belgien 15/1, 1037; 1041; Okkultismus 15/1, 1159; Ottonische Renaissance 15/1, 1257; Park 15/2, 147; 155; Preußen 15/2, 543; Spiele 15/3, 192; United Kingdom 15/3, 789; Vasen/Vasenmalerei 15/3, 956; Werbung 15/3, 1127

Merkur → Mercurius*

Mescha *bibl. König*: Paris, Louvre 15/2, 122

Meter* *Name der Kybele*: Aizanoi 13, 36

Metis* *Göttin, Personifikation der Klugheit, erste Frau des Zeus*: United Kingdom 15/3, 806

Michael [1]* *Erzengel*: Wallfahrt 15/3, 1088–1089

Midas* *König von Phrygien*: Mythologie 15/1, 635; Numismatik 15/1, 1103; Tschechien 15/3, 633; Türkei 15/3, 651; 665

Minerva* (vgl. Athena) *ital.-etr. Gottheit*: Apotheose 13, 160; Deutschland 13, 788; Epos 13, 1033; Kassel, Staatliche Kunstsammlungen Antikenabteilung 14, 864; Menschenrechte 15/1, 390; Nationalsozialismus 15/1, 757; Niederlande und Belgien 15/1, 1041; Park 15/2, 153; Parthenon 15/2, 189; Souvenir 15/3, 80; Tempel/Tempelfassade 15/3, 374; Theorie/Praxis 15/3, 466; United States of America 15/3, 844; Venus von Milo 15/3, 967

Minos* *myth. König von Kreta*: Europa 13, 1059; Knossos 14, 1001; Kretisch-Mykenische Archäologie 14, 1100; Laokoongruppe 15/1, 13; Mythologie 15/1, 624; Niederlande und Belgien 15/1, 1051

Minotauros* (Asterion [2]): Frankreich 15/3, 1264; Irland 14, 644; Kretisch-Mykenische Archäologie 14, 1100; Moderne 15/1, 501–502; 512–513; Orchomenos 15/1, 1188; 1190; Spanien 15/3, 148; Südafrika 15/3, 343; Tanz 15/3, 363; United Kingdom 15/3, 766

Mithras* *ind.-pers. Gottheit, röm. Mysteriengott*: Armenien 13, 269; Mainz 15/1, 267; Moderne 15/1, 510; Naturwissenschaften 15/1, 832; Okkultismus 15/1, 1154; Religionsgeschichte 15/2, 693

Mnemosyne* *Göttin der Erinnerung*: Mnemonik/Mnemotechnik 15/1, 479; Musen 15/1, 565; 568; Parnaß 15/2, 185

Moses*, **Mose** *Mose [1] Anführer der Israeliten und Überbringer der Zehn Gebote*: Baalbek 13, 365; Ehe 13, 924; Geschichtsmodelle 14, 166; Herrscher 14, 388; Interpretatio Christiana 14, 621ff.; Judentum 14, 766; Mythologie 15/1, 618; Nacktheit in der Kunst 15/1, 649; Okkultismus 15/1, 1149–1150; 1155; 1158–1159; Orient-Rezeption 15/1, 1194; 1198; Park

15/2, 155; Philosophia perennis 15/2, 332–333; 337; Platonismus 15/2, 364; Sparta 15/3, 157; Triumphbogen 15/3, 588; United States of America 15/3, 837; Vasen/Vasenmalerei 15/3, 955
Musagetes* *Beiname des Apollon*: Musen 15/1, 568; Musik 15/1, 602
Musen*: Luxemburg 15/1, 235; Makkaronische Dichtung 15/1, 283; Melancholie 15/1, 382; Mnemonik/Mnemotechnik 15/1, 479; Moderne 15/1, 508; Musen 15/1, 564ff.; Musik 15/1, 602; Neulatein 15/1, 938–939; Niederlande und Belgien 15/1, 995; 1042; Nietzsche-Wilamowitz-Kontroverse 15/1, 1067; Okkultismus 15/1, 1161; Österreich 15/1, 1141; Papyri, literarische 15/2, 75; Park 15/2, 125; 127; 130; 149; 163; 168–169; Parnaß 15/2, 177ff.; Poeta Vates 15/2, 378; Portugal 15/2, 521; Preußen 15/2, 544; Serbien 15/3, 32
Myrrha* *kyprische Königstochter*: Metamorphose 15/1, 400

N
Narcissus → Narkissos*
Narkissos* (Narcissus/Narziß): Deutschland 13, 785; Erotica 13, 1042; Frankreich 14, 15; 19; Frankreich 15/3, 1261; 1270; Metamorphose 15/1, 396; Moderne 15/1, 506; Musen 15/1, 568; Mythologie 15/1, 620; 626; Nacktheit in der Kunst 15/1, 655; Niederlande und Belgien 15/1, 1059; Oper 15/1, 1182; Österreich 15/3, 1294; Portugal 15/2, 525; Psychoanalyse 15/2, 592; Romantik 15/2, 976; United States of America 15/3, 865
Narziß → Narkissos*
Nausikaa* (Nausicaa) *Tochter des Phaiakenkönigspaars*: DDR 13, 693; Deutschland 13, 825; Portugal 15/2, 525
Nemesis* *Göttin und Personifikation der Vergeltung*: Deutschland 13, 824; United Kingdom 15/3, 806; United States of America 15/3, 876
Neptunus* (vgl. Poseidon) *röm. Gott des Meeres*: Apotheose 13, 160; Luxemburg 15/1, 239; Mythologie 15/1, 614; Niederlande und Belgien 15/1, 994; 1038; Porträt 15/2, 500; Preußen 15/2, 543; Torso (Belvedere) 15/3, 516
Nereiden*: Polen 15/2, 400
Nessos* *Kentaur*: Moderne 15/1, 499; 502
Nestor [1]* *Sohn des Neleus*: Troja 15/3, 601
Nike* (vgl. Victoria) *griech. Personifikation/Göttin des Sieges*: Athen 13, 302; Deutschland 13, 819; Mode 15/1, 491; Moderne 15/1, 509; Nationalsozialismus 15/1, 759–760; Olympia 15/1, 1171; Paris, Louvre 15/2, 109;

Rekonstruktion/Konstruktion 15/2, 658; Werbung 15/3, 1127; Wirtschaft und Gewerbe 15/3, 1146–1147
Nimrod* *Jäger, Herrscher von Babylon, Uruk und Akkad*: Babylon 13, 373–374; 376; 379; Epochenbegriffe 13, 997; Orient-Rezeption 15/1, 1223–1225; Zoroastres/Zoroastrismus 15/3, 1229–1230
Ninos [1]* (Ninus) *Begründer des assyr. Reiches*: Babylon 13, 373; 379; Orient-Rezeption 15/1, 1223; 1225; Trier 15/3, 562; Zoroastres/Zoroastrismus 15/3, 1230
Niobe* (Nioba) *Tochter des Tantalos*: DDR 13, 693; Deutschland 13, 824; Metamorphose 15/1, 395; Mimesislegenden 15/1, 440; Papyri, literarische 15/2, 79; Türkei 15/3, 673; United States of America 15/3, 853
Niobiden → Niobe
Noah* *Hauptfigur der Sintflutgeschichte*: Druiden 13, 901; Etruskologie 13, 1055; Europa 13, 1060; Geschichtsmodelle 14, 166f.; Interpretatio Christiana 14, 623; Porträtgalerie 15/2, 504; Troja 15/3, 599; 621–622
Numa* *Pompilius zweiter König Roms nach Romulus*: DDR 13, 692
Nut* *ägypt. Himmelsgöttin*: Magie 15/1, 259
Nymphen*: Park 15/2, 125; 130–131; 171–172; 175; Parnaß 15/2, 176; 180

O
Odysseus* (vgl. Ulixes) *König von Ithaka*: Afrika 13, 24; Altertumskunde (Humanismus bis 1800) 13, 94; Armenien 13, 272; DDR 13, 691; 693; 695; Deutschland 13, 820–821; 825–827; Enzyklopädie 13, 970; Epos 13, 1033–1034; Film 13, 1134; Frankreich 15/3, 1257; 1263; 1265–1266; Georgien 14, 133f.; Interpretatio Christiana 14, 623; Irland 14, 644; 647; Italien 14, 670; 698; 704ff.; Karolingische Renaissance 14, 822; Kartographie 14, 854; Kinder- und Jugendliteratur 14, 879ff.; Klassizismus 14, 973; Medien 15/1, 350–351; 357; Moderne 15/1, 497–500; 507–509; Musik 15/1, 602; Mythos 15/1, 645; Neugriechische Literatur 15/1, 916; Niederlande und Belgien 15/1, 1041; 1048; 1058; Onomastik 15/1, 1178; Oratorium 15/1, 1188; Österreich 15/1, 1138; Papyri, literarische 15/2, 75; Park 15/2, 132; Portugal 15/2, 525f.; Slowenien 15/3, 71; Spanien 15/3, 144; Sperlonga 15/3, 183ff.; Südafrika 15/3, 342; Totengespräch 15/3, 520; Tragödie/Tragödientheorie 15/3, 538; Troja 15/3, 601; 618; Tschechien 15/3, 633; 637; Ungarn 15/3, 753; United Kingdom 15/3, 782; 818; 824; 827; 830–831; United States of America

15/3, 871; 880; Utopie 15/3, 936;
Vertonungen antiker Texte 15/3, 1021
Oedipus → Oidipus*
Ogmios* *kelt. Gott*: Herrscher 14, 375
Ohrmazd → Ahura* Mazdā
Oidipus* (Oedipus) *Zentralfigur des theban. Sagenkreises*: École française d'Athènes 13, 910; Afrika 13, 24–25; Bayern 13, 442; Dänemark 13, 678; DDR 13, 691–696; Deutschland 13, 820; 824; 826–827; Diana von Ephesus 13, 837; Estland 13, 1049; Film 13, 1136; Frankreich 14, 13; 40; 49; Frankreich 15/3, 1262–1264; 1266; 1272; Griechische Tragödie 14, 318ff.; Irland 14, 644; 647; Italien 14, 693; 698ff.; 707ff.; Lebendiges Latein 15/1, 95; Lettland 15/1, 125; Medien 15/1, 350; Moderne 15/1, 501; 509; Mythologie 15/1, 630; Niederlande und Belgien 15/1, 1049; 1055; 1058; 1060–1061; Norwegen 15/1, 1086; Oper 15/1, 1180; 1184; Oratorium 15/1, 1188; Orient-Rezeption 15/1, 1197; Österreich 15/3, 1294; 1297; Papyri, literarische 15/2, 74; Philologie 15/2, 244; Preußen 15/2, 557; Psychoanalyse 15/2, 588ff.; Religion und Literatur 15/2, 676; Revolution 15/2, 755; Romantik 15/2, 976; Rumänien 15/2, 1006; Spanien 15/3, 118; 124; 146ff.; Strukturalismus 15/3, 322; Tanz 15/3, 363; Theater 15/3, 397; 400–401; Theaterbau/Theaterkulisse 15/3, 405; Tragödie/Tragödientheorie 15/3, 534–536; Tschechien 15/3, 635–636; 641; Türkei 15/3, 646; Ungarn 15/3, 753; United Kingdom 15/3, 817; 825; 831; United States of America 15/3, 865; 870; 879; Übersetzung 15/3, 733; Vertonungen antiker Texte 15/3, 1021; 1023
Omphale* *Königin der Lyder*: DDR 13, 692; 695; Deutschland 13, 785; Matriarchat 15/1, 327; Spanien 15/3, 136; Torso (Belvedere) 15/3, 516
Orestes [1]* (Orest) *Sohn des Agamemnon und der Klytaimestra*: Afrika 13, 25; Deutschland 13, 819–821; 823; Frankreich 15/3, 1264; Griechische Tragödie 14, 319ff.; Italien 14, 699f.; 709; Lateinische Tragödie 15/1, 83; Matriarchat 15/1, 327; Moderne 15/1, 503; Mythologie 15/1, 630; Niederlande und Belgien 15/1, 1061; Oratorium 15/1, 1187; Philologie 15/2, 244; Romanik 15/2, 952; Slowenien 15/3, 71; Südafrika 15/3, 342; Thematologie/Stoff- und Motivforschung 15/3, 408; Typologie 15/3, 678; United Kingdom 15/3, 818; 831–832; United States of America 15/3, 865; 878
Orion [1]* *riesenhafter Jäger*: Moderne 15/1, 508
Orpheus* *Sänger aus Thrakien*: Allegorese 13, 79; Apoll von Belvedere 13, 155; Apollinisch und dionysisch 13, 158; Dänemark 13, 678; DDR 13, 691; 693–694; Deutschland 13, 774; 791; 819–820; 824–825; Finnland 13, 1148; Frankreich 15/3, 1262–1264; 1268; Georgien 14, 138; Italien 14, 684; 700; 707; Kabbala 14, 768; Künstlerlegenden 14, 1130; Lateinische Tragödie 15/1, 84; Lyrik 15/1, 250; Magie 15/1, 258; Moderne 15/1, 499; 504; 508; Musik 15/1, 601–602; Mythologie 15/1, 618; 622–624; Mythos 15/1, 645; Niederlande und Belgien 15/1, 1053; 1055–1060; Okkultismus 15/1, 1151; 1158ff.; Oper 15/1, 1180; 1182; Orient-Rezeption 15/1, 1223; Österreich 15/1, 1145; Österreich 15/3, 1296; Park 15/2, 129–130; 155; Platonismus 15/2, 367; Portugal 15/2, 525; Religionsgeschichte 15/2, 689; 695; Rezeptionsformen 15/2, 767; Romantik 15/2, 985; Slowenien 15/3, 71; Spanien 15/3, 133f.; Tanz 15/3, 362–363; Theater 15/3, 399; Tschechien 15/3, 635; Türkei 15/3, 659; Typologie 15/3, 678; United Kingdom 15/3, 773; 806; 829–830; United States of America 15/3, 864; 878; 880; Vertonungen antiker Texte 15/3, 1021–1022; Wagnerismus 15/3, 1078
Osiris* *ägypt. Gott des Jenseits*: Diana von Ephesus 13, 839; Okkultismus 15/1, 1154; 1156–1158; Orient-Rezeption 15/1, 1195; Park 15/2, 138
Othea*: Frankreich 14, 25; Gotik 14, 247

P

Palamedes [1]* *Sohn des Nauplios und der Klymene*: Niederlande und Belgien 15/1, 1049
Pallas [3]* *Beiname der Athene*: Moderne 15/1, 505; Mythologie 15/1, 626; Nationalsozialismus 15/1, 757
Pan* *arkad. Hirtengott*: DDR 13, 691; Frankreich 14, 20; Frankreich 15/3, 1261; Italien 14, 705; Kinder- und Jugendliteratur 14, 881; Moderne 15/1, 510; Musik 15/1, 601–602; Mythologie 15/1, 635; Niederlande und Belgien 15/1, 1052; 1058; Park 15/2, 125; Spanien 15/3, 136
Pandora* *Urfrau*: Moderne 15/1, 508; Sozialismus 15/3, 96; Vasen/Vasenmalerei 15/3, 955
Parcae* (Parzen): Musen 15/1, 567; Spanien 15/3, 137
Paris* *Sohn des Priamos und der Hekabe, Entführer der Helene*: Barberinischer Faun 13, 393; Dänemark 13, 678; DDR 13, 691; 696–697; Erotica 13, 1041; Frankreich 14, 18; 38; Gotik 14, 247; Historismus 14, 489; Italien 14, 700; Moderne 15/1, 499; 505; 510; Mythologie 15/1, 626; Nationalsozialismus 15/1, 757; Niederlande und Belgien 15/1, 1041; Oper 15/1, 1182; Troja 15/3, 599; Tschechien

15/3, 635; United Kingdom 15/3, 781; United States of America 15/3, 880; Venus von Milo 15/3, 967; Vertonungen antiker Texte 15/3, 1021
Parthenos [1]* (vgl. Athena) Götterepitheton v.a. Athenes: Athen 13, 299; Boston, Museum of Fine Arts 13, 532; Denkmal 13, 741; Nationalsozialismus 15/1, 757
Parzen → Parcae*
Pasiphaë* Gattin des Minos, Mutter des Minotaurus: Frankreich 15/3, 1264; Mimesislegenden 15/1, 437; Moderne 15/1, 502
Patroklos [1]* (Patroclus) Gefährte des Achilleus: Papyri, literarische 15/2, 79; Sperlonga 15/3, 183; Troja 15/3, 603; United Kingdom 15/3, 782
Pax [2]* (vgl. Eirene) röm. Personifikation des Friedens: Rom 15/2, 899
Pegasos [1]* (Pegasus) geflügeltes Zauberpferd: Park 15/2, 128–130; 175; Parnaß 15/2, 177ff.; Romantik 15/2, 978
Peleus* Vater des Achilleus: Rom 15/2, 938
Pelias* myth. König von Iolkos: Papyri, literarische 15/2, 79
Pelops [1]* Sohn des Tantalos: Tschechien 15/3, 633
Penates* (Di Penates; (Penaten): Werbung 15/3, 1127
Penelope* Gattin des Odysseus: Deutschland 13, 824; Frankreich 15/3, 1266; 1270; Italien 14, 710; Medien 15/1, 350; Moderne 15/1, 497; 500; 504; 510; Niederlande und Belgien 15/1, 1041; Portugal 15/2, 526; Psychoanalyse 15/2, 598; Spanien 15/3, 144; United Kingdom 15/3, 830; United States of America 15/3, 880; Weißrußland 15/3, 1109
Penthesileia* (Penthesilea) Amazone: Medien 15/1, 352; Moderne 15/1, 502; Romantik 15/2, 976; Tragödie/Tragödientheorie 15/3, 541; Troja 15/3, 601; Türkei 15/3, 668
Pentheus* Sohn des Sparten Echion und der Agaue: Niederlande und Belgien 15/1, 1060; Religion und Literatur 15/2, 671; United Kingdom 15/3, 806; 831
Persephone*, Kore (vgl. Proserpina) griech. Göttin des Wachstums und der Unterwelt: Frankreich 15/3, 1262; 1272; Historismus 14, 497; Kinder- und Jugendliteratur 14, 880; Klassische Archäologie 14, 947; Matriarchat 15/1, 326; Niederlande und Belgien 15/1, 1052; 1060; Türkei 15/3, 650; 673; United Kingdom 15/3, 829–830; United States of America 15/3, 873; Vasen/Vasenmalerei 15/3, 956; Vergina 15/3, 998
Perseus [1]* Sohn der Danae und des Zeus, argiv. Heros: Apoll von Belvedere 13, 156; Deutschland 13, 821; Historismus 14, 490; Italien 14, 708; Moderne 15/1, 500; 504; 506; Mythologie 15/1, 625; Niederlande und Belgien 15/1, 1041;

1054; Österreich 15/1, 1138; Philologie 15/3, 1310; United Kingdom 15/3, 806; United States of America 15/3, 877
Phaedra → Phaidra*
Phaëthon [1]* Epitheton des Sonnengottes Helios: Tschechien 15/3, 635
Phaëthon [3]* glückloser Fahrer von Helios' Sonnenwagen: Deutschland 13, 788; 796; Estland 13, 1049; Mythologie 15/1, 611; 626; Niederlande und Belgien 15/1, 1050
Phaidra* (Phaedra) zweite Gattin des Theseus: Frankreich 14, 40; Italien 14, 704ff.; Lateinische Komödie 15/1, 70; Lateinische Tragödie 15/1, 84; Lettland 15/1, 125; Mythologie 15/1, 628–629; Niederlande und Belgien 15/1, 1049; 1060; Spanien 15/3, 140ff.; Tanz 15/3, 361; United States of America 15/3, 870; 878
Phaon [1]* Fährmann aus Lesbos, Geliebter der Sappho: Italien 14, 701
Philemon [1]* Gemahl der Baukis: Lettland 15/1, 124; Medien 15/1, 349–350; Park 15/2, 138; United Kingdom 15/3, 827
Philoktetes* (Philoctetes/Philoktet) thessal. Heros: Comics 13, 672; DDR 13, 690; 692; Deutschland 13, 825; Frankreich 15/3, 1262; Griechische Tragödie 14, 321; Niederlande und Belgien 15/1, 1059; Sperlonga 15/3, 184; Türkei 15/3, 646; United Kingdom 15/3, 825; 831
Philomele*, Philomela Tochter des Pandion, Schwester der Prokne: Metamorphose 15/1, 397; Mythologie 15/1, 624; United Kingdom 15/3, 826; United States of America 15/3, 877
Phoinix [1]* (Phoenix) myth. König von Sidon oder Tyros: Europa 13, 1059; Papyri, literarische 15/2, 80
Phrixos* Sohn des Athamas und der Nephele, Bruder der Helle: Georgien 14, 137
Phyllis [1]* eponyme Heroine der Landschaft am unteren Strymon: Park 15/2, 126
Pluton* (Pluto) Alternativbezeichnung für Hades, griech. und röm. Gottheit: Deutschland 13, 822; Horoskope 14, 537f.; Moderne 15/1, 499; Mythologie 15/1, 614; Park 15/2, 165
Plutos* Personifikation des (agrar.) Reichtums: Spanien 15/3, 119
Polydeukes [1]* einer der spartan. Dioskuren, Bruder von Kastor: Pakistan/Gandhara-Kunst 15/2, 34; Porträt 15/2, 499; Proportionslehre 15/2, 570; Rom 15/2, 886–888
Polyhymnia* Muse: Musen 15/1, 569
Polyneikes* (Polyneices) Sohn des Oidipus: Italien 14, 699f.
Polyphemos [2]* (Polyphem) Kyklop: Griechische Tragödie 14, 319; Italien 14, 718; Park

15/2, 130; Rezeptionsformen 15/2, 765; Sperlonga 15/3, 183f.

Polyxene* (Polyxena) *Tochter des Priamos*: Frankreich 14, 14; Italien 14, 697; Niederlande und Belgien 15/1, 1049; Troja 15/3, 599–600

Pomona* *röm. Göttin der Früchte*: Festkultur/Trionfi 13, 1107; Moderne 15/1, 504; Niederlande und Belgien 15/1, 1041; Tschechien 15/3, 633–634

Poseidon* (vgl. Neptunus) *griech. Gott des Meeres*: Atlantis 13, 334–335; Deutschland 13, 820; Griechen-Römer-Antithese 14, 256; Kopenhagen 14, 1097; Laokoongruppe 15/1, 9; Modell/Korkmodell 15/1, 495; Paganismus 15/2, 21; Türkei 15/3, 663; United Kingdom 15/3, 823

Priamos* (Priamus) *König von Troia*: Georgien 14, 133; Porträtgalerie 15/2, 504; Troja 15/3, 597; 599; 601–602; 604; 619; 622

Priapos* (Priapus) *Gott der Fruchtbarkeit und der Sexualität*: Erotica 13, 1041; Park 15/2, 125; 164; 172; Zensur 15/3, 1196

Procne → Prokne*

Procris → Prokris*

Prokne* (Procne) *Mutter des Itys*: Lateinische Tragödie 15/1, 84; Märchen 15/1, 253; Metamorphose 15/1, 397; Mythologie 15/1, 611; 624; Niederlande und Belgien 15/1, 1049

Prokris* (Procris) *Jägerin und Gattin des Kephalos*: Mythologie 15/1, 621; 623

Prometheus* *griech. Heros und Kulturbringer*: Bildung 13, 508; Comics 13, 672; Dänemark 13, 677; DDR 13, 691; 693–694; Deutschland 13, 820–821; 824; 827; Estland 13, 1049; Frankreich 15/3, 1259; 1265; 1270; Georgien 14, 138; Griechische Tragödie 14, 321; Italien 14, 708; Karikatur 14, 801; Kinder- und Jugendliteratur 14, 880; Künstlerlegenden 14, 1130; Lateinamerika 15/1, 46; Lettland 15/1, 125; Medien 15/1, 349–350; Moderne 15/1, 502; 507; 512; Musik 15/1, 602; Neugriechische Literatur 15/1, 909; Niederlande und Belgien 15/1, 1057; Norwegen 15/1, 1087; Österreich 15/3, 1296–1297; Paganismus 15/2, 24; Papyri, literarische 15/2, 77; Philologie 15/2, 244; Polen 15/2, 396; Portugal 15/2, 525; Psychoanalyse 15/2, 592; Romantik 15/2, 979; 981; Slowenien 15/3, 71; Sturm und Drang 15/3, 340; Tanz 15/3, 363; Theater 15/3, 401; Thematologie/Stoff- und Motivforschung 15/3, 410; Tschechien 15/3, 633; 635; 641; Türkei 15/3, 647; United Kingdom 15/3, 825; 827; United States of America 15/3, 863; 865; 876; 879; Übersetzung 15/3, 737; Weißrußland 15/3, 1108

Proserpina* (vgl. Persephone) *röm.*: Druckwerke 13, 895; Herrscher 14, 366; Historismus 14, 490; Irland 14, 646; Karolingische Renaissance 14, 822; Laokoongruppe 15/1, 14; Sepulchralkunst 15/3, 17; United States of America 15/3, 876; Zeitrechnung 15/3, 1191

Protesilaos* *Freier der Helena, Troiakämpfer*: Norwegen 15/1, 1086

Proteus* *griech. Meergott*: Frankreich 15/3, 1263; Metamorphose 15/1, 396

Psyche [1]* *Geliebte des Amor, Personifikation der Seele*: Erotica 13, 1041; Frankreich 14, 43; Historismus 14, 489; Italien 14, 704; 708; Kroatien 14, 1122; Mythologie 15/1, 623; 628–629; Niederlande und Belgien 15/1, 1054; Oratorium 15/1, 1188; Österreich 15/1, 1142; Portugal 15/2, 525; Roman 15/2, 947; Slowakei 15/3, 64; Vasen/Vasenmalerei 15/3, 955–956

Pygmalion [1]* *König von Tyros, Bruder der Dido*: Deutschland 13, 822

Pygmalion [2]* *Großvater des Adonis*: Frankreich 14, 19; Historismus 14, 490; Moderne 15/1, 503; Romantik 15/2, 976; Spanien 15/3, 139; 151; Tschechien 15/3, 635; United Kingdom 15/3, 818

Pylades [1]* *Freund des Orestes*: Frankreich 15/3, 1264; Oratorium 15/1, 1187; Typologie 15/3, 678

Pyramos [2]* *Pyramos und Thisbe, myth. Liebespaar*: Adaptation 13, 10; Frankreich 14, 18; 25; Lateinamerika 15/1, 23; Metamorphose 15/1, 395; Mythologie 15/1, 620; 624; 626–627; United Kingdom 15/3, 791

Q

Quirinus [1]* *röm. Gott*: Religionsgeschichte 15/2, 696

R

Rebekka: Theologie und Kirche des Christentums 15/3, 424; Vasen/Vasenmalerei 15/3, 955

Remus* *Zwillingsbruder von Romulus*: Herrscher 14, 393; Historienmalerei 14, 432; Rom 15/2, 911

Rhadamanthys* *Unterweltsrichter*: Europa 13, 1059

Roma* (IV.) (Dea Roma) *Personifikation der röm. Macht*: Athen 13, 299; Herrscher 14, 381ff.; Park 15/2, 128; Rom 15/2, 873; 873ff.; Tempel/Tempelfassade 15/3, 374f.

Romulus [1]* *legendärer Stadtgründer Roms*: Geschichtswissenschaft/Geschichtsschreibung 14, 202; Herrscher 14, 365; 393; Historienmalerei 14, 432; Inschriftenkunde, griechische 14, 593; Nobilitas 15/1, 1079; Rom 15/2, 875; 911; 914; 916; 918; Sozialismus 15/3, 96; Zeitrechnung 15/3, 1182

S

Sabazios* *kleinasiat. Gott*: Niederlande und Belgien 15/1, 1013; Rom 15/2, 906
Salambo* *babylon. Göttin*: Schlachtorte 15/2, 1084
Salmakis* (Salmacis) *Quelle und dazugehörige Nymphe in Karien*: Metamorphose 15/1, 397; Mythologie 15/1, 627
Samson: Orient-Rezeption 15/1, 1220; United Kingdom 15/3, 775
Sarapis → Serapis*
Sarpedon [1]* *Sohn des Zeus und der Laodameia [1]*.: Europa 13, 1059
Satan* (Lucifer [1]/Teufel) *»Der Widersacher«*: Tyrannis 15/3, 688; United Kingdom 15/3, 782; United States of America 15/3, 865; Wagnerismus 15/3, 1075
Saturnus* (Saturn) *röm. Gott der Unterwelt, des Reichtums und Ackerbaus*: Frankreich 14, 19; Moderne 15/1, 500; Mythologie 15/1, 614; 622; Nobilitas 15/1, 1079; Okkultismus 15/1, 1156; Rom 15/2, 881; 883; 891; Spanien 15/3, 137; Staufische Renaissance 15/3, 275; Torso (Belvedere) 15/3, 517; United Kingdom 15/3, 789
Satyr* *Mischwesen aus dem Gefolge des Dionysos*: Park 15/2, 130–131; Rom 15/2, 937; Satire 15/2, 1068; Spanien 15/3, 149; Stützfiguren/Erechtheionkoren 15/3, 331
Scilla → Skylla*
Sebastian *Märtyrer*: Frankreich 15/3, 1271; Triumphbogen 15/3, 589
Selene* (vgl. Luna) *weiblich gedachter griech. Mond*: Parthenon 15/2, 193
Semele* *Tochter des Kadmos*: Oratorium 15/1, 1187; Orient-Rezeption 15/1, 1213; United Kingdom 15/3, 830; Vertonungen antiker Texte 15/3, 1021
Serapis* (Sarapis) *ägypt. Stiergott*: Antikensammlung 13, 139; Delos 13, 704; Papyrologie 15/2, 94; Türkei 15/3, 673
Seth* *ägypt. Kultgottheit*: Philosophia perennis 15/2, 332
Sibylle* *inspirierte Seherin*: Herrscher 14, 399; Niederlande und Belgien 15/1, 1037; 1059; Rumänien 15/2, 1006
Silvius* *Sohn der Lavinia [2] und des Aeneas*: Park 15/2, 154
Sirenen*: Frankreich 15/3, 1261; 1271; Moderne 15/1, 508; Musen 15/1, 564; Musik 15/1, 602; Mythologie 15/1, 635; Mythos 15/1, 645; Österreich 15/3, 1296; Park 15/2, 132; Spanien 15/3, 137; 139
Sisyphos* (Sysiphus) *Betrüger und Büßer in der Unterwelt*: DDR 13, 691; 694; 697; Deutschland 13, 825; Frankreich 15/3, 1264; Moderne 15/1, 512; Mythologie 15/1, 631; Norwegen 15/1, 1086; Psychoanalyse 15/2, 594; Totengespräch 15/3, 520; Tschechien 15/3, 633; United Kingdom 15/3, 830
Skylla [1]* (Scylla) *Meeresungeheuer*: Italien 14, 718; Karolingische Renaissance 14, 822; Moderne 15/1, 504; Sperlonga 15/3, 183f.; Türkei 15/3, 666
Skylla [2]* (Scylla/Scilla) *Tochter des Nisos*: Niederlande und Belgien 15/1, 1051; Rom 15/2, 898
Sol* (vgl. Helios) *röm. Sonnengott*: Deutschland 13, 765; 774; Paganismus 15/2, 20; Parnaß 15/2, 181; Rosse von San Marco/Quadriga 15/2, 989
Sphinx*: Psychoanalyse 15/2, 594; Revolution 15/2, 755
Susanna *at. Figur*: Babylon 13, 373

T

Tantalos* (Tantalus) *myth. König am Sipylos, Büßer in der Unterwelt*: Estland 13, 1049; Germanische Sprachen 14, 154; Historische Geographie 14, 446; Psychoanalyse 15/2, 594; Tschechien 15/3, 633
Teiresias* (Tiresias) *blinder Seher aus Theben*: DDR 13, 691; Irland 14, 647; Niederlande und Belgien 15/1, 1055; Papyri, literarische 15/2, 74; Spanien 15/3, 133
Telegonos* *Sohn des Odysseius und der Kirke*: Sperlonga 15/3, 187
Telemachos* (Telemach) *Sohn des Odysseus und der Penelope*: Armenien 13, 272; Deutschland 13, 827; Epos 13, 1033; Frankreich 14, 38; Fürstenspiegel 14, 84; Kinder- und Jugendliteratur 14, 879; Klassik als Klassizismus 14, 900; Moderne 15/1, 497; Mythologie 15/1, 628; Niederlande und Belgien 15/1, 1058; Österreich 15/3, 1296; Park 15/2, 132; Spanien 15/3, 138; Spiele 15/3, 193
Telephos [1]* *Sohn des Herakles und der Auge*: Griechische Komödie 14, 311; Rom 15/2, 932
Tereus* *myth. König aus Thrakien*: Märchen 15/1, 252; Niederlande und Belgien 15/1, 1049
Terpsichore* *Muse*: Moderne 15/1, 508; Musen 15/1, 568–569
Teufel → Satan*
Thaleia* (Thalia) *Muse, Nereide oder eine der Chariten*: Drei Grazien 13, 869; Musen 15/1, 567ff.
Thamyris* *myth. Sänger aus Thrakien*: Okkultismus 15/1, 1161
Thanatos* *Personifikation des Todes*: Sepulchralkunst 15/3, 20
Thersites* *griech. Troiakämpfer*: Athen 13, 279; 292; DDR 13, 693; Denkmal 13, 742; Niederlande und Belgien 15/1, 1060

Theseus* *myth. König und Staatsheros der Athener*: Frankreich 14, 43; Frankreich 15/3, 1264–1265; Klassische Archäologie 14, 903; Lateinamerika 15/1, 24; Moderne 15/1, 514; Mythologie 15/1, 624; 629; Niederlande und Belgien 15/1, 1049; Papyri, literarische 15/2, 72; Spanien 15/3, 148; Tschechien 15/3, 635; United Kingdom 15/3, 830; Zeitrechnung 15/3, 1182

Thetis* *Mutter des Achilleus*: Frankreich 14, 43; Kunsterwerb/Kunstraub 14, 1149; Park 15/2, 131; Preußen 15/2, 544; Türkei 15/3, 667

Thisbe → Pyramos

Thot* *ägypt. Gott der Weisheit, Wissenschaft und Schreibkunst*: Horoskope 14, 535; Okkultismus 15/1, 1147; 1151ff.

Thyestes* (Thyest) *Sohn des Pelops*: Frankreich 14, 49; Italien 14, 700; Lateinische Tragödie 15/1, 82–84; Lettland 15/1, 125; Niederlande und Belgien 15/1, 1060

Thyia [1]* *eponyme Nymphe eines delph. Heiligtums*: Parnaß 15/2, 176

Tiberinus* *Gott des Tiber*: Abguß/Abgußsammlung 13, 3; Frankreich 14, 34; Revolution 15/2, 756; Rom 15/2, 911; 928; 932

Tiresias → Teiresias*

Torcoth *eponymer Vorfahr der Türken trojanischer Abstammung*: Troja 15/3, 618

Trismegistos* *der gräzisierte ägypt. Gott Thot*: Italien 14, 684; Okkultismus 15/1, 1147ff.; Orient-Rezeption 15/1, 1195; Zoroastres/Zoroastrismus 15/3, 1230

Triton [1]* *Meeresgottheit*: Historismus 14, 489; Polen 15/2, 400; Türkei 15/3, 673

Troilos [1]* (Troilus) *Sohn des Priamos*: Deutschland 13, 827; Tragödie/Tragödientheorie 15/3, 539; Troja 15/3, 599–600; United Kingdom 15/3, 780

Turnus [1]* *König der Rutuli*: Epos 13, 1017; Niederlande und Belgien 15/1, 1051

Tyche [1]* *griech. Schicksalsgöttin*: Pakistan/Gandhara-Kunst 15/2, 34

Typhoeus*, **Typhon** *hundertköpfiges Ungeheuer; Abkomme des Tartaros*: United Kingdom 15/3, 806

U

Urania [1]* *Muse, die den Weltenlauf überblickt*: Moderne 15/1, 508; Musen 15/1, 569

Uranos* *göttl. Personifikation des Himmels*: Mythologie 15/1, 614

V

Venus* (vgl. Aphrodite) *röm. Göttin der Liebe*: Abguß/Abgußsammlung 13, 3–4; Altertumskunde (Humanismus bis 1800) 13, 94; Baalbek 13, 366; Barock 13, 406; 410; 412; Deutschland 13, 774; 821; Drei Grazien 13, 872f.; Erotica 13, 1042; Frankreich 14, 19f.; 34; 51; Gotik 14, 246f.; Historismus 14, 486ff.; 495; Karikatur 14, 802; Kitsch 14, 883; Knidische Aphrodite 14, 983ff.; Kunsterwerb/Kunstraub 14, 1151; Laokoongruppe 15/1, 14; Luxemburg 15/1, 239; Magie 15/1, 260; Malibu, J. Paul Getty Museum 15/1, 287; Mannheim, Antikensaal und Antiquarium 15/1, 293; Moderne 15/1, 497; 504–505; 509–510; Mythologie 15/1, 614; 619; 624; 626; Nacktheit in der Kunst 15/1, 649; 651–652; Naturwissenschaften 15/1, 844; Niederlande und Belgien 15/1, 1041; 1059; Paris, Louvre 15/2, 109; Park 15/2, 125; 128; 131; 153–154; 172–173; Physiognomik 15/2, 356; Polen 15/2, 400; Pompeji/Rezeption des freigelegten Pompeji in Literatur und Film 15/2, 491; Preußen 15/2, 543; Revolution 15/2, 755; Rom 15/2, 898; 924; 932; Romantik 15/2, 976; Rußland 15/2, 1019; Sankt Petersburg, Eremitage 15/2, 1063; Souvenir 15/3, 80; Spanien 15/3, 134ff.; Sperlonga 15/3, 187; Spolien 15/3, 201; Tempel/Tempelfassade 15/3, 374f.; Tschechien 15/3, 633; Türkei 15/3, 647; Uffizien, Florenz (Galleria degli Uffizi, Firenze) 15/3, 740; United Kingdom 15/3, 772; 789; 791; 805; 818; 823; United States of America 15/3, 866; 877; Übersetzung 15/3, 728; Vasen/Vasenmalerei 15/3, 956; Venus von Milo 15/3, 963ff.; Vertonungen antiker Texte 15/3, 1024; Wagnerismus 15/3, 1075; Werbung 15/3, 1125–1126; 1129; Wirtschaft und Gewerbe 15/3, 1143; Zensur 15/3, 1196

Vertumnus* *etr.-röm. Gott*: Etruskologie 13, 1055; Festkultur/Trionfi 13, 1107; Niederlande und Belgien 15/1, 1041; Tschechien 15/3, 634

Vesta* (vgl. Hestia) *röm. Göttin*: Historienmalerei 14, 432; Niederlande und Belgien 15/1, 1019; Rom 15/2, 888; Spanien 15/3, 136

Victoria [1]* (vgl. Nike) *röm. Göttin und Personifikation des Sieges*: Apotheose 13, 160; Festkultur/Trionfi 13, 1113; Herrscher 14, 381ff.; Kassel, Staatliche Kunstsammlungen Antikenabteilung 14, 864; Preußen 15/2, 555; Rom 15/2, 873; 900; 919f.; Sport 15/3, 217

Virtus* *Personifikation der Tugend*: Park 15/2, 153; Porträtgalerie 15/2, 511

Vulcanus* (Vulkan; vgl. Hephaistos) *Gott des Feuers*: Moderne 15/1, 501–502; Park 15/2, 132; Schweiz 15/2, 1130; Spanien 15/3, 136

Vulkan → Vulcanus*

Z
Zentauren → Kentauren*
Zethos [1]* *Sohn des Zeus und der Antiope*:
Niederlande und Belgien 15/1, 1042
Zeus* (vgl. Iuppiter) *der höchste griech. Olympische Gott*: Aigina 13, 29–30; Aizanoi 13, 39; Athen 13, 292; 296; DDR 13, 694; Denkmal 13, 739; Deutschland 13, 799; Enzyklopädie 13, 972; Historismus 14, 490; Inschriftenkunde, griechische 14, 598; Kunsterwerb/Kunstraub 14, 1151; Künstlerlegenden 14, 1128; Makedonien/Mazedonien 15/1, 278; Moderne 15/1, 499; 514; Mythologie 15/1, 619; 635; Nationale Forschungsinstitute 15/1, 704; Nationale Forschungsinstitute 15/3, 1287; Niederlande und Belgien 15/1, 1051; Olympia 15/1, 1166; 1169; 1172; Paganismus 15/2, 21; Papyri, literarische 15/2, 80; Paris, Louvre 15/2, 109–110; Politische Theorie 15/2, 450; Religionsgeschichte 15/2, 685; Revolution 15/2, 751; Rhodos 15/3, 1324–1325; 1329; Rom 15/2, 937; Sparta 15/3, 174; Sperlonga 15/3, 185ff.; Türkei 15/3, 659; United States of America 15/3, 860–861; Weltwunder 15/3, 1110; 1114–1115; Werbung 15/3, 1122; Wirtschaftslehre 15/3, 1159

A.2. Personen: Antike

Abkürzungen
* Lemma in den Bänden 1–12/2 (Antike)
[1] Homonymziffer in den Bänden 1–12/2 (Antike)

A
Accius*, L. *Tragödiendichter, 2./1. Jh. v.Chr.*:
 Lateinische Tragödie 15/1, 82; Orthographie
 15/1, 1244; Zeitrechnung 15/3, 1186
Achämeniden (Achaimenidai [2]*): Entzifferungen
 13, 958; Geschichtswissenschaft/Geschichtsschreibung 14, 195; Iranistik 14, 635
Achilleus Tatios [1]* (Achilles Tatius) *griech. Romanautor, 2. Jh.*: Italien 14, 695; Philologie
 15/2, 238; Roman 15/2, 944; Überlieferung
 15/3, 714; Zeitrechnung 15/3, 1183
Achilleus Tatios [2]* (Achilles Tatius) *griech. Astronom, ca. 3. Jh.*: Byzanz 13, 605
Ada *Tochter des Hekatomnos*: Halikarnass 14, 338
Adamantios* *Arzt und Iatrosophist, um 410*:
 Physiognomik 15/2, 354–355
Aelia [4]* *Eudoxia Frau des Arcadius, um 400*:
 Rezeptionsformen 15/2, 764
Aelianus → Ailianos
Aelius Aristides (Aristeides [3]*, P. Ailios) *Rhetor, 2. Jh.*:
 Athen 13, 279; Byzanz 13, 605; 608;
 Kommentar 14, 1063; Philologie 15/2, 241;
 248; Republik 15/2, 718; Revolution
 15/2, 745; Rom 15/2, 873; Zeitrechnung
 15/3, 1182
Aelius Spartianus *Scriptor Historiae Augustae*:
 Tragödie/Tragödientheorie 15/3, 538
Aemilius* *Asper röm. Grammatiker, 2. Jh.*:
 Kommentar 14, 1059
Aemilius [I 32]* *Paullus, L. Consul 182, 168 v.Chr.*:
 Kunsterwerb/Kunstraub 14, 1150
Aemilius [I 38]* *Scaurus Quaestor 66, Aedil 58 v.Chr.*:
 Kunsterwerb/Kunstraub 14, 1151
Aemilius [II 10]* *Macer Dichter aus Verona, 1. Jh. v.Chr.*: Zoologie 15/3, 1201
Aeschines → Aischines
Aeschylus → Aischylos [1]* aus Athen
Äsop (Aisopos*) *Fabeldichter, 6. Jh. v.Chr.*: Arabisch-islamisches Kulturgebiet 13, 171; Armenien
 13, 270; Bulgarien 13, 572; 574; DDR
 13, 690; Deutschland 13, 772; Estland 13, 1046;
 1048; Fabel 13, 1063–1065; 1067–1069;
 Frankreich 14, 37; 44; Georgien 14, 136;
 Griechenland 14, 279; Humanismus 14, 550;
 Japan 14, 721; Kanon 14, 792; Kinder- und
 Jugendliteratur 14, 878ff.; Klassizismus
 14, 965; Kommentar 14, 1065; Lettland
 15/1, 126; Litauen 15/1, 173; Mythos
 15/1, 643; Niederlande und Belgien
 15/1, 1018; Park 15/2, 131; Philologie
 15/2, 250; 253; Rumänien 15/2, 1005; Serbien
 15/3, 26ff.; Slowakei 15/3, 64; Spanien
 15/3, 109; 117; 123; Spiele 15/3, 193;
 Tschechien 15/3, 625; Türkei 15/3, 646;
 United Kingdom 15/3, 787; 798; Überlieferung
 15/3, 714; 717; Verlag 15/3, 1002
Aesopus → Äsop
Aetheria (Peregrinatio* ad loca sancta): Deutschland
 13, 826
Aëtios [2]* *Doxograph, 1. Jh.*: Arabisch-islamisches
 Kulturgebiet 13, 167; Arabische Medizin
 13, 185; Philosophie 15/2, 342
Aëtios [3]* aus Amida *griech. Arzt und Schriftsteller, 6. Jh.*: Byzanz 13, 603; Geburtshilfe 14, 96; 99;
 Geriatrie 14, 147; Hysterie 14, 571; Medizin
 15/1, 361; Zoologie 15/3, 1206
Aetius [2]* *röm. Feldherr und Politiker, 5. Jh.*:
 Epochenbegriffe 13, 997; Lateinische Inschriften
 15/1, 50
Agapetos [1]* *Diakon der Hagia Sophia in Konstantinopel, 6. Jh.*: Fürstenspiegel 14, 76; 82;
 Politische Theorie 15/2, 468
Agathangelos [2]* *Sekretär des Arsakiden-Königs
 Tiridates IV., Autor zur Christianisierung Armeniens,
 3. Jh.*: Armenien 13, 270
Agatharchos* *griech. Maler aus Samos, 5. Jh. v.Chr.*:
 Stil, Stilanalyse, Stilentwicklung 15/3, 289
Agathias* *Geschichtsschreiber und Dichter, 6. Jh.*:
 Byzantinistik 13, 585; Byzanz 13, 602–603; 606;
 Niederlande und Belgien 15/1, 996
Agathokles [2]* *Tyrann von Syrakus*: Diktatur
 13, 861; Georgien 14, 136
Agathokles [7]* *indogriech. König*: Numismatik
 15/1, 1107
Agathon [1]* *att. Tragiker, 5. Jh. v.Chr.*: Historienmalerei 14, 438
Agesilaos [2]* *spartan. König*: Sparta 15/3, 154
Agis [4]* IV. *spartan. König*: Mischverfassung
 15/1, 444; Sparta 15/3, 154ff.
Aglaosthenes* *Verf. von Naziaká*: Numismatik
 15/1, 1103
Agnes *röm. Märtyrerin*: Typologie 15/3, 678
Agrippa [1]* *M. Vipsanius Consul 37, 28, 27 v.Chr.*:
 Athen 13, 296; 299; Kartographie 14, 853; Köln
 14, 1021
Agrippina* [2] Vipsania (A. maior): Historienmalerei
 14, 438; United States of America 15/3, 853
Agrippina [3]* *Iulia* (A. minor): Deutschland 13, 783;
 786; Fin de siècle 13, 1144; United Kingdom
 15/3, 809

Ahasver → Xerxes [1]* I.
Ahhotep äg. *Königin*: Kairo, Ägyptisches Museum 14, 777
Ahrun syr. *Medizinschriftsteller, 7. Jh.*: Arabische Medizin 13, 185
Ailianos [1]* *Militärschriftsteller*: Krieg 14, 1112ff.
Ailianos [2]* Claudius A. *Sophist, 2. Jh.*: Mimesislegenden 15/1, 436; Niederlande und Belgien 15/1, 1002; Philologie 15/2, 249; Schlachtorte 15/2, 1075; Zoologie 15/3, 1200; 1202; 1207
Aischines [1]* *Schüler des Sokrates, gest. nach 376/5 v. Chr.*: Papyri, literarische 15/2, 77
Aischines [2]* *att. Redner und Politiker, 4. Jh. v. Chr.*: Spanien 15/3, 108; 117
Aischylos [1]* *aus Athen att. Tragiker, 5. Jh. v. Chr.*: Afrika 13, 25; Armenien 13, 272; Bildung 13, 511; Bulgarien 13, 573; Byzanz 13, 598; 607; DDR 13, 693; Deutschland 13, 797; 823–824; 827; Estland 13, 1049; Frankreich 14, 30; 40; 15/3, 1263; Geschichtsmodelle 14, 162; Griechische Komödie 14, 313; Griechische Tragödie 14, 317ff.; Italien 14, 708ff.; Klassizismus 14, 957; Kommentar 14, 1065; Lettland 15/1, 125; Litauen 15/1, 173; Makedonien/Mazedonien 15/1, 281; Matriarchat 15/1, 327; Medien 15/1, 350; Moldova 15/1, 534; Mythologie 15/1, 629; Neohumanismus 15/1, 891; Niederlande und Belgien 15/1, 991; 1006; 1009; 1052–1054; 1061; Norwegen 15/1, 1085; Oper 15/1, 1184; Österreich 15/3, 1297; Papyri, literarische 15/2, 72; 75; 77; Papyrologie 15/2, 85; Philologie 15/2, 242; 248; 264; 273; 15/3, 1319; Physiognomik 15/2, 359; Polen 15/2, 406; Portugal 15/2, 525; Religionsgeschichte 15/2, 685; Romantik 15/2, 985; Rußland 15/2, 1024; Serbien 15/3, 25; Spanien 15/3, 122ff.; 141; 147; Stil, Stilanalyse, Stilentwicklung 15/3, 289; Südafrika 15/3, 342; Tragödie/Tragödientheorie 15/3, 533–534; 539; Troja 15/3, 601; Türkei 15/3, 649; United Kingdom 15/3, 825; United States of America 15/3, 863; 869–870; 879; Überlieferung 15/3, 717; Übersetzung 15/3, 737; Vertonungen antiker Texte 15/3, 1023; Wagnerismus 15/3, 1075; Weißrußland 15/3, 1108; Zoroastres/Zoroastrismus 15/3, 1229
Akusilaos* *ion. Logograph, um 600 v. Chr.*: Historische Geographie 14, 446
Alarich (Alaricus [2]*) *König der Eruler*: Epochenbegriffe 13, 997; Geschichtswissenschaft/ Geschichtsschreibung 14, 213; 215; Rom 15/2, 874
Albinus [1]* (Imperator Caesar D. Clodius Septimius Albinus): Numismatik 15/1, 1127

Alcimus [2]* Ecdicius Avitus: Frankreich 14, 6
Aldhelm *Bischof von Sherborne, ältester angelsächs.-lat. Dichter, ca. 640-709/10*: United Kingdom 15/3, 763–766
Alexander d.Gr. (Alexandros [4]*): Albanien 13, 57; Alexandria 13, 67; Apotheose 13, 161; Arabisch-islamisches Kulturgebiet 13, 162; 167; 171; Armenien 13, 269; Athen 13, 299; Babylon 13, 373; Botanik 13, 539; Brief, Briefliteratur 13, 542; Bulgarien 13, 572; Byzanz 13, 596; DDR 13, 694; Denkmal 13, 741; Deutschland 13, 765; 818; 820–821; 825; 827; Dioskuren vom Monte Cavallo 13, 864; Enzyklopädie 13, 969; 972; Epochenbegriffe 13, 996; 1000; 1005–1006; 1009; 1012–1014; Fälschung 13, 1082; Film 13, 1136; 1139; Frankreich 14, 11; 40; 15/3, 1257; 1266; Georgien 14, 133ff.; Geschichtsmodelle 14, 170; 175; Geschichtswissenschaft/Geschichtsschreibung 14, 208; Griechen-Römer-Antithese 14, 258; Griechenland 14, 274; Griechisch 14, 306; Herrscher 14, 364; 380; 389ff.; Historienmalerei 14, 426ff.; Historismus 14, 479; 489; Iranistik 14, 636; Irland 14, 644; Italien 14, 662; Judentum 14, 766; Klassische Archäologie 14, 942; Körperkultur 14, 1044; Marxismus 15/1, 296; Medien 15/1, 349; Monarchie 15/1, 536; Münze, Münzwesen 15/1, 556; Nationalsozialismus 15/1, 734; 736; 738; 748; Neugriechische Literatur 15/1, 905; 913; Niederlande und Belgien 15/1, 986; 1036–1037; 1047; 1054; 1058; Nobilitas 15/1, 1080; Numismatik 15/1, 1107; Oratorium 15/1, 1187; Orchomenos 15/1, 1192; Orient-Rezeption 15/1, 1228; Orientalismus 15/1, 1241; Pakistan/Gandhara-Kunst 15/2, 33; Papyri, literarische 15/2, 70; Papyrologie 15/2, 88; 94; Philologie 15/2, 264ff.; Polen 15/2, 392; Porträtgalerie 15/2, 505; Preußen 15/2, 545; 557; Religionsgeschichte 15/2, 693; Revolution 15/2, 745; Roman 15/2, 946ff.; Rumänien 15/2, 1005; Sachbuch 15/2, 1031; Schlachtorte 15/2, 1076ff.; 1081ff.; Serbien 15/3, 25; Slowakei 15/3, 67; Troja 15/3, 597; 602; Tschechien 15/3, 625; Türkei 15/3, 658; 667; Ungarn 15/3, 757; United Kingdom 15/3, 773ff.; 777; 786; 788; 813; Unterwasserarchäologie 15/3, 922; Vergina 15/3, 999; Vertonungen antiker Texte 15/3, 1021; Wagnerismus 15/3, 1078; Wirtschaft und Gewerbe 15/3, 1143
Alexander Numeniu (Alexandros [25]*) *Rhetor des 2. Jh. n.Chr., Sohn des Numenios*: Redegattungen 15/2, 628; 645
Alexander von Aphrodisias (Alexandros [26]* von Aphrodisias) *Aristoteles-Kommentator, um*

200 v. Chr.: Alexandrinismus 13, 72; Arabisch-islamisches Kulturgebiet 13, 168; Geologie (und Mineralogie) 14, 128; Griechenland 14, 275; Kommentar 14, 1063f.; Metaphysik 15/1, 408ff.; Meteorologie 15/1, 416; Naturphilosophie 15/1, 769

Alexander von Tralleis (Alexandros [29]* von Tralleis) *griech. Arzt, um 565*: Arabische Medizin 13, 184; Byzanz 13, 603; Zoologie 15/3, 1206

Alexandros aus Myndos *Tier-, Vogelkundler, 1. Jh. v. Chr.*: Zoologie 15/3, 1199; 1202

Alkaios [4]* *lyrischer Dichter aus Mytilene auf Lesbos, 7./6. Jh. v. Chr.*: Deutschland 13, 782; Estland 13, 1047; Italien 14, 705; 708; Lyrik 15/1, 247; Papyri, literarische 15/2, 71; Philologie 15/2, 270; 275; Portugal 15/2, 521; Spanien 15/3, 117; 119; Türkei 15/3, 649; Überlieferung 15/3, 714; Vertonungen antiker Texte 15/3, 1022; Zeitrechnung 15/3, 1178

Alkamenes [2]* *Bildhauer der Hochklassik in Athen*: Stil, Stilanalyse, Stilentwicklung 15/3, 290

Alkibiades [3]* *Feldherr im Peloponnesischen Krieg*: Frankreich 14, 37; Historienmalerei 14, 438; Spanien 15/3, 147; United States of America 15/3, 876

Alkinoos [2]* *platon. Philosoph, 2. Jh.*: Politische Theorie 15/2, 464

Alkmaion [4]* *aus Kroton Natur-Philosoph, 5. Jh. v. Chr.*: Vorsokratiker 15/3, 1067

Alkman* *spartan. Dichter, 7. Jh. v. Chr.*: Papyrologie 15/2, 85; Philologie 15/2, 270; Religion und Literatur 15/2, 673; Spanien 15/3, 119; Überlieferung 15/3, 714; Vertonungen antiker Texte 15/3, 1022

Alypios [3]* *spätant. Musiktheoretiker*: Musik 15/1, 583

Amasis-Maler* *att.-sf. Vasenmaler, um 560/550 v. Chr.*: Basel, Antikenmuseum und Sammlung Ludwig 13, 420; New York, Metropolitan Museum 15/1, 956

Ambrosiaster* *patrist. Autor (Pseudonym)*: Fürstenspiegel 14, 77; Herrscher 14, 364; Irland 14, 643

Ambrosius* *Bischof von Mailand seit 374*: Allegorese 13, 81; Gerechtigkeit 14, 143; Hymnus 14, 570; Interpretatio Christiana 14, 624; Irland 14, 643; Konsolationsliteratur 14, 1080; Leichenrede 15/1, 119; Lyrik 15/1, 248; Metaphysik 15/1, 414; Niederlande und Belgien 15/1, 990; Patristische Theologie/Patristik 15/2, 198; Philosophia perennis 15/2, 331; Rom 15/2, 873; Schweiz 15/2, 1124; Sozialismus 15/3, 97; Sphärenharmonie 15/3, 188; Stadt 15/3, 264; Theologie und Kirche des Christentums 15/3, 414; 424; Typologie 15/3, 678; Universität 15/3, 887; Wallfahrt 15/3, 1083; Zoologie 15/3, 1205; 1210

Amenemhet I.: New York, Metropolitan Museum 15/1, 965

Amenemhet III.: Kairo, Ägyptisches Museum 14, 775

Amenhotep I. (Amenophis [1]* I.): Kairo, Ägyptisches Museum 14, 778

Amenhotep II. (Amenophis [2]* II.): Kairo, Ägyptisches Museum 14, 778

Amenhotep III. (Amenophis [3]* III.): London, British Museum 15/1, 215; New York, Metropolitan Museum 15/1, 963–964; 970; Zeitrechnung 15/3, 1175

Amenophis → Amenhotep; → Echnaton

Ammian → Ammianus* Marcellinus

Ammianus* Marcellinus *Historiker, 4. Jh.*: Byzanz 13, 602; DDR 13, 685; Entzifferungen 13, 960; Epochenbegriffe 13, 998; Geschichtsmodelle 14, 164; 167; 171; 173; 179; Geschichtswissenschaft/Geschichtsschreibung 14, 214; Historische Geographie 14, 448; Karolingische Renaissance 14, 820; Köln 14, 1022; Magie 15/1, 258; Mittellatein 15/1, 454; Niederlande und Belgien 15/1, 1013; Rom 15/2, 873–874; Schlachtorte 15/2, 1075; Tschechien 15/3, 639

Ammonios Hermeiu → Ammonios [12]* (Sohn des Hermeias)

Ammonios [3]* *aus Alexandreia griech. Grammatiker, 2. Jh. v. Chr.*: Byzanz 13, 594; Politische Theorie 15/2, 466

Ammonios [4]* *fingierter Autor eines Synonymenlexikons*: Lexikographie 15/1, 129; Niederlande und Belgien 15/1, 1003

Ammonios [5]* *platon. Philosoph, 1. Jh.*: Zeitrechnung 15/3, 1182

Ammonios [12]* Sohn des Hermeias *Neuplatoniker, 6. Jh.*: Metaphysik 15/1, 408; 410

Ampelius*, L. *Verf. einer Enzyklopädie, 4. Jh.?*: Geschichtsmodelle 14, 167

Amphidamas [5]* *Aristokrat aus Chalkis*: Zeitrechnung 15/3, 1178

Amunemopet *Ägypter*: Kairo, Ägyptisches Museum 14, 778

Amyntas [7]* *Bematistes Alexanders d. Gr., Ethnograph*: Vergina 15/3, 999

Anacharsis* *Skythe aus fürstlichem Geschlecht, 6. Jh. v. Chr.?*: Fälschung 13, 1080; Numismatik 15/1, 1115

Anakreon [1]* d.Ä. *Lyriker, 6. Jh. v. Chr.*: Anakreontische Dichtung, Anakreontik 13, 130; Deutschland 13, 782; Fälschung 13, 1081; Frankreich 14, 38; Italien 14, 692; 708; Lyrik 15/1, 247; 249–250; Papyri, literarische 15/2, 78; Physiognomik 15/2, 359; Polen 15/2, 396; Portugal 15/2, 521; Preußen 15/2, 550; Rumänien 15/2, 1005; Rußland 15/2, 1019; Serbien 15/3, 27; Spanien 15/3, 114ff.; Türkei 15/3, 649; United States

of America 15/3, 863; Übersetzung 15/3, 729–730; 735; Verskunst 15/3, 1014–1015; Vertonungen antiker Texte 15/3, 1022
Anastasios [5]* Sinaites *Abt des Katharinenklosters, gest. um 700*: Überlieferung 15/3, 711
Anaxagoras [2]* *Naturphilosoph, 5. Jh. v. Chr.*: Allegorese 13, 76; 79; Georgien 14, 136; Mythos 15/1, 645; Naturphilosophie 15/1, 771; Stoizismus 15/3, 303; Theologie und Kirche des Christentums 15/3, 426; Vorsokratiker 15/3, 1064–1065
Anaximander (Anaximandros*) *Naturphilosoph der milesischen Schule, frühes 6. Jh. v. Chr.*: Historische Geographie 14, 445; Vorsokratiker 15/3, 1064; 1066
Anaximenes [2]* aus Lampsakos *Rhetor und Historiker, 4. Jh. v. Chr.*: Argumentationslehre 13, 240; Fälschung 13, 1082; Redegattungen 15/2, 627
Andokides [2]* *att. Vasenmaler der Spätarchaik (530–515 v. Chr.)*: Boston, Museum of Fine Arts 13, 535
Andronikos [4]* aus Rhodos *peripat. Schuloberhaupt, 1. Jh. v. Chr.*: Botanik 13, 538
Anonymus* Iamblichi: Philosophie 15/2, 344
Anthemios/-us [3]* aus Tralleis *Mathematiker und Architekt, 6. Jh.*: Arabisch-islamisches Kulturgebiet 13, 170; Mathematik 15/1, 315; Naturwissenschaften 15/1, 817
Anthimos [1]* *griech. Arzt, lat. Autor über Diätetik nach 511*: Pharmakologie 15/2, 216
Antigonos [1]* Monophthalmos *Diadoche*: Schlachtorte 15/2, 1078
Antigonos [2]* Gonatas: Inschriftenkunde, griechische 14, 597; Numismatik 15/1, 1126; Rom 15/2, 899
Antigonos [8]* aus Alexandreia *griech. Grammatiker, 1. Jh. v. Chr.*: Zoologie 15/3, 1200
Antimachos [2]* *indogriech. König*: Numismatik 15/1, 1107
Antinous (Antinoos [2]*) *Liebling Hadrians*: Abguß/Abgußsammlung 13, 3; Antikensammlung 13, 140; Barock 13, 412; Druckwerke 13, 895; Erotica 13, 1042; Fälschung 13, 1072; Paganismus 15/2, 27; Papyri, literarische 15/2, 78; Park 15/2, 146; Physiognomik 15/2, 356; Proportionslehre 15/2, 570; Rom 15/2, 924; 932; 938
Antiochos *Arzt, bei Galen erwähnt*: Geriatrie 14, 148
Antiochos [2]* I. Soter: Historienmalerei 14, 438
Antiochos [16]* I. von Kommagene: Inschriftenkunde, griechische 14, 606
Antiochos [6]* IV. Epiphanes: Judentum 14, 757
Antiochos [19]* aus Syrakus *Geschichtsschreiber, 5. Jh. v. Chr.*: Geschichtsmodelle 14, 161
Antipater (Coelius [I 1]* Antipater, L.) *röm. Geschichtsschreiber, 2. Jh. v. Chr.*: Geschichtsmodelle 14, 165

Antipatros [8]* von Sidon *Epigrammatiker, 2./1. Jh. v. Chr.*: Weltwunder 15/3, 1110
Antiphanes [1]* *Komödiendichter, 4. Jh. v. Chr.*: Religion und Literatur 15/2, 672
Antiphilos [4]* *griech. Maler aus Ägypten, hell. Zeit*: Künstlerlegenden 14, 1130
Antiphon [4]* von Rhamnus *Redner und Verf. rhet. Schriften, Sophist, 5. Jh. v. Chr.*: Philosophie 15/2, 344
Antisthenes [1]* *Schüler des Sokrates, um 400 v. Chr.*: Georgien 14, 136; Kynismus 14, 1155
Antonius, Marcus → Marcus Antonius
Antoninus [1]* Pius *röm. Kaiser*: Apotheose 13, 159; Baalbek 13, 370; Geschichtsmodelle 14, 179; Physiognomik 15/2, 356; Rom 15/2, 894; Trajanssäule 15/3, 543; Wirtschaft und Gewerbe 15/3, 1143
Antonios [3]* Diogenes *Romanschriftsteller, 2. Jh.*: Roman 15/2, 945
Antonios [5]* der Große *Begründer des eremitischen Mönchtums, 3. Jh.*: Theologie und Kirche des Christentums 15/3, 428; Wallfahrt 15/3, 1080
Antonius [II 19]* Musa *Arzt, Freigelassener des Augustus*: Park 15/2, 125
Anubion* *Verf. eines astrologischen Lehrgedichtes*: Papyri, literarische 15/2, 78
Apelles [4]* *griech. Maler, 4. Jh. v. Chr.*: Epochenbegriffe 13, 1001; Italien 14, 683; Künstlerlegenden 14, 1127ff.; Mimesislegenden 15/1, 437; Niederlande und Belgien 15/1, 1041
Aphrahat* *syr. Theologe, 4. Jh.*: Theologie und Kirche des Christentums 15/3, 427
Aphthonios* aus Antiocheia, *Rhetor, 4. und 5. Jh.*: Allegorese 13, 82; Armenien 13, 270; Byzanz 13, 601; Griechenland 14, 279; Kommentar 14, 1063; 1066; Panegyrik 15/2, 51ff.; Redegattungen 15/2, 628; Rhetorik 15/2, 773; Spanien 15/3, 108ff.
Apion* *Grammatiker und Lexikograph, 1. Jh. v./n. Chr.*: Homerische Frage 14, 502; Judentum 14, 753; Spanien 15/3, 151
Apollinarios [3]* von Laodikeia *nikänisch-orthodoxer Theologe*: Byzanz 13, 602
Apollinaris → Apollinarios [3]* von Laodikeia
Apollodor (Apollodoros [7]* aus Athen) *Gelehrter, 2. Jh. v. Chr.*: Mythologie 15/1, 613; 633; Papyri, literarische 15/2, 79
Apollodor (Apollodoros [14]* aus Damaskos) *Ingenieur und Militärarchitekt, röm. Kaiserzeit*: Rom 15/2, 897
Apollodoros *Arzt, Anf. 3. Jh. v. Chr.*: Zoologie 15/3, 1199
Apollodoros [8a]* *aus Artemita, griech. Historiker, 1. Jh. v. Chr.*: Zeitrechnung 15/3, 1181
Apollonios [19]* *Bildhauer aus Athen, 1. Jh. v. Chr.*: Torso (Belvedere) 15/3, 514; United States of America 15/3, 861

Apollonios von Rhodos (Apollonios [2]* Rhodios) *alex. Bibliothekar und Dichter, 3. Jh. v. Chr.*: Bulgarien 13, 573; Italien 14, 709; Niederlande und Belgien 15/1, 1003; 1051; Österreich 15/1, 1142; Papyri, literarische 15/2, 77; Philologie 15/2, 248; Übersetzung 15/3, 727; Zeitrechnung 15/3, 1182

Apollonios [13]* aus Perge *griech. Mathematiker, ca. 260-190 v. Chr.*: Arabisch-islamisches Kulturgebiet 13, 169; Byzanz 13, 605; Mathematik 15/1, 314; 316; Philologie 15/2, 241

Apollonios [11]* Dyskolos *griech. Grammatiker, 1. H. 2. Jh.*: Kommentar 14, 1063; Sprachwissenschaft 15/3, 228

Apollonios [14]* von Tyana *Pythagoreer, 1. Jh.*: Arabisch-islamisches Kulturgebiet 13, 171; Deutschland 13, 778; Konstantinopel 14, 1089; Okkultismus 15/1, 1148; Troja 15/3, 603

Appianos* *griech. Geschichtsschreiber, 2. Jh.*: Bevölkerungswissenschaft/Historische Demographie 13, 483; Frankreich 14, 40; Historienmalerei 14, 431; Karthago 14, 839; 849; Rosse von San Marco/Quadriga 15/2, 989

Apuleius (Ap(p)uleius [III]* von Madaura) *Redner und Schriftsteller, 2. Jh.*: DDR 13, 693; Estland 13, 1049; Fälschung 13, 1080–1081; Fin de siècle 13, 1142; Frankreich 14, 43; Italien 14, 664; 674; Kommentar 14, 1056; Lettland 15/1, 126; Lexikographie 15/1, 145; Magie 15/1, 261; Märchen 15/1, 252; Metamorphose 15/1, 395; Mittellatein 15/1, 453; Mythologie 15/1, 628; Neulatein 15/1, 929; 943; Niederlande und Belgien 15/1, 998; 1013; 1020; 1024; 1033; 1054; Orient-Rezeption 15/1, 1195; Park 15/2, 125; Pharmakologie 15/2, 216; Philologie 15/2, 285; 289–290; 321; 15/3, 1316; Politische Theorie 15/2, 464; Roman 15/2, 946–947; Rußland 15/2, 1026; Satire 15/2, 1071; Tschechien 15/3, 641; Türkei 15/3, 649; Übersetzung 15/3, 734; 737; Zensur 15/3, 1196

Aquila [5]* Romanus *Rhetor, 3. Jh.*: Figurenlehre 13, 1126; Rhetorik 15/2, 773

Arat (Aratos [4]*) *hell. Dichter, 3. Jh. v. Chr.*: Arabisch-islamisches Kulturgebiet 13, 169; Byzanz 13, 597; 608; Naturwissenschaften 15/1, 801; 834; 839; Niederlande und Belgien 15/1, 998; Rosse von San Marco/Quadriga 15/2, 989; Schulbuch 15/2, 1101; Stoizismus 15/3, 298; Überlieferung 15/3, 717; Zeitrechnung 15/3, 1182

Arator* *christl. Dichter, 6. Jh.*: Italien 14, 659; Karolingische Renaissance 14, 831ff.; Kommentar 14, 1065; Luxemburg 15/1, 237; Mittellatein 15/1, 453; Philologie 15/2, 280; United Kingdom 15/3, 764; 769

Arcadius* *röm. Kaiser*: Epochenbegriffe 13, 997; Politische Theorie 15/2, 467; Trajanssäule 15/3, 543

Archestratos [2]* *gastronomischer Dichter aus Gela, 4. Jh. v. Chr.*: Zoologie 15/3, 1200

Archilochos* von Paros *Dichter, 7. Jh. v. Chr.*: Lyrik 15/1, 247; Österreich 15/3, 1297; Papyri, literarische 15/2, 71–73; Papyrologie 15/2, 85; Philologie 15/2, 275; Spanien 15/3, 119; Türkei 15/3, 649; Vertonungen antiker Texte 15/3, 1022; Zeitrechnung 15/3, 1178–1179

Archimedes [1]* aus Syrakus *ca. 287-232 v. Chr.*: Arabisch-islamisches Kulturgebiet 13, 169–170; 183; Dänemark 13, 680; Estland 13, 1046; Geflügelte Worte 14, 102; Maß und Gewicht 15/1, 307; Mathematik 15/1, 314ff.; Mittellatein 15/1, 454; Naturwissenschaften 15/1, 814ff.; 817ff.; Niederlande und Belgien 15/1, 988; Philologie 15/2, 241; 270; United States of America 15/3, 869; 877; Überlieferung 15/3, 715

Archytas [1]* aus Tarent *pythag. Philosoph, um 400 v. Chr.*: United Kingdom 15/3, 788

Areios [3]* alex. Presbyter: Theologie und Kirche des Christentums 15/3, 424–425; 434

Aretaios* *hippokratischer Arzt, M. 1. Jh.*: Medizin 15/1, 370; Medizingeschichtsschreibung 15/1, 374

Argyropulos → Johannes Argyropulos

Arion* *lyrischer Dichter aus Methymna auf Lesbos, 7. Jh. v. Chr.*: Musik 15/1, 602; Niederlande und Belgien 15/1, 1058

Ariovist (Ariovistus*) *König eines german. Volkes*: Nationalsozialismus 15/1, 748–749; Schlachtorte 15/2, 1087

Aristainetos* *Autor einer Slg. von Liebesbriefen, 6. Jh.?*: Niederlande und Belgien 15/1, 1006; Tschechien 15/3, 634

Aristarchos [3]* von Samos *griech. Astronom, 4.-3. Jh. v. Chr.*: Arabisch-islamisches Kulturgebiet 13, 169; 183

Aristarchos [4]* von Samothrake *alex. Grammatiker, 216?-144 v. Chr.*: Homerische Frage 14, 502

Aristeas [2]* *Aristeasbrief*: Fälschung 13, 1082; Interpretatio Christiana 14, 621

Aristeides [1]* *Politiker und Stratege Athens*: United States of America 15/3, 841

Aristides (Aristeides [6]*) *Name zweier griech. Maler im 4./3. Jh. v. Chr.*: Kunsterwerb/Kunstraub 14, 1150; Physiognomik 15/2, 356; Politische Theorie 15/2, 423

Aristides → Aelius Aristides

Aristobulos *jüd. Peripatetiker, 2. Jh. v. Chr.*: Allegorese 13, 80

Aristobulos [7]* *Alexanderhistoriker, 2. H. 4. Jh. v. Chr.*: Georgien 14, 133

Aristophanes [3]* aus Athen *Dichter der att. Alten Komödie, 5. Jh. v. Chr.*: Bayern 13, 442; Bildung 13, 511; Byzanz 13, 597–598; 607–608; DDR 13, 691–693; Deutschland 13, 770; 777; 819; 822; 826; Estland 13, 1049; Film 13, 1133; Frieden 14, 68; Georgien 14, 136; Griechische Komödie 14, 311ff.; Griechische Tragödie 14, 317; Kinder- und Jugendliteratur 14, 880; Kommentar 14, 1064f.; Komödie 14, 1068ff.; Lateinische Komödie 15/1, 72; Lettland 15/1, 126; Literaturkritik 15/1, 180; 182; Medien 15/1, 350; Moldova 15/1, 534; Neugriechische Literatur 15/1, 913; Niederlande und Belgien 15/1, 989; 1003; 1008; 1053; 1061; Norwegen 15/1, 1086; Oper 15/1, 1185; Österreich 15/3, 1295; Papyri, literarische 15/2, 77; Philologie 15/2, 243–244; 248; 264; Preußen 15/2, 552–553; Religion und Literatur 15/2, 675; 677; Rußland 15/2, 1026; Slowakei 15/3, 67; Sozialismus 15/3, 95; 99; Spanien 15/3, 108ff.; 147; 149; Totengespräch 15/3, 520; Tragödie/Tragödientheorie 15/3, 537; Tschechien 15/3, 635; 639; Türkei 15/3, 649; United Kingdom 15/3, 825; Überlieferung 15/3, 714; 716–717; Übersetzung 15/3, 731–732; Vertonungen antiker Texte 15/3, 1023; Weißrußland 15/3, 1109; Zeitrechnung 15/3, 1181; Zensur 15/3, 1196

Aristophanes [4]* von Byzanz *alex. Grammatiker, ca. 265/257 – 190/180 v. Chr.*: Homerische Frage 14, 502; Zoologie 15/3, 1199; 1207

Aristoteles [6]* *Philosoph und Naturwissenschaftler, 4. Jh. v. Chr.*: Akademie 13, 41; 48; Alexandrinismus 13, 72; Arabisch-islamisches Kulturgebiet 13, 163–164; 166–171; 181–183; Argumentationslehre 13, 240–243; 245; 247; 249; Aristotelismus 13, 251ff.; Armenien 13, 270; Artes liberales 13, 275; Athen 13, 279; 289–290; Atlantis 13, 336; Atomistik 13, 339–340; Aufklärung 13, 347; Augustinismus 13, 350; Barock 13, 399; 401–404; 407; Bayern 13, 434; Bevölkerungswissenschaft/Historische Demographie 13, 481–482; 486; 488; Bildung 13, 507; 510; 514–515; Billigkeit 13, 516; 518–519; Botanik 13, 537–540; Böckh-Hermann-Auseinandersetzung 13, 525; Brief, Briefliteratur 13, 541; Bulgarien 13, 570; 573–574; Bund 13, 578; 582; Bürger 13, 556–559; Byzanz 13, 594; 601; 603; 605; 607–608; Chrêsis 13, 638; Dänemark 13, 680; Demokratie 13, 722; 727; 735; Deutschland 13, 763; 767–768; 771–772; 777; 786; 794; Dialektik 15/3, 1251; Einbildungskraft 13, 935; Eklektik 13, 939; Enzyklopädie 13, 966–967; Epikureismus 13, 989; Epos 13, 1016–1017; 1026–1027; Estland 13, 1046; 1049; Fabel 13, 1065; Fälschung 13, 1082; Figurenlehre 13, 1124–1125; Fin de siècle 13, 1144; Finnland 13, 1149; 1151; Frankreich 14, 9; 17ff.; 24ff.; 39ff.; 46; 50; Fürstenspiegel 14, 76ff.; Gattung/Gattungstheorie 14, 87ff.; Geburtshilfe 14, 98; Geld/Geldwirtschaft/Geldtheorie 14, 109; Geographie 14, 124; Geologie (und Mineralogie) 14, 127ff.; Georgien 14, 134; Gerechtigkeit 14, 140ff.; Geriatrie 14, 147ff.; Geschichtsmodelle 14, 159ff.; 175; Geschichtswissenschaft/Geschichtsschreibung 14, 196; Gotik 14, 248; Griechenland 14, 275; Griechisch 14, 303ff.; Griechische Komödie 14, 313; Griechische Tragödie 14, 317ff.; Herrscher 14, 390; Humanismus 14, 542ff.; 552f.; 561; Imitatio 14, 574; Irland 14, 647; Italien 14, 658; 662ff.; 668; 684ff.; 692; 701; Jesuitenschulen 14, 751; Karthago 14, 848; Klassik als Klassizismus 14, 890; Klassizismus 14, 965; 976; Kommentar 14, 1063ff.; Körperkultur 14, 1044; 1046; Künstlerlegenden 14, 1126; 1129; Lateinamerika 15/1, 34; Lateinische Komödie 15/1, 67; Lateinische Tragödie 15/1, 84; Lehrgedicht 15/1, 108–109; Lehrplan 15/1, 112; Lettland 15/1, 126; Loci communes 15/1, 186; Logik 15/1, 192ff.; Luxemburg 15/1, 237; 239; Magie 15/1, 254; Marxismus 15/1, 296; 300ff.; Mathematik 15/1, 317; Matriarchat 15/1, 328; Medizin 15/1, 369; Melancholie 15/1, 379; Menschenrechte 15/1, 387; Metapher/Metapherntheorie 15/1, 402–404; Metaphysik 15/1, 408ff.; Meteorologie 15/1, 415ff.; Mimesis 15/1, 431ff.; Mimesislegenden 15/1, 436; Mischverfassung 15/1, 442; Mittellatein 15/1, 454; Mnemonik/Mnemotechnik 15/1, 464ff.; Monarchie 15/1, 537–539; 541–542; Musik 15/1, 571; 573–574; 576–577; 581; 585–586; 589–590; 597–598; Naturphilosophie 15/1, 767ff.; Naturrecht 15/1, 772; Naturwissenschaften 15/1, 780ff.; 790ff.; 813ff.; 832; 847–849; 853–855; 864; 866; 869; Neugriechische Literatur 15/1, 897; Niederlande und Belgien 15/1, 986; 988; 990–991; 997; 1000; 1012–1013; 1034; Nobilitas 15/1, 1070; 1079; Numismatik 15/1, 1102–1103; Oper 15/1, 1181–1182; Oratorium 15/1, 1187; Ottonische Renaissance 15/1, 1257; Paganismus 15/2, 16; Papyri, literarische 15/2, 73; Parabel 15/2, 104; Pädagogik 15/2, 1; 3–4; Pharmakologie 15/2, 217; Philologie 15/2, 241; 248; 250; 265–266; 269ff.; Philosophia perennis 15/2, 331; Philosophie 15/2, 340ff.; Physiognomik 15/2, 354ff.; 359; Platonismus 15/2, 364ff.; Poeta Vates 15/2, 379ff.; Poetik 15/2, 382ff.; Polen 15/2, 392; 395; Politische Theorie

15/2, 412ff.; 445ff.; 465; Portugal 15/2, 518ff.; 521–522; Praktische Philosophie 15/2, 526ff.; Preußen 15/2, 550; Psychoanalyse 15/2, 593; 597; Querelle des Anciens et des Modernes 15/2, 612; 615ff.; Redegattungen 15/2, 626ff.; Religion und Literatur 15/2, 672; 675; Republik 15/2, 717f.; 727; 735; 737; Revolution 15/2, 742f.; Rhetorik 15/2, 771; 774; 779; 782ff.; 809; 812ff.; Rom 15/2, 938; Rußland 15/2, 1016; Schriftwissenschaft 15/2, 1100; Schweden 15/2, 1119; Semiotik 15/3, 5; Serbien 15/3, 25; Sizilien 15/3, 35ff.; Skeptizismus 15/3, 39; 42; Sklaverei 15/3, 47f.; Slowakei 15/3, 64ff.; Sozialismus 15/3, 94; Spanien 15/3, 105ff.; 128ff.; Sparta 15/3, 154; 159; Sprachphilosophie/Semiotik 15/3, 221ff.; Sprachwissenschaft 15/3, 228f.; Staufische Renaissance 15/3, 272ff.; Stil, Stilanalyse, Stilentwicklung 15/3, 290; Stoizismus 15/3, 300ff.; Sturm und Drang 15/3, 339; Terminologie 15/3, 386; Theater 15/3, 397–399; Theaterbau/Theaterkulisse 15/3, 403; Thematologie/Stoff- und Motivforschung 15/3, 408; Theologie und Kirche des Christentums 15/3, 429; 440; 442; Theorie/Praxis 15/3, 463; 465; 467; Tragödie/Tragödientheorie 15/3, 533; 535–538; 540–541; Tschechien 15/3, 629; 641; Türkei 15/3, 649; Tyrannis 15/3, 686–689; 692; Ukraine 15/3, 745; Ungarn 15/3, 751; 754; United Kingdom 15/3, 764; 773–774; 786; 788; 800; 814; United States of America 15/3, 843; 860–862; 869; Universität 15/3, 884; 893; 895; 897; Ut pictura poesis 15/3, 930–931; Überlieferung 15/3, 715–717; Übersetzung 15/3, 727; 736; Venedig 15/3, 962; Verfassung 15/3, 971ff.; Verfassungsformen 15/3, 982–983; Vorsokratiker 15/3, 1063–1065; 1068; Warburg Institute, The 15/3, 1104; Wien, Kunsthistorisches Museum 15/3, 1135; Wirtschaftslehre 15/3, 1150–1154; 1156–1157; 1160–1163; Zeitrechnung 15/3, 1177–1180; Zensur 15/3, 1195; Zoologie 15/3, 1198f.; 1200; 1202–1207; 1209; 1211; 1214; 1216–1217; 1219–1221

Aristoxenos [1]*von Tarent *Musiker, Musiktheoretiker, Philosoph und Biograph, 4. Jh. v. Chr.*: Musik 15/1, 570; 578–581; 587; 595–596; 599; Niederlande und Belgien 15/1, 997

Arktinos*von Milet *Epiker*: Laokoongruppe 15/1, 9

Arminius* *Cheruskerfürst*: Deutschland 13, 786; Faschismus 13, 1099; 1104; Geschichtsmodelle 14, 175; Historienmalerei 14, 443; Keltisch-Germanische Archäologie 14, 871; Nationalsozialismus 15/1, 738; 749; Park 15/2, 130; Provinzialrömische Archäologie 15/2, 576; Rom 15/2, 878; Schlachtorte 15/2, 1088ff.; Tacitismus 15/3, 354; Totengespräch 15/3, 521

Arnobius [1]* von Sicca *christl. Polemiker, 3./4. Jh.*: Allegorese 13, 80; Epikureismus 13, 987; Magie 15/1, 258; Niederlande und Belgien 15/1, 1000; 1019; Überlieferung 15/3, 725; Zensur 15/3, 1194

Arrian (Arrianos [2]* von Nikomedeia) *griech. Philosoph und Historiker, geb. um 85-90*: Byzanz 13, 608; Historische Geographie 14, 448; Inschriftenkunde, griechische 14, 599; Klassizismus 14, 976; Philologie 15/2, 267; Schlachtorte 15/2, 1076; 1082; Troja 15/3, 603; Tschechien 15/3, 632; Zoologie 15/3, 1202

Arsenios [1]* *Heiliger*: Theologie und Kirche des Christentums 15/3, 428

Arsinoe [II 3]* *II. Tochter Ptolemaios' I. und Berenikes I.*: Bonn, Rheinisches Landesmuseum und Akademisches Kunstmuseum 13, 531; Boston, Museum of Fine Arts 13, 535

Artemidor (Artemidoros [6]* von Daldis) *Verf. der Abh. zur Traumdeutung, 2. Jh.?*: Arabisch-islamisches Kulturgebiet 13, 171; Traumdeutung 15/3, 552–554

Artemidoros [3]* *griech. Geograph aus Ephesos, 1. Jh. v. Chr.*: Papyri, literarische 15/2, 76; Philologie 15/2, 267

Artemisia [1]* *Teilnehmerin der Schlacht von Salamis*: Halikarnass 14, 333; Türkei 15/3, 648

Artemisia [2]* *Schwester und Gattin des Maussolos*: Frankreich 14, 37; Halikarnass 14, 334ff.; Mausoleum 15/1, 329; 333; Vasen/Vasenmalerei 15/3, 955

Artemon [1]* *griech. Grammatiker, 2. H. 2. Jh. v. Chr.*: Brief, Briefliteratur 13, 541

Artus (Arthur*) *britann. Heerführer, E. des 5. Jh.s*: United Kingdom 15/3, 775

Arusianus* **Messius** *spätant. Rhet.-Lehrer*: Überlieferung 15/3, 724

Aschoka (Aśoka*) *Maurya-Kaiser*: Inschriftenkunde, griechische 14, 606; Pakistan/Gandhara-Kunst 15/2, 36

Asclepius → Asklepios von Tralleis

Asconius* **Pedianus, Q.** *Kommentator der Reden Ciceros, 1. Jh.*: Homer-Vergil-Vergleich 14, 517; Kommentar 14, 1058; 1061; Philologie 15/2, 284

Asinius [I 4]* **Pollio, C.**, *Geschichtsschreiber, Consul 40 v. Chr.*: Philologie 15/2, 283

Asklepiades [1]* von Samos *Epigrammatiker, um 300 v. Chr.*: Epigrammatik 13, 982

Asklepiades [6]* von Bithynien *griech. Arzt in Rom*: Atomistik 13, 339; Terminologie 15/3, 382

Asklepios von Tralleis (Asclepius) *neuplaton. Aristoteleskommentator*: Metaphysik 15/1, 408–409

Aspasia *Frau des Perikles*: Frankreich 15/3, 1257; Türkei 15/3, 648

Aspasios [1]* *Aristoteleskommentator, 2. Jh.*: Kommentar 14, 1063

Asper → Aemilius* Asper
Assurbanipal* *assyr. König*: Altorientalische Philologie und Geschichte 13, 103; 105; London, British Museum 15/1, 222; Orient-Rezeption 15/1, 1219; 1228; 1230; Technikgeschichte 15/3, 366
Assurnasirpal II. (883–859 v.Chr.): New York, Metropolitan Museum 15/1, 978
Astyages* *letzter Mederkönig*: Georgien 14, 135
Athanasios* *Bischof von Alexandreia seit 328*: Akademie 13, 53; Alexandria 13, 63; Bulgarien 13, 570; Byzanz 13, 602; Niederlande und Belgien 15/1, 991; Patristische Theologie/Patristik 15/2, 198; Theologie und Kirche des Christentums 15/3, 414; 426; Zeitrechnung 15/3, 1184
Athanodoros* *Bildhauer aus Rhodos, verm. in der frühen Kaiserzeit tätig*: Laokoongruppe 15/1, 9; Sperlonga 15/3, 182
Athenagoras* *christl. Apologet, 2. Jh.*: Allegorese 13, 80
Athenaios [3]*aus Naukratis *Sophist oder Grammaticus, um 190*: Altertumskunde (Humanismus bis 1800) 13, 87; Bevölkerungswissenschaft/Historische Demographie 13, 488; Mimesislegenden 15/1, 436; Philologie 15/2, 241; 248; 253; Zoologie 15/3, 1200; 1202
Athenais → Eudokia [1]*
Atilius → Regulus
Attalos [5]* II. *König von Pergamon*: Athen 13, 292; 295; 298–299; Pergamon 15/2, 205
Attalos/-us [8]* *Stoiker, Schulhaupt in Rom, 1. Jh.*: Nationale Forschungsinstitute 15/3, 1282; 1285
Atticus (Pomponius [I 5]* Atticus, T.) *Freund Ciceros*: Brief, Briefliteratur 13, 542; Kunsterwerb/Kunstraub 14, 1151; Niederlande und Belgien 15/1, 1010; Park 15/2, 145; Preußen 15/2, 549
Attila* *Hunnenkönig*: Deutschland 13, 764; Epos 13, 1028; Slowenien 15/3, 71; Trajanssäule 15/3, 547; Ungarn 15/3, 752; Weißrußland 15/3, 1108
Augustin → Augustinus*, Aurelius
Augustinus*, Aurelius (Augustin) *Kirchenvater, Theologe, 354–430*: Akademie 13, 41; 53; Allegorese 13, 77; 80–81; Altertumskunde (Humanismus bis 1800) 13, 86; Argumentationslehre 13, 244; Artes liberales 13, 274; Augustinismus 13, 350ff.; Autobiographie 13, 360; 362–363; Babylon 13, 380; Bibliothek 13, 495; Bildung 13, 507–508; 510; Bürger 13, 557; Byzanz 13, 607; Chrêsis 13, 639; Ciceronianismus 13, 647–648; Deutschland 13, 763; Dialog 13, 830–832; 834; Domschule 13, 867; Ehe 13, 923; Enzyklopädie 13, 972; Epikureismus 13, 987; Epochenbegriffe 13, 996; Estland 13, 1049; Frankreich 14, 23;

Frieden 14, 69; Fürstenspiegel 14, 77f.; 83; Gerechtigkeit 14, 143; Geschichtsmodelle 14, 167ff.; Griechisch 14, 303; Herrscher 14, 364; 398; Homiletik/Ars praedicandi 14, 524ff.; Humanismus 14, 542; 545f.; 561; Interpretatio Christiana 14, 624; Irland 14, 643; Island 14, 651; Italien 14, 673; Karthago 14, 847; Klosterschule 14, 980; Knidische Aphrodite 14, 983; Kommentar 14, 1061; Konsolationsliteratur 14, 1080; Körperkultur 14, 1044; Lateinische Komödie 15/1, 65; Lexikographie 15/1, 145; Logik 15/1, 194; Lykanthropie 15/1, 243; Mittellatein 15/1, 448; 452; Mnemonik/Mnemotechnik 15/1, 466; 472; Mönchtum 15/1, 523; 526–527; Musik 15/1, 584; 591; Naturrecht 15/1, 773; Naturwissenschaften 15/1, 795; 821–823; Niederlande und Belgien 15/1, 990; 1009; 1012–1013; 1022; Nobilitas 15/1, 1071; Orient-Rezeption 15/1, 1224; Ottonische Renaissance 15/1, 1257; Paganismus 15/2, 16; Patristische Theologie/Patristik 15/2, 198–199; Philologie 15/2, 283; 309; 313; 15/3, 1316–1317; Philosophia perennis 15/2, 331; 333; Platonismus 15/2, 364; Poetik 15/2, 385; Politische Theorie 15/2, 413–414; 445–447; 450; Portugal 15/2, 525; Praktische Philosophie 15/2, 526ff.; Psychoanalyse 15/2, 596; Redegattungen 15/2, 628; Religionsgeschichte 15/2, 681; 693; Republik 15/2, 717; Rhetorik 15/2, 778; 794ff.; 814ff.; Rom 15/2, 902; Sacrum Imperium 15/2, 1035; Semiotik 15/3, 5; Skeptizismus 15/3, 38ff.; Sprachphilosophie/Semiotik 15/3, 221ff.; Stoizismus 15/3, 298ff.; Stützfiguren/Erechtheionkoren 15/3, 326; Theologie und Kirche des Christentums 15/3, 414; 418ff.; 435; 439–441; Theorie/Praxis 15/3, 464; Triumphbogen 15/3, 589; Tschechien 15/3, 641; Typologie 15/3, 678; Tyrannis 15/3, 687; 692; United Kingdom 15/3, 786; 788; 790; 799; United States of America 15/3, 837; Universität 15/3, 887–889; Verskunst 15/3, 1008–1009; Völkerrecht 15/3, 1045; Zoologie 15/3, 1205; 1210; Zoroastres/Zoroastrismus 15/3, 1230

Augustus*: Apotheose 13, 159–160; Athen 13, 291; 297; 299; Bevölkerungswissenschaft/Historische Demographie 13, 485; 488; Cäsarismus 13, 628; Deutschland 13, 761; 764; 786; 818; 821; 823; Diktatur 13, 856; Druckwerke 13, 891; Enzyklopädie 13, 969; 972; Epochenbegriffe 13, 996; 1000; 1006; 1008; 1010; 1012–1013; Epos 13, 1032–1033; Erbrecht 13, 1037; 1040; Faschismus 13, 1084; 1086; 1088; 1099–1100; 1102; 1104; Fälschung 13, 1080; Frankreich 14, 43; Georgien 14, 136; Geschichtsmodelle 14, 161;

Geschichtswissenschaft/Geschichtsschreibung 14, 200; 208; 216; Herrscher 14, 363ff.; 396ff.; Horoskope 14, 534; Inschriftenkunde, griechische 14, 593f.; 604; Istituto (Nazionale) di Studi Romani 14, 653ff.; Italien 14, 670; Klassik als Klassizismus 14, 892ff.; Klassizismus 14, 961ff.; Körperkultur 14, 1044; Kunsterwerb/Kunstraub 14, 1149ff.; Lateinische Inschriften 15/1, 53; Medien 15/1, 359; Monarchie 15/1, 538; Münze, Münzwesen 15/1, 558; Nationalsozialismus 15/1, 732; 734–735; 748ff.; Naturwissenschaften 15/1, 842; 849; New York, Metropolitan Museum 15/1, 957; 963; Niederlande und Belgien 15/1, 1027; 1037; Nobilitas 15/1, 1074; Numismatik 15/1, 1106–1107; 1110; 1116; 1127; Orient-Rezeption 15/1, 1202; Österreich 15/1, 1138; 15/3, 1296; Philologie 15/2, 318; Porträt 15/2, 496; 498; Preußen 15/2, 557; Provinzialrömische Archäologie 15/2, 573; Rezeptionsformen 15/2, 761; Rom 15/2, 844; 853; 864; 871; 875; 880; 888; 894ff.; 918; 928; 933; Sacrum Imperium 15/2, 1035; Sperlonga 15/3, 187; Staufische Renaissance 15/3, 273; 278f.; Triumphbogen 15/3, 590; Troja 15/3, 602; Türkei 15/3, 672; United Kingdom 15/3, 811; 819; 823; Überlieferung 15/3, 698; Wien, Kunsthistorisches Museum 15/3, 1132; Zensur 15/3, 1196

Aulus Gellius (Gellius [6]*) *Verf. der Noctes Atticae, 2. Jh.*: Altertumskunde (Humanismus bis 1800) 13, 86; Anakreontische Dichtung, Anakreontik 13, 130; Epochenbegriffe 13, 1011; Klassik als Klassizismus 14, 888; Literaturkritik 15/1, 183; Panegyrik 15/2, 53; Philologie 15/2, 279; 288–289; 15/3, 1317; Zeitrechnung 15/3, 1186; 1189

Aurelian (Aurelianus [3]*) *röm. Kaiser*: Dioskuren vom Monte Cavallo 13, 864; Herrscher 14, 381; Numismatik 15/1, 1108; Rom 15/2, 851; Stadt 15/3, 262

Aurelius [5], **Cotta, C.** *Freund des Volkstribunen M. Livius Drusus*: Allegorese 13, 80

Aurelius Victor (Victor [7]* S. Aurelius) *röm. Geschichtsschreiber, 4. Jh.*: Geschichtsmodelle 14, 168; Geschichtswissenschaft/Geschichtsschreibung 14, 214; Niederlande und Belgien 15/1, 1027; Rom 15/2, 899

Ausonius*, **Decimus Magnus** *aus Burdigala, Dichter und Politiker, 4. Jh.*: Druiden 13, 901; Epigrammatik 13, 982; Humanismus 14, 543; Kalender 14, 784; Luxemburg 15/1, 236; Makkaronische Dichtung 15/1, 282; Mimesislegenden 15/1, 436; Neulatein 15/1, 930; Niederlande und Belgien 15/1, 1051; Philologie 15/2, 294; 15/3, 1316; Tschechien 15/3, 627; Überlieferung 15/3, 722

Autolycus → Autolykos [3]* von Pitane
Autolykos [3]* **von Pitane** *Mathematiker und Astronom, um 310 v. Chr.*: Arabisch-islamisches Kulturgebiet 13, 169; 183
Avianus* *Verf. einer Fabelsammlung, Anf. 5. Jh.*: Basilika 13, 431; Fabel 13, 1067; Kanon 14, 792; Luxemburg 15/1, 237; Mittellatein 15/1, 454; Schulbuch 15/2, 1101; United Kingdom 15/3, 769
Avitus [2]* **Alcimus Ecdicius** *Bibelepiker, Bischof von Vienne 494*: United Kingdom 15/3, 764; Überlieferung 15/3, 724

B

Babrios* *Fabeldichter*: Schulbuch 15/2, 1101
Bacchius → Bakcheios [2]*
Bakcheios [2]* *Verf. einer Einführung in die Musik*: Humanismus 14, 562; Musik 15/1, 595; 599
Bakchylides* *Chorlyriker, 5. Jh. v. Chr.*: Papyri, literarische 15/2, 71; Papyrologie 15/2, 85; Philologie 15/2, 271; Spanien 15/3, 119; 124; Überlieferung 15/3, 714
Balbinus [1]* *röm. Kaiser*: Numismatik 15/1, 1116
Balbus *Agrimensor*: Landvermessung 15/1, 1
Bar* Kochba *Führer des jüd. Aufstands 132-135*: Tschechien 15/3, 633
Barnabas* *Mitarbeiter des Apostels Paulus*: Interpretatio Christiana 14, 622; Typologie 15/3, 678
Baruch* *Schreiber Jeremias*: Zoroastres/Zoroastrismus 15/3, 1230
Basileios [1]* **der Große** *Theologe und Bischof*: Bulgarien 13, 570; Byzanz 13, 601; Griechenland 14, 279; Griechisch 14, 307; Homiletik/Ars praedicandi 14, 524; Jesuitenschulen 14, 751; Niederlande und Belgien 15/1, 990; 1026; Philosophia perennis 15/2, 331; Rhetorik 15/2, 814; Rußland 15/2, 1015; Spanien 15/3, 110ff.; Theologie und Kirche des Christentums 15/3, 414; 423f.; 426; 429–430; Überlieferung 15/3, 714; Zeitrechnung 15/3, 1184; Zoologie 15/3, 1205
Basilius → Basileios [1]* der Große
Beda* **Venerabilis** *angelsächs. Theologe und Geschichtsschreiber*: Antike 13, 135; Babylon 13, 375; Bibliothek 13, 495; Bildung 13, 506; Epochenbegriffe 13, 997; 1014; Geographie 14, 122; Geschichtsmodelle 14, 169ff.; Geschichtswissenschaft/Geschichtsschreibung 14, 215; Griechisch 14, 298; Imperium 14, 582; Kanon 14, 792; Karolingische Renaissance 14, 831; 835; Lehrgedicht 15/1, 108; Lexikographie 15/1, 139; Limes, Hadrianswall 15/1, 150; Meteorologie 15/1, 416; Naturwissenschaften 15/1, 792; 849;

Pantheon 15/2, 56; Philosophia perennis 15/2, 331; Rom 15/2, 861; Stützfiguren/ Erechtheionkoren 15/3, 326; Theater 15/3, 397; United Kingdom 15/3, 762–766; Überlieferung 15/3, 720; 723; Verskunst 15/3, 1010; Wallfahrt 15/3, 1091; Zeitrechnung 15/3, 1176; Zoologie 15/3, 1213
Belisarios* (Belisar) byz. Feldherr: Schlachtorte 15/2, 1079; United Kingdom 15/3, 819; 826; Überlieferung 15/3, 721
Belsazar* babylon. Prinz: Babylon 13, 373; 378–379; Orient-Rezeption 15/1, 1211; 1225–1226; 1231
Benedikt (Benedictus* von Nursia) Ordensgründer, um 500: Bildung 13, 506; Klosterschule 14, 979f.; Mönchtum 15/1, 523ff.; Pharmakologie 15/2, 216; Rom 15/2, 876
Berenice → Berenike [3]* II.
Berenike [3]* II.: Frankreich 14, 40; Italien 14, 702; Kassel, Staatliche Kunstsammlungen Antikenabteilung 14, 867
Bion [2]* bukolischer Dichter: Niederlande und Belgien 15/1, 996; Spanien 15/3, 119
Bochoris, Pharao um 720 v.Chr.: Zeitrechnung 15/3, 1166
Boëthius*, Anicius Manlius Severinus lat. Schriftsteller und Philosoph, ca. 480-524: Affektenlehre (musikalisch) 13, 21; Allegorese 13, 78–79; 81; Allegorie 13, 85; Argumentationslehre 13, 244–246; Aristotelismus 13, 254; Artes liberales 13, 274; Augustinismus 13, 351; Autobiographie 13, 361–362; Bildung 13, 506–507; Byzanz 13, 607; Deutschland 13, 764; 768; Dialog 13, 830–831; Elegie 13, 943; Enzyklopädie 13, 966; Fälschung 13, 1081; Frankreich 14, 10f.; 25; Fürstenspiegel 14, 77; Griechisch 14, 302ff.; Humanismus 14, 561f.; Irland 14, 643; Italien 14, 658f.; 666ff.; Kommentar 14, 1058ff.; Konsolationsliteratur 14, 1079ff.; Landvermessung 15/1, 1–2; Logik 15/1, 193; Luxemburg 15/1, 237; Lyrik 15/1, 247; Mathematik 15/1, 315; 320; Mittellatein 15/1, 448; 452; 454; Musen 15/1, 564; Musik 15/1, 571ff.; 575; 578–579; 585ff.; Naturphilosophie 15/1, 768; Naturwissenschaften 15/1, 782; 793; Neulatein 15/1, 930; Niederlande und Belgien 15/1, 986; 996; 1048; Ottonische Renaissance 15/1, 1255; 1257; Österreich 15/1, 1134; Philologie 15/2, 280; 313; 15/3, 1317; Polen 15/2, 391; Praktische Philosophie 15/2, 526; 528–529; Querelle des Anciens et des Modernes 15/2, 620; Redegattungen 15/2, 629; Rhetorik 15/2, 773; 776; 795; 809; Satire 15/2, 1070; Sphärenharmonie 15/3, 188; Sprachphilosophie/Semiotik 15/3, 221ff.; Stoizismus 15/3, 299; Terminologie 15/3, 392f.; Theologie und Kirche des Christentums 15/3, 418; 440–442; Tonartenlehre 15/3, 508; Tschechien 15/3, 625; United Kingdom 15/3, 764; 770; 785; 788; Universität 15/3, 884; 887; Überlieferung 15/3, 720; Verskunst 15/3, 1010

Bolos* von Mendes angeblich Schüler Demokrits: Arabisch-islamisches Kulturgebiet 13, 181

Bonifatius Benediktinermönch, »Apostel der Deutschen«, 672/3-754: Überlieferung 15/3, 723; Wallfahrt 15/3, 1088

Boudicca* britann. Fürstin, 1. Jh. n.Chr.: United Kingdom 15/3, 830

Brasidas* spartan. Feldherr: Sparta 15/3, 177

Brennus [1]* Gallierfürst: Park 15/2, 130

Britannicus* Sohn des Kaisers Claudius: Frankreich 14, 40

Brutus (Iunius [I 10]* Brutus, M.) Caesar-Mörder: Fälschung 13, 1080; Frankreich 14, 49; 51; Geflügelte Worte 14, 104; Herrscher 14, 395; Historienmalerei 14, 437; Klassizismus 14, 959; 968ff.; Numismatik 15/1, 1107; Park 15/2, 154; Physiognomik 15/2, 356; Republik 15/2, 715; 720ff.; 728; 732; Revolution 15/2, 745–746; 749; 753; 756; Rom 15/2, 922; Schlachtorte 15/2, 1086; Zeitrechnung 15/3, 1182

Bryaxis* karischer Bildhauer um 350 v.Chr.: Mausoleum 15/1, 329

Bryson Neupythagoreer: Arabisch-islamisches Kulturgebiet 13, 171

Buddha: Pakistan/Gandhara-Kunst 15/2, 34ff.; United States of America 15/3, 868

C

Caecilius [III 4]* Iucundus Argenarius in Pompeji: Pompeji 15/2, 482

Caecina Mavortius Basilius Decius Consul 486: Rom 15/2, 901

Caelius [II 11]* Aurelianus Arzt aus Sicca Veneria, um 400: Geburtshilfe 14, 96; Medizin 15/1, 362; 367; Pharmakologie 15/2, 216; Terminologie 15/3, 382

Caelius, Marcus Grabrelief in Bonn: Bonn, Rheinisches Landesmuseum und Akademisches Kunstmuseum 13, 528

Caesar*, C. Iulius röm. Politiker, Redner und Autor, gest. 44 v.Chr.: Adaptation 13, 9; Alexandria 13, 65; 68; Altsprachlicher Unterricht 13, 124; Athen 13, 297; Autobiographie 13, 361; Bevölkerungswissenschaft/Historische Demographie 13, 483; Cäsarismus 13, 623–626; 628; Ciceronianismus 13, 650; Comics 13, 665; 669; Dänemark 13, 677; Deutschland 13, 812; 818; 820–822; 826; Diktatur 13, 856; 858; 860; Druckwerke 13, 886; Enzyklopädie 13, 972;

Epikureismus 13, 986; Epochenbegriffe 13, 1000; 1009–1010; 1012; Estland 13, 1049; Faschismus 13, 1102; Fälschung 13, 1072; Festkultur/Trionfi 13, 1106; Frankreich 14, 31; 33; 44; 15/3, 1266–1267; Geflügelte Worte 14, 101ff.; Geschichtsmodelle 14, 165; 173; 179; Geschichtswissenschaft/Geschichtsschreibung 14, 204f.; 208f.; Herrscher 14, 363ff.; 393ff.; Historienmalerei 14, 425f.; 439; Historische Geographie 14, 447; Historismus 14, 486ff.; Istituto (Nazionale) di Studi Romani 14, 653; Jesuitenschulen 14, 751; Keltisch-Germanische Archäologie 14, 870; Kitsch 14, 883; Klassizismus 14, 963; Köln 14, 1021f.; Krieg 14, 1111ff.; Kunsterwerb/Kunstraub 14, 1151; Panegyrik 15/2, 50; Park 15/2, 124; 137; 147; Philologie 15/2, 283; 318–319; 15/3, 1317; Politische Theorie 15/2, 432; 434; Preußen 15/2, 544; 557; Provinzialrömische Archäologie 15/2, 573; Religionsgeschichte 15/2, 680; Republik 15/2, 718; Revolution 15/2, 746; Rhetorik 15/2, 803; Rom 15/2, 871; 875; 880; 887; 893ff.; Rumänien 15/2, 1005; Sachbuch 15/2, 1032f.; Schlachtorte 15/2, 1074ff.; 1082; 1085ff.; Schulbuch 15/2, 1103; Sepulchralkunst 15/3, 22; Serbien 15/3, 26; Spanien 15/3, 117; Spiele 15/3, 194; Staufische Renaissance 15/3, 273; 278; Tourismus 15/3, 527; Tragödie/Tragödientheorie 15/3, 537; 539; Trajanssäule 15/3, 547; Triumphbogen 15/3, 589; Troja 15/3, 602; Tschechien 15/3, 629; 635; Türkei 15/3, 649; Tyrannis 15/3, 691; United Kingdom 15/3, 774; 788; 798; 809; 818–819; 823; 826; 829; United States of America 15/3, 836; 842; 876–877; Übersetzung 15/3, 728; Vasen/Vasenmalerei 15/3, 956; Vertonungen antiker Texte 15/3, 1021; Werbung 15/3, 1128; Wirtschaft und Gewerbe 15/3, 1143

Caesarius von Arles (Caesarius [4]* von Arelate) *Bischof und Metropolit von Arelate, um 470-542*: Mönchtum 15/1, 523–524

Caesarius [2]* *Arzt, Bruder des Gregor von Nazianz, 4. Jh.*: Hippokratischer Eid 14, 418

Caligula* *röm. Kaiser*: Fin de siècle 13, 1142; Frankreich 15/3, 1257; 1264; 1271; Kunsterwerb/Kunstraub 14, 1151; Luxemburg 15/1, 236; Medien 15/1, 350; Niederlande und Belgien 15/1, 1054; Unterwasserarchäologie 15/3, 922

Calpurnius [I 11]* *Piso, C. röm. Historiker*: Bibliothek 13, 498

Calpurnius [III 3]* *Siculus, T. bukolischer Dichter*: Frankreich 14, 8; Karolingische Renaissance 14, 820

Candace → Kandake*

Caracalla* *röm. Kaiser*: Faschismus 13, 1102; Rom 15/2, 856; Schweiz 15/2, 1141; Troja 15/3, 603; Wallfahrt 15/3, 1091

Carinus * *röm. Kaiser*: Rom 15/2, 893

Cassianus* *Johannes, Theologe, 360-430/35*: Allegorese 13, 77; Irland 14, 643; Mönchtum 15/1, 523

Cassiodorus* *röm. Politiker und Gelehrter, ca. 490-590*: Antike 13, 137; Artes liberales 13, 274; Augustinismus 13, 351; Bibliothek 13, 494; Bildung 13, 506–507; Briefkunst/Ars dictaminis 13, 545; Chrêsis 13, 639; Enzyklopädie 13, 966; Estland 13, 1046; Geschichtsmodelle 14, 168; 170; 173; Griechisch 14, 304; Handel/Handelswege 14, 349; Irland 14, 643; Italien 14, 658f.; Kampanien 14, 787; Kanon 14, 792; Klosterschule 14, 979; Lateinische Komödie 15/1, 75; Litauen 15/1, 170; Mathematik 15/1, 315; Metaphysik 15/1, 414; Mittellatein 15/1, 448; 452; Mönchtum 15/1, 524; Musik 15/1, 574; 585–586; Naturwissenschaften 15/1, 792; 799; 801; 820; Numismatik 15/1, 1108; Pharmakologie 15/2, 216; Philologie 15/2, 292; 15/3, 1317; Praktische Philosophie 15/2, 528; Redegattungen 15/2, 629; Rhetorik 15/2, 775; Rom 15/2, 874; Sphärenharmonie 15/3, 188; Stadt 15/3, 264; Überlieferung 15/3, 719; 721; 724; Verlag 15/3, 1001; Zoologie 15/3, 1208

Cassius Dio (Cassius [III 1]* L. Cl(audius) C. Dio Cocceianus) *griech. Historiker, um 300*: Bevölkerungswissenschaft/Historische Demographie 13, 482–483; Frankreich 14, 40; Geschichtsmodelle 14, 168; Historische Geographie 14, 448; Niederlande und Belgien 15/1, 1010; Numismatik 15/1, 1107; Philologie 15/2, 249; Pompeji/Rezeption des freigelegten Pompeji in Literatur und Film 15/2, 490; Tragödie/Tragödientheorie 15/3, 538

Cassius [III 2]* *Dionysius Übersetzer des Mago, 1. Jh. v. Chr.*: Zoologie 15/3, 1203f.

Cassius [III 4]* *Felix Arzt und Übersetzer medizin. Schriften, 5. Jh.*: Pharmakologie 15/2, 216

Cassius Longinus → Longinos [1]* Kassios

Cassius Vecellinus → Spurius Cassius

Catilina* *Verschwörer gegen Rom*: Altsprachlicher Unterricht 13, 124; Herrscher 14, 403; Klassizismus 14, 963; Norwegen 15/1, 1086; Tragödie/Tragödientheorie 15/3, 539; United Kingdom 15/3, 809; United States of America 15/3, 842; 877

Cato d.Ä. (Porcius Cato [1]*, M.) *der Ältere, Politiker und Schriftsteller, 234-149 v. Chr.*: Bayern 13, 431; Botanik 13, 537; Fabel 13, 1067; Fälschung 13, 1081; Geschichtsmodelle 14, 164–165; Geschichtswissenschaft/Geschichtsschreibung

14, 205; Landwirtschaft 15/1, 6–7; Philologie 15/2, 317; Politische Theorie 15/2, 422–423; Portugal 15/2, 523; Republik 15/2, 732; Revolution 15/2, 746; Rom 15/2, 920; Schweiz 15/2, 1127; Spanien 15/3, 104; Sparta 15/3, 154; Terminologie 15/3, 381; Troja 15/3, 617; United Kingdom 15/3, 769; 775; United States of America 15/3, 836–837; 844; Verlag 15/3, 1002; Villa 15/3, 1037; Wirtschaftslehre 15/3, 1161; Zoologie 15/3, 1203–1204

Cato d.J. (Porcius [I 7]* Cato (Uticensis), M.): Klassizismus 14, 970; 974; United Kingdom 15/3, 813; United States of America 15/3, 840

Cato Maior → Cato d.Ä.

Cato Minor → Cato d.J.

Cato Uticensis → Cato d.J.

Catull (Valerius Catullus [1]*, C.) *röm. Dichter, 1. Jh. v.Chr.*: Afrika 13, 24; Bibliothek 13, 498; DDR 13, 691; 695; Deutschland 13, 821; 824; Elegie 13, 944–945; Epigrammatik 13, 981–982; 984; Frankreich 14, 29; Gender Studies 14, 114; Italien 14, 671; Klassizismus 14, 972; Kroatien 14, 1120; Lateinamerika 15/1, 35; Lebendiges Latein 15/1, 95; Lyrik 15/1, 247; 250; Niederlande und Belgien 15/1, 986; 999; 1029; 1061; Österreich 15/3, 1297; Philologie 15/2, 267; 294; 305; 307; 15/3, 1316; Preußen 15/2, 551; Rumänien 15/2, 1010; Rußland 15/2, 1026; 1028; Slowakei 15/3, 64; Slowenien 15/3, 72; Spanien 15/3, 107; Tschechien 15/3, 627; 629; 633; Türkei 15/3, 649; Überlieferung 15/3, 721; 725; Übersetzung 15/3, 734; Verskunst 15/3, 1014; 1016; Vertonungen antiker Texte 15/3, 1024; Zeitrechnung 15/3, 1191; Zensur 15/3, 1196–1197

Catull (Catullus [2]* Mimographus) *Mimendichter, 1. Jh.*: Epigrammatik 13, 984

Celsus [7]* **Cornelius, A.** *Enzyklopädist, 1. Jh., u.a. zur Medizin*: Billigkeit 13, 516; Corpus Medicorum 13, 674; Geburtshilfe 14, 95; Humanismus 14, 559; Hysterie 14, 571; Medizin 15/1, 362; 365; Medizingeschichtsschreibung 15/1, 376; Niederlande und Belgien 15/1, 1018; Pharmakologie 15/2, 218

Censorinus [4]* *Grammatiker, 1. H. 3. Jh.*: Landvermessung 15/1, 2; Musik 15/1, 584; Niederlande und Belgien 15/1, 1019–1020

Cestius [I 1]* *Brückenbauer, spätrepublikanische Zeit*: Denkmal 13, 738; Druckwerke 13, 899; Park 15/2, 132; Rom 15/2, 856

Chairemon [2]* *stoischer Philosoph, 1. Jh.*: Entzifferungen 13, 960

Chalcidius (Calcidius*) *christl. Philosoph, 4. Jh.*: Artes liberales 13, 274; Griechisch 14, 302; Luxemburg 15/1, 237; Mathematik 15/1, 315; Mittellatein 15/1, 454; Musik 15/1, 584; 592; Naturphilosophie 15/1, 768; Naturwissenschaften 15/1, 834; Niederlande und Belgien 15/1, 997; 1013; Politische Theorie 15/2, 446ff.; 466; Sphärenharmonie 15/3, 188; Stoizismus 15/3, 299; Überlieferung 15/3, 720

Charisius [3]*, **Flavius Sosipater** *lat. Grammatiker, 4. Jh.*: Figurenlehre 13, 1126; United Kingdom 15/3, 763

Chariton* *griech. Romanautor*: Niederlande und Belgien 15/1, 1004; Papyri, literarische 15/2, 73; Roman 15/2, 944–945; Zeitrechnung 15/3, 1183

Cheops* *Pharao*: Niederlande und Belgien 15/1, 1053; Weltwunder 15/3, 1116

Chephren *Pharao*: Kairo, Ägyptisches Museum 14, 773

Cheramyes *Bildhauer*: Samos 15/2, 1054; 1057

Childerich* I. *Frankenkönig, ca. 436–482*: Altertumskunde (Humanismus bis 1800) 13, 94; Christliche Archäologie 13, 642; Münze, Münzwesen 15/1, 557

Chilperich [2]* *Merowingerkönig, 6. Jh.*: Herrscher 14, 403; Orthographie 15/1, 1246; Stadt 15/3, 264

Chlodio *sagenhafter Frankenkönig*: Troja 15/3, 619

Chlodwig I. (Chlodovechus*) *Merowingerkönig, 5./6. Jh.*: Barock 13, 404; Frankreich 14, 5; Herrscher 14, 406; Schlachtorte 15/2, 1091ff.

Chnumit *äg. Prinzessin*: Kairo, Ägyptisches Museum 14, 777

Choiroboskos *Homerallegoret, 6./7. Jh.*: Allegorese 13, 76

Christus → Jesus*

Chrysipp (Chrysippos [2]*) *stoischer Philosoph, 3. Jh. v.Chr.*: Argumentationslehre 13, 242; Drei Grazien 13, 869; Politische Theorie 15/2, 445; Stoizismus 15/3, 297; 304

Chrysostomus → Dion [I 3] Chrysostomos

Chrysostomus → Iohannes [4]* Chrysostomos

Cicero*, **M. Tullius** *röm. Redner, Philosoph und Politiker, 106–43 v.Chr.*: Afrika 13, 24; Allegorese 13, 80; 82; Altertumskunde (Humanismus bis 1800) 13, 86; Altsprachlicher Unterricht 13, 113; 124; Argumentationslehre 13, 242–244; 246–247; 249; Armenien 13, 272; Aufklärung 13, 346; Barock 13, 402; Bayern 13, 431; 433–434; 439; Bevölkerungswissenschaft/Historische Demographie 13, 482; Bibliothek 13, 495–496; 498; Bildung 13, 506–507; 510; 512; Billigkeit 13, 517; Brief, Briefliteratur 13, 542–543; Briefkunst/Ars dictaminis 13, 549; Bürger 13, 559; Byzanz 13, 607; Chrêsis 13, 639; Christliche Archäologie 13, 646ff.; Comics 13, 665; Dänemark 13, 680; Deutschland

13, 793; 826; Dialektik 15/3, 1251; Dialog 13, 829–834; Diktatur 13, 857; Eklektik 13, 939; Enzyklopädie 13, 972; Epigrammatik 13, 981; Epikureismus 13, 986; Epochenbegriffe 13, 1001–1002; 1008–1010; 1012–1013; Estland 13, 1046–1047; 1049; Faschismus 13, 1088; Fälschung 13, 1080; 1082–1083; Figurenlehre 13, 1124; 1126; 1128; Finnland 13, 1149–1151; Frankreich 14, 8; 22ff.; 29; 33; 36; 44; 15/3, 1260; Fürstenspiegel 14, 78ff.; Georgien 14, 136; Gerechtigkeit 14, 143; Geschichtsmodelle 14, 164; 172; 175; Geschichtswissenschaft/Geschichtsschreibung 14, 186; 204ff.; Geschmack 14, 217; Historienmalerei 14, 426; Homiletik/Ars praedicandi 14, 524; 527; Humanismus 14, 540ff.; 555f.; 560; Imitatio 14, 574f.; Italien 14, 663f.; 666ff.; 679; Jesuitenschulen 14, 750f.; Judentum 14, 755; Kampanien 14, 787; Kanon 14, 792; Karolingische Renaissance 14, 820; Klassizismus 14, 971ff.; Kommentar 14, 1058ff.; Konsolationsliteratur 14, 1079f.; Körperkultur 14, 1044f.; Kunsterwerb/Kunstraub 14, 1151; Lateinamerika 15/1, 23; 29; 31; 34; 39; Lateinische Komödie 15/1, 72; Lebendiges Latein 15/1, 93; Lehrplan 15/1, 112; Leichenrede 15/1, 116; Litauen 15/1, 173; 176; Literaturkritik 15/1, 178; 180; Loci communes 15/1, 186; Logik 15/1, 196–197; Luxemburg 15/1, 237–240; Mathematik 15/1, 315; Menschenrechte 15/1, 385–387; Metapher/Metapherntheorie 15/1, 404; Meteorologie 15/1, 416; Mischverfassung 15/1, 442; Mittellatein 15/1, 448; 453–455; 457; Mnemonik/Mnemotechnik 15/1, 466; 468; Monarchie 15/1, 540; Mythologie 15/1, 614; 617; Mythos 15/1, 643; Naturphilosophie 15/1, 768; Naturrecht 15/1, 773–774; Naturwissenschaften 15/1, 801; Neulatein 15/1, 925–926; 928–929; 935; 943; Niederlande und Belgien 15/1, 986; 991; 994; 996; 1004–1005; 1007–1008; 1010; 1013; 1019–1020; 1024; 1029; 1044; 1048; Nobilitas 15/1, 1071; 1079; Norwegen 15/1, 1085; Numismatik 15/1, 1108; Ottonische Renaissance 15/1, 1257; Österreich 15/1, 1134; Panegyrik 15/2, 52; Park 15/2, 137; 144; 147; Parnaß 15/2, 178; Philologie 15/2, 247; 279; 283–285; 287; 289–291; 300; 307; 309–310; 314–315; 321; 15/3, 1312; 1316–1317; 1319; Philologisches Seminar 15/2, 328; Philosophie 15/2, 342; Physiognomik 15/2, 355; Poeta Vates 15/2, 379ff.; Poetik 15/2, 384; 387; Polen 15/2, 395–396; 405; 407; Politische Theorie 15/2, 416; 419–421; 432; 445–446; 450–451; Portugal 15/2, 518–519; Praktische Philosophie

15/2, 526ff.; Preußen 15/2, 541; 549–550; Prüfungsordnungen 15/2, 583; Redegattungen 15/2, 628ff.; 644; Religionskritik 15/2, 700; Republik 15/2, 715; 731; Revolution 15/2, 742; Rhetorik 15/2, 772ff.; 782ff.; 813; 817ff.; Rumänien 15/2, 1011; Rußland 15/2, 1017; Schweiz 15/2, 1127–1128; 1131; 1135; 1150; Serbien 15/3, 26ff.; Skeptizismus 15/3, 38ff.; Slowakei 15/3, 63ff.; Spanien 15/3, 106; 117; Sphärenharmonie 15/3, 189; Staufische Renaissance 15/3, 272; 274; Stil, Stilanalyse, Stilentwicklung 15/3, 290; Stoizismus 15/3, 298ff.; Tacitismus 15/3, 353; Thukydidismus 15/3, 484; Tschechien 15/3, 627–629; 642; Tyrannis 15/3, 686–687; 689; 691–692; Ukraine 15/3, 745; Ungarn 15/3, 750–751; 755; United Kingdom 15/3, 763; 770; 786–787; 798; 800; 812; United States of America 15/3, 836; 840–841; 861; Universität 15/3, 884; 892; 894–897; Ut pictura poesis 15/3, 931; Überlieferung 15/3, 712; 717; 719; 724; Übersetzung 15/3, 732; 736; Verfassung 15/3, 972ff.; Verfassungsformen 15/3, 982; Verlag 15/3, 1002; Vorsokratiker 15/3, 1063; Völkerrecht 15/3, 1043–1045; Wirtschaftslehre 15/3, 1156; Zeitrechnung 15/3, 1182; 1191; Zensur 15/3, 1195; 1197; Zoologie 15/3, 1200

Cincinnatus (Quinctius [I 7]* Cincinnatus, L.) *röm. Dictator 458 und 439 v. Chr*: Abguß/Abgußsammlung 13, 4; Politische Theorie 15/2, 423; Revolution 15/2, 745; United States of America 15/3, 840–841; 854

Cinna (Helvius [I 3]* Cinna, C.) *Verf. der ›Zmyrna‹, 1. Jh. v. Chr.*: Frankreich 14, 40; Kommentar 14, 1057

Claudian (Claudianus [2]*, Claudius) *griech.-lat. Dichter, um 400*: Bildung 13, 507; Byzanz 13, 602; Europa 13, 1059; Geschichtsmodelle 14, 163; Geschichtswissenschaft/Geschichtsschreibung 14, 214; Mittellatein 15/1, 454–455; Niederlande und Belgien 15/1, 999–1000; 1024; Philologie 15/2, 293–294; 313; Porträtgalerie 15/2, 512; Rom 15/2, 873–874; 901; Slowakei 15/3, 64; Tschechien 15/3, 627; Ungarn 15/3, 752; United Kingdom 15/3, 785; Überlieferung 15/3, 724; Zeitrechnung 15/3, 1191

Claudius Marcellus → Marcus Marcellus

Claudius Nero Drusus → Drusus Maior

Claudius [III 1]* *röm. Kaiser 41–54*: Frankreich 15/3, 1265; Numismatik 15/1, 1119; Orthographie 15/1, 1246; Spanien 15/3, 151; Śrī Laṅkā 15/3, 251; United Kingdom 15/3, 819; 826; Wien, Kunsthistorisches Museum 15/3, 1133

Clemens von Alexandrien (Clemens [3]* Flavius, T.) *christl. Philosoph, um 200*: Alexandria 13, 63;

Allegorese 13, 77; Chrêsis 13, 638; Eklektik 13, 939; Entzifferungen 13, 960; Fälschung 13, 1082; Griechisch 14, 304; Interpretatio Christiana 14, 623; Knidische Aphrodite 14, 983; Metaphysik 15/1, 411; 413; Neuhumanismus 15/1, 922; Niederlande und Belgien 15/1, 1000; 1026; Philologie 15/2, 238; 241–242; Philosophia perennis 15/2, 331; 333–334; Platonismus 15/2, 364; Religionsgeschichte 15/2, 680; Sozialismus 15/3, 97; Theorie/Praxis 15/3, 464; Zeitrechnung 15/3, 1184; Zoologie 15/3, 1204
Cleopatra → Kleopatra [II 12]* VII.
Coelestinus I. *Bischof von Rom, 5. Jh.*: Überlieferung 15/3, 722
Columbanus von Bobbio: Mönchtum 15/1, 523; Überlieferung 15/3, 723
Columella* *Agrarschriftsteller, 1. Jh.*: Arabisch-islamisches Kulturgebiet 13, 179; 181; Botanik 13, 537; Karolingische Renaissance 14, 820; Landvermessung 15/1, 2; Landwirtschaft 15/1, 6–7; Park 15/2, 125; Philologie 15/3, 1317; Spanien 15/3, 127; Villa 15/3, 1037; Wirtschaftslehre 15/3, 1150; 1152; 1161; Zoologie 15/3, 1204
Commodianus* *christl. lat. Dichter*: Lehrgedicht 15/1, 109; Verskunst 15/3, 1009; 1013
Commodus* *röm. Kaiser*: Abguß/Abgußsammlung 13, 3; Geschichtswissenschaft/Geschichtsschreibung 14, 216; Numismatik 15/1, 1121; Park 15/2, 127; Rom 15/2, 898; Zeitrechnung 15/3, 1188
Constans [1]* Flavius Iulius *röm. Kaiser*: Deutsches Archäologisches Institut 13, 755
Constans [2]* II. *byz Kaiser*: Athen 13, 280; Rom 15/2, 844
Constantinus I. → Konstantin d.Gr.
Constantius [1]* I. Flavius Valerius, Chlorus *röm. Kaiser*: Luxemburg 15/1, 236; Numismatik 15/1, 1123f.; Schweiz 15/2, 1127; Trier 15/3, 563; Verlag 15/3, 1002
Constantius [2]* II. *röm. Kaiser*: Bibliothek 13, 495
Coriolan (Coriolanus*, Marcius) *röm. Feldherr um 500 v.Chr.*: DDR 13, 692; Deutschland 13, 826; Klassizismus 14, 963; Österreich 15/1, 1144; Rom 15/2, 893; United Kingdom 15/3, 809; 816; Überlieferung 15/3, 698
Corippus*, Flavius Cresconius *lat. Epiker, 6. Jh.*: Überlieferung 15/3, 721
Cornelius Celsus → Celsus [7]* Cornelius, A.
Cornelius Fronto → Fronto
Cornelius Gallus → Gallus
Cornelius Nepos → Nepos [2]*
Cornelius Scipio → Scipio Africanus
Cornelius Sulla → Sulla

Cornutus [4]*, L. Annaeus *stoischer Philosoph und Gelehrter, 1. Jh.*: Allegorese 13, 76; 80; Kommentar 14, 1059
Cotta → Aurelius [5]* Cotta, C.
Crassicius* Pasicles (Pansa), L. aus Tarent *kommentierte Cinnas Zmyrna, E. 1. Jh. v.Chr.*: Kommentar 14, 1057
Curtius Rufus (Curtius [II 8]* Rufus, Q.) *Verf. einer Alexander-Monographie, 1. Jh.?*: Bayern 13, 432; Fälschung 13, 1083; Frankreich 14, 11; Geschichtsmodelle 14, 171; 175; Jesuitenschulen 14, 751; Neulatein 15/1, 939; Orient-Rezeption 15/1, 1223; Philologie 15/2, 288; Revolution 15/2, 742; Schlachtorte 15/2, 1081; Tschechien 15/3, 629; United Kingdom 15/3, 765
Cyprianus [1]* Gallus *Heptateuchdichter*: Fürstenspiegel 14, 77
Cyprianus [2]* Thascius Caecili(an)us *Theologe, Bischof von Karthago 248/9*: Geschichtsmodelle 14, 166; Imperium 14, 579; Karthago 14, 847; Niederlande und Belgien 15/1, 990; Philologie 15/3, 1317; Sozialismus 15/3, 97; Wallfahrt 15/3, 1087
Cyrillus → Kyrillos
Cyrus → Kyros [2]*

D
Dagobert *fränk. Herrscher*: Sepulchralkunst 15/3, 17
Damarete [1]* *Frau des Gelon von Syrakus*: Numismatik 15/1, 1104
Damasippos → Licinius [I 17]* Crassus Damasippus
Damaskios* *Neuplatoniker, letzter Akademieleiter in Athen, 5./6. Jh.*: Alexandria 13, 63; Byzanz 13, 594; Kommentar 14, 1063; Metaphysik 15/1, 410–412
Damasus* *Bischof von Rom, 305-384*: Griechisch 14, 303; Lateinische Inschriften 15/1, 51
Damokles* *Höfling des Dionysios I.*: Moderne 15/1, 509; Slowakei 15/3, 67
Damon [3]* *Sophist und Musiktheoretiker, 5./4. Jh. v.Chr.*: Stil, Stilanalyse, Stilentwicklung 15/3, 290
Dareios [1]* I. *Perserkönig 522-486 v.Chr.*: Historienmalerei 14, 424; 433; Iranistik 14, 636; Nationalsozialismus 15/1, 739; Niederlande und Belgien 15/1, 1055; Numismatik 15/1, 1125; Orient-Rezeption 15/1, 1211
Dareios [3]* III. *letzter Achaimenidenkönig*: Schlachtorte 15/2, 1083; Slowakei 15/3, 67
Dares Phrygius → Dares [3]*
Dares [3]* (Dares Phrygius) *angebl. Augenzeuge des Troian. Krieges*: Adaptation 13, 8–9; Fälschung 13, 1081; Frankreich 14, 14; Island 14, 651; Troja 15/3, 598–601; 617; United Kingdom 15/3, 779–780; Übersetzung 15/3, 730

Darius I. → Dareios [1]* I.
Darius III. → Dareios [3]* III.
David [1]* *König*: Fürstenspiegel 14, 77; Geschichtsmodelle 14, 167; Herrscher 14, 364; 389ff.; Jerusalem 14, 725; 732; Karolingische Renaissance 14, 820; Kroatien 14, 1119; Krone 14, 1124; Niederlande und Belgien 15/1, 1037; 1043; 1049; Parabel 15/2, 104; Spanien 15/3, 130; United Kingdom 15/3, 774; Vasen/Vasenmalerei 15/3, 955; Wallfahrt 15/3, 1086
David [2]* *von Armenien Aristoteles-Kommentator, 6. Jh.*: Arabische Medizin 13, 185; Kommentar 14, 1063
Decius → Flavius Decius
Decius [II 1]*, C. Messius Quintus Traianus *röm. Kaiser*: Wallfahrt 15/3, 1080
Demetrios [18]* *Bischof von Alexandreia*: Briefkunst/Ars dictaminis 13, 549
Demetrios [2]* *Poliorketes*: Athen 13, 301; Numismatik 15/1, 1126; Rhodos 15/3, 1328; 1330
Demetrios [34]* *Skepsios Gelehrter, 2. Jh. v.Chr.*: Troja 15/3, 603
Demetrios [4]* *von Phaleron Politiker und Philosoph, 4. Jh. v.Chr.*: Bevölkerungswissenschaft/Historische Demographie 13, 490; Geschichtsmodelle 14, 163; Rhetorik 15/2, 773–774; Zeitrechnung 15/3, 1179
Demetrios [17]* *von Thessalonike Märtyrer und Stadtpatron*: Wallfahrt 15/3, 1083; 1088
Demokles aus Phygela *Geograph*: Historische Geographie 14, 446
Demokrit (Demokritos [1]* von Abdera) *Philosoph, Atomist, 2. H. 5. Jh. v.Chr.*: Arabisch-islamisches Kulturgebiet 13, 170; Atomistik 13, 339; Bulgarien 13, 570; Entzifferungen 13, 958; Epikureismus 13, 994; Epochenbegriffe 13, 1001; Georgien 14, 135; Geriatrie 14, 148; Geschichtsmodelle 14, 162; Marxismus 15/1, 296f.; Melancholie 15/1, 380f.; Naturphilosophie 15/1, 768; Philosophie 15/2, 341; Politische Theorie 15/2, 429; Serbien 15/3, 25; Stoizismus 15/3, 298; Ukraine 15/3, 745; Vorsokratiker 15/3, 1062–1065; 1068; Weißrußland 15/3, 1109; Zoologie 15/3, 1220
Demosthenes [2]* *attischer Redner und Politiker, 4. Jh. v.Chr.*: Armenien 13, 272; Athen 13, 279; 286; Demokratie 13, 722; Deutschland 13, 780; Estland 13, 1046; 1049; Figurenlehre 13, 1124; Frankreich 14, 29; 33; 44ff.; Geschichtswissenschaft/Geschichtsschreibung 14, 193; Homiletik/Ars praedicandi 14, 529; Irland 14, 646; Jesuitenschulen 14, 751; Kroatien 14, 1120; Lateinamerika 15/1, 34; Makedonien/Mazedonien 15/1, 281;

Niederlande und Belgien 15/1, 991; Papyri, literarische 15/2, 73; 77; Papyrologie 15/2, 85; Philologie 15/2, 248; 265; Polen 15/2, 396; Politische Theorie 15/2, 432; Redegattungen 15/2, 635; Revolution 15/2, 745; 749; Rhetorik 15/2, 773; 797; Spanien 15/3, 108f.; Tschechien 15/3, 641; Ungarn 15/3, 750; United States of America 15/3, 869; Universität 15/3, 895; Überlieferung 15/3, 714; 716; Übersetzung 15/3, 727; 730; Zeitrechnung 15/3, 1181–1182
Dexileos *394 v.Chr. gefallener Athener*: Zeitrechnung 15/3, 1168
Dexippos [2]* *P. Herennius D. athen. Historiker, 3. Jh.*: Geschichtsmodelle 14, 167
Diagoras [2]* *lyrischer Dichter aus Melos, 5. Jh. v.Chr.*: Religionskritik 15/2, 700
Dictys* *Cretensis* (Diktys von Kreta) *fingierter Verf. eines Troia-Romans*: Adaptation 13, 8; Fälschung 13, 1081; Frankreich 14, 14; Troja 15/3, 598; 600; 617; United Kingdom 15/3, 779–780; Übersetzung 15/3, 730
Didymos [1]* *aus Alexandreia griech. Grammatiker und Musiktheoretiker, 2. H. 1. Jh. v.Chr.*: Papyrologie 15/2, 94; Zoologie 15/3, 1207f.
Didymos [5]* *der Blinde Theologe aus Alexandreia*: Griechisch 14, 304; Theologie und Kirche des Christentums 15/3, 423
Dikaiarchos* *von Messene, Schüler des Aristoteles, 4. Jh. v.Chr.*: Geographie 14, 125; Zeitrechnung 15/3, 1180
Diktys von Kreta → Dictys* Cretensis
Dindimus (Dandamis*) *ind. Weiser*: United Kingdom 15/3, 777; Überlieferung 15/3, 724
Dio Cassius → Cassius Dio
Diocletian → Diokletian
Diodor (Diodoros [18]* Siculus) *griech. Universalhistoriker*: Babylon 13, 378; Bevölkerungswissenschaft/Historische Demographie 13, 483; Byzanz 13, 607; Dänemark 13, 680; Deutschland 13, 798; Entzifferungen 13, 960; Geschichtsmodelle 14, 161–162; Geschichtswissenschaft/Geschichtsschreibung 14, 193; Marxismus 15/1, 300; Niederlande und Belgien 15/1, 1005; Numismatik 15/1, 1105; Orient-Rezeption 15/1, 1195; Philologie 15/2, 250; Rhodos 15/3, 1329; Zoologie 15/3, 1222
Diodoros Kronos (Diodoros [4]*) *Sohn des Ameinias, 4./3. Jh. v.Chr.*: Luxemburg 15/1, 241
Diodoros Pasparos *pergamenischer Heros*: Pergamon 15/2, 208ff.
Diodoros [14]* *aus Tarsos griech. Grammatiker und Epigrammatiker, alex. Zeit*: Allegorese 13, 77
Diogenes Laertius (Diogenes [17]* Laertios) *Verf. einer Gesch. der griech. Philosophie, 3. Jh.*: Atomistik 13, 339; Eklektik 13, 939; Epikureismus

13, 987; 994; Griechisch 14, 301; Kynismus 14, 1155ff.; Naturphilosophie 15/1, 770; Niederlande und Belgien 15/1, 1004; Philologie 15/2, 249; Philosophie 15/2, 339; 342; Sizilien 15/3, 35; Skeptizismus 15/3, 38; Spanien 15/3, 119; Sprachphilosophie/Semiotik 15/3, 225; Tschechien 15/3, 642; Vorsokratiker 15/3, 1064; Zoroastres/Zoroastrismus 15/3, 1229

Diogenes [14]* *von Sinope griech. Philosoph*: Arabisch-islamisches Kulturgebiet 13, 167; Kynismus 14, 1154ff.; Park 15/2, 139; Philosophie 15/2, 345–346; Tschechien 15/3, 633

Diokles [6]* *von Karystos griech. Arzt, 4./3. Jh. v. Chr.*: Botanik 13, 537; Medizingeschichtsschreibung 15/1, 375

Diokletian (Diocletianus*) *röm. Kaiser*: Aizanoi 13, 37; Bibliothek 13, 495; Cäsarismus 13, 625; DDR 13, 692; Druckwerke 13, 893; Epochenbegriffe 13, 997; 1000; 1007; 1014; Finnland 13, 1149; Frankreich 15/3, 1264; Geld/Geldwirtschaft/Geldtheorie 14, 105; 109; Herrscher 14, 379; Inschriftenkunde, griechische 14, 594; 605; Klassizismus 14, 955; 975; Lateinische Inschriften 15/1, 50; Nobilitas 15/1, 1073; Papyri, literarische 15/2, 78; Papyrologie 15/2, 87; Park 15/2, 132; Provinzialrömische Archäologie 15/2, 573; Rom 15/2, 865; 928; 930; Serbien 15/3, 26; Vulgarismusforschung/Vulgarrecht 15/3, 1072; Wallfahrt 15/3, 1080; Zensur 15/3, 1194; Zypern 15/3, 1235

Diomedes [4]* *lat. Grammatiker, 2. H. 4. Jh.*: Dialog 13, 830; Epos 13, 1016; Figurenlehre 13, 1126; Gattung/Gattungstheorie 14, 89; 91; Lehrgedicht 15/1, 108; Mittellatein 15/1, 455; United Kingdom 15/3, 763; Überlieferung 15/3, 724

Dion Chrysostomos (Dion [I 3]* Cocceianus von Prusa) *Redner und Philosoph, 1. Jh.*: Philologie 15/2, 241; 249; Politische Theorie 15/2, 463; 468; Zeitrechnung 15/3, 1182

Dion [I 1]* *Freund Platons, 4. Jh. v. Chr.*: Zeitrechnung 15/3, 1182

Dionysios [1]* *I. von Syrakus*: Kunsterwerb/Kunstraub 14, 1149; Numismatik 15/1, 1124; Tschechien 15/3, 633; Tyrannis 15/3, 692

Dionysios [29]* *Vogelkundler*: Überlieferung 15/3, 714

Dionysios [55]* *Exiguus Kanonist, Komputist und Übersetzer, um 470–vor 556*: Geschichtsmodelle 14, 169; Griechisch 14, 303–304; Zeitrechnung 15/3, 1176

Dionysios [27]* *Peri(h)egetes aus Alexandreia, Autor einer geogr. Dichtung, um 100*: Byzanz 13, 607

Dionysios [13]* *Skytobrachion griech. Grammatiker und Mythograph, 3. Jh. v. Chr.*: Papyri, literarische 15/2, 76

Dionysios [17]* *Thrax griech. Philologe und Grammatiker, ca. 180/170 bis ca. 90 v. Chr.*: Armenien 13, 270; Kommentar 14, 1063; Literaturkritik 15/1, 178; 180; Philologie 15/2, 249; Schulbuch 15/2, 1101; Sprachwissenschaft 15/3, 228; Überlieferung 15/3, 714

Dionysios [18]* *von Halikarnassos griech. Historiker und Rhet.-Lehrer in Rom, 1. Jh. v. Chr.*: Ekphrasis 13, 940; Etruskerrezeption 13, 1050; Figurenlehre 13, 1124; Geschichtsmodelle 14, 163; 170; Leichenrede 15/1, 115; 117; Redegattungen 15/2, 645; Rhetorik 15/2, 774; Stil, Stilanalyse, Stilentwicklung 15/3, 290f.; Zeitrechnung 15/3, 1181

Dionysius Areopagita (Dionysios [54]*, i.e. (Ps.)-D. Areopagites): Byzanz 13, 601–603; Fälschung 13, 1082; Frankreich 14, 7; 12; Fürstenspiegel 14, 78; Griechisch 14, 301; 304; 308; Italien 14, 661f.; Metaphysik 15/1, 411–412; Naturphilosophie 15/1, 768; Niederlande und Belgien 15/1, 1026; Philosophia perennis 15/2, 331; Politische Theorie 15/2, 467; Praktische Philosophie 15/2, 526; Theologie und Kirche des Christentums 15/3, 425–426; 432

Dionysius von Halicarnassus → Dionysios [18]* von Halikarnassos

Diophanes *Autor aus Nikaia, 1. Jh. v. Chr.*: Landwirtschaft 15/1, 6

Diophantos [4]* *Mathematiker, um 250*: Arabisch-islamisches Kulturgebiet 13, 169; Byzanz 13, 605; Kommentar 14, 1065; Landvermessung 15/1, 1; Mathematik 15/1, 316–317; 319–320; Philologie 15/2, 241

Dioskoros [2]* *koptischer Anwalt und Dichter, 6. Jh.*: Papyri (Fundgeschichte) 15/2, 67

Dioskurides → Pedanios* Dioskurides

Diotogenes* *Autor ps.-pythag. Traktate*: Politische Theorie 15/2, 463

Domitian (Domitianus [1]*) *röm. Kaiser, geb. 51 n. Chr.*: Niederlande und Belgien 15/1, 1053f.; Numismatik 15/1, 1107; Physiognomik 15/2, 356; Pompeji/Rezeption des freigelegten Pompeji in Literatur und Film 15/2, 492; Rezeptionsformen 15/2, 764; Rom 15/2, 848; 894; 897; 915; United Kingdom 15/3, 809; Villa 15/3, 1039; Zeitrechnung 15/3, 1183; Zensur 15/3, 1194

Donat (Donatus [3]* Aelius) *lat. Grammatiker, 4. Jh.*: Allegorese 13, 78; Bildung 13, 506; Dialog 13, 830; Estland 13, 1046; Figurenlehre 13, 1126–1128; Frankreich 14, 6; 11; Griechisch 14, 300; Homer-Vergil-Vergleich 14, 517; Iranistik 14, 635; Island 14, 651;

Kommentar 14, 1058f.; Komödie 14, 1069; Lateinische Komödie 15/1, 66–67; 75; Litauen 15/1, 175; Literaturkritik 15/1, 181; Mittellatein 15/1, 449; 452; Niederlande und Belgien 15/1, 986; 988; Philologie 15/2, 279; Schweiz 15/2, 1126; Sprachphilosophie/ Semiotik 15/3, 221ff.; Sprachwissenschaft 15/3, 229; Tragödie/Tragödientheorie 15/3, 535; Verlag 15/3, 1001; Verslehre 15/3, 1020

Donat (Donatus [4]*, Ti. Claudius) *Verf. eines Komm. zu Vergils Aeneis, um 400*: Kommentar 14, 1058ff.; Zeitrechnung 15/3, 1190

Dorion *Autor eines Fischkochbuchs, 1. Jh. v. Chr.*: Zoologie 15/3, 1200

Dorotheos [5]*aus Sidon *Astrologe, 1. Jh.*: Arabisch-islamisches Kulturgebiet 13, 170; Naturwissenschaften 15/1, 833

Dorotheos [6]* *Presbyter in Antiocheia, um 290*: Papyri, literarische 15/2, 76

Dosiadas* *Epigrammatiker*: Figurengedicht 13, 1115

Dositheus* *lat. Grammatiker, E, 4. Jh.?*: Griechisch 14, 300

Dracontius [3]* Blossius Aemilius *Advokat in Karthago, lat. Dichter, spätes 5. Jh.*: Lateinische Tragödie 15/1, 83; United Kingdom 15/3, 764

Drakon [2]* *athen. Gesetzgeber, 7. Jh. v. Chr.*: Revolution 15/2, 745

Drusus Maior (Claudius [II 24]* Nero C. Drusus): Mainz 15/1, 263

Duris [3]* von Samos *Theophrastschüler, Tyrann von Samos, Schriftsteller, ca. 340–270 v. Chr.*: Geschichtsmodelle 14, 161; 179; Künstlerlegenden 14, 1126

E

Echnaton (Amenophis [4]* IV.): Berlin 13, 473; Kairo, Ägyptisches Museum 14, 775; New York, Metropolitan Museum 15/1, 963; 970; Zeitrechnung 15/3, 1175

Eirenaios → Irenaeus

Ekphantos [2]* *Pythagoreer aus Syrakus, 4. Jh. v. Chr.?*: Politische Theorie 15/2, 463

Elagabal [2]*, Imperator Caesar M. Aurelius Antoninus Augustus (Heliogabal) *röm. Kaiser*: Fin de siècle 13, 1142; 1144; Frankreich 15/3, 1265; Historienmalerei 14, 440; Neohumanismus 15/1, 887; Niederlande und Belgien 15/1, 1053; Paganismus 15/2, 26; Rom 15/2, 917; 921; United Kingdom 15/3, 804

Elias II. (Helias) *Bischof von Jerusalem, 8. Jh.*: Anakreontische Dichtung, Anakreontik 13, 131

Eliezer* ben Hyrkanos *Rabbi, um 100*: Vasen/ Vasenmalerei 15/3, 955

Empedokles [1]* von Agrigent *Vorsokratiker, ca. 490–430 v. Chr.*: Deutschland 13, 827; Fin de siècle 13, 1143; Magie 15/1, 258; Naturwissenschaften 15/1, 853–854; Papyri, literarische 15/2, 74; Papyrologie 15/2, 85; Poetik 15/2, 390; Portugal 15/2, 525; Psychoanalyse 15/2, 593; Tragödie/Tragödientheorie 15/3, 541; Vorsokratiker 15/3, 1064–1066

Emporius *lat. Rhetor*: Argumentationslehre 13, 244

Endelechius* *aus Gallien, Rhetor in Rom 395*: Rom 15/2, 902

Ennius [1]* Q. *röm. Epiker und Dramatiker, 3./2. Jh. v. Chr.*: Dialog 13, 830; Epigrammatik 13, 982; Lateinische Tragödie 15/1, 82; Niederlande und Belgien 15/1, 989; 996; Philologie 15/2, 293; United Kingdom 15/3, 763; Zeitrechnung 15/3, 1186

Ennodius*, Magnus Felix *verm. aus Arles, ab 513 Bischof von Pavia*: Rom 15/2, 874

Epaminondas (Epameinondas*) *theban. Feldherr*: Knidos 14, 990; Krieg 14, 1114; Park 15/2, 153; Schlachtorte 15/2, 1076ff.

Epaphroditus *Agrimensor*: Landvermessung 15/1, 1

Ephoros* *griech. Universalhistoriker*: Geschichtsmodelle 14, 160

Ephraem* *syr. Dichter und Theologe, 4. Jh.*: Babylon 13, 374; Theologie und Kirche des Christentums 15/3, 414; 427

Ephraim der Syrer → Ephraem*

Epictetus → Epiktet

Epicurus → Epikur

Epiktet (Epiktetos [2]*) *stoischer Philosoph aus Hierapolis, ca. 50–125*: Chrêsis 13, 638; Frankreich 14, 31; Gerechtigkeit 14, 143; Lettland 15/1, 126; Philologie 15/2, 250; Politische Theorie 15/2, 433; Praktische Philosophie 15/2, 528; Romantik 15/2, 981; Rußland 15/2, 1015; Serbien 15/3, 26; Spanien 15/3, 111ff.; Stoizismus 15/3, 297; 302ff.; Tschechien 15/3, 637; Ungarn 15/3, 751; United States of America 15/3, 847; Überlieferung 15/3, 714; Weißrußland 15/3, 1109; Wirtschaftslehre 15/3, 1159

Epikur (Epikuros*) *Philosoph, Begründer des Epikureismus, 342/1 – 271/0 v. Chr.*: Atomistik 13, 339; Aufklärung 13, 345; Epikureismus 13, 985ff.; Fin de siècle 13, 1143; Georgien 14, 136; Geschichtsmodelle 14, 162; Humanismus 14, 546; Marxismus 15/1, 296f.; Menschenrechte 15/1, 386–387; Musik 15/1, 589; Mythos 15/1, 638; Naturphilosophie 15/1, 768; 771; Naturwissenschaften 15/1, 832; Niederlande und Belgien 15/1, 1053; Park 15/2, 133; Philosophie 15/2, 341–342; 345; Politische Theorie 15/2, 418; 429; 446; Praktische Philosophie

15/2, 529f.; 536; Preußen 15/2, 549ff.;
Skeptizismus 15/3, 42; Slowakei 15/3, 66;
Stoizismus 15/3, 298; Theorie/Praxis
15/3, 462; Traumdeutung 15/3, 553;
Tschechien 15/3, 642; United States of America
15/3, 847; Universität 15/3, 894;
Wirtschaftslehre 15/3, 1151; Zeitrechnung
15/3, 1181

Epiphanios [3]* Scholasticus griech.-lat. Übersetzer,
6. Jh.: Griechisch 14, 304

Epiphanios [1]* von Salamis Asket, Bischof von
Constantia/Salamis (Zypern), 310/320–403/2:
Serbien 15/3, 25; Theologie und Kirche des
Christentums 15/3, 425

Epiphanius der Zypriot → Epiphanios [1]* von Salamis

Erasistratos* griech. Arzt und Fachautor, 4./3. Jh.
v. Chr.: Atomistik 13, 339; Terminologie
15/3, 382; Zoologie 15/3, 1200

Eratosthenes [2]* aus Kyrene Naturwissenschaftler
und Philologe, 3. Jh. v. Chr.: Arabisch-islamisches
Kulturgebiet 13, 164; Geographie 14, 122;
Historische Geographie 14, 446; Naturwissenschaften 15/1, 814; Papyri, literarische
15/2, 80; Troja 15/3, 595; Zeitrechnung
15/3, 1181

Erinna* griech. Dichterin: Spanien 15/3, 114; 119; 124

Eschmunazar II. (6. Jh. v. Chr.): Paris, Louvre 15/2, 122

Euagrios [1]* Pontikos christl. Schriftsteller und
Mönchsvater, 4. Jh.: Theologie und Kirche des
Christentums 15/3, 425–427

Euainetos* Stempelschneider aus Syrakus, E. 5. Jh.
v. Chr.: Numismatik 15/1, 1115

Eucherius [3]* Bischof von Lyon 434-450, Verf. einer
Passio: Irland 14, 643; Schweiz 15/2, 1124

Eudokia [1]*, Aelia (Athenais) Frau des Kaisers
Theodosius II.: Athen 13, 280

Eudoxia → Aelia [4]* Eudoxia

Eudoxos [1]* von Knidos Mathematiker und
Astronom, 4. Jh. v. Chr.: Arabisch-islamisches
Kulturgebiet 13, 169; Mathematik 15/1, 320;
Naturwissenschaften 15/1, 800

Eugippius* Abt, Verf. einer Schrift über St. Severin, um
511: Augustinismus 13, 350; Geschichtswissenschaft/Geschichtsschreibung 14, 215;
Österreich 15/1, 1131

Eugraphius* lat. Grammatiker, Verf. eines Terenz-
Komm., evtl. 6. Jh.: Lateinische Komödie 15/1, 65

Euhemeros* Utopist, 4./3. Jh. v. Chr.: Atlantis
13, 335; Mythos 15/1, 639; 645; Utopie
15/3, 936; 939

Eukleides → Euklid

Eukleides [1]* athen. Archon 403/2 v. Chr.:
Orthographie 15/1, 1244

Eukleides [5]* Bildhauer aus Athen, wohl 2. Jh. v. Chr.:
Nationale Forschungsinstitute 15/1, 704

Euklid (Eukleides [3]*) Mathematiker und Musiktheoretiker, um 300 v. Chr.: Arabisch-islamisches
Kulturgebiet 13, 168; 170; 183; Aristotelismus
13, 252–254; Armenien 13, 270; Byzanz
13, 605; Dänemark 13, 680; Estland 13, 1046;
Griechisch 14, 308; Historienmalerei 14, 426;
Kommentar 14, 1065; Kroatien 14, 1120;
Landvermessung 15/1, 1; Mathematik 15/1, 314;
316ff.; Mittellatein 15/1, 454; Naturphilosophie 15/1, 769; Naturwissenschaften
15/1, 816; Philologie 15/2, 241; 248; 270;
Sizilien 15/3, 35f.; Spanien 15/3, 112;
Universität 15/3, 885; 895; Überlieferung
15/3, 716–717; Wirtschaftslehre 15/3, 1154

Eulalia von Mérida Märtyrerin um 300: Wallfahrt
15/3, 1089

Eumenes [3]* II. Soter Herrscher von Pergamon: Athen
13, 299; Inschriftenkunde, griechische 14, 596;
Pergamon 15/2, 208

Eupalinos* Architekt und Ingenieur auf Samos: Dialog
13, 835; Samos 15/2, 1054ff.; 1059

Euphorion [3]* vielseitiger Autor, Bibliothekar, 3. Jh.
v. Chr.: Papyri, literarische 15/2, 80

Euphronios [2]* att. Vasenmaler und Töpfer der
Spätarchaik, ca. 520-500 v. Chr.: Sankt Petersburg,
Eremitage 15/2, 1065

Eupompos griech. Maler: Künstlerlegenden 14, 1128

Euripides [1]* att. Tragiker, 5. Jh. v. Chr.: École
française d'Athènes 13, 910; Afrika 13, 24–25;
Bulgarien 13, 571; Byzanz 13, 597–598; 607;
Comics 13, 673; DDR 13, 693; Deutschland
13, 780; 794; 819; 824; Estland 13, 1046; Film
13, 1136; 1139; Fin de siècle 13, 1143;
Frankreich 14, 40; 15/3, 1262–1264; Frieden
14, 68; Gender Studies 14, 114; Griechische
Komödie 14, 311; 313; Griechische Tragödie
14, 317ff.; Italien 14, 693; 699; Kanon
14, 792; Kommentar 14, 1065; Komödie
14, 1076; Lateinische Tragödie 15/1, 84; 88;
Lettland 15/1, 125; Lexikographie 15/1, 128;
Literaturkritik 15/1, 180; 182; Luxemburg
15/1, 241; Makedonien/Mazedonien
15/1, 281; Medien 15/1, 350; Mimisenlegenden 15/1, 437; Mythologie 15/1, 611;
629; Niederlande und Belgien 15/1, 989–991;
998; 1003; 1008; 1010; 1033; 1051–1052; 1061;
Nietzsche-Wilamowitz-Kontroverse 15/1, 1066;
1068; Norwegen 15/1, 1085; Oper 15/1, 1183–
1184; Österreich 15/1, 1142; Papyri, literarische
15/2, 72; 75; 77; 79; Papyrologie 15/2, 85;
Philologie 15/2, 244; 248; 253; 267; Preußen
15/2, 551–552; Psychoanalyse 15/2, 595; 600;
Religion und Literatur 15/2, 671; 676;
Romantik 15/2, 985; Rumänien 15/2, 1006;
Rußland 15/2, 1024; Serbien 15/3, 26;
Slowakei 15/3, 64; Spanien 15/3, 110; 117;

122; Sparta 15/3, 161; Südafrika 15/3, 342f.; Thematologie/Stoff- und Motivforschung 15/3, 408; Tragödie/Tragödientheorie 15/3, 533; 537; 539; 541; Troja 15/3, 597; Tschechien 15/3, 633; 636; 639; Türkei 15/3, 646; 649; Ukraine 15/3, 745; United Kingdom 15/3, 824; 826; 831; United States of America 15/3, 869–870; 872; 878–879; Universität 15/3, 895; Überlieferung 15/3, 714; 717; Übersetzung 15/3, 729; 732; Vertonungen antiker Texte 15/3, 1023; Zoroastres/ Zoroastrismus 15/3, 1229

Eusebius von Caesarea (Eusebios [7]* von Kaisareia) *Bischof und Kirchenschriftsteller, 3. Jh.*: Apotheose 13, 159; Arabisch-islamisches Kulturgebiet 13, 179; Armenien 13, 272; Bibliothek 13, 494; Byzanz 13, 602; Finnland 13, 1151; Geschichtsmodelle 14, 166ff.; Griechisch 14, 302f.; Herrscher 14, 408; Imperium 14, 579; Interpretatio Christiana 14, 624; Judentum 14, 753; Niederlande und Belgien 15/1, 996; Orient-Rezeption 15/1, 1226; Patristische Theologie/Patristik 15/2, 199; Philosophia perennis 15/2, 333; Platonismus 15/2, 364; Politische Theorie 15/2, 463; 468; Religionsgeschichte 15/2, 680; Sacrum Imperium 15/2, 1036; Spanien 15/3, 103; Spolien 15/3, 197; Theologie und Kirche des Christentums 15/3, 414; 441; United Kingdom 15/3, 803; Übersetzung 15/3, 737; Zeitrechnung 15/3, 1166; 1176; 1179; 1181–1184; 1186; 1190; Zoroastres/Zoroastrismus 15/3, 1230

Eusebius von Nicomedia (Eusebios [8]*) *Bischof von Nikomedeia, Origenist, gest. 341*: Herrscher 14, 408; Theologie und Kirche des Christentums 15/3, 425

Euthydemos [5]* *Arzt aus Athen, hell. Zeit*: Zoologie 15/3, 1200

Eutokios* *aus Askalon, Mathematiker, 5. Jh. v. Chr.*: Mathematik 15/1, 315; 317; Naturwissenschaften 15/1, 817

Eutropius [1]* *Verf. eines lat. Geschichtswerkes, um 370*: Geschichtsmodelle 14, 167–168; 173; Mittellatein 15/1, 454; Überlieferung 15/3, 720

Exekias* *Töpfer und att.-sf. Vasenmaler, ca. 550–530 v. Chr.*: Sankt Petersburg, Eremitage 15/2, 1065

Exuperantius → Iulius [IV 6]* Exuperantius

Ezechiel [1]* *Prophet*: Griechisch 14, 303; Theologie und Kirche des Christentums 15/3, 425; Zoroastres/Zoroastrismus 15/3, 1229

Ezechiel [2]* *jüd.-hell. Tragödiendichter, 3. oder 2. Jh. v. Chr.*: Judentum 14, 765

F

Fabius [I 30]* **Maximus Verrucosus, Q.** (Fabius Cunctator) *röm. Politiker im 2. Punischen Krieg*: Kunsterwerb/Kunstraub 14, 1150; Philologie 15/2, 314; Sozialismus 15/3, 93; Zeitrechnung 15/3, 1182

Fabius [I 35]* **Pictor, Q.** *erster röm. Geschichtsschreiber in griech. Sprache, 3./2. Jh. v. Chr.*: Geschichtsmodelle 14, 164; 175

Faustina [2]* **Annia Galeria** *Gemahlin des Antoninus Pius*: Rom 15/2, 894

Faustina [3]* *Gemahlin Marc Aurels*: Apotheose 13, 159; Athen 13, 296; Historismus 14, 489

Favonius [2]* **Eulogius** *Schüler des Augustinus, Rhetor in Karthago, 4. Jh.*: Musik 15/1, 584

Favorinus* *Rhetor, Buntschriftsteller, Anf. 2. Jh.*: Magie 15/1, 254; Panegyrik 15/2, 53

Felix von Nola: Wallfahrt 15/3, 1083

Ferrandus* *Theologe, Kirchenrechtler, gest. 546/7*: Vandalen 15/3, 942

Festus [4]* **Rufius** *Verf. eines Breviariums der röm. Gesch., 372 Proconsul von Asia*: Geschichtsmodelle 14, 167

Festus [6]* **Sex. Pompeius** *Verf. einer Realenzyklopädie, wohl 2. H. 2. Jh.*: Europa 13, 1059; Italien 14, 661; Mittellatein 15/1, 454; Numismatik 15/1, 1106; Philologie 15/2, 280; 289; 293; Überlieferung 15/3, 724

Filocalus*, **Furius Dionysius** *röm. Kalligraph, 4. Jh.*: Landwirtschaft 15/1, 7; Lateinische Inschriften 15/1, 51; Lateinische Komödie 15/1, 64

Firmicus* **Maternus, Iulius** *Verf. des umfangreichsten lat. astrologischen Hdb., 4. Jh.*: Horoskope 14, 531; Naturwissenschaften 15/1, 834–835; 837; Papyri, literarische 15/2, 78

Firmus [2]* *Senator zur Zeit Vespasians*: Numismatik 15/1, 1108

Flavius Decius *Consul 529*: Rom 15/2, 901

Flavius Josephus (Iosephos [4]* Flavios), *jüd. hell. Historiker, 1. Jh.*: Barock 13, 411; Byzanz 13, 608; Deutschland 13, 822; Frankreich 14, 23; Georgien 14, 133; Geschichtsmodelle 14, 173; Griechisch 14, 304; Homerische Frage 14, 502; Irland 14, 643; Jerusalem 14, 734; Judentum 14, 758; 765; Lexikographie 15/1, 128; Magie 15/1, 257; Nationalsozialismus 15/1, 734; Niederlande und Belgien 15/1, 1009; Orient-Rezeption 15/1, 1224; Philosophia perennis 15/2, 331–333; Rom 15/2, 899; Rußland 15/2, 1015; Schlachtorte 15/2, 1075; 1090; Schweiz 15/2, 1135; Spanien 15/3, 103ff.; Tragödie/Tragödientheorie 15/3, 538

Florus [1]* **P. Annius** *Dichter und Schriftsteller, 1./2. Jh.*: Bayern 13, 434; Geschichtsmodelle 14, 173; 175; Mittellatein 15/1, 454;

Niederlande und Belgien 15/1, 1005; Spanien 15/3, 109
Fortunatianus (Chirius* Fortunatianus, C.) *lat. Lehrbuch-Autor*: Argumentationslehre 13, 244; Rhetorik 15/2, 773
Fredegar *fiktiver Verfasser einer Chronik, 7. Jh.*: Sacrum Imperium 15/2, 1035; Trier 15/3, 556; Troja 15/3, 598; 618–619; United Kingdom 15/3, 779
Frontinus*, S. Iulius *hoher Staatsbeamter, mil. und techn. Fachautor, E. 1. Jh.*: Krieg 14, 1112; Park 15/2, 127; Philologie 15/3, 1316; Schlachtorte 15/2, 1075
Fronto [6]*, M. **Cornelius** *aus Cirta, Redner und Prosaautor der Adoptivkaiserzeit*: Makkaronische Dichtung 15/1, 282; Niederlande und Belgien 15/1, 1013; Philologie 15/3, 1316–1317; Zeitrechnung 15/3, 1187
Fulgentius [1]* **Mythographus** *christl. Verf. mehrerer Prosawerke, um 500*: Allegorese 13, 78; 81–82; Deutschland 13, 770; Drei Grazien 13, 870; Karthago 14, 850; Kommentar 14, 1055; Musik 15/1, 584; Mythologie 15/1, 614; 617–618; Philologie 15/2, 321; Poetik 15/2, 385–386; Roman 15/2, 947
Fulgentius [2]* *von Ruspe Bischof 507*: Augustinismus 13, 351; Kommentar 14, 1055; Universität 15/3, 887; Vandalen 15/3, 942
Fulvius [I 15] Nobilior: Kunsterwerb/Kunstraub 14, 1150

G

Gaius [2]* *Jurist der Antoninenzeit*: Eigentum 13, 929; Historische Rechtsschule 14, 468; Humanismus 14, 557; Naturrecht 15/1, 773; Niederlande und Belgien 15/1, 1013; Romanistik/Rechtsgeschichte 15/2, 962; Theologie und Kirche des Christentums 15/3, 454; Völkerrecht 15/3, 1044
Galba [2]* *röm. Kaiser*: Karikatur 14, 799; Numismatik 15/1, 1119
Galen (Galenos* aus Pergamon) *griech. Arzt und Philosoph, 129-ca. 216*: Affektenlehre (musikalisch) 13, 21; Arabisch-islamisches Kulturgebiet 13, 163–168; 171; 180; 183; Arabische Medizin 13, 184ff.; Aristotelismus 13, 252; 254; 259; Corpus Medicorum 13, 674; Dänemark 13, 675; Deutschland 13, 781; Diätetik 13, 828; Eklektik 13, 939; Frankreich 14, 25; Galenismus 14, 85ff.; Geologie (und Mineralogie) 14, 128; Geriatrie 14, 146ff.; Griechisch 14, 308; Hippokratischer Eid 14, 418; Hippokratismus 14, 419ff.; Humanismus 14, 559f.; Hysterie 14, 571; Italien 14, 668; Kroatien 14, 1120; Lykanthropie 15/1, 245; Magie 15/1, 255; Medizin 15/1, 360ff.; Medizingeschichtsschreibung 15/1, 373–375; 377; Melancholie 15/1, 378; Mittellatein 15/1, 454; Musik 15/1, 573; Naturwissenschaften 15/1, 781; 797; Niederlande und Belgien 15/1, 990; 1019; 1022; Park 15/2, 125; Pharmakologie 15/2, 218ff.; 221ff.; Philologie 15/2, 248; Physiognomik 15/2, 355; Portugal 15/2, 522; Proportionslehre 15/2, 571; Säftelehre 15/2, 1040f.; Spanien 15/3, 114; 117; Sport 15/3, 209; Sprachphilosophie/Semiotik 15/3, 220; 225; Terminologie 15/3, 381–382; Universität 15/3, 886; 893; Überlieferung 15/3, 714; Zoologie 15/3, 1205–1206; 1210–1211; 1217–1218
Galla [3]* **Placidia** *Mutter des Valentinianus III.*: Deutschland 13, 821; Herrscher 14, 364
Gallio → Iunius [II 15]* Gallio Annaeanus
Gallus (Cornelius [II 18]* Gallus) *Schöpfer der röm. Liebeselegie, geb. 69/68 v.Chr.*: Fälschung 13, 1080; Papyri (Fundgeschichte) 15/2, 68; Papyri, literarische 15/2, 76; 78; Papyrologie 15/2, 85
Gargilius [4]* Q.G. **Martialis** *Garten- und Arzneischriftsteller, 3. Jh.*: Pharmakologie 15/2, 216
Geisericus* (Geiserich) *Vandalenkönig*: Deutschland 13, 821; Nationalsozialismus 15/1, 749; Spolien 15/3, 197; Vandalen 15/3, 941; 943
Gelasius* *Bischof von Rom 492-496*: Fürstenspiegel 14, 77; Herrscher 14, 408; Imperium 14, 579
Gellius → Aulus Gellius
Gelon [1]* *sizil. Tyrann, 5. Jh. v.Chr.*: Numismatik 15/1, 1104f.; 1118
Geminos [1]* *Astronom und Mathematiker, um 70 v.Chr.*: Naturwissenschaften 15/1, 821
Gennadios* *Patriarch von Konstantinopel 458-471*: Rußland 15/2, 1015
Gennadius* *christl. Autor in Marseille, 5. Jh.*: Patristische Theologie/Patristik 15/2, 199; Rom 15/2, 902; Zeitrechnung 15/3, 1187
Geographus* **Ravennas** *anon. Verf. der Cosmographia, frühes 8. Jh.*: Geographie 14, 122
Georgios [5]* **Monachos** (Georgios Hamartolos) *Verf. einer byz. Chronik, E. 9. Jh.?*: Georgien 14, 135; Überlieferung 15/3, 712
Germanicus [2]* *Stiefsohn des Tiberius*: Abguß/Abgußsammlung 13, 4; Frankreich 15/3, 1257; Historienmalerei 14, 432; 438f.; Lateinische Inschriften 15/1, 50; Naturwissenschaften 15/1, 834; Park 15/2, 142; Südafrika 15/3, 343; United States of America 15/3, 853
Germanos/-us [3]* *Patriarch von Konstantinopel 715-730*: Byzanz 13, 603
Gildas* *ältester Geschichtsschreiber der Briten, geb. vor 500*: Limes, Hadrianswall 15/1, 150; Überlieferung 15/3, 722

Gitiades* *Bronzebildner aus Sparta, wohl 6. Jh. v. Chr.*:
Sparta 15/3, 174
Glaukon [7]* *Arzt und Freund Galens, um 190*:
Zoologie 15/3, 1200
Gordian III. → Gordianus [3]* III.
Gordianus [3]* III. *röm. Kaiser*: Bonn, Rheinisches Landesmuseum und Akademisches Kunstmuseum 13, 528
Gorgias [2]* **von Leontinoi** ›Vater der Sophistik‹, *ca. 480-380 v. Chr.*: Geschichtsmodelle 14, 162; Medien 15/1, 356; Politische Theorie 15/2, 464; Redegattungen 15/2, 638; 641; Rhetorik 15/2, 784; 793; Troja 15/3, 597; Verskunst 15/3, 1009
Gracchus, Gaius (Sempronius [I 11]* Gracchus, C.): Geschichtswissenschaft/Geschichtsschreibung 14, 204–205; 208; Revolution 15/2, 745; 749; 756
Gracchus, Tiberius (Sempronius [I 16]* Gracchus, Ti.): Geschichtswissenschaft/Geschichtsschreibung 14, 204; 208; Revolution 15/2, 745; 749
Gratianus [2]*, Flavius *weström. Kaiser 367-383*: Trier 15/3, 569
Grattius* *Lehrdichter augusteischer Zeit*: Zoologie 15/3, 1202
Gregor d. Gr. (Gregorius [3]* I. der Große) *Papst, 540-604*: Allegorese 13, 77; 81; Augustinismus 13, 351; Bibliothek 13, 496; Bildung 13, 506; Digesten/Überlieferungsgeschichte 13, 847; Fürstenspiegel 14, 77; Germanische Sprachen 14, 152; Herrscher 14, 404; Homiletik/Ars praedicandi 14, 525f.; Interpretatio Christiana 14, 624; Island 14, 651; Istituto (Nazionale) di Studi Romani 14, 658; Lexikographie 15/1, 146; Messe 15/1, 393; Mittellatein 15/1, 455; Ottonische Renaissance 15/1, 1257; Polen 15/2, 391; Stadt 15/3, 269; Theologie und Kirche des Christentums 15/3, 414; Trajanssäule 15/3, 544–545; United Kingdom 15/3, 762; 786; Universität 15/3, 887; Überlieferung 15/3, 722–723; Wallfahrt 15/3, 1092; Zensur 15/3, 1195; Zoologie 15/3, 1210
Gregor III. *Papst (731-741)*: Rußland 15/2, 1024
Gregor von Nazianz (Gregorios [3]* von Nazianzos) *Theologe, 4. Jh.*: Anakreontische Dichtung, Anakreontik 13, 131; Byzanz 13, 596; 601; Chrêsis 13, 639; Deutschland 13, 770; 778; Georgien 14, 135; Griechenland 14, 279; Hippokratischer Eid 14, 418; Homiletik/Ars praedicandi 14, 524; Jesuitenschulen 14, 751; Leichenrede 15/1, 117; Polen 15/2, 406; Rußland 15/2, 1015; Sizilien 15/3, 35; Spanien 15/3, 114; Theologie und Kirche des Christentums 15/3, 414; 427; 429; Zeitrechnung 15/3, 1184

Gregor von Nyssa (Gregorios [2]* von Nyssa) *Theologe, 4. Jh.*: Akademie 13, 53; Byzanz 13, 601–602; Chrêsis 13, 639; Griechisch 14, 304; Homiletik/Ars praedicandi 14, 524; Leichenrede 15/1, 117; Metaphysik 15/1, 413–414; Philosophia perennis 15/2, 331; Platonismus 15/2, 364; Rußland 15/2, 1015; Theologie und Kirche des Christentums 15/3, 424; 427; 432; Zeitrechnung 15/3, 1184
Gregor von Tours (Gregorius [4]* von Tours) *Bischof von Tours, 6. Jh.*: Frankreich 14, 5; Geschichtsmodelle 14, 170; Herrscher 14, 364; 376; 404; Schlachtorte 15/2, 1091; Stadt 15/3, 264; Trier 15/3, 556; 559; Troja 15/3, 618; Überlieferung 15/3, 722; Wallfahrt 15/3, 1090; Zoroastres/Zoroastrismus 15/3, 1230
Gregorios [1]* **Thaumaturgos** *Anwalt und Theologe, 3. Jh.*: Theologie und Kirche des Christentums 15/3, 423
Gregorius [1]* *Jurist, magister libellorum, 3. Jh.*: Kodifizierung/Kodifikation 14, 1003f.
Grillius* *lat. Grammatiker und Rhetor, wohl 5. Jh.*: Kommentar 14, 1058ff.; 1060
Gudea von Lagasch *neusumer. Herrscher, 2144-2124 v. Chr.*: Altorientalische Philologie und Geschichte 13, 105; 108; New York, Metropolitan Museum 15/1, 978; Orient-Rezeption 15/1, 1228; Paris, Louvre 15/2, 116; 121
Guido* *lat. enzyklopädischer Kompilator um 1119*: United Kingdom 15/3, 781; 783
Gunderich (Gundericus*) *Vandalenkönig*: Vandalen 15/3, 941
Gupta, Dynastie (4. Jh. n. Chr.): Pakistan/Gandhara-Kunst 15/2, 35
Gyges [1]* *lyd. König*: Medien 15/1, 350; United Kingdom 15/3, 818

H

Hadrian (Hadrianus*) *röm. Kaiser*: Aizanoi 13, 35; Athen 13, 292; 297; Dioskuren vom Monte Cavallo 13, 865; Eleusis 13, 951; Epochenbegriffe 13, 1002; 1009–1010; Frankreich 15/3, 1266; Griechen-Römer-Antithese 14, 259; Herrscher 14, 364ff.; Jerusalem 14, 723; Kopenhagen 14, 1094; Limes, Hadrianswall 15/1, 149ff.; Niederlande und Belgien 15/1, 1051; Orient-Rezeption 15/1, 1196; Paganismus 15/2, 27; Papyri (Fundgeschichte) 15/2, 68; Papyri, literarische 15/2, 78; Park 15/2, 146; Parthenon 15/2, 190; Physiognomik 15/2, 355; Preußen 15/2, 550; Provinzialrömische Archäologie 15/2, 574; Rezeptionsformen 15/2, 764; Rom 15/2, 853; Romantik 15/2, 971; Sepulchralkunst 15/3, 18; Spanien 15/3, 127; Spolien

15/3, 196; 201; Stil, Stilanalyse, Stilentwicklung 15/3, 291; Troja 15/3, 603; Türkei 15/3, 659; 667–669; 673; United Kingdom 15/3, 774; Villa 15/3, 1039; Wirtschaft und Gewerbe 15/3, 1143
Hagesandros (Agesandros*) *Bildhauer aus Rhodos*: Laokoongruppe 15/1, 9; Sperlonga 15/3, 182
Hamilkar [3]* Barkas *Vater Hannibals*: Frankreich 15/3, 1259
Hammurabi → Hammurapi*
Hammurapi* (Hammurabi) *babylon. Herrscher*: Altorientalische Philologie und Geschichte 13, 105; Berlin 13, 467; Orient-Rezeption 15/1, 1229; Paris, Louvre 15/2, 117; 121
Hannibal [4]* *karthag. Feldherr*: Deutschland 13, 821; 827; Film 13, 1136; Historismus 14, 489ff.; Krieg 14, 1114ff.; Nationalsozialismus 15/1, 732; Österreich 15/3, 1294; Schlachtorte 15/2, 1076ff.; 1083ff.; Tragödie/Tragödientheorie 15/3, 538; United States of America 15/3, 877
Hanno* *karthag. Sufet, Seefahrer und Autor, wohl frühes 5. Jh. v.Chr.*: Spanien 15/3, 118f.
Haremhab: New York, Metropolitan Museum 15/1, 963; 970
Harpokration [2]* (Valerius) *H. griech. Rhetor und Lexikograph aus Alexandreia, 2. Jh.*: Niederlande und Belgien 15/1, 1005
Hasmonäer* *jüd. Priesterfamilie*: Schlachtorte 15/2, 1090
Haterianus *Vergil-Kommentator*: Kommentar 14, 1059
Hatschepsut* *Pharaonin*: Kairo, Ägyptisches Museum 14, 775; New York, Metropolitan Museum 15/1, 963–965
Hattusili *hethit. Herrscher*: Rezeptionsformen 15/2, 759; Rhetorik 15/2, 774; Türkei 15/3, 657
Hazael *syr. König um 815 v.Chr.*: Zeitrechnung 15/3, 1165
Hegesias (Hegias [1]*) *spätarchaischer Bildhauer*: Stil, Stilanalyse, Stilentwicklung 15/3, 290
Hegesippos [5]* *christl. Schriftsteller, 2. Jh.*: Theologie und Kirche des Christentums 15/3, 414
Hekataios [3]* *aus Milet griech. Schriftsteller, 6. Jh. v.Chr.*: Europa 13, 1059; Geographie 14, 125; Historische Geographie 14, 445f.; Mythos 15/1, 638; Numismatik 15/1, 1102; Troja 15/3, 595
Hekatomnos *Satrap von Karien, Vater des Maussollos*: Halikarnass 14, 334ff.
Helena [2]* *Mutter des Constantinus [1] 4. Jh.*: Christliche Archäologie 13, 641; Herrscher 14, 366; 409; Köln 14, 1020; Sepulchralkunst 15/3, 18; Trier 15/3, 563; Wallfahrt 15/3, 1084; 1088

Helene [2]* *Malerin aus Ägypten, 2. H. 4. Jh. v.Chr.*: Rom 15/2, 898
Helias → Elias II.
Heliodor (Heliodoros [8]*) *griech. Romanautor*: Italien 14, 695; Philologie 15/2, 238; 249; Roman 15/2, 943ff.; Spanien 15/3, 110; Ungarn 15/3, 752; United Kingdom 15/3, 807; Überlieferung 15/3, 714; Zeitrechnung 15/3, 1183
Heliogabal → Elagabal [2]*
Hellanikos von Lesbos (Hellanikos [1]* aus Mytilene) *griech. Historiker, E. 5. Jh. v.Chr.*: Geschichtsmodelle 14, 161; Troja 15/3, 617
Hellanikos [2]* *alex. Grammatiker, um 200 v.Chr.*: Homerische Frage 14, 502
Helvius Cinna → Cinna
Hemaka *äg. Beamter*: Kairo, Ägyptisches Museum 14, 776
Henut-tawi *äg. Königin*: Kairo, Ägyptisches Museum 14, 778
Hephaistion [4]* *Metriker, 2. Jh.*: Kommentar 14, 1063
Hephaistion [5]* von Theben *Astrologe, um 381*: Naturwissenschaften 15/1, 849
Heqa-Cheper-re *Ägypter*: Kairo, Ägyptisches Museum 14, 778
Heraclius → Herakleios [7]*
Herakleios [7]* *byz. Kaiser*: Byzanz 13, 603; Deutschland 13, 786; Epochenbegriffe 13, 997; Handel/Handelswege 14, 350; Herrscher 14, 376; Politische Theorie 15/2, 467; Überlieferung 15/3, 710–711
Herakleitos → Heraklit
Heraklios *Exarch von Karthago*: Karthago 14, 847
Heraklit (Herakleitos [1]* von Ephesos) *ionischer Philosoph, um 500 v.Chr.*: Allegorese 13, 79–80; Dialektik 15/3, 1251; Fin de siècle 13, 1143; Historienmalerei 14, 426; Interpretatio Christiana 14, 621; Makedonien/Mazedonien 15/1, 281; Mythos 15/1, 645; Naturwissenschaften 15/1, 787; Philosophia perennis 15/2, 333; Politische Theorie 15/2, 434; Portugal 15/2, 525; Preußen 15/2, 553; Religionsgeschichte 15/2, 680; Stoizismus 15/3, 300; United States of America 15/3, 880; Vorsokratiker 15/3, 1063–1066
Herennios* Philon *Antiquar, Grammatiker, Historiker, 1. Jh.*: Orient-Rezeption 15/1, 1226
Herennius [I 3]*, C. *Rhetorica ad Herennium*: Mnemonik/Mnemotechnik 15/1, 464; 466; 468
Hermagoras [1]* *aus Temnos, griech. Rhetor, 2. Jh. v.Chr.*: Argumentationslehre 13, 242; Homiletik/ Ars praedicandi 14, 527; Redegattungen 15/2, 645
Hermann der Cherusker → Arminius*
Hermesianax* *Elegiker*: Papyri, literarische 15/2, 75

Hermogenes [7]* von Tarsos *griech. Rhetor, ca. 160-230*: Byzanz 13, 601; Humanismus 14, 550; Kommentar 14, 1063f.; Luxemburg 15/1, 239; Panegyrik 15/2, 51; Redegattungen 15/2, 628–629; 645; Rhetorik 15/2, 774; 781; 800; Spanien 15/3, 114

Hermogenianus* *Jurist, magister libellorum 293-295*: Kodifizierung/Kodifikation 14, 1003f.

Herodas*/Herondas *Miamiambendichter*: Papyri, literarische 15/2, 73; Papyrologie 15/2, 85; Philologie 15/2, 270

Herodes [1]* d. Gr.: Herrscher 14, 364; Jerusalem 14, 723

Herodes Agrippa (Herodes [8]*, Iulius Agrippa I.) *jüd. Klientelkönig unter Caligula*: Triumphbogen 15/3, 588

Herodes [4]* Antipas *Tetrarch von Galilaea und Peraia, Gatte der Herodias*: Fin de siècle 13, 1142; Rezeptionsformen 15/2, 765; Tragödie/Tragödientheorie 15/3, 538; Vasen/Vasenmalerei 15/3, 955

Herodes Atticus (Herodes [16]*, L. Vibullius Hipparchus Ti. Claudius Atticus) *Rhetor und Politiker, ca. 101/3-177*: Athen 13, 299; Society of Dilettanti 15/3, 76; Stadion 15/3, 258; Stützfiguren/Erechtheionkoren 15/3, 332

Herodianos [2]* *röm. Geschichtsschreiber*: Historische Geographie 14, 448

Herodianos [1]*, Ailios *griech. Grammatiker, 2. Jh.*: Philologie 15/2, 250; Rom 15/2, 900; Spanien 15/3, 109f.; Sprachwissenschaft 15/3, 228; Tragödie/Tragödientheorie 15/3, 538; Übersetzung 15/3, 728

Herodias* *Gattin des Herodes [4] Antipas*: Fin de siècle 13, 1142; Frankreich 15/3, 1260

Herodikos [1]* *aus Megara, Lehrer in Selymbria, 5. Jh. v. Chr.*: Geriatrie 14, 148

Herodot (Herodotos [1]*) *Geschichtsschreiber, ca. 485-424 v. Chr.*: Athen 13, 279; 290; Atlantis 13, 335; Babylon 13, 374; 376; Barock 13, 411; Bevölkerungswissenschaft/Historische Demographie 13, 482–483; Bildung 13, 511; Byzanz 13, 607–608; Dänemark 13, 680; Deutschland 13, 797ff.; Entzifferungen 13, 958; Epochenbegriffe 13, 1014; Estland 13, 1046; 1049; Europa 13, 1059; 1063; Film 13, 1140; Frieden 14, 68; Geographie 14, 122ff.; Geschichtsmodelle 14, 159ff.; Geschichtswissenschaft/Geschichtsschreibung 14, 184ff.; Halikarnass 14, 333ff.; Historische Geographie 14, 446; Humanismus 14, 550; Inschriftenkunde, griechische 14, 598–599; Kulturanthropologie 14, 1133; 1136; Lettland 15/1, 126; Litauen 15/1, 170; 176; Magie 15/1, 258; Maß und Gewicht 15/1, 311; Medien 15/1, 350–351; Mythos 15/1, 643–644; Niederlande und Belgien 15/1, 1002; 1005; 1055; Numismatik 15/1, 1102; 1115; Orient-Rezeption 15/1, 1195; 1211; 1216; 1223; Orientalismus 15/1, 1239; Papyri, literarische 15/2, 77; Philologie 15/2, 248; 250; 265; 273; Religionsgeschichte 15/2, 680; Revolution 15/2, 742; Rezeptionsformen 15/2, 766; Rumänien 15/2, 1005; Rußland 15/2, 1023; Samos 15/2, 1054; 1059–1060; Spanien 15/3, 109; 119; Thukydidismus 15/3, 484; Tourismus 15/3, 531; Troja 15/3, 595; 603; Türkei 15/3, 646; 649; Ukraine 15/3, 745; United Kingdom 15/3, 800; 824; United States of America 15/3, 837; 840; Überlieferung 15/3, 716; Übersetzung 15/3, 734; Weltwunder 15/3, 1114; Wirtschaftslehre 15/3, 1157; Zeitrechnung 15/3, 1167–1168; 1177; 1179–1181; Zoologie 15/3, 1200; Zoroastres/Zoroastrismus 15/3, 1229

Heron* von Alexandreia, *Mathematiker und Ingenieur, wohl 1. Jh.*: Arabisch-islamisches Kulturgebiet 13, 169–171; Atomistik 13, 339; Landvermessung 15/1, 1; Mathematik 15/1, 314; 316–317; Naturwissenschaften 15/1, 815; 817; Park 15/2, 125–128; Philologie 15/2, 270; Sizilien 15/3, 35

Herophilos [1]* *aus Kalchedon, griech. Arzt und Fachautor, ca. 330/20 - 260/50 v. Chr.*: Geburtshilfe 14, 95; Terminologie 15/3, 381–382

Herostratos* *Brandstifter des Artemis-Tempels von Ephesos*: Italien 14, 701

Hesiod (Hesiodos*) *griech. Dichter um 700 v. Chr.*: Byzanz 13, 597–598; 607–608; Drei Grazien 13, 869; Epochenbegriffe 13, 1013; Estland 13, 1046; 1049; Europa 13, 1059; Frankreich 15/3, 1260; Geschichtsmodelle 14, 162f.; Italien 14, 703; Jesuitenschulen 14, 751; Klassik als Klassizismus 14, 897; Klassizismus 14, 964; Kommentar 14, 1059; 1064ff.; Kroatien 14, 1121; Lettland 15/1, 125; Literaturkritik 15/1, 180; Mythos 15/1, 644; Niederlande und Belgien 15/1, 1003; 1005; 1010; Nobilitas 15/1, 1071; Paganismus 15/2, 25; Papyri, literarische 15/2, 71; 77; Papyrologie 15/2, 85; Parnaß 15/2, 177; Philologie 15/2, 248; 265; Poeta Vates 15/2, 378ff.; Polen 15/2, 396; Praktische Philosophie 15/2, 532; Preußen 15/2, 544; Spanien 15/3, 109f.; 119; 123; Türkei 15/3, 649; United Kingdom 15/3, 829; United States of America 15/3, 840; Utopie 15/3, 936–937; Überlieferung 15/3, 716–717; Wirtschaftslehre 15/3, 1152; Zeitrechnung 15/3, 1178

Hesych (Hesychios [1]*) *alex. Gelehrter, Verf. eines Lex.*: Byzanz 13, 603; Philologie 15/2, 241; Spanien 15/3, 109

Hetep-heres *äg. Königin*: Kairo, Ägyptisches Museum 14, 774
Hiarbas [2]* *numid. König*: Karthago 14, 836
Hierius *Rhetor*: Rom 15/2, 902
Hierokles [7]* *von Alexandreia neuplaton. Philosoph*: Kommentar 14, 1063; Metaphysik 15/1, 411; Praktische Philosophie 15/2, 534
Hieron *Maler, Kunsträuber, 1. Jh. v. Chr.*: Kunsterwerb/Kunstraub 14, 1151
Hieronymus* *Kirchenvater, 4. Jh.*: Alexandria 13, 63; Bibliothek 13, 494; 496; Bildung 13, 506; Ciceronianismus 13, 647; Epikureismus 13, 987; Fälschung 13, 1080; Geschichtsmodelle 14, 166f.; 170; Griechisch 14, 302f.; Irland 14, 643; Kanon 14, 792; Karolingische Renaissance 14, 833; Kommentar 14, 1058f.; Konsolationsliteratur 14, 1080; Kynismus 14, 1154ff.; Mittellatein 15/1, 448; 451–452; 456; Mönchtum 15/1, 523; Neulatein 15/1, 926; Niederlande und Belgien 15/1, 986; 990; 996; Patristische Theologie/Patristik 15/2, 199; Philologie 15/2, 247; 321; 15/3, 1317; Rhetorik 15/2, 814; Rom 15/2, 908; Spanien 15/3, 110; Theologie und Kirche des Christentums 15/3, 424–425; Troja 15/3, 595; 618; United Kingdom 15/3, 799; Universität 15/3, 887; Überlieferung 15/3, 722; Übersetzung 15/3, 726; 728; Wallfahrt 15/3, 1088; Zeitrechnung 15/3, 1176; 1182; 1186ff.; 1189–1190; Zensur 15/3, 1194; 1197; Zoroastres/Zoroastrismus 15/3, 1230
Hilarius [1]* *von Poitiers 4. Jh.*: Allegorese 13, 81; Interpretatio Christiana 14, 626; Mittellatein 15/1, 455; Niederlande und Belgien 15/1, 990; Theologie und Kirche des Christentums 15/3, 414; 424; Universität 15/3, 887
Himerios* *griech. Rhetor, 4. Jh.*: Athen 13, 279; Lexikographie 15/1, 128
Hipparchos [6]* *aus Nikaia Astronom und Geograph, 2. Jh. v. Chr.*: Historische Geographie 14, 446; Naturwissenschaften 15/1, 802; 805
Hippodamos* *aus Milet, griech. Architekt, Stadtplaner und Staatstheoretiker, 5. Jh. v. Chr.*: Bevölkerungswissenschaft/Historische Demographie 13, 482; Rhodos 15/3, 1328
Hippokrates [6]* *aus Kos griech. Arzt, 2. H. 5. Jh. v. Chr.*: Aphorismus 13, 150; Arabisch-islamisches Kulturgebiet 13, 166; 170; 180; Arabische Medizin 13, 187–188; Aristotelismus 13, 252; 254; Aufklärung 13, 345; Botanik 13, 537; Dänemark 13, 680; Deutschland 13, 781; Diätetik 13, 828; Europa 13, 1059; Galenismus 14, 86; Geburtshilfe 14, 95ff.; Geflügelte Worte 14, 102; Genfer Gelöbnis 14, 121; Geographie 14, 125; Geologie (und Mineralogie) 14, 128; Geriatrie 14, 146ff.; Geschichtsmodelle 14, 175; Hippokratischer Eid 14, 418ff.; Hippokratismus 14, 419ff.; Humanismus 14, 559f.; Hysterie 14, 571; Magie 15/1, 255; Medizin 15/1, 360ff.; Medizingeschichtsschreibung 15/1, 373–374; 376; Melancholie 15/1, 380; Meteorologie 15/1, 418; Mittellatein 15/1, 454; Naturwissenschaften 15/1, 781; 797; Niederlande und Belgien 15/1, 988; 996; 1019; Pharmakologie 15/2, 216ff.; Philologie 15/2, 248; Physiognomik 15/2, 355; Portugal 15/2, 522; Säftelehre 15/2, 1039ff.; Spanien 15/3, 112ff.; Sport 15/3, 209; Sprachphilosophie/Semiotik 15/3, 225; Terminologie 15/3, 381; United States of America 15/3, 843; Universität 15/3, 886; 893; Überlieferung 15/3, 714; Zoologie 15/3, 1217; 1220
Hippolytos [2]* *von Rom Presbyter, Kirchenschriftsteller, 3. Jh.*: Magie 15/1, 254
Hipponax* *Iambendichter, M. 6. Jh. v. Chr.*: Finnland 13, 1148; Papyri, literarische 15/2, 71–73
Hiskia *at. König*: Krone 14, 1124
Homer (Homeros [1]*) *griech. Dichter*: École française d'Athènes 13, 910; Adaptation 13, 12; 14; Afrika 13, 24; Allegorese 13, 76; 79–80; Altsprachlicher Unterricht 13, 124; Arabisch-islamisches Kulturgebiet 13, 162; 164–165; Armenien 13, 272; Atlantis 13, 337; Barock 13, 404; Bayern 13, 432–433; Bildung 13, 511; Bukolik/Idylle 13, 561; 567; Bulgarien 13, 574–575; Bücher-Meyer-Kontroverse 13, 553; Byzanz 13, 597; 607; DDR 13, 691; Deutschland 13, 770; 783; 785; 794; 796ff.; 803; 810; 822; 827; Ekphrasis 13, 941; Enzyklopädie 13, 970; 972; Epochenbegriffe 13, 1000; 1009–1010; Epos 13, 1015–1019; 1022–1023; 1026–1027; 1031; 1033; Estland 13, 1046; 1049; Film 13, 1134; Finnland 13, 1148; 1150; Frankreich 14, 29f.; 38f.; 41; 44; 48; 15/3, 1257; 1260; 1269; Gattung/Gattungstheorie 14, 88; Geflügelte Worte 14, 100; Georgien 14, 133ff.; Griechisch 14, 308f.; Historismus 14, 478; 490; Homer-Vergil-Vergleich 14, 516ff.; Homerische Frage 14, 501ff.; 512ff.; Humanismus 14, 542; 550; Interpretatio Christiana 14, 620ff.; Irland 14, 646; Italien 14, 670; 693ff.; 703ff.; Jesuitenschulen 14, 751; Kampanien 14, 788; Karolingische Renaissance 14, 820; Kinder- und Jugendliteratur 14, 879; Klassizismus 14, 955ff.; 964ff.; Kommentar 14, 1059; 1063; Kroatien 14, 1121f.; Kunsterwerb/Kunstraub 14, 1148; Lateinamerika 15/1, 34; 45; Lehrplan 15/1, 112; Lexikographie 15/1, 126–128; 131; Litauen 15/1, 173; 176; Literaturkritik 15/1, 180; 182; Luxemburg 15/1, 241; Magie 15/1, 254; Makedonien/Mazedonien 15/1, 279; 281;

Marxismus 15/1, 296; Matriarchat 15/1, 327; Mittellatein 15/1, 454–455; Moderne 15/1, 497; Mythologie 15/1, 611; 617; 629–630; Mythos 15/1, 644; Nationale Forschungsinstitute 15/1, 690; Naturwissenschaften 15/1, 851; Neugriechische Literatur 15/1, 896; 901; 908; 910–911; Niederlande und Belgien 15/1, 989; 1003–1004; 1008; 1011–1012; 1048; 1051–1053; 1057–1058; Nietzsche-Wilamowitz-Kontroverse 15/1, 1065; Nobilitas 15/1, 1071–1072; Norwegen 15/1, 1085; Numismatik 15/1, 1103; Onomastik 15/1, 1175; Österreich 15/1, 1137; 1141; 15/3, 1296–1297; Paganismus 15/2, 21; 29; Papyri, literarische 15/2, 71; 74; 77; 79; Papyrologie 15/2, 85; Park 15/2, 133; 139; 153; Parnaß 15/2, 181; Philhellenismus 15/2, 233; Philologie 15/2, 239; 243; 248–250; 265; 272–275; 300; Physiognomik 15/2, 356; Polen 15/2, 394; 396; 405; 407; Portugal 15/2, 519; Preußen 15/2, 544; 552; Prüfungsordnungen 15/2, 584; Psychoanalyse 15/2, 594; Querelle des Anciens et des Modernes 15/2, 612; Redegattungen 15/2, 626; Religionsgeschichte 15/2, 685; Revolution 15/2, 742; 755; Roman 15/2, 944; Romantik 15/2, 971; 975; 978; 984; 986; Rumänien 15/2, 1005; Rußland 15/2, 1015–1016; 1019; 1023; 1026; Schweden 15/2, 1116; Schweiz 15/2, 1130; 1140; Serbien 15/3, 26; 29f.; Slowakei 15/3, 65ff.; Slowenien 15/3, 71f.; Spanien 15/3, 109ff.; 139; Sprachwissenschaft 15/3, 229; Stil, Stilanalyse, Stilentwicklung 15/3, 290; Sturm und Drang 15/3, 341; Terminologie 15/3, 381; Theologie und Kirche des Christentums 15/3, 427; 429; Tierepos 15/3, 495; Totengespräch 15/3, 520; Troja 15/3, 594ff.; Tschechien 15/3, 633; Türkei 15/3, 646; 648–649; 651; Ungarn 15/3, 752–753; United Kingdom 15/3, 769; 781; 807; 810; 812–814; 819; 826f.; 831; United States of America 15/3, 836; 846; 850–851; 861; 863; 869; 871; 873; Universität 15/3, 899; Ut pictura poesis 15/3, 932; Utopie 15/3, 936; Überlieferung 15/3, 714; 716–717; Übersetzung 15/3, 727; 729–730; 733; 737; Verskunst 15/3, 1013; Weißrußland 15/3, 1108; Winckelmann-Gesellschaft 15/3, 1141; Wirtschaft und Gewerbe 15/3, 1144; Wirtschaftslehre 15/3, 1149; 1153; Zeitrechnung 15/3, 1177–1178; Zensur 15/3, 1194; Zoologie 15/3, 1202

Honoratus *Bischof von Arelate, gest. 430*: Wallfahrt 15/3, 1090

Honorius [3]* *weström. Kaiser*: Epochenbegriffe 13, 997; Porträt 15/2, 497

Horapollo (Horapollon*) *ägypt. Autor, um 500*: Entzifferungen 13, 960; Spanien 15/3, 108

Horaz (Horatius [7]* Flaccus, Q.) *röm. Dichter, 65-8 v. Chr.*: Afrika 13, 22; 24; Altsprachlicher Unterricht 13, 124; Anakreontische Dichtung, Anakreontik 13, 130; Aphorismus 13, 150; Artes liberales 13, 274; Aufklärung 13, 347; Bayern 13, 431–432; 435; Bukolik/Idylle 13, 561; DDR 13, 691; Deutschland 13, 764; 781–782; 784; 824; Dialog 13, 834; Drei Grazien 13, 870; Ekphrasis 13, 940; Elegie 13, 943–944; Epikureismus 13, 986; 992–993; Epochenbegriffe 13, 1014; Epos 13, 1017; Estland 13, 1046; Europa 13, 1063; Fabel 13, 1069; Faschismus 13, 1099–1101; Fälschung 13, 1081; Figurenlehre 13, 1126; 1128; Frankreich 14, 9; 11; 29ff.; 36ff.; 52; 15/3, 1260; Gattung/Gattungstheorie 14, 87ff.; Geschichtsmodelle 14, 162; Geschmack 14, 217; Groteske 14, 328; Humanismus 14, 553; Hymnos 14, 568; Irland 14, 643; Island 14, 651; Istituto (Nazionale) di Studi Romani 14, 654; Italien 14, 661ff.; 670; 683; 692; 696; 703ff.; Jesuitenschulen 14, 751; Kampanien 14, 787f.; Karolingische Renaissance 14, 820; Klassizismus 14, 963ff.; Kroatien 14, 1121; Landwirtschaft 15/1, 3; Lateinamerika 15/1, 23; 29; 31; 34–36; 38–41; Lehrgedicht 15/1, 109–110; Lettland 15/1, 124–125; Litauen 15/1, 173; 175; Literaturkritik 15/1, 179; 184; Luxemburg 15/1, 236; 239; Lyrik 15/1, 247; 249–250; Makedonien/Mazedonien 15/1, 281; Mittellatein 15/1, 453–455; 457; Musen 15/1, 564; Mythologie 15/1, 620; Neulatein 15/1, 930; Niederlande und Belgien 15/1, 986–987; 989; 991; 995–997; 1007–1008; 1029–1030; 1048; 1050–1053; Norwegen 15/1, 1086; Odenkomposition, metrische 15/1, 1129; Österreich 15/1, 1134; 1138; Park 15/2, 125; 133; 137; 145–146; 157; Philologie 15/2, 252; 280; 283–284; 291; 293; 295; 307–309; 313; 319; 321; 15/3, 1316–1317; Physiognomik 15/2, 357; Poeta Vates 15/2, 378–379; Poetik 15/2, 383ff.; Polen 15/2, 392–393; 395–396; Politische Theorie 15/2, 420; Portugal 15/2, 519; 521; Preußen 15/2, 550ff.; Prüfungsordnungen 15/2, 583; Renaissance 15/2, 704; Revolution 15/2, 742; Romantik 15/2, 978; 983; 986; Rosse von San Marco/Quadriga 15/2, 989; Rumänien 15/2, 1005–1006; 1010; Rußland 15/2, 1019; Satire 15/2, 1067; 1069; Schweiz 15/2, 1134; Serbien 15/3, 26ff.; Slowakei 15/3, 63ff.; Slowenien 15/3, 70ff.; Spanien 15/3, 107; 114; 124; 134; 139; Staufische Renaissance 15/3, 274; Sturm und Drang 15/3, 340; Südafrika 15/3, 343; Terminologie

15/3, 382; Theater 15/3, 400; Thematologie/ Stoff- und Motivforschung 15/3, 408; Tragödie/Tragödientheorie 15/3, 533; 535; 537–538; 540; Tschechien 15/3, 625; 627; 629; Türkei 15/3, 649; Ukraine 15/3, 745–747; Ungarn 15/3, 752; United Kingdom 15/3, 763; 765; 770; 788; 800; 804; 811–812; 814; 830; United States of America 15/3, 847; 851–853; 861; Universität 15/3, 884; 896–897; 899; Ut pictura poesis 15/3, 929–930; Utopie 15/3, 937; 939; Überlieferung 15/3, 724; Übersetzung 15/3, 731–733; Verlag 15/3, 1002; Verskunst 15/3, 1010–1011; 1014–1016; Vertonungen antiker Texte 15/3, 1022–1024; Werbung 15/3, 1128; Zeitrechnung 15/3, 1185; Zensur 15/3, 1196–1197; Zoologie 15/3, 1213

Hornacht *Ägypter*: Kairo, Ägyptisches Museum 14, 778

Hydatius [1]* *(Ydacius) Bischof von Emerita, abgesetzt 388*: Portugal 15/2, 516

Hydatius [2]* *Chronist aus Hispanien, Bischof 427*: Geschichtsmodelle 14, 170

Hyginus*, C. Iulius *Philologe und Polyhistor, augusteische Zeit*: Bayern 13, 431; Kommentar 14, 1058; Magie 15/1, 254; Österreich 15/1, 1142; Papyri, literarische 15/2, 79; Philologie 15/3, 1316; Schulbuch 15/2, 1102; Türkei 15/3, 651

Hypatia* *neuplaton. Philosophin, Editorin des Almagest, gest. 415*: Frankreich 15/3, 1260; Politische Theorie 15/2, 467; Spanien 15/3, 141

Hypereides* *(Hyperides) att. Redner, 4. Jh. v. Chr.*: Papyri, literarische 15/2, 73; Papyrologie 15/2, 85

Hypsikles* *hell. Mathematiker und Astronom, um 175 v. Chr.*: Arabisch-islamisches Kulturgebiet 13, 169

I

Iamblichos [2]* *Neuplatoniker, 3./4. Jh.*: Armenien 13, 270; Byzanz 13, 594; Georgien 14, 133; Metaphysik 15/1, 410; Niederlande und Belgien 15/1, 1001; Politische Theorie 15/2, 464; 466–468

Iambulos* *griech. Romanautor*: Sozialismus 15/3, 95

Ibykos* *lyrischer Dichter, 6. Jh. v. Chr.*: Spanien 15/3, 119; Sport 15/3, 218; Vertonungen antiker Texte 15/3, 1022

Idrieus* *Bruder des Maussollos*: Halikarnass 14, 338ff.

Ignatios [1]* *Bischof von Antiocheia*: Zeitrechnung 15/3, 1183

Iktinos* *Architekt, 5. Jh. v. Chr.*: Eleusis 13, 950–951

Ildefons von Toledo *Erzbischof, gest. 667*: Zeitrechnung 15/3, 1187

Imhotep (Imuthes [2]*) *Beamter von Heliopolis*: New York, Metropolitan Museum 15/1, 965

Iohannes vgl. auch → Johannes

Iohannes [4]* **Chrysostomos** *Bischof von Konstantinopel 397-404, Homilet*: Armenien 13, 272; Byzanz 13, 601; Geriatrie 14, 147; Griechisch 14, 304; 307f.; Homiletik/Ars praedicandi 14, 524; Jesuitenschulen 14, 751; Niederlande und Belgien 15/1, 990; 1026; Patristische Theologie/Patristik 15/2, 198; Redegattungen 15/2, 628; Rhetorik 15/2, 794; Rußland 15/2, 1015; Sozialismus 15/3, 97; Spanien 15/3, 109ff.; Theologie und Kirche des Christentums 15/3, 414; Universität 15/3, 887; Wallfahrt 15/3, 1084

Iohannes [22]* **Diaconus** *(Johannes Diaconus) Bischof von Hispalis, Theologe und Sachsschriftsteller, ca. 560-636*: Griechisch 14, 305; Venedig 15/3, 960

Iohannes [32]* **Eleemon, der Barmherzige** *Patriarch von Alexandreia seit 610*: Byzanz 13, 604

Iohannes [18]* **Malalas** *Verf. einer byz. Weltchronik, um 490/500 – nach 570*: Byzanz 13, 602; Geburtshilfe 14, 99; Geschichtsmodelle 14, 168

Iohannes [38]* **Mauropus** *byz. Gelehrter und Bischof*: Byzanz 13, 606

Iohannes [29]* **Moschos** *(Iohannes Eukrates) byz. Hagiograph*: Überlieferung 15/3, 711

Iohannes [9]* **Stobaios**: Byzanz 13, 603; Politische Theorie 15/2, 468

Iohannes [10]* **von Skythopolis** *Theologe, 5. Jh.*: Italien 14, 661

Ion [2]* *aus Chios Schriftsteller, ca. 480-423/2 v. Chr.*: Poeta Vates 15/2, 378; 380; Vertonungen antiker Texte 15/3, 1022

Iosephos [5]* **von Thessalonike** *Erzbischof von Thessalonike, Hymnendichter, 762-832*: Überlieferung 15/3, 712

Irenaeus (Eirenaios [2]* von Lyon) *Bischof und Theologe, 2. Jh.*: Chrêsis 13, 639; Philosophia perennis 15/2, 334; Theologie und Kirche des Christentums 15/3, 413

Isaak [3]* **von Niniveh** *ostsyr. Autor und Mönch, 7. Jh.*: Theologie und Kirche des Christentums 15/3, 427; 430

Isidor von Sevilla (Isidoros [9]*, Isidorus) *Bischof von Hispalis, Theologe und Sachsschriftsteller, ca. 560-636*: Allegorese 13, 77; 82; Apotheose 13, 160; Arabisch-islamisches Kulturgebiet 13, 179; Atomistik 13, 339; Augustinismus 13, 351; Babylon 13, 375; Bibliothek 13, 495; Bildung 13, 506; Bürger 13, 557; Enzyklopädie 13, 966; Figurenlehre 13, 1126–1127; Fürstenspiegel 14, 77; Gattung/Gattungstheorie 14, 89; Geburtshilfe 14, 99; Geographie 14, 122; Geologie (und Mineralogie) 14, 127; Geriatrie 14, 147; Geschichtsmodelle 14, 169ff.; Griechisch 14, 298; Handel/Handelswege 14, 349; Herrscher 14, 408;

Humanismus 14, 561; Irland 14, 643; Island 14, 651; Kanonisten 14, 795; Landwirtschaft 15/1, 6; Lateinische Komödie 15/1, 65; Mathematik 15/1, 315; Melancholie 15/1, 378; Meteorologie 15/1, 416; Mittellatein 15/1, 448; 452; 455; Monarchie 15/1, 536; Mönchtum 15/1, 523; Musik 15/1, 574; 585–586; Mythologie 15/1, 614; Mythos 15/1, 645; Naturrecht 15/1, 774; Naturwissenschaften 15/1, 782; 792; 801; 820; Nobilitas 15/1, 1071; Parnaß 15/2, 177; Patristische Theologie/Patristik 15/2, 199; Philologie 15/3, 1317; Physiognomik 15/2, 353; Poetik 15/2, 385–386; Polen 15/2, 391; Praktische Philosophie 15/2, 528; Redegattungen 15/2, 629; 645–646; Religionsgeschichte 15/2, 681; Rhetorik 15/2, 772; Spanien 15/3, 103; 128; Sphärenharmonie 15/3, 188; Sprachphilosophie/Semiotik 15/3, 223; Sprachwissenschaft 15/3, 229f.; Stützfiguren/Erechtheionkoren 15/3, 326; Theater 15/3, 397; Theologie und Kirche des Christentums 15/3, 414; 432; Universität 15/3, 887; Überlieferung 15/3, 721; Verlag 15/3, 1001; Völkerrecht 15/3, 1043; 1045; Wirtschaftslehre 15/3, 1161; Zeitrechnung 15/3, 1187; Zoologie 15/3, 1210ff.; 1213ff.; Zoroastres/Zoroastrismus 15/3, 1230

Isidoros von Milet (Isidoros [12]* – [13]) *zwei Architekten der Hagia Sophia in Konstantinopel, 6. Jh.*: Mathematik 15/1, 315; Naturwissenschaften 15/1, 817

Isokrates* *att. Redner, 436-338 v. Chr.*: Argumentationslehre 13, 240; Athen 13, 279; Atlantis 13, 334; Deutschland 13, 770; 780; Europa 13, 1059; Finnland 13, 1150–1151; Frankreich 14, 37; 44; Fürstenspiegel 14, 83; Geschichtsmodelle 14, 161; Marxismus 15/1, 299–300; Niederlande und Belgien 15/1, 989; Papyri, literarische 15/2, 73; 75; Philologie 15/2, 248; Politische Theorie 15/2, 463; 468; Redegattungen 15/2, 638; Rhetorik 15/2, 793f.; 797; Spanien 15/3, 109; United States of America 15/3, 836; Überlieferung 15/3, 716; Verfassung 15/3, 975; Zeitrechnung 15/3, 1179–1181

Istros [4]* *Schüler des Kallimachos, 3. Jh. v. Chr.*: Zoologie 15/3, 1200

Ita *äg. Prinzessin*: Kairo, Ägyptisches Museum 14, 777

Iudas [2]* **(Judas Iškariot)**: Numismatik 15/1, 1109f.

Iudas [1]* **(Judas Makkabaios)** *Anführer des jüd. Aufstands gegen Rom, 167/166 v. Chr.*: United Kingdom 15/3, 774

Iugurtha* *Numiderkönig*: Altsprachlicher Unterricht 13, 124; Comics 13, 658; Schlachtorte 15/2, 1075

Iulia Augusta → Livia [2]* Drusilla

Iulia [12]* **Domna** *Gattin des Kaiser Septimius Severus*: Athen 13, 299

Iuliana Anicia *byz. Prinzessin*: Botanik 13, 537

Iulianus/-os [9]* *aus Kaisareia/Kappadokien, griech. Rhetor, ca. 275-340*: Allegorese 13, 80

Iulius Africanus → Sextus [2]* Iulius Africanus

Iulius Alexander (Iulius [IV 23]* Valerius Alexander Polemius) *Übersetzer des griech. Alexanderromans, M. 4. Jh.*: Frankreich 14, 14; United Kingdom 15/3, 773; 775

Iulius [IV 6]* **Exuperantius** *spätant. Grammatiker, Verf. eines Breviariums der frühen röm. Bürgerkriege*: Geschichtsmodelle 14, 167

Iulius [IV 12]* **Modestus** *Schriftsteller, spätaugusteische Zeit*: Schlachtorte 15/2, 1075

Iulius [IV 16]* **Paulus** *röm. Jurist, ca. 160-230*: Strafrecht 15/3, 313

Iulius [IV 17]* **Pollux** *Rhetor aus Naukratis, Verf. eines Onomastikon, 2. Jh.*: Niederlande und Belgien 15/1, 1003; Numismatik 15/1, 1103f.; Philologie 15/2, 241

Iulius [IV 20]* **Rufinianus** *Verf. einer Figurenlehre, 3./4. Jh.*: Figurenlehre 13, 1126

Iulius [IV 24]* **Victor** *Verf. eines Rhet.-Lehrbuchs, E. 4. Jh.*: Argumentationslehre 13, 244; Briefkunst/Ars dictaminis 13, 549; Redegattungen 15/2, 628; Überlieferung 15/3, 724

Iunius Brutus → Brutus

Iunius [II 15]* **Gallio Annaeanus, L.** *Sohn Senecas*: Zeitrechnung 15/3, 1184

Iunius [I 28]* **Silanus, D.** *leitete 146 v. Chr. die Übersetzung des Mago*: Zoologie 15/3, 1203

Iustinianus → Justinian
Iustinus → Justin
Iuvenalis → Juvenal
Iuvencus → Juvencus

J

Jakob [3]* **von Sarug** *syr.-orthodoxer Bischof und Dichter, 6. Jh.*: Theologie und Kirche des Christentums 15/3, 427

Jamblich → Iamblichos [2]*
Jambul → Iambulos*

Jamšīd *Großvater Alexanders d. Gr.*: Iranistik 14, 635

Jehu *israel. König um 840 v. Chr.*: Zeitrechnung 15/3, 1165

Jeremia* *Prophet und Titel des Bibelbuchs*: Griechisch 14, 302; Medien 15/1, 357; Neugriechische Literatur 15/1, 915; Orient-Rezeption 15/1, 1229; Theologie und Kirche des Christentums 15/3, 425; Zoroastres/Zoroastrismus 15/3, 1230

Jesaja* *Prophet und Titel des Bibelbuchs*: Diana von Ephesus 13, 841; Orient-Rezeption

15/1, 1223; Theologie und Kirche des Christentums 15/3, 425
Jesus*: Deutschland 13, 777; 782; Diana von Ephesus 13, 839; Fabel 13, 1065; Festkultur/ Trionfi 13, 1106–1107; Film 13, 1136; Frankreich 15/3, 1258; Geschichtsmodelle 14, 165ff.; Geschichtswissenschaft/Geschichtsschreibung 14, 198; Herrscher 14, 363; 370ff.; 391; 396ff.; Horoskope 14, 532; Imperium 14, 579; Interpretatio Christiana 14, 621ff.; Jerusalem 14, 723; Jesuitenschulen 14, 752; Karolingische Renaissance 14, 828ff.; Krone 14, 1124; Künstlerlegenden 14, 1128ff.; Mittellatein 15/1, 452; Mode 15/1, 483; Monarchie 15/1, 536–538; Münze, Münzwesen 15/1, 558; Mythologie 15/1, 618; Naturwissenschaften 15/1, 835–836; 840; 842; 849–850; Niederlande und Belgien 15/1, 1039; Numismatik 15/1, 1110; Okkultismus 15/1, 1158; Ottonische Renaissance 15/1, 1259; Österreich 15/3, 1297; Paganismus 15/2, 24; Parabel 15/2, 104–105; Physiognomik 15/2, 353; Porträtgalerie 15/2, 504; Praktische Philosophie 15/2, 529; Religionskritik 15/2, 700–701; Ruine/ Künstliche Ruine 15/2, 992f.; Rumänien 15/2, 1007; Rußland 15/2, 1024; Säulenordnung 15/2, 1050; Schweiz 15/2, 1145; Spanien 15/3, 130; 135; Staufische Renaissance 15/3, 276; Stoizismus 15/3, 300; Theologie und Kirche des Christentums 15/3, 412ff.; 452ff.; Torso (Belvedere) 15/3, 516; Totengespräch 15/3, 522; Trajanssäule 15/3, 545; 547; Triumphbogen 15/3, 582; 585; Typologie 15/3, 677ff.; United Kingdom 15/3, 807; 826; Vasen/Vasenmalerei 15/3, 955; Venedig 15/3, 959; Wagnerismus 15/3, 1078; Wallfahrt 15/3, 1083–1086; 1088; Zeitrechnung 15/3, 1183
Johannes vgl. auch → Iohannes
Johannes Argyropulos *byz. Gelehrter*: Akademie 13, 41
Johannes Cassian → Cassianus*
Johannes, der Evangelist (Iohannes [1]*): Allegorese 13, 77; Babylon 13, 372; Byzanz 13, 602; Deutschland 13, 776–777; Karolingische Renaissance 14, 831; Wallfahrt 15/3, 1083; Zeitrechnung 15/3, 1183
Johannes der Täufer (Iohannes [39]*): Orient-Rezeption 15/1, 1196
Johannes Diaconus → Iohannes [22]* Diaconus
Johannes Italos *byz. Aristotelesinterpret*: Georgien 14, 133
Johannes Lydos → Lydos [3]* Iohannes
Johannes Philoponos (Philoponos*, Iohannes) *christl. Universalgelehrter in Alexandreia, um 490–575*: Arabisch-islamisches Kulturgebiet 13, 163; 168; Byzanz 13, 595; Lexikographie 15/1, 129; Mathematik 15/1, 316; Medizingeschichtsschreibung 15/1, 373; Metaphysik 15/1, 408; 410; Naturwissenschaften 15/1, 796; 805; 814; Theologie und Kirche des Christentums 15/3, 429; Überlieferung 15/3, 711
Jordanes (Iordanes [1]*) *röm. Historiker, 6. Jh. n.Chr.*: Babylon 13, 380; Epochenbegriffe 13, 997; Geschichtsmodelle 14, 168; 170; 173; Mittellatein 15/1, 454; Polen 15/2, 392; Vandalen 15/3, 943
Joseph Genesios (Iosephos [6]* Genesios) *konventioneller Name eines anon. byz. Geschichtswerks*: Byzanz 13, 605
Judas → Iudas
Judas Maccabaeus → Iudas [1] Makkabaios
Jugurtha → Iugurtha
Juja *Vater der Teje*: Kairo, Ägyptisches Museum 14, 777
Julia Agrippina → Agrippina [3]* Iulia (A. minor)
Julia Anicia → Iuliana Anicia
Julia Augusta → Livia [2]* Drusilla
Julia, Juliana, Julianus vgl. auch → Iulia, Iuliana, Iulianus
Julian Apostata (Iulianus/-os [11]*, Fl. Claudius, ›Apostata‹) *röm. Kaiser 360–363*: Arabisch-islamisches Kulturgebiet 13, 168; Bibliothek 13, 495; Byzanz 13, 601; Epochenbegriffe 13, 1009; Estland 13, 1049; Frankreich 15/3, 1258; Fürstenspiegel 14, 84; Geschichtswissenschaft/Geschichtsschreibung 14, 214; Herrscher 14, 364; 393; 403; Jerusalem 14, 726; Leichenrede 15/1, 117; Niederlande und Belgien 15/1, 1033; Norwegen 15/1, 1086; Paganismus 15/2, 15; 18; Politische Theorie 15/2, 467; Preußen 15/2, 550; Religionskritik 15/2, 701; Satire 15/2, 1071; Śrī Laṅkā 15/3, 251; Troja 15/3, 603; Tschechien 15/3, 633; United States of America 15/3, 876
Julian von Brioude *Märtyrer um 250*: Wallfahrt 15/3, 1083; 1090
Julian von Eclanum (Iulianus/-os [16]*) *Pelagianer, Bischof von Aeclanum 416*: Augustinismus 13, 351
Julius → Iulius
Justin (Iustinus/-os [5]*, M. Iunian(i)us) *Verf. einer Epitome historiarum Philippicarum, um 400*: Geschichtsmodelle 14, 161; 173; Karolingische Renaissance 14, 820; Philologie 15/2, 282; Politische Theorie 15/2, 424
Justin (Iustinus/-os [6]* Martys) *Philosoph und Märtyrer, gest. 165*: Chrêsis 13, 639; Philosophia perennis 15/2, 331; Typologie 15/3, 678
Justinian (Iustinianus [1]*, Flavius) *röm. Kaiser 527–565*: Akademie 13, 41; 53; Alexandria 13, 63; Anspruch 13, 133; Besitz 13, 479–480;

Bibliothek 13, 496; Billigkeit 13, 517; Byzanz 13, 595; 603; 605; Causa 13, 630; Cäsarismus 13, 625; Digesten/Überlieferungsgeschichte 13, 845–846; 849–850; Eigentum 13, 932; Enzyklopädie 13, 972; Epochenbegriffe 13, 997; 1007; 1009–1010; 1014; Erbrecht 13, 1038–1039; Gerechtigkeit 14, 140; 143; Geschichtswissenschaft/Geschichtsschreibung 14, 216ff.; Herrscher 14, 364; 375; 387; 400; Imperium 14, 577; Interpolationsforschung 14, 618ff.; Italien 14, 668; Kartographie 14, 857; Kodifizierung/Kodifikation 14, 1004; Konstantinopel 14, 1088; Kunsterwerb/Kunstraub 14, 1152; Mode 15/1, 482; Nobilitas 15/1, 1077; Notar 15/1, 1089; Pandektistik 15/2, 45–46; Papyrologie 15/2, 92; Philologie 15/2, 293; Politische Theorie 15/2, 468; Porträt 15/2, 497; Republik 15/2, 718; Rom 15/2, 875; Romanistik/Rechtsgeschichte 15/2, 963ff.; Römisches Recht 15/2, 835ff.; Schuldrecht 15/2, 1105ff.; Slowenien 15/3, 71; Spanien 15/3, 111; Spolien 15/3, 197; Staufische Renaissance 15/3, 276; Theologie und Kirche des Christentums 15/3, 425; 433; 439; Universität 15/3, 886; Überlieferung 15/3, 710; 712; Vulgarismusforschung/Vulgarrecht 15/3, 1071–1072; Zensur 15/3, 1194; Zypern 15/3, 1235

Juvenal (Iuvenalis*, D. Iunius) *Satirendichter, 1./2. Jh.*: Afrika 13, 25; Epochenbegriffe 13, 1009; Estland 13, 1046; Fin de siècle 13, 1142; Frankreich 14, 9; 38; Geflügelte Worte 14, 102; Homer-Vergil-Vergleich 14, 517; Italien 14, 662ff.; Karolingische Renaissance 14, 820; Klassizismus 14, 966ff.; Lateinamerika 15/1, 29; Luxemburg 15/1, 236; Magie 15/1, 254; Mittellatein 15/1, 453; Neulatein 15/1, 939; Niederlande und Belgien 15/1, 986–987; 1051; Österreich 15/1, 1134; Philologie 15/2, 280; 289–290; 321; Porträtgalerie 15/2, 502; Satire 15/2, 1067; 1069; 1073; Slowakei 15/3, 63f.; Spanien 15/3, 107f.; Sport 15/3, 209; Staufische Renaissance 15/3, 274; Tschechien 15/3, 627; United Kingdom 15/3, 763; 798; 812; Überlieferung 15/3, 724; Verlag 15/3, 1002

Juvencus (Iuvencus*, C. Vettius Aquilinus) *span. Presbyter und Epiker, 4. Jh.*: Epos 13, 1016; Irland 14, 643; Karolingische Renaissance 14, 831ff.; Mittellatein 15/1, 453; United Kingdom 15/3, 764

K

Ka-aper *äg. Priester*: Kairo, Ägyptisches Museum 14, 774

Kaiphas* *Hoherpriester 18–36*: Wallfahrt 15/3, 1086

Kallimachos [3]* *aus Kyrene Dichter und Gelehrter, 4./3. Jh. v. Chr.*: Frankreich 14, 30; Italien 14, 702; Lyrik 15/1, 247; Niederlande und Belgien 15/1, 996; 1003; 1005; 1010; 1012; 1018; 1052; Papyri, literarische 15/2, 72; 74–75; 77; Papyrologie 15/2, 85; Philologie 15/2, 243; 248f.; 256; 272; Spanien 15/3, 108ff.; Zeitrechnung 15/3, 1182; Zoologie 15/3, 1199–1200

Kallisthenes → Pseudo-Kallisthenes*

Kalon [2]* *Bronzebildner aus Elis, 5. Jh. v. Chr.*: Stil, Stilanalyse, Stilentwicklung 15/3, 290

Kandake*: United Kingdom 15/3, 775

Kandaules* *letzter Herrscher der Heraklidendynastie im lyd. Sardeis*: Medien 15/1, 350

Kanischka* *indoskyth. König*: Pakistan/Gandhara-Kunst 15/2, 34

Karneades [1]* *akad. Philosoph, 3./2. Jh. v. Chr.*: Skeptizismus 15/3, 40

Kassandros* *Diadoche, Herrscher von Makedonien*: Schlachtorte 15/2, 1078

Kassianos Bassos Scholastikos *Verf. eines Werks zur Landwirtschaft, 6. Jh.*: Arabisch-islamisches Kulturgebiet 13, 181; Zoologie 15/3, 1204

Kebes* *Freund des Sokrates*: Griechenland 14, 279

Kelsos* *Platoniker, 2. Jh.*: Religionskritik 15/2, 700–701

Kephisodotos [4]* *Bildhauer aus Athen, 4. Jh. v. Chr.*: Rom 15/2, 899

Kephisodotos [5]* *Bildhauer aus Athen, wohl 4. Jh. v. Chr.*: Rom 15/2, 899

Kimon [2]* *athen. Feldherr und Politiker*: Eleusis 13, 949; Klassische Archäologie 14, 903; Numismatik 15/1, 1126

Kleanthes [2]*aus Assos *stoischer Philosoph, 4./3. Jh. v. Chr.*: Niederlande und Belgien 15/1, 1051; Stoizismus 15/3, 298; 304

Kleisthenes [2]* *athen. Politiker und Reformer*: Athen 13, 289; Nationalsozialismus 15/1, 730

Kleomedes* *astronomischer Schulschriftsteller*: Kommentar 14, 1065

Kleomenes [6]* *III. Spartanerkönig*: Sparta 15/3, 154ff.; 174

Kleoneides* *Harmoniker*: Musik 15/1, 595–596

Kleopatra [II 12]* *VII.*: Abguß/Abgußsammlung 13, 3; Alexandria 13, 71; Cäsarismus 13, 623; DDR 13, 694; Deutschland 13, 786; 826; Film 13, 1134–1136; 1138–1140; Frankreich 14, 33; 15/3, 1257–1258; 1269–1270; Georgien 14, 138; Historienmalerei 14, 433; Historismus 14, 489; Italien 14, 692; Klassizismus 14, 963; 970; Medien 15/1, 357; Mythologie

15/1, 627; New York, Metropolitan Museum 15/1, 963; Numismatik 15/1, 1125; Orient-Rezeption 15/1, 1199; 1202; 1226; Park 15/2, 146; Polen 15/2, 400; Preußen 15/2, 543; Rom 15/2, 932; Sachbuch 15/2, 1033; Slowenien 15/3, 72; Tragödie/Tragödientheorie 15/3, 537–539; United Kingdom 15/3, 809; 813; 818–819; United States of America 15/3, 876

Kolluthos* *Epiker aus Lykopolis, um 500*: Spanien 15/3, 118

Kolotes [2]* *Schüler des Epikuros, um 300 v. Chr.*: Allegorese 13, 82

Konfuzius: Park 15/2, 137

Konstans → Constans [2]* II.

Konstantin d.Gr. (Constantinus [1]* I.) *röm. Kaiser 306–337*: Antike 13, 137; Antikensammlung 13, 139; Apotheose 13, 159; 161; Architekturkopie/-zitat 13, 223; Architekturtheorie/Vitruvianismus 13, 235; Basilika 13, 424–425; Byzanz 13, 592; 600–601; Cäsarismus 13, 625; Christliche Archäologie 13, 642; Denkmal 13, 738; Deutschland 13, 821; Dioskuren vom Monte Cavallo 13, 864–865; Epochenbegriffe 13, 997; 1000; 1006–1007; Fälschung 13, 1077; 1082; Festkultur/Trionfi 13, 1108; Figurengedicht 13, 1115; Fürstenspiegel 14, 77; Geld/Geldwirtschaft/Geldtheorie 14, 105; 109; Geschichtsmodelle 14, 167; Geschichtswissenschaft/Geschichtsschreibung 14, 213ff.; Herrscher 14, 363ff.; 404ff.; Historienmalerei 14, 421; 426; Imperium 14, 580; Interpretatio Christiana 14, 624; Jerusalem 14, 722; Klassizismus 14, 975; Konstantinische Schenkung 14, 1082ff.; Konstantinopel 14, 1087f.; Kunsterwerb/Kunstraub 14, 1152; Luxemburg 15/1, 236; Münze, Münzwesen 15/1, 556; Paganismus 15/2, 17; Politische Theorie 15/2, 463f.; Porträt 15/2, 496–497; Preußen 15/2, 544; Reiterstandbild 15/2, 649ff.; Rezeptionsformen 15/2, 764; Rom 15/2, 841; 855; 859; 872; 874–875; 920; 922; 926; Rosse von San Marco/Quadriga 15/2, 988; Römisches Recht 15/2, 838; Rußland 15/2, 1024; Sacrum Imperium 15/2, 1036; Schlachtorte 15/2, 1090; Schweiz 15/2, 1124; 1127; Sepulchralkunst 15/3, 17; Spolien 15/3, 196ff.; Theologie und Kirche des Christentums 15/3, 459; Trier 15/3, 563; 569; Triumphbogen 15/3, 590; Überlieferung 15/3, 699; Wallfahrt 15/3, 1080; 1084–1086; 1088; Zeitrechnung 15/3, 1184

Konstantin(os) V. (Constantinus [7]* V.) *byz. Kaiser 741–776*: Römisches Recht 15/2, 836

Koroibos [4]* *griech. Architekt in Eleusis*: Eleusis 13, 951

Kosmas [1]* **und Damianos** *Ärzteheilige und Heilungspatrone*: Pharmakologie 15/2, 216–217; Wallfahrt 15/3, 1081; 1088

Kosmas [2]* **Indikopleustes** *Seefahrer und geogr. Autor, 6. Jh.*: Atlantis 13, 336; Bulgarien 13, 571; Historische Geographie 14, 448; Śrī Laṅkā 15/3, 252; Zoologie 15/3, 1207

Krantor* *akad. Philosoph, 3. Jh. v. Chr.*: Atlantis 13, 334

Krateros [3]* *der Makedone K. »der Makedone«, Verf. einer Sammlung von athen. Volksbeschlüssen*: Inschriftenkunde, griechische 14, 600

Krates [4]* *aus Theben kyn. Philosoph, Schüler des Diogenes, 368/365-288/285 v. Chr.*: Kynismus 14, 1155

Krates [5]* *aus Mallos Grammatiker und Philosoph in Pergamon, 2. Jh. v. Chr.*: Homerische Frage 14, 504

Krateuas* *Pharmakologe, 2./1. Jh. v. Chr.*: Botanik 13, 537–538

Kratinos [1]* *att. Dichter der Alten Komödie, 5. Jh. v. Chr.*: Papyri, literarische 15/2, 75; Überlieferung 15/3, 714

Kratippos [1]* *aus Athen, Zeitgenosse und Fortsetzer des Thukydides*: Papyri, literarische 15/2, 73

Kritias* *Politiker und Dichter aus Athen, um 460–403 v. Chr.*: Atlantis 13, 333; Georgien 14, 133; Religionskritik 15/2, 700; Zeitrechnung 15/3, 1179

Kritios* *Bronzebildner in Athen, 5. Jh. v. Chr.*: Moderne 15/1, 500

Kriton [1]* *Freund des Sokrates*: Dritter Humanismus 13, 882

Krösus → Kroisos*

Kroisos* *lyd. König*: Numismatik 15/1, 1102; Wagnerismus 15/3, 1076; Zeitrechnung 15/3, 1167; 1178–1179

Ktesias* *Historiker und Leibarzt des Artaxerxes II., um 400 v. Chr.*: Babylon 13, 378; Geschichtsmodelle 14, 161

Ktesibios [1]* *Begründer der Pneumatik, 1. H. 3. Jh. v. Chr.*: Park 15/2, 127

Kyrillos [1]* **von Jerusalem** *Bischof von Jerusalem, 4. Jh.*: Theologie und Kirche des Christentums 15/3, 414; 423

Kyrillos [2]* **von Alexandreia** *5. Jh.*: Theologie und Kirche des Christentums 15/3, 414; 424; 426; Wallfahrt 15/3, 1082; Zoologie 15/3, 1207

Kyrillos [6]* *Lexikograph, 5. Jh. v. Chr.*: Lexikographie 15/1, 128

Kyros [2]* *Begründer des Perserreichs*: Fürstenspiegel 14, 84; Georgien 14, 135; Historische Methoden 14, 454; Iranistik 14, 635; Orient-Rezeption 15/1, 1217

L

Lachares [1]* *athen. Politiker*: Athen 13, 301

Lactantius [2]* Placidus *Bearbeiter einer Erklärung zu Statius' Thebais, 4./5. Jh.*: Humanismus 14, 543; Kommentar 14, 1060

Laktanz (Lactantius [1]*) *christl. Theologe und Apologet, ca. 250-325*: Epikureismus 13, 987; Geschichtsmodelle 14, 167; Herrscher 14, 375; Mythologie 15/1, 617; Philologie 15/3, 1317; Politische Theorie 15/2, 449; Praktische Philosophie 15/2, 532; Slowakei 15/3, 64; Sozialismus 15/3, 97; Stoizismus 15/3, 298; Zoologie 15/3, 1205

Lampridius [2]* *Dichter und Lehrer der Rhet. in Burdigala, 5. Jh.*: Magie 15/1, 254

Laurentius *röm. Märtyrer*: Typologie 15/3, 678

Leander von Sevilla (Leandros, Bischof von Hispalis, 6. Jh.): Überlieferung 15/3, 721

Leo d.Gr. (Leo [3]* I.) *Bischof von Rom 440-461*: Augustinismus 13, 351; Homiletik/Ars praedicandi 14, 525; Imperium 14, 579; Rom 15/2, 875; Theologie und Kirche des Christentums 15/3, 414; Trajanssäule 15/3, 547

Leochares* *griech. Bildhauer, 4. Jh. v. Chr.*: Apoll von Belvedere 13, 152; Mausoleum 15/1, 329; Rom 15/2, 898

Leonidas [1]* *spartan. König*: Schlachtorte 15/2, 1081; Sparta 15/3, 154ff.; 174; United Kingdom 15/3, 787

Leontios *Philosoph, Vater der Eudokia*: Athen 13, 280

Leontios [8]* *von Neapolis/Kypros Bischof und Biograph des Iohannes [32] Eleemon, ca. 590- ca. 650*: Überlieferung 15/3, 711

Leukippos [5]* *aus Milet, Elea Begründer des Atomismus, 5. Jh. v. Chr.*: Vorsokratiker 15/3, 1065

Libanios* *aus Antiocheia/Syrien, griech. Rhetor, 314- 393*: Athen 13, 279; Leichenrede 15/1, 117; Niederlande und Belgien 15/1, 990; Spanien 15/3, 110; United States of America 15/3, 876

Licinianus (Porcius [I 9]* Cato Licinianus, M.) *röm. Jurist, Legat, ältester Sohn des Cato [1]*: Revolution 15/2, 745

Licinius [I 17]* Crassus Damasippus *röm. Spekulant und Kunsthändler*: Kunsterwerb/Kunstraub 14, 1151

Likymnios [2]* *Dithyrambendichter und Rhetor aus Chios, um 420 v. Chr.*: Vertonungen antiker Texte 15/3, 1022

Livia [2]* Drusilla (Iulia Augusta) *Gattin des Augustus*: Rom 15/2, 915; 917; 930; Sepulchralkunst 15/3, 16; Türkei 15/3, 672

Livius [III 1]* Andronicus, L. *Dramatiker und Epiker 280/60-200 v. Chr.*: Epochenbegriffe 13, 1008; Schulbuch 15/2, 1101; Zeitrechnung 15/3, 1186; 1190

Livius [III 2]*, T. *röm. Geschichtsschreiber, 59 v. Chr.- 17 n. Chr.*: Altsprachlicher Unterricht 13, 124; Barock 13, 411; Bayern 13, 434; Bibliothek 13, 496; Diktatur 13, 853; 855; Estland 13, 1046–1047; 1049; Etruskerrezeption 13, 1050; Etruskologie 13, 1055; Fabel 13, 1066; Faschismus 13, 1088; Fälschung 13, 1072; 1083; Finnland 13, 1150; Frankreich 14, 23; 40; Geschichtsmodelle 14, 164–165; 168; 173ff.; Geschichtswissenschaft/Geschichtsschreibung 14, 185; 199ff.; Griechische Tragödie 14, 318; Herrscher 14, 372; Historienmalerei 14, 432; Historische Geographie 14, 448; Humanismus 14, 541; Imitatio 14, 574; Istituto (Nazionale) di Studi Romani 14, 654; Italien 14, 662; 672; Jesuitenschulen 14, 751; Karolingische Renaissance 14, 820; Karthago 14, 848ff.; Lateinamerika 15/1, 29; 39; Lateinische Inschriften 15/1, 54; Lettland 15/1, 126; Litauen 15/1, 176; Luxemburg 15/1, 238; Magie 15/1, 254; 261; Medien 15/1, 349; Mittellatein 15/1, 451; 454; Monarchie 15/1, 540; Naturwissenschaften 15/1, 850; Neulatein 15/1, 939; Niederlande und Belgien 15/1, 990–991; 998; 1005; 1019; 1056; Philologie 15/2, 282ff.; 292–293; 300; 307; 313; 319; 15/3, 1316; Polen 15/2, 392; Politische Theorie 15/2, 415–416; 420–422; Portugal 15/2, 519; Prüfungsordnungen 15/2, 583; Republik 15/2, 719; Revolution 15/2, 742; Schlachtorte 15/2, 1075; Schweiz 15/2, 1135; Serbien 15/3, 26; Slowenien 15/3, 71; Spanien 15/3, 117; Stoizismus 15/3, 304; Tacitismus 15/3, 353–354; Thukydidismus 15/3, 485; Tragödie/Tragödientheorie 15/3, 536; 538; 541; Tschechien 15/3, 629–630; 639; Türkei 15/3, 649; United Kingdom 15/3, 763; 765; 787; United States of America 15/3, 837; 840; 846; Überlieferung 15/3, 719; 723; Übersetzung 15/3, 728; Verfassung 15/3, 975; Völkerrecht 15/3, 1043; Zensur 15/3, 1195

Longinos → Pseudo-Longinos*

Longinos [1]*, Kassios *Grammatiker, Rhetor und platon. Philosoph, ca. 210–272/3*: Homerische Frage 14, 504

Longos* *Verf. von ›Daphnis und Chloe‹*: Estland 13, 1049; Frankreich 15/3, 1271; Lettland 15/1, 126; Roman 15/2, 945; Übersetzung 15/3, 734; Zeitrechnung 15/3, 1183

Lucanus → Lukan

Lucilius [I 6]*, C. *Satirendichter*: Niederlande und Belgien 15/1, 995; Philologie 15/2, 293; Satire 15/2, 1069; Zeitrechnung 15/3, 1191

Lucius Verus → Verus*

Lucretia [2]* (Lukrezia) *Gattin des Collatinus, vom Königssohn Tarquinius vergewaltigt*: Historienmalerei 14, 433; Italien 14, 692
Lucretius → Lukrez
Lucullus (Licinius [I 26]* Lucullus) *röm. Feldherr und Millionär*: DDR 13, 692; 695; Deutschland 13, 822; Nationalsozialismus 15/1, 734; Numismatik 15/1, 1106; Park 15/2, 124
Lukan (M. Annaeus Lucanus [1]*) *röm. Epiker, 1. Jh.*: Bayern 13, 431; Deutschland 13, 783; Epochenbegriffe 13, 1009–1010; Epos 13, 1015; 1017; 1026–1027; 1033; Fälschung 13, 1083; Frankreich 14, 9; 11; 40; 15/3, 1260; 1266; Irland 14, 644; Island 14, 651; Italien 14, 662; 670; 694; Kanon 14, 792; Karolingische Renaissance 14, 820; 831; Kommentar 14, 1058; Lateinamerika 15/1, 27; 29; 34–35; Luxemburg 15/1, 236; Magie 15/1, 254; Mittellatein 15/1, 453–454; Mythologie 15/1, 620–621; Niederlande und Belgien 15/1, 986; 992; 998; 1002; 1009; 1050; Nobilitas 15/1, 1079; Österreich 15/1, 1134; Philologie 15/2, 280; 293; 309; 15/3, 1312; 1316; 1319; Schlachtorte 15/2, 1085; Slowakei 15/3, 64; Spanien 15/3, 103; 127ff.; Staufische Renaissance 15/3, 274; Troja 15/3, 602–603; Ungarn 15/3, 752; United Kingdom 15/3, 763; 770; Überlieferung 15/3, 724
Lukas* *der Evangelist*: Karolingische Renaissance 14, 831; Zeitrechnung 15/3, 1183
Lukian (Lukianos [1]* von Samosata) *griech. Satiriker und Rhetor, 2. Jh.*: Arabisch-islamisches Kulturgebiet 13, 163; Bayern 13, 433–434; Byzanz 13, 606; Ciceronianismus 13, 649; DDR 13, 691; 696; Deutschland 13, 770; 777–778; Dialog 13, 830; 832–835; Frankreich 14, 29ff.; Geriatrie 14, 148; Geschichtsmodelle 14, 162; 175; Griechenland 14, 279; Herrscher 14, 375; Italien 14, 704; Lettland 15/1, 126; Makedonien/Mazedonien 15/1, 279; Mausoleum 15/1, 330; Niederlande und Belgien 15/1, 989; 1003; 1005; Numismatik 15/1, 1115; Österreich 15/1, 1143; 15/3, 1295; Panegyrik 15/2, 53; Philologie 15/2, 241; 248; 250; Preußen 15/2, 550; Religionskritik 15/2, 700; Renaissance 15/2, 709; Satire 15/2, 1071f.; Spanien 15/3, 109ff.; 134; Thukydidismus 15/3, 481; Totengespräch 15/3, 520ff.; Türkei 15/3, 646; 649; Ukraine 15/3, 745; United Kingdom 15/3, 800–801; United States of America 15/3, 836; 861; Übersetzung 15/3, 732; 735; Zeitrechnung 15/3, 1182–1183
Lukianos [2]* *von Antiocheia Presbyter und Schulleiter, Märtyrer 312*: Arabisch-islamisches Kulturgebiet 13, 163; Byzanz 13, 605; 607; Estland 13, 1049; Fin de siècle 13, 1142

Lukillios* *Epigrammatiker in Rom, 1. Jh.*: Epigrammatik 13, 982
Lukrez (Lucretius [III 1]* Carus, T.) *röm. Dichter, 1. Jh. v.Chr.*: Atomistik 13, 339–340; Aufklärung 13, 345; Bayern 13, 432; Dänemark 13, 680; Deutschland 13, 827; Epikureismus 13, 986–987; 992; 994; Epos 13, 1017; Estland 13, 1049; Fin de siècle 13, 1143; Frankreich 14, 38; 50; 15/3, 1257; 1261; Geschichtsmodelle 14, 162; Karolingische Renaissance 14, 820; Klassizismus 14, 966; 972; Kommentar 14, 1058; Lateinamerika 15/1, 40; Lehrgedicht 15/1, 108; 110; Lettland 15/1, 125; Meteorologie 15/1, 418; Naturphilosophie 15/1, 770; Naturwissenschaften 15/1, 781–782; Niederlande und Belgien 15/1, 993; 996; 1002; 1013; 1024; 1048; 1055; Österreich 15/3, 1297; Park 15/2, 175; Philologie 15/2, 267; 284; 291; 301; 307; 309; 15/3, 1319; Portugal 15/2, 525; Querelle des Anciens et des Modernes 15/2, 621; Religionskritik 15/2, 700; Rußland 15/2, 1026; Tschechien 15/3, 627; Türkei 15/3, 649; Ukraine 15/3, 745; United States of America 15/3, 852; Universität 15/3, 892; Utopie 15/3, 936; Übersetzung 15/3, 729; 737; Vorsokratiker 15/3, 1064; Zeitrechnung 15/3, 1187; 1190–1191; Zensur 15/3, 1195; 1197; Zoologie 15/3, 1213
Lukullus → Lucullus
Lul(lus) *Schüler und Mitarbeiter des Bonifatius*: Überlieferung 15/3, 723
Lydos [3]* **Iohannes** (Johannes Lydos) *oström. Beamter und antiquarischer Schriftsteller, ca. 490-560*: Naturwissenschaften 15/1, 834; 849
Lykophron [4]* *Dichter der ›Alexandra‹*: Überlieferung 15/3, 716
Lykophron [5]* **aus Chalkis** *Grammatiker und Tragiker, 4. Jh. v.Chr.*: Byzanz 13, 597; 607; Kommentar 14, 1064
Lykurg (Lykurgos [4]*) *legendärer Stifter der Ordnung Spartas*: Frankreich 14, 48; Park 15/2, 153; Politische Theorie 15/2, 425ff.; Republik 15/2, 724; 732; Revolution 15/2, 743; 745; 749; Sozialismus 15/3, 96; Sparta 15/3, 154ff.; 173; United States of America 15/3, 841; Utopie 15/3, 938
Lykurg (Lykurgos [9]*) *att. Staatsmann und Redner, 4. Jh. v.Chr.*: Universität 15/3, 895
Lysandros [1]* *spartan. Flottenkommandant*: Sparta 15/3, 154
Lysanias von Thorikos: Athen 13, 319
Lysias [1]* *att. Logograph, 5./4. Jh. v.Chr.*: Dänemark 13, 680; Griechenland 14, 280; Lettland 15/1, 126; Philologie 15/2, 248; Zeitrechnung 15/3, 1181

Lysimachos [2]* *General Alexanders*: Troja 15/3, 602; United Kingdom 15/3, 787

Lysippos [2]* *Bronzebildner aus Sikyon, ca. 372–309 v. Chr.*: Epochenbegriffe 13, 1001; Rom 15/2, 898–899; 911; Rosse von San Marco/Quadriga 15/2, 988; Stil, Stilanalyse, Stilentwicklung 15/3, 289f.; Türkei 15/3, 675; Werbung 15/3, 1126

Lysistratos [2]* *Bronzebildner aus Sikyon, 4. Jh. v. Chr.*: Porträt 15/2, 496

M

Macer → Aemilius [II 10]* Macer

Macrobius [1]* *Theodosius Autor der Saturnalia, um 400*: Allegorese 13, 80; 82; Byzanz 13, 607; Geflügelte Worte 14, 100; Geographie 14, 122; Griechisch 14, 302; Homer-Vergil-Vergleich 14, 517ff.; Kommentar 14, 1058f.; Literaturkritik 15/1, 183; Luxemburg 15/1, 237; Magie 15/1, 254; Mathematik 15/1, 315; Musik 15/1, 585; Mythos 15/1, 645; Naturphilosophie 15/1, 768; Naturwissenschaften 15/1, 801; 834; Niederlande und Belgien 15/1, 1001; Philologie 15/2, 285; 15/3, 1317; Praktische Philosophie 15/2, 529; 531; Sphärenharmonie 15/3, 188; United Kingdom 15/3, 785

Maecenas [2]* *Förderer der Lit., ca. 70–8 v. Chr.*: Park 15/2, 124; Rom 15/2, 938

Mago [12]* *karthag. Feldherr und Agrarschriftsteller*: Landwirtschaft 15/1, 6; Zoologie 15/3, 1203

Maiherpi *äg. Würdenträger*: Kairo, Ägyptisches Museum 14, 777

Malalas → Iohannes [18]* Malalas

Manethon [1]* *ägypt. Autor und und Priester*: Judentum 14, 758

Manethon [2]* *astrologischer Lehrdichter, 1. Jh.*: Horoskope 14, 531; 533

Mani* *Religionsgründer*: Papyrologie 15/2, 94

Manilius [III 1]* *röm. Lehrdichter zur Zeit des Tiberius*: Europa 13, 1059; Geschichtsmodelle 14, 162; Horoskope 14, 534f.; Naturwissenschaften 15/1, 839; 848; Philologie 15/2, 284; 294–295; 15/3, 1316

Manlius [I 19]*, **Torquatus, T.** *Consul 235 und 224 v. Chr.*: Niederlande und Belgien 15/1, 1042

Manlius [I 24]* **Vulso** *Consul 189 v. Chr.*: Kunsterwerb/Kunstraub 14, 1150

Manlius Theodorus → Theodorus [1]*

Marcellinus [14]* *Comes Amtsträger unter Kaiser Iustinianus I., Verf. einer Weltchronik*: Epochenbegriffe 13, 997; Geschichtswissenschaft/Geschichtsschreibung 14, 215; Rom 15/2, 875

Marcellus → Marcus Marcellus

Marcellus [8]* *Empiricus Verf. medizin. Schriften, 4./5. Jh.*: Pharmakologie 15/2, 216

Marcellus von Side (Markellos [2]*) *Arzt und Dichter, 2. Jh.*: Lykanthropie 15/1, 243

Marchomir → Marcomer*

Marcianus [6]* *oström. Kaiser*: Herrscher 14, 388; 406

Marcius [II 8]* *Festus Freigelassener des Caracalla*: Troja 15/3, 603

Marcomer* (Marchomir) *sagenhafter fränk. König*: Troja 15/3, 619

Marcus Antonius (Antonius [I 9]*, Marcus) *der Triumvir*: DDR 13, 694; Klassizismus 14, 963; 970; 976; Leichenrede 15/1, 116; Orient-Rezeption 15/1, 1202; Tragödie/Tragödientheorie 15/3, 539; United Kingdom 15/3, 809; 813; 818

Marcus Aurelius → Mark Aurel

Marcus Marcellus (Claudius [I 11]* Marcellus, M.) *Feldherr im 2. Punischen Krieg*: Kunsterwerb/Kunstraub 14, 1150

Marcus Regulus → Regulus

Marduk-apla-iddin(a) → Merodach

Maria [II 1]* *Mutter Jesu*: Apotheose 13, 160; Deutschland 13, 782; Diana von Ephesus 13, 839; Festkultur/Trionfi 13, 1106; Interpretatio Christiana 14, 628; Knidische Aphrodite 14, 983f.; Lateinamerika 15/1, 27; 32; Neugriechische Literatur 15/1, 909; Numismatik 15/1, 1109; Pantheon 15/2, 57; Porträt 15/2, 497; Religionskritik 15/2, 700–701; Romantik 15/2, 976; Rumänien 15/2, 999; Säule/Säulenmonument 15/2, 1043; 1046; Säulenordnung 15/2, 1050; Theorie/Praxis 15/3, 464–465; Triumphbogen 15/3, 589; Typologie 15/3, 677; United Kingdom 15/3, 775; United States of America 15/3, 866; Vasen/Vasenmalerei 15/3, 955; Verskunst 15/3, 1015; Wallfahrt 15/3, 1082; 1084; 1088

Maria [II 2]* *Magdalena Jüngerin Jesu*: Frankreich 15/3, 1271

Marinos [1]* *aus Tyros griech. Geograph, 2. Jh.*: Historische Geographie 14, 446

Marinos [4]* *neuplaton. Philosoph aus Neapolis (Samaria), E. 5. Jh. v. Chr.*: Politische Theorie 15/2, 464

Marius [I 1]*, **C.** *röm. Feldherr, siebenfacher Consul, 2./1. Jh. v. Chr.*: Numismatik 15/1, 1108; Physiognomik 15/2, 356; Rom 15/2, 923; United Kingdom 15/3, 809; 824

Marius von Avenches (Marius [II 22]*) *Bischof von Aventicum 574–594, Verf. einer Weltchronik*: Geschichtsmodelle 14, 170

Marius [II 21]* *Victorinus Philologe, Philosoph und Theologe, 4. Jh.*: Bayern 13, 431; Griechisch 14, 302; Kommentar 14, 1058ff.; Platonismus 15/2, 364; Rhetorik 15/2, 772; 776

Mark Anton → Marcus Antonius
Mark Aurel (Marcus [2]* Aurelius) *röm. Kaiser 161–180 und Philosoph*: Autobiographie 13, 361; Dänemark 13, 678; Denkmal 13, 738; Deutschland 13, 773; Eleusis 13, 951; Epikureismus 13, 992; Estland 13, 1049; Film 13, 1139; Forum/Platzanlage 13, 1153; Gerechtigkeit 14, 143; Herrscher 14, 408f.; Krieg 14, 1114; Lettland 15/1, 126; Moderne 15/1, 503; Niederlande und Belgien 15/1, 1053; Park 15/2, 137; 153; Philologie 15/2, 241; Porträt 15/2, 497; 499; Portugal 15/2, 525; Preußen 15/2, 545; 550; Reiterstandbild 15/2, 649; Renaissance 15/2, 709; Rezeptionsformen 15/2, 764; Rom 15/2, 855–856; 922; 925f.; Rosse von San Marco/Quadriga 15/2, 989; Sacrum Imperium 15/2, 1037; Säule/Säulenmonument 15/2, 1043; Slowenien 15/3, 71; Spanien 15/3, 118f.; Spolien 15/3, 196; 201; Stoizismus 15/3, 308; Trajanssäule 15/3, 543; Türkei 15/3, 649; Ungarn 15/3, 753; United Kingdom 15/3, 825; United States of America 15/3, 847; Überlieferung 15/3, 698; Werbung 15/3, 1125; Wirtschaft und Gewerbe 15/3, 1143; Zeitrechnung 15/3, 1188
Markus (Markos [1]*) *der Evangelist*: Deutschland 13, 776; Venedig 15/3, 959; Zeitrechnung 15/3, 1183
Marobod (Maroboduus*) *Markomannenkönig*: Nationalsozialismus 15/1, 749
Martial (M. Valerius Martialis [1]*) *röm. Epigrammatiker, 1. Jh.*: Bayern 13, 432; Deutschland 13, 784; Epigrammatik 13, 981–984; Fälschung 13, 1081; Fin de siècle 13, 1142; Klassik als Klassizismus 14, 896; Klassizismus 14, 972; Kommentar 14, 1056; Kroatien 14, 1120; Lateinamerika 15/1, 29–31; 35; Neulatein 15/1, 937; Niederlande und Belgien 15/1, 995; 998; Philologie 15/2, 282; 288–290; 15/3, 1316; Physiognomik 15/2, 355; Preußen 15/2, 551; Rußland 15/2, 1028; Serbien 15/3, 28; Slowakei 15/3, 64; Spanien 15/3, 107; 127; Tschechien 15/3, 627; Universität 15/3, 896; Überlieferung 15/3, 724; Zensur 15/3, 1197
Martianus* Capella *Verf. von ›De nuptiis Philologiae et Mercurii‹, 5. Jh.*: Allegorese 13, 78–79; Allegorie 13, 85; Argumentationslehre 13, 244; Artes liberales 13, 274; Bildung 13, 507; Enzyklopädie 13, 966; Estland 13, 1046; Frankreich 14, 10; Geographie 14, 122; Humanismus 14, 561; Irland 14, 643; Italien 14, 662; Kommentar 14, 1055; 1060; Lyrik 15/1, 247; Mathematik 15/1, 315; Mittellatein 15/1, 452; 457; Musik 15/1, 575; 585; Naturphilosophie 15/1, 768; Naturwissenschaften 15/1, 792; 801; 834; Niederlande und Belgien 15/1, 998; Ottonische Renaissance 15/1, 1257; Österreich 15/1, 1134; Philologie 15/2, 280; 15/3, 1317; Redegattungen 15/2, 629; Rhetorik 15/2, 773; 775; Satire 15/2, 1070; Sphärenharmonie 15/3, 188; Terminologie 15/3, 392f.; Überlieferung 15/3, 720–721; Verlag 15/3, 1001; Verskunst 15/3, 1010

Martinus [1]* *Bischof von Tours, 316/7–397*: Geschichtsmodelle 14, 166; Pharmakologie 15/2, 216; Wallfahrt 15/3, 1083; 1090
Martinus [3]* von Bracara *Verf. christl. Werke, Klostergründer in Pannonien ca. 515–580*: Portugal 15/2, 516
Maternus [2a]* *Bischof in Köln um 312*: Köln 14, 1016; Luxemburg 15/1, 236
Matthäus (Matthaios*) *der Evangelist*: Karolingische Renaissance 14, 831; Tyrannis 15/3, 689; Zeitrechnung 15/3, 1183
Mauricius/Maurikios* *oström. Kaiser*: Krieg 14, 1112
Mauritius *Märtyrer, Ende 3. Jh.*: Wallfahrt 15/3, 1090
Maussolos* *Satrap von Karien*: Frankreich 14, 37; Halikarnass 14, 334ff.; Mausoleum 15/1, 329; 333; Vasen/Vasenmalerei 15/3, 955; Weltwunder 15/3, 1110
Mavortius → Caecina Mavortius Basilius Decius
Maxentius* *Kaiser der dritten Tetrarchie*: Historienmalerei 14, 426
Maximianus [3]* aus Pola *Bischof von Ravenna seit 546*: Möbel 15/1, 516
Maximianus [4]* *Elegiendichter, 6. Jh.*: Frankreich 14, 9; Italien 14, 659; Mittellatein 15/1, 454; United Kingdom 15/3, 769; Überlieferung 15/3, 725
Maximus [13]* von Madaura *Briefpartner des Augustinus, Grammatiker, 2. H. 4. Jh.*: Elegie 13, 944
Megasthenes* *Diplomat und Historiker, um 300 v. Chr.*: Geschichtsmodelle 14, 161
Meketre *äg. Kanzler*: Kairo, Ägyptisches Museum 14, 776
Mela → Pomponius [III 5]* Mela
Melchisedech *at. König*: Vasen/Vasenmalerei 15/3, 955
Meleager (Meleagros [8]* von Gadara) *Epigrammatiker, um 100 v. Chr.*: Byzanz 13, 606; Epigrammatik 13, 982; Park 15/2, 145; Spanien 15/3, 119
Menander (Menandros [4]*) *Dichter der Neuen Komödie aus Athen, 342/1–291/0 v. Chr.*: Finnland 13, 1151; Geflügelte Worte 14, 102; Georgien 14, 136; Griechische Komödie 14, 312; 315; Komödie 14, 1067ff.; Lettland 15/1, 126; Niederlande und Belgien 15/1, 989; 1008; Papyri, literarische 15/2, 72; 77; 79; Papyrologie

15/2, 85; Philologie 15/2, 275; 15/3, 1301; Redegattungen 15/2, 645; Serbien 15/3, 25; Ukraine 15/3, 745; Überlieferung 15/3, 714; Vertonungen antiker Texte 15/3, 1023; Zeitrechnung 15/3, 1181

Menander Rhetor (Menandros [12]* Rhetor) *aus Laodikeia am Lykos, griech. Rhetor, 3. Jh.*: Byzanz 13, 601; Leichenrede 15/1, 115; 117

Menas [4] *ägypt. Märtyrer, gest. 295*: Konstantinopel 14, 1088; Souvenir 15/3, 79

Menelaos [6] *von Alexandreia griech. Mathematiker und Astronom, um 98*: Arabisch-islamisches Kulturgebiet 13, 169; 183

Menexenos [2] *Schüler des Sokrates*: Redegattungen 15/2, 642; Rhetorik 15/2, 793

Menippos [4] *aus Gadara kyn. Philosoph, 1. H. 3. Jh. v. Chr.*: Satire 15/2, 1067; Totengespräch 15/3, 520

Mentuhotep-Nebhepetre *Pharao*: Kairo, Ägyptisches Museum 14, 774

Merenptah: Kairo, Ägyptisches Museum 14, 778

Mereret *äg. Prinzessin*: Kairo, Ägyptisches Museum 14, 777

Meritamun *äg. Königin*: Kairo, Ägyptisches Museum 14, 778

Merobaudes [2]*, Flavius *Dichter und Panegyriker, 5. Jh.*: Rom 15/2, 901

Merodach (Marduk-apla-iddin(a) [2]*): Orient-Rezeption 15/1, 1225

Merowech *Vater des Childerich* I.*: Troja 15/3, 619

Mescha *bibl. König*: Paris, Louvre 15/2, 122

Mesomedes* *Kitharöde und lyrischer Dichter aus Kreta, um 144*: Monarchie 15/1, 538

Messalina [2]* Valeria *Gattin des Kaisers Claudius*: Fin de siècle 13, 1142; Frankreich 15/3, 1265; Italien 14, 704; United Kingdom 15/3, 809

Metagenes [3] *griech. Architekt*: Eleusis 13, 951

Methodios [1] *Bischof von Olympos, 3./4. Jh.*: Theologie und Kirche des Christentums 15/3, 425

Metrodoros [3] *epik. Philosoph, 331/0–278/7 v. Chr.*: Allegorese 13, 76; 79

Michael [2] *Synkellos christl.-arab. Mönch und Priester*: Anakreontische Dichtung, Anakreontik 13, 131

Midas* *König von Phrygien*: Mythologie 15/1, 635; Numismatik 15/1, 1103; Tschechien 15/3, 633; Türkei 15/3, 651; 665

Milon [2] *von Kroton berühmter Athlet*: Laokoongruppe 15/1, 14

Miltiades [2]* d.J. *Sieger der Schlacht von Marathon*: Nationalsozialismus 15/1, 735; Revolution 15/2, 745

Mimnermos* *Elegiker, 7. Jh. v. Chr.*: Türkei 15/3, 649

Minucius [II 1]* Felix, M. *christl. lat. Schriftsteller, 2./3. Jh.*: Niederlande und Belgien 15/1, 1033; Überlieferung 15/3, 725

Mithridates (Mithradates [6]* VI.) *König von Pontos*: Botanik 13, 537; Frankreich 14, 40; Numismatik 15/1, 1106; Vertonungen antiker Texte 15/3, 1021

Modestus → Iulius [IV 12]* Modestus

Mohammed* *Religionsgründer*: Jerusalem 14, 726; 728; 746; Naturwissenschaften 15/1, 849

Moschion [4] *griech. Verf. von Gnomen*: Geburtshilfe 14, 96

Moschos → Iohannes [29]* Moschos

Moschos [3] *Dichter aus Syrakus, 2. Jh. v. Chr.*: Ekphrasis 13, 941; Italien 14, 703; Niederlande und Belgien 15/1, 996; 1051; Spanien 15/3, 119; 124

Mucius Scaevola → Scaevola

Muhammad → Mohammed*

Mummius [I 3] *röm. Feldherr, Eroberer von Korinth*: Kunsterwerb/Kunstraub 14, 1150

Murena (Licinius [I 32]* Murena) *röm. Legat in Gallien*: Kunsterwerb/Kunstraub 14, 1151

Musaios [3] *aus Ephesos Epiker, 2. Jh. v. Chr.*: Österreich 15/1, 1142

Musaios [4] *Grammatikos Dichter*: Spanien 15/3, 119; 123; Übersetzung 15/3, 727

Mustio* *Übersetzer des Soranos von Ephesos, um 500?*: Geburtshilfe 14, 96

Mutnedjemet *äg. Königin*: Kairo, Ägyptisches Museum 14, 778

**Muwattalli II., hethit. König, 1290–1272 v. Chr.*: Orient-Rezeption 15/1, 1232

Mykerinos *Pharao*: Kairo, Ägyptisches Museum 14, 773

Myron [3] *Bronzebildner aus Eleutherai, 5. Jh. v. Chr.*: Bayern 13, 441; Dresden, Staatliche Kunstsammlungen, Skulpturensammlung 13, 876; Mimesislegenden 15/1, 436; Rom 15/2, 898; 928; Sport 15/3, 213; Stil, Stilanalyse, Stilentwicklung 15/3, 291; Werbung 15/3, 1118; 1123; 1129

N

Nabis* *Regent in Sparta*: Sparta 15/3, 174

Nabonid* *letzter König der neubabylon. Chaldäer-Dynastie*: Klassische Archäologie 14, 903

Nabuchodonosor → Nebukadnezar [2]*

Naevius [I 1]*, Cn. *Dramatiker und Epiker, 3. Jh. v. Chr.*: Zeitrechnung 15/3, 1186

Namatianus → Rutilius [II 1]* Claudius Namatianus

Narām Sîn → Naramsin*

Naramsin* *vierter König (2260–2223 v. Chr.) der sog. Dynastie von Akkad*: Baghdad, Iraq Museum 13, 384; Orient-Rezeption 15/1, 1220; Paris, Louvre 15/2, 117; 121

Naukydes* *Bronzebildner aus Argos, ca. 4. Jh. v. Chr.*: Rom 15/2, 898

Nebukadnezar [2]* *neubabylon. Herrscher*: Babylon 13, 373; 376; 378; 380; Deutsche Orient-Gesellschaft 13, 744; Kitsch 14, 883; New York, Metropolitan Museum 15/1, 973; Orient-Rezeption 15/1, 1223; 1225; 1231; Türkei 15/3, 657; Zeitrechnung 15/3, 1166

Neferuptah *äg. Prinzessin*: Kairo, Ägyptisches Museum 14, 777

Neilos → Nilus

Nemesianus [1]*, M. Aurelius *Verf. bukolischer Schriften, vor 284?*: Karolingische Renaissance 14, 820

Nemesios* *Bischof von Emesa, 4./5. Jh.*: Arabisch-islamisches Kulturgebiet 13, 166; Byzanz 13, 602; Griechisch 14, 307; Medizingeschichtsschreibung 15/1, 375; Stoizismus 15/3, 299; Ungarn 15/3, 754; Zoologie 15/3, 1209

Nennius* *Verf. der Historia Brittonum, um 829*: United Kingdom 15/3, 779

Neoptolemos [9]* *aus Parion, hell. Literaturtheoretiker, 3. Jh. v. Chr.*: Gattung/Gattungstheorie 14, 88–89

Nepos [2]*, Cornelius *Biograph und Historiker, 1. Jh. v. Chr.*: Altsprachlicher Unterricht 13, 124; Biographie 13, 520–521; Deutschland 13, 794; Fälschung 13, 1081; Geschichtsmodelle 14, 169; Jesuitenschulen 13, 751; Klassizismus 14, 975; Lateinamerika 15/1, 24; 31; Litauen 15/1, 173; Philologie 15/2, 291; 15/3, 1316; Revolution 15/2, 742; Serbien 15/3, 26ff.; Spanien 15/3, 117ff.; Troja 15/3, 617; Türkei 15/3, 646

Nero [1]* *röm. Kaiser*: Athen 13, 299; Denkmal 13, 741; Deutschland 13, 822; 826; Dioskuren vom Monte Cavallo 13, 863–864; Druckwerke 13, 895; Film 13, 1134; Fin de siècle 13, 1142; 1144; Frankreich 14, 40; 15/3, 1271; Groteske 14, 324; Herrscher 14, 364; 393; 402ff.; Historienmalerei 14, 440; Italien 14, 704; Karthago 14, 836; Kitsch 14, 882; Kunstwerb/Kunstraub 14, 1151f.; Mainz 15/1, 266; Nationale Forschungsinstitute 15/1, 685; Nationalsozialismus 15/1, 734; Numismatik 15/1, 1106; 1121; 1127; Österreich 15/1, 1136; 15/3, 1295; Paganismus 15/2, 26; Park 15/2, 132; 148; Physiognomik 15/2, 356; Revolution 15/2, 756; Rom 15/2, 898; 912; 915; 918; Rosse von San Marco/Quadriga 15/2, 988–989; Terminologie 15/3, 387; Troja 15/3, 597; Tschechien 15/3, 637; Türkei 15/3, 649; Ungarn 15/3, 753; United Kingdom 15/3, 809; 813; 823; Weltwunder 15/3, 1111; Zeitrechnung 15/3, 1182

Nerva* *röm. Kaiser*: Numismatik 15/1, 1107; Rom 15/2, 856; Tacitismus 15/3, 355; Tempel/Tempelfassade 15/3, 374

Nestorios* *Bischof von Konstantinopel 428–431*: Theologie und Kirche des Christentums 15/3, 424; Zoologie 15/3, 1215

Nicetius *Bischof von Trier, 6. Jh.*: Trier 15/3, 556

Nicolaus Sophistes → Nikolaos [4a]* Sophistes

Nigidius* Figulus, P. *Naturforscher und Grammatiker, 1. Jh. v. Chr.*: Zoologie 15/3, 1200f.

Nikander (Nikandros [4]* aus Kolophon) *Dichter*: Botanik 13, 537; Kommentar 14, 1064; Überlieferung 15/3, 714; Zoologie 15/3, 1199; 1201; 1206–1207

Nikarchos [4]* *Epigrammatiker in Rom, 1. Jh.*: Epigrammatik 13, 982

Nikeratos [3]* *Bronzebildner aus Athen, 3. Jh. v. Chr.*: Sperlonga 15/3, 183

Nikolaos [4a]* Sophistes *Rhetor und Sophist, 5. Jh.*: Ekphrasis 13, 940

Nikolaus von Damaskus (Nikolaos [3]* von Damaskos) *griech. Schriftsteller und Hofhistoriker, geb. ca. 64 v. Chr.*: Arabisch-islamisches Kulturgebiet 13, 170; Botanik 13, 540; Geschichtsmodelle 14, 161

Nikolaus (Nikolaos [4]*) *Bischof von Myra, Heiliger, 4. Jh. (?)*: Ut pictura poesis 15/3, 931

Nikomachos [4]* *Maler der Spätklassik, um 360–320 v. Chr.*: Rom 15/2, 898

Nikomachos [9]* von Gerasa *neuplaton. Mathematiker, um 100*: Arabisch-islamisches Kulturgebiet 13, 169; Humanismus 14, 561; Mathematik 15/1, 320; Musik 15/1, 595–596; 599; Sphärenharmonie 15/3, 189

Nilus (Neilos [1]* N. von Ankyra): Deutschland 13, 770

Nimrod* *Herrscher von Babylon, Uruk und Akkad*: Orient-Rezeption 15/1, 1223–1225; Zoroastres/Zoroastrismus 15/3, 1229–1230

Ninos [1]* *Begründer des assyr. Reichs*: Babylon 13, 373; 379; Orient-Rezeption 15/1, 1223; 1225; Trier 15/3, 562; Zoroastres/Zoroastrismus 15/3, 1230

Ninus → Ninos [1]*

Nitokris* *babylon. Königin*: Babylon 13, 373

Nofret (Nofretete*): Berlin 13, 473–474; Deutsche Orient-Gesellschaft 13, 744; Kairo, Ägyptisches Museum 14, 773; 775

Nonius [III 1]* Marcellus *Grammatiker und Schriftsteller, spätes 4. oder frühes 5. Jh.*: Niederlande und Belgien 15/1, 992; Philologie 15/2, 279; 289; 294

Nonnos* *Epiker aus Panopolis*: Byzanz 13, 596–597; 602; Georgien 14, 135; Italien 14, 695; Niederlande und Belgien 15/1, 993; Verskunst 15/3, 1010; Weltwunder 15/3, 1111

Numa* Pompilius *zweiter König Roms*: Revolution 15/2, 743; Sparta 15/3, 157

Numenios [1]* *Verf. von Lehrgedichten aus Herakleia, um 300 v. Chr.*: Redegattungen 15/2, 628

Numenios [6]* von Apameia *Platoniker, 2. Jh.*: Philosophia perennis 15/2, 333

O

Obsequens*, Iulius *Verf. eines Liber prodigiorum zu den Jahren 190-11 v.Chr.*: Fälschung 13, 1083; Geschichtsmodelle 14, 167
Octavia [3]* *Gattin Neros*: Lateinische Tragödie 15/1, 82–83; Zeitrechnung 15/3, 1188
Octavianus → Augustus*
Octavius → Augustus*
Odoacer* *Rex in Italien*: Italien 14, 658; Österreich 15/1, 1131
Oinomaos [3]* von Gadara *kyn. Philosoph, um 100*: Zeitrechnung 15/3, 1182
Olympiodoros [4]* *neuplaton. Philosoph, 6. Jh.*: Byzanz 13, 594; Dänemark 13, 680; Kommentar 14, 1063; Meteorologie 15/1, 416; Naturwissenschaften 15/1, 799; 834; 866; Politische Theorie 15/2, 466
Onosandros (Onasandros [2]*) *Militärschriftsteller*: Byzanz 13, 595
Oppianos [1]* *aus Korykos, Verf. eines Lehrgedichts über Fischfang*: Kommentar 14, 1064; Überlieferung 15/3, 714; 716; Zoologie 15/3, 1202; 1207
Oppianos [2]* *aus Apameia, Verf. von Lehrgedichten über die Jagd*: Spanien 15/3, 108; Zoologie 15/3, 1202
Oreibasios* *griech. Arzt, 4. Jh.*: Arabisch-islamisches Kulturgebiet 13, 166; 180; Arabische Medizin 13, 185; Dänemark 13, 680; Geriatrie 14, 147; Hysterie 14, 571; Medizin 15/1, 366; Pharmakologie 15/2, 216; 221f.; Zoologie 15/3, 1206
Oribasius → Oreibasios*
Orientius* *christl. Dichter, frühes 5. Jh.*: Lehrgedicht 15/1, 109; Niederlande und Belgien 15/1, 1026
Origenes [2]* *Theologe, 185/6-254*: Alexandria 13, 63; Allegorese 13, 76–77; 81; Babylon 13, 380; Bibliothek 13, 494; 496; Chrêsis 13, 638–639; Eklektik 13, 939; Griechisch 14, 302ff.; Homiletik/Ars praedicandi 14, 524; Interpretatio Christiana 14, 624; 626; Judentum 14, 753; Metaphysik 15/1, 413–414; Mythos 15/1, 638; Orient-Rezeption 15/1, 1224; Papyrologie 15/2, 94; Philologie 15/2, 238; 242; Philosophia perennis 15/2, 331; 334ff.; Platonismus 15/2, 364; Theologie und Kirche des Christentums 15/3, 415; 422ff.; 431; Theorie/Praxis 15/3, 464; Typologie 15/3, 678; United Kingdom 15/3, 803; Universität 15/3, 887; Zeitrechnung 15/3, 1184
Orontopates *Satrap von Karien*: Halikarnass 14, 338

Oros [1]* *aus Alexandreia, griech. Grammatiker, 5. Jh.*: Lexikographie 15/1, 128
Orosius* *christl. Schriftsteller, frühes 5. Jh.*: Apotheose 13, 160; Arabisch-islamisches Kulturgebiet 13, 179; Babylon 13, 380; Geographie 14, 122; Geologie (und Mineralogie) 14, 127; Geschichtsmodelle 14, 167ff.; Herrscher 14, 364; 396ff.; Interpretatio Christiana 14, 624; Irland 14, 643f.; Mittellatein 15/1, 454; Philosophia perennis 15/2, 331; Portugal 15/2, 516; Sacrum Imperium 15/2, 1035; Spanien 15/3, 103; Staufische Renaissance 15/3, 274; United Kingdom 15/3, 765; 774; 777; Überlieferung 15/3, 722; Übersetzung 15/3, 737
Otho* *röm. Kaiser*: Fälschung 13, 1075
Ovid (Ovidius* Naso, Publius) *röm. Dichter*: Adaptation 13, 8–10; 12–15; Afrika 13, 22; 24; Allegorese 13, 78; 82; Altsprachlicher Unterricht 13, 123–124; Australien und Neuseeland 15/3, 1250; Barock 13, 411; Bayern 13, 431; 435; Brief, Briefliteratur 13, 542; Bukolik/Idylle 13, 561; Byzanz 13, 607; Comics 13, 669; Dänemark 13, 675; DDR 13, 693; Deutschland 13, 764; 784–785; 827; Elegie 13, 943–946; Epochenbegriffe 13, 1009; 1013; Epos 13, 1015; 1017; 1031; Estland 13, 1046; 1049; Fälschung 13, 1077; 1081; 1083; Frankreich 14, 7; 9ff.; 14ff.; 19; 23ff.; 38; 44; Gender Studies 14, 114; Geologie (und Mineralogie) 14, 127; Gotik 14, 247; Groteske 14, 328; Historienmalerei 14, 432; Humanismus 14, 549; Imitatio 14, 573; Irland 14, 645ff.; Island 14, 651; Italien 14, 664; 666ff.; 680; 683; 695ff.; 703; 708; Jesuitenschulen 14, 751; Kalender 14, 785f.; Kanon 14, 792; Karolingische Renaissance 14, 820; 831; Klassizismus 14, 961ff.; Kommentar 14, 1055f.; Konsolationsliteratur 14, 1081; Kroatien 14, 1120f.; Lateinamerika 15/1, 23; 27; 29–31; 35; 39; 41; Lateinische Tragödie 15/1, 82; 84; Lehrgedicht 15/1, 108; Lettland 15/1, 124; Litauen 15/1, 173; Lyrik 15/1, 247; 250; Makedonien/Mazedonien 15/1, 281; Marxismus 15/1, 296; Medien 15/1, 343; Metamorphose 15/1, 395ff.; Mittellatein 15/1, 451–453; 455–456; Moderne 15/1, 498; 502; Moldova 15/1, 534; Mythologie 15/1, 611ff.; 618ff.; 630; 633–634; Naturwissenschaften 15/1, 848; Niederlande und Belgien 15/1, 985–987; 989; 997; 999; 1002; 1021; 1027; 1030; 1047–1051; 1056; Okkultismus 15/1, 1158; 1161; Oratorium 15/1, 1187; Orient-Rezeption 15/1, 1223–1224; Österreich 15/1, 1142; 15/3, 1296; Papyri, literarische 15/2, 76; Park 15/2, 125–126; Philologie 15/2, 282–283; 289; 15/3, 1312; 1316–1317;

1319; Poeta Vates 15/2, 378; Polen 15/2, 391; 396; Porträtgalerie 15/2, 509; Portugal 15/2, 518; Preußen 15/2, 541; Religionsgeschichte 15/2, 688; Revolution 15/2, 742; Romantik 15/2, 976; Rosse von San Marco/ Quadriga 15/2, 989; Rumänien 15/2, 1005–1006; Serbien 15/3, 26ff.; Slowakei 15/3, 64ff.; Slowenien 15/3, 72; Spanien 15/3, 103ff.; 131ff.; Sperlonga 15/3, 182ff.; Staufische Renaissance 15/3, 274; Südafrika 15/3, 343; Tiryns 15/3, 498; Troja 15/3, 599–600; 617; Tschechien 15/3, 627; 629–630; 634; 641; Türkei 15/3, 649–650; Typologie 15/3, 678; Ukraine 15/3, 746; Ungarn 15/3, 752; United Kingdom 15/3, 763; 769; 781; 785; 787–788; 790–791; 798; 800; 805; 811; 827; 829; United States of America 15/3, 837; 840; 852–853; 871; Universität 15/3, 894–896; Überlieferung 15/3, 714; 717; Übersetzung 15/3, 731; 736; Verlag 15/3, 1002; Vertonungen antiker Texte 15/3, 1024; Verwandlungen/Illustrationen von Ovid-Texten 15/3, 1031ff.; Weißrußland 15/3, 1108; Zensur 15/3, 1194–1197; Zoologie 15/3, 1202

P

Pachomios* *Begründer des koinobitischen Mönchtums in Ägypten, 4. Jh.*: Griechisch 14, 304; Klosterschule 14, 979; Mönchtum 15/1, 524

Pacuvius* *Tragiker, 220 – kurz vor 130 v. Chr.*: Lateinische Tragödie 15/1, 82; Zeitrechnung 15/3, 1186

Paionios [1]* *griech. Bildhauer aus Mende, 5. Jh. v. Chr.*: Olympia 15/1, 1171

Palladas* *Epigrammatiker in Alexandreia, 4. Jh.*: Byzanz 13, 602

Palladios [5]* *griech. Arzt in Alexandreia, 6. Jh.*: Arabisch-islamisches Kulturgebiet 13, 166; Arabische Medizin 13, 185

Palladius *Missionar der Iren, 5. Jh.*: Überlieferung 15/3, 722

Palladius [1]*, Rutilius Taurus Aemilianus *Agrarschriftsteller*: Botanik 13, 537; Landwirtschaft 15/1, 6–7; Villa 15/3, 1037; Zoologie 15/3, 1204

Pamphilos [2]* *Begründer der Malerschule von Sikyon, 4. Jh. v. Chr.*: Künstlerlegenden 14, 1127

Pamphilos [4]* *Leiter der Schule des Origenes [2] in Caesarea, ca. 240-310 n. Chr.*: Theologie und Kirche des Christentums 15/3, 425

Panaitios [4]* von Rhodos *stoischer Philosoph, 2. Jh. v. Chr.*: Stoizismus 15/3, 297

Papinianus*, Aemilius *röm. Jurist, 2. Jh.*: Tragödie/Tragödientheorie 15/3, 538

Papirius [II 3]* Fabianus *Redner und stoischer Philosoph, ca. 30 v. Chr.-30 n. Chr.*: Zoologie 15/3, 1200

Pappos* von Alexandreia *griech. Mathematiker, 1. H. 4. Jh.*: Arabisch-islamisches Kulturgebiet 13, 169; Mathematik 15/1, 317; Naturwissenschaften 15/1, 815; 817–818

Parmenides* von Elea *Vorsokratiker, Verf. eines Lehrgedichts, 5./4. Jh. v. Chr.*: Bulgarien 13, 570; Luxemburg 15/1, 241; Magie 15/1, 258; Metaphysik 15/1, 408; 410–413; Philologie 15/2, 270; Platonismus 15/2, 365; Querelle des Anciens et des Modernes 15/2, 616ff.; Theologie und Kirche des Christentums 15/3, 433; Vorsokratiker 15/3, 1064; 1066

Parrhasios* *griech. Maler aus Ephesos, um 440-380 v. Chr.*: Künstlerlegenden 14, 1127f.; Mimesislegenden 15/1, 438–439; Stil, Stilanalyse, Stilentwicklung 15/3, 290

Parthenokles *Bronzebildhauer aus Athen*: Rom 15/2, 899

Paschasius Dumiensis: Portugal 15/2, 516

Patrick/Patricius → St. Patrick

Paulinus [5]* von Nola *Bischof, christl. Dichter, 353-431*: Bibliothek 13, 494; Rom 15/2, 902; Wallfahrt 15/3, 1088

Paulos [5]* von Aigina *griech. Arzt, 7. Jh.*: Arabisch-islamisches Kulturgebiet 13, 166; 180; Arabische Medizin 13, 185; Geburtshilfe 14, 96; 99; Geriatrie 14, 147; Hysterie 14, 571; Medizin 15/1, 366; 370; Medizingeschichtsschreibung 15/1, 374; Zoologie 15/3, 1206; 1219

Paulus [2]* *der Apostel*: Allegorese 13, 77; 81; Deutschland 13, 776; Diana von Ephesus 13, 836; Eklektik 13, 939; Epikureismus 13, 992; Fälschung 13, 1080; Fürstenspiegel 14, 77ff.; Geschichtsmodelle 14, 166; Herrscher 14, 402; 404; Homiletik/Ars praedicandi 14, 523; Imperium 14, 579; Interpretatio Christiana 14, 622ff.; Irland 14, 643; Logik 15/1, 194; Medien 15/1, 347; Mittellatein 15/1, 451–452; Mönchtum 15/1, 525; Paganismus 15/2, 27; Philosophia perennis 15/2, 332–333; 335; Praktische Philosophie 15/2, 529; 531; Religionsgeschichte 15/2, 680; Rhetorik 15/2, 814; Rom 15/2, 844; Souvenir 15/3, 78f.; Stoizismus 15/3, 298; Theologie und Kirche des Christentums 15/3, 434; Tschechien 15/3, 642; Typologie 15/3, 678; Wallfahrt 15/3, 1083; 1088; Zeitrechnung 15/3, 1183–1184

Paulus Alexandrinus (Paulos [2]* aus Alexandreia) *astrologischer Fachschriftsteller, 4. Jh.*: Naturwissenschaften 15/1, 834

Paulus [4]* Diaconus *lombardischer Grammatiker, 8. Jh.*: Epochenbegriffe 13, 997; Geschichts-

modelle 14, 170; Italien 14, 661; Karolingische Renaissance 14, 818; Mittellatein 15/1, 454; Philologie 15/2, 278; Troja 15/3, 619; Überlieferung 15/3, 724
Paulus von Aegina → Paulos [5]* von Aigina
Pausanias [8]* *Perieget, 2. Jh.*: Aigina 13, 28; Altertumskunde (Humanismus bis 1800) 13, 87; Apoll von Belvedere 13, 152; Athen 13, 279; 295–296; Delphi 13, 715; 717; Inschriftenkunde, griechische 14, 599; Mykene 15/1, 603; 605; 607; Nationale Forschungsinstitute 15/1, 698; 704; Olympia 15/1, 1166; 1169; 1171; Orchomenos 15/1, 1188; Papyri, literarische 15/2, 74; Parthenon 15/2, 189; Philologie 15/2, 241; 248; Religionsgeschichte 15/2, 688; Renaissance 15/2, 709; Sparta 15/3, 173; 177f.; Tiryns 15/3, 498; Tourismus 15/3, 531; Zeitrechnung 15/3, 1168
Pauson* *griech. Maler aus Athen (?), 5. Jh. v. Chr.*: Physiognomik 15/2, 355
Pedanios* *Dioskurides Autor über Heilmittel*: Arabisch-islamisches Kulturgebiet 13, 166; 180; Arabische Medizin 13, 185; Botanik 13, 537–538; Geologie (und Mineralogie) 14, 127–128; Humanismus 14, 559f.; Magie 15/1, 254; Medizin 15/1, 366; Naturwissenschaften 15/1, 857; Pharmakologie 15/2, 215ff.; 221ff.; Portugal 15/2, 522; Terminologie 15/3, 386–387; Zoologie 15/3, 1201; 1206
Peisistratos [4]* *athen. Tyrann*: Arabisch-islamisches Kulturgebiet 15/1, 164; Eleusis 13, 949; Homerische Frage 14, 502ff.
Pelagius (Pelagios [4]*) *christl. Theologe um 400*: Augustinismus 13, 351; Irland 14, 643; Theologie und Kirche des Christentums 15/3, 419
Perikles [1]* *athen. Staatsmann*: Athen 13, 286; 310; Dänemark 13, 677; Deutschland 13, 821; Enzyklopädie 13, 972; Epochenbegriffe 13, 1002; 1009; 1012; Frankreich 15/3, 1257; Leichenrede 15/1, 115; Nationalsozialismus 15/1, 724; 730; 735–736; 748; Preußen 15/2, 557; Redegattungen 15/2, 643; Sozialismus 15/3, 96; Thukydidismus 15/3, 482–483; 486; 491; United States of America 15/3, 869; Zeitrechnung 15/3, 1182
Perikles [3]* *Dynast von Limyra, 4. Jh. v. Chr.*: Numismatik 15/1, 1125; Türkei 15/3, 668
Persius [2]* *Flaccus, A. Satirendichter neronischer Zeit*: Bayern 13, 431; Frankreich 14, 9; 38; Italien 14, 662; Klassizismus 14, 966; 972; Kommentar 14, 1058; Lateinamerika 15/1, 36; Luxemburg 15/1, 236; Mittellatein 15/1, 453; Niederlande und Belgien 15/1, 986–987; Österreich 15/1, 1134; Philologie 15/2, 253; 280; 289; 294; Polen 15/2, 391; Satire 15/2, 1067; 1069; 1073; Spanien 15/3, 110; Tschechien 15/3, 627; United Kingdom 15/3, 765

Petron* *aus Himera, Pythagoreer*: Papyri, literarische 15/2, 73
Petron (Petronius [5]* Niger (Arbiter)) *Romanautor, 1. Jh.*: Bibliothek 13, 498; Estland 13, 1048–1049; Fälschung 13, 1080; 1083; Fin de siècle 13, 1142; Frankreich 14, 51; 15/3, 1260; Italien 14, 709; Mittellatein 15/1, 447; Neulatein 15/1, 929; 939; Niederlande und Belgien 15/1, 1054; Papyri, literarische 15/2, 73; Philologie 15/3, 1316; Pompeji/Rezeption des freigelegten Pompeji in Literatur und Film 15/2, 491; Religionskritik 15/2, 700; Roman 15/2, 945–946; Satire 15/2, 1070; Schweden 15/2, 1118; Slowenien 15/3, 71; Spanien 15/3, 117; Tschechien 15/3, 637; Türkei 15/3, 649; Übersetzung 15/3, 734; Verlag 15/3, 1002
Petros [2]* *Bischof von Alexandreia, gest. 311*: Alexandria 13, 63; Theologie und Kirche des Christentums 15/3, 425
Petrus (Petros [1]*) *der Apostel*: Christliche Archäologie 13, 645; Deutschland 13, 776; Geschichtswissenschaft/Geschichtsschreibung 14, 200; Herrscher 14, 402; 404ff.; Imperium 14, 579; Mönchtum 15/1, 525; Rom 15/2, 844–845; 872; 875; Rußland 15/2, 1024; Theologie und Kirche des Christentums 15/3, 453; Wallfahrt 15/3, 1083; 1088
Phaedrus* *Fabeldichter, frühe Kaiserzeit*: Altsprachlicher Unterricht 13, 124; Estland 13, 1048; Fabel 13, 1063; 1069; Litauen 15/1, 173; Philologie 15/2, 294; Serbien 15/3, 26ff.; Spanien 15/3, 117; 123
Phaidon* *aus Elis, um 400 v. Chr.*: Platonismus 15/2, 365; Preußen 15/2, 551
Phaidros [1]* *Athener, 5. Jh. v. Chr.*: Apollinisch und dionysisch 13, 158; Arabisch-islamisches Kulturgebiet 15/1, 183; Deutschland 13, 778; Poeta Vates 15/2, 378; 380; Portugal 15/2, 525; Praktische Philosophie 15/2, 533–534; Rhetorik 15/2, 793; Rumänien 15/2, 1006
Phalaikos [1]* *phokischer Politiker*: Kunsterwerb/Kunstraub 14, 1149
Phalaris* *Tyrann von Akragas*: Fälschung 13, 1077; 1080; 1082; Klassizismus 14, 965; Philologie 15/2, 253
Phayllos [1]* *phokischer Stratege*: Kunsterwerb/Kunstraub 14, 1149
Pheidon [3]* *von Argos Tyrann*: Numismatik 15/1, 1103
Pherekydes [2]* *von Athen Verf. eines genealogischen Werkes, 5. Jh. v. Chr.*: Historische Geographie 14, 446
Phidias (Pheidias*) *Bildhauer aus Athen, 5. Jh. v. Chr.*: Abguß/Abgußsammlung 13, 3; Bayern 13, 441; Boston, Museum of Fine Arts 13, 532;

Denkmal 13, 739; 741; Dioskuren vom Monte Cavallo 13, 864–865; Epochenbegriffe 13, 1001; Fälschung 13, 1071; Italien 14, 703; Kassel, Staatliche Kunstsammlungen-Antikenabteilung 14, 862f.; Klassische Archäologie 14, 913; Moderne 15/1, 500; Parthenon 15/2, 194f.; Rom 15/2, 898; Stil, Stilanalyse, Stilentwicklung 15/3, 290; United States of America 15/3, 860–861; 869

Phila [3]* maked. Königin: Rom 15/2, 899

Philaretos [1]* griech. Medizinschriftsteller: Medizin 15/1, 361–362

Philipp von Makedonien (Philippos [4]* II.) Vater Alexanders d. Gr.: Bevölkerungswissenschaft/ Historische Demographie 13, 483; Dioskuren vom Monte Cavallo 13, 864; Herrscher 14, 392; Numismatik 15/1, 1107; 1125; Panegyrik 15/2, 51; Preußen 15/2, 557; Schlachtorte 15/2, 1078; Ungarn 15/3, 750; Vergina 15/3, 992; 996; 998–999

Philippos [32]* aus Thessalonike Epigrammatiker in Rom, 1. Jh.: Byzanz 13, 606

Philo Judaeus → Philon [12]* von Alexandreia

Philochoros* griech. Historiker: Geschichtsmodelle 14, 161; Inschriftenkunde, griechische 14, 600

Philodem (Philodemos*) epikur. Philosoph und Dichter, ca. 110 - 40 v. Chr.: Epikureismus 13, 986; Interpretatio Christiana 14, 620; Papyrologie 15/2, 85; Semiotik 15/3, 7; Sprachphilosophie/Semiotik 15/3, 226; Wirtschaftslehre 15/3, 1151

Philodoros: Georgien 14, 133

Philon [12]* von Alexandreia (Philo Iudaeus), jüd. Philosoph, ca. 15 v.-ca. 50 n. Chr.: Allegorese 13, 76–77; 80–81; Armenien 13, 272; Babylon 13, 374; Interpretatio Christiana 14, 621ff.; Judentum 14, 765; Nationalsozialismus 15/1, 740; Naturwissenschaften 15/1, 835; Niederlande und Belgien 15/1, 1009; Philosophia perennis 15/2, 331; 334–335; Platonismus 15/2, 364; Typologie 15/3, 678; Zoologie 15/3, 1205

Philon [17]* aus Byzantion spätant. Autor über Weltwunder: Weltwunder 15/3, 1113

Philon [7]* von Byzanz griech. Mechaniker, Anf. 2. Jh. v. Chr.?: Arabisch-islamisches Kulturgebiet 13, 170; Atomistik 13, 339; Naturwissenschaften 15/1, 816; Park 15/2, 126–127

Philon [6]* von Eleusis griech. Architekt, 4. Jh. v. Chr.: Eleusis 13, 951

Philoponos* → Johannes Philoponos

Philostrat (Philostratos [5]*) Rhetor und vielseitiger Schriftsteller, 2./3. Jh.: Ekphrasis 13, 941; Karlsruhe, Badisches Landesmuseum, Antikensammlungen 14, 810; Knidische Aphrodite 14, 981; Kommentar 14, 1065; Mimesislegenden 15/1, 440; Porträt 15/2, 500

Philumenos* Verf. einer Abh. über Vergiftungen: Corpus Medicorum 13, 674; Geburtshilfe 14, 95; Zoologie 15/3, 1201; 1206

Phoibammon (5./6. Jh. n. Chr.): Figurenlehre 13, 1125

Phokas [4]*: Rom 15/2, 858; 886–887

Phokion* athen. Stratege und Rhetor, 4. Jh. v. Chr.: Geschichtswissenschaft/Geschichtsschreibung 14, 189

Phokylides [1]* Dichter aus Milet, um 540 v. Chr.: Jesuitenschulen 14, 751; Spanien 15/3, 114

Phokylides [2]*/Ps.-Phokylides jüd.-hell. Autor eines Lehrgedichts: Wirtschaftslehre 15/3, 1149

Phryne* Hetäre: United States of America 15/3, 864

Phrynichos [4]* attizistischer Lexikograph, 2. Jh.: Spanien 15/3, 114

Pilatus → Pontius Pilatus

Pindar (Pindaros [2]*) Chorlyriker: Atlantis 13, 334; Bildung 13, 511; Bulgarien 13, 573; Byzanz 13, 597–598; 607–608; Dänemark 13, 680; DDR 13, 695; Deutschland 13, 780; 782–783; 827; Epochenbegriffe 13, 1014; Estland 13, 1046; 1048; Frankreich 14, 29ff.; Hymnos 14, 568; Italien 14, 692; Jesuitenschulen 14, 751; Kommentar 14, 1064f.; Lyrik 15/1, 247; 249–250; Monarchie 15/1, 538; Mythologie 15/1, 626; Niederlande und Belgien 15/1, 996; 1012; 1022; 1052; 1054; 1059; Norwegen 15/1, 1086; Olympia 15/1, 1166; Österreich 15/3, 1297; Paganismus 15/2, 28; Papyri, literarische 15/2, 71; 75; 77–78; Papyrologie 15/2, 85; Philologie 15/2, 243ff.; 248–249; 264; Polen 15/2, 393; Portugal 15/2, 521; Redegattungen 15/2, 645; Religion und Literatur 15/2, 673; Romantik 15/2, 970; 978; Serbien 15/3, 25f.; Spanien 15/3, 109f.; 119; 124; Sparta 15/3, 165; Sport 15/3, 210; Staufische Renaissance 15/3, 274; Sturm und Drang 15/3, 339f.; Tiryns 15/3, 498; Türkei 15/3, 649; Ungarn 15/3, 756; United Kingdom 15/3, 814; United States of America 15/3, 863; 869; Universität 15/3, 895; Überlieferung 15/3, 717; Übersetzung 15/3, 727; 731; 733; Verskunst 15/3, 1010; 1014–1015; Vertonungen antiker Texte 15/3, 1022

Piso → Calpurnius [I 11]* Piso

Pittakos* Tyrann von Mytilene, einer der weisen Gesetzgeber, um 600 v. Chr.: Zeitrechnung 15/3, 1180

Pixodaros* Satrap von Karien und Lykien: Halikarnass 14, 338

Placitus* Papyriensis Verf. medizin. Schriften: Pharmakologie 15/2, 216

Platon [1]* (Plato) griech. Philosoph, 428/7-348/7 v. Chr.: Affektenlehre (musikalisch) 13, 21; Afrika 13, 25; Akademie 13, 40–43; Allegorese 13, 79–80; Apollinisch und dionysisch 13, 157–158;

Arabisch-islamisches Kulturgebiet 13, 164; 167; 171; 183; Argumentationslehre 13, 240; Aristotelismus 13, 252; 257; Armenien 13, 270; Artes liberales 13, 274; Athen 13, 279; 289–290; Atlantis 13, 333–337; Aufklärung 13, 344; 346; Barock 13, 402–403; Bayern 13, 432; 438; Bevölkerungswissenschaft/Historische Demographie 13, 481–482; Bildung 13, 506–507; 510–512; 514–515; Böckh-Hermann-Auseinandersetzung 13, 525; Bulgarien 13, 570; Byzanz 13, 594; 597–598; 601–603; 605; 607–608; Chrêsis 13, 638; Dänemark 13, 680; Demokratie 13, 735; Deutschland 13, 767–768; 770–772; 778; 780–781; 798; 814; 818; Dialektik 15/3, 1251–1253; Dialog 13, 829–830; 832–835; Dritter Humanismus 13, 881–882; Einbildungskraft 13, 935–936; Eklektik 13, 939; Entzifferungen 13, 960; Estland 13, 1049; Europa 13, 1063; Fälschung 13, 1080; 1082; Finnland 13, 1151; Frankreich 14, 10; 30; 15/3, 1258; 1271; Fürstenspiegel 14, 79ff.; Galenismus 14, 86; Gattung/Gattungstheorie 14, 87ff.; Geologie (und Mineralogie) 14, 127ff.; Georgien 14, 133ff.; Gerechtigkeit 14, 140; Geriatrie 14, 148; Geschichtsmodelle 14, 163; Griechenland 14, 274ff.; 279; Griechisch 14, 302f.; 308; Griechische Tragödie 14, 317; Historienmalerei 14, 426; 438; Historismus 14, 490; Humanismus 14, 561; Interpretatio Christiana 14, 620; Irland 14, 647; Italien 14, 658; 662; 682ff.; Jesuitenschulen 14, 751; Kabbala 14, 767; Kommentar 14, 1063; Körperkultur 14, 1053; Künstlerlegenden 14, 1126; 1128; Kynismus 14, 1157; Lateinamerika 15/1, 34; Lehrplan 15/1, 112; Lettland 15/1, 126; Lexikographie 15/1, 130; Litauen 15/1, 176; Logik 15/1, 192; 197; Luxemburg 15/1, 237–238; 241; Makedonien/Mazedonien 15/1, 281; Marxismus 15/1, 299–300; Maß und Gewicht 15/1, 306; Mathematik 15/1, 315; Matriarchat 15/1, 327; Medien 15/1, 350; 353; Medizin 15/1, 366; Melancholie 15/1, 379; Metaphysik 15/1, 408ff.; Mimesis 15/1, 431ff.; Mimesislegenden 15/1, 439; Mittellatein 15/1, 454; Mnemonik/Mnemotechnik 15/1, 465–466; 472; 474; Monarchie 15/1, 539; 541–542; Musen 15/1, 564; Musik 15/1, 573; 577; 589–591; 597; 599; Mythologie 15/1, 619; Mythos 15/1, 638; 640; 643; 645; Nationalsozialismus 15/1, 728; 730; Naturphilosophie 15/1, 767ff.; Naturwissenschaften 15/1, 780; 782–783; 790ff.; 826–827; 832; 837; 853–854; 870; 872; Neohumanismus 15/1, 885; 888; 890; Niederlande und Belgien 15/1, 986; 989; 1012; 1048; 1052–1053; 1055–1057; Nobilitas 15/1, 1070; Norwegen

15/1, 1086; Numismatik 15/1, 1115; Okkultismus 15/1, 1149; 1154; 1159; 1161; Orient-Rezeption 15/1, 1195; Österreich 15/1, 1134; 1141; 15/3, 1293; 1295; Paganismus 15/2, 21; 27; Papyri, literarische 15/2, 77; Papyrologie 15/2, 85; Park 15/2, 126; Pädagogik 15/2, 1–4; Philologie 15/2, 238; 241; 248–250; 259; 265; 273; 15/3, 1302; Philosophia perennis 15/2, 332ff.; Philosophie 15/2, 339ff.; Physiognomik 15/2, 352; Platonismus 15/2, 362ff.; Poeta Vates 15/2, 378ff.; Poetik 15/2, 383ff.; Politische Theorie 15/2, 413ff.; 444ff.; 462ff.; 470ff.; Portugal 15/2, 525; Praktische Philosophie 15/2, 526ff.; Preußen 15/2, 553; 557; Psychoanalyse 15/2, 593; 595–597; Querelle des Anciens et des Modernes 15/2, 616ff.; Religionsgeschichte 15/2, 680; Republik 15/2, 715; Revolution 15/2, 742f.; Rhetorik 15/2, 784; 792ff.; 814; Romantik 15/2, 971ff.; 981; Rumänien 15/2, 1006; Serbien 15/3, 25; Sizilien 15/3, 35; Slowakei 15/3, 64ff.; Slowenien 15/3, 72; Sozialismus 15/3, 93ff.; Spanien 15/3, 108ff.; Sparta 15/3, 154ff.; Sphärenharmonie 15/3, 189; Sport 15/3, 208; 214ff.; Sprachphilosophie/Semiotik 15/3, 222; 225; Sprachwissenschaft 15/3, 228; Staufische Renaissance 15/3, 274; Stil, Stilanalyse, Stilentwicklung 15/3, 289f.; Stoizismus 15/3, 301; 304; Strukturalismus 15/3, 321; Theologie und Kirche des Christentums 15/3, 426–427; 429; 431; 433; 440; Theorie/Praxis 15/3, 463; Tschechien 15/3, 639; 641; Türkei 15/3, 649; Typologie 15/3, 678; Tyrannis 15/3, 686; 689; United Kingdom 15/3, 800; 807; 815–816; United States of America 15/3, 837; 843; 861–862; 869; Universität 15/3, 889; 896; Ut pictura poesis 15/3, 930; Utopie 15/3, 937–939; Überlieferung 15/3, 715–716; Übersetzung 15/3, 727; 733; 737; Verfassung 15/3, 971; 973; 975; Vorsokratiker 15/3, 1062–1063; 1065; 1068; Warburg Institute, The 15/3, 1104; Wirtschaftslehre 15/3, 1151–1153; 1157; Zeitrechnung 15/3, 1179–1180; Zensur 15/3, 1194; Zoroastres/Zoroastrismus 15/3, 1229

Platon [2]* (Plato comicus) *Dichter der att. Alten Komödie, 5./4. Jh. v.Chr.*: Überlieferung 15/3, 714

Plautus* *röm. Komödiendichter, 2. Jh. v.Chr.*: Bayern 13, 431; 434; Comics 13, 658; 661; 669; Dänemark 13, 676; 680; DDR 13, 691–693; Dialog 13, 833; Estland 13, 1049; Fälschung 13, 1081–1083; Film 13, 1138; Frankreich 14, 40; Geflügelte Worte 14, 102; Italien 14, 678ff.; Karolingische Renaissance 14, 820; Klassizismus 14, 963; Kommentar 14, 1058;

Komödie 14, 1069ff.; Küchenlatein 14, 1125;
Lateinamerika 15/1, 23; 29; 34; Lateinische
Komödie 15/1, 64ff.; Lettland 15/1, 126;
Lexikographie 15/1, 133; Makkaronische
Dichtung 15/1, 281; Mythologie 15/1, 628;
Neulatein 15/1, 929–930; Niederlande und
Belgien 15/1, 989; 995; 1000; 1019; 1048–1049;
1054; Philologie 15/2, 288–289; 291–292; 301;
306–307; 309; 15/3, 1316; Portugal 15/2, 521;
Preußen 15/2, 551; Slowakei 15/3, 64; Spanien
15/3, 107; 118; 123; 131; Terminologie
15/3, 381; Theater 15/3, 397; Türkei
15/3, 649; United Kingdom 15/3, 798; 800;
808; Überlieferung 15/3, 719; 725;
Zeitrechnung 15/3, 1185–1186; 1188; Zensur
15/3, 1195

Plinius d.Ä. (Plinius [1]* Secundus, C.) röm. Historiker und Rhetor, 1. Jh.: Atlantis 13, 336; Botanik
13, 537–538; Deutschland 13, 775; Druiden
13, 900; Enzyklopädie 13, 967; Epochenbegriffe 13, 1001–1002; Etruskerrezeption
13, 1050; Etruskologie 13, 1055; Europa
13, 1059; Faschismus 13, 1088; Geburtshilfe
14, 99; Geographie 14, 122; Geologie (und
Mineralogie) 14, 127ff.; Humanismus 14, 559;
Hysterie 14, 571; Karolingische Renaissance
14, 820; Klassische Archäologie 14, 903;
Knidische Aphrodite 14, 981; Künstlerlegenden
14, 1126f.; Landwirtschaft 15/1, 6–7;
Laokoongruppe 15/1, 9; Lateinische Komödie
15/1, 75; Litauen 15/1, 170; Magie 15/1, 254;
258; Mainz 15/1, 266; Mathematik 15/1, 315;
Medizin 15/1, 365; Medizingeschichtsschreibung 15/1, 373; Meteorologie 15/1, 416;
418; Mimesislegenden 15/1, 436; Naturphilosophie 15/1, 768; 770; Naturwissenschaften
15/1, 791–792; 834; 850; 857–859; Niederlande
und Belgien 15/1, 990; Numismatik
15/1, 1106; Orient-Rezeption 15/1, 1195;
Park 15/2, 125; Pharmakologie 15/2, 216; 218;
Philologie 15/2, 289; 292; 15/3, 1316–1317;
Physiognomik 15/2, 355–356; 361; Porträt
15/2, 496; Porträtgalerie 15/2, 501ff.;
Proportionslehre 15/2, 571; Renaissance
15/2, 709; Rosse von San Marco/Quadriga
15/2, 988–989; Spanien 15/3, 111; Sperlonga
15/3, 183; Steinschneidekunst: Gemmen
15/3, 282; Stil, Stilanalyse, Stilentwicklung
15/3, 290; Stoizismus 15/3, 301; Technikgeschichte 15/3, 371; Terminologie 15/3, 386–387; Theaterbau/Theaterkulisse 15/3, 403;
United Kingdom 15/3, 763; 765; United States of
America 15/3, 843; 848; Weltwunder
15/3, 1114; Zeitrechnung 15/3, 1169; 1179;
1185; Zoologie 15/3, 1199–1201; 1203; 1205;
1207; 1210; 1213–1214; 1220

Plinius d.J. (Plinius [2]* Caecilius Secundus, C.) röm. Politiker und Prosaautor, 61/2 – vor 117: Brief,
Briefliteratur 13, 542; Epochenbegriffe
13, 1010; Fürstenspiegel 14, 76; 83;
Niederlande und Belgien 15/1, 1044; Panegyrik
15/2, 50; 52f.; 55; Park 15/2, 125–126; 144;
Politische Theorie 15/2, 424; Pompeji/
Rezeption des freigelegten Pompeji in Literatur
und Film 15/2, 490; Serbien 15/3, 28; Spanien
15/3, 134; Türkei 15/3, 649; Villa 15/3, 1038–1041ff.; Zensur 15/3, 1197

Plotin (Plotinos*) Begründer des Neuplatonismus, 205-270: Alexandrinismus 13, 72; Allegorese 13, 80;
Arabisch-islamisches Kulturgebiet 13, 168;
Deutschland 13, 801; Entzifferungen 13, 960;
Griechisch 14, 302; Kroatien 14, 1120;
Metaphysik 15/1, 408; 410–412; Mnemonik/
Mnemotechnik 15/1, 466; Naturwissenschaften
15/1, 797; Niederlande und Belgien
15/1, 1012; Paganismus 15/2, 21; Philologie
15/2, 249–250; Philosophie 15/2, 346;
Politische Theorie 15/2, 462; 464f.; Porträt
15/2, 497; Praktische Philosophie 15/2, 529;
Theologie und Kirche des Christentums
15/3, 430; Theorie/Praxis 15/3, 464;
Übersetzung 15/3, 727

Plotius [II 5]*, Marius Sacerdos lat. Grammatiker, spätes 3. Jh.: Figurenlehre 13, 1126

Plutarch (Plutarchos [2]*) griech. Schriftsteller aus Chaironeia, um 45 – vor 125: Alexandria 13, 71;
Allegorese 13, 80; Armenien 13, 272; Athen
13, 279; 290; Atlantis 13, 336; Aufklärung
13, 342; 345–346; Autobiographie 13, 361–362;
Barock 13, 411; Bildung 13, 510; Biographie
13, 520–522; Byzanz 13, 597; 608; Deutschland
13, 770; Dialog 13, 832–833; Diana von
Ephesus 13, 844; Entzifferungen 13, 960;
Epikureismus 13, 994; Estland 13, 1046;
Finnland 13, 1150; Frankreich 14, 33; 38; 44; 48;
15/3, 1266; Fürstenspiegel 14, 76; 79f.; 83;
Georgien 14, 133; Geschichtswissenschaft/
Geschichtsschreibung 14, 185; 189;
Griechenland 14, 274; 279; Griechische Komödie
14, 313; Historienmalerei 14, 430; 432;
Interpretatio Christiana 14, 621; Jesuitenschulen
14, 751; Karthago 14, 849; Klassische
Archäologie 14, 903; Klassizismus 14, 974;
Lateinamerika 15/1, 24; 35; Litauen 15/1, 176;
Metaphysik 15/1, 411; 413; Meteorologie
15/1, 418; Mythos 15/1, 639; Naturwissenschaften 15/1, 827; Niederlande und Belgien
15/1, 990–991; 1004; 1008; Numismatik
15/1, 1107; Orient-Rezeption 15/1, 1195;
Österreich 15/1, 1143ff.; Philologie 15/2, 244;
248–250; 267; Polen 15/2, 396; Politische
Theorie 15/2, 416; 425; Praktische Philosophie

15/2, 533; Preußen 15/2, 550; Revolution 15/2, 742; Rumänien 15/2, 1006; 1011; Satire 15/2, 1071; Schlachtorte 15/2, 1082; 1086; Serbien 15/3, 27ff.; Slowakei 15/3, 64; Sozialismus 15/3, 96; Spanien 15/3, 103ff.; 151; Sparta 15/3, 154ff.; Stoizismus 15/3, 308f.; Thukydidismus 15/3, 484; Tragödie/Tragödientheorie 15/3, 537–538; Tschechien 15/3, 634; 641; Türkei 15/3, 646; 649; Ukraine 15/3, 745; Ungarn 15/3, 751; United Kingdom 15/3, 800; United States of America 15/3, 836–838; 840–841; 862; 865; Ut pictura poesis 15/3, 930; Überlieferung 15/3, 717; Übersetzung 15/3, 731; Verfassung 15/3, 975; Werbung 15/3, 1128; Zeitrechnung 15/3, 1178; 1181–1182; Zoologie 15/3, 1199; 1207; Zoroastres/Zoroastrismus 15/3, 1230

Polemon [1]* *akad. Philosoph, 4./3. Jh. v.Chr.*: Physiognomik 15/2, 354–355

Polemon [2]* *aus Ilion hell. Perieget*: Inschriftenkunde, griechische 14, 600; Troja 15/3, 602

Pollux → Iulius [IV 17]* Pollux

Polybios [2]* *griech. Historiker, 3./2. Jh. v.Chr.*: Arkadismus 13, 265; Bevölkerungswissenschaft/ Historische Demographie 13, 483; Byzanz 13, 607; Geographie 14, 124f.; Geologie (und Mineralogie) 14, 130; Geschichtsmodelle 14, 160ff.; 174; 179; Geschichtswissenschaft/ Geschichtsschreibung 14, 185; 202; Historische Geographie 14, 447ff.; Karthago 14, 848ff.; Krieg 14, 1111ff.; Leichenrede 15/1, 115; Mischverfassung 15/1, 442; 444; Philologie 15/2, 248; Politische Theorie 15/2, 417; Porträtgalerie 15/2, 502; 504; Preußen 15/2, 542; Religionskritik 15/2, 700; Republik 15/2, 715; 719; Revolution 15/2, 742; Romantik 15/2, 977; Schlachtorte 15/2, 1075ff.; Spanien 15/3, 119; Sparta 15/3, 155; United States of America 15/3, 840; 842; Übersetzung 15/3, 730; Verfassung 15/3, 973; 975; Verfassungsformen 15/3, 982–984

Polydoros *Bildhauer aus Rhodos*: Laokoongruppe 15/1, 9; Sperlonga 15/3, 182

Polygnotos [1]* *griech. Maler und Bronzebildner, 5. Jh. v.Chr.*: Künstlerlegenden 14, 1127; Physiognomik 15/2, 355; Stil, Stilanalyse, Stilentwicklung 15/3, 290; Troja 15/3, 597

Polyklet (Polykleitos [1]*) *griech. Bronzebildner aus Sikyon, 5. Jh. v.Chr.*: Abguß/Abgußsammlung 13, 3; Epochenbegriffe 13, 1001; Fälschung 13, 1071; Frankfurt am Main, Liebieghaus – Museum alter Plastik 14, 2; Kassel, Staatliche Kunstsammlungen Antikenabteilung 14, 862; Museum 15/3, 1278; Nationalsozialismus 15/1, 764; Park 15/2, 163; Proportionslehre 15/2, 569; 571; Rom 15/2, 898; Stil, Stilanalyse, Stilentwicklung 15/3, 290; Türkei 15/3, 668; 676

Polykrates [1]* *Tyrann von Samos*: Samos 15/2, 1059

Pompeius [I 3]* (Pompeius Magnus) *röm. Feldherr und Politiker*: Frankreich 14, 40; Geschichtswissenschaft/Geschichtsschreibung 14, 208; Karthago 14, 836; Kunsterwerb/Kunstraub 14, 1151; Numismatik 15/1, 1106; Park 15/2, 124; 137; Polen 15/2, 392; Rosse von San Marco/Quadriga 15/2, 989; Rumänien 15/2, 1005; United Kingdom 15/3, 809

Pompeius Magnus → Pompeius [I 3]*

Pompeius [III 1]* *afrikanischer Grammatiker, 2. H. 5. Jh.*: United Kingdom 15/3, 763

Pompeius [III 3]* *Trogus*: Antike 13, 136; Geschichtsmodelle 14, 161; 169; 173; Historische Geographie 14, 447; Zoologie 15/3, 1200

Pompilius [1]* *Andronicus, M. Grammatiker, 1. Jh. v.Chr.*: Kommentar 14, 1057

Pomponius Atticus → Atticus

Pomponius [III 5]* *Mela Geograph, 1. Jh.*: Bayern 13, 434; Geographie 14, 122; 124; Niederlande und Belgien 15/1, 999; Philologie 15/3, 1317; Spanien 15/3, 106; 111

Pomponius Porphyrio → Porphyrio

Pontius [II 7]* *Pilatus*: Herrscher 14, 401; 404; Triumphbogen 15/3, 585

Poppaea [2]* *Sabina Gattin Neros*: Oper 15/1, 1181; Vertonungen antiker Texte 15/3, 1021

Porfyrius (Publilius [II 3]* Optatianus Porfyrius) *Dichter und Beamter, 3./4. Jh.*: Figurengedicht 13, 1115–1116; 1122

Poros [3]* *indischer König*: Schlachtorte 15/2, 1082; United Kingdom 15/3, 775

Porphyrio (Pomponius [III 7]* Poryphyrio) *Horazkommentator*: Drei Grazien 13, 870

Porphyrios* *aus Tyros, neuplaton. Philosoph, ca. 234-305/10*: Allegorese 13, 80; 82; Arabisch-islamisches Kulturgebiet 13, 181; Armenien 13, 270; Byzanz 13, 594; 597; 605; Entzifferungen 13, 960; Georgien 14, 133; Griechisch 14, 302; Kommentar 14, 1063ff.; Logik 15/1, 193; Metaphysik 15/1, 410–412; Mythos 15/1, 645; Niederlande und Belgien 15/1, 1005; Österreich 15/1, 1134; Philosophie 15/2, 346; Praktische Philosophie 15/2, 526; Religionsgeschichte 15/2, 680–681; Religionskritik 15/2, 701; Spanien 15/3, 106; Sprachphilosophie/Semiotik 15/3, 222; Universität 15/3, 884; Übersetzung 15/3, 727

Porphyrius *Hofpoet Konstantins*: Karolingische Renaissance 14, 826

Porsena* *etrusk. König von Clusium*: Etruskerrezeption 13, 1050; Etruskologie 13, 1055

Porus → Poros [3]* indischer König

Poseidippos [2]* von Pella *Elegiker und Epigrammatiker*: Papyri, literarische 15/2, 76; Papyrologie 15/2, 85

Poseidonios [1]* *Arzt, E. 4. Jh. v.Chr.*: Medizingeschichtsschreibung 15/1, 375

Poseidonios [3]* *stoischer Philosoph, Naturwissenschaftler und Geograph, 2. Jh. v.Chr.*: Atlantis 13, 335; Geschichtsmodelle 14, 161–162; 175; 178; Naturwissenschaften 15/1, 800; Philologie 15/2, 273; Stoizismus 15/3, 297

Posidonius → Poseidonios [3]*

Postumius [I 16]* Megellus, L. *Consul 305, 294 und 291 v.Chr.; Interrex*: Rom 15/2, 919

Praetextatus [1]* *führender Vertreter nichtchristl. Kreise im röm. Senat, 4. Jh.*: Griechisch 14, 302

Praxias* *Bildhauer aus Athen, 4. Jh. v.Chr.*: Abguß/Abgußsammlung 13, 3

Praxiteles* *Bildhauer aus Athen, 4. Jh. v.Chr.*: Dioskuren vom Monte Cavallo 13, 864–865; Erotica 13, 1041; Fälschung 13, 1071; Gotik 14, 243; Klassische Archäologie 14, 928; Knidische Aphrodite 14, 981; Mimesislegenden 15/1, 437; 440; Olympia 15/1, 1171; Rom 15/2, 898; United States of America 15/3, 869; Venus von Milo 15/3, 963

Priscianus* (Priskian) *lat. Grammatiker, 5./6. Jh.*: Figurenlehre 13, 1126–1127; Frankreich 14, 11; Griechisch 14, 300; Iranistik 14, 635; Irland 14, 643; Island 14, 651; Karolingische Renaissance 14, 832; Literaturkritik 15/1, 181; Mittellatein 15/1, 449; 452; Niederlande und Belgien 15/1, 986; Panegyrik 15/2, 51; Philologie 15/2, 279; 289; Redegattungen 15/2, 629; 645; Sprachphilosophie/Semiotik 15/3, 221ff.; Sprachwissenschaft 15/3, 228f.; Überlieferung 15/3, 720; 723; Verlag 15/3, 1001

Priscilla* *Mitbegründerin des Montanismus im 2. Jh.*: Christliche Archäologie 13, 642

Priscillianus* (Priszillian) *Asket und Theologe, 4. Jh.*: Naturwissenschaften 15/1, 835

Priskian → Priscianus*

Priskianos* Lydos *neuplaton. Philosoph aus Lydien, 6. Jh.*: Bildung 13, 506

Priszillian → Priscillianus*

Probus [1]* *röm. Kaiser*: Limes, Limesforschung 15/1, 159

Probus (Vater von Probus [1]): Provinzialrömische Archäologie 15/2, 578

Probus [4]*, M. Valerius *lat. Philologe, 2. H. 1. Jh.*: Kommentar 14, 1059

Proclus → Proklos [2]*

Procopius → Prokop

Proculus [1]* *röm. Jurist, 1. Jh.*: Eigentum 13, 932

Prodikos* *Sophist aus Keos, 5. Jh. v.Chr.*: Mythos 15/1, 645; Park 15/2, 153

Proklos [2]* *neuplaton. Philosoph, 5. Jh.*: Apollinisch und dionysisch 13, 157; Arabisch-islamisches Kulturgebiet 13, 168; 183; Aristotelismus 13, 252–253; 259; Armenien 13, 270–271; Atlantis 13, 334; Byzanz 13, 594; Fälschung 13, 1081; Georgien 14, 135; Kommentar 14, 1063; Magie 15/1, 255; Mathematik 15/1, 315–316; Metaphysik 15/1, 410–412; Naturwissenschaften 15/1, 803; 821; Niederlande und Belgien 15/1, 1027; Philosophia perennis 15/2, 337; Politische Theorie 15/2, 464; 466; 469; Sizilien 15/3, 35; Universität 15/3, 885; Überlieferung 15/3, 714

Prokop (Prokopios [3]*) *spätant. Geschichtsschreiber*: Bevölkerungswissenschaft/Historische Demographie 13, 484; Byzanz 13, 603; Epochenbegriffe 13, 997; Geschichtsmodelle 14, 168; Geschichtswissenschaft/Geschichtsschreibung 14, 214f.; Historische Geographie 14, 448; Rom 15/2, 898–899; Slowenien 15/3, 71; Stadt 15/3, 264; Thukydidismus 15/3, 483; Vandalen 15/3, 943

Prokopios [2]* aus Gaza *Rhetor und Theologe, ca. 465-528*: Vandalen 15/3, 943

Properz (Propertius [1]* Sextus) *röm. Elegiendichter, 1. Jh. v.Chr.*: Elegie 13, 943; 945–946; Italien 14, 671; 691; 702; Klassizismus 14, 972; Lyrik 15/1, 247; 250; Marxismus 15/1, 296; Niederlande und Belgien 15/1, 999; 1004; 1029; Österreich 15/3, 1297; Parnaß 15/2, 180; Philologie 15/2, 267; 282; 294; 301; Tschechien 15/3, 627; 629; Türkei 15/3, 649; United Kingdom 15/3, 830; United States of America 15/3, 871; Übersetzung 15/3, 734; Zensur 15/3, 1196–1197

Prosper* *Tiro aus Aquitania, christl Dichter, Historiker, 4./5. Jh.*: Augustinismus 13, 350; Geschichtsmodelle 14, 170; Mittellatein 15/1, 453; United Kingdom 15/3, 769

Protagoras [1]* *von Abdera, der erste Sophist, 5. Jh. v.Chr.*: Geschichtsmodelle 14, 162; Tschechien 15/3, 639; Zensur 15/3, 1194

Protogenes* *hell. Maler und Bronzebildner aus Kaunos*: Künstlerlegenden 14, 1127ff.; Rom 15/2, 898

Prudentius* *christl. Dichter, 4./5. Jh.*: Allegorese 13, 78–79; 81; Allegorie 13, 85; Deutschland 13, 764; Frankreich 14, 11; 19; 25; Karolingische Renaissance 14, 831f.; Lehrgedicht 15/1, 109; Luxemburg 15/1, 237; Lyrik 15/1, 248; Mittellatein 15/1, 453; Niederlande und Belgien 15/1, 999; Philologie 15/2, 280; 294; 313; 15/3, 1317; Rom 15/2, 873f.; Slowakei 15/3, 63; Tschechien 15/3, 625; United Kingdom 15/3, 764; Verskunst 15/3, 1010; Wallfahrt 15/3, 1088; Zensur 15/3, 1197

Prudenz → Prudentius*
Pseudo-Acron (ca. 2. Jh. n.Chr.): Drei Grazien 13, 870
Pseudo-Apuleius: Fälschung 13, 1081; Park 15/2, 125; Pharmakologie 15/2, 216
Pseudo-Aristoteles: Arabisch-islamisches Kulturgebiet 13, 183; Enzyklopädie 13, 967; Fälschung 13, 1079; Physiognomik 15/2, 353ff.; Rhetorik 15/2, 773
Pseudo-Asconius: Kommentar 14, 1061
Pseudo-Beda: Rom 15/2, 861
Pseudo-Boethius: Fälschung 13, 1081
Pseudo-Clemens: Fälschung 13, 1082
Pseudo-Cyprianus: Philologie 15/2, 288
Pseudo-Demetrios von Phaleron: Rhetorik 15/2, 774
Pseudo-Dionysius (Aeropagita) → Dionysius Areopagita
Pseudo-Ekphantos: Politische Theorie 15/2, 463
Pseudo-Eucherius: Irland 14, 643
Pseudo-Euklid: Arabisch-islamisches Kulturgebiet 13, 170
Pseudo-Hegesippos: Schlachtorte 15/2, 1075
Pseudo-Herakleitos → Pseudo-Heraklit
Pseudo-Heraklit: Allegorese 13, 76; Interpretatio Christiana 14, 621
Pseudo-Isidor: Fälschung 13, 1082
Pseudo-Kaisarios: Bulgarien 13, 571
Pseudo-Kallisthenes* *angeblicher Autor des Alexanderromans*: Armenien 13, 270; Frankreich 14, 14; Griechisch 14, 306; Herrscher 14, 390; Italien 14, 662; Rußland 15/2, 1015; Schlachtorte 15/2, 1081; United Kingdom 15/3, 777
Pseudo-Longinos* *hypothet. Verf. der Schrift ›Über das Erhabene‹*: Barock 13, 402; Frankreich 14, 41; Klassizismus 14, 971; Mimesis 15/1, 434; Niederlande und Belgien 15/1, 1006; Poetik 15/2, 383f.; 389; Portugal 15/2, 521; Rhetorik 15/2, 774; 786; Stil, Stilanalyse, Stilentwicklung 15/3, 291
Pseudo-Nonnos: Georgien 14, 135
Pseudo-Plutarch: Fürstenspiegel 14, 79f.; Philosophie 15/2, 342
Pseudo-Pythagoras: Praktische Philosophie 15/2, 534
Psusennes *Ägypter*: Kairo, Ägyptisches Museum 14, 778
Ptolemäus → Ptolemaios
Ptolemaios [1]* I. Soter: Rhodos 15/3, 1329
Ptolemaios [3]* II. Philadelphos: Alexandria 13, 70; Georgien 14, 133; Zeitrechnung 15/3, 1182
Ptolemaios [6]* III. Euergetes: Inschriftenkunde, griechische 14, 594
Ptolemaios [8]* V. Epiphanes: Inschriftenkunde, griechische 14, 594; London, British Museum 15/1, 213

Ptolemaios [65]*, Klaudios *Astronom, Verf. grundlegender naturwiss. Schriften, 2. Jh.*: Albanien 13, 60; Arabisch-islamisches Kulturgebiet 13, 169–170; 181; 183; Aristotelismus 13, 252; 254; Babylon 13, 374; Byzanz 13, 595; 597; 605; Deutschland 13, 768; 770; Estland 13, 1046; Frankreich 14, 23; 25; Geographie 14, 122ff.; Griechisch 14, 308; Historische Geographie 14, 448f.; Horoskope 14, 536f.; Italien 14, 664; Kartographie 14, 853f.; Kommentar 14, 1066; Litauen 15/1, 170; Mathematik 15/1, 321; Melancholie 15/1, 378; Meteorologie 15/1, 417; Mittellatein 15/1, 454; Musik 15/1, 578; 580; 588; 595–596; 599; Naturwissenschaften 15/1, 791–792; 798f.; 800–804; 806–807; 833; 837; 842–843; 848; 850; Niederlande und Belgien 15/1, 1018; Philologie 15/2, 241; 248; 270; Sizilien 15/3, 35f.; Sphärenharmonie 15/3, 189; Troja 15/3, 603; Universität 15/3, 885; 895; Überlieferung 15/3, 715
Publilius [I 4]* *Syrus Mime und Mimograph, 1. Jh. v.Chr.*: Bayern 13, 431; Fürstenspiegel 14, 77
Pupienus* *röm. Kaiser 238 n.Chr.*: Numismatik 15/1, 1116
Pyrrhon* *aus Elis, ca. 365–275 v.Chr.*: Praktische Philosophie 15/2, 533; 536; Skeptizismus 15/3, 38
Pythagoras [2]* *Philosoph, um 600 v.Chr.*: Affektenlehre (musikalisch) 13, 21; Arabisch-islamisches Kulturgebiet 13, 164; 170; Armenien 13, 270; Humanismus 14, 561f.; Italien 14, 682ff.; Kabbala 14, 767; Magie 15/1, 258; Musik 15/1, 587; 589; 591–592; 595; Mythos 15/1, 645; Naturphilosophie 15/1, 770–771; Naturwissenschaften 15/1, 832; Okkultismus 15/1, 1150; 1159; Park 15/2, 154; Philosophia perennis 15/2, 334; Philosophie 15/2, 346; Platonismus 15/2, 364f.; 367; Rumänien 15/2, 1006; Schweden 15/2, 1118; Serbien 15/3, 25; Spiele 15/3, 192; Sport 15/3, 217; Theorie/Praxis 15/3, 462; Vorsokratiker 15/3, 1064; Zoroastres/Zoroastrismus 15/3, 1229
Pytheas [4]* *griech. Seefahrer aus Massalia, Astronom und Geograph, 4. Jh. v.Chr.*: Geographie 14, 124
Pytheos* *griech. Architekt und Bildhauer spätklass. Zeit aus Priene*: Mausoleum 15/1, 329; Priene 15/2, 559

Q
Quinctilius Cincinnatus → Cincinnatus
Quinctilius Varus → Varus
Quintilian (Quintilianus [1]*) *Rhetorikprofessor und -autor, E. 1. Jh.*: Altsprachlicher Unterricht

13, 124; Argumentationslehre 13, 243–244; 246–247; Barock 13, 402; Bildung 13, 506; Biographie 13, 521; Ciceronianismus 13, 646–647; Deutschland 13, 793; Ekphrasis 13, 940; Enzyklopädie 13, 965; Epochenbegriffe 13, 1001–1002; Epos 13, 1016; Figurenlehre 13, 1124–1126; 1129; 1131–1132; Gelegenheitsdichtung 14, 110; Geschichtsmodelle 14, 164; 172; Homer-Vergil-Vergleich 14, 517; 521; Homiletik/Ars praedicandi 14, 527; Humanismus 14, 546; 562; Italien 14, 662; Kommentar 14, 1055; Lateinamerika 15/1, 29; 31; Lateinische Tragödie 15/1, 82; Lateinschule 15/1, 90; Lehrplan 15/1, 112; Leichenrede 15/1, 116; Literaturkritik 15/1, 179–180; Metapher/Metapherntheorie 15/1, 404; Mittellatein 15/1, 455; Mnemonik/Mnemotechnik 15/1, 466; 468; Musik 15/1, 584; 593; Niederlande und Belgien 15/1, 986; 1002; Panegyrik 15/2, 51; Parabel 15/2, 104; Philologie 15/2, 283–284; 289; 15/3, 1316; Physiognomik 15/2, 355; Poetik 15/2, 383; Portugal 15/2, 521; Querelle des Anciens et des Modernes 15/2, 610; Redegattungen 15/2, 628–629; 639; 645; Rhetorik 15/2, 772f.; 774–775; 781ff.; 813; Schriftwissenschaft 15/2, 1100; Spanien 15/3, 127; Stil, Stilanalyse, Stilentwicklung 15/3, 290; Südafrika 15/3, 343; Tschechien 15/3, 627; 629; United Kingdom 15/3, 800; Universität 15/3, 894–895; Ut pictura poesis 15/3, 931–932; Überlieferung 15/3, 719; 725

Quintilianus Aristides (Aristeides [7]* Quintilianus) *Musiktheoretiker, Kaiserzeit*: Musik 15/1, 595–596; 599; Sphärenharmonie 15/3, 189

R

Rahotep *äg. Prinz*: Kairo, Ägyptisches Museum 14, 773

Ramses [2]* *II. Pharao*: Kairo, Ägyptisches Museum 14, 775; 778; Orient-Rezeption 15/1, 1232; Türkei 15/3, 657; Zeitrechnung 15/3, 1175

Ramses [5]* *IV. Pharao*: Kairo, Ägyptisches Museum 14, 778

Regulus (Atilius [I 21]* Regulus, M.) *röm. Heerführer*: Historienmalerei 14, 437; Klassizismus 14, 970; Slowenien 15/3, 71; Tyrannis 15/3, 687

Rhetorios* *griech. astrologischer Fachschriftsteller aus Äg., vor 640*: Naturwissenschaften 15/1, 834

Rhoxane → Roxane

Romanos [1]* Melodos (»der Melode«), *byz. Hymnograph, 5./6. Jh.*: Byzanz 13, 602; Lyrik 15/1, 248; Verskunst 15/3, 1009–1010

Romulus [2]* Augustulus *letzter Kaiser Roms*: Deutschland 13, 826; Epochenbegriffe 13, 997; Geschichtswissenschaft/Geschichtsschreibung 14, 215; Provinzialrömische Archäologie 15/2, 573

Romulus [5]* *fiktiver Verf.-Name einer Prosa-Slg. aesopischer Fabeln im 4./5. Jh.*: Fabel 13, 1067

Roxane (Rhoxane [4]*) *pers. Gattin Alexanders*: Athen 13, 299; Historienmalerei 14, 429

Rufinianus → Iulius [IV 20]* Rufinianus

Rufinus [6]*, Tyrannius *aus Aquileia, Christ, Eusebiosübersetzer, gest. 410*: Griechisch 14, 302–303; Metaphysik 15/1, 413; Mönchtum 15/1, 523; Theologie und Kirche des Christentums 15/3, 425; Überlieferung 15/3, 722

Rufus [5]* (Rhuphos) von Ephesos *griech. Arzt, um 100?*: Arabische Medizin 13, 185–186; Medizin 15/1, 361; 364; 366; Melancholie 15/1, 378

Rustam*: Iranistik 14, 635

Rutilius [II 1]* Claudius Namatianus *Verf. eines Reisegedichtes, Praefectus urbi 414*: Philologie 15/2, 321; Rom 15/2, 873–874

Rutilius [II 6]* Lupus, P. *Übersetzer einer Schrift zur Figurenlehre*: Figurenlehre 13, 1126; Niederlande und Belgien 15/1, 1003

S

Sabina* *Gattin des Kaisers Hadrian*: Parthenon 15/2, 190

Sabinus [II 5]* Mas(s)urius *Jurist der sabinianischen Rechtsschule, 1. Jh.*: Eigentum 13, 932

Šabuhr → Shapur

Sahure: Berlin 13, 474

Sakadas* *Dichter und Aulet aus Argos, 6. Jh. v. Chr.*: Theater 15/3, 399

Sallust (Sallustius [II 3]* Crispus, C.) *röm. Politiker und Historiker, 86–34 v. Chr.*: Altsprachlicher Unterricht 13, 124; Bayern 13, 431; 433; Comics 13, 658; Epochenbegriffe 13, 1010; Estland 13, 1049; Fälschung 13, 1082; Frankreich 14, 44; Fürstenspiegel 14, 77; Geschichtsmodelle 14, 164f.; 173; Griechen-Römer-Antithese 14, 265; Historische Geographie 14, 447; Island 14, 651; Jesuitenschulen 14, 751; Karolingische Renaissance 14, 820; Klassizismus 14, 970; Kommentar 14, 1058; Lateinamerika 15/1, 39; Lateinische Tragödie 15/1, 84; Luxemburg 15/1, 236; Mittellatein 15/1, 449; 453–455; Niederlande und Belgien 15/1, 986; Nobilitas 15/1, 1071; Philologie 15/2, 307; 319; 15/3, 1316; Polen 15/2, 391; Politische Theorie 15/2, 420; 423; Portugal 15/2, 520; Republik 15/2, 715; 724; Revolution 15/2, 742; Schlachtorte 15/2, 1085; Serbien 15/3, 28; Staufische Renaissance 15/3, 274; Stoizismus 15/3, 304; Thukydidismus 15/3, 484; Troja 15/3, 617; Tschechien 15/3, 629; United

Kingdom 15/3, 765; 798–799; 801;   United States of America 15/3, 836; 840; 846;   Universität 15/3, 895;   Überlieferung 15/3, 724
Salmanassar* III. *assyr. König*: Türkei 15/3, 657
Salome [2]* *Tochter der Herodias*: Fin de siècle 13, 1142;   Oper 15/1, 1184
Salomo* *Sohn König Davids*: Baalbek 13, 365;   Fürstenspiegel 14, 77;   Gotik 14, 243;   Herrscher 14, 364ff.; 389f.;   Jerusalem 14, 732; 734;   Konstantinopel 14, 1088;   Krone 14, 1124;   Magie 15/1, 257;   Niederlande und Belgien 15/1, 1042;   Orient-Rezeption 15/1, 1214; 1229;   Rußland 15/2, 1024;   Skeptizismus 15/3, 39;   United Kingdom 15/3, 775
Salvianus [1]* von Massilia *christl. Theologe in Marseille, gest. nach 465*: Lateinische Komödie 15/1, 65;   Stadt 15/3, 264;   Vandalen 15/3, 943
Sanchunjaton (Sanchuniathon*) *phöniz. Autor*: Orient-Rezeption 15/1, 1226f.
Sanherib* *assyr. König*: Babylon 13, 378
Sappho* *Dichterin um 600 v. Chr.*: DDR 13, 691; 695;   Deutschland 13, 782; 824; 826;   Estland 13, 1047;   Finnland 13, 1148;   Frankreich 15/3, 1265; 1269;   Gender Studies 14, 117;   Italien 14, 701; 705; 708;   Lyrik 15/1, 247;   Mode 15/1, 487;   Musik 15/1, 602;   Niederlande und Belgien 15/1, 1052–1053;   Numismatik 15/1, 1103;   Österreich 15/1, 1140ff.; 15/3, 1297;   Papyri, literarische 15/2, 71;   Parnaß 15/2, 181;   Philologie 15/2, 270; 275;   Portugal 15/2, 521; 525;   Revolution 15/2, 755;   Romantik 15/2, 979;   Serbien 15/3, 27;   Spanien 15/3, 117ff.; 141;   Tschechien 15/3, 635;   Türkei 15/3, 648–649;   Überlieferung 15/3, 714;   Übersetzung 15/3, 730;   Verskunst 15/3, 1015–1016;   Vertonungen antiker Texte 15/3, 1022;   Zeitrechnung 15/3, 1178
Sardanapal* *assyr. Herrscher*: Orient-Rezeption 15/1, 1212–1213; 1225–1226; 1230
Sargon [3]* II. *assyr. Herrscher*: Chicago, Oriental Institute Museum 13, 632
Sāsāniden* *iran. Dynastie*: Babylon 13, 378
Sat-Hathor *äg. Prinzessin*: Kairo, Ägyptisches Museum 14, 777
Sat-Hathor-Junit *äg. Prinzessin*: Kairo, Ägyptisches Museum 14, 777
Satyros [3]* *griech. Architekt und Bildhauer der Spätklassik*: Mausoleum 15/1, 329
Scaevola (Mucius [I 9]* Scaevola, Q.) *»Pontifex«, Consul 95 v. Chr.*: Republik 15/2, 732;   Revolution 15/2, 745
Scaurus → Aemilius [I 38]* Scaurus
Scaurus → Terentius [III 3]* Q. Scaurus
Schapur → Shapur

Scheschonq I. (Sesonchosis [1]* I.) *Pharao*: Zeitrechnung 15/3, 1165
Scholastikia *Christin in Ephesos, 4. Jh.*: Ephesos 13, 976
Schubad *sumer. Königin*: Orient-Rezeption 15/1, 1229
Scipio Africanus (Cornelius [I 70]* Scipio Aemilianus Africanus (Numantinus), P.): Frankreich 15/3, 1257;   Herrscher 14, 372;   Historienmalerei 14, 425f.;   Italien 14, 672;   Karthago 14, 836; 849f.;   Krieg 14, 1118;   Kunsterwerb/Kunstraub 14, 1150;   Schlachtorte 15/2, 1077–1078; 1082ff.; 1085;   Tyrannis 15/3, 687;   United Kingdom 15/3, 785;   Vertonungen antiker Texte 15/3, 1021
Scipio Asiaticus (Cornelius [I 72]* Scipio Asiagenes): Kunsterwerb/Kunstraub 14, 1150
Scipio Numantinus → Scipio Africanus
Scribonius [II 3]* Largus *Verf. eines Rezeptbuches, 1. Jh.*: Medizin 15/1, 367;   Pharmakologie 15/2, 216
Scriptores* Historiae Augustae: Fürstenspiegel 14, 80; 83–84;   Geschichtsmodelle 14, 173
Sebastian *Märtyrer*: Frankreich 15/3, 1271;   Triumphbogen 15/3, 589
Sedulius* *christl.-lat. Dichter, 1. H. 5. Jh.*: Italien 14, 664;   Karolingische Renaissance 14, 832;   Luxemburg 15/1, 237;   Mittellatein 15/1, 453;   Philologie 15/2, 280;   United Kingdom 15/3, 764; 769
Sejanus (Aelius [II 19]* Seianus, L.) *Prätorianerpräfekt 14–31*: Klassizismus 14, 963;   Sperlonga 15/3, 182ff.;   Tragödie/Tragödientheorie 15/3, 539;   United Kingdom 15/3, 809–810
Seleukiden* *Dynastie*: Baghdad, Iraq Museum 13, 384;   Geschichtswissenschaft/Geschichtsschreibung 14, 195
Seleukos [2]* I. Nikator *Begründer des Seleukidenreichs*: Rom 15/2, 899
Semiramis* *assyr. Königin*: Babylon 13, 373; 378–379;   Film 13, 1136;   Orient-Rezeption 15/1, 1225–1226; 1230
Sempronius → Gracchus
Seneb *äg. Vorsteher der Palastzwerge*: Kairo, Ägyptisches Museum 14, 774
Seneca d. Ä. (L. Annaeus Seneca [1]*) *der Ältere, lat. Rhetor und Geschichtsschreiber, um Christi Geburt*: Frankreich 14, 33;   Niederlande und Belgien 15/1, 1027;   Philologie 15/3, 1316–1317;   Rhetorik 15/2, 773;   Tschechien 15/3, 625
Seneca d. J. (L. Annaeus Seneca [2]*) *der Jüngere, Politiker und stoischer Philosoph, 1. Jh.*: Adaptation 13, 11;   Aphorismus 13, 150;   Armenien 13, 272;   Aufklärung 13, 342; 346; 348;   Autobiographie 13, 361–362;   Barock 13, 413;   Bayern 13, 433–434;   Bildung 13, 510;   Brief, Briefliteratur 13, 542;   Ciceronianismus 13, 649;

Dänemark 13, 680; DDR 13, 692; Deutschland 13, 768; 783–784; Dialog 13, 831; Drei Grazien 13, 869–870; Epikureismus 13, 986f.; 992; Epochenbegriffe 13, 1008–1010; 1013; Estland 13, 1049; Fälschung 13, 1080–1082; Finnland 13, 1150; Frankreich 14, 29; 33; 40; Frieden 14, 68; Fürstenspiegel 14, 76ff.; Geflügelte Worte 14, 102f.; Geologie (und Mineralogie) 14, 128; Gerechtigkeit 14, 143; Geschichtsmodelle 14, 162; Griechische Tragödie 14, 318; Historienmalerei 14, 433; Humanismus 14, 541; Imitatio 14, 574; Italien 14, 661ff.; 671ff.; 693; 699; Kampanien 14, 787; Klassizismus 14, 963; 972ff.; Komödie 14, 1069; Konsolationsliteratur 14, 1079f.; Lateinamerika 15/1, 29; Lateinische Komödie 15/1, 70; Lateinische Tragödie 15/1, 82ff.; Lettland 15/1, 125–126; Magie 15/1, 261; Makedonien/Mazedonien 15/1, 281; Menschenrechte 15/1, 387; Meteorologie 15/1, 416; 418; Mittellatein 15/1, 451–452; 454–455; Naturwissenschaften 15/1, 834; Neulatein 15/1, 926; 929; 943; Niederlande und Belgien 15/1, 989–990; 998; 1019; 1021; 1026; 1033; 1048–1049; 1060; Nobilitas 15/1, 1079; Oratorium 15/1, 1187; Österreich 15/1, 1142; Philologie 15/2, 282–285; 292–294; 307; 309; 15/3, 1316–1317; 1319; Philosophie 15/2, 345; Polen 15/2, 396; Portugal 15/2, 516; 518–520; Praktische Philosophie 15/2, 529f.; 532–533; Preußen 15/2, 551; Romantik 15/2, 981; Satire 15/2, 1070; Schweden 15/2, 1116; Serbien 15/3, 26ff.; Sozialismus 15/3, 94; Spanien 15/3, 111; 118; 127; 132; 140; Stoizismus 15/3, 297ff.; Tacitismus 15/3, 353; Theater 15/3, 397–398; 400; Thematologie/Stoff- und Motivforschung 15/3, 408; Tragödie/Tragödientheorie 15/3, 533; 536–538; 540; Troja 15/3, 597; Tschechien 15/3, 627; 637; 642; Türkei 15/3, 649; Ungarn 15/3, 751; 754; United Kingdom 15/3, 763; 786–788; 808; United States of America 15/3, 844; 847; Universität 15/3, 897; Verlag 15/3, 1002; Zeitrechnung 15/3, 1188

Sennedjem äg. Handwerker: Kairo, Ägyptisches Museum 14, 778

Sentites Gemahlin des Seneb: Kairo, Ägyptisches Museum 14, 774

Septimius Severus (Septimius [II 7]*) röm. Kaiser: Herrscher 14, 367; 378; Konstantinopel 14, 1087; Numismatik 15/1, 1127; Rom 15/2, 859; 883ff.; 916; Werbung 15/3, 1123

Seqenenra-taa äg. König: Kairo, Ägyptisches Museum 14, 778

Serenus Sammonicus (Serenus [1]*, Quinctius Sammonicus) Verf. einer Rezeptsammlung: Medizin 15/1, 362; 365; Niederlande und Belgien 15/1, 1034; Überlieferung 15/3, 724

Sergios von Resaena (Sergios [1]* von Rešʿaina) syr. Arzt, Übersetzer und Gelehrter, um 500: Arabisch-islamisches Kulturgebiet 13, 163; Arabische Medizin 13, 184–185; Pharmakologie 15/2, 221

Sertorius*, Q. röm. Feldherr: Nationalsozialismus 15/1, 734; Portugal 15/2, 516

Servius [2]* Grammatiker, Vergilkommentator, um 400: Allegorese 13, 78; 82; Bibliothek 13, 496; Drei Grazien 13, 869–870; Frankreich 14, 6; Gattung/Gattungstheorie 14, 89; Historienmalerei 14, 422; Homer-Vergil-Vergleich 14, 518; Karthago 14, 850; Kommentar 14, 1055ff.; Parnaß 15/2, 176; Sperlonga 15/3, 184; Theater 15/3, 397; Ungarn 15/3, 750; Überlieferung 15/3, 724; Zeitrechnung 15/3, 1190

Sesostris* Pharao: Kairo, Ägyptisches Museum 14, 775; New York, Metropolitan Museum 15/1, 966

Sethos [1]* I. Pharao: Kairo, Ägyptisches Museum 14, 778

Severin (Severinus [2]* von Noricum) Mönch in Ufer-Noricum, 5. Jh.: Bibliothek 13, 495; Österreich 15/1, 1131ff.

Severus [2]* Alexander röm. Kaiser: Fürstenspiegel 14, 84; Herrscher 14, 396; United Kingdom 15/3, 803–804

Sextus Empiricus (Sextos [2]* Empeirikos) skeptischer Philosoph, empirischer Arzt, 2. Jh.: Allegorese 13, 76; Philosophie 15/2, 342; Praktische Philosophie 15/2, 533; Skeptizismus 15/3, 38ff.; Sprachphilosophie/Semiotik 15/3, 225; Zeitrechnung 15/3, 1182

Sextus [2]* Iulius Africanus Verf. der ersten christl. Weltchronik, um 200: Geschichtsmodelle 14, 166

Shapur (Sapor [1]*) pers. Großkönig: Inschriftenkunde, griechische 14, 604

Sheshonk I. → Scheschonq I.

Sidonius* Apollinaris bedeutendster Schriftsteller Galliens, 2. H. 5. Jh.: Mittellatein 15/1, 455; Niederlande und Belgien 15/1, 985; Rhetorik 15/2, 776–777; Rom 15/2, 874; 901; Zeitrechnung 15/3, 1190

Silius [II 5]* Italicus Epiker, 1. Jh.: Bibliothek 13, 498; Karthago 14, 849; Lateinamerika 15/1, 27; Niederlande und Belgien 15/1, 998; 1026; Philologie 15/2, 285

Silvester* Bischof von Rom 314-335: Herrscher 14, 404ff.; Konstantinische Schenkung 14, 1083

Simeon* Stylites syr. Asket, 5. Jh.: Toranlagen/Stadttore 15/3, 510; Wallfahrt 15/3, 1080

Simias* aus Rhodos alex. Dichter und Grammatiker, um 300 v. Chr.: Figurengedicht 13, 1115

Simon bar Jochai: Kabbala 14, 768

Simonides [1]* *Iambograph*: Ut pictura poesis
15/3, 930
Simonides [2]* *lyrischer Dichter, 6./5. Jh. v. Chr.*:
Ekphrasis 13, 940; Mnemonik/Mnemotechnik 15/1, 464; Österreich 15/1, 1141; Papyri, literarische 15/2, 74; Philologie 15/3, 1301; Spanien 15/3, 119
Simplicius → Simplikios*
Simplikios* *neuplaton. Philosoph, ca. 490-560*:
Aristotelismus 13, 252; Byzanz 13, 595; Griechenland 14, 275; Mathematik 15/1, 315; Metaphysik 15/1, 410; Naturwissenschaften 15/1, 799; 806; Niederlande und Belgien 15/1, 1008; Philologie 15/2, 270; Vorsokratiker 15/3, 1064
Siron* *epik. Philosoph, 1. Jh. v. Chr.*: Epikureismus 13, 986
Sixtus II. → Xystos
Skopas [1]* *Bildhauer aus Paros, M. 4. Jh. v. Chr.*:
Dresden, Staatliche Kunstsammlungen, Skulpturensammlung 13, 876; Fälschung 13, 1072; Mausoleum 15/1, 329
Skylax [1]* *aus Karyanda, Forschungsreisender 519/18 v. Chr.*: Spanien 15/3, 119
Sokrates [2]* *athen. Philosoph, 469-399 v. Chr.*:
Alexandrinismus 13, 73; Arabisch-islamisches Kulturgebiet 13, 164; 167; 171; Athen 13, 286; Atlantis 13, 333; Aufklärung 13, 343–344; 346; Bildung 13, 510; Dänemark 13, 677; Demokratie 13, 728–729; 734; Deutschland 13, 778; Dialektik 15/3, 1253; Dialog 13, 830; Estland 13, 1046; Fälschung 13, 1080; Frankreich 14, 46; 51; 15/3, 1258; 1261; 1271; Geographie 14, 124; Georgien 14, 133ff.; Historienmalerei 14, 437f.; Ironie 14, 648ff.; Klassizismus 14, 971; Komödie 14, 1070; Literaturkritik 15/1, 182; Makedonien/Mazedonien 15/1, 279; Medien 15/1, 349; 353; 356–357; Mythologie 15/1, 633; Neohumanismus 15/1, 887; Nietzsche-Wilamowitz-Kontroverse 15/1, 1066; Österreich 15/3, 1294; Paris, Louvre 15/2, 111; Park 15/2, 153; Philologie 15/2, 253; 15/3, 1311; Philosophie 15/2, 341; 343; 345; Physiognomik 15/2, 356; Platonismus 15/2, 362ff.; Politische Theorie 15/2, 428; 433; 456; Praktische Philosophie 15/2, 533; Redegattungen 15/2, 634; Revolution 15/2, 746; 753; Rhetorik 15/2, 794; Romantik 15/2, 973; Schweiz 15/2, 1139; Serbien 15/3, 26; Spanien 15/3, 123f.; 147; Sport 15/3, 218; Stil, Stilanalyse, Stilentwicklung 15/3, 290; Tanz 15/3, 363; Theorie/Praxis 15/3, 462; Totengespräch 15/3, 520; Tschechien 15/3, 634; 637; Typologie 15/3, 678; United Kingdom 15/3, 787–788; United States of America

15/3, 853; Vorsokratiker 15/3, 1062ff.; Wirtschaftslehre 15/3, 1152; Zeitrechnung 15/3, 1180
Sokrates [9]* *griech. Kirchenhistoriker, um 400*:
Griechisch 14, 304
Solinus* *Grammatiker und Buntschriftsteller, 3./4. Jh.*:
Geographie 14, 122; Geologie (und Mineralogie) 14, 127; Proportionslehre 15/2, 568; Zoologie 15/3, 1210; 1213
Solon [1]* *von Athen Dichter, Gesetzgeber, um 600 v. Chr.*: Athen 13, 289; Atlantis 13, 333; Eleusis 13, 949; Epochenbegriffe 13, 1009; Geflügelte Worte 14, 100; Geld/Geldwirtschaft/Geldtheorie 14, 106; Politische Theorie 15/2, 426; Revolution 15/2, 743; 749; Rumänien 15/2, 1006; Sozialismus 15/3, 96; Sparta 15/3, 159; United States of America 15/3, 841; Wagnerismus 15/3, 1076; Wirtschaftslehre 15/3, 1150; Zeitrechnung 15/3, 1179–1180
Sopater (Sopatros [1]*) *griech. Rhetoriker, 4. Jh.*:
Allegorese 13, 82
Sophokles [1]* *att. Tragiker, 5. Jh. v. Chr.*: École française d'Athènes 13, 910; Afrika 13, 24–25; Armenien 13, 272; Bildung 13, 511; Bulgarien 13, 571; Byzanz 13, 597; DDR 13, 691–692; Deutschland 13, 780; 783; 813; 824–825; 827; Enzyklopädie 13, 972; Estland 13, 1046; 1049; Fin de siècle 13, 1143–1144; Frankreich 14, 40; 49; 15/3, 1263; Geflügelte Worte 14, 102; Gerechtigkeit 14, 140; Griechenland 14, 279; Griechische Tragödie 14, 317ff.; 319; Irland 14, 647; Italien 14, 699f.; Klassizismus 14, 957; Kommentar 14, 1065; Laokoongruppe 15/1, 9; Lateinische Tragödie 15/1, 84; Lebendiges Latein 15/1, 94; Lettland 15/1, 125; Lexikographie 15/1, 130; Luxemburg 15/1, 241; Makedonien/Mazedonien 15/1, 279; 281; Marxismus 15/1, 299; Matriarchat 15/1, 327; Medien 15/1, 350; Mythologie 15/1, 611; 629; Niederlande und Belgien 15/1, 989; 991; 1012; 1048–1049; 1057; 1059; 1061; Norwegen 15/1, 1085–1086; Österreich 15/3, 1295; 1297; Papyri, literarische 15/2, 72; 75; 79; Papyrologie 15/2, 85; Philologie 15/2, 244; 248; 273; Portugal 15/2, 525; Preußen 15/2, 551; 556; Psychoanalyse 15/2, 592; 596; 598; Religion und Literatur 15/2, 676; Romantik 15/2, 985; Rumänien 15/2, 1006; Rußland 15/2, 1024; Slowenien 15/3, 72; Spanien 15/3, 110; 118ff.; 142; 147; Strukturalismus 15/3, 322; Südafrika 15/3, 343; Theater 15/3, 400–401; Theaterbau/Theaterkulisse 15/3, 405; Tragödie/Tragödientheorie 15/3, 533; 537–540f.; Tschechien 15/3, 633; 636; Türkei 15/3, 646; 649; Ukraine

15/3, 746; United Kingdom 15/3, 817; 825;
831; United States of America 15/3, 863; 870;
Überlieferung 15/3, 717; Übersetzung
15/3, 728; 730; 733–734; Vertonungen antiker
Texte 15/3, 1023; Weißrußland 15/3, 1108;
Zoroastres/Zoroastrismus 15/3, 1229
Sophonisbe (Sophoniba*) *Gattin des Massinissa*:
Karthago 14, 849f.; Tragödie/Tragödientheorie
15/3, 536; United Kingdom 15/3, 813
Soranos* *Arzt in Rom, um 100*: Geburtshilfe 14, 95–
97; 99; Medizin 15/1, 361; 364; Medizingeschichtsschreibung 15/1, 376; Pharmakologie
15/2, 216; Terminologie 15/3, 382
Sosigenes [4]* *Peripatetiker, 2. Jh.*: Naturwissenschaften 15/1, 803; 806
Sosikles *Bildhauer*: Park 15/2, 166
Sostratos [3]* *aus Nysa, griech. Geograph, 1. Jh. v. Chr.*:
Zoologie 15/3, 1200
Soterichos* *Epiker, 3./4. Jh.*: Papyri, literarische
15/2, 78
Sozomenos* *Kirchenhistoriker, 5. Jh.*: Griechisch
14, 304
Spartacus*: Historismus 14, 496; Sklaverei 15/3, 48;
55; Sozialismus 15/3, 93; Spanien 15/3, 151;
Tschechien 15/3, 635; Weißrußland 15/3, 1109
Spurius Cassius (Cassius [I 19]* Vecellinus, Sp.) *Consul
502, 493 und 486 v. Chr.*: Historienmalerei 14, 430
St. Patrick (Patricius*) *britannischer Heiliger, 5. Jh.*:
Irland 14, 641f.; Überlieferung 15/3, 722
Statius [II 2]* *P. Papinius Epiker, spätes 1. Jh.*:
Adaptation 13, 8; 10; Allegorese 13, 81; Bayern
13, 431; Epos 13, 1015; 1017; Frankreich 14, 9;
13; 24; Gelegenheitsdichtung 14, 110f.;
Humanismus 14, 543; 549; Irland 14, 644;
Italien 14, 662; 670f.; 674; 700; Kampanien
14, 787; Kanon 14, 792; Karolingische
Renaissance 14, 820; Konsolationsliteratur
14, 1080; Luxemburg 15/1, 236; Mittellatein
15/1, 453–454; Mythologie 15/1, 611; 620–621;
624; Niederlande und Belgien 15/1, 989; 1013;
1024; 1047–1048; Österreich 15/1, 1134;
Parnaß 15/2, 180; Philologie 15/2, 282; 285; 289;
321; 15/3, 1316; Polen 15/2, 391;
Religionskritik 15/2, 700; Staufische
Renaissance 15/3, 274; Troja 15/3, 617;
United Kingdom 15/3, 763; 785; Überlieferung
15/3, 724
Stephanos Philosophos (Stephanos [9]*) *Arzt und
Kommentator medizin. Werke in Alexandreia um
600*: Kommentar 14, 1063; Naturwissenschaften
15/1, 834; 866; Überlieferung 15/3, 711
Stephanos [4]* *Protomartys erster christl. Märtyrer,
ca. 40/50*: Triumphbogen 15/3, 589; Wallfahrt
15/3, 1088
Stephanos [7]* *von Byzanz griech. Grammatiker,
6. Jh.*: Albanien 13, 61; Altertumskunde
(Humanismus bis 1800) 13, 87; Historische
Geographie 14, 448; Spanien 15/3, 114
Stesichoros [1]* *Lyriker, 6. Jh. v. Chr.*: Fabel 13, 1065;
Niederlande und Belgien 15/1, 1008; Papyri,
literarische 15/2, 71; 74; 78; Spanien 15/3, 119;
United States of America 15/3, 872
Stesimbrotos* *aus Thasos, Rhapsode und
Homerexeget, 5. Jh. v. Chr.*: Allegorese 13, 79
Sthenidas* *Verf. einer ps.-pythag. Schrift*: Politische
Theorie 15/2, 463
Stilicho* *weström. Feldherr*: Nationalsozialismus
15/1, 749; Porträt 15/2, 497
Stobaeus → Stobaios*
Stobaios* *griech. Verf. einer Anthologie, 5. Jh.*:
Lexikographie 15/1, 135; Niederlande und
Belgien 15/1, 998; Politische Theorie 15/2, 466
Strabon* *griech. Geograph und Historiker,
augusteische Zeit*: Altertumskunde (Humanismus
bis 1800) 13, 87; Europa 13, 1059; Faschismus
13, 1086; Geographie 14, 122ff.; Geologie
(und Mineralogie) 14, 128; Geschichtsmodelle
14, 161; Historische Geographie 14, 448f.;
Niederlande und Belgien 15/1, 1006; Orient-Rezeption 15/1, 1195; Österreich 15/1, 1142;
Paestum 15/2, 5; Philologie 15/2, 241; 248; 253;
267; Troja 15/3, 603; Überlieferung 15/3, 714–
715; Übersetzung 15/3, 727; Zeitrechnung
15/3, 1181
Straton von Lampsakos (Straton [2]*) *akad. Philosoph,
3. Jh. v. Chr.*: Naturwissenschaften 15/1, 825
Stratonike [3]* *Gattin von Seleukos [2] und von dessen
Sohns Antiochos [2]*: Historienmalerei 14, 438;
Rom 15/2, 899
Sueton (Suetonius [2]* Tranquillus, C.) *Biograph und
Antiquar, um 100*: Antikensammlung 13, 140;
Apotheose 13, 160; Autobiographie 13, 361;
Biographie 13, 520–521; Deutschland 13, 761;
786; Estland 13, 1047; Fin de siècle 13, 1142;
Frankreich 14, 40; Fürstenspiegel 14, 80; 83;
Geschichtsmodelle 14, 173; 179; Herrscher
14, 364ff.; 400; Köln 14, 1022; Kommentar
14, 1057; Mittellatein 15/1, 454; Niederlande
und Belgien 15/1, 991; 1018; 1028; Numismatik
15/1, 1106; 1109; Patristische Theologie/
Patristik 15/2, 199; Philologie 15/2, 283; 289–
290; 294; 15/3, 1317; Physiognomik 15/2, 353;
Rosse von San Marco/Quadriga 15/2, 989;
Schlachtorte 15/2, 1085; Spanien 15/3, 103;
Sperlonga 15/3, 181; Staufische Renaissance
15/3, 274; Türkei 15/3, 649; United Kingdom
15/3, 801; Zeitrechnung 15/3, 1186; 1190
Sulla (Cornelius [I 90]* Sulla Felix): Athen 13, 318;
Deutschland 13, 820; Diktatur 13, 855–856;
861; Geschichtswissenschaft/Geschichtsschreibung 14, 205; Kunsterwerb/Kunstraub
14, 1150; Nationalsozialismus 15/1, 734;

Panegyrik 15/2, 50; Pompeji/Rezeption des freigelegten Pompeji in Literatur und Film 15/2, 491; Republik 15/2, 718; 724; United Kingdom 15/3, 809; 824; United States of America 15/3, 842; Vertonungen antiker Texte 15/3, 1021; Zeitrechnung 15/3, 1182

Sulpicia [4]* *Dichterin zur Zeit Domitians*: Gender Studies 14, 117

Sulpicius [II 2]* **Apollinaris, C.** *lat. Grammatiker, 1. H. 2. Jh.*: Kommentar 14, 1059

Sulpicius [II 14]* **Severus** *lat. Hagiograph, ca. 363-420*: Babylon 13, 380; Biographie 13, 520; Irland 14, 643

Sulpicius [II 17]* **Victor** (Sulpitius) *röm. Rhetor, 4. Jh.?*: Rhetorik 15/2, 773

Sura [2]*, Aemilius *Verf. eines Geschichtswerkes*: Geschichtsmodelle 14, 163

Syagrius [3]* *röm Statthalter in Gallien, 5. Jh. n. Chr.*: Frankreich 14, 5

Symeon Salos von Emesa: Byzanz 13, 604; Theologie und Kirche des Christentums 15/3, 428

Symmachus [6]*, Q. Aurelius Memmius *Historiker, Consul 485*: Rom 15/2, 873ff.

Synesios [1]* *von Kyrene neuplaton. Philosoph und Bischof, um 400*: Byzanz 13, 602; Jesuitenschulen 14, 751; Kommentar 14, 1065; Panegyrik 15/2, 53; Politische Theorie 15/2, 467; Traumdeutung 15/3, 553; Überlieferung 15/3, 717; Verskunst 15/3, 1010

Synkellos → Michael [2]* Synkellos

Syphax* *König der Masaisylier in Westnumidien*: Historienmalerei 14, 426

Syrianos* *neuplaton. Philosoph, 1. H. 5. Jh.*: Metaphysik 15/1, 408; 410–411

T

Tacitus [1]*, Cornelius *lat. Historiograph, ca. 55- ca. 120*: Altsprachlicher Unterricht 13, 124; Aphorismus 13, 150; Barock 13, 401; 411; Bayern 13, 432–433; Bevölkerungswissenschaft/ Historische Demographie 13, 483; 485; Biographie 13, 520; Ciceronianismus 13, 649–650; Deutschland 13, 786; Enzyklopädie 13, 968; 972; Epochenbegriffe 13, 1010; Estland 13, 1045; 1047; Fälschung 13, 1083; Fin de siècle 13, 1142; Frankreich 14, 31; 40; Gerechtigkeit 14, 144; Geschichtsmodelle 14, 164f.; 171ff.; 180; Geschichtswissenschaft/ Geschichtsschreibung 14, 185; 202; Historische Geographie 14, 448; Humanismus 14, 543; 555; Italien 14, 664; Judentum 14, 753ff.; Karolingische Renaissance 14, 820; Keltisch-Germanische Archäologie 14, 870; Klassizismus 14, 961ff.; 972ff.; Köln 14, 1021f.; Krieg 14, 1110; Lateinamerika 15/1, 29; 32;

Lateinische Tragödie 15/1, 82; Lexikographie 15/1, 145; Limes, Limesforschung 15/1, 157; Marxismus 15/1, 296; Mittellatein 15/1, 451; 454; Mnemonik/Mnemotechnik 15/1, 467; Monarchie 15/1, 539–541; Nationalsozialismus 15/1, 727; 745; Neulatein 15/1, 926; 929; 939; 943; Niederlande und Belgien 15/1, 993; 995; 998–1000; 1019; 1048–1049; Norwegen 15/1, 1085; Numismatik 15/1, 1107; Österreich 15/1, 1137; Philologie 15/2, 290; 292–294; 307; 312–313; 316; 319; 15/3, 1316; Polen 15/2, 396; Politische Theorie 15/2, 413; 416; 418; 420; 423–424; Portugal 15/2, 520; Provinzialrömische Archäologie 15/2, 576–577; Prüfungsordnungen 15/2, 583; Republik 15/2, 715; 722f.; Revolution 15/2, 741f.; Roman 15/2, 946; Schlachtorte 15/2, 1088; Slowakei 15/3, 67; Sperlonga 15/3, 181f.; Stoizismus 15/3, 304; Tacitismus 15/3, 353ff.; Thukydidismus 15/3, 484; 486; Tragödie/ Tragödientheorie 15/3, 538; Tschechien 15/3, 630; Türkei 15/3, 649; Ungarn 15/3, 752; United Kingdom 15/3, 801; 809; United States of America 15/3, 840; 844; 846; 853; Universität 15/3, 892; 895; 897; Zensur 15/3, 1194

Tampia Hygia *röm. Rezitatorin*: Rom 15/2, 902

Tatianos* *christl. Apologet und Theologe, 2. Jh.*: Karolingische Renaissance 14, 829; 835; Philosophia perennis 15/2, 334; Rom 15/2, 898

Teisikrates* *Bronzebildner aus Sikyon, Anf. 3. Jh. v. Chr.*: Rom 15/2, 899

Terentianus* **Maurus** *afrikanischer Grammatiker, M. 3. Jh.*: Geflügelte Worte 14, 102; Überlieferung 15/3, 722

Terentius [III 3]* **Scaurus, Q.** *einflußreichster Grammatiker der traian.-hadrian. Epoche*: Kommentar 14, 1059

Terentius Varro → Varro

Terenz (Terentius [III 1]* Afer, P.) *Komödiendichter, 2. Jh. v. Chr.*: Bayern 13, 431; Comics 13, 669; Dänemark 13, 676; Deutschland 13, 764; 772; Dialog 13, 830; Epochenbegriffe 13, 1009; Estland 13, 1046; 1049; Fälschung 13, 1081; Frankreich 14, 9; 19; 24–26; 29; 36; Geflügelte Worte 14, 101; Geriatrie 14, 149; Griechische Tragödie 14, 318; Italien 14, 662ff.; Jesuitenschulen 14, 750; Karolingische Renaissance 14, 820; Klassizismus 14, 972; Kommentar 14, 1058; Komödie 14, 1069ff.; Küchenlatein 14, 1125; Lateinamerika 15/1, 23; 34; Lateinische Komödie 15/1, 64ff.; Lettland 15/1, 126; Lexikographie 15/1, 133; Mittellatein 15/1, 451; 453; Niederlande und Belgien 15/1, 986; 989–991; 1048–1049; Ottonische Renaissance 15/1, 1255; 1257;

Österreich 15/1, 1134; Philologie 15/2, 280; 289–291; 295; Polen 15/2, 391; Preußen 15/2, 551; Slowakei 15/3, 65; Spanien 15/3, 104; 107ff.; 131; 148; Theater 15/3, 397; 399; Tragödie/Tragödientheorie 15/3, 535; Tschechien 15/3, 637; Türkei 15/3, 649; Ungarn 15/3, 755; United Kingdom 15/3, 763; 798; 800; 808; United States of America 15/3, 853; Universität 15/3, 895; Überlieferung 15/3, 719; 724; Verlag 15/3, 1002; Zeitrechnung 15/3, 1185; Zensur 15/3, 1195

Tertullian (Tertullianus [2]*, Q. Septimius Florens) *Theologe und Apologet, 2./3. Jh.*: Bibliothek 13, 496; Biographie 13, 520; Chrêsis 13, 638; Ehe 13, 923; Geburtshilfe 14, 98; Geschichtsmodelle 14, 166; Herrscher 14, 380; Imperium 14, 579; Judentum 14, 753; Karthago 14, 847; Menschenrechte 15/1, 385; Mythos 15/1, 638; Niederlande und Belgien 15/1, 1013; 1022; Philologie 15/2, 291; Philosophia perennis 15/2, 334; Rhetorik 15/2, 794; 814; Sozialismus 15/3, 97; Sport 15/3, 208; Stoizismus 15/3, 298; Theologie und Kirche des Christentums 15/3, 413; Typologie 15/3, 678; Zoologie 15/3, 1204

Teukros [3]* *griech. Historiker, 1. Jh. v. Chr.*: Arabisch-islamisches Kulturgebiet 13, 170

Teukros [4]* von Babylon *Astrologe, verm. 1. Jh. v. Chr.*: Naturwissenschaften 15/1, 833

Thales* *einer der Sieben Weisen, Philosoph, Astronom und Mathematiker, 1. H. 6. Jh. v. Chr.*: Bulgarien 13, 570; Geographie 14, 124; Magie 15/1, 258; Naturwissenschaften 15/1, 855; Philosophie 15/2, 345; Vorsokratiker 15/3, 1063–1064; 1068; Zeitrechnung 15/3, 1179

Theagenes [2]* von Rhegion *griech. Gelehrter und Verf. einer Abh. über Homer, 6. Jh. v. Chr.*: Allegorese 13, 76; 79; Interpretatio Christiana 14, 620; Mythos 15/1, 639; 644

Thekla* *Paulusschülerin und prominente Heilige der Spätantike, 1. Jh.*: Wallfahrt 15/3, 1081–1083; 1088

Themison [2]* aus Laodikeia *griech. Arzt, 2./1. Jh. v. Chr.*: Terminologie 15/3, 382

Themistios* *Aristoteles-Kommentator und Politiker, 4. Jh. n. Chr.*: Arabisch-islamisches Kulturgebiet 13, 168; Byzanz 13, 595; Griechenland 14, 275; Griechisch 14, 302; Naturphilosophie 15/1, 769; Niederlande und Belgien 15/1, 1026; Politische Theorie 15/2, 464; 467; Rom 15/2, 875

Themistokles* *athen. Politiker und Feldherr*: Athen 13, 312; 318; Fälschung 13, 1080; Nationalsozialismus 15/1, 730; Philologie 15/2, 253; Spanien 15/3, 112

Theoderich [3]* d. Gr. *Ostgotenkönig*: Epochenbegriffe 13, 997; Epos 13, 1029; Herrscher 14, 364ff.; 409; Italien 14, 658; Karolingische Renaissance 14, 822; Numismatik 15/1, 1108; Reiterstandbild 15/2, 650–651; Rhetorik 15/2, 776; Rom 15/2, 860; 874; 899; Spolien 15/3, 197ff.; Stadt 15/3, 264

Theodokos *syr. Autor, 7. Jh. n. Chr.*: Arabische Medizin 13, 185

Theodor* Abū Qurra *Bischof von Ḥarrān, 7./8. Jh.*: Überlieferung 15/3, 711

Theodoretos [1]* *Bischof von Kyrrhos, 1. H. 5. Jh.*: Griechisch 14, 304; Theologie und Kirche des Christentums 15/3, 427

Theodoretos [2]* *byz. Grammatiker und Verf. eines pneumatologischen Lex.*: Dänemark 13, 680

Theodoros [1]* aus Samos *griech. Architekt, Bronzebildner und Erfinder, archa. Zeit*: Sparta 15/3, 177

Theodoros [25]* von Mopsuhestia *christl. Theologe, 4./5. Jh.*: Allegorese 13, 77

Theodoros von Sikyon *Heiliger*: Byzanz 13, 604

Theodoros von Tarsos *Erzbischof von Canterbury, 602–690*: Bibliothek 13, 495–496; United Kingdom 15/3, 763; , 766; Überlieferung 15/3, 722

Theodorus [1]* *röm. Advokat, Christ*: Griechisch 14, 302

Theodorus Lector (Theodoros [30]* Anagnostes) *Lektor an der Hagia Sophia, 1. H. 6. Jh.*: Byzanz 13, 602

Theodorus [3]* Priscianus *Arzt, 4.-5. Jh.*: Pharmakologie 15/2, 216

Theodosios [1]* *griech. Mathematiker und Astronom, 2./1. Jh. v. Chr.*: Arabisch-islamisches Kulturgebiet 13, 169; 183

Theodosios [3]* *griech. Grammatiker aus Alexandreia, um 400*: Kommentar 14, 1063

Theodosius [2]* I. (d. Gr.) *röm. Kaiser 379-395*: Altertumskunde (Humanismus bis 1800) 13, 96; Byzanz 13, 601; Cäsarismus 13, 625; Epochenbegriffe 13, 997; Fürstenspiegel 14, 77; Geschichtswissenschaft/Geschichtsschreibung 14, 201; 214f.; Herrscher 14, 364; 387; Kodifizierung/Kodifikation 14, 1004; Konstantinopel 14, 1088; Porträt 15/2, 497; Rom 15/2, 893; Sacrum Imperium 15/2, 1035; Spanien 15/3, 127; Sport 15/3, 208; Theologie und Kirche des Christentums 15/3, 459; Trajanssäule 15/3, 543; Zeitrechnung 15/3, 1180

Theodosius [3]* II. *röm. Kaiser*: Athen 13, 280; Bibliothek 13, 495; Byzanz 13, 595; Herrscher 14, 364; Olympia 15/1, 1166

Theodotos [10]* *Gnostiker*: Naturwissenschaften 15/1, 835

Theognis [1]* *Elegiker, 6. Jh. v. Chr.*: Jesuitenschulen 14, 751; Loci communes 15/1, 188; Niederlande und Belgien 15/1, 1012; Rußland 15/2, 1026; Slowakei 15/3, 65

Theognis [2]* *athen. Tragödiendichter, E. 5. Jh. v. Chr.*: Rußland 15/2, 1026
Theokrit (Theokritos [2]*) *Dichter, 3. Jh. v. Chr.*: Bukolik/Idylle 13, 561; 564; 567; Byzanz 13, 597; Ekphrasis 13, 941; Elegie 13, 945; Estland 13, 1046; Figurengedicht 13, 1115–1116; Frankreich 14, 38; 15/3, 1258; 1260; Griechenland 14, 279; Klassizismus 14, 967; Kommentar 14, 1059; Lyrik 15/1, 248; Niederlande und Belgien 15/1, 1051; 1054; Papyri, literarische 15/2, 73; Park 15/2, 125; Philologie 15/2, 248; Portugal 15/2, 519; Rumänien 15/2, 1005; Slowakei 15/3, 66f.; Spanien 15/3, 109ff.; Überlieferung 15/3, 717; Übersetzung 15/3, 731; Zeitrechnung 15/3, 1182
Theomnestos [2]* *griech. Autor über Veterinärmedizin, um 320*: Zoologie 15/3, 1216
Theon [4]* *alex. Grammatiker, augusteische Zeit*: Fabel 13, 1064
Theon [5]* *aus Smyrna, Mathematiker und Philosoph, 2. Jh.*: Metaphysik 15/1, 411; 413; Musik 15/1, 595–596
Theon [6]* *Rhetor und frühester Autor von rhet. Progymnásmata, 1. Jh. ?*: Allegorese 13, 82; Ekphrasis 13, 940; Panegyrik 15/2, 51; Spanien 15/3, 114
Theon [7]* *von Alexandreia Arzt und Verf. hygienischer Schriften, 2.-3. Viertel 2. Jh.*: Arabisch-islamisches Kulturgebiet 13, 169–170; Naturwissenschaften 15/1, 802
Theophilos [7]* *Jurist*: Römisches Recht 15/2, 836
Theophilos [9]* *Kleriker in Kilikien*: Griechisch 14, 306
Theophrast (Theophrastos*) *peripat. Philosoph, 371/0-287/6 v. Chr.*: Abguß/Abgußsammlung 13, 2; Arabisch-islamisches Kulturgebiet 13, 168; Argumentationslehre 13, 242; Biographie 13, 522; Botanik 13, 537–539; DDR 13, 695; Deutschland 13, 770; 778; Figurenlehre 13, 1124–1125; Gattung/Gattungstheorie 14, 89; Geographie 14, 124; Geologie (und Mineralogie) 14, 127ff.; Klassische Archäologie 14, 927; Künstlerlegenden 14, 1126; Lettland 15/1, 126; Magie 15/1, 254; Melancholie 15/1, 381f.; Meteorologie 15/1, 416; Naturwissenschaften 15/1, 791; Pharmakologie 15/2, 218–219; Philologie 15/2, 248; Physiognomik 15/2, 359f.; Religionsgeschichte 15/2, 680; Rumänien 15/2, 1005; Spanien 15/3, 109; 118; Terminologie 15/3, 386–387; Türkei 15/3, 649; Vorsokratiker 15/3, 1063; Wirtschaftslehre 15/3, 1151–1152; 1158; Zoologie 15/3, 1200; 1203
Theopompos [1]* *spartan. König um 700 v. Chr.*: Mischverfassung 15/1, 442–443

Theopompos [2]* *athen. Komödiendichter, 5./4. Jh. v. Chr.*: Atlantis 13, 335; Deutschland 13, 798
Theopompos [3]* *von Chios griech. Historiker, 4. Jh. v. Chr.*: Geschichtsmodelle 14, 161
Thessalos [6]* *von Tralleis griech. Arzt in Rom, um 60*: Terminologie 15/3, 382
Thomas [1]* *einer der zwölf Jünger Jesu*: Wallfahrt 15/3, 1087
Thrasamund(us): Überlieferung 15/3, 721
Thukydides [2]* *aus Athen griech. Historiker, 2. H. 5. Jh. v. Chr.*: Athen 13, 279; 290; Bildung 13, 511; Bulgarien 13, 573; Byzanz 13, 607–608; Dänemark 13, 680; Deutschland 13, 798; 827; Epochenbegriffe 13, 998; Estland 13, 1046; 1049; Frieden 14, 68; Geographie 14, 124f.; Gerechtigkeit 14, 140; 144; Geschichtsmodelle 14, 162ff.; 173ff.; Geschichtswissenschaft/Geschichtsschreibung 14, 184ff.; 193; Griechenland 14, 280; Historische Geographie 14, 447ff.; Humanismus 14, 550; Inschriftenkunde, griechische 14, 599; Italien 14, 705; Jesuitenschulen 14, 751; Kommentar 14, 1065; Krieg 14, 1111; Lateinamerika 15/1, 42; Leichenrede 15/1, 115; Lettland 15/1, 126; Marxismus 15/1, 300; Mythos 15/1, 643; Nationalsozialismus 15/1, 735; Niederlande und Belgien 15/1, 1005–1006; 1009; Panegyrik 15/2, 51; Papyri, literarische 15/2, 77; Philologie 15/2, 248; 250; 265; 267; Politische Theorie 15/2, 424; 433; Republik 15/2, 718; Revolution 15/2, 742; Rumänien 15/2, 1006; Spanien 15/3, 103; 109ff.; Sparta 15/3, 163; 173; Stil, Stilanalyse, Stilentwicklung 15/3, 291; Stoizismus 15/3, 304; Thukydidismus 15/3, 480ff.; Troja 15/3, 595; Türkei 15/3, 649; United States of America 15/3, 840; Überlieferung 15/3, 716–717; Übersetzung 15/3, 727; Wirtschaftslehre 15/3, 1157; Zeitrechnung 15/3, 1166–1168; 1181
Thusnelda* *Frau des Arminius*: Historienmalerei 14, 439
Thutmoses [2]* *II. Pharao*: Kairo, Ägyptisches Museum 14, 778
Thutmoses [3]* *III. Pharao*: Italien 14, 719; Kairo, Ägyptisches Museum 14, 775; New York, Metropolitan Museum 15/1, 965; Zeitrechnung 15/3, 1174–1175
Thutmoses [4]* *IV. Pharao*: Kairo, Ägyptisches Museum 14, 778
Tiberius [1]* *röm. Kaiser*: Dioskuren vom Monte Cavallo 13, 863; Fin de siècle 13, 1142; Finnland 13, 1148; Herrscher 14, 381; 400ff.; Italien 14, 718; Kampanien 14, 788; Numismatik 15/1, 1127; Rom 15/2, 918f.; Sperlonga 15/3, 181ff.; Tacitismus 15/3, 355;

Tschechien 15/3, 637; Türkei 15/3, 663; United Kingdom 15/3, 801; 809; 823; Zensur 15/3, 1194

Tiberius Claudius Tiberinus *Libertus Augusti*: Rom 15/2, 902

Tibull (Tibullus*, Albius) *röm. Elegiendichter, 1. Jh. v.Chr.*: Bayern 13, 431; Elegie 13, 943; 945; Epochenbegriffe 13, 1014; Italien 14, 702; Klassizismus 14, 972; Kroatien 14, 1120f.; Niederlande und Belgien 15/1, 1004; 1029; Park 15/2, 125; Philologie 15/2, 267; 282; 294; Tschechien 15/3, 627; 629; Türkei 15/3, 649; Überlieferung 15/3, 724; Übersetzung 15/3, 731; 734; Zensur 15/3, 1197

Timaios [1]* *Hauptunterredner in Platons ›Timaios‹*: Apollinisch und dionysisch 13, 157; Arabisch-islamisches Kulturgebiet 13, 168; Artes liberales 13, 274; Atlantis 13, 333–334; 336; Dialog 13, 830; Musik 15/1, 591–592; 599; Naturphilosophie 15/1, 767ff.; Naturwissenschaften 15/1, 793; 854; Niederlande und Belgien 15/1, 1013; Philosophia perennis 15/2, 332; 334; Platonismus 15/2, 365; Politische Theorie 15/2, 447ff.

Timaios [2]* *von Tauromenion westgriech. Historiker, ca. 350 - 260 v.Chr.*: Geschichtsmodelle 14, 161; Zeitrechnung 15/3, 1181

Timoleon* *Feldherr und Machthaber in Sizilien*: United States of America 15/3, 865

Timon *Maler*: Rom 15/2, 898

Timon [1]* *aus Athen Menschenfeind*: United Kingdom 15/3, 808

Timophanes* *Bruder des Timoleon*: United States of America 15/3, 866

Timotheos [2]* *Kitharode und Dichter aus Milet, Anf. 4. Jh. v.Chr.*: Papyri, literarische 15/2, 71; Papyrologie 15/2, 85

Timotheos [5]* *griech. Bildhauer, ca. 380-350 v.Chr.*: Mausoleum 15/1, 329

Timotheos [14]* *von Gaza byz. Grammatiker und Populärwissenschaftler, um 500*: Zoologie 15/3, 1207; 1216; 1218–1219

Tiridates [5]* *I. König des röm. Klientelstaats Armenia*: Dioskuren vom Monte Cavallo 13, 863

Tiro → Prosper* Tiro

Titus [3]* *röm. Kaiser*: Denkmal 13, 738; Druckwerke 13, 895; Epochenbegriffe 13, 999; Georgien 14, 133; Herrscher 14, 403ff.; Historienmalerei 14, 422; Historismus 14, 490; Jerusalem 14, 723; Kunstwerb/Kunstraub 14, 1152; Mode 15/1, 486; 488; Naturwissenschaften 15/1, 849; Numismatik 15/1, 1107; Park 15/2, 153; Revolution 15/2, 756; Rom 15/2, 859; 883ff.; 900; 941; Rosse von San Marco/Quadriga 15/2, 989; United Kingdom 15/3, 801; Vertonungen antiker Texte 15/3, 1021; Werbung 15/3, 1123

Titus Livius → Livius [III 2]*, T.

Tlepolemos *Wachsbildner, Kunsträuber*: Kunsterwerb/Kunstraub 14, 1151

Totila* *Gotenkönig*: Rom 15/2, 901

Trajan (Traianus [1]*) *röm. Kaiser*: Denkmal 13, 738–739; Druckwerke 13, 893; 899; Epochenbegriffe 13, 1010; Erbrecht 13, 1037; Fürstenspiegel 14, 77ff.; Griechen-Römer-Antithese 14, 264; Herrscher 14, 378; 404f.; Körperkultur 14, 1044; Niederlande und Belgien 15/1, 1037; Numismatik 15/1, 1107f.; Park 15/2, 132; 137; 147; 153; Pergamon 15/2, 204; 209; Politische Theorie 15/2, 424; Porträt 15/2, 497; Provinzialrömische Archäologie 15/2, 573; Revolution 15/2, 754; Rezeptionsformen 15/2, 764; Rom 15/2, 844; 856; 864; 894; 900ff.; Ruine/Künstliche Ruine 15/2, 997ff.; Säule/Säulenmonument 15/2, 1043; Sepulchralkunst 15/3, 23; Spanien 15/3, 127; Spolien 15/3, 196; Stil, Stilanalyse, Stilentwicklung 15/3, 291; Tacitismus 15/3, 355; Trajanssäule 15/3, 543ff.; Türkei 15/3, 666–667; Überlieferung 15/3, 698; Werbung 15/3, 1123

Trebeta *Sohn von Ninos [1] oder Enkel von Nimrod*: Trier 15/3, 562

Trophimus *legendärer Petrusschüler*: Wallfahrt 15/3, 1090

Tryphiodor (Triphiodoros*) *Epiker, 2. H. 3. Jh.*: Byzanz 13, 597

Tryphon [3]* *griech. Grammatiker, 2. H. 1. Jh. v.Chr.*: Orthographie 15/1, 1244

Tuja *Mutter der Teje*: Kairo, Ägyptisches Museum 14, 777

Tullia [2]* *Tochter Ciceros*: Park 15/2, 146

Tutenchamun (Tutanchamun*) *Pharao*: Kairo, Ägyptisches Museum 14, 777; London, British Museum 15/1, 219; New York, Metropolitan Museum 15/1, 963; 970

Tyrannius → Rufinus [6]* Tyrannius

Tyrtaios* *spartan. Elegiker und Aulet, um 640 v.Chr.*: Niederlande und Belgien 15/1, 1051; Norwegen 15/1, 1085; Slowakei 15/3, 67; Spanien 15/3, 119; 122; 140; Sparta 15/3, 165ff.; Türkei 15/3, 649; Zeitrechnung 15/3, 1178

U

Ulpian (Ulpianus*) *röm. Jurist der Severerzeit, um 200*: Menschenrechte 15/1, 388; Naturrecht 15/1, 773; Notar 15/1, 1089; Politische Theorie 15/2, 447; Strafrecht 15/3, 314ff.; Völkerrecht 15/3, 1044

Undjebau-en-Djed *Ägypter*: Kairo, Ägyptisches Museum 14, 778

V

Valentinianus I. (Valentinianus [1]*, Flavius) *röm. Kaiser*: Türkei 15/3, 659; United Kingdom 15/3, 809

Valentinianus II. (Valentinianus [3]*, Flavius) *röm. Kaiser*: Porträt 15/2, 497

Valentinianus III. (Valentinianus [4]*, Placidus) *röm. Kaiser*: Erbrecht 13, 1038

Valerianus [2]* *röm. Kaiser*: Athen 13, 296

Valerius Flaccus (Valerius [III 4]*) *röm. Autor*: Allegorese 13, 80; Bibliothek 13, 498; Österreich 15/1, 1142; Philologie 15/2, 284; 287–288; 290

Valerius [III 5]* Maximus *Verf. eines Handbuchs histor. Exempla, 1. Jh.*: Bayern 13, 434; Fürstenspiegel 14, 77f.; Geschichtsmodelle 14, 164; 168; 172; 175; Historienmalerei 14, 430; Humanismus 14, 542; Italien 14, 672; Karthago 14, 849; Knidische Aphrodite 14, 981; Kommentar 14, 1062; Mimesislegenden 15/1, 436–437; Niederlande und Belgien 15/1, 1020; 1037; Nobilitas 15/1, 1071; Philologie 15/3, 1316; Spanien 15/3, 108; 132; United Kingdom 15/3, 765; 786; 788

Valerius Probus → Probus [4]* M. Valerius

Varius [I 2]* Rufus, L. *röm. Dichter, ca. 70–15 v. Chr.*: Lateinische Tragödie 15/1, 82

Varro [2]*, M. Terentius (Reatinus) *röm. Universalschriftsteller, 116-27 v. Chr.*: Allegorese 13, 80; Altertumskunde (Humanismus bis 1800) 13, 86; 88; Bildung 13, 506; Botanik 13, 537; Epigrammatik 13, 981; Epochenbegriffe 13, 1001; Fälschung 13, 1082; Geschichtsmodelle 14, 167; Humanismus 14, 543; Italien 14, 664; Kampanien 14, 787; Kanon 14, 792; Landwirtschaft 15/1, 6–7; Literaturkritik 15/1, 181; Magie 15/1, 254; Mathematik 15/1, 315; Naturwissenschaften 15/1, 820; Numismatik 15/1, 1106; Park 15/2, 124; Philologie 15/2, 283; 294; 301; 15/3, 1316; Poeta Vates 15/2, 378–379; Porträtgalerie 15/2, 503; Religionsgeschichte 15/2, 680–681; 687; Rhetorik 15/2, 792; Rom 15/2, 863; Spanien 15/3, 111; Sphärenharmonie 15/3, 189; Sprachwissenschaft 15/3, 229; Villa 15/3, 1037; Wirtschaftslehre 15/3, 1161; Zeitrechnung 15/3, 1186; Zoologie 15/3, 1203–1204

Varus (Quinctilius [II 7]* Varus, P.) *röm. Feldherr*: Bonn, Rheinisches Landesmuseum und Akademisches Kunstmuseum 13, 528; Kunsterwerb/Kunstraub 14, 1150; Numismatik 15/1, 1127; Provinzialrömische Archäologie 15/2, 576; Schlachtorte 15/2, 1088ff.

Vaxtang Gorgasal → Wachtang

Vegetius* *spätant. Veterinärmediziner und Militärtechniker,*: Krieg 14, 1111ff.; Niederlande und Belgien 15/1, 1019; Nobilitas 15/1, 1079; Schlachtorte 15/2, 1075; United Kingdom 15/3, 788

Velius [3]* Longus *lat. Grammatiker, Anf. 2. Jh.*: Kommentar 14, 1059

Velleius [4]* Paterculus *röm. Geschichtsschreiber, augusteische Zeit*: Allegorese 13, 80; Fälschung 13, 1083; Limes, Limesforschung 15/1, 158; Philologie 15/2, 292; 15/3, 1316; Schlachtorte 15/2, 1089; Schweiz 15/2, 1135; Tschechien 15/3, 639

Venantius* Fortunatus *röm. Dichter, 6. Jh.*: Frankreich 14, 6; Italien 14, 659; Karolingische Renaissance 14, 820; Luxemburg 15/1, 236; Philologie 15/2, 307; United Kingdom 15/3, 764; Überlieferung 15/3, 722

Venuleius [5]* Saturninus, Q. *röm. Jurist unter den Antoninen, 2. Jh.*: Strafrecht 15/3, 314ff.

Vercingetorix* *gall. Anführer gegen Caesar*: Faschismus 13, 1104; Keltisch-Germanische Archäologie 14, 871; 874; Schlachtorte 15/2, 1086ff.

Vergil (Vergilius [4]* Maro, P.) *röm. Dichter, 70–19 v. Chr.*: École française de Rome 13, 919; Adaptation 13, 8–10; 12–13; 15; Afrika 13, 24; Akademie 13, 42; Allegorese 13, 78; 82; Altsprachlicher Unterricht 13, 120; 124; Arkadismus 13, 265–266; Armenien 13, 272; Barock 13, 404; 407; Bayern 13, 431; Bukolik/Idylle 13, 561–562; 567; Dänemark 13, 675; Denkmal 13, 739; Deutschland 13, 764; 772; 783; 796; 800; 818; 822; 827; Druckwerke 13, 899; Ekphrasis 13, 941; Elegie 13, 945; Enzyklopädie 13, 972; Epikureismus 13, 986; Epochenbegriffe 13, 1009; 1014; Epos 13, 1015–1016; 1018–1019; 1022; 1025–1033; Estland 13, 1047; 1049; Faschismus 13, 1099; Fälschung 13, 1081; 1083; Finnland 13, 1150; Frankreich 14, 6ff.; 24ff.; 29; 39ff.; 15/3, 1261; 1265; 1269; Gattung/Gattungstheorie 14, 89ff.; Geflügelte Worte 14, 100ff.; Geschichtsmodelle 14, 173; Herrscher 14, 374; 398ff.; Historienmalerei 14, 422; Homer-Vergil-Vergleich 14, 516ff.; Humanismus 14, 540f.; 549; Imitatio 14, 575; Interpretatio Christiana 14, 624; Irland 14, 643; 647; Island 14, 651; Istituto (Nazionale) di Studi Romani 14, 654; Italien 14, 661ff.; 666ff.; 679; 694ff.; 702ff.; Kampanien 14, 787ff.; Kanon 14, 792; Karolingische Renaissance 14, 820; 831; Karthago 14, 849ff.; Klassik als Klassizismus 14, 892; Klassizismus 14, 961ff.; Kommentar 14, 1055; 1058ff.; Kroatien 14, 1119ff.; Landwirtschaft 15/1, 3; 6–7; Laokoongruppe 15/1, 9; 16; Lateinamerika 15/1, 23; 26–27; 29–31; 34–35; 38–39; 41–42; 44; Lebendiges Latein 15/1, 93; Lehrgedicht 15/1, 108; 110; Lettland

15/1, 125; Litauen 15/1, 173; Literaturkritik 15/1, 182; Luxemburg 15/1, 236; 241; Lyrik 15/1, 249; Makkaronische Dichtung 15/1, 283; Märchen 15/1, 253; Meteorologie 15/1, 416; Mimesis 15/1, 434; Mittellatein 15/1, 449; 452–455; 457; Moldova 15/1, 534; Musen 15/1, 564; Mythologie 15/1, 611; 613; 620–621; 625; 627; Nationalsozialismus 15/1, 739; Naturwissenschaften 15/1, 848; Neulatein 15/1, 939; Niederlande und Belgien 15/1, 985–987; 989; 991–992; 994; 999; 1007; 1037; 1048–1050; 1052; 1055; 1058; Nobilitas 15/1, 1071; Norwegen 15/1, 1086; Okkultismus 15/1, 1158; 1161; Ottonische Renaissance 15/1, 1257; Österreich 15/1, 1134; 1137; 1143; 1145; 15/3, 1296–1297; Papyri, literarische 15/2, 76; Park 15/2, 125; 133; 137; 139; 145; Parnaß 15/2, 176; 178; 180–181; Philologie 15/2, 280; 284; 288–290; 292–293; 306–307; 312–313; 319; 321; 15/3, 1316–1317; Physiognomik 15/2, 356; Poeta Vates 15/2, 378; Poetik 15/2, 387; Polen 15/2, 394; 396; Politische Theorie 15/2, 424; Portugal 15/2, 519; 525; Prüfungsordnungen 15/2, 583; Religionsgeschichte 15/2, 692; Revolution 15/2, 742; Roman 15/2, 944; Romantik 15/2, 978; 984; Rumänien 15/2, 1010; Rußland 15/2, 1019; Schweiz 15/2, 1130; Serbien 15/3, 26ff.; Slowakei 15/3, 64ff.; Slowenien 15/3, 72; Spanien 15/3, 108ff.; 132; Staufische Renaissance 15/3, 274f.; Südafrika 15/3, 343; Tiryns 15/3, 498; Troja 15/3, 597; 599; 601; 603; 617–618; 621; Tschechien 15/3, 627; 629–631; 639; Türkei 15/3, 649; Typologie 15/3, 678; Ungarn 15/3, 752; United Kingdom 15/3, 763; 765; 781; 785; 793; 798; 800; 807; 810–813; 819; 824; United States of America 15/3, 836–837; 840; 845–847; 850–852; 873; Universität 15/3, 895; 897; Utopie 15/3, 937; 939; Überlieferung 15/3, 712; 719–720; 722; 725; Übersetzung 15/3, 727ff.; 731–733; Verlag 15/3, 1002; Vertonungen antiker Texte 15/3, 1022; 1024; Weißrußland 15/3, 1108; Wirtschaft und Gewerbe 15/3, 1144; Zeitrechnung 15/3, 1187; 1190; Zensur 15/3, 1195–1197; Zoologie 15/3, 1202; 1204; 1213; 1220

Verres*, C. *röm. Politiker, Statthalter auf Sizilien*: Kunsterwerb/Kunstraub 14, 1149ff.

Verrius [1]* Flaccus, M. *lat. Grammatiker, augusteische Zeit*: Numismatik 15/1, 1106

Verus* *röm. Kaiser*: Wien, Kunsthistorisches Museum 15/3, 1136; Wirtschaft und Gewerbe 15/3, 1143

Vespasian (Vespasianus*) *röm. Kaiser*: Architekturtheorie/Vitruvianismus 13, 235; Geflügelte Worte 14, 102; Georgien 14, 133; Herrscher 14, 364ff.; 403ff.; Historienmalerei 14, 422; Kunsterwerb/Kunstraub 14, 1152; Naturwissenschaften 15/1, 849; Numismatik 15/1, 1107; Park 15/2, 137; Rhetorik 15/2, 794; Rom 15/2, 852; 884; 886; 891; Sepulchralkunst 15/3, 22; Souvenir 15/3, 80

Vettius Agorius Praetextatus → Praetextatus [1]*

Vettius [II 9]* Valens *astrolog. Fachschriftsteller, 2. Jh.*: Arabisch-islamisches Kulturgebiet 13, 170; Naturwissenschaften 15/1, 833

Vicentius *Sebazius-Priester*: Rom 15/2, 906

Victor → Aurelius Victor

Victor [9]* Vitensis *Bischof in Africa, Historiker, 5. Jh.*: Vandalen 15/3, 942–943

Vindanios Anatolios *Landwirtschaftsautor, 4. Jh.*: Arabisch-islamisches Kulturgebiet 13, 181

Vindicianus*, Helvius *Arzt aus Africa, 4. Jh.*: Pharmakologie 15/2, 216

Virgilius* Maro *lat. Grammatiker, 7. Jh.*: Frankreich 14, 6

Viriatus* *lusitan. Widerstandskämpfer*: Portugal 15/2, 516

Vitruv (Vitruvius [2]*) *röm. Architekt und Fachschriftsteller, 1. Jh. v.Chr.*: Archäologische Bauforschung 13, 196; Archäologischer Park 13, 220; Architekturkopie/-zitat 13, 230; Architekturtheorie/Vitruvianismus 13, 236ff.; Barock 13, 414; 416; Deutschland 13, 775; 791; Druckwerke 13, 883; Etruskerrezeption 13, 1050; Forum/Platzanlage 13, 1153; Frankreich 14, 42; 52; Greek Revival 14, 249; Griechische Tragödie 14, 318; Groteske 14, 328; Halikarnass 14, 340ff.; Herrscher 14, 365; Italien 14, 682; 688; Karolingische Renaissance 14, 820; Klassische Archäologie 14, 903; Lateinische Komödie 15/1, 75ff.; Magie 15/1, 259; Meteorologie 15/1, 416; Mnemonik/Mnemotechnik 15/1, 471; Musik 15/1, 584; 591; Naturwissenschaften 15/1, 819; Niederlande und Belgien 15/1, 1039; 1041; 1043; Park 15/2, 125; 127; 163; 175; Philologie 15/3, 1317; Physiognomik 15/2, 356; Polen 15/2, 400; Pompeji 15/2, 482; Pompeji/Rezeption des freigelegten Pompeji in Literatur und Film 15/2, 491; Proportionslehre 15/2, 569ff.; Renaissance 15/2, 704; Rom 15/2, 869; 902; Rußland 15/2, 1019; Säulenordnung 15/2, 1048ff.; Spanien 15/3, 133; Sparta 15/3, 178; Stützfiguren/Erechtheionkoren 15/3, 326ff.; Tempel/Tempelfassade 15/3, 374; Theater 15/3, 398; Theaterbau/Theaterkulisse 15/3, 403–405; Villa 15/3, 1038–1039; Weltwunder 15/3, 1113; Zeitrechnung 15/3, 1168

Vitruvius Rufus *Agrimensor*: Landvermessung 15/1, 1

W
Wachtang (Vaxtang Gorgasal): Georgien 14, 136
Wereret äg. Prinzessin: Kairo, Ägyptisches Museum 14, 777

X
Xanthippe [3]* Frau des Sokrates: Frankreich 15/3, 1261; Niederlande und Belgien 15/1, 1060; United Kingdom 15/3, 787
Xanthos [3]* der Lyder Verf. von Lydiaká, um 450 v. Chr.: Zoroastres/Zoroastrismus 15/3, 1229
Xenokrates [4]* Bildhauer aus Athen, 3. Jh. v. Chr.: Epochenbegriffe 13, 1001; Stil, Stilanalyse, Stilentwicklung 15/3, 290
Xenon [5]* alex. Grammatiker, 2. Jh. v. Chr.: Homerische Frage 14, 502
Xenophanes [1]* aus Kolophon griech. Dichter, Naturphilosoph, 6./5. Jh. v. Chr.: Allegorese 13, 79; Mythos 15/1, 638; 644; Numismatik 15/1, 1102–1103; Religionsgeschichte 15/2, 680; Religionskritik 15/2, 700; Vorsokratiker 15/3, 1064; 1066
Xenophon [2]* aus Athen griech. Historiker, Sokratiker, etwa 430-354 v. Chr.: Altsprachlicher Unterricht 13, 124; Athen 13, 279; Deutschland 13, 770; Dialog 13, 830; 834; Estland 13, 1049; Frankreich 14, 24; Fürstenspiegel 14, 82f.; Geschichtsmodelle 14, 175; Geschichtswissenschaft/Geschichtsschreibung 14, 184; Griechenland 14, 279; 283; Historische Geographie 14, 447; Klassizismus 14, 975f.; Lettland 15/1, 126; Marxismus 15/1, 300; Olympia 15/1, 1173; Park 15/2, 153; Philologie 15/2, 248; 250; Politische Theorie 15/2, 419; 435; Revolution 15/2, 742; Schweiz 15/2, 1129; Serbien 15/3, 27; Spanien 15/3, 109ff.; Sparta 15/3, 154f.; Sport 15/3, 218; Stil, Stilanalyse, Stilentwicklung 15/3, 290; Stoizismus 15/3, 304; Thukydidismus 15/3, 484; Tschechien 15/3, 632; Türkei 15/3, 646; 649; United States of America 15/3, 840; Übersetzung 15/3, 728; 734; Verfassung 15/3, 975; Wirtschaftslehre 15/3, 1150; 1152; 1160; Zeitrechnung 15/3, 1180–1181; Zoologie 15/3, 1202–1203
Xenophon [10]* von Ephesos Romanautor, verm. 2. Jh.: Roman 15/2, 944–945; Zeitrechnung 15/3, 1183
Xerxes [1]* I. achaimenid. Großkönig: Chicago, Oriental Institute Museum 13, 635; Historienmalerei 14, 424; Iranistik 14, 636; Niederlande und Belgien 15/1, 1053–1054; Numismatik 15/1, 1122; Österreich 15/3, 1295; Rumänien 15/2, 1005; Troja 15/3, 602; United Kingdom 15/3, 787; Zoroastres/Zoroastrismus 15/3, 1229

Xiphilinos* byz. Jurist, als Iohannes VIII. Patriarch von Konstantinopel, 1064-1075: Tragödie/Tragödientheorie 15/3, 538
Xystos [3]* (Sixtus II.) Bischof und Märtyrer: Typologie 15/3, 678

Y
Yariri (Jariri*) Prinzregent von Karkemis: Rezeptionsformen 15/2, 761
Ydacius → Hydatius [1]*

Z
Zaleukos* legendärer griech. Gesetzgeber aus Lokroi, 7./6. Jh. v. Chr.: Niederlande und Belgien 15/1, 1042
Zarathustra (Zoroastres*) Religionsgründer: Byzanz 13, 608; Italien 14, 684; Kabbala 14, 768; Magie 15/1, 258; Okkultismus 15/1, 1154; 1159; Orient-Rezeption 15/1, 1226; Paganismus 15/2, 28; Platonismus 15/2, 367; United States of America 15/3, 868; Zoroastres/Zoroastrismus 15/3, 1229ff.
Zeno* von Verona Bischof von Verona, um 370: Naturwissenschaften 15/1, 835
Zenobia [2]* röm. »Kaiserin«: United Kingdom 15/3, 802f.
Zenodotos [1]* aus Ephesos, alex. Philologe: Homerische Frage 14, 502
Zenon [1]* aus Elea eleat. Philosoph, 5. Jh. v. Chr.: Dialektik 15/3, 1251; Musik 15/1, 581; 598; Vorsokratiker 15/3, 1066
Zenon [2]* von Kition Begründer der stoischen Schule, um 300 v. Chr.: Georgien 14, 136; Stoizismus 15/3, 297f.; 304
Zenon [3]* von Sidon stoischer Philosoph, um 300 v. Chr.: Philosophia perennis 15/2, 333
Zeuxis [1]* griech. Maler und Tonbildner, ca. 435/25-390 v. Chr.: Historienmalerei 14, 429; Knidische Aphrodite 14, 982; Künstlerlegenden 14, 1127; Mimesislegenden 15/1, 437ff.; Querelle des Anciens et des Modernes 15/2, 614
Zosimos aus Panopolis Alchimist, 3. Jh.: Naturwissenschaften 15/1, 857; 866; 872
Zosimos [3]* Vertrauter und ärztlicher Berater des Ailios Aristeides, 2. Jh.: Arabisch-islamisches Kulturgebiet 13, 170
Zosimos [5]* Historiker, um 500: Geschichtsmodelle 14, 168; Geschichtswissenschaft/Geschichtsschreibung 14, 214; Magie 15/1, 254

A.3. Personen: Mittelalter bis Gegenwart

Abkürzungen
* Lemma in den Bänden 1–12/2 (Antike)
[1] Homonymziffer in den Bänden 1–12/2 (Antike)

A

Aaltonen, Waino: Finnland 13, 1149
Aaron, Vasile: Rumänien 15/2, 1004
Abaelard, Pierre (Abaelardus, Petrus): Autobiographie 13, 361; Dialog 13, 831; Frankreich 14, 9–10; Konsolationsliteratur 14, 1081; Körperkultur 14, 1044; Logik 15/1, 194; Mittellatein 15/1, 452; Praktische Philosophie 15/2, 529; Staufische Renaissance 15/3, 272; Theologie und Kirche des Christentums 15/3, 413; 418; 442; Universität 15/3, 887
Abaelardus, Petrus → Abaelard
Abano, Pietro d': Medizin 15/1, 363–364; Naturwissenschaften 15/1, 832; 839; 843; Pharmakologie 15/2, 218
Abate, Alberto: Moderne 15/1, 510
Abbas I. Hilmi (Abbas Pascha) *Vizekönig von Ägypten, 1813-1854*: Kairo, Ägyptisches Museum 14, 772
Abbas II. Hilmi (Abbas Pascha) *Vizekönig von Ägypten, 1874-1944*: Kairo, Ägyptisches Museum 14, 773
Abbas Pascha → Abbas I. Hilmi; → Abbas II. Hilmi
Abbate, Niccolò dell': Historienmalerei 14, 431
Abbé de Mably → Bonnot de Mably
Abbo von Fleury: Figurengedicht 13, 1116; United Kingdom 15/3, 767ff.
Abbot, Evelyn: Geschichtswissenschaft/Geschichtsschreibung 14, 190
Abbott, Henry: New York, Brooklyn Museum of Art 15/1, 949
ʿ**Abd al-Ḥakam**: Alexandria 13, 63
ʿ**Abd al-Laṭīf ibn Yūsuf al-Baġdādī**: Arabische Medizin 13, 187; Zoologie 15/3, 1221; Zoologie 15/3, 1221
ʿ**Abd al-Malik ibn Marwān** *Omajjaden-Kalif*: Jerusalem 14, 722; 728
ʿ**Abd al-Malik ibn Quraib ibn ʿAlī al-Aṣmaʿī** (Ibn Zuhr/Avenzoar/Abhomeron): Zoologie 15/3, 1217; 1220ff.
Abd al-Nasser, Gamal *Präsident von Ägypten, 1918-1970*: Alexandria 13, 67
ʿ**Abd ar-Raḥmān aṣ-Ṣūfī**: Alexandria 13, 64; Arabisch-islamisches Kulturgebiet 13, 169; Naturwissenschaften 15/1, 803
ʿ**Abd ar-Raḥmān I.** *omajjad. Emir von Al-Andalus*: Arabisch-islamisches Kulturgebiet 13, 177–178
ʿ**Abd ar-Raḥmān III.** *omajjad. Emir von Al-Andalus*: Arabisch-islamisches Kulturgebiet 13, 177
Abdul-Hamid II. *osman. Sultan*: Baalbek 13, 366

Ábel, E.: Ungarn 15/3, 756
Abhomeron → ʿAbd al-Malik ibn Quraib ibn ʿAlī al-Aṣmaʿī
Abildgaard, Nicolai: Dänemark 13, 677
Abo l-Qāsem-e Ferdousī (Firdausi) *pers. Dichter*: United Kingdom 15/3, 814
Abraham, Karl: Mythos 15/1, 647; Psychoanalyse 15/2, 590; 594
Abraham a Santa Clara (Megerle, Johann Ulrich): Österreich 15/1, 1138
Abraham ben Samuel Abulafia: Kabbala 14, 767
Abraham von Worms: Magie 15/1, 257
Abramowicz, Sophia: Polen 15/2, 407
Abresch, Friedrich Ludwig: Niederlande und Belgien 15/1, 1006
Abril, Pedro Simón: Spanien 15/3, 108ff.
Absalon von Springiersbach: Allegorese 13, 78
Abt Hugo *Abt von Marcigny-sur-Loire*: Mönchtum 15/1, 525
Abū ʿAbdallāh al-Bakrī: Karthago 14, 836; 848
Abū ʿAbdallāh Muḥammad ibn Baṭṭūṭa: Alexandria 13, 66; Konstantinopel 14, 1089
Abū ʿAbdallāh Muḥammad ibn Ǧābir ibn Sinān al-Battānī (al-Battānī/Albategnius/Albatenius): Arabisch-islamisches Kulturgebiet 13, 181; Naturwissenschaften 15/1, 802; 833
Abū al-ʿAlā ibn Zuhr: Zoologie 15/3, 1220
Abū ʿAlī al-Ḥasan ibn al-Haitam (al-Haitam/Alhazen): Arabisch-islamisches Kulturgebiet 13, 170; 181; Aristotelismus 13, 253; Naturwissenschaften 15/1, 791; 796; 803; 806; Universität 15/3, 885
Abū ʿAlī al-Ḥusain ibn ʿAbdallāh ibn Sīnā al-Balḫī → Avicenna
Abū Bakr al-Ḥasan (Albubater): Naturwissenschaften 15/1, 834
Abū Bakr ibn al-Munḏir: Zoologie 15/3, 1217
Abū Bakr Muḥammad ibn Zakariyyāʾ ar-Rāzī (ar-Rāzī/Rhazes): Arabisch-islamisches Kulturgebiet 13, 167; 180; 183; Arabische Medizin 13, 187; Geburtshilfe 14, 96; Humanismus 14, 559; Medizin 15/1, 363–364; Naturwissenschaften 15/1, 867–868; Pharmakologie 15/2, 224; Universität 15/3, 886; Zoologie 15/3, 1209; 1214; 1219; 1221
Abū Ǧaʿfar Muḥammad ibn Ǧarīr ibn Yazīd aṭ-Ṭabarī: Arabistik 13, 190
Abū Ḥaiyān at-Tauḥīdī (at-Tauḥīdī): Zoologie 15/3, 1218
Abu l-ʿAbbās Aḥmad ibn Ǧābir al-Balāḏurī (al-Balāḏurī): Alexandria 13, 63
Abu l-ʿAbbās Aḥmad ibn Muḥammad ibn Katīr al-Farġānī (al-Farġānī/Alfraganus): Naturwissenschaften 15/1, 802

Abu l-Fath ʿAbd ar-Rahmān al-Hāzinī: Naturwissenschaften 15/1, 815
Abu l-Hasan ʿAlī ibn ʿAbd ar-Rahmān ibn Ahmad ibn Yūnis: Arabisch-islamisches Kulturgebiet 13, 181
Abu l-Hasan ʿAlī ibn Sahl Rabban at-Tabarī: Geburtshilfe 14, 98; Zoologie 15/3, 1219
Abu l-Hasan Tābit ibn Qurra *syr. Naturforscher, 9. Jh.*: Mathematik 15/1, 316; Naturwissenschaften 15/1, 802; 815–817; Zoologie 15/3, 1217
Abu l-Qāsim az-Zahrāwī (Abulcasis/Albucasis): Arabisch-islamisches Kulturgebiet 13, 180; Arabische Medizin 13, 187; Geburtshilfe 14, 96; 99; Zoologie 15/3, 1209
Abu l-Qāsim Muhammad ibn ʿAbdallāh al-Qurašī → Mohammed
Abu l-Wafāʾ → Abu l-Wafāʾ Muhammad ibn Muhammad ibn Yahyā ibn Ismāʿīl al-Buzğānī
Abu l-Wafāʾ Muhammad ibn Muhammad ibn Yahyā ibn Ismāʿīl al-Buzğānī (Abu l-Wafāʾ): Naturwissenschaften 15/1, 803
Abu l-Walīd Muhammad ibn Ahmad ibn Muhammad ibn Rušd al-Qurtubī → Averroës
Abū Maʿšar → Abū Maʿšar Ğaʿfar ibn ʿUmar al-Balhī
Abū Maʿšar Ğaʿfar ibn ʿUmar al-Balhī (Abū Maʿšar/ Albumasar): Horoskope 14, 532; Mythologie 15/1, 614; Naturwissenschaften 15/1, 802; 833; 837; 839; 849
Abū Muhammad ʿAbdallāh ibn Muslim ibn Qutaiba: Zoologie 15/3, 1221
Abū Muhammad al-Qāsim ibn ʿAlī al-Harīrī (al-Harīrī) *arab. Philologe*: Arabistik 13, 190
Abū Mūsā Ğābir ibn Haiyān al-Azdī (Geber): Geologie (und Mineralogie) 14, 127; Okkultismus 15/1, 1148; Zoologie 15/3, 1217
Abū Nasr Muhammad ibn Muhammad ibn Tarhān al-Fārābī (al-Fārābī): Arabisch-islamisches Kulturgebiet 13, 168; 181–182; Aristotelismus 13, 253; Musik 15/1, 580–581; 597; Naturwissenschaften 15/1, 833; Sizilien 15/3, 36; Zoologie 15/3, 1216
Abu r-Raihān Muhammad ibn Ahmad al-Bīrūnī (al-Bīrūnī): Arabisch-islamisches Kulturgebiet 13, 164; 170–171; Naturwissenschaften 15/1, 816; 833; Pharmakologie 15/2, 224
Abū Šāma: Alexandria 13, 65
Abu s-Saqr ʿAbd al-ʿAzīz ibn ʿUtmān ibn abi l-Qabīsī (Alcabitius): Naturwissenschaften 15/1, 833
Abū ʿUbaid al-Qāsim ibn Sallām al-Harawī: Zoologie 15/3, 1221
Abū Yūsuf Yaʿqūb ibn Ishāq al-Kindī (al-Kindī/ Alkindus): Arabisch-islamisches Kulturgebiet 13, 168; 181; 183; Musik 15/1, 597; Naturwissenschaften 15/1, 802; 833; Pharmakologie 15/2, 224; Zoologie 15/3, 1209; 1219

Abū Zaid ʿAbd ar-Rahmān ibn Haldūn (Ibn Haldūn): Arabisch-islamisches Kulturgebiet 13, 182; Karthago 14, 838
Abū Zakariyyāʾ Yūhannā ibn Māsawaih: Arabisch-islamisches Kulturgebiet 13, 164; Zoologie 15/3, 1219
Abulcasis → Abu l-Qāsim az-Zahrāwī
Accursius, Franciscus: Glossatoren 14, 222; Mausoleum 15/1, 332
Accursius, Mariangelus: Humanismus 14, 555; Köln 14, 1025; Lateinische Inschriften 15/1, 58
Achenwall, Georg: Verfassungsformen 15/3, 986
Acheson Wallace, Lila: New York, Metropolitan Museum 15/1, 968
Achillini, Alessandro: Physiognomik 15/2, 359
Achillini, Giovanni Filoteo: Italien 14, 687; Mythologie 15/1, 624–625
Achmatowa, Anna Andrejewna (Gorenko, Anna Andrejewna): Orient-Rezeption 15/1, 1227
Ackermann, Hans Christoph: Pakistan/Gandhara-Kunst 15/1, 38
Ackermann, Max: Moderne 15/1, 507
Acolti, Benedetto: Querelle des Anciens et des Modernes 15/2, 610
Actius Sincerus → Sannazaro
Adalbero I. *Bischof von Metz*: Mönchtum 15/1, 526
Adalbold von Utrecht: Ottonische Renaissance 15/1, 1255
Adalhard *Abt von Corby*: Frankreich 14, 8; Karolingische Renaissance 14, 827
Adam *Abt von Maasmünster, 2. H. 8.Jh.*: Überlieferung 15/3, 724
Adam de la Halle: Frankreich 14, 18
Adam von Bremen: Geographie 14, 122; Geschichtsmodelle 14, 170; Vandalen 15/3, 941
Adam, Robert: Druckwerke 13, 893; Klassizismus 14, 955; Mausoleum 15/1, 334; United States of America 15/3, 855; Vasen/Vasenmalerei 15/3, 951
Adams, Francis: Medizin 15/1, 370; Medizingeschichtsschreibung 15/1, 374
Adams, Henry: United States of America 15/3, 866
Adams, James Noel: Philologie 15/3, 1310
Adams, John: Mischverfassung 15/1, 445; Politische Theorie 15/2, 423; Republik 15/2, 714; 727; 729; Thukydidismus 15/3, 488; United States of America 15/3, 840ff.; 846; 871
Adams, Richard: Kinder- und Jugendliteratur 14, 880
Adams Ward, John Quincy: United States of America 15/3, 861
Adcock, Fleur: United Kingdom 15/3, 829
ad-Damīrī → Muhammad ibn Mūsā Kamāl ad-Dīn ad-Damīrī
Addison, Joseph: Einbildungskraft 13, 936; Figurengedicht 13, 1123; Klassizismus 14, 964; 967; 970–972; Laokoongruppe 15/1, 15; Park

15/2, 133; Sturm und Drang 15/3, 340; United States of America 15/3, 840; 853
Adelard von Bath: Arabisch-islamisches Kulturgebiet 13, 180; 182–183; Mathematik 15/1, 317–318; Naturwissenschaften 15/1, 793; 868
Adelbert *Gegner des Erzbischofs Poppo von Trier, 11. Jh.*: Trier 15/3, 561
Adelheid *Gräfin von Turin*: Herrscher 14, 379
Adelung, Johann Christoph: Albanien 13, 58
Adhémar, Jean: Warburg Institute, The 15/3, 1102
Adier, Paul: Porträtgalerie 15/2, 507
Adler, Alfred: Psychoanalyse 15/2, 589
Adler, F.: Weltwunder 15/3, 1115
Ado von Vienne: Herrscher 14, 398
Adolf III. Occo: Altertumskunde (Humanismus bis 1800) 13, 92
Adorno, Theodor W.: Dialektik 15/3, 1252; Einbildungskraft 13, 937; Mythos 15/1, 639; 641
Adrados, Franciso Rodríguez: Lexikographie 15/1, 130
Adriani, Achille: Alexandria 13, 68
Adso von Montier-en-Der: Herrscher 14, 402
Adurnus, Anselmus Opitius: Niederlande und Belgien 15/1, 1029
Aegidius a S. Joanne Baptista *tschech. Barockdichter*: Tschechien 15/3, 630
Aegidius de Fuscariis: Kanonisten 14, 796
Aegidius de Viterbo *humanist. Gelehrter, 1469-1532*: Semitistik 15/3, 11
Aegidius Romanus: Fürstenspiegel 14, 78–79; 82; Monarchie 15/1, 537; Rhetorik 15/2, 779; Theologie und Kirche des Christentums 15/3, 420; United Kingdom 15/3, 788; Verfassung 15/3, 973; Verfassungsformen 15/3, 983
Aegidius von Lessines: Naturwissenschaften 15/1, 849
Älf, Samuel: Schweden 15/2, 1116
Ælfred → Alfred d.Gr.
Ælfric *Grammaticus*: Sprachwissenschaft 15/3, 229; United Kingdom 15/3, 763; 768
Ælredo von Rievaulx: Theologie und Kirche des Christentums 15/3, 431
Aelst, F. van: Weltwunder 15/3, 1112
Aerichalcus, Sebastianus: Tschechien 15/3, 627
Aertgen van Leyden: Triumphbogen 15/3, 590
Æthelmær *Theign in Sussex*: United Kingdom 15/3, 768
Æthelstan *König von England*: United Kingdom 15/3, 766
Æthelwerd I. → Ealdorman Æthelweard
Æthelwold *Bischof von Winchester*: United Kingdom 15/3, 763ff.; 765
Ätolos, Kosmas (Aetolos): Neugriechische Literatur 15/1, 902
Agathopedius, Lucas → Gutenfelder

Agostini, Niccolò degli: Adaptation 13, 12; Mythologie 15/1, 612
Agostino Veneziano: Triumphbogen 15/3, 589
Agricola, Georgius (Pawer, Georg): Geologie (und Mineralogie) 14, 128–129; Maß und Gewicht 15/1, 305–306; 308–310; Naturwissenschaften 15/1, 858
Agricola, Rudolf: Artes liberales 13, 276; Biographie 13, 521; Deutschland 13, 769; Loci communes 15/1, 187–188; Logik 15/1, 197; Luxemburg 15/1, 238; Niederlande und Belgien 15/1, 988–989; Panegyrik 15/2, 51; Rhetorik 15/2, 782–783; 797; Universität 15/3, 892–893; 895
Agricola, V.: Barberinischer Faun 13, 390
Agrippa von Nettesheim, Henricus Cornelius: Magie 15/1, 254–255; Naturphilosophie 15/1, 769; Naturwissenschaften 15/1, 838; Okkultismus 15/1, 1146; 1148–1149; Paganismus 15/2, 18; Physiognomik 15/2, 359; Skeptizismus 15/3, 41
Agucchi, Giovanni: Triumphbogen 15/3, 590
Aguesseau, Henri-Cardin-Jean-Baptiste d': Kodifizierung/Kodifikation 14, 1005
Aguiar, J. de: Portugal 15/2, 525
Agustín, Antonio: Spanien 15/3, 111
Ahler, Leopold: Medien 15/1, 350
Ahlschlager, Walter W.: Orient-Rezeption 15/1, 1218
Ahlsen, Leopold: Medien 15/1, 349
Ahlward, Wihelm: Arabistik 13, 190
Aḥmad ibn ʿAbdallāh Ḥabaš al-Ḥāsib al-Marwazī: Naturwissenschaften 15/1, 803
Aḥmad ibn Abī l-Ašʿaṯ: Zoologie 15/3, 1218
Aḥmad ibn ʿAlī al-Maqrīzī: Zoologie 15/3, 1220
Aḥmad ibn al-Muṯannā: Arabisch-islamisches Kulturgebiet 13, 180
Aḥmad ibn Muḥammad al-Maqqarī: Alexandria 13, 64
Aḥmad ibn Muḥammad ibn Yaḥyā al-Baladī: Zoologie 15/3, 1219
Aḥmad ibn Ṭūlūn *Sultan*: Alexandria 13, 64
Ahmed Orabi Pascha: Alexandria 13, 66
Ahrens, Dieter: Pakistan/Gandhara-Kunst 15/2, 38
Ahrens, Heinrich Ludolf: Entzifferungen 13, 962; Philologie 15/2, 266
Aichlburg, Joseph Freiherr von: Sklaverei 15/3, 48
Aimeric: Philologie 15/2, 280
Aken, Gabriel van: Stützfiguren/Erechtheionkoren 15/3, 330
Akerblad, Johan David: London, British Museum 15/1, 214
Åkerström, Åke: Nationale Forschungsinstitute 15/1, 709
Akhbar al-Dawlatain: Alexandria 13, 65
Akhisari *osman. Gelehrter*: Politische Theorie 15/2, 471
Akominatos, Michael: Athen 13, 280

Akritas, Digenis: Byzanz 13, 607; Neugriechische Literatur 15/1, 895ff.; 915
Akropolites, Gregorios: Theologie und Kirche des Christentums 15/3, 427
Aktay, Salih Zeki: Türkei 15/3, 650
al-ʿAbdarī: Karthago 14, 848
Alamanni, Luigi: Hymnos 14, 568; Italien 14, 697; Lyrik 15/1, 249; Verskunst 15/3, 1011
Alanus ab Insulis: Allegorese 13, 78; Allegorie 13, 85; Bildung 13, 507; Frankreich 14, 11; 19; Glossatoren 14, 222; Homiletik/Ars praedicandi 14, 526; Mittellatein 15/1, 455–456; Mythologie 15/1, 620; Praktische Philosophie 15/2, 529; Universität 15/3, 883
al-ʿArabī → Ibn al-ʿArabī
Alarcón, Juan Ruiz de: Lateinamerika 15/1, 23
Alardus von Amsterdam: Loci communes 15/1, 187
Alba, Fernando Álvarez de Toledo y Pimentel, dritter Herzog von: Tyrannis 15/3, 690
Albacini, Carlo: Neapel, Archäologisches Nationalmuseum (Museo Nazionale Archeologico, Napoli) 15/1, 874
al-Balāḏurī → Abu l-ʿAbbās Aḥmad ibn Ǧābir al-Balāḏurī
Albani, Alessandro: Abguß/Abgußsammlung 13, 4; Byzantinistik 13, 588; München, Glyptothek und Antikensammlungen 15/1, 548; Rom 15/2, 866; 936
Albategnius, Albatenius → Abū ʿAbdallāh Muḥammad ibn Ǧābir ibn Sinān al-Battānī
al-Battānī → Abū ʿAbdallāh Muḥammad ibn Ǧābir ibn Sinān al-Battānī
Albe (Joostens te Mechelen, Renaat Antoon): Niederlande und Belgien 15/1, 1059
Alberghetti Forciroli, Carlo: Italien 14, 700
Alberich *Abt von Cîteaux*: Mönchtum 15/1, 528
Albericus de Porta Ravennata *Glossator*: Glossatoren 14, 222
Albericus Londoniensis: Mythologie 15/1, 614–615
Albert d.Gr. → Albertus Magnus
Albert, E. d': Musik 15/1, 602
Albert, Sigrid: Lebendiges Latein 15/1, 95
Albert von Stade: Mittellatein 15/1, 454
Albert zu Coburg: Gotha, Schloßmuseum 14, 234
Alberti, Cherubino: Vasen/Vasenmalerei 15/3, 948
Alberti, Eduard: Pompeji/Rezeption des freigelegten Pompeji in Literatur und Film 15/2, 493
Alberti, Hans-Joachim von: Maß und Gewicht 15/1, 306
Alberti, Leandro: Kampanien 14, 789
Alberti, Leon Battista: Altertumskunde (Humanismus bis 1800) 13, 89; Basilika 13, 426; Dialog 13, 833; Drei Grazien 13, 870; Etruskerrezeption 13, 1050; Etruskologie 13, 1055; Forum/Platzanlage 13, 1153; Historienmalerei 14, 421; Humanismus 14, 546; Italien 14, 680;

682; 689; Künstlerlegenden 14, 1128; Lateinische Komödie 15/1, 66; 75; Leichenrede 15/1, 118; Mausoleum 15/1, 330; Musik 15/1, 591; Nacktheit in der Kunst 15/1, 653; Naturphilosophie 15/1, 769; Naturwissenschaften 15/1, 823; Orient-Rezeption 15/1, 1195; Paganismus 15/2, 16; Pantheon 15/2, 58; Park 15/2, 126; Renaissance 15/2, 704–705; 709; Rom 15/2, 868; Säulenordnung 15/2, 1049; Stützfiguren/Erechtheionkoren 15/3, 328; Tempel/Tempelfassade 15/3, 375ff.; Toranlagen/Stadttore 15/3, 511; Triumphbogen 15/3, 585; Unterwasserarchäologie 15/3, 922; Utopie 15/3, 937; Verskunst 15/3, 1013; Villa 15/3, 1038ff.; 1040
Alberti, Romano: Geschmack 14, 217; Greek Revival 14, 249
Alberto I. della Scala: Sepulchralkunst 15/3, 18
Albertus Magnus (Albert d.Gr.): Alexandrinismus 13, 72; Aristotelismus 13, 255; Bildung 13, 507; Botanik 13, 537; Deutschland 13, 763; Enzyklopädie 13, 966–967; Frankreich 14, 17; Geographie 14, 123; 125; Geologie (und Mineralogie) 14, 127–128; Geriatrie 14, 147; Horoskope 14, 532; Köln 14, 1025; Meteorologie 15/1, 416; Naturwissenschaften 15/1, 794–795; 822; 826; 849; Okkultismus 15/1, 1148; Physiognomik 15/2, 359; 361; Praktische Philosophie 15/2, 530; Steinschneidekunst: Gemmen 15/3, 282; Stoizismus 15/3, 299; Stützfiguren/Erechtheionkoren 15/3, 326; Verfassungsformen 15/3, 982; Wirtschaftslehre 15/3, 1161; Zoologie 15/3, 1204; 1211ff.; 1217
Alberus, Erasmus: Fabel 13, 1067
Albinoni, Tommaso: Karthago 14, 850
al-Bīrūnī → Abu r-Raiḥān Muḥammad ibn Aḥmad al-Bīrūnī
Albizzati, Carlo: Fälschung 13, 1076
Albrecht I. *König des HRR*: Österreich 15/1, 1136
Albrecht II. von Brandenburg *Erzbischof Kurfürst von Mainz*: Mainz 15/1, 271
Albrecht V., der Großmütige *Herzog von Bayern*: München, Glyptothek und Antikensammlungen 15/1, 544; Münzsammlungen 15/1, 561
Albrecht der Ältere *erster Herzog in Preußen*: Preußen 15/2, 540–541
Albrecht von Eyb: Lateinische Komödie 15/1, 67; 70
Albrecht von Halberstadt: Adaptation 13, 9; Epos 13, 1031; Herrscher 14, 398
Albrecht von Scharfenberg: Druiden 13, 903
Albrecht, Michael von: Lebendiges Latein 15/1, 96; Philologie 15/3, 1317ff.; Zeitrechnung 15/3, 1191

Albright, William Foxwell: Vorderasiatische Archäologie 15/3, 1058–1059
Albubater → Abū Bakr al-Ḥasan
Albucasis → Abu l-Qāsim az-Zahrāwī
Albumasar → Abū Maʿšar Ǧaʿfar ibn ʿUmar al-Balḫī
Alcabitius → Abu ṣ-Ṣaqr ʿAbd al-ʿAzīz ibn ʿUṯmān ibn abi l-Qabīṣī
Alciato, Andrea: Emblematik 13, 953–955; Humanismus 14, 554; Mythologie 15/1, 625; Romanistik/Rechtsgeschichte 15/2, 961; Strafrecht 15/3, 316; Tacitismus 15/3, 353
Alcubierre, Roque Joaquín de: Herculaneum 14, 355; 357; Pompeji 15/2, 473
Aldechis *Princeps von Benevent, langobard. Herrscher*: Notar 15/1, 1091
Aldenbrück, A.: Köln 14, 1027
Aldenhoven, Carl: Gotha, Schloßmuseum 14, 234
Alderete, Diego Gracián de: Spanien 15/3, 112
Alderotti, Taddeo: Medizin 15/1, 365; Naturwissenschaften 15/1, 868
Aldhelm von Malmesbury: Mittellatein 15/1, 456; Naturwissenschaften 15/1, 820; United Kingdom 15/3, 763–767
Aldred, Cyril: New York, Metropolitan Museum 15/1, 971
Aldrovandi, Ulisse: Altertumskunde (Humanismus bis 1800) 13, 90; Vasen/Vasenmalerei 15/3, 947
Alecsandri, Vasile: Rumänien 15/2, 1006
Alegre, Francisco Javier: Lateinamerika 15/1, 24
Alegre, M.: Portugal 15/2, 525
Alembert, Jean Le Rond d': Enzyklopädie 13, 968; Frankreich 14, 45; 55; Geschichtsmodelle 14, 178; Skeptizismus 15/3, 44
Aleotti, Giovanni Battista: Theaterbau/Theaterkulisse 15/3, 405
Alešija, Andrija → Nikollë
Alessandro di Mariano Filipepi → Botticelli
Alessi, Galeazzo: Toranlagen/Stadttore 15/3, 511
Alexander I. Pawlowitsch *Zar von Rußland*: Kodifizierung/Kodifikation 14, 1003; Litauen 15/1, 177; Rußland 15/2, 1020; Triumphbogen 15/3, 593
Alexander III. *Papst*: Orient-Rezeption 15/1, 1197; Rom 15/2, 859; Theologie und Kirche des Christentums 15/3, 453
Alexander VI. *Papst*: Herrscher 14, 372; Lateinische Inschriften 15/1, 48; Luxemburg 15/1, 238; Naturwissenschaften 15/1, 839–840; Orient-Rezeption 15/1, 1195
Alexander VII. *Papst*: Ostia und Porto 15/1, 1247; Pantheon 15/2, 59; Rom 15/2, 884
Alexander VIII. (Ottoboni, Pietro) *Papst*: Mannheim, Antikensaal und Antiquarium 15/1, 293
Alexander von Aphrodisias: Kommentar 14, 1064
Alexander von Ashby: Homiletik/Ars praedicandi 14, 526; Rhetorik 15/2, 778

Alexander von Hales: Theologie und Kirche des Christentums 15/3, 441
Alexander von Roes: Europa 13, 1062
Alexander von Tralleis: Arabische Medizin 13, 184; Byzanz 13, 603; Zoologie 15/3, 1206
Alexander von Villa Dei: Figurenlehre 13, 1127; Frankreich 14, 11; Mittellatein 15/1, 449; 451; Neulatein 15/1, 926; Niederlande und Belgien 15/1, 987; Poetik 15/2, 385; Universität 15/3, 884; 893
Alexander, William: United Kingdom 15/3, 808–809
Alexandre de Bernay: Frankreich 14, 14
Alexios I. Komnenos *byz. Kaiser*: Geld/Geldwirtschaft/Geldtheorie 14, 105; Neugriechische Literatur 15/1, 914
Alexis, W.: Knidische Aphrodite 14, 984
Alfanus von Salerno: Griechisch 14, 307; Italien 14, 664; Medizin 15/1, 362ff.
al-Fārābī → Abū Naṣr Muḥammad ibn Muḥammad ibn Ṭarḫān al-Fārābī
Alfarano, T.: Christliche Archäologie 13, 642
al-Farġānī → Abu l-ʿAbbās Aḥmad ibn Muḥammad ibn Kaṯīr al-Farġānī
Alfieri, Vittorio, Graf: Italien 14, 699; Lateinische Tragödie 15/1, 88; Neugriechische Literatur 15/1, 906
Alföldi, Andreas: Geschichtswissenschaft/Geschichtsschreibung 14, 210; Numismatik 15/1, 1119; Ungarn 15/3, 757
Alföldi, Géza: Geschichtswissenschaft/Geschichtsschreibung 14, 207; Nobilitas 15/1, 1074
Alfons I., der Eroberer *König von Portual*: Portugal 15/2, 517
Alfons I., der Schlachtenkämpfer *König von Aragón*: Triumphbogen 15/3, 583
Alfons V. *König von Neapel*: Herrscher 14, 372; Humanismus 14, 547; Übersetzung 15/3, 728
Alfons X., der Weise *König von Kastilien und León*: Arabisch-islamisches Kulturgebiet 13, 183; Arabistik 13, 189; Naturwissenschaften 15/1, 802; 836; Portugal 15/2, 522; Spanien 15/3, 102ff.; 130ff.
Alfons XI., der Rächer *König von Kastilien und León*: Spanien 15/3, 103
Alfonso de Valdés: Dialog 13, 833
Alfraganus → Abu l-ʿAbbās Aḥmad ibn Muḥammad ibn Kaṯīr al-Farġānī
Alfred d.Gr. (Ælfred) *angelsächs. König*: Kommentar 14, 1061; United Kingdom 15/3, 762ff.; 764
Alfred von Sachsen-Coburg und Gotha: Gotha, Schloßmuseum 14, 235
al-Ġāfiqī: Pharmakologie 15/2, 224
Algardi, Alessandro: Barock 13, 411; 414
Algarotti, Francesco: Italien 14, 696
al-Ǧazarī → Ismāʿīl ibn ar-Razzāz al-Ǧazarī
Algazel → Muḥammad ibn Muḥammad al-Ġazzālī

al-Ġazzālī → Muḥammad ibn Muḥammad al-Ġazzālī
al-Ḥaǧǧāǧ ibn Yūsuf ibn Maṭar: Mathematik
 15/1, 316
al-Haiṯam → Abū ʿAlī al-Ḥasan ibn al-Haiṯam
al-Ḥakam II. omajjad. von Al-Andalus: Arabisch-islamisches Kulturgebiet 13, 177
al-Ḥākim Fatimidenkalif: Jerusalem 14, 728
al-Harawi: Konstantinopel 14, 1089
al-Ḥarīrī → Abū Muḥammad al-Qāsim ibn ʿAlī al-Ḥarīrī
Alhazen → Abū ʿAlī al-Ḥasan ibn al-Haiṯam
al-Ḫwārizmī → Muḥammad ibn Aḥmad ibn Yūsuf al-Ḫwārizmī
ʿAlī ibn ʿAbbās al-Maǧūsī (Haly Abbas) pers. Arzt, 10. Jh.: Arabische Medizin 13, 187; Zoologie 15/3, 1214
ʿAlī ibn Abī Ḥazm al-Qurašī ibn al-Nafīs: Arabische Medizin 13, 187-188
ʿAlī ibn Yūsuf ibn al-Qifṭī: Alexandria 13, 65
Ali Paşa → Ali Pascha
Ali Pascha (Ali Paşa) Großwesir, 1815-1881: Türkei 15/3, 654
Ali Pascha Tepelena Pascha von Janin(n)a, 1741-1822: Neugriechische Literatur 15/1, 902
Ali, Sabahattin: Türkei 15/3, 650
ʿAlī ibn ʿĪsā → ʿĪsā ibn ʿAlī
al-Ibšīhī → Bahāʾ ad-Dīn Abu l-Fatḥ ibn Muḥammad ibn Aḥmad ibn Manṣūr al-Ibšīhī
al-Idrīsī → Muḥammad ibn Muḥammad ibn ʿAbdallāh al-Idrīsī
Alizard, Jean Baptiste: Historienmalerei 14, 437
al-Kindī → Abū Yūsuf Yaʿqūb ibn Isḥāq al-Kindī
Alkindus → Abū Yūsuf Yaʿqūb ibn Isḥāq al-Kindī
Alkuin von York angelsächs. Theologe: Akademie 13, 41; Bibliothek 13, 495; Bildung 13, 506; Deutschland 13, 761; Dialog 13, 831; Elegie 13, 943; Figurengedicht 13, 1116; Frankreich 14, 7; Fürstenspiegel 14, 77; Geographie 14, 122; Herrscher 14, 388; Karolingische Renaissance 14, 818-820; 827; 831; 833-834; Landvermessung 15/1, 2; Logik 15/1, 193; Metaphysik 15/1, 414; Mittellatein 15/1, 453; 455; Österreich 15/1, 1133; Philologie 15/2, 278; Rhetorik 15/2, 775; 795; 815; Theologie und Kirche des Christentums 15/3, 440; Tierepos 15/3, 495; United Kingdom 15/3, 763-764; Überlieferung 15/3, 724; Zoologie 15/3, 1208
Allard, Paul: Sklaverei 15/3, 50
Allason, Thomas: Olympia 15/1, 1169
Allegri, Antonio → Correggio
Allen, William: Tyrannis 15/3, 691
Allen, William Frederick → Leo
Allen, Woody (Königsberg, Allen Stewart): Film 13, 1133; Theater 15/3, 401
Allison, Penelope: Nationale Forschungsinstitute 15/1, 675

Allori, Alessandro: Historienmalerei 14, 426
Almagro, J.M.: Unterwasserarchäologie 15/3, 923
al-Mahdī Kalif: Naturwissenschaften 15/1, 833
al-Maʾmūn, Abu l-ʿAbbās ʿAbdallāh al-Maʾmūn ibn Hārūn ar-Rašīd abbassid. Kalif, reg. 813-833: Arabisch-islamisches Kulturgebiet 13, 164; 170; Arabische Medizin 13, 185; Aristotelismus 13, 252; Mathematik 15/1, 316
al-Manṣūr Kalif: Arabisch-islamisches Kulturgebiet 13, 163; 171
al-Masʿūdī: Alexandria 13, 64; Arabisch-islamisches Kulturgebiet 13, 164
Alma-Tadema, Sir Lawrence: Historienmalerei 14, 440; Pompeji 15/2, 484; Rezeptionsformen 15/2, 768
Almqvist, Carl Jonas Love: Zoroastres/Zoroastrismus 15/3, 1232
al-Mubaššir ibn Fātik: Medizingeschichtsschreibung 15/1, 373
al-Mustanṣir: Karthago 14, 837
Alp, S.: Hethitologie 14, 416-417
Alpetragius → Nūr ad-Dīn ibn Isḥāq al-Biṭrūǧī
Alphanus: Zoologie 15/3, 1209
Alpözen, T. Oğuz: Türkei 15/3, 670
Alsted, Johann Heinrich: Aristotelismus 13, 260
Alt, A.: Vorderasiatische Archäologie 15/3, 1059
Altdorfer, Albrecht: Krieg 14, 1114
Altheim, Franz: Historische Methoden 14, 460; Nationalsozialismus 15/1, 746-747
Althoff, Friedrich: Lexikographie 15/1, 143-144; Universität 15/3, 908
Althusius, Johannes: Bund 13, 581; Bürger 13, 558; Monarchie 15/1, 540; Naturrecht 15/1, 776; Republik 15/2, 721; Verfassung 15/3, 974-975; Verfassungsformen 15/3, 984
Althusser, Louis: Strukturalismus 15/3, 324
Altichiero da Zevio: Historienmalerei 14, 422
Altieri, Giovanni: Modell/Korkmodell 15/1, 495
Altmann, Johann Georg: Schweiz 15/2, 1139
Altomare, Donato Antonio: Lykanthropie 15/1, 244
Alunāns, Juris: Lettland 15/1, 124
Alvarado, Lisandro: Lateinamerika 15/1, 39-40
Alvarenga, Silva: Lateinamerika 15/1, 34
Alvarez, Emmanuel: Niederlande und Belgien 15/1, 1025
Alvaro, Corrado: Italien 14, 708
Alvarus, Emmanuel: Litauen 15/1, 175; Tschechien 15/3, 629
Alvarus Pelagius: Fürstenspiegel 14, 79
Alves, Francisco: Unterwasserarchäologie 15/3, 923
Alviano, Bartolomeo d': Triumphbogen 15/3, 586; Venedig 15/3, 963
al-Walīd Omajjaden-Kalif: Jerusalem 14, 722; 728
al-Wardī: Konstantinopel 14, 1089
Aly, Wolfgang: Nationalsozialismus 15/1, 731
Amandrys, P.: Delphi 13, 717

Amantius, Bartholomäus: Limes, Limesforschung 15/1, 158
Amarantes, C.: Portugal 15/2, 522
Amarcius: Satire 15/2, 1069
Ambrogi SJ, Antonio: Übersetzung 15/3, 729
Ambrogini, Angiolo → Poliziano
Ambrosius Novidius: Zensur 15/3, 1197
Amelot de la Houssaie, Nicolas: Tacitismus 15/3, 356
Amerbach, Basilius: Schweiz 15/2, 1138
Amerbach, Bonifacius: Humanismus 14, 555–556
Amerbach, Johann: Augustinismus 13, 350; Verlag 15/3, 1003
Amico, Giovanni Battista: Naturwissenschaften 15/1, 806
Ammann, Jost: Steinschneidekunst: Gemmen 15/3, 283
Ammirato, Scipione: Monarchie 15/1, 541; Tacitismus 15/3, 356
Ampolo, Carmine: Geschichtswissenschaft/ Geschichtsschreibung 14, 188
ʿAmr ibn al-ʿĀṣ arab. Heerführer, 642 n.Chr.: Alexandria 13, 65
ʿAmr ibn Baḥr al-Ǧāḥiẓ: Zoologie 15/3, 1218; 1222
Amstel, Ploos van: Niederlande und Belgien 15/1, 1043
Amundsen, Leiv: Nationale Forschungsinstitute 15/1, 697; Norwegen 15/1, 1088
Amyot, Jacques: Alexandria 13, 71; Biographie 13, 521; Frankreich 14, 33; Philologie 15/2, 251; Roman 15/2, 944
Anacht, David (David der Armenier/David der Unbesiegbare): Kommentar 14, 1063
Ananias von Shirak armen. Philologe: Überlieferung 15/3, 711
Anastasios [5]* Sinaites: Überlieferung 15/3, 711
Anastasius IV. Papst: Herrscher 14, 366
Anastasius Bibliothecarius Abt von Santa Maria in Trastevere, Bibliothekar: Griechisch 14, 305; Herrscher 14, 368
Anaṭūlīyus → Vindanios Anatolios
Anchieta, José de: Lateinamerika 15/1, 34
Anchorena, Manuel Tomás de: Lateinamerika 15/1, 32
Andalò di Negro: Mythologie 15/1, 614
Andernach, Johann Guinther von: Medizin 15/1, 367
Andersen, Hans Christian: Kampanien 14, 790
Andersen, Ø.: Nationale Forschungsinstitute 15/1, 698
Anderson, Amos: Nationale Forschungsinstitute 15/1, 682
Anderson, J.G.C.: Aizanoi 13, 36
Anderson, Laurie: United States of America 15/3, 879
Anderson, Maxwell: United States of America 15/3, 878

Anderson, Poul: United States of America 15/3, 877
Andrada e Silva, José Bonifacio de: Lateinamerika 15/1, 42
Andrade, Eugénio de: Portugal 15/2, 525
Andrae, Walter: Baalbek 13, 366; Berlin 13, 465; Deutsche Orient-Gesellschaft 13, 744; Orient-Rezeption 15/1, 1213; 1216; Vorderasiatische Archäologie 15/3, 1051
Andrea del Sarto: Historienmalerei 14, 426
Andrea di Cosimo → Feltrini
Andreae, Johann Valentin: Horoskope 14, 532; Utopie 15/3, 937
Andreas [2]* von Kreta: Byzanz 13, 603; Lyrik 15/1, 248; Überlieferung 15/3, 711
Andreas von Konstantinopel: Theologie und Kirche des Christentums 15/3, 428
Andreas, Friedrich Carl: Iranistik 14, 637–638
Andreas, Valerius: Niederlande und Belgien 15/1, 1018; 1022; 1027
Andreotti, Giulio: Istituto (Nazionale) di Studi Romani 14, 656
Andrews, Ethan Allan: Lexikographie 15/1, 140
Andronikos, Manolis: Vergina 15/3, 992; 996ff.
Androuet du Cerceau, Jacques: Groteske 14, 327
Aneau, Barthélemy: Adaptation 13, 12; 14; Mythologie 15/1, 626
Angeli, Alexander de': Naturwissenschaften 15/1, 841
Angelopoulos, Theo: Neugriechische Literatur 15/1, 916
Angelus, Johannes → Jacopo d'Angelo
Angelus Silesius (Scheffler, Johann): Metaphysik 15/1, 412
Angenendt, Arnold: Theologie und Kirche des Christentums 15/3, 443
Angilbert: Karolingische Renaissance 14, 820; 822; Park 15/2, 125; Überlieferung 15/3, 724
Angiviller, Charles Claude de Flahaut de la Billarderie, Comte d': Historienmalerei 14, 437
Anglicus, Bartholomäus: Meteorologie 15/1, 416
Angot de l'Eperonniére, Robert: Figurengedicht 13, 1116
Anguillara, G.A. dell': Adaptation 13, 12
Anhacht, David: Arabische Medizin 13, 185
Ankersmit, Frank R.: Historismus 14, 477
Anna Komnene byz. Geschichtsschreiberin: Byzanz 13, 607; Kommentar 14, 1064; Neugriechische Literatur 15/1, 897
Anna Maria von Österreich Königin und Regentin von Frankreich, 1601-1666: Frankreich 14, 35
Anna von Nassau Gräfin von Nassau-Hadamar, gest. vor 1329: Gotik 14, 244
an-Naẓẓām: Zoologie 15/3, 1217
Annenskij, I.: Rußland 15/2, 1024
Annius von Viterbo: Diana von Ephesus 13, 839; Etruskologie 13, 1054; Orient-Rezeption 15/1, 1195–1196; Philologie 15/2, 288

Annunzio, Gabriele d': Knidische Aphrodite 14, 984; Mausoleum 15/1, 336
an-Nuwairī, Šihāb ad-Dīn (Šihāb ad-Dīn an-Nuwairī/ Šihāb ad-Dīn Abu l-ʿAbbās Aḥmad ibn ʿAlī al- Qalqašandī): Zoologie 15/3, 1222
Anonymus aus Island: Sprachwissenschaft 15/3, 229
Anonymus Gallus: Geschichtsmodelle 14, 170
Anouilh, Jean: Frankreich 15/3, 1263–1264; Lateinische Tragödie 15/1, 88; Mythologie 15/1, 631; Troja 15/3, 601
Anquetil Duperron, Abraham Hyacinthe: Iranistik 14, 636; Zoroastres/Zoroastrismus 15/3, 1231–1233
Anscombe, G.E.M.: Praktische Philosophie 15/2, 537
Anselm von Besate: Italien 14, 663; Rhetorik 15/2, 775
Anselm von Canterbury: Augustinismus 13, 351; Dialog 13, 831; Frankreich 14, 9; Herrscher 14, 393; 403; Körperkultur 14, 1044; Logik 15/1, 193; Theologie und Kirche des Christentums 15/3, 418; 441; Universität 15/3, 887
Anselm von Laon: Frankreich 14, 10; Kommentar 14, 1061; Patristische Theologie/Patristik 15/2, 197
Anselm von Lucca: Kanonisten 14, 795
Anselmi, Giorgio: Humanismus 14, 561
Anselmo, Aurelio: Geriatrie 14, 148
Antheil, George: Vertonungen antiker Texte 15/3, 1023
Anthemios von Tralleis: Mathematik 15/1, 315; Naturwissenschaften 15/1, 817
Anthimos von Jerualem → Parios
Anthoni, Johann Jacob: Deutschland 13, 791
Anthrakites, Methodios: Griechenland 14, 275
Antiochus Tiberius da Romagna *Astrologe des Pandolfo Malatesta*: Naturwissenschaften 15/1, 840
Antoine, Jean-Philippe: Mnemonik/Mnemotechnik 15/1, 477
Antolini, G.A.: Forum/Platzanlage 13, 1159
Anton I. *Katholikos von Georgien, 1720–1788*: Georgien 14, 136
Anton Ulrich *Herzog zu Braunschweig und Lüneburg, 1633–1714*: Herrscher 14, 375
Antonij von Novgorod: Konstantinopel 14, 1089
Antonini, Carlo: Vasen/Vasenmalerei 15/3, 951
Antonini, D.G.: Paestum 15/2, 9
Antonio da Rho: Humanismus 14, 546
Antonio de Lebrigia/Nebrija → Nebrija
Antonio del Rio: Lateinische Tragödie 15/1, 84
Antonio Roselli: Monarchie 15/1, 538
Antonius de Butrio: Kanonisten 14, 796
Antonius Florentinus → Pierozzi
Antunes, M.: Portugal 15/2, 524
Anville, Jean Baptiste Bourguignon d': Historische Geographie 14, 449; Kartographie 14, 854

Anziani, D.: Karthago 14, 840
Anzúrez, Pedro de: Lateinamerika 15/1, 26
Aoki, Iwao: Thukydidismus 15/3, 490
Apel, H.J.: Rhetorik 15/2, 804
Apel, J.A.: Knidische Aphrodite 14, 984
Apel, Johannes: Humanismus 14, 555–556
Apel, Karl-Otto: Theorie/Praxis 15/3, 467
Apian, Peter: Limes, Limesforschung 15/1, 158; Naturwissenschaften 15/1, 818; 840; 849–850; Trier 15/3, 563
Apokaukos, Ioannes: Römisches Recht 15/2, 839
Apollonio di Giovanni: Historienmalerei 14, 423–424
Apostoles, Arsenios: Venedig 15/3, 962
Apostolis, Michael: Griechenland 14, 269; 274; Theologie und Kirche des Christentums 15/3, 430
Appia, Dominique: Babylon 13, 377
Aquinas → Thomas von Aquin
Aragona, Alfonso d': Festkultur/Trionfi 13, 1106
Arangio-Ruiz, V.: Istituto (Nazionale) di Studi Romani 14, 657
Arany, János: Ungarn 15/3, 753
Arbeo *Bischof von Freising*: Bayern 13, 431; Österreich 15/1, 1132
Arcadelt, Jakob: Vertonungen antiker Texte 15/3, 1022; 1024
Archipenkos, Alexander: Moderne 15/1, 509
Archipoeta *Vagantendichter*: Deutschland 13, 764; Elegie 13, 943; Herrscher 14, 397; Staufische Renaissance 15/3, 274
Arcimboldo, Giuseppe: Metamorphose 15/1, 399
Ardant du Picq, Charles-Jean-Jacques-Joseph: Schlachtorte 15/2, 1076
Arden, John: United Kingdom 15/3, 824
Ardennes, Remacle d': Lateinische Komödie 15/1, 73
Arditi, Michele: Neapel, Archäologisches Nationalmuseum (Museo Nazionale Archeologico, Napoli) 15/1, 877; Pompeji 15/2, 474
Aréna, Antonius, Antoine (La Sablé, Antoine de): Makkaronische Dichtung 15/1, 283
Arendt, Erich: DDR 13, 695
Arendt, Hannah: Aristotelismus 13, 264; Augustinismus 13, 352; Marxismus 15/1, 301; Politische Theorie 15/2, 413; 436; Redegattungen 15/2, 640; Republik 15/2, 737; Theorie/Praxis 15/3, 467; Thukydidismus 15/3, 490ff.
Arens, Johann August: Tempel/Tempelfassade 15/3, 377
Arethas* *Metropolit von Caesarea*: Byzanz 13, 597; 604–605; Kommentar 14, 1063; Philologie 15/2, 241; Überlieferung 15/3, 715
Aretino, Pietro: Komödie 14, 1069; Laokoongruppe 15/1, 13; Lateinische Komödie 15/1, 69
Aretophylus → Šimun aus Trogir

Argyropulos, Johannes: Akademie 13, 41; Byzanz 13, 595; 598; Medizin 15/1, 362
Argyros, Isaak: Kommentar 14, 1066; Mathematik 15/1, 316
Ariès, Philippe: Geschichtswissenschaft/Geschichtsschreibung 14, 193
Ariosto, Ludovico: Adaptation 13, 10; 13; Epos 13, 1017; 1019; 1025; Gattung/Gattungstheorie 14, 91; Homer-Vergil-Vergleich 14, 520; Humanismus 14, 552; Imitatio 14, 576; Italien 14, 686–687; 691; Komödie 14, 1069; Lateinische Komödie 15/1, 69; Metamorphose 15/1, 396; Mythologie 15/1, 625; Panegyrik 15/2, 54; Satire 15/2, 1070; Theaterbau/Theaterkulisse 15/3, 404; United Kingdom 15/3, 807
Aristenos, Alexios: Kommentar 14, 1064; Römisches Recht 15/2, 838
Arjona, Juan de: Epos 13, 1025
Arman (Fernandez, Armand Pierre): Venus von Milo 15/3, 969
Armannino da Bologna: Adaptation 13, 9
Armenini, G.B.: Groteske 14, 328
Armenopulos, Konstantinos: Neugriechische Literatur 15/1, 898; Römisches Recht 15/2, 838
Armin, Hans von: Philologie 15/2, 270
Arn (Arno) *erster Erzbischof von Salzburg, nach 740-821*: Österreich 15/1, 1133
Arnaldus de Villanova: Geburtshilfe 14, 99; Geriatrie 14, 147; Medizin 15/1, 363–364; Naturwissenschaften 15/1, 836; Okkultismus 15/1, 1148; Pharmakologie 15/2, 217
Arnauld, Angélique: Argumentationslehre 13, 248
Arnauld, Antoine: Frankreich 14, 58; Logik 15/1, 198; Sprachwissenschaft 15/3, 230
Arnault, Antoine-Vincent: Frankreich 15/3, 1257
Arnaut Daniel *provenzal. Troubadour, 13. Jh.*: Frankreich 14, 15
Arne, Thomas Augustine: Iranistik 14, 636; Vertonungen antiker Texte 15/3, 1024
Arneson, Robert: Moderne 15/1, 512
Arngrímur Jónsson lærði: Island 14, 651
Arnim, Achim von: Homerische Frage 14, 513; Sturm und Drang 15/3, 341
Arnim, Hans von: Österreich 15/3, 1294
Arnisaeus, Henning: Deutschland 13, 786; Monarchie 15/1, 541; Verfassung 15/3, 975; 977
Arno → Arn
Arnold von Brescia: Sacrum Imperium 15/2, 1036
Arnold von Brüssel: Naturwissenschaften 15/1, 818
Arnold von Lübeck: Epos 13, 1028
Arnold von Siegen: Köln 14, 1023
Arnold, Gottfried: Theologie und Kirche des Christentums 15/3, 416; 445
Arnold, Theodor W.: Arabistik 13, 192
Arnoldus Saxo: Zoologie 15/3, 1214

Arnolfo di Cambio: Gotik 14, 245
Arnovljev, Antonije: Serbien 15/3, 28
Arntzen: Fabel 13, 1070
Arnulf von Metz: Sepulchralkunst 15/3, 18
Arnulf von Orléans *Magister in Orléans*: Allegorese 13, 78; Metamorphose 15/1, 396; Mythologie 15/1, 620–621; Philologie 15/2, 280
Aron, Raymond: Thukydidismus 15/3, 490
Aronas Aleksandras → Olizarovius
Arouet, François-Marie → Voltaire
Arp, Hans: Deutschland 13, 824; Moderne 15/1, 508–509
Árpád, B.: Albanien 13, 59
Arpino, Cavaliere d': Künstlerlegenden 14, 1129
ar-Rāzī → Abū Bakr Muḥammad ibn Zakariyyāʾ ar-Rāzī
Arrhenius, Svante August: Naturwissenschaften 15/1, 865
Arriaga, Rodericus: Tschechien 15/3, 629
Arrigo da Settimello: Italien 14, 665; 668
Arrius Nurus → Schnur
Arsenias *Bischof von Elasson*: Ukraine 15/3, 744
Artaud, Antonin: Frankreich 15/3, 1265; Lateinische Tragödie 15/1, 88; Niederlande und Belgien 15/1, 1060
Arteaga, Esteban de: Spanien 15/3, 137
Arthur, Paul: Nationale Forschungsinstitute 15/1, 675
Artigas, José Gervasio: Lateinamerika 15/1, 33
Artioti, Mihal → Grek
Arundel, Thomas Howard, 14th Earl of: Niederlande und Belgien 15/1, 999
Asachi, Gh.: Rumänien 15/2, 1006
Asad, T.: Kulturanthropologie 14, 1135
Asaki, Gheorghe: Rumänien 15/2, 998
Asali, K.J.: Jerusalem 14, 722
Ascham, Roger: Galenismus 14, 85
Ashbery, John: United States of America 15/3, 880
Ashby, Thomas: Nationale Forschungsinstitute 15/1, 672–674; 676–677
Ashcroft-Nowicki, Dolores: Magie 15/1, 259
Ashmole, Bernard: Malibu, J. Paul Getty Museum 15/1, 286; Nationale Forschungsinstitute 15/1, 674
Ashmole, Elias: Naturwissenschaften 15/1, 842
Asım, Necip: Türkei 15/3, 646
Aškerc, A.: Slowenien 15/3, 71
Aslandies, Timoshenko: United Kingdom 15/3, 829
Asmuth, B.: Rhetorik 15/2, 803
Asopios, K.: Griechenland 14, 279
Aspertini, Amico: Groteske 14, 325; 327; Torso (Belvedere) 15/3, 514; Trajanssäule 15/3, 546
Asprucci, Antonio: Orient-Rezeption 15/1, 1202
Asselijn, Jan: Vasen/Vasenmalerei 15/3, 949
Asser *Bischof von Sherborne, gest. 908/9*: United Kingdom 15/3, 763

Assmann, Aleida: Mnemonik/Mnemotechnik 15/1, 463
Assmann, Jan: Mnemonik/Mnemotechnik 15/1, 479; Philologie 15/3, 1315
Ast, Friedrich: Bayern 13, 437; Neuhumanismus 15/1, 922
Astrapas, Michael: Byzanz 13, 617
Åström, Paul: Nationale Forschungsinstitute 15/1, 711
Astronomus *Biograph, 1.H. 9. Jh.*: Herrscher 14, 377
Asviel, A.: Griechische Komödie 14, 314
Aswad ibn Ziyād ibn Abī Karīma: Zoologie 15/3, 1220
Atatürk → Kemal Atatürk
Athanasi, Giovanni d': London, British Museum 15/1, 216
Athanasius Bibliothecarius: Italien 14, 661
Atoneli, Ekvtime: Georgien 14, 135
Attaleiotes, Michael: Römisches Recht 15/2, 838
at-Tauḥīdī → Abū Ḥaiyān at-Tauḥīdī
Atto von Vercelli: Herrscher 14, 368
Atumanus, Simon: Niederlande und Belgien 15/1, 988
Atwood, Margaret: United Kingdom 15/3, 830
Aub, Max: Spanien 15/3, 140
Auber, Daniel François Esprit: Frankreich 15/3, 1269
Auberson, Paul: Nationale Forschungsinstitute 15/1, 716; 721–722
Aubignac, François Hédelin Abbé d': Frankreich 14, 39; Gattung/Gattungstheorie 14, 92; Homerische Frage 14, 503; Tragödie/Tragödientheorie 15/3, 537; Troja 15/3, 604
Aubigné, Agrippa d': Epos 13, 1019
Aubrey, John: Altertumskunde (Humanismus bis 1800) 13, 95; Druiden 13, 901
Aucher, J.B. → Awgerean
Audeiantius, Hubertus: Niederlande und Belgien 15/1, 1029
Auden, Wystan Hugh: Oper 15/1, 1184; United Kingdom 15/3, 827; Verskunst 15/3, 1016
Audiberti, Jacques: Frankreich 15/3, 1264
Audoenus, Ioannes → Owen
Audollent, Auguste: Religionsgeschichte 15/2, 687
Audring, Gert: Marxismus 15/1, 302
Auerbach, Erich: Mittellatein 15/1, 459
August *Herzog von Sachsen-Gotha-Altenburg*: Gotha, Schloßmuseum 14, 232
August I. *Kurfürst von Sachsen*: Fürstenschule 14, 73
August II., der Starke *König und Kurfürst von Polen-Sachsen*: Herrscher 14, 391; Orient-Rezeption 15/1, 1199
Augustín, Antonio: Lateinische Inschriften 15/1, 58
Augustinus *Missionar, um 600*: Überlieferung 15/3, 722
Auletta, Robert: United States of America 15/3, 879
Auratus Lemovicis → Dorat

Auric, Georges: Vertonungen antiker Texte 15/3, 1023
Aurispa, Giovanni: Lateinische Komödie 15/1, 67; Thukydidismus 15/3, 484; Übersetzung 15/3, 727
Aurogallus, Matthaeus: Tschechien 15/3, 628
Austin, A.: Babylon 13, 377
Austin, John Langshaw: Aristotelismus 13, 262; Philologie 15/3, 1314; Semiotik 15/3, 8; Sprachwissenschaft 15/3, 249
Austin, Michael: Bücher-Meyer-Kontroverse 13, 555
Avancini SJ, Nicolaus: Österreich 15/1, 1138; Universität 15/3, 897
Avanzi, Jacopo: Historienmalerei 14, 422
Avempace → Muḥammad ibn Yaḥyā ibn Bāǧǧa
Aventinus → Turmair
Avenzoar → ʿAbd al-Malik ibn Quraib ibn ʿAlī al-Aṣmaʿī
Averlino, Pietro Antonio di → Filarete
Averroës (Ibn Rušd/Abu l-Walīd Muḥammad ibn Aḥmad ibn Muḥammad ibn Rušd al-Qurṭubī): Alexandrinismus 13, 72; Arabisch-islamisches Kulturgebiet 13, 167; 182; Aristotelismus 13, 253–254; Frankreich 14, 17; Magie 15/1, 255; Metaphysik 15/1, 409; Meteorologie 15/1, 416–417; Naturwissenschaften 15/1, 783; 794; 833; Pharmakologie 15/2, 224; Staufische Renaissance 15/3, 276; Theater 15/3, 397; Universität 15/3, 885; Zoologie 15/3, 1216
Avicebron (Solomon ben Yehuda ben Gabriol): Universität 15/3, 885
Avicenna (Ibn Sīnā/Abū ʿAlī al-Ḥusain ibn ʿAbdallāh ibn Sīnā al-Balḫī): Arabisch-islamisches Kulturgebiet 13, 166–168; 180–183; Arabische Medizin 13, 186–188; Aristotelismus 13, 253; Frankreich 14, 17; Geburtshilfe 14, 96; 99; Geologie (und Mineralogie) 14, 128; Geriatrie 14, 147; Humanismus 14, 559; Lykanthropie 15/1, 244; Medizin 15/1, 363–364; 371; Melancholie 15/1, 378; Metaphysik 15/1, 410; Meteorologie 15/1, 416; Naturwissenschaften 15/1, 833; 867; Pharmakologie 15/2, 224; Sizilien 15/3, 35–36; Staufische Renaissance 15/3, 276; Universität 15/3, 885–886; Zoologie 15/3, 1209; 1211; 1214; 1216; 1219ff.; 1221; Zoologie 15/3, 1222
Avitus von Vienne *frühchristl. Bischof*: Überlieferung 15/3, 724
Awgerean, Mkrtič (Aucher, J.B.): Armenien 13, 272
Ayliffe, John: Civilians 13, 653
Aymard, A.: Technikgeschichte 15/3, 368
Ayrer, Jakob: Tragödie/Tragödientheorie 15/3, 538
Ayyub al-Ruhawi → Job von Edessa
Azarquel → az-Zarqālī
Azo Portius: Glossatoren 14, 222–224; Republik 15/2, 717

az-Zarqālī (Azarquel): Arabisch-islamisches Kulturgebiet 13, 181

B
Baar, A.: Slowenien 15/3, 73
Baargeld, Johannes Theodor: Venus von Milo 15/3, 968
Babbitt, Natalie: Kinder- und Jugendliteratur 14, 881
Babelon, Ernst: Numismatik 15/1, 1114; 1117–1118
Babeuf, G.: Revolution 15/2, 756
Babin, Jacques Paul: Griechen-Römer-Antithese 14, 255
Babiniotis, G.: Griechenland 14, 272
Babits, Mihály: Ungarn 15/3, 753
Bacci, Antonio: Lebendiges Latein 15/1, 93
Bach, Johann Christian: Vertonungen antiker Texte 15/3, 1024
Bach, Johann Sebastian: Messe 15/1, 394; Vertonungen antiker Texte 15/3, 1024
Bachiacca (Ubertini, Francesco) it. Maler: Groteske 14, 327
Bachmann, Christian: Lateinische Komödie 15/1, 78
Bachmann, Ingeborg: Deutschland 13, 825; Hymnos 14, 569
Bachmann, M.: Klassische Archäologie 14, 914
Bachofen, Johann Jakob: Fin de siècle 13, 1142; Geschichtswissenschaft/Geschichtsschreibung 14, 209; Kulturanthropologie 14, 1140; Matriarchat 15/1, 321ff.; Nietzsche-Wilamowitz-Kontroverse 15/1, 1065; Religionsgeschichte 15/2, 690; Schweiz 15/2, 1145
Bachtin, Michail Michailowitsch: Dialog 13, 830; Komödie 14, 1076; Kulturanthropologie 14, 1142; Philologie 15/3, 1301; 1314
Bacon, Francis: Atlantis 13, 336; 338; Atomistik 13, 340; Bevölkerungswissenschaft/Historische Demographie 13, 484; Dialektik 15/3, 1251; Gerechtigkeit 14, 144; Lehrgedicht 15/1, 109; Literaturkritik 15/1, 181; Loci communes 15/1, 190; Logik 15/1, 197–198; Mnemonik/Mnemotechnik 15/1, 476; Naturphilosophie 15/1, 770; Naturwissenschaften 15/1, 825; 838; Philosophie 15/2, 340; Politische Theorie 15/2, 417; Rhetorik 15/2, 784; Theorie/Praxis 15/3, 466; United Kingdom 15/3, 806; Ut pictura poesis 15/3, 932; Utopie 15/3, 938–939; Vorsokratiker 15/3, 1064
Bacon, Henry: Denkmal 13, 739; Mausoleum 15/1, 338
Bacon, Roger: Enzyklopädie 13, 967; Geographie 14, 123; Geriatrie 14, 147; Griechisch 14, 298–299; 301; Horoskope 14, 532; Logik 15/1, 197; Mythologie 15/1, 621; Naturwissenschaften 15/1, 795–796; 807–808; 818; 836–837; 849; 868; Philosophia perennis 15/2, 335;

Slowakei 15/3, 66; Sprachphilosophie/Semiotik 15/3, 224; Sprachwissenschaft 15/3, 230; Zoroastres/Zoroastrismus 15/3, 1230
Bade, Josse → Badius Ascensius
Badham, Charles: Australien und Neuseeland 13, 360
Badian, B.E.: Australien und Neuseeland 15/3, 1248
Badius Ascensius, Iodocus (Bade, Josse): Gattung/Gattungstheorie 14, 90; Lateinische Komödie 15/1, 69; 75; Niederlande und Belgien 15/1, 990; Verlag 15/3, 1003
Baedeker, Karl: Tourismus 15/3, 530
Baehrens, Emil: Niederlande und Belgien 15/1, 1010
Baer, Emil: Schweiz 15/2, 1123
Baertius, Franciscus: Niederlande und Belgien 15/1, 1026
Bäuerle, Adolf: Österreich 15/1, 1144
Baeumler, Alfred: Bayern 13, 443; Nationalsozialismus 15/1, 730; 742; Sparta 15/3, 167
Bagdanovitsch, B.M.: Weißrußland 15/3, 1108
Baglione, Cesare: Groteske 14, 326
Bagrationi, D.: Georgien 14, 136
Bagrationi, I.: Georgien 14, 136
Bagrationi, Teimuraz: Georgien 14, 137
Bagratuni, Arsen: Armenien 13, 272
Bahāʾ ad-Dīn Abu l-Fatḥ ibn Muḥammad ibn Aḥmad ibn Manṣūr al-Ibšīhī (al-Ibšīhī): Alexandria 13, 63; Zoologie 15/3, 1222
Bahr, Hermann: Fin de siècle 13, 1144
Bahrdt, K.F.: Aufklärung 13, 344
Baïf, Jean-Antoine de: Lateinische Komödie 15/1, 73; Musik 15/1, 600; Mythologie 15/1, 627; Vers mesurés 15/3, 1007; Verskunst 15/3, 1013
Baïf, Lazare de: Tragödie/Tragödientheorie 15/3, 537; Vasen/Vasenmalerei 15/3, 947ff.
Bailey, H.W.: Australien und Neuseeland 15/3, 1248
Baillet, Adrien: Literaturkritik 15/1, 183
Baillou, Guillaume de: Hippokratismus 14, 420
Bailly, Jean-Sylvain: Atlantis 13, 337
Baj, Enrico: Kitsch 14, 886
Bajamonti, J.: Kroatien 14, 1121
Bajda, Petro → Niščinskij
Bakalakis, Georges: Vergina 15/3, 992
Bakcheios Geron byz. Musiktheoretiker: Musik 15/1, 595
Bake, John: Niederlande und Belgien 15/1, 1007; 1009
Bakhuizen, S.C.: Nationale Forschungsinstitute 15/1, 691; 693
Bakirtzis, Ch.: Nationale Forschungsinstitute 15/1, 700
Balabanov, A.: Bulgarien 13, 575
Balanchine, George: Musen 15/1, 569; Tanz 15/3, 359
Balanos, N.: Athen 13, 309
Balbinus, Bohuslaus: Tschechien 15/3, 629–630

Balbuena, Bernardo de: Lateinamerika 15/1, 23; 34
Balbus de Janua, Johannes: Theater 15/3, 397
Balde SJ, Jacob: Deutschland 13, 781; 784; Lateinische Tragödie 15/1, 88; Lyrik 15/1, 249; Neulatein 15/1, 937; Universität 15/3, 897; Verskunst 15/3, 1010
Baldi, Bernardino: Lehrgedicht 15/1, 110; Naturwissenschaften 15/1, 819
Balduccio, Giovanni da (Giovanni da Pisa): Mausoleum 15/1, 331; Stützfiguren/Erechtheionkoren 15/3, 330
Balduinus, Franciscus (Baudoin, François): Altertumskunde (Humanismus bis 1800) 13, 93; Niederlande und Belgien 15/1, 991
Baldung, Hans: Mimesislegenden 15/1, 439; Nacktheit in der Kunst 15/1, 652; Torso (Belvedere) 15/3, 516
Baldus de Ubaldis: Causa 13, 630; Humanismus 14, 555; Kanonisten 14, 796; Konstantinische Schenkung 14, 1083; Romanistik/Rechtsgeschichte 15/2, 961; Strafrecht 15/3, 315ff.
Baldwin von Exeter *Erzbischof von Canterbury*: United Kingdom 15/3, 779
Balfour of Pittendreich, Sir James: Scotland, Law of 15/3, 3
Balıkçısı, Halikarnas: Türkei 15/3, 650
Balinas (Ps.-Apollonius von Tyana): Naturwissenschaften 15/1, 866
Ball, John: Nobilitas 15/1, 1080
Ball, Thomas: United States of America 15/3, 861
Ballanche, Pierre-Simon: Okkultismus 15/1, 1161
Ballauf, Theodor: Bildung 13, 514
Balsamo, Giuseppe → Cagliostro
Balsamon, Theodoros: Kommentar 14, 1064; Römisches Recht 15/2, 838
Balthasar, Hans U. von: Theologie und Kirche des Christentums 15/3, 436
Balzac, Honoré de: Bukolik/Idylle 13, 567
Balzac, Jean-Louis Guez de: Barock 13, 407; Frankreich 14, 36–37; 15/3, 1258; Klassik als Klassizismus 14, 893; Literaturkritik 15/1, 182
Balze, P.: Groteske 14, 331
Balze, R.: Groteske 14, 331
Bamm, Peter: Sachbuch 15/2, 1031
Bammer, A.: Ephesos 13, 976
Bandi, F.: Ungarn 15/3, 750
Bandinelli, Baccio: Laokoongruppe 15/1, 10–11; Triumphbogen 15/3, 583
Bandini, A.M.: Bibliothek 13, 502
Banduri, A.: Kroatien 14, 1122
Banier, Abbé: Verwandlungen/Illustrationen von Ovid-Texten 15/3, 1033
Baños y Sotomayor, Diego de: Lateinamerika 15/1, 30
Bantock, Granville: Musik 15/1, 602; Vertonungen antiker Texte 15/3, 1022–1023

Banū Mūsā *gemeinsame Bezeichnung für die Brüder Muhammad (gest. 872 oder 873), Ahmad und Hasan Ibn Musa*: Mathematik 15/1, 317–318
Banville, Théodore de: Frankreich 15/3, 1261
Baptista, J.: Slowakei 15/3, 65
Baptista Mantuanus: Zensur 15/3, 1197
Baqir, Taha: Vorderasiatische Archäologie 15/3, 1053
Barac, Ion: Rumänien 15/2, 1004
Baradez, Jean: Luftbildarchäologie 15/1, 232
Barahona de Soto, Luis: Epos 13, 1025
Barazábal *mexikan. Intellektueller, 19. Jh.*: Lateinamerika 15/1, 35
Barbagelata, Aída: Lateinamerika 15/1, 43
Barbaro, Daniele: Groteske 14, 328; Lateinische Komödie 15/1, 76; Theaterbau/Theaterkulisse 15/3, 403; 405; Villa 15/3, 1040
Barbaro, Ermolao (Hermolao): Humanismus 14, 561; Lateinische Komödie 15/1, 67; Maß und Gewicht 15/1, 306; Neulatein 15/1, 943; Philologie 15/3, 288
Barbaro, Iosafat: Iranistik 14, 634
Barbé-Marbois, Marquis de: United States of America 15/3, 844
Barberini, Francesco: Barberinischer Faun 13, 389
Barberini, Maffeo → Urban VIII.
Barbié du Bocage, Jean-Denis: Olympia 15/1, 1169
Barbier, R.: Babylon 13, 377
Barbieri, Giovanni Francesco → Guercino
Barbieri, Guido: Nobilitas 15/1, 1074
Barbo, Pietro → Paul II.
Barbosa, Arias: Portugal 15/2, 518; Spanien 15/3, 103
Barbu, N.I.: Rumänien 15/2, 1011
Barbula, I.: Kroatien 14, 1119–1120
Barchiesi, Alessandro: Philologie 15/3, 1313
Barclay, John: Neulatein 15/1, 937; Roman 15/2, 945–946
Bardas* *byz. Staatsmann, 9. Jh.*: Byzanz 13, 605; Philologie 15/2, 239
Bardenhewer, Otto: Übersetzung 15/3, 736
Bardet de Villeneuve, Pierre: Herculaneum 14, 355; 357
Bardi, Giovanni: Affektenlehre (musikalisch) 13, 21; Italien 14, 681; Musik 15/1, 600; Oper 15/1, 1180; Sphärenharmonie 15/3, 189; Theater 15/3, 399
Barker, Clive: Venus von Milo 15/3, 969
Barker, Graeme: Nationale Forschungsinstitute 15/1, 674; 676
Barker, Howard: United Kingdom 15/3, 825–826
Barker, John: London, British Museum 15/1, 216
Barlaam aus Kalabrien: Griechisch 14, 309; Mathematik 15/1, 316; Theologie und Kirche des Christentums 15/3, 430
Barlaeus, Caspar: Niederlande und Belgien 15/1, 998–1000

Barlaeus, Lambertus: Niederlande und Belgien 15/1, 998
Barlandus, Adrianus (Hadrianus): Niederlande und Belgien 15/1, 991–992
Barletius, Marinus: Albanien 13, 57
Barlow, C.W.: Mittellatein 15/1, 452
Barlow, Joel: United States of America 15/3, 850–851; 854
Barnabei, Felice: Rom 15/2, 941
Barnes, Robert: Geschichtsmodelle 14, 174
Barnett, Richard David: London, British Museum 15/1, 227
Barocci, Federigo: Trajanssäule 15/3, 546
Baron, Auguste: Niederlande und Belgien 15/1, 1031
Baron, Hans: Humanismus 14, 547; Philologie 15/2, 310; Republik 15/2, 737
Baron, Stephen: Fürstenspiegel 14, 83
Baroncelli, Nicolò: Triumphbogen 15/3, 585
Baronio, Cesare: Christliche Archäologie 13, 642; Geschichtsmodelle 14, 174; Geschichtswissenschaft/Geschichtsschreibung 14, 200; Oratorium 15/1, 1186
Barozzi da Vignola, Jacopo → Vignola
Barracco, Giovanni: Italien 14, 717
Barreda, F. de: Panegyrik 15/2, 55
Barreda, Gabino: Lateinamerika 15/1, 36
Barrée, Louis: Pompeji 15/2, 479
Barrès, Maurice: Sparta 15/3, 164
Barrias, L.-E.: Historismus 14, 495–496
Barrie, James Matthew: Kinder- und Jugendliteratur 14, 881
Barrili, Anton Giulio: Orient-Rezeption 15/1, 1230
Barros, J. de: Portugal 15/2, 519
Barrow, Isaac: Mathematik 15/1, 319
Barry, James: Irland 14, 647
Barsanuphios: Theologie und Kirche des Christentums 15/3, 429
Barschtschevski, L.: Weißrußland 15/3, 1108
Barth, Jacob: Semitistik 15/3, 13
Barth, John: United States of America 15/3, 877
Barth, Karl: Theologie und Kirche des Christentums 15/3, 449; 460
Barth, Kaspar von: Epos 13, 1034
Barthélemy, Jean Jacques Abbé: Entzifferungen 13, 957; 960; Frankreich 14, 48; Numismatik 15/1, 1115
Barthes, Roland: Historische Methoden 14, 461; Mythos 15/1, 641; 647; Philologie 15/3, 1319; Semiotik 15/3, 6; Strukturalismus 15/3, 320; 323–324
Bartholdi, Frédéric Auguste: Denkmal 13, 741
Bartholomae, Christian: Iranistik 14, 638
Bartholomaeus Anglicus: Enzyklopädie 13, 967; Zoologie 15/3, 1214ff.
Bartholomaeus Brixiensis: Glossatoren 14, 222
Bartholomaeus de Urbino: Augustinismus 13, 350

Bartlett, W.H.: Baalbek 13, 365
Bartoccini, Renato: Rhodos 15/3, 1327
Bartoli, Alfonso: Rom 15/2, 890; 917
Bartoli, Francesco: Rom 15/2, 912
Bartoli, Pietro Santi: Christliche Archäologie 13, 642; Druckwerke 13, 883; 899; Sepulchralkunst 15/3, 22; Trajanssäule 15/3, 548ff.
Bartolini, Riccardo: Epos 13, 1030; Österreich 15/1, 1137
Bartolomeo Berreci von Pontassieve: Polen 15/2, 400
Bartolotti, Gian Giacomo: Makkaronische Dichtung 15/1, 282
Bartolus von Sassoferrato: Eigentum 13, 929–930; Humanismus 14, 555; Monarchie 15/1, 538; Nobilitas 15/1, 1080; Republik 15/2, 717; Romanistik/Rechtsgeschichte 15/2, 961; Strafrecht 15/3, 315ff.; Verfassung 15/3, 973; Völkerrecht 15/3, 1045; 1047
Barton, Alix (Madame Grès): Mode 15/1, 490
Bartsch, Jacob: Naturwissenschaften 15/1, 841
Barzizza, Antonius: Lateinische Komödie 15/1, 67
Barzizza, Gasparino: Humanismus 14, 547
Basaldella, Afro: Historienmalerei 14, 442
Basedow, Johann Bernhard: Deutschland 13, 794; Olympia 15/1, 1167; Rhetorik 15/2, 802; Sport 15/3, 209; 216
Basile, Giambattista: Italien 14, 695; Märchen 15/1, 251–252
Basileios [5]* I. byz. Kaiser: Byzanz 13, 605; Herrscher 14, 368
Basileios [6]* II.: Athen 13, 280; Bulgarien 15/3, 570; Byzantinistik 13, 588
Basilius Valentinus: Naturwissenschaften 15/1, 870
Basini, Basinio: Naturwissenschaften 15/1, 839
Bass, George: Türkei 15/3, 670; Unterwasserarchäologie 15/3, 923
Bassanio, Alessandro: Medaillen 15/1, 340
Bassi, Pier Andrea de': Mythologie 15/1, 624
Bast, Friedrich Jacob: Paläographie, griechischische 15/2, 41
Bataille, Georges: Geschichtswissenschaft/Geschichtsschreibung 14, 210; Metamorphose 15/1, 398–399
Báthory, Miklós: Ungarn 15/3, 750
Bathurst, Allan, First Earl of: Ruine/Künstliche Ruine 15/2, 994
Batič, S.: Slowenien 15/3, 72
Batory, Stephan (Stephan IV. Bátory) *Fürst von Siebenbürgen, König von Polen und Großherzog von Litauen*: Lettland 15/1, 123; Litauen 15/1, 177
Batteux, Abbé Charles: Frankreich 14, 50; Gattung/Gattungstheorie 14, 94; Geschmack 14, 218; Imitatio 14, 576; Lehrgedicht 15/1, 109; Lyrik 15/1, 246; Mimesis 15/1, 434
Battoni, Pompeo: Torso (Belvedere) 15/3, 516

Battus, Jacobus: Lettland 15/1, 123
Batu, Selahattin: Türkei 15/3, 651
Bauch, Jan: Tschechien 15/3, 637
Bauchau, Henry: Frankreich 15/3, 1266
Baudelaire, Charles: Allegorie 13, 86; Bukolik/ Idylle 13, 567; Einbildungskraft 13, 937; Frankreich 15/3, 1261; Künstlerlegenden 14, 1129; Lyrik 15/1, 248; Melancholie 15/1, 382; Metapher/Metapherntheorie 15/1, 405; Wagnerismus 15/3, 1075
Baudius, Dominicus: Niederlande und Belgien 15/1, 998; 1000
Baudouin, François → Balduinus
Baudri von Bourgeuil: Elegie 13, 943; Frankreich 14, 11; Imitatio 14, 573; Lyrik 15/1, 248; Mittellatein 15/1, 456
Baudrillard, Jean: Kitsch 14, 882
Bauer, Adolf: Geschichtswissenschaft/ Geschichtsschreibung 14, 188
Bauer, Otto: Priene 15/2, 564
Bauer, Walter: Theologie und Kirche des Christentums 15/3, 415
Bauer, Wolfgang Maria: Sparta 15/3, 169
Baumeister, Willi: Orient-Rezeption 15/1, 1219
Baumgarten, Alexander Gottlieb: Figurenlehre 13, 1130; Geschmack 14, 218; Interpretatio Christiana 14, 629; Universität 15/3, 898
Baumgarten, Martin: Baalbek 13, 365
Baumgartner, Walter: Semitistik 15/3, 14
Baur, Ferdinand Christian: Gnosis 14, 229; Theologie und Kirche des Christentums 15/3, 415; 417
Baur, Johann Wilhelm: Deutschland 13, 785
Bausch, Pina: Tanz 15/3, 362
Baxandall, Michael: Warburg Institute, The 15/3, 1106
Baxius, Nicasius: Niederlande und Belgien 15/1, 1025; 1027
Baxter, James K.: United Kingdom 15/3, 829
Bayard, Hippolyte: Venus von Milo 15/3, 966
Bayardi, Ottavio Antonio: Herculaneum 14, 357
Bayath, Osman: Türkei 15/3, 669
Bayer, Gottlieb Siegfried: Rußland 15/2, 1018
Bayer, Herbert: Werbung 15/3, 1123
Bayer, Jacobus: Lexikographie 15/1, 135
Bayer, Johannes: Naturwissenschaften 15/1, 841
Bayezid II. Sultan, gen. Veli, »der Heiligmäßige«, 1447/ 8-1512: Neugriechische Literatur 15/1, 897
Bayle, Pierre: Enzyklopädie 13, 968; Epikureismus 13, 991; Geschichtsmodelle 14, 178; Literaturkritik 15/1, 181; 183; Skeptizismus 15/3, 43ff.; Theologie und Kirche des Christentums 15/3, 436; Zoroastres/ Zoroastrismus 15/3, 1231
Baženov, V.: Rußland 15/2, 1019
Bazzi, Giovanni Antonio dei → Sodoma

Bean, George: Knidos 14, 990
Beard, Henry: Lebendiges Latein 15/1, 97
Beardsley, Aubrey: Erotica 13, 1042
Beatus Rhenanus: Altertumskunde (Humanismus bis 1800) 13, 94; Bibliothek 13, 498; Deutschland 13, 769; Geschichtsmodelle 14, 173; Limes, Limesforschung 15/1, 157-158; Philologie 15/2, 291; Provinzialrömische Archäologie 15/2, 578; Tacitismus 15/3, 354; 357; Vandalen 15/3, 942; Verlag 15/3, 1003
Beatus von Liébana: Figurengedicht 13, 1116
Beaufort, Louis de: Geschichtswissenschaft/ Geschichtsschreibung 14, 202
Beazley, John Davidson: Athen 13, 286; Zeitrechnung 15/3, 1164
Bebel, August: Marxismus 15/1, 301; Matriarchat 15/1, 325
Bebel, Heinrich: Lateinische Komödie 15/1, 71; Tacitismus 15/3, 354
Becanus: Niederlande und Belgien 15/1, 1025
Beccadelli, Antonio (Panormita/Panormitas): Elegie 13, 944; Humanismus 14, 547; 549; Italien 14, 678; Triumphbogen 15/3, 584
Beccafumi, Domenico: Groteske 14, 327; Historienmalerei 14, 429; Mimesislegenden 15/1, 439
Becher, Johann Joachim: Geologie (und Mineralogie) 14, 129; Naturwissenschaften 15/1, 870
Becher, Johannes Robert: DDR 13, 694; Laokoongruppe 15/1, 14
Bechtel, Friedrich: Onomastik 15/1, 1175
Beçikemi, Marin → Scondrensis
Beck, Hans-Georg: Neugriechische Literatur 15/1, 895
Becker, C.: Philologie 15/2, 321
Becker, Carl Heinrich: Arabistik 13, 191–192
Becker, Karl Wilhelm: Numismatik 15/1, 1115
Becker, Lawrence C.: Stoizismus 15/3, 310
Becker, Rötger (Pistorius, Rutgerus): Lettland 15/1, 123
Becker, W.A.: Geschichtswissenschaft/ Geschichtsschreibung 14, 204
Becket, Thomas à: Wallfahrt 15/3, 1083
Beckett, Samuel: Vorsokratiker 15/3, 1066
Beckford, William: Kampanien 14, 790
Beckmann, Johannes: Technikgeschichte 15/3, 365
Beckmann, Max: Deutschland 13, 821; Moderne 15/1, 500; 508
Becquerel, Antoine Henri: Naturwissenschaften 15/1, 865
Beda, Natalis: Theologie und Kirche des Christentums 15/3, 434
Beda* Venerabilis: Antike 13, 135; Babylon 13, 375; Bibliothek 13, 495; Bildung 13, 506; Epochenbegriffe 13, 997; 1014; Geographie 14, 122; Geschichtsmodelle 14, 169ff.;

Geschichtswissenschaft/Geschichtsschreibung 14, 215; Griechisch 14, 298; Imperium 14, 582; Kanon 14, 792; Karolingische Renaissance 14, 831; 835; Lehrgedicht 15/1, 108; Lexikographie 15/1, 139; Limes, Hadrianswall 15/1, 150; Meteorologie 15/1, 416; Naturwissenschaften 15/1, 792; 849; Pantheon 15/2, 56; Philosophia perennis 15/2, 331; Rom 15/2, 861; Stützfiguren/ Erechtheionkoren 15/3, 326; Theater 15/3, 397; United Kingdom 15/3, 762–766; Überlieferung 15/3, 720; 723; Verskunst 15/3, 1010; Wallfahrt 15/3, 1091; Zeitrechnung 15/3, 1176; Zoologie 15/3, 1213

Bedford, Francis: Priene 15/2, 560

Beenken, H.: Historismus 14, 486

Beer-Hofmann, Richard: Fin de siècle 13, 1144; Österreich 15/3, 1295

Beeston, Alfred Felix Landon: Semitistik 15/3, 15

Beethoven, Ludwig van: Athen 13, 310; Musik 15/1, 602; Österreich 15/1, 1144; Sturm und Drang 15/3, 340

Begas, Reinhold: Deutschland 13, 815; Historismus 14, 497

Beger, L.: Preußen 15/2, 546–548

Behrens, Peter: Historismus 14, 494; Mode 15/1, 490

Béjart, Maurice: Tanz 15/3, 363

Bekker, August Immanuel: Historismus 14, 479

Bekker, G.J.: Niederlande und Belgien 15/1, 1031

Bekker, Immanuel: Akademie 13, 48; Philologie 15/2, 262; 266

Bel, Mathias: Slowakei 15/3, 65

Bélanger, François-Joseph: Orient-Rezeption 15/1, 1203

Bell, George Joseph: Scotland, Law of 15/3, 4

Bell, H.C.P.: Śrī Laṅkā 15/3, 252

Bella, Stefano della: Vasen/Vasenmalerei 15/3, 949

Bellay, Jean du: Altertumskunde (Humanismus bis 1800) 13, 94; Rom 15/2, 865; Triumphbogen 15/3, 590

Belleau, Rémy: Arkadismus 13, 266; Lateinische Komödie 15/1, 73; Makkaronische Dichtung 15/1, 283; Mythologie 15/1, 627

Beller, Manfred: Thematologie/Stoff- und Motivforschung 15/3, 408; 410

Bellini, Giovanni: Arkadismus 13, 267

Bellini, Jacopo: Triumphbogen 15/3, 585

Bellini, Vincenzo: Italien 14, 704

Bello, Andrés: Lateinamerika 15/1, 34; 37; 39; 42

Bellori, Giovanni Pietro: Barock 13, 411; 414; Einbildungskraft 13, 936; Historienmalerei 14, 434; Preußen 15/2, 546; Rom 15/2, 866; Stil, Stilanalyse, Stilentwicklung 15/3, 291; Trajanssäule 15/3, 548ff.

Beloch, Karl Julius: Athen 13, 286; Bevölkerungswissenschaft/Historische Demographie 13, 489; Bücher-Meyer-Kontroverse 13, 554; Faschismus 13, 1097; Geschichtswissenschaft/Geschichtsschreibung 14, 190–191; 206; Herrscher 14, 391; Schlachtorte 15/2, 1081

Belon, Pierre (Belonius, Petrus): Altertumskunde (Humanismus bis 1800) 13, 93; Pharmakologie 15/2, 220

Belonius, Petrus → Belon, Pierre

Below, Georg von: Bücher-Meyer-Kontroverse 13, 552

Belting, Hans: Klassische Archäologie 14, 940

Belzoni, Giovanni Battista: London, British Museum 15/1, 214

Bembo, Pietro: Humanismus 14, 551; Imitatio 14, 575; Italien 14, 679; 686; 689; Laokoongruppe 15/1, 11; Luxemburg 15/1, 238; Mythologie 15/1, 619; Orient-Rezeption 15/1, 1196; Philologie 15/2, 290

Ben Meir Ibn Esra, Abraham: Naturwissenschaften 15/1, 832

Benavides, Marco Mantova: Abguß/Abgußsammlung 13, 3; Porträtgalerie 15/2, 511

Benavides y de la Cueva, Diego de, Conde de Santisteban del Puerto Vizekönig von Peru, um 1600-1666: Lateinamerika 15/1, 26

Benci, Franco: Rhetorik 15/2, 818

Bendemann, Eduard: Historismus 14, 489; Zoroastres/Zoroastrismus 15/3, 1233

Bene da Firenze: Rhetorik 15/2, 777

Benedetti, Alessandro: Geburtshilfe 14, 99; Medizin 15/1, 362; 368

Benedetti, Giovanni Battista: Naturwissenschaften 15/1, 819

Benedicti, Georgius: Niederlande und Belgien 15/1, 995; 1000

Benedikt VIII. Papst: Herrscher 14, 382

Benedikt XIV. Papst: Italien 14, 714; Rom 15/2, 866; 924; 932

Benedikt XV. Papst: Theologie und Kirche des Christentums 15/3, 454

Benedikt XVI. (Ratzinger, Joseph Alois) Papst: Theologie und Kirche des Christentums 15/3, 415ff.; 417

Benedikt del Sorrate: Rom 15/2, 876

Benedikt von Aniane: Karolingische Renaissance 14, 817; Mönchtum 15/1, 524

Benedikt von Sankt Peter: Klassische Archäologie 14, 903

Beneš, Jan: Tschechien 15/3, 644

Benešić, D.: Kroatien 14, 1120

Benevenuto da Imola: Kommentar 14, 1061

Bengtson, Hermann: Bayern 13, 444; Geschichtswissenschaft/Geschichtsschreibung 14, 190

Beni, Paolo: Epos 13, 1019; Homer-Vergil-Vergleich 14, 520
Benjamin, Asher: Greek Revival 14, 250
Benjamin von Tudela: Alexandria 13, 65; Babylon 13, 373; Vorderasiatische Archäologie 15/3, 1051
Benjamin, Walter Benedix Schönflies: Allegorie 13, 86; Autobiographie 13, 364; Fälschung 13, 1078; Kitsch 14, 883; Metapher/Metapherntheorie 15/1, 406; Pompeji/Rezeption des freigelegten Pompeji in Literatur und Film 15/2, 490; Tourismus 15/3, 532; Tragödie/Tragödientheorie 15/3, 534
Benn, Gottfried: Deutschland 13, 820; Elegie 13, 946; Hymnos 14, 569; Nationalsozialismus 15/1, 732; Neohumanismus 15/1, 891–892; Nietzsche-Wilamowitz-Kontroverse 15/1, 1069; Orient-Rezeption 15/1, 1231; Sparta 15/3, 165; Tragödie/Tragödientheorie 15/3, 541
Benndorf, Otto: Nationale Forschungsinstitute 15/1, 702; 15/3, 1288; Schweiz 15/2, 1144; Tschechien 15/3, 643
Benner, Dietrich: Bildung 13, 515; Pädagogik 15/2, 4
Bennet, Dirk: Medien 15/1, 351
Benoît de Sainte-Maure: Adaptation 13, 8; Frankreich 14, 14; Gotik 14, 247; Neugriechische Literatur 15/1, 898; Niederlande und Belgien 15/1, 1047; Troja 15/3, 599; United Kingdom 15/3, 779; 783
Bensen, Heinrich Wilhelm: Sozialismus 15/3, 98
Benserade, Isaac de: Adaptation 13, 15; Verwandlungen/Illustrationen von Ovid-Texten 15/3, 1033
Bentham, John: Kodifizierung/Kodifikation 14, 1003; Philhellenismus 15/2, 234
Bentley, Richard: Bibliothek 13, 501; Fälschung 13, 1082; Homerische Frage 14, 503; Klassizismus 14, 963; Niederlande und Belgien 15/1, 1003; 1005; Philologie 15/2, 249; 251–252; 294; United Kingdom 15/3, 811; 814; Universität 15/3, 899; Zeitrechnung 15/3, 1177
Bentley, Thomas: Wirtschaft und Gewerbe 15/3, 1144
Benton, Sylvia: Nationale Forschungsinstitute 15/1, 666; 668
Benveniste, Emil: Strukturalismus 15/3, 325
Benvenuti, Paolo: Italien 14, 710
Benvenuti, Pietro: Laokoongruppe 15/1, 14
Benzo von Alba: Herrscher 14, 364; 371; 374; 378–379; 382; 403; 406
Beolco, Angelo (Ruzzante): Komödie 14, 1070; Lateinische Komödie 15/1, 69
Berain, Jean d.Ä.: Orient-Rezeption 15/1, 1199
Beraldo, Filipe: Laokoongruppe 15/1, 11
Bérard, C.: Nationale Forschungsinstitute 15/1, 721

Berchem, Claes: Vasen/Vasenmalerei 15/3, 949
Berchorius, Petrus: Europa 13, 1063; Verwandlungen/Illustrationen von Ovid-Texten 15/3, 1031
Berchorius, Petrus → Bersuire
Berdjaev, Nikolaj Alexandrowitsch: Theologie und Kirche des Christentums 15/3, 431
Berengar von Tours: Logik 15/1, 193
Berg, Josef: Tschechien 15/3, 637
Berger, Frank: Numismatik 15/1, 1127
Berger, Lorenz: Deutschland 13, 787
Berghaus, Ruth: Tanz 15/3, 362
Bergk, Johann Adam: Republik 15/2, 734; Verfassung 15/3, 976
Bergnes de las Casas, Antonio: Spanien 15/3, 122
Bergs, Jochen: DDR 13, 693
Bergson, Henri: Mythos 15/1, 641; Neugriechische Literatur 15/1, 910
Bergsträßer, Gotthelf: Arabistik 13, 192; Semitistik 15/3, 14
Berhard von Clairvaux: Staufische Renaissance 15/3, 272
Berić, Pavle: Serbien 15/3, 28
Berio, Luciano: Italien 14, 708; Vertonungen antiker Texte 15/3, 1023
Berkeley, George: Dialog 13, 834; United States of America 15/3, 849; 855
Berkoff, Steven: United Kingdom 15/3, 825
Berlioz, Hector: Frankreich 15/3, 1268ff.; Musik 15/1, 602; Troja 15/3, 601; Vertonungen antiker Texte 15/3, 1021; 1024
Bermúdez, Jerónimo de: Tragödie/Tragödientheorie 15/3, 537
Bernabò Brea, Luigi: Unterwasserarchäologie 15/3, 923
Bernal, Martin: Kulturanthropologie 14, 1141; Philologie 15/3, 1304
Bernard, Johannes Stephanus: Niederlande und Belgien 15/1, 1006
Bernard, P.: Adaptation 13, 14
Bernardakis, Demetrios N.: Neugriechische Literatur 15/1, 907
Bernardo da Bologna: Briefkunst/Ars dictaminis 13, 546
Bernardus Compostellanus: Glossatoren 14, 222
Bernardus de Montemirato: Kanonisten 14, 796
Bernardus Papiensis: Glossatoren 14, 222
Bernardus Parmensis de Botone: Glossatoren 14, 222
Bernardus Silvestris: Allegorese 13, 77–78; Allegorie 13, 85; Frankreich 14, 10–11; Karthago 14, 849; Kommentar 14, 1055; Lateinische Tragödie 15/1, 83; Naturwissenschaften 15/1, 822; Poetik 15/2, 386
Bernart de Ventadorn: Frankreich 14, 15
Bernays, Jacob: Judentum 14, 762
Bernd, Adam: Autobiographie 13, 363

Berneas, Horia: Rumänien 15/2, 1009
Bernegger, Matthias: Tacitismus 15/3, 356
Bernfeld, S.: Psychoanalyse 15/2, 590; 594
Bernhard von Chartres: Artes liberales 13, 274; Frankreich 14, 10; Naturphilosophie 15/1, 768; Naturwissenschaften 15/1, 793; Rhetorik 15/2, 815
Bernhard von Clairvaux: Frankreich 14, 9; Konstantinische Schenkung 14, 1083; Metaphysik 15/1, 413–414; Mönchtum 15/1, 528; Satire 15/2, 1069; Theologie und Kirche des Christentums 15/3, 431
Bernhard von Morlas: Mittellatein 15/1, 456
Bernhard, Max: Numismatik 15/1, 1120
Bernhardi, Johannes (Veltkirchius): Rhetorik 15/2, 784
Bernhardy, Gottfried: Epochenbegriffe 13, 1010; Philologie 15/2, 262; 264
Berni, Francesco: Panegyrik 15/2, 53
Bernich, E.: Historismus 14, 494
Bernier, François: Epikureismus 13, 991
Bernini, Gian Lorenzo: Barberinischer Faun 13, 390; Barock 13, 414; 416; Druckwerke 13, 895; Frankreich 14, 42; Laokoongruppe 15/1, 14; Metamorphose 15/1, 397; Orient-Rezeption 15/1, 1195; Pantheon 15/2, 58; Reiterstandbild 15/2, 653; Spolien 15/3, 203; Trajanssäule 15/3, 549
Berno vom Baume: Mönchtum 15/1, 525
Bernolák, Anton: Slowakei 15/3, 66
Bernoulli, Ch.: Bevölkerungswissenschaft/ Historische Demographie 13, 488
Bernoulli, Johann Jakob: Naturwissenschaften 15/1, 816; Schweiz 15/2, 1144
Berns, Jörg Jochen: Mnemonik/Mnemotechnik 15/1, 470; 475
Bernstein, Eduard: Sozialismus 15/3, 94
Bernward von Hildesheim: Ottonische Renaissance 15/1, 1255
Beroaldo, Filippo d.Ä. *1443-1505*: Kommentar 14, 1056–1057; Mythologie 15/1, 617; Philologie 15/2, 289; Tacitismus 15/3, 353; Tschechien 15/3, 626
Beroaldo, Filippo d.J. *1472-1518*: Philologie 15/2, 290
Berry, Joan: Nationale Forschungsinstitute 15/1, 675
Bersu, Gerhard: Römisch-Germanische Kommission (RGK) 15/2, 826–827
Bersuire, Pierre (Berchorius, Petrus): Adaptation 13, 10; Allegorese 13, 78; Frankreich 14, 23; Karthago 14, 850; Metamorphose 15/1, 396; Mythologie 15/1, 612; 618; Übersetzung 15/3, 728
Berthelot, Marcellin: Frankreich 15/3, 1263
Berthollet, Claude Louis, Graf von: Naturwissenschaften 15/1, 864

Bertius, Petrus: Niederlande und Belgien 15/1, 1018
Bertram, Ernst: Mythos 15/1, 641; Neohumanismus 15/1, 889
Bertuch, Friedrich Justin: Kinder- und Jugendliteratur 14, 879
Berve, Helmut: Bayern 13, 444; Geschichtswissenschaft/Geschichtsschreibung 14, 190; Herrscher 14, 391–392; Historische Methoden 14, 459; Nationalsozialismus 15/1, 730; 733–735; 737; 740; 742; 744; 748–749; Nobilitas 15/1, 1072; Sparta 15/3, 163ff.; 166; Universität 15/3, 913
Berzsenyi, Dániel: Ungarn 15/3, 752
Besold, Christoph: Bund 13, 582; Verfassung 15/3, 974; 976–977; Verfassungsformen 15/3, 984
Bessarion, Johannes/Basilius: Byzanz 13, 594; Frankreich 14, 23; Griechenland 14, 274; Leichenrede 15/1, 120; Mathematik 15/1, 319; Medizin 15/1, 362; Naturwissenschaften 15/1, 819; Spanien 15/3, 104; Ungarn 15/3, 749; Überlieferung 15/3, 718
Besson, Benno: DDR 13, 691; Komödie 14, 1077
Bestenreiner, Friedrich: Medien 15/1, 349
Betancourt, Philip P.: Zeitrechnung 15/3, 1174
Betouw, J. in de: Niederlande und Belgien 15/1, 1045
Betti, Zaccaria: Italien 14, 697
Bettinelli, Saverio: Italien 14, 696
Bettodi Biagio, Bernardino di → Pinturicchio
Beulé, Ch.-E.: Karthago 14, 839; Schlachtorte 15/2, 1085
Beuth, Christian Peter Wilhelm: Wirtschaft und Gewerbe 15/3, 1145
Beuthers von Carlstadt, Michael: Kalender 14, 786
Beuys, Joseph: Künstlerlegenden 14, 1130; Wagnerismus 15/3, 1076
Beyatlı, Yahya Kemal: Türkei 15/3, 647
Beyerlinck, Laurentius: Niederlande und Belgien 15/1, 1028
Beyle, Marie Henri → Stendhal
Bèzes, Théodore de: Politische Theorie 15/2, 416
Bhabha, Homi K.: Orientalismus 15/1, 1238
Biancani, Guiseppe: Naturwissenschaften 15/1, 819
Bianchi, Giuseppe: Uffizien, Florenz (Galleria degli Uffizi, Firenze) 15/3, 741
Bianchi, Sebastiano: Uffizien, Florenz (Galleria degli Uffizi, Firenze) 15/3, 741
Bianchi Bandinelli, Ranuccio: Klassische Archäologie 14, 915
Bianchini, Francesco: Park 15/2, 148; Rom 15/2, 912; Sepulchralkunst 15/3, 16
Biaudet, Henry: Nationale Forschungsinstitute 15/1, 682
Bibbiena, Bernardo Dovizi da (Dovizi, Bernardo da): Komödie 14, 1069; Lateinische Komödie 15/1, 68–69; Mythologie 15/1, 623

Biber, Heinrich Ignaz Franz: Messe 15/1, 394
Bibliander, Theodor: Schweiz 15/2, 1136
Bickermann, Elias: Judentum 14, 762; Nationalsozialismus 15/1, 732
Biddulph, William: Griechen-Römer-Antithese 14, 254
Bidermann SJ, Jacob: Lateinische Komödie 15/1, 78; Lateinische Tragödie 15/1, 88; Universität 15/3, 897ff.
Bidez, J.: Niederlande und Belgien 15/1, 1033
Bieberstein, K.: Jerusalem 14, 722
Biebourg, C.P. de: Limes, Limesforschung 15/1, 159
Bieler, Ludwig: Mittellatein 15/1, 460
Biens, Günter: Politische Theorie 15/2, 457
Bierbaum, Otto Julius: Hymnos 14, 569
Biester, J.E.: Preußen 15/2, 552
Bietak, Manfred: Nationale Forschungsinstitute 15/3, 1290
Bieżuńska-Małowist, Iza: Polen 15/2, 408
Bilderdijk, Willem: Niederlande und Belgien 15/1, 1051
Bileckij, Andrij O.: Ukraine 15/3, 745
Bileckij, Oleksandr: Ukraine 15/3, 746
Biliotti, Sir Alfred: Halikarnass 14, 342; Rhodos 15/3, 1322
Billanovich, Giuseppe: Italien 14, 667; Zeitrechnung 15/3, 1190
Billaud-Varenne, J.N.: Politische Theorie 15/2, 426
Billingsley, Sir Henry: Mathematik 15/1, 319
Bilordeaux, Adolphe: Venus von Milo 15/3, 966
Bilowsky, Godefridus Ignatius: Tschechien 15/3, 630
Bindesbøll, Michael Gottlieb: Dänemark 13, 677; Kopenhagen 14, 1097
Binding, Günther: Köln 14, 1038
Binet SJ, Etienne: Theologie und Kirche des Christentums 15/3, 435
Bing, Gertrud: Warburg Institute, The 15/3, 1099ff.; 1104
Binswanger, Ludwig: Traumdeutung 15/3, 554ff.
Bintliff, J.: Nationale Forschungsinstitute 15/1, 693
Biondi, Giovan Francesco: Italien 14, 695
Biondo, Flavio (Flavius, Blondus): Altertumskunde (Humanismus bis 1800) 13, 88; 90; 94–95; Christliche Archäologie 13, 641; Festkultur/ Trionfi 13, 1106; Geschichtsmodelle 14, 173; Geschichtswissenschaft/Geschichtsschreibung 14, 202; 213; Humanismus 14, 547; 549; Kampanien 14, 789; Klassische Archäologie 14, 903; Lateinische Komödie 15/1, 75; Rom 15/2, 863; 883; Tourismus 15/3, 531
Biondo, M.: Porträtgalerie 15/2, 509
Biot, Jean-Baptiste: Meteorologie 15/1, 418
Birch, Samuel: London, British Museum 15/1, 216–217; 223; 225
Birken, Sigmund von: Deutschland 13, 782; Poetik 15/2, 387

Birkenfeld, Günter: Nationalsozialismus 15/1, 732
Birley, Eric: Nobilitas 15/1, 1074
Birnbaum, Vojtěch: Tschechien 15/3, 644
Biron, Peter *letzter Herzog von Kurland*: Lettland 15/1, 123
Birt, Theodor: Sachbuch 15/2, 1032
Bischoff, Bernhard: Mittellatein 15/1, 459; 461; Paläographie, lateinische 15/2, 44; Überlieferung 15/3, 724
Bismarck, Otto von: Cäsarismus 13, 628; Diktatur 13, 858; Pergamonaltar 15/2, 211
Bisshop, Jan de: Druckwerke 13, 894
Bitner, Jonas: Komödie 14, 1071
Bitschin, Konrad: Rhetorik 15/2, 797
Bittel, Kurt: Hethitologie 14, 415
Bitterli, Urs: Akkulturation 15/3, 1246
Bizet, Georges: Frankreich 15/3, 1269
Björkvall, Gunilla: Verslehre 15/3, 1020
Bjørnson, Bjørnstjerne: Norwegen 15/1, 1087
Black, Max: Metapher/Metapherntheorie 15/1, 406
Blackstone, Sir William: Menschenrechte 15/1, 388; Vertrag 15/3, 1030
Blackwell, Richard: Romantik 15/2, 978
Blackwell, Thomas: Homerische Frage 14, 503; 505
Blättner, Fritz: Klassische Archäologie 14, 906
Blaiklock, Edward Musgrave: Australien und Neuseeland 15/3, 1248; 1250
Blainville, Pierre-Joseph Celoron de: Laokoongruppe 15/1, 15
Blair, William: Sklaverei 15/3, 49
Blaise de Vigenère: Frankreich 14, 31
Blake, William: Interpretatio Christiana 14, 625; Künstlerlegenden 14, 1130; Laokoongruppe 15/1, 18; Orient-Rezeption 15/1, 1211; 1228; Poeta Vates 15/2, 381; Romantik 15/2, 980–981; Torso (Belvedere) 15/3, 516; United Kingdom 15/3, 814; Zoroastres/Zoroastrismus 15/3, 1231
Blanca von Kastilien *verheiratet mit Ludwig VIII. von Frankreich, Regentin ab 1226*: Frankreich 14, 15
Blancardus, Nicolaus: Niederlande und Belgien 15/1, 1005
Blanchard, Pierre-Planton: Diana von Ephesus 13, 843
Blanchet, Pierre: Lateinische Komödie 15/1, 71; 73
Blancken, G.H.: Nationale Forschungsinstitute 15/1, 691
Blanke, Horst Walter: Historismus 14, 476
Blankenburg, Friedrich von: Epos 13, 1034
Blaremberg, Wladimir von: Rumänien 15/2, 1011
Blas, Juan: Lateinamerika 15/1, 27
Blašković, A.: Kroatien 14, 1122
Blastares, Matthaios: Römisches Recht 15/2, 838
Blastos, N. (Vlastos): Medizin 15/1, 366
Blau, Joshua: Semitistik 15/3, 15

Blavatsky, Helena Petrowna (Hahn von Rottenstern, Helena): Magie 15/1, 258; Okkultismus 15/1, 1150
Blegen, Carl Wiliam: Kretisch-Mykenische Archäologie 14, 1102; Nationale Forschungsinstitute 15/3, 1284; Troja 15/3, 610; Zeitrechnung 15/3, 1172
Blein, P.: Trajanssäule 15/3, 550
Blemmydes, Nikephoros: Byzanz 13, 595; Überlieferung 15/3, 716
Bleuler, Eugen: Terminologie 15/3, 384
Bliktrud → Plektrudis
Blinkenberg, Christian S.: Rhodos 15/3, 1323
Bliss, J.: Vorderasiatische Archäologie 15/3, 1057
Bliss, Mildred: Byzantinistik 13, 586
Bliss, Robert Woods: Byzantinistik 13, 586; Dumbarton Oaks 13, 904
Blixen, Karen: Dänemark 13, 678
Bloch, Ernst: Einbildungskraft 13, 937; Gnosis 14, 228; Griechische Komödie 14, 314
Bloch, Marc: Historische Methoden 14, 459; Luftbildarchäologie 15/1, 232; Technikgeschichte 15/3, 371
Bloedhorn, J.: Jerusalem 14, 722
Blondel, Nicolas-François de: Barock 13, 416; Frankreich 14, 42; Toranlagen/Stadttore 15/3, 511
Blondus, Flavius → Biondo
Bloom, Harold: Kanon 14, 794; Mimesis 15/1, 433; Philologie 15/3, 1319
Bloomfield, Leonard: Sprachwissenschaft 15/3, 246ff.
Blossius Palladius: Luxemburg 15/1, 238
Blouet, Guillaume Abel: Olympia 15/1, 1169
Blow, John: Musik 15/1, 602; Vertonungen antiker Texte 15/3, 1022
Blüher, Hans: Körperkultur 14, 1053; Neohumanismus 15/1, 893
Blümel, Carl: Berlin 13, 459
Blümner, Hugo: Griechische Komödie 14, 314; Schweiz 15/2, 1145; Technikgeschichte 15/3, 366
Bluhme, Friedrich: Romanistik/Rechtsgeschichte 15/2, 962
Blum, Hans: Stützfiguren/Erechtheionkoren 15/3, 330
Blumauer, Alois: Adaptation 13, 14; Österreich 15/1, 1143
Blumenberg, Hans: Gnosis 14, 229; Komödie 14, 1076; Metamorphose 15/1, 395; Metapher/Metapherntheorie 15/1, 406; Mythos 15/1, 637; 641; Österreich 15/3, 1296; Philologie 15/3, 1313; 1319; Querelle des Anciens et des Modernes 15/2, 616; Rhetorik 15/2, 790; Vorsokratiker 15/3, 1069
Blumenfeld, Erwin: Venus von Milo 15/3, 968

Blunck, Hans Friedrich: Vandalen 15/3, 944
Blunt, Anthony: Warburg Institute, The 15/3, 1102
Bluntschli, Johann Caspar: Bürger 13, 559; Demokratie 13, 728
Blyenburchius, Adr.: Niederlande und Belgien 15/1, 995
Blyenburgius, Damascus: Niederlande und Belgien 15/1, 995
Boardman, John: Athen 13, 286
Boas, Franz: Kulturanthropologie 14, 1131; 1133; Sprachwissenschaft 15/3, 246ff.
Bobrowksi, Johannes: DDR 13, 695; Verskunst 15/3, 1016
Bobzin, H.: Arabistik 13, 190
Bocatius, J.: Slowakei 15/3, 64
Boccaccio, Giovanni: Allegorese 13, 82; Bibliothek 13, 498; Bildung 13, 508; Biographie 13, 521; Bukolik/Idylle 13, 562; Elegie 13, 943; Epigrammatik 13, 982; Geschichtsmodelle 14, 175; Geschichtswissenschaft/Geschichtsschreibung 14, 213; Griechisch 14, 309; Herrscher 14, 402; Humanismus 14, 542–544; 549–550; 552; Imitatio 14, 575; Italien 14, 671–674; 679–680; 686; 689; Kampanien 14, 788; Künstlerlegenden 14, 1127; Lateinische Komödie 15/1, 66; Lateinische Tragödie 15/1, 84; Literaturkritik 15/1, 182; Metamorphose 15/1, 396; Mimesislegenden 15/1, 439; Mythologie 15/1, 611; 613–616; 621; 624; Neulatein 15/1, 935; Niederlande und Belgien 15/1, 989; Nobilitas 15/1, 1080; Okkultismus 15/1, 1159; Poeta Vates 15/2, 379; Poetik 15/2, 386; Porträtgalerie 15/2, 504; Rom 15/2, 877; Roman 15/2, 947; Tacitismus 15/3, 353; Thukydidismus 15/3, 483; Troja 15/3, 599; United Kingdom 15/3, 777; 781; 793; Übersetzung 15/3, 727ff.; Villa 15/3, 1038; Zensur 15/3, 1196
Boccalini, Traiano: Barock 13, 407; Literaturkritik 15/1, 183; Monarchie 15/1, 541; Tacitismus 15/3, 356
Bocchi, Francesco: Physiognomik 15/2, 355–356; Porträtgalerie 15/2, 510
Bochius, Johannes: Niederlande und Belgien 15/1, 1028
Bock, Hieronymus: Physiognomik 15/2, 361
Bod, Peter: Ungarn 15/3, 755
Bode, Wilhelm von: Byzantinistik 13, 591
Bodel, Jean: Frankreich 14, 18
Bodenstein, Andreas Rudolf → Karlstadt
Bodin, Jean: Bund 13, 581; Bürger 13, 558; Diktatur 13, 853; Frankreich 14, 33; Gerechtigkeit 14, 144; Geschichtsmodelle 14, 175; Geschichtswissenschaft/Geschichtsschreibung 14, 185; Herrscher 14, 395; Krieg 14, 1113; Mischverfassung 15/1, 443;

Monarchie 15/1, 540;   Naturrecht 15/1, 776;
Politische Theorie 15/2, 417; 449;   Sparta
15/3, 155;   Tacitismus 15/3, 356;
Thukydidismus 15/3, 485; 487;   Tyrannis
15/3, 690;   United States of America 15/3, 844;
Verfassung 15/3, 976;   Verfassungsformen
15/3, 983ff.
Bodley, Thomas: Bibliothek 13, 500
Bodmer, Johann Jakob: Einbildungskraft 13, 936;
Figurenlehre 13, 1130;   Homerische Frage
14, 512;   Lehrgedicht 15/1, 110;   Mimesis
15/1, 434;   Republik 15/2, 730;   Sturm und
Drang 15/3, 341;   Ut pictura poesis 15/3, 933;
Übersetzung 15/3, 730
Bodoni, Giambattista: Schrift/Typographik
15/2, 1096
Bodrero, E.: Istituto (Nazionale) di Studi Romani
14, 653
Böckh, Philipp August: Akademie 13, 48;
Altertumskunde (Humanismus bis 1800) 13, 97;
Athen 13, 285;   Böckh-Hermann-Auseinandersetzung 13, 523ff.;   Epochenbegriffe 13, 1002;
Geschichtswissenschaft/Geschichtsschreibung
14, 191;   Griechenland 14, 284;   Griechische
Tragödie 14, 319; 321;   Historische Methoden
14, 455–456; 461;   Historismus 14, 478–479;
Inschriftenkunde, griechische 14, 601;   Klassische
Archäologie 14, 910;   Maß und Gewicht
15/1, 306; 308; 311;   Nietzsche-Wilamowitz-Kontroverse 15/1, 1063;   Philologie 15/2, 262–264; 15/3, 1308;   Philologisches Seminar
15/2, 329–330;   Preußen 15/2, 556–557;
Religionsgeschichte 15/2, 690;   Sozial- und
Wirtschaftsgeschichte 15/3, 85;   Universität
15/3, 905;   Verskunst 15/3, 1015;   Zeitrechnung
15/3, 1177
Böckler, Johann Heinrich: Deutschland 13, 780
Böcklin, Arnold: Etruskerrezeption 13, 1053;
Historismus 14, 489;   Italien 14, 707;   Moderne
15/1, 497;   Nacktheit in der Kunst 15/1, 655
Böckmann, Paul: Epos 13, 1034
Bødker, Cecil: Kinder- und Jugendliteratur 14, 881
Boehm, Gottfried: Philologie 15/3, 1314
Boehm, L.: Akademie 13, 41
Böhme, Jakob: Gnosis 14, 227;   Kabbala 14, 768;
Okkultismus 15/1, 1152
Böhmer, A.: Sepulchralkunst 15/3, 20
Böhmer, Justus Henning: Naturrecht 15/1, 776
Boehringer, Erich: Numismatik 15/1, 1119; 1126;
Pergamon 15/2, 206; 209
Böll, Heinrich: Deutschland 13, 825;   Sparta
15/3, 168
Boerhaave, Herman: Hippokratismus 14, 420;
Medizin 15/1, 370
Boethius von Dacien: Frankreich 14, 17

Böttger, Friedrich: Wirtschaft und Gewerbe
15/3, 1144
Bötticher, W.: Karthago 14, 848
Böttiger, J.F.: Griechische Tragödie 14, 318
Böttiger, Karl August: Klassische Archäologie
14, 907;   Orient-Rezeption 15/1, 1206
Bofill, Ricardo: Rezeptionsformen 15/2, 764
Bogdani, Pjetër → Bogdanus
Bogdanus, Petrus (Bogdani, Pjetër): Albanien 13, 57–58;   Bulgarien 13, 573
Bogetić, P.A.: Kroatien 14, 1122
Boghem, Loys van: Mausoleum 15/1, 331
Bogner, Hans: Nationalsozialismus 15/1, 729; 731;
740; 745
Bogomil: Gnosis 14, 227
Bogoridi, A.: Bulgarien 13, 574
Bohn, Johannes: Naturwissenschaften 15/1, 784
Bohorič (Bohorizh), **Adam:** Slowenien 15/3, 70
Bohr, Niels: Naturwissenschaften 15/1, 786
Bohrer, Karl Heinz: Philologie 15/3, 1313; 1319
Boiagi, Mihai: Rumänien 15/2, 1004
Boiardo, Matteo Maria, Graf von Scandiano:
Adaptation 13, 10; 13;   Epos 13, 1017; 1019;
1025;   Italien 14, 686;   Mythologie 15/1, 623;
625
Boierus, Laurentinus: Litauen 15/1, 174
Boileau, Pierre Louis: Poetik 15/2, 389
Boileau-Despréaux, Nicolas: Armenien 13, 272;
Epochenbegriffe 13, 998;   Epos 13, 1021–1022;
Frankreich 14, 37; 41; 45; 50;   Klassik als
Klassizismus 14, 892; 895;   Komödie 14, 1072;
Literaturkritik 15/1, 182;   Mimesis 15/1, 434;
Mythologie 15/1, 628;   Satire 15/2, 1070;
Tragödie/Tragödientheorie 15/3, 537;
Universität 15/3, 899
Boisrobert, François Le Métel de: Adaptation
13, 15;   Frankreich 14, 37
Boissard, Jean Jacques: Druckwerke 13, 892
Boisserée, Sulpiz: Byzantinistik 13, 588
Boissevain, Ursel Philipp: Niederlande und Belgien
15/1, 1010
Bol, Ferdinand: Niederlande und Belgien 15/1, 1042
Boldetti, M.A.: Christliche Archäologie 13, 642;
Rom 15/2, 906
Boldrini, Niccolò: Laokoongruppe 15/1, 11
Bolet Peraza: Lateinamerika 15/1, 39
Bolingbroke, Henry Saint John, First Viscount:
Republik 15/2, 726
Bolívar, Simón: Lateinamerika 15/1, 20; 37; 39
Bolkestein, Hendrik: Niederlande und Belgien
15/1, 1009; 1011
Boll, Franz: Horoskope 14, 535;   Naturwissenschaften 15/1, 843
Bolland, Jean → Bollandus
Bollandus, Joannes (Bolland, Jean): Geschichtsmodelle 14, 178;   Niederlande und Belgien
15/1, 1026

Bologna, Giovanni da (Giambologna): Reiterstandbild 15/2, 653
Bolognini, L.: Digesten/Überlieferungsgeschichte 13, 848
Boltanski, Christian: Rekonstruktion/Konstruktion 15/2, 665
Bolyai, Farkas (Wolfgang): Neulatein 15/1, 927
Bolzano, Bernhard: Logik 15/1, 201
Bolziano, Urbano Valerio: Philologie 15/2, 249
Bommeljé, B.: Nationale Forschungsinstitute 15/1, 693
Bonaccorsi, Pietro → Perin del Vaga
Bonacolsi, Jacopo Alari: Apoll von Belvedere 13, 155
Bonaguida Aretinus: Redegattungen 15/2, 633
Bonaparte, Charles Louis Napoléon → Napoleon III.
Bonaparte, Joseph *König von Neapel und von Spanien, 1768-1844*: Pompeji 15/2, 474
Bonaparte, Louis → Ludwig
Bonaparte, Luciano: Klassische Archäologie 14, 909
Bonaparte, Napoléon → Napoleon I.
Bonatti, Guido: Naturwissenschaften 15/1, 836
Bonaventura: Einbildungskraft 13, 935; Frankreich 14, 17; Theologie und Kirche des Christentums 15/3, 441; Theorie/Praxis 15/3, 464
Boncampagno da Signa: Italien 14, 667; Redegattungen 15/2, 633; Rhetorik 15/2, 777
Bond, Edward: United Kingdom 15/3, 818; 824
Bonefidius, E.: Römisches Recht 15/2, 839
Boner, Hieronymus: Thukydidismus 15/3, 484; Übersetzung 15/3, 728
Boner, Ulrich: Fabel 13, 1067
Bonfigli, Benedetto: Triumphbogen 15/3, 588
Bonfini, Antonio: Slowakei 15/3, 65; Ungarn 15/3, 750
Bonhomini: Schweiz 15/2, 1135
Boni, Giacomo: Luftbildarchäologie 15/1, 231; Rom 15/2, 871; 887–888; 916
Bonifatius (Winfried) *angelsächs. Missionar und Erzbischof*: Bibliothek 13, 495; Figurengedicht 13, 1116; Klosterschule 14, 980; Österreich 15/1, 1133; Überlieferung 15/3, 723; Wallfahrt 15/3, 1088
Bonifatius Consiliarius: Griechisch 14, 304
Bonifaz IV. *Papst*: Stadt 15/3, 265
Bonifaz VIII. *Papst*: Frankreich 14, 21; Herrscher 14, 395; 407; Kanonisten 14, 795; Spolien 15/3, 202; Theologie und Kirche des Christentums 15/3, 414; Troja 15/3, 621; Wallfahrt 15/3, 1083
Bonifaz IX. *Papst*: Rom 15/2, 842
Bonincontrius Miniatensis, Laurentius: Naturwissenschaften 15/1, 837; 839
Bonitz, Hermann: Österreich 15/3, 1293; Philologie 15/2, 265
Bonnard, Mario: Pompeji/Rezeption des freigelegten Pompeji in Literatur und Film 15/2, 494

Bonneford, Jean-Claude: Philhellenismus 15/2, 234
Bonnefoy: Humanismus 14, 558
Bonnet, Pierre: Musik 15/1, 600
Bonnot de Mably, Gabriel (Abbé de Mably): Diktatur 13, 857; Sozialismus 15/3, 96; Sparta 15/3, 157
Bonomi, Joseph d.Ä.: Greek Revival 14, 252; Mausoleum 15/1, 334; Paestum 15/2, 11
Bonomus, Petrus: Slowenien 15/3, 69
Bonpland, Aimé Jaques Alexandre: Lateinamerika 15/1, 29
Bonsignori, Giovanni dei: Adaptation 13, 11–12; Italien 14, 683; Mythologie 15/1, 612; Verwandlungen/Illustrationen von Ovid-Texten 15/3, 1032
Bontempi, Giovanni Andrea Angelini: Musik 15/1, 600
Bontemps, Pierre: Mausoleum 15/1, 331; Triumphbogen 15/3, 591
Booker, John: Naturwissenschaften 15/1, 842
Boole, George: Logik 15/1, 199–201
Boonen, Johan: Niederlande und Belgien 15/1, 1061
Boot, Johan Cornelis Gerard: Niederlande und Belgien 15/1, 1010
Bopp, Franz: Iranistik 14, 637; Nationalsozialismus 15/1, 747; Philologie 15/2, 266; Semitistik 15/3, 12; Sprachwissenschaft 15/3, 232ff.
Borchardt, Rudolf: Deutschland 13, 818; Dialog 13, 836; Elegie 13, 946; Lyrik 15/1, 250; Neohumanismus 15/1, 886; 890–891; 893; Sparta 15/3, 165; Übersetzung 15/3, 733; Verskunst 15/3, 1014; 1016
Borcht, Pieter van der: Verwandlungen/Illustrationen von Ovid-Texten 15/3, 1033
Bordewijk, F.: Niederlande und Belgien 15/1, 1055
Borelli, Giovanni Alfonso: Naturwissenschaften 15/1, 825; Übersetzung 15/3, 729
Borger, Hugo: Köln 14, 1035; 1037–1038
Borges, Jorge Luis: Babylon 13, 379; Lateinamerika 15/1, 45; Orient-Rezeption 15/1, 1230
Borghese, Camillo: Italien 14, 717
Borghese, Francesco: Italien 14, 717
Borghese, Giovanni Battista: Italien 14, 717
Borghese, Marcantonio: Italien 14, 717
Borghese, Scipione: Italien 14, 717
Borghese Bonaparte, Paolina: Italien 14, 702; 717
Borghesi, Bartolomeo: Lateinische Inschriften 15/1, 60
Borgia, Césare (Borja, Cesar): Spanien 15/3, 133
Borgia, Lucrezia: Lateinische Komödie 15/1, 68
Borgia, Stefano: Neapel, Archäologisches Nationalmuseum (Museo Nazionale Archeologico, Napoli) 15/1, 877
Borglum, John Gutzon: Denkmal 13, 741; Porträtgalerie 15/2, 513
Borheck, August Christian: Übersetzung 15/3, 734
Borinski, K.: Barock 13, 394

Boris I. *Fürst von Bulgarien, gest. 907*: Bulgarien 13, 569; Byzanz 13, 615
Borja, Alonso de → Calixt III.
Borja, Cesar → Borgia
Bormans, Jan-Hendrik: Niederlande und Belgien 15/1, 1034
Born, Friedrich Gottlob: Neulatein 15/1, 936
Bornemissza: Ungarn 15/3, 751
Borriliy, Boniface: Vasen/Vasenmalerei 15/3, 949
Borromeo, Carlo: Rhetorik 15/2, 818; Schweiz 15/2, 1135
Borromeos, Federico: Niederlande und Belgien 15/1, 1018
Borromini, Francesco: Barock 13, 416; Istituto (Nazionale) di Studi Romani 14, 654; Orient-Rezeption 15/1, 1211; Säulenordnung 15/2, 1052
Borsari, Luigi: Ostia und Porto 15/1, 1248
Borst, Arno: Philologie 15/3, 1316
Borzsák, István: Ungarn 15/3, 757
Bos, Lambert: Altertumskunde (Humanismus bis 1800) 13, 93; Niederlande und Belgien 15/1, 1005
Bosanquet, Robert Carr: Sparta 15/3, 178
Boscán, Juan: Geschmack 14, 217
Boschius, Petrus: Niederlande und Belgien 15/1, 1026
Bose, J.A.: Geschichtsmodelle 14, 176
Bosio, Antonio: Altertumskunde (Humanismus bis 1800) 13, 93; Christliche Archäologie 13, 642; Rom 15/2, 905
Bošković, R.: Kroatien 14, 1122
Bossart, Petrus Alexander: Köln 14, 1026
Bosscha, Pieter: Niederlande und Belgien 15/1, 1004; 1007
Bossuat, Robert: Mittellatein 15/1, 456
Bossuet, Jacques-Bénigne: Frankreich 14, 37; 45; Geschichtsmodelle 14, 176; Geschichtswissenschaft/Geschichtsschreibung 14, 200; Leichenrede 15/1, 120; Orient-Rezeption 15/1, 1199
Bostoen, K.: Niederlande und Belgien 15/1, 1048
Boswell, James: Biographie 13, 522; Klassizismus 14, 969; Übersetzung 15/3, 729
Botero, Giovanni: Bevölkerungswissenschaft/Historische Demographie 13, 485; Fürstenspiegel 14, 85; Tacitismus 15/3, 356
Bothmer, Bernard V.: New York, Brooklyn Museum of Art 15/1, 949
Bothmer, Dietrich von: New York, Metropolitan Museum 15/1, 956
Botta, Paul Émile: Orient-Rezeption 15/1, 1212; 1227; Paris, Louvre 15/2, 115; Vorderasiatische Archäologie 15/3, 1051
Bottai, Giuseppe: Faschismus 13, 1090; 1098; Istituto (Nazionale) di Studi Romani 14, 653; 656

Botti, Giuseppe: Alexandria 13, 68
Botticelli, Sandro (Alessandro di Mariano Filipepi): Drei Grazien 13, 871; Gotik 14, 247; Italien 14, 683; Mode 15/1, 483; 490; Musen 15/1, 566; Mythologie 15/1, 624; Nacktheit in der Kunst 15/1, 652; Renaissance 15/2, 709; Triumphbogen 15/3, 588–589
Bottschild, Samuel: Deutschland 13, 785
Bouchardon, Edmond: Vasen/Vasenmalerei 15/3, 951
Bouché-Leclercq, Auguste: Naturwissenschaften 15/1, 843
Boucher, François: Frankreich 14, 51; Trajanssäule 15/3, 548; Vasen/Vasenmalerei 15/3, 949; Verwandlungen/Illustrationen von Ovid-Texten 15/3, 1034
Boucher de Perthes, Jacques: Zeitrechnung 15/3, 1163
Bouhours, Dominique: Querelle des Anciens et des Modernes 15/2, 609
Boulanger, Lili: Frankreich 15/3, 1271
Boulez, Pierre: Vertonungen antiker Texte 15/3, 1023
Boulle, André-Charles: Orient-Rezeption 15/1, 1199
Boullée, Étienne-Louis: Frankreich 14, 52; Mausoleum 15/1, 334; Orient-Rezeption 15/1, 1204; Pantheon 15/2, 60; Porträtgalerie 15/2, 508; Revolution 15/2, 754; Rosse von San Marco/Quadriga 15/2, 990; Stadion 15/3, 257; Theaterbau/Theaterkulisse 15/3, 406; Toranlagen/Stadttore 15/3, 512; Trajanssäule 15/3, 550; Triumphbogen 15/3, 592
Boulton, Matthew: Vasen/Vasenmalerei 15/3, 951
Bourdelle, Émile: Reiterstandbild 15/2, 655
Bourdelle, Pierre: Moderne 15/1, 499
Bourdelot, Pierre: Musik 15/1, 600
Bourdieu, Pierre: Historische Methoden 14, 461; Neugriechische Literatur 15/1, 908; Philologie 15/3, 1315
Bourdin, Charles: Kampanien 14, 790
Bourget, Paul: Fin de siècle 13, 1142
Bourriot, Félix: Nobilitas 15/1, 1072
Bousquet, J.: Delphi 13, 717
Bousset, Wilhelm: Judentum 14, 761
Boutens, P.C.: Niederlande und Belgien 15/1, 1053
Bouverie, John: Griechen-Römer-Antithese 14, 256; Troja 15/3, 604
Bouvière de La Motte, J.M.: Querelle des Anciens et des Modernes 15/2, 612
Bouvrie, S. des: Nationale Forschungsinstitute 15/1, 698
Bouzek, Jan: Tschechien 15/3, 644
Bovet, Honoré de: Krieg 14, 1111
Boxhornius, Marcus Zuerius: Niederlande und Belgien 15/1, 998; 1000
Boy, Peter: Numismatik 15/1, 1121

Boyce, William: Vertonungen antiker Texte
15/3, 1024
Boyd Hawes, Harriet: Nationale Forschungsinstitute
15/3, 1284
Boyer, J.B. de: Preußen 15/2, 550
Boyle, Charles: Klassizismus 14, 965; United
Kingdom 15/3, 811
Boyle, Robert: Naturphilosophie 15/1, 771;
Naturwissenschaften 15/1, 852; 864; 870–871
Božič, D.: Slowenien 15/3, 72
Brackenridge, Hugh Henry: United States of America
15/3, 851
Bracker, J.: Köln 14, 1038
Bradač, F.: Slowenien 15/3, 72
Bradford, Ernle: Sparta 15/3, 169
Bradford, J.S.P.: Nationale Forschungsinstitute
15/1, 676
Bradshaw, Gilian: United States of America 15/3, 876
Bradstreet, Anne: United States of America 15/3, 838
Bradwardine, Thomas: Mathematik 15/1, 318
Bragadenus, M.A.: Redegattungen 15/2, 634
Brahe, Tycho: Naturwissenschaften 15/1, 804; 808;
841; 850
Braidwood, Robert J.: Vorderasiatische Archäologie
15/3, 1053
Brake, Jürgen: Sparta 15/3, 166
Brakmann, Heinzgerd: Franz-Joseph-Dölger-Institut
14, 65
Bramante, Donato (Donato d'Angelo): Abguß/
Abgußsammlung 13, 3; Apoll von Belvedere
13, 152; Frankreich 14, 52; Historienmalerei
14, 426; Italien 14, 688; Laokoongruppe
15/1, 9–10; Lateinische Komödie 15/1, 75;
Mausoleum 15/1, 330; 334; 336; Orient-Rezeption 15/1, 1196; Pantheon 15/2, 58; Park
15/2, 127; Rom 15/2, 931; Säulenordnung
15/2, 1049; Tempel/Tempelfassade 15/3, 376
Brancovici, Gheorghe: Rumänien 15/2, 1002
Brancovici, Sava: Rumänien 15/2, 1002
Brancusi, Constantin: Musen 15/1, 567;
Stützfiguren/Erechtheionkoren 15/3, 334
Brandes, Peter: Venus von Milo 15/3, 969
Brandler-Pracht, Karl: Horoskope 14, 537
Brandon, Samuel: United Kingdom 15/3, 808
Braniß, Christlieb Julius: Historismus 14, 470
Branstner: Fabel 13, 1070
Brant, Sebastian: Deutschland 13, 769; Epos
13, 1032; Herrscher 14, 393; 395; Lateinische
Tragödie 15/1, 86; Neulatein 15/1, 937;
Schweiz 15/2, 1132; Übersetzung 15/3, 728ff.
Brantius, Johannes: Niederlande und Belgien
15/1, 1024
Brantôme: Biographie 13, 521
Braque, Georges: Moderne 15/1, 508
Braquehais, Auguste Bruno: Venus von Milo
15/3, 966

Brasch, Volker: DDR 13, 694
Brassican, Johannes Alexander: Humanismus
14, 555
Brauchli, Pierre: Babylon 13, 377
Braudel, Ferdinand: Strukturalismus 15/3, 324
Braun, Georg: Litauen 15/1, 172
Braun, Heinrich: Bayern 13, 435
Braun, Volker: DDR 13, 694; Medien 15/1, 350
Braunfels, Walter: Deutschland 13, 819; Oper
15/1, 1185; Vertonungen antiker Texte
15/3, 1021
Braunschweig-Wolfenbüttel, Anton Ulrich, Herzog
von: Deutschland 13, 786; Orient-Rezeption
15/1, 1224
Bréal, Michel: Frankreich 14, 56
Breasted, James Henry: Ägyptologie 13, 18;
Chicago, Oriental Institute Museum 13, 632
Brébeuf: Epos 13, 1021
Breccia, Evaristo: Alexandria 13, 68
Brecht, Bertolt: Cäsarismus 13, 623; DDR 13, 690;
692; Deutschland 13, 820; Elegie 13, 946;
Griechische Tragödie 14, 320; Hymnos
14, 569; Kalender 14, 786; Lehrer 15/1, 107;
Lyrik 15/1, 248; Medien 15/1, 348; Mimesis
15/1, 435; Nationalsozialismus 15/1, 734; 766;
Parabel 15/2, 104ff.; Theater 15/3, 401;
Totengespräch 15/3, 523; Tragödie/Tragödientheorie 15/3, 535
Brecht, U.: Griechische Komödie 14, 314
Breda, Jacob van: Niederlande und Belgien 15/1, 992
Bredenbach, Tillmann: Estland 13, 1045
Bredero, Gerbrand Adriaensz.: Niederlande und
Belgien 15/1, 1048–1049
Brederode, P.C.: Republik 15/2, 722
Breglia, Laura: Numismatik 15/1, 1127
Bregno, Andrea: Torso (Belvedere) 15/3, 514
Breidbach zu Bürresheim, Emmerich Joseph
Freiherr von *Kurfürst von Mainz*: Mainz 15/1, 263
Breitinger, Johann Jakob: Einbildungskraft
13, 936; Figurenlehre 13, 1130; Metapher/
Metapherntheorie 15/1, 405; Mimesis
15/1, 434; Schweiz 15/2, 1142; Ut pictura
poesis 15/3, 933
Breker, Arno: Laokoongruppe 15/1, 14; Moderne
15/1, 505; Nacktheit in der Kunst 15/1, 655;
Nationalsozialismus 15/1, 760; 762–764;
Pergamonaltar 15/2, 214
Brekke, Paal: Norwegen 15/1, 1087
Brelich, Angelo: Kulturanthropologie 14, 1139;
Religionsgeschichte 15/2, 696
Bremer, C.: Griechische Komödie 14, 314
Bremond, Claude: Strukturalismus 15/3, 323
Brender, Franz: Litauen 15/1, 176
Brenkman, H.: Digesten/Überlieferungsgeschichte
13, 850; Humanismus 14, 558
Brenna, Vincenzo: Paestum 15/2, 10

Brennans, C.J.: Australien und Neuseeland 13, 360
Brentano, Clemens: Knidische Aphrodite 14, 984; Romantik 15/2, 976; Sturm und Drang 15/3, 341
Brentano, Franz: Aristotelismus 13, 263; Logik 15/1, 198
Brenton, Howard: United Kingdom 15/3, 826
Brescia, Giovanni Antonio da: Laokoongruppe 15/1, 10; Torso (Belvedere) 15/3, 514
Bretke, Johannes (Bretkius/Bretkûnas, Johannes): Litauen 15/1, 171
Bretkius → Bretke
Bretkûnas, Johannes → Bretke
Breton, André: Gelegenheitsdichtung 14, 111; Metamorphose 15/1, 398; Neugriechische Literatur 15/1, 912
Bretone, Mario: Romanistik/Rechtsgeschichte 15/2, 965
Breu, J.: Krieg 14, 1114
Breuer, Josef: Fin de siècle 13, 1142; 1144; Physiognomik 15/2, 351; Psychoanalyse 15/2, 588
Breuer, Lee: United States of America 15/3, 879
Breughel, Pieter d.Ä.: Mimesislegenden 15/1, 440
Breydenbach, Bernhard von: Tourismus 15/3, 530
Breyner, Sophia M.: Portugal 15/2, 525
Breysig, Kurt: Epochenbegriffe 13, 999
Briceño, Alonso: Lateinamerika 15/1, 27
Bridgeman, Charles: Park 15/2, 150
Brikcius, Eugen: Tschechien 15/3, 637
Brill, Paul: Niederlande und Belgien 15/1, 1039
Brinkmann, Rolf Dieter: Hymnos 14, 569; Metapher/Metapherntheorie 15/1, 406; Rezeptionsformen 15/2, 769
Brisson, B.: Redegattungen 15/2, 634
Britten, Benjamin: Musik 15/1, 602
Brjullow, Karl Pawlowitsch: Pompeji 15/2, 484
Broch, Hermann: Kitsch 14, 882–883; 887; Metapher/Metapherntheorie 15/1, 406; Österreich 15/1, 1145; 15/3, 1296; United Kingdom 15/3, 824
Brockelmann, Carl: Arabistik 13, 191; Semitistik 15/3, 13ff.
Brockes, Barthold Hinrich: Lehrgedicht 15/1, 110; Ut pictura poesis 15/3, 933
Brocquière, Bertrandon de la: Konstantinopel 14, 1089
Brodarics, István: Ungarn 15/3, 751
Brodski, Iossif Alexandrowitsch (Brodsky/Brodskij, Joseph/Iosif): Lyrik 15/1, 251
Brodskij → Brodski
Brodsky → Brodski
Broelmann, Stephan: Köln 14, 1022–1023; 1025–1026
Brønsted, P.O.: Nationale Forschungsinstitute 15/1, 677

Broglio, Mario: Italien 14, 707
Bromyard, John (Robert von Basevorn): United Kingdom 15/3, 778; 786–787
Broneer, Oscar: Nationale Forschungsinstitute 15/3, 1284
Brongniart, Alexandre Théodore: Tempel/Tempelfassade 15/3, 377
Brontë, Charlotte: United Kingdom 15/3, 816
Bronzino, Agnolo/Angelo: Groteske 14, 327; Nacktheit in der Kunst 15/1, 653; Theaterbau/Theaterkulisse 15/3, 404
Brooke-Rose, Christine: Metapher/Metapherntheorie 15/1, 406; United Kingdom 15/3, 824
Brosses, Charles de: Groteske 14, 330; Kampanien 14, 790; Laokoongruppe 15/1, 15; Sprachphilosophie/Semiotik 15/3, 226
Broukhusius, Janus: Niederlande und Belgien 15/1, 1004
Brouwer, Christoph: Altertumskunde (Humanismus bis 1800) 13, 94; Trier 15/3, 563; 565
Brown, Ford Madox: Orient-Rezeption 15/1, 1213
Brown, Lancelot: Park 15/2, 153
Brown, N.O.: Psychoanalyse 15/2, 600
Brown West, Allan: Athen 13, 279
Browning, Robert: Komödie 14, 1076
Brox, Norbert: Übersetzung 15/3, 736
Bruce, Thomas, 7th Earl of Elgin and 11th Earl of Kincardine → Lord Elgin
Bruch, Max: Oratorium 15/1, 1187
Brucker, Johann Jacob: Naturphilosophie 15/1, 771; Philosophia perennis 15/2, 334; 338; Politische Theorie 15/2, 453
Bruckner, Anton: Messe 15/1, 394
Bruckner, Ferdinand → Tagger
Brudus, Manuel: Diätetik 13, 828
Brückner, Christine: Medien 15/1, 350
Brülow, Caspar: Lateinische Tragödie 15/1, 88
Bruès, Guy de: Skeptizismus 15/3, 40
Brugmann, Karl: Iranistik 14, 638; Sprachwissenschaft 15/3, 236ff.
Bruin, Cornelis de: Iranistik 14, 635; Orient-Rezeption 15/1, 1211–1212
Brukenthal, Samuel: Rumänien 15/2, 1011
Brukker, Jacob: Philosophie 15/2, 339
Brulet, Raymond: Trier 15/3, 571
Brulez, Raymond: Niederlande und Belgien 15/1, 1058
Brumido, Constantino: Groteske 14, 331
Brummer, Joseph: New York, Metropolitan Museum 15/1, 976
Brumoy, Pierre: Italien 14, 699; Komödie 14, 1073
Brun, Friederike: Pompeji/Rezeption des freigelegten Pompeji in Literatur und Film 15/2, 491
Brunelleschi, Filippo: Italien 14, 682; 690; Renaissance 15/2, 703; 705; Rom 15/2, 868;

Romanik 15/2, 951; Säulenordnung 15/2, 1048; Tempel/Tempelfassade 15/3, 374
Brunér, E.J.W.: Finnland 13, 1150
Brunfels, O.: Pharmakologie 15/2, 219
Bruni, Leonardo (Leonardo Aretino): Byzanz 13, 598; Dialog 13, 832; Geschichtsmodelle 14, 173; Geschichtswissenschaft/Geschichtsschreibung 14, 213; Herrscher 14, 395; 405; Historienmalerei 14, 423; Historische Methoden 14, 454; Humanismus 14, 540; 544; 546; 548; Italien 14, 676; Karthago 14, 850; Leichenrede 15/1, 120; Mischverfassung 15/1, 442; Monarchie 15/1, 540; Neulatein 15/1, 935; Panegyrik 15/2, 50; Philologie 15/2, 250; 285; Platonismus 15/2, 367; Politische Theorie 15/2, 415; Querelle des Anciens et des Modernes 15/2, 609; Republik 15/2, 718; Thukydidismus 15/3, 484; Übersetzung 15/3, 727
Brunn, Heinrich von: Epochenbegriffe 13, 1004; 1006; Klassische Archäologie 14, 907; Limes, Limesforschung 15/1, 163; Steinschneidekunst: Gemmen 15/3, 287; Zeitrechnung 15/3, 1164
Brunner, Heinrich: Vulgarismusforschung/Vulgarrecht 15/3, 1071
Brunner, Nicolaus: Schweiz 15/2, 1141
Brunner, Otto: Nobilitas 15/1, 1078
Bruno von Köln Gründer des Kartäuser-Ordens: Mönchtum 15/1, 527; Ottonische Renaissance 15/1, 1255
Bruno, Giordano: Atomistik 13, 340; Gnosis 14, 227–228; Herrscher 14, 379; Italien 14, 684; 689; Künstlerlegenden 14, 1128; Magie 15/1, 254; Mnemonik/Mnemotechnik 15/1, 470; 472; 475–476; Naturphilosophie 15/1, 770–771; Naturwissenschaften 15/1, 783; 838; Okkultismus 15/1, 1149; Theologie und Kirche des Christentums 15/3, 436; Vorsokratiker 15/3, 1064
Brunton, Guy: London, British Museum 15/1, 219
Bruun, Christer: Nationale Forschungsinstitute 15/1, 683
Bruun, Patrick: Nationale Forschungsinstitute 15/1, 683
Bryennios, Manuel: Musik 15/1, 595–596: 599
Bryson: Arabisch-islamisches Kulturgebiet 13, 171
Bube, Adolf: Gotha, Schloßmuseum 14, 233
Buchanan, George: Lateinische Tragödie 15/1, 85; Niederlande und Belgien 15/1, 989; Tyrannis 15/3, 689ff.; Verskunst 15/3, 1010
Bucherius, Aegidius: Niederlande und Belgien 15/1, 1027
Buchner, Andreas: Limes, Limesforschung 15/1, 160
Buchner, August: Gattung/Gattungstheorie 14, 93
Buchtal, Hugo: Pakistan/Gandhara-Kunst 15/2, 38
Budaeus → Budé

Budai, Ézsaiás: Ungarn 15/3, 755
Budai, Ion: Rumänien 15/2, 1003
Budde, Johann Franz: Patristische Theologie/Patristik 15/2, 197
Budé, Guillaume (Budaeus, Gulielmus): Altertumskunde (Humanismus bis 1800) 13, 92; Artes liberales 13, 275; Frankreich 14, 25; 29; Fürstenspiegel 14, 80; 83; Geschichtsmodelle 14, 174; Herrscher 14, 370; Humanismus 14, 551; 554; Luxemburg 15/1, 238; Maß und Gewicht 15/1, 306; Numismatik 15/1, 1112; Philologie 15/2, 291; United Kingdom 15/3, 801; Universität 15/3, 894; Übersetzung 15/3, 736ff.; Vasen/Vasenmalerei 15/3, 947
Budge, Sir E.A. Wallis: London, British Museum 15/1, 218–219; 225–226
Budimir, Milan: Serbien 15/3, 30
Budina, Leonhardus: Slowenien 15/3, 70
Bücheler, Franz: Lateinische Inschriften 15/1, 60; Lexikographie 15/1, 144; Philologie 15/2, 302–303; Übersetzung 15/3, 734
Bücher, Karl: Bücher-Meyer-Kontroverse 13, 552ff.; Historische Methoden 14, 458; Sklaverei 15/3, 50; Sozial- und Wirtschaftsgeschichte 15/3, 86
Büchmann, Georg: Geflügelte Worte 14, 100–101; 103
Büchner, Georg: Melancholie 15/1, 382
Büchner, Karl: Philologie 15/2, 321
Büchsenschütz, Albert Bernhard: Bücher-Meyer-Kontroverse 13, 554; Sozial- und Wirtschaftsgeschichte 15/3, 86; Traumdeutung 15/3, 553
Bühler, Winfried: Lebendiges Latein 15/1, 94
Bürger, Gottfried August: Homerische Frage 14, 512; Sturm und Drang 15/3, 338; Übersetzung 15/3, 730
Buero Vallejo, Antonio: Spanien 15/3, 144
Büsching, Anton Friedrich: Geographie 14, 124
Büsing, Hermann: Maß und Gewicht 15/1, 311
Bufalini, Leonardo: Altertumskunde (Humanismus bis 1800) 13, 90
Bufalo, Stefano del: Rom 15/2, 865
Buffon, Georges-Louis Leclerc, Graf von: Naturphilosophie 15/1, 771
Bugge, Sophus: Hethitologie 14, 414; Norwegen 15/1, 1085
Buirette, Jacques: Torso (Belvedere) 15/3, 518
Bulfinch, Charles: Greek Revival 14, 252; United States of America 15/3, 855
Bulgakov, Michail Afanasjevič: Theologie und Kirche des Christentums 15/3, 431
Bulgarēs, Eugenios (Bulgaris/Vulgaris): Albanien 13, 58; Neugriechische Literatur 15/1, 900; Rußland 15/2, 1018
Bulgarus de Bulgarinis: Glossatoren 14, 222
Bull, Olaf: Norwegen 15/1, 1087

Bulle, Heinrich: Klassische Archäologie 14, 912; Orchomenos 15/1, 1190–1191
Bullinger, Heinrich: Schweiz 15/2, 1132; Theologie und Kirche des Christentums 15/3, 435
Bulst, Walther: Mittellatein 15/1, 461
Bultelius, Gislenus: Niederlande und Belgien 15/1, 1022
Bultmann, Rudolf: Mythos 15/1, 639
Bulwer-Lytton, Edward George, 1st Baron Lytton of Knebworth: Film 13, 1136; Kitsch 14, 886; Klassische Archäologie 14, 909; Pompeji/Rezeption des freigelegten Pompeji in Literatur und Film 15/2, 492; United Kingdom 15/3, 816
Bundgaard, J.: Athen 13, 306
Bunić, J.: Kroatien 14, 1119
Bunsen, Christian Karl Josias: Christliche Archäologie 13, 643
Bunyan, John: Autobiographie 13, 363
Buonaccorsi, Filippo (Callimachus Experiens): Polen 15/2, 393; Ungarn 15/3, 750
Buonarroti, Filippo (franz. Revolutionär): Republik 15/2, 731; Stil, Stilanalyse, Stilentwicklung 15/3, 292
Buonarroti, Filippo ((Antiquar)): Vasen/Vasenmalerei 15/3, 951
Buonarroti, Michelangelo → Michelangelo
Buondelmonti, Christoforo: Altertumskunde (Humanismus bis 1800) 13, 93; Konstantinopel 14, 1089–1090; Orient-Rezeption 15/1, 1195; Troja 15/3, 603
Buontalenti, Bernardo: Theaterbau/Theaterkulisse 15/3, 404; Uffizien, Florenz (Galleria degli Uffizi, Firenze) 15/3, 740
Burana, Giovanni Francesco: Humanismus 14, 561
Burchard von Worms: Kanonisten 14, 795
Burck, Erich: Philologie 15/2, 316; 321
Burckhardt, Carl: Schweiz 15/2, 1151
Burckhardt, Carl Jakob: Österreich 15/3, 1295
Burckhardt, Jacob: Barock 13, 394; 397; Demokratie 13, 728; 732; Epochenbegriffe 13, 1004–1005; Fin de siècle 13, 1142; Geschichtsmodelle 14, 180–181; Geschichtswissenschaft/Geschichtsschreibung 14, 192–193; 214; Historismus 14, 472; 480; Italien 14, 675; Nietzsche-Wilamowitz-Kontroverse 15/1, 1065; Nobilitas 15/1, 1071; Politische Theorie 15/2, 433; Schweiz 15/2, 1145; Sparta 15/3, 161; Sport 15/3, 211; Thukydidismus 15/3, 481; 490
Burckhardt, Johann Ludwig: London, British Museum 15/1, 214; Vorderasiatische Archäologie 15/3, 1057
Bure, Johan: Altertumskunde (Humanismus bis 1800) 13, 95
Burette, Pierre Jean: Musik 15/1, 583
Burgkmair, H.: Krieg 14, 1114

Burgos, Carmen de (Colombine): Spanien 15/3, 139
Burgundio von Pisa: Griechisch 14, 307–308; Italien 14, 664; Medizin 15/1, 363
Burian, Jan: Tschechien 15/3, 642
Buridan, Jean → Buridanus
Buridanus, Joannes (Buridan, Jean): Aristotelismus 13, 256; Frankreich 14, 22; Naturwissenschaften 15/1, 805; 814; 827; Universität 15/3, 885
Burke, Edmund: Demokratie 13, 727; Orient-Rezeption 15/1, 1201; Politische Theorie 15/2, 455
Burke, Kenneth: Redegattungen 15/2, 640
Burkert, Walter: Kulturanthropologie 14, 1137; 1142; Mythos 15/1, 646; Philologie 15/3, 1302; Psychoanalyse 15/2, 600; Religion und Literatur 15/2, 675–676; Religionsgeschichte 15/2, 697; Schweiz 15/2, 1149; Zeitrechnung 15/3, 1178
Burlamaqui, Jean-Jacques: Menschenrechte 15/1, 388
Burley, Walter: Affektenlehre (musikalisch) 13, 21; Kynismus 14, 1155; Logik 15/1, 195; Zeitrechnung 15/3, 1189
Burmann, Pieter → Burmannus
Burmannus, Petrus (Burmann, Pieter d.Ä.): Lateinische Inschriften 15/1, 59; Makkaronische Dichtung 15/1, 283; Niederlande und Belgien 15/1, 1002; 1004–1005; Philologie 15/2, 253
Burmannus, Petrus (Secundus) (Burmann, Pieter d.J.): Niederlande und Belgien 15/1, 1004
Burmeister, Johannes: Lateinische Komödie 15/1, 78; Musik 15/1, 593
Burne-Jones, Sir Edward Coley: Historismus 14, 490; Mode 15/1, 489; Vasen/Vasenmalerei 15/3, 954
Burnet, John: Vorsokratiker 15/3, 1062
Burnett, Frances Hodgson: Kinder- und Jugendliteratur 14, 881
Burney, Charley: Musik 15/1, 600
Burow, A.K.: Sepulchralkunst 15/3, 22
Bursian, Conrad: Geschichtswissenschaft/Geschichtsschreibung 14, 188; Historische Geographie 14, 451
Bursius, Adam: Sprachphilosophie/Semiotik 15/3, 225
Burton, Decimus: Greek Revival 14, 252
Burton, James: London, British Museum 15/1, 216
Burton, Robert: Künstlerlegenden 14, 1129; Melancholie 15/1, 381–382
Bury, John Bagnell: Geschichtswissenschaft/Geschichtsschreibung 14, 190; Irland 14, 646
Bury, Richard de: Bibliothek 13, 497; United Kingdom 15/3, 790; 792
Busbecq, Ogier Ghislain de → Busbequius

Busbequius, Augerius Gislenus (Busbecq, Ogier Ghislain de): Inschriftenkunde, griechische 14, 593; Niederlande und Belgien 15/1, 991; 1027; Österreich 15/1, 1138
Busch, Wilhelm: Karikatur 14, 802; Kynismus 14, 1155
Busche, Hermann von dem: Universität 15/3, 892–893
Buschor, Ernst: Klassische Archäologie 14, 907; 913–915; Samos 15/2, 1054; Übersetzung 15/3, 737
Busenello, Giovanni Francesco: Oper 15/1, 1181
Busleyden, Hieronymus/Jerôme (Buslidius): Luxemburg 15/1, 238; Niederlande und Belgien 15/1, 991; United Kingdom 15/3, 801
Buslidius → Busleyden
Busolt, Georg: Geschichtswissenschaft/Geschichtsschreibung 14, 190–191
Bussi, Giovanni Andrea: Philologie 15/2, 288
Bussy-Rabutin, Roger: Roman 15/2, 947
Bustamante, J. de: Adaptation 13, 12
Bute, John Stuart, Third Earl of: London, British Museum 15/1, 212
Butler, E.M.: Griechen-Römer-Antithese 14, 266
Butler, Samuel: Australien und Neuseeland 15/3, 1250; United States of America 15/3, 851
Butor, Michael: Naturwissenschaften 15/1, 844
Buttler, Werner: Köln 14, 1032
Buttmann, Philipp Karl: Philologie 15/2, 262; 266; United States of America 15/3, 859
Buttstett, Johann Heinrich: Sphärenharmonie 15/3, 189
Butzer (Bucer), Martin: Mischverfassung 15/1, 443
Bux, Ernst: Sparta 15/3, 162
Buxtorf, Johannes d.Ä.: Semitistik 15/3, 11
Buysse: Niederlande und Belgien 15/1, 1057
Byeus, Cornelius: Niederlande und Belgien 15/1, 1027
Bylica, M. de: Ungarn 15/3, 749
Bynkershoek, C. von: Humanismus 14, 558; Völkerrecht 15/3, 1046
Byrd of Westover, William: United States of America 15/3, 836; 848
Byron, George Gorden Noël, 6th Baron (Lord Byron): Babylon 13, 379; Historienmalerei 14, 438; Melancholie 15/1, 382; Orient-Rezeption 15/1, 1212–1213; 1226; Österreich 15/1, 1140; Parthenon 15/2, 193; Philadelphia, University of Pennsylvania Museum of Archaeology and Anthropology, Ancient Near Eastern Section 15/2, 227; Philhellenismus 15/2, 232ff.; United Kingdom 15/3, 815; United States of America 15/3, 841; Zoroastres/Zoroastrismus 15/3, 1231
Byrtferth von Ramsey: United Kingdom 15/3, 763; 768
Byvanck, Alexander Willem: Niederlande und Belgien 15/1, 1009

C

Cabahm, Thomas: Rhetorik 15/2, 778
Cabanel, A.: Historismus 14, 486
Cabrol, F.: Christliche Archäologie 13, 644
Cacciari, Massimo: Italien 14, 708
Caccini, Giulio: Musen 15/1, 568; Musik 15/1, 602; Okkultismus 15/1, 1159; Oper 15/1, 1180
Cacoyannis, Michael: Film 13, 1136
Cades, Tommaso: Steinschneidekunst: Gemmen 15/3, 287
Ćadík, Josef: Tschechien 15/3, 644
Cadlubkonis → Kadłubek
Caesar von Arles: Mönchtum 15/1, 523–524
Cage, John: United States of America 15/3, 880
Cagliostro, Alessandro, Conte di (Balsamo, Giuseppe): Magie 15/1, 257; Orient-Rezeption 15/1, 1204
Cagnat, René: Lateinische Inschriften 15/1, 61
Cagnola, Luigi: Italien 14, 703
Cagnolo, Jeronimo: Fürstenspiegel 14, 85
Cahn, Edward L.: Pompeji/Rezeption des freigelegten Pompeji in Literatur und Film 15/2, 494
Cahn, Herbert A.: Numismatik 15/1, 1120
Caillois, Franz: Babylon 13, 379
Cairnes, John Elliott: Sklaverei 15/3, 49
Cairns, Francis: Philologie 15/3, 1317
Caius, John: Humanismus 14, 560; Medizin 15/1, 367–368
Cajetanus, Tommaso de Vio Gaetani: Metapher/Metapherntheorie 15/1, 404; Praktische Philosophie 15/2, 532
Çakmak, Fevzi: Türkei 15/3, 669
Calancha, Antonio de: Lateinamerika 15/1, 24; 27
Calcondyla, D.: Panegyrik 15/2, 50
Caldara, Polidoro → Polidoro da Caravaggio
Caldas, Francisco José de: Lateinamerika 15/1, 29
Calderini, Domizio → Calderinus
Calderinus, Domitius (Calderini, Domizio): Gelegenheitsdichtung 14, 110; Philologie 15/2, 288
Calderón de la Barca, Pedro: Allegorie 13, 85; Barock 13, 405; Lateinamerika 15/1, 34; Spanien 15/3, 142
Calepino, Ambrogio → Calepinus
Calepinus, Ambrosius (Calepino, Ambrogio): Lexikographie 15/1, 132–133; Luxemburg 15/1, 240
Calhoun, John Caldwell: Politische Theorie 15/2, 430; United States of America 15/3, 860–861
Calixt II. *Papst*: Theologie und Kirche des Christentums 15/3, 459; Triumphbogen 15/3, 582

Calixt III. (Borja, Alonso de) *Papst*: Spanien 15/3, 133
Calixt, Georg: Aristotelismus 13, 260
Calliergis, Zacharias: Venedig 15/3, 962
Callimachus Experiens → Buonaccorsi
Calonghi, Ferruccio: Lexikographie 15/1, 139
Calvert, Frank: Troja 15/3, 609ff.
Calvin, Johannes: Gerechtigkeit 14, 143; Herrscher 14, 402; Mischverfassung 15/1, 443; Sparta 15/3, 155; Stoizismus 15/3, 301ff.; Theologie und Kirche des Christentums 15/3, 419–420; 444–445; 456; Typologie 15/3, 679
Calvino, Italo: Ironie 14, 650; Philologie 15/3, 1319
Calvo, Marco Fabio: Altertumskunde (Humanismus bis 1800) 13, 90; Architekturtheorie/Vitruvianismus 13, 237; Medizin 15/1, 366–367
Calza, Guido: Ostia und Porto 15/1, 1248–1249; 1251
Calzabigi, Ranieri: Italien 14, 700; Oper 15/1, 1182
Camaino, Tino da: Stützfiguren/Erechtheionkoren 15/3, 330
Camarda: Albanien 13, 58
Cambitoglou, A.: Australien und Neuseeland 15/3, 1248
Camblak, Grigorij: Bulgarien 13, 571
Camden, William: Altertumskunde (Humanismus bis 1800) 13, 95; Geschichtsmodelle 14, 173; Limes, Hadrianswall 15/1, 151
Camerarius, Joachim d.Ä. (Kammermeister, Joachim): Bayern 13, 434; Lexikographie 15/1, 129; Naturwissenschaften 15/1, 837; Numismatik 15/1, 1112; Philologie 15/2, 292; Sport 15/3, 209
Camillo, Giulio (Delminio, Giulio Camillo): Mnemonik/Mnemotechnik 15/1, 470–472; 474
Cammelli, Antonio (Il Pistoia): Lateinische Tragödie 15/1, 84; Tragödie/Tragödientheorie 15/3, 536
Camões, Luís Vaz de: Epos 13, 1026; Portugal 15/2, 519; Südafrika 15/3, 342
Camp, John II.: Nationale Forschungsinstitute 15/3, 1284
Campana, Pietro: Ostia und Porto 15/1, 1248
Campanella, Tommaso: Atlantis 13, 336; Bevölkerungswissenschaft/Historische Demographie 13, 484; Magie 15/1, 254; Naturphilosophie 15/1, 770; Naturwissenschaften 15/1, 838; Sozialismus 15/3, 95; Theologie und Kirche des Christentums 15/3, 436; Utopie 15/3, 937–938; Verskunst 15/3, 1013
Campano, Gianantonio: Tacitismus 15/3, 354
Campanus, Johannes: Horoskope 14, 537; Mathematik 15/1, 318–319; Tschechien 15/3, 627
Campbell, Joseph: Magie 15/1, 261
Campbell, Roy: Südafrika 15/3, 342
Campbell Thompson, Reginald: London, British Museum 15/1, 225

Campe, Joachim Heinrich: Kinder- und Jugendliteratur 14, 881; Lehrplan 15/1, 113
Campen, Jacob van: Niederlande und Belgien 15/1, 1041–1043
Campion, Edmund: Irland 14, 645
Campion, Thomas: Verskunst 15/3, 1009; 1015
Campomanes, Pedro Rogríguez de: Spanien 15/3, 115ff.
Camporese, G.: Rom 15/2, 931
Camporesi, Pietro: Groteske 14, 330
Campos, Augosto de: Figurengedicht 13, 1123
Campos, F.: Portugal 15/2, 525
Campra, André: Musen 15/1, 568; Musik 15/1, 602
Campuzano, Joaquín Bernado: Lateinamerika 15/1, 38
Camuccini, Vincenzo: Italien 14, 703; München, Glyptothek und Antikensammlungen 15/1, 548
Camus, Albert: Frankreich 15/3, 1264; Medien 15/1, 350; Mythologie 15/1, 631; Thukydidismus 15/3, 483
Camus, Jean-Pierre: Skeptizismus 15/3, 41
Canart, Joseph: Herculaneum 14, 357; Neapel, Archäologisches Nationalmuseum (Museo Nazionale Archeologico, Napoli) 15/1, 874
Canart, Paul: Paläographie, griechischische 15/2, 42
Cancik, Hubert: Menschenrechte 15/1, 385
Canetti, Elias: Komödie 14, 1077; Orient-Rezeption 15/1, 1231
Canga-Argüelles, Bernabé: Spanien 15/3, 119
Canga-Argüelles, José: Spanien 15/3, 119
Cangrande della Scala (Scala, Cangrande I. della): Herrscher 14, 398; Italien 14, 671; Lateinische Tragödie 15/1, 83
Canina, Luigi: Ostia und Porto 15/1, 1248; Rom 15/2, 886
Canini, Angelo: Semitistik 15/3, 10–11
Canisius, Petrus: Schweiz 15/2, 1135
Canova, Antonio: Bayern 13, 439; Denkmal 13, 739; Dioskuren vom Monte Cavallo 13, 864; Italien 14, 702; 704; 712; Klassizismus 14, 957; Mausoleum 15/1, 336; Musen 15/1, 567; München, Glyptothek und Antikensammlungen 15/1, 548; Nacktheit in der Kunst 15/1, 653–654; Pantheon 15/2, 61; Preußen 15/2, 555; Rom 15/2, 933; Rosse von San Marco/Quadriga 15/2, 988; Sepulchralkunst 15/3, 21ff.; Winckelmann-Gesellschaft 15/3, 1139
Cantacuzino, Constantin: Rumänien 15/2, 998
Cantacuzino, Șerban: Rumänien 15/2, 1002
Cantemir → Kantemir
Canterus, Gulielmus: Niederlande und Belgien 15/1, 989; 991; 993
Cantiuncula, Claudius: Humanismus 14, 555
Cantor, Georg: Logik 15/1, 200
Capaccio, Giulio Cesare: Kampanien 14, 789

Capellanus, Andreas: Konsolationsliteratur 14, 1081
Capellanus, Georg: Lebendiges Latein 15/1, 97
Capelle, Jean: Lebendiges Latein 15/1, 97
Capello, Antonio: Kassel, Staatliche Kunstsammlungen Antikenabteilung 14, 861; Steinschneidekunst: Gemmen 15/3, 284
Capgrave, John: United Kingdom 15/3, 773
Capodiferro → Faustus Capiferreus
Capodistrias, Ioannis: Griechenland 14, 280
Caporale, Cesare: Barock 13, 407
Cappel, Luis (Cappellus, Ludovicus): Literaturkritik 15/1, 181
Cappellus, Ludovicus → Cappel
Capponi, Alessandro Gregorio: Rom 15/2, 923
Capua, Tommaso da: Briefkunst/Ars dictaminis 13, 546
Capuana, Luigi: Kinder- und Jugendliteratur 14, 881
Caracini, Battista: Italien 14, 687
Caradosso, Cristofano: Laokoongruppe 15/1, 11
Carafa, Giovanni: Vasen/Vasenmalerei 15/3, 949
Caraffe, Armand-Charles: Diana von Ephesus 13, 842
Caramanico, Martino da: Herrscher 14, 393
Carano, Girolamo: Horoskope 14, 533
Caravaggio → Polidoro
Caravaggio (Merisi, Michelangelo) *it. Maler, um 1571–1610*: Mimesislegenden 15/1, 440; Stil, Stilanalyse, Stilentwicklung 15/3, 292
Carazo, Evaristo: Lateinamerika 15/1, 40
Carcaleki, Zaharia: Rumänien 15/2, 1004
Carcini, Battista: Mythologie 15/1, 624
Carcopino, Jérôme: Frankreich 15/3, 1255; Geschichtswissenschaft/Geschichtsschreibung 14, 210; Istituto (Nazionale) di Studi Romani 14, 657; Lateinamerika 15/1, 43
Cardano, Girolamo (Hieronymus Cardanus): Autobiographie 13, 362; Geriatrie 14, 148; Herrscher 14, 403; Horoskope 14, 532; Naturphilosophie 15/1, 770; Naturwissenschaften 15/1, 837–840; 850; Traumdeutung 15/3, 553
Cardinalis → Raimundus de Arenis
Cardoso, J.: Portugal 15/2, 518
Carducci, Giosuè: Italien 14, 704–705; Lyrik 15/1, 250; Verskunst 15/3, 1011; 1014; 1016ff.
Carentinus *Bischof von Köln*: Köln 14, 1016
Carettoni, Gianfilipo: Rom 15/2, 918
Cariani, Giovanni: Torso (Belvedere) 15/3, 518
Carimini, L.: Historismus 14, 494
Carion, Johannes: Geschichtsmodelle 14, 174; Geschichtswissenschaft/Geschichtsschreibung 14, 200
Carletti, C.: Lateinische Inschriften 15/1, 60
Carletti, Giuseppe: Groteske 14, 331
Carli, I.A.: Slowenien 15/3, 71
Carlier, Pierre: Sparta 15/3, 170
Carlo, Augustín Millares: Lateinamerika 15/1, 43

Cârlova, Vasile: Rumänien 15/2, 1005
Carlowitz, Christoph von: Fürstenschule 14, 72
Carlyle, Thomas: Biographie 13, 522; Poeta Vates 15/2, 380; Romantik 15/2, 980
Carnap, Rudolf: Philosophie 15/2, 341
Carnarvon, George Edward Stanhope Molineux Herbert, Earl of: New York, Metropolitan Museum 15/1, 966
Carnarvon, Henry Howard Molyneux Herbert, Earl of: Imperium 14, 583
Carnegie, Andrew: United States of America 15/3, 858
Caro, A.: Adaptation 13, 12
Caro, Francisco Javier: Lateinamerika 15/1, 39
Caro, José Eusebio: Lateinamerika 15/1, 38
Caro, Miguel Antonio: Lateinamerika 15/1, 38
Caro, Rodrigo: Lateinamerika 15/1, 34
Carolus Magnus → Karl I. d.Gr.
Carolus Regius (Carlo Reggio): Rhetorik 15/2, 783
Caron, Antoine: Herrscher 14, 399; Historienmalerei 14, 431; Triumphbogen 15/3, 590
Caroto, M. Zuane: Druckwerke 13, 893
Carpaccio, Vittore: Triumphbogen 15/3, 589
Carpenter, Rhys: Nationale Forschungsinstitute 15/3, 1284
Carpi, Rudolfo Pio di: Rom 15/2, 865
Carr, J.: Portugal 15/2, 522
Carrà, Carlo: Moderne 15/1, 500; Nacktheit in der Kunst 15/1, 655
Carracci, Agostino: Historienmalerei 14, 431–432
Carracci, Annibale: Barock 13, 411; Historienmalerei 14, 431–432; Stil, Stilanalyse, Stilentwicklung 15/3, 292
Carracci, Ludovico: Historienmalerei 14, 431–432
Carrara, Francesco: Strafrecht 15/3, 312
Carrere, J.M.: Historismus 14, 492
Carrey, Jacques: Athen 13, 305; Griechen-Römer-Antithese 14, 255; Parthenon 15/2, 189; Überlieferung 15/3, 699
Carrière-Belleuse, A.-E.: Historismus 14, 496
Carrington, R.C.: Nationale Forschungsinstitute 15/1, 675
Carrio, Ludovicus: Niederlande und Belgien 15/1, 1019
Carroll, M.: Köln 14, 1039
Carrucci, Jacopo → Pontormo
Carruthers, Mary J.: Mnemonik/Mnemotechnik 15/1, 469
Carstens, Asmus Jakob: Klassizismus 14, 959; Vasen/Vasenmalerei 15/3, 953
Cartari, Vincenzo: Diana von Ephesus 13, 836; Italien 14, 689; Mythologie 15/1, 615–616; Orient-Rezeption 15/1, 1197
Carter, Howard: Ägyptologie 13, 19
Cartesius, Renatus → Descartes
Cartledge, Paul: Sparta 15/3, 170

Casas, Bartolomē de las: Menschenrechte 15/1, 387
Casati, Gabrio: Italien 14, 705
Casaubon, Isaak: Historische Geographie 14, 449; Niederlande und Belgien 15/1, 1006; Okkultismus 15/1, 1149; Philologie 15/2, 251; 253; 294
Casaubon, Méric: Niederlande und Belgien 15/1, 1006
Casavoel, S.: Karthago 14, 852
Casella, Alfredo: Italien 14, 707; Musik 15/1, 602
Caskey, John L.: Kretisch-Mykenische Archäologie 14, 1102; Nationale Forschungsinstitute 15/3, 1284
Caso, Antonio: Lateinamerika 15/1, 44
Casona, Alejandro: Spanien 15/3, 139
Caspar → Eisenschmid
Cassaéa de Mondonville, Jean Joseph: Oratorium 15/1, 1187
Cassander, Georg: Köln 14, 1023
Cassas, Louis François: Druckwerke 13, 893
Cassianus → Kassianos
Cassirer, Ernst: Kulturanthropologie 14, 1132; Metapher/Metapherntheorie 15/1, 406; Musik 15/1, 582; Mythos 15/1, 646–647; Semiotik 15/3, 9; Strukturalismus 15/3, 324; Warburg Institute, The 15/3, 1100ff.; 1102; 1106
Casson, Lionel: Technikgeschichte 15/3, 368
Cast, D.: Künstlerlegenden 14, 1130
Castell dos Rius, Virrey Manual de Oms y Santa Pau, Marqués de *Vizekönig von Peru*: Lateinamerika 15/1, 26
Castell, Robert: Park 15/2, 133; Villa 15/3, 1041
Castellanos, Juan de: Lateinamerika 15/1, 28
Castellanus, Petrus: Niederlande und Belgien 15/1, 1020; 1022
Castelli, Juan José: Lateinamerika 15/1, 27
Castello, Adriano: Epochenbegriffe 13, 1008
Castellus, Edmundus: Semitistik 15/3, 12
Castelnuovo-Tedesco, Mario: Vertonungen antiker Texte 15/3, 1024
Castelvetro, Lodovico: Gattung/Gattungstheorie 14, 90; 92; Griechische Tragödie 14, 317; Humanismus 14, 553; Italien 14, 688
Castiglione, Baldassare: Dialog 13, 832; Geschmack 14, 217; Humanismus 14, 546; 552; Imitatio 14, 575; Mythologie 15/1, 623; Panegyrik 15/2, 53; Redegattungen 15/2, 646; Rhetorik 15/2, 781
Castillo, Martín del: Spanien 15/3, 113
Castle, Richard: Irland 14, 648
Castracane, Castruccio: Herrscher 14, 371
Castro, Baltasar Fernández de: Lateinamerika 15/1, 22
Castro, Ignacio de: Lateinamerika 15/1, 26
Castro, Paulus de: Strafrecht 15/3, 315
Cataldus: Portugal 15/2, 518

Catel, Franz Ludwig: Vasen/Vasenmalerei 15/3, 956
Catena, Petrus: Naturwissenschaften 15/1, 819
Catica-Vassi, Maria: Neugriechische Literatur 15/1, 906
Catling, Hector: Nationale Forschungsinstitute 15/1, 666; Sparta 15/3, 173
Catrou, François: Geschichtswissenschaft/Geschichtsschreibung 14, 203
Cats, Jacob: Niederlande und Belgien 15/1, 1040
Caumont, A. de: Romanik 15/2, 950
Caussinus SJ, Nicolaus: Redegattungen 15/2, 635; 646; Rhetorik 15/2, 783; Universität 15/3, 896
Cavaceppi, Bartolomeo: Park 15/2, 162; 166–167; Rom 15/2, 866
Cavaignac, Eugène: Geschichtswissenschaft/Geschichtsschreibung 14, 190
Cavalcanti, Guido: Lyrik 15/1, 248; Redegattungen 15/2, 634
Cavalier d'Arpino (Cesari, Giuseppe): Historienmalerei 14, 432
Cavalieri, Emilio de': Oratorium 15/1, 1186
Cavalleriis, Giovanni Battista de: Druckwerke 13, 894
Cavallini, Giovanni: Herrscher 14, 365; 376–377; 379; 404
Cavallo, Guglielmo: Paläographie, griechischische 15/2, 42
Cavani, Liliana: Italien 14, 710
Cavendish: Biographie 13, 521
Cavino, Giovanni: Medaillen 15/1, 340
Cavour, Camillo Benso, Graf: Cäsarismus 13, 628
Caxton, William: Adaptation 13, 10; United Kingdom 15/3, 781; 793
Caylus, Anne Claude Philippe de Tubières, Comte de: Altertumskunde (Humanismus bis 1800) 13, 96–97; Bildung 13, 513; Druckwerke 13, 900; Frankreich 14, 47; Geschichtsmodelle 14, 180; Griechen-Römer-Antithese 14, 258–259; Laokoongruppe 15/1, 16; Orient-Rezeption 15/1, 1200–1201; Rom 15/2, 869; Stil, Stilanalyse, Stilentwicklung 15/3, 293ff.; Wirtschaft und Gewerbe 15/3, 1143ff.
Cazotte, Jacques: Knidische Aphrodite 14, 984
Ceccarini, Giovanni: Denkmal 13, 739
Cecchis, G.M.: Lateinische Komödie 15/1, 69
Cecco d'Ascoli (Stabili, Francesco degli): Horoskope 14, 532; Naturwissenschaften 15/1, 837
Ceen, A.: Kartographie 14, 854
Celal, Mehmet: Türkei 15/3, 647
Celan, Paul: Hymnos 14, 569
Cellarius, Andreas: Naturwissenschaften 15/1, 841
Cellarius, Christoph (Keller): Epochenbegriffe 13, 997; Geschichtsmodelle 14, 176; Geschichtswissenschaft/Geschichtsschreibung 14, 200; Lexikographie 15/1, 134; Philologisches Seminar 15/2, 328; Slowakei 15/3, 65

Cellarius, Conradus Haegaeus: Horoskope 14, 533
Cellini, Benvenuto: Autobiographie 13, 362; Diana von Ephesus 13, 840; Frankreich 14, 34; Groteske 14, 324; Nacktheit in der Kunst 15/1, 655; Renaissance 15/2, 705
Celsus, Cornelius: Medizin 15/1, 365
Celtes → Celtis
Celtis, Konrad (Celtes): Akademie 13, 42; Bayern 13, 432; Bibliothek 13, 499; Deutschland 13, 768; Epigrammatik 13, 982; Epos 13, 1029; Geschichtsmodelle 14, 175; Geschichtswissenschaft/Geschichtsschreibung 14, 214; Horoskope 14, 534; Humanismus 14, 563; Lateinische Komödie 15/1, 66; 70; Lateinische Tragödie 15/1, 86; Lyrik 15/1, 249; Mittellatein 15/1, 458; Musen 15/1, 564; Naturwissenschaften 15/1, 839; Neulatein 15/1, 935; Numismatik 15/1, 1129; Österreich 15/1, 1137; Parnaß 15/2, 181; Slowenien 15/3, 69; Tacitismus 15/3, 354; Tragödie/Tragödientheorie 15/3, 538; Trier 15/3, 563; Tschechien 15/3, 626; 628; Universität 15/3, 893ff.; Verskunst 15/3, 1010
Cenni di Pepo → Cimabue
Ceracchi, Giuseppe: United States of America 15/3, 844
Ceram, C.W.: Sachbuch 15/2, 1031
Cercel, Petru: Rumänien 15/2, 1001
Ceriol, Fadrique Furió (Ceriolanus): Humanismus 14, 551
Ceriolanus → Ceriol
Cerretani, A.: Adaptation 13, 12
Cervantes Saavedra, Miguel de: Arkadismus 13, 266; Barock 13, 407; Bukolik/Idylle 13, 563; Epos 13, 1025; Kanon 14, 793; Lateinamerika 15/1, 34; Metamorphose 15/1, 396; Poetik 15/2, 388; Roman 15/2, 945; Tragödie/Tragödientheorie 15/3, 538; Zensur 15/3, 1197
César franz. Bildhauer: Denkmal 13, 743
Cesari, Giuseppe → Cavalier d'Arpino
Cesariano, Cesare: Italien 14, 688; Stützfiguren/Erechtheionkoren 15/3, 329; Theaterbau/Theaterkulisse 15/3, 405
Cesarotti, Melchiorre: Italien 14, 697
Cesi, Angelo: Orient-Rezeption 15/1, 1197
Česmički, I.: Kroatien 14, 1120
Céspedes, Baltasar de: Spanien 15/3, 113ff.
Cesti, Antonio: Musen 15/1, 569
Cevdet Paşa: Türkei 15/3, 646
Cézanne, Paul: Historismus 14, 490; Nacktheit in der Kunst 15/1, 655
Chabrier, Alexis Emanuel: Frankreich 15/3, 1271
Chacón, Alfonso: Christliche Archäologie 13, 642; Rom 15/2, 864; Trajanssäule 15/3, 547
Chacón, Pedro: Rom 15/2, 864

Chadwick, G.W.: Musen 15/1, 569
Chadwick, James: Kretisch-Mykenische Archäologie 14, 1107
Chagall, Marc: Künstlerlegenden 14, 1130; Moderne 15/1, 508
Chalkokondylas, Laonikos: Athen 13, 281
Chalkokondyles, Demetrios: Byzanz 13, 594; Philologie 15/2, 248
Chamberlain, Houston Stewart: Nationalsozialismus 15/1, 726; 736; 755; Wagnerismus 15/3, 1076ff.; 1078
Chambers, Sir William: Mausoleum 15/1, 334–335; Park 15/2, 134; United States of America 15/3, 855
Chambo, Mariano: Lateinamerika 15/1, 33
Chambray, Fréart de: Barock 13, 412; Säulenordnung 15/2, 1052
Champier, Symphorien: Okkultismus 15/1, 1149; Theologie und Kirche des Christentums 15/3, 434
Champollion, Jean-François: Ägyptologie 13, 16; 18; 20; Entzifferungen 13, 961; Frankreich 15/3, 1257; Inschriftenkunde, griechische 14, 594; London, British Museum 15/1, 214; Paris, Louvre 15/2, 108; Schriftwissenschaft 15/2, 1100; Zeitrechnung 15/3, 1177
Chandler, Richard: Altertumskunde (Humanismus bis 1800) 13, 93; Klassische Archäologie 14, 904; Milet 15/1, 421; Olympia 15/1, 1169; Priene 15/2, 559; Society of Dilettanti 15/3, 76; Troja 15/3, 604; Weltwunder 15/3, 1114
Chanterène, N.: Portugal 15/2, 520
Chantre, E.: Hethitologie 14, 414; Paris, Louvre 15/2, 117
Chapelain, Jean: Barock 13, 406; Epos 13, 1021; Frankreich 14, 37; 39; Gattung/Gattungstheorie 14, 92; Literaturkritik 15/1, 182
Chapman, George: Adaptation 13, 12; Troja 15/3, 600; Übersetzung 15/3, 730; Verskunst 15/3, 1013
Chapouthier, Fernand: Kretisch-Mykenische Archäologie 14, 1107
Charbonneaux, Jean: Malibu, J. Paul Getty Museum 15/1, 286
Charcot, Jean-Martin: Hysterie 14, 571; Imitatio 14, 572
Chardin, Jean: Iranistik 14, 635
Charlemont, James Caulfield Earl of: Griechen-Römer-Antithese 14, 256; Weltwunder 15/3, 1114
Charles de Troyes: Adaptation 13, 8
Charles d'Orléans: Melancholie 15/1, 382
Charlevoix, Pierre-François-Xavier de: Lateinamerika 15/1, 33
Charpentier, Marc-Antoine: Messe 15/1, 394
Charron, Pierre: Skeptizismus 15/3, 41; Stoizismus 15/3, 305ff.

Chastagnol, André: Nobilitas 15/1, 1074
Chastenet Marquis de Puységur, Jacques-Francois de: Schlachtorte 15/2, 1076
Chateaubriand, François René, Vicomte de: Autobiographie 13, 363; Frankreich 15/3, 1258; Kampanien 14, 791; Mythologie 15/1, 630; Philhellenismus 15/2, 234; Querelle des Anciens et des Modernes 15/2, 614
Chatelain, Georges: Leichenrede 15/1, 119
Chatschaturjan, Aram Iljitsch: Weißrußland 15/3, 1109
Chatterton, Thomas: Fälschung 13, 1077
Chatzidakis, G.N.: Griechenland 14, 272; 285; Neugriechische Literatur 15/1, 909
Chaucer, Geoffrey: Orient-Rezeption 15/1, 1225; United Kingdom 15/3, 773; 777–778; 780; 785–787; 789–792
Chauliac, Guy de: Geburtshilfe 14, 96; 99
Chauliac, Philippe: Geburtshilfe 14, 99
Chausson, Ernest: Vertonungen antiker Texte 15/3, 1023
Chauveau, François: Verwandlungen/Illustrationen von Ovid-Texten 15/3, 1033
Chauvin, Étienne: Naturwissenschaften 15/1, 819
Chavannes, Pierre Puvis de: Musen 15/1, 567
Cheever, Ezekiel: United States of America 15/3, 835
Chef, Genia: Moderne 15/1, 512
Chemin-Dupontè: Diana von Ephesus 13, 843
Chenavard, Paul: Orient-Rezeption 15/1, 1212
Chénier, André: Epos 13, 1023; Lehrgedicht 15/1, 110; Mythologie 15/1, 630; Philhellenismus 15/2, 235; Revolution 15/2, 757; Verskunst 15/3, 1014
Cherpitel: Orient-Rezeption 15/1, 1201
Cherry, John: Nationale Forschungsinstitute 15/3, 1285
Cherubini, Luigi Carlo Zanobi Salvadore Maria: Oper 15/1, 1183; Österreich 15/1, 1142; Vertonungen antiker Texte 15/3, 1022–1023
Chester, Greville: London, British Museum 15/1, 216
Chesterfield, Philip Dormer Stanhope, Fourth Earl of (Lord Chesterfield): Klassizismus 14, 962
Chetta, Nicola: Albanien 13, 58
Chia, Sandro: Italien 14, 707
Chiabrera, Gabriello: Epos 13, 1020; Italien 14, 691–692; 696; Lyrik 15/1, 249; Verskunst 15/3, 1016ff.
Chibnall, Marjorie: Mittellatein 15/1, 455
Chichi, Antonio: Gotha, Schloßmuseum 14, 236; Kassel, Staatliche Kunstsammlungen Antikenabteilung 14, 865; Modell/Korkmodell 15/1, 495–496; Souvenir 15/3, 80
Chifellius, Henricus: Niederlande und Belgien 15/1, 1018
Chiflet, Jean Jacques: Christliche Archäologie 13, 642; Steinschneidekunst: Gemmen 15/3, 283ff.

Chigi, Agostino: Historienmalerei 14, 429; Naturwissenschaften 15/1, 839
Chigis, Flavio: Porträtgalerie 15/2, 510
Childe, Vere Gordon: Australien und Neuseeland 15/3, 1248; Vorderasiatische Archäologie 15/3, 1053
Chilius, Hadrianus: Niederlande und Belgien 15/1, 989
Chiodi, G.: Glossatoren 14, 224
Chipiez, Charles: Orient-Rezeption 15/1, 1214; 1217
Chirico, Giorgio de → De Chirico
Chishull, E.: Inschriftenkunde, griechische 14, 590
Chladenius, J.M.: Geschichtsmodelle 14, 177
Chodowiecki, Daniel Nikolaus: Karikatur 14, 801
Choiroboskos*, Georgios: Allegorese 13, 76; Kommentar 14, 1063
Choiseul-Gouffier, Marie Gabriel Florent Auguste, Comte de: Athen 13, 302; Frankreich 14, 47; Inschriftenkunde, griechische 14, 590; Parthenon 15/2, 193; Troja 15/3, 604ff.; 607
Choisnard, Paul: Horoskope 14, 538
Cholevius, Carl Leo: Epos 13, 1033
Chomatianos, Demetrios: Römisches Recht 15/2, 839
Chomičevskij, Nikolaj → Ten
Chomjakov, Aleksej Stepanowic: Theologie und Kirche des Christentums 15/3, 430
Chomsky, Noam: Logik 15/1, 195; Sprachwissenschaft 15/3, 230; 243; 247
Choniates, Michael Erzbischof: Athen 13, 301; Überlieferung 15/3, 718
Choniates, Niketas: Byzanz 13, 607; Neugriechische Literatur 15/1, 897
Chortasmenos, Johannes: Kommentar 14, 1066
Chortatsis, Georgios: Griechenland 14, 269; Neugriechische Literatur 15/1, 898
Choul, Guillaume du: Religionsgeschichte 15/2, 682
Chrétien de Troyes: Frankreich 14, 14; Mythologie 15/1, 620
Christ, Johann Friedrich: Deutschland 13, 792; Universität 15/3, 899
Christ, Karl: Geschichtswissenschaft/Geschichtsschreibung 14, 188; Nationalsozialismus 15/1, 750
Christensen, Arthur: Iranistik 14, 637; 639
Christian VIII. König von Dänemark, Herzog von Schleswig und Holstein: Kopenhagen 14, 1096
Christian von Stablo: Herrscher 14, 398
Christie, Dame Agatha Mary Clarissa, geb. Miller: Orient-Rezeption 15/1, 1229
Christina von Lothringen Großherzogin von Toskana, 1565-1637: Porträtgalerie 15/2, 510
Christine Königin von Schweden: Münzsammlungen 15/1, 562; Niederlande und Belgien 15/1, 999; Rom 15/2, 866

Christine de Pizan: Frankreich 14, 25–26; Krieg 14, 1111; Parnaß 15/2, 180
Christoph von Württemberg: Fürstenschule 14, 73
Christophoros von Mytilene: Byzanz 13, 606
Christopulos: Neugriechische Literatur 15/1, 902
Christou, Ch.A.: Sparta 15/3, 174
Chrodegang von Metz *Bischof*: Mönchtum 15/1, 525–526
Chrönn, Thomas → Hrenn
Chrysoloras, Manuel: Byzanz 13, 598; Griechenland 14, 279; Griechisch 14, 301; 309; Humanismus 14, 544; Lexikographie 15/1, 128; Philologie 15/2, 249; Thukydidismus 15/3, 484; Überlieferung 15/3, 718; Übersetzung 15/3, 727ff.
Chumnos, Nikephoros: Theologie und Kirche des Christentums 15/3, 429
Church, Alonzo: Logik 15/1, 201
Churchill, Caryl: United Kingdom 15/3, 826
Chytraeus, David: Figurenlehre 13, 1129; Loci communes 15/1, 189
Ciampini, G.: Christliche Archäologie 13, 642
Ciasullo, Cesare: Moderne 15/1, 513
Cicalese, Vicente: Lateinamerika 15/1, 43
Ciccotti, Ettore: Sklaverei 15/3, 50ff.
Cichorius, Conrad: Türkei 15/3, 674
Cicognini, Giacinto Andrea: Italien 14, 692
Cieszkowski, August von: Theorie/Praxis 15/3, 466
Cimabue (Cenni di Pepo): Byzanz 13, 613; Gotik 14, 246; Mimesislegenden 15/1, 439
Cino da Pistoia: Herrscher 14, 369; Italien 14, 669
Cintas, P.: Karthago 14, 840
Cinzio, Giraldi: Mythologie 15/1, 625
Ciones de Magnali (Zono de Magnalis): Kommentar 14, 1061
Cioran, Emile Michel: Skeptizismus 15/3, 45
Cipolla, Bartolomeo: Strafrecht 15/3, 315
Ciro di Pers: Italien 14, 693
Cisneros, Francisco Jiménez de: Rhetorik 15/2, 818
Cist, Eustachius a S. Paulo O.: Aristotelismus 13, 259
Cizek, E.: Rumänien 15/2, 1011
Claes, Paul: Niederlande und Belgien 15/1, 1046; 1061
Clajus, Johannes: Verskunst 15/3, 1015
Clapmarius, Arnold: Diktatur 13, 853; Tacitismus 15/3, 356
Clar, Christina: Moderne 15/1, 514
Clarendon, Edward Hyde Earl of: Geschichtsmodelle 14, 179
Clari, Robert de: Troja 15/3, 598
Claridge, Amanda: Nationale Forschungsinstitute 15/1, 675–676
Clarke, Austin: Irland 14, 646–647
Clarke, Edward Daniel: Orchomenos 15/1, 1188–1189

Clarke, Samuel: Theologie und Kirche des Christentums 15/3, 436; Übersetzung 15/3, 729ff.
Clarus, Julius: Strafrecht 15/3, 315
Claude de France: Frankreich 14, 27
Claude de Seyssel: Frankreich 14, 29
Claudel, Paul: Frankreich 15/3, 1263
Claudius, Georg Karl: Totengespräch 15/3, 522
Claus, Hugo: Niederlande und Belgien 15/1, 1046; 1049; 1060–1061
Clausewitz, Carl von: Frieden 14, 69; Krieg 14, 1114
Clavel, René: Schweiz 15/2, 1148
Clavijo, Ruy Gonzalez de: Konstantinopel 14, 1089
Clavius, Christoph: Mathematik 15/1, 319; Naturphilosophie 15/1, 769; Naturwissenschaften 15/1, 804
Clayton, John: Limes, Hadrianswall 15/1, 153
Clayton, Nathaniel: Limes, Hadrianswall 15/1, 154
Clemens IV. *Papst*: Sepulchralkunst 15/3, 19; Spolien 15/3, 201
Clemens V. *Papst*: Kanonisten 14, 795; Theologie und Kirche des Christentums 15/3, 453
Clemens (VII.) *Gegenpapst, 1342-1394*: Frankreich 14, 21
Clemens VII. (Medici, Giulio de') *Papst, 1478-1530*: Humanismus 14, 552; Italien 14, 688; Laokoongruppe 15/1, 10; Luxemburg 15/1, 238; Triumphbogen 15/3, 583
Clemens X. *Papst*: Rom 15/2, 922
Clemens XI. *Papst*: Rom 15/2, 932
Clemens XII. *Papst*: Rom 15/2, 923; 932
Clemens XIV. *Papst*: Mönchtum 15/1, 531; Orient-Rezeption 15/1, 1202; Rom 15/2, 924; 933
Clemens, Wenceslaus: Tschechien 15/3, 627
Clementi, Muzio: Musen 15/1, 568
Clements, Stiles O.: Orient-Rezeption 15/1, 1218
Clenardus, Nicolaus: Litauen 15/1, 175; Niederlande und Belgien 15/1, 988
Clericus, Joannes (Le Clerc, Jean): Literaturkritik 15/1, 181; 184; Niederlande und Belgien 15/1, 1004
Clérisseau, Charles Louis: Klassizismus 14, 955
Clermont-Ganneau, M.: Vorderasiatische Archäologie 15/3, 1057
Clesinger, A.: Historismus 14, 497
Clinton, Henry Fynes: Bevölkerungswissenschaft/Historische Demographie 13, 488; Geschichtswissenschaft/Geschichtsschreibung 14, 193
Clouet, François: Frankreich 14, 34
Clovio, Giulio: Diana von Ephesus 13, 839
Clüver, Philipp → Cluverius
Clusius, Carolus: Niederlande und Belgien 15/1, 991
Cluverius, Philippus (Clüver/Klüwer, Philipp): Altertumskunde (Humanismus bis 1800) 13, 95; Historische Geographie 14, 449; Kampanien 14, 789; Kartographie 14, 854; Niederlande und Belgien 15/1, 998

Coates, John F.: Unterwasserarchäologie 15/3, 925
Coates-Stephens, Robert: Nationale Forschungsinstitute 15/1, 676
Cobet, Carel Gabriel: Niederlande und Belgien 15/1, 1008–1009; 1012
Cocaius, Merlinus → Folengo
Cochez *Löwener Latinist*: Niederlande und Belgien 15/1, 1033
Cochin, Charles-Nicolas: Herculaneum 14, 359
Cochlaeus, Johannes: Bayern 13, 434; Odenkomposition, metrische 15/1, 1130; Theologie und Kirche des Christentums 15/3, 435; United Kingdom 15/3, 801
Cock, Hieronymus: Niederlande und Belgien 15/1, 1039
Cockerell, Charles Robert: Aigina 13, 27; 29; 31; Bayern 13, 440; Greek Revival 14, 252; Historismus 14, 494; Inschriftenkunde, griechische 14, 590; Orchomenos 15/1, 1188
Cocles → Della Rocca
Cocteau, Jean: Frankreich 15/3, 1263; Griechische Tragödie 14, 320; Lebendiges Latein 15/1, 95; Moderne 15/1, 499; Mythologie 15/1, 631; Theater 15/3, 401
Codicillus, Petrus: Tschechien 15/3, 627
Codrington, Humphry William: Śrī Laṅkā 15/3, 252
Codrus → Urceus
Coecke van Aelst, Pieter: Niederlande und Belgien 15/1, 1039; Triumphbogen 15/3, 586
Coelestin III. *Papst*: Ostia und Porto 15/1, 1247
Cohen, David: Niederlande und Belgien 15/1, 1011; Semitistik 15/3, 14
Cohen, Henry: Numismatik 15/1, 1117
Cohen, Marcel: Semitistik 15/3, 14
Cohn, Leopold: Lexikographie 15/1, 129
Coing, H.: Glossatoren 14, 225
Coiter, Volcher: Medizin 15/1, 369
Colbert, Jean-Baptiste, Marquis de Seignelay: Barock 13, 412; 416; Byzantinistik 13, 584; Frankreich 14, 35; 42; Klassik als Klassizismus 14, 892; Naturwissenschaften 15/1, 841; Triumphbogen 15/3, 591ff.
Coldstream, John Nicolas: Kretisch-Mykenische Archäologie 14, 1102; Zeitrechnung 15/3, 1165
Coleman, R.G.G.: Australien und Neuseeland 15/3, 1248
Coler, M. Johann: Wirtschaftslehre 15/3, 1161
Coleridge, Samuel Taylor: Lyrik 15/1, 250; Verskunst 15/3, 1013
Colet, John: United Kingdom 15/3, 798; 801
Colhausen, Johan Heinrich: Geriatrie 14, 149
Ćolić, J.V.: Kroatien 14, 1122
Colker, Marvin L.: Mittellatein 15/1, 456
Collart, P.: Baalbek 13, 366
Colleoni, Bartolomeo: Reiterstandbild 15/2, 652
Colletet: Epigrammatik 13, 984

Collimitius, Geogrius (Tannstetter, Georg): Bayern 13, 432
Collin, Heinrich Joseph von: Österreich 15/1, 1144
Collingwood Bruce, John: Limes, Hadrianswall 15/1, 155
Collins, William: United Kingdom 15/3, 814
Collinus, Matthaeus: Tschechien 15/3, 627
Collitz, Hermann: Sprachwissenschaft 15/3, 234
Collodi, Carlo: Groteske 14, 331
Collona, Fabio: Historienmalerei 14, 431
Collura, Athos: Moderne 15/1, 512–513
Colman, George: Lateinische Komödie 15/1, 79
Colocci, Angelo: Laokoongruppe 15/1, 11
Colombine → Burgos
Colonna, Francesco: Allegorie 13, 85; Park 15/2, 171
Colonna, Giovanni: Zeitrechnung 15/3, 1189
Colonna, Pompeo: Orient-Rezeption 15/1, 1196
Colonna, Prospero: Rom 15/2, 864
Colpe, Carsten: Franz-Joseph-Dölger-Institut 14, 65
Colum, Padraic: Kinder- und Jugendliteratur 14, 880
Comairas, Philippe: Groteske 14, 331
Comanini, Gregorio: Physiognomik 15/2, 357
Combe, Taylor: Münzsammlungen 15/1, 560
Comenius, Johann Amos (Komenský, Jan Amos): Bildung 13, 510; Kinder- und Jugendliteratur 14, 879; Lehrplan 15/1, 113; Rhetorik 15/2, 801; Slowakei 15/3, 65; Spiele 15/3, 192; Stundentafeln 15/3, 336; Tschechien 15/3, 629
Comes, Natales: Religionsgeschichte 15/2, 682
Commandino, Federigo: Mathematik 15/1, 319; Naturwissenschaften 15/1, 815; 817–818
Commelinus, H.: Roman 15/2, 944
Comparetti, Domenico: Italien 14, 705
Conan Doyle, Sir Arthur: Keltisch-Germanische Archäologie 14, 873
Conde, Joseph Antonio: Spanien 15/3, 119
Conder, Claude Reignier: Vorderasiatische Archäologie 15/3, 1057
Condivi, Ascanio: Künstlerlegenden 14, 1128
Condorcet, Marie Jean Antoine Nicolas Caritat, Marquis de: Geschichtsmodelle 14, 163; 177; Menschenrechte 15/1, 390; Republik 15/2, 731
Condurachi, Emil: Rumänien 15/2, 1013
Confessor, Theophanes: Byzanz 13, 604
Congreve, William: Hymnos 14, 568
Connibert, Alexandre: Lateinische Komödie 15/1, 73
Conon de Béthune *altfranz. Dichter*: Frankreich 14, 15
Conophagos, C.: Nationale Forschungsinstitute 15/1, 658
Conrady, Wilhelm: Limes, Limesforschung 15/1, 162–163
Conring, Hermann: Deutscher Usus modernus 13, 748; Monarchie 15/1, 540; Politische

Theorie 15/2, 418–419; Römisches Recht 15/2, 832
Constans [2]* II. → Konstans II.
Constant → Nieuwenhuys
Constantin Brâncoveanu *rumän. Fürst*: Rumänien 15/2, 998
Constant, Alphonse Louis → Lévi, Eliphas
Constant, Benjamin: Demokratie 13, 728; 730; Politische Theorie 15/2, 430; Republik 15/2, 735
Constantinus VII.* → Konstantin(os) [1] VII. Porphyrogennetos
Constantinus Africanus: Botanik 13, 538; Medizin 15/1, 362; Melancholie 15/1, 378; Sizilien 15/3, 34; Zoologie 15/3, 1209
Constanza, S.: Christliche Archäologie 13, 642
Contarini, Gasparo: Mischverfassung 15/1, 443; Republik 15/2, 720
Conte, Gian Biaggio: Philologie 15/3, 1313; 1318
Conti, Antonio: Italien 14, 697
Conti, Natale: Italien 14, 689; Makkaronische Dichtung 15/1, 283; Mythologie 15/1, 615–616
Conticello, Baldassare: Pompeji 15/2, 477
Continuatus, Theophanes: Byzanz 13, 605
Conway, Anne: Theologie und Kirche des Christentums 15/3, 436
Conz, Carl Philipp: Übersetzung 15/3, 734
Conze, Alexander Christian Leopold: Athen 13, 285; Epochenbegriffe 13, 1006; Klassische Archäologie 14, 912; 925; Nationale Forschungsinstitute 15/1, 708; Pergamon 15/2, 203; Zeitrechnung 15/3, 1163
Cook, John: Knidos 14, 990
Cook, Thomas: Tourismus 15/3, 525ff.
Coomaraswamy, Ananda Kentish: Indien 14, 587–588
Cooney, John: New York, Brooklyn Museum of Art 15/1, 948–949
Coornhert, Dirck Volkertsz: Niederlande und Belgien 15/1, 1040; 1048
Copernicus, Nicolaus (Kopernikus, Nikolaus): Arabisch-islamisches Kulturgebiet 13, 169; Deutschland 13, 768; Naturphilosophie 15/1, 771; Naturwissenschaften 15/1, 791; 798; 800–801; 803–804; 806–807; 826–827; 840; 849; Neulatein 15/1, 927; Okkultismus 15/1, 1149
Copley, John Singleton: United States of America 15/3, 853
Copp, Wilhelm: Medizin 15/1, 367
Corbea, Theodor: Rumänien 15/2, 1002
Corbett, Harvey Wiley: Orient-Rezeption 15/1, 1214
Corbin, Henry: Paganismus 15/2, 29
Corderius, Balthasar: Niederlande und Belgien 15/1, 1026
Cordiani → Sangallo
Cordier, Mathurin: Frankreich 14, 28
Cordini, Antonio → Sangallo
Cordus, Euricius: Bukolik/Idylle 13, 562; Neulatein 15/1, 936
Cordus, Valerius: Botanik 13, 538
Coresi: Rumänien 15/2, 1001
Corinth, Lovis: Historismus 14, 490; Moderne 15/1, 499
Corippus: Überlieferung 15/3, 721
Cornarius, Janus: Medizin 15/1, 367; 369
Cornaro, Alvise: Geriatrie 14, 148
Cornazzaro, Antonio: Italien 14, 682
Corneille, Pierre: Frankreich 14, 40; 15/3, 1257; Gattung/Gattungstheorie 14, 93; Iranistik 14, 636; Karthago 14, 850; Klassik als Klassizismus 14, 893–894; Lateinische Komödie 15/1, 77; Lateinische Tragödie 15/1, 87; Literaturkritik 15/1, 182; Medien 15/1, 349; Mythologie 15/1, 628–629; Oper 15/1, 1181; 1183; Theater 15/3, 400; Tragödie/Tragödientheorie 15/3, 536–537; Troja 15/3, 600
Cornelisz, Jan: Vasen/Vasenmalerei 15/3, 948
Cornelius, Peter: München, Glyptothek und Antikensammlungen 15/1, 548; Vertonungen antiker Texte 15/3, 1024
Cornford, Francis M.: Religion und Literatur 15/2, 671; Religionsgeschichte 15/2, 689
Córnide, J.: Christliche Archäologie 13, 642
Corno, Dario del: Italien 14, 708
Corradini, Bartolomeo di → Fra Carnevale
Corraro, Gregorio: Lateinische Tragödie 15/1, 84
Correas, Gonzalo: Spanien 15/3, 113ff.
Correggio (Allegri, Antonio): Groteske 14, 327
Corregio, Niccolò da: Mythologie 15/1, 623
Corrich, Johannes (Corycius senex, Johannes): Luxemburg 15/1, 238
Corrozet, Gilles: Fabel 13, 1065
Corsini, Eduardo: Athen 13, 282; Zeitrechnung 15/3, 1177
Corso, Jacopo: Theater 15/3, 399
Cort, Cornelis: Niederlande und Belgien 15/1, 1039
Cortázar, Julio: Ironie 14, 650; Lateinamerika 15/1, 45
Corte, Matteo della: Pompeji 15/2, 481
Cortés, Donoso: Diktatur 13, 860
Cortés, Hernán: Lateinamerika 15/1, 23
Cortesi, Paolo: Ciceronianismus 13, 649; Humanismus 14, 550–551; Imitatio 14, 575; Italien 14, 679; Theologie und Kirche des Christentums 15/3, 433
Corti, Matteo: Humanismus 14, 560; Medizin 15/1, 368
Cortona, Pietro da (Pietro da Cortona): Historienmalerei 14, 433
Corvinus, Laurentius → Korwin
Corycius senex, Johannes → Corrich

Coseriu, Eugenio: Sprachwissenschaft 15/3, 244–245
Cosmas von Prag: Geschichtsmodelle 14, 170
Cossas, Pietro: Italien 14, 704
Costa, Claudio Manuel da: Lateinamerika 15/1, 34
Costa e Silva *portugies. Architekt, 18. Jh.*: Portugal 15/2, 522
Costa, Lorenzo: Triumphbogen 15/3, 589
Coste, Pascal: Iranistik 14, 636; Orient-Rezeption 15/1, 1212
Coster, Samuel: Niederlande und Belgien 15/1, 1048–1049
Costin, Miron: Rumänien 15/2, 998; 1005
Cotsen, Lloyd: Nationale Forschungsinstitute 15/3, 1281
Cotton, Charles: Adaptation 13, 14
Cotton, John: United States of America 15/3, 837–838
Cotton, Molly: Nationale Forschungsinstitute 15/1, 675
Coubertin, Pierre, Baron de: Olympia 15/1, 1168; Sport 15/3, 211ff.
Coudray, Clemens Wenzeslaus: Mausoleum 15/1, 336
Coulanges, Numa Denis Fustel de: Demokratie 13, 728
Coulon, Louis: Altertumskunde (Humanismus bis 1800) 13, 94
Coupel, P.: Baalbek 13, 366
Couperus, Louis: Niederlande und Belgien 15/1, 1053–1054
Courbet, Gustave: Trajanssäule 15/3, 550
Courcy, Jean de: Athen 13, 301
Courtauld, Samuel: Warburg Institute, The 15/3, 1103
Courtois, Christian: Vandalen 15/3, 943
Cousin, Victor: Frankreich 15/3, 1271
Cousteau, Jacques: Unterwasserarchäologie 15/3, 923
Couton, G.: Fabel 13, 1065
Couture, T: Historismus 14, 486
Cowan, J.M.: Arabistik 13, 192
Cowell, John: Civilians 13, 652–653
Cowley, Abraham: Lyrik 15/1, 249; Verskunst 15/3, 1015
Cowley, Pierre de: Hymnos 14, 568
Cowper, Th.: Indien 14, 586
Coyer, Gabriel François Abbé: Frankreich 14, 55
Coysevox, Antoine: Orient-Rezeption 15/1, 1199
Cozza, Adolfo: Rom 15/2, 941
Crais-Billon, Prosper Jolyot de → Crébillon
Cranach, Lucas d.Ä.: Deutschland 13, 776; Gotik 14, 247; Knidische Aphrodite 14, 984; Mimesislegenden 15/1, 439–440; Nacktheit in der Kunst 15/1, 652; Torso (Belvedere) 15/3, 516
Craneveldius → Cranevelt

Cranevelt, Frans van (Craneveldius): United Kingdom 15/3, 801
Crassi, G.P.: Medizin 15/1, 367
Crastone, Giovanni → Crastonus
Crastonus, Johannes (Crastone/Crestone, Giovanni): Lexikographie 15/1, 128–129; Philologie 15/2, 250
Crawford, Michael H.: Numismatik 15/1, 1117
Crawford, Osbert Guy Stanhope: Kartographie 14, 859; Luftbildarchäologie 15/1, 232
Crawford, Thomas: United States of America 15/3, 861
Crawford, Vaugn Emerson: New York, Metropolitan Museum 15/1, 977
Crayencourt, Marguerite de → Yourcenar
Creasy, E.S.: Schlachtorte 15/2, 1078
Crébillon, Prosper Jolyot de (Crais-Billon, Prosper Jolyot de): Frankreich 14, 49
Creeley, Robert: United States of America 15/3, 880
Crémieux, Hector: Frankreich 15/3, 1262
Crescentiis, Petrus de (Crescenzi, Pietro de): Villa 15/3, 1037; Zoologie 15/3, 1204; 1208
Crescenzi, Pietro de → Crescentiis
Crescimbeni, Giovanni Mario: Arkadismus 13, 267; Italien 14, 696–697
Crespi, Giuseppe Maria: Historienmalerei 14, 433
Crestone, Giovanni → Crastonus
Creuzer, Georg Friedrich: Bayern 13, 443; Deutschland 13, 797; Epochenbegriffe 13, 1002; Mythos 15/1, 640; Religionsgeschichte 15/2, 684; Sklaverei 15/3, 49; Zoroastres/Zoroastrismus 15/3, 1232
Crijević, I.: Kroatien 14, 1120
Crikelade, Robert von: Botanik 13, 538
Crinito, Pietro → Crinitus
Crinitus, David: Tschechien 15/3, 627
Crinitus, Petrus (Crinito, Pietro): Zeitrechnung 15/3, 1190
Crispi, Francesco: Italien 14, 705
Cristóbal de Villalón: Dialog 13, 833
Cristoforo, Antonio di: Triumphbogen 15/3, 585
Croce, Benedetto: Barock 13, 398; Historische Methoden 14, 455; Historismus 14, 470; 476; Tacitismus 15/3, 353; Thematologie/Stoff- und Motivforschung 15/3, 410
Crocus, Richard: Deutschland 13, 770
Crönert, Wilhelm: Lexikographie 15/1, 130
Croll, Oswald: Physiognomik 15/2, 360
Cromberger, Jakob: Verlag 15/3, 1003
Cromerus → Kromer
Cromwell, Oliver: Cäsarismus 13, 627; Mischverfassung 15/1, 444; Naturwissenschaften 15/1, 842
Crousaz, Jean Pierre de: Geschmack 14, 218
Crouwel, J.C.: Nationale Forschungsinstitute 15/1, 693

Crowley, Aleister: Gnosis 14, 228; Magie 15/1, 258–259
Crowley, Vivianne: Magie 15/1, 261
Crugerius, Georgius: Tschechien 15/3, 630
Crumb, George: Sphärenharmonie 15/3, 190
Cruquius, Jacobus: Niederlande und Belgien 15/1, 1029
Crusius, Martinus: Athen 13, 301; Lexikographie 15/1, 129; Neugriechische Literatur 15/1, 897; Roman 15/2, 944; Ukraine 15/3, 744
Cruz, Joan de la: Bukolik/Idylle 13, 563
Cucchi, Enzo: Italien 14, 707
Cudworth, Ralph: Okkultismus 15/1, 1149; 1154–1155; Theologie und Kirche des Christentums 15/3, 436; Vorsokratiker 15/3, 1064
Cuéllar, Juan: Lateinamerika 15/1, 24
Cüppers, Heinz: Trier 15/3, 571–572
Cuervo, Rufino José: Lateinamerika 15/1, 38
Cueva, Juan de la: Tragödie/Tragödientheorie 15/3, 537
Cuffe, Henry: Geriatrie 14, 148
Cujacius, Jacobus → Cujas
Cujas, Jacques (Cujacius, Jacobus): Frankreich 14, 29; Geschichtswissenschaft/Geschichtsschreibung 14, 201; Humanismus 14, 557; Interpolationsforschung 14, 618; Romanistik/Rechtsgeschichte 15/2, 961
Cullen, Countee: United States of America 15/3, 873
Culler, Jonathan: Strukturalismus 15/3, 323
Culvensis, Abrahamus (Kulvietis, Abraomas): Litauen 15/1, 171; 173–174
Cumberland, Richard: Klassizismus 14, 970
Cumont, Franz: Geschichtswissenschaft/Geschichtsschreibung 14, 210; Naturwissenschaften 15/1, 843; Niederlande und Belgien 15/1, 1033; 1045; Religionsgeschichte 15/2, 693
Cunaeus, Petrus: Niederlande und Belgien 15/1, 998
Cunningham, Alexander: Pakistan/Gandhara-Kunst 15/2, 37
Cuno II. von Falkenstein *um 1290–1333*: Gotik 14, 244
Cuny, Albert: Sprachwissenschaft 15/3, 234
Cuperus, Gisbertus: Niederlande und Belgien 15/1, 1006; 1045
Curie, Marie: Naturwissenschaften 15/1, 865
Curie, Pierre: Naturwissenschaften 15/1, 865
Curtius, Ernst Robert: Alexandrinismus 13, 74; Athen 13, 285; Bukolik/Idylle 13, 561; Deutschland 13, 815; 818; Geschichtswissenschaft/Geschichtsschreibung 14, 190; Herrscher 14, 391; Historische Methoden 14, 456; Klassische Archäologie 14, 925; Lyrik 15/1, 247; Mittellatein 15/1, 459; Mythologie 15/1, 612; Olympia 15/1, 1170; 1172; Philologie 15/2, 265; Preußen 15/2, 557; Rhetorik 15/2, 788; Sport 15/3, 212;
Thematologie/Stoff- und Motivforschung 15/3, 411; Warburg Institute, The 15/3, 1100ff.; Zeitrechnung 15/3, 1163
Curtius, Georg: Philologie 15/2, 266; Sprachwissenschaft 15/3, 236ff.; Tschechien 15/3, 639
Curtius, Ludwig: Deutschland 13, 818; Klassische Archäologie 14, 907; Nationalsozialismus 15/1, 741; Winckelmann-Gesellschaft 15/3, 1140
Cusanus, Nicolaus → Nikolaus von Kues
Cuspinianus, Johannes: Bayern 13, 434; Österreich 15/1, 1137; Porträtgalerie 15/2, 506
Cuthenus, Martin: Tschechien 15/3, 628
Cuza, Alexandru Ioan: Rumänien 15/2, 1012
Ćwikliński, L.: Polen 15/2, 405
Cyriacus von Ancona (Pizzicolli, Ciriaco de'): Altertumskunde (Humanismus bis 1800) 13, 93; 96; Athen 13, 281; Griechen-Römer-Antithese 14, 254; Inschriftenkunde, griechische 14, 589; 600; Italien 14, 684; Klassische Archäologie 14, 903; Lateinische Inschriften 15/1, 57; Milet 15/1, 420; Parthenon 15/2, 188; Sparta 15/3, 180
Cyrillus → Kyrillos [8]*
Czebe, Gyula: Ungarn 15/3, 756
Czernsheva, T.N.: Ukraine 15/3, 746

D

Dacier, Anne (Le Fèvre, Anne/Madame Dacier): Epos 13, 1023; Frankreich 14, 48; Gattung/Gattungstheorie 14, 92; Komödie 14, 1072; Mythologie 15/1, 629; Querelle des Anciens et des Modernes 15/2, 612; Troja 15/3, 600; Übersetzung 15/3, 730
Da Conti, Antonio: Fürstenspiegel 14, 79
Dacos, N.: Niederlande und Belgien 15/1, 1038
Däubler, Theodor: Pompeji/Rezeption des freigelegten Pompeji in Literatur und Film 15/2, 493
Dagobert I. *König der Franken*: Sepulchralkunst 15/3, 17
Dahlerup, Vilhelm: Kopenhagen 14, 1092
Dahlmann, Friedrich Christoph: Politische Theorie 15/2, 431; Verfassungsformen 15/3, 988
Dahn, Felix: Nationalsozialismus 15/1, 727; Vandalen 15/3, 943
Dahrendorf, Ralf: Universität 15/3, 917
D'Ailly, Pierre: Horoskope 14, 532
Dain, Alphonse: Kodikologie 14, 1010
Daisne, Johan: Niederlande und Belgien 15/1, 1059
Dakin, James H.: Greek Revival 14, 252
Dalberg, John Emerich Edward, First Baron Acton (Lord Acton): Demokratie 13, 729
Dalí, Salvador: Knidische Aphrodite 14, 985; Künstlerlegenden 14, 1130; Moderne 15/1, 498;

506; Venus von Milo 15/3, 968; Wagnerismus 15/3, 1075; Werbung 15/3, 1126
Dallapiccola, Luigi: Italien 14, 708; Musik 15/1, 602; Vertonungen antiker Texte 15/3, 1021–1022
Dalou, J.: Historismus 14, 496
Dal Pozzo, Cassiano: Rom 15/2, 864
Dalrymple, James, First Viscount of Stair: Scotland, Law of 15/3, 3
Dalton, John: Atomistik 13, 340; Naturwissenschaften 15/1, 864
Dalton, R.: Weltwunder 15/3, 1114
Damascenus Studites: Makedonien/Mazedonien 15/1, 277
Damaskenos, Michael: Byzanz 13, 622
Damasus: Glossatoren 14, 222
Damery, Jacques: Vasen/Vasenmalerei 15/3, 949
Damodos, Vikentios: Griechenland 14, 275
Da Monte, Giovanni Battista: Humanismus 14, 560; Medizin 15/1, 368
Damsté, Pieter Helbert: Niederlande und Belgien 15/1, 1009
Dance, George d.J.: Griechen-Römer-Antithese 14, 260; Mausoleum 15/1, 334
Dandolo, E.: Rosse von San Marco/Quadriga 15/2, 988
Danes, Petrus Ludovicus: Niederlande und Belgien 15/1, 1030
Daniel, G.: Keltisch-Germanische Archäologie 14, 873
Daniel, Samuel: United Kingdom 15/3, 808; 813
Daniello, Bernardino: Epos 13, 1016; Gattung/Gattungstheorie 14, 91
Daniélou SJ, Jean-Guenolé-Marie Kardinal: Griechische Tragödie 14, 320; Lebendiges Latein 15/1, 95; Übersetzung 15/3, 736
Danielson, O.A.: Schweden 15/2, 1119
Dankovský, Gregor: Slowakei 15/3, 65ff.
Dannecker, Johann Heinrich von: Laokoongruppe 15/1, 14; Nacktheit in der Kunst 15/1, 654
D'Annunzio, Gabriele: Frankreich 15/3, 1271; Italien 14, 705–707; Lateinische Tragödie 15/1, 88
Dante Alighieri: Akademie 13, 43; Allegorie 13, 85; Artes liberales 13, 275; Autobiographie 13, 362; Frankreich 14, 18; Gattung/Gattungstheorie 14, 92; Herrscher 14, 379; 393; 395; 404–405; Humanismus 14, 541; 545; Imitatio 14, 574; Irland 14, 647; Italien 14, 666; 669–674; 676; 680; 686; 708; Kanon 14, 792–793; Kommentar 14, 1055; Konsolationsliteratur 14, 1081; Künstlerlegenden 14, 1127; Lateinische Komödie 15/1, 66; Lyrik 15/1, 248; Metamorphose 15/1, 396; Meteorologie 15/1, 416; Monarchie 15/1, 538; Mythologie 15/1, 619; 621; Naturwissenschaften 15/1, 836; Niederlande und Belgien 15/1, 989; Nobilitas 15/1, 1080; Orient-Rezeption 15/1, 1224–1225; Parnaß 15/2, 177; Rhetorik 15/2, 779; Rom 15/2, 877; Sacrum Imperium 15/2, 1037; Sphärenharmonie 15/3, 189; Sprachwissenschaft 15/3, 229; Trajanssäule 15/3, 544; United Kingdom 15/3, 824; United States of America 15/3, 871; Verfassungsformen 15/3, 983
Danto, Arthur Coleman: Philologie 15/3, 1313–1314
Daremberg, Charles: Enzyklopädie 13, 973; Medizingeschichtsschreibung 15/1, 375
Daríos, Rubén: Verskunst 15/3, 1013
Darmesteter, James: Iranistik 14, 638
Darré, Richard Walter: Nationalsozialismus 15/1, 727–728; 739; 747; Sparta 15/3, 164ff.
Darvar, Dimitrije Nikolajević: Serbien 15/3, 26
Darwin, Charles Robert: Geschichtsmodelle 14, 180; Klassische Archäologie 14, 925; Religionsgeschichte 15/2, 688; Sprachwissenschaft 15/3, 238
Dassmann, Ernst: Franz-Joseph-Dölger-Institut 14, 62; 65
Dasypodius, Konrad: Naturwissenschaften 15/1, 808
Dati, Gregorio: Lehrgedicht 15/1, 110
Dati, Leonardo: Lateinische Tragödie 15/1, 84; Verskunst 15/3, 1013; 1015
Daukantas, Simonas: Litauen 15/1, 176
Daukša, Mikalojus: Litauen 15/1, 173
Daumier, Honoré: Karikatur 14, 802; Laokoongruppe 15/1, 18; Venus von Milo 15/3, 966; Verwandlungen/Illustrationen von Ovid-Texten 15/3, 1032
D'Aumont, Louis Marie: Orient-Rezeption 15/1, 1203
Dausquius, Claudius: Niederlande und Belgien 15/1, 1026
Daux, Georges: Tschechien 15/3, 641
David der Armenier → Anacht
David der Unbesiegbare → Anacht
David, Emmerich: Nationale Forschungsinstitute 15/1, 688
David, François Anne: Wirtschaft und Gewerbe 15/3, 1143
David, Gerard: Niederlande und Belgien 15/1, 1037
David, Jacques-Louis: Festkultur/Trionfi 13, 1113; Frankreich 14, 51; Historienmalerei 14, 437; 442; Karthago 14, 851; Klassizismus 14, 955; 957; 959; Körperkultur 14, 1048; Mode 15/1, 484; Paganismus 15/2, 22; Revolution 15/2, 753; 755; Schlachtorte 15/2, 1084; United States of America 15/3, 854
David, Jakob Julius: Pompeji/Rezeption des freigelegten Pompeji in Literatur und Film 15/2, 493
David, M.: Niederlande und Belgien 15/1, 1012

Davidson, Donald: Metapher/Metapherntheorie 15/1, 406; United States of America 15/3, 873
Da Vinci, Leonardo → Vinci
Davis, Alexander J.: Greek Revival 14, 252
Davis, Jack: Nationale Forschungsinstitute 15/3, 1285
Davis, John K.: Nobilitas 15/1, 1072
Davis, Lindsey: United Kingdom 15/3, 820; 823
Davis, N.: Schlachtorte 15/2, 1084
Davis, Theodore Monroe: New York, Metropolitan Museum 15/1, 966
Davit der Erbauer: Georgien 14, 132
Dawe, Bruce: Orient-Rezeption 15/1, 1232
Dawkins, James: Baalbek 13, 365; Druckwerke 13, 893; Griechen-Römer-Antithese 14, 256; Troja 15/3, 604
Dawkins, Richard MacG.: Sparta 15/3, 178
Deán Martí: Spanien 15/3, 118
De Andrea, John: Mimesislegenden 15/1, 441
De Bast, Martin-Jean: Niederlande und Belgien 15/1, 1030
Debbio, Enrico del: Stadion 15/3, 261
Debevoise, Neilson C.: Iranistik 14, 639
Debussy, Claude: Frankreich 15/3, 1268; 1271; Musik 15/1, 602
Decembrio, Pier Candido: Humanismus 14, 547; Neulatein 15/1, 939; Panegyrik 15/2, 50
Decembrius, Angelus: Homer-Vergil-Vergleich 14, 518
De Chirico, Giorgio (Chirico, Giorgio de): Historienmalerei 14, 441; Italien 14, 707; Moderne 15/1, 499; 501; Musen 15/1, 567; Nacktheit in der Kunst 15/1, 655
Deck, Théodore: Wirtschaft und Gewerbe 15/3, 1146
Decker, Coenrat: Babylon 13, 377
Decorte, Bert: Niederlande und Belgien 15/1, 1058
De Crescenzo, Luciano: Kampanien 14, 790
Dedekind, C.Chr.: Musen 15/1, 565
Dedekind, Julius Wilhelm Richard: Logik 15/1, 200; Mathematik 15/1, 320
De'Dottori, Carlo: Italien 14, 693
Dee, John: Magie 15/1, 254; Naturwissenschaften 15/1, 842; Okkultismus 15/1, 1149; Paganismus 15/2, 18
Deecke, Wilhelm: Entzifferungen 13, 962
Defoe, Daniel: Klassizismus 14, 972; Tourismus 15/3, 531; United Kingdom 15/3, 813
De Francisci, Pietro: Faschismus 13, 1102; Istituto (Nazionale) di Studi Romani 14, 653–654; 657
De Franciscis, Alfonso: Pompeji 15/2, 477
Degan → Thegan von Trier
Degas, Edgar: Historismus 14, 490
Degli Albonesi, Teseo Ambrogio: Semitistik 15/3, 11
DeGolyer, Michael: Marxismus 15/1, 295; 300
Degrassi, Attilio: Lateinische Inschriften 15/1, 61
De Groot, Albert Willem: Niederlande und Belgien 15/1, 1011–1013

De Herreros: Alexandria 13, 65
Dehmel, Richard: Hymnos 14, 569
Deichgräber, Karl: Medizingeschichtsschreibung 15/1, 375
Deichmann, Friedrich Wilhelm: Christliche Archäologie 13, 645
Dekkers, Dom E.: Niederlande und Belgien 15/1, 1034
Delacroix, Eugène: Orient-Rezeption 15/1, 1212; Philhellenismus 15/3, 234; Venus von Milo 15/3, 967
De la Cruz, Juana Inés: Lateinamerika 15/1, 23
DeLaine, Janet: Nationale Forschungsinstitute 15/1, 675–676
Delamare, A.: Lateinische Inschriften 15/1, 48
Delaporta, Katarina: Unterwasserarchäologie 15/3, 923
Delatte, Armand: Steinschneidekunst: Gemmen 15/3, 287
Delattre, Alfred-Louis: Karthago 14, 839
Delbene, Bartolomeo: Triumphbogen 15/3, 591
Delbrück, Berthold: Sprachwissenschaft 15/3, 237
Delbrück, Hans: Krieg 14, 1117; Schlachtorte 15/2, 1077
Delcourt, Marie: Niederlande und Belgien 15/1, 1033–1034
Del Debbio, Enrico: Faschismus 13, 1090
Deleuze, Gilles: Philologie 15/3, 1313–1314
Delfino, Giovanni: Italien 14, 692
Delfino, Giovanni Antonio: Naturwissenschaften 15/1, 806
Delibes, Léo: Frankreich 15/3, 1269
Delille, Jacques: Frankreich 14, 50
Delisle, G.: Historische Geographie 14, 449
Delisle, Léopold: Paläographie, lateinische 15/2, 43
Delitzsch, Friedrich: Altorientalische Philologie und Geschichte 13, 105; Babylon 13, 380; Berlin 13, 463; Orient-Rezeption 15/1, 1228; 1230; Semitistik 15/3, 13
Delivorrias, A.: Sparta 15/3, 174
Della Bella, Ardelio: Kroatien 14, 1121
Della Casa, Giovanni: Frankreich 14, 36
Della Fonte: Epos 13, 1016
Della Francesca, Piero: Festkultur/Trionfi 13, 1108
Della Porta, Giacomo *it. Baumeister, um 1540-1602*: Rom 15/2, 922; Trajanssäule 15/3, 544
Della Porta, Giambattista *it. Physiker und Dramatiker, 1535-1615*: Frankreich 14, 43; Magie 15/1, 254–255; Okkultismus 15/1, 1148; Physiognomik 15/2, 360
Della Porta, Tomaso: Fälschung 13, 1072
Della Robbia, Luca: Okkultismus 15/1, 1159
Della Rocca, Bartolomeo (Cocles): Physiognomik 15/2, 359
Della Rovere, Giuliano → Julius II.
Della Valle, Federico: Italien 14, 693

Della Valle, Lorenzo → Valla
Delminio, Giulio Camillo → Camillo
Delmouzos, A.: Griechenland 14, 283
Delorme, Philibert → Orme
Delrio, Martinus Antonius: Niederlande und Belgien 15/1, 1025–1026
Delsartes, François: Tanz 15/3, 358
Delta, Penelope: Neugriechische Literatur 15/1, 908; 912
Delvaux, Paul: Historienmalerei 14, 442; Moderne 15/1, 502–504
Delvig, A.: Rußland 15/2, 1020
Demangel, R.: Delphi 13, 717
De Martino, Ernesto de: Paganismus 15/2, 19; Religionsgeschichte 15/2, 696
De Martino, Francesco: Geschichtswissenschaft/Geschichtsschreibung 14, 207
Demelić, Petar: Serbien 15/3, 27; 30
Demetrios Cantemir rumän. Fürst: Rumänien 15/2, 1004–1005
Demetrios [43]* Triklinos → Triklinios
Demoustier, Charles-Albert: Mythologie 15/1, 630
Dempster, Thomas: Altertumskunde (Humanismus bis 1800) 13, 88; Etruskologie 13, 1055
Dench, Emma: Nationale Forschungsinstitute 15/1, 675
Denis, Maurice: Moderne 15/1, 499; Musen 15/1, 567
Dennis, George: Etruskerrezeption 13, 1053; Karlsruhe, Badisches Landesmuseum, Antikensammlungen 14, 808
Denon, Dominque Vivant: Alexandria 13, 68; Paris, Louvre 15/2, 109; Vasen/Vasenmalerei 15/3, 956
Dente, Marco: Laokoongruppe 15/1, 10
Dentzler, Johann Jakob: Lexikographie 15/1, 135
De Polignac: Klassische Archäologie 14, 950
De Prorock, Byron Khun: Karthago 14, 840
Dérains, André: Moderne 15/1, 499
De Ram: Niederlande und Belgien 15/1, 1034
Derbolav, Josef: Bildung 13, 514; Pädagogik 15/2, 4
Derchain, Philippe: Steinschneidekunst: Gemmen 15/3, 287
De Reiffenberg: Niederlande und Belgien 15/1, 1034
Deremetz, Alain: Philologie 15/3, 1313
De Ridder, A.: Orchomenos 15/1, 1190
De Rijk, Lambert Marie: Logik 15/1, 194
Dernschwamm, H.: Inschriftenkunde, griechische 14, 593
Derrer, Sebastian: Humanismus 14, 556
Derrida, Jacques: Historische Methoden 14, 461; Metapher/Metapherntheorie 15/1, 406; Mimesis 15/1, 433; Philologie 15/3, 1319; Psychoanalyse 15/2, 597
Derschawin, Gawrila Romanowitsch russ. Dichter, 1743-1816: Lyrik 15/1, 250

De Sanctis, Gaetano: Faschismus 13, 1103–1104; Geschichtswissenschaft/Geschichtsschreibung 14, 190–191; 206; Istituto (Nazionale) di Studi Romani 14, 657; Krieg 14, 1117
Descartes, René (Cartesius, Renatus): Argumentationslehre 13, 247; Artes liberales 13, 276; Aufklärung 13, 344; Bildung 13, 510; Geologie (und Mineralogie) 14, 129; Gerechtigkeit 14, 144; Künstlerlegenden 14, 1129; Logik 15/1, 197–198; Medizin 15/1, 369; Metapher/Metapherntheorie 15/1, 405; Meteorologie 15/1, 417; Mnemonik/Mnemotechnik 15/1, 467; 476; Naturphilosophie 15/1, 771; Naturwissenschaften 15/1, 828; 864; Philosophie 15/2, 340; Physiognomik 15/2, 357; Skeptizismus 15/2, 42
Deschamps, Eustache: Frankreich 14, 24–25
Descoeudres, J.-P.: Nationale Forschungsinstitute 15/1, 722
Desgodets → Desgodetz
Desgodetz, Antoine (Desgodets): Druckwerke 13, 892; Triumphbogen 15/3, 592
Deshoulières → Madame Deshouliéres
Desiderius von Montecassino → Viktor III.
Desmarets de Saint-Sorlin, Jean: Barock 13, 404; Epos 13, 1021; Frankreich 14, 37; Karthago 14, 850; Mythologie 15/1, 627; Querelle des Anciens et des Modernes 15/2, 608; Spiele 15/3, 192
Desmoulins, Camille: Demokratie 13, 725; Politische Theorie 15/2, 425; Republik 15/2, 731
Despautère, Jean → Despauterius
Despauterius, Johannes (Despautère, Jean): Litauen 15/1, 175; Niederlande und Belgien 15/1, 988
Des Périers, Bonaventure: Frankreich 14, 33
Despiau, Charles: Nacktheit in der Kunst 15/1, 655
Desprez → Josquin
Desprez, Louis Jean: Finnland 13, 1149; Orient-Rezeption 15/1, 1201; Pompeji 15/2, 479
Dessau, Hermann: Akademie 13, 48; Lateinische Inschriften 15/1, 60; Nobilitas 15/1, 1073
D'Estouteville, Guillaume: Ostia und Porto 15/1, 1247
Déthier, Philipp-Anton: Türkei 15/3, 654
Detienne, Marcel: Kulturanthropologie 14, 1134; Mythos 15/1, 647
Deubner, Ludwig: Athen 13, 285; Geschichtswissenschaft/Geschichtsschreibung 14, 209; Religionsgeschichte 15/2, 692
Deutz, Rupert von: Typologie 15/3, 678
De Vere, Sir Aubrey: Irland 14, 646
Devereux, George: Psychoanalyse 15/2, 598–599
Deveria, Achille: Orient-Rezeption 15/1, 1212
De Veroli, Carlo: Faschismus 13, 1093

De Vogel, Cornelia J.: Nationale Forschungsinstitute 15/1, 691; Niederlande und Belgien 15/1, 1013
Devreese, Robert: Paläographie, griechischische 15/2, 42
De Vries, Scato Gocko: Niederlande und Belgien 15/1, 1009
De Waele, F.: Nationale Forschungsinstitute 15/1, 691
Deydier, Henri: Pakistan/Gandhara-Kunst 15/2, 37
D'haen, Christine: Niederlande und Belgien 15/1, 1060
Dhorme, Édouard (Ordensname: Paul): Orient-Rezeption 15/1, 1230
Diakonos, Leon → Leon [11]* Diakonos
Dias, Epifânio: Portugal 15/2, 524
Dickins, G.: Sparta 15/3, 174
Dicuil *ir. Gelehter im Frankenreich, gest. nach 825*: Geographie 14, 122; Überlieferung 15/3, 724
Didacus Placidus de Titis: Naturwissenschaften 15/1, 842
Diderot, Denis: Aufklärung 13, 343; 345–346; Dialog 13, 834; 836; Enzyklopädie 13, 968; Frankreich 14, 46; 50–51; Geschichtsmodelle 14, 178; Historienmalerei 14, 437; Homer-Vergil-Vergleich 14, 521; Konsolationsliteratur 14, 1082; Naturwissenschaften 15/1, 784; 843; Okkultismus 15/1, 1160; Revolution 15/2, 746; Stabia/Stabiae 15/3, 255; Technikgeschichte 15/3, 365; Torso (Belvedere) 15/3, 515; Utopie 15/3, 938–939; Zoroastres/Zoroastrismus 15/3, 1231
Diderot, J.J.: Troja 15/3, 601
Didi-Hubermann, Georges: Warburg Institute, The 15/3, 1103
Didon, Henri-Martin: Sport 15/3, 217
Didot, François Amroise: Verlag 15/3, 1005
Diedo, Antonio: Mausoleum 15/1, 336
Diehl, Ernst: Lateinische Inschriften 15/1, 60
Diels, Hermann Alexander: Akademie 13, 47–48; Corpus Medicorum 13, 674; Lexikographie 15/1, 143–144; Medizingeschichtsschreibung 15/1, 375; Philologie 15/2, 270; Technikgeschichte 15/3, 366ff.; Universität 15/3, 909; Vorsokratiker 15/3, 1062; 1065; 1068
Diem, Carl: Sport 15/3, 213ff.
Diepold von Waldeck: Zoologie 15/3, 1212
Dierauer, Johannes: Schweiz 15/2, 1121
Diercxsens, Joannes Carolus: Niederlande und Belgien 15/1, 1030
Dieterich, Albrecht: Paganismus 15/2, 15; Religionsgeschichte 15/2, 687; 692
Dieterici, Fr.: Arabistik 13, 191
Dietrich, Marlene: Venus von Milo 15/3, 967
Dietrich, Paul Heinrich → Holbach
Dietrich von Freiberg → Theodoricus Teutonicus de Vriberg

Dietterlin, Wendel: Stützfiguren/Erechtheionkoren 15/3, 330
Dietz, Friedrich Reinhold: Medizin 15/1, 370; Medizingeschichtsschreibung 15/1, 375; Orient-Rezeption 15/1, 1200
Dieu, Ludovicus de: Iranistik 14, 635
Dieulafoy, Marcel-Auguste: Iranistik 14, 637; Orient-Rezeption 15/1, 1214; Paris, Louvre 15/2, 116
Diez, Friedrich: Romanische Sprachen 15/2, 956
Dihle, Albrecht: Franz-Joseph-Dölger-Institut 14, 65; Philologie 15/3, 1318
Dikaios, P.: Zypern 15/3, 1237
Dill, Samuel: Nobilitas 15/1, 1076
Diller, Hans: Medizingeschichtsschreibung 15/1, 375
Dillis, Johann Georg von: Bayern 13, 439
Dillmann, August: Semitistik 15/3, 13–14
Dilmen, Güngör: Türkei 15/3, 651
Dilthey, Wilhelm: Biographie 13, 522; Dritter Humanismus 13, 879; Gelegenheitsdichtung 14, 111; Geschichtsmodelle 14, 181–182; Historische Methoden 14, 458; Historismus 14, 473–474; Kulturanthropologie 14, 1134; Pädagogik 15/2, 3; Vorsokratiker 15/3, 1068
Dimand, Maurice: New York, Metropolitan Museum 15/1, 974
Dimashki *arab. Schriftsteller, gest. 1327*: Baalbek 13, 365
Dimitsas, M.: Griechenland 14, 278
Dindorf, Ludwig: Lexikographie 15/1, 130
Dindorf, Wilhelm: Lexikographie 15/1, 130
Dine, Jim: Venus von Milo 15/3, 968
Dingelstedt, F.: Griechische Tragödie 14, 319
Dinglinger, Johann Melchior: Orient-Rezeption 15/1, 1199
Dinis *König von Portugal, 1279–1325*: Portugal 15/2, 517
Dinkeloo, John: New York, Metropolitan Museum 15/1, 954; 968
Dinsberģis, Ernests: Lettland 15/1, 125
Dionisotti, Carlo: Humanismus 14, 546
Dionysios *byz. Musiktheoretiker*: Musik 15/1, 595
Dirlmeier, Franz: Nationalsozialismus 15/1, 745–747
Disandro, C.: Lateinamerika 15/1, 43
Dittmann, L.: Interpretatio Christiana 14, 631
Dix, Otto: Moderne 15/1, 500; Musen 15/1, 567
Dlugossius → Długosz
Długosz, Jan (Dlugossius/Longinus, Ioannes): Litauen 15/1, 172; Polen 15/2, 392
Dobiáš, Josef: Tschechien 15/3, 641
Dobiaš-Roždestvenskaja, O.: Rußland 15/2, 1023
Dobrovski, I.: Bulgarien 13, 573
Dobrovský, Josef: Tschechien 15/3, 638
Dobruský, Václav: Tschechien 15/3, 644
Dodds, Eric Robertson: Kulturanthropologie 14, 1137; Philologie 15/3, 1302; Psychoanalyse

15/2, 599; Religionsgeschichte 15/2, 695; Traumdeutung 15/3, 554
Dodonaeus, Rembertus: Niederlande und Belgien 15/1, 991
Dodwell, Edward: Aigina 13, 29; Athen 13, 301; Mykene 15/1, 603; Olympia 15/1, 1169; Orchomenos 15/1, 1188; Tiryns 15/3, 498
Dodwell, Henry: Geschichtswissenschaft/Geschichtsschreibung 14, 202; Zeitrechnung 15/3, 1176
Döblin, Alfred: Babylon 13, 379; Lehrer 15/1, 107; Metapher/Metapherntheorie 15/1, 406; Orient-Rezeption 15/1, 1228–1229
Döderlein, Heinrich Alexander: Byzantinistik 13, 588
Döderlein, Johann Alexander: Klassische Archäologie 14, 910
Döderlein, Johann Ludwig Christoph Wilhelm von: Bayern 13, 438
Dölger, Franz Joseph: Christliche Archäologie 13, 645; Enzyklopädie 13, 974; Franz-Joseph-Dölger-Institut 14, 62–64; 66; Nationale Forschungsinstitute 15/1, 687; Patristische Theologie/Patristik 15/2, 199
Doell, Friedrich Wilhelm Eugen: Gotha, Schloßmuseum 14, 239; Park 15/2, 164
Döpp, Siegmar: Übersetzung 15/3, 736
Dörpfeld, Wilhelm: Athen 13, 292; Eleusis 13, 947; Klassische Archäologie 14, 925; Knossos 14, 992; Kretisch-Mykenische Archäologie 14, 1101–1102; Mykene 15/1, 609; Nationale Forschungsinstitute 15/1, 690; 708; Olympia 15/1, 1172–1173; Orchomenos 15/1, 1190; Pergamon 15/2, 205; 209; Tiryns 15/3, 499ff.; Troja 15/3, 610
Dörpinghaus, A.: Rhetorik 15/2, 805
Doi, Masaoki: Sklaverei 15/3, 54
Dolan, M.: Karthago 14, 852
Dolce, Lodovico/Ludovico: Adaptation 13, 12; 15; Italien 14, 686; Lateinische Komödie 15/1, 69; Lateinische Tragödie 15/1, 84; Neugriechische Literatur 15/1, 900; Verwandlungen/Illustrationen von Ovid-Texten 15/3, 1032
Dolch, A.: Lehrplan 15/1, 113
Dolet, Étienne: Frankreich 14, 33
Dolezel, Lubomir: Thematologie/Stoff- und Motivforschung 15/3, 410
Doll, Ch.: Knossos 14, 997
Dolunay, Necati: Türkei 15/3, 656
Domenichino (Zampieri, Domenico): Triumphbogen 15/3, 591
Domenico da Piacenza: Italien 14, 682
Dominici, Giovanni: Mythologie 15/1, 621
Dominicus de Clavasio: Landvermessung 15/1, 2
Dominicus de Sancto Geminiano: Kanonisten 14, 796
Dominicus Gnosius: Okkultismus 15/1, 1152

Dominicus Gundissalinus: Musik 15/1, 572; Naturwissenschaften 15/1, 794; Zoologie 15/3, 1209
Dominikus von Osma *Begründer des Dominikaner-Ordens*: Mausoleum 15/1, 331; Mönchtum 15/1, 529
Domitius, Petrus: Lateinische Komödie 15/1, 69
Don Pedro → Peter
Donat a Mutiis: Kroatien 14, 1120
Donatello (Donato di Niccolò di Betto Bardi): Italien 14, 682–683; Mode 15/1, 483; Nacktheit in der Kunst 15/1, 652–653; Renaissance 15/2, 705; Rosse von San Marco/Quadriga 15/2, 988; Stützfiguren/Erechtheionkoren 15/3, 330; Trajanssäule 15/3, 546
Donati *Literaturtheoretiker der Barockzeit*: Tragödie/Tragödientheorie 15/3, 539
Donato d'Angelo → Bramante
Donato di Niccolò di Betto Bardi → Donatello
Donatus, Alessandro: Druckwerke 13, 892
Dondi, Giovanni: Herrscher 14, 398
Doneau, Hugues (Donellus, Hugo): Geschichtswissenschaft/Geschichtsschreibung 14, 201; Humanismus 14, 556–557; Romanistik/Rechtsgeschichte 15/2, 961
Donellus, Hugo → Doneau
Donelly, Ignatius: Atlantis 13, 337
Donghi, Tulio Halperín: Lateinamerika 15/1, 43
Doni, Giovanni Battista: Affektenlehre (musikalisch) 13, 22; Musik 15/1, 600; Oper 15/1, 1180
Donic, Andronaki: Mönchtum 15/1, 533
Donizetti, Gaetano: Italien 14, 704
Donk, Charles de: Niederlande und Belgien 15/1, 1043
Donne, John: Brief, Briefliteratur 13, 543
Dont, Georg: Bayern 13, 434
Doolittle, Hilda (HD): United States of America 15/3, 872; 879
Doorn, P.: Nationale Forschungsinstitute 15/1, 693
Doppelfeld, Otto: Köln 14, 1035; 1037–1038
Dopsch, Alfons: Geschichtswissenschaft/Geschichtsschreibung 14, 216; Handel/Handelswege 14, 349
Dorat, Jean (Auratus Lemovicis): Frankreich 14, 30; 32; Humanismus 14, 551; Niederlande und Belgien 15/1, 1022; Verskunst 15/3, 1010
Doré, Gustave: Orient-Rezeption 15/1, 1212
Dorfles, G.: Kitsch 14, 882
Dori, A.: Rom 15/2, 931
Doria, Andrea: Nacktheit in der Kunst 15/1, 653
Dorn, Boris Andreevich: Iranistik 14, 637
Dorn, D.: Griechische Komödie 14, 315
Dorotheos von Monemvasia: Neugriechische Literatur 15/1, 897
Dorow, Wilhelm: Köln 14, 1027
Dosoftei *rumän. Metropolit*: Rumänien 15/2, 1005

Dossena, Alceo: Fälschung 13, 1075
Dossi, Dosso: Torso (Belvedere) 15/3, 516
Dostálová, Růžena: Tschechien 15/3, 642
Doufexis, St.: Griechische Komödie 14, 314
Douglas, Gavin: Adaptation 13, 9; 12; United Kingdom 15/3, 793; Übersetzung 15/3, 728
Doukas, Neophytos: Griechenland 14, 277; 280
Doumas, Christos G.: Thera 15/3, 476
Dourgnon, Marcel: Kairo, Ägyptisches Museum 14, 772
Dousa van Noordwijk, Franciscus: Niederlande und Belgien 15/1, 995
Dousa van Noordwijk, Janus: Niederlande und Belgien 15/1, 995; 998; 1000
Dove, Rita: United States of America 15/3, 879
Dover, Robert: Olympia 15/1, 1166; Sport 15/3, 210
Dovizi da Bibbiena, Bernardo → Bibbiena
Dow, Sterling: Nationale Forschungsinstitute 15/3, 1284
Doxoprates, Johannes: Kommentar 14, 1063
Dozy, Reinhart P.: Arabistik 13, 190–191
Dr. Johnson → Johnson
Drach, Peter d.J.: Zoologie 15/3, 1204
Drachmann, Aage Gerhardt: Technikgeschichte 15/3, 370
Dragendorff, Heinz: Römisch-Germanische Kommission (RGK) 15/2, 824
Dragoumis, N.: Neugriechische Literatur 15/1, 906
Drakenborch, Arnoldus: Niederlande und Belgien 15/1, 1005
Drappier, Franz: Comics 13, 661
Drayton, Michael: Brief, Briefliteratur 13, 542; United Kingdom 15/3, 805
Drejzin, Julian: Weißrußland 15/3, 1108
Drerup, Julius Philipp Engelbert: Niederlande und Belgien 15/1, 1002; 1011
Dressel, Heinrich: Lateinische Inschriften 15/1, 49; Unterwasserarchäologie 15/3, 926; Zeitrechnung 15/3, 1169
Drews, Arthur: Wagnerismus 15/3, 1078
Drexel, Anton: Bayern 13, 436
Drexler, Hans: Dritter Humanismus 13, 878; Nationalsozialismus 15/1, 737; 742–743; Philologie 15/2, 316
Drey, Johann Sebastian: Theologie und Kirche des Christentums 15/3, 417
Drogo von Metz: Karolingische Renaissance 14, 827
Dronke, E.P.M.: Australien und Neuseeland 15/3, 1248
Drougou, Stella: Vergina 15/3, 992
Drovetti franz. Generalkonsul: München, Glyptothek und Antikensammlungen 15/1, 549
Droysen, Hans: Krieg 14, 1117
Droysen, Johann Gustav: Cäsarismus 13, 626; Epochenbegriffe 13, 1005; 1012; Geschichtsmodelle 14, 162; 181; Geschichtswissenschaft/Geschichtsschreibung 14, 186; 191; Herrscher 14, 391; Historische Methoden 14, 456–458; 461–462; Historismus 14, 471–472; 476; 479; Iranistik 14, 636; Komödie 14, 1075; Philologie 15/2, 264; Politische Theorie 15/2, 431; Schlachtorte 15/2, 1083; Tschechien 15/3, 638; Wagnerismus 15/3, 1075
Drumann, Walter: Historische Geographie 14, 450
Drumann, Wilhelm: Geschichtswissenschaft/Geschichtsschreibung 14, 208; Nobilitas 15/1, 1073
Drusius, Johannes: Niederlande und Belgien 15/1, 1001
Dryden, John: Adaptation 13, 12; Klassizismus 14, 963; 966; 969–970; Querelle des Anciens et des Modernes 15/2, 610; United Kingdom 15/3, 811–813; Übersetzung 15/3, 729
Držić, M.: Kroatien 14, 1120
Duaren, François (Duarenus): Geschichtswissenschaft/Geschichtsschreibung 14, 201
Duarenus → Duaren
Duarte → Eduard
Duarte, Juan Pablo: Lateinamerika 15/1, 36
Duban, F.: Historismus 14, 491
Du Barta, Guillaume de Saluste, Seigneur: Epos 13, 1019
Du Bellay, Joachim: Epigrammatik 13, 983; Epos 13, 1018–1019; Frankreich 14, 31–32; Komödie 14, 1071; Vers mesurés 15/3, 1007
Dubois, Jacques: Figurenlehre 13, 1131; Rhetorik 15/2, 789
Dubois, Paul franz. Bildhauer: Olympia 15/1, 1169
Dubois, Théodore: Frankreich 15/3, 1269
Dubois-Crancé, Edmond Louis Alexis: Historienmalerei 14, 437
Dubos, Jean-Baptiste, Abbé: Einbildungskraft 13, 936; Frankreich 14, 49; Geschmack 14, 218; Historienmalerei 14, 434; Ut pictura poesis 15/3, 933
Du Bosc, Jacques: Frankreich 14, 37
Dubourg, Richard: Modell/Korkmodell 15/1, 495
Dubravius, Johannes: Tschechien 15/3, 628
Dubravius, Rodericus: Tschechien 15/3, 628
Duc, L.: Historismus 14, 491
Duca, Jacopo del: Rom 15/2, 928
Du Cange, Charles du Fresne, Seigneur: Atomistik 13, 339; Byzantinistik 13, 584; Konstantinopel 14, 1090; Mittellatein 15/1, 458; Nobilitas 15/1, 1074
Ducasse, Isidore Lucien → Lautréamont
Ducat, Jean: Sparta 15/3, 170
Duccio, Agostino di: Toranlagen/Stadttore 15/3, 511
Duccio di Buoninsegna it. Maler, um 1255-1319: Byzanz 13, 613
Ducerceau, Baptiste: Mausoleum 15/1, 331

Duchamp, Marcel: Mimesislegenden 15/1, 441; Moderne 15/1, 509; Venus von Milo 15/3, 968
Duchamp, Suzanne: Moderne 15/1, 509
Duchenne de Boulogne, Guillaume Benjamin Armand: Laokoongruppe 15/1, 14
Duchesne, André: Altertumskunde (Humanismus bis 1800) 13, 94
DuChoul, Guillaume: Weltwunder 15/3, 1112
Duck, Arthur: Civilians 13, 653
Duckworth, Gerald de l'Etang: Verlag 15/3, 1006
Ducrey, P.: Nationale Forschungsinstitute 15/1, 722
Ducrot, O.: Argumentationslehre 13, 250
Dudo von St. Quentin: Geschichtsmodelle 14, 170; United Kingdom 15/3, 779
Dülfer, M.: Historismus 14, 493
Düntzer, Heinrich: Homerische Frage 14, 506; Köln 14, 1028; 1031
Dürer, Albrecht: Apoll von Belvedere 13, 152; Deutschland 13, 774; Festkultur/Trionfi 13, 1108; Knidische Aphrodite 14, 984; Künstlerlegenden 14, 1128; Melancholie 15/1, 379; 382; Mimesislegenden 15/1, 439; Nacktheit in der Kunst 15/1, 652; Nationalsozialismus 15/1, 756; Naturwissenschaften 15/1, 823; 838; Physiognomik 15/2, 353; Renaissance 15/2, 702; 710; Triumphbogen 15/3, 586; Vasen/Vasenmalerei 15/3, 948
Düring, Ingemar: Naturwissenschaften 15/1, 825
Dürrenmatt, Friedrich: Babylon 13, 379; Komödie 14, 1077; Medien 15/1, 349; Orient-Rezeption 15/1, 1231; Theater 15/3, 401
Dufay, Guillaume: Hymnus 14, 570; Messe 15/1, 394; Numismatik 15/1, 1129
Duffy, Mary: Venus von Milo 15/3, 969
Dufresnoy, Charles-Alphonse: Frankreich 14, 44
Dufy, Raoul: Moderne 15/1, 508
Dughet, Gaspar: Park 15/2, 133
Duhem, Pierre Maurice Marie: Naturwissenschaften 15/1, 818
Dujardin, Carel: Vasen/Vasenmalerei 15/3, 949
Duka, Maro: Neugriechische Literatur 15/1, 914
Dukas, Demetrios: Spanien 15/3, 109
Dukas, Paul: Frankreich 15/3, 1271
Duker, Carolus Andreas: Niederlande und Belgien 15/1, 1005
Du Marsais, César Chesneau: Figurenlehre 13, 1130; Frankreich 14, 50; 59
Dumas, Alexandre (père): Frankreich 15/3, 1257; 1271
Dumas, Jean Baptiste André: Naturwissenschaften 15/1, 865
Dumbeck, G.J.: Niederlande und Belgien 15/1, 1031
Dumčius, Jonas: Litauen 15/1, 176
Du Méril, E.: Mittellatein 15/1, 451
Dumézil, Georges: Religionsgeschichte 15/2, 696
Dumitrescu, Vladimir: Rumänien 15/2, 1013

Dumitrescus, Sorin: Rumänien 15/2, 1009
Dumont, Albert: École française d'Athènes 13, 912; École française de Rome 13, 917
Du Mont, Henry: Messe 15/1, 393
Dumoulin, Charles: Humanismus 14, 557
Dunant, C.: Nationale Forschungsinstitute 15/1, 722
Duncan, Isadora: Mode 15/1, 490; Neohumanismus 15/1, 893; Neugriechische Literatur 15/1, 909; Tanz 15/3, 358ff.
Duncan, John H.: Mausoleum 15/1, 337; Orient-Rezeption 15/1, 1219
Dunchad II. ir. Gelehrter, 9. Jh.: Kommentar 14, 1060
Duncker, Maximilian: Geschichtswissenschaft/Geschichtsschreibung 14, 190
Duncombe, William: Klassizismus 14, 970
Dungal ir. Mönch und Gelehrter, 9. Jh.: Frankreich 14, 7; Karolingische Renaissance 14, 818; Überlieferung 15/3, 724
Duns Scotus, Johannes: Aristotelismus 13, 256; Frankreich 14, 22; Metaphysik 15/1, 410; Naturrecht 15/1, 774; Querelle des Anciens et des Modernes 15/2, 617; 619; Skeptizismus 15/3, 39; Theorie/Praxis 15/3, 466; Universität 15/3, 888
Dupaty, Charles-Marguerite Mercier: Kampanien 14, 790
Dupérac, Étienne: Druckwerke 13, 892; Ostia und Porto 15/1, 1248
Du Perrier, François → Perrier, François du:
Du Perron, Charles Edgar: Niederlande und Belgien 15/1, 1054
Dupré, Augustin: United States of America 15/3, 845
Dupuis, Charles-François: Paganismus 15/2, 22
Duquesnoy, François fläm. Bildhauer, 1594–1641: Barock 13, 411; 414
Durado, Constantin: Japan 14, 721
Durán, Diego: Groteske 14, 327
Durand, Jean-Nicolas-Louis: Figurenlehre 13, 1132; Historismus 14, 491; Stadion 15/3, 257; Toranlagen/Stadttore 15/3, 512; Vasen/Vasenmalerei 15/3, 954
Durand de Maillane, Pierre Toussaint: Menschenrechte 15/1, 388
Duranti, Guilielmus: Kanonisten 14, 796
Đurđević, I.: Kroatien 14, 1121
Dureau de la Malle, A.: Bevölkerungswissenschaft/Historische Demographie 13, 489
Durell, Lawrence: Neugriechische Literatur 15/1, 907; 911
Durić, Miloš: Serbien 15/3, 30
Du Rieu, Willem Niklaas: Niederlande und Belgien 15/1, 1009
Durkheim, Émile: Geschichtswissenschaft/Geschichtsschreibung 14, 192; 194; 210; Historische Methoden 14, 460; Kulturanthropologie 14, 1134; 1139; Lebendiges Latein

15/1, 94; Religionsgeschichte 15/2, 695; Strukturalismus 15/3, 324
Duruy, Victor: Geschichtswissenschaft/Geschichtsschreibung 14, 190
Du Ry, Simon Louis: Kassel, Staatliche Kunstsammlungen Antikenabteilung 14, 861; 864
Dussaud, René: Paris, Louvre 15/2, 117
Duthoit, Edmont: Paris, Louvre 15/2, 116
Du Vair, G.: Redegattungen 15/2, 635
Duvert, Félix-Auguste: Frankreich 15/3, 1261
Duyuran, Rüstem: Türkei 15/3, 656
Dwight, Timothy: United States of America 15/3, 850–851
Dyck, Jan van: Rhetorik 15/2, 803
Dyck, Sir Antonis van: Historienmalerei 14, 434; Vasen/Vasenmalerei 15/3, 956
Dyggve, Ejnar: Nationale Forschungsinstitute 15/1, 678
Dyskolos, Apollonius: Kommentar 14, 1063

E

Ealdorman Æthelweard (Æthelwerd I.) *Theign in Sussex*: United Kingdom 15/3, 768
Earl of Ashburnham → Saint-Asaph
Earle, John: Klassizismus 14, 972
Ebedjesus bar Berīkā: Patristische Theologie/Patristik 15/2, 199
Eben, Petr: Tschechien 15/3, 637
Eber, Johannes: Kalender 14, 785
Eber, Martin: Kalender 14, 785
Eber, Paul: Kalender 14, 785–786
Ebergisil *Bischof von Köln*: Köln 14, 1016
Eberhard I., im Bart *Herzog von Württemberg, 1459-1495, ehem. Graf Eberhard V.*: Numismatik 15/1, 1110
Eberhard der Deutsche: Elegie 13, 944
Eberhard von Béthune: Figurenlehre 13, 1127; Frankreich 14, 11; Lehrgedicht 15/1, 109; Mittellatein 15/1, 449; Neulatein 15/1, 926; Niederlande und Belgien 15/1, 987; Universität 15/3, 884
Eberhard von Ypern: Dialog 13, 831
Eberhardt, Konrad: Bayern 13, 439
Eberhardt, Walter: Nationalsozialismus 15/1, 730–731
Eberle, Josef: Lebendiges Latein 15/1, 95; Neulatein 15/1, 938
Eberlein, G.: Historismus 14, 497
Ebersbach, Volker: DDR 13, 694
Ebert, Adolf: Mittellatein 15/1, 458
Ebert, Carl: Orient-Rezeption 15/1, 1231
Ebertin, Reinhold: Horoskope 14, 538
Ebreo, Guglielmo: Italien 14, 682
Echard, Laurence: Geschichtswissenschaft/Geschichtsschreibung 14, 202

Echius, V.: Slowakei 15/3, 63
Eck, Johannes: Bayern 13, 432; Lateinische Komödie 15/1, 72; Theologie und Kirche des Christentums 15/3, 435
Eck, Werner: Nobilitas 15/1, 1074
Eckhel, Joseph Hilarius: Altertumskunde (Humanismus bis 1800) 13, 92; Numismatik 15/1, 1113; 1116; Wien, Kunsthistorisches Museum 15/3, 1133
Eckstein, Ernst: Orient-Rezeption 15/1, 1232
Eco, Umberto: Kitsch 14, 882; Philologie 15/3, 1313; Roman 15/2, 945; Semiotik 15/3, 8ff.; Sprachphilosophie/Semiotik 15/3, 226; Strukturalismus 15/3, 320
Edelmann, M.: Redegattungen 15/2, 631
Edelsheim, W. von: Provinzialrömische Archäologie 15/2, 578
Edelstein, Ludwig: Medizingeschichtsschreibung 15/1, 376
Edgeworth, Richard Lovell: United Kingdom 15/3, 815
Edhem Bey, Halil: Türkei 15/3, 656
Eduard (Duarte) *König von Portugal, 1391-1438*: Portugal 15/2, 518
Eduard III. (Edward III.) *König von England*: Frankreich 14, 20; Naturwissenschaften 15/1, 840
Edwards, Amelia: London, British Museum 15/1, 216
Edwards, Iorwerth Eiddon Stephen: London, British Museum 15/1, 219
Edwards, Jonathan: United States of America 15/3, 850
Egbert *angelsächs. Mönch, um 639-729*: Naturwissenschaften 15/1, 849
Egbert von Trier *Bischof*: Ottonische Renaissance 15/1, 1255
Egger, Carl: Lebendiges Latein 15/1, 93; 97
Egkl, Wilhelm: München, Glyptothek und Antikensammlungen 15/1, 544
Egnatius, Johannes Baptista: Geschichtswissenschaft/Geschichtsschreibung 14, 214
Eğribozi, Ahmet: Türkei 15/3, 646
Ehelolf, H.: Hethitologie 14, 414–415
Ehemannt, Franz Lothar: Tschechien 15/3, 643
Ehlers, Wilhelm: Übersetzung 15/3, 734
Ehrenberg, Victor: Herrscher 14, 391–392; Nationalsozialismus 15/1, 733; 735; Sparta 15/3, 162ff.; 168; Tschechien 15/3, 640
Ehrenberger, B.H.: Querelle des Anciens et des Modernes 15/2, 611
Ehrenthal, W.: Orient-Rezeption 15/1, 1232
Ehrlich, Johann Christian: Park 15/2, 162
Ehses, Stephan: Nationale Forschungsinstitute 15/1, 686
Eich, Günter: Ut pictura poesis 15/3, 934

Eichendorff, Joseph Freiherr von: Knidische Aphrodite 14, 984; Romantik 15/2, 976
Eichenseer, Caelestis Joseph Anton: Lebendiges Latein 15/1, 94; 96
Eichhorn, Johann Gottfried: Semitistik 15/3, 10
Eichhorn, Karl Friedrich: Historische Rechtsschule 14, 464–465; 468; Historismus 14, 470
Eichler, Fritz: Ephesos 13, 976; Nationale Forschungsinstitute 15/1, 703; 15/3, 1288
Eiduss, Jāzeps: Lettland 15/1, 125
Eigtved, Nicolai: Dänemark 13, 676
Eijchenbaum, Boris: Strukturalismus 15/3, 322
Eike von Repgow: Herrscher 14, 394; 401
Eilers, Wilhelm: Iranistik 14, 639
Einhard *fränk. Geschichtsschreiber und Gelehrter, um 770-840*: Deutschland 13, 761; Geschichtsmodelle 14, 171; Herrscher 14, 382; 406; Imperium 14, 580; Kalender 14, 782; Karolingische Renaissance 14, 818; Mittellatein 15/1, 454; 457
Einsiedel, Johann Georg Friedrich, Graf von: Lateinische Komödie 15/1, 79
Einstein, Albert: Historismus 14, 474; Metapher/Metapherntheorie 15/1, 406
Eirene → Irene*
Eisenschmid, Jean Gaspard (Caspar/Kasper, Johann): Maß und Gewicht 15/1, 306
Eitrem, Samson: Nationale Forschungsinstitute 15/1, 697; Norwegen 15/1, 1087
Eiximenis, Francesc: Spanien 15/3, 132
Ekelöf, Gunnar: Schweden 15/2, 1117
Ekelund, Wilhelm: Schweden 15/2, 1117
Ekkehard von Aura: Herrscher 14, 367; 377; 399; 401
Ekkehart IV. von St. Gallen: Ottonische Renaissance 15/1, 1256; Schweiz 15/2, 1125
Ekzarh, Ioan: Bulgarien 13, 570
El Brocense → Sánchez de las Brozas
El Greco (Theotokopoulos, Domenicos): Byzanz 13, 622; Laokoongruppe 15/1, 14
El Pinciano (Núñez de Guzmán, Hernán): Roman 15/2, 944
Elbe, Haluk: Türkei 15/3, 670
Elbœuf, Emmanuel Prince d': Herculaneum 14, 355
Eleonore von Aquitanien *Königin von England, Königin von Frankreich, um 1122-1204*: Sepulchralkunst 15/3, 19
Elgar, Edward: Vertonungen antiker Texte 15/3, 1022
Eliade, Mircea: Magie 15/1, 261; Paganismus 15/2, 29
Elias, Norbert: Kulturanthropologie 14, 1132
Eliot, George: Bukolik/Idylle 13, 567; United Kingdom 15/3, 816
Eliot, Thomas Stearns: Klassizismus 14, 961; Komödie 14, 1077; Neugriechische Literatur 15/1, 912; United Kingdom 15/3, 817ff.; United States of America 15/3, 870–871

Elipandus *Erzbischof von Toledo*: Theologie und Kirche des Christentums 15/3, 442
Elisabeth I. *Königin von England*: Herrscher 14, 379; Limes, Hadrianswall 15/1, 151; Tyrannis 15/3, 689; United Kingdom 15/3, 805–806; Übersetzung 15/3, 730
Elkan, B.: Historismus 14, 497
Ellebodius, Nicasius: Ungarn 15/3, 754
Ellendt, J.H.: Homerische Frage 14, 506
Elphinstone, Mountstuart: Indien 14, 587; Iranistik 14, 637
Elsden, G.: Portugal 15/2, 522
Elsheimer, Adam: Niederlande und Belgien 15/1, 1040
Elsholtz, J.S.: Preußen 15/2, 543
Éluard, Paul: Gelegenheitsdichtung 14, 111
Elyot, Sir Thomas: Diätetik 13, 829; Fürstenspiegel 14, 83–84; United Kingdom 15/3, 802ff.
Elytis, Odysseas: Hymnos 14, 569; Nationale Forschungsinstitute 15/3, 1286; Neugriechische Literatur 15/1, 912
Elzevier, Abraham: Verlag 15/3, 1004
Elzevier, Bonaventura: Verlag 15/3, 1004
Embirikos, Andreas: Neugriechische Literatur 15/1, 912
Emerson, Ralph Waldo: Biographie 13, 522; Romantik 15/2, 979; Stoizismus 15/3, 309; United States of America 15/3, 859; 862
Eminescu, Mihail: Rumänien 15/2, 1006
Emmanuel, Marie François Maurice: Frankreich 15/3, 1272; Tanz 15/3, 358
Emmanuel, P.: Babylon 13, 377
Emmerick, R.E.: Australien und Neuseeland 15/3, 1248
Emmius, Ubbo: Altertumskunde (Humanismus bis 1800) 13, 93; 95; Athen 13, 282; Niederlande und Belgien 15/1, 1001
Empereur, Jean-Yves: Alexandria 13, 70; Weltwunder 15/3, 1115
Encina, Juan del: Spanien 15/3, 132ff.
Enckell, R.: Finnland 13, 1148
Endreß, Gerhard: Arabisch-islamisches Kulturgebiet 13, 172
Enen, Johann: Trier 15/3, 563
Enescu, George: Oper 15/1, 1184; Rumänien 15/2, 1006
Enfant, Pierre Charles l': United States of America 15/3, 846
Engaña, Juan: Lateinamerika 15/1, 28
Engel, Marian: Metamorphose 15/1, 400
Engelbert von Admont: Fürstenspiegel 14, 79; Naturwissenschaften 15/1, 822
Engelbrecht, Martin: Vasen/Vasenmalerei 15/3, 957
Engelhardt, Hans: Stützfiguren/Erechtheionkoren 15/3, 330

Engels, Friedrich: Demokratie 13, 731; Dialektik 15/3, 1252; Diktatur 13, 859; Kulturanthropologie 14, 1140; Marxismus 15/1, 295ff.; Matriarchat 15/1, 325; Sklaverei 15/3, 49; Sozialismus 15/3, 94–95
Engemann, Joseph: Franz-Joseph-Dölger-Institut 14, 65
Enk, Petrus Johannes: Niederlande und Belgien 15/1, 1010
Ennen, Ludwig: Köln 14, 1028
Ennius, Simon: Tschechien 15/3, 627
Enoch Powell, John: Australien und Neuseeland 15/3, 1249
Ensor, James: Künstlerlegenden 14, 1130
Enzensberger, Hans Magnus: Hymnos 14, 569; Österreich 15/3, 1296; Totengespräch 15/3, 523
Enzinas, Francisco de: Spanien 15/3, 111
Epstein, Jacob: Orient-Rezeption 15/1, 1219
Erasmus Desiderius → Erasmus von Rotterdam
Erasmus von Rotterdam (Erasmus Desiderius): Allegorese 13, 77; Augustinismus 13, 350; Aussprache 13, 353; 357; Biographie 13, 521; Brief, Briefliteratur 13, 542; Chrêsis 13, 640; Ciceronianismus 13, 649; Deutschland 13, 769; 772; 779; Dialog 13, 833; Epigrammatik 13, 982; Epikureismus 13, 988; Epochenbegriffe 13, 1008; 1013; Figurenlehre 13, 1128; Fürstenspiegel 14, 80–81; 83; Geflügelte Worte 14, 101; Herrscher 14, 397; 404; Historische Methoden 14, 454; Homiletik/Ars praedicandi 14, 527; Humanismus 14, 551; 555; Imitatio 14, 576; Komödie 14, 1071; Konsolationsliteratur 14, 1081; Körperkultur 14, 1045; Kynismus 14, 1155; Lateinamerika 15/1, 29; Lateinische Komödie 15/1, 70; Lateinische Tragödie 15/1, 86; Lateinschule 15/1, 91; Literaturkritik 15/1, 181; Loci communes 15/1, 187; Luxemburg 15/1, 238; Mnemonik/Mnemotechnik 15/1, 474; Monarchie 15/1, 540; Neuhumanismus 15/1, 922; Neulatein 15/1, 928; 935; Niederlande und Belgien 15/1, 987–992; 1014; 1025; Paganismus 15/2, 18; Panegyrik 15/2, 54; Park 15/2, 126; Philologie 15/2, 246; 248–249; 292; Philosophia perennis 15/2, 333; 337; Rhetorik 15/2, 783; 798; 817; Satire 15/2, 1072; Schweiz 15/2, 1129; 1131; Skeptizismus 15/3, 39; Sport 15/3, 218; Tacitismus 15/3, 357; Theologie und Kirche des Christentums 15/3, 418; Totengespräch 15/3, 521; Tschechien 15/3, 627; Ungarn 15/3, 751; United Kingdom 15/3, 801; Universität 15/3, 892–894; Ut pictura poesis 15/3, 932; Venedig 15/3, 962; Verfassungsformen 15/3, 984; Verlag 15/3, 1003
Erbe, Volker: Medien 15/1, 350
Erbiceanu, Constantin: Rumänien 15/2, 1008

Ercilla, Alonso de: Lateinamerika 15/1, 27
Ercilla y Zuñiga, Alonso: Epos 13, 1026
Ercole I. d'Este: Italien 14, 683
Erdmannsdorff, Friedrich Wilhelm von: Mausoleum 15/1, 334; Park 15/2, 159ff.
Erhard, Johann Benjamin: Demokratie 13, 727; Verfassungsformen 15/3, 987
Erhat, Azra: Türkei 15/3, 650
Erizzio, Sebastiano: Druckwerke 13, 886
Erman, Adolf: Akademie 13, 48; Ägyptologie 13, 17; Berlin 13, 463; 473
Ermerins, François Zacharias: Medizingeschichtsschreibung 15/1, 374
Ermin, Otto: Musen 15/1, 569
Ermoldus Nigellus: Frankreich 14, 8; Fürstenspiegel 14, 77; Herrscher 14, 364; 406
Ernesti, Johann August: Bildung 13, 511; Deutschland 13, 792–793; Lexikographie 15/1, 130; Niederlande und Belgien 15/1, 1003; Übersetzung 15/3, 730
Ernst I., der Fromme, Herzog von Sachsen-Gotha 1601-1675: Gotha, Schloßmuseum 14, 231; Ritterakademie 15/2, 823
Ernst II., Herzog von Sachsen-Coburg und Gotha 1818-1893: Gotha, Schloßmuseum 14, 234; 236
Ernst, Max: Laokoongruppe 15/1, 14; Moderne 15/1, 501–502; Orient-Rezeption 15/1, 1219; Venus von Milo 15/3, 968
Ernst, Paul: Totengespräch 15/3, 523
Ernsti, Johann August: Universität 15/3, 899
Erpenius, Johann Jacob: Arabistik 13, 189; Semitistik 15/3, 11
Errand, G.L.: Torso (Belvedere) 15/3, 518
Errard, Charles: Vasen/Vasenmalerei 15/3, 948
Ersch, J.S.: Enzyklopädie 13, 970
Erskine, John: Scotland, Law of 15/3, 4
Erten, Süleyman Fikri: Türkei 15/3, 667
Ērzrum, Xačatur von: Armenien 13, 271
Escalona y Agüero, Gaspar de: Lateinamerika 15/1, 27
Escalona y Calatayud, Juan José: Lateinamerika 15/1, 30
Eschenburg, Theodor: Verfassungsformen 15/3, 989
Escher, Hans: Babylon 13, 377
Escher, Maurits Cornelis: Babylon 13, 377
Escobar, Francisco: Spanien 15/3, 109
Espagne, Michel: Akkulturation 15/3, 1246
Espínola, Francisco: Kinder- und Jugendliteratur 14, 880
Espinosa, Alonzo de: Lateinamerika 15/1, 22
Espinosa Madrano, Juan de: Lateinamerika 15/1, 26
Espriu, Salvador: Spanien 15/3, 140
Esquilache *Vizekönig von Peru*: Lateinamerika 15/1, 24; 26; 28
Essen, C.C. van: Nationale Forschungsinstitute 15/1, 696

Estala, Pedro: Spanien 15/3, 118
Este, Alfonso d': Lateinische Komödie 15/1, 68
Este, Borso d': Naturwissenschaften 15/1, 839
Este, Ippolito de: Park 15/2, 128; Rom 15/2, 865
Este, Isabella d' *Markgräfin von Mantua, 1474-1539*: Italien 14, 685; Mythologie 15/1, 623
Este, Lionello d': Villa 15/3, 1039
Este, Niccolo d': Villa 15/3, 1039
Esternel, Antonius: Niederlande und Belgien 15/1, 986
Estienne, Charles (Carolus Stephanus): Ciceronianismus 13, 649; Lateinische Komödie 15/1, 73
Estienne, Henri → Stephanus
Estienne, Robert → Stephanus
Eszer, Ambrosius: Nationale Forschungsinstitute 15/1, 689
Ethelbert *König von Kent*: Überlieferung 15/3, 722
Étienne, H.: Übersetzung 15/3, 729
Étienne, Robert: Verlag 15/3, 1004
Eugen, Franz, Prinz von Savoyen-Carignan *österr. Heerführer, 1663-1736*: Klassische Archäologie 14, 909; Orient-Rezeption 15/1, 1200; Österreich 15/1, 1137; Park 15/2, 131; Wien, Kunsthistorisches Museum 15/3, 1131
Eugen III. *Papst*: Griechisch 14, 307–308
Eugenios von Palermo: Italien 14, 664; Sizilien 15/3, 36
Eugenius von Toledo: Elegie 13, 943
Eugenius Vulgarius: Figurengedicht 13, 1116; Italien 14, 661
Euler, Leonhard: Mathematik 15/1, 320; Musik 15/1, 571; Neulatein 15/1, 936
Eustathios [4]* von Thessalonike: Allegorese 13, 76; Babylon 13, 378; Byzanz 13, 597; 607; Kommentar 14, 1064; Niederlande und Belgien 15/1, 1012; Philologie 15/2, 239; 242–243; Überlieferung 15/3, 716
Eustratios von Nikaia: Byzanz 13, 595; Kommentar 14, 1064; Theologie und Kirche des Christentums 15/3, 429
Eutychios: Byzanz 13, 617
Evans, Sir Arthur John: Klassische Archäologie 14, 912; Knossos 14, 992ff.; Kretisch-Mykenische Archäologie 14, 1105–1107; Matriarchat 15/1, 326; Nationale Forschungsinstitute 15/1, 665; 669; Religionsgeschichte 15/2, 691; Thera 15/3, 471; Zeitrechnung 15/3, 1171
Evariste, Alexandre: Diana von Ephesus 13, 842
Everaerts, Jan Nicolaas → Johannes Secundus
Everett, Edward: Philhellenismus 15/2, 234; United States of America 15/3, 859; 861
Evers, Ernst August: Neuhumanismus 15/1, 922
Évrard l'Allemand → Evrardus Allemannus

Evrardus Allemannus (Évrard l'Allemand): Figurenlehre 13, 1128; Poetik 15/2, 385
Ewald, Heinrich August: Semitistik 15/3, 13
Ewich, H.: Preußen 15/2, 546
Eximeno, Antonio: Spanien 15/3, 137
Eychler, Michael: Kalender 14, 781
Eyck, Hubert van: Frankreich 14, 24; Niederlande und Belgien 15/1, 1037
Eyck, Jan van: Frankreich 14, 24; Niederlande und Belgien 15/1, 1037
Eyndius, Jacobus: Niederlande und Belgien 15/1, 1000
Eyserbek, Johann Friedrich: Park 15/2, 163
Eysselsteijn, Ben van: Niederlande und Belgien 15/1, 1060
Eysteinn *Erzbischof*: Norwegen 15/1, 1085
Eyth, Eduard: Übersetzung 15/3, 735
Eyuboğlu, Sabahattin: Türkei 15/3, 650

F

Faba, Guido: Rhetorik 15/2, 777
Faber → Schmid
Faber, Basilius: Lexikographie 15/1, 134
Faber Stapulensis → Lefèvre d'Étaples
Fabrègues, Ch.: Pakistan/Gandhara-Kunst 15/2, 39
Fabri, Felix: Schweiz 15/2, 1127
Fabricius von Aquapendente: Medizin 15/1, 369
Fabricius, Dionysius: Estland 13, 1045
Fabricius, Ernst: Kretisch-Mykenische Archäologie 14, 1105; Limes, Limesforschung 15/1, 163–164; Provinzialrömische Archäologie 15/2, 579
Fabricius, Johann Albert: Altertumskunde (Humanismus bis 1800) 13, 93; Philosophia perennis 15/2, 338; Redegattungen 15/2, 630
Fabris, Giuseppe de: Vasen/Vasenmalerei 15/3, 953
Fabris, P.: Redegattungen 15/2, 634
Fabro, Luciano: Moderne 15/1, 510
Fabrot, C.A.: Römisches Recht 15/2, 839
Facciolati, Jacopo: Lexikographie 15/1, 136
Facenna, D.: Pakistan/Gandhara-Kunst 15/2, 37
Fackler, Thomas: Spiele 15/3, 194
Faernus, Gabriel: Philologie 15/2, 290
Fagan, Robert: Ostia und Porto 15/1, 1248
Faḫr ad-Dīn ar-Rāzī: Physiognomik 15/2, 359
Faivre, Antoine: Magie 15/1, 255; Okkultismus 15/1, 1146–1147
Fakinos, Aris: Neugriechische Literatur 15/1, 914
Falbe, Ch.T.: Karthago 14, 838
Falco, Benedetto di: Kampanien 14, 791
Falconet, Étienne: Reiterstandbild 15/2, 654; Torso (Belvedere) 15/3, 518
Falconetto, Giovanni Maria: Theaterbau/Theaterkulisse 15/3, 404; Toranlagen/Stadttore 15/3, 511

Falkenburgius, Gerardus: Niederlande und Belgien 15/1, 993
Falkener, E.: Ephesos 13, 975
Fallmerayer, Jakob Philipp: Byzantinistik 13, 585; Griechenland 14, 271–272; 284; Philhellenismus 15/2, 236
Falminius: Zensur 15/3, 1197
Fantham, Elaine: Philologie 15/3, 1318
Farag ben Salem (Faragius): Medizin 15/1, 363; Pharmakologie 15/2, 217
Faragius → Farag ben Salem
Faral, Edmond: Mittellatein 15/1, 455
Faret, Nicolas: Frankreich 14, 37
Faria, Ernesto de: Lateinamerika 15/1, 43
Farina, Giulio: Italien 14, 719
Farinaccius, Prosperus: Strafrecht 15/3, 315
Farnell, Lewis Richard: Religionsgeschichte 15/2, 691
Farnese, Alessandro → Paul III.
Faruq I. *König von Ägypten, 1920–1965*: Alexandria 13, 67
Faßmann, David: Totengespräch 15/3, 522
Fasting, Claus: Norwegen 15/1, 1086
Fastrada *dritte Gattin Karls I. d.Gr.*: Mainz 15/1, 269
Fatih Sultan Mehmet II. → Mehmet II., der Eroberer
Faulkner, William: Medien 15/1, 349; United States of America 15/3, 873–874
Fauré, Gabriel Urbain: Frankreich 15/3, 1268; 1270–1271
Fauriel, Claude Charles: Neugriechische Literatur 15/1, 914; Philhellenismus 15/2, 235
Fausto, Sebastiano: Pharmakologie 15/2, 220
Fausto, V.: Naturwissenschaften 15/1, 819
Faustus Capiferreus (Capodiferro): Laokoongruppe 15/1, 11
Fauvel, Louis François Sébastien: Olympia 15/1, 1169; Parthenon 15/2, 193
Fea, Carlo: Ostia und Porto 15/1, 1248; Rom 15/2, 870
Febvre, Lucien: Historische Methoden 14, 459; 462
Fechner, Gustav Theodor: Zoroastres/Zoroastrismus 15/3, 1232
Fedele, P.: Istituto (Nazionale) di Studi Romani 14, 653
Federico da Montefeltro (Montefeltro, Federico da): Italien 14, 678; 684; Porträtgalerie 15/2, 506; Renaissance 15/2, 706; Übersetzung 15/3, 728
Federighi, Antonio: Nacktheit in der Kunst 15/1, 651
Federzoni, L.: Istituto (Nazionale) di Studi Romani 14, 653
Fehrle, Eugen: Nationalsozialismus 15/1, 738
Felbiger, Johann Ignaz: Österreich 15/1, 1139; Realschule 15/2, 624
Feldhūns, Ābrams: Lettland 15/1, 125–126
Félibien, André: Historienmalerei 14, 434
Félibien Avaux, Jean-François: Villa 15/3, 1041

Feliciano, F.: Ungarn 15/3, 754
Felix von Urgel *span. Bischof*: Theologie und Kirche des Christentums 15/3, 442
Fellini, Federico: Film 13, 1136; Italien 14, 709–710
Felten, Florens: Aigina 13, 29; Nationale Forschungsinstitute 15/3, 1290
Feltre, Vittorino da → Vittorino
Feltrini, Andrea (Andrea di Cosimo): Groteske 14, 327
Fendulus, Georgios Zothorus Zaparus: Naturwissenschaften 15/1, 839
Fénelon, François (Salignac de la Mothe-Fénelon, François de): Bevölkerungswissenschaft/Historische Demographie 13, 484; Frankreich 14, 37–38; 46; 50; Homiletik/Ars praedicandi 14, 529; Kinder- und Jugendliteratur 14, 879–880; Klassik als Klassizismus 14, 900; Metapher/Metapherntheorie 15/1, 405; Mythologie 15/1, 628; Park 15/2, 132; Totengespräch 15/3, 521
Fenollosa, Ernest: United States of America 15/3, 870
Ferderspiel, Jürg: Pompeji/Rezeption des freigelegten Pompeji in Literatur und Film 15/2, 494
Ferdinand I. Antonio, König beider Sizilien → Ferdinand IV. Bourbon
Ferdinand I. *Kaiser des HRR*: Münzsammlungen 15/1, 561; Naturwissenschaften 15/1, 840; Österreich 15/1, 1136–1137; Ungarn 15/3, 750
Ferdinand II. *Kaiser des HRR, 1575-1637*: Mausoleum 15/1, 331
Ferdinand II. von Tirol *Erzherzog von Österreich, 1529–1595*: Porträtgalerie 15/2, 501
Ferdinand IV. Bourbon (Ferdinand I. Antonio, König beider Sizilien) *König von Neapel, 1751-1825*: Neapel, Archäologisches Nationalmuseum (Museo Nazionale Archeologico, Napoli) 15/1, 874; Vasen/Vasenmalerei 15/3, 950
Ferdinand von Österreich *Statthalter der Niederlande und Kardinalinfant von Spanien*: Triumphbogen 15/3, 586
Ferenczi, S.: Psychoanalyse 15/2, 590
Ferguson, Adam: Geschichtsmodelle 14, 178; Geschichtswissenschaft/Geschichtsschreibung 14, 204; Politische Theorie 15/2, 426; Verfassungsformen 15/3, 984
Ferguson, John: Marxismus 15/1, 300
Fergusson, James: Orient-Rezeption 15/1, 1214; Śrī Laṅkā 15/3, 252
Ferić, Đ.: Kroatien 14, 1121
Fermat, Pierre de: Mathematik 15/1, 320
Fernandez, Armand Pierre → Arman
Fernández de Heredia, Juan: Spanien 15/3, 103; Weltwunder 15/3, 1111
Fernández de Palencia, Alfonso: Spanien 15/3, 104
Fernández de Valenzuela, Fernando: Lateinamerika 15/1, 29

Fernández, Mauro: Lateinamerika 15/1, 40
Fernández, Pedro: Lateinamerika 15/1, 32
Fernangil, Diego Mexía de: Lateinamerika 15/1, 23
Fernau, Joachim: Sachbuch 15/2, 1032
Ferraios, Rigas: Olympia 15/1, 1168
Ferrari, Michele Camillo: Luxemburg 15/1, 237
Ferrarius, Johannis: Tyrannis 15/3, 689ff.
Ferrary, D.: Karthago 14, 852
Ferraz, Juan Fernández: Lateinamerika 15/1, 40
Ferraz, Valeriano: Lateinamerika 15/1, 40
Ferreira, António: Portugal 15/2, 519; Verskunst 15/3, 1012
Ferreira, Carlos Vaz: Lateinamerika 15/1, 42
Ferreira, Virgílio: Portugal 15/2, 525
Ferrero, Guglielmo: Geschichtswissenschaft/Geschichtsschreibung 14, 206
Ferriss, Hugh: Orient-Rezeption 15/1, 1214
Ferrua, A.: Lateinische Inschriften 15/1, 60
Feselius, Philippus: Naturwissenschaften 15/1, 842
Fethi Ahmet Paşa: Türkei 15/3, 654
Feuchtwanger, Lion: Griechische Komödie 14, 314; Nationalsozialismus 15/1, 734
Feuerbach, Anselm: Historienmalerei 14, 438; Historismus 14, 490; Strafrecht 15/3, 313
Feuerbach, Ludwig: Epikureismus 13, 993; Historismus 14, 470; Marxismus 15/1, 297; Theologie und Kirche des Christentums 15/3, 448
Feye, K.: Nationale Forschungsinstitute 15/1, 693
Feyerabend, Paul: Einbildungskraft 13, 937; Mythos 15/1, 638
Fibich, Zdeněk: Tschechien 15/3, 633
Fichet, Guillaume: Frankreich 14, 23
Fichte, Johann Gottlieb: Bildung 13, 512; Diktatur 13, 857; Fürstenschule 14, 75; Geschichtsmodelle 14, 180; Historismus 14, 471; Metaphysik 15/1, 413; Politische Theorie 15/2, 454; Verfassungsformen 15/3, 987
Ficino, Marsilio: Akademie 13, 41–42; Alexandrinismus 13, 72; Einbildungskraft 13, 935; Geriatrie 14, 147; Gnosis 14, 227; Humanismus 14, 548–549; 561; Italien 14, 681; 684; 686; 689; Künstlerlegenden 14, 1128–1129; Luxemburg 15/1, 238; Magie 15/1, 254–255; Melancholie 15/1, 379; 382; Metaphysik 15/1, 412; Mythologie 15/1, 619; Naturphilosophie 15/1, 769; Naturwissenschaften 15/1, 838; Niederlande und Belgien 15/1, 989; Okkultismus 15/1, 1149; 1154; 1159; 1161; Orient-Rezeption 15/1, 1195; Paganismus 15/2, 18; Philologie 15/2, 250; Philosophia perennis 15/2, 332; Platonismus 15/2, 367; Poeta Vates 15/2, 380; Politische Theorie 15/2, 449; Theologie und Kirche des Christentums 15/3, 432; Theorie/Praxis 15/3, 465; Ungarn 15/3, 750; Übersetzung 15/3, 727; Zoroastres/Zoroastrismus 15/3, 1230

Fick, August: Onomastik 15/1, 1175
Fidus (Höppener, Hugo): Nacktheit in der Kunst 15/1, 655
Fielding, Henry: Klassizismus 14, 973; Literaturkritik 15/1, 181; United Kingdom 15/3, 813–814
Figejred, G.: Weißrußland 15/3, 1109
Fikret, Tevfik: Türkei 15/3, 647
Filarete (Averlino, Pietro Antonio di) it. Bildhauer und Baumeister: Forum/Platzanlage 13, 1153; Orient-Rezeption 15/1, 1195; Porträtgalerie 15/2, 508; Stützfiguren/Erechtheionkoren 15/3, 329; Trajanssäule 15/3, 546; Utopie 15/3, 937
Filelfo, Francesco: Humanismus 14, 547–548; 550; 554; Panegyrik 15/2, 49; Satire 15/2, 1069; Troja 15/3, 598; Übersetzung 15/3, 727
Filický, Jan: Slowakei 15/3, 64
Filidor der Dorfferer → Stieler
Filla, Emil: Tschechien 15/3, 635
Fillmore, Charles J.: Sprachwissenschaft 15/3, 248
Filmer, John: Mischverfassung 15/1, 443; Politische Theorie 15/2, 421
Filmer, Robert: Matriarchat 15/1, 323–324
Filofej von Pskow: Rom 15/2, 875; Rußland 15/2, 1016
Filothei sin Agăi Jipei: Rumänien 15/2, 1008
Finck, Franz Nikolaus: Sprachwissenschaft 15/3, 240
Fini, Leonor: Moderne 15/1, 507
Finlay, George: Nationale Forschungsinstitute 15/1, 663; 668
Finlay, Ian Hamilton: Park 15/2, 140
Finlay, John: Nationale Forschungsinstitute 15/1, 668
Finley, John Houston, Jr.: Dritter Humanismus 13, 882
Finley, Moses I.: Athen 13, 287; Bücher-Meyer-Kontroverse 13, 555; Geschichtswissenschaft/Geschichtsschreibung 14, 194; 207; Historische Methoden 14, 460–461; Kulturanthropologie 14, 1136; Marxismus 15/1, 302; Sklaverei 15/3, 54; Sozial- und Wirtschaftsgeschichte 15/3, 88ff.; Technikgeschichte 15/3, 369ff.; Utopie 15/3, 936
Finžgar, F.: Slowenien 15/3, 71
Fioavanti, Alfredo: Fälschung 13, 1075
Fiocchi: Fälschung 13, 1080
Fiore → Joachim von Fiore
Fiorelli, Giuseppe: Klassische Archäologie 14, 925; Neapel, Archäologisches Nationalmuseum (Museo Nazionale Archeologico, Napoli) 15/1, 878; Pompeji 15/2, 474; 478; Rom 15/2, 887; Zeitrechnung 15/3, 1163
Fiorentino, Rosso: Historienmalerei 14, 431; Stützfiguren/Erechtheionkoren 15/3, 330
Fiorillo, Johann Dominikus: Byzantinistik 13, 588
Firdausī → Abo l-Qāsem-e Ferdousī

Fischart, Johannes (Fischer, gen. Mentzer, Johannes): Orient-Rezeption 15/1, 1225
Fischer, August: Arabistik 13, 191–192
Fischer, Eugen: Judentum 14, 757; Nationalsozialismus 15/1, 755
Fischer, Henry George: New York, Metropolitan Museum 15/1, 970
Fischer, gen. Mentzer, Johannes → Fischart
Fischer, Karl von: München, Glyptothek und Antikensammlungen 15/1, 545; 547
Fischer, Otakar: Tschechien 15/3, 635
Fischer, Theodor: Kassel, Staatliche Kunstsammlungen Antikenabteilung 14, 866; Musik 15/1, 592
Fischer, Wolfdietrich: Semitistik 15/3, 15
Fischer von Erlach, Johann Bernhard: Babylon 13, 377; Griechen-Römer-Antithese 14, 255; Mausoleum 15/1, 331; 333; Orient-Rezeption 15/1, 1200; Österreich 15/1, 1138; Sepulchralkunst 15/3, 22; Stützfiguren/Erechtheionkoren 15/3, 331; Trajanssäule 15/3, 549; Vasen/Vasenmalerei 15/3, 948; Weltwunder 15/3, 1113–1114
Fisher, Clarence Stanley: Vorderasiatische Archäologie 15/3, 1058
Fisher, Jaspar: United Kingdom 15/3, 809
Fitz, J.: Ungarn 15/3, 757
Fitzgerald, Francis Scott: Babylon 13, 379
Fitzhugh, George: Politische Theorie 15/2, 430
Flacius Illyricus, Matthias: Geschichtsmodelle 14, 174; Geschichtswissenschaft/Geschichtsschreibung 14, 200
Flaminius, Marcantonius: Neulatein 15/1, 935
Flamsteed, John: Naturwissenschaften 15/1, 842
Flandin, Eugène: Iranistik 14, 636–637; Orient-Rezeption 15/1, 1212
Flandrin, Jean-Hippolyte: Groteske 14, 331
Flangines, Thomas: Griechenland 14, 275
Flašar, Miron: Serbien 15/3, 30
Flashar, Hellmut: Übersetzung 15/3, 736
Flaubert, Gustave: Fin de siècle 13, 1143; Frankreich 15/3, 1259ff.; Karthago 14, 851–852; Orient-Rezeption 15/1, 1227–1228; Schlachtorte 15/2, 1084
Flavius Mithridates: Kabbala 14, 768
Flaxman, John: Klassizismus 14, 957–958; Vasen/Vasenmalerei 15/3, 950; 953; Wirtschaft und Gewerbe 15/3, 1144
Flayder, Hermann: Lateinische Komödie 15/1, 78
Fléchier, Valentin-Esprit: Leichenrede 15/1, 121
Fleckenstein, J.: Karolingische Renaissance 14, 817
Fleischer, Heinrich L.: Arabistik 13, 190
Fleming, Paul: Deutschland 13, 782; Lyrik 15/1, 249; Musen 15/1, 565; Neulatein 15/1, 927
Fletcher, John: United Kingdom 15/3, 809

Fletcher of Saltoun, Andrew: Republik 15/2, 726
Fließ, Wilhelm: Österreich 15/3, 1294
Flinck, Govert: Niederlande und Belgien 15/1, 1042
Flinders Petrie, Sir William Matthew: Ägyptologie 13, 18–19; Klassische Archäologie 14, 925–926; London, British Museum 15/1, 217; Papyri (Fundgeschichte) 15/2, 67; Vorderasiatische Archäologie 15/3, 1057
Flodoard von Reims: Herrscher 14, 395; Überlieferung 15/3, 707
Flötner, Peter: Groteske 14, 327
Flórez Canesco: Spanien 15/3, 117
Florin, Franz Philipp: Wirtschaftslehre 15/3, 1161
Floris, Cornelis: Groteske 14, 327; Stützfiguren/Erechtheionkoren 15/3, 300
Floris, Frans: Mimesislegenden 15/1, 439
Floyer, John: Geriatrie 14, 148
Fludd, Robert (Robertus de Fluctibus): Meteorologie 15/1, 417; Mnemonik/Mnemotechnik 15/1, 471; 474; Naturwissenschaften 15/1, 828; 842; Okkultismus 15/1, 1149; Sphärenharmonie 15/3, 189
Flügel, Gustav: Arabistik 13, 190
Fodor, Jerry A.: Sprachwissenschaft 15/3, 247
Förster, Wieland: DDR 13, 691
Foggini, Giovanni Battista: Uffizien, Florenz (Galleria degli Uffizi, Firenze) 15/3, 740–741
Foigny, Gabriel de: Utopie 15/3, 938
Foix de Candale, François: Okkultismus 15/1, 1154
Fokine, Michel: Tanz 15/3, 359
Folard, J. Ch. Chevalier de: Krieg 14, 1114
Folengo, Teofilo (Cocaius, Merlinus) neulat. Dichter: Epos 13, 1025–1026; Makkaronische Dichtung 15/1, 282–283; Tierepos 15/3, 497
Folgliano, Ludovico: Humanismus 14, 562
Follieri, Enrica: Paläographie, griechischische 15/2, 42
Folz, Hans: Herrscher 14, 398
Fonseca, Pedro da: Portugal 15/2, 519; 522
Fontaine, Pierre François Léonard: Historismus 14, 491; Klassizismus 14, 955; Möbel 15/1, 520; Vasen/Vasenmalerei 15/3, 954
Fontana, Domenico: Dioskuren vom Monte Cavallo 13, 864; Orient-Rezeption 15/1, 1198
Fontana, Giulio Cesare: Neapel, Archäologisches Nationalmuseum (Museo Nazionale Archeologico, Napoli) 15/1, 874
Fontana, Lucio: Faschismus 13, 1094
Fontana, Ludovico Savioli: Italien 14, 697
Fontane, Theodor: Autobiographie 13, 363; Troja 15/3, 610
Fontenelle, Bernard Le Bovier de: Allegorese 13, 83; Bukolik/Idylle 13, 563; Dialog 13, 834; Epochenbegriffe 13, 998; Frankreich 14, 37–39; Geschichtsmodelle 14, 177; Mythologie 15/1, 630; Mythos 15/1, 638; 645;

Querelle des Anciens et des Modernes 15/2, 608; Religionsgeschichte 15/2, 684; Totengespräch 15/3, 521
Fontius *Humanist*: Lateinische Inschriften 15/1, 57
Forcadel, Pierre: Mathematik 15/1, 319
Forcellini, Egidio: Lexikographie 15/1, 133–134; 136–139; 143
Forchhammer, Peter Wilhelm: Troja 15/3, 609
Ford, Philip: Neulatein 15/1, 934
Foreest, Jan van: Neulatein 15/1, 939
Foreest, Pieter van: Hippokratismus 14, 420; Lykanthropie 15/1, 244; Medizin 15/1, 369
Forestus, I.P.: Medizingeschichtsschreibung 15/1, 373
Forgách, Ferenc: Ungarn 15/3, 751
Forkel, J.N.: Musik 15/1, 593
Forlanini, M.: Hethitologie 14, 416
Forrer, Emil Orcitirix Gustav: Hethitologie 14, 414–415
Forsén, Jeannette: Nationale Forschungsinstitute 15/1, 712
Forster, Edward Morgan: United Kingdom 15/3, 817
Forster, Frobenius: Mittellatein 15/1, 458
Forster, Georg: Kulturanthropologie 14, 1136; Republik 15/2, 734; Tourismus 15/3, 530
Forstner, Christoph: Tacitismus 15/3, 356
Forsythe, William *Choreograph*: Mode 15/1, 490; Tanz 15/3, 362
Forteguerri, Niccolò: Epos 13, 1021
Fortescue, John: Monarchie 15/1, 540; Republik 15/2, 724
Fortunatus, Matthaeus: Ungarn 15/3, 754
Fortuny i Carbó, Mariano: Mode 15/1, 490
Foscherari, Egidio: Mausoleum 15/1, 332
Foscolo, Ugo: Italien 14, 700; 702–703; Neugriechische Literatur 15/1, 905; Neulatein 15/1, 943; Verskunst 15/3, 1017
Fossa, Evangelista Matteo: Lateinische Tragödie 15/1, 84; Makkaronische Dichtung 15/1, 282
Fossati, Gaspare: Konstantinopel 14, 1090
Fossati, Giuseppe: Konstantinopel 14, 1090
Foster, J.: Aigina 13, 29
Foster, Reginald: Lebendiges Latein 15/1, 94
Foucault, Michel: Epikureismus 13, 994; Gender Studies 14, 115ff.; Geschichtswissenschaft/Geschichtsschreibung 14, 193; Griechische Tragödie 14, 321; Historische Methoden 14, 461; Künstlerlegenden 14, 1130; Orientalismus 15/1, 1236–1237; Philologie 15/3, 1301; 1319; Philosophie 15/2, 345; Psychoanalyse 15/2, 597; Stoizismus 15/3, 310; Strukturalismus 15/3, 323; Traumdeutung 15/3, 554
Foucher, Alfred: Pakistan/Gandhara-Kunst 15/2, 37–38

Foucher, Simon: Skeptizismus 15/3, 43
Fouqué, Ferdinand André: Thera 15/3, 470
Fourcroy, Antoine-François de: Naturwissenschaften 15/1, 864
Fourier, Charles: Sozialismus 15/3, 96
Fournival, Richard de: Bibliothek 13, 497
Fowler, Don: Philologie 15/3, 1313
Fox, George: Autobiographie 13, 363
Fra Carnevale (Giovanni Corradini, Bartolomeo di): Triumphbogen 15/3, 589
Fra Giocondo (Giocondo da Verona, Giovanni): Architekturtheorie/Vitruvianismus 13, 237; Italien 14, 688; Klassische Archäologie 14, 903; Stützfiguren/Erechtheionkoren 15/3, 329; Theaterbau/Theaterkulisse 15/3, 405; Trajanssäule 15/3, 546
Fracastoro, Girolamo: Atomistik 13, 340; Lehrgedicht 15/1, 109–110; Mimesis 15/1, 434; Naturphilosophie 15/1, 770; Naturwissenschaften 15/1, 806; Neulatein 15/1, 935; Panegyrik 15/2, 53
Frachetta, Girolamo: Tacitismus 15/3, 356
Fraenkel, Eduard: Deutschland 13, 818; Lexikographie 15/1, 144; Philologie 15/2, 309; 15/3, 1298
Fränkel, Hermann: Philologie 15/2, 273; 15/3, 1299
Fragonard, Jean Honoré: Orient-Rezeption 15/1, 1201
France, Anatole: Frankreich 15/3, 1265; 1270
Franceschini, Ezio: Mittellatein 15/1, 459
Francesco del Cossa: Parnaß 15/2, 181
Francesco I. da Carrara *Herzog von Parma*: Herrscher 14, 378; Historienmalerei 14, 422; Rom 15/2, 911
Francesco II. da Carrara *Herzog von Parma*: Herrscher 14, 366; Renaissance 15/2, 708
Francesco II. Gonzaga *Markgraf von Mantua*: Historienmalerei 14, 425
Francesco Orioli, Pietro di: Triumphbogen 15/3, 589
Francesco, R.: Naturwissenschaften 15/1, 819
Franciabigio *it. Maler*: Historienmalerei 14, 426
Francis, E.D.: Zeitrechnung 15/3, 1168
Franciscus Irenicus (Friedlieb, Franz): Babylon 13, 376
Francius, Petrus: Niederlande und Belgien 15/1, 1004
Franck, Adolphe: Kabbala 14, 771
Franck, César Auguste Jean Guillaume Hubert *franz. Komponist*: Babylon 13, 377
Francke, August Hermann: Autobiographie 13, 363; Homiletik/Ars praedicandi 14, 529; Realschule 15/2, 624; Rhetorik 15/2, 801; Winckelmann-Gesellschaft 15/3, 1139
Francke, Johann Michael: Bibliothek 13, 502
Francken, Cornelis Marinus: Niederlande und Belgien 15/1, 1009–1010
Franckenberg, Adam von: Zoroastres/Zoroastrismus 15/3, 1230

Franco Bahamonde, Francisco *span. General und Diktator*: Triumphbogen 15/3, 593
Franco von Köln *Musiktheoretiker*: Musik 15/1, 576; 580
Franco, Giacomo: Verwandlungen/Illustrationen von Ovid-Texten 15/3, 1035
Frank, Manfred: Mythos 15/1, 641
Frank, Tenney: Geschichtswissenschaft/Geschichtsschreibung 14, 207; Sozial- und Wirtschaftsgeschichte 15/3, 88
Frank, Walter: Nationalsozialismus 15/1, 740
Franke, H.W.: Zoroastres/Zoroastrismus 15/3, 1233
Franke, Peter Robert: Numismatik 15/1, 1120
Frankel, Zacharias: Judentum 14, 762
Frankfort, Henry: Vorderasiatische Archäologie 15/3, 1052–1053; Warburg Institute, The 15/3, 1104
Franklin, Benjamin: Politische Theorie 15/2, 422; United States of America 15/3, 835–836; 849
Franko, Ivan: Ukraine 15/3, 746
Franks, Sir Augustus Wollaston: London, British Museum 15/1, 226
Frantz, Alison: Nationale Forschungsinstitute 15/3, 1284
Frantz, Constantin: Diktatur 13, 860
Franz I. *König von Frankreich*: Abguß/Abgußsammlung 13, 3; Altertumskunde (Humanismus bis 1800) 13, 90; Frankreich 14, 27–28; 30; 33–34; Fürstenspiegel 14, 80; Herrscher 14, 367; Klassische Archäologie 14, 903; Knidische Aphrodite 14, 984; Laokoongruppe 15/1, 10; Mausoleum 15/1, 331; Mittellatein 15/1, 460; Paris, Louvre 15/2, 109; Renaissance 15/2, 712; Schlachtorte 15/2, 1083; Trajanssäule 15/3, 548; Triumphbogen 15/3, 587; Troja 15/3, 619
Franz I. von Erbach zu Erbach *letzter Reichsgraf von Erbach, 1754-1823*: Limes, Limesforschung 15/1, 159; Vasen/Vasenmalerei 15/3, 953
Franz II. *letzter Kaiser des HRR*: Österreich 15/1, 1143
Franz Joseph I. *Kaiser von Österreich und König von Ungarn*: Wien, Kunsthistorisches Museum 15/3, 1133ff.
Franz von Assisi: Mönchtum 15/1, 529
Franziskus Sylvestris von Ferrara: Praktische Philosophie 15/2, 532
Fraser, James B.: Iranistik 14, 636
Fraser, Peter M.: Nobilitas 15/1, 1073
Fraşeri, Şemseddin Sami Bey: Türkei 15/3, 646
Frashëri, Sami: Albanien 13, 59
Fraunce, Abraham: Lateinische Komödie 15/1, 74
Fraușeri, M. Naim: Türkei 15/3, 646
Frazer, Sir James George: Geschichtswissenschaft/Geschichtsschreibung 14, 209; Kulturanthropologie 14, 1137–1138; Matriarchat 15/1, 326; Mythos 15/1, 646; Paganismus 15/2, 15; Religionsgeschichte 15/2, 688; United States of America 15/3, 870

Fréart de Chambray, Roland: Griechen-Römer-Antithese 14, 257
Frechulf von Lisieux: Geschichtsmodelle 14, 169; Herrscher 14, 377–378; 394; 397–399; 401
Fredegar (Fredegar-Chronik*) *pseudonymer fränk. Chronist*: Sacrum Imperium 15/2, 1035; Trier 15/3, 556; Troja 15/3, 598; 618ff.; 621; United Kingdom 15/3, 779
Fredenheim, Carl Fredric: Nationale Forschungsinstitute 15/1, 682; Rom 15/2, 885
Frederiksen, Martin: Nationale Forschungsinstitute 15/1, 675–676
Frege, Gottlob: Logik 15/1, 200–201
Frei, M.: Comics 13, 669
Freind, John: Medizingeschichtsschreibung 15/1, 374
Freinsheim, Johannes: Tacitismus 15/3, 356
Freire, A.: Portugal 15/2, 524
Frejdenberg, O.: Rußland 15/2, 1025
Frel, Jiří: Malibu, J. Paul Getty Museum 15/1, 286; Tschechien 15/3, 644
Fremersdorff, Fritz: Köln 14, 1035; 1037–1038
French, Daniel Chester: Denkmal 13, 739; United States of America 15/3, 860
Freneau, Philip: United States of America 15/3, 851–852
Fresco, M.F.: Niederlande und Belgien 15/1, 1048
Fresnaye, Vauquelin de la: Satire 15/2, 1070
Fresnel, Fulgence: Babylon 13, 374
Freud, Anna: Psychoanalyse 15/2, 595
Freud, Sigmund: Epikureismus 13, 994; Fin de siècle 13, 1142; 1144; Geschichtswissenschaft/Geschichtsschreibung 14, 193; Hysterie 14, 571; Imitatio 14, 572; Italien 14, 707–708; Karthago 14, 852; Kulturanthropologie 14, 1134; Metamorphose 15/1, 396; Mnemonik/Mnemotechnik 15/1, 477–478; Moderne 15/1, 498–499; 501–502; Mythos 15/1, 640; 647; Orient-Rezeption 15/1, 1226; Österreich 15/3, 1293ff.; 1295; Physiognomik 15/2, 351; Pompeji/Rezeption des freigelegten Pompeji in Literatur und Film 15/2, 493; Psychoanalyse 15/2, 588ff.; Tanz 15/3, 361; Tragödie/Tragödientheorie 15/3, 534; Traumdeutung 15/3, 553ff.; Venus von Milo 15/3, 968; Vorsokratiker 15/3, 1066
Freund, Wilhelm: Lexikographie 15/1, 139–140
Freydank, H.: Hethitologie 14, 415
Freytag, Georg Wilhelm: Arabistik 13, 190
Freytag, Gustav: Keltisch-Germanische Archäologie 14, 871; Nationalsozialismus 15/1, 727; Orient-Rezeption 15/1, 1227; Tragödie/Tragödientheorie 15/3, 541
Frick, Christian Georg: Wirtschaft und Gewerbe 15/3, 1145

Fridegodus von Canterbury *Hagiograph*: United Kingdom 15/3, 767
Fridugisus *Archidiakon am Hofe Karls I. d.Gr.*: Karolingische Renaissance 14, 827
Friedell, Egon: Klassische Archäologie 14, 906; Österreich 15/1, 1145; 15/3, 1295
Friedemann, H.: Körperkultur 14, 1053
Friedländer, Karl: Proportionslehre 15/2, 571
Friedländer, Ludwig: Geschichtswissenschaft/Geschichtsschreibung 14, 210; Übersetzung 15/3, 734
Friedländer, Paul: Deutschland 13, 817; Philologie 15/2, 273; 15/3, 1299
Friedlieb, Franz → Franciscus Irenicus
Friedman, Norman: Mimesis 15/1, 435
Friedrich I. (Friedrich III., Kurfürst von Brandenburg) *preuß. König*: Akademie 13, 44; Preußen 15/2, 545–548; Triumphbogen 15/3, 592
Friedrich I. Barbarossa *König und Kaiser des HRR*: Deutschland 13, 763; Herrscher 14, 368–369; 371; 375; 378–380; 397; Imperium 14, 582; Italien 14, 665; Lehnsrecht 15/1, 100; Notar 15/1, 1095; Österreich 15/1, 1135; Römisches Recht 15/2, 830; Sacrum Imperium 15/2, 1034–1035; 1037; Staufische Renaissance 15/3, 273ff.
Friedrich II. *König von Dänemark und Norwegen, Herzog von Schleswig und Holstein*: Körperkultur 14, 1048; Krieg 14, 1114; Naturwissenschaften 15/1, 840
Friedrich II. von Hessen-Kassel *Landgraf von Hessen-Kassel*: Kassel, Staatliche Kunstsammlungen Antikenabteilung 14, 861–865; Modell/Korkmodell 15/1, 495; Nida-Frankfurt 15/1, 980; Trajanssäule 15/3, 550
Friedrich II. von Hohenstaufen *König und Kaiser des HRR*: Festkultur/Trionfi 13, 1106; Geld/Geldwirtschaft/Geldtheorie 14, 106; Griechisch 14, 308; Herrscher 14, 371; 375; 377–378; 380–381; 393; 395; 398; 400; Imperium 14, 582; Italien 14, 668–669; Lyrik 15/1, 248; Monarchie 15/1, 536; Münze, Münzwesen 15/1, 558; Naturwissenschaften 15/1, 806; 817; 836; Numismatik 15/1, 1110; Orient-Rezeption 15/1, 1224; Park 15/2, 125–126; Sacrum Imperium 15/2, 1037; Sizilien 15/3, 32ff.; 34; 36–37; Spolien 15/3, 200–201; Staufische Renaissance 15/3, 275ff.; 278ff.; Toranlagen/Stadttore 15/3, 510; Triumphbogen 15/3, 583; Zoologie 15/3, 1208; 1210; 1212
Friedrich II., d.Gr. *preuß. König*: Akademie 13, 45; Arabisch-islamisches Kulturgebiet 13, 171; Berlin 13, 448; Deutschland 13, 763; Epikureismus 13, 993; Geschichtsmodelle 14, 178; Herrscher 14, 391; Kassel, Staatliche Kunstsammlungen Antikenabteilung 14, 864; Klassik als Klassizismus 14, 889; Mausoleum 15/1, 334; Park 15/2, 142ff.; Preußen 15/2, 549; Rhetorik 15/2, 802; Schlachtorte 15/2, 1076; Sturm und Drang 15/3, 341; Triumphbogen 15/3, 592; Universität 15/3, 898
Friedrich II., der Streitbare *Herzog von Österrreich und Steiermark, Babenberger*: Österreich 15/1, 1135
Friedrich III. *König und Kaiser des HRR*: Deutschland 13, 762; Naturwissenschaften 15/1, 840; Österreich 15/1, 1136–1137; Triumphbogen 15/3, 584
Friedrich III. *König von Dänemark und Norwegen, Herzog von Schleswig und Holstein*: Münzsammlungen 15/1, 561
Friedrich III., der Weise *Kurfürst von Sachsen*: Lateinische Komödie 15/1, 70; Mimesislegenden 15/1, 440
Friedrich III., Kurfürst von Brandenburg → Friedrich I.
Friedrich IV. *Herzog von Sachsen-Gotha-Altenburg*: Gotha, Schloßmuseum 14, 232
Friedrich V. *Landgraf von Homburg*: Limes, Limesforschung 15/1, 159
Friedrich Wilhelm *Kurfürst von Brandenburg, der Große Kurfürst*: Herrscher 14, 365; Preußen 15/2, 542–544; 546; 548; Reiterstandbild 15/2, 653; Triumphbogen 15/3, 592
Friedrich Wilhelm I. *preuß. König, der »Soldatenkönig«*: Berlin 13, 448; Preußen 15/2, 546
Friedrich Wilhelm II. *preuß. König*: Park 15/2, 142
Friedrich Wilhelm III. *König von Preußen, 1770–1840*: Triumphbogen 15/3, 593
Friedrich Wihelm IV. *preuß. König*: Berlin 13, 451; Griechische Tragödie 14, 319; Park 15/2, 142–143; 149; Preußen 15/2, 556; Stützfiguren/Erechtheionkoren 15/3, 332; Trier 15/3, 564; Triumphbogen 15/3, 593; Villa 15/3, 1041
Friedrich, Carl Joachim: Demokratie 13, 734
Friedrich Heinrich von Oranien: Herrscher 14, 373
Friedrich, Hugo: Barock 13, 399; Strukturalismus 15/3, 325
Friedrich, Johannes: Hethitologie 14, 415–417
Friel, Brian: United Kingdom 15/3, 825
Frikkenhaus, August: Tiryns 15/3, 503
Frisch, Max: Theater 15/3, 401
Frischlin, Nicodemus: Allegorese 13, 78; Epos 13, 1030; Griechische Komödie 14, 312; Komödie 14, 1071; Lateinische Komödie 15/1, 72; Slowenien 15/3, 70; Tragödie/Tragödientheorie 15/3, 538
Frisia, Angelo: Stadion 15/3, 261
Fritsch, Andreas: Lebendiges Latein 15/1, 95
Fritz, Kurt von: Demokratie 13, 734; Deutschland 13, 818; Nationalsozialismus 15/1, 733; Philologie 15/2, 273; 15/3, 1299; Sparta 15/3, 168; Universität 15/3, 914
Froben, Johann: Verlag 15/3, 1003

Frobenius, Leo: United States of America 15/3, 870
Fröbel, Julius: Verfassungsformen 15/3, 988
Frödin, Otto: Kretisch-Mykenische Archäologie 14, 1103; Nationale Forschungsinstitute 15/1, 708
Fröreisen, Isaak: Griechische Komödie 14, 312
Froissart, Jean: Frankreich 14, 25; Melancholie 15/1, 382
Fromm, Erich: Matriarchat 15/1, 326; Psychoanalyse 15/2, 591
Froumund von Tegernsee: Griechisch 14, 300
Fructuosus von Braga: Mönchtum 15/1, 523
Frühwald, Wolfgang: Alexandrinismus 13, 74
Frugoni, Carlo Innocenzo: Italien 14, 696
Frulovisi, Titus Livius de': Lateinische Komödie 15/1, 67
Frutolf von Michelsberg: Geschichtsmodelle 14, 169; Herrscher 14, 390
Fry, Christopher: United Kingdom 15/3, 818
Fry, Roger: Historienmalerei 14, 441
Frye, Northrop: Strukturalismus 15/3, 323
Fuad I. *König von Ägypten, 1868-1936*: Alexandria 13, 66
Fuchs, Anton: Nationale Forschungsinstitute 15/1, 702
Fuchs, Ernst: Orient-Rezeption 15/1, 1220
Fuchs, Harald: Frieden 14, 71
Fuchs, Joseph: Mainz 15/1, 263; 271; Nida-Frankfurt 15/1, 980
Fuchs, Leonhart: Medizin 15/1, 367; Pharmakologie 15/2, 219; Physiognomik 15/2, 361
Fuchs, Siegfried: Nationalsozialismus 15/1, 741
Fück, Johann: Arabistik 13, 192
Fühmann, Franz: DDR 13, 693-694; 696; Kinder- und Jugendliteratur 14, 880
Fuentes, Carlos: Lateinamerika 15/1, 45
Füssli, Johann Heinrich: Laokoongruppe 15/1, 18; Rezeptionsformen 15/2, 763
Fugard, Athol: Südafrika 15/3, 342; United Kingdom 15/3, 831
Fugger, Johann Jakob: Bayern 13, 433
Fugger, Raymund: Altertumskunde (Humanismus bis 1800) 13, 92; Limes, Limesforschung 15/1, 157
Fugger, Ulrich: Bibliothek 13, 500
Fuhrer, Therese: Akademie 13, 41
Fuhrmann, Manfred: Comics 13, 662; Deutschland 13, 823; Epochenbegriffe 13, 1014; Philologie 15/3, 1312; Übersetzung 15/3, 736
Fuhrmann, Martin: Philologie 15/2, 322
Fulbecke, William: Civilians 13, 652
Fulbert von Chartres: Frankreich 14, 10
Fulford, Michael: Nationale Forschungsinstitute 15/1, 675
Fulgentius Ferrandus: Mythologie 15/1, 614; 617; Vandalen 15/3, 942

Fuller, Margaret: United States of America 15/3, 862-863
Fullers, Loie: Mode 15/1, 491
Fulrad von Saint-Denis *Kapellan Karls I. d.Gr.*: Karolingische Renaissance 14, 821
Fulvio, Andrea: Altertumskunde (Humanismus bis 1800) 13, 90; Christliche Archäologie 13, 641; Druckwerke 13, 892; Herrscher 14, 366; Numismatik 15/1, 1110; Porträtgalerie 15/2, 505
Fulwell, Ulpian: United Kingdom 15/3, 805
Fumanelli, Antonio: Geriatrie 14, 148
Fumaroli, M.: Barock 13, 398
Fumée, M.: Roman 15/2, 945
Funi, Achille: Historienmalerei 14, 442; Moderne 15/1, 500
Furetiére, Antoine: Barock 13, 407
Furttenbach, Joseph: Deutschland 13, 791
Furtwängler, Adolf: Aigina 13, 27-30; Epochenbegriffe 13, 1006; Frankfurt am Main, Liebieghaus - Museum alter Plastik 14, 1; Klassische Archäologie 14, 907; 912; Kretisch-Mykenische Archäologie 14, 1101; München, Glyptothek und Antikensammlungen 15/1, 548; Nationale Forschungsinstitute 15/1, 708; Olympia 15/1, 1172; Orchomenos 15/1, 1190; Steinschneidekunst: Gemmen 15/3, 287; Überlieferung 15/3, 700; Zeitrechnung 15/3, 1164
Furumark, Arne: Kretisch-Mykenische Archäologie 14, 1101
Fuss, Johannes Dominicus: Neulatein 15/1, 930; 932; Niederlande und Belgien 15/1, 1031; 1034
Fustel de Coulanges, Numa Denis: Geschichtswissenschaft/Geschichtsschreibung 14, 192-193; 209
Fyfe, Theodor: Knossos 14, 997

G
Gabaschvili, Timote: Georgien 14, 135
Gabia, Johannes Baptista: Übersetzung 15/3, 728
Gabitschvadze, R.: Georgien 14, 138
Gabriele, Gabriele *Kardinal, 1522-1597*: Groteske 14, 328; Rom 15/2, 856
Gabrieli, Andrea: Griechische Tragödie 14, 318; Oper 15/1, 1180
Gace Brulé *franz. Troubadour*: Frankreich 14, 15
Gadamer, Hans-Georg: Aristotelismus 13, 264; Historische Methoden 14, 461; Interpretatio Christiana 14, 631; Kulturanthropologie 14, 1134; Philologie 15/3, 1305; Politische Theorie 15/2, 437
Gadbury, John: Naturwissenschaften 15/1, 842; 850
Gadd, Cyril J.: London, British Museum 15/1, 226
Gaddi, Taddeo: Trajanssäule 15/3, 546
Gade, Niels Wilhelm: Druiden 13, 902; Oratorium 15/1, 1188; Vertonungen antiker Texte 15/3, 1023

Gärtner, Friedrich Ritter von: Mausoleum 15/1, 337; Pompeji 15/2, 484; Villa 15/3, 1042
Gaeta, Giovanni da: Briefkunst/Ars dictaminis 13, 546
Gätje, Helmut: Arabistik 13, 191
Gaffiot, Félix: Frankreich 14, 58
Gaffney, Vince: Nationale Forschungsinstitute 15/1, 674
Gaffurio, Franchino (Gaffurius, Franchinus): Humanismus 14, 561; Italien 14, 681; Musen 15/1, 567; Musik 15/1, 596; Odenkomposition, metrische 15/1, 1130; Okkultismus 15/1, 1159
Gaffurius, Franchinus → Gaffurio
Gahl, Christoph: Medien 15/1, 350
Gailhabaut, J.: Historismus 14, 491
Galankis, Rhea: Neugriechische Literatur 15/1, 914
Galantino, Pietro: Okkultismus 15/1, 1149
Galassi-Paluzzi, Carlo: Istituto (Nazionale) di Studi Romani 14, 652–655
Gale, Thomas: Zeitrechnung 15/3, 1176
Galen, Christoph Bernhard von: Herrscher 14, 372
Galenos, Johannes: Kommentar 14, 1066
Galeotto Marzio: Ungarn 15/3, 749–750
Galfred von Vinsauf (Geoffroi de Vinsauf): Figurenlehre 13, 1127; Frankreich 14, 11; Lateinische Komödie 15/1, 65; Leichenrede 15/1, 118; Mittellatein 15/1, 455; Poetik 15/2, 385; Rhetorik 15/2, 777; Universität 15/3, 884
Galilei, Galileo: Aristotelismus 13, 259; Atomistik 13, 340; Dialog 13, 834; Gerechtigkeit 14, 144; Literaturkritik 15/1, 182; Logik 15/1, 197; Naturphilosophie 15/1, 769; Naturwissenschaften 15/1, 783; 798; 804; 806; 813–814; 818–820; 823ff.; 825; 827–828
Galilei, Vincenzo: Italien 14, 681; Musik 15/1, 583; 600
Galland, Jérôme: Venus von Milo 15/3, 969
Galland, Joseph: Nationale Forschungsinstitute 15/1, 684
Galland, Pierre: Skeptizismus 15/3, 40
Galle, Filips: Mausoleum 15/1, 333
Galleaus, Theodorus: Niederlande und Belgien 15/1, 1028
Gallegos Rocafull, José Manuel: Lateinamerika 15/1, 43
Galleni, P.: Adaptation 13, 15
Gallicus, Andrea: Lateinische Tragödie 15/1, 84
Gallone, Carmine: Kitsch 14, 886; Pompeji/Rezeption des freigelegten Pompeji in Literatur und Film 15/2, 494
Gallus schott. Missionar: Köln 14, 1016
Gallus Anonymos: Polen 15/2, 392
Gama, José Basílio da: Epos 13, 1027
Gambara, Lorenzo: Epos 13, 1020

Gamerro, Atilio: Lateinamerika 15/1, 43
Gandhi, Mahatma: United States of America 15/3, 863
Gandino, Albertus da: Strafrecht 15/3, 315ff.
Gandon, James: Irland 14, 648
Gandulphus von Bologna: Glossatoren 14, 222
Gandy, John Peter: Priene 15/2, 560
Gans, Eduard: Verfassungsformen 15/3, 987
Gansfort, Wessel: Rhetorik 15/2, 778
Gansiniec, R.: Polen 15/2, 406
Gaos, José: Lateinamerika 15/1, 43
Garais, F.: Lettland 15/1, 126
Garamond, Claude: Schrift/Typographik 15/2, 1096
Garázda, Péter: Ungarn 15/3, 750
Garborg, Arne: Norwegen 15/1, 1087
Garcaeus, Johannes: Naturwissenschaften 15/1, 838
Garcia, Pedro: Theologie und Kirche des Christentums 15/3, 433
García, Rodrigo: Spanien 15/3, 147
García Bacca, Juan David: Lateinamerika 15/1, 43
García Lorca, Federico: Spanien 15/3, 144
García Márquez, Gabriel: Lateinamerika 15/1, 45
Garcilaso de la Vega: Lateinamerika 15/1, 24; 34; Spanien 15/3, 134
Gardiner, Alan H.: Ägyptologie 13, 17; Entzifferungen 13, 957; London, British Museum 15/1, 219
Gardner, Gerald Brosseau: Magie 15/1, 261
Gardthausen, Victor: Paläographie, griechischische 15/2, 41
Gareanus, Heinrich: Humanismus 14, 562
Garfield, Leon: Kinder- und Jugendliteratur 14, 880
Garland, Antoin: Arabistik 13, 190
Garlandia, Johannes de: Terminologie 15/3, 394
Garlandius → Hortulanus
Garner, Alan: Kinder- und Jugendliteratur 14, 881
Garnier, Charles: Historismus 14, 491; Orient-Rezeption 15/1, 1214
Garnier, Louis: Parnaß 15/2, 184
Garnier, Robert: Frankreich 14, 33; Lateinische Tragödie 15/1, 86; United Kingdom 15/3, 808
Garret, A.: Portugal 15/2, 523
Garriga y Nogués, Ramón M.: Spanien 15/3, 121
Garrucci, R.: Christliche Archäologie 13, 643
Garsevanischvili, I.: Georgien 14, 136
Garstang, John: Hethitologie 14, 414
Garstin: Indien 14, 586
Garve, Christian: Preußen 15/2, 550
Gasparino da Barzizza: Rhetorik 15/2, 816
Gassendi, Pierre: Atomistik 13, 340; Epikureismus 13, 989–991; Frankreich 14, 39; Menschenrechte 15/1, 386; Naturphilosophie 15/1, 771; Naturwissenschaften 15/1, 841–842; 870; Skeptizismus 15/3, 42; Sprachphilosophie/Semiotik 15/3, 225
Gassman, Vittorio: Griechische Tragödie 14, 320

Gast, Job: Luxemburg 15/1, 239
Gastoldus, Albertus (Goštautas, Albertus): Litauen 15/1, 173
Gasulius, Johannes (Gaxulus, Ginus/Gàzulli, Gjon): Albanien 13, 57
Gatschetschiladze, D.: Georgien 14, 138
Gatterer, Johann Christoph: Deutschland 13, 797; Geographie 14, 124; Geschichtswissenschaft/ Geschichtsschreibung 14, 216
Gatti, G.: Ungarn 15/3, 749
Gatti, Roberto: Ostia und Porto 15/1, 1248
Gatz, Erwin: Nationale Forschungsinstitute 15/1, 689
Gauckler, Paul: Karthago 14, 840
Gauguin, Paul: Künstlerlegenden 14, 1130; Moderne 15/1, 499
Gaul, August: Orient-Rezeption 15/1, 1219
Gaulle, Charles de: Frankreich 15/3, 1254
Gault, Jean: Vasen/Vasenmalerei 15/3, 949
Gauquelin, Michel: Horoskope 14, 538
Gauricus (Geophonensis), Lucas: Horoskope 14, 532; Naturwissenschaften 15/1, 840; Physiognomik 15/2, 354
Gauricus, Pomponius: Physiognomik 15/2, 354
Gauß, Carl Friedrich: Lebendiges Latein 15/1, 94; Neulatein 15/1, 927; 936
Gautier de Châtillon: Niederlande und Belgien 15/1, 986
Gautier de Coinci altfranz. Dichter: Gotik 14, 243; Knidische Aphrodite 14, 983
Gauthier, Nancy: Trier 15/3, 571
Gautier, Théophile: Frankreich 15/3, 1258; Pompeji/Rezeption des freigelegten Pompeji in Literatur und Film 15/2, 493
Gavlovič, H.: Slowakei 15/3, 66
Gaxulus → Gasulius
Gazis, Anthimos: Griechenland 14, 277
Gazis, Theodoros: Griechenland 14, 274; 279
Gàzulli → Gasulius
Gebauer, G.C.: Digesten/Überlieferungsgeschichte 13, 850
Geber → Abū Mūsā Ğābir ibn Ḥaiyān al-Azdī
Geber Latinus ma. Alchemist: Naturwissenschaften 15/1, 868
Gebhard, Janus: Niederlande und Belgien 15/1, 1001
Gebhardt, Eduard von: Historismus 14, 490
Gebhardus, Joannes: Niederlande und Belgien 15/1, 1029
Gedge, Pauline: United Kingdom 15/3, 819; 829
Gedike, Friedrich: Preußen 15/2, 552; Rhetorik 15/2, 802–803
Gediminas: Litauen 15/1, 171
Geel, Jacob: Niederlande und Belgien 15/1, 1008; 1052
Geertman, H.: Nationale Forschungsinstitute 15/1, 696

Geertz, Clifford: Historische Methoden 14, 461; Kulturanthropologie 14, 1134; 1142; Philologie 15/3, 1308
Gehrts, C.: Historismus 14, 490
Geibel, Emmanuel: Deutschland 13, 813
Geiger, Wilhelm: Iranistik 14, 638; Śrī Laṅkā 15/3, 252
Geilhoven, Arnoldus: Niederlande und Belgien 15/1, 989
Geißner, H.: Rhetorik 15/2, 803
Gelasius II. (Johannes von Gaeta) Papst: Italien 14, 664
Gelb, I.: Entzifferungen 13, 961
Geldner, Karl Friedrich: Iranistik 14, 638
Gelenius, Aegidius: Köln 14, 1023; 1026
Gelenius, Johannes: Köln 14, 1026
Gelenius, Sigismundus: Tschechien 15/3, 627
Gell, Sir William: Nationale Forschungsinstitute 15/1, 668; 673; Olympia 15/1, 1169; Society of Dilettanti 15/3, 76; Tiryns 15/3, 498
Gellert, Christian Fürchtegott: Brief, Briefliteratur 13, 544; Fabel 13, 1069; Fürstenschule 14, 75; Kinder- und Jugendliteratur 14, 879; Universität 15/3, 899
Gelous Torda, S.: Slowakei 15/3, 65
Gelsted, Otto: Dänemark 13, 678
Gelzer, Matthias: Geschichtswissenschaft/ Geschichtsschreibung 14, 208–209; National- sozialismus 15/1, 744; 749; Nobilitas 15/1, 1073
Gemistos Plethon, Georgios → Plethon
Gemma Frisius, Rainer (Van den Steen, Rainer): Naturwissenschaften 15/1, 850
Genelli, H.C.: Griechische Tragödie 14, 319
Genesios, Joseph: Byzanz 13, 605
Genet, Jean: Neugriechische Literatur 15/1, 913
Genette, Gérard: Mimesis 15/1, 435; Philologie 15/3, 1313
Genga, Girolamo: Ruine/Künstliche Ruine 15/2, 992
Gennadios II. (Georgios Scholarios) Patriarch von Konstantinopel: Byzanz 13, 595; Griechenland 14, 274; Kommentar 14, 1066; Neugriechische Literatur 15/1, 895; 897
Gennadios von Novgorod: Rußland 15/2, 1015
Gennadius, John: Nationale Forschungsinstitute 15/3, 1286
Gennep, Arnold van: Kulturanthropologie 14, 1140
Gentile, Giovanni: Faschismus 13, 1099; Istituto (Nazionale) di Studi Romani 14, 652
Gentili, Alberico: Civilians 13, 651–652
Gentili, Bruno: Philologie 15/3, 1302
Gentilis, A.: Humanismus 14, 556
Gentz, Heinrich: Mausoleum 15/1, 334–335
Geoffrey von Monmouth: Druiden 13, 903; Geschichtsmodelle 14, 170; Herrscher 14, 393–394; 396; United Kingdom 15/3, 775; 779; 783

Geoffroi de Villehardouin: Frankreich 14, 18; Konstantinopel 14, 1089
Geoffroi de Vinsauf → Galfred von Vinsauf
Geograph von Ravenna (Geographus* Ravennas): Geographie 14, 122
Geographus* Ravennas → Geograph von Ravenna
Geophonensis → Gauricus
Georg I. *König von Griechenland, 1845–1913*: Nationale Forschungsinstitute 15/1, 678
Georg I. *König von Großbritannien und Kurfürst von Hannover*: Klassizismus 14, 960; Mausoleum 15/1, 334; United Kingdom 15/3, 811
Georg II. *König von Großbritannien*: London, British Museum 15/1, 204; 211; United States of America 15/3, 833
Georg II. von Sachsen-Meiningen *Herzog, 1826–1914*: Historienmalerei 14, 439
Georg II., der Gelehrte *Landgraf von Hessen-Darmstadt, 1605–1661*: Mausoleum 15/1, 333
Georg III. *König von Großbritannien und Irland*: Tyrannis 15/3, 692
Georg IV. *König von Großbritannien und Irland*: Porträtgalerie 15/2, 512; Triumphbogen 15/3, 593
Georg VI. *König von Großbritannien und Nordirland*: Münzsammlungen 15/1, 560
Georg Friedrich *Markgraf von Baden-Durlach*: Naturwissenschaften 15/1, 842
Georg von Trapezunt (Georgius Trapezuntius Cretensis) *griech. Humanist, 1396–1486*: Byzanz 13, 595; 598; Humanismus 14, 550; Leichenrede 15/1, 120; Luxemburg 15/1, 238; Naturwissenschaften 15/1, 803; Redegattungen 15/2, 634; Rhetorik 15/2, 781
George, Stefan: Bayern 13, 443; Deutschland 13, 820; Fin de siècle 13, 1144; Klassische Archäologie 14, 914; Körperkultur 14, 1052; Lyrik 15/1, 250; Neohumanismus 15/1, 886ff.; Nietzsche-Wilamowitz-Kontroverse 15/1, 1069; Paganismus 15/2, 26–27; Philologie 15/3, 1309; Poeta Vates 15/2, 380
Georges, Karl Ernst: Lexikographie 15/1, 136; 139–140
Georgievskij, A.: Rußland 15/2, 1022
Georgios Hamartolos → Georgios [5]* Monachos
Georgios [5]* Monachos (Hamartolos): Georgien 14, 135; Überlieferung 15/3, 712
Georgios [6]* Pisides: Überlieferung 15/3, 712
Georgios Scholarios → Gennadios II.
Georgios Sikilianos: Überlieferung 15/3, 712
Georgios Synkellos (Synkellos [2]*) *byz. Historiker, gest. 810*: Niederlande und Belgien 15/1, 996; Überlieferung 15/3, 712
Georgios von Syrakus: Überlieferung 15/3, 712
Georgius Trapezuntius Cretensis → Georg von Trapezunt

Georigijević, Georgije: Serbien 15/3, 28
Gerald von Wales → Giraldus Cambrensis
Geraldini, Alessandro: Lateinamerika 15/1, 22
Gérardy, P.: Körperkultur 14, 1052
Gerassimov, D.: Rußland 15/2, 1016
Gerbert von Aurillac → Sylvester II.
Gerbert von Reims: Mittellatein 15/1, 452
Gereon *christl. Märtyrer*: Köln 14, 1020
Gerganos, Zacharias: Griechenland 14, 269; Neugriechische Literatur 15/1, 897
Gerhard von Brüssel: Naturwissenschaften 15/1, 818
Gerhard von Cambrai: Säule/Säulenmonument 15/2, 1047
Gerhard von Cremona *mlat. Übersetzer*: Arabisch-islamisches Kulturgebiet 13, 168; 182; Arabistik 13, 189; Italien 14, 664; Mathematik 15/1, 317–318; Medizin 15/1, 363; Meteorologie 15/1, 416; Naturwissenschaften 15/1, 804; 816; 836; Pharmakologie 15/2, 217; Sizilien 15/3, 35; Zoologie 15/3, 1209
Gerhard, Eduard: Deutsches Archäologisches Institut 13, 750–751; Epochenbegriffe 13, 1002; Klassische Archäologie 14, 908; 910; 912; Philologie 15/2, 265; Rom 15/2, 871; Steinschneidekunst: Gemmen 15/3, 287
Gerhard, Johannes: Patristische Theologie/Patristik 15/2, 199
Gerhardt, Ida: Niederlande und Belgien 15/1, 1055
Gerhardt, Paul: Deutschland 13, 785; Fürstenschule 14, 75
Gerhoch von Reichersberg: Herrscher 14, 403; 408; Österreich 15/1, 1135
Gericke, S.Th.: Preußen 15/2, 545
Gerkan, Arnim von: Knidos 14, 989–990; Köln 14, 1038; Milet 15/1, 423–425; Priene 15/2, 564
Gerlach, Franz Dorotheus: Geschichtswissenschaft/Geschichtsschreibung 14, 209; Schweiz 15/2, 1142
Gerlo, A.: Niederlande und Belgien 15/1, 1035
Germain, François Thomas: Vasen/Vasenmalerei 15/3, 952
Germanos I. *Patriarch von Konstantinopel*: Byzanz 13, 603
Gernet, Louis: Geschichtswissenschaft/Geschichtsschreibung 14, 192; Historische Methoden 14, 459; Kulturanthropologie 14, 1137; Religionsgeschichte 15/2, 695
Gerning, Johann Isaac Freiherr von: Kampanien 14, 790; Nida-Frankfurt 15/1, 981; Pompeji/Rezeption des freigelegten Pompeji in Literatur und Film 15/2, 491
Gerola, Giuseppe: Rhodos 15/3, 1323
Gerôme, L.: Historismus 14, 486
Gerson, Jean: Frankreich 14, 23; Menschenrechte 15/1, 387

Gervasius von Melkley: Figurenlehre 13, 1128
Gervasius von Tilbury: Herrscher 14, 399
Gervinus, Georg Gottfried: Thukydidismus 15/3, 482
Gerz, Jochen: Rekonstruktion/Konstruktion 15/2, 665
Geselschap, F. *Maler, 19. Jh.*: Historismus 14, 490
Gesenius, Wilhelm: Entzifferungen 13, 957; Semitistik 15/3, 13
Gesner, Conrad: Lexikographie 15/1, 133; 136; Mnemonik/Mnemotechnik 15/1, 473-474; Schweiz 15/2, 1136
Gesner, Johann Matthias: Bibliothek 13, 502; Bildung 13, 511; Deutschland 13, 792-793; Lexikographie 15/1, 134; Philologie 15/2, 299; Philologisches Seminar 15/2, 328; Universität 15/3, 899; 904
Gessner, Salomon: Bukolik/Idylle 13, 564; Schweiz 15/2, 1140
Gesù, Ignazio: Iranistik 14, 635
Getaldić, M.: Kroatien 14, 1120
Getty, Jean Paul: Malibu, J. Paul Getty Museum 15/1, 286-287; Villa 15/3, 1042
Gevartius, Caspar: Niederlande und Belgien 15/1, 1017; 1024
Gex, K.: Nationale Forschungsinstitute 15/1, 722
Gezelle, Guido: Niederlande und Belgien 15/1, 1057
Ghedini, Girgio Federico: Italien 14, 707
Gherasim, Marin: Rumänien 15/2, 1009
Gherasim, Paul: Rumänien 15/2, 1009
Ghesquierus, Josephus: Niederlande und Belgien 15/1, 1027
Ghezzi, Pier Leone: Karikatur 14, 800; Rom 15/2, 913
Ghiberti, Lorenzo: Gotik 14, 245; Herrscher 14, 405; Mode 15/1, 483; Proportionslehre 15/2, 569; Renaissance 15/2, 705; Trajanssäule 15/3, 546; Vasen/Vasenmalerei 15/3, 947
Ghirlandaio, Domenico: Groteske 14, 324; Historienmalerei 14, 423; Mode 15/1, 483; Trajanssäule 15/3, 547; Triumphbogen 15/3, 589
Ghisi, Giorgio: Parnaß 15/2, 182
Ghistele, Cornelis van: Niederlande und Belgien 15/1, 1048
Ghiṭrīf ibn Qudāma al-Ġassānī: Zoologie 15/3, 1212
Giacometti, Alberto: Etruskerrezeption 13, 1054; Schweiz 15/2, 1151
Giacomino da Verona: Orient-Rezeption 15/1, 1224
Giacomo da Lentini: Italien 14, 668
Giamberti, Antonio → Sangallo
Giamberti, Giuliano → Sangallo
Giambologna → Bologna
Giammiti, Marco: Rom 15/2, 916
Gian Galeazzo Visconti → Visconti
Giannotti, Donato: Mischverfassung 15/1, 442; Republik 15/2, 720

Giardini, Giovanni: Vasen/Vasenmalerei 15/3, 949
Gibbon, Edward: Byzantinistik 13, 585; Geschichtsmodelle 14, 167; 179; Geschichtswissenschaft/Geschichtsschreibung 14, 199; 203-204; 208; 214; 216; Herrscher 14, 397; Historische Methoden 14, 454; Klassizismus 14, 975; Neugriechische Literatur 15/1, 900; Nobilitas 15/1, 1076; Rom 15/2, 872; Schweiz 15/2, 1140; Sozial- und Wirtschaftsgeschichte 15/3, 85; Übersetzung 15/3, 730; Vandalen 15/3, 943
Gibbs, James: Park 15/2, 152; United States of America 15/3, 859
Ǧibrāʾīl ibn Buḫtīšūʿ ibn Ǧurǧis: Arabische Medizin 13, 185
Gibson, Edmund: Limes, Hadrianswall 15/1, 151
Gibson, Ralph: Venus von Milo 15/3, 969
Gide, André: Autobiographie 13, 364; Fälschung 13, 1078; Frankreich 15/3, 1262; 1265; Mythologie 15/1, 631
Gielee, Jacquemart: Tierepos 15/3, 496
Gierke, Otto: Bund 13, 579
Giersing, Harald: Dänemark 13, 678
Giesler, Hermann: Nationalsozialismus 15/1, 760
Giesz, L.: Kitsch 14, 882
Ģiezens, A.: Lettland 15/1, 125-126
Gigante, Giacinto: Pompeji 15/2, 479
Giglio, Aloisi: Kalender 14, 781
Giglioli, Giulio Quirino: Faschismus 13, 1086; 1089; Istituto (Nazionale) di Studi Romani 14, 653-654
Gijsen, Marnix: Niederlande und Belgien 15/1, 1058
Gilbert de la Porrée → Gilbert von Poitiers
Gilbert von Evreux: Leichenrede 15/1, 119
Gilbert von Poitiers (Gilbert de la Porrée) *franz. Philosoph und Theologe, um 1080-1154*: Frankreich 14, 10; Theologie und Kirche des Christentums 15/3, 440; Universität 15/3, 884
Gilbert von Tournai *franz. Philosoph und Theologe, um 1080-1154*: Fürstenspiegel 14, 78
Gilbert, William: Naturwissenschaften 15/1, 808; 827
Gildas* der Weise *brit. Geschichtsschreiber*: Limes, Hadrianswall 15/1, 150; Überlieferung 15/3, 722
Gildersleeve, Basil L.: Philologisches Seminar 15/2, 330; United States of America 15/3, 860
Gilio da Fabriano, Giovanni Andrea: Groteske 14, 328; Physiognomik 15/2, 357
Gill, Claes: Norwegen 15/1, 1087
Gille, Bertrand: Technikgeschichte 15/3, 370
Gilles, Pierre (Gyllius, Petrus): Konstantinopel 14, 1090; Luxemburg 15/1, 238
Gilles, Werner: Moderne 15/1, 507-508
Gilliéron, Émile: Knossos 14, 1000; Nationale Forschungsinstitute 15/1, 702
Gillies, John: Geschichtswissenschaft/Geschichtsschreibung 14, 189; 191
Gillmann, Franz: Glossatoren 14, 224

Gilly, Friedrich: Diana von Ephesus 13, 840; Mausoleum 15/1, 334; Paestum 15/2, 11; Stützfiguren/Erechtheionkoren 15/3, 333; Theaterbau/Theaterkulisse 15/3, 406; Toranlagen/Stadttore 15/3, 512; Triumphbogen 15/3, 592

Gilpin, William: Park 15/2, 123

Gimbuta, Marija: Matriarchat 15/1, 325

Ginzburg, Carlo: Warburg Institute, The 15/3, 1103

Gioacchino da Fiore → Joachim von Fiore

Giocondo da Verona, Giovanni → Fra Giacondo

Giocondo, Giacomo: Lateinische Inschriften 15/1, 58

Giono, Jean: Frankreich 15/3, 1266

Giordano Bruno → Bruno

Giordano, Luca: Historienmalerei 14, 433; Laokoongruppe 15/1, 14

Giorgetti, G.: Barberinischer Faun 13, 389

Giorgi, Francesco *venezian. Philosoph*: Okkultismus 15/1, 1149

Giorgini, Giovanni: Epos 13, 1020

Giorgio da Castelfranco → Giorgione

Giorgio di Martino Pollaiuolo → Giorgio Martini

Giorgio Martini, Francesco di (Giorgio di Martino Pollaiuolo): Forum/Platzanlage 13, 1153; Stützfiguren/Erechtheionkoren 15/3, 329; Tempel/Tempelfassade 15/3, 375; Triumphbogen 15/3, 590; Utopie 15/3, 937

Giorgione (Giorgio da Castelfranco): Arkadismus 13, 267; Bukolik/Idylle 13, 564; Stil, Stilanalyse, Stilentwicklung 15/3, 292

Giotto di Bondone: Byzanz 13, 613; Gotik 14, 245–246; Mimesislegenden 15/1, 439; Naturwissenschaften 15/1, 839; 849; Physiognomik 15/2, 355; Trajanssäule 15/3, 546

Giovanni Conversio: Rhetorik 15/2, 816

Giovanni da Bologna → Bologna

Giovanni da Pisa → Balduccio

Giovanni da San Geminiano: Leichenrede 15/1, 119

Giovanni da Udine (Nanni, Giovanni): Groteske 14, 325–327

Giovanni di Marco: Medizin 15/1, 365

Giovanni di Pietro → Lo Spagna

Giovanni Mansionario → Mansionario

Giovanni Sulpizio da Veroli → Sulpicius von Veroli

Giovannoni, G.: Istituto (Nazionale) di Studi Romani 14, 653

Giovio, Paolo: Emblematik 13, 954; Historienmalerei 14, 426; Lateinamerika 15/1, 28; Porträtgalerie 15/2, 506; 511

Giphanius, Hubertus: Niederlande und Belgien 15/1, 993

Giraldi, Lilio Gregorio (Gyraldus, Lilius Gregorius): Italien 14, 689; Luxemburg 15/1, 238; Mythologie 15/1, 615; Religionsgeschichte 15/2, 682

Giraldi Cintio, Giambattista: Adaptation 13, 15; Gattung/Gattungstheorie 14, 91; Lateinische Komödie 15/1, 69; Lateinische Tragödie 15/1, 84; Neugriechische Literatur 15/1, 898

Giraldus Cambrensis (Gerald von Wales): Frankreich 14, 14; Herrscher 14, 364; United Kingdom 15/3, 771

Giraldus de Barris: Elegie 13, 943

Girard, René: Religion und Literatur 15/2, 676

Girardon, François: Laokoongruppe 15/1, 10; Reiterstandbild 15/2, 653

Giraudoux, Jean: Epos 13, 1023; Frankreich 15/3, 1257; 1262–1263; 1265; Komödie 14, 1076; Mythologie 15/1, 631; Troja 15/3, 602

Giraud-Soulavie, Jean-Louis: Geographie 14, 125

Gisela *Kaiserin des HRR*: Ottonische Renaissance 15/1, 1258

Giselinus, Victor: Niederlande und Belgien 15/1, 993; 1029

Gismondi, Italo: Italien 14, 718; Ostia und Porto 15/1, 1248; 1251

Giudice, Armannino: Herrscher 14, 394

Giuliani, Alessandro: Rhetorik 15/2, 810

Giuliani, Giovanni: Stützfiguren/Erechtheionkoren 15/3, 331

Giunta, Filippo: Philologie 15/2, 248; Verlag 15/3, 1003

Giuseppe Tomasi, Fürst von Lampedusa → Tomasi di Lampedusa

Giusti, Antonio: Mausoleum 15/1, 331

Giusti, Giovanni: Mausoleum 15/1, 331

Giustiniani, F.: Ungarn 15/3, 754

Giustiniani, Orsatto: Griechische Tragödie 14, 318

Giustiniani, Vincenzo: Rom 15/2, 865

Giustiniani, Vito R.: Neulatein 15/1, 938

Gjeçov, Sh.: Albanien 13, 59

Gjerstad, E.: Zypern 15/3, 1237

Glanvill, Joseph: Skeptizismus 15/3, 42

Glanville, Ranulf de *engl. Jurist im Dienst Heinrichs II.*: Scotland, Law of 15/3, 2

Glareanus, Henricus (Loriti, Heinrich) *Schweizer Humanist und Musiktheoretiker*: Schweiz 15/2, 1130; 1134; 1136; Slowenien 15/3, 70; Tonartenlehre 15/3, 509

Glauber, Johann Rudolph: Physiognomik 15/2, 360

Gleason, Henry A.: Sprachwissenschaft 15/3, 246

Gleich, Josef Alois: Österreich 15/1, 1144; Vandalen 15/3, 944

Gleim, Johann Wilhelm Ludwig: Fabel 13, 1069; Porträtgalerie 15/2, 512; Preußen 15/2, 550; Übersetzung 15/3, 729; Winckelmann-Gesellschaft 15/3, 1139

Gleyre, Charles-Gabriel: Schweiz 15/2, 1120; 1146

Glière, R.: Musik 15/1, 602

Glinos, D.: Griechenland 14, 282–283

Glöckel, Otto: Österreich 15/3, 1292
Gloeden, Wilhelm von: Nacktheit in der Kunst 15/1, 655; Paganismus 15/2, 27
Glonti, F.: Georgien 14, 138
Glotz, Gustave: Geschichtswissenschaft/Geschichtsschreibung 14, 190
Gluck, Christoph Willibald, Ritter von: Musik 15/1, 602; Oper 15/1, 1182–1184; Theater 15/3, 399; Vertonungen antiker Texte 15/3, 1021
Glück, Louise: United States of America 15/3, 880
Glueck, Nelson: Vorderasiatische Archäologie 15/3, 1059
Glücklich, H.-J.: Lebendiges Latein 15/1, 95
Glume, Friedrich Christian: Stützfiguren/Erechtheionkoren 15/3, 331
Glykys, N.: Griechenland 14, 280
Gnaphaeus, Gulielmus (Volder, Willem de): Kinder- und Jugendliteratur 14, 879; Lateinische Komödie 15/1, 72–73
Gnecchi, Vittorio: Italien 14, 707
Gnedič, Nikolaj Ivanovič: Rußland 15/2, 1021; Verskunst 15/3, 1014
Gnirs, Anton: Tschechien 15/3, 644
Gobineau, Joseph Arthur de: Nationalsozialismus 15/1, 736; Wagnerismus 15/3, 1076
Gockel, Balthasar: Deutschland 13, 785
Goclenius, Conrad: United Kingdom 15/3, 801
Goclenius, Rodolphus: Naturwissenschaften 15/1, 783; Physiognomik 15/2, 360
Godefroy, Denis (Gothofredus, Dionysius): Digesten/Überlieferungsgeschichte 13, 850; Geschichtswissenschaft/Geschichtsschreibung 14, 201; Humanismus 14, 557–558; Schweiz 15/2, 1136
Godefroy, Jacques (Gothofredus, Jacobus): Altertumskunde (Humanismus bis 1800) 13, 93; Geschichtswissenschaft/Geschichtsschreibung 14, 201; Humanismus 14, 558; Romanistik/Rechtsgeschichte 15/2, 961; Schweiz 15/2, 1136
Godwin, Thomas: Altertumskunde (Humanismus bis 1800) 13, 95
Goebbels, Heiner: Medien 15/1, 349–350
Goebbels, Paul Joseph: Moderne 15/1, 505; Nationalsozialismus 15/1, 726; 750; 764
Göbl, Robert: Numismatik 15/1, 1117; 1121; 1127
Gödel, Kurt: Logik 15/1, 201
Goeje, M. Jan de: Arabistik 13, 190
Gökçeli, Kemal Sadık → Yaşar Kemal
Goekoop, A.E.H.: Nationale Forschungsinstitute 15/1, 690
Gönçer, Süleyman: Türkei 15/3, 666
Gönner, N.Th.: Historische Rechtsschule 14, 464; 467
Goens, Rijklof Michael van: Niederlande und Belgien 15/1, 1005
Göring, Hermann: Nationalsozialismus 15/1, 746; 748; Schlachtorte 15/2, 1080

Görres, Johann Joseph von: Republik 15/2, 734; Zoroastres/Zoroastrismus 15/3, 1232
Goester, Y.: Nationale Forschungsinstitute 15/1, 693
Göthe, Johann Friedrich Nilsson Eosander Freiherr von: Triumphbogen 15/3, 592
Goethe, Johann Wolfgang von: Aigina 13, 31; Allegorie 13, 85; Arkadismus 13, 268; Autobiographie 13, 363; Babylon 13, 379; Barberinischer Faun 13, 393; Bildung 13, 512; Brief, Briefliteratur 13, 542; 544; Bukolik/Idylle 13, 564; Byzantinistik 13, 588; Deutschland 13, 796; 803; Elegie 13, 943; 946; Epigrammatik 13, 984; Epos 13, 1034; Fin de siècle 13, 1141; Geflügelte Worte 14, 102; Gelegenheitsdichtung 14, 110–111; Griechische Komödie 14, 312; Griechische Tragödie 14, 318; Herrscher 14, 394; Historienmalerei 14, 438; Historismus 14, 475; Homerische Frage 14, 512–513; 515; Horoskope 14, 534; Hymnos 14, 569; Irland 14, 646; Italien 14, 701; 705; Kampanien 14, 791; Kanon 14, 793; Karlsruhe, Badisches Landesmuseum, Antikensammlungen 14, 810; Klassik als Klassizismus 14, 889; 896–897; 899; Knidische Aphrodite 14, 984; Komödie 14, 1073; 1075; Konsolationsliteratur 14, 1082; Kynismus 14, 1155; Laokoongruppe 15/1, 17; Lateinische Komödie 15/1, 79; Literaturkritik 15/1, 183; Luxemburg 15/1, 236; Lyrik 15/1, 250; Mainz 15/1, 264; 272; Mannheim, Antikensaal und Antiquarium 15/1, 293; Mausoleum 15/1, 336; Melancholie 15/1, 382; Metamorphose 15/1, 397; Metapher/Metapherntheorie 15/1, 405; Mimesis 15/1, 435; Musen 15/1, 565; 567; Musik 15/1, 590; Nacktheit in der Kunst 15/1, 654; Neuhumanismus 15/1, 922; Numismatik 15/1, 1101; 1113–1115; 1117; Okkultismus 15/1, 1160; Orient-Rezeption 15/1, 1226; Orientalismus 15/1, 1236; Paganismus 15/2, 24; Park 15/2, 139; Parthenon 15/2, 193; Poetik 15/2, 389; Souvenir 15/3, 80; Sphärenharmonie 15/3, 189; Stabia/Stabiae 15/3, 255; Sturm und Drang 15/3, 338–339; 341; Tierepos 15/3, 496–497; Totengespräch 15/3, 522; Tourismus 15/3, 525ff.; 530; Tragödie/Tragödientheorie 15/3, 539; 541; Troja 15/3, 601; United States of America 15/3, 865; Universität 15/3, 899; Übersetzung 15/3, 730ff.; Vasen/Vasenmalerei 15/3, 950; Venedig 15/3, 961; Verskunst 15/3, 1014–1015; Vertonungen antiker Texte 15/3, 1022; Zoroastres/Zoroastrismus 15/3, 1232
Goette, H.R.: Aigina 13, 30
Götte, J.: United States of America 15/3, 845
Göttner-Abendroth, Heide: Matriarchat 15/1, 326

Götz, Johann Nikolaus: Preußen 15/2, 550; Übersetzung 15/3, 729
Götz, Wolfgang: Historismus 14, 486
Goetze, Albrecht: Hethitologie 14, 415; 417
Goffredus de Trano: Kanonisten 14, 796; Scotland, Law of 15/3, 2
Gogol, Nikolaj Wassiljewitsch: Rußland 15/2, 1020
Gohory, Jaques → Suavius
Góis, D. de: Portugal 15/2, 519
Goldberg, Whoopy: Lateinische Komödie 15/1, 80
Golding, William: Sparta 15/3, 169
Goldmann, Lucien: Strukturalismus 15/3, 324
Goldmann, Stefan: Mnemonik/Mnemotechnik 15/1, 464
Goldmayer, Andreas: Horoskope 14, 532
Goldoni, Carlo: Komödie 14, 1074; Neugriechische Literatur 15/1, 907
Goldschmidt, Adolph: Warburg Institute, The 15/3, 1102
Goldschmidt, P.: Śrī Laṅkā 15/3, 252
Goldsmith, Oliver: Klassizismus 14, 974; United Kingdom 15/3, 813
Goldtwurm, Kaspar: Figurenlehre 13, 1128
Goldziher, Ignaz: Arabistik 13, 191
Golius, Jacob: Arabistik 13, 189; Iranistik 14, 635; Semitistik 15/3, 11
Goltwurm, Caspar: Kalender 14, 786
Goltzius, Hubert/Hendrick: Altertumskunde (Humanismus bis 1800) 13, 92; Druckwerke 13, 886; Knidische Aphrodite 14, 984; Niederlande und Belgien 15/1, 1029; 1039–1041; Numismatik 15/1, 1112
Gombrich, Ernst H.: Klassische Archäologie 14, 940; Warburg Institute, The 15/3, 1104; 1106
Gómez-Moreno, Manuel: Entzifferungen 13, 963
Gomme, A.W.: Bevölkerungswissenschaft/Historische Demographie 13, 490
Gomperz, Elise: Psychoanalyse 15/2, 595
Gomperz, Heinrich: Österreich 15/3, 1293ff.; Psychoanalyse 15/2, 595
Gomperz, Theodor: Österreich 15/3, 1293; Psychoanalyse 15/2, 595; Traumdeutung 15/3, 553
Gompf, Ludwig: Mittellatein 15/1, 456
Gonçalves, R.: Portugal 15/2, 524
Góngora: Tierepos 15/3, 497
Gonzaga, Federico: Laokoongruppe 15/1, 11
Gonzaga, Ludovico: Abguß/Abgußsammlung 13, 3
Gonzaga, Tomás Antonio: Lateinamerika 15/1, 34
Gonzaga, Valentin: Groteske 14, 330
Gonzaga, Vicenzo: Porträtgalerie 15/2, 510
Gonzáles, Juan Gualberto: Lateinamerika 15/1, 38
Gonzáles, Juan Vicente: Lateinamerika 15/1, 39
Gonzáles de la Calle, Pedro Urbano: Lateinamerika 15/1, 43
Gonzáles Garbín, Antonio: Spanien 15/3, 123

Goodchild, R.: Nationale Forschungsinstitute 15/1, 674
Goodman, Nelson: Metapher/Metapherntheorie 15/1, 404; 406; Philologie 15/3, 1314; Semiotik 15/3, 8; Vorsokratiker 15/3, 1066
Goold, E.: Türkei 15/3, 654
Gorceix, Henri: Thera 15/3, 470
Gorcheio, Johannes de: Terminologie 15/3, 394
Gordani, P.: Romantik 15/2, 986
Gordesiani, R.: Georgien 14, 139
Gordon, Thomas: Politische Theorie 15/2, 422
Gorenko, Anna Andrejewna → Achmatowa
Gori, Anton Francesco: Etruskologie 13, 1055; Stil, Stilanalyse, Stilentwicklung 15/3, 293; Vasen/Vasenmalerei 15/3, 951
Gorjanović, Josif: Serbien 15/3, 27
Gorlaeus, Abraham: Altertumskunde (Humanismus bis 1800) 13, 92; Steinschneidekunst: Gemmen 15/3, 283
Gorra, E.: Troja 15/3, 617
Gorringe, Henry Honeychurch: New York, Metropolitan Museum 15/1, 964
Gortan, V.: Kroatien 14, 1122
Gorter, Herman: Niederlande und Belgien 15/1, 1052
Gosbert: Figurengedicht 13, 1116
Goscinny, René: Comics 13, 658; Druiden 13, 901; Frankreich 15/3, 1267
Gossaert, Jan (Mabuse): Niederlande und Belgien 15/1, 1037
Gosse, Peter: DDR 13, 693
Goštautas, Albertus → Gastoldus
Gothein, Percy: Nationalsozialismus 15/1, 734
Gothofredus → Godefroy
Gotsmich, Alois: Tschechien 15/3, 644
Gotter, Friedrich Wilhelm: Österreich 15/1, 1142
Gotter, Ulrich: Akkulturation 15/3, 1246
Gottfried von Bouillon: United Kingdom 15/3, 774
Gottfried von Franken: Botanik 13, 537
Gottfried von Saint-Victor: Naturwissenschaften 15/1, 821
Gottfried von Straßburg: Musen 15/1, 564; Park 15/2, 125
Gottfried von Viterbo: Fürstenspiegel 14, 77; Herrscher 14, 369; 375; 382; 390; 399–400; 404–405; Italien 14, 665; Staufische Renaissance 15/3, 274; United Kingdom 15/3, 773; Zoroastres/Zoroastrismus 15/3, 1230
Gotthelf, Jeremias: Bukolik/Idylle 13, 567; Druiden 13, 902
Gottschalk Bischof von Freising: Bayern 13, 431
Gottschalk der Sachse → Gottschalk von Orbais
Gottschalk von Fulda → Gottschalk von Orbais
Gottschalk von Orbais (Gottschalk der Sachse/Gottschalk von Fulda) um 803–um 869: Lyrik 15/1, 248; Theologie und Kirche des Christentums 15/3, 419

Gottsched, Johann Christoph: Aufklärung 13, 343; 347; Deutschland 13, 796; Figurenlehre 13, 1130; Gattung/Gattungstheorie 14, 94; Gelegenheitsdichtung 14, 110; Klassik als Klassizismus 14, 890; Komödie 14, 1073–1074; Lateinische Komödie 15/1, 79; Leichenrede 15/1, 121; Literaturkritik 15/1, 178–179; 183; Mimesis 15/1, 434; Oper 15/1, 1182; Poetik 15/2, 388; Rhetorik 15/2, 785; Totengespräch 15/3, 522; Tragödie/Tragödientheorie 15/3, 537; 540; Universität 15/3, 899; Verskunst 15/3, 1013

Gottsched, Luise Adelgunde Victorie: Tragödie/Tragödientheorie 15/3, 540

Goujon, Jean: Frankreich 14, 34; Stützfiguren/Erechtheionkoren 15/3, 330

Gounod, Charles: Frankreich 15/3, 1269; Musik 15/1, 602

Goupyl, J.: Pharmakologie 15/2, 220

Gourevitch, Danielle: Terminologie 15/3, 381

Gouthière, Pierre: Orient-Rezeption 15/1, 1203; Vasen/Vasenmalerei 15/3, 952

Gouveia, André de: Portugal 15/2, 518

Gouzelis, Dimitrios: Neugriechische Literatur 15/1, 900

Gower, John: United Kingdom 15/3, 772–773; 778; 786–787; 789; 791

Goya, Francisco José de: Klassizismus 14, 957; Spanien 15/3, 136ff.; Torso (Belvedere) 15/3, 516

Goytisolo, Juan: Spanien 15/3, 141

Goytisolo, Luis: Spanien 15/3, 141

Gozwin *Domscholaster von Mainz*: Überlieferung 15/3, 702

Gozzi, Carlo: Epos 13, 1021

Gozzi, Gasparo: Italien 14, 696

Gozzoli, Benozzo: Renaissance 15/2, 704

Grabar, A.: Christliche Archäologie 13, 645

Grace, Virginia: Nationale Forschungsinstitute 15/3, 1284

Gracián y Morales, Baltasar: Barock 13, 403; Geschmack 14, 218; Panegyrik 15/2, 55; Poetik 15/2, 388; Redegattungen 15/2, 646

Gradovius, Franciscus: Litauen 15/1, 174

Gräter, Friedrich David: Übersetzung 15/3, 732

Graeven, Hans: Trier 15/3, 568

Graevius, Johann Georg: Altertumskunde (Humanismus bis 1800) 13, 95; Niederlande und Belgien 15/1, 1002–1003; 1005–1006

Graevius, Theodorus: Niederlande und Belgien 15/1, 1005

Graf Cagliostro → Balsamo

Graf, Fritz: Niederlande und Belgien 15/1, 1016; Philologie 15/3, 1315

Graf, Oskar Maria: Kalender 14, 786

Graf, T.: Papyrussammlungen 15/2, 101

Graham, Martha: Tanz 15/3, 359ff.

Grahame, Kenneth: Kinder- und Jugendliteratur 14, 880–881

Gramayus, Joannes Baptista: Niederlande und Belgien 15/1, 1022

Grammatikos, Johannes → Philoponos*

Gramsci, Antonio: Orientalismus 15/1, 1236–1238; Paganismus 15/2, 19

Grandi, Ascanio: Epos 13, 1019

Granier de Cassagnac, Adolphe: Sozialismus 15/3, 98

Grant, Ulysses Simpson: Mausoleum 15/1, 337

Grapheus, Johannes: Niederlande und Belgien 15/1, 993

Grass, Günter: Metapher/Metapherntheorie 15/1, 406

Grassal, Georges → Rebell

Gratheus: Magie 15/1, 254; 257

Gratianus von Bologna: Glossatoren 14, 221; Italien 14, 665; Kanonisten 14, 795; Naturrecht 15/1, 774; Theologie und Kirche des Christentums 15/3, 453

Graun, C.H.: Musik 15/1, 602

Graunt, J.: Bevölkerungswissenschaft/Historische Demographie 13, 486

Graves, Robert (Ranke Graves, Robert von): Matriarchat 15/1, 326; United Kingdom 15/3, 819; 826

Gravina, Gian Vincenzo: Italien 14, 696–698

Gray, Thomas: Hymnos 14, 568; Lyrik 15/1, 249; Pompeji/Rezeption des freigelegten Pompeji in Literatur und Film 15/2, 492; United Kingdom 15/3, 814; Verskunst 15/3, 1015

Greaves, John: Iranistik 14, 635

Greenberg, C.: Kitsch 14, 882

Greenberg, Joseph H.: Sprachwissenschaft 15/3, 241

Greene, Kevin: Technikgeschichte 15/3, 371

Greene, Robert: United Kingdom 15/3, 807

Greenfell, B.: Papyrussammlungen 15/2, 101

Greenough, Horatio: Denkmal 13, 739; United States of America 15/3, 860

Greff, Joachim: Lateinische Komödie 15/1, 70

Grégoire, Henri-Baptiste: Revolution 15/2, 752; Vandalen 15/3, 942

Gregor III. *Papst*: Säule/Säulenmonument 15/2, 1042; Sepulchralkunst 15/3, 17

Gregor IV. *Papst*: Ostia und Porto 15/1, 1247

Gregor VII. *Papst*: Deutschland 13, 763; Herrscher 14, 407; Italien 14, 663; Messe 15/1, 392; Theologie und Kirche des Christentums 15/3, 459

Gregor IX. *Papst*: Glossatoren 14, 221; Herrscher 14, 395; 398; Kanonisten 14, 795; Naturwissenschaften 15/1, 794; Orient-Rezeption 15/1, 1224; Theologie und Kirche des Christentums 15/3, 453

Gregor XI. *Papst*: Frankreich 14, 21

Gregor XIII. *Papst*: Kalender 14, 780; Litauen 15/1, 177; Schweiz 15/2, 1135
Gregor XVI. *Papst*: Groteske 14, 331; Knidische Aphrodite 14, 984; Rom 15/2, 924; 933
Gregor Illuminator → Lusaworič
Gregor von Rimini: Theologie und Kirche des Christentums 15/3, 419
Gregor von Tours (Gregorius [IV]* von Tours): Deutschland 13, 761; Köln 14, 1016; 1020; Schlachtorte 15/2, 1091; Stadt 15/3, 264; Trier 15/3, 559; Troja 15/3, 618; Überlieferung 15/3, 722; Wallfahrt 15/3, 1090; Zoroastres/Zoroastrismus 15/3, 1230
Gregor von Zypern (Kyprios, Gregorios) *Patriarch von Konstantinopel (ca. 1241-1290)*: Überlieferung 15/3, 717
Gregor, Joseph: Oper 15/1, 1184
Gregoras → Nikephoros
Gregori, G.: Griechische Komödie 14, 315
Gregorio da Città di Castello: Frankreich 14, 23
Gregorios II. Kyprios (Gregorios von Zypern) *Patriarch von Konstantinopel*: Zypern 15/3, 1235
Gregorios V. *Patriarch von Konstantinopel*: Griechenland 14, 271; Neugriechische Literatur 15/1, 901; 907
Gregorios von Zypern → Gregorios II. Kyprios
Gregorius de Sancto Chrysogono: Kanonisten 14, 795
Gregorius Magister: Herrscher 14, 409
Gregorius [IV]* von Tours → Gregor von Tours
Gregorovius, Ferdinand: Athen 13, 285; Pompeji/Rezeption des freigelegten Pompeji in Literatur und Film 15/2, 492
Greguss, M.: Slowakei 15/3, 66
Greif → Gryphius
Greiling, J.Chr.: Pädagogik 15/2, 1
Greimas, Algirdas Julien: Semiotik 15/3, 6; Strukturalismus 15/3, 320; 323
Greiner, L.: Griechische Komödie 14, 313
Greiner, O.: Historismus 14, 489
Grek, Feofan: Byzanz 13, 618
Grek, Maksim (Artioti, Mihal): Albanien 13, 57
Grenfell, B.P.: Papyri (Fundgeschichte) 15/2, 67
Grenville Nugent Temple, George, First Marquis of Buckingham: Park 15/2, 150
Grenville Temple, Richard, Second Earl Temple: Park 15/2, 150
Grès → Barton
Gresemund, Dietrich d.J.: Mainz 15/1, 263; 271
Gretser SJ, Jacob: Litauen 15/1, 175; Neulatein 15/1, 926; Niederlande und Belgien 15/1, 1025; Universität 15/3, 897
Greve, Ludwig: Lyrik 15/1, 251; Verskunst 15/3, 1016
Grévin, Jacques: Frankreich 14, 33; Lateinische Komödie 15/1, 73; Lateinische Tragödie 15/1, 86; Tragödie/Tragödientheorie 15/3, 537

Grey, Thomas: Druiden 13, 903
Greyss, Benedetto Felice de: Uffizien, Florenz (Galleria degli Uffizi, Firenze) 15/3, 741
Griffelini, Francesco: Fälschung 13, 1080
Griffith, David Wark: Orient-Rezeption 15/1, 1213
Grillo, Friedrich: Übersetzung 15/3, 734
Grillparzer, Franz: Babylon 13, 379; Elegie 13, 946; Lateinische Tragödie 15/1, 88; Mode 15/1, 487; Österreich 15/1, 1140; 1142; Tragödie/Tragödientheorie 15/3, 541; Vertonungen antiker Texte 15/3, 1022
Grimald *Abt von St. Gallen*: Überlieferung 15/3, 720
Grimaldi, G.: Christliche Archäologie 13, 642
Grimani, Domenico: Italien 14, 720
Grimani, Giovanni: Italien 14, 720
Grimm, H.: Biographie 13, 522
Grimm, Jacob: Historismus 14, 470; Homerische Frage 14, 513–514; Märchen 15/1, 251; Mittellatein 15/1, 451; 458; Mythos 15/1, 640; Sprachwissenschaft 15/3, 232ff.; Sturm und Drang 15/3, 341; Thematologie/Stoff- und Motivforschung 15/3, 409–410; Tierepos 15/3, 495
Grimm, Wilhelm: Homerische Frage 14, 513–514; Mythos 15/1, 640; Sturm und Drang 15/3, 341; Thematologie/Stoff- und Motivforschung 15/3, 409–410
Grimmelshausen, Johann Jakob Christoffel von: Deutschland 13, 784; Kalender 14, 785; Naturwissenschaften 15/1, 843; Orient-Rezeption 15/1, 1225
Grinbaum, Nathan S.: Moldova 15/1, 534
Grisel, Jean: Figurengedicht 13, 1116
Grisognono, F.: Kroatien 14, 1120
Grmek, Mrko D.: Medizingeschichtsschreibung 15/1, 376
Groag, Edmund: Nobilitas 15/1, 1073
Grocyn, William: United Kingdom 15/3, 797; 799
Groddeck, Gottfried Ernst: Litauen 15/1, 175; Polen 15/2, 405
Groeneboom, Petrus: Niederlande und Belgien 15/1, 1010
Groh, František: Tschechien 15/3, 640
Groh, Vladimír: Tschechien 15/3, 640
Groningen, Bernhard Abraham von: Niederlande und Belgien 15/1, 1008; 1012
Gronon, Rose: Niederlande und Belgien 15/1, 1060
Gronovius, Jacob: Altertumskunde (Humanismus bis 1800) 13, 93; 95; Geschichtswissenschaft/Geschichtsschreibung 14, 202; Niederlande und Belgien 15/1, 1002; Philologie 15/2, 253
Gronovius, Johann Friedrich: Niederlande und Belgien 15/1, 998–999; 1001–1002; 1006; Philologie 15/2, 294
Gronovius, L.: Digesten/Überlieferungsgeschichte 13, 850

Groot, Huigh de → Grotius
Grosch, Christian Henrik: Norwegen 15/1, 1087
Grosse, Rudolph: Winckelmann-Gesellschaft 15/3, 1138ff.
Grosseteste, Robert: Griechisch 14, 308; Humanismus 14, 548; Lexikographie 15/1, 127; Logik 15/1, 197; Naturwissenschaften 15/1, 795–796; Praktische Philosophie 15/2, 530; Universität 15/3, 885
Grote, Geert: Niederlande und Belgien 15/1, 987
Grote, George: Athen 13, 286; Demokratie 13, 728–729; Geschichtswissenschaft/Geschichtsschreibung 14, 189; 191; 204; Philosophie 15/2, 343; Politische Theorie 15/2, 455; Sparta 15/3, 160; Troja 15/3, 610
Grotefend, Georg Friedrich: Entzifferungen 13, 958; Hethitologie 14, 414; Iranistik 14, 637; 640; Orient-Rezeption 15/1, 1226–1227; Schriftwissenschaft 15/2, 1100; Zeitrechnung 15/3, 1177
Grotius, Hugo (Groot, Huigh de): Billigkeit 13, 518; Bund 13, 581; Demokratie 13, 723; Diktatur 13, 853; Menschenrechte 15/1, 384; 386; 388; Naturrecht 15/1, 775; 777; Niederlande und Belgien 15/1, 989; 997–998; 1000; 1014; Politische Theorie 15/2, 417; Preußen 15/2, 542; Sozialismus 15/3, 94; Übersetzung 15/3, 729; Vandalen 15/3, 943; Völkerrecht 15/3, 1044–1046; Wirtschaftslehre 15/3, 1162
Grove, George: Kartographie 14, 858
Gruber, J.G.: Enzyklopädie 13, 970
Grueber, Herbert A.: Numismatik 15/1, 1116
Grünbein, Durs: Metapher/Metapherntheorie 15/1, 406
Grünebaum → Grunebaum
Grüninger, Johann: Epos 13, 1032; Übersetzung 15/3, 728; Verlag 15/3, 1003
Grünwedel, Albert: Iranistik 14, 640
Grützke, Joachim: Historienmalerei 14, 443
Grumbach, Ernst: Übersetzung 15/3, 736
Grunebaum, Gustav E. von: Arabistik 13, 192
Gruner, Christian Gottfried: Medizingeschichtsschreibung 15/1, 374
Gruter, Jan (Gruterus/Gruytère, Janus/Jean de): Altertumskunde (Humanismus bis 1800) 13, 92; Druckwerke 13, 886; 891; Inschriftenkunde, griechische 14, 590; 600; Lateinische Inschriften 15/1, 58–59; Luxemburg 15/1, 240; Neulatein 15/1, 936; Niederlande und Belgien 15/1, 995–996; 1002; 1005; 1018; Tacitismus 15/3, 356
Gruterus → Gruter
Gruytère → Gruter
Grynaeus, Simon: Mathematik 15/1, 319; Überlieferung 15/3, 723
Gryphius, Andreas (Greif): Deutschland 13, 782–783; 786; Epos 13, 1030; Komödie 14, 1071;
Konsolationsliteratur 14, 1081; Lateinische Tragödie 15/1, 88; Lyrik 15/1, 249; Tragödie/Tragödientheorie 15/3, 538
Guaiferius (Waifarius) *erster Fürst der Salernitaner-Dynastie, 861–880*: Italien 14, 664
Guainerius, Antonius: Geburtshilfe 14, 98
Guallensis, Johannes: Tschechien 15/3, 626
Guarducci, M.: Inschriftenkunde, griechische 14, 591
Guarimpotus von Salerno: Italien 14, 664
Guarini, Giovanni Battista: Arkadismus 13, 266; Bukolik/Idylle 13, 563; Gattung/Gattungstheorie 14, 92; Imitatio 14, 576; Neugriechische Literatur 15/1, 898
Guarino aus Favero: Lexikographie 15/1, 129
Guarino da Verona (Guarino Veronese/Guarino Guarini): Byzanz 13, 598; Griechisch 14, 301; Humanismus 14, 550; Italien 14, 677; Lexikographie 15/1, 128; Philologie 15/2, 246; 285; Rhetorik 15/2, 816; Säulenordnung 15/2, 1052; Ungarn 15/3, 749; Übersetzung 15/3, 727
Guarino Guarini → Guarino da Verona
Guarino Veronese → Guarino da Verona
Guarino, Battista d.J. *Sohn des Guarino da Verona*: Bildung 13, 509
Guarnacci, Mario: Etruskologie 13, 1055
Guarneri, Andrea: Neulatein 15/1, 926
Guarnieri, Adriano: Italien 14, 708
Guenée, Pierre: Pakistan/Gandhara-Kunst 15/2, 38
Günther, Egon: DDR 13, 693
Günther, Hans Friedrich Karl: Deutschland 13, 820; Nationalsozialismus 15/1, 727–729; 736–737; 740; 748; Sparta 15/3, 163–164
Günther, Rigobert: Sklaverei 15/3, 54; Sparta 15/3, 169
Günyol, Vedat: Türkei 15/3, 650
Guera, Giuseppe: Fälschung 13, 1075
Guercino (Barbieri, Giovanni Francesco): Historienmalerei 14, 433
Guericke, Otto von: Naturwissenschaften 15/1, 808
Guérin, Maurice de: Frankreich 15/3, 1259
Guérin, V.: Vorderasiatische Archäologie 15/3, 1057
Guérins, P.-N.: Revolution 15/2, 753
Güterbock, Hans-Gustav: Chicago, Oriental Institute Museum 13, 632; Hethitologie 14, 415–417
Gütersloh, Albert Paris (Kiehtreiber, Albert Conrad): Naturwissenschaften 15/1, 844
Guevara, Antonio de: Fürstenspiegel 14, 80
Guevara, G. de: Naturwissenschaften 15/1, 819
Guibert von Nogent: Homiletik/Ars praedicandi 14, 525; Mittellatein 15/1, 456
Guicciardini, Francesco: Geschichtsmodelle 14, 174; Mischverfassung 15/1, 442; Politische Theorie 15/2, 416; Republik 15/2, 719
Guichard, Karl Gottlieb (Quintus Icilius): Krieg 14, 1114

Guido da Arezzo: Humanismus 14, 561;   Musik 15/1, 579
Guido da Pisa: Adaptation 13, 9
Guido de Baysio: Kanonisten 14, 796
Guido delle Colonne (Guido von Columna): Italien 14, 668;   Troja 15/3, 599ff.;   Tschechien 15/3, 625;   United Kingdom 15/3, 779; 781ff.; 783
Guido von Columna → Guido delle Colonne
Guido von Saint-Denis: Affektenlehre (musikalisch) 13, 21;   Musik 15/1, 590
Guidotto da Bologna: Rhetorik 15/2, 777
Guilelmus Durandus: Stützfiguren/ Erechtheionkoren 15/3, 326
Guilford, Frederick North, Earl of (Lord North): Griechenland 14, 279
Guilhermoz, Paul: Nobilitas 15/1, 1079
Guilielmus de Montelauduno: Kanonisten 14, 796
Guillaume d'Auvergne → Wilhelm von Auvergne
Guillaume de Lorris: Allegorie 13, 85;   Frankreich 14, 18
Guillaume de Machau(l)t: Frankreich 14, 25;   Messe 15/1, 394
Guillaume de Saint-Amour: Frankreich 14, 16
Guillaume de Saint-Denis → Wilhelm von Saint-Denis
Guillaume du Vair: Frankreich 14, 31
Guillaume le Clerc de Normandie: Frankreich 14, 14
Guillaume, E.: Historismus 14, 495
Guillelmus Peraldus: Fürstenspiegel 14, 78
Guillet de Saint-Georges, George le, Sieur de: Parthenon 15/2, 189
Guillimann, Franz: Schweiz 15/2, 1130
Guillotin, Joseph Ignace: Terminologie 15/3, 384
Guimarães, G.: Portugal 15/2, 523–524
Guinizelli, Guido: Italien 14, 669;   Lyrik 15/1, 248
Guiscard, Robert: Säule/Säulenmonument 15/2, 1044;   Spolien 15/3, 206
Guistiniani, Agostino: Semitistik 15/3, 11
Guittone d'Arezzo: Italien 14, 669
Gulielmus Vascus: Glossatoren 14, 222
Gumbrecht, Hans-Ulrich: Literaturkritik 15/1, 182;   Philologie 15/3, 1315
Gundacker von Judenburg: Herrscher 14, 402
Gundel, W.: Warburg Institute, The 15/3, 1100
Gundelfinger, Friedrich Leopold → Gundolf
Gundling, Nicolaus Hieronymus: Literaturkritik 15/1, 183
Gundolf, Friedrich (Gundelfinger, Friedrich Leopold): Fin de siècle 13, 1144;   Herrscher 14, 394;   Neohumanismus 15/1, 888–889
Gundulić, I.: Kroatien 14, 1121
Gunn, Thom: United Kingdom 15/3, 827
Gunnarsøn, Halvard: Norwegen 15/1, 1086
Gunter von Andernach: Pharmakologie 15/2, 219
Gunther von Pairis: Epos 13, 1029
Gunzo von Novara: Italien 14, 662

Gurland, Arkadij: Diktatur 13, 861
Gurlitt, Cornelius: Greek Revival 14, 250;   Historismus 14, 486
Gurlitt, Johann Gottfried: Steinschneidekunst: Gemmen 15/3, 286
Gurney, O.R.: Hethitologie 14, 417
Gušetić, N.: Kroatien 14, 1120
Gusovski, N.: Weißrußland 15/3, 1108
Gustav I. Eriksson Wasa König von Schweden: Schweden 15/2, 1115;   Vandalen 15/3, 941
Gustav II. Adolf König von Schweden: Herrscher 14, 373; 378; 391; 406;   Schweden 15/2, 1116
Gustav III. König von Schweden: Herrscher 14, 375;   Nationale Forschungsinstitute 15/1, 682
Gustav IV. Adolf König von Schweden: Nationale Forschungsinstitute 15/1, 708
Gustav VI. Adolf König von Schweden: Münzsammlungen 15/1, 562
Gutas, D.: Arabisch-islamisches Kulturgebiet 13, 172
Gutenberg, Johannes: Deutschland 13, 767
Gutenfelder, Lucas (Agathopedius, Lucas): Slowenien 15/3, 70
Gutiérrez Nájera, Manuel: Lateinamerika 15/1, 36
Gutslaff, Johann: Estland 13, 1047
Gutsmuth, Johann Christoph Friedrich: Sport 15/3, 209ff.
Guy, P.L.O.: Vorderasiatische Archäologie 15/3, 1058
Guy de Chauliac: Medizin 15/1, 365
Guyton de Morveau, Louis Bernard, Baron: Naturwissenschaften 15/1, 854
Gyllius, Petrus → Gilles
Gyöngyösi, István: Ungarn 15/3, 752
Gyphanius, Hubert: Bayern 13, 432
Gyraldus, Lilius Gregorius → Giraldi

H

Haake, L.S.: Köln 14, 1032
Haarhoff, Theodore Johannes: Südafrika 15/3, 345
Haasse, Hella S.: Niederlande und Belgien 15/1, 1056
Habel, Friedrich Gustav: Limes, Limesforschung 15/1, 161;   Nida-Frankfurt 15/1, 981
Habermas, Jürgen: Argumentationslehre 13, 250;   Politische Theorie 15/2, 437;   Redegattungen 15/2, 637; 641;   Theorie/Praxis 15/3, 467–468
Habert, François: Mythologie 15/1, 626
Hacker, Paul: Chrêsis 13, 640
Hackert, Jacob Philipp: Paestum 15/2, 9;   Pompeji 15/2, 479
Hackl, Rudolf: Tiryns 15/3, 503
Hacks, Peter: DDR 13, 691–692;   Griechische Komödie 14, 314;   Kinder- und Jugendliteratur 14, 880;   Komödie 14, 1077;   Lateinische Tragödie 15/1, 89
Hadfield, George: Greek Revival 14, 252

Hadoardus von Corbie *Klosterbibliothekar, 9. Jh.*: Frankreich 14, 8
Hadot, Pierre: Philosophie 15/2, 345; Stoizismus 15/3, 310
Hadrian I. *Papst*: Herrscher 14, 378; 406; Kanonisten 14, 795; Rom 15/2, 841; Theologie und Kirche des Christentums 15/3, 442
Hadrian von Canterbury (Hadrian von Nisida) *Abt von Sankt Peter und Paul in Canterbury, um 700*: United Kingdom 15/3, 763; 766; Überlieferung 15/3, 722
Hadrian von Nisida → Hadrian von Canterbury
Hadžić, Jovan (Hadži-Konstantinov Džinot, Jovan): Makedonien/Mazedonien 15/1, 280; Serbien 15/3, 28
Hadži-Konstantinov Džinot, Jovan → Hadžić
Haecker, Theodor: Deutschland 13, 818
Haefs, G.: Karthago 14, 852
Hägg, Robin: Nationale Forschungsinstitute 15/1, 698; 711
Händel, Georg Friedrich: Iranistik 14, 636; Musen 15/1, 568–569; Oratorium 15/1, 1187; Vertonungen antiker Texte 15/3, 1021; 1024; Zoroastres/Zoroastrismus 15/3, 1231
Haes, Jos de: Niederlande und Belgien 15/1, 1059
Haeser, Heinrich: Medizingeschichtsschreibung 15/1, 374
Ḥāfeẓ/Hafis (Šams ad-Dīn Moḥammad Ḥāfeẓ-e Šīrāzī) *pers. Lyriker, 14. Jh.*: United Kingdom 15/3, 814
Haffter, Heinz: Lexikographie 15/1, 144
Hafis → Ḥāfeẓ/Hafis
Haftmann, Werner: Moderne 15/1, 508
Hagedorn, Friedrich von: Fabel 13, 1069
Hager, F.-P.: Pädagogik 15/2, 4
Hagiopolites *Pseudonym eines byz. Musiktheoretikers, 12. Jh.*: Musik 15/1, 596
Hahn, G. von: Albanien 13, 58
Hahn, I.: Ungarn 15/3, 757
Hahn, R.: Steinschneidekunst: Gemmen 15/3, 288
Hahn, Reynaldo: Vertonungen antiker Texte 15/3, 1024
Hahn von Rottenstern, Helena → Blavatsky
Haimo von Auxerre: Ottonische Renaissance 15/1, 1258
Haimstöckl, Wolfgang: Bayern 13, 433
Halbertsma, Tjalling Hoostes: Niederlande und Belgien 15/1, 1010
Halbherr, Federico: Kretisch-Mykenische Archäologie 14, 1106–1107
Halbwachs, Maurice: Historische Methoden 14, 460–461; Mnemonik/Mnemotechnik 15/1, 479
Halevi, Jehuda: Skeptizismus 15/3, 38
Halévy, Ludovic: Frankreich 15/3, 1262
Halici, Mihail: Rumänien 15/2, 1002
Haliste, Pärtel: Estland 13, 1048
Halkin, L.-E.: Niederlande und Belgien 15/1, 1034

Hall, Donald: Lyrik 15/1, 250
Hall, E.T.: Numismatik 15/1, 1120
Hall, H.R.H.: London, British Museum 15/1, 219; 226; Thera 15/3, 471
Hall, Joseph: Klassizismus 14, 972
Hallbauer, Friedrich Andreas: Redegattungen 15/2, 630; Rhetorik 15/2, 785
Haller, Albrecht von: Bukolik/Idylle 13, 564; Lehrgedicht 15/1, 110; Schweiz 15/2, 1140; Universität 15/3, 898; Ut pictura poesis 15/3, 933–934
Haller, Carl Ludwig von: Verfassung 15/3, 978
Haller, Franz Ludwig von: Schweiz 15/2, 1139
Haller von Hallerstein, Carl: Aigina 13, 29; Bayern 13, 440; München, Glyptothek und Antikensammlungen 15/1, 545–546; 548; Mykene 15/1, 604; Nationale Forschungsinstitute 15/1, 677
Halley, Edmond: Meteorologie 15/1, 417; Naturwissenschaften 15/1, 791; 850–851
Hallmann, Johann Christian: Deutschland 13, 783; 786
Halloix SJ, Pierre: Theologie und Kirche des Christentums 15/3, 435
Haloander, Gregorius → Meltzer
Haly Abbas → ʿAlī ibn ʿAbbās al-Maǧūsī
Hamann, Johann Georg: Aufklärung 13, 343; Metapher/Metapherntheorie 15/1, 403; 405; Praktische Philosophie 15/2, 536; Sprachwissenschaft 15/3, 231
Hamann, Richard: Historismus 14, 489; Klassische Archäologie 14, 913
Hamdi Bey, Osman: Milet 15/1, 422; Pergamon 15/2, 205; Türkei 15/3, 652; 654ff.
Hamerling, Robert: Österreich 15/3, 1295
Hamilton, Alexander: Menschenrechte 15/1, 388; Revolution 15/2, 746; United States of America 15/3, 843
Hamilton, E.C.: Etruskerrezeption 13, 1053
Hamilton, Gavin: Klassizismus 14, 955; Ostia und Porto 15/1, 1248; Society of Dilettanti 15/3, 74
Hamilton, Hugh Douglas: Irland 14, 647
Hamilton, Sir William, 9th Baronet: Logik 15/1, 195
Hamilton, Sir William Douglas: Klassizismus 14, 955; London, British Museum 15/1, 205; 212; Vasen/Vasenmalerei 15/3, 949; Wirtschaft und Gewerbe 15/3, 1143ff.
Hamilton, Thomas: Greek Revival 14, 252
Hamilton, W.J.: Aizanoi 13, 36
Hammer-Purgstall, Josef von: Arabistik 13, 190
Hammerschmidt, Joannes Florianus: Tschechien 15/3, 630
Hammond, Nicholas G.L.: Vergina 15/3, 997
Hampe, Roland: Verskunst 15/3, 1014
Hampl, Franz: Nationalsozialismus 15/1, 735
Han, Ulrich: Verlag 15/3, 1003

Handke, Peter: Metapher/Metapherntheorie
 15/1, 406; Österreich 15/3, 1297
Haneron, Antonius: Figurenlehre 13, 1128;
 Niederlande und Belgien 15/1, 986; 988
Hanff, M.: Preußen 15/2, 543
Hans von Kulmbach: Parnaß 15/2, 181
Hansen, Carl Christian Constantin *dän. Maler, 1804-1880*: Dänemark 13, 677
Hansen, Christian Frederik *dän. Baumeister, 1756-1845*: Toranlagen/Stadttore 15/3, 512
Hansen, Hans Christian *dän. Baumeister, 1756-1845*: Dänemark 13, 677; Nationale Forschungsinstitute 15/1, 678
Hansen, Mogens Herman: Athen 13, 287
Hansen, Theophil Edvard Freiherr von *dän. Baumeister, 1813-1891*: Dänemark 13, 677; Historismus 14, 493; Möbel 15/1, 522; Nationale Forschungsinstitute 15/1, 678
Hansmann, O.: Rhetorik 15/2, 805
Hanson, Duane: Mimesislegenden 15/1, 441
Hanson, Harald: Türkei 15/3, 669
Hanson, J.A.: Historismus 14, 494
Hanson, V.D.: Schlachtorte 15/2, 1079
Hanßelmann, Christian Ernst: Limes, Limesforschung 15/1, 159-160
Happ, Heinz: Sprachwissenschaft 15/3, 245
Harada, Martinus: Japan 14, 721
Harald III., der Strenge (Harald Sigurdsson Hardråde) *König von Norwegen*: Norwegen 15/1, 1084
Harald Sigurdsson Hardråde → Harald III., der Strenge
Hardenberg, Georg Friedrich Philipp, Freiherr von → Novalis
Harder, Richard: Dritter Humanismus 13, 882; Nationalsozialismus 15/1, 746-747
Hardevuyst, Aloysius: Niederlande und Belgien 15/1, 1030
Hardie, Philip: Philologie 15/3, 1313
Hardouin-Mansart, Jules: Frankreich 14, 42
Hardtwig, Wolfgang: Historismus 14, 477; 486
Hardwick, P.: Historismus 14, 494
Hardy, A.: Adaptation 13, 15
Hardy, Thomas: United Kingdom 15/3, 816ff.
Harford, Frederick Kill: Orient-Rezeption 15/1, 1232
Hariulf von Saint-Riquier *nordfranz. Chronist, 11. Jh.*: Mittellatein 15/1, 456
Harley, Robert: Bibliothek 13, 501
Harmatta, J.: Ungarn 15/3, 757
Harnack, Adolf von: Akademie 13, 47-48; Augustinismus 13, 352; Geschichtswissenschaft/Geschichtsschreibung 14, 209; Historismus 14, 480; Preußen 15/2, 557; Theologie und Kirche des Christentums 15/3, 416; 448
Harper, Robert Francis: Chicago, Oriental Institute Museum 13, 632

Harper, William Rainey: Chicago, Oriental Institute Museum 13, 632
Harrington, James: Diktatur 13, 855; Krieg 14, 1113; Mischverfassung 15/1, 444; Politische Theorie 15/2, 420; 422; Republik 15/2, 725
Harrington, John: Irland 14, 646
Harris, John: United Kingdom 15/3, 831
Harris, Wilson: United Kingdom 15/3, 831
Harris, Zellig S.: Sprachwissenschaft 15/3, 246
Harrison, Evelyn: Nationale Forschungsinstitute 15/3, 1284
Harrison, Jane Ellen: Kulturanthropologie 14, 1137-1138; 1140; Mythos 15/1, 646; Psychoanalyse 15/2, 599; Religion und Literatur 15/2, 671-672; Religionsgeschichte 15/2, 689
Harrison, Peter: United States of America 15/3, 855
Harrison, Stephen J.: Philologie 15/3, 1316
Harrison, Thomas: Greek Revival 14, 252
Harrison, Tony: United Kingdom 15/3, 825
Harsdörffer, Georg Philipp: Arkadismus 13, 267; Barock 13, 395; Deutschland 13, 782; 788; Gattung/Gattungstheorie 14, 93; Metapher/Metapherntheorie 15/1, 405; Mimesis 15/1, 433; Poetik 15/2, 387; Sphärenharmonie 15/3, 189; Tragödie/Tragödientheorie 15/3, 539
Harsdorff, C.F.: Dänemark 13, 676
Hartel, Wilhelm von: Lexikographie 15/1, 144; Österreich 15/3, 1293
Hartmann von Aue: Epos 13, 1028
Hartmann, Eduard: Wagnerismus 15/3, 1078
Hartmann, Jacobus Johannes: Niederlande und Belgien 15/1, 1008
Hartmann, Ludo Moritz: Bücher-Meyer-Kontroverse 13, 555; Sklaverei 15/3, 50
Hartmann, Nicolai: Praktische Philosophie 15/2, 537
Hartmann, W.: Glossatoren 14, 224
Hartung, J.A.: Religionsgeschichte 15/2, 686
Hartwig II. *Bischof von Regensburg, 12. Jh.*: Mausoleum 15/1, 330
Hārūn ar-Rašīd *abbasid. Kalif, 763/66-809*: Mathematik 15/1, 316; Zoologie 15/3, 1215
Hārūn ibn Yaḥyā: Konstantinopel 14, 1089
Harvey, William: Galenismus 14, 87; Hippokratismus 14, 420; Medizin 15/1, 369-370; Neulatein 15/1, 927; Säftelehre 15/2, 1040; United Kingdom 15/3, 804
Hase, Karl Benedict: Lexikographie 15/1, 130
Hasebroek, Johannes: Bücher-Meyer-Kontroverse 13, 555; Marxismus 15/1, 302; Sozial- und Wirtschaftsgeschichte 15/3, 87ff.
Hasenclever, Walter: Griechische Tragödie 14, 320; Orient-Rezeption 15/1, 1231; Tragödie/Tragödientheorie 15/3, 542
Haskins, Charles Homer: Italien 14, 667; Staufische Renaissance 15/3, 272

Haspels, C.H.E.: Nationale Forschungsinstitute 15/1, 691
Hassensteinius von Lobkowicz, Bohuslaus: Tschechien 15/3, 626
Hassine Fantar, M'hamed: Karthago 14, 841
Hassinger, Hugo: Historische Geographie 14, 451
Hastings, Frank Abney: Nationale Forschungsinstitute 15/1, 668
Hatschek, Julius: Verfassung 15/3, 979
Hattstedt, J.: Humanismus 14, 556
Hatvany, Ludwig: Universität 15/3, 910
Hatz, J.: Griechische Komödie 14, 314
Hatzfeld, Helmut: Barock 13, 399
Hauber, David: Historische Geographie 14, 449
Hauer, Jakob Wilhelm: Paganismus 15/2, 17
Haug, Andreas: Verslehre 15/3, 1020
Hauptmann, Gerhart: Deutschland 13, 820
Haushofer, Albrecht: Nationalsozialismus 15/1, 734
Haushofer, Karl: Nationalsozialismus 15/1, 749
Hausmann, Franz Josef: Internationalismen 14, 616
Hausmann, Robert: Wirtschaft und Gewerbe 15/3, 1147
Hausmann, Trix: Wirtschaft und Gewerbe 15/3, 1147
Hausmann, U.: Herrscher 14, 365; Klassische Archäologie 14, 915
Hausner, Rudolf: Moderne 15/1, 508
Havell, E.B.: Indien 14, 587
Havell, J.: Pakistan/Gandhara-Kunst 15/2, 39
Haverfield, Francis: Nationale Forschungsinstitute 15/1, 672
Haverkamp, Anselm: Mnemonik/Mnemotechnik 15/1, 474; 478; Philologie 15/3, 1319
Haverkamp, Siegbertus: Niederlande und Belgien 15/1, 1002
Havestadt, Bernado: Lateinamerika 15/1, 27
Haviland, John: Greek Revival 14, 252
Hawkins, Edward: London, British Museum 15/1, 223
Hawkins, John: Musik 15/1, 600
Hawksmoor, Nicholas: Mausoleum 15/1, 334
Hawkwood, John: Reiterstandbild 15/2, 652
Hawthorne, Nathaniel: Kinder- und Jugendliteratur 14, 880; Moderne 15/1, 510; United States of America 15/3, 862; 864
Hay, Gilbert: United Kingdom 15/3, 776
Hay, Louis: Philologie 15/3, 1312
Hayden, Robert: United States of America 15/3, 873; 880
Haydn, Franz Joseph: Messe 15/1, 394; Musik 15/1, 602; Vertonungen antiker Texte 15/3, 1022–1024
Hayes, William Christopher: New York, Metropolitan Museum 15/1, 968
Hayez, Francesco: Italien 14, 704
Haym, Rudolf: Theorie/Praxis 15/3, 466
HD → Doolittle

Head, Barclay V.: Numismatik 15/1, 1116
Health, J.: Schlachtorte 15/2, 1074
Heaney, Seamus: Irland 14, 647; United Kingdom 15/3, 825; 827
Hearst, Randolf: Park 15/2, 139
Hebbel, Christian Friedrich: Herrscher 14, 394; Sturm und Drang 15/3, 339; Tragödie/Tragödientheorie 15/3, 541
Hebel, Johann Peter: Kalender 14, 785
Heberdey, Rudolf: Nationale Forschungsinstitute 15/1, 702
Hecker, Alfons: Niederlande und Belgien 15/1, 1010
Hecker, J.: Realschule 15/2, 624
Hederich, Benjamin: Lexikographie 15/1, 130; 135–136; Österreich 15/1, 1142
Hedin, Sven: Iranistik 14, 640
Hedio, Caspar: Geschichtswissenschaft/Geschichtsschreibung 14, 214–215
Heemskerck, Johan van: Arkadismus 13, 266
Heemskerck, Maarten van: Babylon 13, 378; Festkultur/Trionfi 13, 1108; Mausoleum 15/1, 333; Niederlande und Belgien 15/1, 1037–1039; Orient-Rezeption 15/1, 1196; Trajanssäule 15/3, 546; Weltwunder 15/3, 1112; 1114
Heere, Lucas de: Triumphbogen 15/3, 586
Heeren, Arnold Hermann Ludwig: Deutschland 13, 797; Geschichtswissenschaft/Geschichtsschreibung 14, 216; Iranistik 14, 636; Karthago 14, 848; Sozial- und Wirtschaftsgeschichte 15/3, 85
Heermann, Johann: Deutschland 13, 782
Hege, Walter: Nationalsozialismus 15/1, 757; Stützfiguren/Erechtheionkoren 15/3, 334
Hegel, Georg Wilhelm Friedrich: Bayern 13, 438; Bildung 13, 512; Bürger 13, 559; Demokratie 13, 729; Dialektik 15/3, 1252ff.; Einbildungskraft 13, 937; Epochenbegriffe 13, 998; Gelegenheitsdichtung 14, 111; Geologie (und Mineralogie) 14, 130; Gerechtigkeit 14, 144; Geschichtsmodelle 14, 180; 182; Geschichtswissenschaft/Geschichtsschreibung 14, 200; Gnosis 14, 229; Griechische Komödie 14, 313; Griechische Tragödie 14, 318; Historische Rechtsschule 14, 466; Historismus 14, 471; 492; Interpretatio Christiana 14, 628–629; Judentum 14, 754; Komödie 14, 1076; Logik 15/1, 200; Marxismus 15/1, 296; 298; 300; Metamorphose 15/1, 397; 399; Metaphysik 15/1, 413; Musik 15/1, 581; Mythos 15/1, 639–640; Neuhumanismus 15/1, 923; Orientalismus 15/1, 1239–1240; Philosophie 15/2, 340; 343; Politische Theorie 15/2, 428; 455; Preußen 15/2, 556; Rhetorik 15/2, 803; 820; Schlachtorte 15/2, 1080; Sparta 15/3, 160;

Sturm und Drang 15/3, 339; Tempel/ Tempelfassade 15/3, 377; Theologie und Kirche des Christentums 15/3, 447; Theorie/Praxis 15/3, 466; Thukydidismus 15/3, 489; Tragödie/Tragödientheorie 15/3, 541; Verfassung 15/3, 977; Verfassungsformen 15/3, 987; Vorsokratiker 15/3, 1062; 1065; 1067ff.
Hegendorf, Christ.: Lateinische Komödie 15/1, 72
Hegius, Alexander: Niederlande und Belgien 15/1, 987; 992
Hehn, Victor: Nationalsozialismus 15/1, 747
Heiberg, Johan Ludvig: Akademie 13, 48; Dänemark 13, 680; Philologie 15/2, 270
Heichelheim, Fritz: Nationalsozialismus 15/1, 732–733
Heidegger, Martin: Aristotelismus 13, 263; Augustinismus 13, 352; Bildung 13, 514; Gnosis 14, 229; Historismus 14, 474; Interpretatio Christiana 14, 630; Magie 15/1, 255; Metaphysik 15/1, 414; Philosophie 15/2, 341; Vorsokratiker 15/3, 1066; 1068ff.
Heider, Jacob: Stützfiguren/Erechtheionkoren 15/3, 330
Heidicke, Dirk: Medien 15/1, 350
Heierli, Jakob: Keltisch-Germanische Archäologie 14, 872; Schweiz 15/2, 1148
Heiliger, Bernhard: Deutschland 13, 824; Moderne 15/1, 507
Heilmeyer, Alexander: Nationalsozialismus 15/1, 760
Heimbach, C.W.E.: Römisches Recht 15/2, 839
Heimeran, Ernst: Übersetzung 15/3, 736
Heindorf, Ludwig Friedrich: Philologie 15/2, 262
Heine, Heinrich: Babylon 13, 379; Bayern 13, 440; Epos 13, 1034; Griechische Komödie 14, 313; Ironie 14, 650; Italien 14, 705; Knidische Aphrodite 14, 984; Melancholie 15/1, 382; Numismatik 15/1, 1128; Orient-Rezeption 15/1, 1226–1227; 1231; Venus von Milo 15/3, 965; Wagnerismus 15/3, 1075
Heineccius, Johann Gottlieb: Altertumskunde (Humanismus bis 1800) 13, 93; Verfassungsformen 15/3, 986
Heinemann, Isaak: Judentum 14, 762
Heinen, Heinz: Trier 15/3, 571
Heinfogel, Konrad: Naturwissenschaften 15/1, 804
Heinichen, Johann David: Affektenlehre (musikalisch) 13, 22
Heinrich I. *Erzbischof von Trier, 10. Jh.*: Trier 15/3, 556
Heinrich I. *(Henry Beauclerc) König von England, reg. 1100-1135*: United Kingdom 15/3, 768; 779
Heinrich I. *König des HRR*: Herrscher 14, 378; Ottonische Renaissance 15/1, 1254
Heinrich I. *Markgraf von Österreich, gest. 1018*: Österreich 15/1, 1135

Heinrich II. Jasomirgott *Herzog von Österreich, gest. 1177*: Österreich 15/1, 1135
Heinrich II. *König von Frankreich*: Frankreich 14, 27; 32–34; Herrscher 14, 372; 375; Mausoleum 15/1, 331; Mythologie 15/1, 626–627; Naturwissenschaften 15/1, 840; Triumphbogen 15/3, 587
Heinrich II. *Pfalzgraf und Klosterstifter, 11. Jh.*: Mausoleum 15/1, 331
Heinrich II. Plantagenet *König von England*: Frankreich 14, 9; 14; Sepulchralkunst 15/3, 19; United Kingdom 15/3, 779
Heinrich II., der Heilige *König und Kaiser des HRR*: Herrscher 14, 382; Naturwissenschaften 15/1, 834; Ottonische Renaissance 15/1, 1254; Spolien 15/3, 202
Heinrich III. *König und Kaiser des HRR*: Deutschland 13, 762; Herrscher 14, 376; Naturwissenschaften 15/1, 840; Numismatik 15/1, 1109; Ottonische Renaissance 15/1, 1255; 1258
Heinrich III. *König von Frankreich*: Frankreich 14, 31; Triumphbogen 15/3, 587; Tyrannis 15/3, 691
Heinrich III. Plantagenet *König von England*: Sepulchralkunst 15/3, 18
Heinrich IV. *König und Kaiser des HRR*: Herrscher 14, 378–379; 403; 406; Ottonische Renaissance 15/1, 1258; Österreich 15/1, 1136; Theologie und Kirche des Christentums 15/3, 459
Heinrich IV. *König von Frankreich*: Frankreich 14, 34–35; 41; Herrscher 14, 374–376; Oper 15/1, 1180; Paris, Louvre 15/2, 107; Tyrannis 15/3, 691
Heinrich IV. Lancaster *König von England*: United Kingdom 15/3, 784
Heinrich V. *König und Kaiser des HRR*: Deutschland 13, 763
Heinrich V. Lancaster *König von England*: Frankreich 14, 21; Naturwissenschaften 15/1, 840; United Kingdom 15/3, 782–784
Heinrich VI. *König und Kaiser des HRR*: Herrscher 14, 369; 374; 383; 396; Imperium 14, 582; Staufische Renaissance 15/3, 275
Heinrich VII. *König und Kaiser des HRR*: Herrscher 14, 376; 379
Heinrich VII. Tudor *König von England, 1457-1509*: Naturwissenschaften 15/1, 840; 842
Heinrich VIII. Tudor *König von England und Irland, 1491-1547*: Civilians 13, 651; Fürstenspiegel 14, 83; Imperium 14, 582; Naturwissenschaften 15/1, 839; United Kingdom 15/3, 798; 805–806
Heinrich der Glîchezâre: Tierepos 15/3, 496
Heinrich von Gent *Scholastiker, 13. Jh.*: Skeptizismus 15/3, 39
Heinrich von Morungen *mhdt. Lyriker, um 1300*: Konsolationsliteratur 14, 1081
Heinrich von Rimini: Republik 15/2, 720

Heinrich von Veldeke *mhdt. Dichter, 12. Jh.*:
Adaptation 13, 9;   Epos 13, 1031–1032;
Niederlande und Belgien 15/1, 985; 1047;
Typologie 15/3, 679
Heinrich Friedrich Stuart (Henry Frederick Stuart)
Kronprinz von England: Fürstenspiegel 14, 84
Heinse, Johann Jacob Wilhelm: Deutschland
13, 796;   Kampanien 14, 790;   Laokoongruppe
15/1, 17;   Paganismus 15/2, 27;   Übersetzung
15/3, 734;   Venedig 15/3, 961
Heinsius, Daniel: Gattung/Gattungstheorie 14, 92;
Lateinische Tragödie 15/1, 87;   Niederlande und
Belgien 15/1, 995; 997; 999–1000; 1017–1018;
1021; 1048;   Religionsgeschichte 15/2, 683;
Tragödie/Tragödientheorie 15/3, 538;
Verskunst 15/3, 1012
Heinsius, Nicolaus: Niederlande und Belgien
15/1, 999; 1002; 1006; 1021
Heinze, Richard: Deutschland 13, 818;   Dritter
Humanismus 13, 881;   Philologie 15/2, 306–307;
310
Heiric von Auxerre *mlat. Gelehrter und Dichter*:
Bildung 13, 506;   Frankreich 14, 7;   Philologie
15/2, 280
Heise, Georg Arnold: Kodifizierung/Kodifikation
14, 1006;   Pandektistik 15/2, 46
Heisig, Bernhard: DDR 13, 696;   Orient-Rezeption
15/1, 1220
Heißenbüttel, Helmut: Gelegenheitsdichtung
14, 111;   Metapher/Metapherntheorie 15/1, 406
Heißmeyer, August: Sparta 15/3, 166
Hejzlar, Gabriel: Tschechien 15/3, 644
Hekler, A.: Ungarn 15/3, 756
Hektorović, P.: Kroatien 14, 1120
Helbig, Gerhard: Sprachwissenschaft 15/3, 245
Helbig, Wolfgang: Epochenbegriffe 13, 1005;
Gotha, Schloßmuseum 14, 234;   Italien 14, 717;
Kopenhagen 14, 1092
Held, A.: Bevölkerungswissenschaft/Historische
Demographie 13, 488
Held, Julius Samuel: Malibu, J. Paul Getty Museum
15/1, 286
Helfer, Christian: Lebendiges Latein 15/1, 97
Helinand von Froidmont: Fürstenspiegel 14, 78
Hellenkemper, H.: Köln 14, 1035
Heller, Hermann: Diktatur 13, 861;   Politische
Theorie 15/2, 434
Hellström, Pontus: Nationale Forschungsinstitute
15/1, 711
Helmann, Johann: Köln 14, 1023; 1025
Helmer, K.: Rhetorik 15/2, 804–805
Helmhard von Hohberg, Wolf: Nobilitas 15/1, 1078
Helmholtz, Hermann Ludwig Ferdinand von:
Österreich 15/3, 1293
Helmond von Bosaus: Geschichtsmodelle 14, 170
Helmont, Franciscus Mercurius: Kabbala 14, 768

Helmont, Johannes Baptista: Kabbala 14, 768;
Niederlande und Belgien 15/1, 1019
Helttula, Anne: Nationale Forschungsinstitute
15/1, 683
Hemelarius, Johannes: Niederlande und Belgien
15/1, 1018
Hemmerli, Felix: Nobilitas 15/1, 1080;   Schweiz
15/2, 1127
Hemmy, Gysbert: Südafrika 15/3, 342
Hempel, Friedrich Wilhelm: Kinder- und Jugendliteratur 14, 879
Hemsterhuis, Frans: Niederlande und Belgien
15/1, 1044
Hemsterhuis, Tiberius: Niederlande und Belgien
15/1, 1002–1006; 1008;   Philologie 15/2, 252
Hendriks, Frederik *Statthalter*: Niederlande und
Belgien 15/1, 1042
Henke, Eugen: Nationalsozialismus 15/1, 764
Henning, Hans: Winckelmann-Gesellschaft
15/3, 1140
Henning, John: Parthenon 15/2, 194
Henninius, Henricus Christianus: Aussprache 13, 354
Henri d'Andeli *mfranz. Dichter*: Mittellatein
15/1, 454;   Rhetorik 15/2, 815
Henrich, Günther Steffen: Neugriechische Literatur
15/1, 899
Henricus Aristippus *Erzdiakon von Sizilien*: Griechisch
14, 308;   Italien 14, 664;   Naturwissenschaften
15/1, 849;   Sizilien 15/3, 35
Henricus de Bayla: Glossatoren 14, 222
Henricus de Isernia (Kvas, Jindřich): Herrscher
14, 403;   Tschechien 15/3, 624
Henricus de Segusio → Hostiensis
Henricus Stephanus → Stephanus
Henríquez, Camilo: Lateinamerika 15/1, 28
Henríquez Ureña, Pedro: Lateinamerika 15/1, 36;
44–45
Henry, Austen: Babylon 13, 374
Henry Beauclerc → Heinrich I.
Henry Frederick Stuart → Heinrich Friedrich Stuart
Henscheid, Eckhard: Hymnos 14, 569
Henschenius, Godefridus: Niederlande und Belgien
15/1, 1026
Hensel, Peter Johannes: Horoskope 14, 532
Hensen, Herwig: Niederlande und Belgien
15/1, 1059
Hentig, Hartmut von: Bildung 13, 515;   Lebendiges
Latein 15/1, 95
Hentschke, Ada: Philologie 15/2, 276
Henze, Hans Werner: Deutschland 13, 824;   Musik
15/1, 602;   Oper 15/1, 1184;   Tanz 15/3, 362;
Vertonungen antiker Texte 15/3, 1021; 1023–1024
Henzen, Wilhelm: Lateinische Inschriften 15/1, 58
Hepworth, Barbara: Moderne 15/1, 508
Herbart, Johann Friedrich: Pädagogik 15/2, 1ff.
Herberstein, Sigismund: Slowenien 15/3, 70

Herbert, Edward, Lord of Cherbury: Stoizismus
15/3, 306
Herbert, Mary → Sidney, Mary
Herbert, Sir Thomas: Iranistik 14, 635
Herbort von Fritzlar: Epos 13, 1031; Troja 15/3, 599
Hercher, Rudolf: Philologie 15/2, 267
Herder, Johann Gottfried von: Akademie 13, 46; Arabistik 13, 190; Aufklärung 13, 343; Bildung 13, 512; Deutschland 13, 795; 797; Epochenbegriffe 13, 998–999; 1009; Geographie 14, 124; Geschichtsmodelle 14, 177; Historismus 14, 492; Homerische Frage 14, 504–505; 514; Homiletik/Ars praedicandi 14, 529; Iranistik 14, 636; Kabbala 14, 771; Klassik als Klassizismus 14, 898; Körperkultur 14, 1050; Kulturanthropologie 14, 1132–1133; Lettland 15/1, 123; Mannheim, Antikensaal und Antiquarium 15/1, 293; Metapher/Metapherntheorie 15/1, 403; 405; Mythos 15/1, 639–640; 645; Neohumanismus 15/1, 890; Okkultismus 15/1, 1160; Orient-Rezeption 15/1, 1226; Orientalismus 15/1, 1233; 1240; Philosophia perennis 15/2, 338; Poeta Vates 15/2, 380; Querelle des Anciens et des Modernes 15/2, 612; Sparta 15/3, 159; Sprachphilosophie/Semiotik 15/3, 220; 226; Sprachwissenschaft 15/3, 230ff.; Stil, Stilanalyse, Stilentwicklung 15/3, 294; Sturm und Drang 15/3, 338–341; Ungarn 15/3, 753; Übersetzung 15/3, 731; Vandalen 15/3, 943; Winckelmann-Gesellschaft 15/3, 1139; Zeitrechnung 15/3, 1177; Zoroastres/Zoroastrismus 15/3, 1232
Héré de Corny, E.: Forum/Platzanlage 13, 1159
Herédia, José-Maria de: Frankreich 15/3, 1261; Lateinamerika 15/1, 39; Türkei 15/3, 647
Heres, T.L.: Nationale Forschungsinstitute 15/1, 696
Heresbach, Konrad: Galenismus 14, 85
Herescu, N.I.: Rumänien 15/2, 1010
Herford, Robert Travers: Judentum 14, 761
Heribert von Eichstätt: Ottonische Renaissance 15/1, 1258
Heribert von Köln *Erzbischof*: Köln 14, 1020; Ottonische Renaissance 15/1, 1258
Herigone, Pierre: Maß und Gewicht 15/1, 306
Herk, Aritha van: United Kingdom 15/3, 830
Hermann Dalmata → Hermann von Kärnten
Hermann von Kärnten (Hermann Dalmata): Arabisch-islamisches Kulturgebiet 13, 182; Mathematik 15/1, 317–318; Naturwissenschaften 15/1, 836
Hermann, Gottfried: Böckh-Hermann-Auseinandersetzung 13, 523ff.; Historismus 14, 479; Mythos 15/1, 640; Philologie 15/2, 263; 15/3, 1308ff.; Universität 15/3, 905
Hermann, Karl Friedrich: Geschichtswissenschaft/Geschichtsschreibung 14, 191–192
Hermann, Klaus: DDR 13, 694

Hermannus Alemannus: Poetik 15/2, 385
Hermannus Contractus: Musik 15/1, 590; Schweiz 15/2, 1126
Hermans, W.F.: Niederlande und Belgien 15/1, 1055
Hermelin, Olaus: Estland 13, 1047
Herreman, Raymond: Niederlande und Belgien 15/1, 1058
Herrera, Fernando de: Lateinamerika 15/1, 34
Herric: Schlachtorte 15/2, 1074
Herrle, Theo: Nationalsozialismus 15/1, 751
Herrlitz, H.-G.: Rhetorik 15/2, 803
Herrmann, Gottfried: Homerische Frage 14, 506–507
Herrmann, Hans-Volkmar: Olympia 15/1, 1173
Herrmann, L.: Niederlande und Belgien 15/1, 1033
Herskovits, Meville J.: Akkulturation 15/3, 1245
Hertel, Johann Georg: Diana von Ephesus 13, 841
Hertius, Johannes Nicolaus: Tyrannis 15/3, 692
Hertz, Heinrich: Medien 15/1, 347
Hertz, Martin: Lexikographie 15/1, 143
Hertzberg, Gustav Friedrich: Geschichtswissenschaft/Geschichtsschreibung 14, 191; Judentum 14, 754
Hervet, Gentian: Skeptizismus 15/3, 40
Herwart von Hohenberg, Georg Johann: Orient-Rezeption 15/1, 1197
Herwerden, Henricus van: Niederlande und Belgien 15/1, 1008–1009; 1012
Heryson, Robert: United Kingdom 15/3, 773
Herz, John H.: Thukydidismus 15/3, 490
Herzen, Aleksandr Iwanonwitsch: Dialektik 15/3, 1252
Herzfeld, Ernst: Chicago, Oriental Institute Museum 13, 632; Iranistik 14, 638–639
Herzog, Chaim: Schlachtorte 15/2, 1079
Herzog, Ernst: Limes, Limesforschung 15/1, 163
Herzog, Reinhart: Epochenbegriffe 13, 1014; Philologie 15/3, 1312; 1318
Hese, Jan van: Makkaronische Dichtung 15/1, 284
Heß, Heinrich Maria: Parnaß 15/2, 186
Hesse, Hermann: Orient-Rezeption 15/1, 1231; Zoroastres/Zoroastrismus 15/3, 1233
Hesse, Mary Brenda: Metapher/Metapherntheorie 15/1, 406
Hessus, Eobanus: Bukolik/Idylle 13, 562; Neulatein 15/1, 936
Hesychios: Byzanz 13, 603; Theologie und Kirche des Christentums 15/3, 428
Hettner, Felix: Limes, Limesforschung 15/1, 163; Trier 15/3, 567
Heurnius, Joannes: Niederlande und Belgien 15/1, 996
Heurtley, Walter: Nationale Forschungsinstitute 15/1, 666
Heusde, Filip Willem van: Niederlande und Belgien 15/1, 1009
Heusler, Andreas: Verskunst 15/3, 1010

Heuß, Alfred: Geschichtswissenschaft/Geschichtsschreibung 14, 209; Historische Methoden 14, 460; Nationalsozialismus 15/1, 735
Heussi, Karl: Historismus 14, 474
Heuzey, Léon: Paris, Louvre 15/2, 116; Vergina 15/3, 991
Hevelius, Johannes: Naturwissenschaften 15/1, 850
Heyck, H.: Deutschland 13, 820
Heye, Christian Gottlob: Mythos 15/1, 639
Heye, Friedrich Gottlob: Allegorese 13, 83
Heylin, Jean: Frankreich 14, 23
Heym, Georg: Orient-Rezeption 15/1, 1231
Heym, Stefan: Hymnos 14, 569
Heymbachius, Bernardus: Niederlande und Belgien 15/1, 1021
Heyme, H.: Deutschland 13, 824; Griechische Komödie 14, 314; Griechische Tragödie 14, 321–322
Heyne, Christian Gottlob: Altertumskunde (Humanismus bis 1800) 13, 97; Australien und Neuseeland 15/3, 1247; Bibliothek 13, 502; Bildung 13, 511; Deutschland 13, 798; 801; Epochenbegriffe 13, 1002; Historismus 14, 478; Homer-Vergil-Vergleich 14, 522; Homerische Frage 14, 504–505; Irland 14, 646; Klassische Archäologie 14, 907; Kulturanthropologie 14, 1139; Mythos 15/1, 641; 643–646; Olympia 15/1, 1169; Philologie 15/2, 254; 259–260; 299; 15/3, 1308; Philologisches Seminar 15/2, 328; Romantik 15/2, 971; Sklaverei 15/3, 48; Sturm und Drang 15/3, 340; Universität 15/3, 899ff.; 904; Verskunst 15/3, 1013; 1015; Winckelmann-Gesellschaft 15/3, 1139
Heynlin de Lapide, Johannes: Schweiz 15/2, 1128
Heywood, John: Epigrammatik 13, 983
Heywood, Thomas: United Kingdom 15/3, 810
Hibbert, J.: Historismus 14, 494
Hiberniensis, Martin: Kommentar 14, 1061
Hick, John: Theologie und Kirche des Christentums 15/3, 449
Hidža, Đ.: Kroatien 14, 1121
Hieronymus Cardanus → Cardano
Hieronymus de Moravia: Humanismus 14, 561
Higgs, Eric: Nationale Forschungsinstitute 15/1, 667
Highet, Gilbert: Dritter Humanismus 13, 882
Hilbert, David: Logik 15/1, 201
Hildebert von Lavardin: Elegie 13, 943; Frankreich 14, 11; Körperkultur 14, 1044; Mittellatein 15/1, 455; 457; Rom 15/2, 877; Ruine/Künstliche Ruine 15/2, 992
Hildebrand, Adolf von: Deutschland 13, 815; Historismus 14, 496; Nacktheit in der Kunst 15/1, 655
Hildebrand, Bruno: Sozialismus 15/3, 98

Hildebrand, Johann Lukas von: Orient-Rezeption 15/1, 1200; Österreich 15/1, 1138
Hildebrandt, H.: Historismus 14, 486
Hildebrandt, Johann Lukas von: Stützfiguren/Erechtheionkoren 15/3, 331
Hildebrandt, Kurt: Neohumanismus 15/1, 888
Hildegard von Bingen: Zoologie 15/3, 1210
Hilderich: Italien 14, 661
Hildersheimer, Wolfgang: Medien 15/1, 349
Hilduin: Frankreich 14, 7; Griechisch 14, 304
Hilka, Alfons: Mittellatein 15/1, 461
Hill, Archibald A.: Sprachwissenschaft 15/3, 246
Hill, Geoffrey: United Kingdom 15/3, 827
Hill, John: Geriatrie 14, 149
Hillebrand, Karl: Cäsarismus 13, 626
Hillen van Hoogstraten, Michiel: Niederlande und Belgien 15/1, 993
Hiller, Johann Adam: Vertonungen antiker Texte 15/3, 1024
Hiller, Stefan: Aigina 13, 29; Nationale Forschungsinstitute 15/3, 1290
Hiller von Gaertringen, Friedrich: Milet 15/1, 421; Thera 15/3, 470ff.
Hilmi, Selanikli: Türkei 15/3, 646
Hilprecht, Hermann Volrath: Philadelphia, University of Pennsylvania Museum of Archaeology and Anthropology, Ancient Near Eastern Section 15/2, 226; Vorderasiatische Archäologie 15/3, 1051
Himmler, Heinrich: Iranistik 14, 639; Nationalsozialismus 15/1, 723; 727; 740–741; 745–747; 749
Hincks, E.: Entzifferungen 13, 959; 961; Hethitologie 14, 414
Hindemith, Paul: Sphärenharmonie 15/3, 190
Hindenburg, Paul Ludwig Hans Anton von Beneckendorff: Cäsarismus 13, 628
Hinds, Stephen: Philologie 15/3, 1313
Hinkmar von Reims: Frankreich 14, 7; Fürstenspiegel 14, 77; Herrscher 14, 390; 405
Hintze, Otto: Historismus 14, 474; Krieg 14, 1117
Hippolythus a Lapide: Verfassung 15/3, 977
Hirmer, Max: Numismatik 15/1, 1119
Hirnhaim, Hieronymus: Skeptizismus 15/3, 41
Hirsch, Emanuel: Theologie und Kirche des Christentums 15/3, 446
Hirschfeld, Christian Cay Lorenz: Porträtgalerie 15/2, 507; Sepulchralkunst 15/3, 22
Hirschfeld, Gustav: Historische Geographie 14, 451
Hirschfeld, Otto: Universität 15/3, 909
Hirsching, F.C.G.: Bibliothek 13, 502
Hirt, Aloys: Historismus 14, 485; Mausoleum 15/1, 334; Stützfiguren/Erechtheionkoren 15/3, 333; Villa 15/3, 1041
Hitda von Meschede: Ottonische Renaissance 15/1, 1255

Hitler, Adolf: Deutschland 13, 821; Geschichtswissenschaft/Geschichtsschreibung 14, 208; Herrscher 14, 391; Moderne 15/1, 506; Nationalsozialismus 15/1, 723ff.; Philologie 15/2, 317; Sparta 15/3, 164; Sport 15/3, 213ff.; Theologie und Kirche des Christentums 15/3, 460ff.; Triumphbogen 15/3, 593
Hittorf, J.I.: Historismus 14, 491
Hitzig, F.: Historismus 14, 493
Hiwrmiwzean, Eduard: Armenien 13, 272
Hjelmslev, Louis: Semiotik 15/3, 6; Sprachwissenschaft 15/3, 244; Strukturalismus 15/3, 320; 322–323
Hoban, Russell: United States of America 15/3, 878
Hobbes, Thomas: Athen 13, 289; Demokratie 13, 722; Diktatur 13, 853; Gattung/Gattungstheorie 14, 93; Gerechtigkeit 14, 144; 146; Geschichtsmodelle 14, 179; Geschichtswissenschaft/Geschichtsschreibung 14, 185; Körperkultur 14, 1047; Krieg 14, 1113; Menschenrechte 15/1, 386; Monarchie 15/1, 542; Naturrecht 15/1, 776; Okkultismus 15/1, 1154; Politische Theorie 15/2, 417; 420; Sepulchralkunst 15/3, 42; Thukydidismus 15/3, 481; 487; 490; Tyrannis 15/3, 691; Verfassungsformen 15/3, 984
Hobsbawm, Eric: Thukydidismus 15/3, 481
Hoccleve, Thomas: United Kingdom 15/3, 784; 787; 789
Hochhuth, Rolf: Komödie 14, 1077
Hockett, Charles F.: Sprachwissenschaft 15/3, 246
Hodder, Ian: Klassische Archäologie 14, 939
Hodge Hill, Bert: Nationale Forschungsinstitute 15/3, 1281; 1284
Hodges, Richard: Nationale Forschungsinstitute 15/1, 675–676
Hodgson, John: Limes, Hadrianswall 15/1, 153
Hodieow, Johann von, d.Ä.: Tschechien 15/3, 627
Hodkinson, Stephen: Sparta 15/3, 170
Höcker, Otto: Pompeji/Rezeption des freigelegten Pompeji in Literatur und Film 15/2, 493
Höffe, Otfried: Gerechtigkeit 14, 146; Politische Theorie 15/2, 457
Hölderlin, Johann Christian Friedrich: Athen 13, 310; Brief, Briefliteratur 13, 543; Deutschland 13, 796; Elegie 13, 946; Griechische Tragödie 14, 320; Homerische Frage 14, 513–514; Hymnos 14, 568–569; Musen 15/1, 565; Neohumanismus 15/1, 884; Paganismus 15/2, 24; Philosophie 15/2, 341; Poeta Vates 15/2, 381; Romantik 15/2, 974; Tragödie/Tragödientheorie 15/3, 541; Übersetzung 15/3, 732ff.; Verskunst 15/3, 1014ff.; 1016; Vorsokratiker 15/3, 1065; 1069
Hölscher, Uvo: Philologie 15/2, 275; 15/3, 1305
Hölty, Ludwig Christoph Heinrich: Sturm und Drang 15/3, 338ff.
Hoenn, Karl: Übersetzung 15/3, 736
Höpfner, Wilhelm: Winckelmann-Gesellschaft 15/3, 1142
Hoepfner, Wolfram: Priene 15/2, 565
Höppener, Hugo → Fidus
Hoet, Gerard van: Deutschland 13, 788
Hoeufft, Jacobus Henricus: Neulatein 15/1, 938
Hofer, Karl: Moderne 15/1, 489; 507–508
Hoff, Jacobus Henricus van't: Naturwissenschaften 15/1, 865
Hoffmann, A.: Aizanoi 13, 38
Hoffmann, Ernst Theodor Amadeus [eigentlich Ernst Theodor Wilhelm]: Knidische Aphrodite 14, 984; Metamorphose 15/1, 397; Romantik 15/2, 976
Hoffmann, Friedrich: Hippokratismus 14, 420; Medizin 15/1, 370; Säftelehre 15/2, 1040
Hoffmann, J.: Historismus 14, 494
Hoffmann, Ludwig: Berlin 13, 452; Historismus 14, 493; Pergamonaltar 15/2, 212
Hoffmann, Luise: Totengespräch 15/3, 523
Hoffmann, Max: Geschichtswissenschaft/Geschichtsschreibung 14, 188
Hoffmann, Wilhelm: Nationalsozialismus 15/1, 735
Hoffmann-Kutschke, A.: Nationalsozialismus 15/1, 738
Hoffner, H.A.: Hethitologie 14, 416
Hofhaimer, Paul: Numismatik 15/1, 1129; Vertonungen antiker Texte 15/3, 1024
Hofman Peerlkamp, Petrus: Niederlande und Belgien 15/1, 1007
Hofmann, E.: Historismus 14, 497
Hofmann, Hans: Moderne 15/1, 508
Hofmann, Heinz: Neulatein 15/1, 933–934; Philologie 15/3, 1312
Hofmann, Ludwig von: Werbung 15/3, 1122
Hofmann, Michel: Übersetzung 15/3, 736
Hofmann, O.: Griechenland 14, 272
Hofmann, W.: Historismus 14, 486
Hofmann von Hofmannswaldau, Christian: Brief, Briefliteratur 13, 542; Deutschland 13, 784; Lyrik 15/1, 249
Hofmannsthal, Hugo von: Deutschland 13, 817; 819–820; Elegie 13, 946; Fin de siècle 13, 1144; Griechische Komödie 14, 313; Griechische Tragödie 14, 320; Italien 14, 707; Komödie 14, 1078; Lyrik 15/1, 250; Metapher/Metapherntheorie 15/1, 406; Neohumanismus 15/1, 886ff.; 890; Oper 15/1, 1184; Österreich 15/1, 1145; 15/3, 1295; Tragödie/Tragödientheorie 15/3, 542; Übersetzung 15/3, 733; Wagnerismus 15/3, 1076
Hofmeister, Adolf: Mittellatein 15/1, 452

Hogarth, David George: London, British Museum 15/1, 226
Hogarth, William: Diana von Ephesus 13, 841; Karikatur 14, 800; Mausoleum 15/1, 334; Säulenordnung 15/2, 1052; Torso (Belvedere) 15/3, 515; Vasen/Vasenmalerei 15/3, 953
Hohberg, Wolf Helmhard von: Wirtschaftslehre 15/3, 1161
Hoheisel, Karl: Franz-Joseph-Dölger-Institut 14, 65
Hohl, Ernst: Übersetzung 15/3, 736
Hohlbein, Wolfgang: Druiden 13, 902
Hoius, Andreas: Niederlande und Belgien 15/1, 1022
Hoius, Timotheus: Niederlande und Belgien 15/1, 1022
Hojeda, Diego de: Epos 13, 1026
Holanda, Francisco de: Groteske 14, 328
Holbach, Paul Henri Thiry d' (Dietrich, Paul Heinrich): Aufklärung 13, 345; Naturwissenschaften 15/1, 785; Religionskritik 15/2, 700
Holbein, Hans: Totengespräch 15/3, 521
Holberg, Ludvig: Dänemark 13, 676; Lateinische Komödie 15/1, 74; Neulatein 15/1, 937; Norwegen 15/1, 1086
Holcot, Robert: Mythologie 15/1, 618; United Kingdom 15/3, 787
Holcott, Robert: Naturwissenschaften 15/1, 837
Holder-Egger, Oswald: Mittellatein 15/1, 457
Holdsworth, Edward: Orientalismus 15/1, 1233
Holl, Karl: Augustinismus 13, 352
Holl, Pietro: Ostia und Porto 15/1, 1248
Holland, Henry: Greek Revival 14, 252; Orient-Rezeption 15/1, 1204
Hollanda, Francisco Buarque de: Knidische Aphrodite 14, 984; Trajanssäule 15/3, 546
Hollen, Gottschalk: Allegorese 13, 78
Hollý, Ján: Slowakei 15/3, 66ff.
Holm, Adolf: Geschichtswissenschaft/Geschichtsschreibung 14, 190
Holmberg, Erik J.: Nationale Forschungsinstitute 15/1, 709; 711
Holobolos, Manuel: Figurengedicht 13, 1116
Holst, Gustav: Sphärenharmonie 15/3, 190
Holt, J.: Strukturalismus 15/3, 322
Holtz-Baumert, Gerhard: Kinder- und Jugendliteratur 14, 880
Holtzmann, Wilhelm: Mathematik 15/1, 319
Holwerda, Antonie Ewoud Jan: Niederlande und Belgien 15/1, 1009
Holwerda, Jan Hendrik: Niederlande und Belgien 15/1, 1009
Holz, Arno: Orient-Rezeption 15/1, 1227; 1232
Homann-Wedeking, E.: Samos 15/2, 1057
Homburg, Ernst Christoph: Deutschland 13, 782
Homeyer, Carl Gustav: Historische Rechtsschule 14, 468

Homeyer, Helene: Mittellatein 15/1, 451; Troja 15/3, 617
Hommel, Hildebrecht: Lebendiges Latein 15/1, 96
Homolle, Th.: Delphi 13, 716
Homologetes, Maximos: Byzanz 13, 603
Hondius, J.J.E.: Nationale Forschungsinstitute 15/1, 691
Honegger, Arthur: Frankreich 15/3, 1261; 1272; Vertonungen antiker Texte 15/3, 1023
Honorius: Glossatoren 14, 222
Honorius Augustodunensis: Dialog 13, 831; Island 14, 651; Naturwissenschaften 15/1, 820; Typologie 15/3, 678
Honterus, Johannes: Rumänien 15/2, 1001
Honthorst, Gerard van: Niederlande und Belgien 15/1, 1042
Hood, Sinclair: Mykene 15/1, 610
Hoöanda, F. de: Portugal 15/2, 520
Hooft, Pieter Cornelszoon: Lateinische Tragödie 15/1, 87; Niederlande und Belgien 15/1, 1048–1049; Republik 15/2, 722
Hoogstraeten, Samuel van (Hoogstraten, Samuel Dircksz van): Mimesislegenden 15/1, 441
Hoogstraten, Samuel Dircksz van → Hoogstraeten
Hooke, Nathaniel: Geschichtswissenschaft/Geschichtsschreibung 14, 204
Hooker, James: Politische Theorie 15/2, 421
Hooker, R.: Politische Theorie 15/2, 452
Hookers, Thomas: United States of America 15/3, 834
Hope, Alec Derwent: United Kingdom 15/3, 829
Hope, Charles: Warburg Institute, The 15/3, 1104
Hope, Thomas: Möbel 15/1, 520; Scotland, Law of 15/3, 3
Hopfner, Theodor: Papyrussammlungen 15/2, 101; Tschechien 15/3, 640
Horapollon Niliacus: Okkultismus 15/1, 1154
Horch, August: Werbung 15/3, 1123
Horecký, J.: Slowakei 15/3, 67
Horkheimer, Max: Mythos 15/1, 639; 641; Theorie/Praxis 15/3, 468
Horlbeck, Günter: DDR 13, 691
Hormayr, Josef von: Österreich 15/1, 1143
Horn, Paul: Iranistik 14, 638
Horner, Thomas: Estland 13, 1045
Horner, W.B.: Rhetorik 15/2, 804
Hornyánszky, G.: Ungarn 15/3, 756
Horovitz, Joseph: Arabistik 13, 192
Horsley, John: Limes, Hadrianswall 15/1, 151–152
Horst, Horst P.: Mode 15/1, 491
Hortensius, Lambertus: Niederlande und Belgien 15/1, 989; 992
Hortulanus (Ortholanus/Garlandius): Okkultismus 15/1, 1148
Horváth, Ödön von: Pompeji/Rezeption des freigelegten Pompeji in Literatur und Film 15/2, 494

Hoskier, H.C.: Mittellatein 15/1, 456
Hosschius, Sidronius: Niederlande und Belgien 15/1, 1021; 1025
Hostiensis (Henricus de Segusio): Kanonisten 14, 796
Hotman, François (Hotomannus): Geschichtswissenschaft/Geschichtsschreibung 14, 201; 214; Humanismus 14, 557–558; Kodifizierung/Kodifikation 14, 1005; Monarchie 15/1, 540; Politische Theorie 15/2, 416
Hotomannus → Hotman
Hottentot, Wim: Niederlande und Belgien 15/1, 1053
Hottinger, Johann Heinrich: Schweiz 15/2, 1136; Semitistik 15/3, 11
Hottinger, Johann Jakob: Schweiz 15/2, 1142
Houbraken, Arnold: Mimesislegenden 15/1, 441
Houdar de La Motte, Antoine (La Motte-Houdar, Antoine): Mythologie 15/1, 629
Houzeau, Jacques: Orient-Rezeption 15/1, 1199
Hoving, Thomas: New York, Metropolitan Museum 15/1, 953
Howard, Henry: Übersetzung 15/3, 729
Howard, Thomas, Second Earl of Arundel: Altertumskunde (Humanismus bis 1800) 13, 91
Hoxha, Pr.: Albanien 13, 61
Hrabanus Maurus: Artes liberales 13, 274; Bildung 13, 506–507; Chrêsis 13, 640; Deutschland 13, 761; Enzyklopädie 13, 966; Figurengedicht 13, 1116; Geographie 14, 122; Griechisch 14, 298; Herrscher 14, 390; Homiletik/Ars praedicandi 14, 525; Karolingische Renaissance 14, 826; 829; 831; 833; Klosterschule 14, 980; Lyrik 15/1, 248; Metaphysik 15/1, 414; Meteorologie 15/1, 416; Mittellatein 15/1, 452; Monarchie 15/1, 536; Mythologie 15/1, 614; Naturwissenschaften 15/1, 782; 792; 820; Rhetorik 15/2, 795; 815; Terminologie 15/3, 383; Theologie und Kirche des Christentums 15/3, 432; Zoologie 15/3, 1213; Zoroastres/Zoroastrismus 15/3, 1230
Hrenn, Thomas (Chrönn, Thomas): Slowenien 15/3, 70
Hristić, Jovan: Serbien 15/3, 30
Hrotsvitha von Gandersheim: Deutschland 13, 764; Epos 13, 1029; Komödie 14, 1069; Lateinische Komödie 15/1, 66; Mittellatein 15/1, 451; 458; Ottonische Renaissance 15/1, 1255; Theater 15/3, 397
Hrozný, Bedřich: Hethitologie 14, 414
Hrubín, František: Tschechien 15/3, 636
Hrubý, J.: Tschechien 15/3, 644
Huber, Jean: Vasen/Vasenmalerei 15/3, 953
Huber, Ulric: Bund 13, 581; Humanismus 14, 558; Republik 15/2, 723
Hubert, M. Antonio: Venus von Milo 15/3, 966
Hucbald: Musik 15/1, 585
Hucbald von Saint-Amand: Humanismus 14, 561; Überlieferung 15/3, 720
Huchel, Peter: Orient-Rezeption 15/1, 1231
Hueber, F.: Ephesos 13, 979
Hübner, Emil: Luxemburg 15/1, 239
Hübner, Kurt: Mythos 15/1, 641; 647
Hübsch, Heinrich: Historismus 14, 492; Karlsruhe, Badisches Landesmuseum, Antikensammlungen 14, 809
Hübschmann, Heinrich: Iranistik 14, 638
Huet, Pierre Daniel: Philosophia perennis 15/2, 334; Roman 15/2, 944; Skeptizismus 15/3, 43; Theologie und Kirche des Christentums 15/3, 435
Hufeland, Gottlieb: Sozialismus 15/3, 94
Hug, J.L.: Homerische Frage 14, 505
Hughes, John: Totengespräch 15/3, 523
Hughes, Ted: Kinder- und Jugendliteratur 14, 880; United Kingdom 15/3, 827ff.
Hugo de Porta Ravennata: Glossatoren 14, 222
Hugo de Saint-Victor: Rhetorik 15/2, 796
Hugo Etherianus: Griechisch 14, 308
Hugo Sanctelliensis: Okkultismus 15/1, 1148
Hugo von Fleury: Herrscher 14, 390
Hugo von Sankt Viktor (Hugues de Saint-Victor): Allegorese 13, 77; Artes liberales 13, 274; Bildung 13, 507; Ehe 13, 925; Frankreich 14, 10; Geschichtsmodelle 14, 169; Griechisch 14, 298; Landvermessung 15/1, 2; Naturwissenschaften 15/1, 821–822; Theologie und Kirche des Christentums 15/3, 431; Zoroastres/Zoroastrismus 15/3, 1230
Hugo von Sitten: Ottonische Renaissance 15/1, 1256
Hugo von Trimberg: Kanon 14, 792; Mittellatein 15/1, 455
Hugo, Gustav: Historische Rechtsschule 14, 464–465; 467
Hugo, Ludolph: Bund 13, 582
Hugo, Victor: Epos 13, 1023; Frankreich 15/3, 1258; Okkultismus 15/1, 1160; Poeta Vates 15/2, 381; Tschechien 15/3, 634
Hugolinus Presbyteri: Glossatoren 14, 222
Huguccio: Glossatoren 14, 222–223
Hugues de Saint-Victor → Hugo von Sankt Viktor
Hugues d'Hancarville, Pierre-François: Druckwerke 13, 899; Sepulchralkunst 15/3, 16; Vasen/Vasenmalerei 15/3, 950; 952; Wirtschaft und Gewerbe 15/3, 1143ff.
Hultius, Livinus: Niederlande und Belgien 15/1, 1028
Hultsch, Friedrich: Maß und Gewicht 15/1, 306; 308
Humann, Carl: Epochenbegriffe 13, 1006; Milet 15/1, 421; Pergamon 15/2, 203; Pergamonaltar 15/2, 211; Priene 15/2, 560; Türkei 15/3, 674; Vorderasiatische Archäologie 15/3, 1051
Humbert von Silva Candida: Griechisch 14, 306

Humbert, J.E.: Niederlande und Belgien 15/1, 1044
Humbert, J.L.: Karthago 14, 839
Humboldt, Alexander, Freiherr von: Geographie 14, 125; Historische Geographie 14, 450; Lateinamerika 15/1, 29; Meteorologie 15/1, 418; Naturwissenschaften 15/1, 786
Humboldt, C. von: Aigina 13, 31
Humboldt, Wilhelm, Freiherr von: Akademie 13, 47; Bildung 13, 510–511; Deutschland 13, 797; 801; 806; Epochenbegriffe 13, 999; Geschichtsmodelle 14, 181; Historismus 14, 471; Homerische Frage 14, 510; 514; Humanistisches Gymnasium 14, 564; Klassik als Klassizismus 14, 899; Klassische Archäologie 14, 907; Körperkultur 14, 1049; 1051–1052; Lateinschule 15/1, 92; Mannheim, Antikensaal und Antiquarium 15/1, 293; Neuhumanismus 15/1, 918ff.; Philologie 15/2, 260; 262; 15/3, 1309; Philologisches Seminar 15/2, 329; Politische Theorie 15/2, 430–431; Preußen 15/2, 553–554; Sklaverei 15/3, 48; Sprachwissenschaft 15/3, 240; 242; Sturm und Drang 15/3, 340; Universität 15/3, 900; 903ff.; Übersetzung 15/3, 731ff.
Hume, David: Bevölkerungswissenschaft/Historische Demographie 13, 486–487; Demokratie 13, 723; Einbildungskraft 13, 936; Geschichtsmodelle 14, 179; Geschichtswissenschaft/Geschichtsschreibung 14, 191; Historische Rechtsschule 14, 467; Klassizismus 14, 974; Logik 15/1, 200; Mausoleum 15/1, 334; Politische Theorie 15/2, 427; Praktische Philosophie 15/2, 535; Religionsgeschichte 15/2, 684; Republik 15/2, 726; Skeptizismus 15/3, 44; Sklaverei 15/3, 48; Sozial- und Wirtschaftsgeschichte 15/3, 83; Sprachwissenschaft 15/3, 230; Stoizismus 15/3, 308; Thukydidismus 15/3, 487; 490; United Kingdom 15/3, 813; Verfassungsformen 15/3, 984
Humperdinck, Engelbert: Vertonungen antiker Texte 15/3, 1023
Ḥunain ibn Isḥāq (Johannitius): Alexandria 13, 64; Arabisch-islamisches Kulturgebiet 13, 165–166; Arabische Medizin 13, 185–186; Medizin 15/1, 361–362; Pharmakologie 15/2, 221–222; Universität 15/3, 886; Zoologie 15/3, 1215
Hunger, Herbert: Byzantinistik 13, 586; Paläographie, griechische 15/2, 42
Hunt, Arthur S.: Papyri (Fundgeschichte) 15/2, 67; Papyrussammlungen 15/2, 101
Hunt, Richard Morris: New York, Metropolitan Museum 15/1, 953
Hunt, William: United Kingdom 15/3, 813
Huntingdon, Selina, Countess of: United States of America 15/3, 852
Huppen, Hermann: Comics 13, 658

Hurst, Henry: Nationale Forschungsinstitute 15/1, 676
Hurst, V.A.: Nationale Forschungsinstitute 15/1, 722
Hurston, Zora Neale: United States of America 15/3, 873
Hurtado de Mendoza, Diego: Naturwissenschaften 15/1, 819
Hus, Johannes: Theologie und Kirche des Christentums 15/3, 444
Husouski, Mikola → Husovianus
Husovianus, Nicolaus (Husouski, Mikola): Litauen 15/1, 174
Hussein Kuli Khan → Wachtang VI.
Hussein, Saddam: Kitsch 14, 883; Triumphbogen 15/3, 593
Husserl, Edmund: Logik 15/1, 198
Huston, J.: Babylon 13, 377
Huszti, József: Ungarn 15/3, 757
Hutcheson, Francis: Praktische Philosophie 15/2, 534
Hutchinson, Frances: Wirtschaftslehre 15/3, 1162
Hutten, Ulrich von: Deutschland 13, 768–769; Dialog 13, 833; Geschichtsmodelle 14, 175; Luxemburg 15/1, 238; Neulatein 15/1, 936; Nobilitas 15/1, 1080; Tacitismus 15/3, 354; Totengespräch 15/3, 521; Universität 15/3, 893–894
Hutter, Jakob: Geriatrie 14, 149
Huttich, Johannes: Druckwerke 13, 891; 893; Mainz 15/1, 263; 270; Numismatik 15/1, 1110; Provinzialrömische Archäologie 15/2, 578
Hutton, James: Geologie (und Mineralogie) 14, 130; Meteorologie 15/1, 419
Huxley, Aldous Leonard: Etruskerrezeption 13, 1053; Utopie 15/3, 938; 940
Huydecoper, Balthasar: Niederlande und Belgien 15/1, 1050
Huygens, Christiaan: Skeptizismus 15/3, 42
Huygens, Constantijn: Niederlande und Belgien 15/1, 1042–1043; 1048
Huysmans, Joris-Karl (Georges Charles): Frankreich 15/3, 1260; Roman 15/2, 947
Huzzella: Vertonungen antiker Texte 15/3, 1024
Hyde, Edward: Porträtgalerie 15/2, 507
Hyde, Thomas: Iranistik 14, 636; Zoroastres/Zoroastrismus 15/3, 1231; 1233
Hynais, Vojtěch: Tschechien 15/3, 632
Hyperius, Andreas: Homiletik/Ars praedicandi 14, 528
Hyrtl, Joseph: Terminologie 15/3, 383
Hythart, Hanns: Lateinische Komödie 15/1, 70

I

Iacopi, Giulio: Rhodos 15/3, 1324ff.
Iakovidis, Spiridon: Kretisch-Mykenische Archäologie 14, 1105

Ibn Abi l-Ḥawāfir: Zoologie 15/3, 1222
Ibn Abī Usaibiʿa: Alexandria 13, 64; Medizingeschichtsschreibung 15/1, 373
Ibn Aknin → Ibn Aqnīn
Ibn al-Akfānī: Zoologie 15/3, 1222
Ibn al-ʿArabī (al-ʿArabī): Arabisch-islamisches Kulturgebiet 13, 181
Ibn al-ʿAwwām al Išbīlī: Zoologie 15/3, 1217
Ibn al-Baiṭār: Pharmakologie 15/2, 224
Ibn al-Munaǧǧim: Musik 15/1, 581
Ibn an-Nadīm: Medizingeschichtsschreibung 15/1, 373
Ibn an-Nātilī: Pharmakologie 15/2, 221
Ibn Aqnīn (Ibn Aknin): Arabische Medizin 13, 186
Ibn ar-Riḍwān: Arabische Medizin 13, 187
Ibn Bāǧǧa → Muḥammad ibn Yaḥyā ibn Bāǧǧa
Ibn Bārūn: Semitistik 15/3, 10
Ibn Buṭlān: Arabische Medizin 13, 187; Pharmakologie 15/2, 217; 224
Ibn Ǧubair: Alexandria 13, 64–65
Ibn Ḫaldūn → Abū Zaid ʿAbd ar-Raḥmān ibn Ḫaldūn
Ibn Karrām: Jerusalem 14, 728
Ibn Masarra → Muḥammad ibn ʿAlī ibn Masarra al-Māriq
Ibn Rušd → Averroës
Ibn Sīnā → Avicenna
Ibn Ṭufail: Arabisch-islamisches Kulturgebiet 13, 182
Ibn Zuhr → ʿAbd al-Malik ibn Quraib ibn ʿAlī al-Aṣmaʿī
Ibrahim Pascha *ägypt. General, 1789–1848*: Inschriftenkunde, griechische 14, 589
Ibsen, Henrik: Norwegen 15/1, 1086; Troja 15/3, 610
Ickstatt, J.A. von: Bayern 13, 435
Ideler, Ludwig: Philologie 15/2, 262
Ieromonahul, Callist: Rumänien 15/2, 1008
Ignatius von Loyola: Artes liberales 13, 276; Mönchtum 15/1, 530; Rhetorik 15/2, 800
Ihering, Rudolf von: Pandektistik 15/2, 47–48
IJsewijn, Jozef: Neulatein 15/1, 932; 939; 942; Niederlande und Belgien 15/1, 1034
Il Bibbiena → Bibbiena
Il Pistoia → Cammelli
Ildefons von Toledo: Zeitrechnung 15/3, 1187
Ilyas Bey: Milet 15/1, 420
Imbriotis, Kritobulos: Neugriechische Literatur 15/1, 897
Imdahl, Max: Historienmalerei 14, 421; Philologie 15/3, 1314
Imhoof-Blumer, Friedrich: Akademie 13, 48; Numismatik 15/1, 1117; 1119; Schweiz 15/2, 1147
Immermann, Johann Gottlieb: Sklaverei 15/3, 48
Immermann, Karl Leberecht: Druiden 13, 902
Immisch, O.: Dritter Humanismus 13, 878
Indagine, Iohannes: Physiognomik 15/2, 360
Indy, Vincent d': Frankreich 15/3, 1271

Ingenheim, Gustav von: Pompeji/Rezeption des freigelegten Pompeji in Literatur und Film 15/2, 491
Ingenieri, Angelo: Griechische Tragödie 14, 318
Inghirami, Thomas: Lateinische Komödie 15/1, 68; Lateinische Tragödie 15/1, 84
Ingres, Jean Auguste Dominique: Groteske 14, 331; Historienmalerei 14, 438; 442; Nacktheit in der Kunst 15/1, 654
Inkiow, Dimiter: Medien 15/1, 351
Innozenz II. *Papst*: Sepulchralkunst 15/3, 17; Spolien 15/3, 201
Innozenz III. *Papst*: Athen 13, 280; Geld/Geldwirtschaft/Geldtheorie 14, 109; Gnosis 14, 227; Herrscher 14, 399; 407; Lateinamerika 15/1, 30; Sacrum Imperium 15/2, 1036; Theologie und Kirche des Christentums 15/3, 453
Innozenz IV. (Sinibald Fieschi) *Papst*: Herrscher 14, 403; Kanonisten 14, 796; Rom 15/2, 931; Theologie und Kirche des Christentums 15/3, 453
Innozenz X. *Papst*: Orient-Rezeption 15/1, 1197
Inönü, Ismet: Türkei 15/3, 669
Inwood, Henry William: Greek Revival 14, 252; Stützfiguren/Erechtheionkoren 15/3, 332
Iohannes → Johannes
Iosif → Brodski
Iqaltoeli, Arsen: Georgien 14, 133; 135
Irala, Domingo Martínez de: Lateinamerika 15/1, 33
Irene* (Eirene) *byz. Kaiserin*: Athen 13, 280; Imperium 14, 580; Theologie und Kirche des Christentums 15/3, 444
Irigoin, Jean: Paläographie, griechische 15/2, 42
Irmina von Trier *Äbtissin von Ören-Trier, um 700*: Luxemburg 15/1, 236
Irmingard *Gemahlin Ludwigs I., des Frommen*: Herrscher 14, 378
Irmscher, Johannes: Tschechien 15/3, 642; Winckelmann-Gesellschaft 15/3, 1138
Irnerius → Wernerius
Irsigler, Franz: Nobilitas 15/1, 1077
Irti, Natalino: Kodifizierung/Kodifikation 14, 1007
ʿĪsā ibn ʿAlī (ʿAlī ibn ʿĪsā): Zoologie 15/3, 1220
Isaac, Heinrich: Humanismus 14, 562
Isaak von Thessalonike: Kommentar 14, 1064
Isajlović, Dimitrije: Serbien 15/3, 29
Iselin, Isaak: Sklaverei 15/3, 47
Iser, Wolfgang: Philologie 15/3, 1314; 1319
Isgrò, Emilio: Italien 14, 709
Isḥāq ibn Ḥunain: Mathematik 15/1, 316; Medizingeschichtsschreibung 15/1, 373
Isḥāq ibn-ʿImrān Samm Sāʿa: Arabische Medizin 13, 186
Isidor *Metropolit von Kiew und ganz Rußland*: Rußland 15/2, 1016
Isidor von Milet: Mathematik 15/1, 315; Naturwissenschaften 15/1, 817

Isle-Adam, Villiers del': Orient-Rezeption
   15/1, 1228
Ismāʿīl ibn ar-Razzāz al-Ǧazarī (al-Ǧazarī): Naturwissenschaften 15/1, 816
Ismaʾil Pascha *Vizekönig von Ägypten, 1830–1895*: Alexandria 13, 68;   Kairo, Ägyptisches Museum 14, 772
Istvánffy, Miklós: Ungarn 15/3, 751
Iucundus Veronensis, Johannes *it. Architekt, um 1500*: Slowenien 15/3, 69
Iunius, Hadrianus *niederländ. Schriftsteller, 16. Jh.*: Babylon 13, 378
Ivanov, V.: Rußland 15/2, 1024
Ivanović, Jevtimije: Serbien 15/3, 27
Ives, H. Douglas: Orient-Rezeption 15/1, 1218
Ivo von Chartres: Kanonisten 14, 795
Ivo, Ismael: Tanz 15/3, 363
Ivu, Gabriel: Rumänien 15/2, 1002
Iwan III. Wassiljewitsch d.Gr. *Zar von Rußland*: Rom 15/2, 875;   Rußland 15/2, 1016
Iwan IV. Wassiljewitsch, der Schreckliche *Zar von Rußland*: Herrscher 14, 400

J

Jacet, V.: Karthago 14, 852
Jachmann, G.: Philologie 15/2, 309
Jachmann, Reinhold Bernhard: Neuhumanismus 15/1, 922
Jacob Heraclid *rumän. Fürst*: Rumänien 15/2, 1001
Jacob van Maerlant: Niederlande und Belgien 15/1, 1047
Jacob, Friedrich: Übersetzung 15/3, 734
Jacobi, Friedrich Heinrich: Kabbala 14, 771
Jacobi, Louis: Limes, Limesforschung 15/1, 163–164
Jacobs, Friedrich: Bayern 13, 438;   Neuhumanismus 15/1, 922
Jacobsen, Carl: Kopenhagen 14, 1091–1092;   Malibu, J. Paul Getty Museum 15/1, 286
Jacobsen, Ottilia: Kopenhagen 14, 1091
Jacobsen, Peter Christian: Mittellatein 15/1, 457
Jacobus Balduini: Glossatoren 14, 222
Jacobus Columbi: Glossatoren 14, 222
Jacobus de Ardizone de Broilo: Glossatoren 14, 222
Jacobus de Porta Ravennata: Glossatoren 14, 222
Jacobus de Raveniaco: Glossatoren 14, 224
Jacobus de Voragine: Biographie 13, 521;   Herrscher 14, 399; 401
Jacobus Gallus: Slowenien 15/3, 72
Jacobus von Lüttich: Humanismus 14, 561;   Musik 15/1, 578; 585;   Sphärenharmonie 15/3, 188
Jacoby, Felix: Geschichtswissenschaft/Geschichtsschreibung 14, 193;   Philologie 15/2, 272;   15/3, 1298
Jacopo d'Angelo (Angelus, Johannes): Kartographie 14, 853

Jacques de Dinant: Rhetorik 15/2, 778
Jacques, Maurice: Vasen/Vasenmalerei 15/3, 951
Jacques-Dalcroze, Émile: Neohumanismus 15/1, 892
Jaeger, Werner: Berufsverbände 13, 475;   Bildung 13, 514;   Deutschland 13, 817;   Dritter Humanismus 13, 877–882;   Historische Methoden 14, 459;   Historismus 14, 481;   Klassische Archäologie 14, 913;   Lateinamerika 15/1, 45;   Medizingeschichtsschreibung 15/1, 375;   Nationalsozialismus 15/1, 729; 737; 743; 746;   Neuhumanismus 15/1, 924;   Nietzsche-Wilamowitz-Kontroverse 15/1, 1069;   Philologie 15/2, 273; 308;   15/3, 1299;   Politische Theorie 15/2, 456;   Sparta 15/3, 165
Jägle, Johann Jakob: Pompeji/Rezeption des freigelegten Pompeji in Literatur und Film 15/2, 491
Jähn, M.: Krieg 14, 1117
Jaffé, Philipp: Mittellatein 15/1, 452
Jagiełło (Jogaila) *Großfürst von Litauen und König von Polen*: Litauen 15/1, 170
Jahn, Friedrich Ludwig: Sport 15/3, 210ff.
Jahn, Otto: Epochenbegriffe 13, 1002;   Historische Methoden 14, 456;   Klassische Archäologie 14, 905;   Philologie 15/2, 265
Jahnn, Hans Henny: Orient-Rezeption 15/1, 1229; 1231
Jakob I. Stuart *König von England*: Altertumskunde (Humanismus bis 1800) 13, 91;   Fürstenspiegel 14, 84;   Herrscher 14, 374–375;   Tyrannis 15/3, 691;   United Kingdom 15/3, 809
Jakob II. Stuart *König von England*: Tyrannis 15/3, 692
Jakob von Cremona: Mathematik 15/1, 319;   Naturwissenschaften 15/1, 817
Jakob von Venedig: Griechisch 14, 307;   Italien 14, 664
Jakob-Rost, L.: Hethitologie 14, 415
Jakobson, Roman: Semiotik 15/3, 6;   Sprachwissenschaft 15/3, 242;   Strukturalismus 15/3, 320–323
James, Henry: United States of America 15/3, 864
James, William: Stoizismus 15/3, 309
Jameson, Anna: Kampanien 14, 791
Jamnitzer, Christoph: Groteske 14, 329
Jamotius, Federicus: Niederlande und Belgien 15/1, 1022
Jamyn, Amadís: Epos 13, 1018
Jan, J.W.: Geschichtsmodelle 14, 176
Janáček, Karel: Tschechien 15/3, 642
Janicki, Klemes: Polen 15/2, 393
Janitscheck, H.: Künstlerlegenden 14, 1128
Jankuhn, Herbert: Nationalsozialismus 15/1, 740
Janninck, Conrad: Niederlande und Belgien 15/1, 1026
Jans Enikel: Herrscher 14, 391; 404

Jansen, Cornelius: Augustinismus 13, 352; Theologie und Kirche des Christentums 15/3, 435
Janssen, Johannes: Nationale Forschungsinstitute 15/1, 684
Jansson, Johann: Litauen 15/1, 172
Janssonius ab Almeloveen, Theodorus: Niederlande und Belgien 15/1, 1006
Jantzen, Hans: Ottonische Renaissance 15/1, 1254
Jantzen, Ulf: Samos 15/2, 1059; Tiryns 15/3, 504
Janus Vitalis: Luxemburg 15/1, 238
Jap, Peter: Moderne 15/1, 514
Jardin, Donatien du: Niederlande und Belgien 15/1, 1030
Jaroslaw der Weise *Großfürst von Kiew*: Byzanz 13, 618
Jarry, Alfred: Frankreich 15/3, 1262; 1265; Neugriechische Literatur 15/1, 907
Jaspers, Karl: Epochenbegriffe 13, 999; Geschichtsmodelle 14, 182
Jastrow, Otto: Semitistik 15/3, 15
Jaucourt, Louis, Chevalier de: Politische Theorie 15/2, 425
Jaufré Rudel *provenzal. Troubadour aus Blaye*: Frankreich 14, 15
Jauß, Hans Robert: Querelle des Anciens et des Modernes 15/2, 614; Rezeptionsformen 15/2, 759
Jay, A.: Romantik 15/2, 983
Jay, John: United States of America 15/3, 843
Jean de Berry: Frankreich 14, 23–26
Jean de Garlandes: Poetik 15/2, 385
Jean de la Péruse: Lateinische Tragödie 15/1, 86
Jean de Mandeville: Babylon 13, 373
Jean de Meun: Allegorie 13, 85; Frankreich 14, 18–19; Mythologie 15/1, 619
Jean de Montreuil: Frankreich 14, 22
Jean de Murs → Johannes de Muris
Jean de Roquetaillade → Johannes de Rupescissa
Jean Paul (Richter, Johann Paul Friedrich): Einbildungskraft 13, 937; Homerische Frage 14, 513–514; Ironie 14, 649; Literaturkritik 15/1, 179; Metapher/Metapherntheorie 15/1, 405
Jeanmaire, Henri: Geschichtswissenschaft/Geschichtsschreibung 14, 192; Kulturanthropologie 14, 1139
Jeanne d'Arc (Johanna von Orléans): Frankreich 14, 21
Jeanneret (-Gris), Charles Édouard → Le Corbusier
Jebb, Richard: Nationale Forschungsinstitute 15/1, 662
Jeffers, Robinson: United States of America 15/3, 869–870; 878
Jefferson, Thomas: Diktatur 13, 855; Menschenrechte 15/1, 387; Republik 15/2, 729; United States of America 15/3, 842–844; 846ff.; 848ff.; 852

Jegunov, A.: Rußland 15/2, 1026
Jehūda ibn Quraiš: Semitistik 15/3, 10
Jellinek, Georg: Verfassungsformen 15/3, 988
Jelusich, Mirko: Deutschland 13, 820; Karthago 14, 852; Nationalsozialismus 15/1, 732
Jencks, Charles A.: Wirtschaft und Gewerbe 15/3, 1147
Jens, Walter: Komödie 14, 1077; Totengespräch 15/3, 523
Jensen, Wilhelm: Österreich 15/3, 1294; Pompeji/Rezeption des freigelegten Pompeji in Literatur und Film 15/2, 493
Jeremias, Alfred: Orient-Rezeption 15/1, 1229
Jerusalem, Johann Friedrich Wilhelm: Theologie und Kirche des Christentums 15/3, 446
Jess, Teresa de: Autobiographie 13, 363
Jessner, L.: Deutschland 13, 820
Jiménez de Cisneros, Francisco (Ximenez de Cisneros): Spanien 15/3, 107
Jiménez de Quesada, Gonzalo: Lateinamerika 15/1, 28
Jiráni, Otakar: Tschechien 15/3, 641
Jireček, Konstantin: Tschechien 15/3, 644
Joachim I. Nestor *Kurfürst von Brandenburg*: Preußen 15/2, 541
Joachim II. Hektor *Kurfürst von Brandenburg*: Preußen 15/2, 542
Joachim von Fiore (Gioacchino da Fiore): Geschichtsmodelle 14, 168–169; Orient-Rezeption 15/1, 1224; Theologie und Kirche des Christentums 15/3, 441; Typologie 15/3, 678
Joachim Friedrich von Brandenburg *Kurfürst von Brandenburg*: Fürstenschule 14, 73
Job von Edessa (Ayyub al-Ruhawi): Arabische Medizin 13, 185
Jocelyn, Henry David: Australien und Neuseeland 15/3, 1248; Philologie 15/3, 1310
Jodelle, Étienne: Adaptation 13, 15; Frankreich 14, 33; Lateinische Tragödie 15/1, 86; Mythologie 15/1, 627; Tragödie/Tragödientheorie 15/3, 537
Jogaila → Jagiełło
Johann II., der Gute *König von Frankreich*: Frankreich 14, 21; 23; 25; Geld/Geldwirtschaft/Geldtheorie 14, 109
Johann III. *König von Portugal*: Portugal 15/2, 517–518
Johann VI. *König von Portugal*: Lateinamerika 15/1, 42
Johann VII., der Mittlere *Graf von Nassau-Siegen*: Schlachtorte 15/2, 1075
Johann von Dalberg *Bischof von Worms*: Lateinische Komödie 15/1, 71
Johann von Hildesheim: Weißrußland 15/3, 1108
Johann von Soest: Bürger 13, 558
Johann von Tepl: Deutschland 13, 768; Konsolationsliteratur 14, 1081

Johann Cicero *Kurfürst von Brandenburg*: Preußen 15/2, 541

Johann Moritz *Fürst von Nassau-Siegen, niederländ. Feldherr und Staatsmann, 1604-1679*: Niederlande und Belgien 15/1, 1000; Sepulchralkunst 15/3, 15

Johann Wilhelm von Pfalz-Neuburg *Herzog von Jülich und Berg, Kurfürst von der Pfalz, 1658-1716*: Abguß/Abgußsammlung 13, 4; Deutschland 13, 788; Niederlande und Belgien 15/1, 1044

Johanna von Orléans → Jeanne d'Arc

Johannes *Diakon und Übersetzer, 9. Jh.*: Griechisch 14, 306

Johannes *Mönch und Übersetzer, 12. Jh.*: Griechisch 14, 307

Johannes III. Batatzes *byz. Kaiser*: Überlieferung 15/3, 716

Johannes VI. Kantakuzenos *byz. Kaiser*: Byzantinistik 13, 584

Johannes VII. *Papst*: Byzanz 13, 610

Johannes XVI. (Johannes Philagathus) *Gegenpapst*: Italien 14, 662

Johannes XXI. (Petrus Hispanus) *Papst*: Logik 15/1, 194; Portugal 15/2, 517; 522; Universität 15/3, 885

Johannes XXII. *Papst*: Frankreich 14, 22; Theologie und Kirche des Christentums 15/3, 453ff.

Johannes XXIII. *Papst*: Theologie und Kirche des Christentums 15/3, 454

Johannes a S. Thoma O.P.: Aristotelismus 13, 259

Johannes Aktuarios *byz. Arzt, 14. Jh.*: Medizin 15/1, 361

Johannes Andreae: Kanonisten 14, 796

Johannes Apollonius *Verfasser einer Hippologie*: Zoologie 15/3, 1208

Johannes Balbi → Johannes Januensis

Johannes Bassianus: Glossatoren 14, 222; Herrscher 14, 378

Johannes Calderinus: Kanonisten 14, 796

Johannes Cochläus: Herrscher 14, 404

Johannes de Hauvilla: Allegorie 13, 85

Johannes de Imola: Kanonisten 14, 796

Johannes de Lignano: Kanonisten 14, 796

Johannes de Ludzisko: Polen 15/2, 392

Johannes de Muris (Jean de Murs): Humanismus 14, 561; Musik 15/1, 580; 586; Universität 15/3, 885

Johannes der Archiater: Medizin 15/1, 361

Johannes de Rupescissa (Jean de Roquetaillade): Naturwissenschaften 15/1, 869

Johannes de Tinemue: Mathematik 15/1, 318

Johannes Faventinus: Glossatoren 14, 222

Johannes Gallicus: Humanismus 14, 561

Johannes Geometres: Byzanz 13, 606

Johannes Gualbert: Mönchtum 15/1, 527

Johannes Hispalensis *span. Übersetzer, 12. Jh.*: Arabisch-islamisches Kulturgebiet 13, 182; Naturwissenschaften 15/1, 836

Johannes Italos: Georgien 14, 133; Kommentar 14, 1064; Paganismus 15/2, 28; Philologie 15/2, 242; Theologie und Kirche des Christentums 15/3, 429; Überlieferung 15/3, 716

Johannes Januensis (Johannes Balbi): Lexikographie 15/1, 132

Johannes Klimakos (Iohannes [30]*) *griech. Mönch und Schriftsteller, 6.-7. Jh.*: Theologie und Kirche des Christentums 15/3, 427ff.; Überlieferung 15/3, 711

Johannes Monachus: Kanonisten 14, 796

Johannes Moschos (Iohannes [29]*) *byz. Hagiograph, 6. Jh.*: Überlieferung 15/3, 711

Johannes Paul II. *Papst*: Theologie und Kirche des Christentums 15/3, 454

Johannes Pedioneus: Zensur 15/3, 1197

Johannes Philagathus → Johannes XVI.

Johannes Quidort von Paris: Monarchie 15/1, 538

Johannes Saracenus: Griechisch 14, 308

Johannes Scotus Eriugena: Dialektik 15/3, 1251; Frankreich 14, 7; 10; Griechisch 14, 304-305; Kommentar 14, 1060; Mittellatein 15/1, 454; 457; Naturphilosophie 15/1, 768; Naturwissenschaften 15/1, 820; Philologie 15/2, 280; Philosophia perennis 15/2, 335; Sphärenharmonie 15/3, 188; Theologie und Kirche des Christentums 15/3, 431

Johannes Secundus (Everaerts, Jan Nicolaas) *niederl. Dichter, 1511-1536*: Elegie 13, 943; Niederlande und Belgien 15/1, 998; 1004; 1007; 1029

Johannes Sikeliotes: Kommentar 14, 1063

Johannes Sulpicius Verulanus → Sulpicius von Veroli

Johannes Teutonicus: Glossatoren 14, 222

Johannes Tzetzes → Tzetzes

Johannes Vallensis → John of Wales

Johannes von Antiocheia (Iohannes [21]*): Rhetorik 15/2, 778

Johannes von Damaskus (Iohannes [33]*): Armenien 13, 271; Bulgarien 13, 570; Byzanz 13, 592; 603; Georgien 14, 135; Griechisch 14, 307f.; Kommentar 14, 1064; Lyrik 15/1, 248; Patristische Theologie/Patristik 15/2, 197; Rußland 15/2, 1015; Serbien 15/3, 25; Theologie und Kirche des Christentums 15/3, 414; 426; 429; Überlieferung 15/3, 711

Johannes von Gaeta → Gelasius II.

Johannes von Garlandia: Allegorese 13, 78; 82; Figurenlehre 13, 1128; Frankreich 14, 11; Gattung/Gattungstheorie 14, 89; Humanismus 14, 561; Lehrgedicht 15/1, 109; Mittellatein 15/1, 455; Musik 15/1, 580

Johannes von Gmunden: Mathematik 15/1, 321

Johannes von Hauvilla: Frankreich 14, 11; Lateinische Komödie 15/1, 65; Mittellatein 15/1, 453; 456
Johannes von Neumarkt: Deutschland 13, 768
Johannes von Nikiu (Iohannes [34]*): Alexandria 13, 63
Johannes von Salisbury: Allegorese 13, 77–78; Bildung 13, 507; Fürstenspiegel 14, 78; Griechisch 14, 301; Herrscher 14, 394; 404; Imperium 14, 582; Mittellatein 15/1, 452–453; 455; Praktische Philosophie 15/2, 529; Rhetorik 15/2, 815; Staufische Renaissance 15/3, 272; Tyrannis 15/3, 687; United Kingdom 15/3, 771; Universität 15/3, 883; Zensur 15/3, 1195
Johannes von Trani: Griechisch 14, 306
Johannes von Wales: Fürstenspiegel 14, 78
Johannitius → Ḥunain ibn Isḥāq
John, Hans: Sparta 15/3, 166
John of Holywood → Sacro Bosco
John of Wales (Johannes Vallensis): United Kingdom 15/3, 786–789; Zeitrechnung 15/3, 1189ff.
Johnson, J.W.: Klassizismus 14, 961–962
Johnson, Samuel (Dr. Johnson): Klassizismus 14, 964; 966; 969; 972; United Kingdom 15/3, 812
Joinville, Jean Sire de *franz. Geschichtsschreiber, 13. Jh.*: Biographie 13, 520
Joli, Antonio: Paestum 15/2, 9
Jonas *ir. Gelehrter, 8. Jh.*: Karolingische Renaissance 14, 818
Jonas von Bobbio: Überlieferung 15/3, 701
Jonas von Orléans: Fürstenspiegel 14, 77
Jonas, Hans: Gnosis 14, 229
Jones, Arnold Hugh Martin: Geschichtswissenschaft/Geschichtsschreibung 14, 215; Nobilitas 15/1, 1073; Sozial- und Wirtschaftsgeschichte 15/3, 88
Jones, David: United Kingdom 15/3, 818
Jones, E.: Psychoanalyse 15/2, 590
Jones, G.D.B.: Nationale Forschungsinstitute 15/1, 676
Jones, Henry Stuart: Nationale Forschungsinstitute 15/1, 673
Jones, Inigo: Greek Revival 14, 249; Tempel/Tempelfassade 15/3, 376; United States of America 15/3, 855
Jones, Owen: Wirtschaft und Gewerbe 15/3, 1146
Jones, Sir William: Iranistik 14, 637; Orientalismus 15/1, 1236; Sprachwissenschaft 15/3, 231ff.
Jones Stevens, Thomas: Lateinamerika 15/1, 38
Jones, Thomas: Druiden 13, 903
Jones, William H.S.: Medizingeschichtsschreibung 15/1, 375
Jonghe, Adriaen de: Weltwunder 15/3, 1112
Jongkees, J.H.: Nationale Forschungsinstitute 15/1, 691

Jonson, Ben: Hymnos 14, 568; Klassizismus 14, 963; Komödie 14, 1074; Lateinische Komödie 15/1, 74; Lyrik 15/1, 249; Tragödie/Tragödientheorie 15/3, 539; United Kingdom 15/3, 804; 809ff.; Verskunst 15/3, 1015
Joostens te Mechelen, Renaat Antoon → Albe
Jorach → Jorath
Jorath (Jorach): Zoologie 15/3, 1214
Jordaens, Jacob: Historienmalerei 14, 433
Jordanus de Nemore → Jordanus Nemorarius
Jordanus Nemorarius (Jordanus de Nemore): Mathematik 15/1, 318; Naturwissenschaften 15/1, 817
Jordanus Patricius: Herrscher 14, 379
Jorge de Montemayor: Bukolik/Idylle 13, 563
Joseph I. *Kaiser des HRR*: Österreich 15/1, 1138
Joseph II. *Kaiser des HRR*: Bibliothek 13, 502; Österreich 15/1, 1143–1144; Wallfahrt 15/3, 1084
Joseph ben Abraham Gikatilla: Kabbala 14, 767
Joseph Iscanus → Joseph von Exeter
Joseph von Calasanz: Österreich 15/1, 1138
Joseph von Exeter (Joseph Iscanus): Mittellatein 15/1, 456; United Kingdom 15/3, 779
Josephus der Hymnograph: Überlieferung 15/3, 712
Josi, E.: Rom 15/2, 908
Josquin des Prés → Josquin Desprez
Josquin Desprez (Josquin des Prés): Messe 15/1, 394; Vertonungen antiker Texte 15/3, 1022
Jougets, P.: Papyri (Fundgeschichte) 15/2, 67
Jourdy, Paul: Groteske 14, 331
Jovanović, Jeftimije: Serbien 15/3, 27–29
Jovellanos, Gaspar de: Spanien 15/3, 115
Joyce, James: Irland 14, 646–647; Italien 14, 708; Komödie 14, 1077; Moderne 15/1, 497–498; United Kingdom 15/3, 818; United States of America 15/3, 871
Juárez, Benito: Lateinamerika 15/1, 36
Jud, Leo: Schweiz 15/2, 1132
Judeich, Walter: Türkei 15/3, 674
Judith *zweite Gemahlin Ludwigs I., des Frommen*: Herrscher 14, 378
Juel, Jens: Dänemark 13, 677
Jülicher, Adolf: Parabel 15/2, 105
Juhász, J.: Ungarn 15/3, 757
Jula, Simēon von: Armenien 13, 271
Julius II. (Della Rovere, Giuliano) *Papst*: Abguß/Abgußsammlung 13, 3; Altertumskunde (Humanismus bis 1800) 13, 90; Herrscher 14, 372; 395; Historienmalerei 14, 426; Horoskope 14, 532; Italien 14, 688; 712; Klassische Archäologie 14, 903; Laokoongruppe 15/1, 9; Lateinische Komödie 15/1, 75; Mausoleum 15/1, 331; Naturwissenschaften 15/1, 840; Niederlande und Belgien 15/1, 1037; Orient-Rezeption 15/1, 1196;

Ostia und Porto 15/1, 1247; Parnaß 15/2, 181;
  Renaissance 15/2, 707; Rom 15/2, 843; 865;
  931–932; Triumphbogen 15/3, 583
Julius III. *Papst*: Rom 15/2, 940
Jung, Carl Gustav: Horoskope 14, 537; Italien
  14, 709; Kulturanthropologie 14, 1138; Magie
  15/1, 261; Matriarchat 15/1, 325; Mythos
  15/1, 647; Naturwissenschaften 15/1, 844; 872;
  Niederlande und Belgien 15/1, 1060;
  Psychoanalyse 15/2, 589; 596
Junge, Peter Julius: Nationalsozialismus 15/1, 739;
  745
Jungius, Joachim: Atomistik 13, 340; Logik
  15/1, 195
Jungmann, Josef: Tschechien 15/3, 638
Junius, Franciscus: Niederlande und Belgien
  15/1, 999; 1040
Junius, Hadrianus: Niederlande und Belgien
  15/1, 992–993; 995
Junius, Melchior: Loci communes 15/1, 189
Junkelmann, Marcus: Lebendiges Latein 15/1, 98
Jussow, Heinrich Christoph: Toranlagen/Stadttore
  15/3, 512
Justell, H.: Römisches Recht 15/2, 839
Justi, C.: Biographie 13, 522
Justi, Ferdinand: Iranistik 14, 638
Justi, J.H.G.: Bevölkerungswissenschaft/Historische
  Demographie 13, 484
Justi, Ludwig: Porträtgalerie 15/2, 513

K
Kabakow, Ilja Iossifowitsch: Mimesislegenden
  15/1, 441
Kaballiōtēs, Theōdoros (Kavalliotis): Albanien
  13, 58; Neugriechische Literatur 15/1, 902
Kachler, Karl Gotthilf: Griechische Komödie 14, 313;
  315; Lateinische Komödie 15/1, 80
Kadare, Ismail: Albanien 13, 59
Kaden, Woldemar: Pompeji/Rezeption des
  freigelegten Pompeji in Literatur und Film
  15/2, 492
Kadłubek, Vincentius (Cadlubkonis): Polen 15/2, 392
Kaempfer, Engelbert: Iranistik 14, 635
Kaenel, Hans-Martin von: Numismatik 15/1, 1119;
  1127
Kaerst, Julius: Geschichtswissenschaft/Geschichts-
  schreibung 14, 191
Kästner, Abraham Gotthelf: Universität 15/3, 898
Kästner, Erich: Griechische Komödie 14, 314
Kafka, Franz: Brief, Briefliteratur 13, 544;
  Metamorphose 15/1, 399; Österreich
  15/3, 1296ff.; Parabel 15/2, 104ff.
Kahn, Ely Jacques: Orient-Rezeption 15/1, 1215
Kahrstedt, Ulrich: Bevölkerungswissenschaft/
  Historische Demographie 13, 490; Karthago
  14, 848; Nationalsozialismus 15/1, 729; 739

Kajanto, Iiro: Nobilitas 15/1, 1075
Kakridis, J.Th.: Griechenland 14, 284
Kalides, Th.: Historismus 14, 497
Kaliński, J.D.: Polen 15/2, 394
Kallierges, N.: Medizin 15/1, 366
Kalligas, Pavlos: Griechenland 14, 285;
  Neugriechische Literatur 15/1, 906
Kallipolitis, Maximos: Griechenland 14, 275;
  Neugriechische Literatur 15/1, 897
Kallistos, Andronikos: Byzanz 13, 598;
  Griechenland 14, 274
Kalodikes, Demetrios: Weltwunder 15/3, 1111
Kalokairinos, M.: Knossos 14, 992
Kaltwasser, Johann Friedrich Salomon: Übersetzung
  15/3, 731
Kalvos, Andreas: Neugriechische Literatur 15/1, 902;
  905; Verskunst 15/3, 1017
Kam, G.M.: Niederlande und Belgien 15/1, 1045
Kamateros, Johannes: Naturwissenschaften
  15/1, 834; 849
Kamenek, Nicolaus Albertus a: Tschechien 15/3, 628
Kamerbeek, J.C.: Niederlande und Belgien
  15/1, 1012
Kaminski, Heinrich: Sparta 15/3, 165
Kammenhuber, Annelies: Hethitologie 14, 415–417
Kammermeister, Joachim → Camerarius
Kampmann, H.: Kopenhagen 14, 1092
Kanki, Pazos: Lateinamerika 15/1, 37
Kant, Immanuel: Argumentationslehre 13, 247;
  Aufklärung 13, 344; Bürger 13, 559;
  Demokratie 13, 727; Einbildungskraft 13, 936;
  Epochenbegriffe 13, 998; Frieden 14, 69;
  Gerechtigkeit 14, 144–145; Geschichtsmodelle
  14, 177; Geschmack 14, 219; Historische
  Methoden 14, 455; 462; Historische
  Rechtsschule 14, 466; Konsolationsliteratur
  14, 1082; Körperkultur 14, 1047; Kulturan-
  thropologie 14, 1132; Literaturkritik 15/1, 181;
  Logik 15/1, 199–200; Marxismus 15/1, 300;
  Melancholie 15/1, 381; Menschenrechte
  15/1, 386; Metaphysik 15/1, 410; Mnemonik/
  Mnemotechnik 15/1, 472; Musik 15/1, 581;
  Naturphilosophie 15/1, 768; 771; Naturwissen-
  schaften 15/1, 785; 792; Neulatein 15/1, 927;
  936; Pädagogik 15/2, 1; Philologie 15/2, 252;
  15/3, 1309; Philosophie 15/2, 347; Poetik
  15/2, 384; Politische Theorie 15/2, 436; 454;
  Praktische Philosophie 15/2, 536; Preußen
  15/2, 552; Republik 15/2, 734; Rhetorik
  15/2, 820; Skeptizismus 15/3, 44; Theologie
  und Kirche des Christentums 15/3, 437;
  Theorie/Praxis 15/3, 466; Thukydidismus
  15/3, 487; Verfassungsformen 15/3, 986
Kantemir, Antioch Dmitrijewitsch (Cantemir,
  Antioch): Moldova 15/1, 534; Rußland
  15/2, 1018; Satire 15/2, 1070

Kapandai, Ismini/Ismene: Neugriechische Literatur 15/1, 914
Kapsomenos, S.: Griechenland 14, 284
Karadžić, Vuk: Serbien 15/3, 28
Karageorghis, V.: Zypern 15/3, 1237
Karaosmanoğlu, Yakup Kadri: Türkei 15/3, 647
Karásek ze Lvovic, Jiří: Tschechien 15/3, 634
Karatkevitsch, V.: Weißrußland 15/3, 1108
Kariger, Jean Jaques: Luxemburg 15/1, 241
Karl I., d.Gr. (Carolus Magnus) *König der Franken und Langobarden, röm. Kaiser:* Akademie 13, 41; Bibliothek 13, 496; Bildung 13, 506; Byzanz 13, 599; Frankreich 14, 6–8; 19; Geld/Geldwirtschaft/Geldtheorie 14, 106; Herrscher 14, 367; 379; 382–384; 388–389; 405–406; Homiletik/Ars praedicandi 14, 525; Imperium 14, 578; 580; Kanonisten 14, 795; Karolingische Renaissance 14, 817–818; 820–824; 828; 833–834; Karthago 14, 851; Klosterschule 14, 979–980; Köln 14, 1018; 1021; Krone 14, 1124; Lateinschule 15/1, 91; Leichenrede 15/1, 118; Logik 15/1, 193; Mainz 15/1, 269; Maß und Gewicht 15/1, 305; 309; Mode 15/1, 482; Möbel 15/1, 518; Mönchtum 15/1, 524; Münze, Münzwesen 15/1, 557; Naturwissenschaften 15/1, 859; Niederlande und Belgien 15/1, 1037; Notar 15/1, 1092; Numismatik 15/1, 1109; Ottonische Renaissance 15/1, 1255; Österreich 15/1, 1132–1133; Philologie 15/2, 278; Reiterstandbild 15/2, 650; Rom 15/2, 853; 876; Säule/Säulenmonument 15/2, 1047; Schlachtorte 15/2, 1074; Sepulchralkunst 15/3, 17; Spolien 15/3, 199; 201; Theologie und Kirche des Christentums 15/3, 443; Toranlagen/Stadttore 15/3, 509; Triumphbogen 15/3, 582; United Kingdom 15/3, 774; Universität 15/3, 882; Überlieferung 15/3, 723; Zoologie 15/3, 1208
Karl I. Stuart *König von England, Schottland und Irland, 1600-1649:* Mausoleum 15/1, 331; Mischverfassung 15/1, 444; Naturwissenschaften 15/1, 842; 850; Republik 15/2, 724; Tyrannis 15/3, 691; United Kingdom 15/3, 806; 809
Karl I. von Anjou *König von Neapel-Sizilien, 1226-1285:* Herrscher 14, 403
Karl I. von Hessen-Kassel *Landgraf, 1654-1730:* Kassel, Staatliche Kunstsammlungen Antikenabteilung 14, 861; Steinschneidekunst: Gemmen 15/3, 284
Karl II. *König von England, Schottland und Irland, 1630-1685:* Herrscher 14, 373; Naturwissenschaften 15/1, 850; United Kingdom 15/3, 806; United States of America 15/3, 833–834
Karl II. *österreichischer Erzherzog, 1540-1590:* Österreich 15/1, 1137
Karl II., der Böse *König von Navarra, 1332-1387:* Frankreich 14, 21; 25
Karl II., der Kahle *König des Westfränkischen Reiches, röm. Kaiser, 823-877:* Frankreich 14, 6–7; Fürstenspiegel 14, 77; Griechisch 14, 304–305; Herrscher 14, 382; 388–389; 406; Italien 14, 661; Karolingische Renaissance 14, 820–821; 823; 827; Mittellatein 15/1, 447; 449; Möbel 15/1, 516
Karl II. von Anjou *König von Neapel, 1254-1309:* Spolien 15/3, 200
Karl III. Bourbon *König von Spanien, 1716-1788, als Karl VII. König von Neapel-Sizilien:* Bibliothek 13, 502; Herculaneum 14, 355–356; Klassische Archäologie 14, 909; Lateinamerika 15/1, 29; Neapel, Archäologisches Nationalmuseum (Museo Nazionale Archeologico, Napoli) 15/1, 874; Spanien 15/3, 115ff.
Karl III., der Dicke *König des Ostfränkischen und des Westfränkischen Reiches, röm. Kaiser, 839-888:* Frankreich 14, 7
Karl III. Philipp von der Pfalz *Kurfürst, 1661-1742:* Mannheim, Antikensaal und Antiquarium 15/1, 292
Karl IV. *König und Kaiser des HRR, König von Böhmen, 1316-1378:* Herrscher 14, 376; 395; Luxemburg 15/1, 237; Numismatik 15/1, 1110; Österreich 15/1, 1136; Porträtgalerie 15/2, 504; Troja 15/3, 619; Tschechien 15/3, 625
Karl IV., der Schöne *König von Frankreich, 1295-1328:* Frankreich 14, 16
Karl IV. Theodor *Kurfürst von der Pfalz und Kurfürst von Bayern:* Mainz 15/1, 272; Mannheim, Antikensaal und Antiquarium 15/1, 292–293; Münzsammlungen 15/1, 561
Karl V. *König und Kaiser des HRR, als Karl I. König von Spanien:* 0 15/2, 843; Fürstenspiegel 14, 80; Herrscher 14, 368; 372; 374; 389; 395; Humanismus 14, 551; Imperium 14, 578; Italien 14, 685; Künstlerlegenden 14, 1128; Luxemburg 15/1, 239; Mimesislegenden 15/1, 440; Nacktheit in der Kunst 15/1, 653; Naturwissenschaften 15/1, 840; 850; Sacrum Imperium 15/2, 1037; Schlachtorte 15/2, 1084; Spanien 15/3, 105; Triumphbogen 15/3, 586–587
Karl V., der Weise *König von Frankreich, 1338-1380:* Frankreich 14, 21; 23; 25; Paris, Louvre 15/2, 107
Karl VI. *Kaiser des HRR, als Karl III. König von Ungarn:* Herrscher 14, 375; Lateinische Inschriften 15/1, 48–49; Münzsammlungen 15/1, 561; Österreich 15/1, 1138
Karl VI., der Wahnsinnige *König von Frankreich, 1368-1422:* Frankreich 14, 21; 25
Karl VIII. *König von Frankreich, 1470-1498:* Frankreich 14, 22; 27; Herrscher 14, 389; 406; Italien 14, 685; Lateinische Tragödie 15/1, 86

Karl IX. *König von Frankreich, 1550-1575*: Herrscher 14, 399;   Münzsammlungen 15/1, 559
Karl der Kühne *Herzog, vorher Graf von Charolais, 1433-1477*: Frankreich 14, 21; 24;   Herrscher 14, 391;   Niederlande und Belgien 15/1, 985
Karl Emanuel I., d.Gr. *Herzog von Savoyen, 1562-1630*: Italien 14, 692
Karl Felix *Herzog von Savoyen, 1765-1831*: Italien 14, 719
Karl Martell *fränk. Hausmeier, um 688-741*: Frankreich 14, 6
Karlmann *fränk. Hausmeier, gest. 754*: Überlieferung 15/3, 723
Karlstadt, Andreas (Bodenstein, Andreas Rudolf): Literaturkritik 15/1, 181
Karo, Georg: Knossos 14, 992; 997;   Tiryns 15/3, 499
Karoch, S.: Küchenlatein 14, 1125
Karolus de Tocco: Glossatoren 14, 222
Karousos, Christos: Athen 13, 328
Karousos, Semni: Athen 13, 328
Karsten, Simon: Niederlande und Belgien 15/1, 1009
Kartanos, I.: Neugriechische Literatur 15/1, 898
Karvaš, P.: Slowakei 15/3, 67
Kasack, H.: Deutschland 13, 825
Kaschnitz von Weinberg, Guido: Klassische Archäologie 14, 913-914;   Stil, Stilanalyse, Stilentwicklung 15/3, 295
Kaser, Max: Textstufenforschung 15/3, 396;   Vulgarismusforschung/Vulgarrecht 15/3, 1072ff.
Kasimir III., d.Gr. *König von Polen, 1310-1370*: Polen 15/2, 403
Kaspar, Hermann: Nationalsozialismus 15/1, 757
Kasper, Johann → Eisenschmid
Kassel, Rudolf: Lebendiges Latein 15/1, 94
Kassia *byz. Dichterin*: Lyrik 15/1, 247
Kassianos Bassos Scholastikos *byz. Botaniker, 6. Jh.*: Arabisch-islamisches Kulturgebiet 13, 181;   Zoologie 15/3, 1204
Kassner, Rudolf: Österreich 15/3, 1295
Kastelic, J.: Slowenien 15/3, 71
Kastner, J.G.: Musik 15/1, 602
Kastrioti, Gjergi (Skanderbeg): Albanien 13, 57
Kasumović, I.: Kroatien 14, 1122
Katanchich, Péter: Ungarn 15/3, 755
Katančić, M.P.: Kroatien 14, 1121-1122
Katartzis, D.: Griechenland 14, 270;   Neugriechische Literatur 15/1, 901
Katharina II., die Große *Zarin von Russland, 1729-1796*: Groteske 14, 330-331;   Rußland 15/2, 1018;   Sankt Petersburg, Eremitage 15/2, 1063
Katharina *Tochter Karls VI. von Frankreich, Gemahlin Heinrichs V. von England*: United Kingdom 15/3, 784
Katharina, Prinzessin von Württemberg *Königin von Westfalen, 1783-1835*: Mausoleum 15/1, 335

Katharina von Medici → Medici
Katib Tschelebi *türk. Geschichtsschreiber und Geograph*: Politische Theorie 15/2, 471
Katičić, Radoslav: Onomastik 15/1, 1178
Katrarios, Johannes: Naturwissenschaften 15/1, 834
Katsaitis, Petros: Neugriechische Literatur 15/1, 900
Katz, Jerrold J.: Sprachwissenschaft 15/3, 247
Katzantzakis, Nikos: Neugriechische Literatur 15/1, 904
Kauchtschischvili, S.: Georgien 14, 139
Kauchtschischwili, T.: Rußland 15/2, 1028
Kauffer, Franz: Troja 15/3, 609
Kaufmann, Carl Maria: Frankfurt am Main, Liebieghaus – Museum alter Plastik 14, 1;   Nationale Forschungsinstitute 15/1, 687
Kaufmann, Emil: Mausoleum 15/1, 334
Kaulbach, Wilhelm von: Historismus 14, 490
Kausokalybites, Neophytos: Griechenland 14, 280
Kautsky, Karl: Diktatur 13, 859;   Marxismus 15/1, 301;   Sozialismus 15/3, 94
Kautzsch, Emil: Semitistik 15/3, 13
Kavafis, Konstantinos P.: Neugriechische Literatur 15/1, 910
Kavalliotis, Theodor → Kaballiōtēs
Kavanagh, Patrick: Irland 14, 647
Kavčič, F.: Slowenien 15/3, 72
Kayser, B.W.: Thematologie/Stoff- und Motivforschung 15/3, 410
Kayser, H.: Musik 15/1, 592
Kayser, Wolfgang: Epos 13, 1034
Kazantzakis, Nikos: Neugriechische Literatur 15/1, 910
Kâzım Paşa: Türkei 15/3, 661
Kazy, J.: Slowakei 15/3, 66
Kean, Charles: Orient-Rezeption 15/1, 1213
Keaton, Buster (Keaton, Joseph Francis): Venus von Milo 15/3, 968
Keats, John: Klassizismus 14, 969;   Lyrik 15/1, 250;   Romantik 15/2, 979; 981;   United Kingdom 15/3, 815;   Zoroastres/Zoroastrismus 15/3, 1231
Keay, Simon: Nationale Forschungsinstitute 15/1, 674-675
Kěcaris, Xačatur von: Armenien 13, 270
Keckermann, Bartholomäus: Aristotelismus 13, 260;   Rhetorik 15/2, 783;   Verfassungsformen 15/3, 984
Keil, Bruno: Frieden 14, 71
Keil, Josef: Nationale Forschungsinstitute 15/3, 1288
Kekulé von Stradonitz, Friedrich August: Naturwissenschaften 15/1, 865
Kekulé von Stradonitz, Reinhard: Epochenbegriffe 13, 1006;   Klassische Archäologie 14, 923-924;   Priene 15/2, 560
Keller, Albert von: Historismus 14, 489
Keller, Christoph → Cellarius

Keller, Ferdinand: Schweiz 15/2, 1146
Keller, Gottfried: Orient-Rezeption 15/1, 1228; Venus von Milo 15/3, 964
Keller, Werner: Sachbuch 15/2, 1031
Kellner, Hans-Jörg: Limes, Limesforschung 15/1, 167
Kelsen, Hans: Politische Theorie 15/2, 456; Verfassungsformen 15/3, 989
Kelsey, F.: Karthago 14, 840
Kemal Atatürk, Gazi Mustafa (Atatürk) *türk. Politiker*: Hethitologie 14, 417; Mausoleum 15/1, 338; Türkei 15/3, 664; 669
Kemp, Wolfgang: Interpretatio Christiana 14, 625–626
Kempf, Theodor K.: Trier 15/3, 569; 572
Kennelly, Brendan: United Kingdom 15/3, 825
Kent, William: Park 15/2, 133; 152; Porträtgalerie 15/2, 507; 513; United States of America 15/3, 855
Kephalas, Konstantinos: Byzanz 13, 597; 606; Philologie 15/2, 241
Kepler, Johannes: Babylon 13, 374; Horoskope 14, 532; 534; Maß und Gewicht 15/1, 306–307; Naturwissenschaften 15/1, 791; 798; 801; 804; 808; 814; 827–828; 838; 840–842; 850; 854; Österreich 15/1, 1138; Sphärenharmonie 15/3, 189
Keppel, G.Th.: Aizanoi 13, 36
Keramopoullos, A.D.: Aigina 13, 27
Kerckmeister, J.: Lateinische Komödie 15/1, 71
Kerényi, Karl: Kulturanthropologie 14, 1137; Mythos 15/1, 641; 647; Naturwissenschaften 15/1, 844; Paganismus 15/2, 29; Religionsgeschichte 15/2, 694; Schweiz 15/2, 1150; Ungarn 15/3, 757
Kerferd, G.B.: Australien und Neuseeland 15/3, 1248
Kerkherdere, Gerardus Joannes: Niederlande und Belgien 15/1, 1021; 1030
Kersting, W.: Politische Theorie 15/2, 457
Kessler, Herbert Leon: Interpretatio Christiana 14, 625
Kettelhut, Erich: Orient-Rezeption 15/1, 1215
Keulen, Ludolph van: Mathematik 15/1, 320
Keyer, Hendrick de: Niederlande und Belgien 15/1, 1043
Keyser, Hendrick de: Mausoleum 15/1, 332; Sepulchralkunst 15/3, 22
Keyßler, Johann Georg: Gotha, Schloßmuseum 14, 232; Laokoongruppe 15/1, 15
Khan, M.W.: Pakistan/Gandhara-Kunst 15/2, 39
Khomeini, Ruhollah Musawi *iran. Schiitenführer, Gründer der Islam. Republik Iran*: Arabisch-islamisches Kulturgebiet 13, 167
Kiechle, Franz: Technikgeschichte 15/3, 368
Kiefer, Anselm: Historienmalerei 14, 442
Kiehtreiber, Albert Conrad → Gütersloh
Kiel, E.J.: Niederlande und Belgien 15/1, 1012
Kielland, Alexander: Norwegen 15/1, 1085

Kienpointner, Manfred: Argumentationslehre 13, 250
Kienzl, Wilhelm: Vertonungen antiker Texte 15/3, 1023
Kiepert, Heinrich: Historische Geographie 14, 451; Kartographie 14, 859; Philologie 15/2, 265
Kiepert, Richard: Kartographie 14, 859
Kier, Hiltrud: Köln 14, 1036
Kierkegaard, Søren Aabye: Dänemark 13, 677; Ironie 14, 650
Kildare, Gerald FitzGerald, Earl of: Irland 14, 642
Kilian *ir. Wanderbischof, 7. Jh.*: Überlieferung 15/3, 723
Kilian, Cornelius: Niederlande und Belgien 15/1, 993; 1023
Kilian, Klaus: Tiryns 15/3, 504
Killmayer, Wilhelm: Musik 15/1, 602; Vertonungen antiker Texte 15/3, 1022
Killy, Walther: Kitsch 14, 882; Lyrik 15/1, 246
Kilwardby, Robert: Musik 15/1, 577; 579
Kim Il Sung *nordkorean. Politiker*: Triumphbogen 15/3, 593
Kinch, F.H.: Rhodos 15/3, 1323
Kinch, Karl Frederik: Nationale Forschungsinstitute 15/1, 678
Kinck, Hans E.: Norwegen 15/1, 1087
Kindermann, B.: Redegattungen 15/2, 646
King, C.W.: Steinschneidekunst: Gemmen 15/3, 287
King, Leonard W: London, British Museum 15/1, 225
King, Martin Luther jun.: United States of America 15/3, 863
King, William: Totengespräch 15/3, 523
Kingo, Thomas: Dänemark 13, 676
Kingsley, Charles: Kinder- und Jugendliteratur 14, 880
Kipling, John Lockwood: Indien 14, 587
Kipling, Rudyard: Kinder- und Jugendliteratur 14, 881
Kircher, Athanasius: Altertumskunde (Humanismus bis 1800) 13, 94; Babylon 13, 377; Diana von Ephesus 13, 840; Geologie (und Mineralogie) 14, 129; Musik 15/1, 571; 583; Naturwissenschaften 15/1, 841; Okkultismus 15/1, 1149; Orient-Rezeption 15/1, 1197–1198; Philosophia perennis 15/2, 334; Religionsgeschichte 15/2, 682; Sphärenharmonie 15/3, 189; Weltwunder 15/3, 1113
Kirchhoff, Adolf: Philologie 15/2, 265; Zeitrechnung 15/3, 1177
Kirchhoff, Alfred: Historische Geographie 14, 451
Kirchner, Johannes: Athen 13, 285; Nobilitas 15/1, 1072
Kirk, Geoffrey Stephen: Mythos 15/1, 648; Vorsokratiker 15/3, 1063; 1066
Kirkall, E.: Rom 15/2, 912

Kirkeby, Per: Dänemark 13, 678
Kirnberger, Johann Philipp: Vertonungen antiker Texte 15/3, 1022; 1024
Kirsch, Johann Peter: Nationale Forschungsinstitute 15/1, 684ff.; 688
Kirschbaum, Engelbert: Nationale Forschungsinstitute 15/1, 689
Kirschen, Fritz: Priene 15/2, 564
Kirsten, Ernst: Historische Geographie 14, 451; Nationalsozialismus 15/1, 747
Kisch, Egon Erwin: Tourismus 15/3, 532
Kitchener, Horatio Herbert: Vorderasiatische Archäologie 15/3, 1057
Kittay, Eva Feder: Metapher/Metapherntheorie 15/1, 406
Kittel, Gerhard: Judentum 14, 757; Nationalsozialismus 15/1, 755
Kjellberg, Lennart: Nationale Forschungsinstitute 15/1, 708
Kjellén, R.: Historische Geographie 14, 451
Klages, Ludwig: Bayern 13, 443; Gnosis 14, 229; Mythos 15/1, 641
Klaj, Johann: Deutschland 13, 782
Klapheck, Konrad: Moderne 15/1, 507
Klauser, Konrad: Schweiz 15/2, 1134
Klauser, Theodor: Enzyklopädie 13, 974; Franz-Joseph-Dölger-Institut 14, 62; 64–65; 67
Klaute, Johann Balthasar: Kassel, Staatliche Kunstsammlungen Antikenabteilung 14, 861
Kleanthes, Stamathios: Athen 13, 282; 291
Klebs, Elimar: Akademie 13, 48; Nobilitas 15/1, 1073
Klee, Paul: Groteske 14, 331; Knidische Aphrodite 14, 985; Moderne 15/1, 504; Parnaß 15/2, 186
Klee, Udo: Thukydidismus 15/3, 483
Klein, César: Moderne 15/1, 507
Klein, Daniel: Litauen 15/1, 172
Klein, M.: Psychoanalyse 15/2, 590; 595
Klein, W.: Tschechien 15/3, 644
Klein, Yves: Moderne 15/1, 509
Kleiner, G.: Milet 15/1, 425–426
Kleinmichel, Julius: Historienmalerei 14, 439
Kleist, Ewald Christian von: Preußen 15/2, 550; Ut pictura poesis 15/3, 933; Verskunst 15/3, 1013
Kleist, Heinrich von: Keltisch-Germanische Archäologie 14, 871; Komödie 14, 1075–1076; Lateinische Komödie 15/1, 67; 79; Romantik 15/2, 976; Tragödie/Tragödientheorie 15/3, 534; 541; Ut pictura poesis 15/3, 934
Klengel, H.: Hethitologie 14, 415
Klenze, Franz Karl Leo von: Aigina 13, 31; Athen 13, 306; 324; Bayern 13, 440–441; Denkmal 13, 741; Deutschland 13, 815; Griechische Tragödie 14, 319; Historismus 14, 492; Klassizismus 14, 955; Kopenhagen 14, 1092; Mausoleum 15/1, 337; Möbel 15/1, 521; München, Glyptothek und Antikensammlungen 15/1, 545–548ff.; 550–551; Parthenon 15/2, 194; Porträtgalerie 15/2, 513; Rezeptionsformen 15/2, 764; Sankt Petersburg, Eremitage 15/2, 1062; Stützfiguren/Erechtheionkoren 15/3, 333; Toranlagen/Stadttore 15/3, 512

Kleve, Anna von: United Kingdom 15/3, 802
Kleve, Knut: Nationale Forschungsinstitute 15/1, 697; Norwegen 15/1, 1088
Klewitz, Wilhelm Albert: Park 15/2, 163
Klibansky, Raymond: Warburg Institute, The 15/3, 1101ff.; 1106
Klimenko, Natalja: Ukraine 15/3, 746
Klimov, Georgi Andreevic: Sprachwissenschaft 15/3, 241
Klimsch, Fritz: Moderne 15/1, 505
Klimt, Gustav: Vasen/Vasenmalerei 15/3, 954
Klinger, Friedrich Maximilian von: Lateinische Tragödie 15/1, 88; Sturm und Drang 15/3, 338
Klinger, Max: Historismus 14, 489; 497; Moderne 15/1, 499; Musen 15/1, 569; Nacktheit in der Kunst 15/1, 654; Sturm und Drang 15/3, 338–339; Venus von Milo 15/3, 967
Klingner, Friedrich: Deutschland 13, 818; Philologie 15/2, 312; United States of America 15/3, 846
Klinkenberg, Jean-Marie: Figurenlehre 13, 1131
Klinkenberg, Joseph: Köln 14, 1031; 1037
Klöckler, Herbert Freiherr von: Horoskope 14, 537
Kløvedal Reich, Ebbe: Dänemark 13, 678
Klontzas, Georgios: Byzanz 13, 622
Kloos, Willem: Niederlande und Belgien 15/1, 1052
Klopstock, Friedrich Gottlieb: Deutschland 13, 795; Elegie 13, 945; Epos 13, 1034; Fürstenschule 14, 75; Hymnos 14, 568–569; Literaturkritik 15/1, 179; Lyrik 15/1, 250; Totengespräch 15/3, 522; Übersetzung 15/3, 732ff.; Verskunst 15/3, 1010; 1012–1016ff.
Klose, A.: Neulatein 15/1, 932
Klossowski, Pierre: Philologie 15/2, 1319
Klotz, Christian Adolph: Steinschneidekunst: Gemmen 15/3, 286
Kluckhohn, Clyde Kay Maben: Kulturanthropologie 14, 1136
Klüwer, Philipp → Cluverius
Knapp, Johann Friedrich: Limes, Limesforschung 15/1, 160
Knauss, Bernhard: Nationalsozialismus 15/1, 734
Knauth, Joachim: DDR 13, 693
Knebel, Karl Ludwig von: Übersetzung 15/3, 734
Kneller, Godfrey: Porträtgalerie 15/2, 510; 512
Knibbe, Dieter: Nationale Forschungsinstitute 15/3, 1289
Kniepf, Albert: Horoskope 14, 537
Knight, Payne: Münzsammlungen 15/1, 560

Knipschild, Ph.: Bürger 13, 559
Knittel SJ, Caspar: Tschechien 15/3, 630
Knizia, Reiner: Spiele 15/3, 194
Knobelsdorff, Georg Wenzeslaus von: Preußen 15/2, 549; Stützfiguren/Erechtheionkoren 15/3, 331; Theaterbau/Theaterkulisse 15/3, 406
Knoche, Ulrich: Philologie 15/2, 316; 321
Knoepfler, D.: Nationale Forschungsinstitute 15/1, 722
Knorr von Rosenroth, Christian: Okkultismus 15/1, 1149
Knudtzon, J.A.: Hethitologie 14, 414
Kobierzycki, Stanisław: Polen 15/2, 407
Kobiv, Josef: Ukraine 15/3, 745
Kocabaş, Hüseyin: Türkei 15/3, 677
Koch, Carl: Religionsgeschichte 15/2, 695
Koch, Joseph Anton: Karikatur 14, 801
Koch, L.: Rhetorik 15/2, 804–805
Kochanowski, Jan: Makkaronische Dichtung 15/1, 283; Polen 15/2, 395; Verskunst 15/3, 1016
Kodály, Zoltán: Musik 15/1, 602; Vertonungen antiker Texte 15/3, 1022–1024
Kodrikas, P.: Griechenland 14, 270; 277
Köber, Raphael von: Japan 14, 721
Koechlin, Charles: Frankreich 15/3, 1271; Vertonungen antiker Texte 15/3, 1023
Köchly, H.A.T.: Krieg 14, 1117
Köhler, Hans: DDR 13, 693
Köhler, Johann David: Numismatik 15/1, 1116
Köhler, Ulrich von: Universität 15/3, 909
Köhlmeier, Michael: Deutschland 13, 827; Österreich 15/3, 1296
Koen, Gisbert: Niederlande und Belgien 15/1, 1005
Koenig, Fritz: Stützfiguren/Erechtheionkoren 15/3, 334
König, Hans Jörg: Porträtgalerie 15/2, 509
König, J.U.: Geschmack 14, 218
Koenig, Lucien (Siggy vu Lëtzebuerg): Luxemburg 15/1, 241
König, R.: Kitsch 14, 882
Koenigs, Wolf: Priene 15/2, 564
Königsberg, Allen Stewart → Allen, Woody
Köppen, Friedrich: Politische Theorie 15/2, 455
Körbler, D.: Kroatien 14, 1122
Körte, A.: Aizanoi 13, 36
Koës, Georg: Nationale Forschungsinstitute 15/1, 677
Kötting, Bernhard: Franz-Joseph-Dölger-Institut 14, 65
Kofler, Friedrich: Limes, Limesforschung 15/1, 162–163
Kohtz, Otto: Orient-Rezeption 15/1, 1216
Koialowicz, Albertus Wiuk: Litauen 15/1, 176–177
Koinegg, Karlheinz: Medien 15/1, 351
Kokko, Yrjö: Kinder- und Jugendliteratur 14, 880

Kokoschka, Oskar: Moderne 15/1, 499; 507
Kolakowski, Leszek: Mythos 15/1, 642
Kolář, Antonín: Tschechien 15/3, 642
Kolář, Jiří: Tschechien 15/3, 636
Kolbe, Georg: Nacktheit in der Kunst 15/1, 655
Kolczawa, Carolus: Tschechien 15/3, 630
Koldewey, Robert: Baalbek 13, 366; Babylon 13, 374; Deutsche Orient-Gesellschaft 13, 744; Orient-Rezeption 15/1, 1227–1228; Vorderasiatische Archäologie 15/3, 1051; Weltwunder 15/3, 1116
Koldin, Paulus: Tschechien 15/3, 628
Kollár, J.: Slowakei 15/3, 67
Kołłątaj, Hugo: Polen 15/2, 410
Koller, Franziskus Baron: Tschechien 15/3, 643
Koloman *ir. Märtyrer*: Österreich 15/1, 1135
Komar, Vitaly: Moderne 15/1, 512
Komarova, Lidia: Orient-Rezeption 15/1, 1217
Komenský, Jan Amos → Comenius
Kommitas, S.: Griechenland 14, 277; 279
Komnenos, Michael: Naturwissenschaften 15/1, 834
Konchalovsky, Andrei: Film 13, 1134
Kondis, Ioannis: Rhodos 15/3, 1327ff.
Konfuzius *chines. Philosoph*: Park 15/2, 137
Koning, Frederik: Orient-Rezeption 15/1, 1230
Konrad II., der Salier *König des HRR*: Deutschland 13, 762; Herrscher 14, 388; Imperium 14, 582; Lehnsrecht 15/1, 101
Konrad III. *König des HRR*: Österreich 15/1, 1131; 1133
Konrad IV. *König des HRR*: Neulatein 15/1, 927
Konrad von Halberstadt *mhdt. Dichter*: Tschechien 15/3, 625
Konrad von Hirsau *mlat. Schriftsteller*: Kanon 14, 792; Kinder- und Jugendliteratur 14, 878; Literaturkritik 15/1, 181; Mittellatein 15/1, 455
Konrad von Megenberg *ma. Theologe und Schriftsteller*: Meteorologie 15/1, 416; Monarchie 15/1, 538; Naturwissenschaften 15/1, 804; Wirtschaftslehre 15/3, 1161
Konrad von Mure *mlat. Dichter*: Schweiz 15/2, 1126; Zoologie 15/3, 1213
Konrad von Würzburg *mhdt. Dichter*: Troja 15/3, 599
Konstans II. (Constans [2]* II.) *byz. Kaiser, 630–668*: Athen 13, 280; Rom 15/2, 844
Konstantas, Grigorios: Neugriechische Literatur 15/1, 902
Konstantinos → Kyrillos [8]*
Konstantinos V. Kopronymos *byz. Kaiser*: Römisches Recht 15/2, 836
Konstantin(os) [1]* VII. Porphyrogennetos (Constantinus [7]* Porphyrogennetos) *byz. Kaiser*: Byzanz 13, 597; 605; Griechisch 14, 294; Horoskope 14, 532; Landwirtschaft 15/1, 6; Philologie 15/2, 241; Überlieferung 15/3, 715; Zoologie 15/3, 1207–1208

Konstantinos IX. Monomachos *byz. Kaiser*: Norwegen 15/1, 1084
Konstantinos Psellos → Psellos*
Konstantinou, Georgios: Griechenland 14, 280
Konstantinov-Džinot, Jordan Hadži: Makedonien/Mazedonien 15/1, 279
Konstantios I. *Patriarch von Konstantinopel, 1770-1859*: Konstantinopel 14, 1090
Konstanze *Gemahlin Friedrichs II. von Hohenstaufen*: Herrscher 14, 380
Kontos, K.: Griechenland 14, 284
Koopmann, Helmut: Epos 13, 1034
Kopernikus, Nikolaus → Copernicus
Kopp, Joseph: Bayern 13, 438
Koppay, G.: Slowakei 15/3, 64
Koptiva, S.: Slowenien 15/3, 73
Korais, Adamantios: Griechenland 14, 270; 277; 280; Griechisch 14, 296; Neugriechische Literatur 15/1, 899–901; 904
Korfmacher: Mittellatein 15/1, 451
Korfmann, Manfred: Philologie 15/3, 1304; Troja 15/3, 610
Kornaros, Vizenzos: Neugriechische Literatur 15/1, 899
Kornemann, Ernst: Herrscher 14, 392; Nationalsozialismus 15/1, 748–749; Schlachtorte 15/2, 1089
Kortner, Fritz: Komödie 14, 1077
Kortüm, Johann Friedrich Christoph: Geschichtswissenschaft/Geschichtsschreibung 14, 190
Kortuki, M.: Albanien 13, 60
Korwin, Wawrzyniec (Corvinus, Laurentius): Polen 15/2, 393
Korydalleus, Theophilos: Griechenland 14, 275; Neugriechische Literatur 15/1, 897
Korž, Natalja: Ukraine 15/3, 746
Korzun, M.S.: Weißrußland 15/3, 1110
Košar, J.: Slowenien 15/3, 72
Koselleck, Reinhart: Historismus 14, 486; Philologie 15/3, 1314
Kosinna, Gustaf: Römisch-Germanische Kommission (RGK) 15/2, 826
Kosinzew, G.: Babylon 13, 377
Koskenniemi, V.A.: Finnland 13, 1148
Kosmas [2]* Indikopleustes: Atlantis 13, 336; Bulgarien 13, 571; Historische Geographie 14, 448; Śrī Laṅkā 15/3, 252; Zoologie 15/3, 1207
Kosmas [3]* von Jerusalem (Kosmas Melodes/Kosmas von Maiuma): Kommentar 14, 1064; Naturwissenschaften 15/1, 834; Überlieferung 15/3, 712
Kosmas Melodes → Kosmas [3]* von Jerusalem
Kosmas von Maiuma → Kosmas [3]* von Jerusalem
Kossinna, Gustaf: Keltisch-Germanische Archäologie 14, 872; Nationalsozialismus 15/1, 731
Kostabi, Mark: Kitsch 14, 886
Kostanidi Paşa: Türkei 15/3, 646

Koster, W.J.W.: Niederlande und Belgien 15/1, 1013; 1053
Kostić, Laza: Serbien 15/3, 30
Kostić, Matej: Serbien 15/3, 28
Kosztolányi, Dezső: Ungarn 15/3, 753
Kotljarevskij, Ivan: Ukraine 15/3, 746
Kotschi Bey: Politische Theorie 15/2, 471
Kotzebue, August von: Kampanien 14, 790; Orient-Rezeption 15/1, 1228
Koumanoudis, S.: Griechenland 14, 284–285
Koumas, K.: Griechenland 14, 278; 280
Koun, K.: Griechische Komödie 14, 314
Kounadis, A.: Griechische Tragödie 14, 321
Kourouniotis, Konstantinos: Nationale Forschungsinstitute 15/1, 703
Kožičić Benja, S.: Kroatien 14, 1120
Kōzu, Harushige: Japan 14, 721
Kraay, Colin M.: Numismatik 15/1, 1119–1120
Krämer, Hans: Epikureismus 13, 994
Kraemer, Jörg: Arabistik 13, 191
Krämer, Werner: Römisch-Germanische Kommission (RGK) 15/2, 828
Kraft, Konrad: Numismatik 15/1, 1121
Kraggerud, Egil: Norwegen 15/1, 1085
Krahe, Hans: Onomastik 15/1, 1178
Kraiker, W.: Aigina 13, 28
Král, Josef: Tschechien 15/3, 639ff.
Kramer, Samuel Noah: Philadelphia, University of Pennsylvania Museum of Archaeology and Anthropology, Ancient Near Eastern Section 15/2, 230
Kramer, Wolfgang: Spiele 15/3, 194
Krammer, Gabriel: Stützfiguren/Erechtheionkoren 15/3, 330
Kranjčević, S.S.: Kroatien 14, 1122
Krantz, Albert: Geschichtswissenschaft/Geschichtsschreibung 14, 214; Vandalen 15/3, 941
Kranz, Walter: Philologie 15/2, 272
Krása, Hans: Vertonungen antiker Texte 15/3, 1024
Krašeninnikov, M.: Rußland 15/2, 1026
Kraus, Franz Xaver: Christliche Archäologie 13, 644; Nationale Forschungsinstitute 15/1, 687
Kraus, Johannes: Tschechien 15/3, 630
Kraus, Karl: Komödie 14, 1077; Österreich 15/3, 1295; Verskunst 15/3, 1016
Krause, Clemens: Nationale Forschungsinstitute 15/1, 716; 721
Krause, J.Ch.: Bevölkerungswissenschaft/Historische Demographie 13, 488
Krautheimer, Richard: Christliche Archäologie 13, 645; Istituto (Nazionale) di Studi Romani 14, 657; Rom 15/2, 872
Krčelić, B.: Kroatien 14, 1121
Krefeld, Heinrich: Mittellatein 15/1, 455
Kregar, S.: Slowenien 15/3, 72

Kreis, Wilhelm: Mausoleum 15/1, 337; Nationalsozialismus 15/1, 760; Orient-Rezeption 15/1, 1217; Pergamonaltar 15/2, 214
Krejčí, Iša: Tschechien 15/3, 635
Kremer, Alfred von: Arabistik 13, 191
Krencker, D.: Aizanoi 13, 36–37
Krenek, Ernst: Deutschland 13, 819; 824; Musik 15/1, 602
Kresnik, Johann: Tanz 15/3, 363
Kretschmer, E.: Horoskope 14, 537
Krieck, Ernst: Nationalsozialismus 15/1, 729–730
Krier, Léon: Atlantis 13, 338; Luxemburg 15/1, 241
Krier, Robert: Luxemburg 15/1, 241
Kries, Johannes von: Logik 15/1, 198
Kristeller, Paul Oskar: Neulatein 15/1, 933; Warburg Institute, The 15/3, 1104; 1106
Kristeva, Julia: Philologie 15/3, 1313
Kritobulos von Imbros: Byzanz 13, 608; Troja 15/3, 603
Krleža, M.: Kroatien 14, 1122
Kroetsch, Robert: United Kingdom 15/3, 830
Krötzl, Christian: Nationale Forschungsinstitute 15/1, 683
Krókowski, J.: Polen 15/2, 407
Kroll, J.: Warburg Institute, The 15/3, 1100
Kroll, W.: Philologie 15/2, 311
Kromayer, J.: Krieg 14, 1117
Kromer, Martin (Cromerus): Litauen 15/1, 172
Krosno, Paweł von: Polen 15/2, 393
Kroymann, Emil: Berufsverbände 13, 475
Krubsacius, Friedrich August: Villa 15/3, 1041
Krüger, Emil: Trier 15/3, 568ff.
Krüger, Karl Wilhelm: Philologie 15/2, 266
Krüss, James: Kinder- und Jugendliteratur 14, 880
Krug, Wilhelm Traugott: Verfassungsformen 15/3, 987
Krumbacher, Karl: Bayern 13, 442; Byzantinistik 13, 585; Universität 15/3, 909
Kruse, Helmut: Franz-Joseph-Dölger-Institut 14, 64
Krzycki, Andrzej: Polen 15/2, 393
Kubin, Alfred: Moderne 15/1, 500
Kudlien, Fridolf: Medizingeschichtsschreibung 15/1, 376
Küchelbecker, W.: Rußland 15/2, 1020
Küchenhoff, Erich: Verfassungsformen 15/3, 989
Kühn, Carl Gottlob: Medizin 15/1, 370; Medizingeschichtsschreibung 15/1, 374
Kühner, Raphael: Philologie 15/2, 266
Küpper, J.: Barock 13, 400
Kürschner, Conrad (Pellicanus): Schweiz 15/2, 1136
Kuhn, Adalbert: Religionsgeschichte 15/2, 687
Kuhn, Ernst: Iranistik 14, 638
Kuhn, H.: Interpretatio Christiana 14, 630
Kuhn, Johannes: Theologie und Kirche des Christentums 15/3, 417

Kuhn, Thomas Samuel: Historismus 14, 476; Metapher/Metapherntheorie 15/1, 406; Mythos 15/1, 638; Philologie 15/3, 1319
Kuhnau, Johann: Affektenlehre (musikalisch) 13, 22
Kuhnen, Hans-Peter: Trier 15/3, 571
Kuiper, Franciscus Jacobus Bernardus: Sprachwissenschaft 15/3, 236
Kuiper, Koenraad: Niederlande und Belgien 15/1, 1010
Kuiper, Walter Everard Johan: Niederlande und Belgien 15/1, 1010
Kulvietis, Abraomas → Culvensis
Kumaniecki, K.: Polen 15/2, 407
Kunert, Günter: DDR 13, 694–695
Kunić, R.: Kroatien 14, 1121
Kunze, Emil: Olympia 15/1, 1173; Orchomenos 15/1, 1190
Kunze, Max: Winckelmann-Gesellschaft 15/3, 1140
Kupala, Janka: Weißrußland 15/3, 1108
Kupsch, C.G.: Musen 15/1, 569
Kurbsij, A.: Rußland 15/2, 1016
Kure, Shigeichi: Japan 14, 721
Kuryłowicz, Jerzy: Sprachwissenschaft 15/3, 235
Kurz, Hermann: Übersetzung 15/3, 736
Kušāğim: Zoologie 15/3, 1220
Kusim, M.: Rußland 15/2, 1026
Kutorga, Mihail Semenovich: Rußland 15/2, 1020; Sklaverei 15/3, 51; Weißrußland 15/3, 1109
Kuttner, Stephan: Glossatoren 14, 224
Kuziscin, V.I.: Geschichtswissenschaft/Geschichtsschreibung 14, 207
Kuzmić, M.: Kroatien 14, 1122
Kuzsinszky, B.: Ungarn 15/3, 756
Kvas, Jindřich → Henricus de Isernia
Kvernadze, B.: Georgien 14, 138
Kvíčala, Jan: Tschechien 15/3, 639–640
Kyd, Thomas: Lateinische Tragödie 15/1, 87; Tragödie/Tragödientheorie 15/3, 539; United Kingdom 15/3, 808
Kydones, Demetrios: Byzanz 13, 607
Kydones, Prochoros: Byzanz 13, 607
Kyprianos *Archimandrit*: Zypern 15/3, 1236
Kyprianos *Erzbischof von Zypern*: Zypern 15/3, 1236
Kyprianos von Moskau *Metropolit, um 1400*: Theologie und Kirche des Christentums 15/3, 430
Kyprios, Gregorios → Gregor von Zypern
Kyrieleis, Helmut: Olympia 15/1, 1173; Rom 15/2, 901; Samos 15/2, 1057
Kyrillos [8]* (Konstantinos/Cyrillus) *griech. Slavenapostel*: Bulgarien 13, 569; Griechisch 14, 296; Österreich 15/1, 1134; Rußland 15/2, 1014; Slavische Sprachen 15/3, 60; Slowakei 15/3, 63
Kyrlow, I.: Rußland 15/2, 1021
Kyser, Hans: Medien 15/1, 353

L

Laarhoven, Jan van: Mittellatein 15/1, 453
Labacco, Antonio: Ostia und Porto 15/1, 1248
Laban, Rudolf von: Neohumanismus 15/1, 893
La Baume, Peter: Köln 14, 1038
Labe SJ, Balbinus: Tschechien 15/3, 630
Labe SJ, Sebastianus: Tschechien 15/3, 630
Labeo von Sankt Gallen → Notker der Deutsche
Laborde, L. de: Aizanoi 13, 36; Baalbek 13, 365
Labrouste, H.: Historismus 14, 491
Labrunie, Gérard → Nerval
La Bruyère, Jean de: Biographie 13, 522; Frankreich 14, 37–38; Mythologie 15/1, 628
Lacan, Jacques Marie: Psychoanalyse 15/2, 591; 596; Strukturalismus 15/3, 320; 324
La Cerda, Ioannes Ludovicus de: Homer-Vergil-Vergleich 14, 519–520
La Chalotais, Louis René de Caradeuc de: Frankreich 14, 55
La Chapelle, Jean de: Elegie 13, 943
Lachmann, Karl: Historismus 14, 479; Homerische Frage 14, 505; 512–513; Literaturkritik 15/1, 179; Orthographie 15/1, 1246; Philologie 15/2, 266; 301; 15/3, 1308ff.; 1313; Sprachwissenschaft 15/3, 238
Lachmann, Renate: Mnemonik/Mnemotechnik 15/1, 474; 478
Lachner, Franz: Vertonungen antiker Texte 15/3, 1023
Lachner, Vinzenz: Vertonungen antiker Texte 15/3, 1024
Laciani, Rodolfo: Rom 15/2, 916; 925
Ladavaunt, G.: Griechische Tragödie 14, 321
Ladstätter, Georg: Nationale Forschungsinstitute 15/3, 1290
Lady Montagu → Montagu
Lady Morgan → Owenson
Lämmli, Franz: Technikgeschichte 15/3, 369
Laetus, Erasmus: Dänemark 13, 675
Lafargue, Paul: Marxismus 15/1, 301
Lafaye, Georges: Verwandlungen/Illustrationen von Ovid-Texten 15/3, 1032
Lafitau, Joseph-François: Kulturanthropologie 14, 1142; Matriarchat 15/1, 322; Religionsgeschichte 15/2, 684
La Fontaine, Jean de: Adaptation 13, 15; Allegorese 13, 83; Epikureismus 13, 990; Fabel 13, 1066; 1068; Frankreich 14, 37–38; Kinder- und Jugendliteratur 14, 879; Klassik als Klassizismus 14, 895; Mythologie 15/1, 628
Lafrèry, Antoine: Druckwerke 13, 892; 894
Lagarde, Paul de: Semitistik 15/3, 13
Lagerfeld, Karl Otto: Mode 15/1, 491
Lago, Mario: Rhodos 15/3, 1325
Lagus, Konrad: Humanismus 14, 556; Loci communes 15/1, 188
La Harpe, Jean-François de: Frankreich 14, 50
Lahontan, Louis-Armand de Lom d'Arce, Baron de: Utopie 15/3, 938
Lairesse, Gérard de: Karthago 14, 850; Niederlande und Belgien 15/1, 1042
Lakapenos, Georgios: Kommentar 14, 1065
Lakoff, George: Metapher/Metapherntheorie 15/1, 406; Sprachwissenschaft 15/3, 248
Lalić, Ivan: Serbien 15/3, 30
Lalli, Giovan Battista: Adaptation 13, 13–14; Epos 13, 1020; Italien 14, 695
Lalò, Edouard: Frankreich 15/3, 1271
Laloy, Louis: Frankreich 15/3, 1272
Lamartine, Alphonse de: Epos 13, 1023; Frankreich 15/3, 1258
Lamb, Thomas W.: Orient-Rezeption 15/1, 1218
Lamb, Winifred: Nationale Forschungsinstitute 15/1, 666
Lambert le Tort: Frankreich 14, 14
Lambert von St. Omer: Herrscher 14, 397
Lambert, Johann Heinrich: Logik 15/1, 198–199
Lambin, Denis (Lambinus, Dionysius): Gattung/Gattungstheorie 14, 90; Philologie 15/2, 291
Lamboglia, Nino: Unterwasserarchäologie 15/3, 923
Lamboray, Camille: Luxemburg 15/1, 241
Lambrino, Scarlat I.: Rumänien 15/2, 1013
Lambros, Sp.: Griechenland 14, 285; Neugriechische Literatur 15/1, 909
Lamdan, Isaac: Schlachtorte 15/2, 1090
La Mettrie, Julien Offroy de: Frankreich 14, 49
Lami, Giovanni: Niederlande und Belgien 15/1, 997
Lammens, Henri: Arabistik 13, 191
Lamola, Giovanni: Philologie 15/2, 246
La Mothe Le Vayer, François de: Frankreich 14, 39; Skeptizismus 15/3, 41
Lamothe, O.: Christliche Archäologie 13, 642
La Motte-Houdar, Antoine → Houdar de La Motte
Lampadius, Wilhelm August Eberhard: Meteorologie 15/1, 418
Lampe, Geoffrey William Hugo: Lexikographie 15/1, 130
Lampert von Hersfeld: Deutschland 13, 763; Herrscher 14, 367
Lampo, Hubert: Niederlande und Belgien 15/1, 1060; 1069
Lamprecht, Karl: Bücher-Meyer-Kontroverse 13, 552; Historische Methoden 14, 458; Historismus 14, 473
Lampsonius, Dominicus: Niederlande und Belgien 15/1, 1029
Lamy, Bernard: Argumentationslehre 13, 248; Figurenlehre 13, 1130; Metapher/Metapherntheorie 15/1, 405; Rhetorik 15/2, 784
Lan, Dan: United Kingdom 15/3, 826
Lancaster, Lynne: Nationale Forschungsinstitute 15/1, 676

Lancelot, Claude: Sprachwissenschaft 15/3, 230
Lanciani, Rodolfo: Italien 14, 717; Ostia und Porto 15/1, 1248; Rom 15/2, 871; 887; 913
Lancilloto Castello, Gabriele: Numismatik 15/1, 1115
Lanckoroński, Karolo: Polen 15/2, 409
Landino, Cristoforo: Akademie 13, 42; Epos 13, 1016; Gattung/Gattungstheorie 14, 90; Humanismus 14, 548; Karthago 14, 849; Lateinische Komödie 15/1, 67; Leichenrede 15/1, 120; Literaturkritik 15/1, 182; Nobilitas 15/1, 1080; Theorie/Praxis 15/3, 465
Landívar, Rafael: Lateinamerika 15/1, 24; 30
Landolfi, Tommaso: Metamorphose 15/1, 400
Landron, E.: Aizanoi 13, 36
Landsberger, Benno: Chicago, Oriental Institute Museum 13, 632; Hethitologie 14, 415
Landulf Sagax: Herrscher 14, 401; Mittellatein 15/1, 454
Lane, Ed. William: Arabistik 13, 191
Lanfranc von Bec *Erzbischof von Canterbury, 11. Jh.*: Mönchtum 15/1, 526; Ottonische Renaissance 15/1, 1259
Lanfranc von Mailand: Medizin 15/1, 364
Lanfranco Cigala: Frankreich 14, 15
Lang, Fritz: Babylon 13, 377; Orient-Rezeption 15/1, 1215
Láng, N.: Ungarn 15/3, 756
Lange, Hartmut: DDR 13, 693
Lange, Hermann: Glossatoren 14, 225
Lange, Joachim: Homiletik/Ars praedicandi 14, 529
Lange, Julius: Dänemark 13, 677
Lange, Ludwig: Geschichtswissenschaft/Geschichtsschreibung 14, 204; Tschechien 15/3, 639
Lange, S.G.: Preußen 15/2, 550
Langendonck, Christianus a: Niederlande und Belgien 15/1, 1021
Langénieux, B.M.: Schlachtorte 15/2, 1091
Langenscheidt, Gustav: Übersetzung 15/3, 735
Langhans, Carl Gotthard: Mausoleum 15/1, 334; Preußen 15/2, 555; Toranlagen/Stadttore 15/3, 512
Langhans, K.F.: Historismus 14, 493
Langland, William: United Kingdom 15/3, 789
Langlotz, Ernst: Zeitrechnung 15/3, 1167ff.
Langmaack, Gerhard: Warburg Institute, The 15/3, 1099
Langmann, Gerhard: Nationale Forschungsinstitute 15/3, 1289
Langosch, Karl: Mittellatein 15/1, 460–461
Lanzi, Luigi: Etruskologie 13, 1056; Uffizien, Florenz (Galleria degli Uffizi, Firenze) 15/3, 741; Vasen/Vasenmalerei 15/3, 951
Laonikos, Chalkokondyles: Byzanz 13, 608
La Penna, Antonio: Philologie 15/3, 1313
La Peyrère, Isaac de: Literaturkritik 15/1, 181

Laporterie, J.M. de: Köln 14, 1027
L'Arienti, G.S.: Laokoongruppe 15/1, 9
Larivey, Pierre de: Komödie 14, 1071
Laroche, E.: Hethitologie 14, 415–416
La Rochefoucauld, François VI., Duc de: Epikureismus 13, 990; Geschmack 14, 218
Larousse, Pierre: Enzyklopädie 13, 971
Larrañaga, Dámaso de: Lateinamerika 15/1, 33; 42
Larrivey, Pierre de: Lateinische Komödie 15/1, 73
Larsen, H.: Kopenhagen 14, 1092
La Sablé → Aréna
Lasalle, Ferdinand: Diktatur 13, 859
Lasić, Stevan: Serbien 15/3, 27
Laskaris, Janos (Johannes): Byzanz 13, 598; Philologie 15/2, 248
Laskaris, Konstantinos: Byzanz 13, 598; Griechenland 14, 279; Lexikographie 15/1, 128; Philologie 15/2, 249
Lasker-Schüler, Else: Lyrik 15/1, 247
Lassels, Richard: Kampanien 14, 789; Souvenir 15/3, 79
Lassen, Eduard: Vertonungen antiker Texte 15/3, 1023
Lassen, Christian: Iranistik 14, 634
Lasso, Orlando di: Messe 15/1, 394; München, Glyptothek und Antikensammlungen 15/1, 544; Vers mesurés 15/3, 1007; Vertonungen antiker Texte 15/3, 1022; 1024
Lasso de la Vega: Lateinamerika 15/1, 39
Lastarria, José Victorino: Lateinamerika 15/1, 42
Laszlo, Ferencz: Rumänien 15/2, 1013
Latacz, Joachim: Sprachwissenschaft 15/3, 245
Latever, Minord: Greek Revival 14, 250
Latini, Brunetto: Frankreich 14, 18; Herrscher 14, 393; Italien 14, 669; Meteorologie 15/1, 416; Republik 15/2, 717
Latomus, Bartholomaeus → Steinmetz
Latomus, Jacobus: Theologie und Kirche des Christentums 15/3, 435
Latrobe, Benjamin Henry: Greek Revival 14, 249; 252; United States of America 15/3, 855ff.
Latte, Kurt: Religionsgeschichte 15/2, 692
Latyschev, V.: Rußland 15/2, 1023
Lauchen, Georg Joachim von → Rhaeticus
Lauffer, Siegfried: Sklaverei 15/3, 52
Laugier, Marc-Antoine: Griechen-Römer-Antithese 14, 258; 265; Säulenordnung 15/2, 1052
Launoy, Jean: Ehe 13, 926
Laurana, Ambito del: Triumphbogen 15/3, 591
Laur-Belart, Rudolf: Schweiz 15/2, 1148
Lauremberg, Johann: Satire 15/2, 1070
Lauremberg, Peter: Deutschland 13, 786
Laurent de Premierfait: Frankreich 14, 24
Laurentius Hispanus (Lorenzo Hispano): Glossatoren 14, 222
Laurentius Vallensis → Valla

Laurenzi, Luciano: Rhodos 15/3, 1326
Laurinus, Marcus: Niederlande und Belgien 15/1, 1028–1029
Lausberg, Heinrich: Figurenlehre 13, 1130; Rhetorik 15/2, 788
Lauterbeck, Georg: Fürstenspiegel 14, 85
Lautréamont, Comte de (Ducasse, Isidore Lucien): Metamorphose 15/1, 399
Lauxmin, Sigismundus (Liauksminas, Žygimantas): Litauen 15/1, 172; 175; 177
Lavardén, Manuel José de: Lateinamerika 15/1, 32
Lavater, Johann Kaspar: Physiognomik 15/2, 357
La Vega, Francisco: Groteske 14, 330; Herculaneum 14, 355; 357; 360; Pompeji 15/2, 473; 480
Lavigérie, Charles Martial Allemand: Karthago 14, 839
Lavin, Pierre: Mythologie 15/1, 619
Lavoisier, Antoine Laurent de: Naturwissenschaften 15/1, 852; 854; 864; 870
Lawick, Friederike von: Venus von Milo 15/3, 969
Lawler, Traugott: Mittellatein 15/1, 455
Lawrence, Caroline: United Kingdom 15/3, 823
Lawrence, David Herbert: Etruskerrezeption 13, 1053
Lawrence, Sir Thomas: Porträtgalerie 15/2, 513
Lawrence, Thomas Edward: London, British Museum 15/1, 226
Lawson, J.C.: Neugriechische Literatur 15/1, 915
Layamon: United Kingdom 15/3, 783
Layard, Sir Austen Henry: Klassische Archäologie 14, 909; London, British Museum 15/1, 222–223; Orient-Rezeption 15/1, 1212–1213; 1227–1228; Vorderasiatische Archäologie 15/3, 1051
Lazar, Gheorghe: Rumänien 15/2, 1004
Lazarakis, Konstantin: Nationale Forschungsinstitute 15/1, 680
Lazarević: Byzanz 13, 617
Lazius, Wolfgang: Altertumskunde (Humanismus bis 1800) 13, 91; Numismatik 15/1, 1112
Lazzarelli, Ludovico: Okkultismus 15/1, 1149
Lazzarini, Domenico: Italien 14, 698
Leake, William Martin: Aigina 13, 29; Knidos 14, 989; Orchomenos 15/1, 1188; Tiryns 15/3, 498
Lear, Edward: Nationale Forschungsinstitute 15/3, 1286
Le Bas, Ph.: Aizanoi 13, 36
Lebeau, Charles: Epochenbegriffe 13, 1014; Geschichtswissenschaft/Geschichtsschreibung 14, 214
Lebeau, Paul: Niederlande und Belgien 15/1, 1060
Le Blant, E.: Christliche Archäologie 13, 643
Lebrija → Nebrija
Le Bossu, René: Epos 13, 1021
Le Brun → Lebrun

Lebrun, Charles: Frankreich 14, 43; Historienmalerei 14, 433; Orient-Rezeption 15/1, 1199; Paris, Louvre 15/2, 107; Physiognomik 15/2, 356; Schlachtorte 15/2, 1083; Stil, Stilanalyse, Stilentwicklung 15/3, 292
Lebrun, Pierre: Frankreich 15/3, 1257
Lechevalier, Jean-Baptiste: Troja 15/3, 608ff.
Leckie, Ross: Karthago 14, 852
Leclerc, Daniel: Medizingeschichtsschreibung 15/1, 374
Le Clerc, Jean → Clericus
Le Clerc, Sébastien: Verwandlungen/Illustrationen von Ovid-Texten 15/3, 1033
Leclercq, H.: Christliche Archäologie 13, 644
Lecomte, Charles Marie → Leconte de Lisle
Leconte de Lisle, Charles-Marie-René (Lecomte, Charles Marie): Frankreich 15/3, 1260; Musen 15/1, 565; Mythologie 15/1, 630
Le Coq, Albert von: Iranistik 14, 640
Le Corbusier (Jeanneret-Gris, Charles Edouard): Musik 15/1, 592; Orient-Rezeption 15/1, 1216–1217; Ostia und Porto 15/1, 1251; Paestum 15/2, 11; Villa 15/3, 1042; Werbung 15/3, 1124
Ledoux, Claude-Nicolas: Frankreich 14, 52; Paestum 15/2, 11; Revolution 15/2, 754; Theaterbau/Theaterkulisse 15/3, 406; Toranlagen/Stadttore 15/3, 512
Ledoux, Giulio: Park 15/2, 175
Lee, Arthur Hamilton, Viscount Lee of Fareham: Warburg Institute, The 15/3, 1101
Lee, Desmond: Technikgeschichte 15/3, 368
Lee, Henry: Menschenrechte 15/1, 387
Lee, Kevin Hargreaves: Australien und Neuseeland 15/3, 1248
Lee, Nathaniel: Klassizismus 14, 970; United Kingdom 15/3, 813
Leemput, J.H.J.: Niederlande und Belgien 15/1, 1031
Leene, Jan (Rijkenborgh, Jan van): Okkultismus 15/1, 1157
Leers, Johannes von: Nationalsozialismus 15/1, 745
Leeu, Gerard: Niederlande und Belgien 15/1, 992
Leeuw, Gerardus van der: Niederlande und Belgien 15/1, 1011
Leeuwen, Albert van: Naturwissenschaften 15/1, 808
Leeuwen, Jan van: Niederlande und Belgien 15/1, 1008
Lefebvre des Noëttes, Richard: Technikgeschichte 15/3, 367ff.
Lefèbvre, Henri: Strukturalismus 15/3, 325
Lefebvre, Marcel: Lebendiges Latein 15/1, 94
Lefebvres, G.: Papyri (Fundgeschichte) 15/2, 67
Le Fèvre, Anne → Dacier
Le Fèvre, Jean: Druiden 13, 901
Lefèvre, Raoul: United Kingdom 15/3, 781

Lefèvre d'Étaples, Jacques (Faber Stapulensis): Frankreich 14, 29; Naturwissenschaften 15/1, 807; Philologie 15/2, 292; Universität 15/3, 893
Le Fort, Gertrud von: Hymnos 14, 569
Lefranc, M.: Musen 15/1, 566
Le Geay, Jean-Laurent: Vasen/Vasenmalerei 15/3, 951
Léger, Fernand: Nacktheit in der Kunst 15/1, 655
LeGoff, Jacques: Theologie und Kirche des Christentums 15/3, 418
Legrain, Léon: Philadelphia, University of Pennsylvania Museum of Archaeology and Anthropology, Ancient Near Eastern Section 15/2, 228
Lehmann, Christoph: Loci communes 15/1, 190
Lehmann, J.G.: Geologie (und Mineralogie) 14, 129
Lehmann, Paul: Karolingische Renaissance 14, 817; 831; Mittellatein 15/1, 459; 461; Warburg Institute, The 15/3, 1100; Zeitrechnung 15/3, 1189
Lehmann, Winfried P.: Sprachwissenschaft 15/3, 242
Lehmann-Haupt, Carl Ferdinand Friedrich: Maß und Gewicht 15/1, 311
Lehmbruck, Wilhelm: Nacktheit in der Kunst 15/1, 655
Lehne, Friedrich: Mainz 15/1, 264; 272
Lehner, Hans: Köln 14, 1031
Lehrer, Keith: Skeptizismus 15/3, 45
Leibniz, Gottfried Wilhelm: Akademie 13, 44–45; Bibliothek 13, 500; 502; Bund 13, 582; Dialog 13, 834; Geologie (und Mineralogie) 14, 129; Historismus 14, 475; Kabbala 14, 768; Kodifizierung/Kodifikation 14, 1005; Logik 15/1, 194; 198–199; Mnemonik/Mnemotechnik 15/1, 470; 472; 476; Musik 15/1, 571; Naturphilosophie 15/1, 770; Naturrecht 15/1, 778; Naturwissenschaften 15/1, 783–784; Neugriechische Literatur 15/1, 900; Onomastik 15/1, 1178; Philosophia perennis 15/2, 334–335; Politische Theorie 15/2, 453; Religionsgeschichte 15/2, 683; Ritterakademie 15/2, 823; Rußland 15/2, 1018; Theologie und Kirche des Christentums 15/3, 436; Ut pictura poesis 15/3, 933; Verfassung 15/3, 977; Warburg Institute, The 15/3, 1099
Leichty, Erle: Philadelphia, University of Pennsylvania Museum of Archaeology and Anthropology, Ancient Near Eastern Section 15/2, 231
Leigh Hunt, James Henry: Romantik 15/2, 981
Leighton, Frederic, Baron Leighton of Stretton: Laokoongruppe 15/1, 14
Leino, E.: Finnland 13, 1148
Leins, Ch.F.: Historismus 14, 493

Leiris, Michel: Autobiographie 13, 364; Metamorphose 15/1, 398
Leiva y Mosquera, Doña Tomasina de: Lateinamerika 15/1, 22
Le Jeune, Claude: Vers mesurés 15/3, 1007
Leland, Charles: Magie 15/1, 260
Leland, John: Altertumskunde (Humanismus bis 1800) 13, 95; United Kingdom 15/3, 760
Leland, Thomas: Irland 14, 646
Lelewel, Joachim: Polen 15/2, 408
Lemaire de Belges, Jean: Mythologie 15/1, 627; Troja 15/3, 600
Le Mercier, Jacques: Paris, Louvre 15/2, 107; Theaterbau/Theaterkulisse 15/3, 406
Lemercier, Népomucène Louis: Frankreich 15/3, 1257
Lémery, Nicolas: Naturwissenschaften 15/1, 870
Lemnius, Simon: Lateinische Komödie 15/1, 72; Schweiz 15/2, 1130
Le Moiturier, Antoine → Moiturier
Lemprière, John: Philhellenismus 15/2, 234
Lenard, Alexander: Lebendiges Latein 15/1, 94
Lenčo, P.: Slowakei 15/3, 67
Lenel, Otto: Interpolationsforschung 14, 618; Romanistik/Rechtsgeschichte 15/2, 963
Lenin (Uljanov, Vladimir Iljič): DDR 13, 689; Marxismus 15/1, 301; Mausoleum 15/1, 338; Sklaverei 15/3, 52; Sozialismus 15/3, 94
Lenné, J.P.: Park 15/2, 145
Lennep, David Jacob van: Niederlande und Belgien 15/1, 1010
Lennep, Johannes David van: Niederlande und Belgien 15/1, 1005–1006
Lenormant, Charles: Olympia 15/1, 1169
Le Nôtre, André: Frankreich 14, 43
Lens, Nicholas: Lebendiges Latein 15/1, 95
Lenting, Johannes: Niederlande und Belgien 15/1, 1010
Lenz, Jakob Michael Reinhold: Komödie 14, 1074–1075; Lateinische Komödie 15/1, 79; Sturm und Drang 15/3, 338–339
Leo vgl. auch → Leo(n)
Leo *Archipresbyter*: Griechisch 14, 306
Leo *Mönch und Übersetzer*: Griechisch 14, 306
Leo III. *Papst*: Imperium 14, 580; Karolingische Renaissance 14, 822; Rom 15/2, 841; Überlieferung 15/3, 724
Leo IX. *Papst*: Konstantinische Schenkung 14, 1083
Leo X. *Papst*: Alexandrinismus 13, 73; Herrscher 14, 372; 398; Historienmalerei 14, 426; Homer-Vergil-Vergleich 14, 518; Humanismus 14, 552; Klassische Archäologie 14, 903; Laokoongruppe 15/1, 10–11; Lateinische Inschriften 15/1, 58; Lateinische Komödie 15/1, 68; Mimesislegenden 15/1, 440; Naturwissenschaften 15/1, 838; 840; Orient-

Rezeption 15/1, 1196; Villa 15/3, 1039; Wallfahrt 15/3, 1084
Leo XIII. *Papst:* Lebendiges Latein 15/1, 93; 96; Nationale Forschungsinstitute 15/1, 684; Theologie und Kirche des Christentums 15/3, 449
Leo Tuscus: Griechisch 14, 308
Leo, Alan (Allen, William Frederick): Horoskope 14, 536
Leo, Friedrich: Epochenbegriffe 13, 1011; Lexikographie 15/1, 144; Philologie 15/2, 306
Leo(n) [6]* III. *byz. Kaiser; 685-741:* Geld/Geldwirtschaft/Geldtheorie 14, 105; Herrscher 14, 376; 381; Rom 15/2, 841; Römisches Recht 15/2, 836
Leo(n) [7]* IV. *byz. Kaiser, 749-780:* Krieg 14, 1112
Leo(n) [9]* VI., der Weise *byz. Kaiser, 749-780:* Anakreontische Dichtung, Anakreontik 13, 131; Byzanz 13, 595; 605–606; Konstantinopel 14, 1089; Krieg 14, 1112; Römisches Recht 15/2, 838
Leon [10]* der Mathematiker *byz. Mathematiker und Philosoph, 9. Jh.:* Arabisch-islamisches Kulturgebiet 13, 164; Byzanz 13, 596; 604; Mathematik 15/1, 315; Naturwissenschaften 15/1, 817; 834; Philologie 15/2, 239; 241; Überlieferung 15/3, 715
Leon [11]* Diakonos: Byzanz 13, 605
Leon von Achrida/Ochrid: Griechisch 14, 306
León, Fray Luis de: Lateinamerika 15/1, 34; Lyrik 15/1, 249; Verskunst 15/3, 1011
Leonardo Aretino → Bruni
Leonardo da Vinci → Vinci
Leonardo de Argensola: Lateinamerika 15/1, 34
Leonardo della Serrata: Lateinische Komödie 15/1, 67
Leoncavallo, Ruggero: Italien 14, 707
Leonhard von Sankt Emmeram: Bayern 13, 433
Leoni, Leone: Nacktheit in der Kunst 15/1, 653; Stützfiguren/Erechtheionkoren 15/3, 330
Leoniceno, Niccolò: Humanismus 14, 559–560; Medizin 15/1, 362; 366–367
Leonico Tomeo, Niccolò: Naturwissenschaften 15/1, 819
Leont'ev, P.M.: Sklaverei 15/3, 51
Leontios [8]* von Neapolis: Überlieferung 15/3, 711
Leontius Pilatus: Griechisch 14, 309
Leopardi, Giacomo, Graf: Bukolik/Idylle 13, 567; Dialog 13, 836; Italien 14, 703–704; Lyrik 15/1, 250; Pompeji/Rezeption des freigelegten Pompeji in Literatur und Film 15/2, 491; Romantik 15/2, 986–987; Tierepos 15/3, 497; Verskunst 15/3, 1017; Zoroastres/Zoroastrismus 15/3, 1232
Leopold I. *Kaiser des HRR, als Lipót I. König von Ungarn, König von Böhmen, 1640-1705:* Österreich 15/1, 1138

Leopold III., der Heilige *österr. Markgraf und Landesheiliger, 1073-1136:* Österreich 15/1, 1135
Leopold III. Friedrich Franz *Fürst, Herzog von Anhalt-Dessau, 1740-1817:* Park 15/2, 160ff.; Wirtschaft und Gewerbe 15/3, 1144
Leopold von Bourbon: Neapel, Archäologisches Nationalmuseum (Museo Nazionale Archeologico, Napoli) 15/1, 878
Leopold von Österreich → Leopoldus de Austria
Leopold, H.M.R.: Nationale Forschungsinstitute 15/1, 694
Leopold, J.H.: Niederlande und Belgien 15/1, 1053
Leopold, Peter: Uffizien, Florenz (Galleria degli Uffizi, Firenze) 15/3, 741
Leopoldus de Austria (Leopold von Österreich): Naturwissenschaften 15/1, 838
Leowitz, Cyprian: Naturwissenschaften 15/1, 838; 840
Le Page Renouf, Peter: London, British Museum 15/1, 218; 225
Lepař, František: Tschechien 15/3, 639
LePautre, Jean: Vasen/Vasenmalerei 15/3, 949
Lepelley, Claude: Nobilitas 15/1, 1075
Le Père, G.: Alexandria 13, 66
Le Plongeon, Augustus *Archäologe, 1825-1908:* Atlantis 13, 337
Lepore: Klassische Archäologie 14, 948
Leprince de Beaumont, Jeanne Marie: Metamorphose 15/1, 400
Lepsius, Karl Richard: Ägyptologie 13, 18; 20; Entzifferungen 13, 961; Inschriftenkunde, griechische 14, 594; Magie 15/1, 258
Lerambert, Louis: Orient-Rezeption 15/1, 1199
Lerat, L.: Delphi 13, 717
Lercheimer, Augustin → Wilcken
Lernutius, Janus: Niederlande und Belgien 15/1, 1029
Leroux, Etienne: Südafrika 15/3, 343
Leroy de Barde, Alexandre-Isidore: Vasen/Vasenmalerei 15/3, 954
Le Roy, Julien-David: Athen 13, 302; 310; Frankreich 14, 52; Greek Revival 14, 250; Griechen-Römer-Antithese 14, 253; 259–261; Klassizismus 14, 954
Le Roy, Louis: Frankreich 14, 33
Lescot, Pierre: Frankreich 14, 34
Leskien, August: Sprachwissenschaft 15/3, 236
Lesky, Albin: Homerische Frage 14, 505–506; Österreich 15/3, 1294
Leslau, Wolf: Semitistik 15/3, 15
Lessing, Gotthold Ephraim: Aufklärung 13, 343; 347; Bibliothek 13, 502; Deutschland 13, 796; Ekphrasis 13, 941; Epigrammatik 13, 984; Epochenbegriffe 13, 998; Fabel 13, 1069; Fürstenschule 14, 75; Geschichtsmodelle 14, 178; Homer-Vergil-Vergleich 14, 521;

Klassik als Klassizismus 14, 890; 898; Klassische Archäologie 14, 905; Komödie 14, 1073-1074; Laokoongruppe 15/1, 17; Lateinische Komödie 15/1, 79; Lateinische Tragödie 15/1, 88; Lehrgedicht 15/1, 109; Literaturkritik 15/1, 178-179; 183; Marxismus 15/1, 296; Metapher/Metapherntheorie 15/1, 405; Orient-Rezeption 15/1, 1196; Parabel 15/2, 104ff.; Poetik 15/2, 389; Preußen 15/2, 551; Querelle des Anciens et des Modernes 15/2, 612; Steinschneidekunst: Gemmen 15/3, 286; Sturm und Drang 15/3, 339; Theologie und Kirche des Christentums 15/3, 437; Tragödie/Tragödientheorie 15/3, 533; 539-540; Ut pictura poesis 15/3, 934; Winckelmann-Gesellschaft 15/3, 1139; Zeitrechnung 15/3, 1177; 1183

Leszcynski, Friedrich Wilhelm von: Limes, Limesforschung 15/1, 163

Lethieulleir, William: London, British Museum 15/1, 212

Leto, Giulio Pomponio → Pomponius Laetus

Letronne, J.A.: Inschriftenkunde, griechische 14, 601

Letten, Heinrich von: Estland 13, 1045

Lëtzebuerg → Koenig

Leu, Thomas de: Triumphbogen 15/3, 591

Leumann, Manu: Lexikographie 15/1, 144

Leunclavius, Johannes: Geschichtswissenschaft/Geschichtsschreibung 14, 214; Römisches Recht 15/2, 839

Le Vau, Louis: Frankreich 14, 42; Paris, Louvre 15/2, 107

Leventis, A.G.: Zypern 15/3, 1238

Lévêque, Pierre: Sklaverei 15/3, 54

Lévesque, Pierre-Charles: Thukydidismus 15/3, 488

Levi, Doro: Kretisch-Mykenische Archäologie 14, 1107

Lévi, Eliphas (Constant, Alphonse Louis): Magie 15/1, 257

Levi, M.A.: Faschismus 13, 1102

Lévi-Strauss, Claude Gustave: Geschichtswissenschaft/Geschichtsschreibung 14, 193; Kulturanthropologie 14, 1134; 1138-1139; Mythos 15/1, 640; 647; Philologie 15/3, 1301; Psychoanalyse 15/2, 597; Strukturalismus 15/3, 320; 322-323

Levin, H.: Thematologie/Stoff- und Motivforschung 15/3, 410

Levinson, Stephen C.: Philologie 15/3, 1319

Levy, Ernst: Textstufenforschung 15/3, 394; Vulgarismusforschung/Vulgarrecht 15/3, 1072ff.

Lewin, Waldtraut: DDR 13, 694

Lewis, Charlton Thomas: Kinder- und Jugendliteratur 14, 880; Lexikographie 15/1, 140; United Kingdom 15/3, 818

Lewis, Harvey Spencer: Okkultismus 15/1, 1157

Lewy, Hans: Judentum 14, 762

Leygebe, Gottfried Christian: Deutschland 13, 788

Leyser, Augustin: Naturrecht 15/1, 776

Lezama Lima, José: Lateinamerika 15/1, 45

L'Herbier, Marcel: Pompeji/Rezeption des freigelegten Pompeji in Literatur und Film 15/2, 494

L'Heureux, Jean (Macarius): Christliche Archäologie 13, 642; Steinschneidekunst: Gemmen 15/3, 283

Lhwyd, Edward: Keltisch-Germanische Archäologie 14, 870

Li, Bianca: Tanz 15/3, 363

Liauksminas, Žygimantas → Lauxmin

Libavius, Andreas: Naturwissenschaften 15/1, 870

Libera, Adalberto: Faschismus 13, 1093

Liceti, Fortunio: Figurengedicht 13, 1122

Lichtenberg, Georg Christoph: Universität 15/3, 898

Licinio, Bernardino: Torso (Belvedere) 15/3, 518

Licoppe, Guy: Lebendiges Latein 15/1, 96

Liddell, Henry George: Lexikographie 15/1, 130

Liddell Hart, B.H.: Krieg 14, 1118; Schlachtorte 15/2, 1078

Liddell MacGregor Mathers, Samuel: Magie 15/1, 257-258

Lieberkühn, Philipp Julius: Lebendiges Latein 15/1, 95

Liebermann, Rolf: Deutschland 13, 824

Liebeschütz, Hans: Warburg Institute, The 15/3, 1100

Liebieg, Heinrich von: Frankfurt am Main, Liebieghaus – Museum alter Plastik 14, 1

Liebig, Justus Freiherr von: Naturwissenschaften 15/1, 865

Liebs, Detlef: Textstufenforschung 15/3, 396

Liegle, Joseph: Numismatik 15/1, 1119

Lietzmann, Hans: Franz-Joseph-Dölger-Institut 14, 64

Lievens, Jan: Niederlande und Belgien 15/1, 1042

Lievens, Jean → Livineius

Ligare, David: Moderne 15/1, 511

Ligier de la Garde, Antoinette du → Madame Deshoulières

Ligorio, Pirro: Altertumskunde (Humanismus bis 1800) 13, 90; Groteske 14, 328; Italien 14, 714; Lateinische Inschriften 15/1, 58; Orient-Rezeption 15/1, 1196; Ostia und Porto 15/1, 1248; Park 15/2, 127; Rom 15/2, 864

Lilburne, John: Monarchie 15/1, 542

Lilius, Henrik: Nationale Forschungsinstitute 15/1, 683

Lill, A.: Estland 13, 1048

Lilly, William: Horoskope 14, 534; Naturwissenschaften 15/1, 842; 850

Lilyquist, Christine: New York, Metropolitan Museum 15/1, 968

Limburg Brouwer, Petrus van: Niederlande und Belgien 15/1, 1010

Limnaeus, Johannes: Verfassung 15/3, 977
Limončean, Hambarjum: Armenien 13, 273
Linacre, Thomas: Medizin 15/1, 366–367; United Kingdom 15/3, 797; 799
Linckh, Jacob: Aigina 13, 29; Nationale Forschungsinstitute 15/1, 677
Lind, Levi R.: Mittellatein 15/1, 451
Lindanus, David: Niederlande und Belgien 15/1, 1027
Lindenschmit, Ludwig: Limes, Limesforschung 15/1, 160
Ling, Roger: Nationale Forschungsinstitute 15/1, 675
Linné, Carl von: Neulatein 15/1, 936; Physiognomik 15/2, 361; Schweden 15/2, 1116; Sprachwissenschaft 15/3, 238; Terminologie 15/3, 386; Zoologie 15/3, 1205
Linskens, I.: Steinschneidekunst: Gemmen 15/3, 288
Linton, Ralph: Akkulturation 15/3, 1245
Liotard, Jean-Étienne: Griechen-Römer-Antithese 14, 256
Lipchitz, Jaques: Moderne 15/1, 508
Lipowsky, Th.F.: Musen 15/1, 568
Lippert, Philipp Daniel: Numismatik 15/1, 1115; Steinschneidekunst: Gemmen 15/3, 285
Lippi, Filippino: Groteske 14, 325; Mode 15/1, 483
Lippi, Fra Filippo: Mode 15/1, 483
Lippold, Adolf: Übersetzung 15/3, 737
Lipsius, Justus: Ciceronianismus 13, 650; Deutschland 13, 784; Geschichtsmodelle 14, 176; Geschichtswissenschaft/Geschichts- schreibung 14, 202; Historienmalerei 14, 433; Humanismus 14, 552; Krieg 14, 1113; Lateinische Inschriften 15/1, 58; Lateinische Tragödie 15/1, 86; Monarchie 15/1, 541; Neulatein 15/1, 929; Niederlande und Belgien 15/1, 991; 993; 995–996; 1001; 1016–1020; 1023–1024; 1027–1029; Philologie 15/2, 294; Philosophie 15/2, 340; Politische Theorie 15/2, 418; Preußen 15/2, 542; Stoizismus 15/3, 297; 303ff.; Tacitismus 15/3, 355; Thukydidismus 15/3, 486; Ungarn 15/3, 751; Verfassungsformen 15/3, 984
Lipsius, Justus Hermann: Athen 13, 285
Lisa, Gerardus de: Niederlande und Belgien 15/1, 992
Liskirchen, Konstantin: Köln 14, 1023
Lisle, Leconte de: Türkei 15/3, 647
Listenius, Nikolaus: Humanismus 14, 562
Liszt, Franz: Musik 15/1, 602
Litfaß, Ernst: Werbung 15/3, 1121
Litt, Theodor: Bildung 13, 514
Littmann, E.: Arabistik 13, 192
Littré, Maximilien Paul Émile: Hippokratismus 14, 420; Medizin 15/1, 370; Medizinge- schichtsschreibung 15/1, 374
Litts, Th.: Pädagogik 15/2, 4

Lituanus, Michalo: Litauen 15/1, 174
Litzén, Veikko: Nationale Forschungsinstitute 15/1, 683
Liutprand *König der Langobarden, 712-744*: Bayern 13, 431; Notar 15/1, 1090; 1095
Liudprand von Cremona: Griechisch 14, 305; Italien 14, 661–662; Konstantinopel 14, 1089
Liutbert von Mainz: Karolingische Renaissance 14, 828; 830
Livineius, Johannes (Lievens, Jean): Niederlande und Belgien 15/1, 1024; 1029
Livingstone, Douglas: Südafrika 15/3, 342
Livschitz, G.M.: Weißrußland 15/3, 1109
Lizardi, José Joaquín Fernández de: Lateinamerika 15/1, 35
Llerena, Cristóbal de: Lateinamerika 15/1, 22
Lloyd, John: Nationale Forschungsinstitute 15/1, 674–675
Lloyd, Seton: Vorderasiatische Archäologie 15/3, 1053
Lloyd, Sir Geoffrey: Medizingeschichtsschreibung 15/1, 376
Lloyd-Jones, Sir Hugh: Lebendiges Latein 15/1, 94
Lo Spagna (Pietro, Giovanni di): Musen 15/1, 566
Lobeck, Christian August: Lexikographie 15/1, 130; Religionsgeschichte 15/2, 684
Lobo, R.: Portugal 15/2, 521
Lobwasser, Ambrosius: Epigrammatik 13, 983
Locher, Jacob (Philomusus): Bayern 13, 432; Lateinische Komödie 15/1, 71; Lateinische Tragödie 15/1, 86; Tragödie/Tragödientheorie 15/3, 538; Universität 15/3, 893
Locke, John: Bildung 13, 510; Epikureismus 13, 991; Klassizismus 14, 962; 976; Logik 15/1, 198; Matriarchat 15/1, 323; Menschenrechte 15/1, 384; 386–388; Monarchie 15/1, 542; Naturrecht 15/1, 776; Neugriechische Literatur 15/1, 900; Poetik 15/2, 388; Politische Theorie 15/2, 452; Skeptizismus 15/3, 42; Sprachphilosophie/ Semiotik 15/3, 220; Sprachwissenschaft 15/3, 230; Ut pictura poesis 15/3, 933; Verfassungsformen 15/3, 984
Lodewijk, Caspar: Niederlande und Belgien 15/1, 1003
Lodewijk Heyligen → Ludovicus Sanctus de Beringen
Lodge, Thomas: United Kingdom 15/3, 807; 809
Lodi, F.: Portugal 15/2, 522
Lodron, Paris: Österreich 15/1, 1137
Loeb, James: München, Glyptothek und Antiken- sammlungen 15/1, 554–555; Übersetzung 15/3, 736
Löfstedt, Einar: Mittellatein 15/1, 460; Schweden 15/2, 1119
Lönnrot, E.: Finnland 13, 1150

Loerke, Oskar: Pompeji/Rezeption des freigelegten Pompeji in Literatur und Film 15/2, 493
Loeschcke, Georg: Aigina 13, 27; Kretisch-Mykenische Archäologie 14, 1101; Universität 15/3, 909
Loeschcke, Siegfried: Zeitrechnung 15/3, 1169
Loew, Elias Avery: Mittellatein 15/1, 461
Loewe, Carl: Musik 15/1, 602; Vertonungen antiker Texte 15/3, 1022–1024
Loewenstein, R.: Psychoanalyse 15/2, 591
Loewy, Raymond: Vasen/Vasenmalerei 15/3, 954
Loffredo, Ferrante: Kampanien 14, 789
Loftus, William Kennett: Iranistik 14, 636; London, British Museum 15/1, 224; 228; Vorderasiatische Archäologie 15/3, 1051
Logan, James: United States of America 15/3, 836
Lohenstein, Daniel Caspar von: Deutschland 13, 783; 786; Lateinische Tragödie 15/1, 88; Tragödie/Tragödientheorie 15/3, 536; 538
Lohmann, Hans: Milet 15/1, 428
Lolling, Gerhard: Kretisch-Mykenische Archäologie 14, 1100
Lomazzo, Giovanni Paolo: Groteske 14, 328; Renaissance 15/2, 704; Stil, Stilanalyse, Stilentwicklung 15/3, 291
Lombardi, B.: Griechische Tragödie 14, 317
Lombardo, Antonio: Torso (Belvedere) 15/3, 516
Lombardo, Pietro: Stützfiguren/Erechtheionkoren 15/3, 330
Lombardo, Tullio: Triumphbogen 15/3, 591
Lommatzsch, Ernst: Lateinische Inschriften 15/1, 60
Lomonosow, M.: Rußland 15/2, 1018
Long, Edwin: Orient-Rezeption 15/1, 1213
Longfellow, Henry Wadsworth: Verskunst 15/3, 1013
Longhena, Baldassare: Stützfiguren/Erechtheionkoren 15/3, 330
Longhi, Martino d.Ä.: Rom 15/2, 928
Longinus, Ioannes → Długosz
Longpérier, Adrien Prévost de: Paris, Louvre 15/2, 116
Loofs, Friedrich: Theologie und Kirche des Christentums 15/3, 448
Loos, Adolf: Orient-Rezeption 15/1, 1216; Säule/Säulenmonument 15/2, 1047
Lopadiotes, Andreas: Lexikographie 15/1, 128
Lope de Vega (Vega Carpio, Lope Félix de): Arkadismus 13, 266; Bukolik/Idylle 13, 563; Epos 13, 1025–1026; Geschmack 14, 218; Spanien 15/3, 142; Tierepos 15/3, 497; Tragödie/Tragödientheorie 15/3, 538
Lopes, F.: Portugal 15/2, 518
López, Alonso: Epos 13, 1026
López y Planes, Vicente: Lateinamerika 15/1, 32–33
L'Orange, Hans Peter: Nationale Forschungsinstitute 15/1, 697; Norwegen 15/1, 1088

Loraux, N.: Psychoanalyse 15/2, 600
Lord Acton → Dalberg
Lord Burlington: Villa 15/3, 1041
Lord Byron → Byron
Lord Chesterfield → Chesterfield
Lord Elgin (Bruce, Thomas, 7th Earl of Elgin and 11th Earl of Kincardine): Altertumskunde (Humanismus bis 1800) 13, 93; Athen 13, 281; 302; 305; Klassische Archäologie 14, 908; Mykene 15/1, 603; Orchomenos 15/1, 1189; Parthenon 15/2, 193
Lord Guilford → North
Lord Hertford: United Kingdom 15/3, 806
Lord Mansfield → Murray
Lord North → Guilford
Lord Stanhope, John Spencer: Olympia 15/1, 1169
Lord, Albert B.: Homerische Frage 14, 507
Lorent, Theodore: Luxemburg 15/1, 236
Lorenz von Mosheim, Johann: Okkultismus 15/1, 1154
Lorenzetti, Ambrogio: Herrscher 14, 393; Historienmalerei 14, 422
Lorenzo di Pierfrancesco → Medici
Lorenzo der Prächtige → Medici
Lorenzo Guglielmo Traversagni: Rhetorik 15/2, 816
Lorenzo Hispano → Laurentius Hispanus
Lorilland Wolfe, Catherine: New York, Metropolitan Museum 15/1, 973
Loriti, Heinrich → Glareanus
Lorrain, Claude: Arkadismus 13, 267; Barock 13, 411–412; Park 15/2, 133
Loschi, Antonio: Humanismus 14, 544; 547; Lateinische Tragödie 15/1, 84; Philologie 15/2, 285
Lossius, Lucas: Kalender 14, 786
Lot, Ferdinand: Mittellatein 15/1, 456
Lothar I. *König der Franken und röm. Kaiser, 795–855*: Frankreich 14, 6; Herrscher 14, 368; 383; Notar 15/1, 1092; 1095
Lothar III. (Lothar von Supplinburg) *König des HRR, als Kaiser eigentl. Lothar II., Herzog von Sachsen, Graf von Süpplingenburg*: Herrscher 14, 398; Römisches Recht 15/2, 832
Lothar von Supplinburg → Lothar III.
Lotichius, Petrus: Horoskope 14, 534; Niederlande und Belgien 15/1, 1004
Lotichius, Petrus Secundus: Naturwissenschaften 15/1, 839; Neulatein 15/1, 936
Lotz, Jürgen: Medien 15/1, 351
Lotze, Hermann: Logik 15/1, 198; 200
Loud, Gordon: Vorderasiatische Archäologie 15/3, 1058
Louis II. de Bourbon *Le Grand Condé*: Frankreich 14, 24; Rhetorik 15/2, 819
Louis d'Orléans → Ludwig von Orléans
Louis Capet → Ludwig XVI.

Louis Philippe → Ludwig Philipp
Louis, Victor: Theaterbau/Theaterkulisse 15/3, 406
Loukaris, Kyrillos: Griechenland 14, 269
Loukotková, Jarmila: Tschechien 15/3, 637
Louÿs, Pierre: Frankreich 15/3, 1265; 1271
Lovati, Lovato de': Humanismus 14, 541; Italien 14, 671; Lateinische Tragödie 15/1, 83; Neulatein 15/1, 934; Philologie 15/2, 282; Theater 15/3, 398
Love, Iris: Knidos 14, 989
Lovelace, Richard: Lyrik 15/1, 249
Lovett Pearce, Sir Edward: Irland 14, 648
Lovrenčič, J.: Slowenien 15/3, 71
Lowe, Lisa: Orientalismus 15/1, 1237–1238
Lowell, Percival: Horoskope 14, 538
Lowell, Robert: United States of America 15/3, 878; 880
Lowry, Malcom: Pompeji/Rezeption des freigelegten Pompeji in Literatur und Film 15/2, 494
Lowth, Robert: Verskunst 15/3, 1008
Loyola, Ignatius von → Ignatius
Loysel, A.: Redegattungen 15/2, 634
Lubac SJ, Henri de: Theologie und Kirche des Christentums 15/3, 436; Übersetzung 15/3, 736
Lubenau, Reinhold: Troja 15/3, 604
Lubenskij, Konstantin: Ukraine 15/3, 746
Lubetkin, Berthold: Stützfiguren/Erechtheionkoren 15/3, 333
Lubomirska, Izabella (Elżbieta): Polen 15/2, 401
Luca, Esteban de: Lateinamerika 15/1, 32
Lucae, R.: Historismus 14, 493
Lucanelli, Carlo: Modell/Korkmodell 15/1, 495
Lucas, Alfred: Orient-Rezeption 15/1, 1199
Luce de Lancival, Jean-Charles-Guillaume: Frankreich 15/3, 1257
Lucić, H.: Kroatien 14, 1120
Luckaja, Frida: Ukraine 15/3, 746
Luder, Peter: Deutschland 13, 768; Küchenlatein 14, 1125; Universität 15/3, 893
Ludolf, Hiob: Semitistik 15/3, 11
Ludovicus Sanctus de Beringen (Lodewijk Heyligen): Niederlande und Belgien 15/1, 988
Ludovisi, Familie: Abguß/Abgußsammlung 13, 4
Ludovisi, Ludovico: Rom 15/2, 929
Ludvíkovský, Jaroslav: Tschechien 15/3, 642
Ludwig (Bonaparte, Louis) König von Holland (1806-1810): Niederlande und Belgien 15/1, 1007
Ludwig I. Großherzog von Hessen-Darmstadt: Modell/Korkmodell 15/1, 495
Ludwig I. König von Bayern: Aigina 13, 30–31; Bayern 13, 439; Historismus 14, 497; Mönchtum 15/1, 530; München, Glyptothek und Antikensammlungen 15/1, 545; 548ff.; 550; 554; Münze, Münzwesen 15/1, 558; Münzsammlungen 15/1, 561; Porträtgalerie 15/2, 511; 513; Villa 15/3, 1042

Ludwig I., der Fromme König des fränk. Reiches und röm. Kaiser, 778-840: Frankreich 14, 6; Geld/Geldwirtschaft/Geldtheorie 14, 106; Griechisch 14, 304; Herrscher 14, 368; 377; 389; 406; Karolingische Renaissance 14, 817; 820; 826; 828; 834; Klosterschule 14, 980; Mönchtum 15/1, 524; Münze, Münzwesen 15/1, 557; Notar 15/1, 1090–1091; Numismatik 15/1, 1109
Ludwig (II.) der Deutsche König der Ostfranken, um 806-876: Frankreich 14, 6; 8; Karolingische Renaissance 14, 828; 834; Mittellatein 15/1, 447; 449
Ludwig II. König von Italien 839/840, König der Langobarden 844, röm. Mitkaiser 850, Kaiser 855: Herrscher 14, 368
Ludwig III. von Bourbon → Louis
Ludwig III., der Bärtige Kurfürst von der Pfalz: Bibliothek 13, 499
Ludwig IV., der Bayer König und Kaiser des HRR: Herrscher 14, 394; Toranlagen/Stadttore 15/3, 509; Trajanssäule 15/3, 546
Ludwig IV. Transmarinus westfränk. König: Frankreich 14, 7
Ludwig VI., der Dicke König von Frankreich: Frankreich 14, 8
Ludwig VII., der Junge König von Frankreich: Frankreich 14, 9
Ludwig VIII., der Löwe König von Frankreich: Frankreich 14, 15
Ludwig IX., der Heilige König von Frankreich: Frankreich 14, 15; Karthago 14, 836; Leichenrede 15/1, 119
Ludwig X., der Zänker König von Frankreich, 1289-1316: Frankreich 14, 16
Ludwig XI. König von Frankreich, 1423-1483: Frankreich 14, 21; Herrscher 14, 389
Ludwig XII. König von Frankreich, 1462-1515: Frankreich 14, 27; 29; Herrscher 14, 378; Italien 14, 685; Mausoleum 15/1, 331
Ludwig XIII. König von Frankreich und von Navarra: Frankreich 14, 35; 37; Herrscher 14, 375; Naturwissenschaften 15/1, 840
Ludwig XIV. König von Frankreich, gen. Sonnenkönig: Abguß/Abgußsammlung 13, 4; Apotheose 13, 160; Byzantinistik 13, 584; Festkultur/Trionfi 13, 1108; Frankreich 14, 35–36; 38; 42; 44; Herrscher 14, 375; 391; Historienmalerei 14, 433; Klassik als Klassizismus 14, 889; Kodifizierung/Kodifikation 14, 1005; Monarchie 15/1, 542; Musen 15/1, 566; Musik 15/1, 583; Münzsammlungen 15/1, 559; Mythologie 15/1, 628–629; Naturwissenschaften 15/1, 841–842; Numismatik 15/1, 1112; Orient-Rezeption 15/1, 1199; Paris, Louvre 15/2, 107; Park 15/2, 131; Reiterstandbild 15/2, 653; Schlachtorte

15/2, 1083; Trajanssäule 15/3, 548; Triumphbogen 15/3, 591

Ludwig XV. *Herzog von Anjou, ab 1715 König von Frankreich*: Frankreich 14, 35; 44

Ludwig XVI. (Louis Capet) *König von Frankreich, 1754-1793*: Historienmalerei 14, 437; Orient-Rezeption 15/1, 1203; Verlag 15/3, 1005

Ludwig der Fromme *Herzog von Württemberg, 1554-1593*: Limes, Limesforschung 15/1, 158

Ludwig von Orléans (Louis d'Orléans) *Herzog, Bruder König Karls VI. von Frankreich*: Frankreich 14, 21; Porträtgalerie 15/2, 509

Ludwig Philipp (Louis Philippe) *König von Frankreich, gen. der »Bürgerkönig«*: Frankreich 15/3, 1254; Karthago 14, 839; Paris, Louvre 15/2, 115

Ludwig, Heinrich: Mimesislegenden 15/1, 440

Ludwig, Walther: Neulatein 15/1, 933–934; 936; 939

Lüdemann, Hans: Sparta 15/3, 166ff.

Lünemann, Georg Heinrich: Lexikographie 15/1, 139

Lüpertz, Markus: Orient-Rezeption 15/1, 1220

Lütfi, Çelebizade Agop: Türkei 15/3, 646

Lugli, Giuseppe: Luftbildarchäologie 15/1, 232

Lugones, Leopoldo: Lateinamerika 15/1, 41

Lugowski, Clemens: Philologie 15/3, 1319

Luhmann, Niklas: Gerechtigkeit 14, 144; Philologie 15/3, 1315; Politische Theorie 15/2, 438; Theorie/Praxis 15/3, 467

Luís, A.: Portugal 15/2, 522

Luise *Königin von Preußen (1776-1810)*: Mausoleum 15/1, 335

Luisinus, F.: Lehrgedicht 15/1, 109

Lukács, Georg: Mimesis 15/1, 435

Lukaris, Kyrillos: Griechenland 14, 275; Neugriechische Literatur 15/1, 897–898

Lukman, F.: Slowenien 15/3, 72

Lukstiņš, G.: Lettland 15/1, 126

Lull, Ramón (Lullus, Raimundus): Bibliothek 13, 495; Mnemonik/Mnemotechnik 15/1, 470; 472; Naturphilosophie 15/1, 769; Naturwissenschaften 15/1, 822; Okkultismus 15/1, 1148; Spanien 15/3, 132; Überlieferung 15/3, 723

Lulli, Giovanni Battista (Lully, Jean-Baptiste): Frankreich 14, 43; 15/3, 1268; Musen 15/1, 569; Mythologie 15/1, 629; Oper 15/1, 1182

Lullus, Raimundus → Lull

Lully, Jean-Baptiste → Lulli

Lumley, John, First Baron Lumley: Porträtgalerie 15/2, 507

Lunsingh Scheuleer, C.W.: Niederlande und Belgien 15/1, 1044

Lupacius, Procopius: Tschechien 15/3, 628

Lupold von Bebenburg: Monarchie 15/1, 538

Lupul, Vasile: Mönchtum 15/1, 533

Lupus von Ferrières *mlat. Schriftsteller und Gelehrter, 9. Jh.*: Frankreich 14, 7; Herrscher 14, 364; 389; 404; Kommentar 14, 1060–1061; Mittellatein 15/1, 452–453; Philologie 15/2, 279

Lupus, Rutilius: Niederlande und Belgien 15/1, 1003

Luria, Isaak: Kabbala 14, 768

Luria, Salomo: Ukraine 15/3, 745

Lusaworič, Grigor (Gregor Illuminator): Armenien 13, 269

Luschnat, Otto: Thukydidismus 15/3, 483

Lusitano, A.: Portugal 15/2, 522

Lusitano, Cândido: Portugal 15/2, 521

Luther, Martin: Augustinismus 13, 351; Bevölkerungswissenschaft/Historische Demographie 13, 486; Bildung 13, 509; Deutschland 13, 771ff.; Ehe 13, 926; Fabel 13, 1067; Gerechtigkeit 14, 143; Germanische Sprachen 14, 155; Geschichtsmodelle 14, 174; Herrscher 14, 405; Homiletik/Ars praedicandi 14, 527; Horoskope 14, 533; Konstantinische Schenkung 14, 1083; Lateinische Komödie 15/1, 70; 72; Lateinschule 15/1, 91; Leichenrede 15/1, 120–121; Lettland 15/1, 123; Litauen 15/1, 171; Mischverfassung 15/1, 443; Naturwissenschaften 15/1, 840; 850; Neulatein 15/1, 927; Orient-Rezeption 15/1, 1225; Paganismus 15/2, 18; Politische Theorie 15/2, 416; Rhetorik 15/2, 798; Skeptizismus 15/3, 40; Theologie und Kirche des Christentums 15/3, 419; 435; 443ff.; 455ff.; Typologie 15/3, 679; Tyrannis 15/3, 689; Universität 15/3, 891; 894

Luttwak, E.: Krieg 14, 1118; Schlachtorte 15/2, 1079

Lutyens, Sir Edwin: Indien 14, 587; Nationale Forschungsinstitute 15/1, 673

Lutz, Cora E.: Kommentar 14, 1055; Mittellatein 15/1, 457

Luynes, Honoré d'Albert, Duc de: Numismatik 15/1, 1118

Luzán, Ignacio de: Poetik 15/2, 388

Luzzi, Mondino dei: Medizin 15/1, 365

Lyall, Charles J.: Arabistik 13, 190

Lycosthenes, Conrad (Wolffhart, Conrad): Naturwissenschaften 15/1, 850

Lydgate, John: United Kingdom 15/3, 777; 781ff.; 783–784; 786–787; 789; 791

Lydos, Johannes: Naturwissenschaften 15/1, 834; 849

Lyell, Charles: Religionsgeschichte 15/2, 688

Lyly, John: Komödie 14, 1073; United Kingdom 15/3, 807

Lyotard, Jean-François: Philologie 15/3, 1313–1314; 1319

Lyra, Valentin van: Stützfiguren/Erechtheionkoren 15/3, 330

Lyschtschinski, Kazimir: Weißrußland 15/3, 1108

Lyslow, A.: Rußland 15/2, 1017

Lythgoe, Albert M.: New York, Metropolitan Museum 15/1, 964
Lyttelton, George: Totengespräch 15/3, 523

M

Maas, Paul: Philologie 15/2, 272; 15/3, 1298
Mabillon, Jean: Byzantinistik 13, 584; Frankreich 15/3, 1257; Geschichtsmodelle 14, 178; Mittellatein 15/1, 458; Paläographie, lateinische 15/2, 43
Mably, Gabriel Bonnot de: Bevölkerungswissenschaft/Historische Demographie 13, 484; Frankreich 14, 48
Mabuse → Gossaert
Macarius → L'Heureux
Macaulay, Thomas Babington Baron: Geschichtswissenschaft/Geschichtsschreibung 14, 204
Maccari, C.: Historismus 14, 490
MacDowell, Andrew, Lord Bankton: Scotland, Law of 15/3, 3
Maceratini, R.: Glossatoren 14, 224
Mach, Ernst: Österreich 15/3, 1293
Machar, Josef Svatopluk: Tschechien 15/3, 634
Machek, Václav: Tschechien 15/3, 642
Machen, Arthur: Orient-Rezeption 15/1, 1229
Machiavelli, Niccolò: Athen 13, 289; Biographie 13, 521; Diktatur 13, 853–854; Frieden 14, 69; Fürstenspiegel 14, 80–81; 83; Gerechtigkeit 14, 144; Geschichtsmodelle 14, 174–175; 178; Geschichtswissenschaft/Geschichtsschreibung 14, 185; 202; 214–215; Herrscher 14, 389–390; 393; Imitatio 14, 575; Karthago 14, 851; Komödie 14, 1070; Krieg 14, 1112–1113; Lateinische Komödie 15/1, 69; Mischverfassung 15/1, 443; Monarchie 15/1, 540–541; Panegyrik 15/2, 53; Politische Theorie 15/2, 413; 415; Republik 15/2, 719; Rom 15/2, 878; Schlachtorte 15/2, 1075; Schweiz 15/2, 1130; Tacitismus 15/3, 353; Thukydidismus 15/3, 482; Verfassungsformen 15/3, 983
Maciej z Miechowa → Miechowita
MacIntyre, Alasdair: Gerechtigkeit 14, 146; Philosophie 15/2, 344; Politische Theorie 15/2, 438; 457; Praktische Philosophie 15/2, 538
Mackenzie, Duncan: Knossos 14, 1001; Nationale Forschungsinstitute 15/1, 665
MacLaren, Charles: Troja 15/3, 609ff.
MacLeish, Archibald: United States of America 15/3, 878
Macmillan, George: Nationale Forschungsinstitute 15/1, 662
MacNeice, Louis: United Kingdom 15/3, 827; Verskunst 15/3, 1016

MacPherson, James: Druiden 13, 902; Fälschung 13, 1077
Macropedius, Georgius: Lateinische Komödie 15/1, 72
Madame Dacier → Dacier
Madame Deshoulières (Ligier de la Garde, Antoinette du): Vandalen 15/3, 944
Madame de Staël → Staël
Madame Grès → Barton
Maderna, Bruno: Italien 14, 708; Vertonungen antiker Texte 15/3, 1022
Maderno, Carlo: Pantheon 15/2, 59
Madison, James: Politische Theorie 15/2, 423; United States of America 15/3, 843
Madvig, J.N.: Dänemark 13, 680
Maerlant, Jacob van: Niederlande und Belgien 15/1, 986; 1036–1037
Maestro di Griselda: Triumphbogen 15/3, 589
Maffei, Marchese Francesco Scipione: Altertumskunde (Humanismus bis 1800) 13, 94; Etruskologie 13, 1055; Inschriftenkunde, griechische 14, 600; Italien 14, 699; 720; Lateinische Inschriften 15/1, 59; Paläographie, lateinische 15/2, 43
Maffei, Paulo Alessandro: Druckwerke 13, 895
Maggi, L.: Karthago 14, 852
Maggi, V.: Griechische Tragödie 14, 317
Magi, Filippo: Laokoongruppe 15/1, 11
Magin, J.B.: Slowakei 15/3, 66
Magini, Giovanni Antonio: Naturwissenschaften 15/1, 808
Magister Frederik Klosterbruder: Niederlande und Belgien 15/1, 987
Magister Nivardus → Nivardus von Gent
Magister, Thomas → Thomas Magister
Magistros, Grigor: Armenien 13, 270
Magistros, Thomas → Thomas Magister
Magliabechi, A.: Bibliothek 13, 502
Magnani, Lorenzo: Historienmalerei 14, 432
Magnard, Albéric: Frankreich 15/3, 1268
Magnien, Johann Chrysostomus: Atomistik 13, 340
Magnus VI. Lagabøter König von Norwegen, 1238–1280: Norwegen 15/1, 1084
Magnus, Johannes: Geschichtswissenschaft/Geschichtsschreibung 14, 214
Magritte, René François Ghislain: Mimesislegenden 15/1, 441; Moderne 15/1, 506; Nacktheit in der Kunst 15/1, 655; Venus von Milo 15/3, 968
Mahaffy, J.P.: Irland 14, 646–647
Maheu, R.: Karthago 14, 842
Mahmoud-Bey el Falaki: Alexandria 13, 68
Mahne, Guilielmus Leonardus: Niederlande und Belgien 15/1, 1008; 1031
Mai, Angelo: Bibliothek 13, 504; Romanistik/Rechtsgeschichte 15/2, 962
Maianis, Bartolomeo: Rom 15/2, 863

Maiano, Giuliano da: Toranlagen/Stadttore 15/3, 511
Maier, F.G.: Geschichtsmodelle 14, 162
Maier, Hans: Menschenrechte 15/1, 386
Maier, Michael: Orient-Rezeption 15/1, 1197
Maier, R.: Lebendiges Latein 15/1, 96
Maillet, Benoît de: Orient-Rezeption 15/1, 1199
Maillol, Aristide: Historismus 14, 496; Klassische Archäologie 14, 928; Nacktheit in der Kunst 15/1, 655
Maimon, Salomon: Kabbala 14, 771
Maimonides, Moses: Alexandrinismus 13, 72; Geriatrie 14, 147; Naturwissenschaften 15/1, 832; Spanien 15/3, 129
Maine, Sir Henry: Geschichtswissenschaft/Geschichtsschreibung 14, 209
Maino, Giason del: Strafrecht 15/3, 315
Mairet, Jean: Frankreich 14, 40; Tragödie/Tragödientheorie 15/3, 536
Maiuri, Amedeo: Herculaneum 14, 356; Neapel, Archäologisches Nationalmuseum (Museo Nazionale Archeologico, Napoli) 15/1, 881; Pompeji 15/2, 477; Rhodos 15/3, 1323ff.
Majakowski, Wladimir Wladimirowitsch: Mythos 15/1, 641; Venus von Milo 15/3, 967
Majer, Joseph Friedrich Bernhard Caspar: Musen 15/1, 568
Majnarić, T.: Kroatien 14, 1122
Major, Georg: Loci communes 15/1, 189
Major, Petru: Rumänien 15/2, 1003
Makarios Notaras → Makarios von Korinth
Makarios von Korinth (Makarios Notaras): Neugriechische Literatur 15/1, 902
Makart, H.: Historismus 14, 489
Makovelski, O.A.: Weißrußland 15/3, 1109
Maksim Grek (Michael Trivolis): Rußland 15/2, 1016
Malatesta, Sigismondo Pandolfo: Naturwissenschaften 15/1, 840; Triumphbogen 15/3, 584
Malaxos, Manuel: Neugriechische Literatur 15/1, 897
Malebranche, Nicolas: Dialog 13, 834
Malenšek, M.: Slowenien 15/3, 71
Maler, Friedrich: Karlsruhe, Badisches Landesmuseum, Antikensammlungen 14, 808; 810–811
Malherbe, François de: Frankreich 14, 38; 41; Literaturkritik 15/1, 182
Malinowski, Bronislaw: Kulturanthropologie 14, 1133–1134; 1138–1139; Psychoanalyse 15/2, 594
Malipiero, Gian Francesco: Italien 14, 707; Vertonungen antiker Texte 15/3, 1023
Mallarmé, Stéphane: Frankreich 15/3, 1261; 1271; Philologie 15/3, 1309
Mallius, P.: Christliche Archäologie 13, 641

Mallowan, Sir Max Edgar Lucien: New York, Metropolitan Museum 15/1, 976; Orient-Rezeption 15/1, 1229
Mallwitz, Alfred: Olympia 15/1, 1173
Malouf, David: Australien und Neuseeland 15/3, 1250; Metamorphose 15/1, 396; United Kingdom 15/3, 829
Malthus, Thomas Robert: Bevölkerungswissenschaft/Historische Demographie 13, 487; 489
Mameranus, Heinrich: Luxemburg 15/1, 239
Mameranus, Nicolaus: Luxemburg 15/1, 238
Mamet, Henri: Thera 15/3, 470
Mamiera, Peter: United Kingdom 15/3, 825
Man, Paul de: Metapher/Metapherntheorie 15/1, 406; Mimesis 15/1, 433; Philologie 15/3, 1319
Man Ray (Rudnitzky, Emmanuel): Moderne 15/1, 508
Manaki, Janaki: Neugriechische Literatur 15/1, 916
Manaki, Milton: Neugriechische Literatur 15/1, 916
Manardi, Giovanni: Medizin 15/1, 366
Mandela, Nelson: United Kingdom 15/3, 831
Mandelslo, Johann Albrecht von: Iranistik 14, 635
Mander, Karel van: Künstlerlegenden 14, 1128; Niederlande und Belgien 15/1, 1038; 1040–1041; 1043; 1050
Manderscheid-Blankenheim, Hermann, Graf von: Köln 14, 1023
Mandeville, B.: Politische Theorie 15/2, 426
Mandouze, André: Nobilitas 15/1, 1074
Manegold von Lautenbach: Herrscher 14, 403
Manetti, Gianozzo: Humanismus 14, 548
Manfred *König von Sizilien 1232-1266*: Herrscher 14, 369; 377; 379; 395; 405; Sizilien 15/3, 37; Zoologie 15/3, 1212
Mangione, Salvatore (Salvo): Moderne 15/1, 510
Mangold von Lautenbach: Mönchtum 15/1, 527
Manitius, Max: Mittellatein 15/1, 461–462
Mann, Heinrich: Lehrer 15/1, 107; Medien 15/1, 353
Mann, Klaus: Deutschland 13, 820
Mann, Nicholas: Warburg Institute, The 15/3, 1103–1104; 1106
Mann, Thomas: Deutschland 13, 825; Fin de siècle 13, 1143; Griechische Tragödie 14, 323; Horoskope 14, 535; Italien 14, 708; Lehrer 15/1, 107; Naturwissenschaften 15/1, 844; Nietzsche-Wilamowitz-Kontroverse 15/1, 1069; Orient-Rezeption 15/1, 1229; Wagnerismus 15/3, 1073
Mannhardt, Johann Wilhelm: Kulturanthropologie 14, 1137; Paganismus 15/2, 15; Religionsgeschichte 15/2, 687
Manninen, O.: Finnland 13, 1148
Manning, Sturt: Zeitrechnung 15/3, 1174
Mans, Raphael du: Iranistik 14, 635
Mansart, François: Frankreich 14, 41

Mansart, J.H.: Park 15/2, 175
Mansdale, Jan van: Niederlande und Belgien 15/1, 1037
Mansel, Arif Müfit: Türkei 15/3, 675
Mansfeld, Peter Ernst, Fürst von *1517-1604*: Luxemburg 15/1, 239
Manship, Paul: Moderne 15/1, 498
Mansionario, Giovanni: Herrscher 14, 365; Porträtgalerie 15/2, 504
Manso, Johann Caspar Friedrich: Sparta 15/3, 160
Mantegna, Andrea: Festkultur/Trionfi 13, 1108; Historienmalerei 14, 425; Krieg 14, 1114; Parnaß 15/2, 181; Renaissance 15/2, 709; Schlachtorte 15/2, 1086; Trajanssäule 15/3, 546–547; Triumphbogen 15/3, 588–589; Ungarn 15/3, 749; Vasen/Vasenmalerei 15/3, 956
Mantelius, Joannes: Niederlande und Belgien 15/1, 1027
Mantovano, Publio Filippo: Komödie 14, 1069
Mantuanus (Spagnoli, Giovanni Battista): Bukolik/Idylle 13, 562; Kalender 14, 785; Niederlande und Belgien 15/1, 992
Manuel I. Komnenos *byz. Kaiser*: Sizilien 15/3, 35
Manuel II. Palaiologos *byz. Kaiser*: Leichenrede 15/1, 120
Manuel Planudes (Planudes*, Maximos) *byz. Gelehrter und Dichter, 1260-1310*: Byzanz 13, 597ff.; 607–608; Griechische Tragödie 14, 317; Kartographie 14, 853; Kommentar 14, 1065; Mathematik 15/1, 316; Philologie 15/2, 244; Überlieferung 15/3, 717
Manusakas, Manusos I.: Neugriechische Literatur 15/1, 914
Manutius, Aldus (Manuzio, Aldo): Akademie 13, 42; Byzanz 13, 599; Gattung/Gattungstheorie 14, 90; Griechische Tragödie 14, 317; Italien 14, 686; Komödie 14, 1070; Lateinische Tragödie 15/1, 86; Lexikographie 15/1, 129; Medizin 15/1, 366; Niederlande und Belgien 15/1, 989; Pharmakologie 15/2, 219; Philologie 15/2, 248; Theologie und Kirche des Christentums 15/3, 433; Überlieferung 15/3, 718; Übersetzung 15/3, 727; Venedig 15/3, 962ff.; Verlag 15/3, 1003
Manutius, Paulus (Manuzio, Paolo): Lexikographie 15/1, 133; Nobilitas 15/1, 1078
Manuzio, Aldo → Manutius
Manuzio, Paolo → Manutius
Manzoni, Alessandro: Italien 14, 704; Romantik 15/2, 987
Map, Walter: United Kingdom 15/3, 771
Márai, Sándor: Ungarn 15/3, 753
Maran, Joseph: Tiryns 15/3, 505; 507
Marangoni, G.: Christliche Archäologie 13, 642
Marat, Jean-Paul: Diktatur 13, 856–857
Maratta, Carlo: Diana von Ephesus 13, 841

Marbod von Rennes (Marbodus): Elegie 13, 943; Figurenlehre 13, 1126; Frankreich 14, 11; Lyrik 15/1, 248; Mittellatein 15/1, 456; Rhetorik 15/2, 775; Steinschneidekunst: Gemmen 15/3, 282
Marcanova, Giovanni: Triumphbogen 15/3, 585
Marcel, Guillaume: Diana von Ephesus 13, 839
Marcellus IV. *Papst*: Niederlande und Belgien 15/1, 1044
March, Walter: Stadion 15/3, 260
March, Werner: Nationalsozialismus 15/1, 758; Stadion 15/3, 260
Marchesi, Concetto: Niederlande und Belgien 15/1, 997
Marchetti, Alessandro: Übersetzung 15/3, 729
Marchetto da Padova: Humanismus 14, 561
Marchi, G.: Rom 15/2, 906
Marchionni, Carlo: Rom 15/2, 936
Marci, Johannes Marcus: Tschechien 15/3, 629
Marciales, M.: Lateinamerika 15/1, 43
Marcks, Gerhard: Deutschland 13, 819; 821; 824; Moderne 15/1, 507–508
Marcus, Louis: Vandalen 15/3, 943
Marcuse, Herbert: Einbildungskraft 13, 937
Marechal, Leopoldo: Lateinamerika 15/1, 45
Maréchal, Pierre-Sylvain: Menschenrechte 15/1, 390
Marées, Hans von: Nacktheit in der Kunst 15/1, 655
Marek, Václav: Tschechien 15/3, 642
Marenzio, Luca: Theater 15/3, 399
Maretić, T.: Kroatien 14, 1122
Marett, Robert Ranulph: Kulturanthropologie 14, 1136
Margarethe von Österreich *Statthalterin der Niederlande, 1480-1530*: Mausoleum 15/1, 331
Margentinos, Leon: Kommentar 14, 1065
Margoliouth, D.S.: Arabistik 13, 192
Marheineke, Philipp Konrad: Theologie und Kirche des Christentums 15/3, 448
Maria I. Franziska Isabel Rita Gertrudes Johanna *Königin von Portugal*: Portugal 15/2, 523
Maria I. Tudor (Maria die Katholische) *Königin von England*: Tyrannis 15/3, 690
Maria II. da Gloria *Königin von Portugal*: Portugal 15/2, 523
Maria Carolina *Königin von Neapel-Sizilien*: Gotha, Schloßmuseum 14, 233
Maria die Katholische → Maria I. Tudor
Maria Theresia *Infantin von Spanien, Gattin Ludwigs XIV.*: Musen 15/1, 566
Maria Theresia *österr. Erzherzogin, Königin von Böhmen und Ungarn, »Kaiserin«*: Numismatik 15/1, 1114; Österreich 15/1, 1139; 1143; Wien, Kunsthistorisches Museum 15/3, 1131
Mariana SJ, Juan de: Fürstenspiegel 14, 85; Zensur 15/3, 1197

Mariani, Carlo Maria: Historienmalerei 14, 442; Moderne 15/1, 510–511
Mariano Rodríguez del Castillo, José: Lateinamerika 15/1, 35
Mariceau, François: Geburtshilfe 14, 99
Maricourt, Pierre de (Petrus Peregrinus): Naturwissenschaften 15/1, 826
Marie Antoinette *Königin von Frankreich*: Orient-Rezeption 15/1, 1203; Park 15/2, 132
Marie de France *franz. Dichterin, 12. Jh.*: Fabel 13, 1067
Mariette, Auguste: Ägyptologie 13, 18; Kairo, Ägyptisches Museum 14, 772; 774
Mariette, Pierre-Jean: Griechen-Römer-Antithese 14, 261–262; Stil, Stilanalyse, Stilentwicklung 15/3, 293
Marinatos, Spyridon: Atlantis 13, 337; Nationale Forschungsinstitute 15/1, 690; Thera 15/3, 470ff.
Marinella, Lucrezia: Italien 14, 694
Marinerus Sículus: Spanien 15/3, 103
Marinescu-Himu, Maria: Rumänien 15/2, 1011
Marinetti, Filippo Tommaso: Metapher/Metapherntheorie 15/1, 406; Wirtschaft und Gewerbe 15/3, 1146
Marini, Giovanni Ambrosio: Italien 14, 695
Marini, Luigi Gaetano: Rom 15/2, 933
Marini, M.: Etruskerrezeption 13, 1054
Marinis, Marino: Reiterstandbild 15/2, 655
Marinković, R.: Kroatien 14, 1122
Marinković, Vuk: Serbien 15/3, 28
Marino, Giambattista: Barock 13, 406; Epos 13, 1019; Frankreich 14, 43; Gattung/Gattungstheorie 14, 92; Italien 14, 691; 694–695; Lyrik 15/1, 249; Metapher/Metapherntheorie 15/1, 404; Mythologie 15/1, 625
Mariotte, Antoine: Frankreich 15/3, 1268
Marivaux, Pierre Carlet de Chamblain de: Adaptation 13, 14; Brief, Briefliteratur 13, 543; Epos 13, 1023; Frankreich 14, 51; Karthago 14, 850; Komödie 14, 1073
Markat, Hans: Festkultur/Trionfi 13, 1114
Marlborough, John Churchill Earl of: Karthago 14, 851
Marlowe, Christopher: Adaptation 13, 15; Österreich 15/1, 1142; Tragödie/Tragödientheorie 15/3, 539; Zensur 15/3, 1195
Marmontel, Jean François: Vandalen 15/3, 944
Maroni, Gian Carlo: Mausoleum 15/1, 336
Marot, Clément: Adaptation 13, 12; Epigrammatik 13, 983; Mythologie 15/1, 613; 626
Marot, Jean: Mausoleum 15/1, 331; Trajanssäule 15/3, 549
Marót, Károly: Ungarn 15/3, 756–757
Marouzeau, Jules: Lateinamerika 15/1, 44

Marpurg, Friedrich Wilhelm: Affektenlehre (musikalisch) 13, 22; Vertonungen antiker Texte 15/3, 1024
Marquard, Odo: Skeptizismus 15/3, 45
Marquardt, Joachim: Geschichtswissenschaft/Geschichtsschreibung 14, 204; Religionsgeschichte 15/2, 686
Marroquín, Francisco: Lateinamerika 15/1, 30
Marrou, Henri Irénée: Geschichtsmodelle 14, 162; Nobilitas 15/1, 1074
Marsilio Ficino → Ficino
Marsilius von Padua: Herrscher 14, 369; 395–396; Mischverfassung 15/1, 443; Monarchie 15/1, 537; Naturrecht 15/1, 777; Verfassungsformen 15/3, 983
Marsilius von Side: Lykanthropie 15/1, 243
Marsow, Georg: Lettland 15/1, 123
Marsuppini, Carlo: Tierepos 15/3, 495
Marsus, Harmonius: Lateinische Komödie 15/1, 68
Martello, Pier Jacopo: Italien 14, 698–699
Martens, Dirk: Niederlande und Belgien 15/1, 992
Martí, José: Lateinamerika 15/1, 39
Martin V. *Papst*: Niederlande und Belgien 15/1, 988; Ostia und Porto 15/1, 1247
Martin von Laon: Griechisch 14, 300; Philologie 15/2, 280
Martin von Šibenik: Kroatien 14, 1120
Martin von Troppau: Herrscher 14, 399
Martin, Christoph: Medien 15/1, 350–351; Übersetzung 15/3, 737
Martin, Claude: Indien 14, 586
Martin, Frank: Vertonungen antiker Texte 15/3, 1023
Martin, Jacques: Comics 13, 658
Martin, Jean: Architekturtheorie/Vitruvianismus 13, 237; Frankreich 14, 34
Martin, John: Orient-Rezeption 15/1, 1211
Martin, Josef: Philologie 15/2, 322
Martin, Thomas Henri: Atlantis 13, 337
Martindale, Charles: Philologie 15/3, 1314
Martindale, John Robert: Geschichtswissenschaft/Geschichtsschreibung 14, 215; Nobilitas 15/1, 1074
Martinet, André: Strukturalismus 15/3, 320; 325
Martínez, Diego: Lateinamerika 15/1, 22
Martínez Cabello, G.: Neulatein 15/1, 930
Martínez de Cala in Lebrija, Antonio → Nebrija
Martini, A.: Etruskerrezeption 13, 1054
Martini, Cornelius: Aristotelismus 13, 260
Martini, Jakob: Aristotelismus 13, 260
Martinů, Bohuslav: Tschechien 15/3, 635
Martinus de Dacia: Dänemark 13, 675
Martinus Gosia: Glossatoren 14, 222
Martone, Mario: Italien 14, 710
Marucci, E.: Griechische Komödie 14, 315
Marucci, S.: Griechische Komödie 14, 315
Maruli, Mikel → Marullo

Marulić, M.: Kroatien 14, 1119–1120
Marullo, Michele (Maruli, Mikel/Marullus, Michael): Albanien 13, 57; Neulatein 15/1, 935
Marullus, Michael → Marullo
Marvell, Andrew: Lyrik 15/1, 249; Politische Theorie 15/2, 420
Marx, Karl: Cäsarismus 13, 626; Demokratie 13, 731; Dialektik 15/3, 1252; Diktatur 13, 859; Epikureismus 13, 994; Gerechtigkeit 14, 144; Geschichtsmodelle 14, 180; Geschichtswissenschaft/Geschichtsschreibung 14, 204; Karikatur 14, 801; Kulturanthropologie 14, 1134; Marxismus 15/1, 295ff.; Politische Theorie 15/2, 428; 455; Sklaverei 15/3, 49; Sozial- und Wirtschaftsgeschichte 15/3, 90; Sozialismus 15/3, 94–95; Technikgeschichte 15/3, 368; Theorie/Praxis 15/3, 466; Verfassungsformen 15/3, 988; Vorsokratiker 15/3, 1065ff.
Mas Latrie, L. de: Zypern 15/3, 1236
Masaccio: Renaissance 15/2, 705
Masai, François: Paläographie, griechische 15/2, 42
Mascardi, Agostino: Rhetorik 15/2, 818
Mascov, Johann Jacob: Vandalen 15/3, 943
Masefield, John: Orient-Rezeption 15/1, 1231
Masen SJ, Jacob: Lateinische Tragödie 15/1, 88; Panegyrik 15/2, 52; Poetik 15/2, 387; Tragödie/Tragödientheorie 15/3, 539; Trier 15/3, 563; Universität 15/3, 896ff.
Masha ʿallah: Naturwissenschaften 15/1, 833
Masius, Andreas: Niederlande und Belgien 15/1, 991; Semitistik 15/3, 11
Maskin, N.A.: Geschichtswissenschaft/Geschichtsschreibung 14, 207
Maslama al-Maǧrīṭī: Arabisch-islamisches Kulturgebiet 13, 180
Maspero, Gaston: Kairo, Ägyptisches Museum 14, 772; Papyri (Fundgeschichte) 15/2, 67
Massenet, Jules: Frankreich 15/3, 1260; 1269; 1271; Vertonungen antiker Texte 15/3, 1024
Massie, Allan: United Kingdom 15/3, 819; 823
Massignon, Louis: Arabistik 13, 192
Massinger, Philipp: United Kingdom 15/3, 809
Masson, André: Moderne 15/1, 502
Masson, Charles: Iranistik 14, 636; Pakistan/Gandhara-Kunst 15/2, 37
Massow, Wilhelm von: Trier 15/3, 568
Mast, Hermann van der: Mimesislegenden 15/1, 439
Mastrilli, Felice Maria: Vasen/Vasenmalerei 15/3, 949
Matesis, A.: Neugriechische Literatur 15/1, 907
Matham, Jacob: Niederlande und Belgien 15/1, 1039
Mather, Cotton: United States of America 15/3, 836–837
Mather, Increase: United States of America 15/3, 836
Mathesius, Vilém: Sprachwissenschaft 15/3, 245

Mathew, Aidan Carl: United Kingdom 15/3, 825
Mathias Hunyadi → Matthias Corvinus
Mathias Mechoviensis → Miechowita
Mathieu de Vendôme → Matthaeus von Vendôme
Mathilde von Essen: United Kingdom 15/3, 768
Matisse, Henri Émile Benoît: Historienmalerei 14, 441; Moderne 15/1, 499; Vasen/Vasenmalerei 15/3, 954
Matschavariani, A.: Georgien 14, 138
Mattei, Asdrubale: Rom 15/2, 865
Matteo di Libri: Rhetorik 15/2, 777
Matthaei, Ch.F.: Rußland 15/2, 1019
Matthaeus, Antonius: Strafrecht 15/3, 315ff.
Matthaeus Vindocinensis → Matthaeus von Vendôme
Matthaeus von Vendôme (Matthaeus Vindocinensis): Elegie 13, 944; Figurenlehre 13, 1127; Frankreich 14, 11; Gattung/Gattungstheorie 14, 89; Geschmack 14, 217; Lateinische Komödie 15/1, 66; Mythologie 15/1, 620; Philologie 15/2, 280; Poetik 15/2, 385; Rhetorik 15/2, 776
Mattheson, Johann: Affektenlehre (musikalisch) 13, 22; Musik 15/1, 593; 600; Sphärenharmonie 15/3, 189
Mattheuer, Wolfgang: DDR 13, 697; Moderne 15/1, 512
Matthews, Elaine: Nobilitas 15/1, 1073
Matthias Kaiser des HRR, 1557–1619: Ungarn 15/3, 750
Matthias Corvinus (Mathias Hunyadi) König von Ungarn, Herzog von Österreich, 1443–1490: Naturwissenschaften 15/1, 840; Renaissance 15/2, 712; Slowakei 15/3, 63
Matthioli, Pietro Andrea: Humanismus 14, 560; Medizin 15/1, 367
Matthisson, Friedrich: Park 15/2, 165
Mattielli, Lorenzo: Stützfiguren/Erechtheionkoren 15/3, 331
Mattingly, Harold: Numismatik 15/1, 1117; 1120
Mattioli, Pietro Andrea: Pharmakologie 15/2, 220
Maturana, Humberto R.: Philologie 15/3, 1315
Matute, Ana María: Kinder- und Jugendliteratur 14, 881
Mau, August: Pompeji 15/2, 482
Mauduit, Jacques: Vers mesurés 15/3, 1007
Mauè, Hermann: Numismatik 15/1, 1109
Maunde Thompson, E.: Paläographie, griechische 15/2, 41
Maupertuis, Pierre Louis Moreau de: Naturwissenschaften 15/1, 784
Maurdramnus: Frankreich 14, 8
Maurer, Karl: Philologie 15/3, 1312
Maurolico, Francesco: Naturwissenschaften 15/1, 819
Mauropus, Ioannes: Byzanz 13, 606
Maurus, Alkuin: Artes liberales 13, 274

Mauss, Marcel: Geschichtswissenschaft/Geschichtsschreibung 14, 192; 210; Historische Methoden 14, 460; Kulturanthropologie 14, 1134; 1139; Religionsgeschichte 15/2, 695
Mauthner, Fritz: Skeptizismus 15/3, 45; Totengespräch 15/3, 523
Mauzaisse, Jean-Baptiste: Venus von Milo 15/3, 963
Mavrokordátos, Aléxandros: Philhellenismus 15/2, 235
Mavrokordatos, Nikolaos: Griechenland 14, 275–276
Mavros, Nicolas: Rumänien 15/2, 1012
Max I. Joseph *König von Bayern, 1756-1825*: Historismus 14, 497
Max Emanuel von Bayern *Kurfürst, 1662-1726*: Herrscher 14, 391
Maximilian I. *König und Kaiser des HRR, 1459-1519*: Altertumskunde (Humanismus bis 1800) 13, 91; Bibliothek 13, 499; Epos 13, 1029; Fürstenspiegel 14, 79; Herrscher 14, 365; 373; Künstlerlegenden 14, 1128; Limes, Limesforschung 15/1, 157; Mausoleum 15/1, 331; Naturwissenschaften 15/1, 838; 840; Österreich 15/1, 1137; Trier 15/3, 563; Triumphbogen 15/3, 586; Troja 15/3, 620; Übersetzung 15/3, 728; Wien, Kunsthistorisches Museum 15/3, 1131
Maximilian II. *Kaiser des HRR, 1527-1576*: Herrscher 14, 378; Naturwissenschaften 15/1, 840; Wien, Kunsthistorisches Museum 15/3, 1131
Maximilian Ferdinand Joseph *Erzherzog von Österreich, Kaiser von Mexiko, 1832-1867*: Kairo, Ägyptisches Museum 14, 772; Lateinamerika 15/1, 20; 36
Maximilianus, P.: Niederlande und Belgien 15/1, 1050
Maximos [7]* Homologetes (Maximus Confessor): Byzanz 13, 592; 603; Italien 14, 661; Theologie und Kirche des Christentums 15/3, 426–427; 430; Überlieferung 15/3, 711
Maximus Confessor → Maximos [7]* Homologetes
May, Carl: Modell/Korkmodell 15/1, 495–496
May, Ernst: Nida-Frankfurt 15/1, 981
May, Georg Heinrich: Modell/Korkmodell 15/1, 495
May, Karl: Orient-Rezeption 15/1, 1227
May, Thomas: United Kingdom 15/3, 809
Mayer, Eric: United States of America 15/3, 876
Mayer, Johann Tobias: Naturwissenschaften 15/1, 791
Mayer-Maly, Theo: Vulgarismusforschung/Vulgarrecht 15/3, 1073
Mayr, Martin: Bayern 13, 432
Mayr, Simone: Italien 14, 704
Mazarin, Jules (Mazarini, Giulio): Bibliothek 13, 500; Frankreich 14, 35; Paris, Louvre 15/2, 109
Mazarini, Giulio → Mazarin
Mazois, François: Pompeji 15/2, 479

Mažvydas, Martynas → Mosvidius
Mazzella, Scipione: Kampanien 14, 789
Mazzocchi, Jacopo: Druckwerke 13, 891
Mazzochi, Domenico: Oratorium 15/1, 1187
Mazzola → Parmigianino
Mazzoleni, D.: Lateinische Inschriften 15/1, 60
Mazzoni, Giacopo: Gattung/Gattungstheorie 14, 91
McAlpine of West Green, Alistair: Park 15/2, 139
McCawley, James: Sprachwissenschaft 15/3, 248
McCullough, Colleen: United Kingdom 15/3, 819; 829
McDonald, A.H.: Australien und Neuseeland 15/3, 1248
MacDonald, George: Kinder- und Jugendliteratur 14, 880
McDonald, William: Nationale Forschungsinstitute 15/3, 1285
McDowell, John: Theorie/Praxis 15/3, 468
McElroy, Colleen: United States of America 15/3, 873
McKim, Charles Follen: Historismus 14, 492; United States of America 15/3, 868ff.
McKinley, Wiliam: Mausoleum 15/1, 337
McLennan, J.F.: Geschichtswissenschaft/Geschichtsschreibung 14, 209
McLuhan, Marshall: Homerische Frage 14, 510
Mead, Richard: Medizingeschichtsschreibung 15/1, 374
Mead, William Rutherford: Historismus 14, 492; United States of America 15/3, 868ff.
Méautis, Georges: Thukydidismus 15/3, 489
Mebes, P.: Historismus 14, 493
Mechoviensis → Miechowita
Meckseper, Friedrich: Orient-Rezeption 15/1, 1220
Mediavilla, Richard von: Theorie/Praxis 15/3, 464
Medici, Anna Maria Ludovica de' (Anna Maria Louisa de'): Uffizien, Florenz (Galleria degli Uffizi, Firenze) 15/3, 741
Medici, Caterina de' (Katharina von Medici) *Königin von Frankreich*: Historienmalerei 14, 431; Mythologie 15/1, 626–627; Paris, Louvre 15/2, 107; Porträtgalerie 15/2, 501
Medici, Cosimo I. de', il Vecchio (Cosimo d.Ä.): Akademie 13, 42; Etruskologie 13, 1055; Herrscher 14, 378; Historienmalerei 14, 426; Italien 14, 715; Neapel, Archäologisches Nationalmuseum (Museo Nazionale Archeologico, Napoli) 15/1, 874; Okkultismus 15/1, 1149; Orient-Rezeption 15/1, 1195; Paganismus 15/2, 16; Park 15/2, 126; Porträtgalerie 15/2, 506; Reiterstandbild 15/2, 653; Renaissance 15/2, 705; Uffizien, Florenz (Galleria degli Uffizi, Firenze) 15/3, 740ff.; Vasen/Vasenmalerei 15/3, 949; Villa 15/3, 1038–1039
Medici, Cosimo III. de': Porträtgalerie 15/2, 509; 512; Rom 15/2, 911; Uffizien, Florenz (Galleria degli Uffizi, Firenze) 15/3, 740

Medici, Don Giovanni de': Mausoleum 15/1, 331
Medici, Ferdinando I. de': Uffizien, Florenz (Galleria degli Uffizi, Firenze) 15/3, 740
Medici, Ferdinando II. de': Uffizien, Florenz (Galleria degli Uffizi, Firenze) 15/3, 740
Medici, Francesco I. de': Uffizien, Florenz (Galleria degli Uffizi, Firenze) 15/3, 740
Medici, Giovanni de': Uffizien, Florenz (Galleria degli Uffizi, Firenze) 15/3, 740; Villa 15/3, 1039
Medici, Giuliano I. de': Mythologie 15/1, 623; Villa 15/3, 1039
Medici, Giulio de' → Clemens VII.
Medici, Leopoldo de' *Kardinal, 1617-1675*: Porträtgalerie 15/2, 509; Uffizien, Florenz (Galleria degli Uffizi, Firenze) 15/3, 740
Medici, Lorenzino de' (Lorenzo di Pierfrancesco de'): Numismatik 15/1, 1107
Medici, Lorenzo il Magnifico de' (Lorenzo, der Prächtige): Festkultur/Trionfi 13, 1107; Historienmalerei 14, 426; Humanismus 14, 562; Italien 14, 680; 715; Mythologie 15/1, 623; Okkultismus 15/1, 1159; Paganismus 15/2, 16; Uffizien, Florenz (Galleria degli Uffizi, Firenze) 15/3, 740; Übersetzung 15/3, 728; Villa 15/3, 1039-1040
Medici, Maria de' *Königin von Frankreich*: Frankreich 14, 35; Herrscher 14, 375; Oper 15/1, 1180
Medius, Thomas: Lateinische Komödie 15/1, 68
Megas, G.: Griechenland 14, 285
Megaw, Peter: Nationale Forschungsinstitute 15/1, 667; Zypern 15/3, 1237
Megenberg, Konrad: Zoologie 15/3, 1215
Megerle, Johann Ulrich → Abraham a Santa Clara
Megyericsei, Ioan (Mezerzius): Ungarn 15/3, 754
Mehler, E.J.: Niederlande und Belgien 15/1, 1012
Mehmet II., der Eroberer (Fatih Sultan Mehmet II.) *1432-1481*: Athen 13, 281; Bibliothek 13, 495; Byzanz 13, 622; Herrscher 14, 391; Konstantinopel 14, 1087; Neugriechische Literatur 15/1, 895; 897; Troja 15/3, 603; Türkei 15/3, 645; 664
Mehmet Ali → Muhammad Ali Pascha
Mehmet Paşa *Großwesir*: Türkei 15/3, 664
Mehren, Stein: Norwegen 15/1, 1087
Mehring, Franz: Marxismus 15/1, 301
Méhul, Etienne-Nicolas: Vertonungen antiker Texte 15/3, 1022
Mei, Girolamo: Affektenlehre (musikalisch) 13, 21; Musik 15/1, 599; Oratorium 15/1, 1186
Meibom, Heinrich: Geriatrie 14, 148
Meibom, Marcus: Musik 15/1, 600; Niederlande und Belgien 15/1, 1004
Meid, Conrad: Mausoleum 15/1, 331
Meid, Wolfgang: Sprachwissenschaft 15/3, 239
Meier, Christian: Geschichtsmodelle 14, 162; Historische Methoden 14, 460; Marxismus 15/1, 302

Meier, Georg Friedrich: Gelegenheitsdichtung 14, 110
Meier, Richard: Malibu, J. Paul Getty Museum 15/1, 286
Meier, Theodor: Nationalsozialismus 15/1, 739; Sparta 15/3, 166
Meierus, Antonius: Niederlande und Belgien 15/1, 1022
Meiggs, Russell: Nationale Forschungsinstitute 15/1, 675–676
Meijers, E.M.: Niederlande und Belgien 15/1, 1012
Meilhac, Henri: Frankreich 15/3, 1262
Meillet, Antoine: Homerische Frage 14, 506
Meinecke, Friedrich: Historismus 14, 474–477; 486
Meineke, August: Philologie 15/2, 266–267
Meiners, Ch.: Bevölkerungswissenschaft/Historische Demographie 13, 488
Meingast, Fritz: Medien 15/1, 352
Meinhof, Ulrike: Medien 15/1, 349
Meinwerk von Paderborn: Ottonische Renaissance 15/1, 1255
Meisl, Karl: Österreich 15/1, 1144–1145
Meißner, August Gottlieb: Sklaverei 15/3, 48; Tschechien 15/3, 638
Meissner, B.: Orient-Rezeption 15/1, 1229
Meister Albrant (Meister Albrecht): Zoologie 15/3, 1209
Meister Albrecht → Meister Albrant
Meister der Pietà von Piedigrotta: Triumphbogen 15/3, 589
Meister Eckhart: Deutschland 13, 763; Gnosis 14, 227; Konsolationsliteratur 14, 1079; Metaphysik 15/1, 412; Theologie und Kirche des Christentums 15/3, 419; 432; Theorie/Praxis 15/3, 465
Meister von Frankfurt: Mimesislegenden 15/1, 439
Meister, Ernst: Hymnos 14, 569
Meisterlin, Sigismund: Altertumskunde (Humanismus bis 1800) 13, 94; Troja 15/3, 616
Meit, Conrad: Torso (Belvedere) 15/3, 516
Mekerchus, Adolphus: Niederlande und Belgien 15/1, 1017
Melamid, Alex: Moderne 15/1, 512
Melanchthon, Philipp (Schwartzerd/Schwartzert, Philipp): Artes liberales 13, 275; Aussprache 13, 354; Bibliothek 13, 499; Bildung 13, 509; Biographie 13, 521; Ciceronianismus 13, 649; Dänemark 13, 675; Deutschland 13, 771ff.; 794; Fabel 13, 1067; Fürstenschule 14, 72; Geschichtsmodelle 14, 175; Geschichtswissenschaft/Geschichtsschreibung 14, 200; 215; Herrscher 14, 406; Historische Methoden 14, 454; Homiletik/Ars praedicandi 14, 527–528; Horoskope 14, 534; Humanismus 14, 551; 555; Komödie 14, 1071; Lateinische Komödie 15/1, 70; Lateinische Tragödie 15/1, 86;

Lateinschule 15/1, 91; Lettland 15/1, 123; Loci communes 15/1, 187–188; Lykanthropie 15/1, 245; Medizin 15/1, 369; Mischverfassung 15/1, 443; Naturwissenschaften 15/1, 837; Neulatein 15/1, 936; Numismatik 15/1, 1112; Paganismus 15/2, 18; Philologie 15/2, 251; Politische Theorie 15/2, 416; Praktische Philosophie 15/2, 531; Preußen 15/2, 542; Redegattungen 15/2, 634; Rhetorik 15/2, 782–783; 799; 817; Stoizismus 15/3, 302ff.; Theologie und Kirche des Christentums 15/3, 420; 435; Thukydidismus 15/3, 485; Traumdeutung 15/3, 553; Tschechien 15/3, 627; Typologie 15/3, 679; Tyrannis 15/3, 689; Ukraine 15/3, 744; Ungarn 15/3, 751; Universität 15/3, 891; 894ff.
Melissus (Schede, Paul): Neulatein 15/1, 936
Meller, Willy: Nationalsozialismus 15/1, 759
Mellink, Mechthild: Klassische Archäologie 14, 935
Melo, F.M. de: Portugal 15/2, 521
Meltzer, Gregor (Haloander, Gregorius): Digesten/Überlieferungsgeschichte 13, 849; Humanismus 14, 555; Romanistik/Rechtsgeschichte 15/2, 961
Meltzer, O.: Karthago 14, 848
Melville, Gert: Troja 15/3, 622
Melville, Herman: Orient-Rezeption 15/1, 1225; 1232; United States of America 15/3, 862; 865ff.
Memhardt, J.G.: Preußen 15/2, 543–544
Memminger, Johann Daniel: Limes, Limesforschung 15/1, 161
Mena, Juan de: Spanien 15/3, 104
Mendel, Gustave: Türkei 15/3, 656
Mendelejew, Dimitri Iwanowitsch: Naturwissenschaften 15/1, 865; Rußland 15/2, 1022
Mendelssohn Bartholdy, Jakob Ludwig Felix: Griechische Tragödie 14, 319; Kampanien 14, 791; Preußen 15/2, 556; Vertonungen antiker Texte 15/3, 1023
Mendelssohn, Moses: Kabbala 14, 770; Praktische Philosophie 15/2, 536; Preußen 15/2, 551; Verfassungsformen 15/3, 986
Mendès, Catulle: Frankreich 15/3, 1260; 1262; 1265
Mendoza, Don Antonio de Vizekönig von Mexiko, um 1490-1552: Lateinamerika 15/1, 23
Mendoza, Rodriguez de: Lateinamerika 15/1, 26
Meng, Anton Raphael: Parnaß 15/2, 185; Rom 15/2, 936
Mengoni, G.: Historismus 14, 494
Mengs, Anton Raphael: Dresden, Staatliche Kunstsammlungen, Skulpturensammlung 13, 874; Fälschung 13, 1075; Klassizismus 14, 955; Orient-Rezeption 15/1, 1202; Vasen/Vasenmalerei 15/3, 953
Menochius: Strafrecht 15/3, 316

Mentelin, Johann: Neulatein 15/1, 927; Verlag 15/3, 1003
Menzel, Adolf: Demokratie 13, 734
Mercator, Arnold: Köln 14, 1021; 1025
Mercator, Gerardus: Historische Geographie 14, 449; Kartographie 14, 854; Litauen 15/1, 172; Niederlande und Belgien 15/1, 991; 1022
Mercier, Louis-Sébastien: Verfassungsformen 15/3, 986
Merckel, Curt: Technikgeschichte 15/3, 366
Mercklin, Ludwig: Estland 13, 1048
Mercuriale, Girolamo (Mercurialis, Hieronymus): Medizin 15/1, 368; Rom 15/2, 864; Sport 15/3, 209
Mercurialis, Hieronymus → Mercuriale
Merimée, Prosper: Knidische Aphrodite 14, 984
Merisi, Michelangelo → Caravaggio
Meritt, Benjamin D.: Nationale Forschungsinstitute 15/3, 1284
Merjai, Pierre-Alexandre-Cyprien: Luxemburg 15/1, 241
Merkelbach, Reinhold: Lebendiges Latein 15/1, 94; Übersetzung 15/3, 737
Merlin, Alfred: Unterwasserarchäologie 15/3, 923
Merlin, Jacques: Theologie und Kirche des Christentums 15/3, 434
Merritt, Benjamin Dean: Athen 13, 279
Mersenne, Marin: Affektenlehre (musikalisch) 13, 22; Musik 15/1, 600; Naturwissenschaften 15/1, 819; Skeptizismus 15/3, 42
Merula, Giorgio: Humanismus 14, 547; Lateinische Komödie 15/1, 67; Philologie 15/2, 288
Merula, Paulus: Niederlande und Belgien 15/1, 996
Merwin, W.S.: United States of America 15/3, 880
Merzdorf, Johann Friedrich Ludwig Theodor: Mittellatein 15/1, 455
Meschinot, Jean: Leichenrede 15/1, 119
Mesnardière, Jules-Hippolyte Pilet de: Gattung/Gattungstheorie 14, 92
Messel, Alfred: Berlin 13, 452; Historismus 14, 494; Pergamonaltar 15/2, 211
Messiaen, Olivier: Vertonungen antiker Texte 15/3, 1023
Meštrović, Ivan: Kroatien 14, 1122
Metastasio, Pietro (Trapassi, Pietro Antonio Domenico Bonaventura): Italien 14, 700; Karthago 14, 850; Musen 15/1, 568; Oper 15/1, 1182; Oratorium 15/1, 1187; Sphärenharmonie 15/3, 189
Metaxa, A.: Stadion 15/3, 258
Metcalf, D.M.: Numismatik 15/1, 1120
Metell von Tegernsee (Metellus Tegernseensis): Lyrik 15/1, 247; Mittellatein 15/1, 457
Metellus Tegernseensis → Metell von Tegernsee
Metge, Bernat: Spanien 15/3, 132
Metham, John: United Kingdom 15/3, 791–792

Methodios [4]* *Slavenapostel, 810-885*: Bulgarien 13, 569; Kroatien 14, 1119; Rußland 15/2, 1014; Slavische Sprachen 15/3, 60; Slowakei 15/3, 63
Metochites, Theodoros: Byzanz 13, 595; 608; Kommentar 14, 1065
Metraux, Guy: Nationale Forschungsinstitute 15/1, 675
Metropolita, Gregorius: Niederlande und Belgien 15/1, 1005
Metternich, Klemens Wenzel Fürst von: Griechenland 14, 271
Metzger, A.: Adaptation 13, 15
Metzger, I.R.: Nationale Forschungsinstitute 15/1, 721–722
Metzner, Franz: Mausoleum 15/1, 337
Meuli, Karl: Deutschland 13, 819; Kulturanthropologie 14, 1137; Psychoanalyse 15/2, 600; Religionsgeschichte 15/2, 690
Meursius, Johannes (Moeurs, Jan de): Altertumskunde (Humanismus bis 1800) 13, 93; Niederlande und Belgien 15/1, 997; 1000; Religionsgeschichte 15/2, 683
Mey, Felipe: Spanien 15/3, 113ff.
Meyboom, P.G.P.: Nationale Forschungsinstitute 15/1, 696
Meyer, Conrad Ferdinand: Bukolik/Idylle 13, 567; Tragödie/Tragödientheorie 15/3, 534
Meyer, Eduard: Bevölkerungswissenschaft/ Historische Demographie 13, 490; Bücher-Meyer-Kontroverse 13, 552ff.; Demokratie 13, 734; Epochenbegriffe 13, 998; 1013–1014; Geschichtswissenschaft/Geschichtsschreibung 14, 190; 196; 207; Herrscher 14, 391; Historische Methoden 14, 458; Historismus 14, 480; Judentum 14, 761; Nationalsozialismus 15/1, 749; Sklaverei 15/3, 50; Sozial- und Wirtschaftsgeschichte 15/3, 86ff.; Ungarn 15/3, 757; Universität 15/3, 909–910
Meyer, Ernst: Mykene 15/1, 609
Meyer, Gerhard Rudolf: Berlin 13, 465
Meyer, Johann Heinrich: Musen 15/1, 567
Meyer, Julius Lothar von: Naturwissenschaften 15/1, 865
Meyer, Peter: Schweiz 15/2, 1151
Meyer, Wilhelm: Mittellatein 15/1, 450; 459; Philologie 15/2, 304
Meyerbeer, Giacomo: Frankreich 15/3, 1269
Meyerhof, Max: Medizingeschichtsschreibung 15/1, 376
Meyer-Lübke, Wilhelm: Romanische Sprachen 15/2, 956
Meyerus, Livinus: Niederlande und Belgien 15/1, 1030
Meylan-Faure, J.: Homerische Frage 14, 506
Meyrink, Gustav: Okkultismus 15/1, 1153

Mezerzius → Megyericsei
Micali, Giuseppe: Italien 14, 705
Michael [3]* I. Raggabe *byz. Kaier*: Rom 15/2, 875
Michael [4]* II. *byz. Kaiser*: Griechisch 14, 304
Michael [5]* III. *byz. Kaiser*: Philologie 15/2, 239; Theologie und Kirche des Christentums 15/3, 429
Michael [6]* IV. Paphlagonios *byz. Kaiser*: Norwegen 15/1, 1084
Michael VIII. Palaiologos *byz. Kaiser*: Überlieferung 15/3, 717
Michael Italikos: Überlieferung 15/3, 715
Michael Scotus: Arabisch-islamisches Kulturgebiet 13, 183; Naturwissenschaften 15/1, 806; 836; Sizilien 15/3, 36; Zoologie 15/3, 1209; 1211ff.; 1221
Michael von Ephesos: Byzanz 13, 595; Kommentar 14, 1064
Michael, Anne: United Kingdom 15/3, 830
Michaelis, Adolf: Klassische Archäologie 14, 924
Michaelis, Johann David: Universität 15/3, 899
Michallon, Claude: Sepulchralkunst 15/3, 20
Michałowski, Kazimierz: Polen 15/2, 409
Michaud, Philippe-Alain: Warburg Institute, The 15/3, 1103
Michelangelo (Buonarroti, Michelangelo): Druckwerke 13, 895; Fälschung 13, 1071; Groteske 14, 327; Herrscher 14, 395; Historienmalerei 14, 426; Italien 14, 688; Kitsch 14, 886; Klassische Archäologie 14, 903; Körperkultur 14, 1047; Künstlerlegenden 14, 1128; Laokoongruppe 15/1, 13; Mausoleum 15/1, 331; Nacktheit in der Kunst 15/1, 651–652; Naturwissenschaften 15/1, 823; Niederlande und Belgien 15/1, 1040; Reiterstandbild 15/2, 650; Rom 15/2, 928; Säulenordnung 15/2, 1050; Stil, Stilanalyse, Stilentwicklung 15/3, 292; Torso (Belvedere) 15/3, 514
Michelet, Jules: Geschichtswissenschaft/Geschichtsschreibung 14, 204; Italien 14, 675
Michelides, Dimitri: Nationale Forschungsinstitute 15/1, 676
Michelozzo di Bartolomeo: Mausoleum 15/1, 330; Stützfiguren/Erechtheionkoren 15/3, 330
Michelsen, Hans: Norwegen 15/1, 1087
Micheo, Juan José: Lateinamerika 15/1, 38
Mickel, Karl: DDR 13, 693
Mickiewicz, Adam: Polen 15/2, 396
Mickwitz, Gunnar: Nationale Forschungsinstitute 15/1, 682
Micu, Samuel: Rumänien 15/2, 1003
Middelthun, Julius: Norwegen 15/1, 1087
Middleton, Conyers: Geschichtswissenschaft/ Geschichtsschreibung 14, 204
Miechowita, Mathias (Maciej z Miechowa/Mathias Mechoviensis): Litauen 15/1, 172

Mieder, Wolfgang: Loci communes 15/1, 190
Mies van der Rohe, Ludwig: Möbel 15/1, 522; Villa 15/3, 1042
Migli, Ambrogio: Mythologie 15/1, 622
Mignan, Robert: Babylon 13, 374
Mignault, Claude: Figurenlehre 13, 1128
Migne, Jacques-Paul: Frankreich 15/3, 1256; Geschichtswissenschaft/Geschichtsschreibung 14, 215; Patristische Theologie/Patristik 15/2, 198
Mihalaki: Türkei 15/3, 646
Mihelič, M.: Slowenien 15/3, 71
Mihira, Varāha: Naturwissenschaften 15/1, 832
Mihnea, Paul: Moldova 15/1, 534
Mihul: Vertonungen antiker Texte 15/3, 1023
Mihuleac, Wanda: Rumänien 15/2, 1009
Miladinovci, Dimităr: Makedonien/Mazedonien 15/1, 278; 280
Miladinovci, Konstantin: Makedonien/Mazedonien 15/1, 278
Milanese, Baldassare: Fälschung 13, 1071
Milani, L.A.: Italien 14, 715
Mildenberg, Leo: Numismatik 15/1, 1120; 1124
Mīlenbahs, Kārlis: Lettland 15/1, 125
Milhaud, Darius: Frankreich 15/3, 1263; 1272; Vertonungen antiker Texte 15/3, 1023–1024
Milizia, F.: Groteske 14, 331
Miljković, Branislav: Serbien 15/3, 30
Mill, James: Lateinamerika 15/1, 37
Mill, John Stuart: Autobiographie 13, 363; Demokratie 13, 730; Logik 15/1, 198–199; Österreich 15/3, 1293; Politische Theorie 15/2, 455; Schlachtorte 15/2, 1078
Millar, John: Politische Theorie 15/2, 427; Sozial- und Wirtschaftsgeschichte 15/3, 84
Miller, N.: Griechen-Römer-Antithese 14, 265
Millett, Martin: Nationale Forschungsinstitute 15/1, 674–675
Millin, Aubin-Louis: Vasen/Vasenmalerei 15/3, 951
Mills, Robert: Greek Revival 14, 252; United States of America 15/3, 856; 858
Milne, Alan Alexander: Tierepos 15/3, 497
Milne, James: Greek Revival 14, 252
Milo von Saint-Amand: Figurengedicht 13, 1116
Miltner, Franz: Ephesos 13, 976; Nationale Forschungsinstitute 15/3, 1288; Nationalsozialismus 15/1, 737–738; 741; 743–746; 749
Milton, John: Elegie 13, 945; Hymnos 14, 568; Klassizismus 14, 964; 969; Lyrik 15/1, 247; 249; Melancholie 15/1, 381; Naturwissenschaften 15/1, 851; Okkultismus 15/1, 1159; Poeta Vates 15/2, 379; Politische Theorie 15/2, 420; Republik 15/2, 724; Tyrannis 15/3, 691; United Kingdom 15/3, 804–805; 810; United States of America 15/3, 865
Milutin *König von Serbien, 1282–1321*: Byzanz 13, 617

Minardi, Tommaso: Diana von Ephesus 13, 841
Minasean, Petros: Armenien 13, 273
Minellius, Jan: Niederlande und Belgien 15/1, 1000
Minervius → Schaidenreisser
Minturno, Antonio Sebastiano: Gattung/Gattungstheorie 14, 91; 95; Humanismus 14, 553
Mionnet, Théodore-Edme: Numismatik 15/1, 1115
Mirabeau, Honoré-Gabriel de: Verfassungsformen 15/3, 986ff.
Miraeus, Aubertus: Niederlande und Belgien 15/1, 1018; 1028
Miraglia, Luigi: Lebendiges Latein 15/1, 95
Miranda, Sá de: Portugal 15/2, 519
Mirandola, Giovanni Pico della → Pico della Mirandola
Mirri, Lodovico: Groteske 14, 331
Misailidis, E.: Neugriechische Literatur 15/1, 896
Mispoulet, Jean-Baptiste: Nobilitas 15/1, 1078
Misteli, Franz: Sprachwissenschaft 15/3, 237
Mitchell, Terence: London, British Museum 15/1, 227
Mitchison, Naomi: Sparta 15/3, 162; United Kingdom 15/3, 819
Mitford, William: Geschichtswissenschaft/Geschichtsschreibung 14, 189
Mithat, Ahmet (Efendi): Türkei 15/3, 646
Mithat Paşa: Türkei 15/3, 646
Mitis, Thomas: Tschechien 15/3, 627
Mitre, Bartolomé: Lateinamerika 15/1, 41
Mitsopoulos-Leon, Veronika: Nationale Forschungsinstitute 15/3, 1290
Mitteis, Ludwig: Papyrologie 15/2, 91; Romanistik/Rechtsgeschichte 15/2, 963; Vulgarismusforschung/Vulgarrecht 15/3, 1071
Mitterand, François: Paris, Louvre 15/2, 107
Miyake, Issey: Mode 15/1, 490
Mnouchkine, A.: Griechische Tragödie 14, 321
Mócsy, András: Bevölkerungswissenschaft/Historische Demographie 13, 490; Ungarn 15/3, 757
Modersohn-Becker, Paula: Sepulchralkunst 15/3, 20
Modigliani, Amedeo: Stützfiguren/Erechtheionkoren 15/3, 334
Modius, Franciscus: Niederlande und Belgien 15/1, 1019; 1022
Modoin von Autun: Frankreich 14, 8; Karolingische Renaissance 14, 818; 820; 834; Überlieferung 15/3, 723
Mögling, Daniel: Naturwissenschaften 15/1, 819
Möhler, Johann Adam: Theologie und Kirche des Christentums 15/3, 417
Möller, Eberhard Wolfgang: Medien 15/1, 348; Nationalsozialismus 15/1, 732
Möller, Heinrich: Lettland 15/1, 123
Møller, Hermann: Sprachwissenschaft 15/3, 234

Möller, Johann Heinrich: Gotha, Schloßmuseum 14, 232
Mörike, Eduard: Bukolik/Idylle 13, 567; Lyrik 15/1, 250; Übersetzung 15/3, 735ff.; Verskunst 15/3, 1014ff.; Vertonungen antiker Texte 15/3, 1022
Mørkholm, Otto: Numismatik 15/1, 1120
Mørland, Henning: Nationale Forschungsinstitute 15/1, 697; Norwegen 15/1, 1088
Möser, J.: Geschichtsmodelle 14, 179
Moesta, Hasso: Numismatik 15/1, 1120
Moeurs, Jan de → Meursius
Mogilas, Petrus → Mohyla
Mohammed (Muḥammad/Abu l-Qāsim Muḥammad ibn ʿAbdallāh al-Quraši) *Stifter des Islam*: Jerusalem 14, 726; 728; 746; Naturwissenschaften 15/1, 849
Mohl, Julius: Iranistik 14, 638
Mohl, Robert von: Demokratie 13, 728; Verfassungsformen 15/3, 987
Mohrbutter, Alfred: Mode 15/1, 490
Mohrmann, Christine Andrina Elisabeth Maria: Niederlande und Belgien 15/1, 1011; 1013; Übersetzung 15/3, 737
Mohyla, Pjotr (Mogilas, Petrus) *Metropolit von Kiew, 1596-1647*: Rußland 15/2, 1017; Ukraine 15/3, 744
Moisil, Constantin: Rumänien 15/2, 1013
Moisiodax, Iosip(p)os: Griechenland 14, 276; Neugriechische Literatur 15/1, 901
Moiturier, Antoine Le (Le Moiturier, Antoine): Stützfiguren/Erechtheionkoren 15/3, 330
Molanus, Joannes: Niederlande und Belgien 15/1, 1021
Moles, A.: Kitsch 14, 882
Moleti, G.: Naturwissenschaften 15/1, 824
Molière (Poquelin, Jean-Baptise): Frankreich 14, 40; Klassik als Klassizismus 14, 894; Komödie 14, 1071–1072; 1075; 1078; Lateinische Komödie 15/1, 67; 77; Literaturkritik 15/1, 182; Makkaronische Dichtung 15/1, 281; Mythologie 15/1, 628–629
Molina, Luis de: Augustinismus 13, 352
Molina, Tirso de: Barock 13, 405; Naturwissenschaften 15/1, 842
Molloy, Charles: Civilians 13, 653
Mols, S.T.A.M.: Nationale Forschungsinstitute 15/1, 696
Molter, Menrad: Ottonische Renaissance 15/1, 1259
Moltke, Helmuth, Graf von: Krieg 14, 1117
Moltmann, Jürgen: Theologie und Kirche des Christentums 15/3, 449
Mombert, Alfred: Hymnos 14, 569
Momigliano, Arnaldo: Geschichtsmodelle 14, 162; Geschichtswissenschaft/Geschichtsschreibung 14, 188; 196; 209; Judentum 14, 762; Sparta 15/3, 170; Universität 15/3, 905; Warburg Institute, The 15/3, 1106

Mommsen, August: Religionsgeschichte 15/2, 691
Mommsen, Theodor: Akademie 13, 47–48; Altertumskunde (Humanismus bis 1800) 13, 92; Bevölkerungswissenschaft/Historische Demographie 13, 489; Cäsarismus 13, 625; Deutschland 13, 811; Digesten/Überlieferungsgeschichte 13, 851; Diktatur 13, 858; Druckwerke 13, 892; Epochenbegriffe 13, 999; Geschichtsmodelle 14, 181; Geschichtswissenschaft/Geschichtsschreibung 14, 201; 204–208; 215; Herrscher 14, 394; Historienmalerei 14, 440; Historische Methoden 14, 456–457; Historismus 14, 479; Lateinische Inschriften 15/1, 50; 58–60; Lexikographie 15/1, 143; Limes, Limesforschung 15/1, 156; 162–163; 165; Marxismus 15/1, 299; Nationale Forschungsinstitute 15/1, 672; Neuhumanismus 15/1, 923; Nietzsche-Wilamowitz-Kontroverse 15/1, 1063; Nobilitas 15/1, 1073; 1078; Numismatik 15/1, 1117; Philologie 15/2, 264; 268; Preußen 15/2, 557; Provinzialrömische Archäologie 15/2, 579; Rhetorik 15/2, 803; Rom 15/2, 873; Romanistik/Rechtsgeschichte 15/2, 962; Schlachtorte 15/2, 1089; Schweiz 15/2, 1144; Sklaverei 15/3, 50; Strafrecht 15/3, 312; Universität 15/3, 905
Monaco, Giorgio: Rhodos 15/3, 1327
Monaldini, Venantius: Steinschneidekunst: Gemmen 15/3, 285
Monantheuil, Henri de: Naturwissenschaften 15/1, 783; 819; 824
Mondolfo, Rodolfo: Lateinamerika 15/1, 43
Moniuszko, Stanisław: Musik 15/1, 602; Vertonungen antiker Texte 15/3, 1022
Monnet, Charles: Diana von Ephesus 13, 844
Monnot, Pierre-Etienne: Sepulchralkunst 15/3, 20
Monocony, Balthazar de: Baalbek 13, 365
Mont, Pol de: Niederlande und Belgien 15/1, 1057
Montagu, Edward Wortley: London, British Museum 15/1, 212
Montagu, Mary Wortley (Lady Montagu): Troja 15/3, 604ff.
Montaigne, Michel Eyquem de: Autobiographie 13, 362; Bildung 13, 510; Epikureismus 13, 988; Figurengedicht 13, 1122; Frankreich 14, 33; Geschmack 14, 218; Kulturanthropologie 14, 1136; Nobilitas 15/1, 1080; Politische Theorie 15/2, 423; Praktische Philosophie 15/2, 533; Rhetorik 15/2, 784; 801; Skeptizismus 15/3, 41; Tacitismus 15/3, 356
Montale, Eugenio: Italien 14, 706
Montano, Benito Arias: Altertumskunde (Humanismus bis 1800) 13, 93; Niederlande und Belgien 15/1, 993; 1023
Montano, Giovanni Battista: Barock 13, 416

Montanus, Iohannes Fabricius: Schweiz 15/2, 1132
Monteagudo, Bernado de: Lateinamerika 15/1, 27
Montecassino, Alberico di: Briefkunst/Ars dictaminis 13, 546
Montecorvino, Giovanni di: China 13, 636
Montefeltro, Federico da → Federico da Montefeltro
Montelius, Oscar: Keltisch-Germanische Archäologie 14, 871; Nationale Forschungsinstitute 15/1, 708
Montes de Oca, Ignacio: Lateinamerika 15/1, 36
Montesinos, Ramón Mateu: Spanien 15/3, 148
Montesquieu, Charles de Secondat, Baron de la Brède et de: Décadence 13, 699; Demokratie 13, 724; Frankreich 14, 48; Geschichtsmodelle 14, 178; Geschichtswissenschaft/Geschichtsschreibung 14, 203; Groteske 14, 330; Herrscher 14, 395; 397; Historische Methoden 14, 454; Karthago 14, 851; Kodifizierung/Kodifikation 14, 1006; Körperkultur 14, 1048; Menschenrechte 15/1, 388–389; Mischverfassung 15/1, 445; Naturrecht 15/1, 778; Nobilitas 15/1, 1080; Politische Theorie 15/2, 424; 452; Republik 15/2, 726; 730; Rom 15/2, 877; Sozialismus 15/3, 96ff.; United States of America 15/3, 842; Vandalen 15/3, 943; Verfassung 15/3, 976; Verfassungsformen 15/3, 985
Monteverdi, Claudio Zuan Antonio: Affektenlehre (musikalisch) 13, 21; Musik 15/1, 602; Okkultismus 15/1, 1159; Oper 15/1, 1180–1181; Theater 15/3, 399; Tragödie/Tragödientheorie 15/3, 537; Vertonungen antiker Texte 15/3, 1021
Montfaucon, Bernard de: Altertumskunde (Humanismus bis 1800) 13, 96; Byzantinistik 13, 584; Druckwerke 13, 900; Frankreich 14, 47; 15/3, 1257; Klassische Archäologie 14, 904; Laokoongruppe 15/1, 16; Olympia 15/1, 1169; Orient-Rezeption 15/1, 1199; Paläographie, griechischische 15/2, 41; Paläographie, lateinische 15/2, 43; Steinschneidekunst: Gemmen 15/3, 284; Vasen/Vasenmalerei 15/3, 950
Montherlant, Henry de: Frankreich 15/3, 1264
Monti, Vincenzo: Italien 14, 701; Karthago 14, 851; Romantik 15/2, 987
Montorsoli, Giovanni Angelo: Barberinischer Faun 13, 390; Laokoongruppe 15/1, 10
Montreux, Nicolas de: Karthago 14, 850
Moore, Charles: Säule/Säulenmonument 15/2, 1047
Moore, George Foot: Judentum 14, 761
Moore, Henry: Denkmal 13, 743; Moderne 15/1, 507
Moore, Jonathan: United Kingdom 15/3, 825
Moore, Thomas: Zoroastres/Zoroastrismus 15/3, 1231

Moormann, E.M.: Nationale Forschungsinstitute 15/1, 696
Moraes, A. de: Portugal 15/2, 523
Morandi, Orazio: Horoskope 14, 534
Morano, Olga: Moderne 15/1, 508
Morante, Elsa: Italien 14, 709
Morata, Olympia Fulvia: Neulatein 15/1, 939
Moravcsik, Gyula: Ungarn 15/3, 757
Moravia, Alberto: Italien 14, 708
Morawski, K.: Polen 15/2, 405
Mordtmann, A.D.: Aizanoi 13, 36
More, Cecily: United Kingdom 15/3, 799
More, Elizabeth: United Kingdom 15/3, 799
More, Henry: Kabbala 14, 768; Praktische Philosophie 15/2, 533; Theologie und Kirche des Christentums 15/3, 436
More, John: United Kingdom 15/3, 799
More, Margaret: United Kingdom 15/3, 799
More, Sir Thomas → Morus
Moréas, Jean (Papadiamandopulos, Ioanis): Neugriechische Literatur 15/1, 909
Moreau, Gustave: Orient-Rezeption 15/1, 1213; Vasen/Vasenmalerei 15/3, 954
Morell, Andreas: Numismatik 15/1, 1113
Morelli, Giovanni: Stil, Stilanalyse, Stilentwicklung 15/3, 294
Morelly: Bevölkerungswissenschaft/Historische Demographie 13, 484; Sozialismus 15/3, 96; Utopie 15/3, 938
Moreno, Mariano: Lateinamerika 15/1, 27
Moretti, Giuseppe: Rom 15/2, 871
Moretus, Balthasar I.: Niederlande und Belgien 15/1, 1023; 1028
Moretus, Balthasar II.: Niederlande und Belgien 15/1, 1023
Moretus, Johannes: Niederlande und Belgien 15/1, 1023; 1028
Morgan, Jacques Jean Marie de: Iranistik 14, 638; Paris, Louvre 15/2, 117; Vorderasiatische Archäologie 15/3, 1051
Morgan, John Piermont: United States of America 15/3, 858
Morgan, Lewis Henry: Kulturanthropologie 14, 1140; Marxismus 15/1, 298; Matriarchat 15/1, 322–323; 325
Morgannwg, Iolo → Williams, Edward
Morgenstern, Karl: Estland 13, 1047
Morgenthau, Hans J.: Thukydidismus 15/3, 490
Morghens, Filippo: Paestum 15/2, 9
Morhof, D.G.: Barock 13, 395
Móricz, Zsigmond: Ungarn 15/3, 753
Morier, James Justinian: Iranistik 14, 636
Morin de Villefranche, Jean-Baptiste: Naturwissenschaften 15/1, 842
Moritz Graf von Nassau-Dillenburg, 1567–1625: Niederlande und Belgien 15/1, 1037

Moritz von Craûn: Herrscher 14, 393
Moritz von Hessen-Kassel *Landgraf, gen. der Gelehrte, 1572-1632*: Kassel, Staatliche Kunstsammlungen Antikenabteilung 14, 861
Moritz von Sachsen *Herzog und Kurfürst, 1521-1553*: Fürstenschule 14, 72
Moritz, Karl Philipp: Autobiographie 13, 363; Deutschland 13, 794; Literaturkritik 15/1, 179; Melancholie 15/1, 382; Mimesis 15/1, 434; Mythos 15/1, 641; Philologie 15/3, 1309
Mormile, Giuseppe: Kampanien 14, 789
Morosini, Francesco: Athen 13, 302
Morpurgo, Vittorio Ballio: Faschismus 13, 1086
Morra, O.: Istituto (Nazionale) di Studi Romani 14, 653; 656
Morricone, Luigi: Rhodos 15/3, 1327ff.
Morris, Charles Wiliam: Semiotik 15/3, 7ff.
Morris, Ian: Klassische Archäologie 14, 950
Morris, John: Geschichtswissenschaft/Geschichtsschreibung 14, 215; Nobilitas 15/1, 1074
Morris, Margaret: Tanz 15/3, 359
Morris, Mark: Tanz 15/3, 363
Morris, William: Mode 15/1, 489; United Kingdom 15/3, 816
Morrison, John S.: Unterwasserarchäologie 15/3, 925
Morrison, Toni: United States of America 15/3, 873
Morus, Thomas (More, Sir Thomas): Atlantis 13, 336; Bevölkerungswissenschaft/Historische Demographie 13, 484; Billigkeit 13, 517; Epigrammatik 13, 982; Epikureismus 13, 988; Frieden 14, 69; Fürstenspiegel 14, 83; Konsolationsliteratur 14, 1081; Luxemburg 15/1, 238; Neulatein 15/1, 937; Niederlande und Belgien 15/1, 989; Nobilitas 15/1, 1080; Philologie 15/2, 250; Sozialismus 15/3, 95ff.; Sparta 15/3, 155ff.; Thukydidismus 15/3, 484; United Kingdom 15/3, 799ff.; 810; Utopie 15/3, 935ff.; 938–939
Morvan de Bellegade, Jean Baptiste Abbé: Geschmack 14, 218
Moscati, S.: Karthago 14, 841
Moscherosch, Quirin: Figurengedicht 13, 1121
Moschopolites, Daniel: Neugriechische Literatur 15/1, 902
Moschopulos*, Manuel: Byzanz 13, 597; 608; Griechische Tragödie 14, 317; Kommentar 14, 1065; Philologie 15/2, 238; 244; Überlieferung 15/3, 717
Moschus, Franciscus: Niederlande und Belgien 15/1, 1022
Mosconi, R.: Porträtgalerie 15/2, 509
Moseley, Henry Gwyn Jeffreys: Naturwissenschaften 15/1, 865
Moser, Friedrich Carl von: Verfassungsformen 15/3, 986
Moses ben Maimon: Arabische Medizin 13, 186

Moses von Bergamo: Griechisch 14, 307; Italien 14, 664
Moses, Henry: Vasen/Vasenmalerei 15/3, 951
Mosheim, Johann Lorenz von: Homiletik/Ars praedicandi 14, 529; Universität 15/3, 899
Mosvidius, Martinus (Mažvydas, Martynas) *Bischof von Vilnius*: Litauen 15/1, 171; 173–174
Mota, Don Félix: Lateinamerika 15/1, 36
Motherwell, Robert: Moderne 15/1, 508
Motschach, Hermann: Medien 15/1, 349
Motte, André: Religionsgeschichte 15/2, 697
Mottl, F.: Musik 15/1, 602
Moulin, Antoine du: Physiognomik 15/2, 360
Mounier, Jean-Joseph: Verfassungsformen 15/3, 986
Mountbatten-Windsor, Charles Philip Arthur George (Prince Charles) *engl. Thronfolger, geb. 1948, Prince of Wales*: Nationale Forschungsinstitute 15/1, 665
Mountjoy, Penelope: Kretisch-Mykenische Archäologie 14, 1101–1102
Mourelatos, A.P.D.: Vorsokratiker 15/3, 1066
Mouret, Jean-Jacques: Musen 15/1, 568
Mousson, Pierre: Lateinische Tragödie 15/1, 86
Mouw, J.A. dèr: Niederlande und Belgien 15/1, 1053
Moya, Gabriel de: Lateinamerika 15/1, 27
Moyle, Walter: Republik 15/2, 726
Mozart, Franz Xaver: Vertonungen antiker Texte 15/3, 1022
Mozart, Wolfgang Amadeus: Messe 15/1, 394; Orient-Rezeption 15/1, 1204; Sphärenharmonie 15/3, 189; Vertonungen antiker Texte 15/3, 1021; 1023; Zoroastres/Zoroastrismus 15/3, 1231
Mrazović, Avram: Serbien 15/3, 28
Mucci, E.: Karthago 14, 852
Muck, Otto: Atlantis 13, 338
Mudaeus, Gabriel: Niederlande und Belgien 15/1, 991
Mühll, Peter von der: Philologie 15/2, 272
Müller, A.: Arabistik 13, 190
Müller, Carl: Kartographie 14, 859
Müller, Charles-Louis: Venus von Milo 15/3, 966
Müller, David Heinrich von: Semitistik 15/3, 15
Müller, E.: Śrī Laṅkā 15/3, 252
Müller, Friedrich *Gräzist*: Nationalsozialismus 15/1, 743
Müller, Friedrich *Maler Müller*: Bayern 13, 439; Sturm und Drang 15/3, 338; 340
Müller, Friedrich Max: Religionsgeschichte 15/2, 687
Müller, Friedrich Wilhelm Karl: Iranistik 14, 640
Müller, Georg: Übersetzung 15/3, 736
Müller, Gustav Adolf: Pompeji/Rezeption des freigelegten Pompeji in Literatur und Film 15/2, 492
Müller, Hans: Venus von Milo 15/3, 969

Müller, Heiner: DDR 13, 690; 692; 694; 696; Griechische Tragödie 14, 321; Medien 15/1, 349; United States of America 15/3, 879
Müller, Iwan von: Medizingeschichtsschreibung 15/1, 375; Philologie 15/2, 270
Müller, J.J.: Bürger 13, 559
Müller, Johannes → Regiomontanus
Müller, Johannes von Historiker, 1752-1809: Österreich 15/1, 1143; Schweiz 15/2, 1120; 1142
Müller, Karl Otfried: Aigina 13, 31; Athen 13, 282; Bayern 13, 441; Epochenbegriffe 13, 1002; Geschichtswissenschaft/Geschichtsschreibung 14, 204; Historische Methoden 14, 456; 461; Historismus 14, 478; Klassische Archäologie 14, 908; Kulturanthropologie 14, 1138; Mythos 15/1, 643; 646; Nietzsche-Wilamowitz-Kontroverse 15/1, 1066; Numismatik 15/1, 1118; Orchomenos 15/1, 1189; Philologie 15/2, 264; 15/3, 1308; Religionsgeschichte 15/2, 685; Sparta 15/3, 160ff.; 165ff.; Wagnerismus 15/3, 1077; Zeitrechnung 15/3, 1177
Müller, Kurt: Tiryns 15/3, 499ff.
Müller, Otto: Orient-Rezeption 15/1, 1227
Müller, Petra: Südafrika 15/3, 342
Müller, Walter: Tiryns 15/3, 507
Müller, Wilhelm: Deutschland 13, 812; Homerische Frage 14, 512
Müller-Karpe, A.: Hethitologie 14, 416
Müller-Wiener, Wolfgang: Milet 15/1, 426; Priene 15/2, 564
Münster, Sebastian: Litauen 15/1, 172; Semitistik 15/3, 10–11; Spolien 15/3, 203; Trier 15/3, 563; Weltwunder 15/3, 1112
Münter, Fredrik: Dänemark 13, 679; Entzifferungen 13, 958; Iranistik 14, 637
Müntz, Johann Heinrich: Vasen/Vasenmalerei 15/3, 953
Münzer, Friedrich: Geschichtswissenschaft/Geschichtsschreibung 14, 208; Nobilitas 15/1, 1073
Münzer, Thomas: Neulatein 15/1, 927
Müthel, L.: Deutschland 13, 821; Griechische Tragödie 14, 320
Mugler, Thierry: Mode 15/1, 491
Muhammad Ali Pascha (Mehmet Ali) Statthalter/ Vizekönig von Ägypten, 1769-1849: Alexandria 13, 66; 68; Kairo, Ägyptisches Museum 14, 772; Knidos 14, 989
Muḥammad → Mohammed
Muḥammad an-Nāṣir Sultan: Spolien 15/3, 200
Muḥammad ibn Aḥmad ibn Yūsuf al-Ḫwārizmī (al-Ḫwārizmī): Arabisch-islamisches Kulturgebiet 13, 180; 183; Universität 15/3, 885
Muḥammad ibn ʿAlī ibn Masarra al-Māriq (Ibn Masarra): Arabisch-islamisches Kulturgebiet 13, 181

Muḥammad ibn Muḥammad al-Ġazzālī (al-Ġazzālī/ Algazel): Arabisch-islamisches Kulturgebiet 13, 165; 167; 183; Skeptizismus 15/3, 38
Muḥammad ibn Muḥammad ibn ʿAbdallāh al-Idrīsī (al-Idrīsī): Geographie 14, 122; Karthago 14, 836; 848
Muḥammad ibn Mūsā Kamāl ad-Dīn ad-Damīrī (ad-Damīrī): Zoologie 15/3, 1222
Muḥammad ibn Yaḥyā ibn Bāǧǧa (Ibn Bāǧǧa/ Avempace): Arabisch-islamisches Kulturgebiet 13, 181; Naturwissenschaften 15/1, 794; Zoologie 15/3, 1216
Muḥammad ibn Yaʿqūb ibn Aḫī Ḥizām al-Ḫatbī: Zoologie 15/3, 1217
Muhlack, Ulrich: Historismus 14, 476; Philologie 15/2, 276
Muir, Edwin: United Kingdom 15/3, 826
Mukarovský, Jan: Semiotik 15/3, 6; Strukturalismus 15/3, 320; 322–324
Muláh, Aga: Olympia 15/1, 1169
Mulas, F.: Sepulchralkunst 15/3, 16
Mulisch, Harry: Niederlande und Belgien 15/1, 1046; 1055
Muller, Henri: Luxemburg 15/1, 241
Muller Jzn, Frederik: Niederlande und Belgien 15/1, 1008
Mumuleanu, Barbu Paris: Rumänien 15/2, 1005
Muncker, Thomas: Niederlande und Belgien 15/1, 1000
Munggenast, Josef: Österreich 15/1, 1138
Muñoz, Antonio: Faschismus 13, 1086
Muñoz Puelles, Vicente: Spanien 15/3, 141
Munzer, Gustav August: Mausoleum 15/1, 337
Murad, Misancı Mehmet: Türkei 15/3, 646
Muratori, Lodovico Antonio: Altertumskunde (Humanismus bis 1800) 13, 94; Lateinische Inschriften 15/1, 59
Murdoch, Iris: Praktische Philosophie 15/2, 538
Murdoch, John E.: Musik 15/1, 581
Muret, Marc-Antoine de: Lateinische Tragödie 15/1, 85–86; Rhetorik 15/2, 818; Tacitismus 15/3, 356
Murhard, Friedrich: Tyrannis 15/3, 693
Muriel, Domingo: Lateinamerika 15/1, 33
Murko, M.: Homerische Frage 14, 507
Murmellius, Johannes (Murmelius): Litauen 15/1, 175; Niederlande und Belgien 15/1, 992; Universität 15/3, 893
Murner, Thomas: Adaptation 13, 9; 12–13; Epos 13, 1032; Spiele 15/3, 192; Übersetzung 15/3, 729
Murray, Gilbert: China 13, 637; Religion und Literatur 15/2, 671; Religionsgeschichte 15/2, 689
Murray, Les: United Kingdom 15/3, 829

Murray, William, First Earl of Mansfield (Lord Mansfield): Vertrag 15/3, 1029
Muschak, Jurij: Ukraine 15/3, 745
Muschg, Walter: Orient-Rezeption 15/1, 1230
Musić, A.: Kroatien 14, 1122
Mušicki, Lukijan: Serbien 15/3, 27-29
Musil, Robert, Edler von: Metamorphose 15/1, 398; Metapher/Metapherntheorie 15/1, 406; Orient-Rezeption 15/1, 1232
Mussato, Albertino: Humanismus 14, 541; Italien 14, 671; Lateinische Tragödie 15/1, 83; Neulatein 15/1, 934; Philologie 15/2, 282; Poeta Vates 15/2, 379; Theater 15/3, 398; Tragödie/Tragödientheorie 15/3, 536
Mussche, Herman: Nationale Forschungsinstitute 15/1, 656
Musset, Alfred de: Frankreich 15/3, 1258
Mussolini, Benito: Deutschland 13, 818; Faschismus 13, 1084-1085; 1089; 1096; 1099-1100; Herculaneum 14, 356; Herrscher 14, 397; 406; Istituto (Nazionale) di Studi Romani 14, 654; Kitsch 14, 883; 886; Lateinische Inschriften 15/1, 57; Moderne 15/1, 505; Nationalsozialismus 15/1, 725; 731; 748; Triumphbogen 15/3, 593
Mussorgsky, Modest: Frankreich 15/3, 1268
Mustafa, Mohammad Ali: Vorderasiatische Archäologie 15/3, 1053
Mustapää, P.: Finnland 13, 1148
Musurus, Marcus: Lexikographie 15/1, 129; Niederlande und Belgien 15/1, 989; Philologie 15/2, 248; Venedig 15/3, 962
Muṭannā b. Zuhair: Zoologie 15/3, 1220
Mutis, Celestino: Lateinamerika 15/1, 29
Muziano, Girolamo: Trajanssäule 15/3, 547
Mylius, Chr.: Griechische Komödie 14, 312
Mylonas, George E.: Kretisch-Mykenische Archäologie 14, 1105; Mykene 15/1, 607; 609
Mylonas-Shear, Ione: Mykene 15/1, 610
Myres, John: Zypern 15/3, 1237
Myrivilis, Stratis: Neugriechische Literatur 15/1, 912
Myslbek, Josef Václav: Tschechien 15/3, 632; 644
Mythographus Vaticanus: Mythologie 15/1, 614
Mzire, Eprem: Georgien 14, 135

N

Naber, Samuel Adrianus: Niederlande und Belgien 15/1, 1010; 1012
Nabokov, Vladimir: Autobiographie 13, 364
Nachmansohn, M.: Psychoanalyse 15/2, 595
Nadolny, Sten: Mythologie 15/1, 634
Nägelsbach, Karl Friedrich: Bayern 13, 438; Religionsgeschichte 15/2, 685
Naess, Arne: Skeptizismus 15/3, 45
Nag, Charuchandra: Indien 14, 587
Naguib, Ali Muhammad *General, erster Präsident Ägyptens, 1901-1984*: Alexandria 13, 67
Nagy, Gregory: Philologie 15/3, 1302
Nahl, Johann August: Kassel, Staatliche Kunstsammlungen Antikenabteilung 14, 861; Stützfiguren/Erechtheionkoren 15/3, 331
Nakian, Reuben: Moderne 15/1, 508
Naldi, Naldo: Okkultismus 15/1, 1159; Ungarn 15/3, 750
Nallino, C.A.: Arabistik 13, 192
Namèche: Niederlande und Belgien 15/1, 1034
Namjoshi, Suniti: United Kingdom 15/3, 830
Nanni di Banco: Renaissance 15/2, 705
Nanni, Giovanni → Giovanni da Udine
Nannius, Petrus: Niederlande und Belgien 15/1, 991-992
Nansius, Franciscus: Niederlande und Belgien 15/1, 1017
Naogeorgus, Thomas: Lateinische Komödie 15/1, 72; Tragödie/Tragödientheorie 15/3, 538
Napoleon I. (Bonaparte, Napoléon) *Kaiser der Franzosen*: Alexandria 13, 68; Ägyptologie 13, 17; Cäsarismus 13, 624; 627; Diktatur 13, 858; Festkultur/Trionfi 13, 1113; Frankreich 14, 44; 15/3, 1253; Groteske 14, 331; Herrscher 14, 373; 391; 394-395; Historienmalerei 14, 438; Imperium 14, 583-584; Inschriftenkunde, griechische 14, 589; 594; Italien 14, 702; Karthago 14, 851; Krieg 14, 1114; Kunsterwerb/Kunstraub 14, 1152; Limes, Limesforschung 15/1, 161; Museum 15/3, 1273ff.; Nacktheit in der Kunst 15/1, 653; Naturwissenschaften 15/1, 851; Neugriechische Literatur 15/1, 901; Neuhumanismus 15/1, 918; Nida-Frankfurt 15/1, 981; Niederlande und Belgien 15/1, 1007; Orient-Rezeption 15/1, 1206; Österreich 15/1, 1144; Papyrussammlungen 15/2, 96; Paris, Louvre 15/2, 107; 109; Revolution 15/2, 752; Rom 15/2, 866; 924; Rosse von San Marco/Quadriga 15/2, 988; Sacrum Imperium 15/2, 1034; Sepulchralkunst 15/3, 18; Sport 15/3, 210; Torso (Belvedere) 15/3, 514; Trajanssäule 15/3, 550; Trier 15/3, 565-566; Triumphbogen 15/3, 592; Vasen/Vasenmalerei 15/3, 956
Napoleon III. (Bonaparte, Charles Louis Napoléon) *Kaiser der Franzosen*: Alexandria 13, 68; Cäsarismus 13, 623; 625-627; Diktatur 13, 858; Frankreich 15/3, 1254; Imperium 14, 584; Keltisch-Germanische Archäologie 14, 871; Krieg 14, 1114; Lateinamerika 15/1, 20; Niederlande und Belgien 15/1, 1043; Orient-Rezeption 15/1, 1206; Paris, Louvre 15/2, 107; Rom 15/2, 915; Schlachtorte 15/2, 1087
Narbutt, Theodor: Litauen 15/1, 176

Naruszewicz, A.: Polen 15/2, 396
Nascher, J.L.: Geriatrie 14, 146
Nash, John: Greek Revival 14, 252
Nashe, Thomas: United Kingdom 15/3, 807
Nasidze, S.: Georgien 14, 138
Nāṣir ad-Dīn aṭ-Ṭūsī: Mathematik 15/1, 317; Naturwissenschaften 15/1, 803
Natali, Monica: Mittellatein 15/1, 452
Nathan, Ernesto: Nationale Forschungsinstitute 15/1, 673
Natorp, Paul: Neohumanismus 15/1, 885; Pädagogik 15/2, 3
Natta, Marco Antonio: Fürstenspiegel 14, 85
Nauck, August: Philologie 15/2, 267
Naudé, Gabriel: Bibliothek 13, 500; Tacitismus 15/3, 356
Naumann, J.G.: Musik 15/1, 602
Naumann, Rudolf: Aizanoi 13, 36–38
Naville, Édouard: London, British Museum 15/1, 219; Schweiz 15/2, 1144
Nazım, Nabizade: Türkei 15/3, 646
Nazor, V.: Kroatien 14, 1122
Ndiaye, Marie: Metamorphose 15/1, 400
Neander, Michael: Fürstenschule 14, 72
Nebeský, Václav Bolemír: Tschechien 15/3, 639
Nebrija, Elio Antonio de (Antonio de Lebrija/Nebrija): Aussprache 13, 353; 357; Epos 13, 1025; Lateinamerika 15/1, 31; Spanien 15/3, 103ff.
Neckam, Alexander (Nequam): Frankreich 14, 14; Geographie 14, 123; Herrscher 14, 398; 404; Meteorologie 15/1, 416; Zoologie 15/3, 1213ff.
Nedham, Marchamont: Republik 15/2, 724
Nedim Paşa: Türkei 15/3, 654
Neefe, Christian Gottlob: Vertonungen antiker Texte 15/3, 1022; 1024
Nehring, Arnold: Triumphbogen 15/3, 592
Nejedlý, Jan: Tschechien 15/3, 638
Nekraschevitsch, Shanna: Weißrußland 15/3, 1108
Nelson, Leonard: Dialektik 15/3, 1253
Neményi, Géza: Paganismus 15/2, 17
Németh, L.: Ungarn 15/3, 753
Némethy, G.: Ungarn 15/3, 756
Nemicus, Thaddeus: Tschechien 15/3, 627–628
Nequam → Neckam
Neri, Filippo: Oratorium 15/1, 1186; Rom 15/2, 872
Neroulos, Iakovos Rizos: Neugriechische Literatur 15/1, 906
Neroutsos, T.D.: Alexandria 13, 68
Nerval, Gérard de (Labrunie, Gérard): Frankreich 15/3, 1259
Nervi, Pier Luigi: Stadion 15/3, 261
Nesbit, Edith: Kinder- und Jugendliteratur 14, 881
Neschke-Hentschke, Ada: Philologie 15/3, 1305; Politische Theorie 15/2, 457
Nesse, Åse-Marie: Norwegen 15/1, 1087

Nesselrath, Arnold: Warburg Institute, The 15/3, 1105
Nestlé, Wilhelm: Frieden 14, 71; Mythos 15/1, 641; Vorsokratiker 15/3, 1069
Nestroy, Johann Nepomuk: Komödie 14, 1078; Österreich 15/1, 1144
Netschaj, F.M.: Weißrußland 15/3, 1109
Neu, Stefan: Köln 14, 1039
Neuber, Wolfgang: Mnemonik/Mnemotechnik 15/1, 470; 475
Neuburger, Max: Medizingeschichtsschreibung 15/1, 375
Neuffer, Christian Ludwig: Übersetzung 15/3, 734
Neufforge, Jean-François de: Orient-Rezeption 15/1, 1202
Neugebauer, Karl Anton: Winckelmann-Gesellschaft 15/3, 1138
Neuhof, Elias: Limes, Limesforschung 15/1, 159
Neumann, Carl: Universität 15/3, 905
Neumann, Erich: Matriarchat 15/1, 325
Neumann, Franz von: Gotha, Schloßmuseum 14, 234
Neumann, Johann Balthasar: Mausoleum 15/1, 331
Neumann, Karl Johann Heinrich: Historische Geographie 14, 450
Neumeier, John: Tanz 15/3, 363
Neumeister, S.: Akademie 13, 41
Neurath, Otto: Philosophie 15/2, 341
Neusohl, J. Baptista von: Slowakei 15/3, 63
Nève, Felix: Niederlande und Belgien 15/1, 1034
Neve, Peter: Hethitologie 14, 416
Neville, Henry: Politische Theorie 15/2, 422; Republik 15/2, 725
Newald, Richard: Mittellatein 15/1, 457
Newell, Edward T.: Numismatik 15/1, 1120
Newman, John Henry: Chrêsis 13, 640; Theologie und Kirche des Christentums 15/3, 417
Newton, Sir Charles Thomas: Halikarnass 14, 342; 345; Knidos 14, 989
Newton, Sir Isaac: Atomistik 13, 340; Frankreich 14, 52; Logik 15/1, 197; Naturphilosophie 15/1, 769; Naturwissenschaften 15/1, 806; 814; 820; 828; 851; 870–871; Neulatein 15/1, 927; 936; Okkultismus 15/1, 1148; Übersetzung 15/3, 729; Wirtschaftslehre 15/3, 1162
Newton, Thomas: Lateinische Tragödie 15/1, 87
Nezval, Vitězslav: Tschechien 15/3, 636
Nibby, Antonio: Rom 15/2, 886
Niccoli, Niccolò de': Bibliothek 13, 498; Byzanz 13, 598; Humanismus 14, 545; Philologie 15/2, 284–285; Porträtgalerie 15/2, 506; Übersetzung 15/3, 727
Niccolini, Giovanni Battista: Italien 14, 710
Niccolò da Deoprepio da Reggio: Geriatrie 14, 147; Medizin 15/1, 361; 363; 365; Pharmakologie 15/2, 217–218
Nicholas, C.W.: Śrī Laṅkā 15/3, 252

Nicholas Trevet → Nikolaus Trevet
Nichols, Wallace: United Kingdom 15/3, 823
Nicolai, F.: Preußen 15/2, 551
Nicolai, Karl Ludwig: Pompeji/Rezeption des freigelegten Pompeji in Literatur und Film 15/2, 491
Nicolas de Clamange: Frankreich 14, 22–23
Nicolaus de Tudeschis: Kanonisten 14, 796
Nicole, Pierre: Argumentationslehre 13, 248; Fürstenspiegel 14, 86
Nicole Oresme (Nikolaus von Oresme/Oresmius): Aristotelismus 13, 256; Frankreich 14, 23; 26; Geld/Geldwirtschaft/Geldtheorie 14, 109; Mathematik 15/1, 318; Naturwissenschaften 15/1, 805; 814; 826–827; 836; Verfassungsformen 15/3, 982
Nicoletto da Modena: Groteske 14, 327
Niebuhr, Barthold Georg: Bevölkerungswissenschaft/Historische Demographie 13, 488–489; Byzantinistik 13, 585; Geschichtsmodelle 14, 181; Geschichtswissenschaft/Geschichtsschreibung 14, 186; 189; 204; 215; Griechenland 14, 284; Herrscher 14, 391; 397; Historische Methoden 14, 455; Historismus 14, 470; 478; Iranistik 14, 636; Marxismus 15/1, 297–298; Nobilitas 15/1, 1073; Philologie 15/2, 300; Rom 15/2, 872; Romanistik/Rechtsgeschichte 15/2, 962; Zeitrechnung 15/3, 1177
Niebuhr, Carsten: Dänemark 13, 679; Entzifferungen 13, 958; 960; Iranistik 14, 635–636; Orient-Rezeption 15/1, 1211; 1226; Vorderasiatische Archäologie 15/3, 1051
Niedermeyer, Hans: Textstufenforschung 15/3, 394
Nielsen, Carl August: Frankreich 15/3, 1268
Nielsen, Palle: Dänemark 13, 678
Niemeier, B.: Milet 15/1, 428
Niemeier, Wolf-Dietrich: Knossos 14, 1001; Milet 15/1, 428
Niessen, C.A.: Köln 14, 1041
Niethammer, Friedrich Immanuel: Bayern 13, 437; Deutschland 13, 806; Humanismus 14, 541; Neuhumanismus 15/1, 922; Pädagogik 15/2, 1
Nietzsche, Friedrich Wilhelm: Alexandrinismus 13, 73–74; Barock 13, 394; Bildung 13, 513; Demokratie 13, 732; Deutschland 13, 810; Epikureismus 13, 994; Fin de siècle 13, 1142–1143; Fürstenschule 14, 75; Geschichtsmodelle 14, 180–181; Griechische Tragödie 14, 323; Historismus 14, 472; 474; 480–481; Hymnos 14, 569; Italien 14, 705; Judentum 14, 755; Konsolationsliteratur 14, 1082; Kulturanthropologie 14, 1137; Künstlerlegenden 14, 1130; Kynismus 14, 1155; Lateinamerika 15/1, 44; Marxismus 15/1, 301; Metamorphose 15/1, 398; Metapher/Metapherntheorie 15/1, 405; Moderne 15/1, 498; Mythos 15/1, 641; Neohumanismus 15/1, 883; 885; 893; Neugriechische Literatur 15/1, 910; Neuhumanismus 15/1, 923; Nietzsche-Wilamowitz-Kontroverse 15/1, 1062ff.; Oper 15/1, 1184; Österreich 15/3, 1294–1295; Paganismus 15/2, 28; Philologie 15/2, 268; 15/3, 1308; 1318; Philosophie 15/2, 343; 346; Platonismus 15/2, 373; Poetik 15/2, 390; Politische Theorie 15/2, 432; Religion und Literatur 15/2, 671; Sklaverei 15/3, 50; Sparta 15/3, 161; Stoizismus 15/3, 309; Theorie/Praxis 15/3, 467; Thukydidismus 15/3, 489; 491; Tragödie/Tragödientheorie 15/3, 533; 541; Tschechien 15/3, 634; United States of America 15/3, 870; Vorsokratiker 15/1, 1065–1066; 1068–1069; Wagnerismus 15/3, 1073ff.; 1077; Zoroastres/Zoroastrismus 15/3, 1232

Nieuwenhuys, Constant Anton (Constant) niederländ. Maler, 1920-2005: Orient-Rezeption 15/1, 1220
Nifo, Agostino → Niphus
Niger, Franciscus: Numismatik 15/1, 1129
Nigetti, Matteo: Mausoleum 15/1, 331
Nigidius, Petrus: Numismatik 15/1, 1129
Nijinsky, Waslaw: Tanz 15/3, 358ff.
Nikephoros [2]* I. byz. Kaiser: Byzanz 13, 604; Imperium 14, 580
Nikephoros Athosmönch: Theologie und Kirche des Christentums 15/3, 428
Nikephoros Gregoras Geschichtsschreiber, Polyhistor, 14. Jh.: Kommentar 14, 1066; Musik 15/1, 596; Neugriechische Literatur 15/1, 897; Weltwunder 15/3, 1111
Nikitin, P.: Rußland 15/2, 1024
Nikolaos von Kabasilas: Theologie und Kirche des Christentums 15/3, 429
Nikolas von Munkathvera: Wallfahrt 15/3, 1091
Nikolaos-Nektarios von Otranto Abt von Casole, 1155/60-1230: Griechisch 14, 308
Nikolaus II. letzter Zar von Rußland: Horoskope 14, 535
Nikolaus V. (Tommaso Parentucelli) Papst: Bildung 13, 509; Byzanz 13, 598; Geschichtswissenschaft/Geschichtsschreibung 14, 189; Italien 14, 677–678; Mathematik 15/1, 319; Naturwissenschaften 15/1, 817; Philologie 15/2, 250; 286; Rom 15/2, 842; 922; Thukydidismus 15/3, 484; Übersetzung 15/3, 728
Nikolaus Trevet (Nicholas Trevet) Chronist: Frankreich 14, 23; Kommentar 14, 1061; Lateinische Tragödie 15/1, 83; Sphärenharmonie 15/3, 188; Theater 15/3, 397; United Kingdom 15/3, 787
Nikolaus von Autrecourt: Skeptizismus 15/3, 39
Nikolaus von Dybin: Rhetorik 15/2, 777
Nikolaus von Kues (Cusanus, Nicolaus): Einbildungskraft 13, 935; Italien 14, 678;

Kalender 14, 780; Komödie 14, 1069; Konstantinische Schenkung 14, 1083; Lateinische Komödie 15/1, 67; Magie 15/1, 254; Mathematik 15/1, 318–319; Naturphilosophie 15/1, 768; Naturwissenschaften 15/1, 817; 826–827; Österreich 15/1, 1137; Skeptizismus 15/3, 39; Theologie und Kirche des Christentums 15/3, 432; Theorie/Praxis 15/3, 465
Nikolaus von Oresme → Nicole Oresme
Nikolaus von Verdun: Romanik 15/2, 953
Nikollë, Aleksi (Alešija, Andrija): Albanien 13, 57
Nikon *Patriarch von Rußland*: Rußland 15/2, 1017
Nillson, Martin Persson: Niederlande und Belgien 15/1, 997
Nilssøn, Jens: Norwegen 15/1, 1086
Nilsson, Martin Persson: Geschichtswissenschaft/Geschichtsschreibung 14, 194; Mythos 15/1, 644; Nationale Forschungsinstitute 15/1, 713; Religionsgeschichte 15/2, 692; Rhodos 15/3, 1323; Schweden 15/2, 1119
Niphus, Augustinus (Nifo, Agostino): Alexandrinismus 13, 73; Meteorologie 15/1, 417; Naturwissenschaften 15/1, 840
Nipperdey, Thomas: Historismus 14, 475
Nisard, Ch.: Homer-Vergil-Vergleich 14, 520
Nisard, D.: Décadence 13, 699
Nisbet, Robin G.M.: Philologie 15/3, 1316
Niščinskij, Petro (Bajda, Petro): Ukraine 15/3, 746
Nissen, Heinrich: Historische Geographie 14, 451; Limes, Limesforschung 15/1, 163; Maß und Gewicht 15/1, 306
Nitsch, Hermann: Deutschland 13, 824
Nitzsch, G.W.: Homerische Frage 14, 505
Nivardus von Gent: Deutschland 13, 764; Tierepos 15/3, 496
Nizolio, M.: Ciceronianismus 13, 649
Noack, Ferdinand: Kretisch-Mykenische Archäologie 14, 1105; Universität 15/3, 909
Nóbrega, Manoel: Lateinamerika 15/1, 34
Nock, Arthur Darby: Religionsgeschichte 15/2, 693
Nodot, Franz: Neulatein 15/1, 939
Nodot, Jean-François: Fälschung 13, 1080
Nöldeke, Theodor: Arabistik 13, 190; Iranistik 14, 638; Semitistik 15/3, 13ff.
Nogent, Guibert de: Autobiographie 13, 361
Nohl, Herrmann: Dritter Humanismus 13, 879; Pädagogik 15/2, 3
Nointel, Charles Marie François Olier Marquis de: Griechen-Römer-Antithese 14, 254
Nolli, Antonio: Rom 15/2, 936
Nolli, G.B.: Kartographie 14, 854
Nolte, E.: Nationalsozialismus 15/1, 723
Nonnosus *Diakon*: Österreich 15/1, 1132
Nono, Luigi: Italien 14, 708
Noodt, G.: Humanismus 14, 558

Noot, Jan van der: Niederlande und Belgien 15/1, 1048; Triumphbogen 15/3, 590
Nooteboom, Cees: Medien 15/1, 350; Niederlande und Belgien 15/1, 1056
Norberg, Dag: Schweden 15/2, 1119; Verskunst 15/3, 1011
Norbert von Xanten: Köln 14, 1021; 1025; Mönchtum 15/1, 527
Norden, Eduard: Philologie 15/2, 312; Religionsgeschichte 15/2, 692; Universität 15/3, 909; Warburg Institute, The 15/3, 1100
Norden, Frederik Ludwig: Ägyptologie 13, 17; Orient-Rezeption 15/1, 1199
Nordhagen, P.J.: Nationale Forschungsinstitute 15/1, 697
Normannischer Anonymus: Monarchie 15/1, 537
North, Frederick, Fifth Earl of Guilford (Lord Guilford): Neugriechische Literatur 15/1, 907
North, Sir Thomas: Biographie 13, 521
Norton, Charles Eliot: Nationale Forschungsinstitute 15/3, 1280
Norton, Thomas: Lateinische Tragödie 15/1, 87
Nossack, H.E.: Deutschland 13, 825
Nosseni, Giovanni Maria: Mausoleum 15/1, 331
Notker: Deutschland 13, 761
Notker III. von Sankt Gallen → Notker der Deutsche
Notker Balbulus: Lyrik 15/1, 248
Notker der Deutsche (Notker III. von Sankt Gallen/Labeo von Sankt Gallen): Naturwissenschaften 15/1, 792; Ottonische Renaissance 15/1, 1256; Redegattungen 15/2, 633; Rhetorik 15/2, 775; Übersetzung 15/3, 727
Notter, Friedrich: Übersetzung 15/3, 735
Novackis, H.: Lettland 15/1, 125
Novak, Helga Maria: Medien 15/1, 349
Novák, Jan: Lebendiges Latein 15/1, 95; 97; Vertonungen antiker Texte 15/3, 1024
Novák, Robert: Tschechien 15/3, 639
Nováková, Julie: Tschechien 15/3, 642
Novalis (Hardenberg, Georg Friedrich Philipp, Freiherr von): Aphorismus 13, 150; Historismus 14, 470; Homerische Frage 14, 513–514; Hymnos 14, 569; Metamorphose 15/1, 397; Mimesis 15/1, 432; Okkultismus 15/1, 1160; Poeta Vates 15/2, 381; Poetik 15/2, 390; Romantik 15/2, 972; 975
Novello, Guido: Italien 14, 672
Novotný, František: Tschechien 15/3, 641
Ntenisi, Mimi: Neugriechische Literatur 15/1, 914
Nudozierinus, L. Benedictus: Slowakei 15/3, 65
Nunes, P.: Portugal 15/2, 519
Núñez, Hernán: Spanien 15/3, 111
Núñez, Pedro Juan: Spanien 15/3, 108ff.
Núñez de Guzmán, Hernán → El Pinciano
Nuñez de Pineda y Bascuñán, Francisco: Lateinamerika 15/1, 27

Núñez de Reinoso, Alonso: Roman 15/2, 945
Nūr ad-Dīn ibn Isḥāq al-Biṭrūǧī (Alpetragius):
  Naturwissenschaften 15/1, 806
Nussbaum, Martha Craven: Marxismus 15/1, 300;
  Politische Theorie 15/2, 439; Stoizismus
  15/3, 310
Nyerup, C.: Kopenhagen 14, 1095

O

Oakley, Stephen: Nationale Forschungsinstitute
  15/1, 675
Oberhummer, Eugen: Historische Geographie
  14, 451
Oberländer, H.: Griechische Tragödie 14, 319
Oberst, Helmut: Comics 13, 661
Obradović, Dositej: Serbien 15/3, 26
Obrecht, Jacob: Numismatik 15/1, 1129
O'Brien, Flann: Ironie 14, 650
Ochoa y Acuña, Anastasio de: Lateinamerika
  15/1, 35
Ochrid → Leon von Achrida/Ochrid
Ockeghem, Johannes: Humanismus 14, 563;
  Numismatik 15/1, 1129
Ockel, E.: Rhetorik 15/2, 803
Odasi, Tifi (Odaxius, Typhis): Makkaronische Dichtung
  15/1, 282
Odaxius, Typhis → Odasi
Odington, Walter: Humanismus 14, 561
Odo von Magdeburg: Epos 13, 1028
Odobescu, Alexandru: Rumänien 15/2, 1011–1012
Odofredus Bononiensis: Lateinische Inschriften
  15/1, 56; Mausoleum 15/1, 332
Odoni, Andrea: Venedig 15/3, 961
Ødegård, K.: Nationale Forschungsinstitute
  15/1, 698; 700
Oefele, A.F. von: Bibliothek 13, 502
Öhlschläger, Günther: Argumentationslehre 13, 250
Oehlschlegel → Olearius
Oekolampad, Johannes: Theologie und Kirche des
  Christentums 15/3, 435
Oelmann, Franz: Tiryns 15/3, 507
Ölschläger → Olearius
Oelze, Richard: Moderne 15/1, 500
Ørberg, Hans H.: Lebendiges Latein 15/1, 95
Oeser, Adam Friedrich: Winckelmann-Gesellschaft
  15/3, 1139
Østby, E.: Nationale Forschungsinstitute 15/1, 698–
  699
Østbye, Peter: Norwegen 15/1, 1085
Oesterley, Hermann: Mittellatein 15/1, 457
Oestreich, Gerhard: Menschenrechte 15/1, 384
Oetinger, Friedrich Christoph: Metaphysik 15/1, 412
Oexle, Otto Gerhard: Historismus 14, 477; 486
Özdogan, M.: Vorderasiatische Archäologie
  15/3, 1053

Özgan, Ramzan: Knidos 14, 990
Özgüç, T.: Hethitologie 14, 416
Offenbach, Jacques: Frankreich 15/3, 1262; Musik
  15/1, 602; Mythologie 15/1, 630
Ogan, Aziz: Türkei 15/3, 656; 660
Ogilby, John: United Kingdom 15/3, 806
Ogilvy, J.D.A.: United Kingdom 15/3, 763
Ogorek, Regina: Romanistik/Rechtsgeschichte
  15/2, 965
O'Hearn, Franciscus: Niederlande und Belgien
  15/1, 1030
Ohlenschlager, Friedrich: Limes, Limesforschung
  15/1, 162
Ohlshausen, Justus: Semitistik 15/3, 13
Ohly, Dieter: Aigina 13, 29
Ohnefalsch-Richter, Max: Karlsruhe, Badisches
  Landesmuseum, Antikensammlungen 14, 808;
  Zypern 15/3, 1236
Oikonomos, K.: Griechenland 14, 277
Okál, Miloslav: Tschechien 15/3, 642
Oken, Lorenz: Geologie (und Mineralogie) 14, 130;
  Naturphilosophie 15/1, 771
Oker-Blom, Nils: Nationale Forschungsinstitute
  15/1, 680
Oko, Jan: Litauen 15/1, 176
Oláh, Miklós: Ungarn 15/3, 751
Olahus: Rumänien 15/2, 1001
Olav II. Haraldsson *König von Norwegen und Heiliger,
  995-1030*: Norwegen 15/1, 1084
Olbrechts-Tyteca, Lucie: Argumentationslehre
  13, 249
Old, Walter Richard → Sepharial
Oldenbarnevelt: Niederlande und Belgien
  15/1, 1049
Oldendorp, Johannes: Billigkeit 13, 517; Loci
  communes 15/1, 188; Naturrecht 15/1, 776
Olea, Pedro: Spanien 15/3, 151
Olearius, Adam (Oehlschlegel/Ölschläger): Iranistik
  14, 635
Oleson, John Peter: Technikgeschichte 15/3, 370
Olge: Mittellatein 15/1, 456
Oliver, James: Nationale Forschungsinstitute
  15/3, 1284
Oliverio, Gaspare: Rhodos 15/3, 1323
Olivi, Laura: Medien 15/1, 351
Olizarovijus, Aaron Aleksander → Olizarovius
Olizarovius, Alexander (Olizarowski/Olizarovijus,
  Aaron Aleksander/Aronas Aleksandras): Litauen
  15/1, 172
Olizarowski → Olizarovius
Olmedo, José Joaquín de: Lateinamerika 15/1, 38
Olms, Georg: Verlag 15/3, 1006
Olmstead, Albert TenEyck: Iranistik 14, 639
Olmsted, Frederick Law: United States of America
  15/3, 868
Olomucensis, Augustinus: Tschechien 15/3, 626; 628

Olson, Charles: United States of America 15/3, 880
Oltar-Jevsky, Wiacheslav: Orient-Rezeption 15/1, 1215
Omar ibn al-Ḫaṭṭab (Omar ibn al-Khattab) *Kalif, 592–644*: Alexandria 13, 67
Omar ibn al-Khattab → Omar ibn al-Ḫaṭṭab
Omeis, Magnus Daniel: Deutschland 13, 786
Omerza, F.: Slowenien 15/3, 72
Oña, Pedro de: Epos 13, 1026; Lateinamerika 15/1, 25; 27
Onat, Emil: Mausoleum 15/1, 338
Ondaatje, Michael: United Kingdom 15/3, 830
O'Neill, Eugene: United States of America 15/3, 870
Onifri → Onuphrios
Onofredus de Denariis: Glossatoren 14, 222
Onulf von Speyer: Rhetorik 15/2, 775
Onuphrios (Onifri) *Freskenmaler*: Albanien 13, 57
Opicinus de Canistris: Naturwissenschaften 15/1, 837
Opitz, Martin: Barock 13, 394; Dänemark 13, 676; Deutschland 13, 781–784; Elegie 13, 945; Figurenlehre 13, 1129; Gattung/Gattungstheorie 14, 93; Gelegenheitsdichtung 14, 110; Konsolationsliteratur 14, 1081; Lateinische Tragödie 15/1, 88; Literaturkritik 15/1, 184; Lyrik 15/1, 249; Metapher/Metapherntheorie 15/1, 404; Musen 15/1, 564–565; Neulatein 15/1, 935; Poeta Vates 15/2, 379; Poetik 15/2, 387; Rumänien 15/2, 1002; Theater 15/3, 400; Tragödie/Tragödientheorie 15/3, 538; Verskunst 15/3, 1012; 1015
Oppenheim, Leo: Chicago, Oriental Institute Museum 13, 632
Oppenheim, Max von: Vorderasiatische Archäologie 15/3, 1051
Oppermann, Diederik Johannes: Südafrika 15/3, 342
Oppermann, Hans: Nationalsozialismus 15/1, 731; 737; 739; 744–745; 748; Philologie 15/2, 316
Oppert, Julius: Babylon 13, 374; Hethitologie 14, 414; Orient-Rezeption 15/1, 1230
Opsopoeus, V.: Roman 15/2, 944
Orbeliani, Sulchan-Saba: Georgien 14, 136
Ordeasca, Francesca: Historienmalerei 14, 429
Ordericus Vitalis: Geschichtsmodelle 14, 172; Mittellatein 15/1, 455
Orellius: Niederlande und Belgien 15/1, 997
Oresmius → Nicole Oresme
Orff, Carl: Deutschland 13, 821; 824; Griechische Tragödie 14, 320; Lebendiges Latein 15/1, 95; Musik 15/1, 602; Oper 15/1, 1184; Theater 15/3, 400ff.; Übersetzung 15/3, 737; Vertonungen antiker Texte 15/3, 1021–1022; 1024
Orlandos, Anastasios K.: Nationale Forschungsinstitute 15/1, 706; Orchomenos 15/1, 1190
Orme, Philibert de l' (Delorme, Philibert): Frankreich 14, 34; Mausoleum 15/1, 331; Triumphbogen 15/3, 591

Ornato, Ezio: Paläographie, lateinische 15/2, 44
Oroz, Rodolfo: Lateinamerika 15/1, 43
Orozco, José Clemente: Lateinamerika 15/1, 46
Orphelin, Zaharije: Serbien 15/3, 26
Orrery, J.: Klassizismus 14, 969
Orsbeck, Johann Hugo von *Erzbischof und Kurfürst von Trier, 1634–1711*: Numismatik 15/1, 1121
Orsi, Libero d': Stabia/Stabiae 15/3, 254
Orsi, Paolo: Italien 14, 716
Orsini, Fulvio: Druckwerke 13, 894; Niederlande und Belgien 15/1, 1028; Numismatik 15/1, 1110; Rom 15/2, 864; Steinschneidekunst: Gemmen 15/3, 283
Orsini, Giordano: Lateinische Komödie 15/1, 67
Orsini, Girolamo: Altertumskunde (Humanismus bis 1800) 13, 93
Orsini, Vicino: Orient-Rezeption 15/1, 1196; Park 15/2, 129; 174
Orta, Garcia da: Portugal 15/2, 519; 522
Ortelius, Abraham (Ortel, Abraham): Geographie 14, 123; Historische Geographie 14, 449; Kartographie 14, 854; Niederlande und Belgien 15/1, 1023; Trier 15/3, 563; 565
Ortese, Anna Maria: Metamorphose 15/1, 400
Ortholanus → Hortulanus
Ortiz, Lourdes: Spanien 15/3, 145
Orville, Jacques Philippe d': Niederlande und Belgien 15/1, 1004
Orwell, George: Tierepos 15/3, 497; Utopie 15/3, 938; 940
Osbern von Gloucester (Osbernus Glocestriensis): Lexikographie 15/1, 132
Osbernus Glocestriensis → Osbern von Gloucester
Osborn, Max: Historismus 14, 486
Osiander, E.N.: Übersetzung 15/3, 735
Osiander, Lucas: Kalender 14, 781
Osório, J.: Portugal 15/2, 519
Osse, Melchior von: Fürstenspiegel 14, 85
Ossel, Paul van: Trier 15/3, 571
Ossian *von James Macpherson erfundener gäl. »Barde«*: Fälschung 13, 1077
Osterc, S.: Slowenien 15/3, 72
Osterhammel, Jürgen: Akkulturation 15/3, 1246
Osterrieth, Johann Daniel: Schweiz 15/2, 1141
Osthoff, Hermann: Iranistik 14, 638; Sprachwissenschaft 15/3, 236ff.
Ostwald, Friedrich Wilhelm: Naturwissenschaften 15/1, 865
O'Sullivan, Vincent: United Kingdom 15/3, 829
Ôta, Hidemichi: Sklaverei 15/3, 54
Otfrid von Weißenburg: Karolingische Renaissance 14, 828; 830–834; Typologie 15/3, 679
Othloh von Sankt Emmeram: Bayern 13, 431; Mittellatein 15/1, 451
Othmayr, Caspar: Humanismus 14, 563

Otis, James: Menschenrechte 15/1, 388; United States of America 15/3, 836
Ottaviani, Giovanni: Groteske 14, 330
Otten, Heinrich: Hethitologie 14, 415–416
Ottheinrich *Kurfürst von der Pfalz, 1502-1559*: Bibliothek 13, 500
Otto I. d.Gr. *ostfränk. König, Kaiser des HRR, 912-973*: Deutschland 13, 762; Imperium 14, 581; Münze, Münzwesen 15/1, 558; Ottonische Renaissance 15/1, 1254–1255; Rom 15/2, 876; Säule/Säulenmonument 15/2, 1047; Spolien 15/3, 199
Otto I. von Wittelsbach *König von Griechenland, 1815-1867*: Bayern 13, 442; Griechenland 14, 271; 288; München, Glyptothek und Antikensammlungen 15/1, 546; Sport 15/3, 211
Otto II. *Herzog der Sachsen, Kaiser des HRR, 955-983*: Deutschland 13, 762; Herrscher 14, 382; Imperium 14, 581; Ottonische Renaissance 15/1, 1255
Otto III. *König und Kaiser des HRR, 980-1002*: Deutschland 13, 762; Herrscher 14, 376; 379; 382; 384; 405; Imperium 14, 581; Italien 14, 662; Ottonische Renaissance 15/1, 1255; Österreich 15/1, 1131; Rom 15/2, 859; 876
Otto Papiensis: Glossatoren 14, 221–222
Otto von Freising: Deutschland 13, 763; Epochenbegriffe 13, 996; Epos 13, 1029; Geschichtsmodelle 14, 168–169; Herrscher 14, 365; 368; 377; 396; 398–399; 401–403; 408; Mittellatein 15/1, 452; Monarchie 15/1, 537; Österreich 15/1, 1135; Rom 15/2, 876; Sacrum Imperium 15/2, 1034; Schlachtorte 15/2, 1074; Staufische Renaissance 15/3, 273ff.; Trier 15/3, 562; Zoroastres/Zoroastrismus 15/3, 1230
Otto, G.: Homiletik/Ars praedicandi 14, 530
Otto, Walter F.: Apollinisch und dionysisch 13, 158; Bayern 13, 443–444; Deutschland 13, 819; Paganismus 15/2, 29; Religionsgeschichte 15/2, 694
Ottoboni, Pietro → Alexander VIII.
Ottokar II. Přemysl *König von Böhmen, 1232-1278*: Österreich 15/1, 1136; 1143; Tschechien 15/3, 625
Ottoni, L.: Barberinischer Faun 13, 389
Oudendorpius, Franciscus: Niederlande und Belgien 15/1, 1002–1003
Ouseley, William: Iranistik 14, 636
Outremeuse, Jean d': Herrscher 14, 393; 395
Ovecuri, Fray Diego Sáenz: Lateinamerika 15/1, 30
Ovens, Jurriaen: Niederlande und Belgien 15/1, 1042
Overbeck, Franz: Sklaverei 15/3, 50; Theologie und Kirche des Christentums 15/3, 416
Overbeck, J.: Epochenbegriffe 13, 1003
Owen, G.E.L.: Vorsokratiker 15/3, 1066

Owen, John (Audoenus, Ioannes): Dänemark 13, 676: Deutschland 13, 784; Epigrammatik 13, 982; Neulatein 15/1, 937
Owenson, Sidney (Lady Morgan): Kampanien 14, 790
Owst, Gerald Robert: United Kingdom 15/3, 786; 788
Oxé, A.: Maß und Gewicht 15/1, 312
Oxenstierna, Axel: Herrscher 14, 378

P

Paananen, Unto: Nationale Forschungsinstitute 15/1, 683
Pac, Ludwik Michał: Polen 15/2, 402
Pacca, Bartolomeo: Ostia und Porto 15/1, 1248
Pace, Biagio: Rhodos 15/3, 1323
Pace, F.: Griechische Tragödie 14, 318
Pacetti, V.: München, Glyptothek und Antikensammlungen 15/1, 548
Pacher, Michael: Trajanssäule 15/3, 545
Pachymeres*, Georgios: Byzanz 13, 595; Griechisch 14, 295; Kommentar 14, 1065; Mathematik 15/1, 316; Musik 15/1, 595–596; Neugriechische Literatur 15/1, 897; Überlieferung 15/3, 717
Pačić, Jovan: Serbien 15/3, 27
Pacificus von Verona: Naturwissenschaften 15/1, 835
Pacini, G.: Musik 15/1, 602
Paciurea, Dumitru: Rumänien 15/2, 1009
Paderni, Camillo: Herculaneum 14, 357; Neapel, Archäologisches Nationalmuseum (Museo Nazionale Archeologico, Napoli) 15/1, 874
Padiglione, Domenico: Modell/Korkmodell 15/1, 495
Padua, Paul M.: Moderne 15/1, 505
Päffgen, Bernd: Köln 14, 1039
Paemel, Jules C. von: Babylon 13, 377
Paetow, Louis John: Mittellatein 15/1, 454
Pafraet, Richard: Niederlande und Belgien 15/1, 992
Pagano, Francesco: Triumphbogen 15/3, 589
Pagano, Giuseppe: Faschismus 13, 1089
Pagel, Julius Leopold: Medizingeschichtsschreibung 15/1, 375
Paine, Thomas: Demokratie 13, 723; Republik 15/2, 728; United States of America 15/3, 849
Pairis, Gunther von: Troja 15/3, 598
Pais, Ettore: Faschismus 13, 1097; Geschichtswissenschaft/Geschichtsschreibung 14, 206; Neapel, Archäologisches Nationalmuseum (Museo Nazionale Archeologico, Napoli) 15/1, 878
Pajk, J.: Slowenien 15/3, 73
Palacký, František: Slowakei 15/3, 66; Tschechien 15/3, 638
Palagi, Pelagio: Diana von Ephesus 13, 841
Palaiologos, Gr.: Neugriechische Literatur 15/1, 896

Palamas, Gregorios: Kommentar 14, 1066; Theologie und Kirche des Christentums 15/3, 428
Palamas, Kostis: Neugriechische Literatur 15/1, 908–910; 912
Palanque, Jean-Rémy: Nobilitas 15/1, 1074
Palat, Georg Dpir von: Armenien 13, 272
Palermi, Amleto: Kitsch 14, 886; Pompeji/Rezeption des freigelegten Pompeji in Literatur und Film 15/2, 494
Palestrina, Giovanni Pierluigi da: Humanismus 14, 563; Messe 15/1, 394
Palissy, B.: Park 15/2, 175
Palladino, Mimmo: Italien 14, 707
Palladio, Andrea: Deutschland 13, 791; Druckwerke 13, 892; Forum/Platzanlage 13, 1153; Frankreich 14, 52; Greek Revival 14, 249; Griechische Tragödie 14, 318; Italien 14, 688; Krieg 14, 1114; Lateinische Komödie 15/1, 76; Mausoleum 15/1, 335; Musik 15/1, 591; Pantheon 15/2, 58; Renaissance 15/2, 710; Rom 15/2, 869; Säulenordnung 15/2, 1050; Tempel/Tempelfassade 15/3, 375ff.; Theaterbau/Theaterkulisse 15/3, 403ff.; United States of America 15/3, 848; 855; Villa 15/3, 1039ff.
Pallas, P.S.: Rußland 15/2, 1018
Pallavicino, Sforza: Metapher/Metapherntheorie 15/1, 404
Pallitzsch, Johann Georg: Naturwissenschaften 15/1, 851
Pallottino, Massimo: Istituto (Nazionale) di Studi Romani 14, 657
Palma di Cesnola, Luigi: New York, Metropolitan Museum 15/1, 953–954; 973; Zypern 15/3, 1236
Palmer, A.: Irland 14, 646
Palmer, E.H.: Vorderasiatische Archäologie 15/3, 1057
Palmieri, M.: Querelle des Anciens et des Modernes 15/2, 610
Palmireno, Lorenzo: Spanien 15/3, 108
Palmotić, J.: Kroatien 14, 1121
Pamelius, Jacobus: Niederlande und Belgien 15/1, 1022
Pan-Maler: Boston, Museum of Fine Arts 13, 535
Pannagl, Bernardus: Tschechien 15/3, 630
Pannartz, Arnold: Verlag 15/3, 1003
Pannenberg, Wolfhart: Theologie und Kirche des Christentums 15/3, 449
Pannini, Giovanni Paolo: Modell/Korkmodell 15/1, 496; Ruine/Künstliche Ruine 15/2, 992; Trajanssäule 15/3, 546
Pannonius, Janus: Ungarn 15/3, 749ff.; 754
Pannwitz, Rudolf: Tragödie/Tragödientheorie 15/3, 533; 542
Panofsky, Erwin: Gotik 14, 247–248; Historienmalerei 14, 424; Imitatio 14, 574; Interpretatio Christiana 14, 630; Klassische Archäologie 14, 940; Mittellatein 15/1, 457; Neulatein 15/1, 941; Warburg Institute, The 15/3, 1100; 1102; 1106
Panormita(s) → Beccadelli
Pantermalis, Demetrios: Vergina 15/3, 992
Pantinus, Petrus: Niederlande und Belgien 15/1, 1024; 1026–1027
Panvinio, Onofrio (Panvinius, Onophrius): Altertumskunde (Humanismus bis 1800) 13, 92–93; Christliche Archäologie 13, 641; Festkultur/Trionfi 13, 1106; Geschichtswissenschaft/Geschichtsschreibung 14, 201; 214; Rom 15/2, 864; 872; 905
Panvinius, Onophrius → Panvinio
Paolazzi, Eduardo: Moderne 15/1, 508
Paoletti, Gasparre Maria: Uffizien, Florenz (Galleria degli Uffizi, Firenze) 15/3, 740
Paolini, Giulio: Moderne 15/1, 510–511
Paolini, Mario: Rhodos 15/3, 1327
Paolo Veronese (Veronese, Paolo): Mimesislegenden 15/1, 440; Triumphbogen 15/3, 590
Papadiamandopulos, Ioanis → Moréas
Papadiamantis, Alexandros: Neugriechische Literatur 15/1, 904; 908
Papadimitriou, Ioannis: Mykene 15/1, 607; 609; Nationale Forschungsinstitute 15/1, 657; 715
Pápai Páriz, Ferenc: Ungarn 15/3, 754
Papanoutsos, E.: Griechenland 14, 283
Paparrigopoulos, Konstantinos: Griechenland 14, 271; 284; Neugriechische Literatur 15/1, 907; Zypern 15/3, 1236
Papatsonis, Takis (Papatzonis, Takis): Neugriechische Literatur 15/1, 912
Papatzonis, Takis → Papatsonis
Papebrochius, Daniel (Papenbroek, Daniel van): Niederlande und Belgien 15/1, 1026; 1030; Paläographie, lateinische 15/2, 43
Papenbroek, Daniel van → Papebrochius
Papenbroek, Gerard van: Niederlande und Belgien 15/1, 1044
Papencordt, Felix: Vandalen 15/3, 943
Papias: Lexikographie 15/1, 132
Papius, Andreas: Niederlande und Belgien 15/1, 1029
Paracelsus (Philippus Theophrastus Bombastus von Hohenheim): Magie 15/1, 254–255; Medizin 15/1, 368; Naturwissenschaften 15/1, 838; 853; 864; 867; 869–870; Okkultismus 15/1, 1152; Österreich 15/1, 1138; Physiognomik 15/2, 359
Paranavitana, Senarath: Śrī Laṅkā 15/3, 252
Parčevič, P.: Bulgarien 13, 573
Pardos, Gregorios: Kommentar 14, 1064
Pardyová, Marie: Tschechien 15/3, 645
Paribeni, R.: Istituto (Nazionale) di Studi Romani 14, 653; Kretisch-Mykenische Archäologie 14, 1107

Parini, Giuseppe: Italien 14, 697
Parios, A. (Anthimos von Jerualem): Neugriechische Literatur 15/1, 901
Parizi da Cherso, Francesco: Humanismus 14, 548
Parker, A.J.: Unterwasserarchäologie 15/3, 926
Parker, Henry: Republik 15/2, 724
Parker, J.P.: Indien 14, 586
Parmiggiani, Claudio: Moderne 15/1, 510
Parmigjanino (Mazzola, Girolamo Francesco): Groteske 14, 327; Vasen/Vasenmalerei 15/3, 956
Parny, E.: Revolution 15/2, 757
Parra, Nicanor: Metapher/Metapherntheorie 15/1, 406
Parron, William: Naturwissenschaften 15/1, 842
Parrot, André: Paris, Louvre 15/2, 117; 123
Parry, Adam: Homerische Frage 14, 507
Parry, Hugh: Sparta 15/3, 168
Parry, Milman: Homerische Frage 14, 506–508; 510; Philologie 15/3, 1302; Ungarn 15/3, 753
Pars, William: Priene 15/2, 559; Society of Dilettanti 15/3, 76
Parson, Talcott: Philologie 15/3, 1315
Parsons, Peter: Papyri, literarische 15/2, 74
Parsons, Talcott: Historische Methoden 14, 460; Strukturalismus 15/3, 324
Partsch, Joseph: Historische Geographie 14, 450–451; Papyrologie 15/2, 92
Paruta, Paolo: Geschichtswissenschaft/Geschichtsschreibung 14, 214; Republik 15/2, 716; 720
Pârvan, Vasile: Rumänien 15/2, 1013
Pascal, Blaise: Augustinismus 13, 352; Panegyrik 15/2, 54; Rhetorik 15/2, 801; Skeptizismus 15/3, 43; Stoizismus 15/3, 307; Theologie und Kirche des Christentums 15/3, 415; 419
Pascali Romanus: Griechisch 14, 308
Paschalis I. *Papst*: Triumphbogen 15/3, 582
Paschalis II. *Papst*: Spolien 15/3, 199
Paschasias Radbertus (Radbert von Corbie): Frankreich 14, 8; Leichenrede 15/1, 119; Luxemburg 15/1, 239
Paschen, H.: Rhetorik 15/2, 804
Paschetto, Ludovico: Ostia und Porto 15/1, 1247
Paschon, Christos: Byzanz 13, 607
Pascoli, Giovanni: Bukolik/Idylle 13, 567; Italien 14, 706; 708; Lyrik 15/1, 250; Neulatein 15/1, 938; Verskunst 15/3, 1010–1011; 1015
Pasinli, Alpay: Türkei 15/3, 656
Paskalić, L.: Kroatien 14, 1119
Paso, Juan José: Lateinamerika 15/1, 27
Pasolini, Pier Paolo: Film 13, 1136; Griechische Tragödie 14, 320; Italien 14, 709–710; Metamorphose 15/1, 401
Pasor, Georg: Niederlande und Belgien 15/1, 1001
Pasquali, Carlo: Tacitismus 15/3, 356
Pasquali, Giorgio: Faschismus 13, 1104

Pasquier, Étienne: Frankreich 14, 31; Homer-Vergil-Vergleich 14, 519
Pasquini, Bernado: Akademie 13, 56
Passalacqua, Giuseppe: Berlin 13, 468
Passe, Crispijn de: Babylon 13, 378; Porträtgalerie 15/2, 510
Passe, Magdalena de: Verwandlungen/Illustrationen von Ovid-Texten 15/3, 1033
Passegiero, Ronaldino: Mausoleum 15/1, 332
Passeri, Giovanni Battista: Etruskologie 13, 1055; Vasen/Vasenmalerei 15/3, 951
Passow, Arnold: Neugriechische Literatur 15/1, 914
Passow, Franz: Lexikographie 15/1, 130
Pastan, Linda: United States of America 15/3, 880
Pastor Àbalos y Mendoza, Juan Francisco: Spanien 15/3, 117
Pastrengo, Guglielmo da: Zeitrechnung 15/3, 1189
Pastrone, Giovanni: Italien 14, 706; Karthago 14, 852
Pater, Walter Horatio: Fin de siècle 13, 1142–1144; Nacktheit in der Kunst 15/1, 655; Philologie 15/3, 1309; Roman 15/2, 947; Sparta 15/3, 161
Patin, Charles: Altertumskunde (Humanismus bis 1800) 13, 92; 96; Numismatik 15/1, 1112
Patousas, Johannes: Griechenland 14, 279
Patriarcheas, A.N.: Sparta 15/3, 167
Patricius, Franciscus → Patrizi
Patrizi, Francesco (Patricius, Franciscus): Fürstenspiegel 14, 79; Gattung/Gattungstheorie 14, 91; Italien 14, 689; Kroatien 14, 1120; Naturphilosophie 15/1, 770; Okkultismus 15/1, 1149; 1154; United Kingdom 15/3, 804; Utopie 15/3, 937; Zoroastres/Zoroastrismus 15/3, 1230
Patsch, C.: Albanien 13, 59
Patterson, Helen: Nationale Forschungsinstitute 15/1, 674
Patterson, John R.: Nationale Forschungsinstitute 15/1, 675
Patzelt, E.: Karolingische Renaissance 14, 817
Paucapalea: Glossatoren 14, 222
Pauen, M.: Gnosis 14, 228
Paul II. (Barbo, Pietro) *Papst*: Akademie 13, 42; Italien 14, 719; Lateinamerika 15/1, 22; Naturwissenschaften 15/1, 840; Neapel, Archäologisches Nationalmuseum (Museo Nazionale Archeologico, Napoli) 15/1, 874; Rom 15/2, 864
Paul III. (Farnese, Alessandro) *Papst*: Herrscher 14, 409; Historienmalerei 14, 431; Horoskope 14, 532; Lateinische Inschriften 15/1, 48; Mimesislegenden 15/1, 440; Naturwissenschaften 15/1, 840; Neapel, Archäologisches Nationalmuseum (Museo Nazionale Archeologico, Napoli) 15/1, 874; Rom 15/2, 859; 863; 884; 910; 922
Paul IV. *Papst*: Zensur 15/3, 1196

Paul VI. *Papst*: Lebendiges Latein 15/1, 93
Paul, Hermann: Sprachwissenschaft 15/3, 237
Paulin, Tom: United Kingdom 15/3, 825
Paulinus von Aquileia: Italien 14, 660; Karolingische Renaissance 14, 818; Überlieferung 15/3, 723
Paulmy, Antoine René de Voyer d'Argenson, Marquis de: Bibliothek 13, 501
Paulos [5]* Aiginetes → Paulus von Ägina
Paulos von Nikaia: Medizin 15/1, 361
Paulus *Diakon und Übersetzer*: Griechisch 14, 306
Paulus [4]* Diaconus: Deutschland 13, 761; Epochenbegriffe 13, 997; Geschichtsmodelle 14, 170; Italien 14, 660–661; Karolingische Renaissance 14, 818; Lexikographie 15/1, 139; Mittellatein 15/1, 454; Philologie 15/2, 278; Troja 15/3, 619; Überlieferung 15/3, 723–724
Paulus ab Oberstain: Slowenien 15/3, 69
Paulus, Eduard d.Ä.: Limes, Limesforschung 15/1, 161
Paulus, Eduard, d.J.: Limes, Limesforschung 15/1, 163
Paulus Iovius: Lateinische Komödie 15/1, 69
Paulus von Ägina (Paulos [5]* Aiginetes): Arabisch-islamisches Kulturgebiet 13, 166; 180; Arabische Medizin 13, 185; Geburtshilfe 14, 96; 99; Geriatrie 14, 147; Hysterie 14, 571; Medizin 15/1, 366; 370; Medizingeschichtsschreibung 15/1, 374; Zoologie 15/3, 1206; 1219
Pauly, August Friedrich von: Enzyklopädie 13, 973; Neulatein 15/1, 932; Übersetzung 15/3, 735
Pavlović, Miodrag: Serbien 15/3, 30
Pavlovič, Partenij: Bulgarien 13, 574
Pavlović-Lučić, I.J.: Kroatien 14, 1122
Pawer, Georg → Agricola
Payer, Friedrich von: Demokratie 13, 733
Payne, Humfry Gilbert Garth: Nationale Forschungsinstitute 15/1, 666; Zeitrechnung 15/3, 1166
Pazaurek, G.E.: Kitsch 14, 882
Pazzi, Alessandro de': Gattung/Gattungstheorie 14, 90; Griechische Tragödie 14, 317; Italien 14, 687
Peacham, Henry: Figurenlehre 13, 1128
Peacock, D.P.S.: Unterwasserarchäologie 15/3, 926
Peacock, Thomas Love: Zoroastres/Zoroastrismus 15/3, 1231
Peale, Charles Willson: Porträtgalerie 15/2, 512; United States of America 15/3, 853
Peano, Giuseppe: Logik 15/1, 200–201
Pecere, Oronzo: Philologie 15/3, 1316
Pečerka, Jan: Tschechien 15/3, 642
Peckham, John: Naturwissenschaften 15/1, 796; Universität 15/3, 885
Pedersen, Christiern: Dänemark 13, 675
Pedersen, Holger: Sprachwissenschaft 15/3, 236
Pedersen, Poul: Halikarnass 14, 348

Pediasimos, Johannes: Kommentar 14, 1065; Mathematik 15/1, 316
Pedrazas, Reinaldo de: Lateinamerika 15/1, 24
Pegius, Martinus: Slowenien 15/3, 70
Peiner, Werner: Moderne 15/1, 505
Peirce, Charles Sanders: Semiotik 15/3, 7; Sprachphilosophie/Semiotik 15/3, 220; 226
Peiresc, Nicolas Claude Fabri de: Altertumskunde (Humanismus bis 1800) 13, 92; 94; Vasen/Vasenmalerei 15/3, 949
Pejić, Filip: Serbien 15/3, 28
Pekkanen, Tuomo: Finnland 13, 1149; Lebendiges Latein 15/1, 95; 98; Nationale Forschungsinstitute 15/1, 683
Peladin, Joséphin: Orient-Rezeption 15/1, 1230
Pelet, August: Modell/Korkmodell 15/1, 495
Peletier du Mans, Jacques: Frankreich 14, 31
Pelham, Henry: Nationale Forschungsinstitute 15/1, 672
Pelikán, Oldřich: Tschechien 15/3, 642; 644
Pellegrini: Akademie 13, 56; Poetik 15/2, 388
Pelletier, Gérard: Rhetorik 15/2, 819
Pelletier, Thomas: Fürstenspiegel 14, 85
Pellicanus → Kürschner
Pellicier, Guillaume: Pharmakologie 15/2, 220
Pellikan, Konrad: Semitistik 15/3, 11
Pels, Andries: Niederlande und Belgien 15/1, 1050
Pendlebury, John Devitt Stringfellow: Knossos 14, 1001; Nationale Forschungsinstitute 15/1, 665; 668
Pénicaud, J.: Karthago 14, 850
Penn, William: Frieden 14, 69; United States of America 15/3, 834
Pennington, K.: Glossatoren 14, 224
Penrose, Francis Cranmer: Nationale Forschungsinstitute 15/1, 667; Society of Dilettanti 15/3, 76
Pepper, William: Philadelphia, University of Pennsylvania Museum of Archaeology and Anthropology, Ancient Near Eastern Section 15/2, 226
Peraldus → Guillelmus
Peralta y Barnuevo, Pedro de: Lateinamerika 15/1, 26
Percier, Charles: Historismus 14, 491; Klassizismus 14, 955; Möbel 15/1, 520; Vasen/Vasenmalerei 15/3, 954
Perec, Georges: Ironie 14, 650
Peregrini, Matteo: Metapher/Metapherntheorie 15/1, 404
Pereira, Benito → Pererius
Pereira, D.P.: Portugal 15/2, 520
Perelman, Chaim: Argumentationslehre 13, 249; Rhetorik 15/2, 789; 810
Peremans, W.: Niederlande und Belgien 15/1, 1034
Perera, Benito → Pererius

Pererius, Benedictus (Pereira/Perera, Benito): Aristotelismus 13, 258; Naturphilosophie 15/1, 770

Pérez de Oliva, Hernán: Spanien 15/3, 142

Pérez, José Joaquín: Lateinamerika 15/1, 36

Peri, Jacopo: Italien 14, 681; Musik 15/1, 602; Mythologie 15/1, 623; Okkultismus 15/1, 1159; Oper 15/1, 1180; Theater 15/3, 399

Périer, Gilbert: Moderne 15/1, 504

Perin del Vaga (Bonaccorsi, Pietro): Groteske 14, 327; Historienmalerei 14, 431

Perizonius, Jacobus (Voorbroek, Jacob): Geschichtsmodelle 14, 178; Geschichtswissenschaft/Geschichtsschreibung 14, 202; 204; Homerische Frage 14, 503; Niederlande und Belgien 15/1, 1002; 1005; Zeitrechnung 15/3, 1177

Permoser, Balthasar: Deutschland 13, 788; Stützfiguren/Erechtheionkoren 15/3, 331

Pernička, R.M.: Tschechien 15/3, 644

Pernier, L.: Kretisch-Mykenische Archäologie 14, 1107

Perotti, Niccolò (Perottus, Nicolaus): Kommentar 14, 1056; Neulatein 15/1, 926; Niederlande und Belgien 15/1, 988; Philologie 15/2, 288; Slowenien 15/3, 69; Übersetzung 15/3, 727

Perottus, Nicolaus → Perotti

Peroutka, Emanuel: Tschechien 15/3, 640

Perpiñà, Pedro Juan: Rhetorik 15/2, 818

Perrault, Charles: Barock 13, 412; Epochenbegriffe 13, 998; Epos 13, 1021; Frankreich 14, 37–39; Gattung/Gattungstheorie 14, 92; Imitatio 14, 576; Klassik als Klassizismus 14, 892; Märchen 15/1, 252; Musik 15/1, 600; Mythologie 15/1, 628; Querelle des Anciens et des Modernes 15/2, 608; 614; Troja 15/3, 600

Perrault, Claude: Architekturtheorie/Vitruvianismus 13, 238; Barock 13, 416; Frankreich 14, 38; 42; Paris, Louvre 15/2, 107; Triumphbogen 15/3, 591

Perrault, Nicolas: Frankreich 14, 38

Perrier, Charles: Knidische Aphrodite 14, 984

Perrier, François du: Altertumskunde (Humanismus bis 1800) 13, 90; Druckwerke 13, 894; Torso (Belvedere) 15/3, 517; Vasen/Vasenmalerei 15/3, 949

Perrot d'Ablancourt, Nicolas: Frankreich 14, 37–38

Perrot, Georges: Orient-Rezeption 15/1, 1214; 1217

Perry, B.E.: Fabel 13, 1064

Persius, Ludwig: Park 15/2, 144; Stadion 15/3, 258

Persson, Axel W.: Kretisch-Mykenische Archäologie 14, 1103; Nationale Forschungsinstitute 15/1, 708–709

Pertsch, Erich: Lexikographie 15/1, 140

Perugino, Pietro (Vannucci): Groteske 14, 325; Historienmalerei 14, 423

Peruzzi, Baldassare: Groteske 14, 327; Lateinische Inschriften 15/1, 47; Lateinische Komödie 15/1, 75; Mimesislegenden 15/1, 440; Orient-Rezeption 15/1, 1196; Rom 15/2, 928; Säulenordnung 15/2, 1049; Theaterbau/Theaterkulisse 15/3, 403ff.

Pessina a Czechorod, Thomas: Tschechien 15/3, 630

Pessoa, Fernando António Nogueira de Seabra (Reis, Ricardo): Lyrik 15/1, 250; Portugal 15/2, 525; Verskunst 15/3, 1017

Pétain, Philippe: Frankreich 15/3, 1254

Pétau, Dénis → Petavius

Petavius, Dionysius (Pétau, Dénis): Geschichtsmodelle 14, 169; Philosophia perennis 15/2, 336; Theologie und Kirche des Christentums 15/3, 416; Zeitrechnung 15/3, 1176

Peter (Don Pedro) *Infant von Portugal, Herzog von Coimbra, 1392-1449*: Portugal 15/2, 518

Peter I. d.Gr. *Zar von Rußland*: Akademie 13, 44; Reiterstandbild 15/2, 654; Rußland 15/2, 1018; Sankt Petersburg, Eremitage 15/2, 1062

Peter II. *Kaiser von Brasilien, 1825-1891*: Lateinamerika 15/1, 42

Peter von Ailly → Pierre d'Ailly

Peter von Andlau *1420-1480*: Monarchie 15/1, 538

Peter von Blois: Mittellatein 15/1, 456; United Kingdom 15/3, 771

Peters, F.E.: Jerusalem 14, 722

Peters, John Punnett: Philadelphia, University of Pennsylvania Museum of Archaeology and Anthropology, Ancient Near Eastern Section 15/2, 226

Peters, W.J.Th.: Nationale Forschungsinstitute 15/1, 696

Petersen, Christian: Klassische Archäologie 14, 905

Petersen, Eugen: Tschechien 15/3, 643

Petersen, Leiva: Nobilitas 15/1, 1073

Petersen, Nis: Dänemark 13, 678

Peterson, Kristjan Jaak: Estland 13, 1048

Pétis de la Croix, François: Schlachtorte 15/2, 1074

Petit, Ph.: Republik 15/2, 737

Petitot, Edmond Alexandre: Vasen/Vasenmalerei 15/3, 952

Petitus, Samuel: Altertumskunde (Humanismus bis 1800) 13, 93

Petra, Giulio de: Pompeji 15/2, 474

Petrarca, Francesco: Akademie 13, 43; Altertumskunde (Humanismus bis 1800) 13, 89; Arkadismus 13, 266; Artes liberales 13, 275; Autobiographie 13, 362; Babylon 13, 376; Bibliothek 13, 498; Bildung 13, 508; Brief, Briefliteratur 13, 542; Bukolik/Idylle 13, 562; Byzanz 13, 598; Chrêsis 13, 640; Ciceronianismus 13, 649; Deutschland 13, 768; Dialog 13, 831; Elegie 13, 943; Epos 13, 1016;

Festkultur/Trionfi 13, 1106; Frankreich 14, 22–23; Fürstenspiegel 14, 79–80; Gattung/Gattungstheorie 14, 91; Geschichtsmodelle 14, 173; 175; Geschichtswissenschaft/Geschichtsschreibung 14, 213; Griechisch 14, 309; Herrscher 14, 367; 372; 378; 381; 390; 393–394; 396–399; 404; Historienmalerei 14, 422; Historische Methoden 14, 454; Humanismus 14, 540–544; 549; 552; 554; Imitatio 14, 574–576; Italien 14, 672–673; 676; 679–680; 686; Kampanien 14, 788–789; Kanon 14, 792; Karthago 14, 850; Konsolationsliteratur 14, 1081; Köln 14, 1021; 1025; Körperkultur 14, 1045; Lateinamerika 15/1, 29; Lateinische Komödie 15/1, 66; Lateinische Tragödie 15/1, 84; Literaturkritik 15/1, 182; Lyrik 15/1, 249; Mausoleum 15/1, 332; Münzsammlungen 15/1, 559; Mythologie 15/1, 613; 615; 621; Neulatein 15/1, 925–926; 928; 931; 934; Niederlande und Belgien 15/1, 986; 988–989; Nobilitas 15/1, 1080; Numismatik 15/1, 1110; Orient-Rezeption 15/1, 1225; Österreich 15/1, 1136; Parnaß 15/2, 177; Philologie 15/2, 283; 289; Porträtgalerie 15/2, 505; Renaissance 15/2, 708; Rhetorik 15/2, 796; Rom 15/2, 877; Sacrum Imperium 15/2, 1037; Schlachtorte 15/2, 1083; Stoizismus 15/3, 299; Tacitismus 15/3, 357; Theorie/Praxis 15/3, 465; Triumphbogen 15/3, 583; Tschechien 15/3, 626; Überlieferung 15/3, 709; Verskunst 15/3, 1011; Villa 15/3, 1038; Zeitrechnung 15/3, 1187; 1190; Zensur 15/3, 1196

Petrassi, Goffredo: Vertonungen antiker Texte 15/3, 1022

Pétrequin, Joseph Pierre Elénor: Hippokratismus 14, 420; Medizin 15/1, 370; Medizingeschichtsschreibung 15/1, 374

Petrescu, I.D.: Rumänien 15/2, 1008

Petrescu-Dâmbovitza, M.I.: Rumänien 15/2, 1014

Petreus, Johann: Okkultismus 15/1, 1148

Petriconi, Hellmuth: Thematologie/Stoff- und Motivforschung 15/3, 410ff.

Petrini, Giuseppe: Ostia und Porto 15/1, 1248

Petrišević, Franjo → Patricius, Franciscus

Petrizi, Iohane: Georgien 14, 133; 135

Petrovskij, F.: Rußland 15/2, 1026

Petrucci, Ottaviano: Numismatik 15/1, 1129

Petrus Comestor: Island 14, 651; Zoroastres/Zoroastrismus 15/3, 1230

Petrus Damiani: Skeptizismus 15/3, 39

Petrus de Abado: Botanik 13, 538

Petrus de Alvernia: Affektenlehre (musikalisch) 13, 21

Petrus de Ancharano: Kanonisten 14, 796

Petrus de Crescentiis: Botanik 13, 537; Landwirtschaft 15/1, 7

Petrus de Ebulo: Staufische Renaissance 15/3, 275

Petrus de Prece: Herrscher 14, 390

Petrus de Vinea: Herrscher 14, 398; Italien 14, 668; 671; Staufische Renaissance 15/3, 277

Petrus Diaconus Bibliothecarius: Herrscher 14, 380; 387; 395

Petrus Helie: Frankreich 14, 10; Universität 15/3, 884

Petrus Hispanus → Johannes XXI.

Petrus Lombardus: Ehe 13, 925; Frankreich 14, 10; Naturwissenschaften 15/1, 796; Patristische Theologie/Patristik 15/2, 197; Theologie und Kirche des Christentums 15/3, 432; 441–442; Universität 15/3, 887

Petrus Martyr (Petrus von Verona/Petrus von Mailand): Mausoleum 15/1, 331

Petrus Mosellanus: Panegyrik 15/2, 53

Petrus Peregrinus → Maricourt

Petrus Severinus: Hippokratismus 14, 420

Petrus Venerabilis: Arabisch-islamisches Kulturgebiet 13, 183

Petrus von Alliaco → Pierre d'Ailly

Petrus von Eboli: Herrscher 14, 374; 377; 382–383; 387; 396; 398; Italien 14, 665

Petrus von Mailand → Petrus Martyr

Petrus von Pisa: Italien 14, 660; Karolingische Renaissance 14, 834; Überlieferung 15/3, 723

Petrus von Verona → Petrus Martyr

Petruševski, M.D.: Makedonien/Mazedonien 15/1, 280

Petsas, Photios M.: Mykene 15/1, 610; Vergina 15/3, 996

Petschmessingloer von Levoča, Ch.: Slowakei 15/3, 63

Pettazzoni, Raffaelle: Religionsgeschichte 15/2, 696

Petty, W.: Bevölkerungswissenschaft/Historische Demographie 13, 486

Petz, W.: Ungarn 15/3, 756

Peucer, Caspar: Geschichtswissenschaft/Geschichtsschreibung 14, 200; Naturwissenschaften 15/1, 808

Peucer, Conrad: Religionsgeschichte 15/2, 683

Peucer, Daniel: Rhetorik 15/2, 785

Peurbach, Georg von: Naturwissenschaften 15/1, 803; 807; 849

Peutinger, Konrad: Abguß/Abgußsammlung 13, 3; Altertumskunde (Humanismus bis 1800) 13, 91–92; Bibliothek 13, 498; Lateinische Inschriften 15/1, 48; Limes, Limesforschung 15/1, 157; Österreich 15/1, 1137; Theologie und Kirche des Christentums 15/3, 435

Pevsner, Nikolaus: Historismus 14, 486

Peyre, Marie-Joseph: Mausoleum 15/1, 334

Peyrefitte, Roger: Frankreich 15/3, 1266

Peyrère, Isaak de la: Philosophia perennis 15/2, 336
Peyron, Amedeo: Italien 14, 705
Peyron, Jean-François-Pierre: Historienmalerei 14, 437
Pfaff, Julius Wilhelm Andreas: Horoskope 14, 536; Naturwissenschaften 15/1, 843
Pfaffe Lamprecht: Epos 13, 1031; Herrscher 14, 390
Pfeffel, Johann Andreas: Babylon 13, 377
Pfeiffer, Hans: DDR 13, 693
Pfeiffer, Richard: Warburg Institute, The 15/3, 1100
Pfeiffer, Rudolf: Bayern 13, 445; Klassische Archäologie 14, 906; Klassizismus 14, 965; Niederlande und Belgien 15/1, 1010; 1016; Philologie 15/2, 272; 15/3, 1298
Pfeiffer Watenphul, Max: Vasen/Vasenmalerei 15/3, 954
Pflaum, Hans-Georg: Nobilitas 15/1, 1074
Phaklaris, Panagiotis: Vergina 15/3, 992
Phalèse, Pierre: Musen 15/1, 568
Pharmakides, Th.: Griechenland 14, 279
Philadelpheus, Alexander: Athen 13, 295
Philagres, Joseph (Phylagrios): Kommentar 14, 1066
Philandrier, Guillaume: Architekturtheorie/Vitruvianismus 13, 237
Philes, Manuel: Zoologie 15/3, 1207
Philesius Vogesiana → Ringmann
Philidor, François-André Danican: Vertonungen antiker Texte 15/3, 1024
Philios, Demetrios: Eleusis 13, 947
Philip, Arthur: Australien und Neuseeland 15/3, 1248
Philipp I. von Bourbon-Parma *Herzog von Parma*: Italien 14, 716
Philipp I. von Kastilien, der Schöne *König von Spanien, 1478-1506*: Troja 15/3, 622
Philipp I., der Großmütige *Landgraf von Hessen, 1504-1567*: Tyrannis 15/3, 690
Philipp II. *König von Spanien und Portugal, 1527-1598*: Frankreich 14, 27; Herrscher 14, 389; Klassische Archäologie 14, 903; Lateinamerika 15/1, 30; Mimesislegenden 15/1, 440; Niederlande und Belgien 15/1, 1001; Porträtgalerie 15/2, 504; Triumphbogen 15/3, 586
Philipp II., der Kühne *Herzog von Burgund, 1342-1404*: Frankreich 14, 21; Niederlande und Belgien 15/1, 985
Philipp II. August *König von Frankreich, 1165-1223*: Frankreich 14, 9; Herrscher 14, 377; 395; Paris, Louvre 15/2, 107
Philipp II. Karl von Bourbon (Philippe d'Orléans) *Regent von Frankreich, 1674-1723*: Frankreich 14, 44
Philipp III., der Gute *Herzog von Burgund, 1396-1467*: Frankreich 14, 21; 24-25; Niederlande und Belgien 15/1, 985-986; 1037; Triumphbogen 15/3, 586

Philipp IV. *König von Spanien, Neapel und Sizilien, als Philipp III. König von Portugal, 1605-1665*: Reiterstandbild 15/2, 653; Spanien 15/3, 112
Philipp IV., der Schöne *König von Frankreich, 1268-1314*: Frankreich 14, 16; 20-21; Porträtgalerie 15/2, 503; Troja 15/3, 621ff.
Philipp V., der Lange *König von Frankreich, 1293-1322*: Frankreich 14, 16
Philipp VI. *König von Frankreich, 1293-1350*: Frankreich 14, 16; 20
Philipp V. von Anjou *König von Spanien, 1683-1746*: Bibliothek 13, 502; Lateinamerika 15/1, 26; Münzsammlungen 15/1, 562
Philipp von Burgund: Niederlande und Belgien 15/1, 1037
Philipp von Schwaben *König des HRR, 1179-1208*: Sacrum Imperium 15/2, 1035
Philippe de Thaon *altfranz. Dichter, erste Hälfte 12. Jh.*: Frankreich 14, 14
Philippe d'Orléans → Philipp II. Karl von Bourbon
Philippides, Daniel: Neugriechische Literatur 15/1, 902
Philippson, Alfred: Historische Geographie 14, 451
Philippus Theophrastus Bombastus von Hohenheim → Paracelsus
Philomusus → Locher
Philoponos*, Johannes (Johannes Grammatikos): Arabisch-islamisches Kulturgebiet 13, 163; 168; Byzanz 13, 595; Kommentar 14, 1065; Lexikographie 15/1, 129; Mathematik 15/1, 316; Medizingeschichtsschreibung 15/1, 373; Metaphysik 15/1, 408; 410; Naturwissenschaften 15/1, 796; 805; 814; Theologie und Kirche des Christentums 15/3, 429; Überlieferung 15/3, 711
Photiadis, L.: Bulgarien 13, 574; Griechenland 14, 280
Photios [2]* I. d.Gr. *Patriarch von Konstantinopel, 9. Jh.*: Anakreontische Dichtung, Anakreontik 13, 131; Bibliothek 13, 496; Bulgarien 13, 569; Byzanz 13, 596-597; 604-605; Kommentar 14, 1063; Lexikographie 15/1, 127-128; Literaturkritik 15/1, 180; Niederlande und Belgien 15/1, 1010; Patristische Theologie/Patristik 15/2, 199; Philologie 15/2, 238ff.; Roman 15/2, 943; Rußland 15/2, 1014; Überlieferung 15/3, 715
Phrysius, Gemma: Niederlande und Belgien 15/1, 991
Phylagrios → Philagres
Phylagyrius, Iunius: Kommentar 14, 1061
Piacentini, Marcello: Faschismus 13, 1089; 1093
Piaggio, Antonio: Herculaneum 14, 357
Piatkowski, Adelina: Rumänien 15/2, 1011
Picabia, Francis Martínez de: Moderne 15/1, 502; 508

Picard, Ch.: Delphi 13, 717
Picasso, Pablo: Historienmalerei 14, 441; Moderne 15/1, 499; 501; Nacktheit in der Kunst 15/1, 655; Spanien 15/3, 149; Vasen/Vasenmalerei 15/3, 957; Verwandlungen/Illustrationen von Ovid-Texten 15/3, 1032
Piccini, Gaetano: Rom 15/2, 912
Picciolle, Cyriacus di: Athen 13, 301
Piccolomini, Alessandro: Naturwissenschaften 15/1, 819
Piccolomini, Ascanio: Tacitismus 15/3, 356
Piccolomini, Enea Silvio → Pius II.
Pichler, Giovanni: Souvenir 15/3, 80
Pico della Mirandola, Giovanni *it. Humanist und Philosoph, 1463-1494*: Akademie 13, 42; Bildung 13, 508; Gnosis 14, 227–228; Humanismus 14, 548; 551–552; Imitatio 14, 575; Italien 14, 684; Kabbala 14, 768; Körperkultur 14, 1045; Metaphysik 15/1, 412; Mnemonik/Mnemotechnik 15/1, 471; Naturphilosophie 15/1, 770; Naturwissenschaften 15/1, 838; Neulatein 15/1, 929; 943; Okkultismus 15/1, 1149; Paganismus 15/2, 18; Philosophia perennis 15/2, 331; Semitistik 15/3, 11; Theologie und Kirche des Christentums 15/3, 433
Pico, Giovan Francesco *1469-1533*: Eklektik 13, 938; Humanismus 14, 551; Italien 14, 679; Skeptizismus 15/3, 40
Pictorius von Villingen, Georg: Magie 15/1, 254
Pidal, Menéndez: Lateinamerika 15/1, 44
Piechowski, J.: Polen 15/2, 405
Piedimonte, Francesco di: Geburtshilfe 14, 99
Pieper, Anton de: Nationale Forschungsinstitute 15/1, 684
Pieper, J.: Gerechtigkeit 14, 145
Piero della Francesca: Säule/Säulenmonument 15/2, 1042
Pierozzi, Antonio (Antonius Florentinus): Naturwissenschaften 15/1, 822
Pierpont Morgan, John: New York, Metropolitan Museum 15/1, 953; 964; 973
Pierre d'Ailly (Peter von Ailly/Petrus von Alliaco): Naturwissenschaften 15/1, 836–837
Pierretz le Jeune, Antoine: Vasen/Vasenmalerei 15/3, 949
Pierson, Allard: Niederlande und Belgien 15/1, 1011; 1044
Pierson, Johannes: Lexikographie 15/1, 130
Pietri, Charles: Nobilitas 15/1, 1074
Pietri, Luce: Nobilitas 15/1, 1074
Pietro da Cortona → Cortona
Pietro Stefano dei Tosetti, Lello di: Numismatik 15/1, 1110
Pigalle, Jean-Baptiste: Nacktheit in der Kunst 15/1, 654

Piganiol, André: Geschichtswissenschaft/Geschichtsschreibung 14, 210; Lateinamerika 15/1, 44
Pigas, Meletios: Griechenland 14, 275
Pighius, Stephanus: Niederlande und Belgien 15/1, 1020; 1028
Pigna, Giovanni Battista: Figurengedicht 13, 1116
Pignoria, Lorenzo: Sklaverei 15/3, 47
Pigorini, Luigi: Italien 14, 716
Pike, Jon: Marxismus 15/1, 301
Pikolo, Nikola: Bulgarien 13, 574
Pilato, Leonzio: Epos 13, 1016; Humanismus 14, 542; Übersetzung 15/3, 727ff.
Piles, Roger de: Frankreich 14, 44; 51; Historienmalerei 14, 434; Stil, Stilanalyse, Stilentwicklung 15/3, 292; Ut pictura poesis 15/3, 933
Pilius de Medicina: Glossatoren 14, 222
Pilon, Germain: Mausoleum 15/1, 331; Sepulchralkunst 15/3, 19
Piloty, Karl Theodor von: Historienmalerei 14, 439; Historismus 14, 489
Pilzno, Sebastian Petrycy: Polen 15/2, 395
Pinariu, Molnar: Rumänien 15/2, 1004
Pinches, Theophilus Goldridge: London, British Museum 15/1, 225
Pinciano: Epos 13, 1026
Pindemonte, Ippolito: Italien 14, 702
Pingree, D.: Horoskope 14, 532
Pinius, Joannes: Niederlande und Belgien 15/1, 1026
Pink, Karl: Numismatik 15/1, 1117
Piños, Alois: Tschechien 15/3, 637
Pinturicchio (Bettodi Biagio, Bernardino di): Groteske 14, 325; Orient-Rezeption 15/1, 1195
Pinzger, Gustav: Lexikographie 15/1, 130
Pio da Carpi, Alberto: Humanismus 14, 551
Pio, G.B.: Lateinische Komödie 15/1, 68
Pio, Rodolfo: Rom 15/2, 922
Piotrovskij, A.: Rußland 15/2, 1026
Piotrowicz, Ludwik: Polen 15/2, 408
Piper, F.: Christliche Archäologie 13, 644
Pippidi, D.M.: Rumänien 15/2, 1014
Pippin *König des fränk. Unterkönigreichs Italien, 777-810*: Herrscher 14, 406
Pippin III. d.J. *Hausmeier, als Pippin I. König der Franken, um 715-768*: Frankreich 14, 5–6; Geld/Geldwirtschaft/Geldtheorie 14, 105–106; Herrscher 14, 379; Karolingische Renaissance 14, 817; Münze, Münzwesen 15/1, 557; Überlieferung 15/3, 723
Pirandello, Fausto: Historienmalerei 14, 442
Piranesi, Francesco *it. Kupferstecher, 1758/9-1810*: Modell/Korkmodell 15/1, 495; Pompeji 15/2, 480
Piranesi, Giovanni Battista *it. Kupferstecher, Archäologe und Baumeister, 1720-1778*: Altertumskunde (Humanismus bis 1800) 13, 90;

Etruskologie 13, 1055; Griechen-Römer-Antithese 14, 253; 259–262; 265–266; Herculaneum 14, 360; Kartographie 14, 854; Klassizismus 14, 955; Mausoleum 15/1, 334; Modell/Korkmodell 15/1, 495–496; Möbel 15/1, 520; Niederlande und Belgien 15/1, 1043; Orient-Rezeption 15/1, 1201; Pantheon 15/2, 60; Pompeji 15/2, 478; Rezeptionsformen 15/2, 763; Rom 15/2, 868; Sepulchralkunst 15/3, 16; 21ff.; Souvenir 15/3, 80; Technikgeschichte 15/3, 365; Trajanssäule 15/3, 548ff.; Überlieferung 15/3, 695; Vasen/Vasenmalerei 15/3, 951

Pirckheimer, Willibald *Humanist, 1470-1530*: Bayern 13, 433; Bibliothek 13, 498; Deutschland 13, 769; 775; 777ff.; Köln 14, 1025; Lateinische Komödie 15/1, 72; Numismatik 15/1, 1112; Philologie 15/2, 250; Trier 15/3, 563

Pirenne, Henri: Handel/Handelswege 14, 349

Pirquet, Clemens von: Terminologie 15/3, 384

Pisanello (Pisano, Antonio): Medaillen 15/1, 340; Nacktheit in der Kunst 15/1, 653; Renaissance 15/2, 704; 708

Pisani, Ugolino: Komödie 14, 1069; Lateinische Komödie 15/1, 67

Pisani, Vittor: Moderne 15/1, 509

Pisano, Andrea: Gotik 14, 245

Pisano, Antonio → Pisanello

Pisano, Giovanni: Gotik 14, 245; 247; Nacktheit in der Kunst 15/1, 651; Stützfiguren/Erechtheionkoren 15/3, 327

Pisano, Niccolò: Gotik 14, 245–247; Mausoleum 15/1, 331; Nacktheit in der Kunst 15/1, 651; Stützfiguren/Erechtheionkoren 15/3, 327

Piscator, Hermannus: Mainz 15/1, 263

Pisecenus, Wenceslaus: Tschechien 15/3, 627

Pistocchi, Fr. A.: Musen 15/1, 568

Pistoia, Cinus da: Billigkeit 13, 517

Pistoletto, Michelangelo: Moderne 15/1, 509

Pistorius, Rutgerus → Becker

Pitiscus, Samuel: Altertumskunde (Humanismus bis 1800) 13, 96

Pitkäranta, Reijo: Finnland 13, 1149; Lebendiges Latein 15/1, 98

Pius II. (Piccolomini, Enea Silvio) *Papst*: Altertumskunde (Humanismus bis 1800) 13, 90; Autobiographie 13, 362; Bibliothek 13, 498; Bildung 13, 509; Deutschland 13, 768; Europa 13, 1062; Fürstenspiegel 14, 79; Geschichtsmodelle 14, 175; Italien 14, 677; 682; Komödie 14, 1069; Lateinische Komödie 15/1, 67; 70; Litauen 15/1, 172; Monarchie 15/1, 538; Niederlande und Belgien 15/1, 992; Nobilitas 15/1, 1080; Orient-Rezeption 15/1, 1196; Ostia und Porto 15/1, 1247; Österreich 15/1, 1137; Philologie 15/2, 286; Renaissance 15/2, 706; Schweiz 15/2, 1128; Slowenien 15/3, 68; Tacitismus 15/3, 354; Triumphbogen 15/3, 583; Troja 15/3, 603; Tschechien 15/3, 626; Verfassungsformen 15/3, 983

Pius IV. *Papst*: Rom 15/2, 922; 928; 931; Uffizien, Florenz (Galleria degli Uffizi, Firenze) 15/3, 740

Pius IX. *Papst*: Christliche Archäologie 13, 644; Groteske 14, 331; Karthago 14, 839; Rom 15/2, 866; 907; 915; 933; Triumphbogen 15/3, 592

Pius V. *Papst*: Park 15/2, 128; Rom 15/2, 922; 932; Spolien 15/3, 204; Theologie und Kirche des Christentums 15/3, 414; Uffizien, Florenz (Galleria degli Uffizi, Firenze) 15/3, 740

Pius VI. *Papst*: Rom 15/2, 933

Pius VII. *Papst*: Gotha, Schloßmuseum 14, 233; Italien 14, 712; Klassische Archäologie 14, 909; Mönchtum 15/1, 531; Rom 15/2, 933

Pius X. *Papst*: Theologie und Kirche des Christentums 15/3, 453

Pius XI. *Papst*: Rom 15/2, 932

Pius XII. *Papst*: Lebendiges Latein 15/1, 93; Trajanssäule 15/3, 551

Pizan → Christine de Pizan

Pizzaro, Francisco: Lateinamerika 15/1, 24–26

Pizzetti, Ildebrando: Italien 14, 707; Musik 15/1, 602; Vertonungen antiker Texte 15/3, 1022–1024

Pizzicolli, Ciriaco de' → Cyriacus von Ancona

Place, Victor: Orient-Rezeption 15/1, 1216; Paris, Louvre 15/2, 116

Placentinus *it. Rechtslehrer, 12. Jh.*: Glossatoren 14, 222–223

Placidus de Titis *Astrologe, 1590-1668*: Horoskope 14, 537

Plante, Franciscus: Niederlande und Belgien 15/1, 1000

Plantin, Christophe *franz. Buchdrucker und Verleger, 1520-1589*: Litauen 15/1, 172; Niederlande und Belgien 15/1, 993; 995; 1018; 1023; 1029; Verlag 15/3, 1004

Plantin, Jean Baptiste *Schweizer Historiker, 1624-1700*: Schweiz 15/2, 1130

Planudes*, Maximos → Manuel Planudes

Platen, August, Graf von: Bayern 13, 442; Deutschland 13, 813; Hymnos 14, 569; Lyrik 15/1, 250; Verskunst 15/3, 1014

Plath, Sylvia: United States of America 15/3, 880

Platner, Ernst: Skeptizismus 15/3, 44

Platner, S.B.: Nationale Forschungsinstitute 15/1, 672

Plato Tiburtinus → Plato von Tivoli

Plato von Tivoli (Plato Tiburtinus) *Astrologe, 12. Jh.*: Arabisch-islamisches Kulturgebiet 13, 182–183; Italien 14, 664; Mathematik 15/1, 317; Naturwissenschaften 15/1, 836

Platon, Nikolaos: Kretisch-Mykenische Archäologie 14, 1107; Zeitrechnung 15/3, 1171
Playfair, James: Greek Revival 14, 252
Playfair, William: Orient-Rezeption 15/1, 1204
Plečnik, Josip: Slowenien 15/3, 72; Tschechien 15/3, 635
Pleket, Henry W.: Technikgeschichte 15/3, 369ff.
Plektrudis (Bliktrud) *Klostergründerin, gest. nach 717*: Köln 14, 1019
Plethon, Georgios Gemistos *byz. Philosoph, um 1355-1452*: Aristotelismus 13, 257; Byzanz 13, 594; 608; Griechenland 14, 268; 274; Humanismus 14, 547; 550; Musik 15/1, 596; Naturphilosophie 15/1, 770; Naturwissenschaften 15/1, 801; 834; Paganismus 15/2, 21; Philologie 15/2, 238; 244; Politische Theorie 15/2, 469–470; Überlieferung 15/3, 717
Plett, Heinrich F.: Figurenlehre 13, 1132
Plieningens, Dietrich von: Bayern 13, 433
Ploucquet, Gottfried: Logik 15/1, 199
Pluche, Noël Antoine Abbé: Frankreich 14, 59
Pluygers, Willem George: Niederlande und Belgien 15/1, 1008
Pocock, Eduard: Arabistik 13, 189
Pocock, J.G.A.: Republik 15/2, 737
Pococke, Richard: Ägyptologie 13, 17; Griechen-Römer-Antithese 14, 256; Inschriftenkunde, griechische 14, 590; Orient-Rezeption 15/1, 1199
Podlewski, R.: Redegattungen 15/2, 631
Poe, Edgar Allan: Lyrik 15/1, 246; Romantik 15/2, 979; United States of America 15/3, 861
Pöhlmann, Egert: Musik 15/1, 584
Pöhlmann, Robert von: Bayern 13, 444; Bevölkerungswissenschaft/Historische Demographie 13, 489; Bücher-Meyer-Kontroverse 13, 552; Cäsarismus 13, 627; Demokratie 13, 733; Deutschland 13, 812; Geschichtswissenschaft/Geschichtsschreibung 14, 206; Sozialismus 15/3, 99ff.; Sparta 15/3, 162
Poël, Jean du: Spiele 15/3, 194
Poelenburch, Cornelis van: Vasen/Vasenmalerei 15/3, 949
Pöllner, Otto: Horoskope 14, 537
Pöppelmann, Matthäus Daniel: Stützfiguren/Erechtheionkoren 15/3, 331
Pörtner, Rudolf: Sachbuch 15/2, 1031
Pöschl, Viktor: Philologie 15/2, 319; 321
Poeta Saxo *sächs. Dichter, 9. Jh.*: Epos 13, 1029
Poggio Bracciolini, Gian Francesco: Akademie 13, 41; Altertumskunde (Humanismus bis 1800) 13, 89; 92; Atomistik 13, 339; Bibliothek 13, 498; Dialog 13, 832; Epos 13, 1020; Fälschung 13, 1071; Historische Methoden 14, 454; Humanismus 14, 542; 546–547; Italien 14, 694–695; 710; Küchenlatein 14, 1125;
Lateinische Inschriften 15/1, 57; Leichenrede 15/1, 120; Mnemonik/Mnemotechnik 15/1, 468; Naturphilosophie 15/1, 770; Neulatein 15/1, 935; Nobilitas 15/1, 1080; Panegyrik 15/2, 50; Philologie 15/2, 284–285; Renaissance 15/2, 704; Rom 15/2, 883; Tacitismus 15/3, 353; Überlieferung 15/3, 720; Übersetzung 15/3, 727ff.; Vorsokratiker 15/3, 1064
Pohlenz, Max: Philologie 15/2, 314
Poidebard, Antoine: Luftbildarchäologie 15/1, 232
Poiret, Paul: Mode 15/1, 490
Poirier, Anne: Ostia und Porto 15/1, 1251
Poirier, Patrick: Ostia und Porto 15/1, 1251
Polak, Herman Jozef: Niederlande und Belgien 15/1, 1010
Polanyi, Karl: Geschichtswissenschaft/Geschichtsschreibung 14, 194; Historische Methoden 14, 460; Kulturanthropologie 14, 1139; Marxismus 15/1, 302; Sozial- und Wirtschaftsgeschichte 15/3, 89ff.
Polenton, Sicco: Philologie 15/2, 285; Zeitrechnung 15/3, 1190
Polet, J.: Niederlande und Belgien 15/1, 1037
Polidoro da Caravaggio (Caldara, Polidoro) *it. Maler, um 1500-1543*: Groteske 14, 327; Vasen/Vasenmalerei 15/3, 948
Polignac, Melchior de: Neulatein 15/1, 937
Polikarpov, F.: Rußland 15/2, 1017
Politis, Kosmas: Neugriechische Literatur 15/1, 913–914
Politis, Nikolaos: Griechenland 14, 285; Neugriechische Literatur 15/1, 908–909
Poliziano, Angelo (Ambrogini, Angiolo) *it. Humanist und Dichter, 1454-1494*: Adaptation 13, 15; Akademie 13, 42; Antike 13, 137; Babylon 13, 378; Ciceronianismus 13, 649; Digesten/Überlieferungsgeschichte 13, 848; Epos 13, 1016; Frankreich 14, 30; Gelegenheitsdichtung 14, 110; Homer-Vergil-Vergleich 14, 518; Humanismus 14, 549–550; 554; Imitatio 14, 575; Italien 14, 678–680; 687; Lateinamerika 15/1, 29; Lateinische Komödie 15/1, 67; Lateinische Tragödie 15/1, 84; Literaturkritik 15/1, 181; 183; Maß und Gewicht 15/1, 306; Mythologie 15/1, 622–624; Okkultismus 15/1, 1159; Philologie 15/2, 247; 286–287; Ungarn 15/3, 750; Übersetzung 15/3, 728; Villa 15/3, 1039
Poljakova, S.: Rußland 15/2, 1028
Pollak, Ludwig: Laokoongruppe 15/1, 11
Pollock, Jackson: Moderne 15/1, 508
Polo, Marco: Iranistik 14, 634; Tourismus 15/3, 530
Polotskij, Symeon: Rußland 15/2, 1017; Śrī Laṅkā 15/3, 252; Weißrußland 15/3, 1108
Polotsky, Hans Jakob: Ägyptologie 13, 17

Polyeides, Theokletos: Neugriechische Literatur 15/1, 902
Pombal, Marquis de: Portugal 15/2, 521
Pomeroy, Sarah B.: Gender Studies 14, 112; Philologie 15/3, 1314; Psychoanalyse 15/2, 600
Pomey, François: Panegyrik 15/2, 52
Pomey, Patrice: Unterwasserarchäologie 15/3, 923
Pomis, David de: Geriatrie 14, 149
Pomis, Giovanni Pietro de: Mausoleum 15/1, 331
Pomo, G. da: Stützfiguren/Erechtheionkoren 15/3, 328
Pomponazzi, Pietro: Alexandrinismus 13, 73; Aristotelismus 13, 257; Humanismus 14, 548; Italien 14, 689; Naturphilosophie 15/1, 769; Ungarn 15/3, 751
Pomponius Laetus, Julius (Leto, Giulio Pomponio) *it. Humanist, 1428-1497*: Akademie 13, 42; Altertumskunde (Humanismus bis 1800) 13, 91; Geschichtswissenschaft/Geschichtsschreibung 14, 214; Humanismus 14, 547; Italien 14, 678; Lateinische Komödie 15/1, 68; 70; Lateinische Tragödie 15/1, 84
Ponce, Nicolas: Groteske 14, 331
Pondal, Eduardo: Spanien 15/3, 139
Ponsard, François: Frankreich 15/3, 1257
Pontano, Giovanni (Pontanus, Johannes Iovianus) *it. Humanist, 1423-1503*: Akademie 13, 42; Elegie 13, 944; Homer-Vergil-Vergleich 14, 518; Humanismus 14, 546–547; Kampanien 14, 788; 791; Lehrgedicht 15/1, 110; Leichenrede 15/1, 120; Naturwissenschaften 15/1, 839; Neulatein 15/1, 935; Sklaverei 15/3, 47; Verskunst 15/3, 1010
Pontanus, Jacobus *Humanist, 1542-1626*: Universität 15/3, 896ff.
Pontanus, Johannes Iovianus → Pontano
Pontanus, Johannes Isaac *1571-1639*: Niederlande und Belgien 15/1, 1001
Ponten, J.: Babylon 13, 379
Ponti, Gio: Vasen/Vasenmalerei 15/3, 954; Wirtschaft und Gewerbe 15/3, 1146
Pontormo, Jacopo da (Carrucci, Jacopo): Historienmalerei 14, 426
Pontus de Tyard: Musik 15/1, 599
Poole, Reginald Stuart: London, British Museum 15/1, 216
Poot, Hubert Kornelisz.: Niederlande und Belgien 15/1, 1051
Pope, Alexander: Adaptation 13, 12; Brief, Briefliteratur 13, 543; Homer-Vergil-Vergleich 14, 521; Italien 14, 697; Klassizismus 14, 966ff.; Lehrgedicht 15/1, 110; Park 15/2, 133; Ruine/Künstliche Ruine 15/2, 994; Troja 15/3, 604; United Kingdom 15/3, 811–812; Übersetzung 15/3, 730; Verfassungsformen 15/3, 985; 987

Popham, Mervyn: Knossos 14, 1002; Kretisch-Mykenische Archäologie 14, 1102; 1107; Nationale Forschungsinstitute 15/1, 666
Popitz, H.: Rhetorik 15/2, 788
Popma, Ausonius: Niederlande und Belgien 15/1, 997; 1001
Popma, Titus: Sklaverei 15/3, 47
Popović, Jovan Sterija: Serbien 15/3, 28–29
Popp, Karl: Limes, Limesforschung 15/1, 162–163
Poppelreuther, Josef: Köln 14, 1035
Popper, Sir Karl Raimund: Dialektik 15/3, 1252; Historismus 14, 470; Österreich 15/3, 1293; Philosophie 15/2, 347; Politische Theorie 15/2, 456; Thukydidismus 15/3, 490ff.; Vorsokratiker 15/3, 1066
Poppo *Erzbischof von Trier, 1016-1047*: Trier 15/3, 561
Poquelin, Jean-Baptise → Molière
Porcacchi, Tommaso: Vasen/Vasenmalerei 15/3, 947
Porro, Gian Giacomo: Rhodos 15/3, 1323
Porson, Richard: Niederlande und Belgien 15/1, 1007; Philologie 15/2, 249; 252
Porta, Simon: Alexandrinismus 13, 73
Porter, Peter: United Kingdom 15/3, 829
Porter, Sir Robert Ker: Iranistik 14, 636
Porthan, H.G.: Finnland 13, 1150
Portilla, Antonio: Lateinamerika 15/1, 30
Portocarero, Herman: Lebendiges Latein 15/1, 95
Porzig, Walter: Sprachwissenschaft 15/3, 238; 245
Poser, Heinrich von: Iranistik 14, 634
Possevino SJ, Antonio: Ukraine 15/3, 744; Universität 15/3, 896
Post, Emil: Logik 15/1, 201
Postel, Christian Heinrich: Troja 15/3, 600
Postel, Guillaume: Arabistik 13, 189; Okkultismus 15/1, 1149; Semitistik 15/3, 10–11
Posthius, Johannes: Adaptation 13, 15; Mythologie 15/1, 613; 625; Niederlande und Belgien 15/1, 995
Poten, K.G.H.B. von: Schlachtorte 15/2, 1077
Pothier, Robert Joseph: Vertrag 15/3, 1026
Potken, Johannes: Semitistik 15/3, 11
Potles, M.: Römisches Recht 15/2, 839
Potocki, Artur: Polen 15/2, 402
Potocki, Stanisław Kostka: Polen 15/2, 401; 409
Pott, August Friedrich: Iranistik 14, 634; Sprachwissenschaft 15/3, 236
Potter, Armand de: New York, Brooklyn Museum of Art 15/1, 946
Potter, Dirc: Niederlande und Belgien 15/1, 1047
Potter, John: United Kingdom 15/3, 815
Potter, Tim: Nationale Forschungsinstitute 15/1, 674; 676
Poulet, Georges: Philologie 15/3, 1318
Poulsen, Frederik: Nationale Forschungsinstitute 15/1, 678

Pound, Ezra: Elegie 13, 943; Lyrik 15/1, 246; 250; Niederlande und Belgien 15/1, 1061; United States of America 15/3, 870–871; Verskunst 15/3, 1016
Pouqueville, François Charles: Olympia 15/1, 1169; Philhellenismus 15/2, 234
Poursat, Jean-Claude: Kretisch-Mykenische Archäologie 14, 1108
Poussin, Nicolas: Altertumskunde (Humanismus bis 1800) 13, 90; Arkadismus 13, 267; Barberinischer Faun 13, 390; Barock 13, 411–412; Bukolik/Idylle 13, 564; Frankreich 14, 43; Geschichtswissenschaft/Geschichtsschreibung 14, 189; Historienmalerei 14, 432; 437; Klassizismus 14, 955; Niederlande und Belgien 15/1, 1043; Orient-Rezeption 15/1, 1198–1199; Paris, Louvre 15/2, 107; Park 15/2, 133; Parnaß 15/2, 184; Rom 15/2, 868; Stil, Stilanalyse, Stilentwicklung 15/3, 292; Trajanssäule 15/3, 546
Powell, Marvin A.: Maß und Gewicht 15/1, 311
Poyntner, Joseph: Historienmalerei 14, 440
Pozzo, Cassiano del: Altertumskunde (Humanismus bis 1800) 13, 90; Historienmalerei 14, 432; Vasen/Vasenmalerei 15/3, 949
Pradier, J.: Historismus 14, 495
Praechter, Karl: Philologie 15/3, 1301
Prätorius, Franz: Semitistik 15/3, 13
Praetorius, Johannes: Spiele 15/3, 192
Praetorius, Michael: Messe 15/1, 394; Musen 15/1, 568
Prandtauer, Jakob: Österreich 15/1, 1138
Prange, K.: Rhetorik 15/2, 805
Prantl, Carl: Historismus 14, 470
Praschniker, Camillo: Albanien 13, 59; Nationale Forschungsinstitute 15/3, 1288; Tschechien 15/3, 644
Prášek, Justin Václav: Tschechien 15/3, 640
Prati, Giovanni: Italien 14, 704
Praun, Paulus *Kunstsammler, 1548-1616*: Steinschneidekunst: Gemmen 15/3, 283
Praz, Mario: Warburg Institute, The 15/3, 1102
Préaux, Claire: Sozial- und Wirtschaftsgeschichte 15/3, 88
Préchac, Jean de: Mythologie 15/1, 627
Precht, Gundolf: Köln 14, 1018; 1037
Pregelj, M.: Slowenien 15/3, 72
Preger, Bernardus: Slowenien 15/3, 69
Preisendanz, Karl: Religionsgeschichte 15/2, 687; Steinschneidekunst: Gemmen 15/3, 287
Prell, H.: Historismus 14, 490
Preller, Ludwig: Estland 13, 1047; Religionsgeschichte 15/2, 690
Prelokar de Cilia, Thomas *Bischof von Konstanz*: Slowenien 15/3, 69

Premerstein, Anton von: Geschichtswissenschaft/Geschichtsschreibung 14, 208
Prent, M.: Nationale Forschungsinstitute 15/1, 693
Preradović, P.: Kroatien 14, 1122
Prescher, Heinrich: Limes, Limesforschung 15/1, 160
Prešeren, F.: Slowenien 15/3, 71
Preslavski, Konstantin: Bulgarien 13, 570
Pressfield, Steven: Sparta 15/3, 169; United States of America 15/3, 876
Preti, Mattia: Karthago 14, 850
Priboević, V. (Priboevus, Vicentius): Kroatien 14, 1120
Priboevus, Vicentius → Priboević
Priestly, Joseph: Republik 15/2, 728
Primaticcio, Francesco: Abguß/Abgußsammlung 13, 3; Frankreich 14, 34; Groteske 14, 327; Klassische Archäologie 14, 903; Laokoongruppe 15/1, 10; Mausoleum 15/1, 331; Trajanssäule 15/3, 546
Prince Charles → Mountbatten-Windsor
Pringsheim, Fritz: Papyrologie 15/2, 93
Printz, Wolfgang Caspar: Musik 15/1, 600
Prior, Matthew: Totengespräch 15/3, 523
Pritchard, B.: Philadelphia, University of Pennsylvania Museum of Archaeology and Anthropology, Ancient Near Eastern Section 15/2, 227
Pritchet, W. Kendrick: Nationale Forschungsinstitute 15/3, 1284
Prličev, Grigor (Stavridis, Grigor): Makedonien/Mazedonien 15/1, 278–280; Neugriechische Literatur 15/1, 896
Procopius → Prokopios [3]* von Kaisareia
Prodromos, Johannes: Tierepos 15/3, 495
Prodromos, Theodoros: Byzanz 13, 607; Kommentar 14, 1064
Prokopios [3]* von Kaisareia (Procopius, Prokop): Bevölkerungswissenschaft/Historische Demographie 13, 484; Byzanz 13, 603; Epochenbegriffe 13, 997; Geschichtsmodelle 14, 168; Geschichtswissenschaft/Geschichtsschreibung 14, 214f.; Historische Geographie 14, 448; Rom 15/2, 898–899; Slowenien 15/3, 71; Stadt 15/3, 264; Thukydidismus 15/3, 483; Vandalen 15/3, 943ff.
Prokopovič, Theophan: Rußland 15/2, 1018; Ukraine 15/3, 745–746
Propp, Vladimir: Strukturalismus 15/3, 323; Thematologie/Stoff- und Motivforschung 15/3, 411
Prosdocimus de Beldemandis: Humanismus 14, 561
Proserchomus, Adam: Slowakei 15/3, 64
Protasiewicz, Valerianus *Bischof von Vilnius*: Litauen 15/1, 177
Protopsaltu, Eustatie: Rumänien 15/2, 1008
Protospatharios, Johannes: Kommentar 14, 1066

Proudhon, Pierre-Joseph: Verfassungsformen 15/3, 988
Proust, Marcel: Orient-Rezeption 15/1, 1230
Proxenus, Simon: Tschechien 15/3, 627
Prud'hon, Pierre-Paul: Herrscher 14, 373
Prussen, Jules: Luxemburg 15/1, 241
Prygl Tyfernus, Augustinus: Slowenien 15/3, 69
Przychocki, G.: Polen 15/2, 406
Ps.-Apollonius von Tyana → Balinas
Psalidas, A.: Griechenland 14, 277; Neugriechische Literatur 15/1, 902
Psellos*, Michael (Konstantinos Psellos) *byz. Gelehrter, 1018-1078*: Byzanz 13, 594; 607; Epochenbegriffe 13, 997; Georgien 14, 133; Kommentar 14, 1064; Krieg 14, 1112; Leichenrede 15/1, 118; Naturwissenschaften 15/1, 834; Paganismus 15/2, 28; Philologie 15/2, 242; Politische Theorie 15/2, 469; Theologie und Kirche des Christentums 15/3, 429; Überlieferung 15/3, 716
Pseudo-Alexander: Metaphysik 15/1, 408-409
Pseudo-Asconius: Kommentar 14, 1061
Pseudo-Boëthius: Landvermessung 15/1, 2
Pseudo-Folsham, John: Zoologie 15/3, 1214
Pseudo-Granacci: Triumphbogen 15/3, 589
Pseudo-Kilwardby, Robert: Sprachphilosophie/Semiotik 15/3, 224
Pseudo-Makarios: Theologie und Kirche des Christentums 15/3, 428
Pseudo-Nonnos: Weltwunder 15/3, 1111
Pseudo-Philon von Byzanz: Weltwunder 15/3, 1113
Pseudo-Philoponos: Metaphysik 15/1, 408
Pseudo-Psellos: Musik 15/1, 595
Pseudo-Zonaras: Lexikographie 15/1, 127
Psichaites, Johannes: Theologie und Kirche des Christentums 15/3, 427
Psycharis, Jannis: Neugriechische Literatur 15/1, 908
Ptolemaeus von Lucca: Politische Theorie 15/2, 414
Puccio Pisano → Pisanello
Puchner, Walter: Neugriechische Literatur 15/1, 914
Puchstein, Otto: Baalbek 13, 366
Puchta, Georg Friedrich: Historische Rechtsschule 14, 468; Pandektistik 15/2, 45; 47
Pucić, K.: Kroatien 14, 1119
Pückler-Muskau, Herrmann Ludwig Heinrich, Fürst zu: Olympia 15/1, 1170; Park 15/2, 138
Pütter, Johann Stephan: Bund 13, 582; Universität 15/3, 899; Verfassungsformen 15/3, 986
Pufendorf, Samuel Freiherr von: Aufklärung 13, 347; Billigkeit 13, 518; Bund 13, 582; Bürger 13, 559; Diktatur 13, 853; Ehe 13, 927; Fürstenschule 14, 75; Kulturanthropologie 14, 1132; Menschenrechte 15/1, 384; 386; 388; Naturrecht 15/1, 777; Praktische Philosophie 15/2, 532; Sozialismus 15/3, 94; Verfassung 15/3, 977; Verfassungsformen 15/3, 984; Völkerrecht 15/3, 1044

Puffendorf, Esaias: Druiden 13, 901
Puget, Pierre: Laokoongruppe 15/1, 14; Torso (Belvedere) 15/3, 516
Puhvel, Jaan: Hethitologie 14, 417
Pulci, Luigi *it. Dichter, 1432-1484*: Epos 13, 1025; Zensur 15/3, 1196
Pullan, Richard Popplewell: Priene 15/2, 560
Pulmannus, Theodorus: Niederlande und Belgien 15/1, 993
Purcell, Henry: Irland 14, 646; Karthago 14, 850; Vertonungen antiker Texte 15/3, 1021
Purcell, Nicholas: Nationale Forschungsinstitute 15/1, 675-676
Purgold, Karl: Gotha, Schloßmuseum 14, 235
Purkircher, G.: Slowakei 15/3, 64
Purser, L.C.: Irland 14, 646
Purvis, J.D.: Jerusalem 14, 722
Puschkin, Aleksandr Sergejewitsch: Lyrik 15/1, 250; Verskunst 15/3, 1014
Puteanus, Erycius: Niederlande und Belgien 15/1, 1018; 1020-1021; 1023; 1026
Puteolano, Francesco: Tacitismus 15/3, 353
Putnam, Hilary: Skeptizismus 15/3, 43
Puvis de Chavannes, Pierre: Nacktheit in der Kunst 15/1, 655
Pynakker, Adam: Vasen/Vasenmalerei 15/3, 949
Pyra, I.J.: Preußen 15/2, 550

Q
Qalāʾūn al-Manṣūr *Mamlukensultan*: Jerusalem 14, 733
Quadrio, Francesco Saverio: Italien 14, 697
Quait Bey *Mamlukensultan*: Alexandria 13, 66
Qualle, Matthias: Slowenien 15/3, 69
Quasimodo, Salvatore *it. Lyriker, 1901-1968*: Italien 14, 706
Quaß, Friedemann: Nobilitas 15/1, 1075
Quast, Friedrich von: Trier 15/3, 567
Quatremère de Quincy, Antoine Chrysostôme: Denkmal 13, 739; Olympia 15/1, 1169
Quednow, Carl Friedrich: Trier 15/3, 567
Quellinus, Artus d.Ä.: Stützfiguren/Erechtheionkoren 15/3, 330
Quental, A. de: Portugal 15/2, 523
Quentel, Heinrich: Neulatein 15/1, 927
Quercia, Jacopo della: Gotik 14, 245; Sepulchralkunst 15/3, 19
Quesnay, François: Frankreich 14, 49
Quinault, Philippe: Frankreich 14, 43; Mythologie 15/1, 629; Oper 15/1, 1182
Quincy, Quatremère de → Quatremère
Quinet, Edgar: Frankreich 15/3, 1259
Quintus Icilius → Guichard
Quirini, Angelo Maria *Erzbischof von Korfu*: Olympia 15/1, 1169

Quṣṭā ibn Lūqā: Arabisch-islamisches Kulturgebiet 13, 164

R

Raabe, Wilhelm: Keltisch-Germanische Archäologie 14, 871; Naturwissenschaften 15/1, 843; Orient-Rezeption 15/1, 1227
Raban, Avner: Unterwasserarchäologie 15/3, 923
Rabe, David: United States of America 15/3, 879
Rabelais, François: Epikureismus 13, 988; Frankreich 14, 30; 33; Makkaronische Dichtung 15/1, 284; Naturwissenschaften 15/1, 839; Orient-Rezeption 15/1, 1225; Panegyrik 15/2, 53
Rabener, Gottlieb Wilhelm: Fürstenschule 14, 75
Rabensteinius, Johannes: Tschechien 15/3, 626
Rachel, Joachim: Satire 15/2, 1070
Rachmaninow, Sergej Wassiljewitsch: Musik 15/1, 602
Racine, Jean: Frankreich 14, 37; 40; 45; 15/3, 1257; 1270; Herrscher 14, 402; Italien 14, 700; Komödie 14, 1072; Lateinische Tragödie 15/1, 87; Mythologie 15/1, 628–629; Oper 15/1, 1181–1183; Theater 15/3, 400; Troja 15/3, 600
Racine, Louis *franz. Dichter, 1692-1763*: Lehrgedicht 15/1, 110
Racknitz, Joseph Friedrich Freiherr zu: Orient-Rezeption 15/1, 1204
Radbert von Corbie → Paschasius Radbertus
Radbod von Utrecht: Niederlande und Belgien 15/1, 985
Radbruch, Gustav: Naturrecht 15/1, 779
Rademacher, Carl: Köln 14, 1032
Rademacher, Ludwig: Österreich 15/3, 1294
Rader, Matthäus: Bayern 13, 432; Universität 15/3, 897; Zeitrechnung 15/3, 1176
Radivillus, Nicolaus: Litauen 15/1, 171–172
Radke, Anna Elissa: Neulatein 15/1, 938
Radnoti-Alföldi, Maria: Numismatik 15/1, 1121; 1127
Radt, Wolfgang: Pergamon 15/2, 207
Radu, Silvia: Rumänien 15/2, 1009
Rădulescu, Ion Heliade: Rumänien 15/2, 998
Radulfus Tortuarius: Mittellatein 15/1, 456
Radulphus de Rivo: Niederlande und Belgien 15/1, 988
Radvanus, Joannes (Radwan, Jan): Litauen 15/1, 174
Radwan, Jan → Radvanus
Radziwiliwskij, Antonij: Ukraine 15/3, 744
Radziwiłłowa, Helena: Polen 15/2, 401
Raeck, Wulf: Priene 15/2, 565
Rädle, Fidel: Neulatein 15/1, 938
Raffael (Santi, Raffaello): Altertumskunde (Humanismus bis 1800) 13, 90; Groteske 14, 325–327; 330–331; Herrscher 14, 407; Historienmalerei 14, 426; 429; Italien 14, 688; Klassische Archäologie 14, 903; Körperkultur 14, 1047; Laokoongruppe 15/1, 10; Lateinische Inschriften 15/1, 58; Lateinische Komödie 15/1, 75; Mausoleum 15/1, 330; Mimesislegenden 15/1, 440; Mode 15/1, 489; Nacktheit in der Kunst 15/1, 653; Niederlande und Belgien 15/1, 1038; 1040; Orient-Rezeption 15/1, 1196; Pantheon 15/2, 61; Park 15/2, 127; Parnaß 15/2, 181; Rom 15/2, 867; Säulenordnung 15/2, 1049; Stil, Stilanalyse, Stilentwicklung 15/3, 291–292; Theaterbau/Theaterkulisse 15/3, 403ff.; Trajanssäule 15/3, 547; Vasen/Vasenmalerei 15/3, 956; Villa 15/3, 1039–1040; Vorsokratiker 15/3, 1065
Rahewin von Freising (Rahewinus Frisingensis): Staufische Renaissance 15/3, 274
Rahewinus Frisingensis → Rahewin von Freising
Rahlfs, Alfred: Akademie 13, 50
Rahner, Karl: Theologie und Kirche des Christentums 15/3, 417; 449
Raimondi, Marcantonio: Stützfiguren/Erechtheionkoren 15/3, 330; Torso (Belvedere) 15/3, 516; Vasen/Vasenmalerei 15/3, 947
Raimund von Toledo: Arabisch-islamisches Kulturgebiet 13, 182
Raimund, Ferdinand: Österreich 15/1, 1144
Raimundus de Arenis (Cardinalis): Glossatoren 14, 222
Raimundus de Pennaforte: Kanonisten 14, 796
Rainaldi, Girolamo: Rom 15/2, 922
Raine, Kathleen: United Kingdom 15/3, 827
Rainer Ferdinand *Erzherzog von Österreich, 1827-1913*: Papyri (Fundgeschichte) 15/2, 67; Papyrussammlungen 15/2, 101
Rak, Jan → Rhagius Aesticampianus
Rakovski, G.: Bulgarien 13, 573
Rakovský, Martin: Slowakei 15/3, 64
Raleigh, Sir Walter: United States of America 15/3, 838
Rambach, Jörg: Olympia 15/1, 1174
Rambach, Johann Jakob: Homiletik/Ars praedicandi 14, 529
Ramberg, Johann Heinrich: Karikatur 14, 801
Rambouillet, Catherine de Vivonne, Marquise de: Frankreich 14, 36
Ramboux, Johann Anton: Trier 15/3, 567
Rameau, Jean-Philippe: Affektenlehre (musikalisch) 13, 22; Frankreich 15/3, 1268; Musen 15/1, 569; Oper 15/1, 1183; Zoroastres/Zoroastrismus 15/3, 1231
Ramée, Pierre de la → Ramus
Ramesey, William: Naturwissenschaften 15/1, 842
Ramler, K.W.: Preußen 15/2, 551
Ramos de Pareja, Bartolomeo: Affektenlehre (musikalisch) 13, 21; Humanismus 14, 562

Ramphos, K.: Neugriechische Literatur 15/1, 907
Ramsay, Allan: Druckwerke 13, 893; Griechen-Römer-Antithese 14, 260
Ramus, Petrus (Ramée, Pierre de la): Artes liberales 13, 276; Ciceronianismus 13, 649; Eklektik 13, 939; Figurenlehre 13, 1128–1129; Humanismus 14, 551; Logik 15/1, 197; Mnemonik/Mnemotechnik 15/1, 476; Naturwissenschaften 15/1, 819; Neulatein 15/1, 926; Philologie 15/2, 246; Rhetorik 15/2, 782; 800
Ramwold von Sankt Emmeram: Ottonische Renaissance 15/1, 1255
Rancoureil, Abbé de: Rom 15/2, 913
Rand, E.K.: Italien 14, 667
Rangabé, Alexandros Rizos → Rangavis
Rangavis, Alexandros Rizos (Rangabé, Alexandros Rizos): Griechenland 14, 279; Neugriechische Literatur 15/1, 906; Tiryns 15/3, 498
Rangioni, Tommaso: Geriatrie 14, 148
Ranjina, D.: Kroatien 14, 1120
Rank, Otto: Psychoanalyse 15/2, 589; 594
Ranke, Leopold von: Bayern 13, 444; Fürstenschule 14, 75; Geschichtsmodelle 14, 181; Geschichtswissenschaft/Geschichtsschreibung 14, 187; 201; 216; Historische Methoden 14, 456; Historismus 14, 471; Judentum 14, 753; Politische Theorie 15/2, 432; Thukydidismus 15/3, 481
Ranke Graves, Robert von → Graves
Ransanus, Petrus: Ungarn 15/3, 750
Ransmayr, Christoph: Deutschland 13, 827; Metamorphose 15/1, 396; Mythologie 15/1, 634; Österreich 15/1, 1145; 15/3, 1296
Ransom, John Crowe: United States of America 15/3, 873
Rantzau, Heinrich (Rantzovius, Henricus): Kalender 14, 784; Naturwissenschaften 15/1, 838; 840
Rantzovius, Henricus → Rantzau
Raos, Nicolás de: Lateinamerika 15/1, 22
Raoul de Presle: Frankreich 14, 23
Raoul, Louis-Vincent: Niederlande und Belgien 15/1, 1032
Rapagellanus, Stanislaus (Stanislovas, Rapolionis): Litauen 15/1, 171; 173–174
Raphelengius, Franciscus: Niederlande und Belgien 15/1, 995; 1000
Rapin, René: Frankreich 14, 40–41; Homer-Vergil-Vergleich 14, 520; Literaturkritik 15/1, 182
Rapp, Karl Moritz: Übersetzung 15/3, 731
Rasario, Giovanbattista: Medizin 15/1, 367
Rasih, Osman: Türkei 15/3, 646
Rask, Rasmus Kristian: Dänemark 13, 679; Sprachwissenschaft 15/3, 232ff.
Rassam, Hormuzd: London, British Museum 15/1, 223–225

Rastrelli, Bartolomeo: Sankt Petersburg, Eremitage 15/2, 1061
Ratchis *König der Langobarden, um 710-757*: Notar 15/1, 1090
Rath, Ingo W.: Mythos 15/1, 642
Ratherius von Verona: Italien 14, 661; Niederlande und Belgien 15/1, 986
Ratke, Wolfgang: Bildung 13, 510; Lehrplan 15/1, 113; Stundentafeln 15/3, 336
Ratzel, Friedrich: Historische Geographie 14, 451; Nationalsozialismus 15/1, 749
Ratzinger, Joseph Alois → Benedikt XVI.
Raubar, Christopherus: Slowenien 15/3, 68
Rauch, Christian Daniel: Deutschland 13, 815; Historismus 14, 497; Preußen 15/2, 555; Sepulchralkunst 15/3, 20; 23; Trajanssäule 15/3, 550
Rauschenberg, Robert: Moderne 15/1, 509
Rautenstrauch, F.S.: Bibliothek 13, 502
Rauwolff, Leonard: Vorderasiatische Archäologie 15/3, 1051
Ravaillac, François: Herrscher 14, 376
Ravel, Maurice: Frankreich 15/3, 1271
Raven, John E.: Vorsokratiker 15/3, 1063
Ravisi, Jean Tixier de (Ravisius Textor): Religionsgeschichte 15/2, 682
Ravisius Textor → Ravisi
Rawl, John: Praktische Philosophie 15/2, 538
Rawlinson, George: Iranistik 14, 638
Rawlinson, Sir Henry Creswicke: Hethitologie 14, 414; Iranistik 14, 636; 638; London, British Museum 15/1, 223; Orient-Rezeption 15/1, 1230; Zeitrechnung 15/3, 1177
Rawls, John: Gerechtigkeit 14, 144; 146; Politische Theorie 15/2, 457; Theorie/Praxis 15/3, 468
Ray, Charles: Mimesislegenden 15/1, 441
Rayet, Olivier: Milet 15/1, 421; Priene 15/2, 560
Rebell, Hugues (Grassal, Georges): Frankreich 15/3, 1265
Reber, Franz: Klassizismus 14, 954
Reber, K.: Nationale Forschungsinstitute 15/1, 722
Rebhuhn, Paul: Tragödie/Tragödientheorie 15/3, 538
Rebulas, A.: Slowenien 15/3, 71
Reckendorf, Hermann: Semitistik 15/3, 13
Redenbacher, Johann Michael: Limes, Limesforschung 15/1, 160
Redfield, Robert: Akkulturation 15/3, 1245; Kulturanthropologie 14, 1136
Redon, Odile: Moderne 15/1, 499
Reed, Mary: United States of America 15/3, 876
Reeland, Hadrian: Altertumskunde (Humanismus bis 1800) 13, 93
Reeve, Michael D.: Philologie 15/3, 1316
Regenbogen, Otto: Philologie 15/2, 273
Reger, Max: Vertonungen antiker Texte 15/3, 1024

Reggio, Carlo → Carolus Regius
Reginfrid *Mönch von Tegernsee*: Überlieferung 15/3, 720
Regino von Prüm: Musik 15/1, 585
Regio, Raffaele: Mythologie 15/1, 617
Regiomontanus, Johannes (Müller, Johannes): Bayern 13, 434; Horoskope 14, 532; 537; Kalender 14, 785; Mathematik 15/1, 319; 321; Naturwissenschaften 15/1, 803; 817; 819; 838; 840; Ungarn 15/3, 749
Régis, Pierre Sylvain: Philosophie 15/2, 340
Regius, Raphael: Kommentar 14, 1055–1057; Metamorphose 15/1, 396
Regling, Kurt: Numismatik 15/1, 1119; 1125
Regnard, Jean-François: Komödie 14, 1071; 1073; Lateinische Komödie 15/1, 73
Regnault, Jean-Baptiste: Menschenrechte 15/1, 390
Rehar, R.: Slowenien 15/3, 71
Rehberg, Friedrich: Park 15/2, 168
Rehm, Albert: Bayern 13, 445; Technikgeschichte 15/3, 367
Rehm, Hermann: Verfassung 15/3, 979
Rehm, Walther: Winckelmann-Gesellschaft 15/3, 1138
Reich, Wilhelm: Matriarchat 15/1, 326
Reicha, Anton: Frankreich 15/3, 1269
Reichart, Wolfgang (Rychardus): Neulatein 15/1, 936
Reiche, Karl Christoph: Kinder- und Jugendliteratur 14, 881
Reichel, Wolfgang: Nationale Forschungsinstitute 15/1, 702; 704–706
Reichwein, Simon: Trier 15/3, 563
Reiffenstein, Johann Friedrich: Groteske 14, 330; Kassel, Staatliche Kunstsammlungen Antikenabteilung 14, 864
Reik, Theodor: Psychoanalyse 15/2, 590; 594
Reimann, A.: Deutschland 13, 824
Reimarus, H.S.: Aufklärung 13, 345
Reinach, Salomon: Druckwerke 13, 900; Türkei 15/3, 654
Reinach, Theodore: Judentum 14, 762
Reinders, H.R.: Nationale Forschungsinstitute 15/1, 693
Reiner von Huy (Renier de Huy): Romanik 15/2, 953
Reinerth, Hans: Nationalsozialismus 15/1, 731
Reinesius, Thomas: Druckwerke 13, 891
Reinhard, F.V.: Homiletik/Ars praedicandi 14, 529
Reinhardt, Carl August: Karlsruhe, Badisches Landesmuseum, Antikensammlungen 14, 809
Reinhardt, Karl: Homerische Frage 14, 506; Philologie 15/2, 273; Thukydidismus 15/3, 491
Reinhardt, Max: Deutschland 13, 820; Griechische Komödie 14, 313; Griechische Tragödie 14, 319; 321; Theater 15/3, 399
Reinhold, Erasmus: Horoskope 14, 533; Naturwissenschaften 15/1, 808

Reiningk, D.: Verfassung 15/3, 977
Reinthaler, Carl Martin: Vertonungen antiker Texte 15/3, 1023
Reinwald, Heinz: Mythos 15/1, 642
Reis, Ricardo → Pessoa
Reisch, Emil: Nationale Forschungsinstitute 15/3, 1288
Reisch, Gregor: Geologie (und Mineralogie) 14, 128
Reisdoerfer, Joseph: Luxemburg 15/1, 240
Reiser, Cobi: Babylon 13, 377
Reiske, Johann Jacob: Arabisch-islamisches Kulturgebiet 13, 171; Arabistik 13, 189; Byzantinistik 13, 588; Semitistik 15/3, 12
Reisner, George Andrew: Ägyptologie 13, 19; Vorderasiatische Archäologie 15/3, 1058
Reitemeier, Johann Friedrich: Sklaverei 15/3, 48; Sozial- und Wirtschaftsgeschichte 15/3, 84
Reithmayr, Franz Xaver: Übersetzung 15/3, 736
Reitz, Johan Frederik: Niederlande und Belgien 15/1, 1003; 1005
Reitzenstein, Richard: Warburg Institute, The 15/3, 1100
Rembrandt van Rijn: Historienmalerei 14, 432; Karikatur 14, 799–800; Künstlerlegenden 14, 1130; Mimesislegenden 15/1, 440; Niederlande und Belgien 15/1, 1040–1042; Verwandlungen/Illustrationen von Ovid-Texten 15/3, 1033
Remigio de' Girolami (Remigius Florentinus): Leichenrede 15/1, 119
Remigius Florentinus → Remigio de' Girolami
Remigius von Auxerre: Bildung 13, 507; Frankreich 14, 7; Kommentar 14, 1055; Musen 15/1, 567; Philologie 15/2, 280; Religionsgeschichte 15/2, 681; Sphärenharmonie 15/3, 188
Renan, Ernest: Paris, Louvre 15/2, 116; Semitistik 15/3, 12; Vorderasiatische Archäologie 15/3, 1051
Renault, Mary: United Kingdom 15/3, 819; 822
Renfrew, Andrew Colin: Kretisch-Mykenische Archäologie 14, 1102
Reni, Guido: Barock 13, 411
Renier de Huy → Reiner von Huy
Renier, Léon: Lateinische Inschriften 15/1, 49
Renoir, Pierre-Auguste: Historismus 14, 490; Knidische Aphrodite 14, 985; Moderne 15/1, 499
Repton, Humphry: Park 15/2, 123
Rescius, Rutger: Niederlande und Belgien 15/1, 992
Resende, A. de: Portugal 15/2, 519
Respighi, Ottorino: Frankreich 15/3, 1268; Italien 14, 707
Restif de la Bretonne, Nicolas (Rétif de la Bretonne): Neugriechische Literatur 15/1, 902
Restoro d'Arezzo: Vasen/Vasenmalerei 15/3, 946

Rétif de la Bretonne → Restif de la Bretonne
Rettenbacher, Simon: Lateinische Tragödie
 15/1, 88; Neulatein 15/1, 937; Österreich
 15/1, 1138
Rettenpacher, Simon → Rettenbacher
Reuchlin, Johannes: Aussprache 13, 354; Bayern
 13, 432; Bildung 13, 509; Deutschland 13, 768–
 769; Humanismus 14, 552; Judentum 14, 760;
 Kabbala 14, 768; Komödie 14, 1071;
 Lateinische Komödie 15/1, 71; Lexikographie
 15/1, 132; Naturphilosophie 15/1, 770;
 Okkultismus 15/1, 1149; Paganismus 15/2, 18;
 Philologie 15/2, 251; Schweiz 15/2, 1128;
 Semitistik 15/3, 11; Sprachwissenschaft
 15/3, 230; Universität 15/3, 893
Reuß, Theodor: Gnosis 14, 228
Reuter, Hans Peter: Mimesislegenden 15/1, 441
Reutter, Hermann: Musik 15/1, 602; Vertonungen
 antiker Texte 15/3, 1022
Reutter, Johann Adam Joseph Karl Georg d.J., Edler
 von: Musen 15/1, 568
Reuvens, Caspar Jakob Christiaan: Niederlande und
 Belgien 15/1, 1009; 1044
Révay, J.: Ungarn 15/3, 756
Reve, Gerard Kornelis van het: Niederlande und
 Belgien 15/1, 1055
Reventós, Ramón: Spanien 15/3, 149
Revett, Nicholas: Altertumskunde (Humanismus bis
 1800) 13, 93; Athen 13, 281; 301; 310;
 Druckwerke 13, 893; Greek Revival 14, 250;
 Griechen-Römer-Antithese 14, 257–259;
 Inschriftenkunde, griechische 14, 590; Klassische
 Archäologie 14, 904; Klassizismus 14, 954;
 Parthenon 15/2, 190; Priene 15/2, 559;
 Säulenordnung 15/2, 1052; Society of Dilettanti
 15/3, 74ff.; Toranlagen/Stadttore 15/3, 512
Revjako, K.A.: Weißrußland 15/3, 1110
Rexius, Johann Baptista: Epos 13, 1033; Troja
 15/3, 600
Rey de Artieda, Andrés: Tragödie/Tragödientheorie
 15/3, 537ff.
Reyer, E.: Karthago 14, 852
Reyes, Alfonso: Lateinamerika 15/1, 44–45
Reyes, José Trinidad: Lateinamerika 15/1, 40
Reymond, P.: Karthago 14, 850
Reynolds, Joyce: Nationale Forschungsinstitute
 15/1, 674
Reynolds, L.D.: Philologie 15/3, 1316
Reynolds, Sir Joshua: Druckwerke 13, 893;
 Historienmalerei 14, 434; Nacktheit in der Kunst
 15/1, 654; United States of America 15/3, 853
Reynst, Gerard: Niederlande und Belgien 15/1, 1044
Reynst, Jan: Niederlande und Belgien 15/1, 1044
Rhabdas, Nikolaos: Mathematik 15/1, 316
Rhaeticus, Georg Joachim (Lauchen, Georg Joachim
 von): Naturwissenschaften 15/1, 827

Rhagius Aesticampianus, Ioannes (Rak, Jan): Preußen
 15/2, 541
Rhalles, G.A.: Römisches Recht 15/2, 839
Rhazes → Abū Bakr Muḥammad ibn Zakariyyāʾ ar-Rāzī
Rheidt, Klaus: Aizanoi 13, 38
Rhetius, Johannes: Rhetorik 15/2, 800
Rhetorios* *frühbyz. Astrologe*: Naturwissenschaften
 15/1, 834
Rhode, Andreas Albert: Altertumskunde
 (Humanismus bis 1800) 13, 95; Keltisch-
 Germanische Archäologie 14, 870
Rhodomannus, Laurenz: Epos 13, 1030
Rhoer, Jacobus de: Niederlande und Belgien
 15/1, 1006
Rhoidis, Emmanuel (Roidis, Emmanuil):
 Neugriechische Literatur 15/1, 906–907
Rhomaios, K.A.: Nationale Forschungsinstitute
 15/1, 678
Rhusopulos, A.S.: Athen 13, 314
Riario-Sansoni, Raffaelo *Kardinal, 1460–1521*:
 Lateinische Tragödie 15/1, 84
Riaza, Luis: Spanien 15/3, 146ff.
Riba, Carles: Spanien 15/3, 124
Ribbeck, Johann Carl Otto: Lexikographie
 15/1, 144; Philologie 15/2, 302
Ribera, José: Karikatur 14, 800
Ribera, Lázaro: Lateinamerika 15/1, 33
Ricci, A.: Medizin 15/1, 367
Ricci, Corrado: Rom 15/2, 871
Ricci, Matteo: China 13, 636
Ricci, Sebastiano: Historienmalerei 14, 434;
 Imitatio 14, 575; Torso (Belvedere) 15/3, 516
Riccioli, Giambattista: Naturwissenschaften
 15/1, 804; 850
Riccoboni, Antonio: Lehrgedicht 15/1, 109
Riccobono, Salvatore: Istituto (Nazionale) di Studi
 Romani 14, 657; Lateinische Inschriften 15/1, 60
Rich, Adrienne: United States of America 15/3, 872;
 880
Rich, Claudius James: Babylon 13, 374; London,
 British Museum 15/1, 222
Richard I. Löwenherz *König von England*: Leichenrede
 15/1, 118; Zypern 15/3, 1235
Richard II. *König von England*: United Kingdom
 15/3, 784
Richard III. *König von England*: United Kingdom
 15/3, 801
Richard de Fournival: Allegorie 13, 85
Richard de Saint-Victor → Richard von Sankt Viktor
Richard de Wassebourg: Herrscher 14, 395
Richard von Sankt Viktor (Richard de Saint-Victor):
 Allegorese 13, 77; Herrscher 14, 390;
 Theologie und Kirche des Christentums 15/3,
 431; 441
Richards, I.A.: Metapher/Metapherntheorie
 15/1, 406

Richards, Nathanael: United Kingdom 15/3, 809
Richardson, Jack: United States of America 15/3, 878
Richardson, Jonathan d.Ä. engl. Maler und Zeichner, 1665-1745: Knidische Aphrodite 14, 983; Laokoongruppe 15/1, 16; Stil, Stilanalyse, Stilentwicklung 15/3, 292
Richardson, Jonathan d.J. 1694-1771: Knidische Aphrodite 14, 983
Richardson, Rufus: Nationale Forschungsinstitute 15/3, 1284
Richardson, Samuel: Brief, Briefliteratur 13, 542–543; Klassizismus 14, 973; United Kingdom 15/3, 813–814
Richartz, Johann Heinrich: Köln 14, 1041
Richelieu, Armand-Jean du Plessis, Duc de: Akademie 13, 43; Frankreich 14, 35; 37; 41; Klassik als Klassizismus 14, 892–894; Paris, Louvre 15/2, 109; Porträtgalerie 15/2, 507
Richer, L.: Adaptation 13, 14
Richer, Nicolas: Sparta 15/3, 170
Richmond, Ian: Nationale Forschungsinstitute 15/1, 674
Richter, Gerhard: Porträtgalerie 15/2, 513; Winckelmann-Gesellschaft 15/3, 1138
Richter, Gisela Marie Augusta: New York, Metropolitan Museum 15/1, 958
Richter, Henri: Niederlande und Belgien 15/1, 988
Richter, Johann Paul Friedrich → Jean Paul
Rickert, Heinrich: Historische Methoden 14, 458; Historismus 14, 473
Rickman, Geoffrey: Nationale Forschungsinstitute 15/1, 676
Ricœur, Paul: Metapher/Metapherntheorie 15/1, 406; Mimesis 15/1, 435; Philologie 15/3, 1319
Ricoul, Jan: Niederlande und Belgien 15/1, 986
Ridder, A.de: Kretisch-Mykenische Archäologie 14, 1105
Ridgway, Brunilde: Nationale Forschungsinstitute 15/3, 1284
Ridley, Thomas: Civilians 13, 653
Ridolfi, Carlo: Künstlerlegenden 14, 1128
Riedel, Gottlieb Friedrich: Vasen/Vasenmalerei 15/3, 949
Riederer, Friedrich: Rhetorik 15/2, 781
Riedesser, Wolfgang: Spiele 15/3, 194
Riefenstahl, Leni: Nationalsozialismus 15/1, 757; Sport 15/3, 213
Rieger, Urban: Fürstenspiegel 14, 84
Riegl, Alois: Christliche Archäologie 13, 645; Epochenbegriffe 13, 1006; 1010; 1013; Klassische Archäologie 14, 913; Stil, Stilanalyse, Stilentwicklung 15/3, 294; Strukturalismus 15/3, 324
Riehl, W.H.: Cäsarismus 13, 626
Rienzo, Cola di: Deutschland 13, 768; Geschichtsmodelle 14, 169; Herrscher 14, 369; 371–372; 377; 381–382; 393–394; 397; 406; 409; Humanismus 14, 542; Klassische Archäologie 14, 903; Lateinische Inschriften 15/1, 57; Rom 15/2, 842; Triumphbogen 15/3, 583
Rietschel, Ernst: Historismus 14, 497
Rifāʿa aṭ-Ṭahṭāwī: Kairo, Ägyptisches Museum 14, 772
Riffaterre, Michael: Philologie 15/3, 1313; Strukturalismus 15/3, 323
Rihm, W.: Deutschland 13, 824
Rijckenborgh, Jan van → Leene
Rilke, Rainer Maria: Deutschland 13, 820; Ekphrasis 13, 942; Elegie 13, 946; Lyrik 15/1, 250; Metapher/Metapherntheorie 15/1, 406; Okkultismus 15/1, 1161; Orient-Rezeption 15/1, 1231; Österreich 15/3, 1296
Rimbaud, Arthur: Verskunst 15/3, 1010
Rimini, Alessandro: Orient-Rezeption 15/1, 1217
Ringmann, Matthias (Philesius Vogesiana): Übersetzung 15/3, 728
Rinkes, Simko Heerts: Niederlande und Belgien 15/1, 1010
Rinucci, Alamanno: Akademie 13, 41
Rinuccini, Ottavio: Adaptation 13, 15; Italien 14, 681; Mythologie 15/1, 623; Oper 15/1, 1180; Sphärenharmonie 15/3, 189; Theater 15/3, 399
Riocard A Búrc → Riocard do Búrc
Riocard do Búrc (Riocard A Búrc): Irland 14, 646
Ripa, Cesare it. Gelehrter, um 1600: Niederlande und Belgien 15/1, 1040
Ripanda, Jacobo: Trajanssäule 15/3, 547
Ripas, Cesare: Deutschland 13, 785
Rist, Johann von: Deutschland 13, 785; Elegie 13, 945
Ritschl, Friedrich Wilhelm: Druckwerke 13, 892; Historismus 14, 479; Philologie 15/2, 302; 15/3, 1309; Tschechien 15/3, 638–639
Ritsos, Giannis/Jannis/Yannis: Neugriechische Literatur 15/1, 912
Ritter, Carl: Geographie 14, 124–125; Historische Geographie 14, 449–450
Ritter, Franz: Köln 14, 1028
Ritter, Heinrich: Vorsokratiker 15/3, 1062
Ritter, Helmut: Arabistik 13, 192
Ritter, Joachim: Aristotelismus 13, 264; Politische Theorie 15/2, 436; 457
Ritterling, Emil: Zeitrechnung 15/3, 1169
Ritzos, Andreas: Byzanz 13, 622
Ritzos, Nikolaos: Byzanz 13, 622
Rivadavia, Bernardino: Lateinamerika 15/1, 32; 41
Rivadeneira, Pedro: Tacitismus 15/3, 356
Rivarol, Antoine Comte de: Frankreich 14, 46
Rivière, Th.: Karthago 14, 852
Rivius, Johann: Lettland 15/1, 123
Rizos Neroulos, Iakovos: Griechenland 14, 285

Rizzo, Antonio: Triumphbogen 15/3, 585
Rizzo, Giulio Emanuele: Numismatik 15/1, 1119
Robakidze, Grigol: Georgien 14, 138
Robbe-Grillet, Alain: Autobiographie 13, 364; Metapher/Metapherntheorie 15/1, 406
Robert de Boron: Druiden 13, 903
Robert de Clari: Frankreich 14, 18; Konstantinopel 14, 1089
Robert the Bruce: Scotland, Law of 15/3, 1
Robert von Anjou, der Weise *König von Neapel, 1278-1343*: Italien 14, 672; Parnaß 15/2, 178; Porträtgalerie 15/2, 504
Robert von Arbissel: Mönchtum 15/1, 527
Robert von Basevorn: figurenlehre 13, 1128; Homiletik/Ars praedicandi 14, 527
Robert von Basevorn → Bromyard
Robert von Chester (Robert von Ketton/Robertus Ketenensis/Robertus Castrensis) *engl. Theologe, ca. 1110-1160*: Arabistik 13, 189; Mathematik 15/1, 317–318
Robert von Cîteaux → Robert von Molesme
Robert von Gervais: Fürstenspiegel 14, 79
Robert von Ketton → Robert von Chester
Robert von Meulan: United Kingdom 15/3, 768
Robert von Molesme (Robert von Cîteaux) *Abt von Cîteaux, Mitbegründer des Zisterzienser-Ordens, um 1028-1111*: Mönchtum 15/1, 528
Robert von Sorbon *franz. Theologe, 1201-1274*: Frankreich 14, 16
Robert, Carl: Religionsgeschichte 15/2, 690
Robert, Hubert: Laokoongruppe 15/1, 18; Orient-Rezeption 15/1, 1201–1202; Rezeptionsformen 15/2, 763; Ruine/Künstliche Ruine 15/2, 992
Robert, Louis: Frankreich 15/3, 1257; Geschichtswissenschaft/Geschichtsschreibung 14, 195; Inschriftenkunde, griechische 14, 602
Robertello, F.: Griechische Tragödie 14, 317
Roberts, David: Baalbek 13, 365; United Kingdom 15/3, 820
Roberts, John Maddox: United States of America 15/3, 877
Roberts, Paul: Nationale Forschungsinstitute 15/1, 674
Robertson, William: Geschichtsmodelle 14, 179
Robertson Smith, William: Kulturanthropologie 14, 1139
Robertus Anglicus: Naturwissenschaften 15/1, 826
Robertus Castrensis → Robert von Chester
Robertus de Fluctibus → Fludd
Robertus Ketenensis → Robert von Chester
Robespierre, Maximilien François Marie Isidore de: Demokratie 13, 726; Diktatur 13, 856; Frankreich 14, 46; Historienmalerei 14, 437; Politische Theorie 15/2, 426; Republik 15/2, 731; Revolution 15/2, 746; Sparta 15/3, 158ff.; Vandalen 15/3, 942

Robinson, Edward: New York, Metropolitan Museum 15/1, 954; Vorderasiatische Archäologie 15/3, 1057
Robinson, Mary: Romantik 15/2, 979
Robinson, Sir William: Irland 14, 647
Robortello, Francesco: Italien 14, 687; Lateinische Komödie 15/1, 70
Robsjohn-Gibbings, Terence: Wirtschaft und Gewerbe 15/3, 1146
Robusti, Jacopo → Tintoretto
Rocafuerte, Vicente: Lateinamerika 15/1, 38
Roche, Kevin: New York, Metropolitan Museum 15/1, 954; 968
Rochegrosse, Georges: Orient-Rezeption 15/1, 1213
Rockefeller, John Davison Jr. *amerikan. Unternehmer, 1874-1960*: Ägyptologie 13, 18; Chicago, Oriental Institute Museum 13, 632
Rodbertus, Johann Karl: Bücher-Meyer-Kontroverse 13, 553
Rodd, Sir Rennel: Nationale Forschungsinstitute 15/1, 673
Rode, August: Park 15/2, 163; Übersetzung 15/3, 734
Rodenbach, Georges: Niederlande und Belgien 15/1, 1057
Rodenwaldt, Gerhart: Epochenbegriffe 13, 1005; 1007; Klassische Archäologie 14, 915; Nationalsozialismus 15/1, 756; Tiryns 15/3, 502; Winckelmann-Gesellschaft 15/3, 1138
Rodin, Auguste: Babylon 13, 377; Nacktheit in der Kunst 15/1, 654; Torso (Belvedere) 15/3, 516; 518; Trajanssäule 15/3, 550
Rodó, José Enrique: Lateinamerika 15/1, 42
Rodríguez Campomanes, Pedro: Spanien 15/3, 117ff.
Rodríguez, Simón: Lateinamerika 15/1, 37
Rodulfus Glaber: Herrscher 14, 382
Rödiger, E.: Entzifferungen 13, 957
Roepman, Joh.: Niederlande und Belgien 15/1, 1055
Roersch, Alphonse: Niederlande und Belgien 15/1, 1034
Roersch, Louis: Niederlande und Belgien 15/1, 1034
Röslin, Helisaeus: Naturwissenschaften 15/1, 842
Rössler, Otto: Semitistik 15/3, 14
Rösslin, Eucharius: Geburtshilfe 14, 96–97
Roethe, Gustav: Lateinamerika 15/1, 38
Roger I. *Großgraf von Sizilien, 1031-1101*: Spolien 15/3, 201
Roger II. *König von Sizilien, 1095-1154*: Herrscher 14, 378; Sizilien 15/3, 34; 36
Roger-Ducasse, Jean-Jules Aimable: Musik 15/1, 602
Rogerius: Glossatoren 14, 222–223
Rogers, Carl R.: Stoizismus 15/3, 310

Rogers, Jacob S.: New York, Metropolitan Museum 15/1, 954
Rogers Shero, Lucius: Sparta 15/3, 168
Rohan, Henri, Duc de: Schlachtorte 15/2, 1076
Rohault, Jacques: Übersetzung 15/3, 729
Rohde, Erwin: Fin de siècle 13, 1142–1143; Griechische Tragödie 14, 323; Kulturanthropologie 14, 1137; Nietzsche-Wilamowitz-Kontroverse 15/1, 1068; Religionsgeschichte 15/2, 689; Zeitrechnung 15/3, 1183; Zoroastres/Zoroastrismus 15/3, 1232
Rohden, Paul von: Akademie 13, 48; Nobilitas 15/1, 1073
Róheim, Géza: Psychoanalyse 15/2, 590; 594; 598
Roidis, Emmanuil → Rhoidis
Rojas, Fernando de: Spanien 15/3, 131
Rolandinus Passagerii: Glossatoren 14, 221–222
Rolevinck, Werner (Rolewinck): Numismatik 15/1, 1111; Troja 15/3, 599
Rolewinck → Rolevinck
Rolle, Johann Heinrich: Oratorium 15/1, 1187
Rollenhagen, Georg: Epos 13, 1034; Kinder- und Jugendliteratur 14, 879; Tierepos 15/3, 497
Roller, Th.: Christliche Archäologie 13, 644
Rollin, Charles: Frankreich 14, 45; Geschichtswissenschaft/Geschichtsschreibung 14, 189; 202; Sozialismus 15/3, 96
Rollin, Christian: Rhetorik 15/2, 802
Romagnoli, Ettore: Faschismus 13, 1097; Griechische Tragödie 14, 320
Romaios, Konstantinos A.: Vergina 15/3, 992
Romanelli, Giovanni: Niederlande und Belgien 15/1, 1042
Romanelli, P.: Istituto (Nazionale) di Studi Romani 14, 657
Romano, Cristofero: Fälschung 13, 1072
Romano, Giulio: Groteske 14, 327; Historienmalerei 14, 426; Italien 14, 683; Säulenordnung 15/2, 1050; Stützfiguren/Erechtheionkoren 15/3, 330; Trajanssäule 15/3, 547
Romanos [4]* III. Argyros *byz. Kaiser, 968-1034*: Numismatik 15/1, 1109
Romanos [1]* Melodos (Romanos der Sänger) *Diakon und Dichter, 5./6. Jh.*: Byzanz 13, 602; Lyrik 15/1, 248; Verskunst 15/3, 1009–1010
Romanos der Sänger → Romanos [1]* Melodos
Romieu, Auguste: Cäsarismus 13, 623
Romuald von Ravenna *Gründer des Kamaldulenser-Ordens, um 950-1027*: Mönchtum 15/1, 527
Ronke, Jutta: Nobilitas 15/1, 1075
Ronsard, Pierre de: Barock 13, 404; Bukolik/Idylle 13, 562; Elegie 13, 943–944; Epigrammatik 13, 983; Epos 13, 1018–1019; Frankreich 14, 32; Homer-Vergil-Vergleich 14, 520; Hymnos 14, 568; Lyrik 15/1, 249; Mythologie 15/1, 626–627; Paganismus 15/2, 24; Poeta Vates 15/2, 380; Tragödie/Tragödientheorie 15/3, 537; Verskunst 15/3, 1015–1016; Vertonungen antiker Texte 15/3, 1022
Ronssaeus, Balduinus: Niederlande und Belgien 15/1, 1018
Roos, Antoon Gerard: Niederlande und Belgien 15/1, 1010
Roosevelt, Franklin Delano: Naturwissenschaften 15/1, 844
Roper, W.: Biographie 13, 521
Rore, Cipriano de: Vertonungen antiker Texte 15/3, 1024
Rorimer, James J.: New York, Metropolitan Museum 15/1, 953
Rorty, Richard McKay: Metapher/Metapherntheorie 15/1, 406; Mnemonik/Mnemotechnik 15/1, 468
Rosa, Agostino: Modell/Korkmodell 15/1, 495; Paestum 15/2, 9
Rosa, Chávez de la: Lateinamerika 15/1, 26
Rosa, Pietro: Ostia und Porto 15/1, 1248; Rom 15/2, 887; 915–916
Rosa, Salvator: Park 15/2, 133
Rosato, E.: Sepulchralkunst 15/3, 16
Roscelin von Compiègne: Naturwissenschaften 15/1, 793
Roscher, Wilhelm: Bevölkerungswissenschaft/Historische Demographie 13, 488–489; Cäsarismus 13, 627; Sozialismus 15/3, 99; Verfassungsformen 15/3, 988
Rose, Herbert Jenning: Religionsgeschichte 15/2, 692
Rose, Valentin: Medizingeschichtsschreibung 15/1, 375
Rosellini, Ippolito: Ägyptologie 13, 18
Rosenberg, Alfred: Atlantis 13, 337; Deutschland 13, 820; Mythos 15/1, 641; Nationalsozialismus 15/1, 723; 725ff.; 731; 740–741; 744; 746–747; 749; 755; 764
Rosenberg, Arthur: Diktatur 13, 861; Nationalsozialismus 15/1, 732–733; Nobilitas 15/1, 1073
Rosenberg, H.: Kitsch 14, 882
Rosenblat, Ángel: Lateinamerika 15/1, 43
Rosenkreutz, Christian: Okkultismus 15/1, 1149
Rosenroth, Knorr von: Kabbala 14, 768
Rosenthal, Franz: Arabistik 13, 192
Rosenthal, Georg: Lebendiges Latein 15/1, 93; 95
Rosinus, Johannes: Altertumskunde (Humanismus bis 1800) 13, 88; Geschichtswissenschaft/Geschichtsschreibung 14, 202
Ross, John Robert: Sprachwissenschaft 15/3, 248
Ross, Ludwig: Griechenland 14, 284; Nationale Forschungsinstitute 15/1, 678; Olympia 15/1, 1170; Rhodos 15/3, 1326; Zeitrechnung 15/3, 1163; 1167

Rossetti, Gabriel Charles Dante: Historismus 14, 490; Mode 15/1, 489
Rossi, Azarja dei: Judentum 14, 760
Rossi, Domenico de: Druckwerke 13, 895
Rossi, G.: Toranlagen/Stadttore 15/3, 512
Rossi, Giovanni Battista de: Christliche Archäologie 13, 643–644; Lateinische Inschriften 15/1, 60; Nationale Forschungsinstitute 15/1, 685; Rom 15/2, 872; 906
Rossi, Luigi: Oratorium 15/1, 1187
Rossi, Paolo: Mnemonik/Mnemotechnik 15/1, 470
Rossi, Vincenzo de': Orient-Rezeption 15/1, 1197
Rossi di Parma, Girolamo: Uffizien, Florenz (Galleria degli Uffizi, Firenze) 15/3, 740
Rossini, L.: Sperlonga 15/3, 182
Rosso, F.: Babylon 13, 379
Rosso, Renzo: Italien 14, 708
Rost, Valentin Christian Friedrich: Lexikographie 15/1, 130
Rostovskij, Dimitrij → Tuptalo
Rostovtzeff, Michael Iwanowitsch: Akademie 13, 49; Bücher-Meyer-Kontroverse 13, 555; Geschichtswissenschaft/Geschichtsschreibung 14, 194; 206–207; Sklaverei 15/3, 51; Sozial- und Wirtschaftsgeschichte 15/3, 87
Rosweydus, Heribertus: Niederlande und Belgien 15/1, 1026
Rot, Ioannes: Slowenien 15/3, 68
Rota, Martino: Karikatur 14, 799
Rotari, Pietro: Porträtgalerie 15/2, 511
Rotgans, Lukas: Niederlande und Belgien 15/1, 1050–1051
Rothacker, E.: Kulturanthropologie 14, 1131
Rothe, C.: Homerische Frage 14, 506
Rothenburg, Karl-Heinz, Graf von (Rubricastellanus, Carolus Henricus): Comics 13, 669
Rothschild, G. de: Milet 15/1, 421
Rotimi, Ola: United Kingdom 15/3, 831
Rotrou, Jean de: Frankreich 14, 40; Italien 14, 699; Komödie 14, 1072; Lateinische Komödie 15/1, 77
Rotteck, Carl von: Verfassungsformen 15/3, 988
Rotth, Albrecht Christian: Tragödie/Tragödientheorie 15/3, 539
Rottiers, Bernard Eugène Antoine: Nationale Forschungsinstitute 15/1, 690; Niederlande und Belgien 15/1, 1044; Weltwunder 15/3, 1114
Rottländer, Rolf C.A.: Maß und Gewicht 15/1, 312
Rotundus, Augustinus: Litauen 15/1, 174; 176
Rouen, Jean de: Portugal 15/2, 520
Rougé, Émmanuel de: Ägyptologie 13, 17
Rouillé, Pierre-Julien: Geschichtswissenschaft/Geschichtsschreibung 14, 203
Roulerius, Adrianus: Lateinische Tragödie 15/1, 87
Roullet, François Gand-Leblanc du: Oper 15/1, 1182

Rousseau, Jean-Jacques: Autobiographie 13, 363; Bevölkerungswissenschaft/Historische Demographie 13, 484; Bildung 13, 510; Brief, Briefliteratur 13, 543; Décadence 13, 699; Demokratie 13, 725; Diktatur 13, 855–856; Frankreich 14, 48–49; Geschichtsmodelle 14, 178; Herrscher 14, 394; Historienmalerei 14, 437; Italien 14, 701; 703; Körperkultur 14, 1049; Lateinamerika 15/1, 28; 37; Menschenrechte 15/1, 386; Metapher/Metapherntheorie 15/1, 405; Monarchie 15/1, 542; Musen 15/1, 568; Musik 15/1, 583; Naturrecht 15/1, 777; Naturwissenschaften 15/1, 785; Neuhumanismus 15/1, 919; Park 15/2, 137–138; Politische Theorie 15/2, 424; 454; Republik 15/2, 730; Rhetorik 15/2, 802; 820; Skeptizismus 15/3, 44; Sparta 15/3, 156ff.; Sport 15/3, 209; Troja 15/3, 601; Verfassungsformen 15/3, 985
Rousseau, Pierre *franz. Architekt, 18. Jh.*: United States of America 15/3, 848
Rousseau, Théodore Etienne Pierre *franz. Maler, 1812-1867*: Groteske 14, 331
Roussel, Albert: Frankreich 15/3, 1271; Musik 15/1, 602; Vertonungen antiker Texte 15/3, 1023
Roussel, Denis: Nobilitas 15/1, 1072
Roussel, Pierre: Sparta 15/3, 166
Rousset, Jean: Thematologie/Stoff- und Motivforschung 15/3, 411
Roux, Henry: Pompeji 15/2, 479
Rowe, Alan: Alexandria 13, 69
Rowland, Benjamin: Pakistan/Gandhara-Kunst 15/2, 38
Rowlands, Samuel: Kynismus 14, 1155
Rowling, Joanne K.: United Kingdom 15/3, 819
Royzius, Petrus (Ruiz de Moros, Pedro): Litauen 15/1, 173
Rualdus *Philologe, 17. Jh.*: Zeitrechnung 15/3, 1182
Rubenius, Albertus: Niederlande und Belgien 15/1, 1024
Rubenius, Philippus: Niederlande und Belgien 15/1, 1024
Rubens, Peter Paul: Altertumskunde (Humanismus bis 1800) 13, 92; Barock 13, 412; Festkultur/Trionfi 13, 1108; Herrscher 14, 375; Historienmalerei 14, 433; Künstlerlegenden 14, 1129; Laokoongruppe 15/1, 14; Nacktheit in der Kunst 15/1, 653; Niederlande und Belgien 15/1, 1023; 1043; Rom 15/2, 868; Steinschneidekunst: Gemmen 15/3, 283; Stil, Stilanalyse, Stilentwicklung 15/3, 292; Torso (Belvedere) 15/3, 516; Triumphbogen 15/3, 586
Rubensohn, Otto: Papyri (Fundgeschichte) 15/2, 67
Rubigallus, P.: Slowakei 15/3, 64ff.
Rubin, Gayle: Gender Studies 14, 111

Rubinstein, A.: Babylon 13, 377
Rubinstein, Nicolai: Warburg Institute, The 15/3, 1104
Rublěv, Andrej: Byzanz 13, 618
Rubricastellanus, Carolus Henricus → Rothenburg
Rucellai, Giovanni: Renaissance 15/2, 705
Rucellai, Orazio: Italien 14, 697
Rudbeckius, Olaus (Rudeck, Olaf d.Ä.) schwed. Forscher, 1630-1703: Atlantis 13, 336; Diana von Ephesus 13, 839
Rudeck, Olaf d.Ä. → Rudbeckius
Rudnitzky, Emmanuel → Man Ray
Rudolf I. von Habsburg König des HRR, 1218-1291: Österreich 15/1, 1136
Rudolf II. Herzog von Österreich, 1271-1290: Österreich 15/1, 1136
Rudolf II. Kaiser des HRR, 1552-1612: Horoskope 14, 534; Mimesislegenden 15/1, 440; Naturwissenschaften 15/1, 840; 842; Orient-Rezeption 15/1, 1197; Österreich 15/1, 1138; Renaissance 15/2, 712; Tschechien 15/3, 627; Wien, Kunsthistorisches Museum 15/3, 1131ff.
Rudolf IV., der Stifter Herzog von Österreich, 1339-1365: Herrscher 14, 395; 403; Österreich 15/1, 1136
Rudolf von Ems: Herrscher 14, 390; 399
Rudolf von Fulda: Tacitismus 15/3, 353
Rudolf von Rheinfelden → Rudolf von Schwaben
Rudolf von Sankt Pantaleon: Köln 14, 1021
Rudolf von Schwaben (Rudolf von Rheinfelden) Gegenkönig im HRR, 1025-1080: Sepulchralkunst 15/3, 19
Rudolph, Hans: Nationalsozialismus 15/1, 735
Rückert, Friedrich: Arabistik 13, 190
Rüdiger, Horst: Bayern 13, 443
Rühmkorf, Peter: Hymnos 14, 569; Verskunst 15/3, 1016
Rühs, Friedrich: Judentum 14, 755
Rülein, Ulrich: Geologie (und Mineralogie) 14, 128
Rüpke, Jörg: Philologie 15/3, 1315
Rüsen, Jörn: Historismus 14, 476
Rüstow, W.: Krieg 14, 1117
Rüttel, Andreas: Numismatik 15/1, 1112
Ruff, Ludwig: Nationalsozialismus 15/1, 759
Ruffus, Jordanus: Zoologie 15/3, 1208
Rufinus Jurist, 12. Jh.: Glossatoren 14, 222; Naturrecht 15/1, 775
Rufos, Rodis: Neugriechische Literatur 15/1, 913
Ruggiero, Michele: Pompeji 15/2, 474
Ruhnken, David → Ruhnkenius
Ruhnkenius, David (Ruhnken, David): Kanon 14, 792; Lexikographie 15/1, 130; Niederlande und Belgien 15/1, 1003-1004; 1008; Philologie 15/2, 252
Rui Bamba, Ambrosio: Spanien 15/3, 119
Ruinart, Teoderico: Vandalen 15/3, 943

Ruiz de Alarcón y Mendoza, Juan: Lateinamerika 15/1, 34
Ruiz de Hita, Arcipreste, Juan: Spanien 15/3, 131
Ruiz de Moros, Pedro → Royzius
Rumpf, Andreas: Klassische Archäologie 14, 914-915; Kretisch-Mykenische Archäologie 14, 1106; 1110
Runeberg, J.L.: Finnland 13, 1148
Runeberg, W.: Finnland 13, 1149
Runge, Philipp Otto: Vasen/Vasenmalerei 15/3, 953
Rupert von Deutz: Geschichtsmodelle 14, 169; Herrscher 14, 390; 403; Köln 14, 1021
Rupert von Salzburg erster Bischof von Salzburg, um 650-718: Österreich 15/1, 1132; 1134
Ruppert, Hans: Winckelmann-Gesellschaft 15/3, 1140
Rusch, Adolf: Nationalsozialismus 15/1, 730
Rusconi, Giovanni Antonio: Verwandlungen/ Illustrationen von Ovid-Texten 15/3, 1032
Rush, Benjamin: United States of America 15/3, 849
Rushforth, Gordon McNeil: Nationale Forschungsinstitute 15/1, 672
Ruskin, John: Autobiographie 13, 363
Russell, Bertrand: Logik 15/1, 201
Russell Pope, John: Mausoleum 15/1, 338; Tempel/Tempelfassade 15/3, 378
Rust, Bernhard: Universität 15/3, 912
Rust, George: Theologie und Kirche des Christentums 15/3, 436
Rustaveli, Schota: Georgien 14, 133-134
Rut, Přemysl: Tschechien 15/3, 636
Rutherford, Ernest, First Baron Rutherford of Nelson, New Zealand, and Cambridge: Naturwissenschaften 15/1, 865
Ruzzante → Beolco
Ryba, Bohumil: Tschechien 15/3, 641
Rychardus → Reichart
Ryckius, Theodorus: Niederlande und Belgien 15/1, 1002
Rycquius, Justus: Niederlande und Belgien 15/1, 1018; 1022
Rydberg, Viktor: Schweden 15/2, 1117
Ryer, Pierre du: Verwandlungen/Illustrationen von Ovid-Texten 15/3, 1033
Ryff, Andreas: Schweiz 15/2, 1138
Ryff, Walter: Architekturtheorie/Vitruvianismus 13, 237; Stützfiguren/Erechtheionkoren 15/3, 329
Ryle, Gilbert: Aristotelismus 13, 262

S

Sá, Mem de: Lateinamerika 15/1, 34
Saarikoski, P.: Finnland 13, 1148
Saarinen, Eliel: Orient-Rezeption 15/1, 1215
Saatsoglou-Paliadeli, Chryssoula: Vergina 15/3, 992

Saavedra, Cornelio: Lateinamerika 15/1, 27
Saavedra, Diego: Fürstenspiegel 14, 85
Sábato, Ernesto: Lateinamerika 15/1, 45
Sabbadini, Remigio: Ciceronianismus 13, 646
Sabbathier, F.: Enzyklopädie 13, 973
Sabbatini, Innocenzo: Ostia und Porto 15/1, 1251
Sabellico, M. Antonio: Venedig 15/3, 960
Sabinus, Georgius: Neulatein 15/1, 936; Preußen 15/2, 541–542
Sablé, Madeleine de Souvré Marquise de: Geschmack 14, 218
Sabundus, Raimundus: Naturphilosophie 15/1, 769
Saccetti, Franco: Künstlerlegenden 14, 1127
Saccheri, Girolamo: Logik 15/1, 195; Mathematik 15/1, 317
Sacchi, Andrea: Barock 13, 411; Historienmalerei 14, 432
Sacco, Catone: Humanismus 14, 546
Sacconi, Giuseppe: Historismus 14, 494
Sacharoff, Alexander: Tanz 15/3, 358ff.; 360
Sachs, Hanns: Psychoanalyse 15/2, 589
Sachs, Hans: Fabel 13, 1068; Herrscher 14, 395; 404; Komödie 14, 1071; Kynismus 14, 1155; Lateinische Komödie 15/1, 70; Numismatik 15/1, 1110; Totengespräch 15/3, 521; Tragödie/Tragödientheorie 15/3, 538
Sachs, Nelly: Hymnos 14, 569
Sackett, Hugh: Nationale Forschungsinstitute 15/1, 666
Sackville, Thomas: Lateinische Tragödie 15/1, 87
Sacré, Dirk: Lebendiges Latein 15/1, 96–97; Neulatein 15/1, 938–939
Sacrobosco (Sacro Bosco), Johannes de (John of Holywood) engl. Astronom und Mathematiker, 13. Jh.: Naturphilosophie 15/1, 769; Naturwissenschaften 15/1, 804; 826; Universität 15/3, 885
Sacy, Antoine Isaac Silvestre de: Semitistik 15/3, 12
Sade, Donatien Alphonse François Marquis de: Kampanien 14, 791
Sadebeck, Friedrich: Mausoleum 15/1, 336
Sadeler, Aegidius: Altertumskunde (Humanismus bis 1800) 13, 90; Niederlande und Belgien 15/1, 1039
Sadolin, Hans Jørgensen: Dänemark 13, 675
Sadullah Paşa: Türkei 15/3, 646
Saenredam, Jan: Niederlande und Belgien 15/1, 1039
Saewulf engl. Pilger: Troja 15/3, 603
Safar, Fuad: Vorderasiatische Archäologie 15/3, 1053
Safarewicz, J.: Polen 15/2, 407
Šafárik, Pavel Josef: Slowakei 15/3, 66; Tschechien 15/3, 638
Saffet Paşa: Türkei 15/3, 654
Sagen, Lyder: Norwegen 15/1, 1085
Saglio, Edmond: Enzyklopädie 13, 973
Sagundinos, N.: Griechenland 14, 269

Ṣāʿid von Toledo: Arabisch-islamisches Kulturgebiet 13, 181
Said, Edward Wadie: Kulturanthropologie 14, 1135; Neugriechische Literatur 15/1, 896; Orientalismus 15/1, 1234ff.
Sainsbury, John Davan, Baron of Preston Candover: Nationale Forschungsinstitute 15/1, 677
Saint Amant, Marc Antoine Girard de: Epos 13, 1022
Saint-Asaph (Earl of Ashburnham) 1. H. des 19. Jh.: Aizanoi 13, 36
Saint-Évremond, Charles de Marguetel de Saint-Denis: Epikureismus 13, 990; Querelle des Anciens et des Modernes 15/2, 614; Roman 15/2, 946
Saint-Gaudens, Augustus: United States of America 15/3, 869
Saint-Gelais, Mellin de: Figurengedicht 13, 1116
Saint-Gelais, Octovien de: Adaptation 13, 12
Saint German, Christopher: Civilians 13, 652
Saint-Just, Louis Antoine Léon de: Demokratie 13, 725; Politische Theorie 15/2, 425; Republik 15/2, 732; Revolution 15/2, 749
Saint-Mard, Rémond de: Musik 15/1, 600
Saint-Non, Jean-Claude Richard Abbé de: Paestum 15/2, 10
Saint-Pierre, Charles-Irénée Castel Abbé de: Frieden 14, 69
Saint-Quentin, Jacques-Philippe-Joseph de: Historienmalerei 14, 437
Saint-Saëns, Camille: Frankreich 15/3, 1268; 1270; 1272; Musen 15/1, 569; Vertonungen antiker Texte 15/3, 1023–1024
Sakellarios, A.: Zypern 15/3, 1236
Salač, Antonín: Tschechien 15/3, 640–642; 644
Saladin → Ṣalāḥ ad-Dīn Yūsuf ibn Ayyūb
Ṣalāḥ ad-Dīn Yūsuf ibn Ayyūb (Saladin): Alexandria 13, 64–65; Jerusalem 14, 722; 731; 733; 746; Kairo, Ägyptisches Museum 14, 772
Salas, Don Manuel de: Lateinamerika 15/1, 28
Salečić, J.: Kroatien 14, 1122
Salel, Hugues: Epos 13, 1018
Salemann, Carl: Iranistik 14, 638
Sales, Franz von: Stoizismus 15/3, 302
Salieri, Antonio: Vertonungen antiker Texte 15/3, 1024
Saliger, Ivo: Moderne 15/1, 505
Salignac de la Mothe-Fénelon, François de → Fénelon
Salinas, Francisco de: Sphärenharmonie 15/3, 189; Verskunst 15/3, 1009
Salins de Montfort, Nicolas Alexandre: Toranlagen/Stadttore 15/3, 512
Salis-Seewis, Johann Gaudenz: Schweiz 15/2, 1140
Sallmann, Klaus: Lebendiges Latein 15/1, 95
Salmasius, Claudius (Saumaise, Claude de): Naturwissenschaften 15/1, 841; Niederlande und Belgien 15/1, 997; Philosophia perennis 15/2, 337

Salmon, E.T.: Australien und Neuseeland 15/3, 1248; Nationale Forschungsinstitute 15/1, 675

Salomo I. *Bischof von Konstanz, 838/39-871*: Karolingische Renaissance 14, 828

Salomon, Bernard: Verwandlungen/Illustrationen von Ovid-Texten 15/3, 1033

Salomon, Richard: Warburg Institute, The 15/3, 1102

Salt, Henry: London, British Museum 15/1, 214-215

Salucci, Giovanni: Mausoleum 15/1, 335

Salutati, Coluccio: Bibliothek 13, 498; Byzanz 13, 598; Frankreich 14, 22; Geschichtsmodelle 14, 175; Humanismus 14, 544-545; 550; Italien 14, 676; Lateinische Tragödie 15/1, 84; Monarchie 15/1, 540; Mythologie 15/1, 621; Neulatein 15/1, 926; 935; Nobilitas 15/1, 1080; Panegyrik 15/2, 50; Philologie 15/2, 284; Politische Theorie 15/2, 415; Republik 15/2, 718; Theorie/Praxis 15/3, 465; Zeitrechnung 15/3, 1188

Salvadori, Andrea: Musen 15/1, 568

Salviati, Lionardo: Humanismus 14, 552

Salvo → Mangione

Salzmann, Auguste: Rhodos 15/3, 1322

Salzmann, Christian Gotthilf: Rhetorik 15/2, 802

Samaranch, Juan Antonio: Sport 15/3, 219

Samaritano, Adalberto: Briefkunst/Ars dictaminis 13, 546

Sambor, Grzegorz: Polen 15/2, 393

Sambucus, J.: Slowakei 15/3, 65

Samicheli, Michele: Toranlagen/Stadttore 15/3, 511

Samjatin, Jewgeni: Utopie 15/3, 938; 940

Sammartano, G.: Griechische Komödie 14, 315

Šams ad-Dīn ad-Dimašqī: Zoologie 15/3, 1222

Šams ad-Dīn Moḥammad Ḥāfeẓ-e Šīrāzī → Ḥāfeẓ/Hafis

Sams, Joseph: London, British Museum 15/1, 216

Samuel ben Judah ibn Tibbon *jüd. Arzt und Philosoph, um 1150- um 1230*: Arabische Medizin 13, 185

San Daniele, Pellegrino da: Theaterbau/Theaterkulisse 15/3, 403

San Gallo, Antonio da d.J.: Theaterbau/Theaterkulisse 15/3, 403

San Nicolás, Andrés de: Lateinamerika 15/1, 29

Sanchez, Francisco: Skeptizismus 15/3, 40

Sanchez, Thomas: Ehe 13, 925

Sánchez de las Brozas, Francisco (El Brocense): Spanien 15/3, 106ff.

Sanctis, Gaetano de → De Sanctis

Sand, George: Bukolik/Idylle 13, 567

Sandart, Joachim: Historienmalerei 14, 433

Sande, S.: Nationale Forschungsinstitute 15/1, 700

Sandel, M.: Republik 15/2, 737

Sanders, Alex: Magie 15/1, 261

Sanders, Gabriel: Niederlande und Belgien 15/1, 1034

Sanders, Guy: Nationale Forschungsinstitute 15/3, 1284

Sanders, Maxine: Magie 15/1, 261

Sanders, Richard: Physiognomik 15/2, 360

Sanderus, Antonius: Niederlande und Belgien 15/1, 1022; 1026

Sandeus, Felinus: Kanonisten 14, 796

Sandrart, Joachim von: Deutschland 13, 785; Druckwerke 13, 895; Torso (Belvedere) 15/3, 518; Vasen/Vasenmalerei 15/3, 948

Sandwich, John Montagu Earl of: Griechen-Römer-Antithese 14, 256

Sandys, George: United States of America 15/3, 837; Verwandlungen/Illustrationen von Ovid-Texten 15/3, 1036

Sandys, Sir John Edwin: Geschichtswissenschaft/Geschichtsschreibung 14, 188; Niederlande und Belgien 15/1, 1016

Sanfelice, Ferdinando: Neapel, Archäologisches Nationalmuseum (Museo Nazionale Archeologico, Napoli) 15/1, 874; Paestum 15/2, 8

Sangallo, Antonio da d.Ä. (Giamberti, Antonio): Säulenordnung 15/2, 1049

Sangallo, Antonio da d.J. (Cordiani/Cordini, Antonio): Architekturtheorie/Vitruvianismus 13, 237; Lateinische Komödie 15/1, 75; Toranlagen/Stadttore 15/3, 511

Sangallo, Francesco: Laokoongruppe 15/1, 9

Sangallo, Giuliano da (Giamberti, Giuliano): Griechen-Römer-Antithese 14, 254; Klassische Archäologie 14, 903; Laokoongruppe 15/1, 9; Orient-Rezeption 15/1, 1196; Ostia und Porto 15/1, 1248; Trajanssäule 15/3, 546; Villa 15/3, 1039-1040

Sanguineti, Edoardo: Italien 14, 709

Sanikidze, L.: Georgien 14, 137

Sannazaro, Iacopo (Actius Sincerus) *it. und nlat. Dichter, 1457-1530*: Arkadismus 13, 266; Bukolik/Idylle 13, 562; Humanismus 14, 547; 549; Italien 14, 687; Kampanien 14, 788; 791; Lateinamerika 15/1, 29; Mythologie 15/1, 623; Neulatein 15/1, 935

Sansovino, Andrea: Luxemburg 15/1, 238; Sepulchralkunst 15/3, 19

Sansovino, Francesco: Villa 15/3, 1037

Sansovino, Iacopo (Tatti, Iacopo) *it. Baumeister und Bildhauer, 1486-1570*: Italien 14, 682; Laokoongruppe 15/1, 10

Santi, Giovanni: Festkultur/Trionfi 13, 1107

Santi, Raffaello → Raffael

Santi, Silvana de: Italien 14, 710

Santorio, Santorio: Geriatrie 14, 149

Sanvito, Bartolomeo: Herrscher 14, 366

Sanz, Miguel José: Lateinamerika 15/1, 37
Sapieha, Leo: Litauen 15/1, 173
Sapir, Edward: Sprachwissenschaft 15/3, 240ff.; 243; 246
Saraceni, G.: Schlachtorte 15/2, 1074
Šaraf az-Zamān Ṭāhir al-Marwazī: Zoologie 15/3, 1218
Sarbievius, Matthias Casimirus → Sarbiewski
Sarbiewski, Maciej Kazimierz (Sarbievius, Matthias Casimirus): Deutschland 13, 784; Litauen 15/1, 175; 177; Neulatein 15/1, 930; Polen 15/2, 394–395; Verskunst 15/3, 1010
Sarfatti, Margherita: Faschismus 13, 1089
Saripolos, N.: Griechenland 14, 285
Sarkawag, Yovhannēs: Armenien 13, 270
Sarmiento, Domingo Faustino: Lateinamerika 15/1, 42
Sarnelli, Pompeo: Kampanien 14, 789
Sarrasin, J.: Pharmakologie 15/2, 220
Sarrocchi, Marguerita: Epos 13, 1020
Sársfield, Dalmácio Vélez: Lateinamerika 15/1, 41
Sarti, A.: Historismus 14, 494
Sartre, Jean-Paul: Autobiographie 13, 364; Frankreich 15/3, 1264; Mythologie 15/1, 631; Totengespräch 15/3, 523
Sarwey, Oskar von: Limes, Limesforschung 15/1, 163
Sarzec, Ernest de: Paris, Louvre 15/2, 116; Vorderasiatische Archäologie 15/3, 1051
Sassetti, Filippo: Sprachwissenschaft 15/3, 230
Sathas, K.: Griechenland 14, 285
Satie, Erik: Frankreich 15/3, 1271
Saucinc-Săveanu, Theofil: Rumänien 15/2, 1014
Sauer, Joseph: Nationale Forschungsinstitute 15/1, 687
Saulcy, Louis Félicien Joseph Caignart de: Paris, Louvre 15/2, 116; Vorderasiatische Archäologie 15/3, 1057
Saumaise, Claude de → Salmasius
Saunders, Trelawny: Kartographie 14, 859
Saussure, Ferdinand de: Philologie 15/3, 1319; Schweiz 15/2, 1144; Semiotik 15/3, 5ff.; Sprachphilosophie/Semiotik 15/3, 226; Sprachwissenschaft 15/3, 234ff.; 244; Strukturalismus 15/3, 320ff.; 324
Saussure, Raymond de: Psychoanalyse 15/2, 590; 594
Sava von Serbien erster orthodoxer Erzbischof von Serbien, 12./13. Jh.: Serbien 15/3, 25
Savić-Rebac, Anica: Serbien 15/3, 30
Savigny, Friedrich Carl von: Causa 13, 630; Deutschland 13, 811; Geschichtswissenschaft/Geschichtsschreibung 14, 205; Glossatoren 14, 224–225; Griechenland 14, 284; Historische Methoden 14, 455; Historische Rechtsschule 14, 464–465; 467–468; Historismus 14, 470; Kodifizierung/Kodifikation 14, 1007; Pandektistik 15/2, 45; 47; Romanistik/Rechtsgeschichte 15/2, 962

Savinio, Alberto: Italien 14, 707
Savonarola, Girolamo: Festkultur/Trionfi 13, 1107; Mischverfassung 15/1, 442; Naturwissenschaften 15/1, 840; Republik 15/2, 719; Theologie und Kirche des Christentums 15/3, 433; Zensur 15/3, 1196
Savorelli, Gaetano: Groteske 14, 330
Savrij, Salomon: Verwandlungen/Illustrationen von Ovid-Texten 15/3, 1036
Saxén, Lauri: Nationale Forschungsinstitute 15/1, 680
Saxius, Christopherus: Niederlande und Belgien 15/1, 1005
Saxl, Fritz: Warburg Institute, The 15/3, 1099ff.; 1101ff.; 1106
Saxo → Poeta Saxo
Saxo Grammaticus altdän. Geschichtsschreiber, um 1150–um1220: Dänemark 13, 675; Geschichtsmodelle 14, 170
Saylor, Steven: United Kingdom 15/3, 820; United States of America 15/3, 876
Sbigneus de Oleśnica: Polen 15/2, 392
Scala, Cangrande I. della → Cangrande della Scala
Scaliger, Joseph Justus: Altertumskunde (Humanismus bis 1800) 13, 92; Epochenbegriffe 13, 1001; 1009; Geschichtswissenschaft/Geschichtsschreibung 14, 193; Historische Geographie 14, 449; Historische Methoden 14, 454; Horoskope 14, 533; Lateinische Inschriften 15/1, 58; Literaturkritik 15/1, 179; 181; Naturwissenschaften 15/1, 838; 840–841; Niederlande und Belgien 15/1, 996–997; 1020; Philologie 15/2, 252–253; 294; Philosophia perennis 15/2, 336; Zeitrechnung 15/3, 1176ff.; 1187; 1190ff.
Scaliger, Julius Caesar: Barock 13, 402; 404; Einbildungskraft 13, 935; Epigrammatik 13, 982–983; Epochenbegriffe 13, 1008; Figurengedicht 13, 1121; Figurenlehre 13, 1129; Frankreich 14, 39; Gattung/Gattungstheorie 14, 90; 92–93; Gelegenheitsdichtung 14, 110; Griechische Tragödie 14, 317; Homer-Vergil-Vergleich 14, 517; 519–520; Humanismus 14, 553; Klassik als Klassizismus 14, 892; Lateinische Komödie 15/1, 70; Lateinische Tragödie 15/1, 85; Lehrgedicht 15/1, 109; Literaturkritik 15/1, 181; Metapher/Metapherntheorie 15/1, 405; Mimesis 15/1, 434; Philologie 15/2, 292; Roman 15/2, 944; Tragödie/Tragödientheorie 15/3, 536
Scalzi, Alessandro: Mimesislegenden 15/1, 440
Scamozzi, Vincenzo: Griechische Tragödie 14, 318; Lateinische Komödie 15/1, 77; Säulenordnung 15/2, 1050; Theaterbau/Theaterkulisse 15/3, 405; Toranlagen/Stadttore 15/3, 511; Villa 15/3, 1041
Scapula, Johannes: Lexikographie 15/1, 129–130

Scarlatti, Alessandro: Musen 15/1, 569
Scarron, Paul: Adaptation 13, 14; Frankreich 14, 38
Scève, Maurice: Mythologie 15/1, 627
Schaade, A.: Arabistik 13, 192
Schachermeyr, Fritz: Historische Methoden 14, 460; Nationalsozialismus 15/1, 730; 736–738; 743–744; 750
Schacht, Joseph: Arabistik 13, 192
Schadewaldt, Wolfgang: Dritter Humanismus 13, 882; Homerische Frage 14, 506; Philologie 15/2, 273; 311; Thukydidismus 15/3, 482; 491; Übersetzung 15/3, 733ff.; 737; Verskunst 15/3, 1014; Wagnerismus 15/3, 1078
Schadow, Johann Gottfried: Denkmal 13, 742; Deutschland 13, 815; Diana von Ephesus 13, 841; Körperkultur 14, 1051; Preußen 15/2, 555; Proportionslehre 15/2, 571; Rosse von San Marco/Quadriga 15/2, 990; Sepulchralkunst 15/3, 20; 23
Schaefer, Hans: Nationalsozialismus 15/1, 735
Schäfer, Heinrich: Berlin 13, 473
Schäfer, Thomas: Nobilitas 15/1, 1075
Schaeffer, W.: Sparta 15/3, 167
Schaffner, Jakob: Schweiz 15/2, 1123
Schaidenreisser, Simon (Minervius): Adaptation 13, 12; Bayern 13, 433; Epos 13, 1033; Troja 15/3, 600
Schallin, Ann-Louise: Nationale Forschungsinstitute 15/1, 711
Schamjakin, I.: Weißrußland 15/3, 1108
Schanin, J.: Ukraine 15/3, 747
Scharf, Johannes: Aristotelismus 13, 260
Scharff, Edwin: Moderne 15/1, 508
Schaton, V.: Weißrußland 15/3, 1108
Schaubert, Eduard: Athen 13, 282; 291; Nationale Forschungsinstitute 15/1, 678
Schavteli, Iohane: Georgien 14, 133
Schechner, Richard: United States of America 15/3, 879
Schechter, Solomon: Judentum 14, 763
Schede, Martin: Aizanoi 13, 36–37
Schede, Paul → Melissus
Schedel, Hartmann: Athen 13, 301; Bibliothek 13, 498; Deutschland 13, 769; Herrscher 14, 390; 399; 404; Litauen 15/1, 172; Parthenon 15/2, 189
Schedius, L.: Ungarn 15/3, 755
Scheerbart, Paul: Orient-Rezeption 15/1, 1228
Scheffel, Joseph Victor von: Orient-Rezeption 15/1, 1231
Schefferus, Johannes: Schweden 15/2, 1118
Scheffler, Johann → Angelus Silesius
Schefold, Karl: Nationale Forschungsinstitute 15/1, 715–716
Scheid, John: Philologie 15/3, 1315

Scheler, Max: Augustinismus 13, 352; Historismus 14, 474; Praktische Philosophie 15/2, 537
Scheller, Immanuel Johann Gerhard: Lexikographie 15/1, 138–139; 143
Schelling, Friedrich Wilhelm Joseph von: Dialektik 15/3, 1252; Einbildungskraft 13, 936; Geschichtsmodelle 14, 180; Gnosis 14, 229; Historische Rechtsschule 14, 466–467; Homerische Frage 14, 514–515; Kabbala 14, 771; Metaphysik 15/1, 413; Mythos 15/1, 640; 646; Naturphilosophie 15/1, 771; Religionsgeschichte 15/2, 684; Romantik 15/2, 975; Sturm und Drang 15/3, 339
Schemann, Ludwig: Sparta 15/3, 164; Wagnerismus 15/3, 1076ff.
Schenk von Stauffenberg, Alexander, Graf (Stauffenberg, Graf Alexander von): Nationalsozialismus 15/1, 736
Schenk von Stauffenberg, Berthold, Graf (Stauffenberg, Graf Berthold von): Nationalsozialismus 15/1, 734
Schenk von Stauffenberg, Claus, Graf (Stauffenberg, Graf Claus von): Nationalsozialismus 15/1, 734
Scherer, Wilhelm: Sprachwissenschaft 15/3, 236
Schesaeus, Christianus: Ungarn 15/3, 751
Scheu, Robert: Österreich 15/3, 1292
Scheubel, Johann: Mathematik 15/1, 319
Scheuchzer, Johann Jakob: Babylon 13, 377; Meteorologie 15/1, 417–418
Scheurl, Christoph: Mimesislegenden 15/1, 439
Schevichhaven, J. van: Niederlande und Belgien 15/1, 1045
Schevtschenko, Galina Ivanovna: Weißrußland 15/3, 1110
Schiantarelli, Pompeo: Neapel, Archäologisches Nationalmuseum (Museo Nazionale Archeologico, Napoli) 15/1, 874
Schiaparelli, Ernesto: Italien 14, 719
Schickard, Wilhelm: Naturwissenschaften 15/1, 841
Schiering, Wolfgang: Weltwunder 15/3, 1115
Schiesaro, Alessandro: Philologie 15/3, 1313
Schiller, Johann Christoph Friedrich von: Aufklärung 13, 343; Bildung 13, 512; Deutschland 13, 803; Elegie 13, 946; Epigrammatik 13, 984; Geschichtsmodelle 14, 177; Griechische Tragödie 14, 318; Homerische Frage 14, 513; Hymnos 14, 569; Italien 14, 705; Klassik als Klassizismus 14, 896–899; Klassizismus 14, 956; Konsolationsliteratur 14, 1082; Körperkultur 14, 1049–1051; Laokoongruppe 15/1, 17; Leichenrede 15/1, 121; Mannheim, Antikensaal und Antiquarium 15/1, 293; Marxismus 15/1, 301; Mausoleum 15/1, 336; Musen 15/1, 565; Naturwissenschaften 15/1, 786; Neuhumanismus 15/1, 918; 922; Österreich 15/1, 1142; 1144; Poetik 15/2, 390;

Pompeji/Rezeption des freigelegten Pompeji in Literatur und Film 15/2, 491; Querelle des Anciens et des Modernes 15/2, 612; Sparta 15/3, 159ff.; Sport 15/3, 218; Sturm und Drang 15/3, 338–339; Theater 15/3, 400ff.; Tragödie/Tragödientheorie 15/3, 535; 541; Universität 15/3, 899; Übersetzung 15/3, 732ff.

Schiller, Julius: Naturwissenschaften 15/1, 841

Schilling, J.: Historismus 14, 497

Schillings, Max von: Griechische Tragödie 14, 319; Vertonungen antiker Texte 15/3, 1023

Schiltberger, Hans: Babylon 13, 373; Iranistik 14, 634; Konstantinopel 14, 1089; Troja 15/3, 603

Schilter, Johann: Deutscher Usus modernus 13, 748

Schimmel, Norbert: New York, Metropolitan Museum 15/1, 966; 977

Schinas, K.: Griechenland 14, 284

Schinkel, Karl Friedrich von: Berlin 13, 451; Denkmal 13, 741; Deutschland 13, 797; 815; Dioskuren vom Monte Cavallo 13, 864; Historismus 14, 490; 492; 494; Karlsruhe, Badisches Landesmuseum, Antikensammlungen 14, 810; Klassische Archäologie 14, 927; Körperkultur 14, 1051; Mausoleum 15/1, 333; 335; Möbel 15/1, 521; Norwegen 15/1, 1087; Paestum 15/2, 11; Park 15/2, 144; Parthenon 15/2, 194; Preußen 15/2, 556; Rezeptionsformen 15/2, 764; Sepulchralkunst 15/3, 21–23; Stadion 15/3, 257ff.; Stützfiguren/Erechtheionkoren 15/3, 333; Tempel/Tempelfassade 15/3, 377; Theaterbau/Theaterkulisse 15/3, 406; Trajanssäule 15/3, 550; Vasen/Vasenmalerei 15/3, 956; Villa 15/3, 1041ff.; Winckelmann-Gesellschaft 15/3, 1139; Wirtschaft und Gewerbe 15/3, 1145

Schirmer, Michael: Deutschland 13, 783

Schläger, Hartmut: Unterwasserarchäologie 15/3, 924

Schlegel, August Wilhelm von: Griechische Tragödie 14, 318; Homerische Frage 14, 514; Klassische Archäologie 14, 907; Klassizismus 14, 958; Lateinische Tragödie 15/1, 88; Marxismus 15/1, 296; Metamorphose 15/1, 397; Musen 15/1, 565; Neulatein 15/1, 937; Österreich 15/1, 1142; Preußen 15/2, 552; Romantik 15/2, 971; 973; 982; Sprachwissenschaft 15/3, 240; Sturm und Drang 15/3, 340; Theater 15/3, 400ff.; Tragödie/Tragödientheorie 15/3, 539; Zeitrechnung 15/3, 1177

Schlegel, Friedrich von: Byzantinistik 13, 588; Diktatur 13, 857; Epochenbegriffe 13, 1009–1010; Geschichtsmodelle 14, 179–180; Griechische Komödie 14, 313; Historismus 14, 470; 492; Homerische Frage 14, 514–515; Ironie 14, 649; Klassik als Klassizismus 14, 890;

898–899; Klassische Archäologie 14, 907; 912; Komödie 14, 1075–1076; Literaturkritik 15/1, 179; Mythos 15/1, 641; Neuhumanismus 15/1, 922; Nietzsche-Wilamowitz-Kontroverse 15/1, 1066; Orientalismus 15/1, 1240; Platonismus 15/2, 371; Poetik 15/2, 390; Preußen 15/2, 552; Querelle des Anciens et des Modernes 15/2, 612; Republik 15/2, 735; Romantik 15/2, 971ff.; Sparta 15/3, 160; Sprachwissenschaft 15/3, 231ff.; 240; 242; Sturm und Drang 15/3, 340; Verfassungsformen 15/3, 987; Vorsokratiker 15/3, 1067; Zeitrechnung 15/3, 1177

Schlegel, Johann Elias: Mimesis 15/1, 434; Tragödie/Tragödientheorie 15/3, 540

Schleicher, August: Sprachwissenschaft 15/3, 236; 238

Schleiermacher, Friedrich Daniel Ernst: Bund 13, 582; Dialektik 15/3, 1252ff.; Gnosis 14, 229; Historismus 14, 471; 478; Homiletik/Ars praedicandi 14, 530; Pädagogik 15/2, 1ff.; Philologie 15/2, 262; Philosophie 15/2, 340; Platonismus 15/2, 371; Politische Theorie 15/2, 455; Preußen 15/2, 552; Rhetorik 15/2, 803; Theologie und Kirche des Christentums 15/3, 415; 447; Universität 15/3, 904; Übersetzung 15/3, 733ff.; Verfassungsformen 15/3, 987; Vorsokratiker 15/3, 1062ff.; 1067; Zeitrechnung 15/3, 1177

Schleiermacher, Wilhelm: Limes, Limesforschung 15/1, 165

Schleif, Hans: Milet 15/1, 423; Nationalsozialismus 15/1, 740; Olympia 15/1, 1173; Samos 15/2, 1054

Schleip, Johann Christian: Wirtschaft und Gewerbe 15/3, 1145

Schlemmer, Oskar: Moderne 15/1, 500

Schlesinger, E.: Lateinamerika 15/1, 43

Schlichtegroll, Friedrich: Steinschneidekunst: Gemmen 15/3, 285

Schlichter, Rudolf: Interpretatio Christiana 14, 631

Schlick, Moritz: Philosophie 15/2, 341

Schlieffen, Alfred, Graf von: Karthago 14, 852; Krieg 14, 1117; Schlachtorte 15/2, 1077

Schliemann, Heinrich: Deutschland 13, 815; Griechenland 14, 292; Historismus 14, 492; Klassische Archäologie 14, 911; 914; Knossos 14, 992; Kretisch-Mykenische Archäologie 14, 1100–1102; 1106; Museum 15/3, 1276; Mykene 15/1, 603ff.; Nationale Forschungsinstitute 15/3, 1286; Olympia 15/1, 1170; Orchomenos 15/1, 1189–1190; Österreich 15/3, 1294; Philologie 15/3, 1304; Tiryns 15/3, 499ff.; Troja 15/3, 595ff.; 606ff.; 609ff.

Schlömer, Joachim: Tanz 15/3, 363

Schlözer, August Ludwig von: Geographie 14, 124; Geschichtsmodelle 14, 177; Herrscher 14, 397; 405; Litauen 15/1, 176; Semitistik 15/3, 11; Technikgeschichte 15/3, 365; Universität 15/3, 899; Zeitrechnung 15/3, 1177
Schlosser, Johann Georg: Griechische Komödie 14, 312; Sklaverei 15/3, 48; Verfassung 15/3, 977
Schlüter, Andreas: Laokoongruppe 15/1, 14; Preußen 15/2, 545; Reiterstandbild 15/2, 653
Schlüter, Otto: Historische Geographie 14, 445
Schlumberger, Daniel: Baalbek 13, 366; Pakistan/Gandhara-Kunst 15/2, 39
Schmeller, Johann Andreas: Mittellatein 15/1, 458
Schmid, M.: Historismus 14, 486
Schmid, W.: Philologie 15/2, 322
Schmid, W. (Faber): Comics 13, 669
Schmidt, Arno: Deutschland 13, 825; Orient-Rezeption 15/1, 1227; 1229; Totengespräch 15/3, 523
Schmidt, B.: Neugriechische Literatur 15/1, 915
Schmidt, Erich Friedrich: Luftbildarchäologie 15/1, 232; Philadelphia, University of Pennsylvania Museum of Archaeology and Anthropology, Ancient Near Eastern Section 15/2, 229
Schmidt, Ernst August: Philologie 15/3, 1317
Schmidt, Johann Lorenz: Gnosis 14, 228
Schmidt, Johannes: Sprachwissenschaft 15/3, 235; 239
Schmidt, Moritz W.C.: Entzifferungen 13, 962
Schmidt, Paul Gerhard: Mittellatein 15/1, 453; 456
Schmidt, Peter Lebrecht: Zeitrechnung 15/3, 1189
Schmidt-Degener, Frederik: Warburg Institute, The 15/3, 1100
Schmidt-Ott, Friedrich: Lexikographie 15/1, 144
Schmitt, Armin: Philologie 15/3, 1318
Schmitt, Carl: Diktatur 13, 854; 861; Politische Theorie 15/2, 434; Verfassung 15/3, 980; Verfassungsformen 15/3, 989
Schmitt, Charles B.: Warburg Institute, The 15/3, 1104
Schmitt, Eugen Heinrich: Gnosis 14, 229
Schmitt, Florent: Frankreich 15/3, 1271
Schmitz, Bruno: Mausoleum 15/1, 337; Sepulchralkunst 15/3, 22
Schmitz, H.-G.: Rhetorik 15/2, 804
Schmölz, Hugo: Nationalsozialismus 15/1, 765
Schneider, Carl: Geschichtswissenschaft/Geschichtsschreibung 14, 191
Schneider, Johann Gottlob: Lexikographie 15/1, 130
Schnelling, O.: Griechische Komödie 14, 315
Schneuwly, P.: Schweiz 15/2, 1135
Schnirch, Bohuslav: Tschechien 15/3, 632
Schnitzler, Arthur: Österreich 15/3, 1295

Schnur, Harry C. (Arrius Nurus): Lebendiges Latein 15/1, 95; Makkaronische Dichtung 15/1, 283; Neulatein 15/1, 938–939
Schnurre, Wolfdietrich: Fabel 13, 1070; Metapher/Metapherntheorie 15/1, 406
Schnurrer, Christian Friedrich: Arabistik 13, 190
Schober, Arnold: Albanien 13, 59; Nationalsozialismus 15/1, 743
Schoch, Johann Leopold Ludwig d.Ä.: Park 15/2, 163
Schoch, Johann Leopold Ludwig d.J.: Park 15/2, 163
Schoch, Johannes: Stützfiguren/Erechtheionkoren 15/3, 330
Schoeck, Othmar: Vertonungen antiker Texte 15/3, 1023
Schoedsack, Ernest B.: Pompeji/Rezeption des freigelegten Pompeji in Literatur und Film 15/2, 494
Schöfferlin, Bernhard: Übersetzung 15/3, 728
Schoeman, Karel: Südafrika 15/3, 343
Schoen, Hans Freiherr von: München, Glyptothek und Antikensammlungen 15/1, 554–555
Schönberger, Hans: Limes, Limesforschung 15/1, 166
Schoenbohm, S.: Griechische Tragödie 14, 321
Schöne, Richard: Berlin 13, 463
Schoener, Johann (Schonerus): Naturwissenschaften 15/1, 838
Schönvisner, István: Ungarn 15/3, 755
Schoepflin, J.F.: Provinzialrömische Archäologie 15/2, 578
Schofield, Malcolm: Vorsokratiker 15/3, 1063
Scholer, Othon: Luxemburg 15/1, 239
Scholz, Laurentius: Park 15/2, 130
Schonaeus, Cornelius (Terentius Christianus): Lateinische Komödie 15/1, 78; Niederlande und Belgien 15/1, 1000
Schonerus → Schoener
Schopenhauer, Arthur: Dialektik 15/3, 1252; Konsolationsliteratur 14, 1082; Laokoongruppe 15/1, 17; Mythos 15/1, 640; Neulatein 15/1, 937; Nietzsche-Wilamowitz-Kontroverse 15/1, 1065–1066; United States of America 15/3, 870; Vorsokratiker 15/3, 1065; Wagnerismus 15/3, 1076; 1078
Schoppe, Kaspar: Deutschland 13, 784; Literaturkritik 15/1, 181
Schott, H.A.: Homiletik/Ars praedicandi 14, 530
Schottel, Justus Georg → Schottelius
Schottelius, Justus Georg (Schottel, Justus Georg): Deutschland 13, 783; Metapher/Metapherntheorie 15/1, 405
Schottenius Hessus, Hermannus: Lateinische Tragödie 15/1, 86; Tragödie/Tragödientheorie 15/3, 538

Schottus, Andreas: Niederlande und Belgien 15/1, 991; 1018; 1024; 1027; 1029
Schouwenaars, Clem: Niederlande und Belgien 15/1, 1059
Schow, N.: Papyri (Fundgeschichte) 15/2, 66
Schrader, Hans: Priene 15/2, 561
Schrader, Johannes: Niederlande und Belgien 15/1, 1006
Schrage, Eltjo J.H.: Glossatoren 14, 225
Schramm, Percy Ernst: Karolingische Renaissance 14, 817; Warburg Institute, The 15/3, 1100
Schreyer, Sebastian: Porträtgalerie 15/2, 506
Schreyvogel, Josef: Österreich 15/1, 1144
Schriefer, Th.: Werbung 15/3, 1125
Schrijnen, Jozef Karel Frans Hubert: Niederlande und Belgien 15/1, 1011–1012
Schrobilgen, M.-L.: Luxemburg 15/1, 241
Schroeder, Jean: Luxemburg 15/1, 237
Schröder, Rudolf Alexander: Deutschland 13, 818; Übersetzung 15/3, 733; 737; Verskunst 15/3, 1016
Schrödinger, Erwin: Österreich 15/3, 1293
Schrott, Raoul: Österreich 15/3, 1297
Schtschussew, Alexei V.: Mausoleum 15/1, 338; Orient-Rezeption 15/1, 1217
Schubart, Christian Friedrich Daniel: Sturm und Drang 15/3, 340
Schubert, Franz: Musik 15/1, 602; Vertonungen antiker Texte 15/3, 1023
Schubert, Gotthilf Heinrich: Horoskope 14, 536; Naturwissenschaften 15/1, 851
Schuchardt, Hugo: Sprachwissenschaft 15/3, 237ff.; 239
Schuchhardt, Carl: Luftbildarchäologie 15/1, 231
Schüler, Carl Gustav: Karlsruhe, Badisches Landesmuseum, Antikensammlungen 14, 808
Schürer, Emil: Judentum 14, 760
Schütte, Sven: Köln 14, 1036; 1039
Schüttenhofer, Heinrich von: Zoologie 15/3, 1215
Schütz, Heinrich: Musik 15/1, 594
Schütz, Stefan: DDR 13, 693
Schuler, Alfred: Fin de siècle 13, 1144
Schuller, Wolfgang: Geschichtswissenschaft/ Geschichtsschreibung 14, 190; 194
Schulte, Johann Friedrich von: Glossatoren 14, 224
Schulten, Adolf: Atlantis 13, 337; Schlachtorte 15/2, 1085
Schultens, Albert: Semitistik 15/3, 12
Schulthess, Johann: Schweiz 15/2, 1142
Schultz, Johann: Litauen 15/1, 173
Schultze, Rudolf: Köln 14, 1030
Schultze, V.: Christliche Archäologie 13, 644
Schulz, A.: Griechische Tragödie 14, 319
Schulz, Arthur: Winckelmann-Gesellschaft 15/3, 1138
Schulz, Fritz: Textstufenforschung 15/3, 394

Schulz, Josef: Tschechien 15/3, 632
Schulze, Gottlob Ernst: Skeptizismus 15/3, 44
Schulze, Johann Heinrich: Medizingeschichtsschreibung 15/1, 374
Schulze, Johannes: Philologie 15/2, 262; Philologisches Seminar 15/2, 329
Schulze, Wilhelm: Onomastik 15/1, 1176
Schumacher, Gottlieb: Vorderasiatische Archäologie 15/3, 1057
Schumann, Otto: Mittellatein 15/1, 461
Schuré, Edouard: Wagnerismus 15/3, 1077ff.
Schuster, Raffael: Moderne 15/1, 505
Schuttelaere, Johannes Baptista de: Niederlande und Belgien 15/1, 1021
Schuurman, Anna Maria: Neulatein 15/1, 939
Schvarcz, Gyula (Schwarz, Julius): Ungarn 15/3, 756
Schwab, Gustav: Kinder- und Jugendliteratur 14, 879–880; Mythologie 15/1, 633; Übersetzung 15/3, 735
Schwabe, Ludwig: Estland 13, 1047
Schwagenscheidt, Walter: Nida-Frankfurt 15/1, 983
Schwandner, Ernst-Ludwig: Priene 15/2, 565
Schwanthaler, Ludwig Michael von: Denkmal 13, 741; Historismus 14, 497
Schwartz, Eduard: Akademie 13, 49; Bayern 13, 445; Thukydidismus 15/3, 482; Universität 15/3, 910
Schwartzerd → Melanchthon
Schwarz, Julius → Schvarcz
Schwarzert, Philipp → Melanchthon
Schwegler, Albert: Geschichtswissenschaft/ Geschichtsschreibung 14, 204
Schweighäuser, Johannes: Übersetzung 15/3, 730
Schweitzer, Bernhard: Klassische Archäologie 14, 915
Schweizer, A.: Homiletik/Ars praedicandi 14, 530
Schweizer, Otto Ernst: Stadion 15/3, 259
Schwind, Moritz von: Karikatur 14, 802; Karlsruhe, Badisches Landesmuseum, Antikensammlungen 14, 810
Scialoja, V.: Istituto (Nazionale) di Studi Romani 14, 653
Sciarrino, Salvatore: Italien 14, 708
Scogliano, Antonio: Pompeji 15/2, 474
Scondrensis, Marinus Becichemus (Beçikemi, Marin): Albanien 13, 57
Scorel, Jan van: Niederlande und Belgien 15/1, 1038
Scoto, Annibale: Tacitismus 15/3, 356
Scott, Robert: Lexikographie 15/1, 130
Scott, Sir Walter: Neugriechische Literatur 15/1, 906; Orient-Rezeption 15/1, 1226
Scottus, Josephus: Figurengedicht 13, 1116
Scribani, Carolus: Niederlande und Belgien 15/1, 1027
Scriverius, Petrus: Niederlande und Belgien 15/1, 998

Scudéry, Georges de: Adaptation 13, 15; Epos 13, 1021; Frankreich 14, 37; Gattung/Gattungstheorie 14, 92; Roman 15/2, 945
Scudéry, Madeleine de: Frankreich 14, 37
Seaford, R.: Religion und Literatur 15/2, 675
Seager, Richard: Nationale Forschungsinstitute 15/3, 1284
Searle, John Rogers: Metapher/Metapherntheorie 15/1, 406; Philologie 15/3, 1314; Semiotik 15/3, 8; Sprachwissenschaft 15/3, 249
Sebag, Lucien: Strukturalismus 15/3, 324
Sebastian, Klaus: Orient-Rezeption 15/1, 1232
Sébillet, Thomas: Frankreich 14, 31; Klassik als Klassizismus 14, 888; Poeta Vates 15/2, 379
Sechretis, Chatzi: Neugriechische Literatur 15/1, 902
Seckendorf, Veit von: Ritterakademie 15/2, 823
Sedlmayr, Hans: Interpretatio Christiana 14, 630–631
Sedulius Scottus: Fürstenspiegel 14, 77; Herrscher 14, 364; 389; 405; Mittellatein 15/1, 453; Niederlande und Belgien 15/1, 986
Seeck, Otto: Geschichtswissenschaft/Geschichtsschreibung 14, 206; 214–216; Nationalsozialismus 15/1, 729; Universität 15/3, 910
Seeger, Ludwig: Griechische Komödie 14, 313; Komödie 14, 1075
Seeher, J.: Hethitologie 14, 416
Seetzen, Ulrich Jasper: Vorderasiatische Archäologie 15/3, 1057
Seferis, Giorgos: Nationale Forschungsinstitute 15/3, 1286; Neugriechische Literatur 15/1, 911–912
Segal, Erich: Philologie 15/3, 1314
Segalá y Estalella, Luis: Spanien 15/3, 123ff.
Segelken, Heinrich: Winckelmann-Gesellschaft 15/3, 1137
Seiber, Mátyás: Vertonungen antiker Texte 15/3, 1024
Seibicke, Wilfried: Internationalismen 14, 616
Seibt, Karl Heinrich: Tschechien 15/3, 638
Seidel, Helmut: Marxismus 15/1, 300; 302
Seidel, Robert: Neulatein 15/1, 934
Seidel, Wolfgang: Fürstenspiegel 14, 85
Seidl, Horst: Politische Theorie 15/2, 456
Seiler, Hansjakob: Sprachwissenschaft 15/3, 241
Seitz, G.: Deutschland 13, 824
Seitz, M.: Steinschneidekunst: Gemmen 15/3, 288
Selden, John: Altertumskunde (Humanismus bis 1800) 13, 91; Politische Theorie 15/2, 419; Zeitrechnung 15/3, 1177
Sellar, Peter: United States of America 15/3, 879
Selva, Gian Antonio: Mausoleum 15/1, 336
Semenowicz, Casimirus: Litauen 15/1, 172
Semeshon, J.B.: Weißrußland 15/3, 1108
Semler, Christian Gottfried: Naturwissenschaften 15/1, 841
Semler, Christoph: Realschule 15/2, 624

Semler, Johann Salomo: Theologie und Kirche des Christentums 15/3, 417; 446; Universität 15/3, 898
Semper, Gottfried: Dresden, Staatliche Kunstsammlungen, Skulpturensammlung 13, 874; Historismus 14, 492–493; Schweiz 15/2, 1144; Sepulchralkunst 15/3, 16; Stil, Stilanalyse, Stilentwicklung 15/3, 294; Stützfiguren/Erechtheionkoren 15/3, 333; Theaterbau/Theaterkulisse 15/3, 406; Wien, Kunsthistorisches Museum 15/3, 1134
Semple, Ellen Churchill: Historische Geographie 14, 451
Senacherim, Michael: Kommentar 14, 1065
Senefelder, Alois: Werbung 15/3, 1121
Senfl, Ludwig: Numismatik 15/1, 1129; Vertonungen antiker Texte 15/3, 1024
Sennert, Daniel: Atomistik 13, 340; Naturwissenschaften 15/1, 870
Sepharial (Old, Walter Richard): Horoskope 14, 538
Sergeenko, M.E.: Geschichtswissenschaft/Geschichtsschreibung 14, 207
Sergel, Johan Tobias: Barberinischer Faun 13, 390; Nacktheit in der Kunst 15/1, 654
Sergios [1]* von Resaena: Arabisch-islamisches Kulturgebiet 13, 163; Arabische Medizin 13, 184–185; Pharmakologie 15/2, 221
Serlio, Sebastiano: Druckwerke 13, 892; Groteske 14, 328; Italien 14, 688; Lateinische Komödie 15/1, 76; Theaterbau/Theaterkulisse 15/3, 403–404; Toranlagen/Stadttore 15/3, 511; Triumphbogen 15/3, 586; 591; Vasen/Vasenmalerei 15/3, 947
Serlo von Wilton engl. mlat. Dichter, 12. Jh.: Lyrik 15/1, 248
Séroux d'Agincourt, Jean Baptiste Louis George: Byzantinistik 13, 588; Christliche Archäologie 13, 643
Serov, Mykola: Ukraine 15/3, 746
Serres, Jean de: Politische Theorie 15/2, 450
Serugh, Jakob von: Theologie und Kirche des Christentums 15/3, 427
Servet, Michael: Theologie und Kirche des Christentums 15/3, 445
Seta, Alessandro della: Rhodos 15/3, 1324
Seta, L. della: Historienmalerei 14, 422
Setälä, Päivi: Nationale Forschungsinstitute 15/1, 683
Set'ean, Ep'rem: Armenien 13, 272
Sethe, K.: Papyrologie 15/2, 92
Settembrini, Luigi: Italien 14, 704
Settis, Salvatore: Warburg Institute, The 15/3, 1103
Seuse, Heinrich (Suso, Henricus): Autobiographie 13, 361; Konsolationsliteratur 14, 1079; Metaphysik 15/1, 412; Theologie und Kirche des Christentums 15/3, 419
Séverac, Déodat Joseph de: Frankreich 15/3, 1268

Severus bar Šakkū: Musik 15/1, 597
Seyssel, Claude de: Monarchie 15/1, 540; Politische Theorie 15/2, 417; Thukydidismus 15/3, 484
Sezgin, Fuat: Arabistik 13, 192
Seznec, Jean: Mythologie 15/1, 616; Warburg Institute, The 15/3, 1102
Sforza, Bianca: Triumphbogen 15/3, 586
Shabbetai ben Abraham Donnolo: Medizin 15/1, 362
Shackleton Bailey, David Roy: Philologie 15/3, 1316
Shaftesbury, Anthony Ashley Cooper, Third Earl of: Einbildungskraft 13, 936; Geschmack 14, 218; Klassizismus 14, 976; Park 15/2, 133; 137; Praktische Philosophie 15/2, 534; Verskunst 15/3, 1015
Shafto, Robert: Limes, Hadrianswall 15/1, 152
Shakespeare, William: Herrscher 14, 393; Kanon 14, 793; Klassizismus 14, 963; Komödie 14, 1069; 1073–1074; Lateinische Komödie 15/1, 69; 74; Lateinische Tragödie 15/1, 86–87; Leichenrede 15/1, 116; Lyrik 15/1, 249; Metamorphose 15/1, 396; Orientalismus 15/1, 1236; Schlachtorte 15/2, 1086; Sphärenharmonie 15/3, 189; Tragödie/Tragödientheorie 15/3, 534; 539; Troja 15/3, 600; United Kingdom 15/3, 805; 807ff.; 809ff.; 816ff.; 818
Shalev-Gerz, Esther: Rekonstruktion/Konstruktion 15/2, 665
Shanks, Michael: Klassische Archäologie 14, 937
Shaw, George Bernard: Komödie 14, 1076; United Kingdom 15/3, 818
Shear, T. Leslie Sr.: Nationale Forschungsinstitute 15/3, 1284
Shelley, Mary: Romantik 15/2, 979
Shelley, Percy Bysshe: Historienmalerei 14, 438; Poeta Vates 15/2, 380–381; United Kingdom 15/3, 814; Zoroastres/Zoroastrismus 15/3, 1231
Shem Tob ibn Falaquera: Medizin 15/1, 363
Sherard, W.: Inschriftenkunde, griechische 14, 594
Shimson ben Shlomo: Arabische Medizin 13, 185
Shipp, G.P.: Australien und Neuseeland 13, 360
Short, Charles: Lexikographie 15/1, 140
Short, William: Menschenrechte 15/1, 387
Shurbin, Alexander: Weißrußland 15/3, 1109
Shute, John: Stützfiguren/Erechtheionkoren 15/3, 330
Sibly, Ebenezer: Horoskope 14, 536
Sibly, Manoah: Horoskope 14, 536
Sibutus, Georg: Mimesislegenden 15/1, 439
Sicardus von Cremona *Theologe, um 1200*: Glossatoren 14, 222
Sichardus, Johannes: Humanismus 14, 555
Sickler, Friedrich: Olympia 15/1, 1169
Sictor, Iohannes: Tschechien 15/3, 627

Sidney, Algernon: Diktatur 13, 853; Menschenrechte 15/1, 387; Monarchie 15/1, 542; Politische Theorie 15/2, 421; Republik 15/2, 725
Sidney, G.: Karthago 14, 852
Sidney, Mary, Countess of Pembroke (Herbert, Mary): United Kingdom 15/3, 808
Sidney, Sir Philip: Arkadismus 13, 266; Bukolik/Idylle 13, 563; Poeta Vates 15/2, 379–380; United Kingdom 15/3, 805; 807; Verskunst 15/3, 1013; 1016
Sieder, Martin: Lateinische Inschriften 15/1, 48
Siegismund, Justus: Entzifferungen 13, 962
Sieglin, Ernst von: Alexandria 13, 68
Sieglin, Wilhelm: Historische Geographie 14, 451; Kartographie 14, 859
Siemens, Marie: Milet 15/1, 422
Sienkiewicz, Henryk: Film 13, 1136; Rom 15/2, 909; Roman 15/2, 946
Sieyès, Emmanuel Joseph, Graf: Demokratie 13, 725
Sigebert von Gembloux: Geschichtsmodelle 14, 169
Sigerich von Canterbury: Wallfahrt 15/3, 1091
Sigerist, Henry Ernst: Medizingeschichtsschreibung 15/1, 376
Sigismund *König und Kaiser des HRR, 1386-1437*: Toranlagen/Stadttore 15/3, 509; Ungarn 15/3, 749
Sigismund I., der Alte *König von Polen und Großfürst von Litauen, 1467-1548*: Polen 15/2, 400; Renaissance 15/2, 712
Sigismund II. August *König von Polen und Großfürst von Litauen, 1520-1572*: Litauen 15/1, 173; 177
Sigismund der Münzreiche *Erzherzog von Österreich*: Österreich 15/1, 1137
Signorelli, Luca: Groteske 14, 325; Nacktheit in der Kunst 15/1, 651; Triumphbogen 15/3, 589
Sigonius, Carolus: Altertumskunde (Humanismus bis 1800) 13, 92–93; Athen 13, 282; Dialog 13, 833; Epochenbegriffe 15/1, 1013; Fälschung 13, 1080; Geschichtswissenschaft/Geschichtsschreibung 14, 201; 214; Nobilitas 15/1, 1078; Zeitrechnung 15/3, 1190
Sigüenza y Góngora, Carlos de: Lateinamerika 15/1, 23
Sigurd I. Magnusson *König von Norwegen, um 1090-1130*: Norwegen 15/1, 1084
Sigwart, Christoph: Logik 15/1, 198
Šihāb ad-Dīn an-Nuwairī → an-Nuwairī, Šihāb ad-Dīn
Sikelianos, Angelos: Neugriechische Literatur 15/1, 909–910
Sikora, Roman: Tschechien 15/3, 636
Silberer, Herbert: Naturwissenschaften 15/1, 872; Psychoanalyse 15/2, 590; 594
Siliņš, M.: Lettland 15/1, 125
Šilkarskis, Vladimiras: Litauen 15/1, 176
Sillimani, Martin: Herrscher 14, 369

Silva, A.J. da: Portugal 15/2, 521
Silva Xavier, Joaquim José da → Tiradentes
Silva y Figueroa, Don García de: Iranistik 14, 634
Silvagni, A.: Lateinische Inschriften 15/1, 60
Silvester II. → Sylvester II.
Silvestre de Sacy, Antoine Isaac, Baron: Arabistik 13, 190; Iranistik 14, 637; 640
Šima, Josef: Tschechien 15/3, 635
Simeon I. d.Gr. *Khan und Zar von Bulgarien, um 865–927*: Bulgarien 13, 570; Byzanz 13, 615
Simeon Ben Jochai: Kabbala 14, 768; Philosophia perennis 15/2, 333
Simeon Seth *byz. Arzt, 11. Jh.*: Medizin 15/1, 361
Simic, Charles: United States of America 15/3, 880
Šimić, Nikolay: Serbien 15/3, 27
Simintendi, A.: Adaptation 13, 11
Simler, Josias: Schweiz 15/2, 1130
Simmel, Georg: Kulturanthropologie 14, 1132*
Simokattes, Theophylaktos (Theophylaktos [1]* Simokattes): Byzanz 13, 603–604; Niederlande und Belgien 15/1, 996; Politische Theorie 15/2, 468; Überlieferung 15/3, 711
Simon von Bisignano: Glossatoren 14, 222
Simon von Brügge → Stevin
Simon von Genua: Pharmakologie 15/2, 218
Simon, Claude: Epos 13, 1023; Frankreich 15/3, 1266
Simon, Richard: Literaturkritik 15/1, 181; Philosophia perennis 15/2, 337
Simonetti, M.: Rom 15/2, 931
Simoni, Alberto De: Strafrecht 15/3, 316
Simonsuuri, K.: Finnland 13, 1149
Simpson, F.G.: Limes, Hadrianswall 15/1, 155
Šimun aus Trogir (Aretophylus): Kroatien 14, 1120
Sinaites, Nilos: Theologie und Kirche des Christentums 15/3, 427
Sinaiticus, Philotheos: Theologie und Kirche des Christentums 15/3, 428
Sinan *osman. Baumeister, um 1490-1588*: Byzanz 13, 622
Sinán, Rogelio: Kinder- und Jugendliteratur 14, 880
Sinapius, D.: Slowakei 15/3, 66
Şincai, Gheorghe: Rumänien 15/2, 1003
Sinclair, Clarence: Venus von Milo 15/3, 968
Sinibald Fieschi → Innozenz IV.
Sinko, Th.: Polen 15/2, 406
Sinn, Ulrich: Olympia 15/1, 1174
Sironi, Mario: Faschismus 13, 1094; Moderne 15/1, 500; 505; Nacktheit in der Kunst 15/1, 655
Sirvydas, Konstantinas (Constantinus): Litauen 15/1, 172
Sismondi, S.: Romantik 15/2, 982
Sisson, C.H.: United Kingdom 15/3, 827
Sittmann, Tassilo: Nida-Frankfurt 15/1, 983
Six, Jan: Niederlande und Belgien 15/1, 1011; 1044

Sixtus IV. *Papst*: Altertumskunde (Humanismus bis 1800) 13, 90; Historienmalerei 14, 426; Naturwissenschaften 15/1, 840; Rom 15/2, 843; 865; 922; Trajanssäule 15/3, 547; Triumphbogen 15/3, 588
Sixtus V. *Papst*: Altertumskunde (Humanismus bis 1800) 13, 94; Naturwissenschaften 15/1, 840; Orient-Rezeption 15/1, 1198; Rom 15/2, 846; 856; 911
Sizoo, Alexander: Niederlande und Belgien 15/1, 1011
Šižorić, J.: Kroatien 14, 1119–1120
Sjöberg, Ake: Philadelphia, University of Pennsylvania Museum of Archaeology and Anthropology, Ancient Near Eastern Section 15/2, 231
Sjöqvist, Erik: Nationale Forschungsinstitute 15/1, 674
Skakke, Erling *König von Norwegen, 1115-1179*: Norwegen 15/1, 1084
Skalić, P.: Kroatien 14, 1120
Skanderbeg → Kastrioti
Skard, Eiliv: Nationale Forschungsinstitute 15/1, 697; Norwegen 15/1, 1088
Skaryna, F.: Weißrußland 15/3, 1108
Şkef, Felicia: Rumänien 15/2, 1011
Skeibrok, Mathias: Norwegen 15/1, 1087
Skiadas, A.: Griechenland 14, 284
Skinner, Q.: Republik 15/2, 737
Sklovskij, Viktor: Strukturalismus 15/3, 322
Skorina, Franciscus: Litauen 15/1, 174
Škorpil, Hermengild: Tschechien 15/3, 644
Škorpil, Karel: Tschechien 15/3, 641; 644
Škorpil, Václav: Tschechien 15/3, 644
Skovoroda, Hryhoryj/Grigorij: Theologie und Kirche des Christentums 15/3, 430; Ukraine 15/3, 745–746
Skrede, Ragnvald: Norwegen 15/1, 1087
Skržinskaja, M.: Ukraine 15/3, 747
Slater, P.E.: Psychoanalyse 15/2, 600
Slatkonja-Chrysippus, Georgius: Slowenien 15/3, 69ff.
Slawinetzkij, E.: Rußland 15/2, 1017
Sleidanus, Johannes: Geschichtsmodelle 14, 174–175; Geschichtswissenschaft/Geschichtsschreibung 14, 200; Luxemburg 15/1, 239
Slevogt, Max: Moderne 15/1, 499
Slijpen, A.P.H.A.: Niederlande und Belgien 15/1, 1011
Sloan, John: Orient-Rezeption 15/1, 1218
Sloane, Sir Hans: London, British Museum 15/1, 204; 211
Small, Alistair: Nationale Forschungsinstitute 15/1, 676
Smalley, Berryl: Mythologie 15/1, 618

Smaragd von Saint-Mihiel: Fürstenspiegel 14, 77; Herrscher 14, 389
Smend, Rudolf: Akademie 13, 50; Verfassung 15/3, 980
Smetius, Henricus: Niederlande und Belgien 15/1, 1018
Smetius, Martinus: Druckwerke 13, 886; 891; Inschriftenkunde, griechische 14, 590; 600; Lateinische Inschriften 15/1, 58; Niederlande und Belgien 15/1, 991; 996; 1028
Smiglecius, Martinus: Litauen 15/1, 172
Smirke, Sir Robert: Greek Revival 14, 252; Historismus 14, 494; London, British Museum 15/1, 216
Smirke, Sydney: London, British Museum 15/1, 204
Smit, Barto: Südafrika 15/3, 343
Smith, Adam: Historische Rechtsschule 14, 467; Politische Theorie 15/2, 426; Sklaverei 15/3, 48; Sozial- und Wirtschaftsgeschichte 15/3, 84; Stoizismus 15/3, 308; Wirtschaftslehre 15/3, 1161ff.
Smith, Eli: Vorderasiatische Archäologie 15/3, 1057
Smith, George: London, British Museum 15/1, 224
Smith, John: Theologie und Kirche des Christentums 15/3, 436
Smith, Piazzi: Ägyptologie 13, 18
Smith, Robert Payne: Semitistik 15/3, 13
Smith, Sidney: London, British Museum 15/1, 226; United Kingdom 15/3, 815
Smith, Thomas: Civilians 13, 651–652; Inschriftenkunde, griechische 14, 590
Smith, William: Kartographie 14, 858
Smith, William Robertson: Religionsgeschichte 15/2, 688
Smolè, D.: Slowenien 15/3, 71
Smollett, Tobias George: Klassizismus 14, 974; Laokoongruppe 15/1, 15; United Kingdom 15/3, 813
Smyth, Ethel: Vertonungen antiker Texte 15/3, 1023
Smyth, Lucas: Irland 14, 646
Snell, Bruno: Deutschland 13, 818; Lexikographie 15/1, 130; Philologie 15/2, 273; 311
Snellaerts, Dominicus: Niederlande und Belgien 15/1, 1021
Snodgrass, Anthony M.: Zeitrechnung 15/3, 1170
Soane, Sir John: Greek Revival 14, 252; Mausoleum 15/1, 334; Modell/Korkmodell 15/1, 495; Stützfiguren/Erechtheionkoren 15/3, 332
Soardos, Lazaro: Theologie und Kirche des Christentums 15/3, 433
Soarez, Cypriano: Redegattungen 15/2, 634; Rhetorik 15/2, 783; 818; Tschechien 15/3, 629; Universität 15/3, 896
Soddy, Frederick: Naturwissenschaften 15/1, 865
Soden, Julius von: Österreich 15/1, 1142

Soden, Wolfram von: Semitistik 15/3, 14
Soderini, Francesco: Tacitismus 15/3, 353
Sodoma, Giovanni (Bazzi, Giovanni Antonio dei): Historienmalerei 14, 429
Sodomora, Andrij: Ukraine 15/3, 745; 747
Sölch, Johann: Historische Geographie 14, 451
Sørensen, Willy: Dänemark 13, 678
Sørensen Blinkenberg, Christian: Nationale Forschungsinstitute 15/1, 678
Sofianos, Nikolaos: Griechenland 14, 274
Sohn-Rethel, Alfred: Marxismus 15/1, 302
Sokolow, F.: Rußland 15/2, 1023
Solari, Santino: Österreich 15/1, 1133
Solger, Karl Wilhelm Ferdinand: Ironie 14, 649
Solin, Heikki: Nationale Forschungsinstitute 15/1, 683; Nobilitas 15/1, 1075
Sollberger, Edmond: London, British Museum 15/1, 227
Sollerius, Joannes Baptista: Niederlande und Belgien 15/1, 1026
Solmsen, Friedrich: Philologie 15/3, 1299
Solomon ben Yehuda ben Gabriol → Avicebron
Solomonik, Ella: Rußland 15/2, 1028; Ukraine 15/3, 747
Solomonson, J.-W.: Nationale Forschungsinstitute 15/1, 695
Solomos, Dionysios: Neugriechische Literatur 15/1, 902; 907; 914; Philhellenismus 15/2, 235
Solov'ev, Vladimir Sergeevic: Theologie und Kirche des Christentums 15/3, 430ff.
Sombart, Werner: Bevölkerungswissenschaft/ Historische Demographie 13, 489
Sommer, Christian: Republik 15/2, 734
Sommer, Ferdinand: Hethitologie 14, 415; Sprachwissenschaft 15/3, 1295
Sommer, Johannes: Rumänien 15/2, 1001
Sommer, Vladimír: Tschechien 15/3, 637
Soper, Alexander: Pakistan/Gandhara-Kunst 15/2, 38
Sophia Eleonora von Sachsen 1609–1671, Gemahlin Georgs II., Landgraf von Hessen-Darmstadt: Mausoleum 15/1, 333
Sophonias Mönch, 14. Jh.: Byzanz 13, 595; Kommentar 14, 1065
Sophronios* von Jerusalem: Anakreontische Dichtung, Anakreontik 13, 131; Byzanz 13, 603
Sorbière, Samuel: Skeptizismus 15/3, 42
Sordello it. Troubadour, um 1180–1269: Frankreich 14, 15
Sorel, Georges: Mythos 15/1, 641
Sorskij, Nil: Rußland 15/2, 1015
Soufflot, Jacques-Germain: Tempel/Tempelfassade 15/3, 376
Soumet, Alexandre: Frankreich 15/3, 1257
Soursos, Panayotis: Nationale Forschungsinstitute 15/1, 705

Soutsos, Alexandros: Neugriechische Literatur 15/1, 906
Soutsos, Panayotis: Neugriechische Literatur 15/1, 906
Sovrè, A.: Slowenien 15/3, 72ff.
Soyinka, Wole: United Kingdom 15/3, 831
Sozzini, Fausto: Theologie und Kirche des Christentums 15/3, 445
Spada, Graf: Rom 15/2, 911
Spadoleto, Jacopo: Laokoongruppe 15/1, 11
Spaen van Biljoen, Johan Frederik Willem van: Niederlande und Belgien 15/1, 1043
Spagna → Lo Spagna
Spagna, Arcangelo: Oratorium 15/1, 1187
Spagnoli, Giovanni Battista → Mantuanus
Spalatin, Georg Burkhardt: Fürstenspiegel 14, 84
Spalding, J.J.: Homiletik/Ars praedicandi 14, 529
Spangenberg, G.A.: Digesten/Überlieferungsgeschichte 13, 850
Spanheim, Ezéchiel, Baron de: Altertumskunde (Humanismus bis 1800) 13, 92; Druckwerke 13, 891; Niederlande und Belgien 15/1, 1005; Numismatik 15/1, 1113; Preußen 15/2, 548
Spann, Othmar: Politische Theorie 15/2, 434
Spanuth, Jürgen: Atlantis 13, 337
Spataro, Giovanni: Humanismus 14, 562
Speer, Albert: Nationalsozialismus 15/1, 724; 732; 756–757; 759–762; Stadion 15/3, 261; Triumphbogen 15/3, 593
Speeth, Peter: Paestum 15/2, 10
Spencer, Herbert: Bildung 13, 513; Geschichtsmodelle 14, 180
Spencer, John: Okkultismus 15/1, 1154
Spengel, Leonhard: Bayern 13, 436; 438
Spengler, Oswald: Cäsarismus 13, 628; Diktatur 13, 860; Dritter Humanismus 13, 879–880; Epochenbegriffe 13, 999; Faschismus 13, 1097; Geschichtsmodelle 14, 164; 182; Geschichtswissenschaft/Geschichtsschreibung 14, 214; Nobilitas 15/1, 1078; Politische Theorie 15/2, 434
Spenser, Edmund: Bukolik/Idylle 13, 562; Elegie 13, 945; Okkultismus 15/1, 1159; United Kingdom 15/3, 805; 807
Sperber, Dan: Strukturalismus 15/3, 325
Speyer, Jacobus: Niederlande und Belgien 15/1, 1010
Speyer, Johann von: Verlag 15/3, 1003
Speyer, Samuel: Niederlande und Belgien 15/1, 1010
Speyer, Wolfgang: Franz-Joseph-Dölger-Institut 14, 65
Spiegel, H.L.: Niederlande und Belgien 15/1, 1048
Spiegel, J.: Humanismus 14, 555
Spillebeen, Willy: Niederlande und Belgien 15/1, 1060

Spinazzi, Innocenzo: Uffizien, Florenz (Galleria degli Uffizi, Firenze) 15/3, 740
Spinazzola, Vittorio: Neapel, Archäologisches Nationalmuseum (Museo Nazionale Archeologico, Napoli) 15/1, 881; Pompeji 15/2, 477
Spinoza, Baruch de: Diktatur 13, 854; Gerechtigkeit 14, 144; Judentum 14, 753; 760; Literaturkritik 15/1, 181; 183; Logik 15/1, 198; Marxismus 15/1, 300; Naturwissenschaften 15/1, 785; Okkultismus 15/1, 1154–1155; Philosophia perennis 15/2, 337; Republik 15/2, 723; Stoizismus 15/3, 307ff.
Spira, Vindelino da: Tacitismus 15/3, 353
Spitzer, Leo: Mittellatein 15/1, 459
Spoerli, Heinz: Tanz 15/3, 362
Spolverini, Gian Battista: Italien 14, 697
Spon, Jacob: Aigina 13, 29; Altertumskunde (Humanismus bis 1800) 13, 86; 93; 96; Athen 13, 281; 301; Griechen-Römer-Antithese 14, 255; Inschriftenkunde, griechische 14, 590; Klassische Archäologie 14, 904; Parthenon 15/2, 189
Spontini, Gaspare: Musik 15/1, 602; Vertonungen antiker Texte 15/3, 1022
Spranger, Bartholomaeus: Torso (Belvedere) 15/3, 516
Spranger, Eduard: Dritter Humanismus 13, 878; Pädagogik 15/2, 4
Spratt, Thomas Abel: Troja 15/3, 609
Spree von Langenfeld, Friedrich: Bukolik/Idylle 13, 563
Sprekelsen, Otto von: Triumphbogen 15/3, 593
Spreng, Johann: Adaptation 13, 15; Epos 13, 1033; Mythologie 15/1, 619; Troja 15/3, 600
Sprengel, Kurt Polycarp Joachim: Medizingeschichtsschreibung 15/1, 374
Spyropoulos, Theodoros: Nationale Forschungsinstitute 15/1, 699; Orchomenos 15/1, 1190
Squarcione, Francesco: Abguß/Abgußsammlung 13, 2
Srebrny, Stefan: Litauen 15/1, 176; Polen 15/2, 406
Šrut, Pavel: Tschechien 15/3, 637
Stabili, Francesco degli → Cecco d'Ascoli
Stabius, Johann: Bayern 13, 432
Stackelberg, Otto Magnus Freiherr von: Nationale Forschungsinstitute 15/1, 677; Sepulchralkunst 15/3, 21
Stade, Bernhard: Semitistik 15/3, 13
Staden, Sigmund Theophil: Sphärenharmonie 15/3, 189
Stadler, Ernst: Hymnos 14, 569
Staehelin, Ernst: Homiletik/Ars praedicandi 14, 530
Staehelin, Felix: Schweiz 15/2, 1149

Staël, Anne-Louise Germaine de (Madame de Staël): Historienmalerei 14, 438; Kampanien 14, 791; Klassik als Klassizismus 14, 889; Romantik 15/2, 982; 986
Štaerman, Elena Michailowna: Geschichtswissenschaft/Geschichtsschreibung 14, 207; Sklaverei 15/3, 54
Stäudlin, Gotthold Friedrich: Hymnos 14, 569
Stagi, Andrea: Italien 14, 687; Mythologie 15/1, 624–625
Stahl, Friedrich Julius: Demokratie 13, 728
Stahl, Georg Ernst: Naturwissenschaften 15/1, 870
Staiger, Emil: Gelegenheitsdichtung 14, 111; Philologie 15/3, 1302
Stainer, Bernardinus: Geriatrie 14, 148
Stais, V.: Aigina 13, 27; 29
Stalin, Iosif Wissarionowitsch Dschugaschwili: Geschichtswissenschaft/Geschichtsschreibung 14, 207; Sklaverei 15/3, 52
Stamatakis, P.: Mykene 15/1, 605
Stamati, Stephane: Modell/Korkmodell 15/1, 495
Stamatović, Pavle: Serbien 15/3, 27
Stanford, Charles Villiers: Vertonungen antiker Texte 15/3, 1022–1023
Stanford, W.B.: Irland 14, 646
Stangen, C.: Tourismus 15/3, 526
Stangen, L.: Tourismus 15/3, 526
Stanihurst, Richard: Irland 14, 646
Stanislaus II. August (Stanisław August Poniatowski) *letzter König von Polen, 1732-1798*: Polen 15/2, 401
Stanislavov, F.: Bulgarien 13, 573
Stanisław August Poniatowski → Stanislaus II. August
Stanislovas, Rapolionis → Rapagellanus
Stanyhurst, Richard: Übersetzung 15/3, 729
Starck, Philippe: Vasen/Vasenmalerei 15/3, 954
Stark, C.B.: Klassische Archäologie 14, 912
Starobinski, Jean: Philologie 15/3, 1318; Thematologie/Stoff- und Motivforschung 15/3, 411
Starostin, P.: Moldova 15/1, 534
Stassow, Wassili Petrowitsch: Toranlagen/Stadttore 15/3, 512
Statius, Achilles: Druckwerke 13, 894
Stauffenberg → Schenk von Stauffenberg
Stauffer-Bern, Karl: Laokoongruppe 15/1, 13
Stavridis, Grigor → Prličev
Stebbins, Genevieve: Tanz 15/3, 358
Stechow, Wolfgang: Warburg Institute, The 15/3, 1100
Stecjuk, Vasil': Ukraine 15/3, 746
Steele, Richard: Klassizismus 14, 971
Ștefan cel Mare → Stephan der Große
Stefan von Clermont-Ferrand: Säule/Säulenmonument 15/2, 1043
Stefan, Simion: Rumänien 15/2, 1002

Steffan, Joseph Anton: Vertonungen antiker Texte 15/3, 1023
Steffani, Agostino: Karthago 14, 850
Steffen, W.: Polen 15/2, 406
Steidel, M.: Schlachtorte 15/2, 1086
Steidl, Melchior: Herrscher 14, 375
Stein, Arthur: Nobilitas 15/1, 1073; Tschechien 15/3, 640
Stein, Ernst: Geschichtswissenschaft/Geschichtsschreibung 14, 216; Nationalsozialismus 15/1, 732–733; Nobilitas 15/1, 1073
Stein, Gertrude: Autobiographie 13, 364
Stein, Heinrich Friedrich Karl, Freiherr vom und zum: Historische Methoden 14, 456; Limes, Limesforschung 15/1, 161
Stein, Lorenz von: Demokratie 13, 731–732; Sozialismus 15/3, 94; Verfassungsformen 15/3, 988
Stein, Peter: Deutschland 13, 823–824; Griechische Tragödie 14, 321–322
Stein, Sir Aurel: London, British Museum 15/1, 228
Steinby, Margareta: Nationale Forschungsinstitute 15/1, 683
Steinby, Torsten: Nationale Forschungsinstitute 15/1, 682
Steiner, George: Thematologie/Stoff- und Motivforschung 15/3, 410; Tragödie/Tragödientheorie 15/3, 542
Steiner, Marie: Wagnerismus 15/3, 1077
Steiner, Paul: Trier 15/3, 568
Steiner, Rudolf: Okkultismus 15/1, 1158; Wagnerismus 15/3, 1077
Steinhauer, George: Sparta 15/3, 174
Steinhausen, Josef: Trier 15/3, 568
Steinhöwel, Heinrich: Fabel 13, 1063; 1067
Steinmetz, Bartholomaeus Henrici Arlunensis (Latomus, Bartholomaeus): Luxemburg 15/1, 238
Steinmeyer, F.L.: Homiletik/Ars praedicandi 14, 530
Steinschneider, Moritz: Arabistik 13, 191
Steinthal, Heymann: Logik 15/1, 198; 200; Sprachwissenschaft 15/3, 243
Stekel, Wilhelm: Psychoanalyse 15/2, 589
Stella, Jacques: Vasen/Vasenmalerei 15/3, 949
Stendhal (Beyle, Marie Henri): Autobiographie 13, 363; Frankreich 15/3, 1259; Historienmalerei 14, 438
Step'annos von Lemberg: Armenien 13, 271
Stephan II. *Papst*: Herrscher 14, 378–379
Stephan IV. *Papst*: Herrscher 14, 406
Stephan IV. Bátory → Batory
Stephan der Große (Ștefan cel Mare) *Fürst von Moldau, um 1433-1504*: Rumänien 15/2, 997
Stephan Harding *dritter Abt von Cîteaux, 1059-1134*: Mönchtum 15/1, 528
Stephan von Novara: Italien 14, 662
Stephan von Obazine: Mausoleum 15/1, 331

Stephan, Franz: Uffizien, Florenz (Galleria degli Uffizi, Firenze) 15/3, 741
Stephanos [11]* Melodos *byz. Hymnendichter, 8. Jh.*: Überlieferung 15/3, 712
Stephanos Sabbaites: Überlieferung 15/3, 712
Stephanos [3]* von Alexandreia: Kommentar 14, 1063; Naturwissenschaften 15/1, 866; Überlieferung 15/3, 711
Stephanos [7]* von Byzanz: Albanien 13, 61; Altertumskunde (Humanismus bis 1800) 13, 87; Historische Geographie 14, 448; Spanien 15/3, 114
Stephanus Tornacensis: Glossatoren 14, 222
Stephanus Vinandus Pighius: Geschichtswissenschaft/Geschichtsschreibung 14, 199
Stephanus, Carolus → Estienne
Stephanus, Henricus (Estienne, Henri): Frankreich 14, 30; 40; Fürstenspiegel 14, 85; Lexikographie 15/1, 129–130; 132; 134; Philologie 15/2, 249–250; Praktische Philosophie 15/2, 533; Skeptizismus 15/3, 40
Stephanus, Robertus (Estienne, Robert): Frankreich 14, 30; Lexikographie 15/1, 133; 143; Niederlande und Belgien 15/1, 1023; Philologie 15/2, 291
Stepling, Josephus: Tschechien 15/3, 629
Stern, R.: Rom 15/2, 932
Sternbach, L.: Polen 15/2, 406
Sternberg, Josef von: Venus von Milo 15/3, 967
Sterne, Laurence: Italien 14, 702; Klassizismus 14, 974; Konsolationsliteratur 14, 1082; Romantik 15/2, 978; Tourismus 15/3, 530; United Kingdom 15/3, 813–814
Sternheim, Carl: Metapher/Metapherntheorie 15/1, 406
Stešenko, Ivan: Ukraine 15/3, 746ff.
Steucho, Agostino → Steuchus
Steuchus, Augustinus (Steucho, Agostino): Philosophia perennis 15/2, 331; Religionsgeschichte 15/2, 682
Steuernagel, Carl: Köln 14, 1030
Stevens, Emilio: Neapel, Archäologisches Nationalmuseum (Museo Nazionale Archeologico, Napoli) 15/1, 878
Stevens, Gorham Philips: Nationale Forschungsinstitute 15/3, 1284
Stevens, William Bell: Nationale Forschungsinstitute 15/3, 1284
Stevenson, Robert Louis: Kinder- und Jugendliteratur 14, 881
Stevin, Simon (Simon von Brügge): Naturwissenschaften 15/1, 818
Stewart, J.: Zypern 15/3, 1237
Stewechius, Godeschalcus: Niederlande und Belgien 15/1, 1019
Stibbe, C.M.: Nationale Forschungsinstitute 15/1, 696

Stiborius, Andreas: Bayern 13, 432
Stiebitz, Ferdinand: Tschechien 15/3, 641
Stieglitz, Christian Ludwig: Historismus 14, 485
Stieler, Karl Joseph: Porträtgalerie 15/2, 511
Stieler, Kaspar (Filidor der Dorfferer): Metapher/Metapherntheorie 15/1, 405
Stiernhelm, Georg: Verskunst 15/3, 1013
Stifter, Adalbert: Bukolik/Idylle 13, 567
Stigell, R.: Finnland 13, 1149
Stigliani, Tommaso: Epos 13, 1020
Still, J.: Śrī Laṅkā 15/3, 252
Stiltingus, Joannes: Niederlande und Belgien 15/1, 1026
Stirner, Max: Skeptizismus 15/3, 45
Stöckel, L.: Slowakei 15/3, 64
Stokar, Werner von: Köln 14, 1032
Stolberg-Stolberg, Christian, Graf zu: Sturm und Drang 15/3, 338; 340
Stolberg-Stolberg, Friedrich Leopold, Graf zu: Hymnos 14, 569; Kampanien 14, 788; Sturm und Drang 15/3, 338; 340; Übersetzung 15/3, 730ff.
Stolper, Arnim: DDR 13, 693
Stolze, Friedrich: Iranistik 14, 637
Stone, Lawrence: Nobilitas 15/1, 1080
Stoppio, Niccolò: München, Glyptothek und Antikensammlungen 15/1, 545
Stosch, Philipp von: Altertumskunde (Humanismus bis 1800) 13, 92; Niederlande und Belgien 15/1, 1044; Steinschneidekunst: Gemmen 15/3, 284
Stotz, Peter: Mittellatein 15/1, 450
Strack, H.: Historismus 14, 493
Strack, Paul L.: Nationalsozialismus 15/1, 736
Strada, Jacopo della: München, Glyptothek und Antikensammlungen 15/1, 545; Venedig 15/3, 961; Wien, Kunsthistorisches Museum 15/3, 1131
Strahan, William: Civilians 13, 653
Stramberg, Christian von: Köln 14, 1028
Stransky, Paulus: Tschechien 15/3, 629
Strasburger, Hermann: Geschichtswissenschaft/Geschichtsschreibung 14, 208; Psychoanalyse 15/2, 601; Thukydidismus 15/3, 482
Straub, Johannes: Nationalsozialismus 15/1, 736; 739; Übersetzung 15/3, 736–737
Straubergs, Kārlis: Lettland 15/1, 125–126
Strauss, Botho: Metapher/Metapherntheorie 15/1, 406
Strauß, David Friedrich: Schweiz 15/2, 1145
Strauss, Iacobus: Slowenien 15/3, 70
Strauss, Leo: Demokratie 13, 735; Diktatur 13, 861; Politische Theorie 15/2, 413; 435; 456; Thukydidismus 15/3, 481; 490ff.
Strauss, Richard: Deutschland 13, 819; 821; 824; Frankreich 15/3, 1268; Italien 14, 707; Oper

15/1, 1184; Österreich 15/3, 1295; Theater 15/3, 400; Vertonungen antiker Texte 15/3, 1021; Wagnerismus 15/3, 1076; Zoroastres/Zoroastrismus 15/3, 1233
Strawinsky, Igor Fjodorowitsch: Babylon 13, 377; Frankreich 15/3, 1262–1263; 1272ff.; Griechische Tragödie 14, 320; Italien 14, 707; Lebendiges Latein 15/1, 95; Messe 15/1, 394; Musen 15/1, 569; Musik 15/1, 602; Oper 15/1, 1184; Oratorium 15/1, 1188; Theater 15/3, 400ff.
Strawson, Peter: Aristotelismus 13, 262
Streber, Franz: Numismatik 15/1, 1122
Strecker, Karl: Mittellatein 15/1, 459; 461–462
Strich, Fritz: Barock 13, 394
Strickland, William: Greek Revival 14, 252; United States of America 15/3, 856
Stridbeck, Johann: Spiele 15/3, 192
Strindberg, August: Orient-Rezeption 15/1, 1227
Stritar, J.: Slowenien 15/3, 71
Strocka, V.M.: Ephesos 13, 979
Stroh, Wilfried: Lebendiges Latein 15/1, 95–96
Stroheker, Karl Friedrich: Nobilitas 15/1, 1076
Strong, Eugenie: Nationale Forschungsinstitute 15/1, 673; 676–677
Stroux, Johannes: Nationalsozialismus 15/1, 748; Philologie 15/2, 309
Strozzi, Ercole: Laokoongruppe 15/1, 11
Strozzi, Filippo: Naturwissenschaften 15/1, 839
Strozzi, Giovan Battista: Gattung/Gattungstheorie 14, 92
Strozzi, Giulio: Epos 13, 1020
Strozzi, Nanni: Leichenrede 15/1, 120
Strozzi, Tito Vespasiano: Epos 13, 1016
Struve, Burkhard Gotthelf (Struvius, Burcardus Gotthelfius): Religionsgeschichte 15/2, 683
Struve, Georg Adam: Naturrecht 15/1, 776
Struvius, Burcardus Gotthelfius → Struve
Strycker, Émile de: Niederlande und Belgien 15/1, 1032
Strycovius, Mathias → Stryjkowski
Stryjkowski, Maciej (Strycovius, Mathias): Litauen 15/1, 176
Stryk, Samuel: Deutscher Usus modernus 13, 746; 748; Naturrecht 15/1, 776
Strzelecki, W.: Polen 15/2, 407
Strzygowski, J.: Christliche Archäologie 13, 644
Stuart, D.R.: Zeitrechnung 15/3, 1190
Stuart, James: Altertumskunde (Humanismus bis 1800) 13, 93; Athen 13, 281; 301; 310; Druckwerke 13, 893; Greek Revival 14, 250; 252; Griechen-Römer-Antithese 14, 257–259; Inschriftenkunde, griechische 14, 590; Klassische Archäologie 14, 904; Parthenon 15/2, 190; Säulenordnung 15/2, 1052; Society of Dilettanti 15/3, 74ff.; Toranlagen/Stadttore 15/3, 512

Stuart Jones, Henry: Lexikographie 15/1, 130
Stubbe, Henry: Sparta 15/3, 156
Stuck, Franz von: Historismus 14, 489; Moderne 15/1, 499; Möbel 15/1, 522
Studion, Simon: Limes, Limesforschung 15/1, 158; Provinzialrömische Archäologie 15/2, 578
Studniczka, Franz: Klassische Archäologie 14, 914; Zeitrechnung 15/3, 1167
Stüler, Friedrich August: Berlin 13, 452; Historismus 14, 493; Preußen 15/2, 556; Stützfiguren/Erechtheionkoren 15/3, 333
Stüvern, Johann Wilhelm: Philologie 15/2, 262
Stukeley, John: Druiden 13, 901
Stulli, J.: Kroatien 14, 1122
Sturm, Christoph: Eklektik 13, 939
Sturm, Johannes: Galenismus 14, 85; Homiletik/Ars praedicandi 14, 527; Loci communes 15/1, 189; Luxemburg 15/1, 239; Niederlande und Belgien 15/1, 1027; Panegyrik 15/2, 51; Rhetorik 15/2, 800; 818
Stutz, Ulrich: Theologie und Kirche des Christentums 15/3, 461
Styger, P.: Rom 15/2, 908
Stymmelius, Christoph: Lateinische Komödie 15/1, 72
Styrenius, Carl-Gustav: Nationale Forschungsinstitute 15/1, 711
Suarès, André: Frankreich 15/3, 1262
Suárez, Francisco: Aristotelismus 13, 258–259; Billigkeit 13, 518; Logik 15/1, 194; Menschenrechte 15/1, 387; Metaphysik 15/1, 410; Politische Theorie 15/2, 451; Praktische Philosophie 15/2, 532; Verfassungsformen 15/3, 984; Völkerrecht 15/3, 1044
Suavius, Leo (Gohory, Jaques): Magie 15/1, 254
Subhi Paşa: Türkei 15/3, 654
Šubic, J.: Slowenien 15/3, 72
Subotić, Vasilije: Serbien 15/3, 28
Suchanov, Arsenij: Rußland 15/2, 1017
Sucre, Antonio José: Lateinamerika 15/1, 37
Sudhoff, Karl: Medizingeschichtsschreibung 15/1, 374
Süel, A.: Hethitologie 14, 416
Süel, M.: Hethitologie 14, 416
Süleiman I., der Prächtige Sultan des osman. Reiches, 1494-1566: Herrscher 14, 391; Imperium 14, 577; Jerusalem 14, 733
Süleyman Hüsnü Paşa: Türkei 15/3, 646
Süß, Wilhelm: Estland 13, 1048
Süßmilch, Johann Peter: Bevölkerungswissenschaft/Historische Demographie 13, 484; 486; Sprachwissenschaft 15/3, 230
Süvern, Johann Wilhelm: Humanistisches Gymnasium 14, 564

Suger von Saint-Denis: Frankreich 14, 12; Säule/Säulenmonument 15/2, 1046; Spolien 15/3, 196
Suhonen, P.: Finnland 13, 1149
Sulaimān ibn Ḥassān ibn Ġulġul: Arabisch-islamisches Kulturgebiet 13, 179–180; Pharmakologie 15/2, 224
Sullivan, Louis: United States of America 15/3, 869
Sulpicius von Veroli (Giovanni Sulpizio da Veroli/Iohannes Sulpicius Verulanus) *nlat. Dichter, um 1500*: Neulatein 15/1, 926
Sulze, Heinrich: Tiryns 15/3, 501
Sulzer, Johann Georg: Figurenlehre 13, 1130; Klassizismus 14, 954; Mimesis 15/1, 435; Preußen 15/2, 551
Suolahti, Jaakko: Nationale Forschungsinstitute 15/1, 682–683
Šupica, Đorđe: Serbien 15/3, 28
Surius, Laurenz: Niederlande und Belgien 15/1, 1026
Susenbrotus, Johannes: Figurenlehre 13, 1128
Susius, Jacobus: Niederlande und Belgien 15/1, 995
Susius, Nicolaus: Niederlande und Belgien 15/1, 1029
Suso, Henricus → Seuse
Sutcliff, Rosemary: Kinder- und Jugendliteratur 14, 881; United Kingdom 15/3, 823
Sutüven, Mustafa Seyit: Türkei 15/3, 650ff.
Suyskens, Constantinus: Niederlande und Belgien 15/1, 1026
Švara, D.: Slowenien 15/3, 72
Sverdrup, Georg: Norwegen 15/1, 1085
Sverre Sigurdsson *König von Norwegen, um 1150–1202*: Norwegen 15/1, 1084
Svete, T.: Slowenien 15/3, 72
Svoboda, Karel: Tschechien 15/3, 640–641
Svoronos, Ioannis: Münzsammlungen 15/1, 562
Swarzenski, Georg: Frankfurt am Main, Liebieghaus – Museum alter Plastik 14, 1
Sweertius, Franciscus: Niederlande und Belgien 15/1, 1028; Religionsgeschichte 15/2, 682
Sweynheim, Konrad: Verlag 15/3, 1003
Swieten, Gerard van: Geriatrie 14, 148
Swift, Jonathan: Demokratie 13, 723; Irland 14, 646; Klassizismus 14, 965; 968–969; United Kingdom 15/3, 811–812
Swinburne, Algernon Charles: Lyrik 15/1, 250; United Kingdom 15/3, 816; Verskunst 15/3, 1016
Switzer, Stephen: Park 15/2, 124
Swoboda, H.: Bund 13, 582
Sybel, Heinrich von: Historismus 14, 472
Sybel, L. von: Christliche Archäologie 13, 645
Sydenham, Edward A.: Numismatik 15/1, 1117
Sydenham, Thomas: Hippokratismus 14, 420; Imitatio 14, 572; Medizin 15/1, 369
Sykoutris, J.: Griechenland 14, 284; 286
Sylvester II. (Silverster II./Gerbert von Aurillac) *Papst*: Frankreich 14, 10; Herrscher 14, 405; Italien 14, 662; Landvermessung 15/1, 2; Luxemburg 15/1, 237
Sylvius, Iohannes *nlat. Dichter, 1543–um 1612*: Niederlande und Belgien 15/1, 1022
Sylvius, Jacobus: Humanismus 14, 560; Medizin 15/1, 368–369
Syme, Sir Ronald: Australien und Neuseeland 13, 360; 15/3, 1248; Geschichtswissenschaft/Geschichtsschreibung 14, 208; Istituto (Nazionale) di Studi Romani 14, 657; Nationalsozialismus 15/1, 749; Nobilitas 15/1, 1073–1074
Symeon der Jüngere → Symeon der neue Theologe
Symeon der neue Theologe (Symeon der Jüngere) *byz. Mystiker und Hymnendichter, um 1000*: Byzanz 13, 606; Theologie und Kirche des Christentums 15/3, 428
Symeon Metaphrastes: Byzanz 13, 606
Symeoni, G.: Adaptation 13, 14
Symonds, R.P.: Trier 15/3, 571
Symonis, Daniel: Epos 13, 1033
Symons, Arthur William: Fin de siècle 13, 1144
Syngros, Andreas: Olympia 15/1, 1172
Synkellos [2]* → Georgios Synkellos
Szabó, Á.: Ungarn 15/3, 757
Szamosközy, István: Ungarn 15/3, 751; 754
Szemerényi, Oswald John Louis: Sprachwissenschaft 15/3, 237
Szenci Molnár, Albert: Ungarn 15/3, 754
Szilágyi, J.G.: Ungarn 15/3, 757
Szondi, Peter: Tragödie/Tragödientheorie 15/3, 542
Szymanowski, K.: Musik 15/1, 602
Szymonowic, Szymon: Polen 15/2, 393

T

Tabernaemontanus, Jacob Theodor: Physiognomik 15/2, 361
Tabidse, Galaktion: Georgien 14, 138
Tabidse, Tizian: Georgien 14, 138
Tacca, Pietro: Reiterstandbild 15/2, 653
Tacchi Venturi, P.: Istituto (Nazionale) di Studi Romani 14, 653
Tachtsis, Kostas: Neugriechische Literatur 15/1, 913
Tacquet, Andrea: Mathematik 15/1, 319
Taddeo di Bartolo: Historienmalerei 14, 422
Taeger, Fritz: Herrscher 14, 391; Nationalsozialismus 15/1, 735; 737; 744; 749
Tafel, G.L.F.: Übersetzung 15/3, 735
Tafrali, Orest: Rumänien 15/2, 1012
Tafur, Pero: Konstantinopel 14, 1089
Tagger, Theodor (Bruckner, Ferdinand): Metapher/Metapherntheorie 15/1, 406
Tagore, Rabindranath: Indien 14, 588
Tahir, Mehmet: Türkei 15/3, 646
Taine, Hippolyte: Cäsarismus 13, 624
Takanen, J.: Finnland 13, 1149

Talaeus, Audomarus: Figurenlehre 13, 1128–1129
Talbot, William Henry Fox: Zeitrechnung 15/3, 1177
Taliesin *walis. Dichter, 6. Jh.*: United Kingdom 15/3, 814
Talma, Louise: United States of America 15/3, 878
Talon, Omer: Rhetorik 15/2, 782; Skeptizismus 15/3, 40
Tamm, Friedrich: Nationalsozialismus 15/1, 765
Tamm, Jakob: Estland 13, 1049
Tanaka, Hidenaka: Japan 14, 721
Tanaka, Michitarō: Japan 14, 721
Tancredus von Bologna *Kanonist, um 1200*: Glossatoren 14, 222
Tannstetter, Georg → Collimitius
Tanucci, Bernardo: Herculaneum 14, 356; Neapel, Archäologisches Nationalmuseum (Museo Nazionale Archeologico, Napoli) 15/1, 874
Taraschkevitsch, B.: Weißrußland 15/3, 1108
Tarentucelli, Tommaso *Nikolaus V.*: Bibliothek 13, 498
Tarn, William Woodthorpe: Krieg 14, 1117; Schlachtorte 15/2, 1083
Tarnovski, Teodosij: Bulgarien 13, 571
Tarrant, Richard: Philologie 15/3, 1316
Tarski, Alfred: Logik 15/1, 201
Tartaglia, Niccolò: Mathematik 15/1, 319; Naturwissenschaften 15/1, 817–819; 823
Tascone, Giacomo: Pompeji 15/2, 480
Tassilo III. *Herzog von Bayern, 8. Jh.*: Österreich 15/1, 1133
Tassin, Jean François: Paläographie, lateinische 15/2, 43
Tasso, Bernardo: Verskunst 15/3, 1011; 1017
Tasso, Torquato: Barock 13, 404; Bukolik/Idylle 13, 562–563; Dialog 13, 833; Einbildungskraft 13, 935; Epos 13, 1018–1019; 1021; 1026; Gattung/Gattungstheorie 14, 91–92; Imitatio 14, 576; Italien 14, 687; 691; 694; Roman 15/2, 944; Tragödie/Tragödientheorie 15/3, 537; United Kingdom 15/3, 807
Tassoni, Alessandro: Adaptation 13, 13; Epos 13, 1020–1021; Italien 14, 695; Querelle des Anciens et des Modernes 15/2, 610
Tate, Allen: United States of America 15/3, 873–874
Tate, Nahum: Irland 14, 646
Tatham, Charles Heathcote: Orient-Rezeption 15/1, 1204
Tatlin, Wladimir Jewgrafowitsch: Babylon 13, 377; Orient-Rezeption 15/1, 1217; Trajanssäule 15/3, 551
Tatti, Iacopo → Sansovino
Tatwine *Erzbischof von Canterbury, 8. Jh.*: United Kingdom 15/3, 763
Taubenschlag, Raphael: Papyrologie 15/2, 93
Taubert, Karl Gottfried Wilhelm: Griechische Tragödie 14, 319; Vertonungen antiker Texte 15/3, 1023–1024

Taubmann, Friedrich: Neulatein 15/1, 936
Tauler, Johannes: Metaphysik 15/1, 412; Theologie und Kirche des Christentums 15/3, 419
Taurinus, Stephanus: Ungarn 15/3, 751
Tavares, F.: Portugal 15/2, 523
Tavernier, Jean Baptiste: Iranistik 14, 635
Taylor, Charles: Politische Theorie 15/2, 439; Republik 15/2, 737
Taylor, Thomas: Platonismus 15/2, 372; United States of America 15/3, 862
Taylour, Lord William: Mykene 15/1, 609
Techo, Nicolás: Lateinamerika 15/1, 33
Techtermann, Wilhelm: Schweiz 15/2, 1136
Tegnér, Esaias: Schweden 15/2, 1116
Tegner, Rudolph: Dänemark 13, 678
Teilhard de Chardin SJ, Marie-Joseph Pierre: Theologie und Kirche des Christentums 15/3, 436
Teirlinck, Herman: Niederlande und Belgien 15/1, 1057–1058
Teive, Diogo de: Portugal 15/2, 519
Tejeda y Guzmán, Luis de: Lateinamerika 15/1, 32
Telemann, Georg Philipp: Musik 15/1, 602; Vertonungen antiker Texte 15/3, 1023
Telesio, Bernardino: Italien 14, 689; Naturphilosophie 15/1, 770
Telson, Robert: United States of America 15/3, 879
Temkin, Owsei: Medizingeschichtsschreibung 15/1, 376
Tempesta, Antonio: Altertumskunde (Humanismus bis 1800) 13, 90; Verwandlungen/Illustrationen von Ovid-Texten 15/3, 1033; Weltwunder 15/3, 1112
Temple, Richard, 1st Viscount Cobham, 4th Baronet: Park 15/2, 150ff.
Temple, Sir William: Klassizismus 14, 964; Park 15/2, 133; United Kingdom 15/3, 811
Ten, Boris (Chomičevskij, Nikolaj): Ukraine 15/3, 746
Tennemann, Wilhelm Gottlieb: Demokratie 13, 728; Politische Theorie 15/2, 454; Zeitrechnung 15/3, 1180
Tennyson, Alfred Lord: Bukolik/Idylle 13, 567; Verskunst 15/3, 1016
Teodosijević, Petar: Serbien 15/3, 28
Ter Braak, Menno: Niederlande und Belgien 15/1, 1054
Terentius Christianus → Schonaeus
Te Riele, G.J.M.J.: Nationale Forschungsinstitute 15/1, 691; 693
Terrazas, Francisco de: Lateinamerika 15/1, 23
Tesauro, Emanuele: Barock 13, 402–403; 405; Italien 14, 693; Metapher/Metapherntheorie 15/1, 404; Panegyrik 15/2, 54
Teseo, Ludovico: Groteske 14, 330
Tesi, Mauro: Orient-Rezeption 15/1, 1202
Tesnière, Lucien: Sprachwissenschaft 15/3, 245

Tessenow, Heinrich von: Historismus 14, 494; Tempel/Tempelfassade 15/3, 377
Tessin, Nicodemus *schwed. Baumeister*: Laokoongruppe 15/1, 15
Testa, Antonio: Reiterstandbild 15/2, 653
Testi, Fulvio: Italien 14, 692
Tetzner, Lisa: Kinder- und Jugendliteratur 14, 880
Teuber, Klaus: Spiele 15/3, 194
Teuffel, Wilhelm Siegmund: Enzyklopädie 13, 973
Teuthorn, Stefan: Lettland 15/1, 123
Teutsch, Iulius: Rumänien 15/2, 1013
Tevfik, Ebüzziya: Türkei 15/3, 646
Tevfik, Mehmet: Türkei 15/3, 646
Tewesten, A.: Preußen 15/2, 548
Texeiras, Bento: Epos 13, 1027
Texier, Charles: Aizanoi 13, 36; Hethitologie 14, 414; Iranistik 14, 636
Thackeray, William Makepeace: Orient-Rezeption 15/1, 1227
Thalhofer, Valentin: Übersetzung 15/3, 736
Theadbert (Thetbert/Theubert) *Bischof von Duurstede bei Utrecht, 8.Jh.*: Überlieferung 15/3, 723
Theer, Otakar: Tschechien 15/3, 635
Thegan von Trier (Degan/Theganbertus) *Chorbischof von Trier*: Herrscher 14, 378
Theganbertus → Thegan von Trier
Theiler, Willy: Homerische Frage 14, 506
Theis, Richard: Vandalen 15/3, 944
Theodokos *syr. Mediziner, 7. Jh.*: Arabische Medizin 13, 185
Theodor* Abû Qurra *Bf. von Ḥarrān, 7./8. Jh.*: Überlieferung 15/3, 711
Theodoros II. Laskaris *byz. Kaiser, um 1221-1258*: Philologie 15/2, 238; Überlieferung 15/3, 717
Theodoros Prodromos *byz. Dichter, 12. Jh.*: Naturwissenschaften 15/1, 834; Neugriechische Literatur 15/1, 895
Theodoros von Antiocheia *Astrologe, 13. Jh.*: Sizilien 15/3, 36
Theodoros von Gaza: Niederlande und Belgien 15/1, 988
Theodoros [25]* von Mopsuestia: Allegorese 13, 77
Theodoros [34]* von Raithu *byz. Theologe, 759-826*: Überlieferung 15/3, 711
Theodoros von Tarsos *Erzbischof von Canterbury, 602-690*: Bibliothek 13, 495; United Kingdom 15/3, 763; 766; Überlieferung 15/3, 722
Theodoretus, Johannes *niederländ. Humanist*: Niederlande und Belgien 15/1, 1001
Theodoricus Monachus *Mönch in Nidarholm bei Trondheim, Geschichtsschreiber, 2. H. 12. Jh.*: Norwegen 15/1, 1086
Theodoricus Teutonicus de Vriberg (Dietrich von Freiberg): Alexandrinismus 13, 72; Meteorologie 15/1, 416; Naturwissenschaften 15/1, 796

Theodulf von Orléans: Allegorese 13, 82; Figurengedicht 13, 1116; Frankreich 14, 7–8; Karolingische Renaissance 14, 818–819; 822; Mittellatein 15/1, 456; Philologie 15/2, 278; Überlieferung 15/3, 723; Zensur 15/3, 1195
Theophanes Chrysobalantes → Theophanes Nonnos
Theophanes Confessor → Theophanes [2]* Homologetes
Theophanes [2]* Homologetes (Theophanes Confessor) *Verf. einer Weltchronik, E. 8./Anf. 9. Jh.*: Griechisch 14, 305; Überlieferung 15/3, 712
Theophanes der Kreter (Theophanes Streletzás Bathas) *Mönch umd Maler, 1500-1559*: Byzanz 13, 622
Theophanes Nonnos (Theophanes Chrysobalantes) *byz. Arzt, 10. Jh.*: Niederlande und Belgien 15/1, 1006
Theophanes Streletzás Bathas → Theophanes der Kreter
Theophanu (Theophano [2]*) *Kaiserin des HRR*: Athen 13, 280; Byzanz 13, 599; Deutschland 13, 762; Griechisch 14, 305; Ottonische Renaissance 15/1, 1255
Theophilos *byz. Kaiser, geb. um 804*: Herrscher 14, 388
Theophilos [11]* Protospatharios: Medizin 15/1, 361–362
Theophilos [8]* von Edessa *byz. Astrologe, gest. 785*: Arabische Medizin 13, 185; Naturwissenschaften 15/1, 833–834
Theophylaktos [1]* Simokattes → Simokattes
Theotmar *Erzbischof von Salzburg, 873-907*: Österreich 15/1, 1133
Theotokopoulos, Domenikos → El Greco
Theremin, Ludwig Friedrich Franz: Homiletik/Ars praedicandi 14, 530
Theresia von Avila: Mönchtum 15/1, 530
Thesprotos, K.: Neugriechische Literatur 15/1, 902
Thetbert → Theadbert
Theubert → Theadbert
Theunissen, Michael: Philologie 15/3, 1319
Thévenot, Jean de: Iranistik 14, 635
Thevet, André: Druckwerke 13, 894
Thewrewk von Ponor, Emil: Ungarn 15/3, 755
Thibault, Anatole-François: Frankreich 15/3, 1265
Thibault, Louis Michel: Südafrika 15/3, 343
Thibault de Courville, Joachim: Vers mesurés 15/3, 1007
Thibaut IV. de Champagne *franz. Dichter, 1201-1253*: Frankreich 14, 15; 18
Thibaut, Anton Friedrich Justus: Kodifizierung/Kodifikation 14, 1007
Thiel, Johannes Hendrik: Niederlande und Belgien 15/1, 1009; 1013
Thiele, G.: Lateinamerika 15/1, 43
Thiermann, Peter: Lexikographie 15/1, 128

Thierry von Chartres *franz. Theologe, um 1100-1151*: Frankreich 14, 10; Kommentar 14, 1061; Naturphilosophie 15/1, 768

Thiersch, Friedrich Wilhelm: Bayern 13, 438–439; 441–442; Epochenbegriffe 13, 1002; Griechenland 14, 271; Humanistisches Gymnasium 14, 564; Karlsruhe, Badisches Landesmuseum, Antikensammlungen 14, 808; Philhellenismus 15/2, 234; Sport 15/3, 210; Tiryns 15/3, 498; Tschechien 15/3, 638; Universität 15/3, 905; Verskunst 15/3, 1015

Thiersch, Hermann: Aigina 13, 30; Weltwunder 15/3, 1115

Thietmar von Merseburg: Deutschland 13, 763; Herrscher 14, 384; Ottonische Renaissance 15/1, 1255

Thilo, Valentin: Rhetorik 15/2, 783

Thimus, A. von: Musik 15/1, 592

Thirlwall, Connop: Geschichtswissenschaft/ Geschichtsschreibung 14, 189

Thöl, H.: Pandektistik 15/2, 47

Tholomaeus von Lucca: Fürstenspiegel 14, 78

Thomas a Kempis: Künstlerlegenden 14, 1130; Niederlande und Belgien 15/1, 987

Thomas Magister: Byzanz 13, 598; 698; Griechische Tragödie 14, 317; Kommentar 14, 1065; Lexikographie 15/1, 129; Niederlande und Belgien 15/1, 1005–1006; Philologie 15/2, 244; Überlieferung 15/3, 717

Thomas von Aquin (Aquinas): Alexandrinismus 13, 72; Arabisch-islamisches Kulturgebiet 13, 182; Aristotelismus 13, 256; Artes liberales 13, 275; Bevölkerungswissenschaft/Historische Demographie 13, 484; Bildung 13, 507–508; Billigkeit 13, 517–518; Bund 13, 580; Ehe 13, 924; Einbildungskraft 13, 935; Enzyklopädie 13, 966; Frankreich 14, 17; Frieden 14, 69; Fürstenspiegel 14, 78; Geld/ Geldwirtschaft/Geldtheorie 14, 109; Gerechtigkeit 14, 143; Herrscher 14, 364; 404; Irland 14, 647; Jesuitenschulen 14, 751; Kommentar 14, 1066; Logik 15/1, 194; Mathematik 14, 317; Melancholie 15/1, 382; Metapher/Metapherntheorie 15/1, 404; Metaphysik 15/1, 410; Mischverfassung 15/1, 442; Mnemonik/Mnemotechnik 15/1, 468; Monarchie 15/1, 537–538; Musik 15/1, 573; Naturphilosophie 15/1, 768; Naturrecht 15/1, 773; Naturwissenschaften 15/1, 794; 822; 835–836; 842; 849; Niederlande und Belgien 15/1, 988; Poetik 15/2, 386; Politische Theorie 15/2, 414; 448; Praktische Philosophie 15/2, 530; Querelle des Anciens et des Modernes 15/2, 615; Rhetorik 15/2, 779; Skeptizismus 15/3, 39; Sphärenharmonie 15/3, 188; Sprachphilosophie/Semiotik 15/3, 224–225; Staufische Renaissance 15/3, 272; Stoizismus 15/3, 299; Theologie und Kirche des Christentums 15/3, 420; 432; 440; Theorie/Praxis 15/3, 465; Typologie 15/3, 679; Tyrannis 15/3, 688; 691; Universität 15/3, 888; Verfassung 15/3, 971; 973; Verfassungsformen 15/3, 982–983; Völkerrecht 15/3, 1044–1045; Wirtschaftslehre 15/3, 1161; Zoologie 15/3, 1211; 1214

Thomas von Cantimpré: Geburtshilfe 14, 96; 99; Geriatrie 14, 147; Meteorologie 15/1, 416; Zoologie 15/3, 1211; 1213ff.

Thomas von Erfurt: Sprachwissenschaft 15/3, 229

Thomas von Kent *anglo-normann. Dichter, 13. Jh.*: United Kingdom 15/3, 773; 775

Thomas von Salisbury: Homiletik/Ars praedicandi 14, 526

Thomas, Albert: Milet 15/1, 421; Priene 15/2, 560

Thomas Ebendorfer von Hasselbach: Österreich 15/1, 1137

Thomas, Félix: Orient-Rezeption 15/1, 1214

Thomas, Paul: Niederlande und Belgien 15/1, 1033

Thomas, R.F.: Philologie 15/3, 1313

Thomas, Renate: Köln 14, 1038–1039

Thomasius, Christian: Aufklärung 13, 346; 348; Bildung 13, 510; Billigkeit 13, 518; Deutscher Usus modernus 13, 748; Deutschland 13, 794; Ehe 13, 927; Eklektik 13, 940; Epikureismus 13, 991; Geschmack 14, 218; Literaturkritik 15/1, 178; 183; Naturrecht 15/1, 777; Neulatein 15/1, 927; Rhetorik 15/2, 802; Universität 15/3, 898

Thomasius, Jakob: Eklektik 13, 939

Thomeus, Leonicus (Tomeu, Leonik): Albanien 13, 57

Thompson, Dorothy: Nationale Forschungsinstitute 15/3, 1284

Thompson, Homer: Nationale Forschungsinstitute 15/3, 1284

Thomsen, Christian Jürgensen: Keltisch-Germanische Archäologie 14, 870; Kopenhagen 14, 1095

Thomson, Alexander: Greek Revival 14, 252; Historismus 14, 494

Thomson, George: Marxismus 15/1, 302; Tschechien 15/3, 642

Thomson, James: Lehrgedicht 15/1, 110; Ut pictura poesis 15/3, 933

Thorak, Josef: Nationalsozialismus 15/1, 759; 762

Thoreau, Henry David: United States of America 15/3, 862–863

Thorvaldsen, Bertel: Aigina 13, 31; Dänemark 13, 677; Denkmal 13, 739; Kopenhagen 14, 1097; München, Glyptothek und Antikensammlungen 15/1, 548ff.; 552; Nacktheit in der Kunst 15/1, 654; Schweiz 15/2, 1141; Sepulchralkunst 15/3, 20; Vasen/Vasenmalerei 15/3, 953

Thraede, Klaus: Franz-Joseph-Dölger-Institut 14, 65
Thrasamund Vandalenkönig, um 500: Überlieferung 15/3, 721
Threpsiades, J.: Kretisch-Mykenische Archäologie 14, 1105
Thuillier, Vincent: Krieg 14, 1114
Thun, M.: Werbung 15/3, 1125
Thurber, James: Fabel 13, 1070
Thureau-Dangin, François: Orient-Rezeption 15/1, 1230
Thurneysen, E.: Homiletik/Ars praedicandi 14, 530
Thysius, Antonius: Niederlande und Belgien 15/1, 998
Tiara, Petreius: Niederlande und Belgien 15/1, 1001
Tibaldi, Pellegrino: Historienmalerei 14, 431
Ţichindeal, Dimitrie: Rumänien 15/2, 1004
Tieck, Christian Friedrich: Denkmal 13, 739; Dioskuren vom Monte Cavallo 13, 864
Tieck, Johann Ludwig: Bukolik/Idylle 13, 567; Griechische Komödie 14, 313; Griechische Tragödie 14, 319; 321; Ironie 14, 649–650; Komödie 14, 1075; Naturwissenschaften 15/1, 843; Orient-Rezeption 15/1, 1226; Poeta Vates 15/2, 381; Preußen 15/2, 552; 556; Romantik 15/2, 971
Tiede, Ernst: Horoskope 14, 537
Tiepolo, Gian Battista: Historienmalerei 14, 434
Tierney, Brian: Menschenrechte 15/1, 387
Tiersot, Julien: Frankreich 15/3, 1270
Tigerman, Stanley: Wirtschaft und Gewerbe 15/3, 1147
Till, Rudolph: Nationalsozialismus 15/1, 745–747; Philologie 15/2, 316
Tillemont, Louis-Sébastien Le Nain de: Geschichtsmodelle 14, 179; Geschichtswissenschaft/Geschichtsschreibung 14, 203; 214; Vandalen 15/3, 943
Tillet, Evrand Titon du: Parnaß 15/2, 184
Tilson, Joe: Orient-Rezeption 15/1, 1220
Timotheos [14]* von Gaza: Zoologie 15/3, 1207; 1216; 1218–1219
Timpler, Clemens: Aristotelismus 13, 260
Tinctoris, Johannes: Humanismus 14, 562; Musik 15/1, 585; 590; Sphärenharmonie 15/3, 189; Terminologie 15/3, 394
Tintoretto (Robusti, Jacopo): Drei Grazien 13, 871; Musen 15/1, 566
Tiradentes (Silva Xavier, Joaquim José da): Lateinamerika 15/1, 34
Tiro, Theodoros: Venedig 15/3, 959
Tiryakian, Edward A.: Okkultismus 15/1, 1146
Tischbein, Johann Heinrich Wilhelm: Klassizismus 14, 955; Vasen/Vasenmalerei 15/3, 951; 953
Tischer, O.: Keltisch-Germanische Archäologie 14, 871
Tischler, Johann: Hethitologie 14, 417

Tizian (Vecellio, Tiziano): Bukolik/Idylle 13, 564; Festkultur/Trionfi 13, 1108; Herrscher 14, 366; Karikatur 14, 799; Künstlerlegenden 14, 1128; Laokoongruppe 15/1, 11; 14; Mimesislegenden 15/1, 440; Mythologie 15/1, 619; Niederlande und Belgien 15/1, 1041; Renaissance 15/2, 709; Stil, Stilanalyse, Stilentwicklung 15/3, 292; Torso (Belvedere) 15/3, 516; Vasen/Vasenmalerei 15/3, 956
Tjutčev, F.: Rußland 15/2, 1021
Tobler, T.: Vorderasiatische Archäologie 15/3, 1057
Toch, Ernst: Vertonungen antiker Texte 15/3, 1023
Tocilescu, Grigore: Rumänien 15/2, 1012
Tocqueville, Charles Alexis Henri Clérel de: Demokratie 13, 730; Republik 15/2, 736
Todoraki Paşa: Türkei 15/3, 646
Todorov, Tzvetan: Figurenlehre 13, 1131; Strukturalismus 15/3, 323
Toedoović, Atanasije: Serbien 15/3, 28
Tökei, Ferenc: Marxismus 15/1, 302
Tölle-Kastenbein, Renate: Zeitrechnung 15/3, 1168
Toffanin, Giuseppe: Italien 14, 667; Tacitismus 15/3, 353
Toland, John: Republik 15/2, 726; Theologie und Kirche des Christentums 15/3, 446
Told von Toldenburg, Franz Xaver: Österreich 15/1, 1141
Toledo, Francisco de: Spanien 15/3, 107
Tolemei, Claudio: Verskunst 15/3, 1011
Tolkien, John Ronald Reuel: United Kingdom 15/3, 818
Tolland, John: Druiden 13, 902
Tolle, Rudolph: Nationalsozialismus 15/1, 739
Tollius, Jacob: Niederlande und Belgien 15/1, 1006
Tolomei, Claudio: Stil, Stilanalyse, Stilentwicklung 15/3, 291; Verskunst 15/3, 1009; 1013
Tolstoj, Dmitri: Rußland 15/2, 1021
Tolstoj, Leo Nikolajewitsch, Graf: Orient-Rezeption 15/1, 1229; Rußland 15/2, 1023
Tom Ring, Ludger d.J.: Vasen/Vasenmalerei 15/3, 948
Tomacevski, B.: Thematologie/Stoff- und Motivforschung 15/3, 409
Toman, Josef: Tschechien 15/3, 637
Tomaschek, Wilhelm: Historische Geographie 14, 451
Tomasi di Lampedusa, Giuseppe (Giuseppe Tomasi, Fürst von Lampedusa): Neugriechische Literatur 15/1, 903
Tombaugh, Clyde: Horoskope 14, 537
Tomeo, Leoniceno: Pharmakologie 15/2, 219
Tomeu, Leonik → Thomeus
Tommaso Parentucelli → Nikolaus V.
Topitsch, Ernst: Thukydidismus 15/3, 490
Toppeltinus, Laurentius: Rumänien 15/2, 1002
Torelli, L.: Digesten/Überlieferungsgeschichte 13, 849

Torelli, Pomponio: Gattung/Gattungstheorie 14, 95
Torga, M.: Portugal 15/2, 525
Torlonia, Alessandro: Ostia und Porto 15/1, 1248
Torp, A.: Hethitologie 14, 414
Torp, H.: Nationale Forschungsinstitute 15/1, 697
Torre, Giovanni Battista della: Naturwissenschaften 15/1, 806
Torrentius, Laevinus: Niederlande und Belgien 15/1, 1028
Torres, Francisco de: Spanien 15/3, 107
Tortelli, Giovanni: Philologie 15/2, 288
Toscanelli, Paolo: Naturwissenschaften 15/1, 850
Tossati, Q.: Istituto (Nazionale) di Studi Romani 14, 656–657
Toufexis, N.: Lexikographie 15/1, 129
Toulmin, Stephen: Argumentationslehre 13, 249
Tournoy, Gilbert: Neulatein 15/1, 938
Toustain, René Prosper: Paläographie, lateinische 15/2, 43
Tovar, Miguel: Lateinamerika 15/1, 38
Town, Ithiel: Greek Revival 14, 252
Townley, Charles: Paestum 15/2, 10
Toynbee, Arnold Joseph: Geschichtsmodelle 14, 164; 182; Thukydidismus 15/3, 489
Toynbee, Jocelyn: Nationale Forschungsinstitute 15/1, 674
Traeger, P.: Albanien 13, 59
Tränkle, Hermann: Deutschland 13, 823; Philologie 15/2, 322; 15/3, 1316
Traill, John S.: Nobilitas 15/1, 1073
Trakl, Georg: Hymnos 14, 569
Tralow, J.: Deutschland 13, 820
Tranströmer, Tomas: Verskunst 15/3, 1016
Trapassi, Pietro Antonio Domenico Bonaventura → Metastasio
Trapp, Erich: Lexikographie 15/1, 130; Nobilitas 15/1, 1074
Trapp, Ernst Christian: Bildung 13, 510; Pädagogik 15/2, 1; Rhetorik 15/2, 802
Trapp, J.B.: Warburg Institute, The 15/3, 1104
Traube, Ludwig: Mittellatein 15/1, 450; 453; 459–461; Paläographie, lateinische 15/2, 44; Philologie 15/2, 305; Universität 15/3, 909
Trauberg, Leonid Sacharowitsch: Babylon 13, 377
Traupman, John C.: Lebendiges Latein 15/1, 97
Travers, Pamela: Kinder- und Jugendliteratur 14, 880
Traversari, Ambrogio (Traversarius, Ambrosius): Griechisch 14, 301; Naturphilosophie 15/1, 770
Traversarius, Ambrosius → Traversari
Travlos, John: Nationale Forschungsinstitute 15/3, 1284
Trechsel, Johann: Verlag 15/3, 1003
Tredjakovskij, V.: Rußland 15/2, 1018
Treitschke, Heinrich von: Diktatur 13, 858; Historismus 14, 472; Judentum 14, 755–756

Trejo y Sanabria, Fernando de: Lateinamerika 15/1, 31
Trenchard, J.: Politische Theorie 15/2, 422
Trendall, A.D.: Nationale Forschungsinstitute 15/1, 675
Trendelenburg, Friedrich Adolf von: Logik 15/1, 198; Philologie 15/2, 264; Politische Theorie 15/2, 455
Trenscényi-Waldapfel, Imre: Ungarn 15/3, 757
Treu, Georg: Dresden, Staatliche Kunstsammlungen, Skulpturensammlung 13, 874
Treuer, Gotthilf: Naturwissenschaften 15/1, 841
Treuer, Samuel: Tyrannis 15/3, 693
Treugold, Fritz: Orient-Rezeption 15/1, 1232
Trew, Abdias: Naturwissenschaften 15/1, 842
Triantafyllidis, M.: Griechenland 14, 283
Triboles → Maksim Grek
Trichter, V.: Ritterakademie 15/2, 822
Trier, Jost: Sprachwissenschaft 15/3, 245
Trier, Lars von: Dänemark 13, 678
Triklinios, Demetrios (Demetrios [43]*): Byzanz 13, 598; 608; Griechische Tragödie 14, 317; Kommentar 14, 1065; Philologie 15/2, 244; Überlieferung 15/3, 717
Trincavelli, V.: Medizin 15/1, 367
Trissino, Gian Giorgio: Epos 13, 1018; Gattung/Gattungstheorie 14, 91; Griechische Tragödie 14, 318; Humanismus 14, 552; Hymnos 14, 568; Italien 14, 693; Lateinische Komödie 15/1, 76; Lateinische Tragödie 15/1, 84; Lyrik 15/1, 249; Tragödie/Tragödientheorie 15/3, 536; Verskunst 15/3, 1011; Villa 15/3, 1040
Tristán, Esteban Lorenzo: Lateinamerika 15/1, 40
Trithemius, Johannes: Allegorese 13, 77; Luxemburg 15/1, 237; Magie 15/1, 254
Tritonius, Petrus: Musen 15/1, 564; Numismatik 15/1, 1129
Trivolis, Michael → Maksim Grek
Troeltsch, Ernst: Geschichtswissenschaft/Geschichtsschreibung 14, 209; Historische Methoden 14, 455; Historismus 14, 473–474; Theologie und Kirche des Christentums 15/3, 417
Troger, Paul: Herrscher 14, 375
Tromboncino, Bartolomeo: Numismatik 15/1, 1129
Tron, Nicolò: Triumphbogen 15/3, 585
Troost, Gerdy: Nationalsozialismus 15/1, 757
Troost, Paul Ludwig: Mausoleum 15/1, 338; Nationalsozialismus 15/1, 757; 762
Trousson, Raymond: Thematologie/Stoff- und Motivforschung 15/3, 410
Trpimir *slaw. Fürst, 9. Jh.*: Kroatien 14, 1119
Trubetzkoy, Nikolai Sergejewitsch: Sprachwissenschaft 15/3, 239; 245; Strukturalismus 15/3, 320
Trübner, Karl: Klassik als Klassizismus 14, 889

Trumbull, John: United States of America 15/3, 851; 853–854
Trumpp, Ernst: Iranistik 14, 637
Tschachruchadze, Grigol: Georgien 14, 133
Tscherepnin, Alexander Nikolajewitsch: Frankreich 15/3, 1268
Tscherepnin, Nikolai: Vertonungen antiker Texte 15/3, 1022
Tschiladze, Otar: Georgien 14, 137
Tschudi, Aegidius: Schweiz 15/2, 1137
Tsereteli, Akaki: Georgien 14, 137–138
Tsereteli, Gr.: Georgien 14, 139
Tsiforos, Nikos: Neugriechische Literatur 15/1, 913
Tsountas, J. Christos: Kretisch-Mykenische Archäologie 14, 1101; Mykene 15/1, 607; 609
Tuaillon, Louis: Nacktheit in der Kunst 15/1, 655
Tuby, Jean-Baptiste: Laokoongruppe 15/1, 10
Tucci, G.: Pakistan/Gandhara-Kunst 15/2, 37
Tucher, H.: Tourismus 15/3, 530
Tudeer, Lauri: Numismatik 15/1, 1119
Tudmīr *westgot. Herrscher in Murcia*: Arabisch-islamisches Kulturgebiet 13, 177
Tübke, Werner: DDR 13, 696
Tullin, Christian Braunman: Norwegen 15/1, 1086
Tuna, Numan: Knidos 14, 990
Tunberg, Terence: Lebendiges Latein 15/1, 96
Tuptalo, Daniil (Rostovskij, Dimitrij): Ukraine 15/3, 744
Turgenjew, Iwan Sergejewitsch: Rußland 15/2, 1023
Turgot, Anne Robert Jacques: Frankreich 14, 44; Geschichtsmodelle 14, 163; 177
Turing, Alan: Logik 15/1, 201
Turler, Hieronymus: Kampanien 14, 789
Turmair, Johannes (Aventinus): Altertumskunde (Humanismus bis 1800) 13, 94; Bayern 13, 433; Numismatik 15/1, 1112; Limes, Limesforschung 15/1, 158; Provinzialrömische Archäologie 15/2, 578; Tacitismus 15/3, 354
Turnèbe, Adrien: Frankreich 14, 30; 40; Philologie 15/2, 291
Turner, Mark: Metapher/Metapherntheorie 15/1, 406
Turner, Mark-Anthony: United Kingdom 15/3, 825
Turner, Victor: Kulturanthropologie 14, 1140
Turner, William: Historienmalerei 14, 438; Karthago 14, 851
Turnour, George: Śrī Laṅkā 15/3, 252
Turyn, A.: Polen 15/2, 406
Twain, Mark: Kampanien 14, 790
Twedell, John: Orchomenos 15/1, 1189
Twinger von Königshofen, Jakob: Herrscher 14, 399
Tyard, Pontus de: Mythologie 15/1, 627; Vers mesurés 15/3, 1007
Tychikos: Überlieferung 15/3, 711
Tychsen, Olaf Gerhard: Entzifferungen 13, 958; Iranistik 14, 637

Tylor, Edward Burnett: Geschichtswissenschaft/Geschichtsschreibung 14, 209; Kulturanthropologie 14, 1133; Mythos 15/1, 646; Religionsgeschichte 15/2, 688
Tylor, S.: Akkulturation 15/3, 1245
Tyrell, R.Y.: Irland 14, 646
Tyrš, Miroslav: Tschechien 15/3, 632; 643
Tyszkiewicz, Anna: Polen 15/2, 402
Tyszkiewicz, Michael: Polen 15/2, 409
Tzafouris, Nikolaos: Byzanz 13, 622
Tzane, Emanuel: Byzanz 13, 622
Tzetzes [2]*, Johannes: Bibliothek 13, 496; Byzanz 13, 594; 597; 607; Kommentar 14, 1064; Philologie 15/2, 242–243; Überlieferung 15/3, 716; Zoologie 15/3, 1206ff.

U

Ubaldo del Monte, Guido: Naturwissenschaften 15/1, 819; 823
Ubaldus, Quidus: Kalender 14, 782
Ubeda, López: Roman 15/2, 948
Ubertini, Francesco → Bachiacca
Uccelo, Paolo: Reiterstandbild 15/2, 652
Udall, Nicholas: Komödie 14, 1073; Lateinische Komödie 15/1, 74
Uderzo, Albert: Comics 13, 658; Druiden 13, 901; Frankreich 15/3, 1267
Udine, Ercole: Mythologie 15/1, 625
Ueberweg, Friedrich: Philologie 15/3, 1301
Ugo da Bologna: Briefkunst/Ars dictaminis 13, 546
Ugolini, L.: Albanien 13, 59
Ugolino da Orvieto: Humanismus 14, 561
Ugolinus, Blasius: Altertumskunde (Humanismus bis 1800) 13, 93
Ugonio, P.: Christliche Archäologie 13, 642
Uhde, Milan: Tschechien 15/3, 636
Uhlenbeck, Christian Cornelius: Sprachwissenschaft 15/3, 239
Ulbricht, Walter: DDR 13, 689
Ulčinaitė, Eugenija: Litauen 15/1, 176
Uldall, Hans Jørgen: Strukturalismus 15/3, 322
Uljanov, Vladimir Iljič → Lenin
Ullmann, W.: Karolingische Renaissance 14, 817
Ulrich von Bamberg: Figurenlehre 13, 1126; Rhetorik 15/2, 775
Ulrich von Etzenbach: Herrscher 14, 390
Ulrich von Hutten: Konstantinische Schenkung 14, 1083; Preußen 15/2, 541; Schlachtorte 15/2, 1088
Ulrich von Lilienfeld: Typologie 15/3, 681
Ulrich, H.N.: Griechenland 14, 284
Ulrichs, Karl Heinrich: Lebendiges Latein 15/1, 96
Unamuno, Miguel de: Spanien 15/3, 142ff.
Ungaretti, Giuseppe: Italien 14, 706
Ungers, Oswald M.: Trier 15/3, 572

Unter, Peter: Skeptizismus 15/3, 45
Unterberger, Christoph: Groteske 14, 330
Updike, John: United States of America 15/3, 876
Urban VIII. (Barberini, Maffeo) *Papst*: Frankreich 14, 43; Italien 14, 691; Pantheon 15/2, 59; Rom 15/2, 860; 866
Urbani, Hierne: Diana von Ephesus 13, 840
Urceus, Antonius (Codrus): Lateinische Komödie 15/1, 67
Ureña de Henríquez, Salomé: Lateinamerika 15/1, 36
Urfé, Honoré d': Bukolik/Idylle 13, 563
Ursinus, Fulvius: Altertumskunde (Humanismus bis 1800) 13, 92; Homer-Vergil-Vergleich 14, 519
Usener, Hermann: Historismus 14, 480; Mythos 15/1, 644; Naturwissenschaften 15/1, 843; Philologie 15/2, 265; 303; Religionsgeschichte 15/2, 687
Uspenskij, F.: Rußland 15/2, 1023
Ustrzycki, J.W.: Polen 15/2, 394
Uta von Niedermünster: Ottonische Renaissance 15/1, 1255
Utčenko, S.L.: Geschichtswissenschaft/Geschichtsschreibung 14, 207
Utenhovius, Carolus: Niederlande und Belgien 15/1, 1017
Uvarov, S.: Rußland 15/2, 1020
Uz, Johann Peter: Preußen 15/2, 550; Übersetzung 15/3, 729

V

Vaaskivi, T.: Finnland 13, 1148
Vacano, Otto Wilhelm von: Sparta 15/3, 167
Văcărescu, Iancu: Rumänien 15/2, 1005
Vacarius: Glossatoren 14, 221; Römisches Recht 15/2, 832
Vacková, Růžena: Tschechien 15/3, 644
Vadian → Watt
Väänänen, Veikko: Nationale Forschungsinstitute 15/1, 683
Vaglieri, Dante: Ostia und Porto 15/1, 1248; Rom 15/2, 916
Vahlen, Johannes: Philologie 15/2, 267; 302; Ungarn 15/3, 755
Vaillant, Jean Froy: Altertumskunde (Humanismus bis 1800) 13, 92; Numismatik 15/1, 1112
Vair, Guillaume du: Stoizismus 15/3, 305
Vala, Giorgio: Naturwissenschaften 15/1, 837
Valadier, Giuseppe: Italien 14, 703; Rom 15/2, 886; Torso (Belvedere) 15/3, 518
Valadier, Luigi: Trajanssäule 15/3, 550
Valaoritis, Aristoteles: Neugriechische Literatur 15/1, 907
Valaresso, Zaccaria: Epos 13, 1021; Italien 14, 698

Valckenaer, Caspar Lodewijk: Niederlande und Belgien 15/1, 1003; 1005; Philologie 15/2, 252; Übersetzung 15/3, 729
Valentin, Johann: Epos 13, 1033
Valentini, Roberto: Mittellatein 15/1, 457
Valeriano, Giovanni Piero (Valerianus, Johannes Pierus): Drei Grazien 13, 870; Philologie 15/2, 290
Valerianus, Johannes Pierus → Valeriano
Valerius, Cornelius *niederl. Humanist, 1512-1578*: Niederlande und Belgien 15/1, 991–992; 1017–1018; 1027
Valéry, Ambroise Paul Toussaint Jules: Dialog 13, 836; Frankreich 15/3, 1261; Lyrik 15/1, 250; Naturwissenschaften 15/1, 844; Neugriechische Literatur 15/1, 912
Valeton, Isaac Marinus Josué: Niederlande und Belgien 15/1, 1011
Valla, Giorgio: Gattung/Gattungstheorie 14, 90; Griechische Tragödie 14, 317; Humanismus 14, 553; Italien 14, 681; 687; Medizin 15/1, 368; Pharmakologie 15/2, 219
Valla, Lorenzo (Della Valle) (Laurentius Vallensis): Artes liberales 13, 276; Dialog 13, 832; Einbildungskraft 13, 935; Epikureismus 13, 988; Epos 13, 1016; Fälschung 13, 1082; Geschichtsmodelle 14, 174–175; Geschichtswissenschaft/Geschichtsschreibung 14, 189; 213–214; Herrscher 14, 405; 409; Historische Methoden 14, 454; Humanismus 14, 545–548; 550–551; 554; Italien 14, 678; Konstantinische Schenkung 14, 1083; Küchenlatein 14, 1125; Literaturkritik 15/1, 181–182; Logik 15/1, 196; Mnemonik/Mnemotechnik 15/1, 467; Neulatein 15/1, 926; 928; 935; Niederlande und Belgien 15/1, 987; 990; 992; Philologie 15/2, 247; 286–287; Philosophia perennis 15/2, 333; 337; Rhetorik 15/2, 782; Thukydidismus 15/3, 484; United Kingdom 15/3, 798; Universität 15/3, 894
Valle, Pietro della: Iranistik 14, 634; Oratorium 15/1, 1187; Troja 15/3, 604; Vorderasiatische Archäologie 15/3, 1051
Valle-Inclán, Ramón del: Spanien 15/3, 143
Vallès, Jules: Frankreich 15/3, 1259
Vallet: Klassische Archäologie 14, 947
Valletta, Giuseppe: Vasen/Vasenmalerei 15/3, 949
Valmin, Nathan: Nationale Forschungsinstitute 15/1, 709
Valnegro, Peter: Mausoleum 15/1, 331
Valturio, Roberto: Krieg 14, 1112; Schlachtorte 15/2, 1075
Valvasor, J.W.: Slowenien 15/3, 72
Van Buren Magonigle, Harold: Mausoleum 15/1, 338
Van den Steen, Rainer → Gemma Frisius

Van der Linden, J.A.: Medizin 15/1, 369
Van der Valk, Marchinus Hyminus Arnoldus:
    Niederlande und Belgien 15/1, 1012
Van de Woestijne: Niederlande und Belgien
    15/1, 1034
Van Duyse, Prudens: Niederlande und Belgien
    15/1, 1057
Van Gelder, K.: Nationale Forschungsinstitute
    15/1, 660
Van Leeuwen-Boomkamp, M.: Nationale
    Forschungsinstitute 15/1, 691
Van Torre, Antonius: Niederlande und Belgien
    15/1, 1025
Vanbrugh, John: Park 15/2, 150
Vanderlyn, John: United States of America 15/3, 854
Vanderpool, Eugene: Nationale Forschungsinstitute
    15/3, 1284
Vanesta, Thomas: Medien 15/1, 350
Vanhove, D.: Nationale Forschungsinstitute 15/1, 660
Vannucci → Perugino
Vanvitelli, Luigi: Forum/Platzanlage 13, 1159; Rom
    15/2, 928
Váradi, Péter: Ungarn 15/3, 750
Varchi, Benedetto: Gattung/Gattungstheorie
    14, 91; Komödie 14, 1070; Physiognomik
    15/2, 356
Varcl, Ladislav: Tschechien 15/3, 642
Vardy, John: Society of Dilettanti 15/3, 74
Varela, Juan Cruz: Lateinamerika 15/1, 41
Vargas Llosa, Mario: Lateinamerika 15/1, 45
Vári, R.: Ungarn 15/3, 756
Varin, Jean: Numismatik 15/1, 1112
Vasa, Pashko: Albanien 13, 59
Vasari, Giorgio: Biographie 13, 521; Diana von
    Ephesus 13, 840; Drei Grazien 13, 871;
    Ekphrasis 13, 941; Etruskologie 13, 1055; Gotik
    14, 239; Groteske 14, 325; 328; 330; Historien-
    malerei 14, 431; Künstlerlegenden 14, 1127-
    1129; Lateinische Komödie 15/1, 76; Mimesis-
    legenden 15/1, 439; Niederlande und Belgien
    15/1, 1041; Porträtgalerie 15/2, 508;
    Renaissance 15/2, 702; 704; Spolien 15/3, 196;
    Steinschneidekunst: Gemmen 15/3, 282; Stil,
    Stilanalyse, Stilentwicklung 15/3, 292;
    Theaterbau/Theaterkulisse 15/3, 404; Uffizien,
    Florenz (Galleria degli Uffizi, Firenze) 15/3, 740;
    Vasen/Vasenmalerei 15/3, 947
Vascóncelos, José: Lateinamerika 15/1, 20; 44
Vasilij *Heiliger*: Theologie und Kirche des
    Christentums 15/3, 428
Vasiljevskij, Vasilij G.: Byzantinistik 13, 586
Vaso, P.: Albanien 13, 61
Vásquez de Menchaca, Fernando (Vasquius,
    Fernandus): Menschenrechte 15/1, 387;
    Naturrecht 15/1, 775
Vasquius, Fernandus → Vásquez de Menchaca

Vattel, Emer de: Menschenrechte 15/1, 388;
    Völkerrecht 15/3, 1045
Vaudoyer, Léon: Historismus 14, 491
Vaugelas, Claude de: Frankreich 14, 37
Vaux, Calvert: New York, Metropolitan Museum
    15/1, 953
Vavassore, Andreas: Konstantinopel 14, 1090
Vecellio, Tiziano → Tizian
Vedel-Simson, J.: Kopenhagen 14, 1095
Vega Carpio, Lope Félix de → Lope de Vega
Vega, Garcilaso de la *span. Feldherr und Dichter, 1503-
    1536*: Arkadismus 13, 266; Lyrik 15/1, 249
Vegio, Maffeo (Vegius, Maphaeus): Adaptation
    13, 9; Christliche Archäologie 13, 641;
    Humanismus 14, 547; Neulatein 15/1, 939;
    Übersetzung 15/3, 729
Vegius, Maphaeus → Vegio
Veit, Ludwig: Numismatik 15/1, 1109
Veith, Carl von: Köln 14, 1030
Veith, G.: Krieg 14, 1117
Velázquez, Diego Rodríguez de Silva y: Klassische
    Archäologie 14, 903; Spanien 15/3, 136
Velde, Henry Clemens van de: Mode 15/1, 490
Veldten, J.: Sankt Petersburg, Eremitage 15/2, 1062
Velestinlis Pheräos, Rigas: Griechenland 14, 277;
    Neugriechische Literatur 15/1, 900-902; 904;
    914; Schlachtorte 15/2, 1083
Veli Pascha *Vali von Nauplia*: Mykene 15/1, 603
Velthuysen, Lambert van: Republik 15/2, 723
Veltkirchius → Bernhardi
Vendramin, Andrea: Niederlande und Belgien
    15/1, 1044
Veneto, Paolino: Parnaß 15/2, 178
Veneziano, Agostino: Groteske 14, 327; Vasen/
    Vasenmalerei 15/3, 947-948
Venezis, Elias: Neugriechische Literatur 15/1, 912
Venizelos, Eleftherios: Griechenland 14, 278
Ventris, Michael: Entzifferungen 13, 962-963;
    Knossos 14, 1001; Kretisch-Mykenische
    Archäologie 14, 1107; Schriftwissenschaft
    15/2, 1100
Verancsics, Antal: Ungarn 15/3, 751; 754
Verani, Giuseppe: Ostia und Porto 15/1, 1248
Verardi, Carlo: Lateinische Komödie 15/1, 66;
    Lateinische Tragödie 15/1, 84; 86
Verde, Carmen: Lateinamerika 15/1, 43
Verdelis, Nikolaos: Mykene 15/1, 610; Tiryns
    15/3, 504
Verdi, Giuseppe: Historienmalerei 14, 440; Italien
    14, 704
Verdross, Alfred: Politische Theorie 15/2, 456
Veressajev, A.: Rußland 15/2, 1026
Vergara, Francisco de: Spanien 15/3, 107ff.
Vergerio, Pier Paolo d.Ä. *it. Humanist und Diplomat,
    1370-1444*: Byzanz 13, 598; Komödie
    14, 1069; Lateinische Komödie 15/1, 66;

Leichenrede 15/1, 119–120; Niederlande und Belgien 15/1, 989; Slowenien 15/3, 68; Ungarn 15/3, 749ff.; 754
Verhaeren, Émile: Frankreich 15/3, 1263
Verlaine, Paul: Metapher/Metapherntheorie 15/1, 405; Naturwissenschaften 15/1, 843
Vermarsen, Marteen J.: Religionsgeschichte 15/2, 693
Vermaseren, Jozef: Niederlande und Belgien 15/1, 1013
Vermeyen, Jan Cornelisz.: Vasen/Vasenmalerei 15/3, 948
Vernal, Jean-Luc: Comics 13, 658
Vernant, Jean-Pierre: Frankreich 15/3, 1257; Geschichtswissenschaft/Geschichtsschreibung 14, 192; Kulturanthropologie 14, 1134; 1137; 1139; Marxismus 15/1, 302; Philologie 15/3, 1301; Religionsgeschichte 15/2, 697; Technikgeschichte 15/3, 368; Vorsokratiker 15/3, 1069
Vernardakis, Gr.: Griechenland 14, 284
Verner, Karl: Sprachwissenschaft 15/3, 233
Verney, L.A.: Portugal 15/2, 521
Vernulaeus, Nicolaus: Niederlande und Belgien 15/1, 1021
Veronese, Paolo → Paolo Veronese
Verri, Alessandro: Italien 14, 700
Verrocchio, A.: Rosse von San Marco/Quadriga 15/2, 988
Versace, Gianni: Wirtschaft und Gewerbe 15/3, 1147
Verschaffelt, Peter Anton von: Mannheim, Antikensaal und Antiquarium 15/1, 292
Vertot, René Auber de: Geschichtswissenschaft/Geschichtsschreibung 14, 202
Verwey, Albert: Niederlande und Belgien 15/1, 1052
Vesalius, Andreas (Wesel, Andries van): Galenismus 14, 86; Medizin 15/1, 368–369; Neulatein 15/1, 927; Terminologie 15/3, 383; Torso (Belvedere) 15/3, 515; Universität 15/3, 895
Vespasiano da Bisticci: Italien 14, 678; Philologie 15/2, 246; 285
Vespucci, G.A.: Lateinische Komödie 15/1, 67
Vestdijk, Simon: Niederlande und Belgien 15/1, 1054
Vetranović, M.: Kroatien 14, 1120
Vetters, Hermann: Ephesos 13, 976; Nationale Forschungsinstitute 15/1, 706; 15/3, 1288
Vettori, Pietro → Victorius
Veyne, Paul: Geschichtsmodelle 14, 162; Geschichtswissenschaft/Geschichtsschreibung 14, 210; Mythos 15/1, 644; Nobilitas 15/1, 1075
Viale, A.: Portugal 15/2, 523
Vicente, G.: Portugal 15/2, 518
Vicentino, Andrea: Triumphbogen 15/3, 590
Vicentino, Nicola: Musik 15/1, 599
Vickers, M. Johann: Zeitrechnung 15/3, 1168

Vico, Andrea: Italien 14, 714
Vico, Enea: Druckwerke 13, 886; Groteske 14, 327; Herrscher 14, 393; Orient-Rezeption 15/1, 1196; Steinschneidekunst: Gemmen 15/3, 283; Vasen/Vasenmalerei 15/3, 947ff.
Vico, Giambattista: Argumentationslehre 13, 248; Geschichtsmodelle 14, 164; 176–177; 182; Homerische Frage 14, 503; Italien 14, 697; Metapher/Metapherntheorie 15/1, 405; Mythologie 15/1, 630; Mythos 15/1, 639; 641; 645; Theorie/Praxis 15/3, 466; Vorsokratiker 15/3, 1064
Victorinus von Pettau: Herrscher 14, 402
Victorius Aquitanus (Victorius von Aquitanien) *Computist, 5. Jh.*: Schrift/Typographik 15/2, 1094
Victorius, Petrus (Vettori, Pietro): Griechische Tragödie 14, 317; Philologie 15/2, 290
Victorius von Aquitanien → Victorius Aquitanus
Vida, Marcus Hieronymus: Epos 13, 1021; Homer-Vergil-Vergleich 14, 517–519; Humanismus 14, 553; Lehrgedicht 15/1, 110; Neulatein 15/1, 935; Zensur 15/3, 1197
Vidal, Gore: United States of America 15/3, 876
Vidal-Naquet, Pierre: Frankreich 15/3, 1257; Kulturanthropologie 14, 1134; Marxismus 15/1, 302; Philologie 15/3, 1301
Vidius, Vidus: Humanismus 14, 560; Medizin 15/1, 368
Vídman, Ladislav: Tschechien 15/3, 642
Vidua, C.: Inschriftenkunde, griechische 14, 590
Viehweg, Theodor: Argumentationslehre 13, 249; Rhetorik 15/2, 810
Vielé-Griffin, Francis: Frankreich 15/3, 1263
Vien, Joseph-Marie: Frankreich 14, 51; Herculaneum 14, 359; Stabia/Stabiae 15/3, 255; Vasen/Vasenmalerei 15/3, 951
Viennet, Jean-Pons-Guillaume: Frankreich 15/3, 1257
Viereck, P.: Papyri (Fundgeschichte) 15/2, 67
Vieth, Gerhard Ulrich Anton: Sport 15/3, 210
Viëtor, Karl: Lyrik 15/1, 250
Viganò, Salvatore: Mode 15/1, 487
Vigil, José Maria: Lateinamerika 15/1, 36
Vigilantius Axungia: Preußen 15/2, 541
Vignola, Giacomo (Barozzi da Vignola, Jacopo): Druckwerke 13, 892; Italien 14, 688; Renaissance 15/2, 705; Säulenordnung 15/2, 1050
Vigny: Frankreich 15/3, 1258; 1265
Vik, Ingebrigt: Norwegen 15/1, 1087
Vikelas, Dimitrios: Olympia 15/1, 1168; Sport 15/3, 212ff.
Viktor III. (Desiderius von Montecassino) *Papst*: Italien 14, 664; Säule/Säulenmonument 15/2, 1047
Viktor Emanuel II. *König von Italien, 1820–1878*: Horoskope 14, 535; Triumphbogen 15/3, 593

Viktor Emanuel III. *König von Italien, 1869-1947*: Rom 15/2, 930
Vilaragut, M.A.: Lateinische Tragödie 15/1, 87
Vilaras, Ioannis: Griechenland 14, 270; 277; Neugriechische Literatur 15/1, 902
Vilaseca, Manuela Ballester: Spanien 15/3, 149
Villalobos, Juan de: Spanien 15/3, 107
Villalón, Cristóbal: Querelle des Anciens et des Modernes 15/2, 610
Villani, Giovanni: Geschichtswissenschaft/Geschichtsschreibung 14, 213
Villani, Nicola: Italien 14, 694
Villard de Honnecourt: Frankreich 14, 20
Villegas, Esteban Manuel de: Verskunst 15/3, 1013; 1015
Villiers, George, First Duke of Buckingham *1592-1628*: United Kingdom 15/3, 809
Villon, François: Frankreich 14, 24
Vimercati, Francesco: Meteorologie 15/1, 417
Viñas, Miguel de: Lateinamerika 15/1, 27
Vinay, Gustavo: Mittellatein 15/1, 459
Vincent: Orient-Rezeption 15/1, 1201
Vincentius Bellovacensis → Vinzenz von Beauvais
Vincentius Hispanus: Glossatoren 14, 222
Vinci, Leonardo da (Da Vinci, Leonardo): Atomistik 13, 339; Einbildungskraft 13, 935; Ekphrasis 13, 941; Historienmalerei 14, 426; Karikatur 14, 799; Meteorologie 15/1, 417; Mimesislegenden 15/1, 440; Nacktheit in der Kunst 15/1, 653; Naturphilosophie 15/1, 769; Naturwissenschaften 15/1, 823; Physiognomik 15/2, 353; Reiterstandbild 15/2, 652; Triumphbogen 15/3, 586; Ut pictura poesis 15/3, 932; Utopie 15/3, 937
Vinciguerra, Antonio: Satire 15/2, 1070
Vindanios Anatolios (Anaṭūlīyus): Arabisch-islamisches Kulturgebiet 13, 181
Vinet, A.: Homiletik/Ars praedicandi 14, 530
Vingboons, Philips: Niederlande und Belgien 15/1, 1043
Vining Davis, Arthur: Nationale Forschungsinstitute 15/3, 1281
Vinje, Aasmund O.: Norwegen 15/1, 1087
Vinnius: Humanismus 14, 558
Vinogradov, J.: Rußland 15/2, 1028
Vinzenz von Beauvais (Vincentius Bellovacensis): Enzyklopädie 13, 967; Fürstenspiegel 14, 78; Island 14, 651; Leichenrede 15/1, 119; Medizingeschichtsschreibung 15/1, 373; Meteorologie 15/1, 416; Naturwissenschaften 15/1, 822; 868; Poetik 15/2, 386; United Kingdom 15/3, 788; Zeitrechnung 15/3, 1189; Zoologie 15/3, 1214; Zoroastres/Zoroastrismus 15/3, 1230
Viola, L.: Italien 14, 719

Virchow, Rudolf: Römisch-Germanische Kommission (RGK) 15/2, 824; Terminologie 15/3, 384
Virgilio, Giovanni del: Adaptation 13, 11; Bukolik/Idylle 13, 562; Humanismus 14, 541; Italien 14, 671–672; Mythologie 15/1, 621
Virgilius von Salzburg: Österreich 15/1, 1132–1133; Überlieferung 15/3, 723
Virués, Cristóbal de: Epos 13, 1026; Tragödie/Tragödientheorie 15/3, 537
Vischer, Friedrich Theodor: Historismus 14, 485; 497; Keltisch-Germanische Archäologie 14, 871; Musik 15/1, 581
Vischer, Kaspar: Stützfiguren/Erechtheionkoren 15/3, 330
Vischer, Peter d.Ä.: Torso (Belvedere) 15/3, 516
Vischer, Peter d.J.: Torso (Belvedere) 15/3, 516
Vischer, Wilhelm: Schweiz 15/2, 1144
Visconti, Azzone: Porträtgalerie 15/2, 504
Visconti, Bernabò: Naturwissenschaften 15/1, 839
Visconti, Carlo Ludovico: Ostia und Porto 15/1, 1248; Rom 15/2, 915
Visconti, Ennio Quirino: Epochenbegriffe 13, 1002; Kunsterwerb/Kunstraub 14, 1152; Paris, Louvre 15/2, 109
Visconti, Giangaleazzo: Italien 14, 676; Naturwissenschaften 15/1, 839
Visconti, Giovan Battista: Rom 15/2, 933
Visconti, Pietro: Historienmalerei 14, 440
Vislizki, Jan: Weißrußland 15/3, 1108
Visser, Edzard: Homerische Frage 14, 508
Vitalian *Papst*: Überlieferung 15/3, 722
Vitalis Blesensis → Vitalis von Blois
Vitalis von Blois (Vitalis Blesensis): Frankreich 14, 11; Komödie 14, 1069; Lateinische Komödie 15/1, 66
Vitellozzi, Annibale: Stadion 15/3, 261
Vitéz, János: Ungarn 15/3, 749ff.; 754
Vitoria, Francisco de: Menschenrechte 15/1, 387; Völkerrecht 15/3, 1044
Vitriacus, Jacobus: Niederlande und Belgien 15/1, 1022
Vitrier, Jean: Theologie und Kirche des Christentums 15/3, 434
Vitti, Mario: Neugriechische Literatur 15/1, 916
Vittinghoff, Friedrich: Nationalsozialismus 15/1, 739; Sklaverei 15/3, 52
Vittorino da Feltre: Italien 14, 677; Rhetorik 15/2, 816; Sport 15/3, 208
Vittorio, Alessandro: Porträtgalerie 15/2, 508
Vives, Juan Luis: Allegorese 13, 78; Artes liberales 13, 276; Epos 13, 1025; Humanismus 14, 551; 555; Kommentar 14, 1056; Niederlande und Belgien 15/1, 990; 992; Rhetorik 15/2, 799; Spanien 15/3, 109; Zensur 15/3, 1197

Vivian *Laienabt von Sankt Martin in Tours, 9. Jh.*:
  Karolingische Renaissance 14, 827
Vivianus, Johannes: Trier 15/3, 563; 565
Vivot, Berthier: Vasen/Vasenmalerei 15/3, 949
Viz-Morgules, B.B.: Weißrußland 15/3, 1109
Vizyions, Georgios: Neugriechische Literatur
  15/1, 908
Vlastos, G.: Vorsokratiker 15/3, 1066
Vlastos, N. → Blastos
Vlachos, Gerasimos: Griechenland 14, 279–280
Vliet, Joannes van der: Niederlande und Belgien
  15/1, 1009
Vocel, Jan Erazim: Tschechien 15/3, 643
Vocht, H. de: Niederlande und Belgien 15/1, 1034
Vodnik, V.: Slowenien 15/3, 70ff.
Voegelin, Eric: Gnosis 14, 229; Politische Theorie
  15/2, 435; 457; Thukydidismus 15/3, 490ff.
Vögelin, Johannes: Naturwissenschaften 15/1, 849
Völkl, Ludwig: Nationale Forschungsinstitute
  15/1, 689
Voell, W.: Römisches Recht 15/2, 839
Völling, Thomas: Olympia 15/1, 1174
Voelter, Christoph: Geburtshilfe 14, 96
Vörösmarty, Mihály: Ungarn 15/3, 752
Voet, J.: Humanismus 14, 558
Voetius, G.: Geschichtsmodelle 14, 176
Vogler, Georg Joseph Abbé: Vertonungen antiker
  Texte 15/3, 1024
Vogt, Emil: Schweiz 15/2, 1148
Vogt, Hans: Vertonungen antiker Texte 15/3, 1024
Vogt, Joseph: Historische Methoden 14, 460;
  Nationalsozialismus 15/1, 731; 735–738; 744;
  749; Sklaverei 15/3, 52
Vogt, Mauritius: Tschechien 15/3, 630
Vogt, Wolfgang: Arabistik 13, 192
Voigt, Andreas: Utopie 15/3, 936
Voigt, G.: Humanismus 14, 540–541
Volan, Andrej → Volanus
Volanus, Andreas (Wolan, Andrzej/Volan, Andrej):
  Litauen 15/1, 171; Weißrußland 15/3, 1108
Volder, Willem de → Gnaphaeus
Volkmann, Johann Jakob: Laokoongruppe 15/1, 15
Vollbeding, Johann Christoph: Lexikographie
  15/1, 130
Vollgraff, Carel Willem: Nationale Forschungs-
  institute 15/1, 690; Niederlande und Belgien
  15/1, 1010
Vollgraff, Johann Christoph: Niederlande und
  Belgien 15/1, 1009
Vollmoeller, K.: Griechische Tragödie 14, 320
Volokolamskij, Iosif: Theologie und Kirche des
  Christentums 15/3, 430
Volpato, Giovanni: Groteske 14, 330; Musen
  15/1, 567; Ostia und Porto 15/1, 1248
Vol'skij, M.M.: Sklaverei 15/3, 51

Voltaire (Arouet, François-Marie): Aufklärung 13, 343;
  346; Babylon 13, 379; Demokratie 13, 724;
  Dialog 13, 834; Epos 13, 1022–1023;
  Frankreich 14, 46; 49–51; Geschichtsmodelle
  14, 177; Geschichtswissenschaft/Geschichts-
  schreibung 14, 200; Herrscher 14, 394; 397;
  405; Historienmalerei 14, 437; Italien 14, 699;
  Judentum 14, 754; Klassik als Klassizismus
  14, 889; Klassizismus 14, 970; Menschenrechte
  15/1, 389; Metapher/Metapherntheorie
  15/1, 405; Mythologie 15/1, 630; Naturwis-
  senschaften 15/1, 851; Neugriechische Literatur
  15/1, 900; Zoroastres/Zoroastrismus 15/3, 1231
Volterra, Daniele da: Historienmalerei 14, 431
Von der Mühll, Peter: Homerische Frage 14, 506
Vondel, Joost van den: Lateinische Tragödie
  15/1, 87; Niederlande und Belgien 15/1,
  1048–1051
Vondrovic, Tomás: Tschechien 15/3, 636
Voorbroek, Jacob → Perizonius
Voorde, Urbain van de: Niederlande und Belgien
  15/1, 1058
Vos, M. de: Weltwunder 15/3, 1113
Voskovec, Jiří: Tschechien 15/3, 635
Vosmaer, Carel: Niederlande und Belgien 15/1, 1052
Voß, Johann Heinrich: Bayern 13, 436; Bukolik/
  Idylle 13, 567; Deutschland 13, 797; Epos
  13, 1033; Homerische Frage 14, 512–513;
  Klassische Archäologie 14, 907; Komödie
  14, 1075; Medien 15/1, 351; Sturm und Drang
  15/3, 338; 340–341; Übersetzung 15/3, 730;
  737; Verskunst 15/3, 1013
Vossius, Gerardus Johannes: Figurenlehre
  13, 1129; Literaturkritik 15/1, 179;
  Niederlande und Belgien 15/1, 997; 999; 1021;
  Philologie 15/2, 294; Religionsgeschichte
  15/2, 682; Rhetorik 15/2, 783
Vossius, Isaac: Niederlande und Belgien 15/1, 999
Vossius, Lambertus: Niederlande und Belgien
  15/1, 1029
Vouet, Simon: Karthago 14, 850
Voulgaris, Eugenios: Griechenland 14, 270; 275
Vračanski, Sofronij: Bulgarien 13, 574
Vrančić, A.: Kroatien 14, 1119
Vrančić, F.: Kroatien 14, 1120
Vranck, F.: Republik 15/2, 722
Vranx, Sebastian: Trajanssäule 15/3, 546
Vratović, V.: Kroatien 14, 1122
Vrchlický, Jaroslav: Tschechien 15/3, 633ff.
Vredeman de Vries, Hans: Groteske 14, 329;
  Mimesislegenden 15/1, 440; Niederlande und
  Belgien 15/1, 1043; Stützfiguren/
  Erechtheionkoren 15/3, 330; Triumphbogen
  15/3, 586
Vredius, Oliverius: Niederlande und Belgien
  15/1, 1029

Vreede, P.: Republik 15/2, 731
Vries, Adrian de: Laokoongruppe 15/1, 14; Mausoleum 15/1, 331; Torso (Belvedere) 15/3, 516
Všehrd, Viktorin von: Tschechien 15/3, 628
Vürtheim, Julius Johannes Gerardus: Niederlande und Belgien 15/1, 1008
Vuillard, Edouard: Venus von Milo 15/3, 967
Vulcanius, Buenaventura: Niederlande und Belgien 15/1, 996; 1017
Vulgaris, Eugenios → Bulgarēs
Vulpius, Josephus Roccus: Ostia und Porto 15/1, 1248
Vysoký, Tyrš Hynek: Tschechien 15/3, 644
Vytautas *Großfürst von Litauen, 1350-1430*: Litauen 15/1, 170–171

W

Waal, Anton de: Nationale Forschungsinstitute 15/1, 684–685; 687–688
Wace *anglo-normann. Dichter, 1115-1193*: United Kingdom 15/3, 783
Wace, Allen J.B.: Mykene 15/1, 607; 609–610; Nationale Forschungsinstitute 15/1, 666; Zeitrechnung 15/3, 1172
Wachsman, Alois: Tschechien 15/3, 635
Wachtang VI. (Hussein Kuli Khan) *König von Georgien, 1675-1737*: Georgien 14, 136
Wachtel, Klaus: Nobilitas 15/1, 1073
Wackenroder, Wilhelm Heinrich: Musen 15/1, 565; Poeta Vates 15/2, 381
Wacker, Johann Friedrich: Dresden, Staatliche Kunstsammlungen, Skulpturensammlung 13, 873–874
Wackerle, Josef: Moderne 15/1, 505; Nationalsozialismus 15/1, 759
Wackernagel, Jacob: Schweiz 15/2, 1144; Sprachwissenschaft 15/3, 235
Wägemann, Christoph: Limes, Limesforschung 15/1, 159
Waetzoldt, Wilhelm: Winckelmann-Gesellschaft 15/3, 1138
Wagenfeld, Friedrich: Orient-Rezeption 15/1, 1227
Wageningen, Jacob van: Niederlande und Belgien 15/1, 1010
Wagenvoort, Hendrik: Niederlande und Belgien 15/1, 1010–1011; 1013
Wagner, Ernst: Limes, Limesforschung 15/1, 163
Wagner, Heinrich Leopold: Sturm und Drang 15/3, 338
Wagner, Johann Jacob: Schweiz 15/2, 1138
Wagner, Johann Martin von: Bayern 13, 439
Wagner, Martin: Aigina 13, 30–31; München, Glyptothek und Antikensammlungen 15/1, 548–549

Wagner, O.: Historismus 14, 493
Wagner, Richard: Deutschland 13, 814; Griechische Tragödie 14, 319–320; Keltisch-Germanische Archäologie 14, 871; Kulturanthropologie 14, 1134; Mythos 15/1, 641; Nationalsozialismus 15/1, 755; Neuhumanismus 15/1, 923; Nietzsche-Wilamowitz-Kontroverse 15/1, 1065; 1067; Oper 15/1, 1183ff.; Sturm und Drang 15/3, 339; Theater 15/3, 399; Tragödie/Tragödientheorie 15/3, 541; Troja 15/3, 601; Tschechien 15/3, 633; Wagnerismus 15/3, 1073ff.
Wagner, Ulrike: Lebendiges Latein 15/1, 95
Wagner, Wieland: Wagnerismus 15/3, 1078
Wagner, Wolfgang: Wagnerismus 15/3, 1078
Waiblinger, Wilhelm: Deutschland 13, 796; Pompeji/Rezeption des freigelegten Pompeji in Literatur und Film 15/2, 491; Venus von Milo 15/3, 966
Waifarius → Guaiferius
Wailly, Charles de: Vasen/Vasenmalerei 15/3, 949
Waitz, Georg: Bund 13, 582; Mittellatein 15/1, 457
Walahfrid Strabo: Karolingische Renaissance 14, 822; Lehrgedicht 15/1, 110; Lyrik 15/1, 248; Park 15/2, 125; Spolien 15/3, 200; Terminologie 15/3, 383
Walcott, Derek Alton: Lyrik 15/1, 251; United Kingdom 15/3, 819; 831; United States of America 15/3, 873
Waldhauer, O.: Sankt Petersburg, Eremitage 15/2, 1065
Waldis, Burkard: Fabel 13, 1067
Waldman, Anne: United States of America 15/3, 872
Waldmüller, Ferdinand Georg: Vasen/Vasenmalerei 15/3, 954
Waldstein, Wolfgang: Politische Theorie 15/2, 456
Wałek-Czernecki, Tadeusz: Polen 15/2, 408
Waleran von Meulan: United Kingdom 15/3, 768
Waleys, Thomas: Homiletik/Ars praedicandi 14, 527; Mythologie 15/1, 618
Walger, H.: Parthenon 15/2, 195
Walker, D.P.: Warburg Institute, The 15/3, 1104; 1106
Walker, Ralph: Orient-Rezeption 15/1, 1215
Wallace, Lewis: Film 13, 1136
Wallace, Robert: Bevölkerungswissenschaft/ Historische Demographie 13, 487; Sklaverei 15/3, 49
Wallace-Hadrill, Andrew: Nationale Forschungsinstitute 15/1, 675
Wallenstein, Albrecht Wenzel Eusebius von: Horoskope 14, 534
Wallerius, Johan Gottschalk: Geologie (und Mineralogie) 14, 129
Wallis, John: Logik 15/1, 199; Mathematik 15/1, 317

Wallishausser, Johann Baptist: Österreich 15/1, 1140
Wallius, Jacobus: Niederlande und Belgien 15/1, 1021; 1025
Wallon, Henri Alexandre: Sklaverei 15/3, 49
Wallot, Paul: Historismus 14, 493
Wallraf, Ferdinand Franz: Köln 14, 1023; 1028; 1041
Walpole, Horace: Laokoongruppe 15/1, 10; Souvenir 15/3, 79
Walpole, R.: Orchomenos 15/1, 1189
Walsdorff, Friedrich: Nationalsozialismus 15/1, 737
Walser, Martin: Lehrer 15/1, 107
Waltari, M.: Finnland 13, 1148
Walter, Bruno: Vertonungen antiker Texte 15/3, 1023
Walter, H.: Aigina 13, 29
Walter, Otto: Nationale Forschungsinstitute 15/1, 702–704; 706; 15/3, 1288
Walter, Thomas U.: Greek Revival 14, 252
Walter Odington: Musen 15/1, 567
Walter von Châtillon: Frankreich 14, 11; Geschichtsmodelle 14, 171; Imitatio 14, 574; Mittellatein 15/1, 456; Satire 15/2, 1068–1069; Schlachtorte 15/2, 1081; Tschechien 15/3, 625
Walther von Speyer: Österreich 15/1, 1134
Walton, Brian: Semitistik 15/3, 12
Waltzing *Lütticher Professor*: Niederlande und Belgien 15/1, 1033
Walzel, Oskar: Barock 13, 394
Walzer, Richard: Arabistik 13, 192; Medizingeschichtsschreibung 15/1, 376
Wamper, Adolf: Nationalsozialismus 15/1, 758
Wandalbert von Prüm: Landwirtschaft 15/1, 7; Lehrgedicht 15/1, 110
Waquet, Françoise: Lebendiges Latein 15/1, 98
Warburg, Aby: Alexandrinismus 13, 74; Deutschland 13, 819; Horoskope 14, 538; Interpretatio Christiana 14, 630; Kulturanthropologie 14, 1138; Mode 15/1, 484; Moderne 15/1, 498; Naturwissenschaften 15/1, 843; Philologie 15/2, 310; 15/3, 1314; Warburg Institute, The 15/3, 1098ff.; 1105
Warburton, Ralph: Okkultismus 15/1, 1155
Warburton, William: Park 15/2, 155
Ward, Maria: Mönchtum 15/1, 530
Ward, William Hayes: New York, Metropolitan Museum 15/1, 973
Warde Fowler, W.: Geschichtswissenschaft/Geschichtsschreibung 14, 209
Ward-Perkins, Bryan: Stadt 15/3, 265
Ward-Perkins, John Bryan *engl. Archäologe, 1912–1981*: Nationale Forschungsinstitute 15/1, 674; 676–677
Warhol, Andy: Porträtgalerie 15/2, 513
Warnke, Martin: Warburg Institute, The 15/3, 1105
Warocqué, Raoul: Niederlande und Belgien 15/1, 1045
Warr, Georg: Troja 15/3, 601

Warren, Charles: Vorderasiatische Archäologie 15/3, 1057
Warren, Peter: Knossos 14, 1002
Warren, Robert Penn: United States of America 15/3, 873
Warschewicz, S.: Roman 15/2, 944
Warteberge, Hermann von: Estland 13, 1045
Washington, George: Politische Theorie 15/2, 423; United States of America 15/3, 839; 841; 852
Wąsowiczowa, Dunin: Polen 15/2, 402
Wassenaer, Nicolaes: Niederlande und Belgien 15/1, 1000
Wassermann, Jakob: Orient-Rezeption 15/1, 1228–1229
Waszink, Jan Hendrik: Franz-Joseph-Dölger-Institut 14, 64–65; Niederlande und Belgien 15/1, 989; 997; 1009; 1013
Watenphul, Heinrich: Mittellatein 15/1, 455
Waterhouse, John William: Historienmalerei 14, 440
Watt, Joachim von (Vadian): Schweiz 15/2, 1129–1130; 1136
Watteau, Antoine: Frankreich 14, 51
Wattenbach, Wilhelm: Paläographie, griechischische 15/2, 41
Waywell, Geoffrey B.: Halikarnass 14, 347; Sparta 15/3, 173
Weaver, Richard: Redegattungen 15/2, 640
Weber, Berthold F.: Milet 15/1, 429
Weber, Carl Maria von: Musik 15/1, 602
Weber, Carl W.: Sparta 15/3, 168
Weber, Karl Jakob (Weber, Carlo): Herculaneum 14, 355; 357–358; 360; Pompeji 15/2, 473; Stabia/Stabiae 15/3, 254
Weber, Max: Bücher-Meyer-Kontroverse 13, 555; Bürger 13, 560; Cäsarismus 13, 627; Epochenbegriffe 13, 999; Geschichtsmodelle 14, 182; Geschichtswissenschaft/Geschichtsschreibung 14, 206; 215; Historische Methoden 14, 459–460; Historismus 14, 473–474; 477; 479; Judentum 14, 761; Krieg 14, 1117; Kulturanthropologie 14, 1134; Magie 15/1, 255; Marxismus 15/1, 302; Matriarchat 15/1, 324; Nobilitas 15/1, 1075; Politische Theorie 15/2, 435; Sklaverei 15/3, 50; Sozial- und Wirtschaftsgeschichte 15/3, 88; Technikgeschichte 15/3, 366; Thukydidismus 15/3, 491; Verfassungsformen 15/3, 988
Weber, Otto: Berlin 13, 464
Weber, Robert *Benediktiner und Bibelphilologe*: Luxemburg 15/1, 241
Weber, Wilhelm: Historische Methoden 14, 459; Nationalsozialismus 15/1, 730; 735–737; 739–740; 742; 744; 748–749
Weber, Winfried: Trier 15/3, 572
Webster, Daniel: Philhellenismus 15/2, 234; United States of America 15/3, 861

Wechel, Andreas: Naturwissenschaften 15/1, 819
Weckherlin, Georg Rudolf: Deutschland 13, 783; Lyrik 15/1, 249; Verskunst 15/3, 1015
Wedekind, Frank: Tragödie/Tragödientheorie 15/3, 535
Wedekind, Georg: Republik 15/2, 734
Wedgwood, Josiah: Etruskerrezeption 13, 1053; Souvenir 15/3, 80; Vasen/Vasenmalerei 15/3, 950; Wirtschaft und Gewerbe 15/3, 1143ff.
Weenix, Jan: Vasen/Vasenmalerei 15/3, 949
Wegelin, Jakob: Schweiz 15/2, 1140
Wegener, Alfred Lothar: Meteorologie 15/1, 419
Wehr, Hans: Semitistik 15/3, 15
Weickert, Carl: Milet 15/1, 425; Winckelmann-Gesellschaft 15/3, 1138
Weigel, Erhard: Naturwissenschaften 15/1, 842
Weigel, Valentin: Metaphysik 15/1, 412
Weil, Rudolf: Numismatik 15/1, 1119
Weiller, Kajetan: Bayern 13, 436
Weinbrenner, Friedrich: Mausoleum 15/1, 334–335; Toranlagen/Stadttore 15/3, 512
Weinbrot, Howard D.: Klassizismus 14, 964
Weingartner, Felix: Vertonungen antiker Texte 15/3, 1023
Weinheber, Josef: Verskunst 15/3, 1016ff.
Weininger, Otto: Österreich 15/3, 1294
Weinling, Christian Traugott: Groteske 14, 330
Weinreich, Otto: Deutschland 13, 819; Philologie 15/2, 314; Übersetzung 15/3, 734
Weinreich, Uriel: Sprachwissenschaft 15/3, 249
Weinrich, Harald: Mnemonik/Mnemotechnik 15/1, 465; 479
Weinschenk, Ernst: Orient-Rezeption 15/1, 1216
Weise, Christian: Rhetorik 15/2, 802; Tschechien 15/3, 629
Weisgerber, Leo: Sprachwissenschaft 15/3, 243
Weishaupt, Adam: Gnosis 14, 228
Weismann, Ehrenreich: Lexikographie 15/1, 135
Weiss, Peter: Deutschland 13, 826; Moderne 15/1, 499; Pergamonaltar 15/2, 215; Ut pictura poesis 15/3, 934
Weißbach, F.H.: Maß und Gewicht 15/1, 308; 311
Weissenborn, J.: Verfassung 15/3, 977
Weizsäcker, Richard von: Sport 15/3, 218
Welcker, Carl Theodor Georg Philipp: Bund 13, 582; Verfassung 15/3, 979; Verfassungsformen 15/3, 987
Welcker, Friedrich Gottlieb: Bonn, Rheinisches Landesmuseum und Akademisches Kunstmuseum 13, 528; Klassische Archäologie 14, 907; Komödie 14, 1075; Marxismus 15/1, 296; Österreich 15/1, 1140–1141; Philologie 15/2, 265; Religionsgeschichte 15/2, 685
Welhaven, Johan Sebastian: Norwegen 15/1, 1086

Wellershoff, Dieter: Medien 15/1, 349; Metapher/Metapherntheorie 15/1, 406
Wellesz, Egon: Deutschland 13, 819; Österreich 15/3, 1295
Wellhausen, Julius: Arabistik 13, 191
Wellmann, Max: Medizingeschichtsschreibung 15/1, 375
Wells, Berit: Nationale Forschungsinstitute 15/1, 712
Wells, Herbert George: Utopie 15/3, 938
Wells, Rulon S.: Sprachwissenschaft 15/3, 246
Welsch, Maximilian von: Mausoleum 15/1, 331
Welser, Marcus: Limes, Limesforschung 15/1, 158
Welskopf, Elisabeth Charlotte: Marxismus 15/1, 302; Sklaverei 15/3, 54
Welter, Gabriel: Aigina 13, 28–30
Welty, Eudora: United States of America 15/3, 876
Wendelinus, Godefridus: Niederlande und Belgien 15/1, 1026
Wendt, Ernst: Griechische Komödie 14, 315
Wendt, Johann Wilhelm: Vasen/Vasenmalerei 15/3, 953
Wenger, Leopold: Franz-Joseph-Dölger-Institut 14, 64–65
Wenig, Karel: Tschechien 15/3, 641
Wenzel von Luxemburg *König des HRR, als Wenzel IV. König von Böhmen, 1361-1419*: Troja 15/3, 619ff.; Tschechien 15/3, 625
Wenzel, J.Fr.: Preußen 15/2, 545
Werckmeister, Andreas: Musik 15/1, 571
Werfel, Franz: Griechische Tragödie 14, 320; Medien 15/1, 350; Naturwissenschaften 15/1, 844; Orient-Rezeption 15/1, 1229; Tragödie/Tragödientheorie 15/3, 542
Werff, Adriaen van der: Vasen/Vasenmalerei 15/3, 949
Wergeland, Henrik: Norwegen 15/1, 1086
Werich, Jan: Tschechien 15/3, 635
Werler, Veit: Bayern 13, 434
Werner, Abraham Gottlob: Geologie (und Mineralogie) 14, 129
Werner, Karl Ferdinand: Nobilitas 15/1, 1077–1078
Werner, Michael: Akkulturation 15/3, 1246
Werner, Oskar: Verskunst 15/3, 1015
Wernerius (Irnerius) *it. Rechtsgelehrter, um 1100*: Glossatoren 14, 222
Werro, S.: Schweiz 15/2, 1135
Wertenbaker, Timberlake: United Kingdom 15/3, 826
Wesel, Andries van → Vesalius
Wesley, Samuel: Vertonungen antiker Texte 15/3, 1023–1024
Wessel, Johan Hermann: Norwegen 15/1, 1086
Wesseling, Petrus: Niederlande und Belgien 15/1, 1005
Wessely, C.: Papyrussammlungen 15/2, 101

West, Benjamin: Historienmalerei 14, 434; United States of America 15/3, 853
West, Martin L.: Musik 15/1, 584
Westenberg, J.O.: Humanismus 14, 558
Westergaard, N.L.: Dänemark 13, 679
Westermann, William Lynn: Bücher-Meyer-Kontroverse 13, 555; Sklaverei 15/3, 51
Westfalen, Jan van: Niederlande und Belgien 15/1, 992
Westmacott, Richard: Denkmal 13, 741
Weston, Elizabeth Jane (Westonia, Elisabetha Johanna): Neulatein 15/1, 939; Tschechien 15/3, 627
Westonia, Elisabetha Johanna → Weston
Westover → Byrd of Westover
Wettstein, J.H.: Sturm und Drang 15/3, 341
Weyden, Rogier van der: Niederlande und Belgien 15/1, 1037; Trajanssäule 15/3, 544
Weyrauch, Wolfgang: Medien 15/1, 349
Whalley, John: Horoskope 14, 536
Wharton, George: Naturwissenschaften 15/1, 842
Whately, Richard: Logik 15/1, 199
Wheatley, Phillis: United States of America 15/3, 852
Wheeler, John: Pakistan/Gandhara-Kunst 15/2, 38
Wheeler, Mortimer: Nationale Forschungsinstitute 15/1, 674
Wheler, George: Aigina 13, 29; Athen 13, 281; Griechen-Römer-Antithese 14, 255; Inschriftenkunde, griechische 14, 590; Orchomenos 15/1, 1192; Parthenon 15/2, 189
Whiston, William: Geologie (und Mineralogie) 14, 129; Naturwissenschaften 15/1, 850
Whitaker, Giuseppe: Italien 14, 715
White, Hayden: Historische Methoden 14, 461; Philologie 15/3, 1314
White, Kenneth D.: Technikgeschichte 15/3, 370
White, Stanford: Historismus 14, 492; United States of America 15/3, 868ff.
Whitehead, Alfred North: Logik 15/1, 201; Naturphilosophie 15/1, 771; Philosophie 15/2, 339
Whitehouse, David: Nationale Forschungsinstitute 15/1, 676
Whitley, James: Klassische Archäologie 14, 939
Whitman, Walt: Hymnos 14, 569; Poeta Vates 15/2, 380; United States of America 15/3, 866; Verskunst 15/3, 1010
Whorf, Benjamin Lee: Sprachwissenschaft 15/3, 243; 246
Whyte, Jack: United Kingdom 15/3, 819; 823
Wibald von Stablo und Corvey: Mittellatein 15/1, 452; Staufische Renaissance 15/3, 273ff.; 275
Wichgrevius, Albertus: Lateinische Komödie 15/1, 73

Wickhoff, Franz: Christliche Archäologie 13, 645; Klassische Archäologie 14, 913
Wide, Samuel: Nationale Forschungsinstitute 15/1, 708
Widmanstetter, Johann Albrecht: Bayern 13, 433
Widukind von Corvey: Geschichtsmodelle 14, 170; Ottonische Renaissance 15/1, 1255
Wieacker, Franz: Textstufenforschung 15/3, 394ff.; Vulgarismusforschung/ Vulgarrecht 15/3, 1072ff.
Wiedewelt, Johannes: Dänemark 13, 676; Sepulchralkunst 15/3, 18
Wiegand, Theodor: Aizanoi 13, 36; Baalbek 13, 366; Luftbildarchäologie 15/1, 231; Milet 15/1, 421ff.; 428; Pergamon 15/2, 206; Priene 15/2, 561; 563; Türkei 15/3, 669; Universität 15/3, 909
Wieland, Christoph Martin: Brief, Briefliteratur 13, 543; Deutschland 13, 802; Dialog 13, 834; Epikureismus 13, 992; Fürstenspiegel 14, 84; Griechische Komödie 14, 312; Herrscher 14, 397; Homerische Frage 14, 513; Ironie 14, 649; Komödie 14, 1073; Kynismus 14, 1155; Österreich 15/1, 1140; 1142–1143; Totengespräch 15/3, 522; Übersetzung 15/3, 732ff.; Winckelmann-Gesellschaft 15/3, 1139
Wiemken, Edo *der Jüngere, letzter männlicher Regent des Jeverlandes*: Mausoleum 15/1, 331
Wiener, Malcolm H.: Nationale Forschungsinstitute 15/3, 1285
Wieruszowski, H.: Italien 14, 667
Wieseler, F.: Gotha, Schloßmuseum 14, 234
Wietersheim, E.: Bevölkerungswissenschaft/ Historische Demographie 13, 489
Wiggins, David: Theorie/Praxis 15/3, 468
Wightman, Edith M.: Trier 15/3, 571
Wigman, Mary: Neohumanismus 15/1, 893; Tanz 15/3, 362
Wijnants, Jan: Vasen/Vasenmalerei 15/3, 949
Wikander, Örjan: Technikgeschichte 15/3, 370
Wilamowitz-Moellendorff, Ulrich von: Akademie 13, 48–50; Athen 13, 287; 290; Epochenbegriffe 13, 1013; Frankreich 15/3, 1265; Fürstenschule 14, 75; Griechische Komödie 14, 313; Griechische Tragödie 14, 319; 321; Herrscher 14, 391; Historismus 14, 480; Homerische Frage 14, 506; Inschriftenkunde, griechische 14, 601; Lexikographie 15/1, 144; Medizingeschichtsschreibung 15/1, 375; Neuhumanismus 15/1, 923; Niederlande und Belgien 15/1, 997; Nietzsche-Wilamowitz-Kontroverse 15/1, 1062ff.; Österreich 15/1, 1141; Philologie 15/2, 268–270; 303; Politische Theorie 15/2, 456; Preußen 15/2, 557; Religionsgeschichte 15/2, 694;

Rußland 15/2, 1026; Sparta 15/3, 161; Universität 15/3, 909–910
Wilberg, Wilhelm: Nationale Forschungsinstitute 15/1, 702
Wilbour, Charles Edwin: New York, Brooklyn Museum of Art 15/1, 947
Wilbrandt, A.: Griechische Tragödie 14, 319; 321
Wilcken, Hermann (Lercheimer, Augustin): Lettland 15/1, 123
Wilcken, U.: Papyri (Fundgeschichte) 15/2, 67
Wilde, Erika: DDR 13, 693
Wilde, Jacob de: Niederlande und Belgien 15/1, 1044
Wilde, Oscar Fingal O'Flahertie Wills: Dialog 13, 836; Fin de siècle 13, 1144; Irland 14, 646–647; Oper 15/1, 1184; Orient-Rezeption 15/1, 1219; Utopie 15/3, 940
Wilder, Thornton: Cäsarismus 13, 623; United States of America 15/3, 876; 878
Wilderode, Anton van: Niederlande und Belgien 15/1, 1058
Wiles, Maurice: Theologie und Kirche des Christentums 15/3, 449
Wilhelm I. *König der Niederlande, 1772-1840*: Niederlande und Belgien 15/1, 1007; 1044; 1057
Wilhelm I. (Wilhelm Friedrich Prinz von Oranien-Nassau) *König der Niederlande, Großherzog von Luxemburg, Prinz von Oranien-Nassau, 1772-1843*: Nationale Forschungsinstitute 15/1, 690
Wilhelm I., der Eroberer *König von England und Herzog der Normandie, 1027/28-12089*: Frankreich 14, 9; Leichenrede 15/1, 119; Mönchtum 15/1, 526
Wilhelm I. von Oranien, der Schweiger *Statthalter von Holland, Seeland und Utrecht sowie Friesland, 1533-1584*: Mausoleum 15/1, 331; Tyrannis 15/3, 690–691
Wilhelm II. *dt. Kaiser und König von Preußen, 1859-1941*: Baalbek 13, 366; 370; Babylon 13, 380; Cäsarismus 13, 628; Deutschland 13, 811; 816; Herrscher 14, 391; Hethitologie 14, 414; Limes, Limesforschung 15/1, 164; Neuhumanismus 15/1, 924; Orient-Rezeption 15/1, 1230; Park 15/2, 142; Triumphbogen 15/3, 593
Wilhelm II. *König von Sizilien, 1153-1189*: Sizilien 15/3, 32
Wilhelm II. von Oranien *Statthalter, 1626-1650*: Niederlande und Belgien 15/1, 1042
Wilhelm III. Werghaupt von Aquitanien *Graf von Poitiers, 935-963*: Mönchtum 15/1, 525
Wilhelm IV., der Weise *Landgraf von Hessen-Kassel, 1532-1592*: Porträtgalerie 15/2, 504
Wilhelm IV. von Oranien *Erbstatthalter, 1711-1751*: Münzsammlungen 15/1, 560
Wilhelm V., der Fromme *Herzog von Bayern, 1548-1626*: Fürstenspiegel 14, 85

Wilhelm VIII. *Landgraf von Hessen-Kassel, 1682-1760*: Kassel, Staatliche Kunstsammlungen Antikenabteilung 14, 861
Wilhelm IX. von Aquitanien *Graf von Poitou und provenzal. Troubadour, 1071-1127*: Frankreich 14, 15; Lyrik 15/1, 248; Mittellatein 15/1, 449; 455
Wilhelm von Auvergne (Guillaume d'Auvergne): Geschmack 14, 217; Homiletik/Ars praedicandi 14, 527; Naturwissenschaften 15/1, 794; Rhetorik 15/2, 778
Wilhelm von Boldensele: Babylon 13, 373
Wilhelm von Conches: Allegorese 13, 77; Artes liberales 13, 274; Atomistik 13, 339; Frankreich 14, 10; Naturphilosophie 15/1, 768; Politische Theorie 15/2, 447
Wilhelm von Gascogne: Politische Theorie 15/2, 447
Wilhelm von Hirsau: Mönchtum 15/1, 526
Wilhelm von Jumièges: United Kingdom 15/3, 779
Wilhelm von Malmesbury: Geschichtsmodelle 14, 170; Knidische Aphrodite 14, 983
Wilhelm von Moerbeke: Alexandrinismus 13, 72; Bürger 13, 557; Griechisch 14, 308; Mathematik 15/1, 317–318; Monarchie 15/1, 537; Naturwissenschaften 15/1, 794; 817; Niederlande und Belgien 15/1, 988; Verfassungsformen 15/3, 982; Zoologie 15/3, 1210–1211
Wilhelm von Ockham: Frankreich 14, 22; Herrscher 14, 364; Logik 15/1, 194–195; Menschenrechte 15/1, 387; Monarchie 15/1, 537; Naturrecht 15/1, 774–775; Skeptizismus 15/3, 39; Sprachphilosophie/Semiotik 15/3, 225; Universität 15/3, 885; 888; Verfassungsformen 15/3, 983
Wilhelm von Saint-Denis (Guillaume de Saint-Denis): Leichenrede 15/1, 119
Wilhelm von Saint-Thierry: Metaphysik 15/1, 414; Theologie und Kirche des Christentums 15/3, 431
Wilhelm von Tyrus: Geschichtsmodelle 14, 171
Wilhelm von Volpiano: Mönchtum 15/1, 526
Wilhelm Friedrich, Prinz von Oranien-Nassau → Wilhelm I.
Wilhelm, Adolf: Inschriftenkunde, griechische 14, 602; Nationale Forschungsinstitute 15/1, 701; 704–706
Wilkes, J.J.: Sparta 15/3, 173
Wilkins, William: Olympia 15/1, 1169
Wilkinson, Charles Kyrle: New York, Metropolitan Museum 15/1, 977
Will, Édouard: Geschichtswissenschaft/Geschichtsschreibung 14, 191; Sparta 15/3, 170
Will, George: Sport 15/3, 216
Willaert, Adrian: Vertonungen antiker Texte 15/3, 1022
Willamov, Johann Gottlieb: Hymnos 14, 569

William of Wykeham: College 13, 655
William von Shyreswood: Logik 15/1, 194
Williams, Bernard: Theorie/Praxis 15/3, 468
Williams, D.F.: Unterwasserarchäologie 15/3, 926
Williams, Edward (Morgannwg, Iolo): Druiden 13, 902
Williams, Hugh: Historienmalerei 14, 438
Williams, R.T.: Unterwasserarchäologie 15/3, 925
Williams, Roger: United States of America 15/3, 834; 838
Williams, Tennessee: United States of America 15/3, 878
Williams, Vaughan: Vertonungen antiker Texte 15/3, 1023
Williams, William Carlos: Verskunst 15/3, 1017
Willibrord von Echternach *Bischof von Utrecht*: Luxemburg 15/1, 236
Willichs, Jodocus: Lateinische Komödie 15/1, 70
Williram von Ebersberg: Niederlande und Belgien 15/1, 996; Ottonische Renaissance 15/1, 1256; 1258
Willis, Richard: Figurengedicht 13, 1121
Willmann, Friedrich Wilhelm: Estland 13, 1048
Willmann, O.: Rhetorik 15/2, 803
Wills, Richard: Makkaronische Dichtung 15/1, 283
Wilmowsky, Nikolaus von: Trier 15/3, 567
Wilpert, Joseph: Christliche Archäologie 13, 644; Nationale Forschungsinstitute 15/1, 686–687; Rom 15/2, 907
Wils, Jan: Stadion 15/3, 259
Wilson, A.: Techniksgeschichte 15/3, 371ff.
Wilson, H.H.: Pakistan/Gandhara-Kunst 15/2, 37
Wilson, John Cook: Aristotelismus 13, 262
Wilson, Nigel Guy: Lebendiges Latein 15/1, 94
Wilson, Robert: United States of America 15/3, 879
Wilson, T.: Redegattungen 15/2, 634
Wiltheim, Alexander: Luxemburg 15/1, 240; Provinzialrömische Archäologie 15/2, 578; Trier 15/3, 563; 565
Wiltheim, Jean-Guillaume: Luxemburg 15/1, 240
Wilton-Ely, John: Griechen-Römer-Antithese 14, 266
Wimmer, Rainer: Neulatein 15/1, 934
Wimpheling, Jakob: Fürstenspiegel 14, 80; Geschichtsmodelle 14, 175; Geschichtswissenschaft/Geschichtsschreibung 14, 214; Komödie 14, 1071; Lateinische Komödie 15/1, 71; Rhetorik 15/2, 797; Universität 15/3, 893
Winckelmann, Johann Joachim: Abguß/Abgußsammlung 13, 4; Aigina 13, 31; Altertumskunde (Humanismus bis 1800) 13, 92; 97; Barberinischer Faun 13, 393; Bildung 13, 511; Byzantinistik 13, 587; Deutschland 13, 795–796; 798ff.; 801; Druckwerke 13, 895; 899; Ekphrasis 13, 942; Epochenbegriffe 13, 999; 1001–1004; 1009; Etruskologie 13, 1056; Fälschung 13, 1075; Fin de siècle 13, 1141; Greek Revival 14, 250; Griechen-Römer-Antithese 14, 253; 258; 266; Historismus 14, 485; Homer-Vergil-Vergleich 14, 521; Italien 14, 705; 713; Karikatur 14, 800; Kassel, Staatliche Kunstsammlungen Antikenabteilung 14, 861–862; Kinder- und Jugendliteratur 14, 879; Klassik als Klassizismus 14, 897–899; Klassische Archäologie 14, 905ff.; Knidische Aphrodite 14, 984; Körperkultur 14, 1050; Laokoongruppe 15/1, 16; Marxismus 15/1, 296; Metamorphose 15/1, 397; 399; Mode 15/1, 484; Musen 15/1, 565; Museum 15/3, 1277; München, Glyptothek und Antikensammlungen 15/1, 549; Mythos 15/1, 640; Nacktheit in der Kunst 15/1, 654–655; Neuhumanismus 15/1, 920; Niederlande und Belgien 15/1, 1043; Nietzsche-Wilamowitz-Kontroverse 15/1, 1067; Nobilitas 15/1, 1081; Numismatik 15/1, 1114; 1124; Olympia 15/1, 1167; 1169; Orient-Rezeption 15/1, 1201; Paganismus 15/2, 16; 24; 27; Park 15/2, 157ff.; Parthenon 15/2, 190; Philhellenismus 15/2, 233; Philologie 15/2, 254; 259; Poeta Vates 15/2, 381; Proportionslehre 15/2, 571; Rom 15/2, 866; 870; 933; Sepulchralkunst 15/3, 16; Sparta 15/3, 159; Steinschneidekunst: Gemmen 15/3, 284; 286; Stil, Stilanalyse, Stilentwicklung 15/3, 293ff.; Torso (Belvedere) 15/3, 517; Tourismus 15/3, 525ff.; United States of America 15/3, 853; Universität 15/3, 899; Vasen/Vasenmalerei 15/3, 953; Winckelmann-Gesellschaft 15/3, 1137ff.; Zeitrechnung 15/3, 1164; 1177
Winckler, Hugo: Hethitologie 14, 414; Vorderasiatische Archäologie 15/3, 1051
Winckler, Otto: Hethitologie 14, 415
Wind, Edgar: Philologie 15/3, 1319; Warburg Institute, The 15/3, 1099; 1101ff.
Windau, Bettina: Neulatein 15/1, 932
Windelband, Wilhelm: Historische Methoden 14, 458; Historismus 14, 473
Windscheid, Bernhard: Billigkeit 13, 518; Causa 13, 630; Pandektistik 15/2, 45; 48
Winfried → Bonifatius
Winghe, Ph. van: Christliche Archäologie 13, 642
Winlock, Herbert Eustis: New York, Metropolitan Museum 15/1, 964
Winstanley, Gerrard: Monarchie 15/1, 542
Winter, Franz: Türkei 15/3, 674; Wirtschaft und Gewerbe 15/3, 1146
Winterfeld, Adolph von: Lateinische Komödie 15/1, 79
Winterfeld, Henry: Kinder- und Jugendliteratur 14, 881

Winterfeld, Paul von: Mittellatein 15/1, 450; 459
Winterstein, Alfred Freiherr von: Psychoanalyse 15/2, 590; 595
Winthrop, John: United States of America 15/3, 834
Wipo *Dichter umd Geschichtsschreiber, 11. Jh.*: Herrscher 14, 371
Wiseman, Donald J.: London, British Museum 15/1, 227
Wiseman, Peter: Nationale Forschungsinstitute 15/1, 676
Wishart, David: United Kingdom 15/3, 820
Wissowa, Georg: Enzyklopädie 13, 973; Geschichtswissenschaft/Geschichtsschreibung 14, 209; Religionsgeschichte 15/2, 686
Wissowatius, Andreas (Wiszowaty, Andrzej): Theologie und Kirche des Christentums 15/3, 445
Wiszowaty, Andrzej → Wissowatius
Witelo: Naturwissenschaften 15/1, 796; 815
Witherspoon, John: United States of America 15/3, 851–852
Witkin, Joel-Peter: Venus von Milo 15/3, 969
Witte, Alfred: Horoskope 14, 537
Witte, K.: Homerische Frage 14, 506
Wittgenstein, Ludwig: Theorie/Praxis 15/3, 468
Wittich, Ivo: Bayern 13, 434
Wittig, Joseph: Nationale Forschungsinstitute 15/1, 687
Wittkau, Anette: Historismus 14, 477
Wittkower, Rudolf: Warburg Institute, The 15/3, 1106
Wittlin, Józef: Orient-Rezeption 15/1, 1231
Wladimir I. Swjatoslawitsch, der Heilige *russ. Großfürst, gest. 1015*: Byzanz 13, 618; Rußland 15/2, 1014
Wölfflin, Eduard von: Lexikographie 15/1, 143–144; 146
Wölfflin, Heinrich: Barock 13, 394; 398–399; Epochenbegriffe 13, 1005; Klassische Archäologie 14, 913; Schweiz 15/2, 1151; Stil, Stilanalyse, Stilentwicklung 15/3, 295
Wörrle, Michael: Nobilitas 15/1, 1075
Woestijne, Karel van de: Niederlande und Belgien 15/1, 1057
Wolan, Andrzej → Volanus
Wolf, Christa: DDR 13, 690–691; 694; 696; Italien 14, 708; Medien 15/1, 350–351; Mythologie 15/1, 634; Troja 15/3, 602; United Kingdom 15/3, 824
Wolf, Friedrich August: Altertumskunde (Humanismus bis 1800) 13, 97; Bayern 13, 437; Bildung 13, 511; Deutschland 13, 797; 801; Epochenbegriffe 13, 1009; Geschichtsmodelle 14, 178; Geschichtswissenschaft/Geschichtsschreibung 14, 191; Historische Geographie 14, 449; Historismus 14, 478; Homer-Vergil-Vergleich 14, 522; Homerische Frage 14, 503–509; 512–515; Irland 14, 646; Judentum 14, 761; Klassische Archäologie 14, 901; 907–908; 913; Komödie 14, 1075; Literaturkritik 15/1, 179; Neuhumanismus 15/1, 922; Niederlande und Belgien 15/1, 1003; Philologie 15/2, 254; 259ff.; 298–299; 15/3, 1308ff.; Philologisches Seminar 15/2, 329; Universität 15/3, 899; 904–905; Zeitrechnung 15/3, 1177
Wolf, Hieronymus: Byzantinistik 13, 583; 588; Lexikographie 15/1, 134
Wolf, J.G.: Textstufenforschung 15/3, 396
Wolf, Robert: Spiele 15/3, 194
Wolfe, James: United States of America 15/3, 853
Wolff, Christian Freiherr von: Eklektik 13, 939; Logik 15/1, 198; Menschenrechte 15/1, 384; Naturrecht 15/1, 778–779; Neugriechische Literatur 15/1, 900; Sozialismus 15/3, 94; Universität 15/3, 898; Ut pictura poesis 15/3, 933; Verfassungsformen 15/3, 986
Wolff, Georg: Limes, Limesforschung 15/1, 163; Nida-Frankfurt 15/1, 981
Wolff, Hans Julius: Papyrologie 15/2, 93; Textstufenforschung 15/3, 394
Wolff, Johann Christoph: Philosophia perennis 15/2, 338
Wolffhart, Conrad → Lycosthenes
Wolfgang von Aldersbach: Bayern 13, 432
Wolfram von Eschenbach: Herrscher 14, 399; Meteorologie 15/1, 416
Wolfsfeld, E.: Priene 15/2, 563
Wolters, Friedrich: Neuhumanismus 15/1, 890
Wolters, Paul: Aigina 13, 28–29
Wolters, Reinhard: Numismatik 15/1, 1120
Womacka, Walter: DDR 13, 696; Laokoongruppe 15/1, 14
Wood, G.: Republik 15/2, 737
Wood, John T.: Ephesos 13, 975
Wood, Robert: Baalbek 13, 365; Druckwerke 13, 893; Griechen-Römer-Antithese 14, 256; Homerische Frage 14, 503–505; Klassische Archäologie 14, 904; Romantik 15/2, 978; Troja 15/3, 604
Wood, Thomas: Civilians 13, 653
Woodward, Arthur M.: Sparta 15/3, 174
Woolf, Adeline Virginia: Metamorphose 15/1, 400
Woolley, Sir Charles Leonard: London, British Museum 15/1, 226; Orient-Rezeption 15/1, 1220; Philadelphia, University of Pennsylvania Museum of Archaeology and Anthropology, Ancient Near Eastern Section 15/2, 227
Wordsworth, William: Hymnos 14, 568; Lyrik 15/1, 250; Metapher/Metapherntheorie 15/1, 405; Poeta Vates 15/2, 381; United Kingdom 15/3, 814

Worm, Ole: Altertumskunde (Humanismus bis 1800) 13, 95; Keltisch-Germanische Archäologie 14, 870
Worsaae, J.K.: Klassische Archäologie 14, 925
Wotton, William: Klassizismus 14, 965; Querelle des Anciens et des Modernes 15/2, 610; United Kingdom 15/3, 811
Woverius, Johannes: Niederlande und Belgien 15/1, 1024
Wower, Johannes von/Iona de: Literaturkritik 15/1, 181
Wren, Sir Christopher: Mausoleum 15/1, 331; 334; United States of America 15/3, 859
Wright, Frank Lloyd: Orient-Rezeption 15/1, 1215; Villa 15/3, 1042
Wright, Quincy: Frieden 14, 71; Schlachtorte 15/2, 1079
Wright, William: Arabistik 13, 190–191; Semitistik 15/3, 13
Wrobel, Johannes: Niederlande und Belgien 15/1, 997
Wünsch, Richard: Religionsgeschichte 15/2, 687
Wüst, Walter: Iranistik 14, 639
Wüstenfeld, Ferdinand: Arabistik 13, 190
Wulff, Oskar: Byzantinistik 13, 588
Wulfstan von Winschester: United Kingdom 15/3, 763ff.; 765
Wulsin, Frederick: Philadelphia, University of Pennsylvania Museum of Archaeology and Anthropology, Ancient Near Eastern Section 15/2, 229
Wulzinger, K.: Baalbek 13, 366
Wunderlich, H.G.: Knossos 14, 992
Wunderlich, Paul: Moderne 15/1, 507; 509
Wundt, W.: Historische Methoden 14, 458
Wuttke, Dieter: Warburg Institute, The 15/3, 1103–1104
Wyatt, James: Mausoleum 15/1, 334; United States of America 15/3, 855; Vasen/Vasenmalerei 15/3, 951
Wyclif, John: Konstantinische Schenkung 14, 1083; Theologie und Kirche des Christentums 15/3, 419
Wyk Louw, Nicolaas Petrus van: Südafrika 15/3, 343
Wyller, Egil A.: Norwegen 15/1, 1088
Wyneken, Gustav Adolph: Neohumanismus 15/1, 886
Wyscha, Feofan von: Theologie und Kirche des Christentums 15/3, 428
Wyspiański, St.: Polen 15/2, 397
Wyttenbach, Daniel Albert: Niederlande und Belgien 15/1, 1004; 1007

X

Xanthoudidis, Stephanos: Kretisch-Mykenische Archäologie 14, 1106
Xenakis, Jannis: Vertonungen antiker Texte 15/3, 1023
Ximenez de Cisneros → Jiménez de Cisneros
Xiphilinos, Johannes: Geschichtsmodelle 14, 168
Xylander, Joseph Ritter von: Albanien 13, 58

Y

Yadin, Y.: Schlachtorte 15/2, 1090
Yaḥyā ibn al-Biṭrīq: Zoologie 15/3, 1216
Yalçın, Ünsal: Milet 15/1, 428
Yaʿqūb ibn Isḥāq al-Quff: Zoologie 15/3, 1220
Yaşar Kemal (Gökçeli, Kemal Sadık): Orient-Rezeption 15/1, 1232
Yates, Frances Amelia: Mnemonik/Mnemotechnik 15/1, 466ff.; Warburg Institute, The 15/3, 1104; 1106
Yeats, William Butler: Druiden 13, 902; Elegie 13, 945; Irland 14, 646–647
Young, Ammi B.: Greek Revival 14, 252
Young, Edward: Lehrgedicht 15/1, 110
Young, Robert: Orientalismus 15/1, 1238
Young, Thomas: London, British Museum 15/1, 214
Yourcenar, Marguerite (Crayencourt, Marguerite de): Frankreich 15/3, 1262; 1264; 1266; Mythologie 15/1, 631
Ypsilanti, Alexandros: Neugriechische Literatur 15/1, 903
Yücel, Hasan Âli: Türkei 15/3, 649
Yuge, Tôru: Sklaverei 15/3, 54

Z

Zabarella, Francesco (Zaberellis, Franciscus de): Herrscher 14, 370; Kanonisten 14, 796; Niederlande und Belgien 15/1, 989
Zabarella, Jacopo: Aristotelismus 13, 259
Zaberellis, Franciscus de → Zabarella
Zabulis, Henrikas: Litauen 15/1, 176
Zachariae von Lingenthal, Karl Eduard: Römisches Recht 15/2, 839
Zacharias *Papst*: Byzanz 13, 610
Zacharias-Langhans, Garleff: Medien 15/1, 351
Zadkine, Ossip: Laokoongruppe 15/1, 14; Moderne 15/1, 508
Zaghlul Pascha, Saad *ägypt. Politiker, 1860–1927*: Alexandria 13, 66
Zaharijević, Georgije: Serbien 15/3, 27
Zahn, Robert: Thera 15/3, 470ff.
Zahn, Wilhelm: Druckwerke 13, 895
Zakariyyāʾ ibn Muḥammad ibn Maḥmūd al-Qazwīnī: Zoologie 15/3, 1222
Zamagna, Bernadus → Zamanja

Zamanja, Bernard (Zamagna, Bernadus): Kroatien 14, 1121
Zamarovský, Vojtěch: Tschechien 15/3, 636
Zambelios, Ioannis: Neugriechische Literatur 15/1, 906
Zambelios, Spyridon: Neugriechische Literatur 15/1, 907; 914
Zambertus, Bartolomeus: Lateinische Komödie 15/1, 69;   Mathematik 15/1, 319
Zamoyski, Jan: Nobilitas 15/1, 1078;   Polen 15/2, 407;   Weißrußland 15/3, 1108
Zampieri, Domenico → Domenichino
Zandomeneghi, Luigi: Vasen/Vasenmalerei 15/3, 953
Zandonai, Riccardo: Vertonungen antiker Texte 15/3, 1023
Zangenmeister, Karl: Limes, Limesforschung 15/1, 163
Zangger, Eberhard: Atlantis 13, 337
Zantzinger, Clarence Clark: Historismus 14, 492
Zanzotto, Andrea: Italien 14, 706
Zápolya, János: Ungarn 15/3, 750
Zappas, Evangelis: Olympia 15/1, 1168;   Sport 15/3, 211
Zappi, Giovan Battista: Italien 14, 696
Zarlino, Gioseffo: Affektenlehre (musikalisch) 13, 21;   Humanismus 14, 562;   Musik 15/1, 599
Zasius, Ulrich: Humanismus 14, 555
Zazoff, Peter: Steinschneidekunst: Gemmen 15/3, 287
Zdirad Polák, Milota: Tschechien 15/3, 631
Zedler, Johann Heinrich: Enzyklopädie 13, 969;   Geologie (und Mineralogie) 14, 129;   Meteorologie 15/1, 418
Zedlitz, Karl Friedrich von: Deutschland 13, 795
Zeiller, Martin: Kampanien 14, 789
Zeliauskas, J.: Glossatoren 14, 224
Zeller, Eduard: Philologie 15/2, 264;   Skeptizismus 15/3, 38;   Vorsokratiker 15/3, 1062ff.
Zelter, Carl Friedrich: Musen 15/1, 565;   Vertonungen antiker Texte 15/3, 1024
Zeno, Apostolo: Musen 15/1, 568;   Oper 15/1, 1182;   Oratorium 15/1, 1187
Zentgravius, Johann Joachim: Politische Theorie 15/2, 453
Zenzelius de Cassanis: Kanonisten 14, 796
Zerbi, Gabriele: Geriatrie 14, 147–148
Zerboni, Roberto: Italien 14, 708
Zereteli, G.: Papyrussammlungen 15/2, 101;   Rußland 15/2, 1026
Zesen, Philipp von: Deutschland 13, 785;   Naturwissenschaften 15/1, 841;   Poetik 15/2, 387
Zevecotius, Jacobus: Niederlande und Belgien 15/1, 1001; 1018
Zevi, Fausto: Pompeji 15/2, 477
Zeyer, Julius: Tschechien 15/3, 633

Zicāns, P.: Lettland 15/1, 125–126
Zick, Johann: Deutschland 13, 788
Ziebland, Georg Friedrich: München, Glyptothek und Antikensammlungen 15/1, 555
Ziegenhaus, Oskar: Pergamon 15/2, 207
Ziegler, Christoph: Verfassung 15/3, 975
Ziegler, Jakob: Bayern 13, 432
Zieliński, Tadeusz: Polen 15/2, 405;   Rußland 15/2, 1023
Ziliolus Ferrariensis: Lateinische Komödie 15/1, 67
Ziller, Ernst: Historismus 14, 492;   Lehrplan 15/1, 113;   Nationale Forschungsinstitute 15/1, 702;   Stadion 15/3, 258
Zilliacus, Emil: Nationale Forschungsinstitute 15/1, 682
Zilliacus, Henrik: Nationale Forschungsinstitute 15/1, 683
Zimmer Bradley, Marion: Druiden 13, 902;   United States of America 15/3, 877
Zimmermann, Eberhard August Wilhelm von: Geographie 14, 125
Zimmermann, Reinhard: Romanistik/Rechtsgeschichte 15/2, 966
Zimmern, Heinrich: Semitistik 15/3, 13
Zimpel, Detlev: Mittellatein 15/1, 452
Zinano, Gabriele: Epos 13, 1020
Zingel, Georg: Bayern 13, 432
Žinzifov, Rajko: Makedonien/Mazedonien 15/1, 278
Ziolkowski, Theodor: Thematologie/Stoff- und Motivforschung 15/3, 410
Zippelius, A.: Priene 15/2, 563
Zítek, Josef: Tschechien 15/3, 632
Živanović, Jakov: Serbien 15/3, 27
Ziya Paşa: Türkei 15/3, 646
Zizioulas, John: Theologie und Kirche des Christentums 15/3, 449
Zmigryder-Konopka, Zdzisław: Polen 15/2, 408
Zoba, Ion: Rumänien 15/2, 1002
Zoega, Georg: Dänemark 13, 679;   Klassische Archäologie 14, 907
Zoffoli, Giacomo: Souvenir 15/3, 79
Zoffoli, Giovanni: Souvenir 15/3, 79
Zois, S.: Slowenien 15/3, 71
Zonaras*, Johannes byz. Historiker und Kirchenrechtler, 12. Jh.: Römisches Recht 15/2, 838;   Spanien 15/3, 103
Zono de Magnalis → Ciones de Magnali
Zoppo, Marco: Triumphbogen 15/3, 588
Zoranić, P.: Kroatien 14, 1120
Zorzi, Fra Francesco: Italien 14, 682
Zosima Metropolit von Moskau, 15. Jh.: Rom 15/2, 875;   Rußland 15/2, 1016
Zoubek, Olbram: Tschechien 15/3, 637
Zouche, Richard: Civilians 13, 653;   Völkerrecht 15/3, 1044
Zrínyi, Miklós: Ungarn 15/3, 752

Zuccari, Federico: Diana von Ephesus 13, 841; Groteske 14, 327; Laokoongruppe 15/1, 11; Mimesislegenden 15/1, 440; Porträtgalerie 15/2, 508; Renaissance 15/2, 704
Zuccari, Taddeo: Laokoongruppe 15/1, 11
Zucchetti, Giuseppe: Mittellatein 15/1, 457
Zucchi, Jacopo: Groteske 14, 327
Zucker, F.: Papyri (Fundgeschichte) 15/2, 67
Žukowskij, Wassili Andrejewitsch: Rußland 15/2, 1021; Verskunst 15/3, 1014
Zumárraga, Juan de: Lateinamerika 15/1, 22
Zumpt, K.G.: Bevölkerungswissenschaft/Historische Demographie 13, 488
Zúñiga, Juan de: Spanien 15/3, 105
Zunz, Leopold: Judentum 14, 762

Zuo Ren, Zhuo (Zuoren): China 13, 637
Zuoren → Zuo Ren
Zurara, Gomes Eanes de: Portugal 15/2, 518
Zvetajev, I.: Rußland 15/2, 1024
Zwack, Ulrich: Medien 15/1, 351
Zweig, Stefan: Babylon 13, 377; Österreich 15/3, 1295
Zwierlein, Otto: Philologie 15/3, 1316
Zwinger, Theodorus: Niederlande und Belgien 15/1, 1028
Zwingli, Huldrych: Babylon 13, 376; Schweiz 15/2, 1132; Stoizismus 15/3, 301; Theologie und Kirche des Christentums 15/3, 420; 435; 444; 456

B. Orte

Abkürzungen

*	Lemma in den Bänden 1–12/2 (Antike)	Isl	Island	PA	Pennsylvania
		Isr	Israel	Per	Peru
**	Lemma in den Bänden 13–15/3 (RWG)	It	Italien	Pol	Polen
		Jap	Japan	Por	Portugal
*/**	Lemma in beiden Teilen des *Neuen Pauly*	Jem	Jemen	Rh-Pf	Rheinland-Pfalz
		Jor	Jordanien	RI	Rhode Island
**N	Lemma (auch) in den Nachträgen in Band 15/3	Kal	Kalabrien	Rho	Rhodos
		CA	Kalifornien	Rum	Rumänien
		Kamp	Kampanien	Rus	Rußland
Afg	Afghanistan	Can	Kanada	Sa	Sachsen
Äg	Ägypten	Kau	Kaukasien	Sa-An	Sachsen-Anhalt
Äg/Sud	Ägypten/Sudan	KY	Kentucky	Saud	Saudi-Arabien
Alb	Albanien	Kong	Kongo, Demokr. Rep.	S-H	Schleswig-Holstein
Alg	Algerien	Kors	Korsica	Scho	Schottland
Apul	Apulien	Kos	Kosovo	Schw	Schweden
Ark	Arkadien	Kre	Kreta	CH	Schweiz
Arm	Armenien	Kro	Kroatien	Sen	Senegal
Asb	Aserbaidschan	Lat	Latium	Serb	Serbien
Att	Attika	Let	Lettland	Siz	Sizilien
Aus	Australien	Liba	Libanon	Slok	Slowakei
Ba-Wü	Baden-Württemberg	Liby	Libyen	Slow	Slowenien
Ban	Banat	Lit	Litauen	SC	South Carolina
Bay	Bayerm	LA	Louisiana	SD	South Dakota
Bel	Belgien	Lux	Luxemburg	Spa	Spanien
Böh	Böhmen	Mäh	Mähren	Sri	Sri Lanka
Bos	Bosnien	Mar	Marokko	Süd	Südafrika
Bran	Brandenburg	MD	Maryland	Sud	Sudan
Buk	Bukowina	Mass	Massachusetts	Syr	Syrien
Bul	Bulgarien	Maz	Mazedonien	Syr/Jo	Syrien/Jordanien
Chin	China	Me-Vo	Mecklenburg-Vorpommern	Syr/Tü	Syrien/Türkei
Chin/Man	China/Mandschurei			TN	Tennessee
CT	Connecticut	MI	Michigan	The	Thera
Dän	Dänemark	MO	Missouri	Thü	Thüringen
Deu	Deutschland	Mold	Moldova	Tos	Toskana
Ecu	Ecuador	Mon/Chin	Mongolei/China	Tran	Transsilvanien
Els	Elsaß	NV	Nevada	Tsch	Tschechien
Eng	England	NJ	New Jersey	Tun	Tunesien
Est	Estland	NM	New Mexico	Tü	Türkei
Eub	Euböa	NY	New York	Tü/Irak	Türkei/Irak
Fin	Finnland	Nic	Nicaragua	Ukr	Ukraine
Fra	Frankreich	NL	Niederlande	Ung	Ungarn
Fries	Friesland	Nö	Niederösterreich	USA	USA
GA	Georgia	Nds	Niedersachsen	Usb	Usbekistan
Geor	Georgien	Nig	Nigeria	Usb/Kas	Usbekistan/Kasachstan
Gha	Ghana	NI	Nordirland		
Gr	Griechenland	NRW	Nordrhein-Westfalen	Ven	Venezuela
Gr/Tü	Griechenland /Türkei	NC	North Carolina	VA	Virginia
Gro	Großbritannien	Nor	Norwegen	Wal	Walachei
Hes	Hessen	Nub	Nubien	WR	Weißrußland
Ind	Indien	OH	Ohio	WSIB	Westsibirien
Irak	Irak	Öst	Österreich	Zyp	Zypern
Iran	Iran	Pak	Pakistan		
Irl	Irland	Par	Paraguay		

A

Aachen (Aquae [III 3]* Gran(n)i): Antikensammlung 13, 139; Architekturkopie/-zitat 13, 223; Bonn, Rheinisches Landesmuseum und Akademisches Kunstmuseum 13, 528; Deutschland 13, 761–762; Domschule 13, 867; Epos 13, 1029; Frankreich 14, 7; Gotik 14, 240; Herrscher 14, 383–384; 400; 406; Karolingische Renaissance 14, 821ff.; Köln 14, 1018; 1021; Limes, Limesforschung 15/1, 157; Mönchtum 15/1, 525; Reiterstandbild 15/2, 650; Säule/Säulenmonument 15/2, 1047; Sepulchralkunst 15/3, 17; Spolien 15/3, 199; Steinschneidekunst: Gemmen 15/3, 282
Aalen* Ba-Wü: Limes, Limesforschung 15/1, 166
Aarau CH: Schweiz 15/2, 1141
Aarhus Dän: Dänemark 13, 681
Aberdeen Scho: Scotland, Law of 15/3, 3
Abo → Turku
Abrit(t)os* → Abritus
Abritus (Abrit(t)os*) Bul: Bulgarien 13, 576
Abu Hatab: Berlin 13, 464
Abu Mena → Abu Mina
Abu Mina (Abu Mena) Äg: Deutsches Archäologisches Institut 13, 754; Frankfurt am Main, Liebieghaus – Museum alter Plastik 14, 1
Abu Shar Äg: Papyri (Fundgeschichte) 15/2, 68
Abu Simbel Äg: Polen 15/2, 410
Abusir (Busiris [1]*) Äg: Berlin 13, 473; Deutsche Orient-Gesellschaft 13, 744; Deutsches Archäologisches Institut 13, 754; Papyri (Fundgeschichte) 15/2, 66–67; Papyri, literarische 15/2, 72
Abydos [2]* Äg: Deutsches Archäologisches Institut 13, 754; Schweiz 15/2, 1144
Achaia Gr: Bund 13, 581–582; Inschriftenkunde, griechische 14, 594
Actium (Aktion*) Gr: Epochenbegriffe 13, 1006; 1012; Geschichtswissenschaft/Geschichtsschreibung 14, 203; Schlachtorte 15/2, 1079
Adelberg Ba-Wü: Fürstenschule 14, 73
Admont Öst: Bibliothek 13, 497
Adrianopel (Hadrianopolis [3]*/Edirne) Tü: Epochenbegriffe 13, 997; Schlachtorte 15/2, 1090
Adua It: Faschismus 13, 1097
Ägäis: Altertumskunde (Humanismus bis 1800) 13, 93; Bücher-Meyer-Kontroverse 13, 553
Ägina → Aigina*/**
Ägypten: Abguß/Abgußsammlung 13, 2; Ägyptologie 13, 16–20; Akademie 13, 53; Altertumskunde (Humanismus bis 1800) 13, 94; 97; Altorientalische Philologie und Geschichte 13, 103; Amsterdam, Allard Pierson Museum 13, 128; Arabisch-islamisches Kulturgebiet 13, 162; 176; Archäologische Bauforschung 13, 199; Archäologische Methoden 13, 204; Atlantis 13, 334–335; Berlin 13, 468; 473–474; Bevölkerungswissenschaft/Historische Demographie 13, 482; 484; Byzanz 13, 603; 609; Chicago, Oriental Institute Museum 13, 632; Comics 13, 673; Dänemark 13, 679; Deutsche Orient-Gesellschaft 13, 744; Deutsches Archäologisches Institut 13, 751; Diana von Ephesus 13, 838; Druckwerke 13, 893; Entzifferungen 13, 956ff.; 960ff.; Epochenbegriffe 13, 996; 1000; Fabel 13, 1066; Geschichtswissenschaft/Geschichtsschreibung 14, 195; Handel/Handelswege 14, 350; Kairo, Ägyptisches Museum 14, 772; London, British Museum 15/1, 211ff.; Magie 15/1, 257–258; New York, Metropolitan Museum 15/1, 962ff.; Orient-Rezeption 15/1, 1194ff.; Paganismus 15/2, 16; Papyri (Fundgeschichte) 15/2, 65ff.; Papyri, literarische 15/2, 70; 78; Papyrologie 15/2, 81; 89; Paris, Louvre 15/2, 108; Polen 15/2, 408; Porträt 15/2, 500; Psychoanalyse 15/2, 592; Revolution 15/2, 749; Spiele 15/3, 194; Tschechien 15/3, 633; Wallfahrt 15/3, 1085ff.
Aelia Capitolina → Jerusalem*/**
Aeminium → Coimbra
Äthiopien (vgl. auch → Eritrea): Berlin 13, 473; Faschismus 13, 1099; 1101
Afghanistan: Iranistik 14, 639; Pakistan/Gandhara-Kunst 15/2, 33
Afrika**: Alexandria 13, 66; Altorientalische Philologie und Geschichte 13, 109; Atlantis 13, 336; Bibliothek 13, 495; Europa 13, 1059; Religionsgeschichte 15/2, 686; Rom 15/2, 871
Afyon: Türkei 15/3, 666
Agedincum* → Sens
Ager Falernus It: Kampanien 14, 787
Ager Faliscus It: Rom 15/2, 941–942
Agrigent (Akragas*/Agrigentum) Siz: Deutschland 13, 799; Sizilien 15/3, 33; Stützfiguren/Erechtheionkoren 15/3, 333
Agrigentum → Agrigent
Ahhijawa Gr/Tü: Rezeptionsformen 15/2, 761
Aigai [1]* Gr (vgl. auch → Vergina**): Vergina 15/3, 991; 995
Aigai [2]* Tü: Pergamon 15/2, 204
Aigeira* Gr (vgl. auch → Derveni): Nationale Forschungsinstitute 15/1, 704ff.
Aigina*/** (Ägina) Gr: Athen 13, 322; Bayern 13, 440; Bevölkerungswissenschaft/Historische Demographie 13, 488; Denkmal 13, 743; Epochenbegriffe 13, 1003; Griechenland 14, 289; Karlsruhe, Badisches Landesmuseum, Antikensammlungen 14, 808; Klassische Archäologie 14, 908; 924

Aigospotamoi (Aigos* potamos/potamoi) *Tü:* Athen 13, 298
Aix-en-Provence (Aquae [III 5]* Sextiae) *Fra:* Frankreich 14, 22; 52
Aizaneiton, Aizaniton → Ezeaniton
Aizanoi** *Tü* (vgl. auch → Çavdarhisar): Deutsches Archäologisches Institut 13, 755
Ajaccio *Kors:* Cäsarismus 13, 625
Akkad* *Irak:* Baghdad, Iraq Museum 13, 384; Rezeptionsformen 15/2, 761
Akko(n) (Ptolemais [8]*/Tell el-Fukhar) *Jor:* Spolien 15/3, 200
Akragas* → Agrigent
Akrotiri *The:* Thera 15/3, 470
Aktion* → Actium
Alalah* *Tü:* Altorientalische Philologie und Geschichte 13, 109
Alašia → Zypern**
Alatri *It:* Rom 15/2, 941
Alba Iulia → Balgrad
Albania (Kaukasus) *Geor:* Albanien 13, 58
Albanien**: École française d'Athènes 13, 916; Kalender 14, 782
Albanopolis *Alb:* Albanien 13, 60
Alcalá de Henares (Ilipa*) *Spa:* Rhetorik 15/2, 818; Spanien 15/3, 102ff.
Alcántara *Spa:* Spanien 15/3, 128
Alcazar *Spa:* Abguß/Abgußsammlung 13, 4
Alcoy *Spa:* Entzifferungen 13, 963
Aleppo*: Syrien, Museen 15/3, 348
Alesia* (Alise-Sainte-Reine) *Fra:* Deutsches Archäologisches Institut 13, 754; Keltisch-Germanische Archäologie 14, 871; 873; Krieg 14, 1114; Provinzialrömische Archäologie 15/2, 574; Römisch-Germanische Kommission (RGK) 15/2, 828; Schlachtorte 15/2, 1074; 1086; 1087f.
Alexandreia [1]* → Alexandria**
Alexandria** (Alexandreia [1]*) *Äg:* Ägyptologie 13, 17; Alexandrinismus 13, 73; Antikensammlung 13, 139; Arabisch-islamisches Kulturgebiet 13, 163; Arabische Medizin 13, 184–185; Armenien 13, 270; Bibliothek 13, 494; Byzanz 13, 594; 596; 601; Deutschland 13, 799; Dioskuren vom Monte Cavallo 13, 864; École française d'Athènes 13, 916; Epochenbegriffe 13, 1014; Fälschung 13, 1082; Horoskope 14, 532; Jerusalem 14, 723; Judentum 14, 752; 756; Kanon 14, 792; Kunsterwerb/Kunstraub 14, 1148; Papyri (Fundgeschichte) 15/2, 65; Papyrologie 15/2, 85–86; 90; Philologie 15/2, 262; Physiognomik 15/2, 353; Platonismus 15/2, 364; Polen 15/2, 409; Religionsgeschichte 15/2, 680; Rezeptionsformen 15/2, 770; Sankt Petersburg, Eremitage 15/2, 1066; Steinschneidekunst: Gemmen 15/3, 288; Troja 15/3, 603–604; Überlieferung 15/3, 711; Weltwunder 15/3, 1110; 1112; Zoologie 15/3, 1206

Algerien: Kartographie 14, 859
Alişar Höyük *Tü:* Chicago, Oriental Institute Museum 13, 635
Alise-Sainte-Reine → Alesia*/**
al-Madina → Medina*
al-Makka → Mekka*
Alpen: Handel/Handelswege 14, 354
Alphen a.d. Rijn *NL:* Archäologischer Park 13, 219
al-Qusair *Irak:* Baghdad, Iraq Museum 13, 387
Alt-Knidos → Burgaz/Datça
Altdorf (bei Nürnberg) *Bay:* Bibliothek 13, 503
Alteburg/Köln *NRW:* Köln 14, 1031; 1037
Altenburg *CH:* Schweiz 15/2, 1123; 1127
Altenburg *Thü:* DDR 13, 686
Alter Orient: Altorientalische Philologie und Geschichte 13, 101; Entzifferungen 13, 956ff.; Epochenbegriffe 13, 996
Amakusa *Jap:* Japan 14, 721
Amalfi *It:* Alexandria 13, 64; Griechisch 14, 306f.
Amantia (Plloça) *Alb:* Albanien 13, 60
Amaravati *Ind:* Pakistan/Gandhara-Kunst 15/2, 35
Amarna* (Tell el-Amarna/Tall al-Amarna) *Äg* 13, 2; Archäologische Bauforschung 13, 199; Berlin 13, 463; 467–468; 473; Deutsche Orient-Gesellschaft 13, 744; Deutsches Archäologisches Institut 13, 754
Amathus *Zyp:* École française d'Athènes 13, 914–915
Amid (Amida*) *Tü:* Alexandria 13, 65
Amida* → Amid
Amiens (Samarobriva*) *Fra:* Frankreich 14, 12; Gotik 14, 248; Physiognomik 15/2, 355; Stadt 15/3, 262; 269
Ammaidra* → Haïdra
Amnisos* *Kre:* Kretisch-Mykenische Archäologie 14, 1108
Ampurias (Emporiae*) *Spa:* Archäologischer Park 13, 219
Amq → Amuq (Gebiet)
Amsterdam: Amsterdam, Allard Pierson Museum 13, 127ff.; Diana von Ephesus 13, 838; Historienmalerei 14, 432; Niederlande und Belgien 15/1, 1004ff.; Papyrussammlungen 15/2, 102; Stadion 15/3, 259; 261; Stützfiguren/Erechtheionkoren 15/3, 330
Amudarja* → Oxus (Fluß)
Amuq (Gebiet) (Amq) *Tü:* Chicago, Oriental Institute Museum 13, 632; 635
Anatolien: Berlin 13, 466; Chicago, Oriental Institute Museum 13, 632; 635; Türkei 15/3, 648ff.; 665
Anchiale [2]* → Anchialos
Anchialos (Anchiale [2]*) *Bul:* Bulgarien 13, 576
Andalusien: Alexandria 13, 64

Andematun(n)um* → Langres
Andros* (Insel) Gr: Griechenland 14, 292; Orient-Rezeption 15/1, 1195
Angers Fra: Frankreich 14, 17; Stadt 15/3, 263
Anjou Fra: Frankreich 14, 9
Ankara (Ankyra*): Inschriftenkunde, griechische 14, 593; Rezeptionsformen 15/2, 761; Türkei 15/3, 664ff.
Ankyra* → Ankara
Ann Arbor MI: Papyrussammlungen 15/2, 103
Antakya* → Antiochia
Antalye (Attaleia [1]*) Tü: Türkei 15/3, 667ff.
Antigoneia [4]* Alb: Albanien 13, 60
Antinoopolis (Antinoupolis*) Äg: Papyri (Fundgeschichte) 15/2, 68; Papyri, literarische 15/2, 78; Papyrologie 15/2, 86
Antinoupolis* → Antinoopolis
Antiocheia → Antiochia
Antiochia am Orontes (Antiocheia [1]* Antakya) Tü: Byzanz 13, 596; 621; Dumbarton Oaks 13, 909; Jerusalem 14, 723; Physiognomik 15/2, 353
Antiochia/Pisidien (Antiocheia [5]*) Tü: Inschriftenkunde, griechische 14, 593
Antium* It: Rom 15/2, 928
Antwerpen: Druckwerke 13, 886; Festkultur/Trionfi 13, 1108; Niederlande und Belgien 15/1, 1023ff.
Aphrodisias [1]*: Türkei 15/3, 668
Aphroditopolis Äg: Papyri (Fundgeschichte) 15/2, 67
Apollonia [1]* Alb: Albanien 13, 59–60
Apollonia/Pisidien Tü: Inschriftenkunde, griechische 14, 593
Apollonia [2] Pontike → Sozopol
Apulien (Apulia*) It: Klassische Archäologie 14, 937; Spolien 15/3, 200
Aquae [III 3]* Gran(n)i → Aachen
Aquae [III 5]* Sextiae → Aix-en-Provence
Aquae [III 7]* Sulis → Bath
Aquarossa It: Schweden 15/2, 1119
Aquileia [1]* It: École française de Rome 13, 921; Porträtgalerie 15/2, 502; Slowenien 15/3, 71; Spolien 15/3, 196
Aquitanien Fra: Bibliothek 13, 495; Deutschland 13, 764; Frankreich 14, 5; 9
Arabien: Berlin 13, 467
Arabisch-islamisches Kulturgebiet**: Mathematik 15/1, 316ff.; Naturwissenschaften 15/1, 833
Arabische Halbinsel: Altorientalische Philologie und Geschichte 13, 102
Arae [1]* Flaviae → Rottweil
Aragon Spa: Deutschland 13, 775
Aralsee Usb/Kas: Arabisch-islamisches Kulturgebiet 13, 162
Arausio* → Orange
Araxes [2]* → Oxus (Fluß)
Arbanassi Bul: Bulgarien 13, 573

Arbela [1]* Irak: Schlachtorte 15/2, 1076; 1083
Arbon CH: Schweiz 15/2, 1127
Arelate* → Arles
Arezzo (Arretium*) It: Diana von Ephesus 13, 840; Etruskologie 13, 1054; Porträtgalerie 15/2, 508; Souvenir 15/3, 80; Stützfiguren/Erechtheionkoren 15/3, 327
Argentinien: Lateinamerika 15/1, 31ff.; 41
Argentorate* → Straßburg
Argos* Gr: École française d'Athènes 13, 913; 915; Griechenland 14, 291; Kretisch-Mykenische Archäologie 14, 1105
Argylla It: Kunsterwerb/Kunstraub 14, 1149
Ariccia It: Pantheon 15/2, 58
Ariminum* → Rimini
Arkadien (Arkadia*) Gr: Arkadismus 13, 265ff.; Barock 13, 413; Bukolik/Idylle 13, 562–564; 567; Italien 14, 687; Park 15/2, 125; 133; Religionsgeschichte 15/2, 691; Roman 15/2, 945 United States of America 15/3, 873ff.
Arles (Arelate*) Fra: Altertumskunde (Humanismus bis 1800) 13, 94; Christliche Archäologie 13, 643; Frankreich 14, 12; Romanik 15/2, 952; Stadt 15/3, 262ff.
Arlington VA: Greek Revival 14, 252
Armenien**: Dioskuren vom Monte Cavallo 13, 863
Arquà It: Sepulchralkunst 15/3, 18
ar-Raschid Äg: Ägyptologie 13, 17
Arretium* → Arezzo
Arsinoitis (Gau) Äg: Papyri (Fundgeschichte) 15/2, 65
Aschaffenburg Bay: Pompeji 15/2, 484
Ascoli Piceno (Asculum*) It: Forum/Platzanlage 13, 1153
Ascona CH: Paganismus 15/2, 29; Religionsgeschichte 15/2, 694
Asculum* → Ascoli Piceno
Asea* Gr: Kretisch-Mykenische Archäologie 14, 1103
Asia Minor → Kleinasien*
Asia (Prov.) Tü: Ephesos 13, 975
Asien: Akademie 13, 45; Altorientalische Philologie und Geschichte 13, 109; Atlantis 13, 333; Europa 13, 1059
Asine [1]* Gr: Kretisch-Mykenische Archäologie 14, 1103; Nationale Forschungsinstitute 15/1, 708f.; Schweden 15/2, 1119
Asisium* → Assisi
Assisi (Asisium*) It: Stadt 15/3, 269
Assos* Tü: Archaeological Institute of America 13, 193; Boston, Museum of Fine Arts 13, 535; Paris, Louvre 15/2, 109
Assuan (Asuan) Äg: Ägyptologie 13, 18; Papyri (Fundgeschichte) 15/2, 66
Assur* Irak: Altorientalische Philologie und Geschichte 13, 105; Antike 13, 136; Archäologische Bauforschung 13, 199; Berlin 13, 464; 466; Deutsche Orient-Gesellschaft

13, 744–745; Deutsches Archäologisches Institut 13, 756
as-Suweida → Suweida
Assyrien *Irak*: Altorientalische Philologie und Geschichte 13, 102; 105; Babylon 13, 371; Deutsche Orient-Gesellschaft 13, 744; Entzifferungen 13, 957; 959; Geschichtsmodelle 14, 163; Paris, Louvre 15/2, 115
Asuan → Assuan
Asunción *Par*: Lateinamerika 15/1, 41
Asyut → Lykopolis
Atene (Demos) *Att*: Athen 13, 288
Athen** (Athenai [1]*): Aigina 13, 30; Akademie 13, 41; 49; 51; Amsterdam, Allard Pierson Museum 13, 128; Apoll von Belvedere 13, 152; Archaeological Institute of America 13, 194; Archäologischer Park 13, 216; Architekturkopie/-zitat 13, 232–233; Aristotelismus 13, 252; Arkadismus 13, 268; Armenien 13, 270; Atlantis 13, 333; 335; Basel, Antikenmuseum und Sammlung Ludwig 13, 418; Basilika 13, 429; Bayern 13, 440–441; Bevölkerungswissenschaft/Historische Demographie 13, 488; 490–491; Bücher-Meyer-Kontroverse 13, 554; Bürger 13, 559; Bund 13, 581; Byzantinistik 13, 591; Byzanz 13, 594; 596; 601; Dänemark 13, 676–677; Delos 13, 704; 713; Demokratie 13, 722–727; 731; Deutsches Archäologisches Institut 13, 749; 752–753; École française d'Athènes 13, 909ff.; École française de Rome 13, 917; Eleusis 13, 950; Epochenbegriffe 13, 997; 1000; 1014; Etruskologie 13, 1055; Faschismus 13, 1104; Finnland 13, 1152; Frankreich 14, 48; Georgien 14, 133; Geschichtswissenschaft/Geschichtsschreibung 14, 196; Greek Revival 14, 248ff.; Griechen-Römer-Antithese 14, 255ff.; Griechenland 14, 272; 276; 282ff.; Griechische Tragödie 14, 317; Historismus 14, 492; Inschriftenkunde, griechische 14, 591; 594; 598; Klassische Archäologie 14, 904; 927; 937; 942; Klassizismus 14, 954; Kretisch-Mykenische Archäologie 14, 1102; 1105; Kunsterwerb/Kunstraub 14, 1148ff.; Leichenrede 15/1, 115; Münzsammlungen 15/1, 562; Nationale Forschungsinstitute 15/1, 661ff.; 677ff.; 680ff.; 690ff.; 697ff.; 701ff.; 707ff.; 15/3, 1280; Numismatik 15/1, 1123; Olympia 15/1, 1168; Paestum 15/2, 9; Panegyrik 15/2, 50; Park 15/2, 163; Parthenon 15/2, 188; 194; Politische Theorie 15/2, 425f.; 430; Preußen 15/2, 555; Psychoanalyse 15/2, 592; Redegattungen 15/2, 638; 642; Rekonstruktion/Konstruktion 15/2, 658; Religion und Literatur 15/2, 674; Religionsgeschichte 15/2, 680; Republik 15/2, 716; 732ff.; Revolution 15/2, 745f.; 749ff.; Römisch-Germanische Kommission (RGK) 15/2, 825; Römisches Recht 15/2, 839; Romantik 15/2, 979; 984; Schweden 15/2, 1119; Sepulchralkunst 15/3, 21ff.; Society of Dilettanti 15/3, 74ff.; Sozial- und Wirtschaftsgeschichte 15/3, 86ff.; Sparta 15/3, 153ff.; 173; Sport 15/3, 212ff.; Stadion 15/3, 257f.; Stützfiguren/Erechtheionkoren 15/3, 331ff.; Thukydidismus 15/3, 482; Toranlagen/Stadttore 15/3, 512; Troja 15/3, 610; Überlieferung 15/3, 696; United States of America 15/3, 840; 850; Universität 15/3, 882
Athenai [1]* → Athen**
Athos* *Gr*: Bibliothek 13, 496; Byzantinistik 13, 585; Byzanz 13, 621; Georgien 14, 132; Griechisch 14, 306; Numismatik 15/1, 1122; Römisches Recht 15/2, 839; Rußland 15/2, 1015; 1017
Athribis* → Tell Atrib
Atlanta *GA*: Sepulchralkunst 15/3, 18
Atlantis**: Athen 13, 279; Paganismus 15/2, 24
Atlantischer Ozean: Arabisch-islamisches Kulturgebiet 13, 162; Atlantis 13, 335; Europa 13, 1059
Attaleia [1]* → Antalye
Attika*: Athen 13, 324; Geschichtsmodelle 14, 161; Kartographie 14, 859
Augsburg (Augusta [7]* Vindelicorum): Abguß/Abgußsammlung 13, 3–4; Akademie 13, 42; Altertumskunde (Humanismus bis 1800) 13, 91; Berufsverbände 13, 477; Bibliothek 13, 498–499; Deutschland 13, 769; 776; 786; Limes, Limesforschung 15/1, 157; Provinzialrömische Archäologie 15/2, 577; Renaissance 15/2, 712
Augst (Augusta [4]* Raurica/Kaiseraugst) *CH*: Archäologischer Park 13, 219; Griechische Komödie 14, 313; Numismatik 15/1, 1124; Provinzialrömische Archäologie 15/2, 574; Rom 15/2, 897; Schweiz 15/2, 1123ff.; 1138; 1148
Augusta [2]* Emerita → Mérida
Augusta [4]* Raurica → Augst
Augusta [9]* Suess(i)onum → Soissons
Augusta [5]* Taurinorum → Turin
Augusta [6]* Treverorum → Trier**
Augusta [7]* Vindelicorum → Augsburg
Augustodunum* → Autun
Augustonemetum* → Clermont-Ferrand
Augustoritum* → Limoges
Augustusburg (bei Chemnitz): Deutschland 13, 777
Australian Commonwealth: Australien und Neuseeland 13, 358
Australien**: Australien und Neuseeland 13, 358ff.; 15/3, 1247ff.; Druiden 13, 902; United Kingdom 15/3, 829

Austrien *Fra*: Frankreich 14, 5
Autessiodurum* → Auxerre
Autun (Augustodunum*) *Fra*: Reiterstandbild 15/2, 650
Auvergne *Fra*: Kampanien 14, 787
Auxerre (Autessiodurum*) *Fra*: Frankreich 14, 7; Gotik 14, 243; Karolingische Renaissance 14, 822
Avaricum* → Bourges
Aveiro *Por*: Portugal 15/2, 524
Avenches (Aventicum*) *CH*: Schweiz 15/2, 1123–1124; 1127
Aventicum* → Avenches
Averner See (Lacus* Avernus) *It*: Kampanien 14, 787
Avignon *Fra*: Altertumskunde (Humanismus bis 1800) 13, 89; Bibliothek 13, 497; Frankreich 14, 22; Italien 14, 672; Kanonisten 14, 797; Lebendiges Latein 15/1, 97; Philologie 15/2, 283; Rom 15/2, 842; Stadt 15/3, 264
Azincourt *Fra*: Frankreich 14, 21

B

Baalbek*/* (Heliopolis [2]*) *Liba*: Druckwerke 13, 893; Klassische Archäologie 14, 904; Klassizismus 14, 954; Park 15/2, 159; 163
Babel → Babylon*
Babil (Babylon*) *Irak*: Babylon 13, 373–374
Babylon*/* *Irak*: Altorientalische Philologie und Geschichte 13, 105; Archäologische Bauforschung 13, 199; Baghdad, Iraq Museum 13, 384; Berlin 13, 455; 460; 463–464; 466; Bevölkerungswissenschaft/Historische Demographie 13, 482; 484; Deutsche Orient-Gesellschaft 13, 744; Deutsches Archäologisches Institut 13, 756; Geschichtsmodelle 14, 169; Klassische Archäologie 14, 903; London, British Museum 15/1, 222ff.; Naturwissenschaften 15/1, 833; Orient-Rezeption 15/1, 1223ff.; Religionsgeschichte 15/2, 683; Troja 15/3, 610
Babylonien *Irak*: Altorientalische Philologie und Geschichte 13, 105; Babylon 13, 371; Entzifferungen 13, 957; Fabel 13, 1066
Bačkovo *Bul*: Bulgarien 13, 571; 573; Byzanz 13, 615
Bacoli → Baiae*
Baden *Deu*: Bibliothek 13, 503; Deutschland 13, 808
Baden-Baden *Ba-Wü*: Deutschland 13, 788
Badenweiler *Ba-Wü*: Provinzialrömische Archäologie 15/2, 578
Baetis* → Guadalquivir (Fluß)
Bagacum* → Bavay
Baghdad *Irak*: Altorientalische Philologie und Geschichte 13, 111; Arabisch-islamisches Kulturgebiet 13, 163–164; 177; 179; Arabische Medizin 13, 185; Aristotelismus 13, 252–253; Babylon 13, 378; Baghdad, Iraq Museum 13, 382ff.; Deutsches Archäologisches Institut 13, 749; 756; Krankenhaus 14, 1099

Bagnaia *It*: Park 15/2, 129
Bagram → Kapisa/Kapisha
Baiae* (Bacoli) *It*: 13, 2; Kampanien 14, 787ff.; Souvenir 15/3, 78
Bakchias *Äg*: Papyri (Fundgeschichte) 15/2, 68
Baktrien (Baktria*): Arabisch-islamisches Kulturgebiet 13, 162; Pakistan/Gandhara-Kunst 15/2, 36
Balat (vgl. auch → Miletos [2]*): Milet 15/1, 420
Balgrad (Alba Iulia) *Rum*: Rumänien 15/2, 1001
Balkan: Byzanz 13, 603; Dumbarton Oaks 13, 904; École française d'Athènes 13, 915; Griechisch 14, 296ff.; Rom 15/2, 871; Slavische Sprachen 15/3, 61
Baltimore *MD*: Altorientalische Philologie und Geschichte 13, 104; Archaeological Institute of America 13, 193; Greek Revival 14, 252
Bamberg *Bay*: Bayern 13, 434; Berufsverbände 13, 477; Gotik 14, 243f.; Herrscher 14, 365; Park 15/2, 138; Porträt 15/2, 498; Reiterstandbild 15/2, 650; Schlachtorte 15/2, 1086
Bamiyan *Afg*: Pakistan/Gandhara-Kunst 15/2, 36–37
Bangor *NI*: Bibliothek 13, 495
Banna (Birdoswald) *Eng*: Limes, Hadrianswall 15/1, 150
Banská Bystrica → Neusohl
Barcelona (Barcino(na)*) *Spa*: Sepulchralkunst 15/2, 16; Spanien 15/3, 104ff.
Barcino(na)* → Barcelona
Bardejov *Slok*: Slowakei 15/3, 65
Basarabi → Murfatlar
Basel (Basilia*/Basileia): Akademie 13, 42; 56; Aristotelismus 13, 257; Basel, Antikenmuseum und Sammlung Ludwig 13, 418ff.; Bibliothek 13, 498; Deutschland 13, 768–769; Digesten/Überlieferungsgeschichte 13, 849; Epos 13, 1033; Humanismus 14, 555ff.; Philologie 15/2, 291; Säftelehre 15/2, 1040; Schweiz 15/2, 1123; 1128–1129; 1131; Stadion 15/3, 261
Basileia, Basilia* → Basel
Basra *Irak*: Arabisch-islamisches Kulturgebiet 13, 165
Bassai *Gr* (vgl. auch → Phigaleia*): Bayern 13, 440; Parthenon 15/2, 194
Bassetki *Irak*: Baghdad, Iraq Museum 13, 384
Bastam *Asb*: Deutsches Archäologisches Institut 13, 756
Batavis* → Passau
Bath (Aquae [III 7]* Sulis) *Eng*: Stadion 15/3, 257
Bavay (Bagacum*) *Fra*: Stadt 15/3, 262
Bayern**: Altsprachlicher Unterricht 13, 118; Antikensammlung 13, 143; Bibliothek 13, 503; Deutschland 13, 806; Gotik 14, 244; Lehrer 15/1, 103ff.; Porträtgalerie 15/2, 511; Prüfungsordnungen 15/2, 583
Bayeux *Fra*: Gotik 14, 248
Bayreuth *Bay*: Wagnerismus 15/3, 1076ff.

Beaulieu-sur-mer (bei Nizza) *Fra*: Delos 13, 714
Beaurains bei Arras *Fra*: Numismatik 15/1, 1123
Beauvais *Fra*: Basilika 13, 426
Bebenhausen *Ba-Wü*: Fürstenschule 14, 73
Begram *Afg* (vgl. auch → Kapisa/Kapisha): Abguß/Abgußsammlung 13, 2; Pakistan/Gandhara-Kunst 15/2, 37
Behistun → Bisutun*
Beijing (Peking): China 13, 636–637
Beirut (Berytos*/Biruta): Arabistik 13, 191; 193; Baalbek 13, 365; 368; Römisches Recht 15/2, 836
Beisan* *Isr*: Philadelphia, University of Pennsylvania Museum of Archaeology and Anthropology, Ancient Near Eastern Section 15/2, 226
Bekaa (Ebene) *Liba*: Baalbek 13, 365
Belarus → Weißrußland
Belevi *Tü*: Ephesos 13, 976
Belfast: Irland 14, 645
Belgien (vgl. → Niederlande**): Akademie 13, 49; Köln 14, 1016; Münzsammlungen 15/1, 560f.; Nationale Forschungsinstitute 15/1, 656ff.; Niederlande und Belgien 15/1, 985ff.
Belgrad (Singidunum*): Serbien 15/3, 26; 30
Benediktbeuren *Bay*: Bayern 13, 431; Deutschland 13, 764
Benevent-Cassino *It*: Italien 14, 661
Bengalen *Ind*: Indien 14, 587
Benningen *Ba-Wü*: Limes, Limesforschung 15/1, 158; Provinzialrömische Archäologie 15/2, 578
Bensalem (Insel): Atlantis 13, 336
Bensberg *NRW*: Deutschland 13, 788
Beranci *Maz*: Makedonien/Mazedonien 15/1, 277
Berat (Gerrunium*) *Alb*: Albanien 13, 57; 61
Berbati (Pallantion*) *Gr*: Kretisch-Mykenische Archäologie 14, 1104; Schweden 15/2, 1119
Berezan *Ukr*: Sankt Petersburg, Eremitage 15/2, 1065
Bergama *Tü* (vgl. auch → Pergamon*/**): Pergamon 15/2, 206; Pergamonaltar 15/2, 211; Türkei 15/3, 669
Bergamo (Bergomum*) *It*: Reiterstandbild 15/2, 652
Bergen *Nor*: Mittellatein 15/1, 460; Norwegen 15/1, 1088
Bergendael *NRW*: Sepulchralkunst 15/3, 16
Bergomum* → Bergamo
Berkeley *CA*: Papyrussammlungen 15/2, 103
Berlin**: Abguß/Abgußsammlung 13, 4–6; Ägyptologie 13, 20; Akademie 13, 44–45; 47; 49–51; 53; 56; Altorientalische Philologie und Geschichte 13, 104–105; 110; Arabisch-islamisches Kulturgebiet 13, 172; Archäologische Bauforschung 13, 199–200; Architekturkopie/-zitat 13, 233; Athen 13, 288; Baghdad, Iraq Museum 13, 383; Berufsverbände 13, 475–477; Bibliothek 13, 501; 503; Böckh-Hermann-Auseinandersetzung 13, 525; Bonn, Rheinisches Landesmuseum und Akademisches Kunstmuseum 13, 527; Byzantinistik 13, 591; Corpus Medicorum 13, 674; DDR 13, 682–684; 686–688; 696–697; Delos 13, 713; Delphi 13, 718; Denkmal 13, 739; 741; Deutsche Orient-Gesellschaft 13, 743–744; Deutsches Archäologisches Institut 13, 749; 753; 759; Deutschland 13, 786–787; 791; 795; 807; 815–816; 821; Digesten/Überlieferungsgeschichte 13, 847; 851; Dioskuren vom Monte Cavallo 13, 864; Dresden, Staatliche Kunstsammlungen, Skulpturensammlung 13, 873–874; 877; Etruskerrezeption 13, 1052; Fälschung 13, 1076; Faschismus 13, 1099; Festkultur/Trionfi 13, 1114; Forum/Platzanlage 13, 1154; 1159–1162; Griechische Tragödie 14, 320; Historismus 14, 492ff.; Judentum 14, 762f.; Lexikographie 15/1, 143; Münzsammlungen 15/1, 560f.; Papyrussammlungen 15/2, 100; Pergamonaltar 15/2, 211; Philologie 15/2, 257; 303; Philologisches Seminar 15/2, 329; Porträtgalerie 15/2, 513; Preußen 15/2, 544; 548; 551–552; 555–556; Psychoanalyse 15/2, 590; Reiterstandbild 15/2, 653–654; Religionsgeschichte 15/2, 690; Rezeptionsformen 15/2, 764; Rom 15/2, 878; Romantik 15/2, 971; Rosse von San Marco/Quadriga 15/2, 990; Säulenordnung 15/2, 1053; Sepulchralkunst 15/3, 21f.; Sport 15/3, 213; Stadion 15/3, 259f.; Stützfiguren/Erechtheionkoren 15/3, 333; Triumphbogen 15/3, 592; Universität 15/3, 903; Venus von Milo 15/3, 965; Warburg Institute, The 15/3, 1105
Bern: Schweiz 15/2, 1126; 1133; 1140
Beroia [1]* (Verria) *Gr*: Inschriftenkunde, griechische 14, 595
Beromünster *CH*: Schweiz 15/2, 1129
Berytos* → Beirut
Besançon (Vesontio*) *Fra*: Deutschland 13, 768; Stadt 15/3, 262; 265
Bessarabien: Moldova 15/1, 532–533
Beth-Shemesh *Isr*: Philadelphia, University of Pennsylvania Museum of Archaeology and Anthropology, Ancient Near Eastern Section 15/2, 226
Bethlehem*: Wallfahrt 15/3, 1081
Betrinoi *Gr*: Sport 15/3, 211
Beynuhnen *Pol*: Polen 15/2, 402
Bibracte* (Mont Beuvray/Montmort) *Fra*: Keltisch-Germanische Archäologie 14, 873; Schlachtorte 15/2, 1087
Bidjan *Syr*: Polen 15/2, 409
Bijacivce *Slok*: Slowakei 15/3, 67
Birdoswald → Banna

Birmingham *Eng*: Historismus 14, 494
Biruta → Beirut
Bisenzio (Visentium*) *It*: Rom 15/2, 942
Biskupin *Pol*: Archäologischer Park 13, 219
Bismaya *Irak*: Chicago, Oriental Institute Museum 13, 635
Bistra *Slow*: Slowenien 15/3, 70
Bisutun* (Behistun) *Iran*: Deutsches Archäologisches Institut 13, 756; Entzifferungen 13, 958–959; Iranistik 14, 636
Bithynien *Tü*: Aizanoi 13, 35
Blaubeuren *Ba-Wü*: Fürstenschule 14, 73
Blois-Champagne *Fra*: Frankreich 14, 9
Bobbio *It*: Bibliothek 13, 495; Digesten/Überlieferungsgeschichte 13, 846; Italien 14, 660; Philologie 15/2, 286
Bochum *NRW*: Arabisch-islamisches Kulturgebiet 13, 172
Bodrum (vgl. auch → Halicarnass**): Türkei 15/3, 670ff.
Böhmen: Apotheose 13, 160; Deutschland 13, 762; 775; Kalender 14, 781; Tschechien 15/3, 624ff.
Böotien (Boiotia): Europa 13, 1059
Boğazköy (Boghazköy) *Tü* (vgl. auch → Hattuša*): Altorientalische Philologie und Geschichte 13, 106; Berlin 13, 464; 467; Deutsches Archäologisches Institut 13, 755; Hethitologie 14, 413ff.
Boiotia → Böotien
Bojana *Bul*: Byzanz 13, 616
Bolivien: Lateinamerika 15/1, 26ff.; 37
Bologna (Bononia [1]*): Akademie 13, 56; Alexandrinismus 13, 73; Athen 13, 282; Basilika 13, 426; Bibliothek 13, 497; 501; Briefkunst/Ars dictaminis 13, 546; Bukolik/Idylle 13, 562; Byzanz 13, 598; College 13, 654; Deutschland 13, 775; Ehe 13, 925; Forum/Platzanlage 13, 1153; Glossatoren 14, 221–222; Historienmalerei 14, 431; Humanismus 14, 541; 554ff.; Italien 14, 663f.; 672; 714; Lehnsrecht 15/1, 101; Medizin 15/1, 365; Papier 15/2, 63; Papyrussammlungen 15/2, 103; Philologie 15/2, 289; Redegattungen 15/2, 629; Rhetorik 15/2, 816; Romanistik/Rechtsgeschichte 15/2, 960; Sacrum Imperium 15/2, 1035; Schweiz 15/2, 1126; Scotland, Law of 15/3, 1; Sepulchralkunst 15/3, 21; Staufische Renaissance 15/3, 273; Universität 15/3, 883
Bolsena (Volsinii [2]*) *It*: École française de Rome 13, 920
Bomarzo* *It*: Park 15/2, 129; 174–175
Bombay: Indien 14, 586
Bonn (Bonna*): Abguß/Abgußsammlung 13, 5; Berufsverbände 13, 477; Bibliothek 13, 503; Bonn, Rheinisches Landesmuseum und Akademisches Kunstmuseum 13, 527ff.;

Deutsches Archäologisches Institut 13, 749; 756–757; Franz-Joseph-Dölger-Institut 14, 62; Philologie 15/2, 303ff.; Philologisches Seminar 15/2, 330; Religionsgeschichte 15/2, 690; 692
Bonna* → Bonn
Bononia [1]* → Bologna
Borbetomagus* → Worms
Bordeaux (Burdigala*) *Fra*: Altertumskunde (Humanismus bis 1800) 13, 94; Forum/Platzanlage 13, 1159; Frankreich 14, 22
Borgo *It*: Ostia und Porto 15/1, 1247
Borsippa* *Irak*: Babylon 13, 373–374; Deutsche Orient-Gesellschaft 13, 744
Boscoreale* *It*: Paris, Louvre 15/2, 111
Bosnien: Slavische Sprachen 15/3, 62
Bosporanisches Reich: Sankt Petersburg, Eremitage 15/2, 1065
Bosporus (Bosporos [2]*) *Tü*: Alexandria 13, 63
Bostan al-Khan (Bustan al-Khan) *Liba*: Baalbek 13, 368
Boston *Mass*: Akademie 13, 45; Archaeological Institute of America 13, 193; 195; Boston, Museum of Fine Arts 13, 532ff.; Greek Revival 14, 252
Botswana: Roman Dutch Law 15/2, 949
Bourges (Avaricum*) *Fra*: Frankreich 14, 8; 22; Humanismus 14, 554ff.; Stadt 15/3, 269
Bowness → Maia
Brabant: Herrscher 14, 395; Troja 15/3, 622
Bracara Augusta → Braga
Braga (Bracara Augusta) *Por*: Portugal 15/2, 522; 524–525
Brandenburg (Kurfürstentum): Preußen 15/2, 539
Braniewo → Braunsberg
Branitz (bei Cottbus) *Bran*: Park 15/2, 138
Brasilien: Epos 13, 1027; Lateinamerika 15/1, 33ff.; 42
Braşov (Kronstadt) *Rum*: Rumänien 15/2, 1001f.; 1008
Bratislava → Preßburg
Braunsberg (Braniewo) *Pol*: Polen 15/2, 402
Braunschweig *Nds*: Rhetorik 15/2, 800; Rosse von San Marco/Quadriga 15/2, 991
Bremen: Historismus 14, 499; Papyrussammlungen 15/2, 101; Reiterstandbild 15/2, 655
Brescia (Brixia*) *It*: Basilika 13, 422; Italien 14, 714; Stadt 15/3, 268
Breslau (Wrocław) *Pol*: Akademie 13, 56; Bibliothek 13, 503; Deutschland 13, 765; Historismus 14, 493; Judentum 14, 762; Lateinische Komödie 15/1, 70; Park 15/2, 130; Polen 15/2, 402; 406; 409; 411
Bretagne *Fra*: Frankreich 14, 22; Keltische Sprachen 14, 875
Brétigny-Calais *Fra*: Frankreich 14, 21
Brindisi (Brundisium*) *It*: Münze, Münzwesen 15/1, 558

Bristol *Eng*: Bibliothek 13, 502
Britannien (Britannia*): Adaptation 13, 9; Druiden 13, 901; Germanische Sprachen 14, 152; Imperium 14, 582ff.; Limes, Hadrianswall 15/1, 151; Stadt 15/3, 266; Überlieferung 15/3, 722; United Kingdom 15/3, 759ff.
British Guayana: Roman Dutch Law 15/2, 949
Brixia* → Brescia
Brocolitia (Carrawburgh) *Eng*: Limes, Hadrianswall 15/1, 153
Brooklyn *NY*: New York, Brooklyn Museum of Art 15/1, 946ff.
Brucato *Siz*: École française de Rome 13, 921
Bruchsal *Ba-Wü*: Deutschland 13, 788
Brügge (Brugis Flandorum) *Bel*: Druckwerke 13, 886; Niederlande und Belgien 15/1, 1029ff.
Brühl *NRW*: Stützfiguren/Erechtheionkoren 15/3, 331
Brüssel: Ägyptologie 13, 20; Akademie 13, 44; 51; Basilika 13, 426; Papyrussammlungen 15/2, 102
Brugis Flandorum → Brügge
Brundisium* → Brindisi
Bubastis* *Äg*: Papyri (Fundgeschichte) 15/2, 65
Buchara* *Usb*: Arabisch-islamisches Kulturgebiet 13, 162
Buda *Ung*: Akademie 13, 42; Bibliotheca Corviniana 13, 493
Budapest: Judentum 14, 762
Bückeburg *Nds*: Renaissance 15/2, 712
Buenos Aires: Lateinamerika 15/1, 32ff.; Reiterstandbild 15/2, 655
Bukarest: Griechenland 14, 276; Rumänien 15/2, 998; 1007–1008; 1010ff.; 1011–1012
Bukowina: Ukraine 15/3, 743
Bulgarien**: Akademie 13, 49; Byzanz 13, 614–615; 621; Slavische Sprachen 15/3, 59f.
Bulla* Regia *Tun*: École française de Rome 13, 921
Bunarbaschi (Pinarbasi): Troja 15/3, 607ff.
Burdigala* → Bordeaux
Burgaz/Datça (Alt-Knidos) *Tü*: Knidos 14, 990
Burgdorf *CH*: Schweiz 15/2, 1129
Burgos *Spa*: Basilika 13, 426
Burgund: Bibliothek 13, 497; 499; Deutschland 13, 760; 762; 767; 775; Digesten/Überlieferungsgeschichte 13, 847; Frankreich 14, 5ff.; 12; 23; Sacrum Imperium 15/2, 1034
Bury St. Edmunds *Eng*: Bibliothek 13, 499
Busiris [1]* → Abusir
Bussy-Rabutin *Fra*: Porträtgalerie 15/2, 507
Bustan al-Khan → Bostan al-Khan
Buthroton* → Butrint
Butkara *Pak*: Pakistan/Gandhara-Kunst 15/2, 37; 39
Buto* *Äg*: Deutsches Archäologisches Institut 13, 754
Butrint (Buthroton*) *Alb*: Albanien 13, 59–61
Byblos [1]* *Liba*: Entzifferungen 13, 961
Byllis* (Hekal bei Ballsh) *Alb*: Albanien 13, 60

Byrsa-Hügel (Karthago) *Tun*: Karthago 14, 836ff.
Byzantinisches Reich (vgl. auch → Byzantion*, Byzanz): Athen 13, 280; Dumbarton Oaks 13, 904; Geld/Geldwirtschaft/Geldtheorie 14, 105; 107; Griechenland 14, 268ff.; 284; Griechisch 14, 295; Handel/Handelswege 14, 350; Imperium 14, 577ff.; Konstantinopel 14, 1084ff.; Mathematik 15/1, 315; Paläographie, griechischische 15/2, 42; Philologie 15/2, 239; Überlieferung 15/3, 715; Venedig 15/3, 960; Zoologie 15/3, 1205
Byzantion* → Byzanz**
Byzanz** (Byzantion*/Konstantinopolis*/Constantinopolis; vgl. auch → Istanbul und → Konstantinopel): Arabisch-islamisches Kulturgebiet 13, 161; 163; Athen 13, 280; Basilika 13, 425; Bulgarien 13, 568–570; Byzantinistik 13, 584–587; Digesten/Überlieferungsgeschichte 13, 846; Dumbarton Oaks 13, 904; Epochenbegriffe 13, 1000; Europa 13, 1062; Griechenland 14, 273ff.; Herrscher 14, 376; Historische Geographie 14, 447; Kanon 14, 792; Leichenrede 15/1, 117ff.; Mathematik 15/1, 315f.; Medizin 15/1, 360ff.; Mode 15/1, 482; Musik 15/1, 594ff.; Naturwissenschaften 15/1, 792; 801; 834; Paganismus 15/2, 18; 21; Pharmakologie 15/2, 223; Philosophie 15/2, 342; Rezeptionsformen 15/2, 769; Rhetorik 15/2, 813; Römisches Recht 15/2, 835ff.; Roman 15/2, 944; Romanistik/Rechtsgeschichte 15/2, 964; Rumänien 15/2, 997; 999; 1007; Rußland 15/2, 1015–1016; Schrift/Typographik 15/2, 1097; Sepulchralkunst 15/3, 17; Slowenien 15/3, 71; Sperlonga 15/3, 183; Spolien 15/3, 196ff.; 199; Theologie und Kirche des Christentums 15/3, 429; Triumphbogen 15/3, 582; Venedig 15/3, 960–961; Verlag 15/3, 1002; Verskunst 15/3, 1009–1010; Wallfahrt 15/3, 1087; Weißrußland 15/3, 1107; Wirtschaft und Gewerbe 15/3, 1146; Zensur 15/3, 1194

C

Caen *Fra*: Frankreich 14, 12; 22
Caere* → Cerveteri
Caesaraugusta* → Saragossa
Caesarea [1]* → Cherchell
Caesarea [2]* Maritima (Kaisareia) *Palästina*: Bevölkerungswissenschaft/Historische Demographie 13, 482; Bibliothek 13, 494; Byzanz 13, 596
Caesarodunum* → Tours
Cahors *Fra*: Frankreich 14, 22
Calais (Cales*) *Fra*: Frankreich 14, 20
Cales* → Calais

Callatis (Kallatis) *Rum*: Rumänien 15/2, 1012
Cambodunum* → Kempten
Cambrai *Fra*: Säule/Säulenmonument 15/2, 1047
Cambridge *Eng*: Altsprachlicher Unterricht 13, 120; Australien und Neuseeland 13, 360; Bibliothek 13, 497; Byzantinistik 13, 584; Civilians 13, 651–652; College 13, 654–655; Greek Revival 14, 252; Philologie 15/2, 252; Platonismus 15/2, 368; Praktische Philosophie 15/2, 533; Psychoanalyse 15/2, 599; Religion und Literatur 15/2, 671ff.; Rhetorik 15/2, 816
Cambridge *Mass*: Stadion 15/3, 259
Campania* → Kampanien**
Campi* Phlegraei → Phlegräische Felder
Camulodunum* → Colchester
Cannae*/ *It*: Karthago 14, 852; Krieg 14, 1114; Nationalsozialismus 15/1, 748; Schlachtorte 15/2, 1076ff.; 1084ff.
Canterbury *Eng*: Basilika 13, 426; Bibliothek 13, 495; Domschule 13, 868
Cape Coast *Gha*: Afrika 13, 26
Capena* *It*: Rom 15/2, 942
Capidava *Rum*: Rumänien 15/2, 999
Capitolium* → Kapitol
Capodistria → Koper
Cappadocia* → Kappadokien
Caprarola *It*: Diana von Ephesus 13, 837
Capri (Capreae*) *It*: Kampanien 14, 788; Sperlonga 15/3, 182
Capua* *It*: Denkmal 13, 738; Herrscher 14, 371; Kampanien 14, 787ff.; Kunsterwerb/Kunstraub 14, 1149; Staufische Renaissance 15/3, 279; Triumphbogen 15/3, 583–584
Caracas *Ven*: Lateinamerika 15/1, 31
Caricin Grad *Serb*: École française de Rome 13, 921
Carlisle *Eng*: Limes, Hadrianswall 15/1, 152
Carnuntum* (Petronell) *Öst*: Archäologischer Park 13, 220–221
Carrara *It*: Spolien 15/3, 198
Carrawburgh → Brocolitia
Carrhae (Karrhai) *Tü* (vgl. auch → Harrān*): Arabisch-islamisches Kulturgebiet 13, 164
Cartagena (Carthago* Nova) *Spa*: Stadt 15/3, 268
Carthago Iustiniana (Karthago) *Tun*: Karthago 14, 847
Carthago → Karthago*/**
Carthago* Nova → Cartagena
Carvoran → Magnae*
Cashel *Irl*: Irland 14, 645
Cassiova → Košice
Castel Gandolfo: Rom 15/2, 934
Castellina-in-Chianti *It*: Etruskerrezeption 13, 1050
Castellum Gerulata → Rusovce
Castellum Lullianum (bei Neapel) *It*: Bibliothek 13, 495
Castelnuovo *It*: Porträtgalerie 15/2, 504
Castelseprio *It*: Karolingische Renaissance 14, 825

Castillon *Fra*: Frankreich 14, 21
Catania (Katane*) *It*: Sizilien 15/3, 33ff.
Çavdarhisar (Aizanoi**) *Tü*: Aizanoi 13, 32; 39
Celeia* → Celje
Celje (Celeia*/Cilli) *Slow*: Slowenien 15/3, 68
Celle *Nds*: Berlin 13, 456; 473
Cencelle *It*: École française de Rome 13, 921
Centcelles (bei Tarragona) *Spa*: Deutsches Archäologisches Institut 13, 755
Centula bei Abbeville *Fra*: Basilika 13, 425
Centumcellae* → Civitavecchia
Centuripe (Kentoripa*) *It*: Fälschung 13, 1076; Italien 14, 718
Ceres *Süd*: Südafrika 15/3, 343
Cernănți → Cernivci
Černigov *Ukr*: Byzanz 13, 618
Cernivci (Czernowitz/Tschernowitz) *Ukr*: Rumänien 15/2, 1010; Ukraine 15/3, 743
Cernowitz → Cernivici
Cervera *Spa*: Spanien 15/3, 116; 121
Cerveteri (Caere*) *It*: Etruskologie 13, 1056; Fälschung 13, 1075; Rom 15/2, 941
Ceylon → Sri Lanka**
Chalkedon (Kalchedon*/Chalzedon) *Tü*: Patristische Theologie/Patristik 15/2, 197; Theologie und Kirche des Christentums 15/3, 449
Chalzedon → Chalkedon
Changchun *Chin*: China 13, 636–637
Chania (Kydonia*) *Kre*: Kretisch-Mykenische Archäologie 14, 1108
Chantilly *Fra*: Drei Grazien 13, 870
Charkow *Ukr*: Rußland 15/2, 1029
Charleston *SC*: Greek Revival 14, 252
Charlottesville *VA*: Greek Revival 14, 252; United States of America 15/3, 848
Chartres *Fra*: Allegorese 13, 81–82; Basilika 13, 426; Bildung 13, 507; Diana von Ephesus 13, 839; Domschule 13, 868; Frankreich 14, 10; 12; 25; Gotik 14, 248; Physiognomik 15/2, 355; Platonismus 15/2, 366; Religionsgeschichte 15/2, 681; Rhetorik 15/2, 815
Chaux *Fra*: Frankreich 14, 52
Cheikh Anta Diop *Sen*: Afrika 13, 26
Chemtou *Tun*: Deutsches Archäologisches Institut 13, 752
Cherchell (Caesarea [1]*) *Alg*: École française de Rome 13, 919; Stadt 15/3, 268
Chersonesos [2]* Taurika → Krim
Chester (Deva*) *Eng*: Greek Revival 14, 252; Stadt 15/3, 266
Chesters → Cilurnum
Chevening (Kent) *Eng*: Park 15/2, 134
Cheyres *CH*: Schweiz 15/2, 1139
Chicago: Ägyptologie 13, 18; Altorientalische Philologie und Geschichte 13, 106–107; 109; Baghdad, Iraq Museum 13, 383; Chicago,

Oriental Institute Museum 13, 632ff.;
Deutschland 13, 821; Forum/Platzanlage
13, 1160; Historismus 14, 491; Philadelphia,
University of Pennsylvania Museum of
Archaeology and Anthropology, Ancient Near
Eastern Section 15/2, 230; Rosse von San
Marco/Quadriga 15/2, 991; Säule/
Säulenmonument 15/2, 1047; Spolien
15/3, 204; Stadion 15/3, 258–259;
Stützfiguren/Erechtheionkoren 15/3, 333
Chile: Epos 13, 1026; Lateinamerika 15/1, 27ff.; 37
China**: Altorientalische Philologie und Geschichte
13, 109; Kalender 14, 782; Naturwissenschaften
15/1, 832f.; Papier 15/2, 62
Chios* Gr: Delphi 13, 721; Griechenland 14, 274;
Philhellenismus 15/2, 234–235
Chisinau Mold: Moldova 15/1, 533ff.
Chiswick Eng: Park 15/2, 134ff.
Chiusi (Clusium*) It: Etruskerrezeption 13, 1050;
Etruskologie 13, 1055
Choga Miš Iran: Chicago, Oriental Institute Museum
13, 632
Choresm Usb: Arabisch-islamisches Kulturgebiet
13, 162
Chorin Bran: Preußen 15/2, 541
Chrast' nad Hornádom Slok: Slowakei 15/3, 67
Chur (Curia*) CH: Schweiz 15/2, 1141
Čihilminār → Persepolis*
Cilli → Celje
Cilurnum* (Chesters) Eng: Limes, Hadrianswall
15/1, 150; 153–154
Cincinnati OH: Judentum 14, 762
Čiprovci Bul: Bulgarien 13, 573
Cirencester (Corinium) Eng: Park 15/2, 137; Ruine/
Künstliche Ruine 15/2, 994
Cîteaux Fra: Bibliothek 13, 496; Frankreich 14, 12;
Mönchtum 15/1, 528
Cithaeron (Kithairon*) Gr: Parnaß 15/2, 177
Cividale It: Karolingische Renaissance 14, 822
Civita Castellana It: Rom 15/2, 942
Civitas Petrucoriorum → Périgueux
Civitavecchia (Centumcellae*) It: Rom 15/2, 942
Claremont CA: Franz-Joseph-Dölger-Institut
14, 66; Patristische Theologie/Patristik 15/2, 199
Clausen Lux: Luxemburg 15/1, 239
Clermont-Ferrand (Augustonemetum*) Fra: Säule/
Säulenmonument 15/2, 1043; Schlachtorte
15/2, 1087; Stadt 15/3, 264
Cluj (Klausenburg) Tran: Rumänien 15/2, 1010; 1012
Cluny Fra: Basilika 13, 425; Bibliothek 13, 496;
Frankreich 14, 12; Klosterschule 14, 980;
Mönchtum 15/1, 525f.
Clusium* → Chiusi
Coburg Bay: Fabel 13, 1067
Cocherel Fra: Altertumskunde (Humanismus bis 1800)
13, 94

Coimbra (Aeminium) Por: Portugal 15/2, 517; 522–524
Colchester (Camulodunum*) Eng: Stadt 15/3, 266
Colle di Varano It: Stabia/Stabiae 15/3, 253f.
Colonia* Agripinnensis → Köln**
Colonia Iulia Concordia Karthago (Karthago*) Tun:
Karthago 14, 836
Colonia Iulia Equestris → Nyon
Colonia Ulpia Traiana → Xanten
Colonia Veneria Cornelia (Pompeii*): Pompeji/
Rezeption des freigelegten Pompeji in Literatur
und Film 15/2, 491
Commonwealth: United Kingdom 15/3, 828
Como (Comum*): Architekturtheorie/
Vitruvianismus 13, 237
Compiègne Fra: Frankreich 14, 52
Comum* → Como
Connecticut USA: United States of America 15/3, 834
Constantiniana → Constanza
Constantinopolis → Byzanz**; → Konstantinopel
Constanza (Tomi*/Constantiniana) Rum: Rumänien
15/2, 1012
Copăceni: Rumänien 15/2, 1007
Corbie Fra: Bibliothek 13, 495–496; Frankreich
14, 6; 8; Landvermessung 15/1, 1; Philologie
15/2, 279
Córdoba (Corduba*) Spa: Arabisch-islamisches
Kulturgebiet 13, 177; 180–181; Bibliothek
13, 497; Pharmakologie 15/2, 221; Spanien
15/3, 130; Spolien 15/3, 199
Corduba → Córdoba
Corinium → Cirencester
Cork Irl: Irland 14, 645
Cornwall Eng: Keltische Sprachen 14, 875
Corsica → Korsika
Cortona [1]* Tos: Akademie 13, 44; Etruskologie
13, 1055; Paganismus 15/2, 16
Corvey Fra (vgl. auch → Korvey): Frankreich 14, 8
Costa Rica: Lateinamerika 15/1, 40
Cotswold Hills Eng: Olympia 15/1, 1166ff.; Sport
15/3, 210
Crema It: Festkultur/Trionfi 13, 1107
Cremona* It: Festkultur/Trionfi 13, 1106
Cruachán Irl: Irland 14, 644
CSSR → Slowakei; → Tschechien; → Tschechoslowakei
Cucuteni (bei Jassy) Mold: Rumänien 15/2, 1012
Cuenca Spa: Spanien 15/3, 103
Cumae (Kyme [2]*) It: Kampanien 14, 787;
Kopenhagen 14, 1096
Curia* → Chur
Cuzco Per: Lateinamerika 15/1, 37
Cyrene (Kyrene*) Liby: Archaeological Institute of
America 13, 195
Cythera (Kythera) Gr: Park 15/2, 125; 172–173
Czernowitz → Cernivci

D

Dabod/Nubien *Äg:* Polen 15/2, 410
Dänemark**: Altertumskunde (Humanismus bis 1800) 13, 95; Altorientalische Philologie und Geschichte 13, 109; Apotheose 13, 160; Archäologische Methoden 13, 202; Kalender 14, 781; Münzsammlungen 15/1, 561f.; Nationale Forschungsinstitute 15/1, 677ff.
Dair al-Madīna → Deir el-Medineh
Dakakin *Irak:* Baghdad, Iraq Museum 13, 387
Dakien (Dakia): Rumänien 15/2, 997f.
Dakleh (Oase) *Äg:* Papyri (Fundgeschichte) 15/2, 68; Papyrologie 15/2, 94
Dalheim → Ricciacum
Dalmatien (Dalmatia*) *Kro:* Albanien 13, 57; Druckwerke 13, 893; Kroatien 14, 1119f.; Slavische Sprachen 15/3, 61
Damaskus (Damaskos*/Dimašq) *Syr:* Akademie 13, 51; Arabisch-islamisches Kulturgebiet 13, 163; Deutsches Archäologisches Institut 13, 749; 756; Krankenhaus 14, 1099; Syrien, Museen 15/3, 348
Danuvius* → Donau (Fluß)
Danzig (Gdansk) *Pol:* Berufsverbände 13, 475; Bibliothek 13, 499; Polen 15/2, 411; Ritterakademie 15/2, 822
Dardania *Alb:* Albanien 13, 61
Dashur (Daschur) *Äg:* Deutsches Archäologisches Institut 13, 754; Kairo, Ägyptisches Museum 14, 777
DDR**: Altorientalische Philologie und Geschichte 13, 110; Altsprachlicher Unterricht 13, 117; Berlin 13, 459; Berufsverbände 13, 478; Deutsches Archäologisches Institut 13, 757; Deutschland 13, 822; Druiden 13, 902; Enzyklopädie 13, 972; Lehrer 15/1, 105; Sparta 15/3, 169f.
Dečani *Serb:* Byzanz 13, 616–617
Deir az-Zor *Syr:* Syrien, Museen 15/3, 350ff.
Deir el-Bahari (Deir el-Bahri) *Äg:* Kairo, Ägyptisches Museum 14, 778f.; Polen 15/2, 409
Deir el-Medineh (Dair al-Madīna) *Äg:* Kairo, Ägyptisches Museum 14, 778
Delft *NL:* Diana von Ephesus 13, 840; Sepulchralkunst 15/3, 22
Delgozda *Maz:* Makedonien/Mazedonien 15/1, 277
Delos*/** *Gr:* Akademie 13, 52; École française d'Athènes 13, 912–913; 915; Erotica 13, 1042; Klassische Archäologie 14, 925; Paganismus 15/2, 24; Rom 15/2, 897
Delphi** (Delphoi*) *Gr:* Delos 13, 704; 709; Drei Grazien 13, 871; École française d'Athènes 13, 910; 913; 915; Eleusis 13, 948; Faschismus 13, 1090; Griechenland 14, 292; Klassische Archäologie 14, 928; Kretisch-Mykenische Archäologie 14, 1105; Kunsterwerb/Kunstraub 14, 1148ff.; Österreich 15/1, 1141; Parnaß 15/2, 176; Philosophie 15/2, 345; Rekonstruktion/Konstruktion 15/2, 656; Überlieferung 15/3, 695
Delphoi* → Delphi**
Den-Haag *NL:* Amsterdam, Allard Pierson Museum 13, 127; Niederlande und Belgien 15/1, 1044
Dendra *Gr:* Griechenland 14, 291; Kretisch-Mykenische Archäologie 14, 1103
Denkendorf *Ba-Wü:* Fürstenschule 14, 73
Derveni (vgl. auch → Aigeira*) *Gr:* Allegorese 13, 79; Papyri (Fundgeschichte) 15/2, 65; Papyri, literarische 15/2, 73
Désert de Retz (bei Paris) *Fra:* Park 15/2, 137; Ruine/Künstliche Ruine 15/2, 996
Dessau *Sa-An:* Deutschland 13, 777; Ruine/Künstliche Ruine 15/2, 994; Sport 15/3, 209f.; 216
Dessau-Wörlitz → Wörlitz
Deutsches Reich: Akademie 13, 45; Lehnsrecht 15/1, 100–102; Olympia 15/1, 1170; Römisches Recht 15/2, 831; Universität 15/3, 902; 907
Deutschland**: Adaptation 13, 7; 9; Altorientalische Philologie und Geschichte 13, 105; 109; Antikensammlung 13, 143–144; Aphorismus 13, 150; Arabistik 13, 192; Archäologische Bauforschung 13, 199; Archäologische Methoden 13, 204; Archäologischer Park 13, 216; Arkadismus 13, 266; 268; Aufklärung 13, 341–342; 344; Aussprache 13, 354; 357; Barock 13, 393ff.; Basilika 13, 426; Bayern 13, 432; Berlin 13, 460; Berufsverbände 13, 474ff.; Bevölkerungswissenschaft/Historische Demographie 13, 486; Bibliothek 13, 496; 501–504; Biographie 13, 522; Briefkunst/Ars dictaminis 13, 546; Bukolik/Idylle 13, 562; Byzantinistik 13, 584; Byzanz 13, 613; Cäsarismus 13, 626; Ciceronianismus 13, 648; Domschule 13, 868; Dresden, Staatliche Kunstsammlungen, Skulpturensammlung 13, 873–874; Dritter Humanismus 13, 878; Druckwerke 13, 884; Druiden 13, 902; École française d'Athènes 13, 910; Eigentum 13, 930; 933; Elegie 13, 945; Emblematik 13, 953; Enzyklopädie 13, 969; Epigrammatik 13, 983–984; Epikureismus 13, 991; 993; Epochenbegriffe 13, 999; Festkultur/Trionfi 13, 1114; Figurenlehre 13, 1129; Fin de siècle 13, 1142; Geschichtsmodelle 14, 175; Kalender 14, 781f.; Klassik als Klassizismus 14, 888ff.; Kodifizierung/Kodifikation 14, 1004ff.; Kulturanthropologie 14, 1131ff.; Lehrer 15/1, 105; Leichenrede 15/1, 120f.; Literaturkritik 15/1, 179; Medien 15/1, 348; 356; Mittellatein 15/1, 459;

Münzsammlungen 15/1, 560ff.; Nobilitas 15/1, 1080; Papyrussammlungen 15/2, 97; Pharmakologie 15/2, 218–219; Philologie 15/2, 256–257; 274; 291; Philologisches Seminar 15/2, 328; Politische Theorie 15/2, 431; Preußen 15/2, 554; Provinzialrömische Archäologie 15/2, 577; Querelle des Anciens et des Modernes 15/2, 611; Realschule 15/2, 624; Redegattungen 15/2, 635f.; 637; Religionsgeschichte 15/2, 692; Republik 15/2, 722; 734ff.; Rhetorik 15/2, 785; 790; 820; Ritterakademie 15/2, 822; Rom 15/2, 878; Romantik 15/2, 970ff.; 982; Sacrum Imperium 15/2, 1034; Schulwesen 15/2, 1110; Sparta 15/3, 159; 168; Totengespräch 15/3, 522; Universität 15/3, 916; Verfassung 15/3, 979; Verfassungsformen 15/3, 986
Deutschordenland: Preußen 15/2, 539
Deva* → Chester
Deventer *NL*: Rhetorik 15/2, 797
Didyma* *Tü*: Deutsches Archäologisches Institut 13, 755; Pergamon 15/2, 206; Priene 15/2, 560
Die *Fra*: Stadt 15/3, 262
Dijala → Diyala
Dikili Tash *Bul*: École française d'Athènes 13, 913; 915
Dimašq → Damaskus
Dion [II 2]* *Maz*: Kunsterwerb/Kunstraub 14, 1150
Dionysopolis* *Bul*: Bulgarien 13, 576
Disentis *CH*: Schweiz 15/2, 1126
Divitia* → Köln-Deutz
Divodurum* → Metz
Diyala (Dijala) *Iran/Irak*: Chicago, Oriental Institute Museum 13, 632; 635
Djerba (Meninx*) *Tun*: Psalmodie 15/2, 587
Djurdjevi Stupovi *Serb*: Serbien 15/3, 31f.
Doberan *Me-Vo*: Reiterstandbild 15/2, 651
Dobrudscha (Scythia minor): Rumänien 15/2, 997; 1000
Dodona* *Gr*: Inschriftenkunde, griechische 14, 591; Kunsterwerb/Kunstraub 14, 1150
Dôle *Fra*: Figurengedicht 13, 1121; Frankreich 14, 22
Dominikanische Republik (Santo Domingo): Lateinamerika 15/1, 22; 34; 36
Donau (Fluß) (Istros [2]*/Danuvius): Epochenbegriffe 13, 1000; Rumänien 15/2, 999
Donaueschingen *Ba-Wü*: Bibliothek 13, 503
Dongola *Sud*: Polen 15/2, 409
Dorpat → Tartu
Dortmund *NRW*: Historismus 14, 493
Drăstár (Durostorum*) *Bul*: Bulgarien 13, 571; 576
Dresden: Abguß/Abgußsammlung 13, 5–6; Akademie 13, 44; Antikensammlung 13, 144; Athen 13, 288; Berlin 13, 448; Bibliothek 13, 500; 502–503; DDR 13, 683; 687; Deutschland 13, 777; 787–788; Dresden, Staatliche Kunstsammlungen, Skulpturensammlung 13, 873ff.; Festkultur/Trionfi 13, 1108; Forum/Platzanlage 13, 1160; Groteske 14, 330; Historismus 14, 492ff.; Park 15/2, 130; 169; Preußen 15/2, 547; Renaissance 15/2, 712; Rom 15/2, 937; Rosse von San Marco/Quadriga 15/2, 990; Stützfiguren/Erechtheionkoren 15/3, 331; 333
Drottningholm/Stockholm *Schw*: Paestum 15/2, 10
Dublin: Akademie 13, 44; 56; Irland 14, 645ff.; Papyrussammlungen 15/2, 102
Dubrovnik (Ragusa*) *Kro*: Albanien 13, 57; Kroatien 14, 1121
Düsseldorf: Abguß/Abgußsammlung 13, 4; Akademie 13, 53; Mannheim, Antikensaal und Antiquarium 15/1, 292
Dumbarton Oaks**: Dumbarton Oaks 13, 904–909
Dume *Por*: Portugal 15/2, 516
Dunavec *Alb*: Albanien 13, 60
Dunedin *Aus*: Australien und Neuseeland 13, 359
Dūr-Scharrukīn → Horsabad; → Ninive/Ninos [2]*
Dura-Europos* *Syr*: Akademie 13, 52; Christliche Archäologie 13, 645; Interpretatio Christiana 14, 621; 625; 628; Papyri (Fundgeschichte) 15/2, 65
Durban *Süd*: Südafrika 15/3, 344ff.
Durham *NC*: Papyrussammlungen 15/2, 103
Durocortorum* → Reims
Durostorum* → Drăstár
Durrës → Dyrrhachion*
Dyrrhachion* (Durrës) *Alb*: Albanien 13, 57; 60; Schlachtorte 15/2, 1076
Dzarkutan *Usb*: Deutsches Archäologisches Institut 13, 757

E
Eberswalde *Bran*: Fürstenschule 14, 73
Ebla* (Tall Mardik) *Syr*: Altorientalische Philologie und Geschichte 13, 109; Entzifferungen 13, 960
Ebora [2]* → Évora
Eboracum* → York
Ebro (Fluß) (Iberus [1]*) *Spa*: Arabisch-islamisches Kulturgebiet 13, 177
Ecbatana → Ekbatana*
Echternach *Rh-Pf*: Luxemburg 15/1, 236ff.
Ecuador: Lateinamerika 15/1, 38
Edessa [2]* (Urfa) *Tü*: Arabisch-islamisches Kulturgebiet 13, 163; Armenien 13, 270; Physiognomik 15/2, 353
Edfu* *Äg*: Papyri (Fundgeschichte) 15/2, 67; Polen 15/2, 402; 409
Edinburgh: Akademie 13, 44; Greek Revival 14, 252; Scotland, Law of 15/3, 3
Edirne* → Adrianopel
Eichstätt *Bay*: Bayern 13, 433; Provinzialrömische Archäologie 15/2, 578

Einsiedeln *CH*: Dioskuren vom Monte Cavallo 13, 863; Schweiz 15/2, 1126
Eisenach *Thü*: Berufsverbände 13, 478; DDR 13, 683
Eisleben *Sa-An*: Fabel 13, 1067
Ekalte (Tall Munbāqa) *Syr*: Deutsche Orient-Gesellschaft 13, 745
Ekbatana* (Ecbatana/Epiphaneia) *Iran*: Atlantis 13, 335
Eketorp *Schw*: Archäologischer Park 13, 219
El Bahnasa *Äg*: Papyri (Fundgeschichte) 15/2, 67
El Ferrol *Spa*: Reiterstandbild 15/2, 655
El Pardo *Spa*: Porträtgalerie 15/2, 504; Spanien 15/3, 135
El Salvador: Lateinamerika 15/1, 40
Elam*: Entzifferungen 13, 959
Elbasan *Alb*: Albanien 13, 57
Elbe (Fluß): Park 15/2, 163; 164f.
Elephantine* *Äg*: Papyri (Fundgeschichte) 15/2, 66–68
Eleusis [1]* (Lefsina) *Gr*: Athen 13, 286; 309; 312; Eleusis 13, 947ff.; Fin de siècle 13, 1143; Inschriftenkunde, griechische 14, 591; Kretisch-Mykenische Archäologie 14, 1105; Park 15/2, 155; Religion und Literatur 15/2, 675; Religionsgeschichte 15/2, 683; 694
Elis [2]* *Gr*: Drei Grazien 13, 871; Nationale Forschungsinstitute 15/1, 704ff.
Emain Macha *Irl*: Irland 14, 644
Emar (Meskene/Maskana) *Syr*: Altorientalische Philologie und Geschichte 13, 109
Emecik *Tü*: Knidos 14, 990f.
Emona* → Ljubljana
Emporiae* → Ampurias
England (vgl. → Großbritannien; vgl. → United Kingdom) Adaptation 13, 7; 14; Altertumskunde (Humanismus bis 1800) 13, 91; 95; Altorientalische Philologie und Geschichte 13, 104; Anakreontische Dichtung, Anakreontik 13, 132; Antikensammlung 13, 143–144; Aphorismus 13, 150; Archäologische Bauforschung 13, 199; Archäologische Methoden 13, 202; Aristotelismus 13, 262ff.; Arkadismus 13, 266; Aufklärung 13, 341–342; 344; Aussprache 13, 354; Australien und Neuseeland 13, 358; Basilika 13, 426; Berlin 13, 463; Bevölkerungswissenschaft/Historische Demographie 13, 486; Bibliothek 13, 495–496; 500–501; 504; Biographie 13, 522; Briefkunst/Ars dictaminis 13, 546; Bukolik/Idylle 13, 563; Ciceronianismus 13, 648; Civilians 13, 650; College 13, 655; Delikt 13, 702; Demokratie 13, 722ff.; 729f.; Deutsches Archäologisches Institut 13, 751; Deutschland 13, 821; Domschule 13, 868; Druckwerke 13, 884; Elegie 13, 945; Enzyklopädie 13, 971; Epigrammatik 13, 983–984; Epikureismus 13, 990; Erbrecht 13, 1037; Etruskerrezeption 13, 1052; Festkultur/Trionfi 13, 1108; Figurenlehre 13, 1129; Film 13, 1134; 1139; Fin de siècle 13, 1142; Kalender 14, 781; Lateinische Komödie 15/1, 74; Lehnsrecht 15/1, 100; Medien 15/1, 348; Mischverfassung 15/1, 443ff.; Mittellatein 15/1, 460; Mode 15/1, 487; 489; Nationale Forschungsinstitute 15/1, 672ff.; Orient-Rezeption 15/1, 1214; Philhellenismus 15/2, 233; Philologisches Seminar 15/2, 330; Platonismus 15/2, 370; 372; Politische Theorie 15/2, 419; 422; 426; Psychoanalyse 15/2, 590; Querelle des Anciens et des Modernes 15/2, 610; Redegattungen 15/2, 634ff.; 639; Religionsgeschichte 15/2, 692; Republik 15/2, 720; Revolution 15/2, 741; 745; Rom 15/2, 866; 877; Roman Dutch Law 15/2, 949; Romantik 15/2, 977ff.; Scotland, Law of 15/3, 1; Society of Dilettanti 15/3, 74; Sparta 15/3, 156; Theologie und Kirche des Christentums 15/3, 446; Totengespräch 15/3, 523; Tourismus 15/3, 527; Tragödie/Tragödientheorie 15/3, 539; Übersetzung 15/3, 729; United Kingdom 15/3, 761ff.; United States of America 15/3, 838; Vasen/Vasenmalerei 15/3, 951; Verfassungsformen 15/3, 984; Verlag 15/3, 1004; Vertrag 15/3, 1028
Englianos *Gr*: Kretisch-Mykenische Archäologie 14, 1102
Engomi* → Enkomi
Enkomi (Engomi*) *Zyp*: Paris, Louvre 15/2, 117
Ensérune* *Fra*: Souvenir 15/3, 81
Epaon *Fra*: Ehe 13, 924
Epeiros [1]* → Epirus
Ephesos*/** (Selçuk) *Tü*: Akademie 13, 49; Archäologischer Park 13, 216; Byzanz 13, 596; Diana von Ephesus 13, 836ff.; Inschriftenkunde, griechische 14, 595; 604; Numismatik 15/1, 1123; Paganismus 15/2, 22; Patristische Theologie/Patristik 15/2, 197; Rom 15/2, 937; Souvenir 15/3, 78; Türkei 15/3, 671; Weltwunder 15/3, 1110
Epidauros* *Gr*: Inschriftenkunde, griechische 14, 591; Kunsterwerb/Kunstraub 14, 1150
Epiphaneia → Ekbatana*
Epiphaneia [2]* → Hamah
Epirus (Epeiros [1]*) *Gr*: Albanien 13, 56; Geschichtswissenschaft/Geschichtsschreibung 14, 195; Griechenland 14, 276; Philhellenismus 15/2, 233; Preußen 15/2, 549
Eretria [1]* *Eub*: Klassische Archäologie 14, 942; Nationale Forschungsinstitute 15/1, 715; 716ff.; Schweiz 15/2, 1149
Erfurt *Thü*: Akademie 13, 42; 45; 51; Bibliothek 13, 497; 503; DDR 13, 684; 688; 697;

Deutschland 13, 768–770; Stützfiguren/
Erechtheionkoren 15/3, 330
Eridanos (Bach) *Gr*: Athen 13, 312; 314; 318
Eritrea (vgl. auch → Äthiopien): Faschismus 13, 1098
Erlangen *Bay*: Abguß/Abgußsammlung 13, 5;
Bayern 13, 438; Berufsverbände 13, 475; 479;
Bibliothek 13, 503; Philologisches Seminar
15/2, 328
Ermenonville *Fra*: Park 15/2, 137; Sepulchralkunst
15/3, 21
Escorial *Spa*: Etruskerrezeption 13, 1051
Ešnunna *Irak*: Baghdad, Iraq Museum 13, 384
Estland**: Estland 13, 1045–1049
Eton *Eng*: College 13, 655
Etrurien: Altertumskunde (Humanismus bis 1800)
13, 97; Griechen-Römer-Antithese 14, 258;
Rom 15/2, 941; Schrift/Typographik
15/2, 1092; Stil, Stilanalyse, Stilentwicklung
15/3, 292; Tschechien 15/3, 633
Euböa → Euboia [1]*
Euboia [1]* (Euböa): Griechenland 14, 269
Euphrat (Fluß) (Euphrates [2]*/Purattu) *Tü/Irak*:
Epochenbegriffe 13, 1000
Europa**: Altorientalische Philologie und
Geschichte 13, 103; Arabistik 13, 192;
Architekturkopie/-zitat 13, 232; Athen 13, 302;
309; Baghdad, Iraq Museum 13, 382; Bevölkerungswissenschaft/Historische Demographie
13, 486; 488; Biographie 13, 522; Denkmal
13, 739; Epigrammatik 13, 984; Figurenlehre
13, 1130; Fin de siècle 13, 1141; Maß und
Gewicht 15/1, 305–306; Mönchtum 15/1, 530;
Münze, Münzwesen 15/1, 558; Orient-Rezeption 15/1, 1216ff.
Eurotas* *Gr*: Sparta 15/3, 178f.
Évora (Ebora [2]*) *Por*: Portugal 15/2, 517
Ezeaniton (Aizaniton/Aizaneiton) *Tü*: Aizanoi 13, 35

F

Faesulae* → Fiesole
Fajum* → Fayum
Falerii [1]* Veteres *It*: Rom 15/2, 942
Fara (Schurrupak/Šuruppak) *Irak*: Berlin 13, 464; 467;
Deutsche Orient-Gesellschaft 13, 744;
Philadelphia, University of Pennsylvania Museum
of Archaeology and Anthropology, Ancient Near
Eastern Section 15/2, 230
Faras *Sud*: Polen 15/2, 402; 409
Fayum (Fajum*) *Äg*: Berlin 13, 452; Papyri
(Fundgeschichte) 15/2, 67–68
Fermo (Firmum* Picenum) *It*: Forum/Platzanlage
13, 1153
Ferrara *It*: Alexandrinismus 13, 73; Altertumskunde
(Humanismus bis 1800) 13, 90; Architekturtheorie/Vitruvianismus 13, 236; Bibliothek
13, 498; Byzanz 13, 594; Drei Grazien
13, 870; Festkultur/Trionfi 13, 1107; Italien
14, 677; 682; 687; 714; Lateinische Komödie
15/1, 68; 76; Panegyrik 15/2, 54; Parnaß
15/2, 181; Reiterstandbild 15/2, 652;
Renaissance 15/2, 706–707; Sepulchralkunst
15/3, 22; Stützfiguren/Erechtheionkoren
15/3, 327; Theaterbau/Theaterkulisse
15/3, 403f.; Villa 15/3, 1037
Feurs *Fra*: Stadt 15/3, 262
Fidenae* *It*: Historienmalerei 14, 432
Fidenza *It*: Romanik 15/2, 952
Fiesole (Faesulae*) *It*: Porträtgalerie 15/2, 506;
Renaissance 15/2, 710
Finiq → Phoinike*
Finnland**: Akademie 13, 49; Lebendiges Latein
15/1, 98; Nationale Forschungsinstitute
15/1, 680ff.; 681ff.
Firmum* Picenum → Fermo
Firuzabad *Iran*: Deutsches Archäologisches Institut
13, 756
Flandern: Frankreich 14, 9; Niederlande und
Belgien 15/1, 1056ff.
Flavigny *Fra*: Digesten/Überlieferungsgeschichte
13, 847
Flensburg *S-H*: Park 15/2, 138
Fleury *Fra*: Frankreich 14, 7–8
Florentia [1] → Florenz**
Florenz (Florentia [1]*): Abguß/Abgußsammlung
13, 4; Akademie 13, 41–43; 56;
Altertumskunde (Humanismus bis 1800) 13, 90;
Altsprachlicher Unterricht 13, 125; Antikensammlung 13, 140; 144; 147; Apoll von Belvedere
13, 155; Architekturkopie/-zitat 13, 230;
Architekturtheorie/Vitruvianismus 13, 236;
Athen 13, 288; Basilika 13, 426; Bibliothek
13, 497–498; 502; 504; Byzanz 13, 594; 598;
Demokratie 13, 724; Dialog 13, 832; Diana von
Ephesus 13, 840; Digesten/Überlieferungsgeschichte 13, 845; 850; Epos 13, 1016; Etruskerrezeption 13, 1051; Etruskologie 13, 1055–
1056; Festkultur/Trionfi 13, 1106–1107;
Forum/Platzanlage 13, 1153; Gotik 14, 245;
Groteske 14, 324ff.; Historienmalerei 14, 423;
Historismus 14, 494; Humanismus 14, 543ff.;
Italien 14, 676ff.; 685; 715; Kabbala 14, 768;
Krankenhaus 14, 1099; Lateinische Komödie
15/1, 76; Lexikographie 15/1, 128; Mischverfassung 15/1, 442; Oper 15/1, 1180;
Paganismus 15/2, 18; Panegyrik 15/2, 49f.;
Papyrussammlungen 15/2, 103; Park
15/2, 167; Philologie 15/2, 248; 250; 284–286;
Philosophia perennis 15/2, 331; 333; Platonismus
15/2, 367f.; Poeta Vates 15/2, 379;
Porträtgalerie 15/2, 506; 508; 512;
Redegattungen 15/2, 637; Reiterstandbild

15/2, 651; 653; Religionsgeschichte 15/2, 682; Renaissance 15/2, 703–704; 705ff.; 708ff.; Republik 15/2, 718–719; Rezeptionsformen 15/2, 767–768; Rom 15/2, 866; 913; 940–941; Romanik 15/2, 953; Rosse von San Marco/Quadriga 15/2, 991; Säule/Säulenmonument 15/2, 1044; Säulenordnung 15/2, 1048–1049; Schlachtorte 15/2, 1075; Schrift/Typographik 15/2, 1095; 1097; Sepulchralkunst 15/3, 17f.; Spolien 15/3, 203; Theaterbau/Theaterkulisse 15/3, 404; Uffizien, Florenz (Galleria degli Uffizi, Firenze) 15/3, 740ff.; Verlag 15/3, 1003; Villa 15/3, 1037–1038; Zensur 15/3, 1196

Foligno (Fulginiae*) *It*: Porträtgalerie 15/2, 505

Fondukistan *Afg*: Pakistan/Gandhara-Kunst 15/2, 36

Fontainebleau *Fra*: Abguß/Abgußsammlung 13, 3; Apoll von Belvedere 13, 155; Bibliothek 13, 500; Frankreich 14, 34; Park 15/2, 129; Parnaß 15/2, 182; Renaissance 15/2, 712; Stützfiguren/Erechtheionkoren 15/3, 330

Fontevrault *Fra*: Sepulchralkunst 15/3, 19

Francofurti (Frankfurt): Druckwerke 13, 892

Franeker *Fries*: Niederlande und Belgien 15/1, 1001ff.

Frankenreich: Bibliothek 13, 495; Deutschland 13, 760; Geld/Geldwirtschaft/Geldtheorie 14, 107–108; Lehnsrecht 15/1, 100; Maß und Gewicht 15/1, 310; Messe 15/1, 393; Musik 15/1, 579; Nobilitas 15/1, 1077

Frankfurt-Heddernheim → Nida

Frankfurt/Main (vgl. auch → Francofurti): Abguß/Abgußsammlung 13, 5–6; Akademie 13, 49; Amsterdam, Allard Pierson Museum 13, 128; Arabistik 13, 192; Berlin 13, 473; Berufsverbände 13, 477; Bibliothek 13, 505; Deutsches Archäologisches Institut 13, 749; 753; Deutschland 13, 818; Frankfurt am Main, Liebieghaus – Museum alter Plastik 14, 1ff.; Historismus 14, 493; Judentum 14, 763; Provinzialrömische Archäologie 15/2, 579; Römisch-Germanische Kommission (RGK) 15/2, 824ff.; 827; Römisches Recht 15/2, 839; Schlachtorte 15/2, 1089

Frankfurt/Oder: Bibliothek 13, 503; Preußen 15/2, 541

Frankreich**N: Abguß/Abgußsammlung 13, 4; Adaptation 13, 9; 14; Akademie 13, 44; 46–47; Altertumskunde (Humanismus bis 1800) 13, 90; 92; Altorientalische Philologie und Geschichte 13, 109; Antikensammlung 13, 140; 143; Aphorismus 13, 150; Arabisch-islamisches Kulturgebiet 13, 162; Arabistik 13, 192; Archäologische Bauforschung 13, 199–200; Architekturtheorie/Vitruvianismus 13, 235; Arkadismus 13, 266; Aufklärung 13, 341–342; 344; Aussprache 13, 354; 357; Barock 13, 398; 400–401; 406–407; 416; Berlin 13, 463; Bevölkerungswissenschaft/Historische Demographie 13, 485–486; Bibliothek 13, 496–497; 500–501; 503; Biographie 13, 522–523; Briefkunst/Ars dictaminis 13, 546; 549; Bukolik/Idylle 13, 562–563; Bulgarien 13, 573; Byzantinistik 13, 584–585; Byzanz 13, 613; Cäsarismus 13, 625; Christliche Archäologie 13, 642; Ciceronianismus 13, 648; Comics 13, 658; Delikt 13, 702; Demokratie 13, 724–727; 729ff.; Deutsches Archäologisches Institut 13, 751; Deutschland 13, 760; 762; 775; 819; Diana von Ephesus 13, 839; Diktatur 13, 858; Domschule 13, 868; Druckwerke 13, 884; Druiden 13, 902; École française d'Athènes 13, 909–910; Eigentum 13, 931; Elegie 13, 944; Emblematik 13, 953–954; Enzyklopädie 13, 971; 973; Epigrammatik 13, 983; Epikureismus 13, 989; 993; Epochenbegriffe 13, 999; 1002; Epos 13, 1015ff.; 1023; Erbrecht 13, 1037; Etruskerrezeption 13, 1052; Faschismus 13, 1104; Festkultur/Trionfi 13, 1108; Figurenlehre 13, 1129–1130; Fin de siècle 13, 1142; Griechen-Römer-Antithese 14, 257; Imperium 14, 583ff.; Kabbala 14, 767; Klassik als Klassizismus 14, 888ff.; Kodifizierung/Kodifikation 14, 1005ff.; Kulturanthropologie 14, 1132ff.; Lateinische Komödie 15/1, 73; Lehnsrecht 15/1, 100; Leichenrede 15/1, 120; Literaturkritik 15/1, 182; Menschenrechte 15/1, 388ff.; Mittellatein 15/1, 460; Münzsammlungen 15/1, 559ff.; Orient-Rezeption 15/1, 1205ff.; Parnaß 15/2, 179; Philhellenismus 15/2, 233; Philologie 15/2, 257; 291; 294; Philosophie 15/2, 340; Platonismus 15/2, 367; 370; 372; Politische Theorie 15/2, 425; 430–431; Preußen 15/2, 554; Psychoanalyse 15/2, 597; Querelle des Anciens et des Modernes 15/2, 611f.; 612; Redegattungen 15/2, 634ff.; Religionsgeschichte 15/2, 695; Republik 15/2, 718; 730; 733; 736; Revolution 15/2, 741; 743; 745; 748; 750; Rhetorik 15/2, 800; Rom 15/2, 877; Romanistik/Rechtsgeschichte 15/2, 966; Romantik 15/2, 970; 982ff.; Säulenordnung 15/2, 1052; Schlachtorte 15/2, 1077; 1082; 1086; Theologie und Kirche des Christentums 15/3, 434; Totengespräch 15/3, 521f.; Tourismus 15/3, 527; Tragödie/Tragödientheorie 15/3, 537; United States of America 15/3, 838; Universität 15/3, 883; Vandalen 15/3, 942; Vasen/Vasenmalerei 15/3, 951; Verfassungsformen 15/3, 985

Frascati *It*: Park 15/2, 131

Freiburg/Breisgau: Berufsverbände 13, 477; Bibliothek 13, 502; Deutschland 13, 765; 768-770; Schweiz 15/2, 1126
Freising *Bay*: Bayern 13, 431; 434; Lebendiges Latein 15/1, 98
Freudenstadt *Ba-Wü*: Forum/Platzanlage 13, 1153
Friaul *It*: Paganismus 15/2, 15
Fribourg *CH*: Schweiz 15/2, 1135
Fuente Alamo (bei Torre del Mar, Malaga) *Spa*: Deutsches Archäologisches Institut 13, 755
Fulda *Hes*: Basilika 13, 425; Bibliothek 13, 495-496; Bildung 13, 506; Klosterschule 14, 980; Philologie 15/2, 279; Rhetorik 15/2, 796
Fulginiae* → Foligno
Fustat *Äg*: Alexandria 13, 63; 67

G

Gabii* *It*: Italien 14, 717
Gaggers (bei Dachau) *Bay*: Numismatik 15/1, 1121
Galata → Pera (Istanbul)
Galiäa *Palästina*: Jerusalem 14, 742
Galizien *Spa*: Spanien 15/3, 143; Ukraine 15/3, 742f.
Gallia Belgica: Provinzialrömische Archäologie 15/2, 573
Gallien (Gallia*) *Fra*: Akademie 13, 46; Arabisch-islamisches Kulturgebiet 13, 182; Bevölkerungswissenschaft/Historische Demographie 13, 484; Christliche Archäologie 13, 643; Mönchtum 15/1, 523; Revolution 15/2, 749; Schlachtorte 15/2, 1087f.; Schweiz 15/2, 1120; Stadt 15/3, 263; Wallfahrt 15/3, 1089ff.
Galway *Irl*: Irland 14, 645
Gamala *Syr*: Schlachtorte 15/2, 1090
Gamart *Tun*: Karthago 14, 839
Gandaritis* → Gandhara
Gandhara (Gandaritis*) *Pak*: Pakistan/Gandhara-Kunst 15/2, 33
Garmisch-Partenkirchen *Bay*: Stadion 15/3, 261
Garnatha → Granada
Garni *Arm*: Armenien 13, 269; 271
Gdansk → Danzig
Gela* *Siz*: Italien 14, 718
Gelati *Geor*: Georgien 14, 132ff.
Gelsenkirchen *NRW*: Stadion 15/3, 261
Genava* → Genf
Genf (Genava*): Digesten/Überlieferungsgeschichte 13, 850; Frankreich 14, 30; Republik 15/2, 730-731; Revolution 15/2, 749; Schweiz 15/2, 1123-1124; 1129; 1132; Sparta 15/3, 155
Gent *Bel*: Nationale Forschungsinstitute 15/1, 657ff.
Genua* *Ita*: Alexandria 13, 64; Diana von Ephesus 13, 837; Groteske 14, 327; Spolien 15/3, 199ff.; Wallfahrt 15/3, 1087
Genuneni *Rum*: Rumänien 15/2, 1007

Georgien**: Deutsches Archäologisches Institut 13, 757
Gerasa* → Jerasch
Gergovia* *Fra*: Schlachtorte 15/2, 1087
Germania inferior: Niederlande und Belgien 15/1, 985; Provinzialrömische Archäologie 15/2, 573
Germania prima: Köln 14, 1016
Germania secunda: Köln 14, 1016; 1024
Germania superior: Provinzialrömische Archäologie 15/2, 573
Germanien (vgl. auch → Germania ...): Bonn, Rheinisches Landesmuseum und Akademisches Kunstmuseum 13, 528; Limes, Limesforschung 15/1, 156; Provinzialrömische Archäologie 15/2, 576; Wallfahrt 15/3, 1083
Germigny-des-Prés *Fra*: Frankreich 14, 8; Karolingische Renaissance 14, 822
Gerrunium* → Berat
Ghana: Afrika 13, 25-26
Gibeon *Isr*: Philadelphia, University of Pennsylvania Museum of Archaeology and Anthropology, Ancient Near Eastern Section 15/2, 226
Gießen *Hes*: Bibliothek 13, 499; 504; Papyrussammlungen 15/2, 100
Girsu → Tello
Gizeh (Giza*) *Äg*: Ägyptologie 13, 19; Alexandria 13, 67; Kairo, Ägyptisches Museum 14, 772ff.; 779
Gjirokastra *Alb*: Albanien 13, 61
Gla (Kopai*) *Gr*: Kretisch-Mykenische Archäologie 14, 1101; 1105
Glasgow *Scho*: Akademie 13, 56; Greek Revival 14, 252; Historismus 14, 494; Scotland, Law of 15/3, 3
Görlitz *Sa*: Deutschland 13, 777; Ruine/Künstliche Ruine 15/2, 992
Göteborg *Schw*: Papyrussammlungen 15/2, 100
Göttingen *Nds*: Abguß/Abgußsammlung 13, 5; Akademie 13, 45; 50; 52; Altertumskunde (Humanismus bis 1800) 13, 97; Bayern 13, 438; Berufsverbände 13, 475; 477; Bibliothek 13, 502; Deutschland 13, 793; 799; 807; Digesten/Überlieferungsgeschichte 13, 850; Dritter Humanismus 13, 878; Lexikographie 15/1, 143; Philologie 15/2, 254; 260; 299; 304; Philologisches Seminar 15/2, 328-329; Universität 15/3, 903
Gołuchów *Pol*: Polen 15/2, 402
Gordion* (Yassihöyük) *Tü*: Deutsches Archäologisches Institut 13, 755
Gortyn* *Kre*: Europa 13, 1059; Inschriftenkunde, griechische 14, 594; 603
Gorzów Wielkopolski → Landsberg/Warthe
Gotha *Thü*: DDR 13, 686-687; 697; Gotha, Schloßmuseum 14, 231ff.; Ritterakademie 15/2, 822

Gournia *Kre*: Kretisch-Mykenische Archäologie 14, 1108
Gračanica *Bos*: Byzanz 13, 617
Graçanica *Kos* → Ulpiana
Grado *It*: Spolien 15/3, 196
Grahamstown *Süd*: Südafrika 15/3, 344ff.
Granada (Garnatha) *Spa*: Arabisch-islamisches Kulturgebiet 13, 178; Renaissance 15/2, 712; Spanien 15/3, 108; 120ff.; 130
Granicus → Granikos*
Granikos* (Fluß) (Granicus) *Tü*: Athen 13, 299; Schlachtorte 15/2, 1083
Graz *Öst*: Bibliothek 13, 502
Great Packington *Eng*: Greek Revival 14, 252; Paestum 15/2, 11
Greenwich *Eng*: Greek Revival 14, 252
Greifswald *Me-Vo*: DDR 13, 683–684; Deutschland 13, 768; Philologisches Seminar 15/2, 329
Grenoble *Fra*: Frankreich 14, 22
Griechenland** (vgl. auch → Hellas): Altertumskunde (Humanismus bis 1800) 13, 93; 97; Amsterdam, Allard Pierson Museum 13, 128; Antikensammlung 13, 143–144; Archaeological Institute of America 13, 194; Architekturkopie/-zitat 13, 231; Architekturtheorie/Vitruvianismus 13, 238–239; Arkadismus 13, 268; Armenien 13, 269; Athen 13, 281; 302; Aussprache 13, 354–355; Australien und Neuseeland 13, 359; Bayern 13, 440; 442; Bevölkerungswissenschaft/Historische Demographie 13, 483; 491; Boston, Museum of Fine Arts 13, 535; Bücher-Meyer-Kontroverse 13, 553; Byzanz 13, 614; 621; Dänemark 13, 676; 679; Deutsches Archäologisches Institut 13, 751–752; Deutschland 13, 803; 812; 821–823; 826; Druckwerke 13, 893; Dumbarton Oaks 13, 908; École française d'Athènes 13, 909–910; 914;916; Eleusis 13, 949; Enzyklopädie 13, 970–971; Epigrammatik 13, 981; Epochenbegriffe 13, 1011; Europa 13, 1059; Fabel 13, 1066; Film 13, 1136; Frankreich 14, 47; 49; Geld/Geldwirtschaft/Geldtheorie 14, 107; Griechen-Römer-Antithese 14, 254ff.; Griechisch 14, 296; Inschriftenkunde, griechische 14, 592ff.; Kalender 14, 782; London, British Museum 15/1, 205ff.; Münzsammlungen 15/1, 562f.; Nationale Forschungsinstitute 15/1, 656ff.; 661ff.; 677ff.; 680ff.; 690ff.; 697ff.; 701ff.; 707ff.; 715ff.; 15/3, 1283; Neugriechische Literatur 15/1, 895ff.; New York, Metropolitan Museum 15/1, 954ff.; Numismatik 15/1, 1102ff.; Olympia 15/1, 1168; Philhellenismus 15/2, 232; 235; Philosophie 15/2, 341; Preußen 15/2, 554; Religion und Literatur 15/2, 671; Religionsgeschichte 15/2, 683–684; 690; Rhetorik 15/2, 791; Römisches Recht 15/2, 838; Rom 15/2, 898; Romantik 15/2, 974; 979; Säule/Säulenmonument 15/2, 1042; Sozial- und Wirtschaftsgeschichte 15/3, 85ff.; Sozialismus 15/3, 93ff.; Spiele 15/3, 194; Tourismus 15/3, 526; Tschechien 15/3, 633; Wallfahrt 15/3, 1088; Zypern 15/3, 1236
Grimma *Sa*: Bibliothek 13, 499; Fürstenschule 14, 72ff.
Groningen *NL*: Niederlande und Belgien 15/1, 1001; 1006ff.; Papyrussammlungen 15/2, 102; Römisches Recht 15/2, 839
Groß Raden *Me-Vo*: Archäologischer Park 13, 219
Großbritannien (vgl. auch → England; → United Kingdom**) Australien und Neuseeland 15/3, 1248; École française d'Athènes 13, 909; Geld/Geldwirtschaft/Geldtheorie 14, 107; Greek Revival 14, 248; Keltische Sprachen 14, 875; Klassizismus 14, 960ff.; Kulturanthropologie 14, 1132ff.; Limes, Hadrianswall 15/1, 150; Münzsammlungen 15/1, 560f.; Nationale Forschungsinstitute 15/1, 661ff.; 672ff.; United Kingdom 15/3, 759ff.; United States of America 15/3, 840
Großgriechenland → Magna* Graecia
Großlitauisches Fürstentum: Weißrußland 15/3, 1107f.
Grotenburg (bei Detmold) *NRW*: Schlachtorte 15/2, 1089
Grottaferrata *It*: Bibliothek 13, 497
Guadalajara *Spa*: Spanien 15/3, 103; 135
Guadalquivir (Fluß) (Baetis*) *Spa*: Arabisch-islamisches Kulturgebiet 13, 177; Atlantis 13, 338
Guatemala: Deutsches Archäologisches Institut 13, 757; Lateinamerika 15/1, 29ff.; 38ff.
Gülnar *Tü*: Numismatik 15/1, 1125f.
Gurob *Äg*: Papyri (Fundgeschichte) 15/2, 67
Guyenne *Fra*: Frankreich 14, 20

H
Habana → Havanna
Habūaba Kabīra *Syr*: Deutsche Orient-Gesellschaft 13, 745
Hadda *Afg*: Pakistan/Gandhara-Kunst 15/2, 36–37
Hadrianopolis [3]* → Adrianopel
Hadrumetum* (Sousse) *Tun*: Augustinismus 13, 351
Hälsingborg *Schw*: Sport 15/3, 211
Hämeenlinna *Fin*: Finnland 13, 1149
Hagia* Irini *Gr*: Kretisch-Mykenische Archäologie 14, 1102
Hagia Triada *Kre*: Kretisch-Mykenische Archäologie 14, 1107f.
Hagley *Eng*: Park 15/2, 134

Haïdra (Ammaidra*) *Tun*: École française de Rome 13, 921
Halberstadt *Sa-An*: Deutschland 13, 765
Halicarnass** (Halikarnassos*; vgl. auch → Bodrum) *Tü*: Denkmal 13, 739; Halikarnass 14, 333ff.; Inschriftenkunde, griechische 14, 598; Mausoleum 15/1, 329; Park 15/2, 173; Weltwunder 15/3, 1110
Halikarnassos* → Halicarnass**; → Bodrum
Halle/Saale: Abguß/Abgußsammlung 13, 5–6; Akademie 13, 45; Altsprachlicher Unterricht 13, 117; Bibliothek 13, 499; 503; DDR 13, 683–684; 689; 697; Deutschland 13, 793–795; Philologie 15/2, 260; Philologisches Seminar 15/2, 328–329; Preußen 15/2, 550; 555
Hallstatt *Öst*: Keltisch-Germanische Archäologie 14, 871
Haltern *NRW*: Deutsches Archäologisches Institut 13, 753; Römisch-Germanische Kommission (RGK) 15/2, 825
Hamah (Epiphaneia [2]*) *Syr*: Syrien, Museen 15/3, 349
Hamburg: Altertumskunde (Humanismus bis 1800) 13, 95; Berufsverbände 13, 477; Bibliothek 13, 499; 504; Papyrussammlungen 15/2, 101; Ritterakademie 15/2, 822; Schulwesen 15/2, 1111; Warburg Institute, The 15/3, 1098ff.
Hamburg-Ohlsdorf: Sepulchralkunst 15/3, 23
Hannover: Berufsverbände 13, 477; Bibliothek 13, 502; Porträtgalerie 15/2, 514
Hannover (Land): Deutschland 13, 792
Harbin *Chin*: China 13, 636
Harderwijk *NL*: Niederlande und Belgien 15/1, 1001
Harrān* (Karrhai) *Syr* (vgl. auch → Carrhae): Arabisch-islamisches Kulturgebiet 13, 164
Harrow *Eng*: College 13, 655
Harvard (Cambridge) *Mass*: Bibliothek 13, 501; Dumbarton Oaks 13, 904
Hastings *Eng*: Schlachtorte 15/2, 1078
Hatra [1]* *Irak*: Baghdad, Iraq Museum 13, 384; Berlin 13, 464; Deutsche Orient-Gesellschaft 13, 744; Polen 15/2, 409
Ḫatti (Hethiterreich; vgl. auch → Ḫattuša*): Hethitologie 14, 413
Ḫattuša*(vgl. auch → Boğazköy; → vgl. auch Ḫatti) *Tü*: Deutsche Orient-Gesellschaft 13, 744–745; Entzifferungen 13, 959
Haukaldr *Isl*: Island 14, 651
Hauran (Region) *Syr/Jo*: Deutsches Archäologisches Institut 13, 756
Havanna (Habana): Lateinamerika 15/1, 30
Hawara *Äg*: Kairo, Ägyptisches Museum 14, 777; Papyri (Fundgeschichte) 15/2, 67
Hebriden *Scho*: Keltische Sprachen 14, 875f.
Heidelberg: Abguß/Abgußsammlung 13, 5; Akademie 13, 42; 49–50; 53; Altertumskunde (Humanismus bis 1800) 13, 91–92; Arabistik 13, 189; Baghdad, Iraq Museum 13, 383; Berufsverbände 13, 477; Bibliothek 13, 497; 499; 501; 503–504; Böckh-Hermann-Auseinandersetzung 13, 525; Bund 13, 581; Deutschland 13, 762; 768–770; 777; 791; 802; Druckwerke 13, 886; Karlsruhe, Badisches Landesmuseum, Antikensammlungen 14, 808; Limes, Limesforschung 15/1, 163; Papyrussammlungen 15/2, 100; Park 15/2, 130; Philologie 15/2, 275; Rom 15/2, 877; Spolien 15/3, 203; Stützfiguren/Erechtheionkoren 15/3, 330
Heiliges Land (vgl. auch → Israel und → Palästina): Byzanz 13, 621
Heiliges Römisches Reich Deutscher Nation: Altertumskunde (Humanismus bis 1800) 13, 90; 94; Bürger 13, 559; Deutschland 13, 761
Hekal (bei Ballsh): → Byllis*
Helgoland: Atlantis 13, 337
Helicon → Helikon [1]*
Helike [1]* *Gr*: Atlantis 13, 334
Helikon [1]* (Helicon) *Gr*: Musen 15/1, 568; Park 15/2, 175; Parnaß 15/2, 177; 184
Heliopolis [2]* → Baalbek*/**
Hellas (Griechenland): Faschismus 13, 1099
Hellbrunn (bei Salzburg) *Öst*: Ruine/Künstliche Ruine 15/2, 993
Hellespont (Hellespontos*): Europa 13, 1059
Helmstedt *Nds*: Bibliothek 13, 499; 503; Park 15/2, 138
Helsingfors (Helsinki) *Fin*: Rußland 15/2, 1020
Helsinki (vgl. auch → Helsingfors): Akademie 13, 56; Finnland 13, 1149–1151; Nationale Forschungsinstitute 15/1, 680; Papyrussammlungen 15/2, 100; Reiterstandbild 15/2, 655
Helvetien: Schweiz 15/2, 1120
Herakleia [5]* (Latmos) *Tü*: Inschriftenkunde, griechische 14, 598
Herakleia [7]* Pontike (Herakleia am Pontos) *Tü*: Athen 13, 314
Herakleia [10]* → Policoro
Herakleion [1]* → Heraklion
Herakleopolis* *Äg*: Papyri (Fundgeschichte) 15/2, 67
Herakleopolites (Gau) *Äg*: Papyri (Fundgeschichte) 15/2, 65
Heraklion (Herakleion [1]*/Iraklion) *Kre*: Byzanz 13, 621; Griechenland 14, 291
Herborn *Hes*: Bibliothek 13, 503
Herculaneum*/** *It*: Akademie 13, 46; Altertumskunde (Humanismus bis 1800) 13, 91; Architekturkopie/-zitat 13, 233; Deutschland 13, 797; Dresden, Staatliche Kunstsammlungen, Skulpturensammlung 13, 873; Druckwerke 13, 895; Epikureismus 13, 986; Epochenbegriffe 13, 1005; Erotica 13, 1042; Etrusker-

rezeption 13, 1052; Fälschung 13, 1075; Frankreich 14, 47; Groteske 14, 331; Kampanien 14, 790; Klassische Archäologie 14, 909; Klassizismus 14, 954ff.; Kunsterwerb/Kunstraub 14, 1148; Neapel, Archäologisches Nationalmuseum (Museo Nazionale Archeologico, Napoli) 15/1, 874; Paestum 15/2, 7; 12; Papyri (Fundgeschichte) 15/2, 65–66; Papyri, literarische 15/2, 71; Papyrologie 15/2, 85; Papyrussammlungen 15/2, 96; 103; Park 15/2, 134; 140; 144; 166; Pompeji/Rezeption des freigelegten Pompeji in Literatur und Film 15/2, 491ff.; Pompeji 15/2, 473; 483; Rom 15/2, 897; Schweiz 15/2, 1138; Stabia/Stabiae 15/3, 254; Überlieferung 15/3, 695
Hermannstadt → Sibiu
Hermopolis → Hermupolis*
Hermopolites (Gau) *Äg*: Papyri (Fundgeschichte) 15/2, 65
Hermupolis* (Hermopolis) *Äg*: Papyri (Fundgeschichte) 15/2, 67; Polen 15/2, 410
Herrenhausen (bei Hannover): Bibliothek 13, 502
Hersfeld *Hes*: Basilika 13, 425
Hersfeld (Kloster) *Hes*: Provinzialrömische Archäologie 15/2, 577
Herzberg *Nds*: Fabel 13, 1067
Hesperien *It*: Philosophie 15/2, 341
Hethiterreich → Ḫatti; → Ḫattuša
Heuneburg *Ba-Wü*: Keltisch-Germanische Archäologie 14, 873
Hibernia* → Irland**
Hierapolis [1]* (Pamukkale) *Tü*: Christliche Archäologie 13, 641; Türkei 15/3, 673ff.
Hierosolyma → Jerusalem*/**
Hilandar *Serb*: Serbien 15/3, 25
Hildesheim *Nds*: Architekturtheorie/Vitruvianismus 13, 236; Basilika 13, 425; Berlin 13, 455; Bibliothek 13, 496; Denkmal 13, 738; Deutschland 13, 762; Domschule 13, 868; Säule/Säulenmonument 15/2, 1043
Hinterbrühl *Nö*: Paganismus 15/2, 23
Hippo [5]* *Regius* *Alg*: Bibliothek 13, 495
Hirsau *Ba-Wü*: Bibliothek 13, 497; Fürstenschule 14, 73
Hisarlik *Tü*: Troja 15/3, 607ff.
Hisn Kaifā (Emirat): Pharmakologie 15/2, 221
Hispal(is, Spalis)* → Sevilla
Hispania: Portugal 15/2, 516
Histria* → Istrien
Histria *Rum*: Rumänien 15/2, 1012–1013
Hohenheim *Ba-Wü*: Park 15/2, 132; Ruine/Künstliche Ruine 15/2, 996
Hólar *Isl*: Island 14, 650f.
Holland (vgl. auch → Niederlande): Altertumskunde (Humanismus bis 1800) 13, 95; Anakreontische Dichtung, Anakreontik 13, 132; Arkadismus 13, 266; Niederlande und Belgien 15/1, 994ff.; Roman Dutch Law 15/2, 948
Hollywood *CA*: Film 13, 1134; 1138
Honduras: Lateinamerika 15/1, 31; 40
Horsabad (Khorsabad/Dūr-Scharrukīn; vgl. auch → Ninive/Ninos [2]*) *Irak*: Baghdad, Iraq Museum 13, 384; Chicago, Oriental Institute Museum 13, 632; 635; Paris, Louvre 15/2, 115–116; 120
Housesteads → Vercovicium
Hydruntum* → Otranto

I
Ialysos* *Rho*: 15/3, 1333; Kretisch-Mykenische Archäologie 14, 1104; Rhodos 15/3, 1324
Iasos [5]* *Tü*: Kretisch-Mykenische Archäologie 14, 1105; 1109
Iatinon → Meaux
Iatrus (Krivina/Kriwina) *Bul*: Bulgarien 13, 576; DDR 13, 685; Deutsches Archäologisches Institut 13, 754; Römisch-Germanische Kommission (RGK) 15/2, 828
Ibadan *Nig*: Afrika 13, 26
Iberia [1]*: Georgien 14, 132
Iberische Halbinsel (Pyrenäenhalbinsel): Arabisch-islamisches Kulturgebiet 13, 176; Briefkunst/Ars dictaminis 13, 546; Entzifferungen 13, 963; Überlieferung 15/3, 721
Iberoromania: Epos 13, 1025ff.
Iberus [1]* → Ebro (Fluß)
Idalion* *Zyp*: Entzifferungen 13, 962; Karlsruhe, Badisches Landesmuseum, Antikensammlungen 14, 808
Idar-Oberstein *Rh-Pf*: Steinschneidekunst: Gemmen 15/3, 288
Idlib: Syrien, Museen 15/3, 350
Igel *Rh-Pf*: Luxemburg 15/1, 235f.
Ikonion* → Konya
Île-de-France *Fra*: Frankreich 14, 12
Ilfeld *Thü*: Fürstenschule 14, 72
Ilipa* → Alcalá de Henares
Illahun *Äg*: Papyri (Fundgeschichte) 15/2, 67
Illyricum: Kroatien 14, 1120f.
Imperium Romanum (vgl. auch → Römisches Reich): Alexandria 13, 63; Epochenbegriffe 13, 996; Geld/Geldwirtschaft/Geldtheorie 14, 104; Geschichtsmodelle 14, 172; Imperium 14, 577ff.; Kartographie 14, 859; Limes, Hadrianswall 15/1, 150ff.; Provinzialrömische Archäologie 15/2, 573; 580; Rom 15/2, 873; 879; Romanische Sprachen 15/2, 955; Schweiz 15/2, 1122ff.; Technikgeschichte 15/3, 367; Theater 15/3, 397; Überlieferung 15/3, 701–702; United Kingdom 15/3, 779; Zoologie 15/3, 1200
Inda/Kornelimünster *NRW*: Mönchtum 15/1, 524

Indien**: Alexandria 13, 63; 66; Arabisch-islamisches Kulturgebiet 13, 162; Bevölkerungswissenschaft/Historische Demographie 13, 482; Deutschland 13, 800; Fabel 13, 1066; Fälschung 13, 1082; Festkultur/Trionfi 13, 1105; Naturwissenschaften 15/1, 832f.; Religionsgeschichte 15/2, 686; United Kingdom 15/3, 774; 830

Indischer Ozean: Alexandria 13, 63–64

Indus (Fluß) (Indos [1]*) *Ind*: Arabisch-islamisches Kulturgebiet 13, 162; Entzifferungen 13, 961; Pakistan/Gandhara-Kunst 15/2, 33

Ingelheim *Hes*: Stadt 15/3, 263

Ingolstadt *Bay*: Akademie 13, 42; Bayern 13, 431–436; Bibliothek 13, 499; 503; Deutschland 13, 768; 770; Philologie 15/2, 251

Inkareich: Lateinamerika 15/1, 24

Innsbruck *Öst*: Altertumskunde (Humanismus bis 1800) 13, 91; Bibliothek 13, 499

Interamna [1]* → Terni

Ioannina *Gr*: Griechenland 14, 275

Ionien (Ionia*) *Tü*: Klassische Archäologie 14, 904; Priene 15/2, 559; Society of Dilettanti 15/3, 76

Ionische Inseln: Griechenland 14, 274; 279; Griechisch 14, 296

Iotapata *Isr*: Schlachtorte 15/2, 1090

Iqalto *Geor*: Georgien 14, 132

Irak (Iraq): Altorientalische Philologie und Geschichte 13, 102; 104–105; 107; 109; Arabisch-islamisches Kulturgebiet 13, 163; Archäologische Methoden 13, 206; Baghdad, Iraq Museum 13, 383; Berlin 13, 466; Deutsches Archäologisches Institut 13, 756; Entzifferungen 13, 958; Psalmodie 15/2, 587

Iraklion* → Heraklion

Iran (vgl. auch → Persien): Altorientalische Philologie und Geschichte 13, 102; Chicago, Oriental Institute Museum 13, 632; 635; Deutsches Archäologisches Institut 13, 756; Iranistik 14, 633ff.; Paris, Louvre 15/2, 108; 116; Philadelphia, University of Pennsylvania Museum of Archaeology and Anthropology, Ancient Near Eastern Section 15/2, 225; 231

Iraq → Irak

Irgenhausen (Pfäffikon) *CH*: Schweiz 15/2, 1122–1123

Irland** (Hibernia*): Bibliothek 13, 495; Druiden 13, 901; Keltische Sprachen 14, 875; Mönchtum 15/1, 523; Überlieferung 15/3, 722

Irsching (bei Pfaffenhofen) *Bay*: Numismatik 15/1, 1122

Ischia → Pithekussai*

Isère *Fra*: Keltische Sprachen 14, 874

Isfahān *Iran*: Iranistik 14, 639

Island**: Germanische Sprachen 14, 153; 158

Isle of Man *Eng*: Keltische Sprachen 14, 875

Ismant el-Kharab *Äg*: Papyri (Fundgeschichte) 15/2, 68

Isny → Vemania

Israel (vgl. auch → Heiliges Land): Altorientalische Philologie und Geschichte 13, 102–103; 109; Jerusalem 14, 742; 744–745; Redegattungen 15/2, 637; Republik 15/2, 724; Vorderasiatische Archäologie 15/3, 1057

Issos* (Kinet Höyük) *Tü*: Krieg 14, 1114; Rom 15/2, 898; Schlachtorte 15/2, 1082–1083

Istanbul (vgl. auch → Byzanz** und → Konstantinopel): Akademie 13, 51; Altorientalische Philologie und Geschichte 13, 111; Arabistik 13, 192; Baghdad, Iraq Museum 13, 383; Bibliotheca Corviniana 13, 493; Byzantinistik 13, 591; Byzanz 13, 622; Deutsches Archäologisches Institut 13, 749–750; 754–755; Pergamon 15/2, 204; Priene 15/2, 562; Türkei 15/3, 654

Istrien (Histria*): Kampanien 14, 787; Slowenien 15/3, 71

Istros [2] → Donau (Fluß)

Italien**: Adaptation 13, 9; 11; Akademie 13, 41–42; 44; 46; Alexandria 13, 64; Altertumskunde (Humanismus bis 1800) 13, 89; 93; Altorientalische Philologie und Geschichte 13, 109; Amsterdam, Allard Pierson Museum 13, 128; Anakreontische Dichtung, Anakreontik 13, 132; Archäologische Bauforschung 13, 199; Architekturtheorie/Vitruvianismus 13, 235–236; Aristotelismus 13, 258ff.; Barock 13, 401; 406–407; 416; Basilika 13, 426; Bibliothek 13, 497; 502; 504; Briefkunst/Ars dictaminis 13, 546; 549; Bukolik/Idylle 13, 564; Byzanz 13, 598; 611; 612ff.; 613; Cäsarismus 13, 625; Christliche Archäologie 13, 644; Ciceronianismus 13, 648; Deutsches Archäologisches Institut 13, 751; Deutschland 13, 760; 762; 767; 819–820; Diana von Ephesus 13, 836; 838–839; Digesten/Überlieferungsgeschichte 13, 846; Druckwerke 13, 884; 893; Dumbarton Oaks 13, 908; École française de Rome 13, 919; Eigentum 13, 931; Elegie 13, 944; Emblematik 13, 954; Enzyklopädie 13, 972; Epochenbegriffe 13, 997; 999; 1002; Epos 13, 1015ff.; 1023; Erbrecht 13, 1037; Etruskerrezeption 13, 1050; Fälschung 13, 1071–1072; Faschismus 13, 1084; 1089–1090; 1096ff.; Festkultur/Trionfi 13, 1106; 1108; Film 13, 1134; 1139; Geld/Geldwirtschaft/Geldtheorie 14, 106–108; Imperium 14, 584; Istituto (Nazionale) di Studi Romani 14, 652ff.; Kalender 14, 781; Kartographie 14, 859; Lexikographie 15/1, 128; Mittellatein 15/1, 459; Mönchtum 15/1, 523; Münzsammlungen 15/1, 562f.; Papier 15/2, 62; Parnaß 15/2, 179; Philhellenismus 15/2, 233; Philologie 15/2, 257; Philosophie 15/2, 342; Platonismus 15/2, 368; Pompeji 15/2, 474; Religionsgeschichte 15/2, 691; Republik 15/2, 717ff.; 720; Revolution 15/2, 742; Rhetorik 15/2, 813; 815–816; Romanik 15/2, 952; Romanistik/Rechtsgeschichte 15/2, 966; Romantik 15/2, 985ff.; Sacrum Imperium 15/2, 1034; Satire 15/2, 1069; Schrift/Typographik 15/2, 1094; Sozial- und Wirtschaftsgeschichte 15/3, 87; Toranlagen/Stadttore 15/3, 511; Überlieferung 15/3, 721; Universität 15/3, 883; Venedig 15/3, 958; Wallfahrt 15/3, 1088ff.

Itanos* *Kre*: École française d'Athènes 13, 915
Itea → Kirrha
Ithaka (Ithake*) *Gr*: Deutschland 13, 826; United States of America 15/3, 863
Iuvavum* → Salzburg
(Izmir): Griechenland 14, 276
Izmir → Smyrna*
Iznik → Nikaia [5]*

J

Jadnanu* → Zypern**
Japan**: Akademie 13, 49; Altorientalische Philologie und Geschichte 13, 109; Arabistik 13, 192; Baghdad, Iraq Museum 13, 382; Kalender 14, 782; Römisches Recht 15/2, 833; Universität 15/3, 903
Jarrow: Bibliothek 13, 495
Jasi (Jassy) *Mold*: Moldova 15/1, 533; Rumänien 15/2, 1010; 1012
Jedidi *Tun*: École française de Rome 13, 921
Jelgava (Mitau) *Let*: Lettland 15/1, 122–123
Jemen: Deutsches Archäologisches Institut 13, 756; Paris, Louvre 15/2, 116; Psalmodie 15/2, 587
Jena *Thü*: Bayern 13, 437; Berufsverbände 13, 477–478; Bibliothek 13, 499; DDR 13, 682–684; 686–687; 689; Deutschland 13, 792; Papyrussammlungen 15/2, 101; Philadelphia, University of Pennsylvania Museum of Archaeology and Anthropology, Ancient Near Eastern Section 15/2, 226; Philologisches Seminar 15/2, 329; Romantik 15/2, 971
Jerasch (Gerasa*) *Jor*: Polen 15/2, 410
Jerewan *Arm*: Armenien 13, 272–273
Jerez de la Frontera *Spa*: Spanien 15/3, 103
Jericho* *Isr*: Deutsche Orient-Gesellschaft 13, 744
Jerusalem*/** (Hierosolyma/Aelia Capitolina): Akademie 13, 51; Arabistik 13, 192; Archaeological Institute of America 13, 194; Architekturkopie/-zitat 13, 223–224; Armenien 13, 272; Athen 13, 278; Barock 13, 404; Bibliothek 13, 494; Byzanz 13, 621; Deutschland 13, 765; Epos 13, 1032; Festkultur/Trionfi 13, 1106; Herrscher 14, 403; Judentum 14, 762; Krankenhaus 14, 1099; Kunsterwerb/Kunstraub 14, 1152; Psychoanalyse 15/2, 592; Rezeptionsformen 15/2, 765; Säulenordnung 15/2, 1052; Schlachtorte 15/2, 1090; Spolien 15/3, 196; United States of America 15/3, 849; Vorderasiatische Archäologie 15/3, 1057; Wallfahrt 15/3, 1081; 1083; 1085ff.; Weltwunder 15/3, 1111
Jilin (Prov.) *Chin/Man*: China 13, 636
Joachimsthal *Bran*: Bibliothek 13, 499
Johannesburg: Südafrika 15/3, 344
Jordanien: Altorientalische Philologie und Geschichte 13, 102; Australien und Neuseeland 13, 359
Jouarre *Fra*: Frankreich 14, 6
Jublains (Noviodunum [4]*) *Fra*: Stadt 15/3, 267
Juda*: Altorientalische Philologie und Geschichte 13, 103
Judäa: Tschechien 15/3, 633
Judäische Wüste: Jerusalem 14, 725
Jugoslawien: Dumbarton Oaks 13, 908; Makedonien/Mazedonien 15/1, 280
Jumièges *Fra*: Frankreich 14, 12
Jyväskylä *Fin*: Finnland 13, 1150

K

Kabul *Afg*: Iranistik 14, 636
Kabul (Fluß): Pakistan/Gandhara-Kunst 15/2, 33
Kabyle* *Bul*: Bulgarien 13, 576
Kadero *Sud*: Polen 15/2, 409
Kadesch (Qadesch) *Syr*: Schlachtorte 15/2, 1074; 1079
Kärnten *Öst*: Slowenien 15/3, 69
Kairo: Ägyptologie 13, 20; Akademie 13, 49; 51; Alexandria 13, 64–66; 69; Arabistik 13, 191–192; Babylon 13, 378; Deutsches Archäologisches Institut 13, 749–750; 754; Kairo, Ägyptisches Museum 14, 772ff.; Krankenhaus 14, 1099; Spolien 15/3, 200f.
Kairouan (Qairawān) *Tun*: Karthago 14, 847; Sizilien 15/3, 35; Spolien 15/3, 199
Kaisareia → Caesarea [2]* Maritima
Kaisareia* (Mazaka/Kayseri) *Tü*: Armenien 13, 270; Türkei 15/3, 674
Kaiseraugst* → Augst
Kakovatos *Gr*: Kretisch-Mykenische Archäologie 14, 1102
Kalchedon* → Chalkedon
Kalenić *Serb*: Byzanz 13, 617
Kalhu* → Nimrud
Kaliningrad → Königsberg
Kalkriese bei Osnabrück *Nds*: Numismatik 15/1, 1127

Kalkutta *Ind*: Indien 14, 586
Kallatis → Callatis
Kalokairinos *Kre*: Kretisch-Mykenische Archäologie 14, 1105
Kalydon [3]* *Gr*: Rom 15/2, 897
Kamareshöhle *Gr*: Kretisch-Mykenische Archäologie 14, 1106f.
Kamarina* *It*: Italien 14, 718
Kamiros*: Rhodos 15/3, 1326ff.
Kampanien** (Campania*): Nationale Forschungsinstitute 15/1, 675
Kanaan: United States of America 15/3, 849
Kanada: Mittellatein 15/1, 460; United Kingdom 15/3, 830
Kandahar *Afg*: Inschriftenkunde, griechische 14, 606
Kaneš* (Kültepe/Kanis) *Tü*: Altorientalische Philologie und Geschichte 13, 109; Hethitologie 14, 413; Türkei 15/3, 674
Kanina (bei Vlora) *Alb*: Albanien 13, 61
Kanis → Kaneš*
Kap der Guten Hoffnung: Alexandria 13, 66
Kapıkaya (bei Pergamon) *Tü*: Pergamon 15/2, 207
Kapisa/Kapisha (Bagram/Begram) *Afg*: Iranistik 14, 636; Pakistan/Gandhara-Kunst 15/2, 33
Kapitol (Capitolium*): Rom 15/2, 845; 856; 921ff.
Kappadokien (Kappadokia*/Cappadocia*) *Tü*: Armenien 13, 269
Kapstadt: Südafrika 15/3, 343ff.
Kapverdische Inseln: Afrika 13, 23
Kar-Tukulti-Ninurta *Irak*: Berlin 13, 464; Deutsche Orient-Gesellschaft 13, 744
Kara-Tobe *WR*: Abguß/Abgußsammlung 13, 2
Karatepe (Karatepe-Aslantas*) *Tü*: Entzifferungen 13, 961; Philadelphia, University of Pennsylvania Museum of Archaeology and Anthropology, Ancient Near Eastern Section 15/2, 228; Rezeptionsformen 15/2, 761
Karatepe-Aslantas* → Karatepe
Karchedon → Karthago*/**
Karibik: United Kingdom 15/3, 831
Karien: Halikarnass 14, 339
Karkamis, Karkemiš* → Karkemisch
Karkemisch (Karkemiš*, Karkamis) *Tü*: Rezeptionsformen 15/2, 761
Karlowitz *Serb*: Serbien 15/3, 26
Karlsruhe *Ba-Wü*: Karlsruhe, Badisches Landesmuseum, Antikensammlungen 14, 807ff.
Karlstein *Tsch*: Porträtgalerie 15/2, 504
Karm Abu Mina *Äg*: Souvenir 15/3, 79
Karpathos* (Insel) *Gr*: Priene 15/2, 562
Karrhai → Carrhae; → Harrān*
Karthago*/** (Carthago/Karchedon) *Tun*: Bevölkerungswissenschaft/Historische Demographie 13, 482; Bücher-Meyer-Kontroverse 13, 553; Deutsches Archäologisches Institut 13, 752; Deutschland 13, 821; Epochenbegriffe 13, 1000; Estland 13, 1047; Faschismus 13, 1101; 1103; Fin de siècle 13, 1143; Frankreich 15/3, 1259; Kunsterwerb/Kunstraub 14, 1150; Nationalsozialismus 15/1, 748; Paris, Louvre 15/2, 122; Philologie 15/2, 315; Polen 15/2, 410; Politische Theorie 15/2, 439; Preußen 15/2, 544; Schlachtorte 15/2, 1083–1084; Spanien 15/3, 118; 150; Stadt 15/3, 268; Wallfahrt 15/3, 1087
Karyai [2]* *Gr*: Stützfiguren/Erechtheionkoren 15/3, 326
Kassel *Hes*: Akademie 13, 45; Bibliothek 13, 500; Deutschland 13, 791; Kassel, Staatliche Kunstsammlungen Antikenabteilung 14, 860ff.; Park 15/2, 131; 139; 169; Porträtgalerie 15/2, 504; Ritterakademie 15/2, 823; Ruine/Künstliche Ruine 15/2, 995
Kassotis (Quelle) *Gr*: Parnaß 15/2, 176
Kastalia* (Quelle) *Gr*: Parnaß 15/2, 176
Kastilien *Spa*: Deutschland 13, 775; Spanien 15/3, 102ff.
Kastoria (Keletron*) *Alb*: Albanien 13, 57
Kastri *Gr*: Delphi 13, 716; Kretisch-Mykenische Archäologie 14, 1102
Katalaunische Felder *Fra*: Schlachtorte 15/2, 1078; 1090
Katane* → Catania
Kato Zakros *Kre*: Kretisch-Mykenische Archäologie 14, 1107
Kattowitz *Pol*: Polen 15/2, 411
Kaukasus (Kaukasos*): Georgien 14, 139
Kaunos [2]* *Tü*: Inschriftenkunde, griechische 14, 595
Kayseri → Kaisareia*
Kazachstan: Deutsches Archäologisches Institut 13, 757
Kazan: Rußland 15/2, 1026
Kazusa *Jap*: Japan 14, 721
Keletron* → Kastoria
Kells *Irl*: Bibliothek 13, 495
Kempten (Cambodunum*) *Bay*: Archäologischer Park 13, 220–221
Kentoripa* → Centuripe
Kerkyra → Korfu
Kertsch (Pantikapaion*) *Ukraine/Krim*: Rußland 15/2, 1021ff.; Sankt Petersburg, Eremitage 15/2, 1065
Kew Gardens *Eng*: Park 15/2, 137
Khafaje *Irak*: Philadelphia, University of Pennsylvania Museum of Archaeology and Anthropology, Ancient Near Eastern Section 15/2, 228
Khirbet-al-Kerak (Kir-Heres/Kir-Moab) *Jor*: Chicago, Oriental Institute Museum 13, 632
Khorsabad → Horsabad
Khotan: Iranistik 14, 640
Khyber-Paß *Pak*: Pakistan/Gandhara-Kunst 15/2, 33

Kiel S-H: Abguß/Abgußsammlung 13, 5–6; Berufsverbände 13, 477; Philologisches Seminar 15/2, 328
Kiew (Kiev/Kyiv) Ukr: Byzanz 13, 618ff.; 618; Griechenland 14, 276; Konstantinopel 14, 1090; Rußland 15/2, 1014–1015; 1020; 1029; Ukraine 15/3, 743
Kikwit Kong: Afrika 13, 26
Kilkenny Irl: Irland 14, 645
Kinet Höyük → Issos*
Kir-Heres → Khirbet-al-Kerak
Kir-Moab → Khirbet-al-Kerak
Kirklareli Tü: Deutsches Archäologisches Institut 13, 754
Kirrha (Itea) Gr: Delphi 13, 717
Kiš Irak: Baghdad, Iraq Museum 13, 384
Kisurra Irak: Deutsche Orient-Gesellschaft 13, 744
Kithairon* → Cithaeron
Klausenburg → Cluj
Kleinasien* (Asia Minor): Altertumskunde (Humanismus bis 1800) 13, 93; Antikensammlung 13, 143–144; Byzanz 13, 614; Geschichtswissenschaft/Geschichtsschreibung 14, 195; Griechen-Römer-Antithese 14, 256; Griechenland 14, 278; Wallfahrt 15/3, 1088
Klosterneuburg Öst: Romanik 15/2, 953
Knidos*/** Tü: Knidische Aphrodite 14, 981ff.
Knossos** (Knosos*) Kre: Entzifferungen 13, 962–963; Fin de siècle 13, 1141; Klassische Archäologie 14, 925; Kretisch-Mykenische Archäologie 14, 1105ff.; Nationale Forschungsinstitute 15/1, 665ff.; Rekonstruktion/Konstruktion 15/2, 660; Rezeptionsformen 15/2, 765; 768
Knossos, Juktasberg Kre: Knossos 14, 992; Kretisch-Mykenische Archäologie 14, 1108
Koch (Veh Ardaschir) Irak: Babylon 13, 378
Köln** (Colonia* Agripinnensis): Basilika 13, 426; Berufsverbände 13, 477; Bibliothek 13, 496–497; 503; Deutschland 13, 762; 765; 768; Gotik 14, 240; Historische Geographie 14, 450; Judentum 14, 763; Maß und Gewicht 15/1, 309ff.; Papyrussammlungen 15/2, 98; 101; Reiterstandbild 15/2, 654; Romanik 15/2, 953; Stadt 15/3, 264ff.; Steinschneidekunst: Gemmen 15/3, 282; Wien, Kunsthistorisches Museum 15/3, 1136
Köln-Deutz (Divitia*): Köln 14, 1020; 1025ff.
Königsberg (Kaliningrad) Rus: Bibliothek 13, 499; Philologisches Seminar 15/2, 330; Preußen 15/2, 541; Sepulchralkunst 15/3, 18
Königswalde (Lubniewice) Pol: Polen 15/2, 402
Kolchis*: Georgien 14, 132ff.
Kolonos/Athen: École française d'Athènes 13, 910
Kolumbien: Lateinamerika 15/1, 28ff.; 38

Kommos [1]* Gr: Kretisch-Mykenische Archäologie 14, 1108
Konstantinopel (→ Konstantinopolis*/Constantinopolis; vgl. auch → Byzanz und → Istanbul): Akademie 13, 49; Alexandria 13, 63–64; Altertumskunde (Humanismus bis 1800) 13, 93; Antikensammlung 13, 139; 143; Arabisch-islamisches Kulturgebiet 13, 162; 165; Armenien 13, 270–272; Athen 13, 301; 305; Australien und Neuseeland 13, 359; Basilika 13, 425; Bibliothek 13, 495–496; Botanik 13, 537; Bulgarien 13, 569; 572; Byzantinistik 13, 583–585; Byzanz 13, 592; 594; 596–598; 600; 607; 612–613; 621; Deutschland 13, 767; Epochenbegriffe 13, 997; Europa 13, 1062; Griechenland 14, 269ff.; Griechisch 14, 307f.; Handel/Handelswege 14, 350; Herrscher 14, 370; Horoskope 14, 532; Imperium 14, 578ff.; Italien 14, 664; Jerusalem 14, 725; 731; Krankenhaus 14, 1099f.; Kunsterwerb/Kunstraub 14, 1152; Lexikographie 15/1, 127; Medizin 15/1, 361; Naturwissenschaften 15/1, 834; Paganismus 15/2, 21; Pharmakologie 15/2, 216; Philologie 15/2, 239; 243; Psalmodie 15/2, 587; Rezeptionsformen 15/2, 764; Rhetorik 15/2, 773; Römisches Recht 15/2, 836; Rom 15/2, 844; 874ff.; 880; 901; 910; Rosse von San Marco/Quadriga 15/2, 988ff.; Rumänien 15/2, 997ff.; Schlachtorte 15/2, 1079; Überlieferung 15/3, 710; 712; Venedig 15/3, 961; Wallfahrt 15/3, 1081–1082; Weltwunder 15/3, 1111; Zoologie 15/3, 1206
Konstantinopolis* → Byzanz**; → Istanbul; → Konstantinopel
Konstanz Ba-Wü: Bibliothek 13, 498; Rom 15/2, 842; Schweiz 15/2, 1127
Konya (Ikonion*): Türkei 15/3, 674ff.
Kopai* → Gla
Kopenhagen**: Abguß/Abgußsammlung 13, 4–5; Akademie 13, 44; 50; Basilika 13, 429; Dänemark 13, 677; 679; 681; Münzsammlungen 15/1, 561; Papyrussammlungen 15/2, 100; Reiterstandbild 15/2, 654
Koper (Capodistria) Slow: Slowenien 15/3, 68
Korça(-Tal) Alb: Albanien 13, 60
Korfu (Korkyra*/Kerkyra) Gr: Denkmal 13, 742; Deutschland 13, 816
Korinth (Korinthos*): Bevölkerungswissenschaft/Historische Demographie 13, 488; Bund 13, 578; Etruskologie 13, 1055; Griechenland 14, 292; Klassische Archäologie 14, 908; Kunsterwerb/Kunstraub 14, 1150; Religionsgeschichte 15/2, 680; Sport 15/3, 218
Korkyra* → Korfu
Korsika (Corsica): Demokratie 13, 725

Korsun *Ukraine/Krim*: Rußland 15/2, 1014
Korvey (Corvey) *NRW*: Bibliothek 13, 496
Kos* *Gr*: Epikureismus 13, 986; Figurengedicht 13, 1115
Košice (Cassiova) *Slok*: Slowakei 15/3, 65
Kosovo: Albanien 13, 59; 61; Byzanz 13, 617
Kostol'any pod Tríbečom *Slok*: Slowakei 15/3, 67
Kourakou *Gr*: Kretisch-Mykenische Archäologie 14, 1102
Krain (Kranjska): Slowenien 15/3, 69
Krakau (Kraków) *Pol*: Akademie 13, 42; 49; Polen 15/2, 391ff.; 400; 402–403; 405–406; 409–411; Renaissance 15/2, 712; Sepulchralkunst 15/3, 20; Slowakei 15/3, 63
Kraków → Krakau
Kranjska → Krain
Kremnica *Slok*: Slowakei 15/3, 65
Kremsmünster *Öst*: Herrscher 14, 375
Kreta*: Byzanz 13, 621; Europa 13, 1059; Griechenland 14, 269; 274; 278; Inschriftenkunde, griechische 14, 591; Kretisch-Mykenische Archäologie 14, 1100ff.; Matriarchat 15/1, 326; Nationale Forschungsinstitute 15/1, 665ff.; 15/3, 1283; Neugriechische Literatur 15/1, 898; Psychoanalyse 15/2, 592; Religion und Literatur 15/2, 674; Thera 15/3, 471; 478; Zeitrechnung 15/3, 1172
Krim (Chersonesos [2]* Taurika): Inschriftenkunde, griechische 14, 591; Rußland 15/2, 1017ff.; 1021; Ukraine 15/3, 743
Krivina, Kriwina → Iatrus
Kroatien**: Akademie 13, 49
Kronstadt → Brașov
Kruja *Alb*: Albanien 13, 61
Krzeszowice *Pol*: Polen 15/2, 402
Ktesiphon [2]* *Irak*: Babylon 13, 378
Kuba: Lateinamerika 15/1, 30; 39
Kültepe → Kaneš*
Kütahya *Tü*: Aizanoi 13, 32
Kukus *Böh*: Park 15/2, 132
Kulikovo (Feld): Byzanz 13, 618
Kurbinovo *Maz*: Byzanz 13, 616
Kuşaklı (bei Sivas) → Sarišša
Kydonia* → Chania
Kyiv → Kiew
Kykladen* *Gr*: Delos 13, 703
Kyme [2]* → Cumae
Kynosura [3]* *Gr*: Sparta 15/3, 179f.
Kyōto *Jap*: Japan 14, 721
Kypros [1] → Zypern**
Kyrene* *Liby* (vgl. auch → Cyrene): Rom 15/2, 929
Kytenion* *Gr*: Inschriftenkunde, griechische 14, 597
Kythera → Cythera

L

Labranda → Labraunda*
Labraunda* (Labranda) *Tü*: Halikarnass 14, 339
La Bureba *Spa*: Römisch-Germanische Kommission (RGK) 15/2, 828
Lacus* Avernus → Averner See
Lacus* Lucrinus → Lucriner See
Lacus* Trasumenus → Trasimenischer See
Lagasch *Irak*: Altorientalische Philologie und Geschichte 13, 104; Paris, Louvre 15/2, 116; 121
La Goulette *Tun*: Karthago 14, 839
Lahore *Pak*: Pakistan/Gandhara-Kunst 15/2, 37
Lahun *Äg*: Kairo, Ägyptisches Museum 14, 777
Laibach → Ljubljana
Lakedaimon → Sparta*
Lalwar (Geb.) *Arm*: Armenien 13, 271
Łańcut *Pol*: Polen 15/2, 401
Landsberg/Warthe (Gorzów Wielkopolski) *Pol*: Sepulchralkunst 15/3, 23
Landshut *Bay*: Bayern 13, 433; 436–437; Bibliothek 13, 503; Renaissance 15/2, 712
Langobardenreich: Lehnsrecht 15/1, 100f.; Überlieferung 15/3, 723
Langres (Andematun(n)um*) *Fra*: Stadt 15/3, 262
Laodikeia [1]* → Lataqia
Laon *Fra*: Domschule 13, 868; Frankreich 14, 7; 10; 12
La Paz *Per*: Athen 13, 288
Larsa *Irak*: Paris, Louvre 15/2, 117
Las Vegas *NV*: Sankt Petersburg, Eremitage 15/2, 1061
Lataqia (Laodikeia [1]*): Syrien, Museen 15/3, 350
Lateinamerika**: Römisches Recht 15/2, 833
La Tène *CH*: Keltisch-Germanische Archäologie 14, 871
Latium* *It*: École française de Rome 13, 922; Etruskerrezeption 13, 1051; Religionsgeschichte 15/2, 692; Rom 15/2, 928ff.; 941; Schrift/Typographik 15/2, 1092
Latmos → Herakleia [5]*
Lauriacum* (Lorch bei Enns) *Öst*: Österreich 15/1, 1132
Lausanne (Lusonna) *CH*: Nationale Forschungsinstitute 15/1, 715; Schweiz 15/2, 1133
Lausanne-Vidy *CH*: Schweiz 15/2, 1147
Laxenburg (bei Wien) *Öst*: Park 15/2, 138
Lazai* → Rioni
Lefkandi* *Gr*: Kretisch-Mykenische Archäologie 14, 1102
Lefsina → Eleusis*/**
Lehnin *Bran*: Preußen 15/2, 541
Leiden (Leyden) *NL* (vgl. auch → Lugduni Batavorum): Ägyptologie 13, 20; Amsterdam, Allard Pierson Museum 13, 127; Arabistik 13, 189; Berlin 13, 468; Byzantinistik 13, 584; Digesten/Überlieferungsgeschichte 13, 850; Druckwerke 13, 886; Münzsammlungen 15/1, 560;

Niederlande und Belgien 15/1, 994ff.;
Philologie 15/2, 252; 294; Preußen 15/2, 542
Leipzig (vgl. auch → Lipsiae): Abguß/Abgußsammlung 13, 5–6; Akademie 13, 45; 49–50; Altorientalische Philologie und Geschichte 13, 104; 107; Arabistik 13, 190; 192; Bibliothek 13, 505; Böckh-Hermann-Auseinandersetzung 13, 525; DDR 13, 683–686; Deutschland 13, 768; 770; 792–794; Digesten/Überlieferungsgeschichte 13, 847; 851; Historismus 14, 493; Lexikographie 15/1, 130; 143; Papyrussammlungen 15/2, 100; Philologie 15/2, 303; Philologisches Seminar 15/2, 329; Sepulchralkunst 15/3, 22
Le Mans (Subdinum) *Fra*: Stadt 15/3, 263
Lemberg (Lwów/Lwiw/Lvov) *Ukr*: Polen 15/2, 405; 409–410; Rußland 15/2, 1017; 1028
Lemonum* → Poitiers
Lemovica → Limoges
Lemuria: Atlantis 13, 337
Leningrad → St. Petersburg
Léon *Nic*: Lateinamerika 15/1, 31
Leon *Spa*: Basilika 13, 426
Lérin *Fra*: Augustinismus 13, 351
Lesbos* *Gr*: Roman 15/2, 945
Lesotho: Roman Dutch Law 15/2, 949
Lettland**: Leichenrede 15/1, 114ff.
Leukosia [2]* → Nikosia
Leuktra* *Gr*: Schlachtorte 15/2, 1076
Leuven (Löwen) *Bel*: Niederlande und Belgien 15/1, 988ff.; 1017ff.; Papyrussammlungen 15/2, 102
Levante: Druckwerke 13, 893; Paris, Louvre 15/2, 108; Philadelphia, University of Pennsylvania Museum of Archaeology and Anthropology, Ancient Near Eastern Section 15/2, 231
Levoča *Slok*: Slowakei 15/3, 64
Leyden → Leiden
Libanon: Altorientalische Philologie und Geschichte 13, 102; Baalbek 13, 370
Libyen: Atlantis 13, 333; Europa 13, 1059; Faschismus 13, 1098
Lich *Hes*: Gotik 14, 244
Liège → Lüttich
Liger* → Loire (Fluß)
Lille *Fra*: Papyrussammlungen 15/2, 102
Lillehammer *Nor*: Stadion 15/3, 261
Lima *Per*: Lateinamerika 15/1, 22; 24ff.; 26; 34; 37
Limnai [2]* *Gr*: Sparta 15/3, 178f.
Limoges (Augustoritum*/Lemovica) *Fra*: Stadt 15/3, 264ff.
Lindisfarne (Insel) *Eng*: Bibliothek 13, 495
Lindos* *Rho*: Dänemark 13, 680; Rhodos 15/3, 1325
Linz *Öst*: Maß und Gewicht 15/1, 306

Lione (Lugdunum*/Lyon) *Fra*: Druckwerke 13, 886
Lipsiae (Leipzig): Druckwerke 13, 892
Lisieux (Noviomagus [3]*) *Fra*: Sepulchralkunst 15/3, 18
Lissabon (Olisippo*): Akademie 13, 44; Deutsches Archäologisches Institut 13, 755; Portugal 15/2, 522–524
Litauen**: Lykanthropie 15/1, 243; Polen 15/2, 403; 410
Liverpool *Eng*: Bibliothek 13, 502
Livland: Estland 13, 1045; Lykanthropie 15/1, 243
Livonien: Leichenrede 15/1, 114ff.; Lettland 15/1, 123
Ljubljana (Emona*/Laibach) *Slow*: Slowenien 15/3, 68ff.
Locri → Lokroi [2]* Epizephyrioi
Lodi *It*: Rhetorik 15/2, 796
Łódź *Pol*: Polen 15/2, 406; 409; 411
Löwen → Leuven
Löwenberg *Pol*: Gotik 14, 244
Loire (Fluß) (Liger*) *Fra*: Briefkunst/Ars dictaminis 13, 546
Lokroi [2]* Epizephyrioi (Locri) *It*: Italien 14, 716; Klassische Archäologie 14, 946ff.
Lombardei *It*: Pharmakologie 15/2, 217
Londinium* → London
London (Londinium*): Abguß/Abgußsammlung 13, 4; Ägyptologie 13, 20; Akademie 13, 44–45; 56; Altertumskunde (Humanismus bis 1800) 13, 93; Altorientalische Philologie und Geschichte 13, 105; 110–111; Arabistik 13, 190; 192; Athen 13, 281; 288; 305; Australien und Neuseeland 13, 358; Baghdad, Iraq Museum 13, 383; Berlin 13, 463; 468; Byzantinistik 13, 584; 591; Civilians 13, 652; Deutschland 13, 816; Diana von Ephesus 13, 838; Digesten/Überlieferungsgeschichte 13, 848; Druiden 13, 902; Etruskerrezeption 13, 1052; Etruskologie 13, 1055; Faschismus 13, 1098; Greek Revival 14, 252; Historismus 14, 494; Judentum 14, 762; London, British Museum 15/1, 203ff.; Münzsammlungen 15/1, 560; Papyrussammlungen 15/2, 102; Parthenon 15/2, 194; Pompeji 15/2, 484; Porträtgalerie 15/2, 507; 513; Priene 15/2, 560; Psychoanalyse 15/2, 596; Rosse von San Marco/Quadriga 15/2, 990; Ruine/Künstliche Ruine 15/2, 994; Society of Dilettanti 15/3, 73f.; Stadion 15/3, 258; Stadt 15/3, 266; Stützfiguren/Erechtheionkoren 15/3, 332f.; Warburg Institute, The 15/3, 1098; 1101; 1105; Wirtschaft und Gewerbe 15/3, 1145
Londonderry *Irl*: Irland 14, 645
Lorch (bei Enns) → Lauriacum*
Lorsch *Hes*: Bibliothek 13, 496; Pharmakologie 15/2, 217; Philologie 15/2, 279

Los Angeles CA: Arabistik 13, 192; Archaeological Institute of America 13, 193; Stadion 15/3, 259; Warburg Institute, The 15/3, 1105
Louisville KY: Greek Revival 14, 252
Lousoi → Lusoi*
Lublin Pol: Polen 15/2, 406; 409; 411
Lubniewice → Königswalde
Luca* → Lucca
Lucca (Luca*) It: Gotik 14, 248; Rezeptionsformen 15/2, 764; Sepulchralkunst 15/3, 19; Stadt 15/3, 265ff.; Überlieferung 15/3, 697
Lucera Siz: Sizilien 15/3, 34; Spolien 15/3, 200
Lucknow Ind: Indien 14, 586
Lucriner See (Lacus* Lucrinus) Ita: Kampanien 14, 789
Ludwigsburg Ba-Wü: Deutschland 13, 788
Lübeck S-H: Bibliothek 13, 499; Deutschland 13, 765; Schulwesen 15/2, 1111
Lüttich (Liège) Bel: Religionsgeschichte 15/2, 697; Rhetorik 15/2, 797; Romanik 15/2, 953
Lugduni Batavorum (Leiden) NL: Druckwerke 13, 891
Lugdunum*, Lugudunum → Lyon
Luktos (Lyktos*, Lyttos) Kre: Entzifferungen 13, 963
Luni sul Mignone It: Schweden 15/2, 1119
Luristan (Prov.) Iran: Chicago, Oriental Institute Museum 13, 635
Lusitania Por: Portugal 15/2, 516
Lusoi* (Lousoi) Ark: Karlsruhe, Badisches Landesmuseum, Antikensammlungen 14, 809; Nationale Forschungsinstitute 15/1, 704ff.
Lusonna → Lausanne
Lutecia* (Lutetia) Parisiorum → Paris
Luxemburg**: Luxemburg 15/1, 239
Luxeuil (Luxovium) Fra: Bibliothek 13, 495; Frankreich 14, 6; Überlieferung 15/3, 701
Luxor (Thebai [1]*; vgl. auch → Theben) Äg: Ägyptologie 13, 18; Chicago, Oriental Institute Museum 13, 632; Revolution 15/2, 753
Luxovium → Luxeuil
Luzern CH: Schweiz 15/2, 1135; 1141
Lvov → Lemberg
Lwiw → Lemberg
Lwów → Lemberg
Lychnidos* → Ohrid
Lydien Tü: Druckwerke 13, 893; Münze, Münzwesen 15/1, 556
Lykien Tü: Inschriftenkunde, griechische 14, 594
Lykopolis (Asyut) Äg: Numismatik 15/1, 1125
Lyktos*, Lyttos → Luktos
Lyon (Lugdunum*/Lugudunum) Fra (vgl. auch → Lione): Abguß/Abgußsammlung 13, 5–6; Altertumskunde (Humanismus bis 1800) 13, 94; Architekturtheorie/Vitruvianismus 13, 237; Bibliothek 13, 496; Digesten/Überlieferungsgeschichte 13, 848–850; Frankreich 14, 28; Stadt 15/3, 265

M
Macedonia → Makedonien
Mactaris* Tun: École française de Rome 13, 919
Madara Bul: Bulgarien 13, 572
Madinat Habu (Medinat Habu/Medinet Habu) Äg: Ägyptologie 13, 18
Madras Ind: Indien 14, 586
Madrid: Akademie 13, 44; 51; Apoll von Belvedere 13, 155; Deutsches Archäologisches Institut 13, 749–750; 755; Forum/Platzanlage 13, 1154; Lexikographie 15/1, 130; Münzsammlungen 15/1, 562; Reiterstandbild 15/2, 653; Renaissance 15/2, 709; Spanien 15/3, 103ff.; 135
Mähren: Slavische Sprachen 15/3, 62; Tschechien 15/3, 630
Mafra Por: Basilika 13, 429
Magdalensberg (Virunum*) Öst: Archäologischer Park 13, 219; 221; Druckwerke 13, 899; Rom 15/2, 897
Magdeburg Sa-An: Bibliothek 13, 499; DDR 13, 683; 697; Deutschland 13, 765; Porträt 15/2, 498; Reiterstandbild 15/2, 650; Säule/Säulenmonument 15/2, 1047; Spolien 15/3, 199f.
Magdôla Äg: Papyri (Fundgeschichte) 15/2, 66–67
Maggidu → Meggido*
Maghreb: École française de Rome 13, 919; 921
Magna* Graecia It (Großgriechenland): Deutsches Archäologisches Institut 13, 752; Geschichtswissenschaft/Geschichtsschreibung 14, 195; Rezeptionsformen 15/2, 766
Magnae* (Carvoran) Eng: Limes, Hadrianswall 15/1, 154
Magnesia [2]* am Mäander Tü: Deutsches Archäologisches Institut 13, 755; Paris, Louvre 15/2, 109; Pergamon 15/2, 206; Priene 15/2, 560
Mahdia Tun: Park 15/2, 140
Maia (Bowness) Eng: Limes, Hadrianswall 15/1, 150
Mailand (Mediolan(i)um*): Architekturtheorie/Vitruvianismus 13, 236; Basilika 13, 426; Bibliothek 13, 498; 501–502; Byzantinistik 13, 584; Digesten/Überlieferungsgeschichte 13, 851; Epochenbegriffe 13, 1013; Forum/Platzanlage 13, 1152; 1159; Gotik 14, 245; Historismus 14, 494; Italien 14, 659; 676f.; 712; Krankenhaus 14, 1099; Lexikographie 15/1, 128; Moderne 15/1, 505; Münzsammlungen 15/1, 562; Panegyrik 15/2, 49f.; Papyrussammlungen 15/2, 103; Porträtgalerie 15/2, 504; Reiterstandbild 15/2, 652; Renaissance 15/2, 707; Republik 15/2, 718; Rom 15/2, 880; Romanik 15/2, 953; Romantik 15/2, 987; Sacrum Imperium 15/2, 1034; Schlachtorte 15/2, 1075;

Spolien 15/3, 196; 201; Stadion 15/3, 258; Stadt 15/3, 262; Stützfiguren/Erechtheionkoren 15/3, 327ff.
Maine *USA*: Frankreich 14, 9; United States of America 15/3, 834
Mainz** (Mogontiacum*; vgl. auch → Moguntiae): Akademie 13, 53; Berufsverbände 13, 477; Bibliothek 13, 495–496; 498; 503; Bildung 13, 506; Deutsches Archäologisches Institut 13, 750; Deutschland 13, 767–768; Domschule 13, 868; Druckwerke 13, 891; Limes, Limesforschung 15/1, 162; Römisch-Germanische Kommission (RGK) 15/2, 824; Schrift/Typographik 15/2, 1095
Makedonien*/ Mazedonien** (Makedonia*/ Macedonia): Albanien 13, 57; Antike 13, 136; Athen 13, 310; Byzanz 13, 614–617; École française d'Athènes 13, 910; Geschichtsmodelle 14, 163; Geschichtswissenschaft/Geschichtsschreibung 14, 195; Griechenland 14, 272; 276; 278; Herrscher 14, 391; Makedonien/ Mazedonien 15/1, 276ff.; Vergina 15/3, 992
Malaca* → Málaga
Málaga (Malaca*) *Spa*: Spanien 15/3, 125
Malawi: Afrika 13, 26
Malibu *CA*: Archäologischer Park 13, 219; Architekturkopie/-zitat 13, 233; Fälschung 13, 1076; Malibu, J. Paul Getty Museum 15/1, 285ff.
Maliq *Alb*: Albanien 13, 60
Mal(l)ia* *Kre*: École française d'Athènes 13, 913–915; Kretisch-Mykenische Archäologie 14, 1107f.
Mals *Öst*: Karolingische Renaissance 14, 822
Malthi *Gr*: Kretisch-Mykenische Archäologie 14, 1103
Mamurt Kale (bei Pergamon) *Tü*: Pergamon 15/2, 206
Manchester *Eng*: Papyrussammlungen 15/2, 102
Manching* *Bay*: Deutsches Archäologisches Institut 13, 753; Keltisch-Germanische Archäologie 14, 870; 873; Römisch-Germanische Kommission (RGK) 15/2, 828
Mandschuko *Chin*: China 13, 636
Manikyala *Ind*: Indien 14, 587
Mannheim *Ba-Wü*: Abguß/Abgußsammlung 13, 6; Akademie 13, 45; Apoll von Belvedere 13, 156; Bibliothek 13, 503; Mannheim, Antikensaal und Antiquarium 15/1, 292ff.
Mantai *Sri*: Śrī Laṅkā 15/3, 252
Mantineia* *Gr*: Schlachtorte 15/2, 1076
Mantua* *It*: Abguß/Abgußsammlung 13, 3; Akademie 13, 56; Altertumskunde (Humanismus bis 1800) 13, 90; Basilika 13, 426; Denkmal 13, 739; Diana von Ephesus 13, 837–838; Etruskerrezeption 13, 1050; Fälschung 13, 1071; Groteske 14, 327; Herrscher 14, 366; Historienmalerei 14, 426; Italien 14, 677; 683ff.; 711; Lateinische Komödie 15/1, 76; Parnaß 15/2, 181–182; Renaissance 15/2, 706–707; 709; Rezeptionsformen 15/2, 767; Rosse von San Marco/Quadriga 15/2, 990; Schlachtorte 15/2, 1082; 1086; Sepulchralkunst 15/3, 22; Sport 15/3, 208
Marakanda* → Samarkand
Marathon* *Gr*: Atlantis 13, 335; Leichenrede 15/1, 115; Philhellenismus 15/2, 234; Schlachtorte 15/2, 1078; 1080
Marburg *Hes*: Abguß/Abgußsammlung 13, 5; Bibliothek 13, 499; Deutschland 13, 765; Gotik 14, 240; Philologie 15/2, 251; Rhetorik 15/2, 817
Marcianopolis (Markianupolis*/Reka Devnia) *Bul*: Bulgarien 13, 572; 576
Mārdīn (Emirat) *Tü*: Pharmakologie 15/2, 221
Mari* *Irak*: Altorientalische Philologie und Geschichte 13, 109; Paris, Louvre 15/2, 117; 120
Marib *Jem*: Deutsches Archäologisches Institut 13, 756
Marina el-Alamein *Äg*: Polen 15/2, 409
Marino: Karlsruhe, Badisches Landesmuseum, Antikensammlungen 14, 808
Markianupolis* → Marcianopolis
Marokko: Deutsches Archäologisches Institut 13, 755; 757
Marseille (Massalia*/Massilia) *Fra*: Augustinismus 13, 351; Handel/Handelswege 14, 353
Martigny (Octodurus*) *CH*: Rom 15/2, 897; Schweiz 15/2, 1124; 1147
Maryland *USA*: United States of America 15/3, 833
Marzabotto* *It*: École française de Rome 13, 921
Masada* *Isr*: Schlachtorte 15/2, 1079; 1090
Maşat Höyük *Tü*: Hethitologie 14, 416
Maser *It*: Pantheon 15/2, 58; 60
Maskana → Emar
Massachusetts Bay *USA*: United States of America 15/3, 833
Massalia* → Marseille
Massilia → Marseille
Mathurā *Ind*: Pakistan/Gandhara-Kunst 15/2, 33–34; 35ff.
Maulbronn *Ba-Wü*: Fürstenschule 14, 73
Maynooth *Irl*: Irland 14, 645
Mazaka → Kaisareia*
Meaux (Iatinon/Meldis) *Fra*: Sepulchralkunst 15/3, 17
Medien (Media*) *Iran*: Geschichtsmodelle 14, 163
Medina* (Al-Madina) *Saud*: Jerusalem 14, 728
Medinat (Medinet) **Habu** → Madinat Habu
Mediolan(i)um* → Mailand
Megale* **Polis** → Megalopolis
Megalopolis (Megale* Polis) *Gr*: Arkadismus 13, 265
Megara [2]* *Gr*: Bücher-Meyer-Kontroverse 13, 554

Megara [3]* **Hyblaia** *Siz*: École française de Rome 13, 921
Meggido* (Maggidu) *Isr*: Chicago, Oriental Institute Museum 13, 632; 635; Deutsche Orient-Gesellschaft 13, 744; Schlachtorte 15/2, 1074
Meinerzhagen *NRW*: Fürstenschule 14, 75
Meißen *Sa*: Bibliothek 13, 499; Fürstenschule 14, 72ff.
Mekka* (al-Makka) *Saud*: Athen 13, 302; Jerusalem 14, 726; 728
Melbourne *Aus*: Australien und Neuseeland 13, 359
Meldis → Meaux
Melk *Öst*: Bibliothek 13, 497
Melos [2]* *Gr*: Kretisch-Mykenische Archäologie 14, 1109; Thukydidismus 15/3, 489
Memphis* *Äg*: 13, 2; Papyri (Fundgeschichte) 15/2, 66f.; Porträtgalerie 15/2, 503
Menidi *Gr*: Kretisch-Mykenische Archäologie 14, 1100
Meninx* → Djerba
Mentana → Nomentum*
Mérida (Augusta [2]* Emerita) *Spa*: Spanien 15/3, 128; Stadt 15/3, 268; Stützfiguren/ Erechtheionkoren 15/3, 331; Wallfahrt 15/3, 1089
Mérida *Ven*: Lateinamerika 15/1, 31; 39
Meroë* *Sud*: Entzifferungen 13, 961
Meropis [1]*: Atlantis 13, 335
Merowingerreich: Geld/Geldwirtschaft/ Geldtheorie 14, 107; Nobilitas 15/1, 1077
Merseburg *Sa-An*: Sepulchralkunst 15/3, 19
Mesambria [1]* (Nesebăr) *Bul*: Bulgarien 13, 569; 572; 576; Byzanz 13, 616
Meseta *Spa*: Spanien 15/3, 128
Meskene → Emar
Mesoa/Sparta *Gr*: Sparta 15/3, 179f.
Mesopotamien* *Irak*: Altorientalische Philologie und Geschichte 13, 102–103; Archaeological Institute of America 13, 193; Baghdad, Iraq Museum 13, 382; Berlin 13, 463; 466; Byzanz 13, 603; Chicago, Oriental Institute Museum 13, 632; Deutsche Orient-Gesellschaft 13, 744; Fabel 13, 1066; London, British Museum 15/1, 227f.; Paris, Louvre 15/2, 108; 115; Philadelphia, University of Pennsylvania Museum of Archaeology and Anthropology, Ancient Near Eastern Section 15/2, 225; 231; Vorderasiatische Archäologie 15/3, 1051ff.
Messana, Messene [1]* → Messina
Messana, Messene [2]* → Messenien
Messene [2]* *Gr*: Inschriftenkunde, griechische 14, 591; Rom 15/2, 902
Messenien (Messana, Messene [2]*) *Gr*: Griechenland 14, 291
Messina (Messana, Messene [1]*) *It*: Bibliothek 13, 497; Münze, Münzwesen 15/1, 558

Metapont (Metapontion*) *It*: Deutsches Archäologisches Institut 13, 752
Metaurus *It*: Spiele 15/3, 194
Meteora *Gr*: Byzanz 13, 621
Metz (Divodurum*) *Fra*: Bibliothek 13, 503; Domschule 13, 867; Frankreich 14, 7–8; Porträt 15/2, 498; Reiterstandbild 15/2, 650; Stadt 15/3, 267
Mexiko: Akademie 13, 49; Archaeological Institute of America 13, 193; Groteske 14, 327 Lateinamerika 15/1, 22ff.; 34; 35ff.
Michelsberg (Bamberg) *Bay*: Bibliothek 13, 497
Michigan *USA*: Archaeological Institute of America 13, 193
Midea (Mideia [1]*) *Gr*: Kretisch-Mykenische Archäologie 14, 1104
Mileševa *Serb*: Byzanz 13, 617
Milet (Miletos [2]**/Balat) *Tü*: Berlin 13, 455; Deutsches Archäologisches Institut 13, 755; Deutschland 13, 816; Kretisch-Mykenische Archäologie 14, 1105; 1109; Pergamon 15/2, 206; Priene 15/2, 560; 563; Samos 15/2, 1054
Milet, Kalabaktepe *Tü*: Milet 15/1, 424; 426ff.
Miletupolis *Tü*: Inschriftenkunde, griechische 14, 612
Minsk: Weißrußland 15/3, 1110
Miran *Chin*: Pakistan/Gandhara-Kunst 15/2, 36
Mirmekeion (Krim) *Ukr*: Polen 15/2, 409–410
Mistra *Gr*: Athen 13, 281; Bibliothek 13, 496; Byzanz 13, 594; Paganismus 15/2, 21; Philologie 15/2, 244; Sparta 15/3, 180; Überlieferung 15/3, 717
Mitau → Jelgava
Mittel-Schreiberhau (Szklarska Poręba) *Pol*: Polen 15/2, 402
Mittelmeer: Alexandria 13, 63–65; Arabisch-islamisches Kulturgebiet 13, 162; Byzanz 13, 609
Mittelmeerraum: Deutsches Archäologisches Institut 13, 752
Mittlerer Osten: Dänemark 13, 679
Mobile, Alabama *USA*: Greek Revival 14, 252
Modena (Mutina*) *It*: Basilika 13, 426; Bibliothek 13, 498; Romanik 15/2, 952; Spolien 15/3, 199; Stützfiguren/Erechtheionkoren 15/3, 327
Moesien *Rum*: Rumänien 15/2, 997
Mogontiacum* → Mainz**
Moguntiae (vgl. auch → Mainz): Druckwerke 13, 886
Mohács *Ung*: Bibliotheca Corviniana 13, 493
Moldau → Moldova**/Moldavien
Moldova/Moldavien** (Moldau): Griechenland 14, 276; Rumänien 15/2, 997ff.; 1001ff.; 1006ff.; 1010–1011
Monceau *Fra*: Park 15/2, 137
Monemvasia *Gr*: Sparta 15/3, 180
Monreale *Siz*: Byzanz 13, 612

Mons Claudianus *Äg*: Papyri (Fundgeschichte) 15/2, 68
Mons* Palatinus → Palatin
Mont Beuvray → Bibracte*
Mont Ventoux *Fra*: Humanismus 14, 542
Mont-Sainte-Odile → Odilienberg
Mont-Saint-Michel *Fra*: Frankreich 14, 12
Montecassino (Monte Cassino) *It*: Architekturtheorie/Vitruvianismus 13, 236; Basilika 13, 425; Briefkunst/Ars dictaminis 13, 546; Herrscher 14, 395; Humanismus 14, 543; Italien 14, 661; 663f.; Philologie 15/2, 278; 283; Redegattungen 15/2, 629; Spolien 15/3, 199
Monte Ciannito *It*: Sperlonga 15/3, 181
Monte Circeo *It*: Sperlonga 15/3, 186f.
Monte Gargano *Apul*: Wallfahrt 15/3, 1089
Monte Iato *Siz*: Schweiz 15/2, 1149
Montenegro: Albanien 13, 56
Monte Nuovo *It*: Kampanien 14, 789
Monte Oliveto *It*: Künstlerlegenden 14, 1127
Montmort → Bibracte*
Montorio *It*: Säulenordnung 15/2, 1049
Montpellier *Fra*: Frankreich 14, 10; 17; Pharmakologie 15/2, 217; 220; Säftelehre 15/2, 1040
Monza *It*: Basilika 13, 425
Moschopolis → Voskopja
Mosel (Fluß): Kampanien 14, 787
Moskau: Akademie 13, 51; Berlin 13, 456; 473; Byzanz 13, 618; Faschismus 13, 1098; Forum/Platzanlage 13, 1161; Griechenland 14, 276; Herrscher 14, 400; Münzsammlungen 15/1, 563; Papyrussammlungen 15/2, 101; Rom 15/2, 875f.; Rosse von San Marco/Quadriga 15/2, 990; Rußland 15/2, 1016; 1027; 1030; Stützfiguren/Erechtheionkoren 15/3, 333
Motya* → Mozia
Mount Rushmore *SD*: Porträtgalerie 15/2, 513
Moutiers-Grandval *CH*: Schweiz 15/2, 1126
Mozia (Motya*) *It*: Italien 14, 715
Mühlhausen *Thü*: DDR 13, 697
München: Abguß/Abgußsammlung 13, 5–6; Akademie 13, 45; 50; 53; Altertumskunde (Humanismus bis 1800) 13, 91; Amsterdam, Allard Pierson Museum 13, 128; Arabistik 13, 192; Athen 13, 285; 288; Barberinischer Faun 13, 390; Basilika 13, 429; Bayern 13, 433–434; 437–443; 445; Bibliothek 13, 500; 502–504; Byzantinistik 13, 585; Denkmal 13, 741; Deutsches Archäologisches Institut 13, 749; 755; Deutschland 13, 786; 807; 815; Dresden, Staatliche Kunstsammlungen, Skulpturensammlung 13, 874; Festkultur/Trionfi 13, 1114; Forum/Platzanlage 13, 1159; Herrscher 14, 365; Historismus 14, 492ff.; Lebendiges Latein 15/1, 98; Lexikographie 15/1, 143; 149; München, Glyptothek und Antikensammlungen 15/1, 544ff.; Münzsammlungen 15/1, 560f.; Paganismus 15/2, 23; Papyrussammlungen 15/2, 101; Parnaß 15/2, 186; Philologie 15/2, 275; Porträtgalerie 15/2, 505; Renaissance 15/2, 712; Rezeptionsformen 15/2, 768; Rom 15/2, 938; Rosse von San Marco/Quadriga 15/2, 991; Sankt Petersburg, Eremitage 15/2, 1062; Stadion 15/3, 261
München, Nymphenburg *Bay*: Ruine/Künstliche Ruine 15/2, 994
Münstair *CH*: Schweiz 15/2, 1126
Münster: Abguß/Abgußsammlung 13, 5–6; Berufsverbände 13, 477; Bibliothek 13, 496; 503; Domschule 13, 868
Münsterschwarzach: Basilika 13, 429
Mulde (Fluß): Park 15/2, 163; 165
Munigua* *Spa*: Deutsches Archäologisches Institut 13, 755
Munkaþverá *Isl*: Island 14, 650
Murbach *CH*: Schweiz 15/2, 1135
Murcia *Spa*: Spanien 15/3, 125
Murfatlar (Basarabi) *Rum*: Rumänien 15/2, 1000
Musarna [2]* *It*: École française de Rome 13, 921
Mustair *CH*: Karolingische Renaissance 14, 822
Mutina* → Modena
Mykale* (Gebirge) *Tü*: Priene 15/2, 559; 563
Mykene** (Mykenai*) *Gr*: Deutschland 13, 815; Griechenland 14, 291–292; Klassische Archäologie 14, 911; 925; Kretisch-Mykenische Archäologie 14, 1100ff.; Psychoanalyse 15/2, 592; Religionsgeschichte 15/2, 691; Tiryns 15/3, 498
Mykonos* *Gr*: Delos 13, 709; 713
Mylasa* *Tü*: Halikarnass 14, 333ff.; Inschriftenkunde, griechische 14, 605
Myrtos-Pyrgos *Gr*: Kretisch-Mykenische Archäologie 14, 1108

N

Näfels *CH*: Schweiz 15/2, 1130
Nag Hammadi* *Äg*: Papyri (Fundgeschichte) 15/2, 66; Papyrologie 15/2, 94; Patristische Theologie/Patristik 15/2, 199
Nagarjunakonda *Ind*: Pakistan/Gandhara-Kunst 15/2, 35
Nagasaki *Jap*: Japan 14, 721
Naher Osten: Archaeological Institute of America 13, 194; Deutsches Archäologisches Institut 13, 752; 755
Namibia: Roman Dutch Law 15/2, 949
Nancy *Fra*: Forum/Platzanlage 13, 1159
Nantes *Fra*: Frankreich 14, 22

Naqlun *Äg*: Papyri (Fundgeschichte) 15/2, 68;
Polen 15/2, 409
Naqš-i Rustam (Naqš-e Rostam) *Iran*: Entzifferungen
13, 958; Iranistik 14, 635
Narbo* → Narbonne
Narbonne (Narbo*) *Fra*: Stadt 15/3, 264
Narce* *It*: Rom 15/2, 941–942
Narmuthis *Äg*: Papyri (Fundgeschichte) 15/2, 68
Naro (bei Agrigent): Numismatik 15/1, 1124
Nashville *TN*: Greek Revival 14, 252; Historismus
14, 492; Parthenon 15/2, 194
Natal *Süd*: Südafrika 15/3, 345f.
Naturns *Öst*: Karolingische Renaissance 14, 822
Naukratis* *Äg*: Boston, Museum of Fine Arts
13, 535; Papyrologie 15/2, 86
Naumburg *Sa-An*: Deutschland 13, 818
Nauplia* (Nauplion) *Gr*: Athen 13, 280; 322;
Griechenland 14, 291; Mykene 15/1, 603
Nauplion → Nauplia*
Nea Paphos (vgl. auch → Paphos*) *Zyp*: Polen
15/2, 410
Neapel (Neapolis [2]*): Akademie 13, 42; 45;
Altertumskunde (Humanismus bis 1800) 13, 91;
Antikensammlung 13, 144; Arabistik 13, 192;
Architekturtheorie/Vitruvianismus 13, 236;
Bibliothek 13, 497; 504; Bukolik/Idylle
13, 562; Digesten/Überlieferungsgeschichte
13, 846; Festkultur/Trionfi 13, 1106; Forum/
Platzanlage 13, 1159; Griechisch 14, 306;
Herrscher 14, 372; Italien 14, 659ff.; 668; 677f.;
716; Kalender 14, 783; Kampanien 14, 787ff.;
Neapel, Archäologisches Nationalmuseum (Museo
Nazionale Archeologico, Napoli) 15/1, 873ff.;
Paestum 15/2, 7; Park 15/2, 162; Pompeji
15/2, 474; 478; 483–484; Renaissance
15/2, 707; Rom 15/2, 866; 913; Rosse von San
Marco/Quadriga 15/2, 989; Schrift/
Typographik 15/2, 1095; Spolien 15/3, 200ff.;
Stadt 15/3, 263; Staufische Renaissance
15/3, 276; Stützfiguren/Erechtheionkoren
15/3, 330; Tourismus 15/3, 526;
Triumphbogen 15/3, 584
Neapel (Königreich): Bukolik/Idylle 13, 562; École
française de Rome 13, 922
Neapolis [4] *Siz*: Deutschland 13, 775
Neapolis [2]* → Neapel
Nemausus [2]* → Nîmes
Nemea [2]* *Gr*: Griechenland 14, 292; Inschriften-
kunde, griechische 14, 597; Papyri, literarische
15/2, 75
Nemrik *Irak*: Polen 15/2, 409
Nepal: Deutsches Archäologisches Institut 13, 757
Nepi *It*: Rom 15/2, 942
Nerezi *Maz*: Byzanz 13, 616
Nesebăr → Mesambria [1]*
Neuengland *USA*: College 13, 655

Neuholland *Aus*: Australien und Neuseeland 13, 358
Neumagen (Noviomagus [7]* Treverorum): Trier
15/3, 567
Neusatz *Serb*: Serbien 15/3, 26
Neuseeland: Australien und Neuseeland 13, 358ff.;
15/3, 1247ff.; Druiden 13, 902; United
Kingdom 15/3, 829ff.
Neusohl (Banská Bystrica) *Slok*: Slowakei 15/3, 64
Neustrien *Fra*: Frankreich 14, 5
New Delhi *Ind*: Indien 14, 587
New Hampshire *USA*: United States of America
15/3, 834
New Haven *CT*: Archaeological Institute of America
13, 194
New Jersey *USA*: United States of America 15/3, 834
New Orleans *LA*: Architekturkopie/-zitat 13, 233;
Forum/Platzanlage 13, 1161; Säule/
Säulenmonument 15/2, 1047
New South Wales *Aus*: Australien und Neuseeland
13, 359; 15/3, 1247; Papyrussammlungen
15/2, 103
New York: Abguß/Abgußsammlung 13, 4–6;
Ägyptologie 13, 20; Archaeological Institute of
America 13, 193; 195; Babylon 13, 379; Boston,
Museum of Fine Arts 13, 532; Greek Revival
14, 252; Historismus 14, 492; Judentum
14, 762; Münzsammlungen 15/1, 563; New
York, Brooklyn Museum of Art 15/1, 946ff.;
New York, Metropolitan Museum 15/1, 952ff.;
Orient-Rezeption 15/1, 1214ff.; Papyrus-
sammlungen 15/2, 103; Porträtgalerie
15/2, 513; Rosse von San Marco/Quadriga
15/2, 990; Sankt Petersburg, Eremitage
15/2, 1061; United States of America 15/3, 834;
868
Newcastle (Pons [4]* Aelius) *Eng*: Limes, Hadrianswall
15/1, 152; 154; Limes, Limesforschung 15/1, 165
Newgrange *Irl*: Irland 14, 641
Newport *RI*: United States of America 15/3, 854
Než: Rußland 15/2, 1022
Nicaragua: Lateinamerika 15/1, 31; 40
Nicopolis (ad Istrum) (Nikopolis [2]*) *Bul*: Bulgarien
13, 572; 576
Nida** (Frankfurt-Heddernheim) *Hes*: Nida-Frankfurt
15/1, 980ff.
Nieborów *Pol*: Polen 15/2, 402
Niederlande**(vgl. auch → Holland; → Belgien):
Akademie 13, 44; Altertumskunde (Humanismus
bis 1800) 13, 95; Altorientalische Philologie und
Geschichte 13, 109; Antikensammlung 13, 143;
Apoll von Belvedere 13, 155; Aussprache
13, 354; Babylon 13, 376; Bund 13, 580;
Demokratie 13, 723; Festkultur/Trionfi
13, 1108; Kalender 14, 781; Lateinische
Komödie 15/1, 72f.; Münzsammlungen
15/1, 560f.; Nationale Forschungsinstitute

15/1, 690ff.; 694ff.; Niederlande und Belgien 15/1, 985ff.; Philologie 15/2, 253; Preußen 15/2, 542–543; Republik 15/2, 720; 722; 724; 731; Tourismus 15/3, 527; Verlag 15/3, 1004
Niederlande, burgundische: Frankreich 14, 25
Niger: Afrika 13, 24
Nigeria: Afrika 13, 25; United Kingdom 15/3, 831
Nijmegen NL: Niederlande und Belgien 15/1, 1011ff.
Nikaia [5]* (Nizäa/Iznik) Tü: Deutsches Archäologisches Institut 13, 755; Griechenland 14, 269; 273; Überlieferung 15/3, 716
Nikopolis [2]* → Nicopolis (ad Istrum)
Nikosia (Leukosia [2]*) Zyp: Zypern 15/3, 1236
Nil* (Fluß) Äg/Sud: Alexandria 13, 66
Nîmes (Nemausus [2]*) Fra: Altertumskunde (Humanismus bis 1800) 13, 94; Berufsverbände 13, 477; Stadt 15/3, 269
Nimrud (Kalhu*) Irak: Altorientalische Philologie und Geschichte 13, 103; Baghdad, Iraq Museum 13, 384; Berlin 13, 463; London, British Museum 15/1, 222ff.; Polen 15/2, 410
Ninive (Ninos [2]*/Dūr-Scharrukīn) Irak (vgl. auch → Horsabad): Altorientalische Philologie und Geschichte 13, 103; Babylon 13, 380; Baghdad, Iraq Museum 13, 384; Berlin 13, 463; Bevölkerungswissenschaft/Historische Demographie 13, 482; Klassische Archäologie 14, 909; London, British Museum 15/1, 222ff.; Orient-Rezeption 15/1, 1223; Paris, Louvre 15/2, 115
Ninos [2]* → Ninive; → Horsabad
Nippur* Irak: Altorientalische Philologie und Geschichte 13, 105; Chicago, Oriental Institute Museum 13, 632; 635; Philadelphia, University of Pennsylvania Museum of Archaeology and Anthropology, Ancient Near Eastern Section 15/2, 225; 226ff.; 230ff.
Nirou Chani Gr: Kretisch-Mykenische Archäologie 14, 1108
Nisibis* Syr/Tü: Arabisch-islamisches Kulturgebiet 13, 163
Nizäa → Nikaia [5]*
Nola* It: Klassische Archäologie 14, 908; Kopenhagen 14, 1096
Nomentum* (Mentana) It: Kampanien 14, 787
Nordafrika: Alexandria 13, 64; Arabisch-islamisches Kulturgebiet 13, 162; 176; Arabistik 13, 191; Basilika 13, 425; Byzanz 13, 609; École française de Rome 13, 919; Mönchtum 15/1, 523; Überlieferung 15/3, 721
Nordeuropa (vgl. auch → Skandinavien): Barock 13, 416; Druckwerke 13, 884; Etruskerrezeption 13, 1051
Noricum*: Österreich 15/1, 1131; Provinzialrömische Archäologie 15/2, 573; Slowenien 15/3, 71
Normandie: Frankreich 14, 8

Norwegen**: Akademie 13, 49; Apotheose 13, 160; Nationale Forschungsinstitute 15/1, 697ff.
Novae [1]* Bul: Bulgarien 13, 576; Polen 15/2, 408; 410
Novgorod (Nowgorod) Rus: Byzanz 13, 618; Rußland 15/2, 1015
Noviodunum [4]* → Jublains
Noviodunum [5]* → Nyon
Noviomagus [3]* → Lisieux
Noviomagus [4]* → Nyon
Noviomagus [7]* **Treverorum** → Neumagen
Noviomagus [8]* → Speyer
Novo Brdo Alb: Albanien 13, 61
Nowgorod → Novgorod
Nubien*: Ägyptologie 13, 18; Entzifferungen 13, 961
Nürnberg: Akademie 13, 42; Apoll von Belvedere 13, 152; Bayern 13, 434; 438; Bibliothek 13, 498; 503; Deutschland 13, 769; 774; 776; 786; Digesten/Überlieferungsgeschichte 13, 849; Maß und Gewicht 15/1, 310; Porträtgalerie 15/2, 506; Renaissance 15/2, 712; Ritterakademie 15/2, 822; Schulwesen 15/2, 1111; Sepulchralkunst 15/3, 22; Stadion 15/3, 259ff.
Numantia* Spa: Schlachtorte 15/2, 1085
Nusi → Nuzi*
Nuzi* (Nusi) Irak: Altorientalische Philologie und Geschichte 13, 109; Philadelphia, University of Pennsylvania Museum of Archaeology and Anthropology, Ancient Near Eastern Section 15/2, 228
Nymphaion (Krim) Ukr: Polen 15/2, 410; Sankt Petersburg, Eremitage 15/2, 1065
Nyon (Noviodunum [5]*/Colonia Iulia Equestris) CH: Schweiz 15/2, 1123
Nyon (Noviomagus [4]*) Fra: Rom 15/2, 897

O

Oberaden NRW: Römisch-Germanische Kommission (RGK) 15/2, 825
Oberaltaich Bay: Parnaß 15/2, 185
Octodurus* → Martigny
Oddi Isl: Island 14, 651
Odense Dän: Dänemark 13, 681
Odenwald: Limes, Limesforschung 15/1, 160
Odessa Ukr: Griechenland 14, 276; Rußland 15/2, 1020; 1022; 1029
Odessos* → Varna
Odilienberg (Mont-Sainte-Odile) Fra: Bibliothek 13, 496
Oescus [2]* (Oiskos) Bul: Bulgarien 13, 576
Österreich**N: Akademie 13, 52; Berufsverbände 13, 475; Bibliothek 13, 497; 502; Bulgarien

13, 573; Christliche Archäologie 13, 645;
Delikt 13, 703; Eigentum 13, 931–932;
Erbrecht 13, 1039; Herrscher 14, 395f.;
Kalender 14, 781; Münzsammlungen
15/1, 561f.; Nationale Forschungsinstitute
15/1, 701ff.; 15/3, 1287; Papyrussammlungen
15/2, 97; Philologie 15/2, 274; Realschule
15/2, 624; Romanistik/Rechtsgeschichte
15/2, 966; Schulprogramme 15/2, 1108
Österreich-Ungarn: Ephesos 13, 975
Ohrid (Lychnidos*) *Maz*: Byzanz 13, 616–617
Oinoanda* *Tü*: Inschriftenkunde, griechische 14, 597; 606; 612
Oiskos → Oescus [2]*
Okzitanien: Lyrik 15/1, 248
Olba* (Ura) *Tü*: Akkulturation 15/3, 1246
Olbasa* *Tü*: Inschriftenkunde, griechische 14, 595
Olbia [1]* *Ukr*: Historische Geographie 14, 450; Rußland 15/2, 1024
Olinda *Brasilien*: Lateinamerika 15/1, 42
Olisippo* → Lissabon
Olmütz (Olomouc) *Mäh*: Akademie 13, 45
Olomouc → Olmütz
Olona *It*: Italien 14, 660
Olymp (Olympos [1]*) *Gr*: Pergamonaltar 15/2, 214
Olympia*/**: Archäologische Bauforschung 13, 199; Archäologische Methoden 13, 203; Berlin 13, 451; Delphi 13, 718; Deutsches Archäologisches Institut 13, 753; Deutschland 13, 816; Dresden, Staatliche Kunstsammlungen, Skulpturensammlung 13, 874; École française d'Athènes 13, 911; Griechenland 14, 292; Karlsruhe, Badisches Landesmuseum, Antikensammlungen 14, 808; Klassische Archäologie 14, 911; 913; 924; 927f.; Kunsterwerb/Kunstraub 14, 1148ff.; Nationalsozialismus 15/1, 756; Paris, Louvre 15/2, 109–110; Pergamon 15/2, 204; Pergamonaltar 15/2, 212; Philologie 15/2, 265; Porträtgalerie 15/2, 501; Preußen 15/2, 557; Rekonstruktion/Konstruktion 15/2, 656; 659; Rom 15/2, 898; Sport 15/3, 212ff.; Überlieferung 15/3, 695
Olympos [1]* → Olymp
Oppidum Ubiorum (Köln) *NRW*: Köln 14, 1024ff.
Orange (Arausio*) *Fra*: Frankreich 14, 22
Oranienburg *Bran*: Preußen 15/2, 544
Orchomenos [1]*/** *Gr*: Fin de siècle 13, 1141; Kretisch-Mykenische Archäologie 14, 1100; 1102
Orient: Orient-Rezeption 15/1, 1194ff.; Orientalismus 15/1, 1234ff.; Psalmodie 15/2, 585
Orinda *CA*: Säule/Säulenmonument 15/2, 1047
Orléans *Fra*: Ehe 13, 924; Frankreich 14, 5; 16; Rhetorik 15/2, 815; Stadt 15/3, 263
Orléansville *Fra*: Figurengedicht 13, 1115
Ortaköy *Tü*: Hethitologie 14, 416

Orvieto (Urbs* Vetus/Volsinii Veteres) *It*: Etruskerrezeption 13, 1051; Groteske 14, 324; Kunsterwerb/Kunstraub 14, 1150; Spolien 15/3, 198
Oslo: Norwegen 15/1, 1087ff.; Papyrussammlungen 15/2, 100
Osmanisches Reich: Altorientalische Philologie und Geschichte 13, 103; Arabisch-islamisches Kulturgebiet 13, 162; Athen 13, 281; Bulgarien 13, 572; Byzanz 13, 622; Ephesos 13, 975; Griechenland 14, 267ff.; 278–279; Griechisch 14, 296; Konstantinopel 14, 1087; Neugriechische Literatur 15/1, 896ff.; Olympia 15/1, 1168; Parthenon 15/2, 193; Pergamon 15/2, 204; Pergamonaltar 15/2, 211; Philhellenismus 15/2, 232ff.; Romantik 15/2, 979; Rumänien 15/2, 1004; 1010; Türkei 15/3, 645; Ukraine 15/3, 743; Zypern 15/3, 1234
Osnabrück *Nds*: Bund 13, 580
Ostdeutschland → DDR
Osteria dell'Osa *It*: Klassische Archäologie 14, 942
Osteuropa: Aufklärung 13, 342; Bibliothek 13, 501; Byzanz 13, 609; Deutsches Archäologisches Institut 13, 757
Ostfränkisches Reich: Deutschland 13, 760; Rhetorik 15/2, 795
Ostia*/** *It*: Archäologischer Park 13, 221; École française de Rome 13, 919; Nationale Forschungsinstitute 15/1, 675; Ostia und Porto 15/1, 1246ff.; Rom 15/2, 871; Sozial- und Wirtschaftsgeschichte 15/3, 89
Oströmisches Reich: Byzantinistik 13, 584–585; Byzanz 13, 592; 600; Geld/Geldwirtschaft/Geldtheorie 14, 105; Leichenrede 15/1, 117ff.; Naturwissenschaften 15/1, 792; 801; Wallfahrt 15/3, 1082; Zoologie 15/3, 1205
Otranto (Hydruntum*) *It*: Byzanz 13, 598; Griechisch 14, 308; Herrscher 14, 391
Otterlo *NL*: Park 15/2, 140
Ottonisches Reich: Ottonische Renaissance 15/1, 1254ff.
Oulu *Fin*: Finnland 13, 1150; 1152
Oviedo *Spa*: Figurengedicht 13, 1116; Spanien 15/3, 120f.; 125
Oxford *Eng*: Ägyptologie 13, 20; Altsprachlicher Unterricht 13, 120; Arabistik 13, 189; 192; Architekturkopie/-zitat 13, 232; Aristotelismus 13, 262; Australien und Neuseeland 13, 360; Baghdad, Iraq Museum 13, 383; Bibliothek 13, 497; 500; 502; Byzantinistik 13, 584; Byzanz 13, 597; Civilians 13, 651–652; College 13, 654–655; Frankreich 14, 22; Greek Revival 14, 252; Historismus 14, 494; Lexikographie 15/1, 130; Papyrussammlungen 15/2, 101; Rhetorik 15/2, 816

Oxus (Fluß) (Araxes [2]*/Amudarja) *Usb*: Arabisch-islamisches Kulturgebiet 13, 162
Oxyrhynchites (Gau) *Äg*: Papyri (Fundgeschichte) 15/2, 65
Oxyrhynchos* *Äg*: Papyri (Fundgeschichte) 15/2, 67; Papyri, literarische 15/2, 71; 78

P

Paderborn *NRW*: Epos 13, 1029
Padua (Patavium*) *It*: Abguß/Abgußsammlung 13, 3; Alexandrinismus 13, 73; Basilika 13, 422; Bibliothek 13, 501; Byzanz 13, 599; College 13, 654; Deutschland 13, 770; Digesten/Überlieferungsgeschichte 13, 847; Fälschung 13, 1072; Historienmalerei 14, 422; Humanismus 14, 541; Italien 14, 671; Judentum 14, 762; Lateinische Komödie 15/1, 76; Makkaronische Dichtung 15/1, 282; Medaillen 15/1, 340; Meteorologie 15/1, 417; Naturwissenschaften 15/1, 795; Pharmakologie 15/2, 220; Philologie 15/2, 282; Porträt 15/2, 499; Porträtgalerie 15/2, 505; Reiterstandbild 15/2, 652; Renaissance 15/2, 708–709; Rosse von San Marco/Quadriga 15/2, 988; Rumänien 15/2, 1004; Theaterbau/Theaterkulisse 15/3, 404; Zensur 15/3, 1195
Paestum** (Poseidonia*) *It*: Architekturkopie/-zitat 13, 231; Architekturtheorie/Vitruvianismus 13, 239; Deutschland 13, 797; École française de Rome 13, 921; Frankreich 14, 52; Greek Revival 14, 248ff.; Historismus 14, 491; Klassische Archäologie 14, 947ff.; Säulenordnung 15/2, 1052; Souvenir 15/3, 80; United States of America 15/3, 859
País *Spa*: Spanien 15/3, 125
Paitava *Afg*: Pakistan/Gandhara-Kunst 15/2, 37
Pakistan**: Arabische Medizin 13, 188
Palästina (Palaestina*) (vgl. auch → Heiliges Land): Altertumskunde (Humanismus bis 1800) 13, 93; Basilika 13, 425; Berlin 13, 464; 466; Byzanz 13, 600; 603; Chicago, Oriental Institute Museum 13, 632; 635; Deutsche Orient-Gesellschaft 13, 744; Druckwerke 13, 893; Jerusalem 14, 723ff.; Judentum 14, 763ff.; Kabbala 14, 768; Papyri (Fundgeschichte) 15/2, 65; Papyrologie 15/2, 81; Philadelphia, University of Pennsylvania Museum of Archaeology and Anthropology, Ancient Near Eastern Section 15/2, 225; Vorderasiatische Archäologie 15/3, 1057; Wallfahrt 15/3, 1080; 1085ff.
Palaikastron *Kre*: Kretisch-Mykenische Archäologie 14, 1108
Palantia* → Palencia
Palatin (Mons* Palatinus): Rom 15/2, 859; 910ff.

Palencia (Palantia*) *Spa*: Spanien 15/3, 102
Palermo (Panormos*) *Siz*: Bibliothek 13, 497; Byzanz 13, 612; Säule/Säulenmonument 15/2, 1044; Sizilien 15/3, 33; Spolien 15/3, 200ff.; Stützfiguren/Erechtheionkoren 15/3, 330
Palestrina (Praeneste*) *It*: École française de Rome 13, 919; Italien 14, 716; Kunsterwerb/Kunstraub 14, 1149; Park 15/2, 127; Rom 15/2, 942
Pallantion* → Berbati
Palma de Mallorca *Spa*: Rosse von San Marco/Quadriga 15/2, 991
Palmyra* (Tadmor) *Syr*: Berlin 13, 467; Druckwerke 13, 893; Entzifferungen 13, 957; Griechen-Römer-Antithese 14, 256; Klassische Archäologie 14, 904; Klassizismus 14, 954; Pakistan/Gandhara-Kunst 15/2, 38; Park 15/2, 159; 163; Polen 15/2, 409
Pamukkale → Hierapolis [1]* (Phrygien)
Panama: Lateinamerika 15/1, 31; 40
Panchaia* (Insel): Atlantis 13, 335
Pannonien (Pannonia*): Bevölkerungswissenschaft/Historische Demographie 13, 490; Kroatien 14, 1119; Österreich 15/1, 1131; Troja 15/3, 619
Panopolis* *Äg*: Papyri (Fundgeschichte) 15/2, 66
Panormos* → Palermo
Panr *Pak*: Pakistan/Gandhara-Kunst 15/2, 37
Pantikapaion* → Kertsch
Paphos* *Zyp* (vgl. auch → Nea Paphos): Schweiz 15/2, 1149
Paradunavon → Paristrion (Thema)
Paraguay: Lateinamerika 15/1, 33; 41
Paray-le-Monial: Basilika 13, 425
Parga *Gr*: Philhellenismus 15/2, 235
Paris (Lutecia* Parisiorum/Lutetia Parisorum): Abguß/Abgußsammlung 13, 4–6; Ägyptologie 13, 20; Akademie 13, 44–45; 52; 56; Altertumskunde (Humanismus bis 1800) 13, 94; Altorientalische Philologie und Geschichte 13, 105; 110; Antikensammlung 13, 144; Apoll von Belvedere 13, 156; Arabistik 13, 189–190; Architekturtheorie/Vitruvianismus 13, 238; Aristotelismus 13, 255; Athen 13, 288–289; Baghdad, Iraq Museum 13, 383; Barock 13, 417; Basilika 13, 426; 429; Berlin 13, 463; 468; Berufsverbände 13, 478; Bibliothek 13, 497; 500–501; 503–504; Byzantinistik 13, 584; 591; College 13, 654; Delphi 13, 718; 721; Denkmal 13, 741–743; Deutsches Archäologisches Institut 13, 751; Deutschland 13, 816; Digesten/Überlieferungsgeschichte 13, 847–849; Diktatur 13, 858; Ehe 13, 925; Festkultur/Trionfi 13, 1108; 1113; Forum/Platzanlage 13, 1154; Frankreich 14, 5ff.; Groteske 14, 327ff.;

Historismus 14, 491; 497; Imperium 14, 584; Judentum 14, 762; Krankenhaus 14, 1099; Lateinische Tragödie 15/1, 85; Lexikographie 15/1, 129; Messe 15/1, 394; Münzsammlungen 15/1, 559; Orient-Rezeption 15/1, 1214; Paganismus 15/2, 22; Pantheon 15/2, 62; Papyrussammlungen 15/2, 102; Paris, Louvre 15/2, 116ff.; Philologie 15/2, 280; Polen 15/2, 402; Pompeji 15/2, 484; Porträtgalerie 15/2, 503; 507; Psychoanalyse 15/2, 590; 597; Reiterstandbild 15/2, 653; Renaissance 15/2, 709; Republik 15/2, 731; Revolution 15/2, 753–754; Rhetorik 15/2, 815; Rom 15/2, 866; 938; Säule/Säulenmonument 15/2, 1044; Sepulchralkunst 15/3, 17f.; Stadion 15/3, 257f.; Stadt 15/3, 262f.; Stützfiguren/Erechtheionkoren 15/3, 330; Triumphbogen 15/3, 591; Universität 15/3, 882ff.; Zensur 15/3, 1195
Paristrion (Thema) (Paradunavon): Rumänien 15/2, 1000
Parma [1]* *It*: Drei Grazien 13, 870; Groteske 14, 327; Italien 14, 716; Lateinische Komödie 15/1, 77; Rom 15/2, 912–913; Rosse von San Marco/Quadriga 15/2, 989; Schrift/Typographik 15/2, 1095; Stadt 15/3, 263; Theaterbau/Theaterkulisse 15/3, 405
Parnaß** (Parnassos*) *Gr*: Barock 13, 407; Musen 15/1, 564ff.; Park 15/2, 125
Parnassos* → Parnaß**
Partherreich → Parthia
Parthia (Partherreich): Physiognomik 15/2, 353
Pasargadai* *Iran*: Iranistik 14, 635ff.
Passau (Batavis*) *Bay*: Bayern 13, 431
Patara* *Tü*: Inschriftenkunde, griechische 14, 597
Patavium* → Padua
Patmos* *Gr*: Bibliothek 13, 496; Byzanz 13, 621; Griechenland 14, 276
Pavia (Ticinum*) *It*: Bibliothek 13, 498; 502; Byzanz 13, 598; Italien 14, 659f.; Lehnsrecht 15/1, 101; Reiterstandbild 15/2, 651; Sacrum Imperium 15/2, 1036; Spolien 15/3, 201; Stadt 15/3, 264f.
Peć *Kos*: Byzanz 13, 617
Pegnitz (Fluß) *Bay*: Arkadismus 13, 267
Peiraieus* (Piraieus) *Gr*: Athen 13, 292; 312; Bücher-Meyer-Kontroverse 13, 554
Peking → Beijing
Pelion* (Selca): Albanien 13, 60
Pella [1]* *Gr*: Slowakei 15/3, 67
Pellana [1]* *Gr*: Sparta 15/3, 173
Peloponnes (Peloponnesos*) *Gr*: École française d'Athènes 13, 909; Griechisch 14, 295
Penkalas (Fluß) *Tü*: Aizanoi 13, 35; 39
Pennsylvania *USA*: United States of America 15/3, 834; 849

Pera (Istanbul) (Galata): Konstantinopel 14, 1086
Perati *Gr*: Kretisch-Mykenische Archäologie 14, 1105
Pergamon*/** (vgl. auch → Bergama) *Tü*: Aizanoi 13, 35; Allegorese 13, 76; Archäologischer Park 13, 216; Athen 13, 309; Berlin 13, 452; Byzanz 13, 596; Deutsches Archäologisches Institut 13, 755; Deutschland 13, 816; Epochenbegriffe 13, 1006; Klassische Archäologie 14, 924f.; 929; Kunsterwerb/Kunstraub 14, 1148; 1153; Porträtgalerie 15/2, 503; Preußen 15/2, 556; Rezeptionsformen 15/2, 765
Perge*: Türkei 15/3, 667
Périgueux (Civitas Petrucoriorum) *Fra*: Stadt 15/3, 262; 269
Perm *Rus*: Rußland 15/2, 1023
Perscheid (bei Oberwesel) *Rh-Pf*: Numismatik 15/1, 1121
Persepolis* (Čihilminăr) *Iran*: Chicago, Oriental Institute Museum 13, 632; 635; Deutsches Archäologisches Institut 13, 756; Entzifferungen 13, 958; Festkultur/Trionfi 13, 1114; Iranistik 14, 634ff.; Numismatik 15/1, 1125; Orient-Rezeption 15/1, 1211–1212; Philadelphia, University of Pennsylvania Museum of Archaeology and Anthropology, Ancient Near Eastern Section 15/2, 230
Persien (vgl. auch → Iran): Antike 13, 136; Arabisch-islamisches Kulturgebiet 13, 161–163; 168; Geschichtsmodelle 14, 163
Persqop *Alb*: Albanien 13, 60
Peru: Archäologische Methoden 13, 206; Epos 13, 1026; Lateinamerika 15/1, 24ff.; 37
Perugia (Perusia*) *It*: Groteske 14, 324; Historienmalerei 14, 423; Spolien 15/3, 198
Perusia* → Perugia
Pesaro *It*: Italien 14, 712; Ruine/Künstliche Ruine 15/2, 992f.
Peshawar *Pak*: Pakistan/Gandhara-Kunst 15/2, 33; 37
Pest *Ung*: Renaissance 15/2, 712
Petra [1]* *Jor*: Papyri (Fundgeschichte) 15/2, 65; Schweiz 15/2, 1149
Petritsoni *Bulg*: Georgien 14, 132
Petronell → Carnuntum*
Pfalz: Akademie 13, 46; Bibliothek 13, 497; 499
Pforta (Schulpforta) *Sa-An*: Bibliothek 13, 499; Deutschland 13, 793; Fürstenschule 14, 72ff.; Philologie 15/2, 268
Phaistos [4]* *Kre*: Entzifferungen 13, 963–964; Kretisch-Mykenische Archäologie 14, 1106f.; Schriftwissenschaft 15/2, 1099
Pharos [2]* (Insel) *Äg*: Alexandria 13, 70
Pharsalos* *Gr*: Epos 13, 1021; 1023; 1025; 1033; Schlachtorte 15/2, 1075ff.; 1086
Phasis [1]* → Rion (Fluß)
Phasis [2]* (Poti) *Geor*: Georgien 14, 132

Phigaleia* *Gr* (vgl. auch → Bassai): Klassische Archäologie 14, 908
Philadelphia *Pa*: Abguß/Abgußsammlung 13, 4; Akademie 13, 45; Altorientalische Philologie und Geschichte 13, 110; Archaeological Institute of America 13, 193; Baghdad, Iraq Museum 13, 383; Greek Revival 14, 252; Historismus 14, 492; Philadelphia, University of Pennsylvania Museum of Archaeology and Anthropology, Ancient Near Eastern Section 15/2, 225ff.; Porträtgalerie 15/2, 512; United States of America 15/3, 835; 853
Philippi → Philippoi*
Philippoi* (Philippi) *Gr*: École française d'Athènes 13, 913; Schlachtorte 15/2, 1086
Philippopolis* (Plovdiv) *Bul*: Bulgarien 13, 569; 571; 576
Phlegräische Felder (Campi* Phlegraei) *It*: Kampanien 14, 787ff.
Phönizien* *Liba*: Druckwerke 13, 893; Religionsgeschichte 15/2, 683
Phoinike* (Finiq) *Alb*: Albanien 13, 61
Phokis* *Gr*: Parnaß 15/2, 176
Phrygia Epiktetos *Tü*: Aizanoi 13, 32
Phrygien (Phrygia*) *Tü*: Druckwerke 13, 893; Revolution 15/2, 749
Phylakopi* *Gr*: Kretisch-Mykenische Archäologie 14, 1102
Piacenza (Placentia*) *It*: Reiterstandbild 15/2, 653; Renaissance 15/2, 709; Rosse von San Marco/Quadriga 15/2, 989; Stadt 15/3, 265
Pidasa* *Tü*: Inschriftenkunde, griechische 14, 598
Piemont *It*: Altsprachlicher Unterricht 13, 123
Pienza *It*: Renaissance 15/2, 706
Pieria (Gebirge) *Maz*: Vergina 15/3, 991–992
Piešťany *Slok*: Slowakei 15/3, 68
Pietrosa *Wal*: Rumänien 15/2, 1011
Pinarbasi → Bunarbaschi
Piraieus → Peiraieus*
Piran *Kro*: Slowenien 15/3, 68
Pisa (Pisae*) *It*: Basilika 13, 425–426; Bibliothek 13, 502; Digesten/Überlieferungsgeschichte 13, 846; Gotik 14, 246–247; Pharmakologie 15/2, 220; Römisches Recht 15/2, 830; Rom 15/2, 855; Romanik 15/2, 953; Säule/Säulenmonument 15/2, 1044; Säulenordnung 15/2, 1048; Spolien 15/3, 199ff.; Stützfiguren/Erechtheionkoren 15/3, 327
Pisae* → Pisa
Pistoia (Pistoriae*) *It*: Park 15/2, 140
Pistoriae* → Pistoia
Pitane/Sparta (Pitana*) *Gr*: Sparta 15/3, 179
Pithekussai* (Ischia) *It*: Klassische Archäologie 14, 942
Placentia* → Piacenza
Plataea → Plataiai*

Plataiai* (Plataea) *Gr*: Papyri, literarische 15/2, 74; Schlachtorte 15/2, 1078; Sparta 15/3, 178
Pleskau → Pskov
Pliska* *Bul*: Bulgarien 13, 569; 572; 576; Byzanz 13, 615
Plloça → Amantia
Plovdiv → Philippopolis*
Podalia *Tü*: Numismatik 15/1, 1125
Poetovio → Ptuj
Pogradec *Alb*: Albanien 13, 61
Poitiers (Lemonum*) *Fra*: Frankreich 14, 6; 22; Stadt 15/3, 269
Polen**: Akademie 13, 49; Altorientalische Philologie und Geschichte 13, 109–110; Antikensammlung 13, 144; Kalender 14, 781; Republik 15/2, 722; Rumänien 15/2, 1004; Slavische Sprachen 15/3, 62
Policoro (Herakleia [10]*) *It*: Deutsches Archäologisches Institut 13, 752
Polock *WR*: Byzanz 13, 618
Pompeji** (Pompeii*) *It*: Akademie 13, 46; Altertumskunde (Humanismus bis 1800) 13, 90–91; Arabisch-islamisches Kulturgebiet 13, 162; Deutsches Archäologisches Institut 13, 752; Deutschland 13, 797; 822; Drei Grazien 13, 870; Dresden, Staatliche Kunstsammlungen, Skulpturensammlung 13, 874; Druckwerke 13, 895; Epochenbegriffe 13, 1005; Erotica 13, 1042; Etruskerrezeption 13, 1052; Film 13, 1136; Frankreich 14, 47; Gender Studies 14, 117; Kampanien 14, 790; Kitsch 14, 886; Klassische Archäologie 14, 909; 925; 929; 941ff.; Klassizismus 14, 954ff.; Nationale Forschungsinstitute 15/1, 675; 12; Paestum 15/2, 7; 12; Park 15/2, 134; 140; 144–145; 166; Porträt 15/2, 498; Provinzialrömische Archäologie 15/2, 574; Rezeptionsformen 15/2, 768; Rom 15/2, 897; Schlachtorte 15/2, 1081; Schweiz 15/2, 1138; Überlieferung 15/3, 695
Pomposa *It*: Italien 14, 665
Pons [4]* Aelius → Newcastle
Pontecagnano *It*: Klassische Archäologie 14, 942
Pontinische Sümpfe *Lat*: École française de Rome 13, 919
Pontos* Euxeinos → Schwarzes Meer
Poros [2]* *Att*: Nationale Forschungsinstitute 15/1, 708
Port Elizabeth *Süd*: Südafrika 15/3, 344
Port-Royal *Fra*: Frankreich 14, 55
Portici *It*: Herculaneum 14, 355
Porto (Portus [1]*) *It*: Ostia und Porto 15/1, 1246ff.
Porto *Por*: Portugal 15/2, 522–524
Portsmouth *VA*: Greek Revival 14, 252
Portucalia *Por*: Portugal 15/2, 517
Portugal**: Epos 13, 1025–1026; Kalender 14, 781
Poseidonia* → Paestum**

Posen (Poznan) *Pol:* Polen 15/2, 402; 406; 409; 411
Possagno *It:* Pantheon 15/2, 61
Poti → Phasis [2]*
Potsdam *Bran:* Berlin 13, 448; 451; DDR 13, 683; Deutschland 13, 813; Dresden, Staatliche Kunstsammlungen, Skulpturensammlung 13, 873; Griechische Tragödie 14, 319; Park 15/2, 132; 142ff.; 169; Preußen 15/2, 549; Ruine/Künstliche Ruine 15/2, 994; Stadion 15/3, 258; Stützfiguren/Erechtheionkoren 15/3, 331ff.
Poznan → Posen
Pozzuoli (Puteoli*) *Kamp:* École française de Rome 13, 919; Kampanien 14, 790; Souvenir 15/3, 78
Praeneste* → Palestrina
Prag: Akademie 13, 45; Altertumskunde (Humanismus bis 1800) 13, 91; Basilika 13, 426; 429; Bibliothek 13, 497; 499; Deutschland 13, 768; Papyrussammlungen 15/2, 101; Porträtgalerie 15/2, 503; Renaissance 15/2, 712; Tschechien 15/3, 624; 627
Pratolino *It:* Ruine/Künstliche Ruine 15/2, 993f.
Preslav *Bul:* Bulgarien 13, 569; 572; 576; Byzanz 13, 615
Prešov *Slok:* Slowakei 15/3, 64f.
Preßburg (Bratislava) *Slok:* Slowakei 15/3, 63ff.
Preston *Eng:* Historismus 14, 494
Pretoria *Süd:* Südafrika 15/3, 345f.
Preußen**: Akademie 13, 47; Bonn, Rheinisches Landesmuseum und Akademisches Kunstmuseum 13, 527; Byzantinistik 13, 585; Deutsches Archäologisches Institut 13, 751; Deutschland 13, 795; 806; 808; 815; Diktatur 13, 858; Herrscher 14, 391; Lebendiges Latein 15/1, 93; Lehrer 15/1, 103ff.; Lehrplan 15/1, 113; Lykanthropie 15/1, 243; Neuhumanismus 15/1, 922ff.; Österreich 15/3, 1292; Philologisches Seminar 15/2, 329; Politische Theorie 15/2, 431; Prüfungsordnungen 15/2, 583; Realschule 15/2, 624; Rhetorik 15/2, 801; Schulprogramme 15/2, 1108; Triumphbogen 15/3, 592; Universität 15/3, 903
Priene*/** *Tü:* Deutschland 13, 816; Pergamon 15/2, 206; Samos 15/2, 1054
Prima* Porta *It:* Rom 15/2, 930
Princeton *NJ:* Papyrussammlungen 15/2, 103; United States of America 15/3, 851
Prior Park (bei Bath) *Eng:* Park 15/2, 134
Prishtina *Kos:* Albanien 13, 57; 61
Prosymna *Gr:* Kretisch-Mykenische Archäologie 14, 1102
Provence *Fra:* Frankreich 14, 5; 12; Romanik 15/2, 953
Prüfening (bei Regensburg) *Bay:* Bayern 13, 431
Pruntrut *CH:* Schweiz 15/2, 1135

Prusa* ad Olympum *Tü:* Inschriftenkunde, griechische 14, 612
Pseira *Kre:* Kretisch-Mykenische Archäologie 14, 1108
Pskov (Pleskau) *Rus:* Byzanz 13, 618
Ptolemais [8] → Akko(n)
Ptolemais *Äg:* Papyrologie 15/2, 86
Ptuj (Poetovio) *Slow:* Slowenien 15/3, 72
Purattu* → Euphrat (Fluß)
Pushkalavati/Charsadda *Pak:* Pakistan/Gandhara-Kunst 15/2, 37
Puškin → Zarskoje Selo
Puteoli* → Pozzuoli
Putna (Kloster) *Buk:* Rumänien 15/2, 1007f.
Pydna* *Gr:* Arkadismus 13, 265
Pylos [2]* *Gr:* Entzifferungen 13, 962; Griechenland 14, 291; Kretisch-Mykenische Archäologie 14, 1102
Pyrenäenhalbinsel → Iberische Halbinsel
Pyrgi* (Pyrgoi) *It:* Rezeptionsformen 15/2, 761; Rom 15/2, 942

Q
Qadesch → Kadesch
Qairawān → Kairouan
Qalaa *Liba:* Baalbek 13, 368
Qaleh Dukhtar *Iran:* Deutsches Archäologisches Institut 13, 756
Qasr Ibrim *Äg:* Papyri (Fundgeschichte) 15/2, 68; Papyrologie 15/2, 85
Quaitby *Äg:* Alexandria 13, 70
Quito *Ecu:* Lateinamerika 15/1, 28
Qumran* *Isr:* Chicago, Oriental Institute Museum 13, 635

R
Racconigi *It:* Etruskerrezeption 13, 1052
Radway *Eng:* Park 15/2, 137
Raetia* → Rätien
Rätien (Raetia*): Landwirtschaft 15/1, 4; Limes, Limesforschung 15/1, 156; Österreich 15/1, 1131; Provinzialrömische Archäologie 15/2, 573
Ragusa* → Dubrovnik
Raleigh *NC:* Greek Revival 14, 252
Râmnicu Vâlcea *Rum:* Rumänien 15/2, 1007
Randazzo *It:* Numismatik 15/1, 1126
Raqqa* *Syr:* Deutsches Archäologisches Institut 13, 756
Ra's Šamra, Ras Shamra → Ugarit*
Rastatt *Ba-Wü:* Deutschland 13, 788
Ravanica *Serb:* Byzanz 13, 617
Ravenna* *It:* Arabische Medizin 13, 184; Architekturkopie/-zitat 13, 224; Basilika 13, 422;

Byzanz 13, 610; Deutschland 13, 762; Italien 14, 659f.; 671f.; Karolingische Renaissance 14, 822; Medizin 15/1, 362; Papyri (Fundgeschichte) 15/2, 66; Papyrussammlungen 15/2, 95; Pharmakologie 15/2, 216; Reiterstandbild 15/2, 650; Rom 15/2, 880; Säule/Säulenmonument 15/2, 1047; Sepulchralkunst 15/3, 17; Spolien 15/3, 196ff.; Stadt 15/3, 263

Regensburg (Regina* Castra) *Bay*: Bayern 13, 431; Berufsverbände 13, 477; Bibliothek 13, 496; Stadt 15/3, 267

Reggio Calabria (Rhegion*) *It*: Italien 14, 716

Regina* Castra → Regensburg

Reichenau *Ba-Wü*: Basilika 13, 425; Bibliothek 13, 496; Deutschland 13, 761; Karolingische Renaissance 14, 827; Philologie 15/2, 279; Rhetorik 15/2, 796; Schweiz 15/2, 1125

Reims (Durocortorum*) *Fra*: Basilika 13, 426; Bibliothek 13, 496; Domschule 13, 868; Frankreich 14, 5; 7–8; 10; 12; 19; 21; Gotik 14, 243; 248; Herrscher 14, 393; 395; Karolingische Renaissance 14, 827; Porträtgalerie 15/2, 503; Spolien 15/3, 200; Stadt 15/3, 262ff.

Reka Devnia → Marcianopolis

Remusberg → Rheinsberg (bei Neuruppin)

Resaena (Resaina/Rēˀsainā/Theodosiopolis [1]*) *Syr*: Arabisch-islamisches Kulturgebiet 13, 163; Arabische Medizin 13, 184

Resafa (Rusafa*) *Syr*: Deutsches Archäologisches Institut 13, 756

Rēˀsainā → Resaena

Reval (Rivalia) *Est*: Estland 13, 1045–1046

Reykjavík *Isl*: Island 14, 652

Rhamnus* *Gr*: Inschriftenkunde, griechische 14, 597

Rhegion* → Reggio Calabria

Rhein (Fluß) (Rhenus [2]*): Epochenbegriffe 13, 1000

Rheinbrohl *Rh-Pf*: Limes, Limesforschung 15/1, 156ff.

Rheinlande: Bonn, Rheinisches Landesmuseum und Akademisches Kunstmuseum 13, 527

Rheinsberg (bei Neuruppin; Remusberg) *Bran*: Park 15/2, 145; Preußen 15/2, 549

Rheneia* (Insel) *Gr*: Aigina 13, 30; Delos 13, 709; 714

Rhenus [2]* → Rhein (Fluß)

Rhodanus* → Rhône (Fluß)

Rhodos*/* *Gr*: Antikensammlung 13, 138; Deutschland 13, 822; Epikureismus 13, 986; Kopenhagen 14, 1096; Weltwunder 15/3, 1110

Rhône (Fluß) (Rhodanus*) *Fra*: Handel/Handelswege 14, 354; Landwirtschaft 15/1, 4

Riace *Kal*: Italien 14, 716

Ricciacum (Dalheim) *Lux*: Luxemburg 15/1, 235

Richmond *VA*: United States of America 15/3, 848

Riga *Let*: Leichenrede 15/1, 114ff.

Rimini (Ariminum*) *It*: Italien 14, 677; 712; Renaissance 15/2, 706; Stadt 15/3, 262; 269

Rinteln *Nds*: Bibliothek 13, 503

Rion (Fluß) (Phasis [1]*) *Kau*: Europa 13, 1059

Rioni (Lazai*) *Geor*: Georgien 14, 138

Rivalia → Reval

Rodez *Fra*: Stadt 15/3, 263

Römisches Reich (vgl. auch → Imperium Romanum): Altsprachlicher Unterricht 13, 122; Antike 13, 136–137; Archaeological Institute of America 13, 194; Baltische Sprachen 13, 387; Bücher-Meyer-Kontroverse 13, 554; China 13, 636; Deutschland 13, 760; Domschule 13, 866; Faschismus 13, 1086; 1098; 1102; Film 13, 1136; 1139; Frankreich 14, 49; Frieden 14, 68; Geld/Geldwirtschaft/Geldtheorie 14, 105; 107; Geschichtsmodelle 14, 163; 165–166; Geschichtswissenschaft/Geschichtsschreibung 14, 198ff.; 213; Griechen-Römer-Antithese 14, 258; Italien 14, 662; Jerusalem 14, 725; Kalender 14, 783; Klassizismus 14, 975; Lehrplan 15/1, 112; Münze, Münzwesen 15/1, 556; Nationalsozialismus 15/1, 739f.; Österreich 15/1, 1131ff.; Olympia 15/1, 1166; Paganismus 15/2, 21; Park 15/2, 154; Polen 15/2, 399; Sozial- und Wirtschaftsgeschichte 15/3, 87ff.; Sozialismus 15/3, 93; Venedig 15/3, 960

Rohaṇa *Sri*: Śrī Laṅkā 15/3, 252

Rom** (Roma*): 13, 2; Abguß/Abgußsammlung 13, 4; Akademie 13, 45; 49; 51; 56; Alexandria 13, 63; Altertumskunde (Humanismus bis 1800) 13, 88–90; 94; Altsprachlicher Unterricht 13, 113; Antikensammlung 13, 138–140; 143–144; 147; Arabistik 13, 189; Archaeological Institute of America 13, 194; Archäologische Methoden 13, 202; Architekturkopie/-zitat 13, 223–224; Architekturtheorie/Vitruvianismus 13, 236–238; Arkadismus 13, 267; Athen 13, 278; 282; 285; 289; 309; Babylon 13, 380; Barberinischer Faun 13, 389; Barock 13, 412; Basilika 13, 422; 424–426; 429; Bayern 13, 439; Berlin 13, 468; Bevölkerungswissenschaft/Historische Demographie 13, 482–483; 486; 491; Bibliothek 13, 494; 498; 501; 504; Boston, Museum of Fine Arts 13, 532; 535; Bücher-Meyer-Kontroverse 13, 553; Bürger 13, 559; Byzanz 13, 610; Christliche Archäologie 13, 641–645; Dänemark 13, 676–677; 679; Décadence 13, 699; Delos 13, 709; 714; Demokratie 13, 732; Denkmal 13, 738–739; 741; Deutsches Archäologisches Institut 13, 749–752; Deutschland 13, 791; 814; 816; 818; 821; 823; 826; Diana von Ephesus 13, 837–838; 840; Diktatur 13, 854; 858; Dioskuren vom Monte Cavallo 13, 863–864; Drei Grazien 13, 870;

Dresden, Staatliche Kunstsammlungen, Skulpturensammlung 13, 873; Druckwerke 13, 883–884; 892ff.; 894–895; École française d'Athènes 13, 909; École française de Rome 13, 917ff.; Enzyklopädie 13, 971; Epochenbegriffe 13, 997; 999–1000; 1005; Epos 13, 1032; Erbrecht 13, 1037–1039; Etruskologie 13, 1055–1056; Europa 13, 1060; 1062; Fälschung 13, 1072; 1082; Faschismus 13, 1084–1086; 1097; 1097ff.; 1099; 1101–1104; Festkultur/Trionfi 13, 1107; Film 13, 1134; Finnland 13, 1149; 1151–1152; Forum/Platzanlage 13, 1160; Frankreich 14, 27; Geschichtsmodelle 14, 165; Geschichtswissenschaft/Geschichtsschreibung 14, 206; Griechen-Römer-Antithese 14, 257; Griechenland 14, 275; Groteske 14, 324ff.; Handel/Handelswege 14, 350; Herrscher 14, 369ff.; 399; Historienmalerei 14, 426ff.; Historismus 14, 494; Imperium 14, 578ff.; Istituto (Nazionale) di Studi Romani 14, 653ff.; Italien 14, 659ff.; 677f.; 685; 688; 717f.; Jerusalem 14, 723; Kalender 14, 784; Karolingische Renaissance 14, 822f.; Kartographie 14, 854; Klassik als Klassizismus 14, 893; Klassische Archäologie 14, 902ff.; Klassizismus 14, 954ff.; 975; Konstantinopel 14, 1087; Kunsterwerb/Kunstraub 14, 1148ff.; Lebendiges Latein 15/1, 97; Leichenrede 15/1, 115; London, British Museum 15/1, 205ff.; Mischverfassung 15/1, 442; Moderne 15/1, 498; Münzsammlungen 15/1, 562; Nationale Forschungsinstitute 15/1, 672ff.; 681ff.; 684ff.; 694ff.; Nationalsozialismus 15/1, 723; 724ff.; 748; New York, Metropolitan Museum 15/1, 954ff.; Numismatik 15/1, 1106ff.; Ostia und Porto 15/1, 1247ff.; Pantheon 15/2, 56; 58; Park 15/2, 124; 128–129; 144; 162; Pharmakologie 15/2, 216; Philhellenismus 15/2, 233; Philologie 15/2, 268; 278; 315; Politische Theorie 15/2, 434; 439; Porträtgalerie 15/2, 513; Preußen 15/2, 554; 557; Provinzialrömische Archäologie 15/2, 579ff.; Psychoanalyse 15/2, 592; Redegattungen 15/2, 627; 637; Reiterstandbild 15/2, 649; Rekonstruktion/Konstruktion 15/2, 656; Religionsgeschichte 15/2, 679–680; 691; 696; Renaissance 15/2, 707; Republik 15/2, 715–719; 725; 727; 729–730; 734; Revolution 15/2, 742; 745; 749; 753; Rezeptionsformen 15/2, 764–765; 770; Rhetorik 15/2, 813; 818; Römisch-Germanische Kommission (RGK) 15/2, 825; Romanik 15/2, 952; 953ff.; Romantik 15/2, 979; 984; Rosse von San Marco/Quadriga 15/2, 989ff.; Ruine/Künstliche Ruine 15/2, 993; Sacrum Imperium 15/2, 1034; 1037; Säule/Säulenmonument 15/2, 1042; 1047; Säulenordnung 15/2, 1048; 1052–1053; Schlachtorte 15/2, 1082; 1090; Schweden 15/2, 1119; Sepulchralkunst 15/3, 17ff.; Society of Dilettanti 15/3, 73; Souvenir 15/3, 80; Sozial- und Wirtschaftsgeschichte 15/3, 85; Sozialismus 15/3, 96; Spanien 15/3, 135; 150; Sparta 15/3, 155ff.; Spiele 15/3, 194; Spolien 15/3, 195ff.; Stadion 15/3, 261; Stadt 15/3, 262ff.; Staufische Renaissance 15/3, 272; 274f.; Stil, Stilanalyse, Stilentwicklung 15/3, 291; Stützfiguren/ Erechtheionkoren 15/3, 331; Tourismus 15/3, 526; Trajanssäule 15/3, 546; Troja 15/3, 596–597; 617; Tschechien 15/3, 633; Überlieferung 15/3, 695; 697; 712; United Kingdom 15/3, 798; United States of America 15/3, 840; 853; Universität 15/3, 882; Verlag 15/3, 1003; Villa 15/3, 1037; Wallfahrt 15/3, 1081; 1083; 1088ff.; Warburg Institute, The 15/3, 1105; Weltwunder 15/3, 1111; Wien, Kunsthistorisches Museum 15/3, 1136

Rom, Forum Romanum: Rom 15/2, 845; 858; 879ff.
Roma* → Rom**
Romainmôtier CH: Schweiz 15/2, 1126
Romaja Alb: Albanien 13, 61
Romania nova: Romanische Sprachen 15/2, 956
Romania submersa: Romanische Sprachen 15/2, 956
Roselle → Rusellae*
Rosette (Rosetta) Äg: Ägyptologie 13, 17; Alexandria 13, 66; Entzifferungen 13, 960; Inschriftenkunde, griechische 14, 594; Papyrologie 15/2, 94; Rezeptionsformen 15/2, 761; Schriftwissenschaft 15/2, 1098
Roskilde Dän: Sepulchralkunst 15/3, 18
Rossano It: Bibliothek 13, 497
Roßleben Sa-An: Fürstenschule 14, 72
Rostock Me-Vo: DDR 13, 683; Deutschland 13, 768; 770
Rotes Meer Me-Vo: Alexandria 13, 65
Rottweil (Arae [1]* Flaviae) Ba-Wü: Stadt 15/3, 266
Rousham Eng: Park 15/2, 137
Rovereto It: Lebendiges Latein 15/1, 97
Rugby Eng: College 13, 655
Rumänien**: Akademie 13, 49; Byzanz 13, 621
Rus: Rußland 15/2, 1014ff.
Rusafa* → Resafa
Rusellae* (Roselle) It: Deutsches Archäologisches Institut 13, 752
Rusovce (Castellum Gerulata) Slok: Slowakei 15/3, 63
Rußland**: Akademie 13, 51; Altertumskunde (Humanismus bis 1800) 13, 95; Altorientalische Philologie und Geschichte 13, 110; Anakreontische Dichtung, Anakreontik 13, 132; Antikensammlung 13, 144; Bulgarien 13, 573; Byzantinistik 13, 584; 586; Byzanz 13, 618ff.;

Festkultur/Trionfi 13, 1114; Finnland 13, 1148; Kalender 14, 782; Polen 15/2, 404; Schlachtorte 15/2, 1078; Slavische Sprachen 15/3, 59ff.

S

Saalburg *Thü*: Archäologischer Park 13, 219; Fin de siècle 13, 1141
Saarbrücken: Berufsverbände 13, 477; Lebendiges Latein 15/1, 96
Saba'* *Jem*: Rezeptionsformen 15/2, 766
Sabatsminda (bei Jerusalem): Georgien 14, 132
Sabbioneta *It*: Italien 14, 711; Lateinische Komödie 15/1, 77; Theaterbau/Theaterkulisse 15/3, 405
Sabir (bei Aden) *Jem*: Deutsches Archäologisches Institut 13, 756
Sabratha* *Liby*: 13, 2
Sachsen: Deutschland 13, 772; 792; 808; Dresden, Staatliche Kunstsammlungen, Skulpturensammlung 13, 873; Lykanthropie 15/1, 243
Sächsisches Kaiserreich: Byzanz 13, 611
Saena* → Siena
Safed *Isr*: Jerusalem 14, 734; 745; Kabbala 14, 768
Sagrajas *Spa*: Arabisch-islamisches Kulturgebiet 13, 177
Sagunto (Saguntum*) *Spa*: Spanien 15/3, 128
Saguntum* → Sagunto
Saidu Sharif *Pak*: Pakistan/Gandhara-Kunst 15/2, 37
Saint-Germain-des-Prés *Fra*: Akademie 13, 46
Saint-Germain-en Laye *Fra*: Park 15/2, 129
Saint-Gilles *Fra*: Romanik 15/2, 952
Saïs* *Äg*: Atlantis 13, 333; Diana von Ephesus 13, 844
Sakkara → Saqqara*
Salamanca (Salmantica*) *Spa*: Basilika 13, 429; Portugal 15/2, 518; Spanien 15/3, 102ff.
Salamis [1]* (Insel) *Gr*: Aigina 13, 30; Atlantis 13, 335; Schlachtorte 15/2, 1078–1080
Salerno (Salernum*) *It*: College 13, 654; Griechisch 14, 306f.; Italien 14, 662; 664; Sizilien 15/3, 34; Spolien 15/3, 203; Sprachphilosophie/Semiotik 15/3, 223
Salernum* → Salerno
Salmakis* *Tü*: Halikarnass 14, 334ff.
Salmantica* → Salamanca
Salodurum* → Solothurn
Salona* → Solin
Saloniki* → Thessaloniki
Salso (Fluß) (Silarus*): Paestum 15/2, 5
Saltus* Teutoburgiensis → Teutoburger Wald
Salzburg (Iuvavum*): Bayern 13, 431; Berufsverbände 13, 475; Bibliothek 13, 503; Domschule 13, 868; Österreich 15/1, 1132ff.; 1132; Porträtgalerie 15/2, 503; Überlieferung 15/3, 701

Salzdahlum (bei Wolfenbüttel) *Nds*: Parnaß 15/2, 184
Samarkand (Marakanda*) *Usb*: Arabisch-islamisches Kulturgebiet 13, 162; 167
Samarobriva* → Amiens
Samos [3]** *Gr*: Deutsches Archäologisches Institut 13, 753; Inschriftenkunde, griechische 14, 604; Klassische Archäologie 14, 924; Samos 15/2, 1054ff.
Samos, Kastro → Tigani
Samothrake* *Gr*: Archäologische Methoden 13, 203; Klassische Archäologie 14, 911; Kretisch-Mykenische Archäologie 14, 1109; Mode 15/1, 491; Nationale Forschungsinstitute 15/3, 1287; Religionsgeschichte 15/2, 684
San Giovenale *It*: Schweden 15/2, 1119
San Marino: Römisches Recht 15/2, 829
San Simeon (bei Los Angeles) *CA*: Park 15/2, 139
Sanaa *Jem*: Deutsches Archäologisches Institut 13, 749; 756
Šanidar (Höhle) *Irak*: Baghdad, Iraq Museum 13, 383
Sânnicolaul Mare: Rumänien 15/2, 1013
Sanspareil (bei Bayreuth) *Bay*: Park 15/2, 132
Santa Fe *NM*: Archaeological Institute of America 13, 194
Santa Severa *It*: Rom 15/2, 942
Santiago de Compostela *Spa*: 15/3, 1083; Basilika 13, 426; Spanien 15/3, 120f.; 125; Wallfahrt 15/3, 1090
Santo Domingo → Dominikanische Republik
Santorin → Thera*/**
São Paolo *Brasilien*: Lateinamerika 15/1, 42
Saqqara* (Sakkara) *Äg*: Kairo, Ägyptisches Museum 14, 774; 776; Papyri (Fundgeschichte) 15/2, 66; Polen 15/2, 409
Saragossa (Caesaraugusta*/Zaragoza) *Spa*: Bibliothek 13, 495; Spanien 15/3, 108ff.; Wallfahrt 15/3, 1089
Saratow: Rußland 15/2, 1023
Sarepta *Liba*: Philadelphia, University of Pennsylvania Museum of Archaeology and Anthropology, Ancient Near Eastern Section 15/2, 226
Sarišša (Kuşaklı) *Tü*: Deutsche Orient-Gesellschaft 13, 745; Hethitologie 14, 416
Sarnath *Pak*: Pakistan/Gandhara-Kunst 15/2, 35
Sarno (Fluss) (Sarnus*) *It*: Pompeji 15/2, 473; 478
Sarnus* → Sarno (Fluss)
Sarzana *It*: Rosse von San Marco/Quadriga 15/2, 991
Sassanidisches Reich: Geld/Geldwirtschaft/Geldtheorie 14, 105; 107
Satricum* *It*: Nationale Forschungsinstitute 15/1, 696; Rom 15/2, 942
Savoyen *Fra*: Altsprachlicher Unterricht 13, 123
Sbeitla *Tun*: École française de Rome 13, 921
Schleißheim *Bay*: Deutschland 13, 788; Parnaß 15/2, 185

Schleswig S-H: Stützfiguren/Erechtheionkoren
15/3, 330
Schlettstadt (Sélestat) Els: Bibliothek 13, 498
Schönau Öst: Park 15/2, 138
Schottland: Bibliothek 13, 495; Keltische Sprachen 14, 875f.; Mönchtum 15/1, 523; Scotland, Law of 15/3, 1ff.
Schulpforta → Pforta
Schurrupak → Fara
Schwabing (München): Paganismus 15/2, 24
Schwarzenacker Hes: Archäologischer Park 13, 219; 221–222
Schwarzes Meer (Pontos* Euxeinos): Europa 13, 1059
Schweden**: Altertumskunde (Humanismus bis 1800) 13, 95; Anakreontische Dichtung, Anakreontik 13, 132; Antikensammlung 13, 143; Archäologische Methoden 13, 202; Bibliothek 13, 501; Finnland 13, 1148; Kalender 14, 781; Münzsammlungen 15/1, 562f.; Nationale Forschungsinstitute 15/1, 707ff.
Schweinfurt Bay: Akademie 13, 45
Schweiz**: Akademie 13, 44; Aussprache 13, 354; Bibliothek 13, 501; Bund 13, 580; Demokratie 13, 725; Deutschland 13, 823; Eigentum 13, 931; Kalender 14, 781; Nationale Forschungsinstitute 15/1, 715ff.; Republik 15/2, 730; 736; Römisches Recht 15/2, 833; Romanistik/Rechtsgeschichte 15/2, 966; Schlachtorte 15/2, 1086
Schwerin Me-Vo: DDR 13, 686
Scodra → Scutari
Scribla Kal: École française de Rome 13, 921
Scutari (Shkodra/Scodra/Skutari) Alb: Albanien 13, 57; 60
Scythia minor → Dobrudscha
Segedunum (Wallsend) Eng: Limes, Hadrianswall 15/1, 150; 154
Segesta [1]* Siz: Deutsches Archäologisches Institut 13, 752
Segovia [1]* Spa: Spanien 15/3, 128
Selca → Pelion*
Selçuk → Ephesos*/**
Sélestat → Schlettstadt
Seleukeia [1]* am Tigris (Seleukia) Irak: Baghdad, Iraq Museum 13, 384; Bevölkerungswissenschaft/ Historische Demographie 13, 482
Seleukia → Seleukeia [1]* am Tigris
Selinunt (Selinus [4]*) Siz: Deutsches Archäologisches Institut 13, 752; Klassische Archäologie 14, 908; Rosse von San Marco/Quadriga 15/2, 989
Selinus [4]* → Selinunt
Sendschirli (Zincirli) Tü: Berlin 13, 463–464
Senegal: Afrika 13, 23
Sens (Agedincum*) Fra: Frankreich 14, 8; 12; Gotik 14, 248

Serbien**: Akademie 13, 49; Apotheose 13, 160; Byzanz 13, 614–618; 621; Slavische Sprachen 15/3, 59f.
Serdica* → Sofia
Sétif Tun: Stadt 15/3, 268
Seuthopolis* (Tundža) Bul: Bulgarien 13, 576
Sevilla (Hispal(is, Spalis)*) Spa: Sepulchralkunst 15/3, 16; Spanien 15/3, 102ff.; 135
Sewastopol Ukr: Rußland 15/2, 1022
Shad-dheri (bei Rawalpindi) (Taxila*/Sirkap) Pak: Pakistan/Gandhara-Kunst 15/2, 33; 37; 39
Shanghai: China 13, 636–637
Sheffield Eng: Historismus 14, 494
Shijzhuang: China 13, 636
Shkodra → Scutari
Shotorak Afg: Pakistan/Gandhara-Kunst 15/2, 37
Shugborough Eng: Park 15/2, 134
Shushan → Susa*
Sibirien: Atlantis 13, 337; Deutsches Archäologisches Institut 13, 757
Sibiu (Hermannstadt) Rum: Rumänien 15/2, 1011
Sicilia* → Sizilien**
Side*: Türkei 15/3, 675ff.
Sidi Bou Said Tun: Karthago 14, 839
Sidon* Liba: Europa 13, 1059; Türkei 15/3, 655
Siebenbürgen → Transsilvanien
Siena (Saena*) It: Akademie 13, 56; Drei Grazien 13, 870; Etruskologie 13, 1055; Gerechtigkeit 14, 143; Gotik 14, 246; Groteske 14, 324ff.; Herrscher 14, 393; Historienmalerei 14, 422ff.; 430; Krankenhaus 14, 1099; Porträtgalerie 15/2, 503; 505; Spolien 15/3, 201; Stützfiguren/Erechtheionkoren 15/3, 327ff.; 330
Sierra Leone: Afrika 13, 26
Sikyon* Gr: Kunsterwerb/Kunstraub 14, 1151
Silarus* → Salso (Fluß)
Simferopol Ukr: Rußland 15/2, 1023
Şimlăul Silvanei Tran: Rumänien 15/2, 1013
Simonstown Süd: Südafrika 15/3, 344
Sinai [1]*: Bibliothek 13, 496; Byzanz 13, 621; Georgien 14, 132; Judentum 14, 766
Singidunum* → Belgrad
Sipylos* Tü: Historische Geographie 14, 446
Sirkap → Shad-dheri (bei Rawalpindi)
Sirmium* Serb: École française de Rome 13, 921
Sirwah Jem: Deutsches Archäologisches Institut 13, 756
Siwa (Oase) Äg: Deutsches Archäologisches Institut 13, 754; Judentum 14, 766
Sizilien** (Sicilia*): Altertumskunde (Humanismus bis 1800) 13, 94; Arabisch-islamisches Kulturgebiet 13, 162; Byzanz 13, 600; 610; 612; Deutschland 13, 803; Geschichtsmodelle 14, 161; Griechisch 14, 308; Handel/Handelswege 14, 350; Italien 14, 668; 718; Pharmakologie 15/2, 217; Säulenordnung 15/2, 1052; Staufische Renaissance 15/3, 275ff.

Skálholt *Isl*: Island 14, 650
Skamander (Skamandros*) *Tü*: Troja 15/3, 604; 609
Skamandros* → Skamander
Skandinavien (vgl. auch → Nordeuropa): Basilika 13, 426; Diana von Ephesus 13, 839; Europa 13, 1059
Skopje (Skupoi*) *Maz*: Albanien 13, 57; Makedonien/Mazedonien 15/1, 280ff.
Skupoi* → Skopje
Skutari → Scutari
Skyros* *Gr*: Klassische Archäologie 14, 903
Slowakei**: 15/3, 63–68
Slowenien**: 15/3, 68–73
Smolensk *Rus*: Byzanz 13, 618
Smyrna* (Izmir) *Tü*: Byzanz 13, 596; Griechenland 14, 276; 278; Karlsruhe, Badisches Landesmuseum, Antikensammlungen 14, 808; Türkei 15/3, 660ff.
Sofia (Serdica*): Bulgarien 13, 572; 575–576; Münzsammlungen 15/1, 563
Soissons (Augusta [9]* Suess(i)onum) *Fra*: Frankreich 14, 5; Stadt 15/3, 264
Solin (Salona*) *Kro*: Kroatien 14, 1122
Solothurn (Salodurum*) *CH*: Schweiz 15/2, 1124; 1141
Sonneberg *Thü*: DDR 13, 687
Sopoćani *Serb*: Byzanz 13, 617
Soria *Spa*: Spanien 15/3, 102
Soto de Bureba *Spa*: Deutsches Archäologisches Institut 13, 754
Sousse → Hadrumetum*
Sovjan *Alb*: École française d'Athènes 13, 915
Sowjetunion (vgl. auch → UdSSR): Altorientalische Philologie und Geschichte 13, 109–110; Deutsches Archäologisches Institut 13, 757; Deutschland 13, 820; Dresden, Staatliche Kunstsammlungen, Skulpturensammlung 13, 877; Geschichtswissenschaft/Geschichtsschreibung 14, 207f.; Sklaverei 15/3, 52ff.; Sparta 15/3, 168
Sozopol (Apollonia [2]* Pontike/Sozopolis) *Bul*: Bulgarien 13, 569; 572; 576
Sozopolis* → Sozopol
Spalato, Spalatum* → Split
Spanien**: Adaptation 13, 7; 11; Altorientalische Philologie und Geschichte 13, 109–110; Antikensammlung 13, 143; Aphorismus 13, 150; Arabisch-islamisches Kulturgebiet 13, 162; 176; Arabistik 13, 191; Arkadismus 13, 266; Babylon 13, 376; Barock 13, 400–401; Basilika 13, 426; Bibliothek 13, 495; 497; 500; 502; Bukolik/Idylle 13, 563; Christliche Archäologie 13, 642; Deutsches Archäologisches Institut 13, 755; Deutschland 13, 819; Epos 13, 1025–1026; Etruskerrezeption 13, 1051; Kalender 14, 781; Lateinische Komödie

15/1, 74; Mittellatein 15/1, 460; Mönchtum 15/1, 523; Münzsammlungen 15/1, 562f.; Panegyrik 15/2, 55; Renaissance 15/2, 708; Rhetorik 15/2, 784; Romanistik/Rechtsgeschichte 15/2, 966; Wallfahrt 15/3, 1089ff.
Sparta*/** (Lakedaimon) *Gr*: Athen 13, 278; 287; Bund 13, 581; Demokratie 13, 722; 724; 726; 732; Deutschland 13, 821–822; Frankreich 14, 48; Geschichtsmodelle 14, 163; Geschichtswissenschaft/Geschichtsschreibung 14, 196; Inschriftenkunde, griechische 14, 591; Kunsterwerb/Kunstraub 14, 1151; Matriarchat 15/1, 321; Mischverfassung 15/1, 442; Nationalsozialismus 15/1, 723; 724ff.; 735; 747; Papyri, literarische 15/2, 74; Politische Theorie 15/2, 424–425; 425f.; 430; Religion und Literatur 15/2, 674; Republik 15/2, 716; 730; 732; Revolution 15/2, 742; 744–745; 749ff.; Schlachtorte 15/2, 1081; Schweiz 15/2, 1141f.; Sozialismus 15/3, 96; Sport 15/3, 214ff.; United States of America 15/3, 841
Sparti (Sparta) *Gr*: Sparta 15/3, 173
Sperlonga*/** *It*: Italien 14, 718; Laokoongruppe 15/1, 9; Rezeptionsformen 15/2, 765
Speyer (Noviomagus [8]*) *Rh-Pf*: Basilika 13, 425; Berufsverbände 13, 477–478; Deutschland 13, 762; 775; Sepulchralkunst 15/3, 18
Spileja *Alb*: Albanien 13, 60
Split (Spalatum*/Spalato) *Kro*: Druckwerke 13, 893; Klassizismus 14, 955; Kroatien 14, 1122; Überlieferung 15/3, 697
Spoletium* → Spoleto
Spoleto (Spoletium*) *It*: Spolien 15/3, 199; Stadt 15/3, 269; Stützfiguren/Erechtheionkoren 15/3, 327
Sponheim *Rh-Pf*: Bibliothek 13, 498
Squillace *It*: École française de Rome 13, 921
Sri Lanka** (Ceylon/Taprobane*): Atlantis 13, 336; Deutsches Archäologisches Institut 13, 757; Pakistan/Gandhara-Kunst 15/2, 36; Roman Dutch Law 15/2, 949; Śrī Laṅkā 15/3, 251ff.
St. Amand *Fra*: Frankreich 14, 12
St. Andrews *Scho*: Scotland, Law of 15/3, 3
St. Benoît-sur-Loire *Fra*: Frankreich 14, 12
St. Denis *Fra*: Bibliothek 13, 496; Frankreich 14, 7–8; 11–12; Karolingische Renaissance 14, 821
St. Emmeran: Bayern 13, 431
St. Florian *Öst*: Bibliothek 13, 497
St. Gallen *CH*: Basilika 13, 425; Bibliothek 13, 495–498; Deutschland 13, 761; Karolingische Renaissance 14, 822; 827; Klosterschule 14, 980; Pharmakologie 15/2, 216; Philologie 15/2, 279; Renaissance 15/2, 704; Rhetorik 15/2, 772; 796; Schweiz 15/2, 1125–1126; 1130
St. Germain-des-Prés *Fra*: Bibliothek 13, 503; Frankreich 14, 11

St. Germain-en-Laye: Basilika 13, 429
St. Louis MO: Sport 15/3, 215
St. Maurice CH: Schweiz 15/2, 1124
St. Peter in Holz, Kärnten → Teurnia (Metropolis Norici)
St. Petersburg (Leningrad) Abguß/Abgußsammlung 13, 4; Akademie 13, 44–45; 49; Berlin 13, 456; 473; Bibliothek 13, 501; Byzantinistik 13, 584; 591; Groteske 14, 331; Historismus 14, 494; Münzsammlungen 15/1, 563; Papyrussammlungen 15/2, 101; Reiterstandbild 15/2, 654; Rosse von San Marco/Quadriga 15/2, 990; Rußland 15/2, 1018–1020; 1022; 1026–1027; 1030; Sankt Petersburg, Eremitage 15/2, 1061ff.; Stützfiguren/Erechtheionkoren 15/3, 333
St. Petersburg, Eremitage Rus: Park 15/2, 132
St. Riquier Fra: Frankreich 14, 8; Philologie 15/2, 279
St. Ursanne CH: Schweiz 15/2, 1126
Stabiae*/** It: Druckwerke 13, 895; Herculaneum 14, 359; Pompeji 15/2, 473
Stalingrad Rus: Schlachtorte 15/2, 1081
Staro Nagoričino Serb: Serbien 15/3, 32
Steenbrügge: Patristische Theologie/Patristik 15/2, 198
Steiermark Öst: Slowenien 15/3, 69
Stellenbosch Süd: Südafrika 15/3, 345f.
Stendal Sa-An: DDR 13, 687; 697; Winckelmann-Gesellschaft 15/3, 1137ff.
Stettin (Szczecin) Pol: Polen 15/2, 402
Steunos (Grotte) Tü: Aizanoi 13, 35–36
Stobi (Stoboi*) Maz: Makedonien/Mazedonien 15/1, 278
Stockholm: Abguß/Abgußsammlung 13, 4; Akademie 13, 44; Münzsammlungen 15/1, 562; Stadion 15/3, 259
Stolberg Sa-An: Bibliothek 13, 503
Stonehenge Eng: Druiden 13, 901
Stourhead Eng: Park 15/2, 148; 159
Stowe Eng: Park 15/2, 134ff.; 150ff.
Strasbourg → Straßburg
Straßburg (Argentorate*/Strasbourg) Els: Abguß/Abgußsammlung 13, 5–6; Akademie 13, 42; 49; Basilika 13, 425–426; Bibliothek 13, 499; Deutschland 13, 765; 769; Diana von Ephesus 13, 842; Epos 13, 1033; Griechische Komödie 14, 312; Griechische Tragödie 14, 318; Lateinische Komödie 15/1, 70; Loci communes 15/1, 189; Papyrussammlungen 15/2, 102; Provinzialrömische Archäologie 15/2, 577; Religionsgeschichte 15/2, 698; Rhetorik 15/2, 800; 818; Rom 15/2, 897; Schulwesen 15/2, 1111; Universität 15/2, 902; Verlag 15/3, 1003
Stratonikeia [2]* Tü: Inschriftenkunde, griechische 14, 594

Strawberry Hill Eng: Park 15/2, 134
Studenica Serb: Byzanz 13, 616–617
Stuttgart: Amsterdam, Allard Pierson Museum 13, 127; Architekturkopie/-zitat 13, 233; Berufsverbände 13, 477; Deutschland 13, 814; Historismus 14, 493; Park 15/2, 130; Säulenordnung 15/2, 1053
Subdinum → Le Mans
Subiaco It: Italien 14, 678
Sudan: Ägyptologie 13, 18; Berlin 13, 468; 474; Entzifferungen 13, 961; Polen 15/2, 402
Südafrika**: Delikt 13, 700; 702–703; Römisches Recht 15/2, 829; 833; Roman Dutch Law 15/2, 949; United Kingdom 15/3, 831ff.
Südamerika: Akademie 13, 45; Festkultur/Trionfi 13, 1114
Südeuropa: Aufklärung 13, 342; Film 13, 1138
Südsee: Atlantis 13, 336
Südtirol: Landwirtschaft 15/1, 4
Sulmo* → Sulmona
Sulmona (Sulmo*) It: Denkmal 13, 739
Sumer: Entzifferungen 13, 959
Sur → Tyros*
Šuruppak → Fara
Susa* (Shushan) Irak: Altorientalische Philologie und Geschichte 13, 105; Babylon 13, 378; Iranistik 14, 636ff.; Paris, Louvre 15/2, 116ff.
Suweida (as-Suweida): Syrien, Museen 15/3, 350
Sveštari Bul: Bulgarien 13, 576
Swat Pak: Pakistan/Gandhara-Kunst 15/2, 33; 37
Swaziland: Roman Dutch Law 15/2, 949
Sybaris [4]* It: Deutsches Archäologisches Institut 13, 752; Paestum 15/2, 5
Sydney Aus: Australien und Neuseeland 13, 358–360
Syrakus (Syrakusai*) Siz: Bibliothek 13, 497; Deutsches Archäologisches Institut 13, 752; Diktatur 13, 860; Griechische Tragödie 14, 320ff.; Italien 14, 718; Kunsterwerb/Kunstraub 14, 1150; Sizilien 15/3, 33
Syrakusai* → Syrakus
Syrien*: Alexandria 13, 64; Altorientalische Philologie und Geschichte 13, 102; 107; 109; Arabistik 13, 191; Armenien 13, 269; Basilika 13, 425; Berlin 13, 466; Byzanz 13, 600; 603; 609; Chicago, Oriental Institute Museum 13, 632; 635; Deutsche Orient-Gesellschaft 13, 745; Deutsches Archäologisches Institut 13, 756; Druckwerke 13, 893; Dumbarton Oaks 13, 908; Kalender 14, 782; Philadelphia, University of Pennsylvania Museum of Archaeology and Anthropology, Ancient Near Eastern Section 15/2, 225; Syrien, Museen 15/3, 347ff.; Wallfahrt 15/3, 1085ff.
Szczecin → Stettin
Szklarska Poręba → Mittel-Schreiberhau

T

Tabarka (Thabraca*) *Tun*: École française de Rome 13, 921
Tadjikistan: Deutsches Archäologisches Institut 13, 757
Tadmor → Palmyra*
Tafeh *Nub*: Polen 15/2, 410
Taha-Bakir *Irak*: Baghdad, Iraq Museum 13, 387
Takht-i Suleiman *Iran*: Deutsches Archäologisches Institut 13, 756
Takht-i-Bahi *Pak*: Pakistan/Gandhara-Kunst 15/2, 37
Taklamakan (Taklimakan) *Mon/Chin*: Iranistik 14, 640
Taklimakan → Taklamakan
Tall al-Amarna → Amarna*
Tall Bia (bei Raqqa) *Syr*: Deutsche Orient-Gesellschaft 13, 745
Tall Mardik → Ebla*
Tall Munbāqa → Ekalte
Tall Rad Shaqrah *Syr*: Polen 15/2, 409
Tallinn *Est*: Estland 13, 1046
Tampere *Fin*: Finnland 13, 1150; 1152
Tanagra* *Gr*: Fälschung 13, 1076
Tanais [2]* am Don *Rus*: Deutsches Archäologisches Institut 13, 757
Tanis [1]* *Äg*: Ägyptologie 13, 19; Kairo, Ägyptisches Museum 14, 778
Tanlay *Fra*: Herrscher 14, 375
Taprobane* → Sri Lanka**
Taras [2] → Tarent
Tarent (Taras [2]*/Tarentum) *It*: Italien 14, 719; Kunsterwerb/Kunstraub 14, 1150; Paestum 15/2, 12f.
Tarentum* → Tarent
Târgovişte *Rum*: Rumänien 15/2, 1001
Târgul Hurezi *Rum*: Rumänien 15/2, 1007
Tarnovo *Bul*: Bulgarien 13, 571
Tarquinia (Tarquinii*) *It*: Etruskerrezeption 13, 1053; Etruskologie 13, 1056; Rom 15/2, 942
Tarquinii* → Tarquinia
Tarracina* → Terracina
Tarraco* → Tarragona
Tarragona (Tarraco*) *Spa*: Stadt 15/3, 268
Taršiš → Tartessos*
Tartessos* (Taršiš) *Spa*: Atlantis 13, 338; Entzifferungen 13, 963
Tartu (Dorpat) *Est*: Estland 13, 1046; Rußland 15/2, 1020; 1024; 1028
Tarvisium* → Treviso
Tasmania (Van-Diemen's Land) *Aus*: Australien und Neuseeland 13, 358
Taunus* (Geb.): Limes, Limesforschung 15/1, 159
Taxila* → Shad-dheri (bei Rawalpindi)
Taygetos* *Gr*: Sparta 15/3, 173
Tbilissi (Tiflis) *Geor*: Georgien 14, 139; Rußland 15/2, 1027–1028
Tebtynis* *Äg*: Papyri (Fundgeschichte) 15/2, 67–68

Tegea [1]* *Gr*: Nationale Forschungsinstitute 15/1, 700
Tegernsee *Bay*: Bayern 13, 431; Bibliothek 13, 496; 498; Deutschland 13, 764
Teheran *Iran*: Deutsches Archäologisches Institut 13, 749; 756; Iranistik 14, 639
Tel Aviv *Isr*: Jerusalem 14, 745
Tell Atrib (Athribis*) *Äg*: Polen 15/2, 409
Tell Billa *Irak*: Philadelphia, University of Pennsylvania Museum of Archaeology and Anthropology, Ancient Near Eastern Section 15/2, 228
Tell el-Amarna → Amarna*
Tell el-Fukhar* → Akko(n)
Tell Halaf: Berlin 13, 464
Tell Harmal *Irak*: Baghdad, Iraq Museum 13, 384
Tello (Girsu) *Irak*: Paris, Louvre 15/2, 116–117; 120
Temesvar → Timişoara
Templin *Bran*: Fürstenschule 14, 73
Tenedo → Zurzach
Teneriffa (Insel) *Spa*: Atlantis 13, 338
Teos* *Tü*: Inschriftenkunde, griechische 14, 597f.
Tepe Gawra *Irak*: Philadelphia, University of Pennsylvania Museum of Archaeology and Anthropology, Ancient Near Eastern Section 15/2, 228
Tepe Giyan *Iran*: Paris, Louvre 15/2, 117
Tepe Hissar *Iran*: Philadelphia, University of Pennsylvania Museum of Archaeology and Anthropology, Ancient Near Eastern Section 15/2, 229
Tepe Sialk *Iran*: Paris, Louvre 15/2, 117
Tergeste* → Triest
Terni (Interamna [1]*) *It*: Rom 15/2, 942
Terracina (Tarracina*) *It*: École française de Rome 13, 919
Tetovo *Maz*: Makedonien/Mazedonien 15/1, 277
Teurnia (Metropolis Norici) (St. Peter in Holz, Kärnten) *Öst*: Österreich 15/1, 1132
Teutoburger Wald (Saltus* Teutoburgiensis) *NRW*: Keltisch-Germanische Archäologie 14, 871; Schlachtorte 15/2, 1078; 1088ff.
Thabraca* → Tabarka
Thasos* *Gr*: École française d'Athènes 13, 913–915
Thebai [1]* → Luxor; Theben
Thebai [2]* → Theben
Thebai [4]* → Theben
Theben (Thebai [1]*) *Äg*: Chicago, Oriental Institute Museum 13, 635; Deutsches Archäologisches Institut 13, 754; Italien 14, 719; Kairo, Ägyptisches Museum 14, 776f.; Papyri (Fundgeschichte) 15/2, 66; Schweiz 15/2, 1144
Theben (Thebai [2]*) *Gr*: Adaptation 13, 8; Bevölkerungswissenschaft/Historische Demographie 13, 482; Epos 13, 1025; 1031; Geschichtswissenschaft/Geschichtsschreibung 14, 196; Inschriftenkunde, griechische 14, 591

Theben (Thebai [4]*) Tü: Priene 15/2, 563
Theodosiopolis [1]* → Resaena
Thera*/** (Thira/Santorin) Gr: Atlantis 13, 334; 337; Griechenland 14, 291; Inschriftenkunde, griechische 14, 612; Kretisch-Mykenische Archäologie 14, 1109; Überlieferung 15/3, 695
Thermopylen (Thermopylai*) Gr: Philhellenismus 15/2, 234; Schlachtorte 15/2, 1080–1081; Sparta 15/3, 154ff.
Thermos* Gr: Inschriftenkunde, griechische 14, 591
Thessalien (Thessalia*): Geschichtswissenschaft/Geschichtsschreibung 14, 195
Thessaloniki (Thessalonike [1]*/Saloniki) Gr: Griechenland 14, 282; 284; 285f.; 291–292; Serbien 15/3, 25; Sport 15/3, 212
Þingeyrar Isl: Island 14, 650
Thira → Thera*/**
Thmouis (Thmuis*) Äg: Papyri (Fundgeschichte) 15/2, 65
Thmuis* → Thmouis
Thorikos* Att: Kretisch-Mykenische Archäologie 14, 1105; Nationale Forschungsinstitute 15/1, 656ff.
Thorn Pol: Polen 15/2, 406–407; 411
Thracia, Thrake* → Thrakien
Thrakien (Thrake*, Thracia): Bulgarien 13, 575; Europa 13, 1059; Griechenland 14, 278; Religionsgeschichte 15/2, 689; Rumänien 15/2, 997ff.; Schweiz 15/2, 1149ff.
Thüringen Deu: Epos 13, 1031
Tianjin Chin: China 13, 637
Tibet: Pakistan/Gandhara-Kunst 15/2, 36
Tibur* → Tivoli
Ticinum* → Pavia
Tiflis → Tbilissi
Tigani (Samos, Kastro) Gr: Samos 15/2, 1059ff.
Tikrit Irak: Baghdad, Iraq Museum 13, 387
Timişoara (Temesvar) Ban: Rumänien 15/2, 1010; 1012
Tinurtium* → Tournus
Tipasa [1]* Alg: École française de Rome 13, 919
Tirana Alb: Albanien 13, 59
Tiryns*/** Gr: Deutsches Archäologisches Institut 13, 753; Deutschland 13, 815; Fin de siècle 13, 1141; Griechenland 14, 291; Kretisch-Mykenische Archäologie 14, 1100ff.; Religionsgeschichte 15/2, 691
Tivoli (Tibur*) It: Athen 13, 309; Deutsches Archäologisches Institut 13, 752; Diana von Ephesus 13, 837; Park 15/2, 128; 134; Rom 15/2, 929; 942; Sepulchralkunst 15/3, 19ff.
Tōkyō Jap: Japan 14, 721
Tolbiacum* → Zülpich
Toledo (Toletum*) Spa: Arabisch-islamisches Kulturgebiet 13, 177; 182; Arabistik 13, 189; Bibliothek 13, 497; Domschule 13, 867;
Pharmakologie 15/2, 217; Sizilien 15/3, 34; Spanien 15/3, 102; Sprachphilosophie/Semiotik 15/3, 223
Toletum* → Toledo
Tolosa* → Toulouse
Tomi* → Constanza
Tomsk WSib: Rußland 15/2, 1023
Torcello It: Basilika 13, 425; Polen 15/2, 410
Torgau Sa: Deutschland 13, 777
Toskana (Toscana): Akademie 13, 46; Altertumskunde (Humanismus bis 1800) 13, 94; Byzanz 13, 613; Epochenbegriffe 13, 1000; Etruskerrezeption 13, 1050–1051; Etruskologie 13, 1055; Italien 14, 669
Toulouse (Tolosa*) Fra: Frankreich 14, 17; Romanik 15/2, 952; Stadt 15/3, 263
Touraine Fra: Frankreich 14, 9
Tournai (Turnacum*) Fra: Altertumskunde (Humanismus bis 1800) 13, 94; Herrscher 14, 393; Romanik 15/2, 953
Tournus (Tinurtium*) Fra: Basilika 13, 425
Tours (Caesarodunum*/Turonum) Fra: Bibliothek 13, 496; Ehe 13, 924; Frankreich 14, 7–8; 12; Karolingische Renaissance 14, 827; Klosterschule 14, 980; Stadt 15/3, 262ff.
Tragurium* (Trogir) Kro: Kroatien 14, 1122
Transoxanien Usb: Arabisch-islamisches Kulturgebiet 13, 162
Transsilvanien (Siebenbürgen) Rum: Rumänien 15/2, 997ff.; 1000ff.; 1011
Trasimenischer See (Lacus* Trasumenus) It: Etruskologie 13, 1054; Schlachtorte 15/2, 1085
Trebenista Maz: Makedonien/Mazedonien 15/1, 277
Trenčín Slok: Slowakei 15/3, 63ff.
Trento → Tridentum*
Treviso (Tarvisium*) It: Porträtgalerie 15/2, 504
Tridentum* (Trient/Trento) It: Barock 13, 411; Bayern 13, 438; Ehe 13, 925; Epos 13, 1026; Rhetorik 15/2, 818; Schweiz 15/2, 1134
Trient → Tridentum*
Trier** (Augusta [6]* Treverorum) Rh-Pf: 15/3, 1084; Berufsverbände 13, 475; Bibliothek 13, 496; 503; Deutsches Archäologisches Institut 13, 753; Deutschland 13, 765; 768; Herrscher 14, 395; Luxemburg 15/1, 235f.; Numismatik 15/1, 1127; Papyrussammlungen 15/2, 98; 101; Romanik 15/2, 954; Spolien 15/3, 199ff.; Stadt 15/3, 265ff.; Toranlagen/Stadttore 15/3, 510; Überlieferung 15/3, 704; Zeitrechnung 15/3, 1169
Triest (Tergeste*) It: Griechenland 14, 276
Trnava Slok: Slowakei 15/3, 64ff.
Trogir → Tragurium*
Troja** (Troia*) Tü: Adaptation 13, 8–9; Atlantis 13, 337; Comics 13, 673; Dänemark 13, 675; Deutsches Archäologisches Institut 13, 755;

Deutschland 13, 815; 826–827; Epos 13, 1019; 1023; 1025; 1031–1032; Estland 13, 1047; Fin de siècle 13, 1141; Klassische Archäologie 14, 911; 925; Kretisch-Mykenische Archäologie 14, 1102; Kunsterwerb/Kunstraub 14, 1153; Park 15/2, 154; Philhellenismus 15/2, 233; Psychoanalyse 15/2, 592; Rekonstruktion/Konstruktion 15/2, 656; Religionsgeschichte 15/2, 691; Rezeptionsformen 15/2, 765; Säule/Säulenmonument 15/2, 1042; Schlachtorte 15/2, 1080; Sperlonga 15/3, 184; 187; Spiele 15/3, 194; Spolien 15/3, 196; Trajanssäule 15/3, 546; United Kingdom 15/3, 779ff.
Tschechien**: Altorientalische Philologie und Geschichte 13, 110
Tschechoslowakei (CSSR): Altorientalische Philologie und Geschichte 13, 109–110
Tschernowitz → Cernivci
Tübingen *Ba-Wü*: Abguß/Abgußsammlung 13, 5; Amsterdam, Allard Pierson Museum 13, 127; Berufsverbände 13, 477; Deutschland 13, 768–770; Fürstenschule 14, 73; Lebendiges Latein 15/1, 96; Philologie 15/2, 251; 275; Preußen 15/2, 553; Rhetorik 15/2, 803; Ritterakademie 15/2, 823
Türkei**: Altorientalische Philologie und Geschichte 13, 102; 107; 109; Deutsche Orient-Gesellschaft 13, 744; Deutschland 13, 775; Dumbarton Oaks 13, 908; École française d'Athènes 13, 915–916; Inschriftenkunde, griechische 14, 591ff.; Kalender 14, 782; Knidos 14, 989ff.; Reiterstandbild 15/2, 655; Römisches Recht 15/2, 833; Zypern 15/3, 1234
Tulissos → Tylissos*
Tumšuq *Iran*: Iranistik 14, 640
Tundža → Seuthopolis*
Tunesien: Deutsches Archäologisches Institut 13, 752; Dumbarton Oaks 13, 908; Karthago 14, 840ff.; 851; Kartographie 14, 859
Tunis *Tun*: Karthago 14, 842; 847f.; Stadt 15/3, 268
Tura *Äg*: Patristische Theologie/Patristik 15/2, 199
Tureng Tepe *Iran*: Philadelphia, University of Pennsylvania Museum of Archaeology and Anthropology, Ancient Near Eastern Section 15/2, 229
Turfan *Chin*: Iranistik 14, 640
Turicum* → Zürich
Turin (Augusta [5]* Taurinorum) *It*: Ägyptologie 13, 20; Berlin 13, 468; Bibliothek 13, 502; Italien 14, 719
Turku (→Abo) *Fin*: Finnland 13, 1149–1151; Papyrussammlungen 15/2, 100; Rußland 15/2, 1020
Turnacum* → Tournai
Turonum → Tours

Tuscana* → Tuscania
Tuscania (Tuscana*) *It*: Rom 15/2, 942
Tuscia* *It*: Etruskologie 13, 1055
Tusculum* *It*: Kunsterwerb/Kunstraub 14, 1148
Tuttul *Syr*: Deutsche Orient-Gesellschaft 13, 745
Twickenham *Eng*: Park 15/2, 134ff.
Tylissos* (Tulissos) *Kre*: Entzifferungen 13, 963; Kretisch-Mykenische Archäologie 14, 1108
Tyriaion *Tü*: Inschriftenkunde, griechische 14, 595
Tyros* (Sur) *Liba*: Bevölkerungswissenschaft/Historische Demographie 13, 482
Tyrrhenien *It*: Atlantis 13, 335

U

UdSSR (vgl. auch → Sowjetunion): Akademie 13, 51; Altorientalische Philologie und Geschichte 13, 110; DDR 13, 682; Ukraine 15/3, 742
Üvecik *Tü*: Troja 15/3, 603
Ugarit* (Ras Shamra/Ra's Šamra) *Syr*: Altorientalische Philologie und Geschichte 13, 109; Entzifferungen 13, 957; Paris, Louvre 15/2, 117
Ukraine**: Rußland 15/2, 1017; Slavische Sprachen 15/3, 62
Ulm *Ba-Wü*: Deutschland 13, 769
Ulpiana (Ulpianum*/Graçanica) *Kos*: Albanien 13, 61
Ulpianum* → Ulpiana
Umbrien *It*: Rom 15/2, 941
Ungarn**: Akademie 13, 49; Altorientalische Philologie und Geschichte 13, 109–110; Deutschland 13, 775; Finnisch-ugrische Sprachen 13, 1146; Kalender 14, 781; Rumänien 15/2, 1004; Slowakei 15/3, 63
United Kingdom** → Großbritannien, → England, → Schottland, → Wales
Unteritalien: Altertumskunde (Humanismus bis 1800) 13, 94; Byzanz 13, 600; 610; 612
Unteruhldingen *Ba-Wü*: Archäologischer Park 13, 219; Rezeptionsformen 15/2, 765
Uppsala *Schw*: Altertumskunde (Humanismus bis 1800) 13, 91; Atlantis 13, 336; Basilika 13, 426; Papyrussammlungen 15/2, 100; Schweden 15/2, 1116; 1118
Ur* *Irak*: Baghdad, Iraq Museum 13, 382; 384; Philadelphia, University of Pennsylvania Museum of Archaeology and Anthropology, Ancient Near Eastern Section 15/2, 227; 230ff.; Spiele 15/3, 194
Ura → Olba*
Urartu*: Entzifferungen 13, 959
Urbino (Urvinum* Mataurense) *It*: Bibliothek 13, 498; 501; Dialog 13, 832; Italien 14, 677; 685; Porträtgalerie 15/2, 506; Renaissance 15/2, 706–707
Urbs* Vetus → Orvieto
Urfa → Edessa [2]*

Uruguay: Lateinamerika 15/1, 33; 42
Uruk* (Warka) *Irak*: Baghdad, Iraq Museum 13, 383–384; Berlin 13, 464; 467; Deutsche Orient-Gesellschaft 13, 744–745
Urvinum* Mataurense → Urbino
USA**: Akademie 13, 45; 49; Altorientalische Philologie und Geschichte 13, 103–104; 107; 109–110; Arabistik 13, 192; Archäologische Methoden 13, 204; Architekturkopie/-zitat 13, 232; Athen 13, 302; 309; Atlantis 13, 336; Aufklärung 13, 341f.; Baghdad, Iraq Museum 13, 382; Bibliothek 13, 501; 504; Biographie 13, 522; Byzantinistik 13, 586; 591; Chicago, Oriental Institute Museum 13, 632; Comics 13, 658; Demokratie 13, 722ff.; 729ff.; Denkmal 13, 739; Deutschland 13, 800; 821; Dritter Humanismus 13, 882; Druiden 13, 902; Dumbarton Oaks 13, 904; Epos 13, 1026; Festkultur/Trionfi 13, 1114; Figurenlehre 13, 1130; Film 13, 1134; 1139; 1140; Geschichtswissenschaft/Geschichtsschreibung 14, 206ff.; Greek Revival 14, 248; Judentum 14, 763; Kulturanthropologie 14, 1131ff.; Medien 15/1, 348; Menschenrechte 15/1, 387ff.; Mischverfassung 15/1, 445; Mittellatein 15/1, 460; Orient-Rezeption 15/1, 1214ff.; Paganismus 15/2, 23; Philhellenismus 15/2, 233; Philologie 15/2, 257; Philologisches Seminar 15/2, 330; Platonismus 15/2, 372; Politische Theorie 15/2, 422ff.; 430; Psychoanalyse 15/2, 590; 598; Redegattungen 15/2, 640; Religionsgeschichte 15/2, 684; 686; Republik 15/2, 727ff.; 731; 733; 736; Revolution 15/2, 741; 743; 745; 749; Römisches Recht 15/2, 833; Rom 15/2, 877–878; Sacrum Imperium 15/2, 1038; Sparta 15/3, 158f.; 168; Tanz 15/3, 360f.; United States of America 15/3, 833ff.; Universität 15/3, 903
Utrecht *NL*: Basilika 13, 426; Digesten/Überlieferungsgeschichte 13, 850; Niederlande und Belgien 15/1, 1001ff.

V

Vaccarizza *Apul*: École française de Rome 13, 921
Val Demone *Siz*: Sizilien 15/3, 33
Val di Noto *Siz*: Sizilien 15/3, 33
Valence (Valentia [2]*) *Fra*: Frankreich 14, 22
Valencia (Valentia [1]*) *Spa*: Spanien 15/3, 105ff.; 129ff.; Wallfahrt 15/3, 1089
Valentia [1]* → Valencia
Valentia [2]* → Valence
Valladolid *Spa*: Spanien 15/3, 102; 106ff.
Valle del Turano *Lat*: École française de Rome 13, 921
Van-Diemen's Land → Tasmania

Vancouver *Can*: Stadion 15/3, 259
Vapheio *Gr*: Sparta 15/3, 173
Varna (Odessos*) *Bul*: Bulgarien 13, 572; 576
Vasco (Vitoria) *Spa*: Spanien 15/3, 125
Vasiliki *Kre*: Kretisch-Mykenische Archäologie 14, 1108
Vathypetron *Kre*: Kretisch-Mykenische Archäologie 14, 1108
Vatikan: Berlin 13, 468; Byzantinistik 13, 584; Renaissance 15/2, 708; Rom 15/2, 845; 857; 915; 931ff.; 934; Romanistik/Rechtsgeschichte 15/2, 962
Veh Ardaschir → Koch
Veii* → Veji
Veitshöchheim *Bay*: Park 15/2, 132; Parnaß 15/2, 184
Veji (Veii*) *It*: Etruskologie 13, 1056; Fälschung 13, 1075; Historienmalerei 14, 432; Rom 15/2, 942
Veliko Turnovo *Bul*: Byzanz 13, 615
Velleia *It*: Italien 14, 716
Vemania (Isny) *Bay*: Numismatik 15/1, 1127
Venedig**: Albanien 13, 57; Alexandria 13, 64; Altertumskunde (Humanismus bis 1800) 13, 89; Antikensammlung 13, 139–140; 143; 147; Architekturtheorie/Vitruvianismus 13, 236–237; Arkadismus 13, 267; Armenien 13, 271–272; Athen 13, 280–281; 305; Basilika 13, 429; Bayern 13, 434; Bibliothek 13, 498; Byzantinistik 13, 584–585; Byzanz 13, 598–599; 610; 612–613; 621; Digesten/Überlieferungsgeschichte 13, 848; Drei Grazien 13, 871; Druckwerke 13, 886; École française de Rome 13, 919; Epos 13, 1030; Fälschung 13, 1072; Festkultur/Trionfi 13, 1107; Gotik 14, 240; Griechenland 14, 269; 275; Handel/Handelswege 14, 354; Horoskope 14, 532; Italien 14, 669; 676ff.; 685ff.; 719f.; Konstantinopel 14, 1084f.; Kunsterwerb/Kunstraub 14, 1152; Lateinische Komödie 15/1, 76; Meteorologie 15/1, 417; Mischverfassung 15/1, 442f.; Neugriechische Literatur 15/1, 897ff.; Oper 15/1, 1181; Philologie 15/2, 248; Porträtgalerie 15/2, 513; Reiterstandbild 15/2, 651–652; Renaissance 15/2, 707–708; Republik 15/2, 716; 719ff.; 724; 727; Revolution 15/2, 749; Rosse von San Marco/Quadriga 15/2, 988ff.; Säule/Säulenmonument 15/2, 1044; Sparta 15/3, 155; Spolien 15/3, 199ff.; Stützfiguren/Erechtheionkoren 15/3, 330; Triumphbogen 15/3, 583–584; Verlag 15/3, 1003; Wallfahrt 15/3, 1087
Venetien (Veneto): Rosse von San Marco/Quadriga 15/2, 988; Villa 15/3, 1037

Venezuela: Festkultur/Trionfi 13, 1114; Lateinamerika 15/1, 30ff.; 39ff.
Vercovicium (Housesteads) *Eng:* Limes, Hadrianswall 15/1, 151; 153; 155
Verdun (Virodunum*) *Fra:* Deutschland 13, 760
Vergina** (vgl. auch → Aigai [1]*) *Gr:* Athen 13, 310; Griechenland 14, 292
Verona* *It:* Akademie 13, 56; Antikensammlung 13, 147; Bibliothek 13, 495–496; Deutschland 13, 762; Druckwerke 13, 893; Forum/Platzanlage 13, 1152–1153; Historienmalerei 14, 422; Italien 14, 659ff.; 720; Philologie 15/2, 278; 283; Reiterstandbild 15/2, 651; Romanistik/Rechtsgeschichte 15/2, 962; Schrift/Typographik 15/2, 1095; Sepulchralkunst 15/3, 18; Stadt 15/3, 262ff.
Verria → Beroia [1]*
Versailles *Fra:* Abguß/Abgußsammlung 13, 4; 6; Apoll von Belvedere 13, 155; Babylon 13, 377; Basilika 13, 429; Fälschung 13, 1072; Festkultur/Trionfi 13, 1113; Frankreich 14, 35; 42; 44; Park 15/2, 131; 175; Parnaß 15/2, 184; Reiterstandbild 15/2, 653
Vesontio* → Besançon
Vesuv (Vesuvius*) *It:* Barock 13, 410; Kampanien 14, 788; Park 15/2, 164; Pompeji/Rezeption des freigelegten Pompeji in Literatur und Film 15/2, 492f.; Pompeji 15/2, 472ff.
Vesuvius* → Vesuv
Vetera* → Xanten
Vézelay *Fra:* Basilika 13, 426; Frankreich 14, 12
Vicenza (Vicetia*) *It:* Basilika 13, 422; Byzanz 13, 598; Griechische Tragödie 14, 318ff.; 322ff.; Italien 14, 685; 688; Lateinische Komödie 15/1, 76; Theaterbau/Theaterkulisse 15/3, 404; Villa 15/3, 1040
Vicetia* → Vicenza
Victoria *Aus:* Australien und Neuseeland 13, 359
Vidin *Bul:* Bulgarien 13, 571
Vienna* → Vienne
Vienne (Vienna*) *Fra:* Altertumskunde (Humanismus bis 1800) 13, 94; Stadt 15/3, 263
Vietnam: Deutsches Archäologisches Institut 13, 757
Vigevano *It:* Forum/Platzanlage 13, 1153
Vilnius (Wilna) *Lit:* Litauen 15/1, 171–172; 173ff.; Polen 15/2, 404–406; 409–410; Rußland 15/2, 1017; 1020; 1029
Vindonissa (Windisch) *CH:* Schweiz 15/2, 1139
Virginia *USA:* Diktatur 13, 855; United States of America 15/3, 833; 846
Viroconium* → Wroxeter
Virodunum* → Verdun
Vironia *Est:* Estland 13, 1045
Virunum* → Magdalensberg
Visentium* → Bisenzio
Viseu *Por:* Portugal 15/2, 524

Viterbo *It:* Etruskologie 13, 1054; Rom 15/2, 942; Sepulchralkunst 15/3, 17ff.
Vitoria → Vasco
Vitudurum* *CH:* Schweiz 15/2, 1127
Vivarium *It:* Griechisch 14, 304; Italien 14, 658ff.; Klosterschule 14, 979
Vladimir-Suzdal' *Rus:* Byzanz 13, 618
Vöslau *Öst:* Park 15/2, 138
Volaterrae* → Volterra
Volci* → Vulci
Volsinii [1]* **Veteres** → Orvieto
Volsinii [2]* → Bolsena
Volterra (Volaterrae*) *It:* Etruskerrezeption 13, 1054; Etruskologie 13, 1055
Volubilis* *Mar:* École française de Rome 13, 919
Vorau *Öst:* Bibliothek 13, 497
Vorderasien: Altorientalische Philologie und Geschichte 13, 102; Deutsches Archäologisches Institut 13, 751; London, British Museum 15/1, 221ff.; New York, Metropolitan Museum 15/1, 972ff.; Orient-Rezeption 15/1, 1210ff.; 1223ff.
Vorderer Orient: Chicago, Oriental Institute Museum 13, 632; Film 13, 1136
Voskopja (Moschopolis) *Alb:* Albanien 13, 58
Vrissinas *Gr:* Kretisch-Mykenische Archäologie 14, 1108
Vulci (Volci*) *It:* Etruskologie 13, 1056; Fälschung 13, 1075; Klassische Archäologie 14, 909; Rom 15/2, 942

W

Walachei *Rum:* Griechenland 14, 276; Rumänien 15/2, 998ff.; 1001ff.; 1006ff.; 1010–1011
Walachisch-Bulgarisches Reich: Rumänien 15/2, 1000
Wales *Gro:* Druiden 13, 902; Keltische Sprachen 14, 875
Walhalla (bei Regensburg) *Bay:* Bayern 13, 441; Deutschland 13, 815; Parthenon 15/2, 194; Porträtgalerie 15/2, 513; Schlachtorte 15/2, 1089
Wallsend → Segedunum
Warka → Uruk*
Warschau: Abguß/Abgußsammlung 13, 4; Papyrussammlungen 15/2, 101; Polen 15/2, 400–402; 405–406; 409–411; Reiterstandbild 15/2, 654; Rußland 15/2, 1020
Washington, D.C. *USA:* Athen 13, 289; Byzantinistik 13, 586; 591; Dumbarton Oaks 13, 904; Greek Revival 14, 252; Groteske 14, 331; Historismus 14, 492; Paganismus 15/2, 24; Rom 15/2, 869; United States of America 15/3, 846
Waterford *Irl:* Irland 14, 645
Wearmouth *Eng:* Bibliothek 13, 495

Weiden *NRW*: Köln 14, 1029
Weimar *Thü*: Akademie 13, 43; Berufsverbände 13, 475; Denkmal 13, 742; Deutschland 13, 820; Diana von Ephesus 13, 838; Diktatur 13, 861; Historismus 14, 497; Park 15/2, 139; Preußen 15/2, 553; Rezeptionsformen 15/2, 768
Weimarer Republik: Lehrer 15/1, 104; Lehrplan 15/1, 114; Universität 15/3, 912
Weißenburg (Wissembourg) *Els*: Karolingische Renaissance 14, 828ff.; Stadt 15/3, 266
Weißenfels *Sa-An*: Ritterakademie 15/2, 822
Weißrußland** (Belarus): Rußland 15/2, 1017; Slavische Sprachen 15/3, 62
Wendenland: Vandalen 15/3, 941
Werne *NRW*: Lebendiges Latein 15/1, 96
Wernigerode *Sa-An*: Bibliothek 13, 503
Wessobrunn *Bay*: Bibliothek 13, 497
Westeuropa: Leichenrede 15/1, 118ff.; Mathematik 15/1, 317ff.; Medizin 15/1, 362; Messe 15/1, 392; Polen 15/2, 391
Westgotenreich: Überlieferung 15/3, 723
Weströmisches Reich: Antike 13, 137; Byzanz 13, 592; Lateinschule 15/1, 90f.; Leichenrede 15/1, 118; Venedig 15/3, 959; Vulgarismusforschung/Vulgarrecht 15/3, 1071; Wallfahrt 15/3, 1083
Wetterau *Hes*: Fabel 13, 1068
Wettingen *CH*: Schweiz 15/2, 1138
Wien: Akademie 13, 42; 44; 49–50; 56; Altertumskunde (Humanismus bis 1800) 13, 91–92; Arabistik 13, 190–191; Armenien 13, 271; Basilika 13, 429; Bibliothek 13, 497; 499–500; 502–504; Botanik 13, 537; Byzantinistik 13, 586; Christliche Archäologie 13, 645; Deutschland 13, 768; 770; 791; Forum/Platzanlage 13, 1160; Griechenland 14, 276; Herrscher 14, 375; Historismus 14, 493; 497; Judentum 14, 762f.; Lexikographie 15/1, 130; 144; Münzsammlungen 15/1, 561; Österreich 15/3, 1293ff.; Papyri (Fundgeschichte) 15/2, 67; Papyrussammlungen 15/2, 101; Park 15/2, 131; Psychoanalyse 15/2, 589; 595–596; Reiterstandbild 15/2, 654; Sankt Petersburg, Eremitage 15/2, 1061; Sepulchralkunst 15/3, 22; Slowenien 15/3, 69; Stadion 15/3, 259; Stützfiguren/Erechtheionkoren 15/3, 331; Universität 15/3, 882; Wien, Kunsthistorisches Museum 15/3, 1130ff.
Wiesbaden *Hes*: Berlin 13, 455; 473; Historismus 14, 497; Parthenon 15/2, 195
Wilanów *Pol*: Polen 15/2, 401
Wilna → Vilnius
Winchester *Eng*: Bibliothek 13, 496; College 13, 655; Stadt 15/3, 266
Windisch → Vindonissa
Winterthur *CH*: Schweiz 15/2, 1138

Wismar *Me-Vo*: Deutschland 13, 777; Stützfiguren/Erechtheionkoren 15/3, 330
Wissembourg → Weißenburg
Wittenberg *Sa-An*: Bibliothek 13, 499; 503; Deutschland 13, 768; 770; 772; 776; 792–794; Epos 13, 1030; Horoskope 14, 532; Philologie 15/2, 251; Rhetorik 15/2, 817
Witwatersrand *Süd*: Südafrika 15/3, 346
Woburn Abbey, Bedfordshire *Eng*: Greek Revival 14, 252
Wörlitz (Dessau-Wörlitz) *Sa-An*: Apoll von Belvedere 13, 155; Park 15/2, 138–139; 148; 157ff.; Sepulchralkunst 15/3, 21
Wolfenbüttel *Nds*: Bibliothek 13, 500–503; Ritterakademie 15/2, 823
Worcester *Süd*: Südafrika 15/3, 344
Worms (Borbetomagus*) *Rh-Pf*: Deutschland 13, 775; Schrift/Typographik 15/2, 1096
Woronesh: Rußland 15/2, 1023
Worpswede *Nds*: Sepulchralkunst 15/3, 20
Wrocław → Breslau
Wroxeter (Viroconium*) *Eng*: Stadt 15/3, 266
Württemberg *Deu*: Bibliothek 13, 503; Deutschland 13, 814; Rhetorik 15/2, 800
Würzburg *Bay*: Basilika 13, 429; Bayern 13, 436–437; 439; Bibliothek 13, 496; 499; Deutschland 13, 768
Wuhan *Chin*: China 13, 636–637

X

Xanten (Vetera*/Colonia Ulpia Traiana) *NRW*: Archäologischer Park 13, 220–222; Bonn, Rheinisches Landesmuseum und Akademisches Kunstmuseum 13, 528; Deutschland 13, 787; Provinzialrömische Archäologie 15/2, 577; Rezeptionsformen 15/2, 765; Stadt 15/3, 266
Xanthos [4]* *Tü*: Inschriftenkunde, griechische 14, 595; 597; Rezeptionsformen 15/2, 761
Xian *Chin*: China 13, 636
Xu Bei Hong *Chin*: China 13, 637

Y

Yale (New Haven) *CT*: Arabistik 13, 192; Papyrussammlungen 15/2, 103
Yassihöyük → Gordion*
Yazılıkaya *Tü*: Hethitologie 14, 414
York (Eboracum*) *Eng*: Bibliothek 13, 495; Philologie 15/2, 278; Stadt 15/3, 266

Z

Zakynthos* (Insel) *Gr*: Byzanz 13, 622
Zama [1]* *Tun*: Krieg 14, 1114; Schlachtorte 15/2, 1083–1084

Zambujal *Por*: Deutsches Archäologisches Institut 13, 755
Zaragoza → Saragossa
Zar'grad *Tü*: Rußland 15/2, 1014
Zarskoje Selo (Puškin) *Rus*: Rußland 15/2, 1020
Zavíst *Tsch*: Keltisch-Germanische Archäologie 14, 873
Zehra *Slok*: Slowakei 15/3, 67
Zeitz *Sa-An*: Bibliothek 13, 499
Zgërdhesh (bei Kruja) *Alb*: Albanien 13, 60
Zimbabwe: Afrika 13, 23; 26; Roman Dutch Law 15/2, 949
Zincirli → Sendschirli
Zinna *Bran*: Preußen 15/2, 541
Zion *Palästina*: United States of America 15/3, 850
Znaim *Tsch*: Porträtgalerie 15/2, 503
Zülpich (Tolbiacum*) *NRW*: Bonn, Rheinisches Landesmuseum und Akademisches Kunstmuseum 13, 528; Schlachtorte 15/2, 1091

Zürich (Turicum*): Abguß/Abgußsammlung 13, 5; Akademie 13, 56; Athen 13, 288; Basilika 13, 429; Druckwerke 13, 886; Schweiz 15/2, 1124; 1126; 1129; 1131–1133; 1140
Zurzach (Tenedo) *CH*: Schweiz 15/2, 1124
Zwickau *Sa*: Bibliothek 13, 499; DDR 13, 683
Zygouries *Gr*: Kretisch-Mykenische Archäologie 14, 1102
Zypern** (Kypros [1]*/Alašia/Jadnanu): Australien und Neuseeland 13, 359; Bibliothek 13, 496; Boston, Museum of Fine Arts 13, 532; 536; Byzanz 13, 621; Dumbarton Oaks 13, 908; École française d'Athènes 13, 916; Entzifferungen 13, 962; Griechenland 14, 274; 278; 282; Griechisch 14, 295; Schweden 15/2, 1119

C. Sachbegriffe

Abkürzungen
* Lemma in den Bänden 1–12/2 (Antike)
** Lemma in den Bänden 13–15/3 (RWG)
*/** Lemma in beiden Teilen des *Neuen Pauly*
**N Lemma (auch) in den Nachträgen in Band 15/3

A

Abbildung: Rezeptionsformen 15/2, 768ff.
Aberglaube: Numismatik 15/1, 1109
Abguß/Abgußsammlung**: Antikensammlung 13, 147; Apoll von Belvedere 13, 155; Barock 13, 410ff.; Basel, Antikenmuseum und Sammlung Ludwig 13, 418; Bonn, Rheinisches Landesmuseum und Akademisches Kunstmuseum 13, 528; 531; China 13, 637; Deutschland 13, 808; Mannheim, Antikensaal und Antiquarium 15/1, 292; Museum 15/3, 1277; Park 15/2, 167; Parthenon 15/2, 193; Pergamon 15/2, 204; Preußen 15/2, 548; Schweiz 15/2, 1147; Tschechien 15/3, 643; Werbung 15/3, 1126
Ablaß: Wallfahrt 15/3, 1083
Abolitionismus: Sklaverei 15/3, 47ff.
Abrogans-Glossar: Lexikographie 15/1, 132
Abschrift*: Bibliothek 13, 498
Absolutismus: Akademie 13, 43; Byzantinistik 13, 584; Deutschland 13, 788; Frankreich 14, 35; Leichenrede 15/1, 120; Monarchie 15/1, 540; 542; Münzsammlungen 15/1, 559; Naturrecht 15/1, 776; Neuhumanismus 15/1, 918; Orient-Rezeption 15/1, 1201; Politische Theorie 15/2, 417; 424; 451f.; Porträt 15/2, 499–500; Preußen 15/2, 540; 546; Redegattungen 15/2, 639; Reiterstandbild 15/2, 653ff.; Republik 15/2, 716; 726; Rom 15/2, 877
Abstammung: Herrscher 14, 367
Abstraktion: Moderne 15/1, 508; Querelle des Anciens et des Modernes 15/2, 619ff.
Accessus ad auctores: United Kingdom 15/3, 786
Achämenidische Kunst: Orient-Rezeption 15/1, 1212
Achämenidischer Palast: Paris Louvre 15/2, 116
Achill-Statue: Denkmal 13, 741ff.
Achtziger, die: Niederlande und Belgien 15/1, 1052; 1057
»Ackermann aus Böhmen, der«: Deutschland 13, 768
»Act in Restraint of Appeals«: Imperium 14, 582
»Acta Sanctorum«: Byzantinistik 13, 588; Niederlande und Belgien 15/1, 1026
Actio*: Anspruch 13, 133

Actio de deiectis vel effusis: Delikt 13, 703
Actio de pauperie: Delikt 13, 702
Actio furti: Delikt 13, 702
Actio iniuriarum: Delikt 13, 701
Actio legis Aquiliae: Delikt 13, 700
Actio spolii: Besitz 13, 480
Ad fontes: Deutschland 13, 767; 769; 771ff.; Medizin 15/1, 366
Adam-Stil: Klassizismus 14, 955
Adaptation**: Epos 13, 1017; Italien 14, 687; Kinder- und Jugendliteratur 14, 879ff.; Tanz 15/3, 362ff.
Adel*: Nobilitas 15/1, 1070; 1077
Adelsdemokratie: Polen 15/2, 404
Adelsforschung: Nobilitas 15/1, 1071ff.
Adelskritik: Nobilitas 15/1, 1079
Adler (Herrschaftszeichen): Herrscher 14, 384ff.
Admonitio generalis: Domschule 13, 867
Adolf-Hitler-Schulen: Sparta 15/3, 167
Adoptianismus: Theologie und Kirche des Christentums 15/3, 442
Advanced Papyrological Information System: Papyrussammlungen 15/2, 99
Adventus*: Herrscher 14, 370ff.
Agineten: Aigina 13, 29–30; Bayern 13, 440; Epochenbegriffe 13, 1003; Klassische Archäologie 14, 908; 924; München, Glyptothek und Antikensammlungen 15/1, 548; 551ff.; 553
Ägypten*: Orient-Rezeption 15/1, 1194ff.; Stil, Stilanalyse, Stilentwicklung 15/3, 293
– *Kunst der Armanazeit*: New York, Brooklyn Museum of Art 15/1, 950
– *prädynastische Kunst*: New York, Brooklyn Museum of Art 15/1, 949
– *Spätzeitkunst*: New York, Brooklyn Museum of Art 15/1, 949
Ägyptenexpedition: Papyri (Fundgeschichte) 15/2, 66; Papyrussammlungen 15/2, 96
Ägyptenmode: Orient-Rezeption 15/1, 1201ff.; 1206
Ägyptische Sammlung: Berlin 13, 453; 467ff.; Chicago, Oriental Institute Museum 13, 635ff.; London, British Museum 15/1, 211ff.
Ägyptisierung: Magie 15/1, 258; Park 15/2, 138
Ägyptologie**: Berlin 13, 473; Orientalismus 15/1, 1239
Ägyptomanie: Ägyptologie 13, 19; Okkultismus 15/1, 1157
Aemulatio (vgl. auch → Imitatio): Deutschland 13, 787; Frankreich 14, 50–51; Imitatio 14, 573; 576; Italien 14, 679; Kanon 14, 792; Mittellatein 15/1, 455
Aemulatio vgl. auch Imitatio

»Aeneis«: Deutschland 13, 783; Epos 13, 1032ff.;
  Karthago 14, 849
Aequitas*: Billigkeit 13, 515
Ästhetik*: Apollinisch und Dionysisch 13, 157;
  Geschmack 14, 217ff.; Imitatio 14, 572;
  Interpretatio Christiana 14, 628ff.;
  Laokoongruppe 15/1, 15; Nietzsche-Wilamo-
  witz-Kontroverse 15/1, 1065; Pädagogik
  15/2, 3; Platonismus 15/2, 363; 370; Poeta
  Vates 15/2, 381; Portugal 15/2, 521; Praktische
  Philosophie 15/2, 538; Semiotik 15/3, 8f.; Stil,
  Stilanalyse, Stilentwicklung 15/3, 289; Struktu-
  ralismus 15/3, 322ff.; Ut pictura poesis 15/3, 932
Ästhetizismus: Fin de siècle 13, 1144ff.; Mimesis
  15/1, 435; Neohumanismus 15/1, 883; 886ff.;
  Roman 15/2, 947
Äthiopisch*: Semitistik 15/3, 13ff.
Affekt, Affektenlehre**: Adaptation 13, 13;
  Argumentationslehre 13, 248; Figurenlehre
  13, 1129ff.; Oper 15/1, 1181; Physiognomik
  15/2, 357; Politische Theorie 15/2, 418;
  Praktische Philosophie 15/2, 528; 530ff.; 534f.;
  Psychoanalyse 15/2, 588; Religion und Literatur
  15/2, 675; Rhetorik 15/2, 783ff.; Stil,
  Stilanalyse, Stilentwicklung 15/3, 291;
  Stoizismus 15/3, 303; 308; Tonartenlehre
  15/3, 508
Afro-asiatische Sprachen: Semitistik 15/3, 11
Agglutinierende Sprachen: Sprachwissenschaft
  15/3, 240
Agon*: Sport 15/3, 211ff.
Agonales Prinzip: Nobilitas 15/1, 1072
Agonistik: Olympia 15/1, 1168; Sport 15/3, 211ff.
Agora*: Athen 13, 286; 291; Sparta 15/3, 178–179
Agrargesetzgebung: Römisches Recht 15/2, 838
Agrarschriftsteller*: Landwirtschaft 15/1, 6;
  Wirtschaftslehre 15/3, 1161; Zoologie
  15/3, 1204
Agrimensoren: Landvermessung 15/1, 1
Aḫḫiyawa-Frage: Hethitologie 14, 415
Ahnenerbe, das: Nationalsozialismus 15/1, 745
Ahnengalerie: Porträtgalerie 15/2, 501ff.
Aitiologie*: Mythos 15/1, 644
Aizanoi-Grabung: Deutsches Archäologisches
  Institut 13, 755
Ajjubiden-Dynastie: Alexandria 13, 64
Akademie** (vgl. auch → Platonische Akademie):
  Alexandria 13, 63; Altertumskunde
  (Humanismus bis 1800) 13, 91; Bibliothek
  13, 501; Bulgarien 13, 574; DDR 13, 684;
  Deutschland 13, 769; 807; Italien 14, 678; 685;
  Judentum 14, 762; Lateinische Komödie
  15/1, 70; Lateinische Tragödie 15/1, 84ff.;
  Modell/Korkmodell 15/1, 494–495;
  Neohumanismus 15/1, 888; 890; Rumänien
  15/2, 1010; Skeptizismus 15/3, 38ff.; Sklaverei
  15/3, 53ff.; Zensur 15/3, 1196

– Academia de Bellas Artes: Spanien 15/3, 136
– Academia degli Arcadi: Arkadismus 13, 267
– Academia Istropolitana: Slowakei 15/3, 63
– Academia Petrina: Lettland 15/1, 123
– Académie des Inscriptions et Belles-Lettres:
  Altertumskunde (Humanismus bis 1800) 13, 91
– Académie Française: Frankreich 14, 37ff.; Klassik
  als Klassizismus 14, 892; 894; Naturwissen-
  schaften 15/1, 841
– Académie Royale d'Architecture: Barock 13, 416;
  Park 15/2, 175
– Académie Royale de Peinture et de Sculpture: Barock
  13, 412; Stil, Stilanalyse, Stilentwicklung
  15/3, 291
– Accademia delle Romane Antichità: Klassizismus
  14, 954
– Accademia di Romania, Rom: Rumänien 15/2, 1013
– Accademia Etrusca: Klassizismus 14, 954
– Accademia Pomponiana: Lateinische Komödie
  15/1, 68; 75
– Bayerische Akademie der Künste: München,
  Glyptothek und Antikensammlungen 15/1, 545
– Bayerische Akademie der Wissenschaften: Bayern
  13, 435; München, Glyptothek und Antiken-
  sammlungen 15/1, 545; Orchomenos 15/1, 1190
– Berlin-Brandenburgische Akademie der
  Wissenschaften: Iranistik 14, 640; Numismatik
  15/1, 1118
– Berliner Bauakademie: Archäologische Bauforschung
  13, 199
– Berliner/Deutsche Akademie der Wissenschaften:
  DDR 13, 682; 684
– Berliner/Preußische Akademie der Wissenschaften:
  Altorientalische Philologie und Geschichte
  13, 104; 106; Delphi 13, 716; Lateinische
  Inschriften 15/1, 60; Lexikographie 15/1, 143;
  Limes, Limesforschung 15/1, 159; Mausoleum
  15/1, 334; Münzsammlungen 15/1, 561;
  Numismatik 15/1, 1117; Patristische Theologie/
  Patristik 15/2, 198; Preußen 15/2, 548
– British Academy: Lexikographie 15/1, 144
– Florentiner Akademie: Poeta Vates 15/2, 379;
  Politische Theorie 15/2, 415; Praktische
  Philosophie 15/2, 533; Rezeptionsformen
  15/2, 768
– Göttinger Akademie: Lexikographie 15/1, 143
– Heidelberger Akademie: Lexikographie 15/1, 144
– Königliche Akademie der Wissenschaften: Portugal
  15/2, 521
– Leipziger Akademie: Lexikographie 15/1, 143
– Mainzer Akademie der Wissenschaften und der
  Literatur: Numismatik 15/1, 1120; Sklaverei
  15/3, 52ff.
– Nordrhein-Westfälische (ehem. Rheinisch-West-
  fälische) Akademie: Franz-Joseph-Dölger-Institut
  14, 62

- *Polnische Akademie der Wissenschaften*: Polen 15/2, 406; 409; 411
- *Preußische Akademie der Künste*: Preußen 15/2, 548
- *Rumänische Akademie der Wissenschaften*: Rumänien 15/2, 1013
- *Schwedische Akademie*: Lexikographie 15/1, 144
- *Slavo-Graecolateinische Akademie*: Rußland 15/2, 1017ff.
- *Slowakische Akademie der Wissenschaften*: Slowakei 15/3, 67
- *Wiener Akademie der Wissenschaften*: Lexikographie 15/1, 143; Patristische Theologie/Patristik 15/2, 198

Akkadisch*: Semitistik 15/3, 12ff.

»**Akkadisches Handwörterbuch**«: Altorientalische Philologie und Geschichte 13, 108

Akkadistik: Altorientalische Philologie und Geschichte 13, 108

Akklamation: Herrscher 14, 368

Akkulturation**: Arabisch-islamisches Kulturgebiet 13, 178; 182; Frankreich 14, 31; Neugriechische Literatur 15/1, 895; Zypern 15/3, 1235

Akkusativsprachen: Sprachwissenschaft 15/3, 240

Akronym: Terminologie 15/3, 385f.

Akropolis*: Athen 13, 298; München, Glyptothek und Antikensammlungen 15/1, 546; Mykene 15/1, 609; Rekonstruktion/Konstruktion 15/2, 658; Sparta 15/3, 174; Stützfiguren/Erechtheionkoren 15/3, 331ff.

Akrostichon*: Papyri, literarische 15/2, 76; Park 15/2, 171

Akt, Aktmalerei, Aktstudium: Nacktheit in der Kunst 15/1, 653

Aktivsprachen: Sprachwissenschaft 15/3, 241

Al-Andalus: Arabisch-islamisches Kulturgebiet 13, 176ff.

Alamannische Kultur: Schweiz 15/2, 1122

Alchemie*: Arabisch-islamisches Kulturgebiet 13, 170; Diana von Ephesus 13, 840; Magie 15/1, 254; Naturwissenschaften 15/1, 832; 853; 866; Okkultismus 15/1, 1147

Alexanderfeldzug: Schlachtorte 15/2, 1081ff.

Alexandergeschichte: Geschichtsmodelle 14, 170

Alexandermosaik*: Klassische Archäologie 14, 942; Neapel, Archäologisches Nationalmuseum (Museo Nazionale Archeologico, Napoli) 15/1, 877; Schlachtorte 15/2, 1081

Alexandermythos: Schlachtorte 15/2, 1082

Alexanderroman*: Arabisch-islamisches Kulturgebiet 13, 171; Bulgarien 13, 572; Epos 13, 1031; Griechenland 14, 274; Neugriechische Literatur 15/1, 915; Niederlande und Belgien 15/1, 1037; Orient-Rezeption 15/1, 1224; Roman 15/2, 946ff.; Schlachtorte 15/2, 1081ff.

Alexandriner: Deutschland 13, 781; Elegie 13, 945; Epos 13, 1021; Musen 15/1, 569

Alexandrinische* Schule: Arabisch-islamisches Kulturgebiet 13, 163

Alexandrinismus**: Allegorese 13, 81; Niederlande und Belgien 15/1, 1061

Alfonsinische Tafeln: Arabisch-islamisches Kulturgebiet 13, 181

Algebra: Mathematik 15/1, 319

»**Alix l'intrépride**«: Comics 13, 658

Alkaische Strophe: Estland 13, 1047

Allegatio: Glossatoren 14, 223

Allegorese*/**: Babylon 13, 374; Byzanz 13, 593; 601; Deutschland 13, 785ff.; Drei Grazien 13, 869; 871; Emblematik 13, 954; Frankreich 14, 7; 10; 23; 43; Interpretatio Christiana 14, 620ff.; Mythologie 15/1, 617; Mythos 15/1, 639; 644; Philologie 15/2, 238f.; 243f.; Poetik 15/2, 385–386; Religionsgeschichte 15/2, 680ff.; Spanien 15/3, 134; Stoizismus 15/3, 298; Stützfiguren/Erechtheionkoren 15/3, 326; Typologie 15/3, 678; Zensur 15/3, 1195

Allegorie*/**: Adaptation 13, 10; Alexandrinismus 13, 74; Allegorese 13, 78; Apoll von Belvedere 13, 155; Apotheose 13, 160; Barock 13, 413; Bukolik/Idylle 13, 562ff.; Dialog 13, 831; Diana von Ephesus 13, 836; 842; Drei Grazien 13, 870; 872ff.; Epos 13, 1026; Frankreich 14, 18–19; 25; Herrscher 14, 375; Historienmalerei 14, 425ff.; Historismus 14, 489–490; 496; Interpretatio Christiana 14, 620ff.; Italien 14, 675; Kommentar 14, 1056ff.; 1062; Krieg 14, 1113; Mittellatein 15/1, 456; Musen 15/1, 566; Mythologie 15/1, 617; 620; Oratorium 15/1, 1187; Stützfiguren/Erechtheionkoren 15/3, 330; Torso (Belvedere) 15/3, 518; Werbung 15/3, 1121

Alleinherrschaft: Monarchie 15/1, 536

Allgemeinbildung: Artes liberales 13, 276; Neuhumanismus 15/1, 918; 922; Rhetorik 15/2, 792; 813

»**Allgemeines Bürgerliches Gesetzbuch**«
- *Deutschland*: Kodifizierung/Kodifikation 14, 1006
- *Österreich*: Delikt 13, 700

»**Allgemeines Landrecht für die Preußischen Staaten**«: Delikt 13, 700; Kodifizierung/Kodifikation 14, 1006

Alltagskultur: Comics 13, 658; Erotica 13, 1042; Mode 15/1, 488; Musen 15/1, 565; Mythologie 15/1, 632; Pompeji 15/2, 481ff.; Souvenir 15/3, 79ff.; 81; Spiele 15/3, 192ff.

Alltagsmythen: Comics 13, 658

»**Almagest**«: Arabisch-islamisches Kulturgebiet 13, 168

Almwirtschaft: Landwirtschaft 15/1, 4

Alphabet*: Armenien 13, 270; Moldova 15/1, 533; Schrift/Typographik 15/2, 1092
Alphabetschrift: Entzifferungen 13, 957; Orthographie 15/1, 1243; Schriftwissenschaft 15/2, 1098
Alte Geschichte: DDR 13, 688; Kulturanthropologie 14, 1138; Norwegen 15/1, 1088; Philologie 15/2, 265; Polen 15/2, 411
Alterität → Identität
Alterskrankheiten: Geriatrie 14, 149
Altertümer
– *gallo-römische*: Altertumskunde (Humanismus bis 1800) 13, 94
– *mesopotanische*: Baghdad, Iraq Museum 13, 382
– *römisch-germanische*: Altertumskunde (Humanismus bis 1800) 13, 94
Altertum: Antike 13, 135; Epochenbegriffe 13, 996ff.
Altertumskunde**: Frankreich 15/3, 1256; Modell/Korkmodell 15/1, 494; Nobilitas 15/1, 1081; Österreich 15/3, 1295; Philhellenismus 15/2, 233; Philologie 15/2, 253; Renaissance 15/2, 704; Rom 15/2, 863; Schweiz 15/2, 1127; Winckelmann-Gesellschaft 15/3, 1139
– *christliche*: Altertumskunde (Humanismus bis 1800) 13, 94
– *kirchlich-klösterliche*: Altertumskunde (Humanismus bis 1800) 13, 95
Altertumsverein: Limes, Limesforschung 15/1, 160
– *Mainzer Altertumsverein*: Mainz 15/1, 264
– *Verein von Altertumsfreunden im Rheinlande*: Klassische Archäologie 14, 910
Altertumswissenschaft: Afrika 13, 25; Akademie 13, 46; Altertumskunde (Humanismus bis 1800) 13, 97; Armenien 13, 271; Australien und Neuseeland 13, 360; Bildung 13, 511; Dänemark 13, 679ff.; DDR 13, 684ff.; Deutschland 13, 793; 800ff.; Georgien 14, 139; Geschichtswissenschaft/Geschichtsschreibung 14, 191; 204; Griechenland 14, 284; Judentum 14, 761; Klassische Archäologie 14, 908; Kroatien 14, 1122ff.; Makedonien/Mazedonien 15/1, 280; Medizingeschichtsschreibung 15/1, 375; Nationalsozialismus 15/1, 740; Neuhumanismus 15/1, 922; Norwegen 15/1, 1087; Orientalismus 15/1, 1240; Philologie 15/2, 268; 291; 299; 315; Philologisches Seminar 15/2, 328; Portugal 15/2, 524; Rom 15/2, 869; Romantik 15/2, 986; Rußland 15/2, 1020; Schweden 15/2, 1118ff.; Tschechien 15/3, 638; Ungarn 15/3, 754ff.; Universität 15/3, 904ff.; 908ff.; 912
Altkatholische Kirche: Theologie und Kirche des Christentums 15/3, 455

Altkirchenslavisch: Griechisch 14, 296; Kroatien 14, 1119; Makedonien/Mazedonien 15/1, 276; Mönchtum 15/1, 533; Slavische Sprachen 15/3, 60
Altorientalische** Philologie und Geschichte (vgl. auch → Orientalistik): Berlin 13, 464; Dänemark 13, 679; Geschichtsmodelle 14, 160; Hethitologie 14, 413; Vorderasiatische Archäologie 15/3, 1050
Altsprachlicher** Unterricht: Afrika 13, 25; Albanien 13, 57; Australien und Neuseeland 13, 359; Bildung 13, 511; China 13, 636; Comics 13, 662; Dänemark 13, 679; DDR 13, 683; Deutschland 13, 780; 807; Frankreich 14, 54ff.; 15/3, 1255; Homerische Frage 14, 510; Lateinamerika 15/1, 36; Lebendiges Latein 15/1, 95; Lehrer 15/1, 106; Lehrplan 15/1, 113; Lettland 15/1, 124; Medien 15/1, 342; 354; Mönchtum 15/1, 533; Nationalsozialismus 15/1, 730; 737ff.; Neuhumanismus 15/1, 923; Niederlande und Belgien 15/1, 999; 1001; 1014; Norwegen 15/1, 1085; Österreich 15/3, 1292; Rhetorik 15/2, 803; 813; Rußland 15/2, 1021; Schulbuch 15/2, 1101; 1104; Schulwesen 15/2, 1114; Slowakei 15/3, 65; Slowenien 15/3, 72; Spanien 15/3, 103ff.; Stundentafeln 15/3, 336ff.; United Kingdom 15/3, 798
Amasis-Maler*: New York, Metropolitan Museum 15/1, 956
Amateurismus: Sport 15/3, 212
»American Journal of Archaeology«: Archaeological Institute of America 13, 194
American Mythology: United States of America 15/3, 863
American Numismatic Society: Numismatik 15/1, 1119
American Oriental Society: New York, Metropolitan Museum 15/1, 973
American Philological Association: Archaeological Institute of America 13, 194; Lexikographie 15/1, 144
American School of Classical Studies at Athens: Nationale Forschungsinstitute 15/3, 1280
Amerikanische Revolution: Athen 13, 288; 290; Australien und Neuseeland 15/3, 1248; Demokratie 13, 722; Mischverfassung 15/1, 445; Republik 15/2, 729
Amerikanisierung: United States of America 15/3, 844ff.
Amphitheater: Stadion 15/3, 256ff.; Stadt 15/3, 264
Amtssprache: Neulatein 15/1, 927; 938
Amulett*: Souvenir 15/3, 79; Steinschneidekunst: Gemmen 15/3, 283ff.
Anachronismus: Gotik 14, 247

Anachronisti: Moderne 15/1, 510
»Anacreon Christianus«: Anakreontische Dichtung, Anakreontik 13, 131
Anakreontik: Elegie 13, 945; Italien 14, 696; Neugriechische Literatur 15/1, 902; Vertonungen antiker Texte 15/3, 1022
Anakreontische Dichtung**, Anakreontik: Anakreontische Dichtung, Anakreontik 13, 130–133
Analogie*: Archäologische Methoden 13, 207; 213; Metapher/Metapherntheorie 15/1, 404
Anamnesis-Lehre: Mnemonik/Mnemotechnik 15/1, 465; Platonismus 15/2, 372
Anarchie: Demokratie 13, 723; Politische Theorie 15/2, 421
Anastylose: Archäologischer Park 13, 216; Athen 13, 306; Eleusis 13, 948; Ephesos 13, 976; 979; Parthenon 15/2, 195; Pergamon 15/2, 209; Rom 15/2, 891
Anatomie*: Arabische Medizin 13, 187; Geburtshilfe 14, 97; Medizin 15/1, 368; Terminologie 15/3, 383f.
Ancien Régime: Nobilitas 15/1, 1080
Anekdote*: Aphorismus 13, 151; Künstlerlegenden 14, 1126; Kynismus 14, 1154ff.; Mimesislegenden 15/1, 436
Angelsachsen: United Kingdom 15/3, 761ff.
Anglikanische Kirche: Theologie und Kirche des Christentums 15/3, 455
Angsttheorie: Psychoanalyse 15/2, 599
»Annales ecclesiastici«: Geschichtswissenschaft/Geschichtsschreibung 14, 214
Annales-Schule: Historische Methoden 14, 460; Klassische Archäologie 14, 918; Krieg 14, 1118; Strukturalismus 15/3, 324
Annalistik*: Geschichtsmodelle 14, 171
Annona: Handel/Handelswege 14, 350ff.
»Anonymus Einsidlensis«: Rom 15/2, 882
Anspruch**: Schuldrecht 15/2, 1107
Antecessor: Römisches Recht 15/2, 836ff.
»Anthologia Graeca«: Epigrammatik 13, 981–982; Philologie 15/2, 248
»Anthologia Palatina«: Byzanz 13, 597; 606; Philologie 15/2, 241; 244
»Anthologia Planudea«: Byzanz 13, 597; Philologie 15/2, 244
Anthologie*: Parabel 15/2, 105
Anthropologie*: Kulturanthropologie 14, 1132ff.; Pädagogik 15/2, 4; Philosophia perennis 15/2, 336; Physiognomik 15/2, 350ff.; 357; Psychoanalyse 15/2, 588; 593; 600; Strukturalismus 15/3, 322; Thukydidismus 15/3, 487ff.
Anthroposophische Gesellschaft: Okkultismus 15/1, 1158
Anti-Ästhetik: Metamorphose 15/1, 397
Anti-Antike: Romantik 15/2, 982

Anti-Aristotelismus: Atomistik 13, 340; Bevölkerungswissenschaft/Historische Demographie 13, 486; Querelle des Anciens et des Modernes 15/2, 612
Anti-Cartesianismus: Skeptizismus 15/3, 43
Anti-Denkmal: Rekonstruktion/Konstruktion 15/2, 665
Anti-Historismus: Neohumanismus 15/1, 885
Anti-Intellektualismus: Skeptizismus 15/3, 39
Anti-Klassizismus: Bayern 13, 443
Anti-Klerikalismus: Paganismus 15/2, 23; Revolution 15/2, 757
Anti-Monarchismus: Republik 15/2, 716
Anti-Mythos: Rezeptionsformen 15/2, 769ff.
Antibarbarus-Literatur: Ciceronianismus 13, 648
Antichristus-Typus: Herrscher 14, 403
Antike**: Epochenbegriffe 13, 996ff.; 1003
Antike-Moderne-Antithese: Querelle des Anciens et des Modernes 15/2, 607ff.; 609
Antike-Roman: Adaptation 13, 8; 12; Deutschland 13, 813; Frankreich 14, 14; 48; Italien 14, 674; Niederlande und Belgien 15/1, 1053
Antikengarten: Rom 15/2, 865
Antikenhandel: Berlin 13, 448; 452; Schweiz 15/2, 1151
Antikenkult: Venus von Milo 15/3, 965
Antikensammlung**: Altertumskunde (Humanismus bis 1800) 13, 90; Amsterdam, Allard Pierson Museum 13, 127; Barock 13, 411; Bayern 13, 433; 439; Berlin 13, 453; 459; Boston, Museum of Fine Arts 13, 532; Deutschland 13, 786ff.; Dresden, Staatliche Kunstsammlungen, Skulpturensammlung 13, 874; Italien 14, 684; 710ff.; Karlsruhe, Badisches Landesmuseum, Antikensammlungen 14, 807ff.; Kassel, Staatliche Kunstsammlungen Antikenabteilung 14, 860ff.; Klassische Archäologie 14, 904; London, British Museum 15/1, 203ff.; 205; Museum 15/3, 1273; 1276; München, Glyptothek und Antikensammlungen 15/1, 544ff.; Niederlande und Belgien 15/1, 1043; Paris, Louvre 15/2, 108ff.; Park 15/2, 137; 158; Polen 15/2, 402; 409; Porträtgalerie 15/2, 505; Preußen 15/2, 546ff.; 549; Rom 15/2, 864ff.; 918; 921; 931; Souvenir 15/3, 79; Südafrika 15/3, 346; Uffizien, Florenz (Galleria degli Uffizi, Firenze) 15/3, 740ff.; Venus von Milo 15/3, 963; Werbung 15/3, 1124; Wien, Kunsthistorisches Museum 15/3, 1134ff.
Antiqua-Schrift: Schrift/Typographik 15/2, 1096
Antiquarische Gesellschaft: Schweiz 15/2, 1146ff.
Antiquarium: Altertumskunde (Humanismus bis 1800) 13, 91; München, Glyptothek und Antikensammlungen 15/1, 544; 554

Antiquitates publicae: Altertumskunde
  (Humanismus bis 1800) 13, 92
»Antiquities of Athens«: Architekturkopie/-zitat
  13, 231; Klassische Archäologie 14, 904
Antisemitismus*: Judentum 14, 752ff.; National-
  sozialismus 15/1, 723ff.; 755; Psychoanalyse
  15/2, 596
Apadana-Kapitell: Paris, Louvre 15/2, 122
Aphaia-Heiligtum: Aigina 13, 29; Epochenbegriffe
  13, 1003
Aphorismus**: Aphorismus 13, 150–151
Apokryphen: Neugriechische Literatur 15/1, 910
Apoll** von Belvedere: Abguß/Abgußsammlung
  13, 3; Antikensammlung 13, 140; Barock
  13, 410; Basel, Antikenmuseum und Sammlung
  Ludwig 13, 420; Deutschland 13, 774;
  Paganismus 15/2, 24; Park 15/2, 127; Parnaß
  15/2, 182; Preußen 15/2, 545;
  Proportionslehre 15/2, 570; Werbung
  15/3, 1123; Wirtschaft und Gewerbe 15/3, 1143
Apoll von Tenea: München, Glyptothek und
  Antikensammlungen 15/1, 548; 550; 553
Apollinisch** und Dionysisch: Deutschland 13, 801;
  818; Fin de siècle 13, 1143; Metamorphose
  15/1, 398; Nietzsche-Wilamowitz-Kontroverse
  15/1, 1066; Spanien 15/3, 147f.; Tragödie/
  Tragödientheorie 15/3, 541; Wagnerismus
  15/3, 1077ff.
Apollon-Heiligtum: Aigina 13, 29; Delphi 13, 716;
  720; Parnaß 15/2, 176
Apollon-Sosianus-Tempel: Rom 15/2, 926
Apologetik: Paganismus 15/2, 15; Physiognomik
  15/2, 359
»Apologia seu Laus Podagrae«: Deutschland 13, 778
Apophthegmata: Aphorismus 13, 151; Georgien
  14, 136; Kynismus 14, 1155
»Apostelgeschichte«: Stoizismus 15/3, 298
Apotheose**: Herrscher 14, 399; Historienmalerei
  14, 431; Paganismus 15/2, 20; Porträt
  15/2, 500; Staufische Renaissance 15/3, 275
Apuleianismus: Philologie 15/2, 289
Aqṣā-Moschee: Jerusalem 14, 728; 732–733
Aquädukt: Rom 15/2, 851; Stadt 15/2, 263
Ara Ubiorum: Köln 14, 1032; 1040
Arabeske: Arabisch-islamisches Kulturgebiet 13, 162
Arabisch-islamische** Kultur: Albanien 13, 59;
  Magie 15/1, 254; Mathematik 15/1, 316;
  Medizin 15/1, 360; Meteorologie 15/1, 416;
  Naturwissenschaften 15/1, 792; 800ff.; 833; 857;
  866; Okkultismus 15/1, 1148; Philhellenismus
  15/2, 232; Platonismus 15/2, 365; Politische
  Theorie 15/2, 471; Semitistik 15/3, 12; Sizilien
  15/3, 33ff.; Spanien 15/3, 127ff.; 129;
  Staufische Renaissance 15/3, 276; Türkei
  15/3, 645; Zoologie 15/3, 1215

Arabisch-islamische Medizin: Diätetik 13, 828;
  Medizin 15/1, 360; Melancholie 15/1, 378;
  Sizilien 15/3, 34; Zoologie 15/3, 1215
Arabisch-islamische Wissenschaft: Sizilien
  15/3, 36; Spanien 15/3, 128
Arabische Eroberung: Byzanz 13, 601
Arabische** Medizin: Arabische Medizin 13, 184–
  189
Arabische Sprachkompetenz: Arabistik 13, 189
Arabisierung: Alexandria 13, 64
Arabistik**: Arabisch-islamisches Kulturgebiet
  13, 171; Semitistik 15/3, 11ff.
Aramäisch*: Entzifferungen 13, 957; Judentum
  14, 765; Semitistik 15/3, 11ff.
»Araucana«: Lateinamerika 15/1, 27
Arbeit*: Mönchtum 15/1, 524; 528; Naturwissen-
  schaften 15/1, 814; Politische Theorie 15/2, 428;
  436
Arbeiterbewegung: Sozialismus 15/3, 98
Arbeitsteilung: Sozialismus 15/3, 97
»Arcádia Lusitana«: Portugal 15/2, 521
Archäobotanik: Archäologische Methoden
  13, 215; Park 15/2, 140
Archaeological** Institute of America:
  Archaeological Institute of America 13, 193–196
Archaeological Survey of Pakistan: Pakistan/
  Gandhara-Kunst 15/2, 38
Archäologie* (Vgl. auch → Klassische Archäologie,
  → Vorderasiatische Archäologie, → Biblische
  Archäologie, → Christliche Archäologie, → Kretisch-
  Mykenische Archäologie, → Provinzialrömische
  Archäologie usw.): Albanien 13, 61; Faschismus
  13, 1084; Geschichtswissenschaft/Geschichts-
  schreibung 14, 194; 205; Inschriftenkunde,
  griechische 14, 612; Kulturanthropologie
  14, 1138; Polen 15/2, 411; Portugal 15/2, 519;
  524; Preußen 15/2, 557; Rekonstruktion/
  Konstruktion 15/2, 656; Rom 15/2, 870;
  Rumänien 15/2, 1011
Archäologische** Bauforschung: Archäologische
  Methoden 13, 211; Deutsches Archäologisches
  Institut 13, 757; Klassische Archäologie 14, 917;
  Society of Dilettanti 15/3, 74ff.
Archäologische Gesellschaft: Athen 13, 314;
  Klassische Archäologie 14, 910
Archäologische** Methoden: École française
  d'Athènes 13, 914; Altertumskunde
  (Humanismus bis 1800) 13, 95; Christliche
  Archäologie 13, 645; Deutsches Archäologisches
  Institut 13, 757; Klassische Archäologie 14, 911;
  926–927; Limes, Limesforschung 15/1, 166;
  Nationale Forschungsinstitute 15/1, 658; 666ff.;
  669–670; 674f.; 700; 711; Pompeji/Rezeption
  des freigelegten Pompeji in Literatur und Film
  15/2, 493; Provinzialrömische Archäologie
  15/2, 579ff.; Rekonstruktion/Konstruktion

15/2, 661; Vorderasiatische Archäologie 15/3, 1054; 1058ff.
Archäologischer** Park: Limes, Hadrianswall 15/1, 155; Museum 15/3, 1277; Olympia 15/1, 1170; Ostia und Porto 15/1, 1250; Rhodos 15/3, 1327; 1332; Rom 15/2, 886; Schlachtorte 15/2, 1081; Schweiz 15/2, 1148
Archäologisches Institut des Deutschen Reiches: Klassische Archäologie 14, 910; Nationalsozialismus 15/1, 731; 740ff.
»Archaeology«: Archaeological Institute of America 13, 195
Archäometrie: Archäologische Methoden 13, 201
Archäozoologie: Archäologische Methoden 13, 215; Deutsches Archäologisches Institut 13, 757
Archaik: Epochenbegriffe 13, 1000; 1003ff.; 1010ff.; Neohumanismus 15/1, 891
Archaische Strukturen: Matriarchat 15/1, 325; Moderne 15/1, 506; Mythos 15/1, 637; 647; Naturwissenschaften 15/1, 872; Niederlande und Belgien 15/1, 1060
Archetyp: Psychoanalyse 15/2, 596
Archidragoman: Neugriechische Literatur 15/1, 899
Archimedes-Tradition: Naturwissenschaften 15/1, 817
Architektonisches Ornament: Archäologische Methoden 13, 211; Architekturkopie/-zitat 13, 228; 231; Architekturtheorie/Vitruvianismus 13, 234; Byzanz 13, 615; Orient-Rezeption 15/1, 1218; Pantheon 15/2, 59; Romanik 15/2, 951; Säulenordnung 15/2, 1050; Triumphbogen 15/3, 583
Architektur*: Archäologische Bauforschung 13, 196ff.; Archäologische Methoden 13, 211; Architekturtheorie/Vitruvianismus 13, 239; Barock 13, 414ff.; Bulgarien 13, 572; Byzanz 13, 618; Dänemark 13, 676ff.; Deutschland 13, 791; Druckwerke 13, 892; Etruskerrezeption 13, 1050; Finnland 13, 1149; Frankreich 14, 8; 34; 41; 52; Gotik 14, 239–240; Greek Revival 14, 249ff.; Griechen-Römer-Antithese 14, 253ff.; Halikarnass 14, 347; Historismus 14, 491ff.; Indien 14, 586ff.; Irland 14, 644f.; 647; Italien 14, 665; 681ff.; 688ff.; 703; 710; Kairo, Ägyptisches Museum 14, 772; Karolingische Renaissance 14, 821f.; Klassizismus 14, 959; Lateinamerika 15/1, 43; London, British Museum 15/1, 204; Mausoleum 15/1, 329ff.; Möbel 15/1, 519; Musik 15/1, 591; Nationalsozialismus 15/1, 758; 760; Niederlande und Belgien 15/1, 1036ff.; 1041; Norwegen 15/1, 1087; Ostia und Porto 15/1, 1251; Ottonische Renaissance 15/1, 1255; Pompeji 15/2, 482; Proportionslehre 15/2, 569; Rekonstruktion/

Konstruktion 15/2, 657; Renaissance 15/2, 709; Revolution 15/2, 754; Rom 15/2, 868ff.; Society of Dilettanti 15/3, 74ff.; Spanien 15/3, 128; 130; Spolien 15/3, 195ff.; Stadion 15/3, 256ff.; Stützfiguren/Erechtheionkoren 15/3, 326ff.; 330ff.; 333f.; Südafrika 15/3, 343; Triumphbogen 15/3, 581ff.; Tschechien 15/3, 632; 635; United States of America 15/3, 848; 854ff.; 867ff.; Überlieferung 15/3, 699; Wallfahrt 15/3, 1092
– *ägyptisierende*: Orient-Rezeption 15/1, 1200
– *anthropometrisches Modell*: Stützfiguren/Erechtheionkoren 15/3, 327ff.
– *Hochhaus*: Orient-Rezeption 15/1, 1214; Ostia und Porto 15/1, 1251; United States of America 15/3, 869
– *islamische*: Spolien 15/3, 199
– *klassizistische*: Deutschland 13, 799
– *postmoderne*: Forum/Platzanlage 13, 1161
– *sakrale*: Orient-Rezeption 15/1, 1210
Architekturadaptation: Pompeji 15/2, 484
Architekturästhetik: Spolien 15/3, 196ff.
Architekturallegorese: Säule/Säulenmonument 15/2, 1046
Architekturexegese: Säule/Säulenmonument 15/2, 1046
Architekturkopie**/-zitat: Athen 13, 309; Bulgarien 13, 572; Orient-Rezeption 15/1, 1214; Pantheon 15/2, 60; Pergamonaltar 15/2, 213; Rom 15/2, 871; Sepulchralkunst 15/3, 15ff.; Serbien 15/3, 31; Stadion 15/3, 257f.; 259; Staufische Renaissance 15/3, 272; Stützfiguren/Erechtheionkoren 15/3, 331ff.; Südafrika 15/3, 343f.; Syrien, Museen 15/3, 348; Tempel/Tempelfassade 15/3, 374ff.; Trajanssäule 15/3, 545; United States of America 15/3, 848; 854ff.; Villa 15/3, 1042
Architekturkritik: Faschismus 13, 1089
Architekturphantasie: Pantheon 15/2, 60
Architekturterminologie: Stützfiguren/Erechtheionkoren 15/3, 326
Architekturtheorie**/Vitruvianismus: Architekturkopie/-zitat 13, 228; Barock 13, 416; Frankreich 14, 52; Greek Revival 14, 251; Pantheon 15/2, 57; Park 15/2, 175; Proportionslehre 15/2, 569; Renaissance 15/2, 705; Säulenordnung 15/2, 1048; Spanien 15/3, 133ff.; Stützfiguren/Erechtheionkoren 15/3, 328ff.; Theaterbau/Theaterkulisse 15/3, 403; Triumphbogen 15/3, 587f.; Vasen/Vasenmalerei 15/3, 948; Villa 15/3, 1038ff.; Weltwunder 15/3, 1113
Architekturumwidmung: Rom 15/2, 852

Archiv*: Papyri (Fundgeschichte) 15/2, 66; Papyrussammlungen 15/2, 95ff.
»Archiv für Papyrusforschung«: Papyri, literarische 15/2, 76
Arena: Stadion 15/3, 258
Argumentationslehre**: Dialektik 15/3, 1251; Rhetorik 15/2, 773; 789ff.; 792; 809
Argumentationstheorie: Argumentationslehre 13, 249
Argumentum*: Glossatoren 14, 223
Argutia: Barock 13, 402; Epigrammatik 13, 982; 984; Rhetorik 15/2, 784
Aristokratie: Mischverfassung 15/1, 441; Monarchie 15/1, 540; Nobilitas 15/1, 1070; Philologie 15/2, 319; Politische Theorie 15/2, 423; Sparta 15/3, 154ff.; 166
Aristoteles-Kommentare: Aristotelismus 13, 255; 257
Aristoteles-Übersetzung (lat.): Bürger 13, 557
Aristoteles-Universität Thessaloniki: Vergina 15/3, 992
Aristotelische Methoden: Aristotelismus 13, 259; 262
Aristotelische Poetik: Barock 13, 402; Griechische Tragödie 14, 317ff.; Italien 14, 687; Lateinische Tragödie 15/1, 84; Lehrgedicht 15/1, 109; Oper 15/1, 1181; Oratorium 15/1, 1187
Aristotelismus*/**: Alexandrinismus 13, 72ff.; Arabisch-islamisches Kulturgebiet 13, 163; 182; Athen 13, 289; Atomistik 13, 339; Bildung 13, 507; Bürger 13, 557–558; Byzanz 13, 594; 601; 603; 607; Deutschland 13, 763; 786; Einbildungskraft 13, 935; Frankreich 14, 17; 39; Fürstenspiegel 14, 79; Gerechtigkeit 14, 145; Griechenland 14, 275; Griechisch 14, 308; Humanismus 14, 542; Italien 14, 689; Jesuitenschulen 14, 751; Kommentar 14, 1063; Lateinamerika 15/1, 34; Lehrgedicht 15/1, 109; Magie 15/1, 254; Marxismus 15/1, 300; Metaphysik 15/1, 408ff.; Monarchie 15/1, 537; 540; Naturphilosophie 15/1, 769; Naturwissenschaften 15/1, 781; 817; Neugriechische Literatur 15/1, 897; Paganismus 15/2, 16; Philhellenismus 15/2, 232; Philologie 15/2, 238; Philosophie 15/2, 339ff.; Platonismus 15/2, 363; 370; Politische Theorie 15/2, 412ff.; Portugal 15/2, 522; Praktische Philosophie 15/2, 526ff.; Querelle des Anciens et des Modernes 15/2, 617; Roman 15/2, 947; Sklaverei 15/3, 47; Spanien 15/3, 133; Sphärenharmonie 15/3, 188ff.; Staufische Renaissance 15/3, 276; Ungarn 15/3, 751; Verfassung 15/3, 974ff.; Warburg Institute, The 15/3, 1104; Wirtschaftslehre 15/3, 1162ff.; Zoologie 15/3, 1198ff.; 1209
– *arabischer*: Aristotelismus 13, 252
– *calvinistischer*: Aristotelismus 13, 260
– *christlicher*: Naturwissenschaften 15/1, 792; 794; 797

– *katholischer*: Aristotelismus 13, 257
– *lateinischer*: Aristotelismus 13, 254
Arkadismus**: Barock 13, 406; 413; Bukolik/Idylle 13, 562ff.; Park 15/2, 133; Portugal 15/2, 521ff.; Schweiz 15/2, 1139ff.
Arkantheologie: Okkultismus 15/1, 1155
Arkosolgrab: Sepulchralkunst 15/3, 17ff.
Armenbibel: Emblematik 13, 954
Ars – Natura: Diana von Ephesus 13, 840ff.; Drei Grazien 13, 872; Sparta 15/3, 157
Ars arengandi: Briefkunst/Ars dictaminis 13, 550
Ars dicendi: Rhetorik 15/2, 799
Ars dictaminis (vgl. auch Briefkunst): Redegattungen 15/2, 629; 633; Rhetorik 15/2, 776; 815ff.
Ars dictandi: Rhetorik 15/2, 777; 779
Ars notaria/Ars notariae: Briefkunst/Ars dictaminis 13, 550; Glossatoren 14, 223
Ars praedicandi: Argumentationslehre 13, 244; Leichenrede 15/1, 119
Ars rhetorica: Rhetorik 15/2, 770ff.
Art Deco: Orient-Rezeption 15/1, 1218
Artefakt: Archäologische Methoden 13, 209
Artemis-Orthia-Tempel: Sparta 15/3, 178
Artemision*: Ephesos 13, 975ff.; 979
Artemistempel: Ephesos 13, 975ff.; 979; Rom 15/2, 937
Arte povera: Moderne 15/1, 509
Artes*/** liberales: Bildung 13, 506ff.; 508; Deutschland 13, 768; Dialektik 15/3, 1251; Domschule 13, 868; Frankreich 14, 7; 9; 28; Gattung/Gattungstheorie 14, 89; Historienmalerei 14, 426; Homiletik/Ars praedicandi 14, 525; Humanismus 14, 560; Italien 14, 663; 668; Kanon 14, 792; Lehrplan 15/1, 112; Logik 15/1, 192; Maß und Gewicht 15/1, 307; Mathematik 15/1, 315; Musen 15/1, 566; Musik 15/1, 574; 586; 591; Ottonische Renaissance 15/1, 1257; Philologie 15/2, 280; Querelle des Anciens et des Modernes 15/2, 611; 620ff.; Renaissance 15/2, 703; Rhetorik 15/2, 773; 792; 795; 800; 808; 813; Schweiz 15/2, 1125; United Kingdom 15/3, 767ff.; Universität 15/3, 882; Verlag 15/3, 1001; Weißrußland 15/3, 1108; Zoologie 15/3, 1213; Zoroastres/Zoroastrismus 15/3, 1230
Artes mechanicae: Bildung 13, 507; Frankreich 14, 10; 50; Maß und Gewicht 15/1, 307; Musik 15/1, 591; Naturwissenschaften 15/1, 820ff.
Artistenfakultät: Aristotelismus 13, 255; Artes liberales 13, 274ff.; Bayern 13, 432; Deutschland 13, 769; Praktische Philosophie 15/2, 530; Universität 15/3, 884ff.
Arzneibuch: Pharmakologie 15/2, 217
Arzneipflanzen: Pharmakologie 15/2, 217
Asianismus*: Ciceronianismus 13, 648; Redegattungen 15/2, 635; 643

Asketik: Philosophie 15/2, 344
Asklepieion: Pergamon 15/2, 205; 207; 209
Assyrische Kunst: Orient-Rezeption 15/1, 1212
Assyrologie: Altorientalische Philologie und Geschichte 13, 102ff.; Berlin 13, 464; Orientalismus 15/1, 1239; Philadelphia, University of Pennsylvania Museum of Archaeology and Anthropology, Ancient Near Eastern Section 15/2, 226
»Asterix«: Cäsarismus 13, 623; Comics 13, 658; 671; Druiden 13, 901
Astralreligiosität: Paganismus 15/2, 18
Astrolab: Arabisch-islamisches Kulturgebiet 13, 168
Astrologie*: Arabisch-islamisches Kulturgebiet 13, 169; Horoskope 14, 532ff.; Naturwissenschaften 15/1, 798; 831ff.; Okkultismus 15/1, 1147; Orient-Rezeption 15/1, 1223; Säftelehre 15/2, 1040
Astronomie*: Arabisch-islamisches Kulturgebiet 13, 169; 180; Bayern 13, 432; Naturwissenschaften 15/1, 798–799; Philosophia perennis 15/2, 335
Atavismus: Physiognomik 15/2, 350
Atheismus*: Epikureismus 13, 987; Politische Theorie 15/2, 467; Religionskritik 15/2, 701
– materialistischer: Aufklärung 13, 345
Athen-Paradigma: Athen 13, 288; 290
»Athena, myronische«: Frankfurt am Main, Liebieghaus – Museum alter Plastik 14, 1ff.
Athena-Heiligtum: Delphi 13, 716ff.
Athena-Tempel: Milet 15/1, 425; Paestum 15/2, 5ff.; Priene 15/2, 559; 564; Sparta 15/3, 174; Troja 15/3, 602
Athenaeum Illustre (Amsterdam): Niederlande und Belgien 15/1, 999; 1004; 1010
Athenaeum Illustre (Deventer): Niederlande und Belgien 15/1, 1001
Athenerschatzhaus: Delphi 13, 720ff.
Atlant: Stützfiguren/Erechtheionkoren 15/3, 326
Atlantis**: Athen 13, 279; Paganismus 15/2, 24
Atlas*: Kartographie 14, 854ff.
Atomistik**: Arabisch-islamisches Kulturgebiet 13, 167; Atomistik 13, 339; Epikureismus 13, 987; 991; Naturphilosophie 15/1, 770; Naturwissenschaften 15/1, 784; 865; Platonismus 15/2, 368; Vorsokratiker 15/3, 1064
Atreusgrab: Mykene 15/1, 604
Atrium*: Pompeji 15/2, 485
Atriumhaus: Pompeji 15/2, 482
Attalos-Haus: Pergamon 15/2, 209
Attalos-Stoa: Athen 13, 292
Attische Geschichte: Athen 13, 278
Attizismus*: Byzanz 13, 593; Ciceronianismus 13, 648; Redegattungen 15/2, 635; Stil, Stilanalyse, Stilentwicklung 15/3, 291

Aufklärung**: Akademie 13, 44; 46; Anakreontische Dichtung, Anakreontik 13, 131; Antike 13, 137; Antikensammlung 13, 143; Arabistik 13, 189; Argumentationslehre 13, 247; Bibliothek 13, 501; Bildung 13, 510; Byzantinistik 13, 585; Dänemark 13, 676; Demokratie 13, 724ff.; Diktatur 13, 855; Ehe 13, 926; Enzyklopädie 13, 968; Epikureismus 13, 990; Epochenbegriffe 13, 998; Epos 13, 1022; Fabel 13, 1068ff.; Frankreich 14, 44; 48; 15/3, 1255; Geschichtsmodelle 14, 176; Griechenland 14, 270; 275; 277; Historienmalerei 14, 434ff.; Judentum 14, 753ff.; Komödie 14, 1074; Konsolationsliteratur 14, 1082; Kulturanthropologie 14, 1133; Literaturkritik 15/1, 181; Mausoleum 15/1, 333; Melancholie 15/1, 382; Metapher/Metapherntheorie 15/1, 405; Mimesis 15/1, 432; Museum 15/3, 1274; Mythologie 15/1, 629; Naturrecht 15/1, 778; Naturwissenschaften 15/1, 785; 842ff.; Neugriechische Literatur 15/1, 899; Norwegen 15/1, 1086; Numismatik 15/1, 1113; Okkultismus 15/1, 1159ff.; Österreich 15/1, 1143; Park 15/2, 158; 165; Philhellenismus 15/2, 233; Philologie 15/2, 252; 259; Philosophie 15/2, 345ff.; Platonismus 15/2, 369; Poetik 15/2, 388; Polen 15/2, 396; 410; Porträtgalerie 15/2, 507; 512; Portugal 15/2, 521; Praktische Philosophie 15/2, 532; Preußen 15/2, 552; Prüfungsordnungen 15/2, 583; Querelle des Anciens et des Modernes 15/2, 622; Redegattungen 15/2, 630; 635; Religionsgeschichte 15/2, 679; Religionskritik 15/2, 700ff.; Rom 15/2, 877; Rumänien 15/2, 1003; Schlachtorte 15/2, 1080; Skeptizismus 15/3, 44; Stoizismus 15/3, 306ff.; Theologie und Kirche des Christentums 15/2, 446ff.; Totengespräch 15/3, 521ff.; Traumdeutung 15/3, 553; Troja 15/3, 600; Tschechien 15/3, 638; Tyrannis 15/3, 692ff.; Ungarn 15/3, 755; United States of America 15/3, 849; Universität 15/3, 898ff.; Ut pictura poesis 15/3, 929; Übersetzung 15/3, 729ff.; Vorderasiatische Archäologie 15/3, 1057; Wallfahrt 15/3, 1084; Weltwunder 15/3, 1114; Wirtschaftslehre 15/3, 1161; Zeitrechnung 15/3, 1177; Zoroastres/Zoroastrismus 15/3, 1231ff.
– orthodox-kirchliche: Neugriechische Literatur 15/1, 902
Aufklärungskritik: Mythos 15/1, 638
Aufklärungsphilosophie: Pädagogik 15/1, 1ff.
Auflassung: Stadt 15/3, 266
»Augsburger Chronik«: Altertumskunde (Humanismus bis 1800) 13, 95

Augusta*: Herrscher 14, 378
Augustalis: Münze, Münzwesen 15/1, 558; Numismatik 15/1, 1110
Augustan Age: Klassizismus 14, 961
Augustinerorden: Mönchtum 15/1, 529; Niederlande und Belgien 15/1, 1025
Augustinismus**: Philosophie 15/2, 340; Praktische Philosophie 15/2, 526ff.; Theologie und Kirche des Christentums 15/3, 418ff.; Universität 15/3, 888
Augustinusregel: Mönchtum 15/1, 526
Augustus*: Herrscher 14, 377; Staufische Renaissance 15/3, 278
Augustus-Christus-Parallele: Herrscher 14, 398
Augustus-Forum: Rom 15/2, 894ff.
Augustus-Paradigma: Faschismus 13, 1100; 1102; Nationalsozialismus 15/1, 748
Aurelianische Mauer: Rom 15/2, 851
»Aurelii Augustini Milleloqium veritatis«: Augustinismus 13, 350
Ausbeutung: Sozial- und Wirtschaftsgeschichte 15/3, 90
Aussprache*/**
– *griechische*: Georgien 14, 134; Orthographie 15/1, 1244
– *lateinische*: Altsprachlicher Unterricht 13, 121; Domschule 13, 868; Finnisch-ugrische Sprachen 13, 1147; Frankreich 14, 58
Autobiographie**: Autobiographie 13, 360–364
Autochthonie: Polen 15/2, 392; Provinzialrömische Archäologie 15/2, 574ff.
Autoerotik: Erotica 13, 1042
Autokratie *plebiszitäre*: Cäsarismus 13, 627
Automaten*: Park 15/2, 127ff.
Autonomie
– *der Kunst*: Neohumanismus 15/1, 886
– *des Individuums*: Autobiographie 13, 363; Epikureismus 13, 989ff.
– *politische*: Politische Theorie 15/2, 454; Republik 15/2, 717
Avantgarde: Nietzsche-Wilamowitz-Kontroverse 15/1, 1069; Poetik 15/2, 383; Spanien 15/3, 140; 150
Averroismus: Alexandrinismus 13, 72; Naturwissenschaften 15/1, 795; 806
Axiomatik: Mathematik 15/1, 320; Metaphysik 15/1, 409
Ayatollah-Ideologie: Arabisch-islamisches Kulturgebiet 13, 168

B

Babel-Bibel-Streit: Altorientalische Philologie und Geschichte 13, 105; Babylon 13, 380; Deutsche Orient-Gesellschaft 13, 744; Orient-Rezeption 15/1, 1228
Bacchustempel: Baalbek 13, 366; 368; 370; Park 15/2, 145
Badezellenbühne: Lateinische Komödie 15/1, 75
Balkankulturen: Byzanz 13, 614; Makedonien/Mazedonien 15/1, 276ff.; Neugriechische Literatur 15/1, 895; 903; 915
Ballade: Neugriechische Literatur 15/1, 915
Ballett: Deutschland 13, 824; Georgien 14, 138; Mode 15/1, 487; Musen 15/1, 569; Neohumanismus 15/1, 893
Baltische Sprachen**: Baltische Sprachen 13, 387–389
Bankwesen: Pompeji 15/2, 481; Rom 15/2, 903
Baptisterium*: Wallfahrt 15/3, 1092
Barbarentum: Politische Theorie 15/2, 431; Reiterstandbild 15/2, 650; Schlachtorte 15/2, 1090
Barbarismus: Küchenlatein 14, 1125
Barberinischer** Faun: München, Glyptothek und Antikensammlungen 15/1, 548; 550; 553
Barock**: Antikensammlung 13, 143; Apoll von Belvedere 13, 155; Apotheose 13, 160; Bibliothek 13, 500; Dänemark 13, 675; Deutschland 13, 779; Festkultur/Trionfi 13, 1108; Figurengedicht 13, 1121; Historienmalerei 14, 431ff.; Imitatio 14, 576; Italien 14, 688ff.; 691ff.; Klassische Archäologie 14, 904; Laokoongruppe 15/1, 13; Leichenrede 15/1, 121; Loci communes 15/1, 189; Lyrik 15/1, 249; Melancholie 15/1, 382; Metamorphose 15/1, 396; Metapher/Metapherntheorie 15/1, 404; Möbel 15/1, 519; Mönchtum 15/1, 530; Naturwissenschaften 15/1, 840; Niederlande und Belgien 15/1, 1039; Numismatik 15/1, 1110ff.; Orient-Rezeption 15/1, 1199; 1211; 1225; Österreich 15/1, 1138; Panegyrik 15/2, 55; Parnaß 15/2, 185; Poetik 15/2, 387; Polen 15/2, 396; Portugal 15/2, 520; Preußen 15/2, 545; Redegattungen 15/2, 630; Renaissance 15/2, 703; Säulenordnung 15/2, 1050; Stützfiguren/Erechtheionkoren 15/3, 330ff.; Theaterbau/Theaterkulisse 15/3, 405f.; Vasen/Vasenmalerei 15/3, 948ff.
Barometer: Meteorologie 15/1, 417
Basilica della Riforma cattolica: Basilika 13, 426
Basilika*/**: Frankreich 14, 12; Paestum 15/2, 11; Renaissance 15/2, 709; Romanik 15/2, 951; Säulenordnung 15/2, 1048
»Basiliken«: Byzanz 13, 595; 605; Digesten/Überlieferungsgeschichte 13, 846; 850; Römisches Recht 15/2, 837–839
Bataver-Mythos: Republik 15/2, 722
»Batrachomyomachía«: Tierepos 15/3, 495ff.
»Battle of the Books«: Klassizismus 14, 964ff.
Bauplastik, romanische: Reiterstandbild 15/2, 650

Bautätigkeit: Architekturtheorie/Vitruvianismus 13, 234; Konstantinopel 14, 1084
Bavaria-Statue: Denkmal 13, 741
Bayerische Akademie: Lexikographie 15/1, 143
Bayesianismus: Logik 15/1, 199
Bayt al-hikma: Aristotelismus 13, 252
Bedeutungswandel: Geflügelte Worte 14, 102
Befestigungswesen*: Rom 15/2, 853; Sparta 15/3, 174; Stadt 15/3, 262; 268
Begriffslehre: Logik 15/1, 198; 200
Behaviorismus: Psychoanalyse 15/2, 600
Belagerung: Konstantinopel 14, 1084
Belgrader Hellenistischer Kreis: Serbien 15/3, 30
Belles lettres: Frankreich 14, 50
Bellizismus: Frieden 14, 71
Bellona-Tempel: Paganismus 15/2, 23
Belvedere: Altertumskunde (Humanismus bis 1800) 13, 90; Klassische Archäologie 14, 903
Benandanti: Paganismus 15/2, 15
Benediktinerorden: Schweiz 15/2, 1143
Benediktusregel: Bibliothek 13, 495; Mittellatein 15/1, 454; Mönchtum 15/1, 525
Beratungsrede: Redegattungen 15/2, 636ff.
Beredsamkeit, höfische: Redegattungen 15/2, 646
Berliner Antikensammlungen: Pergamonaltar 15/2, 211
Berliner Psychoanalytisches Institut: Psychoanalyse 15/2, 590
Berliner Schloßbrücke-Skulpturen: Denkmal 13, 741
Berliner Schule: Ägyptologie 13, 17
»Berliner Winckelmannprogramme«: Klassische Archäologie 14, 910
Bernwardsäule: Denkmal 13, 738
Berufsbildende Schule: Schulwesen 15/2, 1110
Berufsverband** (Schola): Notar 15/1, 1095
Beschreibstoff: Papier 15/2, 62ff.
Beschreibung: Rhetorik 15/2, 776
Besitz**: Besitz 13, 479–481
Bessarabien: Mönchtum 15/1, 533
Beständigkeit: Stoizismus 15/3, 303
Bestattung*: Herrscher 14, 366; Sepulchralkunst 15/3, 15ff.; Spolien 15/3, 201
Bestiarium: Frankreich 14, 14; Physiognomik 15/2, 354; Zoologie 15/3, 1210
»Betender Knabe«: Berlin 13, 459; Preußen 15/2, 550
Betonung: Aussprache 13, 354; 358
Betrug: Kunsterwerb/Kunstraub 14, 1149; Strafrecht 15/3, 316
Bettelorden: Frankreich 14, 16; 19; Gerechtigkeit 14, 143; Mönchtum 15/1, 528
Beute: Rezeptionsformen 15/2, 764
Beuteweihung: Numismatik 15/1, 1106
Bevölkerungsabnahme: Bevölkerungswissenschaft/ Historische Demographie 13, 485ff.

Bevölkerungsarmut: Bevölkerungswissenschaft/ Historische Demographie 13, 482
Bevölkerungsbalance: Bevölkerungswissenschaft/ Historische Demographie 13, 486
Bevölkerungsbewegung: Bevölkerungswissenschaft/Historische Demographie 13, 488ff.
Bevölkerungsoptimum: Bevölkerungswissenschaft/ Historische Demographie 13, 484
Bevölkerungspolitik: Bevölkerungswissenschaft/ Historische Demographie 13, 485
Bevölkerungsreichtum: Bevölkerungswissenschaft/ Historische Demographie 13, 482ff.
Bevölkerungsstatistik: Bevölkerungswissenschaft/ Historische Demographie 13, 486; 488ff.
Bevölkerungstheorie: Bevölkerungswissenschaft/ Historische Demographie 13, 487; 491
Bevölkerungswachstum: Bevölkerungswissenschaft/ Historische Demographie 13, 486
Bevölkerungswissenschaft**/Historische Demographie: Geschichtswissenschaft/ Geschichtsschreibung 14, 195; Sozial- und Wirtschaftsgeschichte 15/3, 83; Stadt 15/3, 267ff.
Bewegung*: Stil, Stilanalyse, Stilentwicklung 15/3, 290
Beweistheorie: Logik 15/1, 201
Beweisurkunde (Breve, Notitia): Notar 15/1, 1096
Bibel* (vgl. auch → Neues Testament): Allegorese 13, 77ff.; Litauen 15/1, 171; Orient-Rezeption 15/1, 1194; 1223; 1225; Patristische Theologie/Patristik 15/2, 197; Polen 15/2, 394; Religionsgeschichte 15/2, 682
– hebräische: Psalmodie 15/2, 586
Bibeldichtung*: Epos 13, 1035; Karolingische Renaissance 14, 828ff.
Bibeldrama: Lateinische Komödie 15/1, 70; Lateinische Tragödie 15/1, 85
Bibelepik: Epos 13, 1019
Bibelexegese: Argumentationslehre 13, 246; Mythologie 15/1, 618; Patristische Theologie/ Patristik 15/2, 200; Psychoanalyse 15/2, 597
Bibelkommentar: Philologie 15/2, 280
Bibelphilologie: Semitistik 15/3, 12; Spanien 15/3, 110ff.
Bibelverfilmung: Film 13, 1136
Bibelwissenschaft: Judentum 14, 760ff.
Biblioteca Real: Bibliothek 13, 502
Bibliotheca Ambrosiana (Mailand): Bibliothek 13, 501
Bibliotheca Augusta (Wolfenbüttel): Bibliothek 13, 501
Bibliotheca Bodleiana (Oxford): Bibliothek 13, 500
Bibliotheca** Corviniana: Ungarn 15/3, 750
Bibliotheca Graeca: Philosophia perennis 15/2, 338
Bibliotheca Hebraea: Philosophia perennis 15/2, 338

Bibliotheca Laurentiana (Florenz): Bibliothek 13, 498; 501ff.
Bibliotheca Marciana (Florenz): Antikensammlung 13, 143; Bibliothek 13, 498
Bibliotheca Marciana (Venedig): Bibliothek 13, 498
Bibliotheca Medicea Laurentiana: Papyrussammlungen 15/2, 103
Bibliotheca Palatina (Heidelberg): Bibliothek 13, 499ff.; 503
Bibliotheca Philologica Classica: Philologie 15/2, 309
Bibliothek*/**: École française d'Athènes 13, 916; Australien und Neuseeland 13, 359; 15/3, 1249; Bayern 13, 431; Italien 14, 678; Litauen 15/1, 171; Mnemonik/Mnemotechnik 15/1, 473; Museum 15/3, 1274; Papyrussammlungen 15/2, 95ff.; Philologie 15/2, 278ff.; Porträtgalerie 15/2, 501; 506; Preußen 15/2, 548; United States of America 15/3, 835ff.; Warburg Institute, The 15/3, 1098; 1100; 1105; Weißrußland 15/3, 1108; Winckelmann-Gesellschaft 15/3, 1140ff.
Bibliothek von Alexandria: Alexandria 13, 65
Bibliothèque Royale (h. Bibliothèque Nationale): Bibliothek 13, 500ff.
Biblische Archäologie: Altorientalische Philologie und Geschichte 13, 103; Vorderasiatische Archäologie 15/3, 1057ff.; 1059ff.
Biedermeier: Möbel 15/1, 520; Steinschneidekunst: Gemmen 15/3, 286
Biennale: Porträtgalerie 15/2, 513
Biga: Rosse von San Marco/Quadriga 15/2, 989
Bildanalyse: Stil, Stilanalyse, Stilentwicklung 15/3, 291
Bildaufbau: Stil, Stilanalyse, Stilentwicklung 15/3, 291
Bildende Kunst: Babylon 13, 376; DDR 13, 691; 696; Deutschland 13, 785; Europa 13, 1062; Finnland 13, 1149; Lateinamerika 15/1, 46; Niederlande und Belgien 15/1, 1036ff.; Orient-Rezeption 15/1, 1219; Physiognomik 15/2, 352ff.; Rom 15/2, 867; Slowakei 15/3, 67; Slowenien 15/3, 72; Spanien 15/3, 148ff.; Stil, Stilanalyse, Stilentwicklung 15/3, 289ff.; Tschechien 15/3, 635
Bilderstreit: Byzanz 13, 603; 609
Bildersturm → Ikonoklasmus
Bildertheologie: Byzanz 13, 603
Bilderverbot: Spanien 15/3, 130
Bilderverehrung (vgl. auch → Idolatrie): Wallfahrt 15/3, 1082
Bildhauerei/Skulptur: Barock 13, 410; 412; Basel, Antikenmuseum und Sammlung Ludwig 13, 419; Dänemark 13, 676ff.; Deutschland 13, 819; 824; Druckwerke 13, 884; 892ff.; 894; Faschismus 13, 1093; Frankfurt am Main, Liebieghaus – Museum alter Plastik 14, 1ff.; Frankreich 14, 12; 20; Herculaneum 14, 355; Historismus 14, 495ff.; Italien 14, 681ff.; 689; 702ff.; Kairo, Ägyptisches Museum 14, 773ff.; Karolingische Renaissance 14, 822; Knidische Aphrodite 14, 981ff.; Nationalsozialismus 15/1, 759; Pompeji 15/2, 473; Renaissance 15/2, 705ff.; Sperlonga 15/3, 182ff.; Stil, Stilanalyse, Stilentwicklung 15/3, 289ff.; United States of America 15/3, 860ff.; 867ff.

Bildnisbüste: Porträt 15/2, 499
Bildnisreihe: Porträtgalerie 15/2, 503
Bildprogramm: Parnaß 15/2, 184
– *mythologisches*: Deutschland 13, 788
– *theologisches*: Parnaß 15/2, 185
Bildsprache: Klassische Archäologie 14, 916
Bildung*/**: Altertumskunde (Humanismus bis 1800) 13, 91; Altsprachlicher Unterricht 13, 113ff.; 120ff.; Barock 13, 395; Bayern 13, 432; Deutschland 13, 794; Frankreich 14, 35; 44; 54; 15/3, 1254; Fürstenspiegel 14, 82; Geflügelte Worte 14, 101; Griechenland 14, 273ff.; Humanistisches Gymnasium 14, 563ff.; Italien 14, 658ff.; 685; Karolingische Renaissance 14, 817ff.; Klassizismus 14, 962ff.; Klosterschule 14, 979ff.; Körperkultur 14, 1049ff.; Litauen 15/1, 171; Mittellatein 15/1, 452; Moldova 15/1, 534; Neohumanismus 15/1, 888; 891; Nobilitas 15/1, 1080; Österreich 15/1, 1133; 1138; 15/3, 1292ff.; Pädagogik 15/2, 1ff.; Philologie 15/2, 239; 262; 280; Polen 15/2, 405; Politische Theorie 15/2, 430; Porträtgalerie 15/2, 506; Portugal 15/2, 523; Preußen 15/2, 540ff.; 555ff.; Redegattungen 15/2, 646; Religionsgeschichte 15/2, 680; Renaissance 15/2, 703; 710; Revolution 15/2, 741ff.; 749; 756; Rhetorik 15/2, 775; 788; 792; 795; 814ff.; Schulwesen 15/2, 1114; Schweiz 15/2, 1128; Spanien 15/3, 102ff.; Ukraine 15/3, 744ff.; United Kingdom 15/3, 811; 815; United States of America 15/3, 834ff.; 847ff.; 849ff.; Universität 15/3, 903; Überlieferung 15/3, 710; Zypern 15/3, 1235ff.
– *achristliche*: Neuhumanismus 15/1, 922
– *christliche*: Chrêsis 13, 639; Ciceronianismus 13, 648
– *formale*: Deutschland 13, 810
– *griechische*: Bulgarien 13, 570ff.; 573
– *humanistische*: Bulgarien 13, 575; Niederlande und Belgien 15/1, 1014; Nietzsche-Wilamowitz-Kontroverse 15/1, 1063; Rhetorik 15/2, 816; Schlachtorte 15/2, 1077
– *konfessionelle*: Slowakei 15/3, 65
– *universale*: Akademie 13, 42
Bildungsauftrag: Medien 15/1, 354

Bildungselite: Neohumanismus 15/1, 886ff.
Bildungsideal: Schweden 15/2, 1117
Bildungsinstitution: Rezeptionsformen 15/2, 767; Rhetorik 15/2, 771
Bildungskanon: Rhetorik 15/2, 818
Bildungsreform: Frankreich 14, 45; Lateinamerika 15/1, 37; Mönchtum 15/1, 524; Neuhumanismus 15/1, 922; Philologisches Seminar 15/2, 328; Portugal 15/2, 521
Bildungsreise: Portugal 15/2, 518; Schweiz 15/2, 1137; Souvenir 15/3, 78ff.; Tourismus 15/3, 527ff.; United States of America 15/3, 859
Bildungssprache: Neulatein 15/1, 927; Romanische Sprachen 15/2, 958
Bildungstheorie: Neuhumanismus 15/1, 918ff.; Rhetorik 15/2, 793
Bildungswesen: Preußen 15/2, 553ff.; Prüfungsordnungen 15/2, 583; Rhetorik 15/2, 795ff.; 801; Schulprogramme 15/2, 1108; Schweiz 15/2, 1132; 1142; 1149ff.
Bildungswortschatz: Germanische Sprachen 14, 156
Bilingue*: Entzifferungen 13, 957; 962; Griechisch 14, 299; 301; 308; Inschriftenkunde, griechische 14, 594–595; 611; Schriftwissenschaft 15/2, 1098
»Bill of Rights«: Menschenrechte 15/1, 388
Billigkeit**: Billigkeit 13, 515–519
Bimetallismus: Geld/Geldwirtschaft/Geldtheorie 14, 105
Bimillenario Augusteo: Faschismus 13, 1084; 1086; 1099; Istituto (Nazionale) di Studi Romani 14, 654–655
Biographie*/**: Byzanz 13, 602; 605; Deutschland 13, 761; 768; Geschichtsmodelle 14, 173; Geschichtswissenschaft/Geschichtsschreibung 14, 193; Kynismus 14, 1155; Serbien 15/3, 29
Biographik: Porträtgalerie 15/2, 505
Biographismus: Biographie 13, 522
Bischofssitz: Schweiz 15/2, 1125; Stadt 15/3, 265
Blei*: Naturwissenschaften 15/1, 859
Bleisiegelsammlung: Dumbarton Oaks 13, 909
Blücher-Denkmal: Denkmal 13, 742
Blutkreislauf: Galenismus 14, 86
Bodenreform: Sozialismus 15/3, 93ff.
Boeckh**-Hermann-Auseinandersetzung: Deutschland 13, 810
Bogomilen*: Gnosis 14, 227
Bombyzin: Papier 15/2, 63
Bonapartismus: Cäsarismus 13, 623
Bonner Schule: Philologie 15/2, 265; 303ff.
Botanik**: Arabisch-islamisches Kulturgebiet 13, 181; Physiognomik 15/2, 360
Botanischer Garten: Pharmakologie 15/2, 220f.
Bourgeois: Bürger 13, 559
Boxen: Sport 15/3, 215ff.
Brainerd-Robinson-Matrix: Archäologische Methoden 13, 212

Brakteaten: Numismatik 15/1, 1109
Brandenburger Tor: Preußen 15/2, 555
Brauchtum: Krone 14, 1124
Bretonisch: Keltische Sprachen 14, 874ff.
Brevitas*: Epigrammatik 13, 982
Brief-Ekloge: Bukolik/Idylle 13, 562
Brief**/Briefliteratur: Deutschland 13, 768; Konsolationsliteratur 14, 1079; Litauen 15/1, 171; Neulatein 15/1, 926; 936; 939; Niederlande und Belgien 15/1, 1001; Redegattungen 15/2, 628
Briefkunst**/Ars dictaminis: Figurenlehre 13, 1127–1128; Frankreich 14, 17; Rhetorik 15/2, 776
Briefrhetorik: Rhetorik 15/2, 777
Briefroman*: Brief, Briefliteratur 13, 543; Klassizismus 14, 973
British Empire: Imperium 14, 583
»Brocarda«: Glossatoren 14, 221; 223
Bronze: Naturwissenschaften 15/1, 859
Bronzewagen von Monteleone: New York, Metropolitan Museum 15/1, 956
Bronzezeit: Aigina 13, 30; Aizanoi 13, 35; Albanien 13, 60; Atlantis 13, 337; Griechenland 14, 290; Klassische Archäologie 14, 914; Mykene 15/1, 605; Paris Louvre 15/2, 109; Religionsgeschichte 15/2, 691ff.
Brownianismus: Diätetik 13, 829
Bruderschaftsschule: Rußland 15/2, 1017
Brückenbaukunst: Park 15/2, 158
Brüderlichkeit: Revolution 15/2, 750ff.
Brunnenbau: Park 15/2, 126ff.
»Brutus« (David): Klassizismus 14, 959
Buch*: Papyri, literarische 15/2, 75; Philologie 15/2, 279ff.
Buchdruck: Bibliothek 13, 499; Deutschland 13, 767; Lateinamerika 15/1, 23; Mnemonik/Mnemotechnik 15/1, 474; Naturwissenschaften 15/1, 837; 850; Niederlande und Belgien 15/1, 992ff.; Patristische Theologie/Patristik 15/2, 198; Philologie 15/2, 247; 285ff.; Physiognomik 15/2, 354; Portugal 15/2, 520; Preußen 15/2, 541ff.; Redegattungen 15/2, 629; Renaissance 15/2, 709; Rhetorik 15/2, 772; 819; Rumänien 15/2, 997; 1001; Schweiz 15/2, 1129; 1135; Spanien 15/3, 104; Steinschneidekunst: Gemmen 15/3, 283; Venedig 15/3, 961ff.; Verlag 15/3, 1002ff.; Zensur 15/3, 1196
Buchformat: Philologie 15/2, 291
Buchhandel: Arabisch-islamisches Kulturgebiet 13, 162; Frankreich 14, 18; Verlag 15/3, 1001
Buchkultur: Satire 15/2, 1073
Buchmalerei*: Byzanz 13, 596; 610; Druckwerke 13, 899; Frankreich 14, 6; 11; 25; 28; Karolingische Renaissance 14, 822; Kodikologie 14, 1010; Möbel 15/1, 516ff.; Orient-

Rezeption 15/1, 1211; Ottonische Renaissance 15/1, 1255; Porträt 15/2, 497; Triumphbogen 15/3, 591; Verwandlungen/Illustrationen von Ovid-Texten 15/3, 1031ff.
Buchproduktion: Frankreich 14, 18; Griechenland 14, 276; Italien 14, 662; 678; 686; Verlag 15/3, 1004
Buchreligion: Paganismus 15/2, 28
Buchschrift: Schrift/Typographik 15/2, 1095; 1097
Buchstabe: Schrift/Typographik 15/2, 1092
Buchstabenschrift: Rezeptionsformen 15/2, 762
Buddha-Statuen: Pakistan/Gandhara-Kunst 15/2, 34ff.
Buddhismus: Neugriechische Literatur 15/1, 910; Pakistan/Gandhara-Kunst 15/2, 36
Bücher**-Meyer-Kontroverse: Bevölkerungswissenschaft/Historische Demographie 13, 489; Deutschland 13, 812; Sklaverei 15/3, 50; Sozial- und Wirtschaftsgeschichte 15/3, 86
Bücherinventar/Katalog: Bibliothek 13, 496; 499
Bücherverbrennung: Zensur 15/3, 1196
Bühnenmusik: Vertonungen antiker Texte 15/3, 1023
Bühnentechnik: Lateinische Komödie 15/1, 76; 78; Oper 15/1, 1182; Österreich 15/1, 1144
Bürger**: Politische Theorie 15/2, 413; 425; Revolution 15/2, 745; Sparta 15/3, 153ff.
Bürgerhumanismus: Republik 15/2, 721; 724
Bürgerkrieg*: Schlachtorte 15/2, 1086; United States of America 15/3, 858
Bürgerliche Gesellschaft: Marxismus 15/1, 300
»Bürgerliches Gesetzbuch« (BGB): Anspruch 13, 134; Pandektistik 15/2, 47–49; Romanistik/Rechtsgeschichte 15/2, 963; Römisches Recht 15/2, 833; Schuldrecht 15/2, 1105
Bürgerschule: Schweiz 15/2, 1126
Bürgertum: Antikensammlung 13, 143; Körperkultur 14, 1052; Möbel 15/1, 518; Rhetorik 15/2, 802
Büste: Fälschung 13, 1072; Porträt 15/2, 499; Preußen 15/2, 546
Bütte: Papier 15/2, 63
Buffonistenstreit: Oper 15/1, 1183
Bukolik**/Idylle: Afrika 13, 23; Arkadismus 13, 265; Elegie 13, 945; Frankreich 14, 8; Italien 14, 696; United Kingdom 15/3, 807
Bulgarische Wiedergeburt: Bulgarien 13, 573
»Bullettino di Archeologia cristiana«: Christliche Archäologie 13, 643
Bund**: Bund 13, 577–583
Burg: Mykene 15/1, 609; Ruine/Künstliche Ruine 15/2, 994
Burgtheater, Wien: Österreich 15/1, 1144
Burleske: Epos 13, 1022; Italien 14, 687
Byronismus: Philhellenismus 15/2, 235ff.

Byzantinische Kunst: Dumbarton Oaks 13, 909; Rumänien 15/2, 1009
»Byzantinische Zeitschrift«: Byzantinistik 13, 585
Byzantinischer Kunstkreis: Proportionslehre 15/2, 569
Byzantinisches Recht: Byzanz 13, 595; Mönchtum 15/1, 533; Romanistik/Rechtsgeschichte 15/2, 964; Römisches Recht 15/2, 838–840
Byzantinistik**: Bayern 13, 442; DDR 13, 685; Dumbarton Oaks 13, 904; Finnland 13, 1151; Neugriechische Literatur 15/1, 895; Ungarn 15/3, 756
Byzanz**: Athen 13, 280; Imperium 14, 577ff.; Leichenrede 15/1, 117; Lexikographie 15/1, 127; Mathematik 15/1, 315; Medizin 15/1, 360ff.; Mode 15/1, 482; Musik 15/1, 594; Naturwissenschaften 15/1, 792; 801; 834; 857; Neugriechische Literatur 15/1, 895ff.; 900; 910; Nobilitas 15/1, 1077; Norwegen 15/1, 1084; Orient-Rezeption 15/1, 1211; Ottonische Renaissance 15/1, 1255; Venedig 15/3, 960

C

Caesar*: Herrscher 14, 377; Staufische Renaissance 15/3, 278
Caesar-Forum: Rom 15/2, 893ff.
Caesarismus: Deutschland 13, 812; Diktatur 13, 858; 860; Imperium 14, 583; Monarchie 15/1, 543; Politische Theorie 15/2, 434; Republik 15/2, 718
Cäsarismus**: Cäsarismus 13, 623–629
Cäsaropapismus: Porträt 15/2, 497
Calliopius-Irrtum: Lateinische Komödie 15/1, 65
Cambridge Platonists: Okkultismus 15/1, 1154; Platonismus 15/2, 368
Cambridge Ritualists: Mythos 15/1, 644; 646; Psychoanalyse 15/2, 599; Religion und Literatur 15/2, 671ff.; 675; Religionsgeschichte 15/2, 689; 692
»Cambridger Lieder«: Deutschland 13, 764
Cancellarius*: Notar 15/1, 1095
Cantari: Adaptation 13, 10
Canzone: Lyrik 15/1, 248
Capitalis quadrata/rustica: Schrift/Typographik 15/2, 1092ff.
Caput mundi: Rom 15/2, 853
»Carmen cancellatum«: Figurengedicht 13, 1115ff.
»Carmina Burana«: Bayern 13, 431; Deutschland 13, 764; Lyrik 15/1, 248; Makkaronische Dichtung 15/1, 281; Österreich 15/1, 1135
Cartesianismus: Eklektik 13, 939; Mnemonik/Mnemotechnik 15/1, 476; Skeptizismus 15/3, 42ff.

C. SACHBEGRIFFE

Casa del Fauno: Klassische Archäologie 14, 942; Park 15/2, 145
Casa/Haus: Pompeji 15/2, 473ff.
Causa*/**: Anspruch 13, 133
Celsus-Bibliothek: Ephesos 13, 979
»Census of Antique Works of Arts Known in the Renaissance«: Warburg Institute, The 15/3, 1105
Cento*: Byzanz 13, 594; Philologie 15/2, 283
Certamen capitolinum: Istituto (Nazionale) di Studi Romani 14, 657
Chalkedoniten: Armenien 13, 271
»Chandos-Brief«: Neohumanismus 15/1, 886
Chanson de geste: Epos 13, 1017; Italien 14, 686; Überlieferung 15/3, 708
Charakter-Katalog: Physiognomik 15/2, 357
Charta Borgiana: Papyri (Fundgeschichte) 15/2, 66f.
Chemie: Naturwissenschaften 15/1, 870; Säftelehre 15/2, 1040; Terminologie 15/3, 387f.
»Chicago Assyrian Dictionary«: Altorientalische Philologie und Geschichte 13, 107
Chiliasmus: Geschichtsmodelle 14, 166
Chinesische Plastik: Pakistan/Gandhara-Kunst 15/2, 36; 38–39
Chinoiserie: Park 15/2, 134
Chiromantik: Physiognomik 15/2, 353ff.
Chlodwigs-Mythos: Schlachtorte 15/2, 1091ff.
Chor*: Griechische Tragödie 14, 318ff.; 321ff.; Oper 15/1, 1180; 1183; Religion und Literatur 15/2, 674; 676; Theater 15/3, 400ff.; Tragödie/Tragödientheorie 15/3, 535
Choral, gregorianischer: Affektenlehre (musikalisch) 13, 21; Musik 15/1, 579; 584–585
Chorlyrik: Papyri, literarische 15/2, 74
Chrematistik: Wirtschaftslehre 15/3, 1155ff.
Chresis*/**: Philosophie 15/2, 343; Religionskritik 15/2, 699
Christentum*: Allegorie 13, 84; Apotheose 13, 159; Architekturkopie/-zitat 13, 223; Bibliothek 13, 494; Byzanz 13, 601; Domschule 13, 867; Erotica 13, 1041; Germanische Sprachen 14, 151ff.; Italien 14, 685; Jerusalem 14, 723; Lateinische Komödie 15/1, 65; Lateinschule 15/1, 90; Menschenrechte 15/1, 386; Paganismus 15/2, 13ff.; Pantheon 15/2, 57; Patristische Theologie/Patristik 15/2, 197; 200; Philologie 15/2, 238; Philosophia perennis 15/2, 334ff.; Philosophie 15/2, 343ff.; Platonismus 15/2, 365; 368; Poetik 15/2, 390; Polen 15/2, 403; Politische Theorie 15/2, 432ff.; 449; 464; 467ff.; Pompeji/Rezeption des freigelegten Pompeji in Literatur und Film 15/2, 492ff.; 494; Portugal 15/2, 516; Praktische Philosophie 15/2, 526; Psychoanalyse 15/2, 596ff.; Querelle des Anciens et des Modernes 15/2, 612; Religionsgeschichte 15/2, 681; Religionskritik 15/2, 699; Revolution 15/2, 745; Rhetorik 15/2, 795; 814; Rom 15/2, 866; 873; 910; Romantik 15/2, 982; Rumänien 15/2, 997; 999; Rußland 15/2, 1015; Sacrum Imperium 15/2, 1035; Säule/Säulenmonument 15/2, 1042ff.; Schlachtorte 15/2, 1090; Schweiz 15/2, 1124; Theologie und Kirche des Christentums 15/3, 412ff.
- nestorianisches: China 13, 636
- Urgemeinde: Sozialismus 15/3, 97
Christianisierung: Bulgarien 13, 569; Litauen 15/1, 171; 173; Orient-Rezeption 15/1, 1211; Papyrologie 15/2, 94; Pharmakologie 15/2, 216ff.; Polen 15/2, 391; 393; Religionsgeschichte 15/2, 680; Rußland 15/2, 1014; Schweiz 15/2, 1124; Trajanssäule 15/3, 544ff.; Überlieferung 15/3, 722ff.
Christliche Archäologie**: Deutsches Archäologisches Institut 13, 752; Nationale Forschungsinstitute 15/1, 684; Rom 15/2, 872; 905ff.
Christliche Kunst: Porträtgalerie 15/2, 502; Typologie 15/3, 679ff.
Christliche Schriftsteller: Philologie 15/2, 302
Christlicher Orient: Rußland 15/2, 1023
Christliches Latein: Mittellatein 15/1, 448
Christologie: Theologie und Kirche des Christentums 15/3, 438ff.; 448ff.
Chromatik: Musik 15/1, 588; Oratorium 15/1, 1187
Chronik*: Byzanz 13, 602; 604; Deutschland 13, 764; Geschichtsmodelle 14, 169–170; Neugriechische Literatur 15/1, 897; Numismatik 15/1, 1109; Philologie 15/2, 253; Polen 15/2, 392f.
Chronistik: Geschichtsmodelle 14, 166; 170
Chronologie: Altertumskunde (Humanismus bis 1800) 13, 92; Geschichtsmodelle 14, 166; 169; Geschichtswissenschaft/Geschichtsschreibung 14, 193; 201; Griechenland 14, 267; Inschriftenkunde, griechische 14, 604; Knossos 14, 992; 1001; Niederlande und Belgien 15/1, 996; Numismatik 15/1, 1119; 1122; 1126; Orchomenos 15/1, 1190; Provinzialrömische Archäologie 15/2, 573; Zeitrechnung 15/3, 1163ff.
- absolute: Archäologische Methoden 13, 212
- biblische: Philosophia perennis 15/2, 336ff.
- relative: Archäologische Methoden 13, 212
Cicero-Palimpsest: Bibliothek 13, 495
Ciceronianismus**: Epochenbegriffe 13, 1008; Imitatio 14, 575; Neulatein 15/1, 929; Philologie 15/2, 250; 284ff.; 289; 292–293; Polen 15/2, 395; Rhetorik 15/2, 796; 798ff.; 817–818; Schweiz 15/2, 1131; United States of America 15/3, 851
Cippus*: Sepulchralkunst 15/3, 21ff.
Circus*: Stadion 15/3, 256ff.; Stadt 15/3, 264

Citazionisti: Moderne 15/1, 510
Citius, altius, fortius: Sport 15/3, 217
Citoyen: Bürger 13, 559; Sparta 15/3, 157
Civil law: Civilians 13, 650; 652; Romanistik/ Rechtsgeschichte 15/2, 968
Civilians**: Römisches Recht 15/2, 832
Civis: Bürger 13, 556
Civitas*: Stadt 15/3, 265
Classical Association of South Africa: Südafrika 15/3, 345
Classis Germanica: Köln 14, 1031; 1037
»Cleopatra's Needle«: New York, Metropolitan Museum 15/1, 963
Cluniazensische Reform: Messe 15/1, 392; Mönchtum 15/1, 525
Cluster-Analyse: Archäologische Methoden 13, 212
Code: Rezeptionsformen 15/2, 768
»Code Civil«: Causa 13, 630; Delikt 13, 700; Imperium 14, 583; Kodifizierung/Kodifikation 14, 1006; 1008; Schuldrecht 15/2, 1106
»Codex Canonum Ecclesiarum Orientalium«: Theologie und Kirche des Christentums 15/3, 454
»Codex Einsidlensis«: Lateinische Inschriften 15/1, 55
»Codex Etruscus« (Seneca): Lateinische Tragödie 15/1, 83
»Codex Florentinus«: Digesten/Überlieferungsgeschichte 13, 845ff.
»Codex Hammurapi«: Paris, Louvre 15/2, 117; 121
»Codex Iuris Bavarici Criminalis«: Kodifizierung/ Kodifikation 14, 1006
»Codex Iuris Bavarici Iudiciarii«: Kodifizierung/ Kodifikation 14, 1006
»Codex Iuris Canonici«: Kanonisten 14, 796; Theologie und Kirche des Christentums 15/3, 454
»Codex Iustinianus«: Republik 15/2, 718; Römisches Recht 15/2, 830; Südafrika 15/3, 344
»Codex Maximilianeus Bavaricus Civilis«: Kodifizierung/Kodifikation 14, 1006
»Codex Theodosianus«: Byzanz 13, 595; Geschichtswissenschaft/Geschichtsschreibung 14, 214–215
College**: College 13, 654–656
Collegium Beatus Rhenanus: Schweiz 15/2, 1150
Collegium Illustre: Ritterakademie 15/2, 822ff.
Collegium Trilingue: Niederlande und Belgien 15/1, 991; 1017; 1021; 1030; 1034
Colloquium Latinum: Lebendiges Latein 15/1, 96
Colonna santa: Säule/Säulenmonument 15/2, 1042
Columbarium: Sepulchralkunst 15/3, 15
Comedias: Panegyrik 15/2, 55
Comics**: Etruskerrezeption 13, 1054; Frankreich 15/3, 1267; Lebendiges Latein 15/1, 95; Medien 15/1, 343; Mythologie 15/1, 635; Orient-Rezeption 15/1, 1232; Spanien 15/3, 150f.; Werbung 15/3, 1124

Commedia dell'arte: Komödie 14, 1068; 1070; 1072
Commedia erudita: Komödie 14, 1069; Lateinische Komödie 15/1, 69
Commentarius: Glossatoren 14, 223
Commission zur Erforschung des »Limes imperii Romani«: Klassische Archäologie 14, 910
Common Law: Civilians 13, 650; 653; Menschenrechte 15/1, 388; Scotland, Law of 15/3, 1ff.; Vertrag 15/3, 1028ff.
Commonplace Books: Loci communes 15/1, 189
Commonwealth: Republik 15/2, 724; 737
Computerlinguistik: Sprachwissenschaft 15/3, 250
Computertechnologie: Mnemonik/Mnemotechnik 15/1, 478
Confessio*: Konstantinische Schenkung 14, 1083
Conquista: Lateinamerika 15/1, 21ff.
»Considérations sur les causes de la grandeur des Romains et de leur décadence«: Geschichtswissenschaft/Geschichtsschreibung 14, 203
Consiglio Nazionale delle Ricerche: Philologie 15/2, 256
Consilium (Rechtsgutachten): Glossatoren 14, 223; Pandektistik 15/2, 46; Romanistik/Rechtsgeschichte 15/2, 960ff.
Consolatio mortis: Konsolationsliteratur 14, 1079; 1081
Constantia*: Deutschland 13, 783; Stoizismus 15/3, 303
Constitutio: Verfassung 15/3, 972
»Constitutio Antoniniana«: Bürger 13, 557; Papyrologie 15/2, 88
»Constitutio Criminalis Carolina«: Kodifizierung/ Kodifikation 14, 1004
»Copyright Act«: Verlag 15/3, 1004
»Corpus Agrimensorum«: Landvermessung 15/1, 1
»Corpus Areopagiticum«: Politische Theorie 15/2, 467
»Corpus Byzantinae Historiae«: Byzantinistik 13, 584
»Corpus Ciceronianum«: Neulatein 15/1, 928
»Corpus Dionysiacum«: Philosophia perennis 15/2, 332ff.; 337; Platonismus 15/2, 365; 368
»Corpus Ecclesiasticorum Latinorum«: Geschichtswissenschaft/Geschichtsschreibung 14, 215
»Corpus Fontium Historiae Byzantinae«: Byzantinistik 13, 586
»Corpus Galenicum«: Medizin 15/1, 361
»Corpus Hermeticum« → Hermetische Schriften
»Corpus Hippocraticum« (vgl. auch → Hippokratismus): Geburtshilfe 14, 95; Geriatrie 14, 146; Hippokratismus 14, 419ff.; Medizin 15/1, 362; Physiognomik 15/2, 359
»Corpus Inscriptionum Regni Bosporani«: Rußland 15/2, 1028
»Corpus Inscriptionum Atticarum« (CIA): Athen 13, 285; Inschriftenkunde, griechische 14, 601

»Corpus Inscriptionum Graecarum« (CIG): Athen 13, 285; Inschriftenkunde, griechische 14, 590; 601
»Corpus Inscriptionum Latinorum« (CIL): Lateinische Inschriften 15/1, 60
»Corpus Inscriptionum Semiticarum«: Semitistik 15/3, 12
»Corpus Iuris Canonici«: Glossatoren 14, 221; 224; Kodifizierung/Kodifikation 14, 1004; Theologie und Kirche des Christentums 15/3, 453
»Corpus Iuris Civilis«: Byzanz 13, 603; Gerechtigkeit 14, 140; 143; Geschichtswissenschaft/Geschichtsschreibung 14, 214–215; Glossatoren 14, 220ff.; 224; Griechisch 14, 307; Historische Rechtsschule 14, 464; Humanismus 14, 555; 557; Imperium 14, 577; Interpolationsforschung 14, 618ff.; Kanonisten 14, 797; Kodifizierung/Kodifikation 14, 1004; Menschenrechte 15/1, 387; Pandektistik 15/2, 45; Physiognomik 15/2, 355; Roman Dutch Law 15/2, 949; Romanistik/Rechtsgeschichte 15/2, 960ff.; Römisches Recht 15/2, 839
Corpus** Medicorum: Corpus Medicorum 13, 674
»Corpus Medicorum Graecorum« (CMG): Arabisch-islamisches Kulturgebiet 13, 172; Medizingeschichtsschreibung 15/1, 375; Philologie 15/2, 269
»Corpus Platonicum«: Platonismus 15/2, 368
»Corpus Scriptorum Historiae Byzantinae«: Byzantinistik 13, 585
»Corpus Speculorum Etruscorum«: Paris, Louvre 15/2, 112
»Corpus Topographicum Pompeianum«: Pompeji 15/2, 481
»Corpus Vasorum Antiquorum« (CVA): DDR 13, 686; Paris, Louvre 15/2, 112
Corpus-Editionen: Philologie 15/2, 275
Cortile delle Statue: Abguß/Abgußsammlung 13, 3; Rom 15/2, 931ff.
Cotswold Games: Olympia 15/1, 1166
Courtauld Collection of Greek and Roman Coins: Afrika 13, 25
Crimen*: Strafrecht 15/3, 313
Crimen maiestatis: Herrscher 14, 376
Critica perennis: Literaturkritik 15/1, 182
Cubus: Figurengedicht 13, 1115
Cucuteni-Kultur: Rumänien 15/2, 1013
Cultural Anthropology: Kulturanthropologie 14, 1131
Culture and Personality: Psychoanalyse 15/2, 598ff.
Curriculum → Lehrplan

D
Daco-getische Zivilisation: Rumänien 15/2, 1011
Dämonologie*: Lykanthropie 15/1, 243
Dänisch: Dänemark 13, 676
Daktyliothek: Steinschneidekunst: Gemmen 15/3, 287
Dalmatica*: Mode 15/1, 482
Damnatio* memoriae: Rezeptionsformen 15/2, 769
Datierung: Archäologische Methoden 13, 203
Décadence**: Fin de siècle 13, 1141; Italien 14, 705ff.; Neohumanismus 15/1, 887; Neugriechische Literatur 15/1, 909; Tanz 15/3, 358
Dechristianisierung: Revolution 15/2, 750
»Déclaration des droits de l' homme et du citoyen«: Aufklärung 13, 348
»Decretum Gratiani«: Glossatoren 14, 220; 222; Kodifizierung/Kodifikation 14, 1004; Konstantinische Schenkung 14, 1083
Deduktion: Argumentationslehre 13, 241ff.
»De inventione«: Mnemonik/Mnemotechnik 15/1, 468
Deismus: Aufklärung 13, 344–345; Judentum 14, 754; Park 15/2, 133
Dekadenz: Geschichtswissenschaft/Geschichtsschreibung 14, 216; Stil, Stilanalyse, Stilentwicklung 15/3, 291ff.; Theologie und Kirche des Christentums 15/3, 416ff.
Dekodifikation: Kodifizierung/Kodifikation 14, 1008
Dekonstruktion: Barock 13, 406ff.
Dekonstruktivismus: Gender Studies 14, 112ff.; Kulturanthropologie 14, 1134; Mimesis 15/1, 433; Orientalismus 15/1, 1236; Platonismus 15/2, 374
Dekorationskunst: Diana von Ephesus 13, 837; Druckwerke 13, 895; Etruskerrezeption 13, 1052; Orient-Rezeption 15/1, 1204; Souvenir 15/3, 79ff.; 81
Dekorationssystem: Pompeji 15/2, 483
»Dekretalen«: Konstantinische Schenkung 14, 1083
Délégation Archéologique Française en Afghanistan: Pakistan/Gandhara-Kunst 15/2, 37
Delictum*: Strafrecht 15/3, 313
Delikt**: Delikt 13, 700–703
Delphos-Kleid: Mode 15/1, 490
Demeter-Heiligtum: Priene 15/2, 562
Demographie → Bevölkerungswissenschaft
Demokratie**: Diktatur 13, 852; 858; Mischverfassung 15/1, 441; Monarchie 15/1, 540; 542; Politische Theorie 15/2, 423; 425; 439; 451ff.; Priene 15/2, 565; Redegattungen 15/2, 628; 637; Republik 15/2, 736; Schweiz 15/2, 1140; United States of America 15/3, 842; Wirtschaftslehre 15/3, 1152; 1157

- *attische*: Athen 13, 280; 286ff.; 289; Demokratie 13, 723ff.; 726ff.; 731; 733; Redegattungen 15/2, 638
- *direkte*: Demokratie 13, 725
- *repräsentative*: Demokratie 13, 723; 731
- *totalitäre*: Demokratie 13, 734

Demokratiekritik: Politische Theorie 15/2, 434
Demokratisierung: Portugal 15/2, 523
Demotike: Neugriechische Literatur 15/1, 901; 907–908; Orthographie 15/1, 1245
Denarius*: Maß und Gewicht 15/1, 309; Münze, Münzwesen 15/1, 557
Dendrochronologie: Archäologische Methoden 13, 213; Deutsches Archäologisches Institut 13, 757
Denkmal**: Denkmal 13, 738–743
Denkmalpflege: Archäologische Bauforschung 13, 200; Archäologischer Park 13, 216; Klassische Archäologie 14, 918; Lateinische Inschriften 15/1, 48; Luftbildarchäologie 15/1, 231; Nida-Frankfurt 15/1, 980
»De oratore«: Mnemonik/Mnemotechnik 15/1, 468
Descriptio: Ekphrasis 13, 940
Despotismus: Demokratie 13, 727; Orientalismus 15/1, 1239; Republik 15/2, 734; Revolution 15/2, 749; Rußland 15/2, 1017; Schlachtorte 15/2, 1080
Detailgenauigkeit: Stil, Stilanalyse, Stilentwicklung 15/3, 290
Determinismus: Geschichtsmodelle 14, 178; Praktische Philosophie 15/2, 534
Deus* ex machina: Tragödie/Tragödientheorie 15/3, 535
Deutsche Bibliothek, Frankfurt am Main: Bibliothek 13, 505
Deutsche Forschungsgemeinschaft (DFG): Altorientalische Philologie und Geschichte 13, 110; Klassische Archäologie 14, 918; Limes, Limesforschung 15/1, 166; Milet 15/1, 425; Philologie 15/2, 256
Deutsche Glaubensbewegung: Paganismus 15/2, 17
Deutsche Morgenländische Gesellschaft: Arabistik 13, 190
Deutsche** Orient-Gesellschaft (DOG): Altorientalische Philologie und Geschichte 13, 105; Archäologische Bauforschung 13, 199; Berlin 13, 463; 465; 473; Deutsches Archäologisches Institut 13, 754; New York, Metropolitan Museum 15/1, 974; Orient-Rezeption 15/1, 1230; Vorderasiatische Archäologie 15/3, 1055
Deutscher Altphilologenverband (DAV): Berufsverbände 13, 475ff.
Deutscher Gymnasialverein (DGV): Berufsverbände 13, 475

Deutscher Idealismus: Bildung 13, 512ff.; Geschichtsmodelle 14, 180; Logik 15/1, 200; Metamorphose 15/1, 397; Metaphysik 15/1, 412; Mimesis 15/1, 432; Orientalismus 15/1, 1240; Philologie 15/2, 299; Philosophie 15/2, 340; Platonismus 15/2, 371ff.; Preußen 15/2, 552ff.; Rhetorik 15/2, 820
Deutscher Ritterorden: Preußen 15/2, 540
Deutscher** Usus modernus: Anspruch 13, 134; Billigkeit 13, 518; Causa 13, 630; Deutschland 13, 781
- Eigentum 13, 930
- Pandektistik 15/2, 46; Romanistik/Rechtsgeschichte 15/2, 961; Schuldrecht 15/2, 1107

Deutsches** Archäologisches Institut (vgl.
→ Nationale Forschungsinstitute): 13, 749–760
Deutsches** Orient-Comité: Berlin 13, 463–464
Devotio moderna: Deutschland 13, 769; Niederlande und Belgien 15/1, 987
Devotionalien: Souvenir 15/3, 78
Dezentralisierung: Romanische Sprachen 15/2, 957
Diätetik*/**: Frankreich 14, 49; Geriatrie 14, 147ff.; Philosophie 15/2, 344
Diagnostik: Physiognomik 15/2, 357
Dialekt*: Philologie 15/2, 266; Sprachwissenschaft 15/3, 233; 238f.
Dialektik*/**N: Argumentationslehre 13, 241ff.; 244; Artes liberales 13, 276; Frankreich 14, 9ff.; 46; Geschichtsmodelle 14, 180; Italien 14, 663; 668; Loci communes 15/1, 187; Platonismus 15/2, 362; Praktische Philosophie 15/2, 536; Rhetorik 15/2, 796f.; 799; Vorsokratiker 15/3, 1062
Dialektologie: Sprachwissenschaft 15/3, 249
Dialog*/**: Dialektik 15/3, 1252; Humanismus 14, 544ff.; Platonismus 15/2, 363ff.; 365
Diana** von Ephesus: Ephesos 13, 975
Diaspora*
- *alexandrinische*: Platonismus 15/2, 364
- *jüdische*: Psalmodie 15/2, 587

Diatonik: Musik 15/1, 588
Diatribe*: Homiletik/Ars praedicandi 14, 523
Dichotomie: Strukturalismus 15/3, 321
Dichterkreis: Preußen 15/2, 550
Dichterkrönung: Parnaß 15/2, 177ff.; Philologie 15/2, 283
Dichterlesung: Rom 15/2, 902
Dichterparnaß (vgl. auch Parnaß): Park 15/2, 127; 137
Dichterweihe: Parnaß 15/2, 184
Dichterwettkampf (vgl. auch Wettstreit): Neugriechische Literatur 15/1, 906
Dichtung: Byzanz 13, 594; Frankreich 14, 24; 31; 39; Italien 14, 668ff.; 691ff.; Klassizismus 14, 966ff.; Kroatien 14, 1121ff.; Parnaß 15/2, 177; Poetik 15/2, 382ff.; Rhetorik 15/2, 786; Rumänien 15/2, 1005; Spanien

15/3, 132; United Kingdom 15/3, 826ff.; Ut pictura poesis 15/3, 929; Verskunst 15/3, 1008ff.; Vertonungen antiker Texte 15/3, 1023ff.
- archaische: Papyri, literarische 15/2, 71; 73
- christlich-lateinische: Philologie 15/2, 322
- hellenistische: Papyri, literarische 15/2, 72; 75; Philologie 15/2, 267
- klassische: Papyri, literarische 15/2, 74; Philologie 15/2, 321; Romantik 15/2, 972
- lateinische: Slowakei 15/3, 64
- nationalsprachliche: Anakreontische Dichtung, Anakreontik 13, 130
- romantische: Polen 15/2, 396

Dichtungstheorie (vgl. auch Poetik): Frankreich 14, 41; Poeta Vates 15/2, 378ff.; 380ff.
Dictamen: Briefkunst/Ars dictaminis 13, 546
»**Dictionarium iuris**«: Glossatoren 14, 224
»**Dictionarium, seu Latinae linguae Thesaurus**«: Lexikographie 15/1, 133
Didaktik: Altsprachlicher Unterricht 13, 116ff.; 121; Berufsverbände 13, 477; Comics 13, 658; 661ff.; Loci communes 15/1, 188; Pädagogik 15/2, 1; Rhetorik 15/2, 794; 803; Schulbuch 15/2, 1102
Diffusionstheorie: Religionsgeschichte 15/2, 683ff.
Digesten**: Byzanz 13, 595; Glossatoren 14, 220; Kodifizierung/Kodifikation 14, 1004; Pandektistik 15/2, 45; Rhetorik 15/2, 809; Romanistik/Rechtsgeschichte 15/2, 960ff.; Völkerrecht 15/3, 1043
Diglossie*: Griechisch 14, 294; Humanismus 14, 544; Neugriechische Literatur 15/1, 895; 905
Diktatur**: Cäsarismus 13, 628; Politische Theorie 15/2, 426; 430; Republik 15/2, 724; 730
Diokletiansthermen: Rom 15/2, 928
Dionysos-Techniten: Griechische Tragödie 14, 317
Dionysoskult: Religion und Literatur 15/2, 671ff.
»**Dioscorides Longobardus**«: Botanik 13, 538
Dioskoros-Archiv: Papyri (Fundgeschichte) 15/2, 67
Dioskuren vom Monte Cavallo**: Dioskuren vom Monte Cavallo 13, 863–866
Dipinto: Pompeji 15/2, 481
Diplomatik: Byzantinistik 13, 584
Disjunktionsprinzip: Historienmalerei 14, 424; Imitatio 14, 574ff.; Mittellatein 15/1, 457
Diskobolos: Frankfurt am Main, Liebieghaus – Museum alter Plastik 14, 2
Diskontinuität: Rezeptionsformen 15/2, 759
»**Diskos von Phaistos**«: Schriftwissenschaft 15/2, 1099
Diskurs, Diskurstheorie: Orientalismus 15/1, 1234
Diskurs, politischer: Tacitismus 15/3, 356
Diskursethik: Stoizismus 15/3, 310
Diskuswurf*: Sport 15/3, 215
Dissensio: Glossatoren 14, 223

Dissimulatio: Ironie 14, 648ff.
»**Disticha Catonis**«: Deutschland 13, 764
Distinctio: Glossatoren 14, 223
»**Divina Commedia**«: Allegorie 13, 85
Divination*: Religionsgeschichte 15/2, 683; Traumdeutung 15/3, 552ff.
Divinisierung → Vergöttlichung
Divus: Herrscher 14, 379
Doge: Venedig 15/3, 960ff.
Dogma, altkirchliches: Theologie und Kirche des Christentums 15/3, 438ff.
Dogmatik, christliche: Philosophia perennis 15/2, 334
Dogmatiker*: Skeptizismus 15/3, 38
Dokumentarsendung: Medien 15/1, 358
Dolce stil novo: Lyrik 15/1, 248
Dolmetscher: Neugriechische Literatur 15/1, 899
Dom-/Kathedralschule: Altsprachlicher Unterricht 13, 122; Bayern 13, 434; Estland 13, 1046; Frankreich 14, 5; 7; 9; Lettland 15/1, 122; Litauen 15/1, 171; Niederlande und Belgien 15/1, 987; Ottonische Renaissance 15/1, 1255; Österreich 15/1, 1134; Polen 15/2, 391ff.; Portugal 15/2, 517; Schulwesen 15/2, 1111
Dom/Kathedrale: Frankreich 14, 12; 20
Dombibliothek: Bibliothek 13, 496
Dominikaner-Orden: Lateinamerika 15/1, 22; 24; 27; 30; Mönchtum 15/1, 529
Domschule**: Domschule 13, 866–869
Domus Augusti: Herrscher 14, 367
Domus Aurea*: Park 15/2, 124; Rom 15/2, 898
»**Donald Duck**«: Comics 13, 658
Donatio*: Konstantinische Schenkung 14, 1083
Doping: Sport 15/3, 218
Dorer: Sparta 15/3, 160ff.; 166
Dorer-Ionier-Antithese: Sparta 15/3, 160
Doric Revival: Greek Revival 14, 249
Dorische Ordnung: Architekturkopie/-zitat 13, 231
Drama*: Afrika 13, 24; Babylon 13, 379; Barock 13, 405; DDR 13, 692; Deutschland 13, 763ff.; 768; 820ff.; Finnland 13, 1148; Georgien 14, 137; Griechenland 14, 269; Klassizismus 14, 969ff.; Medien 15/1, 350; Neugriechische Literatur 15/1, 906; 910; Niederlande und Belgien 15/1, 1049; Orient-Rezeption 15/1, 1230; Österreich 15/1, 1141; Polen 15/2, 397; Preußen 15/2, 552; Religion und Literatur 15/2, 672ff.; Romantik 15/2, 984; United Kingdom 15/3, 826
Dramatische Einheiten: Klassizismus 14, 970; Lateinische Komödie 15/1, 69ff.; Lateinische Tragödie 15/1, 84; 86
Dramatisierung: Medien 15/1, 350
Dramma per musica: Oper 15/1, 1181
Drei** Grazien: Drei Grazien 13, 869–872

Drei-Perioden-System: Archäologische Methoden 13, 203
Drei-Verfassungs-Schema: Verfassung 15/3, 971
Dritter** Humanismus → Humanismus
Drittes Rom: Rom 15/2, 875; Rußland 15/2, 1016
Drôlerie: Karikatur 14, 799
Druckerdynastien: Verlag 15/3, 1004
Druckgraphik: Athen 13, 310; Renaissance 15/2, 709
Druckschrift: Schrift/Typographik 15/2, 1096
Druckwerke**: Barock 13, 410
Druiden**: Druiden 13, 900–904
Dualismus: Gnosis 14, 229
»DuCange«: Mittellatein 15/1, 450; 461
»Dunkelmännerbriefe« (»Epistulae obscurorum virorum«): Deutschland 13, 768
Dunkle Jahrhunderte*: Byzanz 13, 603; 611; Epochenbegriffe 13, 1010; Philologie 15/2, 239; 242; 278; Renaissance 15/2, 702; Römisches Recht 15/2, 836; Überlieferung 15/3, 710ff.
Durkheim-Schule: Historische Methoden 14, 460
Dynamisches Grundgesetz: Naturwissenschaften 15/1, 816
Dynastie: Herrscher 14, 368; Troja 15/3, 622
Dynastisches Prinzip: Republik 15/2, 723; 735

E
»Eccius dedolatus«: Deutschland 13, 777
Ecclesia spiritualis: Stützfiguren/Erechtheionkoren 15/3, 326
»Ecclesiastica Historia«: Geschichtswissenschaft/Geschichtsschreibung 14, 214
Echtheitskritik: Fälschung 13, 1082
Ecloga*: Römisches Recht 15/2, 836ff.
École** française d'Athènes: École française d'Athènes 13, 909–917
École** française de Rome: École française de Rome 13, 917–923
Editio princeps: Philologie 15/2, 286; 290
Edition: Bayern 13, 433; Neulatein 15/1, 942; Niederlande und Belgien 15/1, 990; Philologie 15/2, 240ff.; 251; 279ff.; Preußen 15/2, 547
Edler Wilder: Politische Theorie 15/2, 424ff.
Ego-Psychology: Psychoanalyse 15/2, 590
Egoismus: Politische Theorie 15/2, 426
Egypt Exploration Fund: Ägyptologie 13, 18; Papyri, literarische 15/2, 71
Egypt Exploration Society: London, British Museum 15/1, 216; New York, Brooklyn Museum of Art 15/1, 946; New York, Metropolitan Museum 15/1, 966; Papyri (Fundgeschichte) 15/2, 68; Papyrussammlungen 15/2, 102
Ehe**: Ehe 13, 923–928
Ehrensäule des Phokas: Rom 15/2, 858; 881
Ehrenstatue: Porträtgalerie 15/2, 501

Ehrentempel: Pantheon 15/2, 56
Eichmaß: Maß und Gewicht 15/1, 309
Eigenbegrifflichkeit: Sprachwissenschaft 15/3, 243
Eigentum**: Marxismus 15/1, 298; Sozialismus 15/3, 93ff.; Vertrag 15/3, 1026; Völkerrecht 15/3, 1047
– *geistiges:* Naturrecht 15/1, 779
Einbildungskraft**: Mnemonik/Mnemotechnik 15/1, 465; 472
Einfall: Komödie 14, 1068
Einheitskosmos-Theorie: Platonismus 15/2, 366
Einheitsstaat: Republik 15/2, 730
Einheitswährung: Geld/Geldwirtschaft/Geldtheorie 14, 104
Einswerdung: Metaphysik 15/1, 412
Einung (»aynung«, »verpuntnus«): Bund 13, 579
Eirene (Forschergemeinschaft): Tschechien 15/3, 642
Eisagōgē: Römisches Recht 15/2, 837
Eisenerz: Naturwissenschaften 15/1, 858
Eisenzeit: Albanien 13, 60; Griechenland 14, 290
Ekecheiría: Sport 15/3, 219
Ekklesiologie → Kirchenlehre
Eklektik**: Naturphilosophie 15/1, 770; Philologie 15/2, 289; Philosophie 15/2, 339ff.
Eklektizismus*: Aufklärung 13, 342; Epikureismus 13, 991; Greek Revival 14, 249
Ekloge*
– *allegorische:* Bukolik/Idylle 13, 562
– *volkssprachliche:* Bukolik/Idylle 13, 562
Ekphrasis*/**: Park 15/2, 125; 171; Parnaß 15/2, 180; Renaissance 15/2, 709; Troja 15/3, 598
Ekstase*: Kulturanthropologie 14, 1141; Religionsgeschichte 15/2, 695
Eleatismus: Platonismus 15/2, 362
Elegie*/**: Finnland 13, 1148; Italien 14, 696; Konsolationsliteratur 14, 1080; 1082; Papyri, literarische 15/2, 74
Élegie déplorative: Elegie 13, 944
Elektrischer Widerstand: Archäologische Methoden 13, 210
Elektrum: Naturwissenschaften 15/1, 860
Elementarlehre, musikalische: Musik 15/1, 587
Elementenlehre*: Naturwissenschaften 15/1, 853ff.; Säftelehre 15/2, 1039; Zoologie 15/3, 1214
Elfenbeinglyptik: Byzanz 13, 596
Elgin Marbles (vgl. auch → Parthenon-Fries): Altertumskunde (Humanismus bis 1800) 13, 93; London, British Museum 15/1, 205; Parthenon 15/2, 194; Romantik 15/2, 979
Elite: Nobilitas 15/1, 1071; 1073ff.; 1079; Politische Theorie 15/2, 434
– *nationalsozialistische:* Sparta 15/3, 166ff.
Eloquentia, Eloquenz: Ciceronianismus 13, 647; Rhetorik 15/2, 794

Elysium: Park 15/2, 137ff.; 152; 154ff.
Emanationslehre: Platonismus 15/2, 366
Emanzipation: Naturwissenschaften 15/1, 785; Sturm und Drang 15/3, 338
Emblematik**: Adaptation 13, 14; Deutschland 13, 785; Ekphrasis 13, 941; Fabel 13, 1065; Mythologie 15/1, 613; 625; Niederlande und Belgien 15/1, 1000; 1040; Park 15/2, 174; Parnaß 15/2, 183
Emendation: Philologie 15/2, 286
Emigration: Deutschland 13, 821
Emisch – Etisch: Altorientalische Philologie und Geschichte 13, 107; Archäologische Methoden 13, 207
Emotionen: Argumentationslehre 13, 244; Rhetorik 15/2, 785
Empire-Stil: Möbel 15/1, 520; Orient-Rezeption 15/1, 1206; Revolution 15/2, 754; Romantik 15/2, 984
Empirie: Aufklärung 13, 345; Enzyklopädie 13, 967ff.
Empirismus: Klassizismus 14, 976; Logik 15/1, 197; Metapher/Metapherntheorie 15/1, 405; Musik 15/1, 600; Naturphilosophie 15/1, 771; Naturwissenschaften 15/1, 795; 842ff.; Platonismus 15/2, 372; Skeptizismus 15/3, 40ff.; Sprachwissenschaft 15/3, 230; Ut pictura poesis 15/3, 933
»Enciclopedia Italiana«: Faschismus 13, 1104
Engelsburg: Schlachtorte 15/2, 1082
Englische Revolution/Glorious Revolution: Athen 13, 288; Demokratie 13, 722ff.; Mischverfassung 15/1, 443ff.; Monarchie 15/1, 542; Republik 15/2, 726; Revolution 15/2, 743; 746
Enharmonik: Musik 15/1, 588; Oratorium 15/1, 1187
Enkomion*: Deutschland 13, 788; Panegyrik 15/2, 53ff.
Enkýklios paideía: Artes liberales 13, 274
Entasis*: Paestum 15/2, 10
Entelechie: Naturwissenschaften 15/1, 781
Enthusiasmus*: Platonismus 15/2, 372; Poeta Vates 15/2, 379ff.
Enthymem: Argumentationslehre 13, 241ff.
Entmaterialisierung: Moderne 15/1, 506
Entrestaurierung: Barberinischer Faun 13, 390; Delphi 13, 720; Dresden, Staatliche Kunstsammlungen, Skulpturensammlung 13, 875; Kassel, Staatliche Kunstsammlungen Antikenabteilung 14, 868; München, Glyptothek und Antikensammlungen 15/1, 551
Entstalinisierung: Sklaverei 15/3, 53
Entwässerung*: Orchomenos 15/1, 1193; Ostia und Porto 15/1, 1247
Entzifferungen**: Altorientalische Philologie und Geschichte 13, 102; Ägyptologie 13, 16;
Historische Methoden 14, 456; Iranistik 14, 637; Orient-Rezeption 15/1, 1226; Paläographie, lateinische 15/2, 43; Papyri (Fundgeschichte) 15/2, 68; Schriftwissenschaft 15/2, 1098ff.; Vorderasiatische Archäologie 15/3, 1051
Enzyklopädie*/**: Bildung 13, 507; Byzanz 13, 605; 608; Frankreich 15/3, 1255; Museum 15/3, 1274; Naturwissenschaften 15/1, 782; Philosophia perennis 15/2, 338; Sprachwissenschaft 15/3, 229; Verlag 15/3, 1005; Zoologie 15/3, 1212ff.; 1221ff.
Enzyklopädismus: Frankreich 14, 31; Lateinamerika 15/1, 23; Loci communes 15/1, 190; Menschenrechte 15/1, 389; Meteorologie 15/1, 418; Mnemonik/Mnemotechnik 15/1, 470; Naturwissenschaften 15/1, 834; Philologie 15/2, 246
Epanagōgē: Römisches Recht 15/2, 837
Ephebie: Religion und Literatur 15/2, 674
Ephoren: Mischverfassung 15/1, 442ff.
Epicedium: Elegie 13, 945; Konsolationsliteratur 14, 1081
Epideixis*: Panegyrik 15/2, 53
Epieíkeia: Billigkeit 13, 516ff.
Epigramm*/**: Byzanz 13, 597; 602; 606; Deutschland 13, 764; 766; 784; Emblematik 13, 953ff.; Inschriftenkunde, griechische 14, 606; Konsolationsliteratur 14, 1080; Niederlande und Belgien 15/1, 1000; Papyri, literarische 15/2, 76
– mittellateinisches: Epigrammatik 13, 982
– mysthisches: Epigrammatik 13, 983
– neulateinisches: Epigrammatik 13, 982
– satirisches: Epigrammatik 13, 982; 984
– volkssprachliches: Epigrammatik 13, 983
Epigraphik → Inschriftenkunde
Epigraphische Methoden: Lateinische Inschriften 15/1, 54; 57
Epik/Epos: Barock 13, 404; Byzanz 13, 602; Deutschland 13, 764; 767; 803; Frankreich 14, 11; Gattung/Gattungstheorie 14, 88; 90; Georgien 14, 134; Italien 14, 672; 687; 692ff.; Klassizismus 14, 968; 970; Papyri, literarische 15/2, 71; Philologie 15/3, 1302; Polen 15/2, 394; Serbien 15/3, 29; Tierepos 15/3, 494ff.; Troja 15/3, 594ff.; Ungarn 15/3, 752ff.; United Kingdom 15/3, 813; United States of America 15/3, 850ff.; Wirtschaftslehre 15/3, 1150; Zeitrechnung 15/3, 1178
– christlich: Epos 13, 1021; 1023; 1030; 1034
– Epenparodie: Adaptation 13, 13; Barock 13, 407
– Epentheorie: Homerische Frage 14, 514
– Epentravestie: Adaptation 13, 13
– griechisch: Epos 13, 1030

- *heroisch-komisch*: Adaptation 13, 13
- *höfisch*: Adaptation 13, 8ff.
- *komisch*: Epos 13, 1022–1023; 1026
- *mittellateinisch*: Epos 13, 1028–1029
- *neulateinisch*: Epos 13, 1029–1030
- *persisch*: Arabisch-islamisches Kulturgebiet 13, 171
- *romantisch-ironisch*: Epos 13, 1034

Epiklese*: Religionsgeschichte 15/2, 682
Epikureismus**: Frankreich 14, 36; Marxismus 15/1, 297; Naturphilosophie 15/1, 770; Philosophie 15/2, 339ff.; Sprachphilosophie/Semiotik 15/3, 225; United States of America 15/3, 847
Epimerismós: Kommentar 14, 1062
Epinikion*: Papyri, literarische 15/2, 75
Epischer Kyklos: Troja 15/3, 616ff.
Episches Theater: Poetik 15/2, 385
Episode: Komödie 14, 1067
Epistemologie: Platonismus 15/2, 363
Epistolographie → Brief/Briefkunst
Epitaph: Deutschland 13, 766; Redegattungen 15/2, 643; Sepulchralkunst 15/3, 20
Epitáphios lógos: Leichenrede 15/1, 115
Epitheton: Homerische Frage 14, 507
Epitome*: Geschichtsmodelle 14, 167
Epochenbegriffe**: Antike 13, 135; 137; Klassik als Klassizismus 14, 889ff.; Klassizismus 14, 954ff.; Parnaß 15/2, 178; Querelle des Anciens et des Modernes 15/2, 613; Renaissance 15/2, 702; Sozial- und Wirtschaftsgeschichte 15/3, 86; Stil, Stilanalyse, Stilentwicklung 15/3, 293; Sturm und Drang 15/3, 338ff.
Epode: Deutschland 13, 783
Eponym: Terminologie 15/3, 384f.; 388
Epoptie: Metaphysik 15/1, 411; 413
Epos**: Epos 13, 1015–1036
Epyllion*: Papyri, literarische 15/2, 72
Eranos-Kreis: Psychoanalyse 15/2, 596; Religionsgeschichte 15/2, 694
Erasmismus: Humanismus 14, 551
Erbauungsliteratur: Rom 15/2, 909
Erbauungstheologie: Mönchtum 15/1, 529
Erbrecht**: Erbrecht 13, 1037–1040
Erbsünde: Tyrannis 15/3, 686
Erdbeben*: Meteorologie 15/1, 417–418
Erechtheion: Athen 13, 301ff.; 309; Stützfiguren/Erechtheionkoren 15/3, 331ff.
Erfindung, technische: Technikgeschichte 15/3, 364ff.
Ergativsprachen: Sprachwissenschaft 15/3, 241
Erhabene, das: Dioskuren vom Monte Cavallo 13, 865; Drei Grazien 13, 872
Erinnerung → Gedächtnis-
Erinnerungssäule: Säule/Säulenmonument 15/2, 1043ff.

Erkenntnistheorie*: Argumentationslehre 13, 247; Augustinismus 13, 351; Einbildungskraft 13, 937; Epikureismus 13, 990; Logik 15/1, 200; Querelle des Anciens et des Modernes 15/2, 616; 618ff.; Rhetorik 15/2, 793; 797; Skeptizismus 15/3, 38ff.; Stoizismus 15/3, 306
Erlebniswelt: Spiele 15/3, 193ff.
Eroslehre: Psychoanalyse 15/2, 595
Erotica**: Philologie 15/2, 238; Übersetzung 15/3, 734
Erotik*: Erotica 13, 1042; Orient-Rezeption 15/1, 1230; Park 15/2, 164; Platonismus 15/2, 368f.; 374; Pompeji/Rezeption des freigelegten Pompeji in Literatur und Film 15/2, 491ff.
Erotisierung: Film 13, 1138
»Erotokritos«: Neugriechische Literatur 15/1, 899; 915
Erweckungsbewegung: Philologie 15/2, 300
Erzählforschung: Homerische Frage 14, 506; Mimesis 15/1, 435; Roman 15/2, 944; Strukturalismus 15/3, 323
Erzählung: DDR 13, 694
Erziehung*: Pädagogik 15/2, 1ff.; Politische Theorie 15/2, 425; Revolution 15/2, 744; Rhetorik 15/2, 781; 793; 799; United Kingdom 15/3, 799; United States of America 15/3, 847ff.
Eschatologie*: Philosophia perennis 15/2, 335; 337; Praktische Philosophie 15/2, 537; Ruine/Künstliche Ruine 15/2, 996
Esoterik: Gnosis 14, 227–228; Horoskope 14, 538; Kabbala 14, 767ff.; Magie 15/1, 253ff.; Okkultismus 15/1, 1146ff.; Paganismus 15/2, 14; Philosophia perennis 15/2, 332ff.; Romantik 15/2, 974
»Esprit«: Epigrammatik 13, 984
Essay: Biographie 13, 523; Klassizismus 14, 971; Philologie 15/2, 313
Essener*: Sozialismus 15/3, 97
Etazismus: Aussprache 13, 354
Ethik* (vgl. auch → Moralphilosophie und → Praktische Philosophie): Aristotelismus 13, 255; 257; Geschichtsmodelle 14, 164; Pädagogik 15/2, 1ff.; Philosophie 15/2, 344; Platonismus 15/2, 363ff.; 371; Politische Theorie 15/2, 412; 423; 456; Praktische Philosophie 15/2, 527ff.; 531ff.; Preußen 15/2, 542; Psychoanalyse 15/2, 596; Stoizismus 15/3, 297; 300; 310
Ethnoarchäologie: Archäologische Methoden 13, 207; 213
Ethnogenese: Geschichtswissenschaft/Geschichtsschreibung 14, 196; Philhellenismus 15/2, 233; Rumänien 15/2, 997; 999
Ethnographie: Geschichtsmodelle 14, 161; Litauen 15/1, 172

Ethnologie: Historische Methoden 14, 461; Kulturanthropologie 14, 1131; 1142; Matriarchat 15/1, 323; Psalmodie 15/2, 587; Psychoanalyse 15/2, 598; 600; Religionsgeschichte 15/2, 686
Ethos*: Affektenlehre (musikalisch) 13, 21; Argumentationslehre 13, 241; Musik 15/1, 589
Etruscheria: Etruskologie 13, 1055
Etruskerrezeption**: Stil, Stilanalyse, Stilentwicklung 15/3, 292ff.; Wirtschaft und Gewerbe 15/3, 1144
Etruskische Kunst: New York, Metropolitan Museum 15/1, 956
Etruskologie**: Altertumskunde (Humanismus bis 1800) 13, 94
Etruskomanie: Etruskologie 13, 1055
»Etymologicum genuinum«: Lexikographie 15/1, 127
Etymologie*/**: Religionsgeschichte 15/2, 696; Sprachwissenschaft 15/3, 228ff.
Eudaimonismus: Anakreontische Dichtung, Anakreontik 13, 130; Epikureismus 13, 988; 990ff.; Philosophie 15/2, 344; Politische Theorie 15/2, 436; Praktische Philosophie 15/2, 529
Euergetismus*: Nobilitas 15/1, 1075
Euhemerismus: Allegorese 13, 79; Byzanz 13, 601; Mythos 15/1, 644; Religionsgeschichte 15/2, 680
Eupalinos-Tunnel: Samos 15/2, 1059ff.
Euphronios-Krater: New York, Metropolitan Museum 15/1, 955
Europäische Union: Politische Theorie 15/2, 439; Republik 15/2, 737
Eurozentrismus: Orientalismus 15/1, 1242
Evangeliar: Karolingische Renaissance 14, 823ff.
Evangelienharmonie: Karolingische Renaissance 14, 835
Evangelische Kirche: Theologie und Kirche des Christentums 15/3, 458ff.
Evangelischer Kirchenbund, deutscher: Theologie und Kirche des Christentums 15/3, 458
Evocatio deorum: Kunsterwerb/Kunstraub 14, 1148
Evolutionismus: Geschichtsmodelle 14, 162; 180; Mythos 15/1, 646; Religionsgeschichte 15/2, 693
Evolutionstheorie: Archäologische Methoden 13, 203; Klassische Archäologie 14, 925; Religionsgeschichte 15/2, 688ff.
Ewiges Gesetz: Politische Theorie 15/2, 448; Praktische Philosophie 15/2, 527; 531
Exegese* (vgl. auch → Bibelexegese; → Textinterpretation): Allegorese 13, 82; Patristische Theologie/Patristik 15/2, 197; Philologie 15/2, 288; Religionsgeschichte 15/2, 680
Exekutive: Mischverfassung 15/1, 445

Exempla: Geschichtsmodelle 14, 172; Konsolationsliteratur 14, 1080; United Kingdom 15/3, 786
»Exemplum doloris«: Laokoongruppe 15/1, 14
Exilliteratur*: Deutschland 13, 822
Existentialismus: Niederlande und Belgien 15/1, 1059; Nietzsche-Wilamowitz-Kontroverse 15/1, 1069; Praktische Philosophie 15/2, 538; Troja 15/3, 601
Exordium: Briefkunst/Ars dictaminis 13, 549
Exorzisierung: Spolien 15/3, 196ff.
Exotische Sprachen: Sprachwissenschaft 15/3, 230
Expansionismus: Neugriechische Literatur 15/1, 909
Experimentell-induktive Methode: Akademie 13, 43
Experimentelle Archäologie: Provinzialrömische Archäologie 15/2, 580
Experimentum: Landwirtschaft 15/1, 7
Expo 2000: Porträtgalerie 15/2, 514
Expressionismus: Mimesis 15/1, 433; Moderne 15/1, 508; Poetik 15/2, 385; Spanien 15/3, 148
Extemporieren: Komödie 14, 1068

F

Fabel*/**: Adaptation 13, 15; Arabisch-islamisches Kulturgebiet 13, 171; Emblematik 13, 954; Estland 13, 1048; Kinder- und Jugendliteratur 14, 878; Serbien 15/3, 29; Tierepos 15/3, 494ff.; United Kingdom 15/3, 801
Fabian Society: Sozialismus 15/3, 93
Fabulae: Allegorese 13, 82; Mythologie 15/1, 614ff.; 616; 618; 623; Mythos 15/1, 638; 643
Fachdidaktik: Altsprachlicher Unterricht 13, 116ff.; 121; Berufsverbände 13, 477; Rhetorik 15/2, 803
Fachsprache*: Rezeptionsformen 15/2, 762; Sachbuch 15/2, 1031
Fachvokabular: Medizin 15/1, 366
Fachwissenschaften: Byzanz 13, 595
Fälschung**: Geschichtswissenschaft/Geschichtsschreibung 14, 199; Konstantinische Schenkung 14, 1082; Numismatik 15/1, 1115; Österreich 15/1, 1136; Philologie 15/2, 253; 287ff.; Philosophia perennis 15/2, 337; Rezeptionsformen 15/2, 765; Rom 15/2, 913; Wirtschaft und Gewerbe 15/3, 1146
Fairneß: Sport 15/3, 217ff.
Faksimile: Paläographie, lateinische 15/2, 43; Papyrussammlungen 15/2, 96
Fakultät
– *Artistenfakultät*: Aristotelismus 13, 255; Artes liberales 13, 274ff.; Bayern 13, 432; Deutschland 13, 769; Praktische Philosophie 15/2, 530; Universität 15/3, 884ff.
– *juristische*: Universität 15/3, 886ff.
– *medizinische*: Universität 15/3, 886
– *theologische*: Universität 15/3, 887ff.

Falāsifa: Arabisch-islamisches Kulturgebiet 13, 181
Familiengalerie: Porträtgalerie 15/2, 504
Familienname: Onomastik 15/1, 1176
Familienrecht: Deutscher Usus modernus 13, 747
Farbe: Stil, Stilanalyse, Stilentwicklung 15/3, 292
Farce: Komödie 14, 1075
»Farnesischer Herkules«: Barock 13, 410
»Farnesischer Stier«: Epochenbegriffe 13, 1005
Faschismus**: Cäsarismus 13, 628; Diktatur 13, 852; Historienmalerei 14, 442; Istituto (Nazionale) di Studi Romani 14, 652ff.; Moderne 15/1, 498; 505; Nationalsozialismus 15/1, 748; Rom 15/2, 844; 890; Stadion 15/3, 259ff.
Fasten: Rom 15/2, 864
Fatimiden-Dynastie: Alexandria 13, 64
Fatum: Stoizismus 15/3, 299ff.
Faustkampf*: Sport 15/3, 215ff.
Fayum-Porträt: Porträt 15/2, 500
Feature: Medien 15/1, 348
Federal Style: United States of America 15/3, 855
Feldforschung: Provinzialrömische Archäologie 15/2, 573
Felsendom: Jerusalem 14, 728; 732ff.; 746
Felsheiligtum: Pergamon 15/2, 207
Feminismus: Gender Studies 14, 112ff.; Matriarchat 15/1, 325; Medizingeschichtsschreibung 15/1, 377; Metamorphose 15/1, 396; 400; Niederlande und Belgien 15/1, 1060; Orientalismus 15/1, 1236; Schweiz 15/2, 1145; Spanien 15/3, 139; United States of America 15/3, 863
Fernhandel: Ostia und Porto 15/1, 1247
Fernsehen: Medien 15/1, 353ff.; Spanien 15/3, 151f.
Fernsehfilm: Medien 15/1, 356
Fernsehserie: Medien 15/1, 357
Festarchitektur: Stadion 15/3, 257ff.
Festkultur**/Trionfi: Athen 13, 285; Dänemark 13, 676; Frankreich 14, 24; Italien 14, 680; Kulturanthropologie 14, 1141; Lateinische Komödie 15/1, 68; Metamorphose 15/1, 396; Mythologie 15/1, 622; 629; Nationalsozialismus 15/1, 757; Neohumanismus 15/1, 893; Oper 15/1, 1180; Paganismus 15/2, 20; 23; Parnaß 15/2, 179; 183; 185; Religionsgeschichte 15/2, 689; Revolution 15/2, 755; Rezeptionsformen 15/2, 767; Rosse von San Marco/Quadriga 15/2, 990; Spanien 15/3, 134ff.; Sport 15/3, 210
Festspiel: Mythologie 15/1, 622
Feudalismus: Lehnsrecht 15/1, 100; Nobilitas 15/1, 1078
Feuilleton: Literaturkritik 15/1, 183
Fibula Praenestina: Lateinische Inschriften 15/1, 51
Ficeronische Ciste: Rom 15/2, 942

Fideismus: Skeptizismus 15/3, 40ff.
Figurengedicht**: Ekphrasis 13, 942
Figurenlehre**: Leichenrede 15/1, 118
Film**: Cäsarismus 13, 623; Comics 13, 672; Etruskerrezeption 13, 1054; Griechische Tragödie 14, 320; Italien 14, 709ff.; Kitsch 14, 886; Medien 15/1, 354; Orient-Rezeption 15/1, 1213; 1215; Pompeji/Rezeption des freigelegten Pompeji in Literatur und Film 15/2, 494; Spanien 15/3, 151f.
Fin** de siècle: Frankreich 15/3, 1268; 1271; Historische Methoden 14, 458; Neohumanismus 15/1, 886
Finnisch**-ugrische Sprachen: Finnisch-ugrische Sprachen 13, 1145–1147
Flachdecken-Basilika: Basilika 13, 424; 426
Flächenstaat: Politische Theorie 15/2, 416; Republik 15/2, 725ff.; 729
Flektierende Sprachen: Sprachwissenschaft 15/3, 240
Florentiner Bürgerhumanismus: Akademie 13, 41; Monarchie 15/1, 540; Philologie 15/2, 250
Florentiner Camerata: Affektenlehre (musikalisch) 13, 21; Musik 15/1, 600; Oper 15/1, 1180
Florentiner Kunst: Renaissance 15/2, 703
Florentiner Neuplatonismus: Philosophia perennis 15/2, 331; 333; Platonismus 15/2, 367ff.; Religionsgeschichte 15/2, 682
Florilegium*: Frankreich 14, 29
Föderalismus: Bund 13, 577; Politische Theorie 15/2, 423; Republik 15/2, 721; 733; Revolution 15/2, 756
Foedus*: Bund 13, 579ff.
Folklore: Moldova 15/1, 533; Neugriechische Literatur 15/1, 915; Religionsgeschichte 15/2, 696
Fondation Égyptologique Reine Élisabeth: Papyrologie 15/2, 82
Form
– *Kunst*: Christliche Archäologie 13, 645
– *musikalische*: Musik 15/1, 589
– *sprachliche*: Strukturalismus 15/3, 323ff.
Forma* Urbis Romae: Rom 15/2, 871; 910; 923
Forma Urbis Severiana: Rom 15/2, 898
Formalismus: Rhetorik 15/2, 789; Strukturalismus 15/3, 322
Format: Papier 15/2, 63
Formationentheorie: Altorientalische Philologie und Geschichte 13, 110
Formationsprozeß: Archäologische Methoden 13, 207; 211
Formular: Papyri (Fundgeschichte) 15/2, 66
Foro Bonaparte, Mailand: Forum/Platzanlage 13, 1159
Foro Carolino (h. Piazza Dante), Neapel: Forum/Platzanlage 13, 1159

Foro Fascista: Faschismus 13, 1090
Foro Italico (ehemals Foro Mussolini): Forum/
 Platzanlage 13, 1160
Foro Mussolini: Faschismus 13, 1090; 1093
Forschung
– *antiquarische*: Religionsgeschichte 15/2, 681;
 Rom 15/2, 863ff.; 883
– *Spezialisierung*: Philologie 15/2, 301
– *statistische*: Schulbuch 15/2, 1103
– *Universität*: Preußen 15/2, 555
Forschungsreise: Society of Dilettanti 15/3, 74ff.;
 Troja 15/3, 604ff.
Fortnutzung: Stadt 15/3, 269
Fortschrittsidee: Geschichtsmodelle 14, 177; 180;
 Kulturanthropologie 14, 1133
Forum Classicum: Berufsverbände 13, 477
Forum Friderizianum Berlin: Forum/Platzanlage
 13, 1154
Forum Hordiarium: Köln 14, 1032
Forum**/Platzanlage: Rom 15/2, 900; 902–903;
 Stadion 15/3, 259ff.; Stadt 15/3, 263;
 Stützfiguren/Erechtheionkoren 15/3, 331
Fotografie: Rekonstruktion/Konstruktion 15/2, 656
Founding Fathers: Menschenrechte 15/1, 387;
 Nobilitas 15/1, 1078
Fränkisches Reich: Frankreich 14, 5
Fragment: Moderne 15/1, 502; Torso (Belvedere)
 15/3, 518
»Fragmenta comicorum Graecorum« (FCG):
 Philologie 15/2, 267
»Fragmente der griechischen Historiker«: Philologie
 15/2, 272
Fragmentsammlung: Geschichtswissenschaft/
 Geschichtsschreibung 14, 193
Frakturschrift: Schrift/Typographik 15/2, 1096
Frankfurter Schule: Archäologische Methoden
 13, 208
Franz-Joseph-Dölger-Institut**: Franz-Joseph-Dölger-Institut 14, 61–67
Franziskanerorden: Lateinamerika 15/1, 33;
 Mönchtum 15/1, 529
Französiche Revolution: Akademie 13, 47; Athen
 13, 288; 290; Bürger 13, 559; Cäsarismus
 13, 624; Demokratie 13, 722; 724ff.; 732;
 Diktatur 13, 855; 859; Festkultur/Trionfi
 13, 1113; Forum/Platzanlage 13, 1159;
 Frankreich 14, 44; 15/3, 1253; Klassizismus
 14, 959; Menschenrechte 15/1, 390;
 Mönchtum 15/1, 530; Neuhumanismus
 15/1, 918; Orient-Rezeption 15/1, 1205;
 Paganismus 15/2, 22; Poeta Vates 15/2, 381;
 Politische Theorie 15/2, 426; 455; Sparta
 15/3, 158; United States of America 15/3, 852;
 Verfassungsformen 15/3, 986
Französischer Revolutionskalender: Kalender
 14, 782

Frauenbildung: Körperkultur 14, 1047; Schweiz
 15/2, 1135
Frauenerziehung: Sparta 15/3, 154
Frauenforschung → Gender Studies
Frauenhochschule: Rußland 15/2, 1023
Freie Universität Berlin: Winckelmann-Gesellschaft
 15/3, 1140
Freier Wille: Naturrecht 15/1, 777; Stoizismus
 15/3, 299
Freiheit*: Bildung 13, 511; Demokratie 13, 721ff.;
 724ff.; 727ff.; Diktatur 13, 853ff.; 859;
 Klassizismus 14, 956; Menschenrechte
 15/1, 386; Platonismus 15/2, 369; Politische
 Theorie 15/2, 421; 424; 427–428; 430; Republik
 15/2, 715; 731; 734; 737; Revolution
 15/2, 744ff.; 750ff.; Schweiz 15/2, 1140
Freiheitsrecht: Republik 15/2, 733
Freikörperkultur: Mode 15/1, 490; Nacktheit in der
 Kunst 15/1, 655; Neohumanismus 15/1, 892
Freimaurer: Magie 15/1, 257; Okkultismus
 15/1, 1150; 1155; Orient-Rezeption
 15/1, 1204; Park 15/2, 133; 137ff.; 142ff.;
 155; Philosophia perennis 15/2, 338
Freiplastik: Rosse von San Marco/Quadriga
 15/2, 990
»Freisinger Denkmäler«: Österreich 15/1, 1134
Freistaat: Republik 15/2, 718; 730
Freizeit: Sport 15/3, 208ff.
Fremdsprachen: Sprachwissenschaft 15/3, 229
Fremdwörter: Arabisch-islamisches Kulturgebiet
 13, 162; Baltische Sprachen 13, 388
Frieden**: Monarchie 15/1, 538
Friedensordnung, globale: Politische Theorie
 15/2, 439
Friedensreich, endzeitliches: Staufische Renaissance
 15/3, 275
Friedhof: Leichenrede 15/1, 121; Lykanthropie
 15/1, 244; Mainz 15/1, 268; Mausoleum
 15/1, 336; Mykene 15/1, 607; Wallfahrt
 15/3, 1092
Fries*: Pergamonaltar 15/2, 211
Fringe Theatre: United Kingdom 15/3, 826
Fruchtbarkeit: Religion und Literatur 15/2, 673ff.;
 675ff.
Frühe Neuzeit (vgl. auch → Neuzeit): Adaptation
 13, 11; Allegorese 13, 82; Atlantis 13, 336;
 Deutschland 13, 792ff.; Diktatur 13, 853;
 Figurengedicht 13, 1116; Lateinschule
 15/1, 92; Lehnsrecht 15/1, 102; Leichenrede
 15/1, 120; Mimesislegenden 15/1, 439;
 Mnemonik/Mnemotechnik 15/1, 470ff.;
 Monarchie 15/1, 539ff.; Mönchtum
 15/1, 530; Musik 15/1, 581; 598; Naturrecht
 15/1, 775; Naturwissenschaften 15/1, 783; 824;
 864; 869; Neulatein 15/1, 936; Okkultismus
 15/1, 1154ff.; 1158; United Kingdom
 15/3, 797ff.; Utopie 15/3, 937

Frühgriechisch: Epochenbegriffe 13, 1010
Frühkapitalismus: Sklaverei 15/3, 50
Führerkult: Nationalsozialismus 15/1, 723; 749
Führertum: Cäsarismus 13, 628
Fürstenbibliothek: Bibliothek 13, 497ff.
Fürstenlob: Panegyrik 15/2, 49ff.; Preußen 15/2, 547; Redegattungen 15/2, 628; 644ff.
Fürstenschule:** Deutschland 13, 808
Fürstenspiegel*/:** Babylon 13, 376; Deutschland 13, 783; Fabel 13, 1066; Frankreich 14, 23; Krieg 14, 1113; Monarchie 15/1, 539; Park 15/2, 153; Philosophie 15/2, 347; Politische Theorie 15/2, 413; 462; 468ff.; United Kingdom 15/3, 784; 803ff.
Fürstenstaat: Universität 15/3, 890ff.
Fuldaer Schule: Rhetorik 15/2, 796
Fundamentologie: Nietzsche-Wilamowitz-Kontroverse 15/1, 1068
Funde
– *archäologische* 15/3, 695ff.
– *archäologische*: Altertumskunde (Humanismus bis 1800) 13, 90; Klassische Archäologie 14, 923ff.; Makedonien/Mazedonien 15/1, 277; Rom 15/2, 914ff.
– *griechische Inschriften* 14, 588ff.
– *griechischer Mimos*: Papyri, literarische 15/2, 73
– *lateinische Inschriften* 15/1, 47ff.
– *literarische Papyri* 15/2, 70ff.
– *Münzen* 15/1, 1121ff.
– *Münzen*: Albanien 13, 60
– *Papyri* 15/2, 65ff.
Funktionale Satzperspektive: Sprachwissenschaft 15/3, 245
Furchttheorie: Religionskritik 15/2, 700
Futurismus: Mimesis 15/1, 433

G
Gabe: Kulturanthropologie 14, 1139
Gälische Kultur: Druiden 13, 901
Galen-Kritik: Arabische Medizin 13, 187
Galenismus:** Arabisch-islamisches Kulturgebiet 13, 165ff.; Arabische Medizin 13, 184; 186ff.; Deutschland 13, 781; Diätetik 13, 828; Hippokratismus 14, 420; Medizin 15/1, 360; 367ff.; Melancholie 15/1, 378; Zoologie 15/3, 1206
Galerie: Antikensammlung 13, 143
Galizisch: Portugal 15/2, 517
Galleria della Leda: Rom 15/2, 939
Galliermythos: Schlachtorte 15/2, 1088
Gallikanismus: Frankreich 14, 21
Gandhara-Kunst: Indien 14, 586ff.
Ganymed-Gruppe: Sperlonga 15/3, 185
Ganzheitliches Denken: Medizin 15/1, 370
Ganzzeug: Papier 15/2, 63

Garten*: Deutschland 13, 791; Park 15/2, 140; Preußen 15/2, 543; Rom 15/2, 919; 924
Gartenarchitektur: Deutschland 13, 791; Pantheon 15/2, 61; Vasen/Vasenmalerei 15/3, 948
Gartenbaukunst: Preußen 15/2, 543
Gartengrab: Park 15/2, 138
Gattung/Gattungstheorie (vgl. auch → Literarische Gattung)**:** Epos 13, 1021; Geflügelte Worte 14, 101; Lehrgedicht 15/1, 108; Mittellatein 15/1, 455; Neulatein 15/1, 939; Philologie 15/3, 1317; Poetik 15/2, 384; Theater 15/3, 397; Tierepos 15/3, 494ff.; Totengespräch 15/3, 520; Tragödie/Tragödientheorie 15/3, 533ff.; Tschechien 15/3, 627; 630
Gattungsmischung: Epos 13, 1018; 1020; 1026
Gebet*: Religionsgeschichte 15/2, 680; Rhetorik 15/2, 778
Gebetsrichtung: Jerusalem 14, 726
Gebrauchslatinität: Slowenien 15/3, 68
Geburtshilfe:** Geburtshilfe 14, 95–100
Geburtsruine: Ruine/Künstliche Ruine 15/2, 996
Gedächtniskultur: Autobiographie 13, 363; Leichenrede 15/1, 118; Rekonstruktion/Konstruktion 15/2, 662; 665
Gedächtniskunst: Mnemonik/Mnemotechnik 15/1, 464ff.
Gedächtnisort: Troja 15/3, 594ff.; 602ff.
Gedächtnisraum: Mnemonik/Mnemotechnik 15/1, 464; 474ff.
Gedächtnistheater: Mnemonik/Mnemotechnik 15/1, 470
Geflügelte **Worte:** Werbung 15/3, 1128
Gegenaufklärung: Aufklärung 13, 343
Gegenchristentum: Paganismus 15/2, 15
Gegenreformation: Altsprachlicher Unterricht 13, 123; Antikensammlung 13, 143; Barock 13, 400; Bayern 13, 432; Byzantinistik 13, 584; Christliche Archäologie 13, 641; Deutschland 13, 767; Epos 13, 1026; Laokoongruppe 15/1, 13; Lateinische Komödie 15/1, 72; Monarchie 15/1, 541; Naturwissenschaften 15/1, 797; 840; Niederlande und Belgien 15/1, 1017; 1020; 1023; Oratorium 15/1, 1186; Österreich 15/1, 1138; Philologie 15/2, 292; Universität 15/3, 896ff.
Gegenwart: Abguß/Abgußsammlung 13, 6; Altsprachlicher Unterricht 13, 117; 122; 126; Arabistik 13, 192; Bildung 13, 514; College 13, 655; Dänemark 13, 678; Deutschland 13, 822ff.; Lateinische Tragödie 15/1, 89; Luxemburg 15/1, 241; Lyrik 15/1, 250; Medizingeschichtsschreibung 15/1, 376; Metapher/Metapherntheorie 15/1, 406; Mimesis 15/1, 435; Mimesislegenden 15/1, 441; Möbel 15/1, 522; Mönchtum 15/1, 531; Mythologie 15/1, 634; Mythos

15/1, 641; Naturwissenschaften 15/1, 844; 851; Neugriechische Literatur 15/1, 913; Niederlande und Belgien 15/1, 1012; 1032; Norwegen 15/1, 1087; Österreich 15/1, 1145
Geheimgeschichte: Roman 15/2, 947
Geheimgesellschaft: Okkultismus 15/1, 1154
Geisteskrankheit: Melancholie 15/1, 378
Geistliche Literatur: Allegorese 13, 77
Geländebegehung: Archäologische Methoden 13, 206
Geldtheorie**: Geld/Geldwirtschaft/Geldtheorie 14, 109
Geldwirtschaft*/**: Geld/Geldwirtschaft/Geldtheorie 14, 107ff.; Handel/Handelswege 14, 352
Gelegenheitsdichtung*/**: Anakreontische Dichtung, Anakreontik 13, 131; Deutschland 13, 767; Estland 13, 1047; Figurengedicht 13, 1121; Niederlande und Belgien 15/1, 1000; Revolution 15/2, 757; Slowakei 15/3, 64
Gelegenheitsrede: Redegattungen 15/2, 630; 644; 647
Gelehrsamkeit: Barock 13, 395
Gelehrtenreise: Tourismus 15/3, 529
Gelehrtenschule: Rhetorik 15/2, 802
Gemeineigentum: Sozialismus 15/3, 93ff.
Gemeines Recht → Ius commune
Gemeinplätze → Loci communes
Gemeinschaft, supranationale: Politische Theorie 15/2, 439
Gemeinwesen: Politische Theorie 15/2, 445ff.
Gemeinwohl: Politische Theorie 15/2, 418; 448; Republik 15/2, 723
Gemmen: Frankreich 14, 20; Karolingische Renaissance 14, 822; Kassel, Staatliche Kunstsammlungen Antikenabteilung 14, 864; Polen 15/2, 402; Souvenir 15/3, 80; Steinschneidekunst: Gemmen 15/3, 282ff.
Gemmenkunde: Steinschneidekunst: Gemmen 15/3, 284ff.
Genanalyse: Archäologische Methoden 13, 215
Gender** Studies: Kulturanthropologie 14, 1140; Philologie 15/3, 1301; 1309; Psychoanalyse 15/2, 589ff.; 601
Genealogie*: Etruskologie 13, 1055; Europa 13, 1060; Geschichtswissenschaft/Geschichtsschreibung 14, 201; Troja 15/3, 620ff.
Generative Semantik: Sprachwissenschaft 15/3, 248
Generative Transformationsgrammatik: Sprachwissenschaft 15/3, 237f.; 247f.
Genfer** Gelöbnis: Hippokratischer Eid 14, 419
Genie: Melancholie 15/1, 382; Romantik 15/2, 980; Stil, Stilanalyse, Stilentwicklung 15/3, 292; Sturm und Drang 15/3, 338ff.
Genieästhetik, Geniekult: Barock 13, 403; Homer-Vergil-Vergleich 14, 521; Mausoleum 15/1, 332;

334; Melancholie 15/1, 379; 381; Mythos 15/1, 640; Platonismus 15/2, 369; Poetik 15/2, 383; 385; Preußen 15/2, 551
Genrebild: Historienmalerei 14, 438; Porträtgalerie 15/2, 511
Genus deliberativum: Redegattungen 15/2, 636ff.
Genus iudicale → Gerichtsrede
Geodäsie: Arabisch-islamisches Kulturgebiet 13, 170; Landvermessung 15/1, 1; Mathematik 15/1, 316
Geographie*/**: Arabisch-islamisches Kulturgebiet 13, 170; Kartographie 14, 853ff.; Philologie 15/2, 265
Geographisches Informationssystem (GIS): Archäologische Methoden 13, 210; Luftbildarchäologie 15/1, 233
Geologie** (und Mineralogie): Meteorologie 15/1, 417; Terminologie 15/3, 388
Geometrie: Landvermessung 15/1, 1
Geometrische Epoche: Epochenbegriffe 13, 1004
George-Kreis: Bayern 13, 443; Biographie 13, 523; Deutschland 13, 818; Körperkultur 14, 1053; Neohumanismus 15/1, 883; 886ff.; Neuhumanismus 15/1, 924; Nietzsche-Wilamowitz-Kontroverse 15/1, 1069
George-Washington-Monumentalstatue: Denkmal 13, 739
Geozentrismus: Naturwissenschaften 15/1, 841
Gerechtigkeit**: Billigkeit 13, 516; Frieden 14, 69; Politische Theorie 15/2, 444ff.; 454ff.; 466ff.; Praktische Philosophie 15/2, 537ff.
Geriatrie**: Geriatrie 14, 146–150
Gerichtsrede/Genus iudicale: Argumentationslehre 13, 242; Redegattungen 15/2, 626ff.; 632ff.; Rhetorik 15/2, 788
Germanen: Vandalen 15/3, 941ff.
Germanenideologie: Nationalsozialismus 15/1, 727; 749; Philologie 15/2, 317
Germanische Glaubensgemeinschaft: Paganismus 15/2, 16
Germanische** Sprachen: Germanische Sprachen 14, 150–159
Germanisches Recht: Billigkeit 13, 517
Germanistik: Homerische Frage 14, 512
Gesamtschule: Schulwesen 15/2, 1111
Gesang
– *liturgischer:* Messe 15/1, 392ff.; Rumänien 15/2, 1007
– *weltlicher:* Rumänien 15/2, 1007
Geschäftsurkunde (Carta): Notar 15/1, 1096
Geschichte (vgl. auch → Alte Geschichte; → Geschichtswissenschaft): Artes liberales 13, 275; Bildung 13, 509; Köln 14, 1015ff.
– *politische:* Philologie 15/2, 264
– *römische:* Athen 13, 289; Philologie 15/2, 284; 300

»Geschichte der Kunst des Alterthums«:
Altertumskunde (Humanismus bis 1800) 13, 97;
Klassische Archäologie 14, 906; Klassizismus
14, 956
Geschichtslosigkeit: Orientalismus 15/1, 1240
Geschichtsmodelle**: Adaptation 13, 9; Sklaverei
15/3, 49ff.; 52ff.; Sozial- und Wirtschafts-
geschichte 15/3, 84; 90; Sozialismus
15/3, 92ff.; Sparta 15/3, 160ff.; 162; 169ff.;
Triumphbogen 15/3, 589; Typologie
15/3, 677; Tyrannis 15/3, 687f.; United
Kingdom 15/3, 766; United States of America
15/3, 837; 850; Utopie 15/3, 936;
Wagnerismus 15/3, 1077; Wirtschaftslehre
15/3, 1157
Geschichtsphilosophie: Geschichtsmodelle
14, 176ff.; 179; Karthago 14, 852; Pädagogik
15/2, 2; Politische Theorie 15/2, 428
Geschichtstheologie: Geschichtsmodelle 14, 167;
176; Philosophia perennis 15/2, 336
Geschichtsverein: Limes, Limesforschung 15/1, 160
Geschichtswissenschaft**/Geschichtsschreibung
(vgl. auch → Geschichte): Altertumskunde
(Humanismus bis 1800) 13, 96ff.; Byzanz 13, 594;
602; 604; 606; Deutschland 13, 761; 763; 768;
786; 797; Georgien 14, 133; Geschichtsmodelle
14, 159ff.; 177; Humanismus 14, 548; Karthago
14, 851; Klassizismus 14, 974; Litauen
15/1, 170; 176; Neugriechische Literatur
15/1, 897; Niederlande und Belgien
15/1, 1000; Nietzsche-Wilamowitz-
Kontroverse 15/1, 1064; Philologie 15/2, 264;
Tacitismus 15/3, 355; Thukydidismus
15/3, 480ff.; Trier 15/3, 562; Troja 15/3, 597;
618ff.; Tschechien 15/3, 638; 640; Ungarn
15/3, 750ff.; United Kingdom 15/3, 801;
Überlieferung 15/3, 701; 706ff.; Vandalen
15/3, 942; Völkerrecht 15/3, 1043;
Weißrußland 15/1, 1109ff.; Weltwunder
15/3, 1112; Zeitrechnung 15/3, 1165ff.;
1186ff.; Zoologie 15/3, 1200
Geschlecht, Geschlechterrollen: Gender Studies
14, 112ff.
Geschlechterturm: Rom 15/2, 883
Geschmack**: Abguß/Abgußsammlung 13, 3ff.;
Altertumskunde (Humanismus bis 1800) 13, 91;
Apoll von Belvedere 13, 156
Gesellschaft: Akademie 13, 40; Politische Theorie
15/2, 416; 438; Redegattungen 15/2, 636;
Sklaverei 15/3, 47ff.; Sozial- und Wirtschafts-
geschichte 15/3, 83ff.
Gesellschaft für antike Kultur: Berufsverbände
13, 476
Gesellschaft für Deutschlands ältere
Geschichtskunde: Historische Methoden 14, 456
Gesellschaftsreform: Neuhumanismus 15/1, 921

Gesellschaftsspiel: Spiele 15/3, 192ff.
Gesellschaftsstufen: Sozial- und Wirtschafts-
geschichte 15/3, 84
Gesellschaftstheorie: Politische Theorie 15/2, 437
Gesellschaftsvertrag: Menschenrechte 15/1, 386;
Naturrecht 15/1, 776; Politische Theorie
15/2, 420; 425; 438; Republik 15/2, 733ff.;
Tyrannis 15/3, 692
Gesta*: Geschichtsmodelle 14, 171
»Gesta Romanorum«: Deutschland 13, 763
Gestaltpsychologie: Naturwissenschaften
15/1, 844; Neohumanismus 15/1, 888
Gestirnkult, babylonischer: Arabisch-islamisches
Kulturgebiet 13, 164
Gewalt*: Film 13, 1138
Gewaltenteilung: Politische Theorie 15/2, 452;
Republik 15/2, 727; 729; Revolution 15/2, 743
Gewaltherrschaft: Cäsarismus 13, 623; Monarchie
15/1, 538
Gewandfigur: Pakistan/Gandhara-Kunst 15/2, 38;
Romanik 15/2, 952
Gewichtsrelation: Geld/Geldwirtschaft/Geldtheorie
14, 106
Gewölbebasilika: Basilika 13, 425ff.
Gewohnheitsrecht: Albanien 13, 57; Lehnsrecht
15/1, 100; Monarchie 15/1, 540; Naturrecht
15/1, 776
»Gilgamesch-Epos«: Altorientalische Philologie und
Geschichte 13, 103; Orient-Rezeption
15/1, 1219; 1231
Girondisten: Diktatur 13, 857
Gittergedicht: Figurengedicht 13, 1115–1116
Gladiatoren: Sport 15/3, 218; Stadt 15/3, 264
Glagolica: Bulgarien 13, 569; Österreich 15/1, 1134
Glas*: Gotha, Schloßmuseum 14, 235; Naturwis-
senschaften 15/1, 862
Gleichheit: Politische Theorie 15/2, 418; Republik
15/2, 718; Revolution 15/2, 744ff.; 750ff.;
Sozialismus 15/3, 94ff.; Sparta 15/3, 157
»Glossa ordinaria«: Glossatoren 14, 220ff.; 224
Glossar: Griechisch 14, 299; Lexikographie
15/1, 131
»Glossarium Ansileubi«: Lexikographie 15/1, 132
Glossatoren**: Anspruch 13, 133; Besitz 13, 480;
Billigkeit 13, 516; Causa 13, 630; Eigentum
13, 929; Rhetorik 15/2, 809; Romanistik/
Rechtsgeschichte 15/2, 960ff.; Schuldrecht
15/2, 1105
Glosse: Irland 14, 642ff.; Römisches Recht
15/2, 830
Glossematik: Sprachwissenschaft 15/3, 244
Glück (vgl. auch Eudaimonismus): Praktische
Philosophie 15/2, 530
Glyptik: Altertumskunde (Humanismus bis 1800)
13, 92; Porträt 15/2, 497; Steinschneidekunst:
Gemmen 15/3, 282ff.

Glyptothek: Aigina 13, 31; Bayern 13, 439; Epochenbegriffe 13, 1003
Gnadenlehre: Augustinismus 13, 351ff.; Theologie und Kirche des Christentums 15/3, 419
Gnome*: Aphorismus 13, 151
Gnomologie: Arabisch-islamisches Kulturgebiet 13, 167; 171
Gnosis**: Mnemonik/Mnemotechnik 15/1, 470; Papyrologie 15/2, 94; Platonismus 15/2, 364; Politische Theorie 15/2, 435; Romantik 15/2, 980
Goethe-Schiller-Denkmal: Denkmal 13, 742
Götter, homerische: Paganismus 15/2, 29
Göttinger Hainbund: Elegie 13, 945; Musen 15/1, 565
Göttliches Weltregiment: Monarchie 15/1, 536
Gold*: Naturwissenschaften 15/1, 860
Goldene Bulle: Österreich 15/1, 1136
Goldene Latinität: Epochenbegriffe 13, 1009; 1013; Neulatein 15/1, 926
Goldenes Zeitalter: Antike 13, 136; Apoll von Belvedere 13, 152; Arkadismus 13, 266; Barock 13, 413; Bildung 13, 512; Bukolik/Idylle 13, 563; Epochenbegriffe 13, 1008; Herrscher 14, 374; 398; Klassizismus 14, 961; Nacktheit in der Kunst 15/1, 655; Poeta Vates 15/2, 381
Goldschmuck: Etruskerrezeption 13, 1053
Goldwährung: Geld/Geldwirtschaft/Geldtheorie 14, 105
Goliarden-Literatur: Österreich 15/1, 1135
Gortyn-Recht: Inschriftenkunde, griechische 14, 594; 603
Gorzer Reform: Luxemburg 15/1, 236
Gotenherrschaft: Italien 14, 658
Gothic Fiction: Orient-Rezeption 15/1, 1229
Gotik**: Deutschland 13, 765; Frankreich 14, 12; 19; Körperkultur 14, 1044; Nacktheit in der Kunst 15/1, 650; Orient-Rezeption 15/1, 1211; Säulenordnung 15/2, 1052; Spolien 15/3, 200
Gottesbegriff: Aristotelismus 13, 258; Religionsgeschichte 15/2, 680
Gottesbeweis: Frankreich 14, 9; Stoizismus 15/3, 302
Gotteserkenntnis: Stoizismus 15/3, 302
Gottesgnadentum: Frankreich 14, 6; Fürstenspiegel 14, 82; Monarchie 15/1, 541; Porträtgalerie 15/2, 504; Sacrum Imperium 15/2, 1036
Gottesnachahmung: Politische Theorie 15/2, 469
Gottesstaat: Politische Theorie 15/2, 446
Goût étrusque: Möbel 15/1, 520
Goût grec: Möbel 15/1, 520
Grab der Klytämnestra: Mykene 15/1, 604
Grabbau: Knossos 14, 1002; Mausoleum 15/1, 331ff.; Porträtgalerie 15/2, 502;

Provinzialrömische Archäologie 15/2, 577; Triumphbogen 15/3, 591
Grabdenkmal: Athen 13, 319; Deutschland 13, 765; Stützfiguren/Erechtheionkoren 15/3, 330
Grabeskirche: Architekturkopie/-zitat 13, 223; Jerusalem 14, 729
Grabinschriften*: Deutschland 13, 765
Grabkapelle: Mausoleum 15/1, 330
Grabmalerei*: Rom 15/2, 905
Grabraub: Kunsterwerb/Kunstraub 14, 1151
Grabrelief: Athen 13, 285; Kopenhagen 14, 1094
Grabsäule: Sepulchralkunst 15/3, 23
Grabstele: Sepulchralkunst 15/3, 20
Grabung: Albanien 13, 59; Archäologische Methoden 13, 210; Bulgarien 13, 576; Frankreich 14, 47; Halikarnass 14, 342ff.; Herculaneum 14, 355ff.; Karthago 14, 836ff.; Klassische Archäologie 14, 908ff.; 926ff.; Knidos 14, 989ff.; Knossos 14, 992ff.; Kretisch-Mykenische Archäologie 14, 1100ff.; Ostia und Porto 15/1, 1248; Paestum 15/2, 7; Papyri (Fundgeschichte) 15/2, 67; Papyri, literarische 15/2, 71; Paris Louvre 15/2, 115; Paris, Louvre 15/2, 107; Pergamon 15/2, 203ff.; Pergamonaltar 15/2, 211; Philadelphia, University of Pennsylvania Museum of Archaeology and Anthropology, Ancient Near Eastern Section 15/2, 225; Polen 15/2, 408ff.; Pompeji/Rezeption des freigelegten Pompeji in Literatur und Film 15/2, 490ff.; Preußen 15/2, 557; Provinzialrömische Archäologie 15/2, 580; Rekonstruktion/Konstruktion 15/2, 656ff.; Rezeptionsformen 15/2, 765; Rom 15/2, 844; 871; 885ff.; 887ff.; 910ff.; 915; Romantik 15/2, 979; Römisch-Germanische Kommission (RGK) 15/2, 825; Rumänien 15/2, 1012ff.; Rußland 15/2, 1021ff.; 1029; Schweden 15/2, 1119; Schweiz 15/2, 1138ff.; 1144; Sparta 15/3, 173ff.; Stabia/Stabiae 15/3, 254; Thera 15/3, 470ff.; Tiryns 15/3, 498ff.; Troja 15/3, 609ff.
Grabungsarchäologie: Klassische Archäologie 14, 926ff.; Philologie 15/2, 265
Gradiva: Moderne 15/1, 506
Gräberstraße: Athen 13, 314; 317; 319
Graeco-Arabica: Arabisch-islamisches Kulturgebiet 13, 171
Graecum: Prüfungsordnungen 15/2, 584
»Graecum lexicon manuale«: Lexikographie 15/1, 130
Gräkomanie: Philhellenismus 15/2, 232ff.; Philologie 15/2, 260; 299
Gräzistik (vgl. auch → Klassische Philologie und → Philologie): Norwegen 15/1, 1088; Philologie 15/2, 301; 314; 322; Rußland 15/2, 1024; United States of America 15/3, 859ff.

Graffiti*: Klassische Archäologie 14, 941; Pompeji 15/2, 481
Grammatica speculativa: Sprachphilosophie/Semiotik 15/3, 224; Sprachwissenschaft 15/3, 229
Grammaticus: Literaturkritik 15/1, 183
Grammatik: Frankreich 14, 10; 28; 57; Georgien 14, 136; Griechisch 14, 300ff.; 309; Hethitologie 14, 415; Irland 14, 642; Italien 14, 668; Musik 15/1, 592; Philologie 15/2, 249; Semitistik 15/3, 11ff.; Spanien 15/3, 109ff.; 113; 117; 121ff.; 124; Sprachphilosophie/Semiotik 15/3, 221ff.; Sprachwissenschaft 15/3, 229ff.
Grammatikschule: Spanien 15/3, 102ff.
Grand Opéra: Oper 15/1, 1183
Grand Tour/Kavaliersreise: Altertumskunde (Humanismus bis 1800) 13, 90; Antikensammlung 13, 144; Druckwerke 13, 884; Etruskerrezeption 13, 1053; Fälschung 13, 1072; Historienmalerei 14, 438; Klassische Archäologie 14, 904; Modell/Korkmodell 15/1, 494; 496; Park 15/2, 161; Rom 15/2, 844; 866; Society of Dilettanti 15/3, 73; Souvenir 15/3, 79; Tourismus 15/3, 525; 528
»Grandes Ordonnances«: Kodifizierung/Kodifikation 14, 1005
Graphische Kunst: Rom 15/2, 868
Greek** Revival: Architekturkopie/-zitat 13, 231; Athen 13, 309; Paestum 15/2, 9; Philhellenismus 15/2, 232; Säulenordnung 15/2, 1052; Society of Dilettanti 15/3, 75; Toranlagen/Stadttore 15/3, 512; United States of America 15/3, 858ff.
»Greek-English Lexicon«: Lexikographie 15/1, 130
Gregorianische Reform: Kalender 14, 780ff.; Messe 15/1, 392
Griechen-Paradigma: Bildung 13, 511ff.; Deutschland 13, 795; Epochenbegriffe 13, 999; Neuhumanismus 15/1, 919ff.; 922; Preußen 15/2, 554
Griechen**-Römer-Antithese: Philhellenismus 15/2, 232; Spanien 15/3, 139f.
Griechenlandreise: Altertumskunde (Humanismus bis 1800) 13, 93; Deutschland 13, 812
Griechisch**: Griechisch 14, 293–311
Griechische Archäologische Gesellschaft: Athen 13, 292; 295; Deutsches Archäologisches Institut 13, 752; Eleusis 13, 947
»Griechische christliche Schriftsteller der ersten Jahrhunderte«: Geschichtswissenschaft/Geschichtsschreibung 14, 215
Griechische** Komödie (vgl. auch → Komödie): Griechische Komödie 14, 311–316
Griechische Sprache und Literatur: Bulgarien 13, 570ff.; 573; Deutschland 13, 770; 780; Jesuitenschulen 14, 751; Judentum 14, 764ff.; Philologie 15/3, 1297ff.; Polen 15/2, 404; Portugal 15/2, 523; Preußen 15/2, 554; Romantik 15/2, 979; Schweiz 15/2, 1132; Sprachwissenschaft 15/3, 228ff.; Überlieferung 15/3, 713ff.
Griechische Sprachkompetenz: Byzanz 13, 598; Medizin 15/1, 365ff.
Griechische Stämme: Sparta 15/3, 160ff.
Griechische Tragödie** (vgl. auch → Tragödie): Troja 15/3, 616ff.; Vertonungen antiker Texte 15/3, 1023
Griechischunterricht: Altsprachlicher Unterricht 13, 113ff.; 120ff.; 123ff.; Australien und Neuseeland 13, 359; Philologie 15/2, 275
»Großes vollständiges Universal-Lexicon aller Wissenschaften und Künste«: Enzyklopädie 13, 969
Groteske**: Druckwerke 13, 895; Romantik 15/2, 983; Spanien 15/3, 143
Grottenarchitektur: Park 15/2, 127
Groupe International de Recherches sur l'Esclavage dans l'Antiquité: Sklaverei 15/3, 54
Gründungsmythos: Orientalismus 15/1, 1239; Troja 15/3, 615ff.; 617
Gründungsopfer: Religion und Literatur 15/2, 677
Grundsprachen: Sprachwissenschaft 15/3, 238
Gütergemeinschaft: Sparta 15/3, 158
Gymnasion*: Deutschland 13, 821; Rom 15/2, 902; Sport 15/3, 209
Gymnasion der Giganten: Athen 13, 292
Gymnasium (vgl. auch → Humanistisches Gymnasium): Altsprachlicher Unterricht 13, 114ff.; Bayern 13, 435; Bulgarien 13, 574; Deutschland 13, 807; Dritter Humanismus 13, 881; Estland 13, 1046ff.; Finnland 13, 1150; Lateinschule 15/1, 92; Lehrer 15/1, 106; Lettland 15/1, 123; Mönchtum 15/1, 533; Neuhumanismus 15/1, 922; Neulatein 15/1, 936; Niederlande und Belgien 15/1, 1014; Österreich 15/1, 1138; 15/3, 1292; Philologie 15/2, 271; Philologisches Seminar 15/2, 329; Preußen 15/2, 540; 554; Prüfungsordnungen 15/2, 584; Psychoanalyse 15/2, 592; Realschule 15/2, 623; Rhetorik 15/2, 800; Rußland 15/2, 1029; Schulprogramme 15/2, 1108; Schulwesen 15/2, 1110; Schweden 15/2, 1117; Serbien 15/3, 26; Stundentafeln 15/3, 336ff.; Südafrika 15/3, 345; Tschechien 15/3, 638; Ungarn 15/3, 753; Universität 15/3, 909; Zypern 15/3, 1236
Gymnasium Illustre: Ritterakademie 15/2, 822
Gymnastik: Sport 15/3, 209ff.
Gynäkomorphie: Vasen/Vasenmalerei 15/3, 956
Gynaikokratie*: Matriarchat 15/1, 321ff.

H

Haartracht*: Mode 15/1, 486
Habsburger-Mythos: Österreich 15/1, 1143
Hadrian's Wall: Altertumskunde (Humanismus bis 1800) 13, 95; Archäologischer Park 13, 219
Hadriansbogen: Park 15/2, 134
Hadrianstempel: Ephesos 13, 976
Hängende Gärten*: Babylon 13, 377
Häresie*: Byzanz 13, 607; Philologie 15/2, 242; Theologie und Kirche des Christentums 15/3, 414ff.
Hafen: Unterwasserarchäologie 15/3, 926
Hagia* Sophia: Byzanz 13, 622; Konstantinopel 14, 1088; 1090
Hagiographie*: Autobiographie 13, 361; Biographie 13, 520; Byzanz 13, 602; 604; 606; Geschichtsmodelle 14, 166; Irland 14, 642; Oratorium 15/1, 1187; Patristische Theologie/Patristik 15/2, 198
Haiku: Neulatein 15/1, 930
Halbkursive: Schrift/Typographik 15/2, 1093ff.
Hallenkirche: Basilika 13, 426
Hamburger Schule: Klassische Archäologie 14, 917
Hamito-semitische Sprachfamilie: Semitistik 15/3, 11
»Handbuch der klassischen Altertumswissenschaft«: Philologie 15/2, 270
Handel**/Handelswege: Archäologische Methoden 13, 214; Geld/Geldwirtschaft/Geldtheorie 14, 106ff.; Politische Theorie 15/2, 427; 430; Rezeptionsformen 15/2, 766; Sozial- und Wirtschaftsgeschichte 15/3, 84ff.; Unterwasserarchäologie 15/3, 926ff.; Venedig 15/3, 960ff.; Werbung 15/3, 1118; Wirtschaftslehre 15/3, 1155
Handelsniederlassung: Konstantinopel 14, 1084
Handelsrecht: Schuldrecht 15/2, 1107
Handel und Gewerbe: Sozial- und Wirtschaftsgeschichte 15/3, 84ff.
Handlesekunst (Chiromantie): Physiognomik 15/2, 359
»Handliche Tafeln«: Arabisch-islamisches Kulturgebiet 13, 168
Handschriften*: Bibliothek 13, 495ff.; 499; Byzanz 13, 593; 598; 605; Rhetorik 15/2, 773; Roman 15/2, 944
Handschriftenkatalog: Bibliothek 13, 502
Handschriftenkunde: Kodikologie 14, 1010
Handwerk*: Sozial- und Wirtschaftsgeschichte 15/3, 86ff.
Handwerkerreise: Tourismus 15/3, 529
Harmonie: Musik 15/1, 591; 600; Sphärenharmonie 15/3, 188ff.
Hauptschule: Schulwesen 15/2, 1110
Haus der Weisheit: Arabisch-islamisches Kulturgebiet 13, 164; Aristotelismus 13, 252

Haus, Hausbau: Ostia und Porto 15/1, 1249; 1251
Haus- und Stadtforschung: Klassische Archäologie 14, 941
Hausgemeinschaft: Matriarchat 15/1, 327
Haushaltsökonomik: Wirtschaftslehre 15/3, 1160
Hauslehre, aristotelisch-scholastische: Ehe 13, 927
Hauswirtschaft: Sozial- und Wirtschaftsgeschichte 15/3, 86; Wirtschaftslehre 15/3, 1150
Hebamme*: Geburtshilfe 14, 96
Hebräisch*: Judentum 14, 765; Schweiz 15/2, 1132; Sprachwissenschaft 15/3, 230
Hebräische Universität: Jerusalem 14, 745
Hebraicum: Prüfungsordnungen 15/2, 584
Hebraistik: Semitistik 15/3, 11ff.
Hedonismus: Epikureismus 13, 988ff.; 991
Heerkaiser: Herrscher 14, 368
Heidentum (vgl. auch → Paganismus): Byzanz 13, 601; Paganismus 15/2, 14; Pantheon 15/2, 57; Philosophie 15/2, 343; Pompeji/Rezeption des freigelegten Pompeji in Literatur und Film 15/2, 492; Reiterstandbild 15/2, 650; Rhetorik 15/2, 814; Rom 15/2, 873; Romantik 15/2, 982; Säule/Säulenmonument 15/2, 1042ff.
Heiligenlegende: Redegattungen 15/2, 645
Heiligenverehrung: Wallfahrt 15/3, 1084
Heiligenviten: Biographie 13, 521
Heiligtum*: Klassische Archäologie 14, 945ff.
Heiligtum der Ägyptischen Götter: Priene 15/2, 562
Heilmittelkunst: Pharmakologie 15/2, 215
Heilsgeschichte: Allegorese 13, 77; Augustinismus 13, 351; Geschichtswissenschaft/Geschichtsschreibung 14, 198; Roman 15/2, 946; Romantik 15/2, 981; United Kingdom 15/3, 766; United States of America 15/3, 837
Heilskörper: Körperkultur 14, 1043
Heilsplan: Jerusalem 14, 723
Heldenreihe, metahistorische: Porträtgalerie 15/2, 503
Heliozentrismus: Naturwissenschaften 15/1, 841; 854
»Hellenika* Oxyrhynchia«: Papyri, literarische 15/2, 73; Papyrologie 15/2, 85
Hellenisierung*: Akkulturation 15/3, 1246; Neugriechische Literatur 15/1, 903; Orientalismus 15/1, 1241; Rezeptionsformen 15/2, 762; Rumänien 15/2, 997
Hellenismus*: Epochenbegriffe 13, 1000; 1005; 1011ff.; Geschichtswissenschaft/Geschichtsschreibung 14, 191; Politische Theorie 15/2, 429; 431; United States of America 15/3, 858ff.; Zeitrechnung 15/3, 1168ff.; 1181ff.; Zoologie 15/3, 1198ff.
Hellenistenschule: Niederlande und Belgien 15/1, 1002
Heloten*: Sparta 15/3, 153
Helvetische Republik: Schweiz 15/2, 1141ff.

Henninismus: Aussprache 13, 354
Henologie: Platonismus 15/2, 371
Hephaisteion: Athen 13, 291
Heptanesische Schule: Neugriechische Literatur 15/1, 906
Heraion*: Samos 15/2, 1054ff.
Heraldik: Naturwissenschaften 15/1, 842; Nobilitas 15/1, 1079; Orient-Rezeption 15/1, 1195; 1211
Herbarium: Park 15/2, 125; Pharmakologie 15/2, 218
Hercules Farnese: Abguß/Abgußsammlung 13, 4; Park 15/2, 131
Herkules-Statue, Kassel: Deutschland 13, 791
Hermann-Mythos: Faschismus 13, 1099; 1104
Hermaphrodite: Metamorphose 15/1, 398
Herme: Park 15/2, 139
Hermeneutik*: Chrêsis 13, 638; Historische Methoden 14, 461; Homer-Vergil-Vergleich 14, 522; Klassische Archäologie 14, 940; Kulturanthropologie 14, 1142; Loci communes 15/1, 188; Patristische Theologie/Patristik 15/2, 198; Philologie 15/2, 270; 309; Politische Theorie 15/2, 437; Praktische Philosophie 15/2, 537; Psychoanalyse 15/2, 593; Religion und Literatur 15/2, 676; Semiotik 15/3, 8f.; Stil, Stilanalyse, Stilentwicklung 15/3, 296
»Hermes des Praxiteles«: Klassische Archäologie 14, 928
Hermetic Order of the Golden Dawn: Magie 15/1, 257; Okkultismus 15/1, 1152; 1157
Hermetik/Hermetismus: Arabisch-islamisches Kulturgebiet 13, 164; 168; Gnosis 14, 227; Magie 15/1, 254; Mnemonik/Mnemotechnik 15/1, 470; Naturwissenschaften 15/1, 838; Okkultismus 15/1, 1147ff.; 1152; Orient-Rezeption 15/1, 1195; Platonismus 15/2, 367
Hermetische* Schriften: Gnosis 14, 227–228; Naturphilosophie 15/1, 770; Naturwissenschaften 15/1, 832; 849; Okkultismus 15/1, 1149; Orient-Rezeption 15/1, 1195; Philosophia perennis 15/2, 332; 337
Hero Pattern: Märchen 15/1, 252
Heroide: Deutschland 13, 784; Porträtgalerie 15/2, 509
Heros, christlicher: Reiterstandbild 15/2, 649
Herrschaft*: Cäsarismus 13, 627; Philosophie 15/2, 341; Politische Theorie 15/2, 412ff.; 414; 416; Sozial- und Wirtschaftsgeschichte 15/3, 84; Stoizismus 15/3, 304
Herrschaftsvertrag: Republik 15/2, 721
Herrschaftszeichen: Herrscher 14, 380ff.; Krone 14, 1123ff.
Herrscher**: Herrscher 14, 362–413
Herrscherallegorie: Rosse von San Marco/Quadriga 15/2, 989
Herrscherapotheose: Porträt 15/2, 500

Herrscherbild: Fürstenspiegel 14, 77; Physiognomik 15/2, 353; 356; Porträt 15/2, 498; Porträtgalerie 15/2, 504; Reiterstandbild 15/2, 655; Renaissance 15/2, 708ff.
Herrschergrab: Sepulchralkunst 15/3, 17ff.
Herrscherhof: Herrscher 14, 367; Naturwissenschaften 15/1, 839
Herrscherideologie: Politische Theorie 15/2, 463; Porträt 15/2, 498; Rom 15/2, 878
Herrscherkult: Papyrologie 15/2, 94; Pergamon 15/2, 206; Staufische Renaissance 15/3, 275ff.; United Kingdom 15/3, 805ff.
Herrscherlegitimation: Allegorese 13, 82; Antikensammlung 13, 144; Apotheose 13, 159; Fürstenspiegel 14, 82; Monarchie 15/1, 536; Nobilitas 15/1, 1079; Porträtgalerie 15/2, 503; Sacrum Imperium 15/2, 1037; Sperlonga 15/3, 186ff.; Spolien 15/3, 196ff.; Staufische Renaissance 15/3, 273; Stoizismus 15/3, 304
Herrscherrepräsentation: Abguß/Abgußsammlung 13, 4; Altertumskunde (Humanismus bis 1800) 13, 90; Apoll von Belvedere 13, 155; Athen 13, 299; Berlin 13, 468; Leichenrede 15/1, 120; Monarchie 15/1, 540; Musen 15/1, 568; Münze, Münzwesen 15/1, 557; Mythologie 15/1, 623; Niederlande und Belgien 15/1, 1042; Nobilitas 15/1, 1081; Oper 15/1, 1183; Ottonische Renaissance 15/1, 1256; Paganismus 15/2, 20; Triumphbogen 15/3, 582
Herrscherüberhöhung: Preußen 15/2, 544
Herzmonument: Sepulchralkunst 15/3, 23
Hethiter: Orient-Rezeption 15/1, 1232
Hethitologie**: Altorientalische Philologie und Geschichte 13, 106
Hexenbewegung: Magie 15/1, 260
Hexenverfolgung: Lykanthropie 15/1, 243
Hierarchie*: Nobilitas 15/1, 1071
Hieroglyphen*: Ägyptologie 13, 16; Entzifferungen 13, 960; Orient-Rezeption 15/1, 1195; Schriftwissenschaft 15/2, 1100
Hieroglyphenluwisch: Entzifferungen 13, 961
Hieroglyphik: Emblematik 13, 954; Park 15/2, 174
Himation: Pakistan/Gandhara-Kunst 15/2, 36
Himmelfahrtsdarstellung: Apotheose 13, 159; Herrscher 14, 390
Himyaritische Schrift: Entzifferungen 13, 957
Hippokratischer** Eid: Arabisch-islamisches Kulturgebiet 13, 166; Genfer Gelöbnis 14, 121; Medizin 15/1, 371
Hippokratismus** (vgl. auch → »Corpus Hippocraticum«): Deutschland 13, 781; Medizin 15/1, 360; 369; Zoologie 15/3, 1219
»Hirschfeld-Krater«: New York, Metropolitan Museum 15/1, 955
»Historia Apollonii Regis Tyrii«: Roman 15/2, 946ff.

»Historia Augusta«: Philologie 15/2, 283;
  Provinzialrömische Archäologie 15/2, 577
»Historia naturalis«: Geologie (und Mineralogie)
  14, 127; Naturwissenschaften 15/1, 857; 859
»Historia universalis«: Deutschland 13, 797
Historienfilm: Film 13, 1136; Spanien 15/3, 151
Historienmalerei*/**: Deutschland 13, 815;
  Karthago 14, 850ff.; Klassizismus 14, 955ff.;
  959; Niederlande und Belgien 15/1, 1039;
  Orient-Rezeption 15/1, 1199; Renaissance
  15/2, 704; 709; Rom 15/2, 867; United States
  of America 15/3, 853ff.; Vorsokratiker
  15/3, 1065
Historische Anthropologie: Kulturanthropologie
  14, 1142
Historische Demographie
  → Bevölkerungswissenschaft
Historische** Geographie: Historische Geographie
  14, 445–453
Historische Kritik: Geschichtsmodelle 14, 178ff.
Historische** Methoden: Geschichtsmodelle
  14, 162; 172; 175; Nietzsche-Wilamowitz-Kontroverse 15/1, 1065; Rekonstruktion/
  Konstruktion 15/2, 656
Historische** Rechtsschule: Deutschland 13, 811;
  Historische Methoden 14, 455; Kodifizierung/
  Kodifikation 14, 1007; Romanistik/Rechtsgeschichte 15/2, 962ff.; Römisches Recht
  15/2, 833
»Historische Zeitschrift«: Historismus 14, 472
Historischer Roman: Deutschland 13, 820ff.; 827;
  Finnland 13, 1148
Historisierung: Politische Theorie 15/2, 455;
  Rhetorik 15/2, 771
Historismus**: Archäologische Methoden 13, 204;
  Architekturkopie/-zitat 13, 232; Cäsarismus
  13, 624; Deutschland 13, 817; Geschichtsmodelle 14, 181ff.; Greek Revival 14, 251;
  Historienmalerei 14, 439; Historische Methoden
  14, 455ff.; 461ff.; Historische Rechtsschule
  14, 468; Judentum 14, 760; Mausoleum
  15/1, 336; Möbel 15/1, 522; Neohumanismus
  15/1, 884; Nietzsche-Wilamowitz-Kontroverse
  15/1, 1063; Patristische Theologie/Patristik
  15/2, 198; Philologie 15/2, 252; 272; 303ff.;
  306ff.; 310; 15/3, 1309; Religionsgeschichte
  15/2, 691; Rom 15/2, 868; Stützfiguren/
  Erechtheionkoren 15/3, 332; Ungarn
  15/3, 756; United States of America 15/3, 865;
  Vasen/Vasenmalerei 15/3, 954; Wirtschaft und
  Gewerbe 15/3, 1142; Zeitrechnung 15/3, 1177
»History of the Decline and Fall of the Roman
  Empire«: Geschichtswissenschaft/Geschichtsschreibung 14, 203; Klassizismus 14, 975
Hochschule (vgl. auch → Universität)
– Frauenhochschule: Rußland 15/2, 1023

– Technische Hochschule: Schweiz 15/2, 1143
Hochschulgesetzgebung: Universität 15/3, 911
Hochschulrahmengesetz: Universität 15/3, 916
Höfischer Roman: Adaptation 13, 10; Epos 13, 1017
Hörbuch: Medien 15/1, 351
Hörspiel: Medien 15/1, 348
Hofbibliothek
– Aachen: Überlieferung 15/3, 724
– Mannheim: Bibliothek 13, 503
– München: Bayern 13, 433; Bibliothek 13, 503
Hofkultur: Deutschland 13, 767; 788; Mythologie
  15/1, 622; Nobilitas 15/1, 1079; Norwegen
  15/1, 1084; Renaissance 15/2, 705ff.
Hofschule Aachen: Überlieferung 15/3, 724
Hofzeremoniell: Redegattungen 15/2, 647
Hohe Schule: Nationalsozialismus 15/1, 746
»Hohelied«: Allegorese 13, 80; Metaphysik
  15/1, 413; Ottonische Renaissance 15/1, 1258
Holismus: Naturphilosophie 15/1, 771
Homer-Deutung: Allegorese 13, 79
Homer-Übersetzung (dt.): Epos 13, 1033
Homer**-Vergil-Vergleich: Philhellenismus
  15/2, 232; Troja 15/3, 600; Übersetzung
  15/3, 727
Homerische** Frage: Philologie 15/2, 299; Troja
  15/3, 600
Homiletik**/Ars praedicandi: Argumentationslehre
  13, 244; Figurenlehre 13, 1127ff.; Leichenrede
  15/1, 119; Redegattungen 15/2, 628; Rhetorik
  15/2, 799
Homilie → Predigt
»Homo oeconomicus«: Bürger 13, 560
»Homo politicus«: Bürger 13, 560
Homoerotik: Sparta 15/3, 161
Homogenität – Heterogenität: Metamorphose
  15/1, 400
Homophilie: Nacktheit in der Kunst 15/1, 655
Homosexualität*: Gender Studies 14, 117;
  Nacktheit in der Kunst 15/1, 655;
  Neohumanismus 15/1, 893; Paganismus 15/2, 27
Homunculus: Naturwissenschaften 15/1, 867
Honnête homme: Epikureismus 13, 990
»Horatierschwur« (David): Klassizismus 14, 955
Horazianismus: Polen 15/2, 395ff.
Horoskope**: Horoskope 14, 531–540
Horrea*: Köln 14, 1039
Hortus conclusus: Park 15/2, 126; Spanien
  15/3, 134
Hortus Palatinus: Park 15/2, 130
Hortus/Garten: Rom 15/2, 924
Hospitaliter-Orden: Krankenhaus 14, 1100
House of Commons: Mischverfassung 15/1, 444
House of Lords: Mischverfassung 15/1, 444
Hüttenwesen: Naturwissenschaften 15/1, 858
Humanismus**

– *Dritter** Humanismus*: Altsprachlicher Unterricht 13, 115; Bildung 13, 514; Deutschland 13, 817; Historische Methoden 14, 459; Historismus 14, 481; Humanistisches Gymnasium 14, 565; Klassische Archäologie 14, 913; Lehrer 15/1, 106; Nationalsozialismus 15/1, 730; Neuhumanismus 15/1, 924; Nietzsche-Wilamowitz-Kontroverse 15/1, 1069; Philologie 15/2, 273ff.; 276; 308; 310–311; 313ff.; 316; 318ff.; Politische Theorie 15/2, 456

– *Neohumanismus*: Neuhumanismus 15/1, 924; Philhellenismus 15/2, 232; Philologie 15/2, 257

– *Neuhumanismus***: Akademie 13, 47; Altsprachlicher Unterricht 13, 114ff.; 118; Aussprache 13, 354; Bayern 13, 435; Bildung 13, 510ff.; Deutschland 13, 792ff.; 795; 801; 806; Finnland 13, 1150; Judentum 14, 753ff.; Mythologie 15/1, 633; Neuhumanismus 15/1, 884; 891; Nietzsche-Wilamowitz-Kontroverse 15/1, 1069; Philhellenismus 15/2, 232; Philologie 15/2, 252; 257; 259ff.; 299ff.; 309; Preußen 15/2, 552ff.; Rhetorik 15/2, 803; Schulprogramme 15/2, 1108; Schweden 15/2, 1116; Sklaverei 15/3, 48; Stundentafeln 15/3, 337; Tschechien 15/3, 632; 638; Ungarn 15/3, 755; Universität 15/3, 902; 904

– *Renaissance-Humanismus*: Adaptation 13, 11; Akademie 13, 41; Albanien 13, 56ff.; Allegorese 13, 77; Altertumskunde (Humanismus bis 1800) 13, 89; Altsprachlicher Unterricht 13, 123; Antike 13, 137; Architekturkopie/-zitat 13, 224; Bayern 13, 437; Bibliothek 13, 498; Bildung 13, 508–509; Biographie 13, 521; Chrêsis 13, 640; Deutschland 13, 767; 771; Digesten/Überlieferungsgeschichte 13, 848; Enzyklopädie 13, 967; Epigrammatik 13, 982; Frankreich 14, 28–29; Geschichtsmodelle 14, 173ff.; Geschichtswissenschaft/Geschichtsschreibung 14, 187; Griechenland 14, 269; Griechisch 14, 309; Italien 14, 672; 677ff.; Kommentar 14, 1055; Kroatien 14, 1119; Lateinamerika 15/1, 36; 38; Lateinische Inschriften 15/1, 57ff.; Lateinschule 15/1, 91; Leichenrede 15/1, 120; Lexikographie 15/1, 128; 132; Limes, Limesforschung 15/1, 157; Litauen 15/1, 174; Literaturkritik 15/1, 181; Loci communes 15/1, 187; Logik 15/1, 196; Luxemburg 15/1, 237; Mainz 15/1, 263; Makkaronische Dichtung 15/1, 282; Mathematik 15/1, 319; Medizin 15/1, 360; Monarchie 15/1, 540; Musen 15/1, 564; 566; Musik 15/1, 599; Mythologie 15/1, 613; 621; Neulatein 15/1, 925; 931; Niederlande und Belgien 15/1, 988ff.; 1017ff.; Nobilitas 15/1, 1078; Norwegen 15/1, 1086; Numismatik 15/1, 1111; 1129; Okkultismus 15/1, 1159; Oratorium 15/1, 1186; Orient-Rezeption 15/1, 1195; Österreich 15/1, 1137; Patristische Theologie/Patristik 15/2, 197; Philologie 15/2, 240; 242ff.; 246ff.; 251; 261; 282ff.; 285ff.; 290; 292; 309; 319; Polen 15/2, 392–393; Politische Theorie 15/2, 414; Portugal 15/2, 517–518; Preußen 15/2, 540ff.; 542; Querelle des Anciens et des Modernes 15/2, 609; Redegattungen 15/2, 629; Renaissance 15/2, 703; 711; Republik 15/2, 717; Rezeptionsformen 15/2, 763; Rhetorik 15/2, 773; 780ff.; 798ff.; 816; 820; Rom 15/2, 846; Roman 15/2, 946ff.; Romanistik/Rechtsgeschichte 15/2, 961ff.; Romantik 15/2, 986; Rumänien 15/2, 1001; 1004; Rußland 15/2, 1019; Satire 15/2, 1068; 1070ff.; Schrift/Typographik 15/2, 1095; Schweiz 15/2, 1128; 1130; 1150ff.; Sklaverei 15/3, 47; Slowakei 15/3, 63; Slowenien 15/3, 68ff.; Spanien 15/3, 131ff.; Sport 15/3, 208ff.; Tacitismus 15/3, 353ff.; Theologie und Kirche des Christentums 15/3, 432ff.; Thukydidismus 15/3, 484ff.; Totengespräch 15/3, 521; Troja 15/3, 599ff.; Tschechien 15/3, 625ff.; Tyrannis 15/3, 689ff.; Ungarn 15/3, 749ff.; 754; United Kingdom 15/3, 790; 797; 799ff.; United States of America 15/3, 848; Universität 15/3, 892ff.; Ut pictura poesis 15/3, 932; Überlieferung 15/3, 718; Übersetzung 15/3, 727ff.; Villa 15/3, 1039; Weltwunder 15/3, 1111ff.; Zeitrechnung 15/3, 1190; Zoologie 15/3, 1199; 1206

– *Späthumanismus*: Preußen 15/2, 543; Tacitismus 15/3, 357

Humanistenbibliothek (Schlettstadt): Bibliotheca Corviniana 13, 493; Bibliothek 13, 498

Humanistisches** Gymnasium (vgl. auch → Gymnasium): 14, 563–567

Humanität: Aufklärung 13, 343; Bildung 13, 511; 514; Neuhumanismus 15/1, 919; Österreich 15/1, 1141; Politische Theorie 15/2, 433; Rhetorik 15/2, 794

Humanwissenschaften: Physiognomik 15/2, 350; Strukturalismus 15/3, 320ff.

Hydronomie, alteuropäische: Onomastik 15/1, 1178

Hymnos**: Hymnos 14, 567–569

Hymnus**: Hymnus 14, 570

»Hypnerotomachia Poliphili«: Allegorie 13, 85; Erotica 13, 1041; Mausoleum 15/1, 333; Orient-Rezeption 15/1, 1195–1196; Park 15/2, 171ff.

Hyponoia: Allegorese 13, 79

Hypostase*: Platonismus 15/2, 366

Hypothesis, dramatische: Papyri, literarische 15/2, 79
Hysterie*/**: Fin de siècle 13, 1144

I

Iberische Schriften: Entzifferungen 13, 963
Idealismus → Deutscher Idealismus
Ideallandschaft: Park 15/2, 125
Idealstaat → Utopie
Idealtypus: Porträt 15/2, 496ff.; Säftelehre 15/2, 1041
Ideengeschichte: Geschichtswissenschaft/ Geschichtsschreibung 14, 194; Medizingeschichtsschreibung 15/1, 375
Ideenlehre*: Platonismus 15/2, 362ff.; Romantik 15/2, 973; 981
Identität – Alterität: Geschichtswissenschaft/ Geschichtsschreibung 14, 196; Kulturanthropologie 14, 1138; Metamorphose 15/1, 395; 399; Orientalismus 15/1, 1235
Identitätsbildung
– *nationale*: Athen 13, 310; 323; Frankreich 14, 15; 20; Makedonien/Mazedonien 15/1, 278; Porträtgalerie 15/2, 513
– *politische*: Luxemburg 15/1, 241; Politische Theorie 15/2, 415; Redegattungen 15/2, 643; 646
– *soziale*: Leichenrede 15/1, 115; Porträtgalerie 15/2, 511ff.
Identitätssicherung: Babylon 13, 379
Ideogrammschrift: Schriftwissenschaft 15/2, 1099
Ideologiekritik: Mythos 15/1, 639
Ideologisierung: Altorientalische Philologie und Geschichte 13, 110; Altsprachlicher Unterricht 13, 115; Kitsch 14, 883
»Ides of March«: Cäsarismus 13, 623
Idolatrie: Gotik 14, 247; Reiterstandbild 15/2, 650; Romantik 15/2, 987
Idylle → Bukolilk/Idylle
Igeler Säule: Luxemburg 15/1, 235; Trier 15/3, 568
Ikonenmalerei: Byzanz 13, 621
Ikonographie: Gotik 14, 247ff.; Herrscher 14, 365ff.; Irland 14, 645; Karthago 14, 850; Trajanssäule 15/3, 544ff.; Vasen/Vasenmalerei 15/3, 955ff.
– *christliche*: Christliche Archäologie 13, 645; Nacktheit in der Kunst 15/1, 649ff.; Physiognomik 15/2, 354
– *politische*: United States of America 15/3, 844ff.
Ikonoklasmus: Byzanz 13, 603; Mnemonik/ Mnemotechnik 15/1, 475; Paganismus 15/2, 23; Rezeptionsformen 15/2, 769
Ikonologie: Archäologische Methoden 13, 204; Interpretatio Christiana 14, 626; Klassische Archäologie 14, 915; 940; Sperlonga 15/3, 184; Warburg Institute, The 15/3, 1099; 1104

Ilias-Übersetzung (dt.): Epos 13, 1033
Illusionismus: Mimesislegenden 15/1, 440
»Illustrated Classics«: Comics 13, 669
Illyrer: Albanien 13, 58ff.; Onomastik 15/1, 1178
Image: Porträtgalerie 15/2, 511
Imaginatio: Einbildungskraft 13, 934
Imago: Psychoanalyse 15/2, 597
Imbreviatur: Notar 15/1, 1096
Imitatio auctorum: Epos 13, 1022ff.
Imitatio imperii: Spolien 15/3, 199
Imitatio**/Mimesis** (vgl. auch → Aemulatio): Adaptation 13, 12ff.; Barock 13, 399; 402; 404; Byzanz 13, 593; 601; 607ff.; 612; Ciceronianismus 13, 649; Einbildungskraft 13, 935; Frankreich 14, 49ff.; Gattung/ Gattungstheorie 14, 88ff.; 94; Gelegenheitsdichtung 14, 110; Homer-Vergil-Vergleich 14, 516ff.; Imitatio 14, 572; Italien 14, 679; 691; Lehrgedicht 15/1, 109; Mimesis 15/1, 432; Mittellatein 15/1, 455; Poetik 15/2, 383–385; 387ff.; Politische Theorie 15/2, 463ff.; United Kingdom 15/3, 812; Ut pictura poesis 15/3, 930; Überlieferung 15/3, 714
Imitation: Medaillen 15/1, 340; Neohumanismus 15/1, 889; Thukydidismus 15/3, 483
Imperator*: Herrscher 14, 376
Imperialismus: Orientalismus 15/1, 1234ff.
– *römischer*: Faschismus 13, 1102; Provinzialrömische Archäologie 15/2, 580
Imperitia: Strafrecht 15/3, 313
Imperium**: Imperium 14, 577–586
Imperiumsidee: Faschismus 13, 1101; Sacrum Imperium 15/2, 1034ff.; 1037
Improvisation: Komödie 14, 1068
Indienhandel*: Alexandria 13, 63
Indienmanie: Religionsgeschichte 15/2, 684
Indigene Sprachen: Sprachwissenschaft 15/3, 246
Indisch-buddhistische Kunst: Pakistan/Gandhara-Kunst 15/2, 34
Indische Tradition: Arabisch-islamisches Kulturgebiet 13, 168
Individualismus: Matriarchat 15/1, 323; Politische Theorie 15/2, 417ff.; 430; 438; Schlachtorte 15/2, 1080
Individualität/Individuum: Autobiographie 13, 361ff.; Bildung 13, 508; 511; Dritter Humanismus 13, 880; 882; Menschenrechte 15/1, 386; Naturrecht 15/1, 774; Neuhumanismus 15/1, 919; Nietzsche-Wilamowitz-Kontroverse 15/1, 1064; Orientalismus 15/1, 1239; Porträt 15/2, 498; Porträtgalerie 15/2, 504
Individualrecht: Menschenrechte 15/1, 383ff.; 388
Indoeurop- → Indogerman-
Indogermanen-Hypothese: Religionsgeschichte 15/2, 683ff.

Indogermanische* Sprachen: Hethitologie 14, 413; Philologie 15/2, 266; Religionsgeschichte 15/2, 686; Semitistik 15/3, 12ff.; Slavische Sprachen 15/3, 59; Sprachwissenschaft 15/3, 233

Indogermanistik: Altorientalische Philologie und Geschichte 13, 102; 104; Iranistik 14, 637ff.; Matriarchat 15/1, 324; Onomastik 15/1, 1177; Sprachwissenschaft 15/3, 231ff.

Induktion: Argumentationslehre 13, 241ff.

Indumentum, Integumentum: Allegorese 13, 78; 81–82

Industrialisierung: Sozial- und Wirtschaftsgeschichte 15/3, 87; Sozialismus 15/3, 93

Informatik: Logik 15/1, 202

Infrastruktur*: Sozial- und Wirtschaftsgeschichte 15/3, 85; Stadt 15/3, 262ff.

Ingenium: Querelle des Anciens et des Modernes 15/2, 610ff.

Initiation*: Okkultismus 15/1, 1147; 1149; 1154ff.; 1161; Psychoanalyse 15/2, 601; Religion und Literatur 15/2, 673ff.; Sparta 15/3, 178

Inkorporierende Sprachen: Sprachwissenschaft 15/3, 240

Inkunabel: Rhetorik 15/2, 772; Verlag 15/3, 1002ff.

Innerlichkeit: Autobiographie 13, 361

Inquisition: Spanien 15/3, 106; 135f.

Inschriftenkunde**/Epigraphik: Altertumskunde (Humanismus bis 1800) 13, 92; Athen 13, 279; 282; Ägyptologie 13, 17; Christliche Archäologie 13, 643; Delphi 13, 718ff.; Deutsches Archäologisches Institut 13, 755; Druckwerke 13, 884; 891ff.; Finnland 13, 1151; Geschichtswissenschaft/Geschichtsschreibung 14, 192ff.; Historische Methoden 14, 456; Inschriftenkunde, griechische 14, 588ff.; Italien 14, 684; Lateinische Inschriften 15/1, 48ff.; 51; 53ff.; 56; Niederlande und Belgien 15/1, 996; 1028; Philologie 15/2, 264; Preußen 15/2, 557; Slowenien 15/3, 69

– altsüdarabische: Semitistik 15/3, 14

– byzantinische: Schrift/Typographik 15/2, 1097

– nordwestsemitische: Semitistik 15/3, 14

Inschriftensammlung: Druckwerke 13, 886; Semitistik 15/3, 12

Inschriftensteine: Spolien 15/3, 201

»Inscriptiones Christianae Urbis Romae« (ICUR): Christliche Archäologie 13, 643; Lateinische Inschriften 15/1, 60

»Inscriptiones Graecae« (IG): Athen 13, 285; Philologie 15/2, 269

Insinuation: Notar 15/1, 1091

Insitutionengeschichte: Geschichtsmodelle 14, 181

Institutio oratoria: Mnemonik/Mnemotechnik 15/1, 468

Instrumentenlehre: Musik 15/1, 572

Instrumentum*: Notar 15/1, 1096

Insula*: Klassische Archäologie 14, 941; Ostia und Porto 15/1, 1251; Pompeji 15/2, 474

Integumentum → Indumentum

Interferenz, sprachliche: Slavische Sprachen 15/3, 62f.

International Psychoanalytical Association: Psychoanalyse 15/2, 590

International Style: Architekturkopie/-zitat 13, 233

Internationales Olympisches Komitee: Sport 15/3, 211

Internationalismen**: Baltische Sprachen 13, 387; Germanische Sprachen 14, 153–154; 158

Internet: Comics 13, 673

Interpolationsforschung**: Philologie 15/3, 1316; Romanistik/Rechtsgeschichte 15/2, 963

Interpretatio** Christiana: Antikensammlung 13, 139; Babylon 13, 374; 376; Barock 13, 404; Deutschland 13, 784; Dioskuren vom Monte Cavallo 13, 863; Druiden 13, 901; Europa 13, 1063; Gotik 14, 247; Laokoongruppe 15/1, 9; Leichenrede 15/1, 117; Mittellatein 15/1, 452; Möbel 15/1, 518; Mythologie 15/1, 618; Mythos 15/1, 645; Nacktheit in der Kunst 15/1, 651; Naturwissenschaften 15/1, 797; 835; 841; Numismatik 15/1, 1110; Poeta Vates 15/2, 379; Rom 15/2, 855; Romanik 15/2, 954; Säulenordnung 15/2, 1050; Spolien 15/3, 196ff.; Toranlagen/Stadttore 15/3, 510; Trajanssäule 15/3, 545; United Kingdom 15/3, 791ff.; Wallfahrt 15/3, 1093; Zensur 15/3, 1195

Interpretation → Textinterpretation

Intertextualität*: Imitatio 14, 573–574; Philologie 15/3, 1313ff.

Intervallehre: Humanismus 14, 561; Musik 15/1, 586; 588

Intuitionismus, ethischer: Platonismus 15/2, 373

Inventio*: Logik 15/1, 197

Investiturstreit: Rhetorik 15/2, 809

Ionische Schule: Neugriechische Literatur 15/1, 907

Ionischer Bund: Priene 15/2, 560

»Iphigenie auf Tauris«: Deutschland 13, 802; 813

Irakischer Antikendienst: Baghdad, Iraq Museum 13, 382

Iranistik**: Altorientalische Philologie und Geschichte 13, 102

Irisch: Keltische Sprachen 14, 874ff.

Ironie*/**: Moderne 15/1, 504; Satire 15/2, 1071

Irrationalität: Nietzsche-Wilamowitz-Kontroverse 15/1, 1069

Ischtar-Tor, Babylon: Berlin 13, 453; 465; 467

Iseum: Paganismus 15/2, 22
Isis-Kult: Diana von Ephesus 13, 838; Orient-Rezeption 15/1, 1205
Islamische Kunst: Arabisch-islamisches Kulturgebiet 13, 162
Islamische Theologie: Arabisch-islamisches Kulturgebiet 13, 167
Islamischer Kalender: Kalender 14, 780
Islamwissenschaft: Arabistik 13, 189; 191
Ismailiten: Arabisch-islamisches Kulturgebiet 13, 165
Isolierende Sprachen: Sprachwissenschaft 15/3, 240
Isthmische Spiele: Sport 15/3, 218
Istituto ** (Nazionale) di Studi Romani** 14, 652–658
Italienreise: Bayern 13, 439; München, Glyptothek und Antikensammlungen 15/1, 545; 548ff.; Niederlande und Belgien 15/1, 1037; Polen 15/2, 401; Provinzialrömische Archäologie 15/2, 578; Rezeptionsformen 15/2, 764
Itazismus*: Aussprache 13, 353
Itinerarium: Rom 15/2, 861; 883; Wallfahrt 15/3, 1091
»Itinerarium Einsidlense«: Schweiz 15/2, 1127
Iudicium*: Querelle des Anciens et des Modernes 15/2, 610ff.
Ius commune (Gemeines Recht): Anspruch 13, 134; Causa 13, 631; Civilians 13, 650; Deutschland 13, 811; Eigentum 13, 929; 931ff.; Glossatoren 14, 222; Historische Rechtsschule 14, 464; Naturrecht 15/1, 776; Pandektistik 15/2, 47; Roman Dutch Law 15/2, 948; Romanistik/Rechtsgeschichte 15/2, 960ff.; 965ff.; Römisches Recht 15/2, 829ff.; 831ff.; Schuldrecht 15/2, 1105; Strafrecht 15/3, 314ff.
Ius gentium: Naturrecht 15/1, 774

J
»Jahrbuch für Antike und Christentum«: Franz-Joseph-Dölger-Institut 14, 61
Jahreszeiten*: Epochenbegriffe 13, 1009
Jakobiner: Diktatur 13, 856
Jambus: Musen 15/1, 569
Japanisches Palais: Park 15/2, 169
Jefferson Memorial: Mausoleum 15/1, 338
Jenseitsvorstellungen*: Religionsgeschichte 15/2, 689
Jerusalem-Epos: Epos 13, 1032
Jerusalem-Paradigma: Athen 13, 278
Jesuiten: Bayern 13, 435; Frankreich 14, 35ff.; 45; 55; 57; Lateinamerika 15/1, 23ff.; 29; 31ff.; 33ff.; Litauen 15/1, 171; Luxemburg 15/1, 240; Mönchtum 15/1, 530; Naturwissenschaften 15/1, 797; 804; Neulatein 15/1, 936; Niederlande und Belgien 15/1, 1021ff.; 1024; 1027; 1030; 1032; Österreich 15/1, 1137ff.; Portugal 15/2, 518; 522; Redegattungen 15/2, 629; Renaissance 15/2, 712; Rhetorik 15/2, 798; 800; 818ff.; Romantik 15/2, 987; Schweiz 15/2, 1135
Jesuitendrama: Lateinische Komödie 15/1, 78; Lateinische Tragödie 15/1, 88; Niederlande und Belgien 15/1, 1025; Österreich 15/1, 1138; Tschechien 15/3, 630
Jesuitenschule:** Altsprachlicher Unterricht 13, 123; Artes liberales 13, 276; Bayern 13, 434; Bibliothek 13, 499; Estland 13, 1046; Lehrplan 15/1, 113; Litauen 15/1, 175; Spanien 15/3, 106ff.; 116ff.
Johannes-Basilika: Ephesos 13, 976
»Johannes-Evangelium«: Philosophia perennis 15/2, 332
»Joseph Andrews«: Klassizismus 14, 973
Josephinismus: Österreich 15/1, 1143
»Journal of Field Archaeology«: Klassische Archäologie 14, 911
Journalismus: Literaturkritik 15/1, 182
Joyeuse Entrée: Menschenrechte 15/1, 384
Judaistik: Judentum 14, 763
Judentum*/:** Aristotelismus 13, 254; Geschichtsmodelle 14, 160; Jerusalem 14, 723ff.; Naturwissenschaften 15/1, 832; Paganismus 15/2, 13f.; Philosophia perennis 15/2, 334ff.; Platonismus 15/2, 365; Psychoanalyse 15/2, 596; Spanien 15/3, 128
Jüdischer Aufstand: Schlachtorte 15/2, 1090
»Jüngstes Gericht« (Michelangelo): Nacktheit in der Kunst 15/1, 652
Jugendbewegung: Sparta 15/3, 163
Jugendkult: Neohumanismus 15/1, 885; 887; 890ff.
Jugendstil: Mode 15/1, 489; Orient-Rezeption 15/1, 1218; Stützfiguren/Erechtheionkoren 15/3, 333f.; Vasen/Vasenmalerei 15/3, 954
»Jugurtha«: Comics 13, 658
Julianischer Kalender: Kalender 14, 779ff.
Junggrammatiker: Sprachwissenschaft 15/3, 236f.
Jupiter-Tempel: Baalbek 13, 365ff.; 368
Jurisprudenz: Loci communes 15/1, 188
Jurist: Politische Theorie 15/2, 447; Römisches Recht 15/2, 831ff.
Juristengräber: Mausoleum 15/1, 332
Juristische Methoden: Civilians 13, 653; Deutscher Usus modernus 13, 748; Romanistik/Rechtsgeschichte 15/2, 968
Juristische Person: Republik 15/2, 719
Jusnaturalismus: Politische Theorie 15/2, 446ff.; 449; 457

K
Kabbala:** Magie 15/1, 257; Mnemonik/Mnemotechnik 15/1, 470; Naturphilosophie 15/1, 770; Naturwissenschaften 15/1, 838;

Okkultismus 15/1, 1150; Philosophia perennis 15/2, 331; 333; 337
Kairos*: Körperkultur 14, 1053
Kaiser- vgl. auch → Herrscher-
Kaiser – Senat: Nobilitas 15/1, 1077
Kaiserforen: Faschismus 13, 1085; Forum/Platzanlage 13, 1153; Rom 15/2, 847; 859; 892ff.; 901
Kaisergeschichte: Geschichtsmodelle 14, 165
Kaiseridee: Herrscher 14, 363ff.; Monarchie 15/1, 536; 538; Philologie 15/2, 238; Politische Theorie 15/2, 464; 468ff.; Rom 15/2, 841; 854; 875; Staufische Renaissance 15/3, 273ff.; 276ff.
Kaiserkonstitutionen: Byzanz 13, 595
Kaiserkrönung: Rom 15/2, 876
Kaiserpalast: Rom 15/2, 859; 912; 914
Kaiserrecht: Polen 15/2, 403; Staufische Renaissance 15/3, 273
Kaiserschnitt: Geburtshilfe 14, 99
Kaiserthermen: Rom 15/2, 920; Trier 15/3, 567; 570
Kaisertitel: Sacrum Imperium 15/2, 1034
Kaiserzeit: Epochenbegriffe 13, 1000; 1006
Kalâm: Aristotelismus 13, 253
Kalender*/*: Landwirtschaft 15/1, 7
Kalendergeschichte: Kalender 14, 785
Kalenderstreit: Lettland 15/1, 123
Kalokagathia*: Körperkultur 14, 1046; 1053ff.; Nobilitas 15/1, 1071; Sport 15/3, 208; 213; 218
Kalophonie: Psalmodie 15/2, 588
Kalter Krieg: Sparta 15/3, 168
Kameen: Steinschneidekunst: Gemmen 15/3, 282ff.; Wien, Kunsthistorisches Museum 15/3, 1131
Kammergrab: Vergina 15/3, 996ff.
Kampf der Kulturen: Kulturanthropologie 14, 1136
Kanon*/* (vgl. auch → Literaturkanon)
– *Bauordnung*: Samos 15/2, 1057
– *Bibel*: Theologie und Kirche des Christentums 15/3, 414ff.
– *Bildung*: Rhetorik 15/2, 792
– *Polyklet*: Proportionslehre 15/2, 570ff.
Kanon-Dichtung: Byzanz 13, 603
Kanonisches Recht: Besitz 13, 480; Civilians 13, 651; Lateinamerika 15/1, 34; Polen 15/2, 403; Politische Theorie 15/2, 447; Römisches Recht 15/2, 838ff.; Scotland, Law of 15/3, 2
Kanonisierung: Apotheose 13, 161; Religionsgeschichte 15/2, 680; Stil, Stilanalyse, Stilentwicklung 15/3, 291
Kanonisten*: Besitz 13, 480; Causa 13, 630
Kanonistik: Naturrecht 15/1, 774; Patristische Theologie/Patristik 15/2, 197; Roman Dutch Law 15/2, 948; Römisches Recht 15/2, 829ff.; 833; Schuldrecht 15/2, 1106; Vertrag 15/3, 1025

Kantianismus: Pandektistik 15/2, 46; Skeptizismus 15/3, 44
Kantonschule: Schweiz 15/2, 1142ff.
Kanzleisprache: Neulatein 15/1, 926
Kapitalismus: Marxismus 15/1, 298; Politische Theorie 15/2, 430; Sozial- und Wirtschaftsgeschichte 15/3, 87f.
– *Frühkapitalismus*: Sklaverei 15/3, 50
Kapitalismuskritik: Politische Theorie 15/2, 434
Kapitelschule: Niederlande und Belgien 15/1, 987
Kapitolsplatz: Forum/Platzanlage 13, 1153–1154
Kapitular: Karolingische Renaissance 14, 818
Kapuzinerorden: Schweiz 15/2, 1143
Kardinaltugenden: Gerechtigkeit 14, 143; Praktische Philosophie 15/2, 528ff.; 535ff.; Preußen 15/2, 556
Karikatur*/*: Fabel 13, 1064; 1070; Historismus 14, 489; Laokoongruppe 15/1, 18; Physiognomik 15/2, 357
Karlsepik: Mythologie 15/1, 623
Karolingerherrschaft: Italien 14, 660ff.
Karolingische Bildungsreform: Artes liberales 13, 274; Aussprache 13, 356; Bildung 13, 506; Dialog 13, 830; Überlieferung 15/3, 723ff.
Karolingische Epoche: Europa 13, 1060; Rhetorik 15/2, 809
Karolingische Gesetzgebung: Notar 15/1, 1092
Karolingische** Renaissance: Byzanz 13, 611; Deutschland 13, 761; Domschule 13, 867; Frankreich 14, 7; Logik 15/1, 192; Maß und Gewicht 15/1, 309; Mönchtum 15/1, 524; Naturwissenschaften 15/1, 801; Ottonische Renaissance 15/1, 1255; Österreich 15/1, 1132; Philologie 15/2, 278; Polen 15/2, 400; Rom 15/2, 861; Schrift/Typographik 15/2, 1094; Schweiz 15/2, 1125; Spolien 15/3, 199; Überlieferung 15/3, 713; Zoologie 15/3, 1208
Kartenspiel: Spiele 15/3, 192ff.
Karthago-Ideologie: Nationalsozialismus 15/1, 744; 748
Kartographie*/*: Historische Geographie 14, 448; Niederlande und Belgien 15/1, 1023; Philologie 15/2, 265; Rumänien 15/2, 1001
– *archäologische*: Luftbildarchäologie 15/1, 232; Pompeji 15/2, 480
Karyatiden*: Stützfiguren/Erechtheionkoren 15/3, 326
Karyotakismos: Neugriechische Literatur 15/1, 911
»Kasseler Apoll«: Kassel, Staatliche Kunstsammlungen Antikenabteilung 14, 862; 869
Kastilische Erneuerungsbewegung: Spanien 15/3, 132
Kasusgrammatik: Sprachwissenschaft 15/3, 248
Katabasis*: Totengespräch 15/3, 520

Katakomben*: Altertumskunde (Humanismus bis 1800) 13, 94; Christliche Archäologie 13, 641; 644; Deutsches Archäologisches Institut 13, 752; Rom 15/2, 872; 904ff.; 906
Katakomben-Malerei: Christliche Archäologie 13, 642; 644–645; Rom 15/2, 907f.
Katalog → Bücherinventar; → Handschriftenkatalog; → Münzkatalog
Katastylose: Rekonstruktion/Konstruktion 15/2, 659
Kategorischer Imperativ: Praktische Philosophie 15/2, 536
Katharer: Gnosis 14, 227
Katharevusa: Neugriechische Literatur 15/1, 901; 907ff.
Katharsis*: Deutschland 13, 783; Philologie 15/2, 267; Poetik 15/2, 384; 387ff.; Psychoanalyse 15/2, 593
Katholische Kirche/Katholizismus: Afrika 13, 24; Akademie 13, 46; Alexandrinismus 13, 72; Bulgarien 13, 573; China 13, 636; Faschismus 13, 1103ff.; Lebendiges Latein 15/1, 93; Niederlande und Belgien 15/1, 1057; Polen 15/2, 398; Slavische Sprachen 15/3, 61ff.
Kavaliersreise → Grand Tour
Keilschrift*: Altorientalische Philologie und Geschichte 13, 102ff.; Philadelphia, University of Pennsylvania Museum of Archaeology and Anthropology, Ancient Near Eastern Section 15/2, 226; Schriftwissenschaft 15/2, 1100
– *altpersische*: Entzifferungen 13, 958
– *babylonische*: Entzifferungen 13, 959
– *elamische*: Entzifferungen 13, 958
– *Entzifferung*: Orient-Rezeption 15/1, 1226
– *hethitische*: Entzifferungen 13, 959
– *sumerische*: Entzifferungen 13, 959
Keilschrifttexte: Paris, Louvre 15/2, 115
Kellog-Pakt: Frieden 14, 70
Keltenforschung: Römisch-Germanische Kommission (RGK) 15/2, 828
Keltiberer: Schlachtorte 15/2, 1085
Keltisch**-Germanische Altertumskunde 14, 869–834
Keltisch**-Germanische Archäologie: Keltisch-Germanische Archäologie 14, 869–874
Keltische Kultur: Schweiz 15/2, 1122
Keltische** Sprachen: Keltische Sprachen 14, 874–878
Kerameikos*: Athen 13, 286; 312; Deutsches Archäologisches Institut 13, 753; Klassische Archäologie 14, 942; Nationalsozialismus 15/1, 741
Keramik: Kassel, Staatliche Kunstsammlungen Antikenabteilung 14, 864; Kretisch-Mykenische Archäologie 14, 1101; Naturwissenschaften 15/1, 862; Orient-Rezeption 15/1, 1204; Thera 15/3, 472; 478; Vasen/Vasenmalerei 15/3, 950; Wirtschaft und Gewerbe 15/3, 1144ff.; Zeitrechnung 15/3, 1166; 1169; 1171; 1174ff.; Zypern 15/3, 1237
Keramikchronologie: Orchomenos 15/1, 1190
Keramiksammlung: Amsterdam, Allard Pierson Museum 13, 128
Ketzerei: Naturwissenschaften 15/1, 840
Kiever Rus': Byzanz 13, 618
Kinder**– und Jugendliteratur: DDR 13, 694; Fabel 13, 1070; Neugriechische Literatur 15/1, 905; Pompeji/Rezeption des freigelegten Pompeji in Literatur und Film 15/2, 493; Spanien 15/3, 138ff.
Kindesaussetzung*: Sparta 15/3, 164
Kinematik: Arabisch-islamisches Kulturgebiet 13, 168
Kirche und Staat: Lehnsrecht 15/1, 100; Theologie und Kirche des Christentums 15/3, 461ff.
Kirchenbau: Spolien 15/3, 198ff.; Typologie 15/3, 679
Kirchendichtung: Psalmodie 15/2, 585
Kirchengeschichte*: Byzanz 13, 602; Geschichtsmodelle 14, 166; 171
Kirchenkalender: Kalender 14, 786
Kirchenkritik: Theologie und Kirche des Christentums 15/3, 443ff.
Kirchenlehre/Ekklesiologie: Augustinismus 13, 350ff.; 352
Kirchenmalerei: Rumänien 15/2, 1006ff.
Kirchenrecht/Kirchenverfassung: Kanonisten 14, 794ff.; Schweiz 15/2, 1124; Theologie und Kirche des Christentums 15/3, 452ff.; 455ff.
Kirchenstaat: Rom 15/2, 844
Kirchenväter* (vgl. auch → Patristik): Patristische Theologie/Patristik 15/2, 197ff.; Philologie 15/2, 280; 291f.; Platonismus 15/2, 365; 367; 369; Politische Theorie 15/2, 420; Preußen 15/2, 557; Rhetorik 15/2, 817; Rußland 15/2, 1028; Säule/Säulenmonument 15/2, 1046; Schweiz 15/2, 1133; 1135
Kitsch**: Orient-Rezeption 15/1, 1204
Klagelied: Neugriechische Literatur 15/1, 915
Klagemauer: Jerusalem 14, 734; 743ff.; 745ff.
Klassengesellschaft: Politische Theorie 15/2, 429; 471f.; Sklaverei 15/3, 53
Klassenkampf: Marxismus 15/1, 299; Sklaverei 15/3, 49ff.; Sozial- und Wirtschaftsgeschichte 15/3, 90
Klassik**: Epochenbegriffe 13, 1000; 1004ff.; 1010ff.; Zeitrechnung 15/3, 1168ff.; 1180ff.
– *deutsche* (vgl. auch → Weimarer Klassik): Philologie 15/2, 298; 309; Philosophie 15/2, 341; Sparta 15/3, 159; Winckelmann-Gesellschaft 15/3, 1138
– *französische*: Mythologie 15/1, 627; Poetik 15/2, 387ff.; Revolution 15/2, 756

– *griechische*: Philologie 15/2, 259
Klassik-Begriff: Athen 13, 301; 309; Klassik als Klassizismus 14, 888ff.; Metamorphose 15/1, 399; Werbung 15/3, 1118
Klassische** Archäologie (vgl. auch → Archäologie): Abguß/Abgußsammlung 13, 5; Archäologische Methoden 13, 202; Deutschland 13, 815; Finnland 13, 1151; Rom 15/2, 891; 905
Klassische Philologie (vgl. auch → Gräzistik, → Latinistik, → Philologie): Afrika 13, 25; Altsprachlicher Unterricht 13, 114; Armenien 13, 271; Bayern 13, 436ff.; Dänemark 13, 679ff.; DDR 13, 688; Deutschland 13, 806; 823; Finnland 13, 1149ff.; Homerische Frage 14, 504; Irland 14, 646; Italien 14, 705; Japan 14, 721; Klassische Archäologie 14, 907; Litauen 15/1, 175; Makedonien/Mazedonien 15/1, 280; Norwegen 15/1, 1087; Polen 15/2, 411; Psychoanalyse 15/2, 599; Rumänien 15/2, 1010ff.; Rußland 15/2, 1024; Schulprogramme 15/2, 1109; Serbien 15/3, 30ff.
Klassizismus*/**: Abguß/Abgußsammlung 13, 4; Anakreontische Dichtung, Anakreontik 13, 132; Apoll von Belvedere 13, 156; Archäologische Bauforschung 13, 199; Architekturkopie/-zitat 13, 231ff.; Armenien 13, 270ff.; Athen 13, 281; 301; Australien und Neuseeland 13, 360; Barock 13, 398; 407; 411; Bayern 13, 439; 442; Bildung 13, 512ff.; Dänemark 13, 676; Deutschland 13, 796; 815; Epigrammatik 13, 984; Epochenbegriffe 13, 1004; Faschismus 13, 1090; 1093ff.; 1098; Finnland 13, 1149; Frankreich 15/3, 1258; Geschichtswissenschaft/Geschichtsschreibung 14, 187; Gotha, Schloßmuseum 14, 236; Greek Revival 14, 252; Historienmalerei 14, 434; Historismus 14, 486; Italien 14, 701ff.; Klassische Archäologie 14, 904ff.; Kopenhagen 14, 1097; Mode 15/1, 484; Modell/Korkmodell 15/1, 494; Musen 15/1, 565; 567; Museum 15/3, 1274; Nacktheit in der Kunst 15/1, 654; Niederlande und Belgien 15/1, 1050; Nietzsche-Wilamowitz-Kontroverse 15/1, 1064; Norwegen 15/1, 1086; Numismatik 15/1, 1113; Orient-Rezeption 15/1, 1200; Österreich 15/1, 1140; 15/3, 1296; Paestum 15/2, 10; Park 15/2, 158–159; Parnaß 15/2, 185; Philhellenismus 15/2, 232; Philologie 15/2, 243; 307; 310; 313; 319; 321; Philosophie 15/2, 341; Polen 15/2, 396ff.; Portugal 15/2, 519ff.; Preußen 15/2, 555; Redegattungen 15/2, 635ff.; Religionsgeschichte 15/2, 689; Revolution 15/2, 741; Romantik 15/2, 977ff.; 982; 987; Rumänien 15/2, 1004; Rußland 15/2, 1018ff.; Schrift/Typographik 15/2, 1096; Schweiz 15/2, 1141; Serbien 15/3, 27; 30; Spanien 15/3, 148ff.; Stil, Stilanalyse, Stilentwicklung 15/3, 290; Sturm und Drang 15/3, 338ff.; Stützfiguren/Erechtheionkoren 15/3, 332; Tempel/Tempelfassade 15/3, 376ff.; Theaterbau/Theaterkulisse 15/3, 406; United Kingdom 15/3, 811; United States of America 15/3, 849; 854ff.; 868; Ut pictura poesis 15/3, 931; Vasen/Vasenmalerei 15/3, 949ff.; Werbung 15/3, 1119; 1127ff.; Wirtschaft und Gewerbe 15/3, 1145
– *architektonischer*: Deutschland 13, 815; 819; Society of Dilettanti 15/3, 74ff.
– *französischer*: Polen 15/2, 401; Romantik 15/2, 983
– *Frühklassizismus*: Möbel 15/1, 520
– *postmoderner*: Wirtschaft und Gewerbe 15/3, 1147
– *römischer*: Klassische Archäologie 14, 906
Kleidung*: Körperkultur 14, 1048; 1052
Kleinasiatisches Griechentum: Neugriechische Literatur 15/1, 911; Türkei 15/3, 648
Kleinbronzen: Frankfurt am Main, Liebieghaus – Museum alter Plastik 14, 1; Gotha, Schloßmuseum 14, 235; Kassel, Staatliche Kunstsammlungen Antikenabteilung 14, 864; Kopenhagen 14, 1094
Kleinkunst: Amsterdam, Allard Pierson Museum 13, 127; Boston, Museum of Fine Arts 13, 535; Frankfurt am Main, Liebieghaus – Museum alter Plastik 14, 1; Frankreich 14, 8; 20; Gotha, Schloßmuseum 14, 233; 235; Gotik 14, 239; Italien 14, 713; Kopenhagen 14, 1097ff.; Paris, Louvre 15/2, 111; Pompeji 15/2, 483
Kleinplastik: Spolien 15/3, 202
Kleopatra-Verfilmung: Film 13, 1135
Klerus: Rhetorik 15/2, 775
Klimalehre: Arabisch-islamisches Kulturgebiet 13, 170; Geographie 14, 125; Meteorologie 15/1, 418
Kloster: Jerusalem 14, 725; 742; Klosterschule 14, 978ff.; Konstantinopel 14, 1084; Preußen 15/2, 541; Rußland 15/2, 1015; Schweiz 15/2, 1125; United Kingdom 15/3, 764; Überlieferung 15/3, 723; Verlag 15/3, 1001; Wallfahrt 15/3, 1083
Klosteraufhebung: Bibliothek 13, 502
Klosterbibliothek: Bayern 13, 432; Bibliothek 13, 494ff.
Klosterreform: Mönchtum 15/1, 524
Klosterregel: Mönchtum 15/1, 523
Klosterschule**: Artes liberales 13, 274; Bayern 13, 431; 434ff.; Deutschland 13, 808; Domschule 13, 866; Estland 13, 1046; Frankreich 14, 7; 9; Fürstenschule 14, 72; Italien 14, 660; Litauen 15/1, 171; Luxemburg 15/1, 237; Österreich 15/1, 1133; Portugal

15/2, 517; Rhetorik 15/2, 775; 795ff.;
Rumänien 15/2, 1007ff.; Schulwesen
15/2, 1112ff.; Schweiz 15/2, 1126; 1143;
United Kingdom 15/3, 764; 767
Knidische** Aphrodite: Erotica 13, 1041
Knittelvers: Epos 13, 1032
Kodifizierung/Kodifikation**: Besitz 13, 480;
Byzanz 13, 595; Kanonisten 14, 795;
Monarchie 15/1, 538; Naturrecht 15/1, 778;
Roman Dutch Law 15/2, 949; Romanistik/
Rechtsgeschichte 15/2, 967; Römisches Recht
15/2, 836; Staufische Renaissance 15/3, 273;
Verfassung 15/3, 970; Vertrag 15/3, 1025ff.
Kodikologie**: Paläographie, lateinische 15/2, 44;
Philologie 15/3, 1298
Königliche Bibliothek Berlin: Bibliothek 13, 503
Königsgräber von Vergina: Athen 13, 310
Königsherrschaft: Monarchie 15/1, 537
Körper: Film 13, 1137; Gender Studies 14, 117;
Körperkultur 14, 1042ff.; Tanz 15/3, 359–360
Körperbestattung: Sepulchralkunst 15/3, 17ff.
Körperkultur**: Deutschland 13, 821; Mode
15/1, 490; Neohumanismus 15/1, 892; Sport
15/3, 208ff.; Tanz 15/3, 358; Tschechien
15/3, 632
Kognitive Archäologie: Archäologische Methoden
13, 208
Kohlenstoff: Naturwissenschaften 15/1, 861
Koinē eirēne: Bund 13, 578
Koinōnía politikḗ: Marxismus 15/1, 300
Koldewey-Gesellschaft: Archäologische
Bauforschung 13, 199
Kollation: Niederlande und Belgien 15/1, 1006;
Philologie 15/2, 246ff.
Kolonialismus: Orientalismus 15/1, 1234ff.;
1236ff.; Sklaverei 15/3, 47ff.
Kolonialstil: China 13, 637
Kolonialzeit: United States of America 15/3, 833ff.
Kolonie
– *griechische*: Albanien 13, 60; Paestum 15/3, 5;
Sankt Petersburg Eremitage 15/2, 1065
– *römische*: Schweiz 15/2, 1123ff.
Kolonisierung: Rumänien 15/2, 997ff.
Koloß von Rhodos: Weltwunder 15/3, 1111
Kolossalstatue: Denkmal 13, 741
Kolosseum*: Rom 15/2, 860ff.
Kombinatorik: Mnemonik/Mnemotechnik
15/1, 470
Komet: Naturwissenschaften 15/1, 847ff.
Komisierung: Österreich 15/1, 1144
Kommentar*/**: Byzanz 13, 607; Geschichtswissenschaft/Geschichtsschreibung 14, 201ff.;
Glossatoren 14, 220; Philologie 15/2, 251; 253;
15/3, 1303; Romanistik/Rechtsgeschichte
15/2, 960ff.
Kommentardichtung: Parnaß 15/2, 179

Kommentatoren: Strafrecht 15/3, 315
Kommission für Alte Geschichte und Epigraphik:
Bayern 13, 445; Deutsches Archäologisches
Institut 13, 755
Kommunikationstheorie: Strukturalismus 15/3, 323
Kommunismus: Sozialismus 15/3, 94ff.; Sparta
15/3, 162
Kommunitarismus: Praktische Philosophie 15/2, 538
Komödie*/** (vgl. auch → Griech. Komödie, Lat.
Komödie): Deutschland 13, 826; Frankreich
14, 11; 40; Gattung/Gattungstheorie 14, 88;
Italien 14, 687; Mythologie 15/1, 623; Oper
15/1, 1181; Papyri, literarische 15/2, 75;
Philologie 15/2, 267; Spanien 15/3, 147f.;
Theater 15/3, 397ff.; Tragödie/Tragödientheorie 15/3, 534ff.; United Kingdom
15/3, 807ff.; Vertonungen antiker Texte
15/3, 1023; Wirtschaftslehre 15/3, 1158
Komödientheorie: Preußen 15/2, 553
Komparatismus: Kulturanthropologie 14, 1141
Komparatistik: Kanon 14, 793; Psychoanalyse
15/2, 599; Religionsgeschichte 15/2, 684
Komplexe Methode: Provinzialrömische
Archäologie 15/2, 573
Konfessionalismus: Frankreich 14, 28; Naturwissenschaften 15/1, 785; Neulatein 15/1, 936;
Niederlande und Belgien 15/1, 1049;
Renaissance 15/2, 712; Tyrannis 15/3, 690ff.
Konflikt, sozialer: Sozial- und Wirtschaftsgeschichte
15/3, 90
Konföderation, Schweizerische: Schweiz 15/2, 1130
Konjekturalkritik: Niederlande und Belgien
15/1, 996; Philologie 15/2, 244; 252ff.
Konkrete Poesie: Figurengedicht 13, 1123
Konsens: Argumentationslehre 13, 249; Rhetorik
15/2, 790
Konsequentialismus: Praktische Philosophie
15/2, 538
Konsequenzlehre: Logik 15/1, 195
Konservatorenpalast: Altertumskunde
(Humanismus bis 1800) 13, 90; Rom
15/2, 922ff.
Konservatorium: Akademie 13, 56
Konservierung, archäologische: Nationale
Forschungsinstitute 15/1, 719
Konsolationsliteratur**: Konsolationsliteratur
14, 1079–1082
Konstantinische** Schenkung: Fälschung 13, 1077;
1082; Herrscher 14, 404; 406; 408; Imperium
14, 580; Italien 14, 678; Philologie 15/2, 253;
287; Reiterstandbild 15/2, 649; Rom
15/2, 841; 875ff.; Spolien 15/3, 201
Konstantinische Wende: Paganismus 15/2, 17
Konstantinopel, Eroberung: Bibliothek 13, 495;
Byzantinistik 13, 583; Byzanz 13, 597
Konstantinsbogen: Spolien 15/3, 196

Konstitution von Melfi: Staufische Renaissance 15/3, 276
Konstitutionalismus: Mischverfassung 15/1, 445; Politische Theorie 15/2, 451–452
Konstrukt: Orientalismus 15/1, 1234
Konstruktivismus: Metapher/Metapherntheorie 15/1, 404; Mimesis 15/1, 432; Naturwissenschaften 15/1, 787
Kontaktsprachen: Sprachwissenschaft 15/3, 239
Kontext: Klassische Archäologie 14, 939ff.; Kulturanthropologie 14, 1131; 1135; Philologie 15/3, 1314ff.
Kontextuelle Archäologie: Archäologische Methoden 13, 208; Klassische Archäologie 14, 939ff.
Kontinuität: Neugriechische Literatur 15/1, 912; Porträt 15/2, 498; Rezeptionsformen 15/2, 759
– *kulturelle:* Landwirtschaft 15/1, 3ff.; Lexikographie 15/1, 127; Mode 15/1, 482; Neugriechische Literatur 15/1, 900; 911; Österreich 15/1, 1132
– *literarische:* Neugriechische Literatur 15/1, 914
Kontrastkomik: Komödie 14, 1068
Konversationshandbuch: Lebendiges Latein 15/1, 97
Konversationskultur: Akademie 13, 42
Konzert: Akademie 13, 56
Konzil von Trient (Tridentinum): Barock 13, 411; Ehe 13, 925; Messe 15/1, 392; Rhetorik 15/2, 818
Konzil, ökumenisches: Patristische Theologie/Patristik 15/2, 197; Theologie und Kirche des Christentums 15/3, 439
Konziliarismus: Mischverfassung 15/1, 443
Kopenhagener Schule: Sprachwissenschaft 15/3, 244
»Kopf der jungen Arsinoe II.«: Boston, Museum of Fine Arts 13, 535
Kopie: Abguß/Abgußsammlung 13, 1; Architekturkopie/-zitat 13, 223ff.; Athen 13, 309; Barock 13, 410ff.; Byzanz 13, 593; Laokoongruppe 15/1, 10; Park 15/2, 163; 166; 168; Rosse von San Marco/Quadriga 15/2, 988; Souvenir 15/3, 79; Sperlonga 15/3, 182ff.; Steinschneidekunst: Gemmen 15/3, 288; Stil, Stilanalyse, Stilentwicklung 15/3, 292
Kopierwesen: Philologie 15/2, 279
Kopistenrepertorium: Paläographie, griechischische 15/2, 41
Koptische Kunst: New York, Brooklyn Museum of Art 15/1, 949
Kore*: Stützfiguren/Erechtheionkoren 15/3, 331ff.
»Kore mit dem Granatapfel«: Berlin 13, 452
Korenhalle: Athen 13, 309
Kornisch: Keltische Sprachen 14, 875
Kosmiker: Paganismus 15/2, 25ff.; Rezeptionsformen 15/2, 768
Kosmobiologie: Horoskope 14, 538

Kosmogonie: Frankreich 14, 10
Kosmographie: Geographie 14, 122
Kosmologie*: Atomistik 13, 339; Naturwissenschaften 15/1, 782; 798; 805; Okkultismus 15/1, 1147; Philosophia perennis 15/2, 335; Platonismus 15/2, 363; 365; 373; Sphärenharmonie 15/3, 188ff.
Kosmopolitismus*: Politische Theorie 15/2, 439; 445; Rußland 15/2, 1027
Kostümstreit: Denkmal 13, 742
Kouros: Frankfurt am Main, Liebieghaus – Museum alter Plastik 14, 1; Samos 15/2, 1055
Krankenhaus**: Krankenhaus 14, 1099–1100
Kredit: Geld/Geldwirtschaft/Geldtheorie 14, 108; Handel/Handelswege 14, 352
Kreislauf der Verfassungen: Politische Theorie 15/2, 472; Revolution 15/2, 746
Kreismessung: Mathematik 15/1, 320
Kretisch**-Mykenische Archäologie: Klassische Archäologie 14, 915; Mykene 15/1, 607
Kretisch-mykenische Kultur: Epochenbegriffe 13, 999; 1010; Matriarchat 15/1, 326; Orchomenos 15/1, 1189; Rekonstruktion/Konstruktion 15/2, 660; Religionsgeschichte 15/2, 690
Kretische Literatur: Neugriechische Literatur 15/1, 898; 900; 906–907; 909
Kreuzfahrerstaaten: Byzanz 13, 621; Jerusalem 14, 732
Kreuzkuppelkirche: Byzanz 13, 615; 618
Kreuzwortlabyrinth: Figurengedicht 13, 1115–1116
Kreuzzug: Athen 13, 280; Byzanz 13, 597; 607; 613; Geschichtsmodelle 14, 171; Numismatik 15/1, 1109; Orient-Rezeption 15/1, 1211; Park 15/2, 126; Venedig 15/3, 960ff.
Krieg**: Frieden 14, 68; Schlachtorte 15/2, 1074; Troja 15/2, 596ff.; Völkerrecht 15/3, 1045
Kriegsgeschichte: Schlachtorte 15/2, 1077
Kriegskunst: Schlachtorte 15/2, 1075ff.
Kriegsmaschinen: Schlachtorte 15/2, 1075
Kriegsursachenforschung: Schlachtorte 15/2, 1079
Kriegsverbot: Frieden 14, 70
Kriegswissenschaft: Byzanz 13, 595
Kriminalroman: Druiden 13, 903; Keltisch-Germanische Archäologie 14, 873; Orient-Rezeption 15/1, 1229; United Kingdom 15/3, 823; United States of America 15/3, 876
Krobylos-Frisur: Pakistan/Gandhara-Kunst 15/2, 35
Krone**: Herrscher 14, 380; 389
Kryptoporträt: Historienmalerei 14, 426
Küchenlatein**: Deutschland 13, 768; Makkaronische Dichtung 15/1, 282
Künstlerbegräbnis: Pantheon 15/2, 61
Künstlerbildnis: Porträtgalerie 15/2, 508ff.
Künstlerdenkmal: Denkmal 13, 742

Künstlerepos: Pompeji/Rezeption des freigelegten Pompeji in Literatur und Film 15/2, 492
Künstlerlegenden**: Künstlerlegenden 14, 1126–1131
Künstlerreise: Altertumskunde (Humanismus bis 1800) 13, 90; Tourismus 15/3, 529
Künstlersignatur: Numismatik 15/1, 1119
Kult: Religionsgeschichte 15/2, 679
Kultbild*: Theologie und Kirche des Christentums 15/3, 438ff.
Kultkontinuität: Rezeptionsformen 15/2, 763
Kultstiftung: Paganismus 15/2, 23
Kulturanthropologie**: Akkulturation 15/3, 1245; Gender Studies 14, 111; Klassische Archäologie 14, 917; 941; Philologie 15/2, 323ff.; 15/3, 1302; Psychoanalyse 15/2, 598; Wallfahrt 15/3, 1080
Kulturbruch: Rezeptionsformen 15/2, 769
Kulturbund der DDR: DDR 13, 687
Kultureller Wandel: Archäologische Methoden 13, 205
Kulturelles Gedächtnis: Mnemonik/Mnemotechnik 15/1, 479
Kulturgeschichte: Geschichtsmodelle 14, 181; Geschichtswissenschaft/Geschichtsschreibung 14, 192ff.; 194; 210; Historische Methoden 14, 458; Klassische Archäologie 14, 939
Kulturhermeneutik: Kulturanthropologie 14, 1134
Kulturkontakt: Sizilien 15/3, 33ff.; Slavische Sprachen 15/3, 59ff.; Spanien 15/3, 127; 130
Kulturkrise: Philologie 15/2, 308
Kulturkritik: Epochenbegriffe 13, 1004; Nietzsche-Wilamowitz-Kontroverse 15/1, 1069; United States of America 15/3, 869ff.
Kulturmorphologie: Geschichtsmodelle 14, 182
Kulturpflanzenkunde: Botanik 13, 537
Kultursemiotik: Mnemonik/Mnemotechnik 15/1, 479
Kulturtheorie: Orientalismus 15/1, 1237; Rezeptionsformen 15/2, 759ff.; Semiotik 15/3, 8f.
Kulturtransfer: Kulturanthropologie 14, 1140
Kulturwissenschaft: Physiognomik 15/2, 351; Rekonstruktion/Konstruktion 15/2, 665
Kulturzyklentheorie: Geschichtsmodelle 14, 163; 182
Kunst*: Byzanz 13, 609; Griechen-Römer-Antithese 14, 253ff.; Indien 14, 586; Interpretatio Christiana 14, 625ff.; Irland 14, 647; Konstantinopel 14, 1090; Kroatien 14, 1122; Nationalsozialismus 15/1, 755; Platonismus 15/2, 374; Querelle des Anciens et des Modernes 15/2, 609ff.; Rekonstruktion/Konstruktion 15/2, 661
Kunstakademie: Abguß/Abgußsammlung 13, 4; Antikensammlung 13, 147; Apoll von Belvedere 13, 155

Kunsterwerb**/Kunstraub: Athen 13, 301; 305; Byzanz 13, 613; Italien 14, 712; München, Glyptothek und Antikensammlungen 15/1, 548; Rom 15/2, 866; Society of Dilettanti 15/3, 73ff.; Venedig 15/3, 961
Kunstgarten: Park 15/2, 140
Kunstgeschichte: Byzantinistik 13, 587; Philologie 15/2, 264; Steinschneidekunst: Gemmen 15/3, 286; Stil, Stilanalyse, Stilentwicklung 15/3, 289ff.; 295
Kunstgeschichtsschreibung: Byzantinistik 13, 588; Mimesislegenden 15/1, 436
Kunstgewerbe: Druckwerke 13, 884
Kunsthandel: Klassische Archäologie 14, 909; Klassizismus 14, 955; Ostia und Porto 15/1, 1248; Steinschneidekunst: Gemmen 15/3, 284
Kunsthandwerk: Byzanz 13, 615; 621; Emblematik 13, 955
Kunstideal: Okkultismus 15/1, 1161
Kunstkammer: Abguß/Abgußsammlung 13, 3ff.; München, Glyptothek und Antikensammlungen 15/1, 544; Steinschneidekunst: Gemmen 15/3, 283
Kunstkennerschaft: Stil, Stilanalyse, Stilentwicklung 15/3, 292
Kunstkritik: Mimesislegenden 15/1, 436
Kunstliteratur: Renaissance 15/2, 711
Kunstphilosophie: Einbildungskraft 13, 934; 937
Kunstreflexion: Rhetorik 15/2, 781
Kunstreligion: Neohumanismus 15/1, 887
Kunstsammlung: Kunsterwerb/Kunstraub 14, 1148; Paestum 15/2, 6
Kunstschule: Schweiz 15/2, 1142
Kunsttheorie*: Niederlande und Belgien 15/1, 1040; Nietzsche-Wilamowitz-Kontroverse 15/1, 1066; Physiognomik 15/2, 353; Stil, Stilanalyse, Stilentwicklung 15/3, 289ff.
Kunstwerk: Kunsterwerb/Kunstraub 14, 1148; Stil, Stilanalyse, Stilentwicklung 15/3, 294
Kupferstich: Groteske 14, 329; 331; Steinschneidekunst: Gemmen 15/3, 283; 285
Kuppelgrab: Mykene 15/1, 607; Tiryns 15/3, 507
Kurgan: Sankt Petersburg Eremitage 15/2, 1064ff.
Kursive: Schrift/Typographik 15/2, 1095
Kurzgeschichte: United Kingdom 15/3, 822ff.; United States of America 15/3, 875ff.
Kwadryga-Gruppe: Polen 15/2, 397
Kykladische Kunst: New York, Metropolitan Museum 15/1, 957; Paris Louvre 15/2, 109
Kymrisch: Keltische Sprachen 14, 874ff.
Kynismus**/Zynismus: Kynismus 14, 1158; Philosophie 15/2, 346
Kyrillisch: Rußland 15/2, 1015
Kyros-Zylinder: London, British Museum 15/1, 228

L

Labyrinth*: Gotik 14, 248; Park 15/2, 126; 131
Lacanismus: Psychoanalyse 15/2, 590
Lachmannsche Methode: Digesten/Überlieferungsgeschichte 13, 851
Länderkunde: Geographie 14, 124
Laienkaisertum, christliches: Sacrum Imperium 15/2, 1035
Laizierung: Politische Theorie 15/2, 453ff.
Lakonismus: Sparta 15/3, 156ff.
Landbesitz: Revolution 15/2, 745
Landesbibliothek: Bibliothek 13, 499
Landesdenkmalamt: Römisch-Germanische Kommission (RGK) 15/2, 827
Landesgeschichte: Provinzialrömische Archäologie 15/2, 574
Landeskunde: Geschichtswissenschaft/Geschichtsschreibung 14, 194; Philologie 15/2, 265
Landesschule: Fürstenschule 14, 72
Landrecht, polnisches: Polen 15/2, 403; 410
Landschaft, symbolische: Kampanien 14, 787
Landschaftsgrab: Sepulchralkunst 15/3, 22ff.
Landschaftsmalerei*: Niederlande und Belgien 15/1, 1039
Landvermessung**: Luftbildarchäologie 15/1, 233; Maß und Gewicht 15/1, 310; Mathematik 15/1, 314; Papyrologie 15/2, 89
Landwirtschaft*/**: Arabisch-islamisches Kulturgebiet 13, 181; Botanik 13, 537; Papyrologie 15/2, 89; Sozial- und Wirtschaftsgeschichte 15/3, 86ff.; Zoologie 15/3, 1203
Langage, Langue, Parole: Sprachwissenschaft 15/3, 244
Langlebigkeit: Geriatrie 14, 148
Langobardenherrschaft: Italien 14, 659ff.
Laokoon-Gruppe: Abguß/Abgußsammlung 13, 3; Altertumskunde (Humanismus bis 1800) 13, 90; Antikensammlung 13, 140; Apoll von Belvedere 13, 152; Barock 13, 410; Epochenbegriffe 13, 1005; Klassische Archäologie 14, 903; Park 15/2, 127; Preußen 15/2, 551; Proportionslehre 15/2, 570; Torso (Belvedere) 15/3, 514; Warburg Institute, The 15/3, 1100; Wirtschaft und Gewerbe 15/3, 1143
Lapidarium: Steinschneidekunst: Gemmen 15/3, 282
Lapis niger*: Lateinische Inschriften 15/1, 50
L'art pour l'art: Musen 15/2, 565
»Last Days of Pompeii«: Klassische Archäologie 14, 909
Lateinfestival: Lebendiges Latein 15/1, 97
Lateinische** Komödie (vgl. auch → Komödie): Lateinische Komödie 15/1, 64–82
Lateinische Sprache und Literatur: Deutschland 13, 794; Finnland 13, 1149ff.; Irland 14, 642ff.; Island 14, 650ff.; Jesuitenschulen 14, 750; Kroatien 14, 1119; 1121ff.; Philhellenismus 15/2, 233; Philologie 15/3, 1307ff.; Polen 15/2, 392ff.; 398; 404; Portugal 15/2, 516ff.; 518; 523; Preußen 15/2, 554; Psalmodie 15/2, 585; Rhetorik 15/2, 771; 809; 819; Romanische Sprachen 15/2, 955ff.; Romantik 15/2, 979; Römisches Recht 15/2, 836; Rumänien 15/2, 997ff.; 1001f.; Schweden 15/2, 1115ff.; Schweiz 15/2, 1128; 1131; 1134; 1139; Slavische Sprachen 15/3, 61ff.; Sprachwissenschaft 15/3, 228ff.; United Kingdom 15/3, 798
Lateinische Sprachkompetenz: Domschule 13, 867; Frankreich 14, 44
Lateinische Sprechzirkel: Lebendiges Latein 15/1, 96
Lateinische** Tragödie → Tragödie
Lateinisches Kaiserreich: Byzanz 13, 607; 617; 621; Konstantinopel 14, 1085
Lateinschule**: Bayern 13, 434; Bildung 13, 510; Deutschland 13, 770; 794; Fürstenschule 14, 72; Lehrplan 15/1, 113; Niederlande und Belgien 15/1, 987; Philologisches Seminar 15/2, 328; Realschule 15/2, 623; Rhetorik 15/2, 795ff.; 800; Schulwesen 15/2, 1112; Schweiz 15/2, 1126; 1133; Stundentafeln 15/3, 336ff.; Südafrika 15/3, 345; United States of America 15/3, 835ff.
Lateinverein: Lebendiges Latein 15/1, 96
Lateinzeitschrift: Lebendiges Latein 15/1, 96
Latinisierung*: Romanische Sprachen 15/2, 957
Latinistik (vgl. auch → Klassische Philologie und → Philologie): Norwegen 15/1, 1088; Philologie 15/2, 298ff.; 301; 306; 311
Latinität: Philologie 15/2, 293
Latinum: Prüfungsordnungen 15/2, 584
Laudatio → Lob-/Festrede
Laudatio funebris*: Leichenrede 15/1, 115; Niederlande und Belgien 15/1, 1000
Lautentsprechungen: Sprachwissenschaft 15/3, 232f.
Lautere Brüder von Basra: Arabisch-islamisches Kulturgebiet 13, 165
Lautschrift: Schriftwissenschaft 15/2, 1099
Lautverschiebung: Sprachwissenschaft 15/3, 232ff.
Lautwandel: Aussprache 13, 356; Orthographie 15/1, 1244; Sprachwissenschaft 15/3, 232ff.
Lazaruslied: Neugriechische Literatur 15/1, 915
Lebendiges** Latein: Lebendiges Latein 15/1, 92–99
Lebensalter-Modell: Epochenbegriffe 13, 998; 1001; Geschichtsmodelle 14, 165–167
Lebenskunst: Philosophie 15/2, 344ff.
Lebensphilosophie: Mythos 15/1, 641; Neohumanismus 15/1, 888ff.; Nietzsche-Wilamowitz-Kontroverse 15/1, 1068
Lectura: Glossatoren 14, 223
Legalität: Strafrecht 15/3, 312
»Legenda aurea«: Deutschland 13, 763

Législateur: Diktatur 13, 855ff.
Legislative: Mischverfassung 15/1, 445
Legistik: Naturrecht 15/1, 774
Legitimation: Altertumskunde (Humanismus bis 1800) 13, 89; Antikensammlung 13, 139; Epos 13, 1027; Etruskologie 13, 1055
Lehnsprache: Mittellatein 15/1, 448
Lehnsrecht**: Deutscher Usus modernus 13, 747; Glossatoren 14, 221; Römisches Recht 15/2, 829; Scotland, Law of 15/3, 1ff.
Lehnsyntax: Makedonien/Mazedonien 15/1, 276
Lehnwort*: Baltische Sprachen 13, 387ff.; Finnisch-ugrische Sprachen 13, 1147; Germanische Sprachen 14, 150ff.; Griechisch 14, 294; Internationalismen 14, 616; Keltische Sprachen 14, 876ff.; Makedonien/Mazedonien 15/1, 276; Serbien 15/3, 24ff.
Lehrbuch: Sachbuch 15/2, 1030; Serbien 15/3, 26
Lehrer**: Deutschland 13, 795; Fürstenschule 14, 73; Prüfungsordnungen 15/2, 584
Lehrerausbildung: Philologisches Seminar 15/2, 329; Realschule 15/2, 625; Rußland 15/2, 1022; Schulbuch 15/2, 1101
Lehrgedicht*/**: Deutschland 13, 764; Frankreich 14, 11; 41; 50; Gattung/Gattungstheorie 14, 88; 90; Horoskope 14, 531; Italien 14, 697; Karolingische Renaissance 14, 832; Klassizismus 14, 967; Wirtschaftslehre 15/3, 1150; Zoologie 15/3, 1199; 1201ff.
Lehrgrabung: Römisch-Germanische Kommission (RGK) 15/2, 825
Lehrplan**: Altsprachlicher Unterricht 13, 114ff.; 120ff.; Bayern 13, 434ff.; 439; Bildung 13, 509; 512; DDR 13, 683; Deutschland 13, 807; Domschule 13, 867; Dritter Humanismus 13, 881; Fürstenschule 14, 73; Jesuitenschulen 14, 751ff.; Lehrplan 15/1, 113; Mittellatein 15/1, 456; Neuhumanismus 15/1, 923; Odenkomposition, metrische 15/1, 1130; Schulbuch 15/2, 1101; United Kingdom 15/3, 767; 817; 824ff.; United States of America 15/3, 835; 848–849; 860; Universität 15/3, 883ff.
– Bologneser Modell: Universität 15/3, 884
– Pariser Modell: Universität 15/3, 884
Leibeigenschaft: Sklaverei 15/3, 51
Leibesübungen: Sport 15/3, 208
Leichenrede** → Laudatio funebris
Leidener Klammersystem*: Lateinische Inschriften 15/1, 54
Leistung, sportliche: Sport 15/3, 217
Leitkultur: Philologie 15/2, 319
Leitmotiv: Oper 15/1, 1183
Leninismus: Sklaverei 15/3, 52
Lesung: Medien 15/1, 350
Lettisch: Baltische Sprachen 13, 388

Leuchtturm von Alexandria: Alexandria 13, 66
Leuven Papyrus Collections World Wide: Papyrussammlungen 15/2, 99
»Leviathan«: Geschichtsmodelle 14, 179
Lex aeterna: Naturrecht 15/1, 773
Lex animata: Herrscher 14, 375
Lex* Aquilia: Deutscher Usus modernus 13, 747
Lex naturalis: Naturrecht 15/1, 773
Lex positiva: Naturrecht 15/1, 773
Lex regia: Herrscher 14, 369
Lex Salica: Karolingische Renaissance 14, 818
Lexem: Sprachwissenschaft 15/3, 243
»Lexicon Topographicum urbis Romae«: Rom 15/2, 871
»Lexicon Vindobonense«: Lexikographie 15/1, 128
Lexikalische Schichten: Etymologie 13, 1058
Lexikographie*/**: Byzanz 13, 605; Georgien 14, 136; Hethitologie 14, 415ff.; Kroatien 14, 1121; Niederlande und Belgien 15/1, 1003; Philologie 15/2, 242; 249ff.; 266; 312; Semitistik 15/3, 11ff.; Serbien 15/3, 29
Lexikologie, botanische: Pharmakologie 15/2, 224
Lexikon* lateinisches: Lebendiges Latein 15/1, 97
– neugriechisches: Griechenland 14, 280
»Liber Historiae Francorum«: Troja 15/3, 618ff.
Liberalismus: Politische Theorie 15/2, 430; 452; Republik 15/2, 729
Libertinage érudit: Epikureismus 13, 989
Libertinismus: Frankreich 14, 39
Libido: Psychoanalyse 15/2, 595ff.
Library of Congress: Bibliothek 13, 504; United States of America 15/3, 846
Libri feudorum: Lehnsrecht 15/1, 101
Lichtmetaphysik*: Platonismus 15/2, 366; 374
Liebe: Adaptation 13, 8; Augustinismus 13, 352; Platonismus 15/2, 368
Liebesdichtung: Deutschland 13, 767; Elegie 13, 943; Frankreich 14, 15
Liebeselegie: Elegie 13, 944
»Liebesgötter«: Erotica 13, 1042ff.; Klassizismus 14, 955
Liebeskommunismus, urchristlicher: Sozialismus 15/3, 97
Liedersammlung: Philhellenismus 15/2, 235
Lieto fine: Mythologie 15/1, 623; Oper 15/1, 1181
Limes*/**, Hadrianswall → Hadrian's Wall
Limes*/Limesforschung**: Provinzialrömische Archäologie 15/2, 574; 578; Römisch-Germanische Kommission (RGK) 15/2, 828
Lincoln Memorial: Denkmal 13, 739; Mausoleum 15/1, 338; United States of America 15/3, 860ff.
Linear B-Schrift: Entzifferungen 13, 962; Geschichtswissenschaft/Geschichtsschreibung 14, 195; Knossos 14, 1001; Kretisch-Mykenische Archäologie 14, 1102; 1109ff.; Mykene 15/1, 610; Onomastik 15/1, 1175;

Philologie 15/2, 275; Religionsgeschichte 15/2, 690; 695
Linguistic Turn: Mnemonik/Mnemotechnik 15/1, 468; Musik 15/1, 582
Linguistik: Kulturanthropologie 14, 1134; Logik 15/1, 202; Mittellatein 15/1, 447ff.; Psychoanalyse 15/2, 597; Semiotik 15/3, 6; Sprachphilosophie/Semiotik 15/3, 221ff.; Sprachwissenschaft 15/3, 228ff.; 246; 249ff.; Strukturalismus 15/3, 320ff.
Lipsianismus: Ciceronianismus 13, 650
Liste*: Papyri, literarische 15/2, 79
Litauisch: Baltische Sprachen 13, 387
Literalisierung: Rhetorik 15/2, 770
Literarische Gattung* (vgl. auch → Gattung): Philologie 15/2, 253; Poetik 15/2, 384; 386; Polen 15/2, 394; 396ff.; Portugal 15/2, 519; 525; Redegattungen 15/2, 631; Religion und Literatur 15/2, 671ff.; Rezeptionsformen 15/2, 762; Serbien 15/3, 25ff.; 29; Slowakei 15/3, 66; Universität 15/3, 894ff.
Literatur*: Cäsarismus 13, 623; Irland 14, 646; Italien 14, 678ff.; 686ff.; Kampanien 14, 790; Keltisch-Germanische Archäologie 14, 871; Keltische Sprachen 14, 875; Klassizismus 14, 960ff.; Kroatien 14, 1119ff.; Litauen 15/1, 172; Makedonien/Mazedonien 15/1, 278; Mittellatein 15/1, 451ff.; Niederlande und Belgien 15/1, 1046ff.; Norwegen 15/1, 1085; Platonismus 15/2, 374; Polen 15/2, 394; Portugal 15/2, 518; Rumänien 15/2, 1004; Serbien 15/3, 25ff.; Sizilien 15/3, 34ff.; Slavische Sprachen 15/3, 59ff.; Slowakei 15/3, 64; 66; Slowenien 15/3, 70; Spanien 15/3, 138ff.; 142; Staufische Renaissance 15/3, 274ff.; Sturm und Drang 15/3, 338ff.; 340ff.; Südafrika 15/3, 342ff.; Troja 15/3, 599; Tschechien 15/3, 632ff.; 636; United States of America 15/3, 837ff.; 849ff.; 851ff.; 861ff.; 869ff.; Weißrußland 15/3, 1108
– *afro-amerikanische*: United States of America 15/3, 873
– *antike politische*: Politische Theorie 15/2, 412; 414
– *arabische*: Musik 15/1, 580; 597
– *christlich-allegorische*: Allegorese 13, 81
– *griechische*: Armenien 13, 270
– *jüdische*: Musik 15/1, 580; 597
– *lateinische*: Bayern 13, 431; Überlieferung 15/3, 719ff.
– *mittellateinische*: Deutschland 13, 761
– *nationalsozialistische*: Deutschland 13, 821
– *nationalsprachliche*: Akademie 13, 43
– *neulateinische*: Philologie 15/2, 322; Rußland 15/2, 1019
– *russische*: Rußland 15/2, 1021
– *slawische*: Rumänien 15/2, 1004
– *südafrikanische*: Südafrika 15/3, 342ff.
– *syrische*: Musik 15/1, 580; 597
– *volkssprachliche*: Adaptation 13, 11; Staufische Renaissance 15/3, 277
Literaturbetrieb*: Mittellatein 15/1, 456
Literaturgeschichte
– *deutsche*: Sturm und Drang 15/3, 338
– *griechische*: Papyri, literarische 15/2, 71; Philologie 15/2, 264
– *islamische*: Semitistik 15/3, 12
– *lateinische*: Philologie 15/2, 307
– *mittelalterliche*: Mittellatein 15/1, 461
Literaturkanon: Literaturkritik 15/1, 182; Philologie 15/2, 279ff.; 306; 310; 15/3, 1303; Poetik 15/2, 386; United Kingdom 15/3, 768ff.; 774; 817; Überlieferung 15/3, 714ff.
Literaturkritik*/**: Neulatein 15/1, 943; United States of America 15/3, 850; Zeitrechnung 15/3, 1190
Literaturtheorie*: Homerische Frage 14, 512ff.; Philologie 15/2, 322; Strukturalismus 15/3, 322ff.; United Kingdom 15/3, 807
Literaturwissenschaft: Philologie 15/2, 306ff.; Satire 15/2, 1068–1069; Typologie 15/3, 677
»Litterae decretales«: Glossatoren 14, 221
Liturgie*: Allegorese 13, 77; Byzanz 13, 603; Karolingische Renaissance 14, 817ff.; Leichenrede 15/1, 119; Litauen 15/1, 171; Lyrik 15/1, 248; Messe 15/1, 392ff.; Neugriechische Literatur 15/1, 912; Neulatein 15/1, 927; Psalmodie 15/2, 586
Livius-Palimpsest: Bibliothek 13, 496
Livonischer Krieg: Lettland 15/1, 122
Ikonographie: Archäologische Methoden 13, 202
Lob-/Festrede (Laudatio): Leichenrede 15/1, 117; Panegyrik 15/2, 50ff.; Redegattungen 15/2, 626ff.; 642ff.; 647
Loci commues (Gemeinplätze, Topoi): Dialektik 15/3, 1251; Logik 15/1, 197; Poetik 15/2, 383; Rhetorik 15/2, 783ff.; 788; 799; 804
Locus amoenus: Park 15/2, 125ff.; 143; 146
Locus-imago: Mnemonik/Mnemotechnik 15/1, 471; 474; 478
Löwentor: Mykene 15/1, 604
Logik*/**: Arabisch-islamisches Kulturgebiet 13, 165; Argumentationslehre 13, 241; 244–245; Aristotelismus 13, 255; 257; Artes liberales 13, 275ff.; Dialektik 15/3, 1251ff.; Frankreich 14, 10; Logik 15/1, 199; Pädagogik 15/2, 3; Platonismus 15/2, 363; Poetik 15/2, 386; Querelle des Anciens et des Modernes 15/2, 620; Rhetorik 15/2, 780; Sprachphilosophie/Semiotik 15/3, 222; Sprachwissenschaft 15/3, 229; Stoizismus 15/3, 297
Logos*: Argumentationslehre 13, 241; Mythos 15/1, 638; 641

Lógos spermatikós: Typologie 15/3, 678
Logos-Theologie: Philosophia perennis 15/2, 332; 334ff.; Platonismus 15/2, 364
Lohnarbeitsvertrag: Naturrecht 15/1, 779
Lokalgeschichte: Geschichtsmodelle 14, 161; 171
Lokalkult: Religionsgeschichte 15/2, 690ff.
»Lombarda«: Glossatoren 14, 221
Longue durée: Strukturalismus 15/3, 324
Lotharkreuz: Herrscher 14, 400
Lucumo*: Paganismus 15/2, 16
Ludovisischer Thron: Rom 15/2, 929
Lütticher Schule: Rhetorik 15/2, 797
Luftbildarchäologie**: Archäologische Methoden 13, 210; Limes, Limesforschung 15/1, 166
Lullismus: Mnemonik/Mnemotechnik 15/1, 472; 476
Lunisolar-Kalender: Kalender 14, 779
Lustgarten: Preußen 15/2, 549
Lykanthropie**: Lykanthropie 15/1, 243–246
Lykischer* Bund: Republik 15/2, 727
Lyrik*/**: Afrika 13, 23; DDR 13, 694; Deutschland 13, 820; 826; Finnland 13, 1148; Gattung/Gattungstheorie 14, 95; Humanismus 14, 549ff.; Neohumanismus 15/1, 891; Neugriechische Literatur 15/1, 906; 909; 911; Orient-Rezeption 15/1, 1231; Serbien 15/3, 30; Spanien 15/3, 129; 133; United States of America 15/3, 879ff.; Vertonungen antiker Texte 15/3, 1022; Zeitrechnung 15/3, 1178
Lysikrates-Monument: Park 15/2, 134ff.
Lyzeum: Bayern 13, 438

M

Machiavellismus: Politische Theorie 15/2, 418
Machina mundi: Naturwissenschaften 15/1, 783; 805; 826
Machtdemonstration: Kunsterwerb/Kunstraub 14, 1148
Madonna: Knidische Aphrodite 14, 984
Madrigal: Affektenlehre (musikalisch) 13, 21
Mädchen... → Frauen...
Männerbund: Neohumanismus 15/1, 884
Männerforschung → Gender Studies
Männergesellschaft: Sparta 15/3, 154
Märchen*/**: Fabel 13, 1065ff.; Metamorphose 15/1, 395; 400
»Märchen aus 1001 Nacht«: Arabisch-islamisches Kulturgebiet 13, 171
Märtyrer*: Biographie 13, 520; Wallfahrt 15/3, 1090
Märtyrergräber: Wallfahrt 15/3, 1087
Mätressengalerie: Porträtgalerie 15/2, 509
Mäzenatentum: Arabisch-islamisches Kulturgebiet 13, 183; Kopenhagen 14, 1091; Lateinamerika 15/1, 25; Mannheim, Antikensaal und Antiquarium 15/1, 292; Nobilitas 15/1, 1081; Renaissance 15/2, 705; Rom 15/2, 843; Schweiz 15/2, 1147
Magia naturalis: Magie 15/1, 254
Magie**: Arabisch-islamisches Kulturgebiet 13, 170; Kulturanthropologie 14, 1141; Mnemonik/Mnemotechnik 15/1, 470; Okkultismus 15/1, 1147; Orient-Rezeption 15/1, 1223; Religionsgeschichte 15/2, 687; Roman 15/2, 947; Steinschneidekunst: Gemmen 15/3, 283ff.; Warburg Institute, The 15/3, 1100; Zoroastres/Zoroastrismus 15/3, 1229
Magischer Realismus: Metamorphose 15/1, 400; Niederlande und Belgien 15/1, 1059
»Magna Charta«: Menschenrechte 15/1, 384; Redegattungen 15/2, 639; Strafrecht 15/3, 313
Magna-Mater-Tempel: Rom 15/2, 916
Magnetische Messung: Archäologische Methoden 13, 210
Majuskel*: Paläographie, griechische 15/2, 42; Philologie 15/2, 240; Schrift/Typographik 15/2, 1094ff.; Überlieferung 15/3, 715ff.
Makedonische Frage: Schlachtorte 15/2, 1083
Makedonische* Renaissance: Byzanz 13, 592; 604; Philologie 15/2, 240; Römisches Recht 15/2, 837
Makkabäeraufstand: Schlachtorte 15/2, 1090
Makkaronische** Dichtung: Tierepos 15/3, 497
Makrokosmos: Politische Theorie 15/2, 471; Proportionslehre 15/2, 568
Makulatur*: Papyri (Fundgeschichte) 15/2, 67
Malerei* (vgl. auch → Historienmalerei; → Kirchenmalerei; → Miniaturmalerei; → Monumentalmalerei; → Porträt(malerei); → Wandmalerei): Arkadismus 13, 267; Barock 13, 410; 412; Bukolik/Idylle 13, 564; Byzanz 13, 596; Dänemark 13, 676ff.; Deutschland 13, 819; Druckwerke 13, 884; 895; Faschismus 13, 1094; Fälschung 13, 1075; Frankreich 14, 24; 43; 51; Georgien 14, 138; Groteske 14, 324ff.; Herculaneum 14, 357ff.; Historismus 14, 486ff.; Italien 14, 681ff.; 689; 703ff.; 707; Karolingische Renaissance 14, 822; Orient-Rezeption 15/1, 1211ff.; Pompeji 15/2, 481; 484; Portugal 15/2, 520; Rom 15/2, 905; 912; Rosse von San Marco/Quadriga 15/2, 990; Serbien 15/3, 31ff.; Spanien 15/3, 135; Stil, Stilanalyse, Stilentwicklung 15/3, 292
– *abstrakte*: Spanien 15/3, 150
– *allegorische*: Deutschland 13, 815
– *frühmittelalterliche*: Rom 15/2, 889
– *griechische*: Pompeji 15/2, 482
– *klassizistische*: Deutschland 13, 814
– *niederländische*: Mimesislegenden 15/1, 440

Mameluken-Herrschaft: Alexandria 13, 65
Manichäismus: Papyrologie 15/2, 94; Politische Theorie 15/2, 446
Maniera: Stil, Stilanalyse, Stilentwicklung 15/3, 291
- *bizantina*: Byzanz 13, 621
- *greca*: Byzanz 13, 613
- *italiana*: Byzanz 13, 622
Manierismus*: Italien 14, 688ff.; Renaissance 15/2, 703; 705; 707; 712; Rhetorik 15/2, 784; Stil, Stilanalyse, Stilentwicklung 15/3, 291
Manipulation: Argumentationslehre 13, 247
Mantik: Physiognomik 15/2, 359; Traumdeutung 15/3, 552
Manx: Keltische Sprachen 14, 875
Maraviglioso/Meraviglia: Barock 13, 403
Markennamen: Werbung 15/3, 1127f.
Markttor, Milet: Berlin 13, 453
Markusbibliothek: Philologie 15/2, 248
Markuskirche: Byzanz 13, 612
Markusplatz: Forum/Platzanlage 13, 1153
Markussäule: Denkmal 13, 738
»Marmor Parium«: Inschriftenkunde, griechische 14, 594
Mars-Ultor-Tempel: Faschismus 13, 1086; Rom 15/2, 897; 901
Marstempel: Park 15/2, 137
Marxismus**: DDR 13, 689; Dialektik 15/3, 1252; Matriarchat 15/1, 325; Neugriechische Literatur 15/1, 910; Nobilitas 15/1, 1078; Rußland 15/1, 1025; Sklaverei 15/3, 49ff.; 52ff.; Sozial- und Wirtschaftsgeschichte 15/3, 90; Sparta 15/3, 162; Vorsokratiker 15/3, 1065
Masada-Mythos: Schlachtorte 15/2, 1090
Maske*: Komödie 14, 1068
Maß** und Gewicht: Maß und Gewicht 15/1, 303–314
Massenmedien: Redegattungen 15/2, 640; 647
Massenproduktion: Souvenir 15/3, 80
Massentourismus: Pompeji 15/2, 474; Pompeji/Rezeption des freigelegten Pompeji in Literatur und Film 15/2, 493; Souvenir 15/3, 80
Maßstab: Proportionslehre 15/2, 571
Materialismus*: Atomistik 13, 339–340; Epikureismus 13, 990; 993ff.; Geschichtsmodelle 14, 162; 180; Naturwissenschaften 15/1, 786; Stoizismus 15/3, 297ff.
- *atheistischer*: Platonismus 15/2, 368
- *dialektischer*: Strukturalismus 15/3, 324
- *historischer*: Sklaverei 15/3, 49ff.; Sozialismus 15/3, 94ff.
Materialsammlung: Lexikographie 15/1, 133; 145
Materialverwertung: Spolien 15/3, 196ff.
Materielle Kultur: Rezeptionsformen 15/2, 763
Materielles Recht: Anspruch 13, 134

Materielle Überreste: Altertumskunde (Humanismus bis 1800) 13, 86; 89; Archäologische Methoden 13, 201; Klassische Archäologie 14, 901; 916; 939–940; Maß und Gewicht 15/1, 305; Numismatik 15/1, 1101; Rekonstruktion/Konstruktion 15/2, 656; Überlieferung 15/3, 695ff.
Mathematik*/**: Arabisch-islamisches Kulturgebiet 13, 168; Aristotelismus 13, 256; Bayern 13, 432; Bildung 13, 509; Logik 15/1, 201; Musik 15/1, 571–572; Naturphilosophie 15/1, 769; Naturwissenschaften 15/1, 798; Physiognomik 15/2, 350; Platonismus 15/2, 373
Mathematikgeschichte: Philologie 15/2, 270
Matriarchat**: Religionsgeschichte 15/2, 690; Schweiz 15/2, 1145
Matrilinearität: Matriarchat 15/1, 324ff.
Mauriner: Augustinismus 13, 350; 352; Patristische Theologie/Patristik 15/2, 198
Mausoleum**: Halikarnass 14, 333ff.; Park 15/2, 173; Porträt 15/2, 499; Rom 15/2, 853; Überlieferung 15/3, 698; Weltwunder 15/3, 1110
Mausoleum von Halikarnassos: Weltwunder 15/3, 1112
Mechanik*: Arabisch-islamisches Kulturgebiet 13, 170; Naturwissenschaften 15/1, 812ff.
Mechanistisches Weltbild: Naturwissenschaften 15/1, 783
Mechitharisten: Armenien 13, 270ff.
Medaille**: Naturwissenschaften 15/1, 850
Medaillensammlung: Porträtgalerie 15/2, 504ff.
Medaillon*: Porträtgalerie 15/2, 502
Medaillonbilder von Centuripe: Fälschung 13, 1076
Mediatisierung: Komödie 14, 1076–1077
Medici-Bibliothek: Philologie 15/2, 284; 286
Medien**: Comics 13, 671; Rezeptionsformen 15/2, 768
Medien- und Kommunikationswissenschaft: Homerische Frage 14, 510
Medikament: Pharmakologie 15/2, 217ff.; 223
Medizin*/**: Arabisch-islamisches Kulturgebiet 13, 166; 180; Byzanz 13, 603; Corpus Medicorum 13, 674; Dänemark 13, 675; Frankreich 14, 9ff.; 17; Galenismus 14, 85ff.; Hippokratischer Eid 14, 418ff.; Hippokratismus 14, 419ff.; Humanismus 14, 559ff.; Hysterie 14, 571ff.; Inschriftenkunde, griechische 14, 612; Italien 14, 664; Krankenhaus 14, 1099ff.; Kulturanthropologie 14, 1132; Lykanthropie 15/1, 243; Melancholie 15/1, 378ff.; Musik 15/1, 573; Naturwissenschaften 15/1, 832; 869; Physiognomik 15/2, 350; Portugal 15/2, 522; Sport 15/3, 209; Sprachphilosophie/Semiotik 15/3, 220ff.; 223ff.; Terminologie 15/3, 381ff.; Zoologie 15/3, 1203; 1205

- *altägyptische*: Physiognomik 15/2, 359
- *alternative*: Säftelehre 15/2, 1041
- *arabische*: Geburtshilfe 14, 96; Säftelehre 15/2, 1039

Medizingeschichte: Philologie 15/2, 270
Medizingeschichtsschreibung**: Arabische Medizin 13, 186; Medizin 15/1, 370; Medizingeschichtsschreibung 15/1, 373
Megálē idéa: Konstantinopel 14, 1087; Neugriechische Literatur 15/1, 908; 911
Mehrkampf: Sport 15/3, 216
Mehrsprachigkeit*: Neulatein 15/1, 937; 943; Sizilien 15/3, 33ff.
Mehrstimmigkeit: Musik 15/1, 580; 588ff.; 600
Meißener Porzellan: Orient-Rezeption 15/1, 1199; 1204
Melancholie*/**: Allegorie 13, 86; Künstlerlegenden 14, 1129; Lykanthropie 15/1, 243; Naturwissenschaften 15/1, 838
Melodik: Messe 15/1, 393
Melodrama: Mythologie 15/1, 623
Memoria (vgl. auch → Gedächnis-): Mnemonik/Mnemotechnik 15/1, 464ff.
Memorialbildnis: Porträtgalerie 15/2, 502
Memorialkultur → Gedächtniskultur
Mengenlehre: Logik 15/1, 201
Menippea: Satire 15/2, 1067; 1070
Menologion*: Byzanz 13, 606
Mensa Isiaca: Orient-Rezeption 15/1, 1196
Menschen- und Bürgerrechtserklärung: Menschenrechte 15/1, 386
Menschenrechte*/**: Aufklärung 13, 347–348; Naturrecht 15/1, 779; Politische Theorie 15/2, 439; 447; Redegattungen 15/2, 640; Republik 15/2, 731; 733; Revolution 15/2, 751
Mensuralnotation: Musik 15/1, 574
Merkantilismus: Bevölkerungswissenschaft/Historische Demographie 13, 485; 487
»Merseburger Zaubersprüche«: Numismatik 15/1, 1109
Mesopotamische Sammlung: Chicago, Oriental Institute Museum 13, 635
Messe**: Messe 15/1, 392–394
Meßgesang: Psalmodie 15/2, 585
Messianismus: Philosophia perennis 15/2, 333
Metacharakterismus: Byzanz 13, 596; 604
Metalle: Geologie (und Mineralogie) 14, 127; 129
Metallkunst: Romanik 15/2, 953
Metallskala-Modell: Epochenbegriffe 13, 1013
Metamorphose*/**: Verwandlungen/Illustrationen von Ovid-Texten 15/3, 1031ff.
»Metamorphosen«: Adaptation 13, 10ff.; Allegorese 13, 82; Metamorphose 15/1, 395ff.; Mythologie 15/1, 612ff.; 626; Niederlande und Belgien 15/1, 1040; Sperlonga 15/3, 183ff.

Metapher*/Metapherntheorie**: Figurenlehre 13, 1131; Pompeji/Rezeption des freigelegten Pompeji in Literatur und Film 15/2, 492
Metaphysik*/**: Aristotelismus 13, 253; 256; 258ff.; Artes liberales 13, 276; Musik 15/1, 571; Mythos 15/1, 639; Naturphilosophie 15/1, 769; Naturwissenschaften 15/1, 782; Philosophia perennis 15/2, 334; Platonismus 15/2, 363; Praktische Philosophie 15/2, 526; Vorsokratiker 15/3, 1068
Meteorologie**: Meteorologie 15/1, 415–420
Metoposkopie: Physiognomik 15/2, 353ff.
Metrik*: Neulatein 15/1, 930; Philologie 15/2, 249; Vers mesurés 15/3, 1007; Verskunst 15/3, 1008ff.
Metrisches System: Maß und Gewicht 15/1, 305
Metrologie: Landvermessung 15/1, 2; Maß und Gewicht 15/1, 305ff.; Physiognomik 15/2, 357; Proportionslehre 15/2, 570
Mikrokosmos: Politische Theorie 15/2, 471; Proportionslehre 15/2, 568; Sphärenharmonie 15/3, 189
Milesische Novelle: Niederlande und Belgien 15/1, 1061
Militärarchitektur: Rumänien 15/2, 1000
Militärausbildung: Ritterakademie 15/2, 822
Militärgeschichte: Geschichtswissenschaft/Geschichtsschreibung 14, 194; Provinzialrömische Archäologie 15/2, 574; Schlachtorte 15/2, 1074
Militärmonarchie: Geschichtswissenschaft/Geschichtsschreibung 14, 205
Militärwesen: Monarchie 15/1, 540; Preußen 15/2, 542
Militärwissenschaft: Krieg 14, 1112; 1114ff.; Schlachtorte 15/2, 1078
Milizwesen: Republik 15/2, 718
Miltärreligion: Paganismus 15/2, 23
Milvische Brücke: Schlachtorte 15/2, 1090
Mimesis** → Imitatio
Mimesislegenden**: Mimesislegenden 15/1, 436–441
Mineralien: Geologie (und Mineralogie) 14, 127; 129ff.
Miniaturmalerei: Orient-Rezeption 15/1, 1211; Porträt 15/2, 497; Porträtgalerie 15/2, 501; Serbien 15/3, 31ff.; Spanien 15/3, 130
Minimal Art: Moderne 15/1, 509
Minne: Körperkultur 14, 1044
Minuskel*: Karolingische Renaissance 14, 818; Paläographie, griechischische 15/2, 42; Philologie 15/2, 240; 279; 285; Schrift/Typographik 15/2, 1094ff.; Überlieferung 15/3, 715ff.; 724
- *Buchminuskel*: Byzanz 13, 596
- *humanistische*: Deutschland 13, 766

– *karolingische*: Deutschland 13, 761; Notar 15/1, 1096
Minuskel-Kursive: Schrift/Typographik 15/2, 1093
»Mirabilia Urbis Romae«: Dioskuren vom Monte Cavallo 13, 863; Klassische Archäologie 14, 903; Mittellatein 15/1, 457; Rom 15/2, 861ff.; 883; Wallfahrt 15/3, 1091
Mischkultur: Provinzialrömische Archäologie 15/2, 574ff.
Mischsprachen: Sprachwissenschaft 15/3, 249
Mischverfassung*/**: Demokratie 13, 721; Politische Theorie 15/2, 420; 422; Redegattungen 15/2, 638–639; Republik 15/2, 716ff.; Revolution 15/2, 742; Sparta 15/3, 154ff.; Thukydidismus 15/3, 488; United States of America 15/3, 841ff.; Verfassung 15/3, 972ff.
»Missa graeca«: Griechisch 14, 299; 305; Messe 15/1, 393
Mission*: Bibliothek 13, 495; Karolingische Renaissance 14, 817; Rezeptionsformen 15/2, 766; Slavische Sprachen 15/3, 62; United Kingdom 15/3, 762ff.
Missione Archeologica Italiana: Pakistan/Gandhara-Kunst 15/2, 37
Missionsschule: Afrika 13, 25
Missus: Notar 15/1, 1092
Mittelalter: Adaptation 13, 8ff.; Alexandrinismus 13, 72; Allegorese 13, 81ff.; Altsprachlicher Unterricht 13, 123; Antike 13, 137; Antikensammlung 13, 139; Architekturkopie/-zitat 13, 223; Argumentationslehre 13, 244; Aristotelismus 13, 254; Atomistik 13, 339; Bayern 13, 431; Billigkeit 13, 516; Biographie 13, 520; Bund 13, 579ff.; Bürger 13, 557; Byzanz 13, 610; Dänemark 13, 675; Dialog 13, 830; Dioskuren vom Monte Cavallo 13, 863; Einbildungskraft 13, 934; Erotica 13, 1041; Fälschung 13, 1077; Figurengedicht 13, 1116; Figurenlehre 13, 1126; Lateinische Komödie 15/1, 65; Lateinische Tragödie 15/1, 83; Lateinschule 15/1, 91; Lehnsrecht 15/1, 100ff.; Lexikographie 15/1, 127; 131; Literaturkritik 15/1, 181; Logik 15/1, 193; Magie 15/1, 254; Maß und Gewicht 15/1, 305; Mathematik 15/1, 315; Medizin 15/1, 362; Medizingeschichtsschreibung 15/1, 373; Melancholie 15/1, 382; Metapher/Metapherntheorie 15/1, 404; Meteorologie 15/1, 416; Mimesislegenden 15/1, 439; Mischverfassung 15/1, 442; Mittellatein 15/1, 451ff.; Mnemonik/Mnemotechnik 15/1, 468ff.; Mode 15/1, 482; Monarchie 15/1, 535ff.; Möbel 15/1, 515ff.; Mönchtum 15/1, 524; Musen 15/1, 566; Musik 15/1, 571ff.; 580; 584; 594; Münze, Münzwesen 15/1, 556; Mythologie 15/1, 620; Mythos 15/1, 645; Nacktheit in der Kunst 15/1, 649; Naturrecht 15/1, 773; Naturwissenschaften 15/1, 781; 805; 819; 834; 849; 868; Niederlande und Belgien 15/1, 985; 1037; 1047; Nobilitas 15/1, 1076; Norwegen 15/1, 1085; Notar 15/1, 1090; Numismatik 15/1, 1108; Okkultismus 15/1, 1148; Olympia 15/1, 1166; Orient-Rezeption 15/1, 1194; 1224; Ottonische Renaissance 15/1, 1255; Österreich 15/1, 1134; Querelle des Anciens et des Modernes 15/2, 609ff.; Redegattungen 15/2, 627; Religionsgeschichte 15/2, 680; Spolien 15/3, 198ff.; Theaterbau/Theaterkulisse 15/3, 402
Mittelalter-Neuzeit-Antithese: Querelle des Anciens et des Modernes 15/2, 613
Mittelgriechisch: Rußland 15/2, 1015
Mittellatein**: Ciceronianismus 13, 647; Deutschland 13, 763; Finnisch-ugrische Sprachen 13, 1146; Finnland 13, 1148; Neulatein 15/1, 925; Niederlande und Belgien 15/1, 1013
Mittellateinische Philologie: Mittellatein 15/1, 458ff.
Mittelmeerhandel: Alexandria 13, 64
Mittelplatonismus*: Paganismus 15/2, 16; Platonismus 15/2, 363ff.; Politische Theorie 15/2, 462ff.
Mittlere Kommödie: Papyri, literarische 15/2, 75
Mnemonik/Mnemotechnik**: Rhetorik 15/2, 809
»Mnemosyne«: Niederlande und Belgien 15/1, 1012
Mobilität*: Kulturanthropologie 14, 1140
Mock Epic: United States of America 15/3, 851
Mode**: Frankreich 14, 49; Herculaneum 14, 360; Revolution 15/2, 756
Mode à la greque: Mode 15/1, 487
Modell/Korkmodell**: Paestum 15/2, 10; Pompeji 15/2, 478; Rekonstruktion/Konstruktion 15/2, 662
Modelltheorie: Logik 15/1, 201
Moderne**: Apoll von Belvedere 13, 156; Argumentationslehre 13, 248; Atlantis 13, 336ff.; Bildung 13, 514; Dänemark 13, 678; Deutschland 13, 806ff.; Dialog 13, 836; Epikureismus 13, 994; Fabel 13, 1070; Faschismus 13, 1090; 1094; 1098; Fälschung 13, 1075; Festkultur/Trionfi 13, 1114; Figurenlehre 13, 1130; Forum/Platzanlage 13, 1159ff.; Lateinamerika 15/1, 43ff.; Lateinische Tragödie 15/1, 88; Logik 15/1, 201; Luxemburg 15/1, 241; Lyrik 15/1, 250; Mausoleum 15/1, 335; Melancholie 15/1, 382; Metamorphose 15/1, 396; 399; Metapher/Metapherntheorie 15/1, 406; Mnemonik/Mnemotechnik 15/1, 477; Mode 15/1, 489; Möbel 15/1, 522; Mönchtum 15/1, 531; Musen 15/1, 565; 567; 569; Mythos

15/1, 646; Nacktheit in der Kunst 15/1, 655; Naturrecht 15/1, 779; Naturwissenschaften 15/1, 785; 843; 872; Neohumanismus 15/1, 887; Neugriechische Literatur 15/1, 909; Neulatein 15/1, 937; Niederlande und Belgien 15/1, 1011; 1043; 1052ff.; 1057; Norwegen 15/1, 1087; Numismatik 15/1, 1116; Okkultismus 15/1, 1150ff.; 1161; Oper 15/1, 1184; Orient-Rezeption 15/1, 1214ff.; 1228ff.; Österreich 15/1, 1145; Portugal 15/2, 525; Querelle des Anciens et des Modernes 15/2, 609; Sturm und Drang 15/3, 338; Tempel/Tempelfassade 15/3, 377f.; Theaterbau/Theaterkulisse 15/3, 406
Modernismo: Lateinamerika 15/1, 36; 39–40
Modus, literarischer: Poetik 15/2, 386
Moduslehre: Physiognomik 15/2, 355; Proportionslehre 15/2, 568; 570; Stil, Stilanalyse, Stilentwicklung 15/3, 292
Möbel*/**: Orient-Rezeption 15/1, 1199; 1203
Mönchsregel: Karolingische Renaissance 14, 817
Mönchtum*/**: Domschule 13, 867; Klosterschule 14, 979; Philosophie 15/2, 344
Mommsen-Gesellschaft: Berufsverbände 13, 478ff.; Klassische Archäologie 14, 918
Monarchie**: Cäsarismus 13, 624; Diktatur 13, 855; 858; Mischverfassung 15/1, 441ff.; Politische Theorie 15/2, 421; 432ff.; 450; Republik 15/2, 715ff.; 731
– *konstitutionelle*: Politische Theorie 15/2, 428
Monarchomachie: Mischverfassung 15/1, 443
Monatsnamen*: Kalender 14, 782ff.
Monodie*: Affektenlehre (musikalisch) 13, 21; Oper 15/1, 1180; Oratorium 15/1, 1186
Monogamie: Ehe 13, 924
Monographie: Geschichtsmodelle 14, 165; Geschichtswissenschaft/Geschichtsschreibung 14, 190
Monophtongierung: Aussprache 13, 356
Monophysitismus*: Theologie und Kirche des Christentums 15/3, 438ff.
Monopsychismus: Alexandrinismus 13, 72
Monopteros: Preußen 15/2, 549
Monotheismus*: Arabisch-islamisches Kulturgebiet 13, 167; Platonismus 15/2, 365; Religionsgeschichte 15/2, 684; 687
»Monumenta Germaniae Historica«: Akademie 13, 49; Historische Methoden 14, 456
Monumentalmalerei: Parnaß 15/2, 179
Monumentarchitektur: Orient-Rezeption 15/1, 1204; Stadt 15/3, 265
»Monumentum Ancyranum«: Inschriftenkunde, griechische 14, 593; Lateinische Inschriften 15/1, 50; Niederlande und Belgien 15/1, 991; 996; Österreich 15/1, 1138

»Monumentum Ephesenum«: Inschriftenkunde, griechische 14, 595
»Moralische Wochenschriften«: Epikureismus 13, 991
Moralisierung: Adaptation 13, 10; 15; Deutschland 13, 785–786
Moralistik: Aphorismus 13, 150; Geschmack 14, 217ff.; Politische Theorie 15/2, 423; 432
Moralität (vgl. auch Ethik): Politische Theorie 15/2, 423f.
Moralkritik: Philosophie 15/2, 343
Moralphilosophie (vgl. auch → Ethik): Artes liberales 13, 275; Politische Theorie 15/2, 433; Praktische Philosophie 15/2, 535ff.; 537
Morellianische Elemente: Stil, Stilanalyse, Stilentwicklung 15/3, 294
Morphem: Sprachwissenschaft 15/3, 243
Morphologie: Finnisch-ugrische Sprachen 13, 1147; Physiognomik 15/2, 360
Mos gallicus: Humanismus 14, 554ff.; 557
Mos italicus: Humanismus 14, 554ff.
Mosaik*: Baalbek 13, 368; Byzanz 13, 610; 618; Faschismus 13, 1093; Karolingische Renaissance 14, 822; Luxemburg 15/1, 235; Pompeji 15/2, 473
Moschee*: Jerusalem 14, 726; Konstantinopel 14, 1090
Moskauer Schule: Byzanz 13, 618
Mostra Augustea della Romanità: Faschismus 13, 1086; 1100
Motiv: Thematologie/Stoff- und Motivforschung 15/3, 409ff.
Mozaraber: Arabisch-islamisches Kulturgebiet 13, 178; Spanien 15/3, 130
Münchner Kosmiker: Bayern 13, 443
Münchner Moderne: Fin de siècle 13, 1144
Mündlichkeit: Epos 13, 1035; Religion und Literatur 15/2, 671; Rhetorik 15/2, 810
Münz- und Medaillenkabinett Stallburg: Wien, Kunsthistorisches Museum 15/3, 1133
Münze**, Münzwesen: Australien und Neuseeland 15/3, 1249; Basel, Antikenmuseum und Sammlung Ludwig 13, 419; Druckwerke 13, 886; Dumbarton Oaks 13, 909; Geld/Geldwirtschaft/Geldtheorie 14, 105; Maß und Gewicht 15/1, 306; Monarchie 15/1, 540; Porträtgalerie 15/2, 504; United States of America 15/3, 845f.; Weltwunder 15/3, 1110; Wien, Kunsthistorisches Museum 15/3, 1131; Wirtschaftslehre 15/3, 1149; Zeitrechnung 15/3, 1169
Münzkabinett: Numismatik 15/1, 1114
Münzkatalog: Numismatik 15/1, 1116
Münzkunde: Numismatik 15/1, 1101ff.
Münzprägung*: Numismatik 15/1, 1103ff.; Śrī Laṅkā 15/3, 252

Münzsammlung**: Deutschland 13, 787;
Medaillen 15/1, 340; Niederlande und Belgien
15/1, 1044; Numismatik 15/1, 1102; 1110; 1116
Multikulturelle Gesellschaft: Sizilien 15/3, 33ff.
Mumienkartonage: Papyri (Fundgeschichte)
15/2, 66; 68; Papyri, literarische 15/2, 70ff.
Museion*: Frankreich 14, 30; Philologie 15/2, 262
Musen**N: Musen 15/1, 564–570
Musengruppe: Park 15/2, 163; 168
Museum**: Abguß/Abgußsammlung 13, 5;
Antikensammlung 13, 144; Athen 13, 298;
Australien und Neuseeland 15/3, 1249;
Ägyptologie 13, 20; Bonn, Rheinisches
Landesmuseum und Akademisches Kunstmuseum
13, 527ff.; Byzantinistik 13, 591; DDR
13, 686; Delos 13, 713ff.; Delphi 13, 720;
Griechenland 14, 288ff.; Italien 14, 710ff.;
Karlsruhe, Badisches Landesmuseum, Antiken-
sammlungen 14, 807ff.; München, Glyptothek
und Antikensammlungen 15/1, 544ff.;
Nationale Forschungsinstitute 15/1, 668;
Niederlande und Belgien 15/1, 1044; Papyrus-
sammlungen 15/2, 96; Preußen 15/2, 556;
Revolution 15/2, 752; Rezeptionsformen
15/2, 767; Rom 15/2, 866; 915; 921; Sankt
Petersburg Eremitage 15/2, 1062; Schweiz
15/2, 1146; Südafrika 15/3, 346; Syrien,
Museen 15/3, 347ff.; Türkei 15/3, 652ff.;
Uffizien, Florenz (Galleria degli Uffizi, Firenze)
15/3, 740ff.; United States of America
15/3, 868; Villa 15/3, 1042; Vorderasiatische
Archäologie 15/3, 1054; Wien, Kunsthistorisches
Museum 15/3, 1130ff.; 1134ff.
– *Afyon, Archäologisches Museum*: Türkei 15/3, 666
– *Aigina, Nationalmuseum*: Aigina 13, 30
– *Aleppo, Nationalmuseum*: Syrien, Museen 15/3, 348
– *Ankara, Museum für anatolische Zivilisationen*: Türkei
15/3, 664ff.
– *Antakya*: Türkei 15/3, 676
– *Antalya*: Türkei 15/3, 667ff.
– *Aphrodisias, Archäologisches Museum*: Türkei
15/3, 668
– *Architekturmuseum*: Park 15/2, 158
– *Athen, Kerameikosmuseum*: Athen 13, 317
– *Athen, Nationales Archäologisches Museum*: Athen
13, 322
– *Augst, Römermuseum*: Schweiz 15/2, 1151
– *Baghdad, Iraq Museum*: Altorientalische Philologie
und Geschichte 13, 111
– *Bergama*: Türkei 15/3, 669
– *Berlin, Neues Museum*: Berlin 13, 452
– *Berlin, Pergamonmuseum*: Berlin 13, 452; 465;
DDR 13, 686; Pergamon 15/2, 206;
Pergamonaltar 15/2, 211; 214; Preußen
15/2, 556

– *Berlin, Vorderasiatisches Museum*: Berlin 13, 460ff.;
466
– *Berliner Museen*: DDR 13, 686
– *Bodrum, Archäologisches Museum*: Türkei
15/3, 670ff.
– *Bologna, Museo Civico Archeologico*: Italien 14, 714
– *Boston, Museum of Fine Arts*: New York,
Metropolitan Museum 15/1, 952
– *Brescia, Museo Civico Romano*: Italien 14, 714
– *Bukarest, Nationalmuseum der Geschichte*:
Rumänien 15/2, 1011ff.
– *Burdur*: Türkei 15/3, 676
– *Bursa, Archäologisches Museum*: Türkei 15/3, 676
– *Chicago, Oriental Institute Museum*: Altorientalische
Philologie und Geschichte 13, 106–107; 109;
Ägyptologie 13, 18; Luftbildarchäologie
15/1, 232; New York, Metropolitan Museum
15/1, 977; Philadelphia, University of
Pennsylvania Museum of Archaeology and
Anthropology, Ancient Near Eastern Section
15/2, 230; Vorderasiatische Archäologie
15/3, 1052
– *Cyprus Archeologigal Museum*: Zypern 15/3, 1237
– *Damaskus, Nationalmuseum*: Syrien, Museen
15/3, 348
– *Dansk National Museet*: Kopenhagen 14, 1091;
1095ff.; New York, Metropolitan Museum
15/1, 954; Numismatik 15/1, 1118
– *Deir az-Zor*: Syrien, Museen 15/3, 350ff.
– *Ferrara, Museo Archeologico Nazionale*: Italien
14, 714
– *Florenz, Museo Archeologico*: Italien 14, 715; Rom
15/2, 940
– *Florenz, Museo Etrusco*: Rom 15/2, 941
– *Florenz, Uffizien***: Abguß/Abgußsammlung 13, 4
– *Frankfurt, Städelsches Kunstinstitut*: Frankfurt am
Main, Liebieghaus – Museum alter Plastik 14, 1
– *Freilichtmuseum*: Archäologischer Park 13, 216;
Pompeji 15/2, 473ff.
– *Gotha, Schloßmuseum*: DDR 13, 686
– *Hierapolis (Pamukkale)*: Türkei 15/3, 673ff.
– *Idlib*: Syrien, Museen 15/3, 350
– *Istanbul, Archäologische Museen*: Türkei
15/3, 654ff.
– *Istanbul, Sadberk-Hanım-Museum*: Türkei 15/3, 677
– *Izmir, Archäologisches Museum*: Türkei 15/3, 660ff.
– *Kairo, Ägtyptisches Museum*: New York,
Metropolitan Museum 15/1, 965
– *Kassel, Museum Fridericianum*: Kassel, Staatliche
Kunstsammlungen Antikenabteilung 14, 864;
Park 15/2, 169
– *Kassel, Schloß Wilhelmshöhe*: Kassel, Staatliche
Kunstsammlungen Antikenabteilung 14, 866
– *Kayseri*: Türkei 15/3, 674
– *Klausenburg, Museum der Geschichte Transsilvaniens*:
Rumänien 15/2, 1012

- *Köln, Museum für Ur- und Frühgeschichte*: Köln 14, 1032
- *Köln, Römisch-Germanisches Museum*: Köln 14, 1032ff.; 1041
- *Köln, Wallraf-Richartz-Museum*: Köln 14, 1032ff.; 1041
- *Konya, Archäologisches Museum*: Türkei 15/3, 674ff.
- *Kopenhagen, Nationalmuseets arbejdsmark Nationalmuseet*: Kopenhagen 14, 1097
- *Kopenhagen, Ny Carlsberg Glyptotket*: Kopenhagen 14, 1091ff.; 1094
- *Kopenhagen, Thorvaldsen Museet*: Kopenhagen 14, 1091; 1097
- *Kütahya, Archäologisches Museum*: Türkei 15/3, 676
- *Lahore, Panjab Museum*: Pakistan/Gandhara-Kunst 15/2, 37
- *Lataqia*: Syrien, Museen 15/3, 350
- *London, British Museum*: Aigina 13, 28; Altorientalische Philologie und Geschichte 13, 105; Athen 13, 305; Bibliothek 13, 501; 504; Klassische Archäologie 14, 908; Museum 15/3, 1273; New York, Metropolitan Museum 15/1, 952; 978; Numismatik 15/1, 1116; Orient-Rezeption 15/1, 1212; Parthenon 15/2, 194; Philadelphia, University of Pennsylvania Museum of Archaeology and Anthropology, Ancient Near Eastern Section 15/2, 227ff.; Priene 15/2, 560
- *London, Victoria & Albert Museum*: New York, Metropolitan Museum 15/1, 952; Wirtschaft und Gewerbe 15/3, 1145ff.
- *Mainz, Landesmuseum*: Mainz 15/1, 273
- *Mainz, Römisch-Germanisches Zentralmuseum*: Limes, Limesforschung 15/1, 162; Mainz 15/1, 272; Römisch-Germanische Kommission (RGK) 15/2, 824
- *Malibu, J. Paul Getty-Museum*: Park 15/2, 140; Villa 15/3, 1042
- *Mannheim, Antikensaal*: Abguß/Abgußsammlung 13, 6
- *Milas*: Türkei 15/3, 676
- *Mozia, Museo Whitaker*: Italien 14, 715
- *München, Glyptothek und Antikensammlungen*: Klassische Archäologie 14, 908; Wien, Kunsthistorisches Museum 15/3, 1131
- *Muğla*: Türkei 15/3, 676
- *Museo Barraco, Rom*: Italien 14, 717
- *Museum am Lustgarten*: Berlin 13, 451
- *»Museum Helveticum«*: Schweiz 15/2, 1148
- *Neapel, Gabinetto Segreto*: Erotica 13, 1042; Neapel, Archäologisches Nationalmuseum (Museo Nazionale Archeologico, Napoli) 15/1, 877
- *Neapel, Museo Farnesiano*: Neapel, Archäologisches Nationalmuseum (Museo Nazionale Archeologico, Napoli) 15/1, 874
- *Neapel, Museo Nazionale*: Erotica 13, 1042
- *Neapel, Museum Herculanense*: Neapel, Archäologisches Nationalmuseum (Museo Nazionale Archeologico, Napoli) 15/1, 874
- *Neapel, Real Museo Borbonico*: Neapel, Archäologisches Nationalmuseum (Museo Nazionale Archeologico, Napoli) 15/1, 877
- *New York, Metropolitan Museum*: Orient-Rezeption 15/1, 1218
- *Otterlo, Kröller-Müller-Museum*: Park 15/2, 140
- *Palestrina, Museo Archeologico Nazionale Prenestino*: Italien 14, 716
- *Paris, Louvre*: Antikensammlung 13, 144; Architekturtheorie/Vitruvianismus 13, 238; Frankreich 14, 42; Museum 15/3, 1273; New York, Metropolitan Museum 15/1, 976; Orient-Rezeption 15/1, 1212; Paris, Louvre 15/2, 106ff.; Polen 15/2, 402
- *Paris, Musée Assyrien*: Paris, Louvre 15/2, 115
- *Parma, Museo Nazionale di Antichità*: Italien 14, 716
- *Philadelphia, University Museum*: Orient-Rezeption 15/1, 1218
- *Reggio Calabria, Museo Nazionale*: Italien 14, 716
- *Rom, Gabinetto Egiziano*: Rom 15/2, 939
- *Rom, Galleria Borghese*: Italien 14, 717
- *Rom, Kapitolinische Museen*: Rom 15/2, 921ff.; 923; 925
- *Rom, Konservatorenpalast*: Rom 15/2, 925
- *Rom, Lateranmuseum*: Rom 15/2, 933
- *Rom, Museo Clementino*: Rom 15/2, 933
- *Rom, Museo Cristiano/Sacro Vaticano*: Rom 15/2, 932
- *Rom, Museo della Civiltà Romana*: Italien 14, 717; Rom 15/2, 929
- *Rom, Museo Ecclesiastico*: Rom 15/2, 932
- *Rom, Museo Gregoriano Egizio*: Rom 15/2, 933
- *Rom, Museo Gregoriano Etrusco*: Rom 15/2, 933–934
- *Rom, Museo Gregoriano Profano*: Rom 15/2, 932–933
- *Rom, Museo Missionario-Etnologico*: Rom 15/2, 933
- *Rom, Museo Palatino*: Rom 15/2, 928; 932
- *Rom, Museo Pio Clementino*: Rom 15/2, 924; 933
- *Rom, Museo Profano*: Rom 15/2, 932
- *Rom, Museo Tiberino*: Rom 15/2, 928
- *Rom, Thermenmuseum*: Rom 15/2, 928ff.
- *Rom, Vatikanische Museen*: Rom 15/2, 931ff.
- *Rom, Villa Giulia*: Rom 15/2, 928
- *Sankt Petersburg, Eremitage*: Ruine/Künstliche Ruine 15/2, 993ff.; Rußland 15/2, 1019
- *Side*: Türkei 15/3, 675ff.
- *Sonneberg, Spielzeugmuseum*: DDR 13, 687
- *Sperlonga, Museo Archeologico Nazionale*: Italien 14, 718
- *St. Petersburg, Palastmuseum*: Sankt Petersburg, Eremitage 15/2, 1061
- *Stendal, Winckelmann-Museum*: DDR 13, 697
- *Suweida*: Syrien, Museen 15/3, 350

– *Syrakus, Museo Archeologico Regionale Paolo Orsi*: Italien 14, 718
– *Tarent, Museo Archeologico Nazionale*: Italien 14, 719
– *Trier, Bischöfliches Museum*: Trier 15/3, 572
– *Trier, Provinzialmuseum*: Trier 15/3, 567ff.
– *Trier, Rheinisches Landesmuseum*: Trier 15/3, 569ff.; 578ff.
– *Turin, Museo Egizio*: Italien 14, 719
– *Venedig, Museo Archeologico*: Italien 14, 719
– *Verona, Museo Lapidario Maffeiano*: Italien 14, 720
– *Wien, Ephesos-Museum*: Türkei 15/3, 671ff.; Wien, Kunsthistorisches Museum 15/3, 1135ff.
Museumsarchitektur: Kopenhagen 14, 1092; München, Glyptothek und Antikensammlungen 15/1, 547
Museumsdidaktik: Spiele 15/3, 194
Musical: Komödie 14, 1068
Musik*/**, Musiktheorie: Affektenlehre (musikalisch) 13, 22; Apollinisch und Dionysisch 13, 157; Frankreich 15/3, 1268ff.; Humanismus 14, 560; Italien 14, 681; 704; 707ff.; Keltisch-Germanische Archäologie 14, 871; Lebendiges Latein 15/1, 95; Lyrik 15/1, 247; Messe 15/1, 393; Musen 15/1, 567; Nationalsozialismus 15/1, 755; Numismatik 15/1, 1129; Okkultismus 15/1, 1159; Oper 15/1, 1180; Oratorium 15/1, 1186; Psalmodie 15/2, 585; Rumänien 15/2, 1007; Slowenien 15/3, 72; Spanien 15/3, 137; Sphärenharmonie 15/3, 188ff.; Stil, Stilanalyse, Stilentwicklung 15/3, 290; 292; Terminologie 15/3, 392ff.; Tonartenlehre 15/3, 508ff.; Tschechien 15/3, 635; Übersetzung 15/3, 737; Vers mesurés 15/3, 1007; Verslehre 15/3, 1019ff.; Vertonungen antiker Texte 15/3, 1021ff.; Wagnerismus 15/3, 1073ff.
Musikaufzeichnung: Messe 15/1, 393
Musiknoten → Notation
Musikschule: Akademie 13, 56
Musiktheater: Akademie 13, 56
Musikunterricht: Musik 15/1, 574ff.
Musteralphabet: Schrift/Typographik 15/2, 1094; Schriftwissenschaft 15/2, 1099
Musterbuch: Renaissance 15/2, 704
Musterrede: Redegattungen 15/2, 634
Mustertext: Panegyrik 15/2, 51
Mutterrecht: Matriarchat 15/1, 322ff.
Muttersprache: Rhetorik 15/2, 820; Schweden 15/2, 1117; Stundentafeln 15/3, 336ff.
Mutua obligatio: Bund 13, 581
Mystagogie: Metaphysik 15/1, 411; 413
Mysterien*: Park 15/2, 155; Religion und Literatur 15/2, 675; Religionsgeschichte 15/2, 684; 694
Mysterienbund: Romantik 15/2, 973

Mysterienkult: Okkultismus 15/1, 1154ff.; 1156ff.; Religionsgeschichte 15/2, 689; 693; Romantik 15/2, 974
Mysterienreligion: Paganismus 15/2, 25
Mystik: Augustinismus 13, 352; Autobiographie 13, 361; Byzanz 13, 606; Kabbala 14, 767ff.; Metaphysik 15/1, 412; 414; Mythos 15/1, 639; Praktische Philosophie 15/2, 538
– *jüdische*: Philosophia perennis 15/2, 336
– *orphische*: Okkultismus 15/1, 1161
Mystische Vereinigung: Philosophia perennis 15/2, 335
Myth-and-Ritual-Threorie: Religion und Literatur 15/2, 671; 673
Mythenanalyse: Psychoanalyse 15/2, 597; Strukturalismus 15/3, 322
Mythische Vernunft: Mythos 15/1, 641
Mythographie*: Adaptation 13, 10; Mythologie 15/1, 613
Mythographus* Homericus: Papyri, literarische 15/2, 79ff.
Mythopoiēsis: Mythos 15/1, 637; United States of America 15/3, 872
Mythos*/**/Mythologie**: Afrika 13, 24; Allegorese 13, 82–83; Barock 13, 412; Byzanz 13, 596; Comics 13, 672ff.; Dänemark 13, 677ff.; DDR 13, 690ff.; Deutschland 13, 784ff.; 788; 799–800; Europa 13, 1059; Frankreich 15/3, 1259; 1262; 1268–1269; 1271; Kulturanthropologie 14, 1137ff.; 1139; Matriarchat 15/1, 327; Metamorphose 15/1, 395ff.; Moderne 15/1, 497; 508; Musik 15/1, 601; Neohumanismus 15/1, 889; Niederlande und Belgien 15/1, 1040; 1061; Oratorium 15/1, 1187; Österreich 15/1, 1141; 15/3, 1294–1295; Philologie 15/2, 264; Politische Theorie 15/2, 434; Portugal 15/2, 525; Psychoanalyse 15/2, 598; 590; 601; Religion und Literatur 15/2, 671–672; Renaissance 15/2, 709; Romantik 15/2, 975; 987; Spanien 15/3, 142ff.; 149; Sperlonga 15/3, 182ff.; Sturm und Drang 15/3, 340ff.; Tanz 15/3, 360ff.; 362ff.; Thematologie/Stoff- und Motivforschung 15/3, 407; Troja 15/3, 596; 615ff.; Türkei 15/3, 646ff.; Typologie 15/3, 678; United Kingdom 15/3, 805ff.; 818ff.; 823; 827; United States of America 15/3, 837–838; 862–863; 865–866; 872ff.; 876; Utopie 15/3, 936; 940; Vertonungen antiker Texte 15/3, 1021ff.; Verwandlungen/Illustrationen von Ovid-Texten 15/3, 1031; Vorsokratiker 15/3, 1067; Wagnerismus 15/3, 1075ff.; 1078; Wirtschaftslehre 15/3, 1150; 1152
Mythoskritik, christliche: Deutschland 13, 785
Mythus: Allegorese 13, 83

N

Nachahmung (vgl. auch → Imitatio): Byzanz 13, 593; Mittellatein 15/1, 455ff.; Neulatein 15/1, 943; Polen 15/2, 395ff.; Roman 15/2, 945; Satire 15/2, 1069

Nachdichtung: Adaptation 13, 12

Nacherzählung: Mönchtum 15/1, 533

Nachfolgestaaten, germanische: Schweiz 15/2, 1123

Nachkantianer: Skeptizismus 15/3, 44

Nachkriegszeit, zweite: Deutschland 13, 822; Moderne 15/1, 507; Neugriechische Literatur 15/1, 912; Niederlande und Belgien 15/1, 1058

Nachlaßerwerb: Erbrecht 13, 1039

Nacktheit** **in der Kunst**: Denkmal 13, 741; Dioskuren vom Monte Cavallo 13, 863; Drei Grazien 13, 870; Faschismus 13, 1090; United States of America 15/3, 854; Venus von Milo 15/3, 964; Zensur 15/3, 1196

Naivität: Querelle des Anciens et des Modernes 15/2, 613ff.

Namenforschung: Inschriftenkunde, griechische 14, 611; Onomastik 15/1, 1175ff.

Namenlandschaft: Onomastik 15/1, 1177

Narratologie → Erzählforschung

Narzißmus: Psychoanalyse 15/2, 592

Nassauische Gesellschaft für Alterthumskunde und Geschichtsforschung: Klassische Archäologie 14, 910

Nation: Philologie 15/2, 318; Politische Theorie 15/2, 431

Nationalbewegung: Schlachtorte 15/2, 1083; 1086

Nationalbildung: Deutschland 13, 806; Neohumanismus 15/1, 884; Neuhumanismus 15/1, 921; 923; Preußen 15/2, 554

Nationalcharakter: Neuhumanismus 15/1, 920

Nationale****N Forschungsinstitute**: Serbien 15/3, 30; Sklaverei 15/3, 52ff.; Slowakei 15/3, 63; 67; Spanien 15/3, 123ff.; Sparta 15/3, 173

– *American School of Classical Studies at Athens*: Archaeological Institute of America 13, 194; Athen 13, 295

– *American School of Oriental Research*: Philadelphia, University of Pennsylvania Museum of Archaeology and Anthropology, Ancient Near Eastern Section 15/2, 228

– *Archaeological*** *Institute of America*: 13, 193–196

– *Belgisches Archäologisches Institut in Griechenland*: Nationale Forschungsinstitute 15/1, 656ff.

– *British School at Athens*: Nationale Forschungsinstitute 15/1, 661ff.; Sparta 15/3, 173

– *British School at Rome*: Luftbildarchäologie 15/1, 232; Nationale Forschungsinstitute 15/1, 672ff.

– *Brooklyn Institute of Arts and Sciences*: United States of America 15/3, 868f.

– *Centre International d'Étude de la Religion Grecque Antique*: Religionsgeschichte 15/2, 697

– *Centro de Estudios Históricos*: Spanien 15/3, 123ff.

– *Dänisches Archäologisches Institut in Athen*: Nationale Forschungsinstitute 15/1, 677ff.

– *Deutsches*** *Archäologisches Institut (DAI)*: Akademie 13, 49; Alexandria 13, 69; Archäologische Bauforschung 13, 200; Athen 13, 292; 314; 317; Deutschland 13, 807; Gotha, Schloßmuseum 14, 234; Griechenland 14, 289; Iranistik 14, 639; Keltisch-Germanische Archäologie 14, 872; Klassische Archäologie 14, 901; 910; 918; 936; Nationale Forschungsinstitute 15/3, 1288; Numismatik 15/1, 1119; Pergamon 15/2, 205–207; Pompeji 15/2, 479; Preußen 15/2, 557; Priene 15/2, 564; Rom 15/2, 871; 922; Römisch-Germanische Kommission (RGK) 15/2, 824ff.; Samos 15/2, 1059; Tiryns 15/3, 499; Unterwasserarchäologie 15/3, 924; Vorderasiatische Archäologie 15/3, 1055; Winckelmann-Gesellschaft 15/3, 1137

– *Dumbarton** *Oaks*: Byzantinistik 13, 586

– *École*** *française d'Athènes*: Delos 13, 703; Delphi 13, 716; Deutsches Archäologisches Institut 13, 752; Griechenland 14, 289; Klassische Archäologie 14, 925

– *École*** *française de Rome* 13, 917–923

– *Finnisches Institut in Athen*: Nationale Forschungsinstitute 15/1, 680ff.

– *Institut für jüdische Studien*: Judentum 14, 762

– *Institut für Mittel- und Neugriechische Literatur*: Byzantinistik 13, 585

– *Institute for Afro-Hellenic Studies*: Südafrika 15/3, 345

– *Institute for Antiquity and Christianity*: Patristische Theologie/Patristik 15/2, 199

– *Institute for Antiquity and Christianity Claremont*: Franz-Joseph-Dölger-Institut 14, 66

– *Institute for the History of Ancient Civilizations*: China 13, 636

– *Institute for the Study of Slavery, Nottingham*: Sklaverei 15/3, 55

– *Institutum Romanum Finlandiae*: Nationale Forschungsinstitute 15/1, 681ff.

– *Istituto di Corrispondenza Archeologica*: Etruskologie 13, 1056; Klassische Archäologie 14, 901; 910; 924ff.

– *Istituto*** *(Nazionale) di Studi Romani*: Faschismus 13, 1086; 1098; 1103

– *Istituto Nazionale di Studi Etruschi ed Italici*: Etruskologie 13, 1056

– *Istituto Nazionale Fascista di Cultura*: Faschismus 13, 1098

– *Istituto per il Medio ed Estremo Oriente*: Pakistan/Gandhara-Kunst 15/2, 38

- *Mittelmeerinstitut Tbilissi*: Rußland 15/2, 1027
- *Niederländisches Institut in Athen*: Nationale Forschungsinstitute 15/1, 690ff.
- *Niederländisches Institut in Rom*: Nationale Forschungsinstitute 15/1, 694ff.
- *Norwegisches Institut in Athen*: Nationale Forschungsinstitute 15/1, 697
- *Österreichisches Archäologisches Institut*: Nationale Forschungsinstitute 15/3, 1287ff.
- *Österreichisches Archäologisches Institut, Zweigstelle Athen*: Nationale Forschungsinstitute 15/1, 701ff.
- *Oriental Institute, University of Chicago*: Papyrussammlungen 15/2, 99
- *Polnisches Zentrum für Mediterrane Archäologie*: Polen 15/2, 409
- *Römisches Institut der Görres-Gesellschaft*: Nationale Forschungsinstitute 15/1, 684ff.
- *Rumänisches Archäologisches Institut*: Rumänien 15/2, 1012
- *Russisches Archäologisches Institut*: Rußland 15/2, 1023
- *Schwedisches Archäologisches Institut*: Schweden 15/2, 1119
- *Schwedisches Archäologisches Institut in Athen*: Nationale Forschungsinstitute 15/1, 707ff.
- *Schweizerische Archäologische Schule in Griechenland*: Nationale Forschungsinstitute 15/1, 715ff.
- *Unione Internazionale degli Istituti d'Archeologia, Storia e Storia dell'Arte in Roma*: Istituto (Nazionale) di Studi Romani 14, 657

Nationalepos: United States of America 15/3, 850

Nationalgesetzgebung: Roman Dutch Law 15/2, 949

Nationalisierung: Rhetorik 15/2, 771

Nationalismus: Bulgarien 13, 574; Griechenland 14, 270ff.; Jerusalem 14, 745; Judentum 14, 755

Nationalliteratur: Romantik 15/2, 983

Nationalökonomie: Sklaverei 15/3, 50

Nationalsozialismus**: Altsprachlicher Unterricht 13, 115; Atlantis 13, 337; Berufsverbände 13, 476; Demokratie 13, 734; Deutschland 13, 818; Diktatur 13, 852; Dritter Humanismus 13, 878; 882; Geschichtswissenschaft/Geschichtsschreibung 14, 208; Judentum 14, 757; Keltisch-Germanische Archäologie 14, 872; Moderne 15/1, 505; Naturwissenschaften 15/1, 844; Olympia 15/1, 1173; Österreich 15/3, 1296; Philologie 15/2, 314; Sparta 15/3, 165ff.; Sport 15/3, 213ff.; Stadion 15/3, 259ff.; Universität 15/3, 911ff.; Wagnerismus 15/3, 1078; Warburg Institute, The 15/3, 1101; Winckelmann-Gesellschaft 15/3, 1138

Nationalsprache: Akademie 13, 43; Barock 13, 394; Philologie 15/2, 250ff.; Polen 15/2, 393; Redegattungen 15/2, 634; Rhetorik 15/2, 781; Roman 15/2, 944; 946; Romanische Sprachen 15/2, 958; Rußland 15/2, 1024

Nationalstaat: Neugriechische Literatur 15/1, 896; 903; Paganismus 15/2, 22; Philhellenismus 15/2, 233; Politische Theorie 15/2, 432; Republik 15/2, 736

Natur, Naturbegriff: Naturwissenschaften 15/1, 780ff.; Stoizismus 15/3, 301ff.

Natura naturans: Mimesis 15/1, 433; Naturwissenschaften 15/1, 823

Natura naturata: Naturwissenschaften 15/1, 823

Naturalismus: Mimesis 15/1, 435; Niederlande und Belgien 15/1, 1057; Poetik 15/2, 385; Reiterstandbild 15/2, 654; Stil, Stilanalyse, Stilentwicklung 15/3, 291

Naturbegabung: Künstlerlegenden 14, 1128

Naturerziehung: Rhetorik 15/2, 802

Naturkonstante: Maß und Gewicht 15/1, 308

Naturkunde: Physiognomik 15/1, 360

Naturlehre: Allegorese 13, 77; Epikureismus 13, 989

Naturmystik: Philosophia perennis 15/2, 331

Naturnachahmung (vgl. auch → Imitatio): Diana von Ephesus 13, 840; Mimesis 15/1, 434; Mimesislegenden 15/1, 439; Naturwissenschaften 15/1, 823; Poetik 15/2, 388; Querelle des Anciens et des Modernes 15/2, 611; Renaissance 15/2, 702ff.; Stil, Stilanalyse, Stilentwicklung 15/3, 291

Naturnähe: Neohumanismus 15/1, 892

Naturphilosophie**: Aristotelismus 13, 253; 255; 257; Epikureismus 13, 990; Frankreich 14, 17; Mythos 15/1, 640; Naturwissenschaften 15/1, 781; 853; Okkultismus 15/1, 1147; Philosophia perennis 15/2, 332; 335; Philosophie 15/2, 340; Platonismus 15/2, 362; 365; Romantik 15/2, 975; Stoizismus 15/3, 299; Vorsokratiker 15/3, 1064; Zoologie 15/3, 1211; Zoroastres/Zoroastrismus 15/3, 1232ff.

Naturrecht**: Aufklärung 13, 347; Billigkeit 13, 517; Deutscher Usus modernus 13, 749; Ehe 13, 924ff.; 927; Erbrecht 13, 1039; Menschenrechte 15/1, 386ff.; Monarchie 15/1, 540; Pandektistik 15/2, 48; Politische Theorie 15/2, 417ff.; 444ff.; 457; Praktische Philosophie 15/2, 526; 532; Republik 15/2, 723; Revolution 15/2, 746; Romanistik/Rechtsgeschichte 15/2, 961; Schuldrecht 15/2, 1106; Sozialismus 15/3, 94; Tyrannis 15/3, 690; 692; United States of America 15/3, 843; Verfassungsformen 15/3, 983; Vertrag 15/3, 1026; Völkerrecht 15/3, 1043ff.; 1047; Wirtschaftslehre 15/3, 1162

Naturreligion: Paganismus 15/2, 14; Religionsgeschichte 15/2, 685

Naturwahrheit: Stil, Stilanalyse, Stilentwicklung 15/3, 290
Naturwissenschaften**: Akademie 13, 43; Archäologische Methoden 13, 215; Deutsches Archäologisches Institut 13, 757; Kroatien 14, 1122; Lateinamerika 15/1, 37; Logik 15/1, 197; Meteorologie 15/1, 416ff.; Naturphilosophie 15/1, 769; Philologie 15/2, 270; Physiognomik 15/2, 349; Querelle des Anciens et des Modernes 15/2, 612; Technikgeschichte 15/3, 367; Terminologie 15/3, 384; 386ff.; United Kingdom 15/3, 817; Ut pictura poesis 15/3, 932; Zoologie 15/3, 1201
Naumachie*: Park 15/2, 137
Nazarener: Parnaß 15/2, 186
Negative Theologie: Platonismus 15/2, 364
Nekropole: Aigina 13, 28; Karthago 14, 839; Knidos 14, 989; Ostia und Porto 15/1, 1249; Pompeji 15/2, 477; 483; Vergina 15/3, 995ff.
»Nekyia«: Totengespräch 15/3, 520
Nemeische Spiele: Papyri, literarische 15/2, 75
Neo- vgl. auch → Neu-
Neo-Freudianer: Psychoanalyse 15/2, 590
Neobarock: Deutschland 13, 815
Neohellenismus: Philologie 15/2, 260
Neohumanismus** (vgl. auch → Humanismus) 15/1, 883–894
Neoklassizismus: Architekturkopie/-zitat 13, 231; Klassizismus 14, 954; 960; Musen 15/1, 569; Nationalsozialismus 15/1, 761; Niederlande und Belgien 15/1, 1043; Portugal 15/2, 522; Spanien 15/3, 136; Stützfiguren/Erechtheionkoren 15/3, 333ff.; Südafrika 15/3, 343
Neolatinistik (vgl. auch → Neulatein-): Neulatein 15/1, 932; Niederlande und Belgien 15/1, 1031
Neolithikum: Griechenland 14, 290; Klassische Archäologie 14, 914
Neolithische Revolution: Archäologische Methoden 13, 205
Neologismen: Germanische Sprachen 14, 155; 158; Internationalismen 14, 616; Neulatein 15/1, 928; 932
Neopaganismus (vgl. auch → Paganismus**): Druiden 13, 902; Philologie 15/2, 238; 300; Religionsgeschichte 15/2, 681; 694; Romantik 15/2, 981
Neoromantik: Mimesis 15/1, 435
Nestorbecher*: Orthographie 15/1, 1245
Neuaristotelismus: Albanien 13, 58; Politische Theorie 15/2, 438; Praktische Philosophie 15/2, 537
Neue Komödie: Papyri, literarische 15/2, 72ff.
Neue Mythologie: Metapher/Metapherntheorie 15/1, 405; Mythos 15/1, 640; Romantik 15/2, 973ff.

Neue Rhetorik/New Rhetoric: Argumentationslehre 13, 248; Rhetorik 15/2, 787ff.
Neues Konstantinopel: Rom 15/2, 875
Neues Palais, Potsdam: Berlin 13, 451
Neues Testament (vgl. auch → Bibel): Niederlande und Belgien 15/1, 990; 996ff.; 1001; Philologie 15/2, 248; 301; Philosophia perennis 15/2, 332
Neuf Preux (Die Neun Guten): Niederlande und Belgien 15/1, 1036
Neugriechentum (literarische Strömung): Türkei 15/3, 647
Neugriechisch: Slavische Sprachen 15/3, 61
Neugriechische** Literatur: Neugriechische Literatur 15/1, 895–918
Neugriechische Philologie: Bayern 13, 442
Neuhegelianismus, englischer: Platonismus 15/2, 372
Neuhumanismus** → Humanismus; → Neohumanismus
Neujahr: Religion und Literatur 15/2, 673ff.; 675
Neukantianismus: Logik 15/1, 200; Pädagogik 15, 2; Platonismus 15/2, 372; Politische Theorie 15/2, 435
Neulatein**: Neulatein 15/1, 925–946
Neulateinische Dichtung: Anakreontische Dichtung, Anakreontik 13, 130; Deutschland 13, 781
Neulateinische Literaturgeschichte: Neulatein 15/1, 944
Neulateinische Philologie: Finnland 13, 1151; Neulatein 15/1, 940ff.
Neulateinische Sprache und Literatur (vgl. auch → Neolatinistik): Afrika 13, 22; Armenien 13, 271; Bulgarien 13, 573; Dänemark 13, 675ff.; 681; Deutschland 13, 780; Finnisch-ugrische Sprachen 13, 1147; Neulatein 15/1, 925ff.; 931ff.; Niederlande und Belgien 15/1, 1000; 1014; 1034; Philologie 15/2, 289; Polen 15/2, 393ff.; 406
Neume: Karolingische Renaissance 14, 832; Messe 15/1, 393; Musik 15/1, 579
Neunziger, die: Niederlande und Belgien 15/1, 1053; 1057
Neuplatonismus*: Apollinisch und Dionysisch 13, 157; Arabisch-islamisches Kulturgebiet 13, 164ff.; 168; 181; Byzanz 13, 601; Georgien 14, 132; Griechisch 14, 302; Homiletik/Ars praedicandi 14, 524; Humanismus 14, 548; Italien 14, 689; Kommentar 14, 1063; Metaphysik 15/1, 410ff.; Mnemonik/Mnemotechnik 15/1, 470; Naturphilosophie 15/1, 769; Naturwissenschaften 15/1, 797; 832; 838; 869; 872; Norwegen 15/1, 1086; Okkultismus 15/1, 1149; 1159; 1161; Orient-Rezeption 15/1, 1195; Paganismus 15/2, 18; Philosophia perennis 15/2, 331; 333; Philosophie 15/2, 340; Platonismus 15/2, 363ff.; 367ff.;

Politische Theorie 15/2, 462ff.; 469; Praktische Philosophie 15/2, 533; Religionsgeschichte 15/2, 682; Renaissance 15/2, 704; Romantik 15/2, 980f.; Spanien 15/3, 129; Sphärenharmonie 15/3, 189; Zoroastres/Zoroastrismus 15/3, 1230
Neurolinguistik: Sprachwissenschaft 15/3, 249ff.
Neuscholastik: Politische Theorie 15/2, 452
Neustoizismus: Lateinische Tragödie 15/1, 87; Philologie 15/2, 251; Philosophie 15/2, 340; Preußen 15/2, 542ff.; Republik 15/2, 721ff.; Stoizismus 15/3, 303; United States of America 15/3, 840
Neutronenaktivierungsanalyse: Archäologische Methoden 13, 215
Neuzeit (vgl. auch → Frühe Neuzeit): Erotica 13, 1041; Münze, Münzwesen 15/1, 558; Naturwissenschaften 15/1, 849; Universität 15/3, 902ff.
New Age-Bewegung: Druiden 13, 902; Magie 15/1, 261
New Archaeology: Archäologische Methoden 13, 206; 208; Ägyptologie 13, 19; Klassische Archäologie 14, 917; 926; 937; 940
New Rhetoric → Neue Rhetorik
New York Historical Society: New York, Brooklyn Museum of Art 15/1, 949
Nietzsche-Wilamowitz-Kontroverse**: Deutschland 13, 810
Nihilismus: Historismus 14, 475
Nike-Tempel: Athen 13, 309; Rekonstruktion/Konstruktion 15/2, 658
Nilmosaik*: Orient-Rezeption 15/1, 1198
Nobilitas**: Nobilitas 15/1, 1070–1084
Nobilitierung: Denkmal 13, 742
Nofretete-Büste: Berlin 13, 473; Deutsche Orient-Gesellschaft 13, 744
Nomenklatur: Terminologie 15/3, 380ff.; 386
Nominalismus: Frankreich 14, 22; 24; Naturwissenschaften 15/1, 784; 793; 795; Platonismus 15/2, 366; Querelle des Anciens et des Modernes 15/2, 621
Nominativsprachen: Sprachwissenschaft 15/3, 240
Nomokanon: Römisches Recht 15/2, 838
Nordische Archäologische Bibliothek: Nationale Forschungsinstitute 15/1, 679–681; 698
»Nordische Herrenschicht«: Sparta 15/3, 164; 166
Normannen: Sizilien 15/3, 32ff.
Normsprache: Neugriechische Literatur 15/1, 905
Notabile: Glossatoren 14, 223
Notar**: Notar 15/1, 1088–1101
Notarius: Notar 15/1, 1092
Notation: Musik 15/1, 576; 579; 583; Papyri, literarische 15/2, 75; Psalmodie 15/2, 587; Rumänien 15/2, 1007

Notgrabung (vgl. auch → Rettungsgrabung): Alexandria 13, 68; 71; Archäologische Methoden 13, 210; Ägyptologie 13, 19; Pompeji 15/2, 474
Noucentisme: Spanien 15/3, 149
Nous/Nus: Alexandrinismus 13, 72
»Nova Atlantis«: Atlantis 13, 336ff.
Nova Rhetorica: Rhetorik 15/2, 788ff.; 816
Novecento: Moderne 15/1, 501
Noxalhaftung: Delikt 13, 702
Numismatik**: Altertumskunde (Humanismus bis 1800) 13, 91; Deutsches Archäologisches Institut 13, 755; Druckwerke 13, 884; Finnland 13, 1151; Geschichtswissenschaft/Geschichtsschreibung 14, 201; Historische Methoden 14, 456; Inschriftenkunde, griechische 14, 612; Italien 14, 684; Lateinische Inschriften 15/1, 57; Limes, Limesforschung 15/1, 166; Śrī Laṅkā 15/3, 252; Wien, Kunsthistorisches Museum 15/3, 1133
»Nuntii Latini«: Finnland 13, 1149; Lebendiges Latein 15/1, 98; Neulatein 15/1, 938
Nus → Nous
Ny Carsberg Foundation: Kopenhagen 14, 1091

O

Obelisk*: Altertumskunde (Humanismus bis 1800) 13, 94; Orient-Rezeption 15/1, 1197; Sepulchralkunst 15/3, 22
Oberflächenfunde: Archäologische Methoden 13, 206
Objektivismus: Historismus 14, 475
Objektivität, wissenschaftliche: Nietzsche-Wilamowitz-Kontroverse 15/1, 1064; Orientalismus 15/1, 1238
Obrigkeitsstaat: Lehnsrecht 15/1, 102
Ode*: Deutschland 13, 781ff.; Estland 13, 1048
Odenkomposition**, metrische: Musik 15/1, 600; Vers mesurés 15/3, 1007
»Ode on a Grecian Urn«: Klassizismus 14, 969
Odyssee-Übersetzung (dt.): Epos 13, 1033
Ödipuskomplex: Psychoanalyse 15/2, 588ff.; 596; 598
Öffentliches Recht: Lehnsrecht 15/1, 102; Römisches Recht 15/2, 833
Öffentlichkeit: Rhetorik 15/2, 810; Rom 15/2, 903
Ökofakt: Archäologische Methoden 13, 209
Ökonomie: Arabisch-islamisches Kulturgebiet 13, 171; Marxismus 15/1, 301; Politische Theorie 15/2, 429; 436
Offenbarung: Aristotelismus 13, 256; 259–260; Bildung 13, 507
Officina Plantiniana: Niederlande und Belgien 15/1, 993; 1022–1023; 1025
Offiziumsgesang: Psalmodie 15/2, 585
Oikeiosis-Lehre: Praktische Philosophie 15/2, 532

Oikoswirtschaft: Sklaverei 15/3, 50; Sozial- und Wirtschaftsgeschichte 15/3, 86
Okkultismus**: Atlantis 13, 337; Druiden 13, 902; Magie 15/1, 257; Mnemonik/Mnemotechnik 15/1, 470; Naturphilosophie 15/1, 769; Orient-Rezeption 15/1, 1195; 1197; Traumdeutung 15/3, 553; Warburg Institute, The 15/3, 1103
Oligarchie: Nobilitas 15/1, 1074; Republik 15/2, 722
Olympia-Grabung: Deutsches Archäologisches Institut 13, 753; Deutschland 13, 816; Klassische Archäologie 14, 911; 924; 927ff.; Nationalsozialismus 15/1, 740–741; 756; Olympia 15/1, 1169
Olympia-Skulpturen: Klassische Archäologie 14, 924; 928
Olympia-Stadion: Stadion 15/3, 258
Olympische Spiele: Nationalsozialismus 15/1, 756; Olympia 15/1, 1168; Religionsgeschichte 15/2, 689; Sport 15/3, 208ff.; Stadion 15/3, 256ff.
Olympismus: Sport 15/3, 217
Onomastik*/** (vgl. auch → Namenforschung): Südafrika 15/3, 343
Ontologie*: Aristotelismus 13, 263; Metaphysik 15/1, 409; Mimesis 15/1, 431; Platonismus 15/2, 363; Querelle des Anciens et des Modernes 15/2, 618
Open Storage: New York, Metropolitan Museum 15/1, 969
Oper**: Adaptation 13, 15; Affektenlehre (musikalisch) 13, 21; Babylon 13, 379; DDR 13, 695; Deutschland 13, 784; 814; 819; 824; Frankreich 15/3, 1260ff.; 1268–1269; 1272; Georgien 14, 138; Italien 14, 681; 704; Karthago 14, 850; Musen 15/1, 567; Musik 15/1, 600; Oratorium 15/1, 1186; Revolution 15/2, 757; Schlachtorte 15/2, 1089; Theater 15/3, 398ff.; Vertonungen antiker Texte 15/3, 1021; Wagnerismus 15/3, 1073ff.; Zoroastres/Zoroastrismus 15/3, 1231
Opera buffa: Oper 15/1, 1181
Opera semiseria: Oper 15/1, 1181
Opera seria: Oper 15/1, 1181
Operette: Komödie 14, 1068
Opfer*: Religion und Literatur 15/2, 676ff.; Religionsgeschichte 15/2, 680; 688
Opferritual: Religionsgeschichte 15/2, 697
Optik: Arabisch-islamisches Kulturgebiet 13, 170; Meteorologie 15/1, 416; Naturwissenschaften 15/1, 795
Orakel*: Parnaß 15/2, 176
Oral Poetry-Theorie: Homerische Frage 14, 508; 510; Neugriechische Literatur 15/1, 914; Philologie 15/2, 275

Oralität: Mnemonik/Mnemotechnik 15/1, 465; Neugriechische Literatur 15/1, 914
Oratorianer: Oratorium 15/1, 1186; Portugal 15/2, 521; Rom 15/2, 872
Oratorium**: Oratorium 15/1, 1186–1188
Ordensdrama: Lateinische Komödie 15/1, 78
Ordines Romani: Messe 15/1, 392
Ordnung: Politische Theorie 15/2, 457; Praktische Philosophie 15/2, 527
Ordo canonicus: Mönchtum 15/1, 527
Ordo iudiciorum: Glossatoren 14, 223
Ordo monasticus: Mönchtum 15/1, 527
Ordre oblique: Krieg 14, 1114
Orientalisierung: Akkulturation 15/3, 1246; Film 13, 1137
»Orientalism«: Orientalismus 15/1, 1234ff.
Orientalismus**: Arabisch-islamisches Kulturgebiet 13, 172; Religionsgeschichte 15/2, 683
Orientalistik (vgl. auch → Altorienalische Philologie und Geschichte): Orientalismus 15/1, 1233
Orientbegeisterung: Philhellenismus 15/2, 234
Orientrezeption**: Arabistik 13, 189; Frankreich 15/3, 1259
Origenismus: Theologie und Kirche des Christentums 15/3, 422ff.
Originalität: Neulatein 15/1, 943; Stil, Stilanalyse, Stilentwicklung 15/3, 292
Originalsammlung: Abguß/Abgußsammlung 13, 3; Bonn, Rheinisches Landesmuseum und Akademisches Kunstmuseum 15/3, 531
»Orlando furioso«: Adaptation 13, 13
Ornamenta urbium: Spolien 15/3, 197
Ornamentik: Stil, Stilanalyse, Stilentwicklung 15/3, 294
Orpheus-Mosaik: Schweiz 15/2, 1139
Orphik/Orphizismus: Apollinisch und Dionysisch 13, 157; Okkultismus 15/1, 1158ff.; 1161; Paganismus 15/2, 25; Romantik 15/2, 985
Orthodoxe Kirche: Neugriechische Literatur 15/1, 895; 897; 900; Rumänien 15/2, 998; 1009; Theologie und Kirche des Christentums 15/3, 455; Zypern 15/3, 1235
Orthodoxie: Slavische Sprachen 15/3, 59ff.; Theologie und Kirche des Christentums 15/3, 414ff.; United Kingdom 15/3, 792
– byzantinische: Philologie 15/2, 238
– christliche: Romantik 15/2, 980
– lutherische: Aristotelismus 13, 260
– protestantische: Patristische Theologie/Patristik 15/2, 197
Orthoepie: Orthographie 15/1, 1244
Orthographie**: Orthographie 15/1, 1243–1246
Ortsnamen: Onomastik 15/1, 1176
Osmanische Architektur: Byzanz 13, 622
Osmanische Eroberung: Byzanz 13, 616
Osmanische Herrschaft: Byzanz 13, 621

Ost-West-Gegensatz: Sklaverei 15/3, 52; Sparta 15/3, 169
Ostindien-Kompagnie: Pakistan/Gandhara-Kunst 15/2, 37
Ostrakon*: Papyri (Fundgeschichte) 15/2, 65; Papyrologie 15/2, 81
Ostseefinnisch: Finnisch-ugrische Sprachen 13, 1145ff.
Ottava Rima: Mythologie 15/1, 624
Ottonische Reform: Österreich 15/1, 1134
Ottonische** Renaissance: Bibliothek 13, 496; Polen 15/2, 391; 400
Ovid-Allegorese: Allegorese 13, 78; Barock 13, 411
Ovid-Illustration: Verwandlungen/Illustrationen von Ovid-Texten 15/3, 1031ff.
Ovid-Rezeption: Sperlonga 15/3, 183ff.
Ovid-Travestie: Adaptation 13, 14
»Ovide moralisé«: Adaptation 13, 10; Allegorese 13, 82; Frankreich 14, 19; 25; Metamorphose 15/1, 396; Mythologie 15/1, 612; 618; 626; Niederlande und Belgien 15/1, 1037
»Ovidus moralizatus«: Adaptation 13, 10
Oxyrhynchus-Papyri: Papyri, literarische 15/2, 71; Papyrussammlungen 15/2, 102

P

»Paderborner Epos«: Epos 13, 1029
Paduaner*: Medaillen 15/1, 340
Pädagogik**: Bildung 13, 513; Psychoanalyse 15/2, 594; Realschule 15/2, 623; Rhetorik 15/2, 795ff.; 797; 804; Sparta 15/3, 154ff.; Sport 15/3, 208ff.
Paenula*: Mode 15/1, 482
Paganismus** (vgl. auch → Heidentum und → Neopaganismus)**:** Bayern 13, 443; Magie 15/1, 261; Okkultismus 15/1, 1154; Philologie 15/2, 238; Zoroastres/Zoroastrismus 15/3, 1230
Paideía: Pädagogik 15/2, 2; Rhetorik 15/2, 793; 805
Paläobalkanische Sprachen: Albanien 13, 58
Paläobotanik: Deutsches Archäologisches Institut 13, 757
Paläodemographie: Bevölkerungswissenschaft/ Historische Demographie 13, 491
Paläographie**: Byzantinistik 13, 584; Hethitologie 14, 416; Kodikologie 14, 1010; Paläographie, griechischische 15/2, 41ff.; Philologie 15/3, 1298
Paläopathologie: Medizingeschichtsschreibung 15/1, 377
Palästina-Sammlung: Chicago, Oriental Institute Museum 13, 635
Palaiologische Renaissance: Philologie 15/2, 243; Überlieferung 15/3, 717

Palast*: Kretisch-Mykenische Archäologie 14, 1107ff.; Mykene 15/1, 609; Tiryns 15/3, 498ff.
Palast des Assad Pascha Azem: Syrien, Museen 15/3, 349
Palast des Polykrates: Samos 15/2, 1059
Palastbibliothek: Bibliothek 13, 496
Palastfassade: Renaissance 15/2, 705
Palastgarten: Park 15/2, 124; Rom 15/2, 919
Palatalgesetz: Sprachwissenschaft 15/3, 234
Palazzo della Civiltà Italiana: Faschismus 13, 1093
Palimpsest*: Bibliothek 13, 495–496; Philologie 15/2, 243; Romanistik/Rechtsgeschichte 15/2, 962
Palladianismus: Barock 13, 416; Renaissance 15/2, 712; Society of Dilettanti 15/3, 74ff.; United States of America 15/3, 854ff.
Palladion-Gruppe: Sperlonga 15/3, 183
Pallium*: Mode 15/1, 482
Palmyrische Schrift: Entzifferungen 13, 957
Paludamentum*: Mode 15/1, 482
Panathenäisches Stadion: Stadion 15/3, 258
Panbabylonismus: Altorientalische Philologie und Geschichte 13, 107; Babylon 13, 380; Naturwissenschaften 15/1, 843ff.; Orient-Rezeption 15/1, 1228
Pandektistik**: Anspruch 13, 133; Besitz 13, 481; Kodifizierung/Kodifikation 14, 1007; Naturrecht 15/1, 776; Romanistik/Rechtsgeschichte 15/2, 963; Römisches Recht 15/2, 833; Schuldrecht 15/2, 1106
Panegyrik*/**: Biographie 13, 522; Frankreich 14, 8; Fürstenspiegel 14, 83; Gelegenheitsdichtung 14, 110; Leichenrede 15/1, 117; Olympia 15/1, 1168; Redegattungen 15/2, 627; United Kingdom 15/3, 805
Panhellenion*: Aizanoi 13, 35
Pantheismus: Okkultismus 15/1, 1155; Platonismus 15/2, 370
Pantheon*/**: Architekturkopie/-zitat 13, 223; Architekturtheorie/Vitruvianismus 13, 235; Finnland 13, 1149; Frankreich 14, 42; Mausoleum 15/1, 334; Park 15/2, 148; Porträtgalerie 15/2, 512; Revolution 15/2, 754; Rom 15/2, 860; Überlieferung 15/3, 698
Panthéon (Paris): Orient-Rezeption 15/1, 1212
Pantokratorbild: Deutschland 13, 765
Papier**: Kodikologie 14, 1010
Papierhandschrift: Papier 15/2, 63ff.
Papstbriefe: École française de Rome 13, 919
Papsttum: Herrscher 14, 363; Imperium 14, 579ff.; Monarchie 15/1, 536; Naturwissenschaften 15/1, 840; Rom 15/2, 841; 854; 875; Sacrum Imperium 15/2, 1034

»Papyri Graecae Magicae« (PGM): Steinschneidekunst: Gemmen 15/3, 287
Papyri, magische: Steinschneidekunst: Gemmen 15/3, 287
Papyrologie**: Finnland 13, 1151; Historische Methoden 14, 456; Norwegen 15/1, 1088; Philologie 15/2, 271; 15/3, 1298; Polen 15/2, 408; Steinschneidekunst: Gemmen 15/3, 287
Papyrus*/**: Ägyptologie 13, 17; Papier 15/2, 62; Papyri (Fundgeschichte) 15/2, 65ff.; 68; Papyri, literarische 15/2, 70; Papyrologie 15/2, 81ff.; Patristische Theologie/Patristik 15/2, 199; Philologie 15/2, 240; 270; Überlieferung 15/3, 714
Papyrushandel: Papyri (Fundgeschichte) 15/2, 67
Papyruskartell, deutsches: Papyri (Fundgeschichte) 15/2, 67; Papyrussammlungen 15/2, 97; 101–102
Papyrussammlung**: Berlin 13, 468; Bibliothek 13, 504; New York, Brooklyn Museum of Art 15/1, 947
Parabase*: Komödie 14, 1068; 1075
Parabel**: Parabel 15/2, 104–106
Parabolik: Parabel 15/2, 105
Paracelsische Revolution: Säftelehre 15/2, 1040
Paracelsismus: Diätetik 13, 829
Paradeigma*: Argumentationslehre 13, 241ff.
Paradies*: Park 15/2, 125; 133; 174; Philosophia perennis 15/2, 335–336; Romantik 15/2, 981
– irdisches: Parnaß 15/2, 177
Paradigmenwechsel: Philologie 15/2, 321ff.; Religionsgeschichte 15/2, 691; 697ff.
»Paradise Lost«: Klassizismus 14, 964
Paradoxie: Komödie 14, 1073
Paraphrase: Adaptation 13, 10; Kommentar 14, 1062; 1065; Mythologie 15/1, 612; 621; 626
Pariser Schule: Ehe 13, 925; Religion und Literatur 15/2, 672; 676
Park**: Antikensammlung 13, 144; Apoll von Belvedere 13, 155; Frankreich 14, 43; Orient-Rezeption 15/1, 1200; Porträtgalerie 15/2, 507; Preußen 15/2, 543; 549; Rezeptionsformen 15/2, 763; Ruine/Künstliche Ruine 15/2, 996; Villa 15/3, 1039
Parlamentarismus: Mischverfassung 15/1, 443; Nobilitas 15/1, 1078
Parmenides-Exegese: Metaphysik 15/1, 410ff.
Parnaß**: Barock 13, 407; Musen 15/1, 565ff.; Park 15/2, 127; 137; Polen 15/2, 397
Parnassismus: Neugriechische Literatur 15/1, 909
Parodie*: Adaptation 13, 13; Atlantis 13, 335; Byzanz 13, 607; Diana von Ephesus 13, 841; Elegie 13, 945; Epos 13, 1020–1021; 1023; Makkaronische Dichtung 15/1, 282; Mythologie 15/1, 634; Neugriechische Literatur 15/1, 905; 907; Österreich 15/1, 1144; Roman 15/2, 945; Sturm und Drang 15/3, 338

Parole, Langage, Langue: Sprachwissenschaft 15/3, 244
Parthenon*/**: Athen 13, 301ff.; 305ff.; 309; Park 15/2, 134; Parthenon 15/2, 188ff.; Werbung 15/3, 1124
Parthenon-Fries/Parthenon-Skulpturen (vgl. auch → Elgin Marbles): Altertumskunde (Humanismus bis 1800) 13, 93; Athen 13, 281; Klassische Archäologie 14, 908; 924; London, British Museum 15/1, 205; Parthenon 15/2, 194ff.; Romantik 15/2, 979
Partikularismus: Gerechtigkeit 14, 146; Kulturanthropologie 14, 1135
Partizipation: Bürger 13, 558ff.; Demokratie 13, 723ff.; Politische Theorie 15/2, 420; 427ff.; 432; Republik 15/2, 716; 719; 737
Pasquino-Gruppe: Sperlonga 15/3, 183
Pastoraldichtung: Arkadismus 13, 266; Bukolik/Idylle 13, 563; Neugriechische Literatur 15/1, 898; Park 15/2, 132
Pastoraldrama: Bukolik/Idylle 13, 562; Gattung/Gattungstheorie 14, 92; Italien 14, 687
Pastorale: Deutschland 13, 784; Oper 15/1, 1180
Pastoralroman: Arkadismus 13, 266; Bukolik/Idylle 13, 562
Pater patriae*: Herrscher 14, 378
Pathos*: Argumentationslehre 13, 241
Patriarchat*: Matriarchat 15/1, 323; Religionsgeschichte 15/2, 690; Rußland 15/2, 1016
Patricius*: Herrscher 14, 379
Patriotismus: Atlantis 13, 337; Neugriechische Literatur 15/1, 909; Republik 15/2, 734; 737
Patristische** Theologie/Patristik (vgl. auch → Kirchenväter): Chrêsis 13, 638; Platonismus 15/2, 364; Poeta Vates 15/2, 379; Praktische Philosophie 15/2, 531; Religionskritik 15/2, 701; Rhetorik 15/2, 794; Sozialismus 15/3, 97; Stoizismus 15/3, 298; Theologie und Kirche des Christentums 15/3, 412; Typologie 15/3, 678; Zeitrechnung 15/3, 1184; Zoologie 15/3, 1204ff.; Zoroastres/Zoroastrismus 15/3, 1230
Patrologie, protestantische: Patristische Theologie/Patristik 15/2, 198
Patronymikum: Onomastik 15/1, 1176
Paulikianer*: Gnosis 14, 227
»Paulys Realencyclopädie der classischen Altertumswissenschaft« (RE): Philologie 15/2, 270
Pauperismus: Sozialismus 15/3, 95
Pax Augusta: Frieden 14, 68; Herrscher 14, 397ff.
Pax Britannica: Klassizismus 14, 967
Pax Romana: Provinzialrömische Archäologie 15/2, 580
Pazifismus: Frieden 14, 70
Peer polity interaction: Archäologische Methoden 13, 214

Pegnitzschäfer: Arkadismus 13, 267; Deutschland 13, 782; Figurengedicht 13, 1121
Peira: Römisches Recht 15/2, 839
Pelasger-Theorie: Albanien 13, 59; Onomastik 15/1, 1177
Pentathlon*: Sport 15/3, 215ff.
Peregrinus*: Bürger 13, 557
Perestroika: Moderne 15/1, 512
Perfectus orator: Ciceronianismus 13, 647
Performance: Kulturanthropologie 14, 1140
Pergament*: Kodikologie 14, 1010; Papier 15/2, 62; Papyrologie 15/2, 81
Pergamentcodex: Überlieferung 15/3, 714
Pergamonaltar**: Berlin 13, 452; Deutschland 13, 816; Epochenbegriffe 13, 1006; Pergamon 15/2, 203ff.
Perge-Grabung: Türkei 15/3, 667
Periodisierung*: Geschichtsmodelle 14, 174; 176; 180; Geschichtswissenschaft/Geschichtsschreibung 14, 186; 215; Wallfahrt 15/3, 1084
Peripatetik: Praktische Philosophie 15/2, 528
Peripatos*: Numismatik 15/1, 1102
Peristylhaus: Pompeji 15/2, 482; Rom 15/2, 902
Perlschrift*: Paläographie, griechischische 15/2, 42
Persiflage: Karikatur 14, 801ff.
Persönlichkeitskult: Porträt 15/2, 496
Personifikation*: Allegorie 13, 84–85; Musen 15/1, 566; Parnaß 15/2, 181; Rezeptionsformen 15/2, 769
Perspektive*: Renaissance 15/2, 704; Stil, Stilanalyse, Stilentwicklung 15/3, 289ff.
Peterskirche: Architekturkopie/-zitat 13, 223
Petersplatz: Barock 13, 416
Petrakismus: Lyrik 15/1, 249
Petrusgrab: Rom 15/2, 875; Säule/Säulenmonument 15/2, 1042
Pfahldorf: Albanien 13, 60
Pfarrschule: Österreich 15/1, 1134
Pfingstwunder: Babylon 13, 375
Pflanzen: Park 15/2, 164ff.
Pflanzenkunde → Botanik
Pflanzenmorphologie: Physiognomik 15/2, 361
Pflichtteil*: Erbrecht 13, 1040
Pflugtechnik: Landwirtschaft 15/1, 5
Phalaris-Briefe: Fälschung 13, 1077; 1080; Klassizismus 14, 965
Phallogozentrismus: Psychoanalyse 15/2, 601
Phanarioten: Neugriechische Literatur 15/1, 899; 906
Phantasie*: Einbildungskraft 13, 934ff.
Pharmakologie*/**: Arabisch-islamisches Kulturgebiet 13, 166; 180; Botanik 13, 537; Naturwissenschaften 15/1, 857; Terminologie 15/3, 386; Zoologie 15/3, 1199; 1215
Philanthropinum: Sport 15/3, 209; 216

Philantropismus: Bayern 13, 435; 437; Deutschland 13, 794ff.
Philhellenismus*/**: Athen 13, 281; Bayern 13, 442; Dänemark 13, 677; Deutschland 13, 812ff.; Forum/Platzanlage 13, 1160; Griechenland 14, 271; Neugriechische Literatur 15/1, 914; Neuhumanismus 15/1, 918; Orientalismus 15/1, 1241; Romantik 15/2, 984; Rußland 15/2, 1020; Schlachtorte 15/2, 1080; Schweiz 15/2, 1145; United Kingdom 15/3, 815ff.; United States of America 15/3, 860; Vorsokratiker 15/3, 1068
Philoktet-Gruppe: Sperlonga 15/3, 184
Philologie*/** (vgl. auch → Gräzistik → Latinistik, → Klassische Philologie, → Altorientalische Philologie, → Bibelphilologie): Australien und Neuseeland 15/3, 1248–1249; Byzanz 13, 597; Österreich 15/3, 1293ff.; Philologie 15/2, 288; Platonismus 15/2, 366; 369; Portugal 15/2, 524; Slowakei 15/3, 65; Spanien 15/3, 110ff.; 114; 118ff.; 122; 124; Sprachwissenschaft 15/3, 228ff.; Tacitismus 15/3, 353; Tschechien 15/3, 638; Weißrußland 15/3, 1110; Wirtschaftslehre 15/3, 1150; Zeitrechnung 15/3, 1189
Philologische Methoden: Böckh-Hermann-Auseinandersetzung 13, 524; Philologie 15/2, 323; Philologisches Seminar 15/2, 328
Philologisches **Seminar**: Bayern 13, 438; Deutschland 13, 793; 807; Estland 13, 1047; Philologie 15/2, 298; 300; Polen 15/2, 405; Preußen 15/2, 555
Philosemitismus: Judentum 14, 756
Philosophenherrscher: Monarchie 15/1, 541; Philosophie 15/2, 346ff.; Politische Theorie 15/2, 444ff.; 454; 463; 466
Philosophenschule: Platonismus 15/2, 363
Philosophia occulta: Paganismus 15/2, 18
Philosophia **perennis**: Barock 13, 400; Okkultismus 15/1, 1149; Platonismus 15/2, 368ff.
Philosophie*/**: Arabisch-islamisches Kulturgebiet 13, 167; 181; Bildung 13, 507; 509; Byzanz 13, 594; 608; Dialektik 15/3, 1252; Faschismus 13, 1101; Finnland 13, 1151; Georgien 14, 134; Griechenland 14, 274ff.; Inschriftenkunde, griechische 14, 612; Italien 14, 684ff.; Jesuitenschulen 14, 751ff.; Metaphysik 15/1, 413; Philologie 15/2, 264; Politische Theorie 15/2, 457; Querelle des Anciens et des Modernes 15/2, 616; Rhetorik 15/2, 803; Skeptizismus 15/3, 38ff.; Sprachwissenschaft 15/3, 228; Stoizismus 15/3, 297ff.; Theologie und Kirche des Christentums 15/3, 436ff.; Theorie/Praxis 15/3, 462ff.; Typologie 15/3, 678; United States of America 15/3, 847;

Vorsokratiker 15/3, 1062ff.; 1067; Weißrußland 15/3, 1109ff.; Wirtschaftslehre 15/3, 1150; 1156–1157
Phönizische Schrift: Entzifferungen 13, 957
Phonem: Sprachwissenschaft 15/3, 243
Phonematik: Sprachwissenschaft 15/3, 245
Phonemik: Sprachwissenschaft 15/3, 245
Phonetik*: Sprachwissenschaft 15/3, 245
Phonologie: Finnisch-ugrische Sprachen 13, 1147; Sprachwissenschaft 15/3, 238; 245; Strukturalismus 15/3, 15/3
Phronesis: Aristotelismus 13, 264
Phrygische Mütze: Mode 15/1, 485
Phylogenese: Psychoanalyse 15/2, 588
Physik*: Aristotelismus 13, 256; Artes liberales 13, 276; Atomistik 13, 340; Musik 15/1, 571; Naturwissenschaften 15/1, 790ff.; Terminologie 15/3, 388
Physiognomik*/**: Frankreich 14, 43; Melancholie 15/1, 378; Naturwissenschaften 15/1, 837; Zoologie 15/3, 1205
Physiokratismus: Frankreich 14, 49; Menschenrechte 15/1, 389
Physiologie: Medizin 15/1, 369; Naturwissenschaften 15/1, 785; Physiognomik 15/2, 349
»Physiologus«: Allegorie 13, 85
Physis: Naturwissenschaften 15/1, 780
Piaristenorden: Österreich 15/1, 1138
Picasso-Denkmal: Denkmal 13, 743
»Picatrix«: Okkultismus 15/1, 1148
Pietismus: Autobiographie 13, 362; Deutschland 13, 793; Metaphysik 15/1, 412
Pilgerführer: Wallfahrt 15/3, 1091
Pilgerreise: Altertumskunde (Humanismus bis 1800) 13, 90; Park 15/2, 126; Platonismus 15/2, 367; Rezeptionsformen 15/2, 766; Rom 15/2, 861; Souvenir 15/3, 78; Tourismus 15/3, 528; Wallfahrt 15/3, 1080ff.
Pilgertum: Jerusalem 14, 725; 728ff.; 734; 742f.; 744; Rom 15/2, 908
Pindarische Ode: Lyrik 15/1, 249
Pisonenvilla (Villa dei Papyri): Park 15/2, 140; 144
Pittura colta: Moderne 15/1, 510
Pittura metafisica: Moderne 15/1, 501
Place Dauphine, Paris: Forum/Platzanlage 13, 1154
Place Louis-le-Grand, Paris (h. Place Vendôme): Forum/Platzanlage 13, 1154
Place Royale, Paris (h. Place des Vosges): Forum/Platzanlage 13, 1154
Place Stanislas, Nancy: Forum/Platzanlage 13, 1159
Planctus: Leichenrede 15/1, 118
Planeten*: Sphärenharmonie 15/3, 188ff.
Plastik*: Aigina 13, 31; Byzanz 13, 596; Delphi 13, 718; Frankfurt am Main, Liebieghaus – Museum alter Plastik 14, 1ff.; Frankreich 14, 8; Georgien 14, 138; Gotha, Schloßmuseum 14, 233; 235; Gotik 14, 239ff.; Proportionslehre 15/2, 569ff.; Rom 15/2, 855; Sperlonga 15/3, 182ff.; Spolien 15/3, 200; 203; Stil, Stilanalyse, Stilentwicklung 15/3, 293
– *mittelalterliche*: Sepulchralkunst 15/3, 19ff.
– *romanische*: Romanik 15/2, 952
Platon-Aristoteles-Streit: Überlieferung 15/3, 717
Platonische Akademie (vgl. auch → Akademie): Akademie 13, 41; Byzanz 13, 601; Park 15/2, 126; Universität 15/3, 882
Platonismus** (vgl. auch → Neuplatonismus): Allegorie 13, 84; Byzanz 13, 594; 603; 607ff.; Deutschland 13, 763; 770; Einbildungskraft 13, 935; Fürstenspiegel 14, 79; Gerechtigkeit 14, 143; Kabbala 14, 767; Naturphilosophie 15/1, 771; Naturwissenschaften 15/1, 781; Niederlande und Belgien 15/1, 1048; 1057; 1069; Paganismus 15/2, 18; Philologie 15/2, 238; 242; 244; Philosophie 15/2, 339ff.; Politische Theorie 15/2, 433ff.; 454; Praktische Philosophie 15/2, 526ff.; Religionskritik 15/2, 699; Roman 15/2, 947; Romantik 15/2, 974; 985; Theologie und Kirche des Christentums 15/3, 432ff.; 436; United States of America 15/3, 862; Universität 15/3, 882; 889; Utopie 15/3, 938
Plausibilität: Argumentationslehre 13, 240
Plaza Mayor, Madrid: Forum/Platzanlage 13, 1154
Pléiade: Deutschland 13, 782; Elegie 13, 944; Epigrammatik 13, 983; Frankreich 14, 32; Lyrik 15/1, 249; Mythologie 15/1, 626
Plünderung: Athen 13, 301
Plutarch-Übersetzung: Biographie 13, 521
Pocken: Pharmakologie 15/2, 219
Poeta doctus: Alexandrinismus 13, 73
Poeta laureatus: Deutschland 13, 768
Poeta** Vates: Poeta Vates 15/2, 378–382
Poetik**: Aristotelismus 13, 257; Artes liberales 13, 275; Barock 13, 402ff.; Deutschland 13, 781; Epos 13, 1016; Figurenlehre 13, 1128; Frankreich 14, 39ff.; 49; Gattung/Gattungstheorie 14, 87; 92; 94; Geschmack 14, 217; Humanismus 14, 542; Imitatio 14, 572; Italien 14, 691; Philologie 15/2, 292; Poeta Vates 15/2, 379ff.; 381; Rhetorik 15/2, 781; Sturm und Drang 15/3, 339; Tragödie/Tragödientheorie 15/3, 537
Poetik, aristotelische → Aristotelische Poetik
Poetologie: Romantik 15/2, 983ff.
Pogrom: Konstantinopel 14, 1084
Pointe: Epigrammatik 13, 984; Fabel 13, 1065; 1069ff.
Polemik, christliche: Epikureismus 13, 987; Paganismus 15/2, 15
Poliorketik*: Schlachtorte 15/2, 1075
Polis*: Matriarchat 15/1, 327; Paestum 15/2, 5

»Politeía« (Platon): Sozialismus 15/3, 95; Verfassung 15/3, 971ff.
Polítes: Bürger 13, 556
Politica-Literatur: Bevölkerungswissenschaft/ Historische Demographie 13, 484
Politik: Aristotelismus 13, 255; 257; Pädagogik 15/2, 2; Staufische Renaissance 15/3, 274
Politikwissenschaft: Politische Theorie 15/2, 418; 431
Politische Ikonographie: Warburg Institute, The 15/3, 1105
Politische Rede: Redegattungen 15/2, 626ff.; 641
Politische** Theorie: Deutschland 13, 812; Revolution 15/2, 742; Thukydidismus 15/3, 487ff.; Tyrannis 15/3, 686; 688; United Kingdom 15/3, 810; United States of America 15/3, 839; 847; Verfassung 15/3, 969; 979ff.; Verfassungsformen 15/3, 982; 984ff.
Polizeistaat: Sparta 15/3, 153
Polnische Philologische Gesellschaft: Polen 15/2, 411
Polonisierung: Polen 15/2, 405
Polygamie: Ehe 13, 924ff.
Polyglottie: Lexikographie 15/1, 133
Polyphem-Gruppe: Sperlonga 15/3, 183ff.
Polyphonie: Affektenlehre (musikalisch) 13, 22
Polytheismus*: Paganismus 15/2, 14; 17–18; Religionsgeschichte 15/2, 680
Pompejanischer Stil: Pompeji 15/2, 482
Pompeji-Grabung: Deutschland 13, 797
Ponderation: Stil, Stilanalyse, Stilentwicklung 15/3, 290
Pondus Caroli: Maß und Gewicht 15/1, 309
Popularisierung: Aufklärung 13, 346
Porphyr-Säule: Säule/Säulenmonument 15/2, 1044
Porsenna-Grabmal: Rekonstruktion/Konstruktion 15/2, 659
Port-Royal, Logik von: Argumentationslehre 13, 248; Metapher/Metapherntheorie 15/1, 405
Porträt*/**: Druckwerke 13, 894; Fälschung 13, 1072; Kopenhagen 14, 1094; Mimesislegenden 15/1, 439; Porträtgalerie 15/2, 501ff.; Preußen 15/2, 544; Renaissance 15/2, 708ff.; Romanik 15/2, 953; Sepulchralkunst 15/3, 20; Staufische Renaissance 15/3, 275; 278
Porträtbüste: Fälschung 13, 1072; Preußen 15/2, 546
Porträtforschung: Archäologische Methoden 13, 204; Numismatik 15/1, 1119
Porträtgalerie**: Porträtgalerie 15/2, 501–516
Porträtkunst: Paris, Louvre 15/2, 110
Porträtsammlung: Sankt Petersburg, Eremitage 15/2, 1063
Portrait historié: Porträt 15/2, 500
Porträtmalerei: Niederlande und Belgien 15/1, 1041

Porzellan: Orient-Rezeption 15/1, 1199; 1204
Poseidon-Tempel: Paestum 15/2, 9
Positives Recht: Menschenrechte 15/1, 383; Naturrecht 15/1, 772; Politische Theorie 15/2, 447
Positivismus: Akademie 13, 47; Historische Methoden 14, 458; Historismus 14, 475; Lateinamerika 15/1, 44; Nobilitas 15/1, 1073; 1079; Numismatik 15/1, 1116; Orientalismus 15/1, 1237; Philologie 15/2, 268; 304; Politische Theorie 15/2, 438
Postkarte: Kitsch 14, 883
Postkoloniale Literaturen: United Kingdom 15/3, 828ff.
Postkolonialismus: Kulturanthropologie 14, 1135
Postmoderne: Architekturkopie/-zitat 13, 233; Atlantis 13, 338; Deutschland 13, 827; Fälschung 13, 1078; Klassische Archäologie 14, 937; Melancholie 15/1, 383; Möbel 15/1, 522; Rezeptionsformen 15/2, 764; Rhetorik 15/2, 805
Postprozessurale Archäologie: Klassische Archäologie 14, 937; 940
Poststrukturalismus: Gender Studies 14, 112ff.; Strukturalismus 15/3, 323ff.
Präbende: Kanonisten 14, 796ff.
Prädestinationslehre*: Theologie und Kirche des Christentums 15/3, 419
Prähistorie (vgl. auch → Vor- und Frühgeschichte): Römisch-Germanische Kommission (RGK) 15/2, 826
Präraffaeliten: Mode 15/1, 489
Präzendenzfall: Roman Dutch Law 15/2, 949
Prager Ästhetik: Semiotik 15/3, 6
Prager Phonologie: Strukturalismus 15/3, 15/3
Prager Schule: Sprachwissenschaft 15/3, 245; Strukturalismus 15/3, 322ff.
Pragmatik: Semiotik 15/3, 8
Pragmatismus: Platonismus 15/2, 374
Praktische*/** Philosophie (vgl. auch → Ethik und → Moralphilosophie): Aufklärung 13, 346; Pädagogik 15/2, 1; Politische Theorie 15/2, 432; 465ff.; Stoizismus 15/3, 299; 310; United Kingdom 15/3, 770; Wirtschaftslehre 15/3, 1160
Praktische Vernunft: Aristotelismus 13, 264; Stoizismus 15/3, 310
Predigt/Homilie: Allegorese 13, 77; Byzanz 13, 603; 606; Fabel 13, 1068; Leichenrede 15/1, 119; Mythologie 15/1, 618; Redegattungen 15/2, 628ff.; 639; Rhetorik 15/2, 778; 815; United Kingdom 15/3, 788
Predigtlehre: Homiletik/Ars praedicandi 14, 523ff.
Preisgedicht: Staufische Renaissance 15/3, 277
Premio Cultore di Roma: Istituto (Nazionale) di Studi Romani 14, 657
Preslauer Schule: Slavische Sprachen 15/3, 60

Prestigeobjekt: Rezeptionsformen 15/2, 764
Preußische Reformen: Altsprachlicher Unterricht 13, 114; Preußen 15/2, 540; 553; Schulwesen 15/2, 1113; Universität 15/3, 903
Priene-Grabung: Deutschland 13, 816
Primitivismus: Niederlande und Belgien 15/1, 1061; Religionsgeschichte 15/2, 684; Romantik 15/2, 986; Sozial- und Wirtschaftsgeschichte 15/3, 89
Primordialwelt: Philosophia perennis 15/2, 334ff.
Princeps*: Herrscher 14, 378; Nobilitas 15/1, 1077
Prinzipat*: Epochenbegriffe 13, 1000; Monarchie 15/1, 540; Sozial- und Wirtschaftsgeschichte 15/3, 87; Stoizismus 15/3, 304
Privatbibliothek: Bibliothek 13, 497ff.
Privateigentum: Politische Theorie 15/2, 453; Sozialismus 15/3, 94ff.
Privatrecht: Historische Rechtsschule 14, 464; 467; 469; Lehnsrecht 15/1, 102; Naturrecht 15/1, 775; Revolution 15/2, 745
Privatrechtswissenschaft: Deutscher Usus modernus 13, 746; Pandektistik 15/2, 45
Privatsammlung: Altertumskunde (Humanismus bis 1800) 13, 90; Malibu, J. Paul Getty Museum 15/1, 286; Papyrussammlungen 15/2, 95ff.
Privatvermögen: Politische Theorie 15/2, 430
Privileg: Republik 15/2, 722
Privilegium maius: Österreich 15/1, 1136
Privilegium minus: Österreich 15/1, 1135
Probabilismus: Skeptizismus 15/3, 42
Produktive Rezeption: United Kingdom 15/3, 805
Profanisierung: Rezeptionsformen 15/2, 770; Spolien 15/3, 196ff.
Professor: Niederlande und Belgien 15/1, 1024ff.; Universität 15/3, 906ff.; 909ff.; 913
Progymnasmata*: Panegyrik 15/2, 50ff.
Proletariat: Diktatur 13, 859; Sozialismus 15/3, 98
Propaganda*: Faschismus 13, 1084; 1098; Sport 15/3, 213
Prophetentum: Arabisch-islamisches Kulturgebiet 13, 168
Proportionalität: Platonismus 15/2, 366; Politische Theorie 15/2, 447ff.; 466; Wirtschaftslehre 15/3, 1154
Proportionslehre**: Frankreich 14, 42; Mathematik 15/1, 314; Musik 15/1, 572; 585; 588; 591; Naturwissenschaften 15/1, 798; Physiognomik 15/2, 352ff.; Renaissance 15/2, 704; Säulenordnung 15/2, 1048; 1052; Stil, Stilanalyse, Stilentwicklung 15/3, 290; Stützfiguren/Erechtheionkoren 15/3, 327ff.
Propyläen: Athen 13, 302; Bayern 13, 441; München, Glyptothek und Antikensammlungen 15/1, 546; Parthenon 15/2, 189; Toranlagen/Stadttore 15/3, 512

Prosa: Frankreich 14, 33; 50; Klassizismus 14, 970ff.; Papyri, literarische 15/2, 73; Philologie 15/2, 322; Polen 15/2, 394; Rumänien 15/2, 1005; Slowakei 15/3, 65; Slowenien 15/3, 71
Prosaepos: Roman 15/2, 944
Prosagedicht: DDR 13, 694
Prosimetrum*: Konsolationsliteratur 14, 1080
»Prosopographia Attica«: Athen 13, 285
Prosopographie: Geschichtswissenschaft/Geschichtsschreibung 14, 193; 205; 207ff.; Inschriftenkunde, griechische 14, 604; Nobilitas 15/1, 1072ff.
Protestantismus: Geschichtsmodelle 14, 174; Messe 15/1, 394; Mnemonik/Mnemotechnik 15/1, 476; Patristische Theologie/Patristik 15/2, 199; Redegattungen 15/2, 629
Protosinaitische* Schrift: Entzifferungen 13, 957
Provinzen, römische: Sozial- und Wirtschaftsgeschichte 15/3, 85ff.
Provinzialrömische** Archäologie: Bonn, Rheinisches Landesmuseum und Akademisches Kunstmuseum 13, 528; Deutsches Archäologisches Institut 13, 753; Limes, Limesforschung 15/1, 162
Prozessionsstraße von Babylon: Berlin 13, 465; 467; New York, Metropolitan Museum 15/1, 973
Prozeßrecht*: Anspruch 13, 134
Prüfungsordnung**: Realschule 15/2, 624; Schulwesen 15/2, 1110; Schweiz 15/2, 1143
Prunkcodex: Luxemburg 15/1, 236
Prunkrede: Leichenrede 15/1, 117; Panegyrik 15/2, 54; Redegattungen 15/2, 644ff.
Psalmodie**: Psalmodie 15/2, 585–588
Psalter: Psalmodie 15/2, 587
Psaltertext: Psalmodie 15/2, 585
Pseudepigraphie*: Arabisch-islamisches Kulturgebiet 13, 164; Philosophia perennis 15/2, 332ff.
Pseudo-Spolien: Spolien 15/3, 195
Psychagogie: Platonismus 15/2, 362
Psychoanalyse**: Deutschland 13, 819; Matriarchat 15/1, 325; Melancholie 15/1, 383; Metamorphose 15/1, 396; Mnemonik/Mnemotechnik 15/1, 477; Moderne 15/1, 502; Mythos 15/1, 647; Orientalismus 15/1, 1236; Österreich 15/3, 1294ff.; Romantik 15/2, 976; Strukturalismus 15/3, 320ff.; Tanz 15/3, 360ff.; Tragödie/Tragödientheorie 15/3, 534; Traumdeutung 15/3, 553ff.; United Kingdom 15/3, 822ff.; United States of America 15/3, 866; 878; Venus von Milo 15/3, 968; Vorsokratiker 15/3, 1066
Psychoanalytische Methoden: Psychoanalyse 15/2, 588

Psycholinguistik: Sprachwissenschaft 15/3, 249ff.
Psychologie: Aristotelismus 13, 263;
Autobiographie 13, 363; Horoskope 14, 537;
Kulturanthropologie 14, 1132; Lykanthropie
15/1, 245; Pädagogik 15/2, 1; Philologie
15/2, 313; Physiognomik 15/2, 350; 357;
Platonismus 15/2, 363; Terminologie
15/3, 388ff.
Psychologisierung: Allegorie 13, 85; Frankreich 14, 43; Österreich 15/1, 1141
Psychotherapie: Psychoanalyse 15/2, 601
Publikum: Rhetorik 15/2, 790
Purgierung: Rezeptionsformen 15/2, 770
Purismus: Germanische Sprachen 14, 157
Puritanismus: Antikensammlung 13, 143;
Autobiographie 13, 362
Putna-Schule: Rumänien 15/2, 1008
Pyramide*: Denkmal 13, 738; Mausoleum
15/1, 329ff.; Sepulchralkunst 15/3, 22
Pyrenäenfrieden: Luxemburg 15/1, 234
Pyrrhonismus: Altertumskunde (Humanismus bis 1800) 13, 96; Skeptizismus 15/3, 38ff.

Q

Quadratflur: Landwirtschaft 15/1, 4
Quadrivium: Aristotelismus 13, 255; Artes liberales 13, 274ff.; Frankreich 14, 9; Griechisch 14, 304; Humanismus 14, 561; Klosterschule 14, 980; Mathematik 15/1, 316; Musik 15/1, 597; Naturwissenschaften 15/1, 834–835
Quaestio*: Glossatoren 14, 223
Quantitäten: Aussprache 13, 356
Quellen: Überlieferung 15/3, 719ff.
Quellenforschung: Historische Methoden 14, 454ff.; Philologie 15/2, 308
Quellenkritik: Akademie 13, 44
Querelle** des Anciens et des Modernes: Antike 13, 137; Barock 13, 405; 407; 412; Bukolik/Idylle 13, 563; Deutschland 13, 781; Fin de siècle 13, 1142; Frankreich 14, 39; Geschichtsmodelle 14, 177; Geschichtswissenschaft/Geschichtsschreibung 14, 187; 202; Griechen-Römer-Antithese 14, 257; Homer-Vergil-Vergleich 14, 516; 520; 522; Homerische Frage 14, 509; Imitatio 14, 576; Italien 14, 690; Kanon 14, 793; Klassik als Klassizismus 14, 888; 892; Klassizismus 14, 964ff.; Komödie 14, 1072; Musik 15/1, 600; Mythologie 15/1, 627; Mythos 15/1, 640; Philhellenismus 15/2, 232; Philosophie 15/2, 340; Platonismus 15/2, 370; Poetik 15/2, 388; Reiterstandbild 15/2, 654; Rhetorik 15/2, 820; Romantik 15/2, 970ff.; 978; Schlachtorte 15/2, 1083; Sklaverei 15/3, 48; Sozial- und Wirtschaftsgeschichte 15/3, 83; Totengespräch 15/3, 523;
Troja 15/3, 600; 604; United Kingdom 15/3, 811; 814
Querelle d'Homère: Frankreich 14, 48
Querelle d'Œdipe: Frankreich 14, 48
Querelle du Cid: Gattung/Gattungstheorie 14, 93; Klassik als Klassizismus 14, 894
Questione della lingua: Italien 14, 686
Quintessenz: Naturwissenschaften 15/1, 869
Qumran-Forschung: Judentum 14, 763

R

Radikalismus: Sklaverei 15/3, 54
Radio-Carbon-Datierung: Archäologische Methoden 13, 213; Deutsches Archäologisches Institut 13, 757
»Rambler«: Klassizismus 14, 972
Ramismus: Mnemonik/Mnemotechnik 15/1, 476; Rhetorik 15/2, 783–784
Rassengesetze: Sparta 15/3, 166
Rassenideologie: Deutschland 13, 820; Dritter Humanismus 13, 882
Rassenpolitik: Universität 15/3, 913
Rassentheorie: Physiognomik 15/2, 351; Sparta 15/3, 163ff.; Sport 15/3, 213ff.
Rassismus: Judentum 14, 757; Nationalsozialismus 15/1, 723ff.; United States of America 15/3, 858
»Ratio Studiorum«: Jesuitenschulen 14, 750; Tschechien 15/3, 629ff.
Rationalismus (vgl. auch → Vernunft): Argumentationslehre 13, 248; Bildung 13, 510; Geschichtsmodelle 14, 176; 178; Logik 15/1, 197; 200; Metapher/Metapherntheorie 15/1, 405; Naturphilosophie 15/1, 771; Poetik 15/2, 387ff.; Skeptizismus 15/3, 39; Spanien 15/3, 129; Sprachwissenschaft 15/3, 230; Steinschneidekunst: Gemmen 15/3, 284
Rationalität*: Rhetorik 15/2, 785ff.
Ratschule, lateinische: Schulwesen 15/2, 1111
Raubgrabung: Altorientalische Philologie und Geschichte 13, 111; Ägyptologie 13, 18; Klassische Archäologie 14, 909; Nida-Frankfurt 15/1, 983; Numismatik 15/1, 1127; Pompeji 15/2, 473; Rom 15/2, 910
Re-Hellenisierung: Griechisch 14, 297
Reale Accademia Ercolanese di Archaeologia: Druckwerke 13, 895
Realienbuch: Sachbuch 15/2, 1032
Realismus: Bildung 13, 513; Mimesis 15/1, 435; Platonismus 15/2, 366; 373; Poetik 15/2, 385; Realschule 15/2, 623; Spanien 15/3, 136; 150ff.
Realistische Bildung: Realschule 15/2, 625
»Reallexikon für Antike und Christentum«: Christliche Archäologie 13, 645; Franz-Joseph-Dölger-Institut 14, 61ff.; Patristische Theologie/Patristik 15/2, 199

Realschule**: Bayern 13, 435; Schulwesen 15/2, 1110
Rebirth of Towns: Stadt 15/3, 269
Recensio: Niederlande und Belgien 15/1, 1008
Recht* (vgl. auch → Römisches Recht): Politische Theorie 15/2, 438
– *attisches*: Athen 13, 285
– *demotisches*: Papyrologie 15/2, 92
– *gelehrtes*: Römisches Recht 15/2, 831ff.
– *griechisches*: Papyrologie 15/2, 92ff.; Rhetorik 15/2, 808
– *utilitaristisches*: Politische Theorie 15/2, 446
Rechtgläubigkeit: Patristische Theologie/Patristik 15/2, 197
Rechtsakademie: Altsprachlicher Unterricht 13, 122
Rechtsaltertümer: Altertumskunde (Humanismus bis 1800) 13, 92–93
Rechtsdogmatik: Deutscher Usus modernus 13, 747; Romanistik/Rechtsgeschichte 15/2, 962; 968
Rechtsfiguren
– *Befehlsnotstand*: Strafrecht 15/3, 313
– *Einwilligung des Opfers*: Strafrecht 15/3, 313
– *Fahrlässigkeit*: Strafrecht 15/3, 313ff.
– *Notstand*: Strafrecht 15/3, 313
– *Notwehr*: Strafrecht 15/3, 313
– *Rechtsausübung*: Strafrecht 15/3, 313
– *Unvorsätzlichkeit*: Strafrecht 15/3, 313
Rechtsgeschichte: Altertumskunde (Humanismus bis 1800) 13, 93; Altorientalische Philologie und Geschichte 13, 106; Geschichtsmodelle 14, 181; Geschichtswissenschaft/Geschichtsschreibung 14, 194; 201; Romanistik/Rechtsgeschichte 15/2, 962; Römisches Recht 15/2, 829
Rechtsgutachten: Rhetorik 15/2, 809; Römisches Recht 15/2, 830
Rechtsliteratur: Römisches Recht 15/2, 837ff.
Rechtsmetaphysik: Politische Theorie 15/2, 453
Rechtspflege: Römisches Recht 15/2, 832
Rechtsphilosophie: Platonismus 15/2, 371
Rechtspositivismus: Politische Theorie 15/2, 455
Rechtspraxis: Strafrecht 15/3, 315
Rechtsprechung: Römisches Recht 15/2, 839
Rechtsquellentheorie: Deutscher Usus modernus 13, 747
Rechtsreform: Kodifizierung/Kodifikation 14, 1003ff.
Rechtsschule
– *Bologna*: Glossatoren 14, 221ff.; Redegattungen 15/2, 629; Romanistik/Rechtsgeschichte 15/2, 960; Sacrum Imperium 15/2, 1035; Schweiz 15/2, 1126
– *palästinische*: Jerusalem 14, 728
Rechtssicherheit: Pandektistik 15/2, 46
Rechtsstaat: Kodifizierung/Kodifikation 14, 1007; Politische Theorie 15/2, 445; Republik 15/2, 730; 735

Rechtsvergleichung: Romanistik/Rechtsgeschichte 15/2, 966; 968
Rechtswissenschaft: Frankreich 14, 17; Romanistik/Rechtsgeschichte 15/2, 962; Römisches Recht 15/2, 832; Schuldrecht 15/2, 1105
Reconquista: Portugal 15/2, 516ff.; Spanien 15/3, 130
Recusatio*: Elegie 13, 943
Redegattungen**: Rhetorik 15/2, 782
Rederijker: Niederlande und Belgien 15/1, 1048; 1056
Redistribution*: Sozial- und Wirtschaftsgeschichte 15/3, 89
Reelle Zahlen: Mathematik 15/1, 320
Reformation: Antikensammlung 13, 143; Bibliothek 13, 499; Bildung 13, 509; Biographie 13, 521; Byzantinistik 13, 584; Deutschland 13, 767; Ehe 13, 926; Estland 13, 1046; Fürstenspiegel 14, 84; Gerechtigkeit 14, 143; Geschichtsmodelle 14, 173; Lateinische Komödie 15/1, 72; Lehrplan 15/1, 113; Leichenrede 15/1, 120; Lettland 15/1, 123; Litauen 15/1, 173; Magie 15/1, 255; Mnemonik/Mnemotechnik 15/1, 475; Monarchie 15/1, 541; Mönchtum 15/1, 530; Naturwissenschaften 15/1, 797; Neugriechische Literatur 15/1, 897; Niederlande und Belgien 15/1, 1039; Österreich 15/1, 1138; Philologie 15/2, 292; Preußen 15/2, 541; Redegattungen 15/2, 642; Rhetorik 15/2, 798; Schweden 15/2, 1115; Schweiz 15/2, 1132–1133; Sparta 15/3, 155; Stoizismus 15/3, 301ff.; Theologie und Kirche des Christentums 15/3, 444ff.; 455ff.; Tyrannis 15/3, 689ff.; Ungarn 15/3, 749ff.; United Kingdom 15/3, 797; Universität 15/3, 894ff.; Völkerrecht 15/3, 1045; Wallfahrt 15/3, 1084
Reformbewegung um 1900: Neohumanismus 15/1, 892
Reformoper: Oper 15/1, 1182
Reformpädagogik: Olympia 15/1, 1167
Reformpapsttum: Spolien 15/3, 199
Regalisten: Ehe 13, 926
Regelpoetik: Barock 13, 406; Epos 13, 1017; Klassik als Klassizismus 14, 894ff.; Lehrgedicht 15/1, 110
Regenbogenschüsselchen*: Numismatik 15/1, 1121
Regesten der byzantinischen Kaiserurkunden: Byzantinistik 13, 585
Regesten der Patriarchatsurkunden: Byzantinistik 13, 585
Regionalanalyse: Archäologische Methoden 13, 209
Regnum Italiae: Notar 15/1, 1091
Regula*: Glossatoren 14, 223
Reichsapfel/Globus: Herrscher 14, 381ff.

Reichsideologie: Nationalsozialismus 15/1, 749
Reichsinstitut für deutsche Vorgeschichte: Römisch-Germanische Kommission (RGK) 15/2, 826
Reichskammergericht: Römisches Recht 15/2, 831
Reichskloster: Philologie 15/2, 279
Reichskrise: Epochenbegriffe 13, 1000
Reichslimeskommission: Akademie 13, 49; Klassische Archäologie 14, 910; Limes, Limesforschung 15/1, 156; Provinzialrömische Archäologie 15/2, 579; Römisch-Germanische Kommission (RGK) 15/2, 824
Reichsrecht: Papyrologie 15/2, 92
Reichsreligion, christliche: Paganismus 15/2, 20
Reichssportfeld: Sport 15/3, 213; Stadion 15/3, 259ff.
Reichsstaatenlehre: Mischverfassung 15/1, 443
Reichstheologie: Geschichtsmodelle 14, 167
Reichstitel: Sacrum Imperium 15/2, 1034
Reichtum*: Politische Theorie 15/2, 422
Reim: Neulatein 15/1, 930; Verskunst 15/3, 1009
Reinkarnation: Paganismus 15/2, 18
Reise: Altertumskunde (Humanismus bis 1800) 13, 90; 93; Bayern 13, 439; Deutschland 13, 812; München, Glyptothek und Antikensammlungen 15/1, 545; 548ff.; Niederlande und Belgien 15/1, 1037; Polen 15/2, 401; Portugal 15/2, 518; Provinzialrömische Archäologie 15/2, 578; Rezeptionsformen 15/2, 764; 766; Schweiz 15/2, 1137; Society of Dilettanti 15/3, 73; Souvenir 15/3, 78ff.; 80; Tourismus 15/3, 524ff.; Troja 15/3, 603ff.; United States of America 15/3, 859; Wallfahrt 15/3, 1080ff.; Zoroastres/Zoroastrismus 15/3, 1231
Reisebericht: Aigina 13, 27; Albanien 13, 59; Athen 13, 310; Babylon 13, 373; Frankreich 14, 47; Orient-Rezeption 15/1, 1199; Śrī Laṅkā 15/3, 252; Troja 15/3, 604; Tschechien 15/3, 631
Reiseführer: Souvenir 15/3, 79
Reiseliteratur*: Byzantinistik 13, 587; Deutschland 13, 822; Kampanien 14, 788ff.; Pompeji/Rezeption des freigelegten Pompeji in Literatur und Film 15/2, 490ff.; Tourismus 15/3, 530ff.
»Reiter aus Madara«: Bulgarien 13, 572
Reiterstandbild**: Denkmal 13, 738; Forum/Platzanlage 13, 1153ff.; Frankreich 14, 8; 34; Krieg 14, 1113; Porträt 15/2, 498ff.; Preußen 15/2, 545; Reiterstandbild 15/2, 649ff.; Renaissance 15/2, 709; Rom 15/2, 855; 878; 922; 925; Rosse von San Marco/Quadriga 15/2, 988; Sacrum Imperium 15/2, 1037; Spolien 15/3, 201; Werbung 15/3, 1125; Wirtschaft und Gewerbe 15/3, 1143
Rekodifikation: Kodifizierung/Kodifikation 14, 1008

Rekonstruktion**: Archäologische Methoden 13, 206; 211; 214ff.; Archäologischer Park 13, 216ff.; Babylon 13, 376; Barberinischer Faun 13, 389ff.; Barock 13, 414; Berlin 13, 467; Delos 13, 714; Dioskuren vom Monte Cavallo 13, 864; Halikarnass 14, 347; Klassische Archäologie 14, 928; 941ff.; Knossos 14, 997ff.; Laokoongruppe 15/1, 10; Lateinische Komödie 15/1, 75; Limes, Hadrianswall 15/1, 154; Mausoleum 15/1, 332; Milet 15/1, 426; Niederlande und Belgien 15/1, 996; Olympia 15/1, 1169; Orient-Rezeption 15/1, 1212; 1214; 1216; Ostia und Porto 15/1, 1248; Paganismus 15/2, 13; Parthenon 15/2, 194ff.; Rom 15/2, 863; Ruine/Künstliche Ruine 15/2, 996; Samos 15/2, 1055; Stadt 15/3, 263–264; Überlieferung 15/3, 696; Villa 15/3, 1041ff.; Weltwunder 15/3, 1113ff.; 1115
Rekonstruktionismus: Paganismus 15/2, 17
Rekursionstheorie: Logik 15/1, 201
Relatinisierung: Germanische Sprachen 14, 156; Neulatein 15/1, 929
Relativismus: Gerechtigkeit 14, 144; Historismus 14, 475; 477; Romantik 15/2, 983
Relief*: Gotha, Schloßmuseum 14, 234; Kairo, Ägyptisches Museum 14, 773; Porträt 15/2, 497
Religio athletae: Sport 15/3, 212
Religion*: Kulturanthropologie 14, 1137ff.; Mythos 15/1, 638; 644; Politische Theorie 15/2, 428ff.; Zoroastres/Zoroastrismus 15/3, 1229ff.
– *doppelte*: Okkultismus 15/1, 1155
– *etruskische*: Religionsgeschichte 15/2, 685
– *heidnische*: Papyrologie 15/2, 94
– *individualistische*: Religionsgeschichte 15/2, 693
– *indoeuropäische*: Religionsgeschichte 15/2, 687ff.
– *pagane*: Religionsgeschichte 15/2, 681ff.; 685
– *römische*: Religionsgeschichte 15/2, 685
Religion und Literatur**: Religion und Literatur 15/2, 670–679
Religionsethnologie: Paganismus 15/2, 19
Religionsfreiheit: Religionskritik 15/2, 699
Religionsgenese: Rezeptionsformen 15/2, 762
Religionsgeschichte**: Geschichtswissenschaft/Geschichtsschreibung 14, 194; 209ff.; Inschriftenkunde, griechische 14, 606; Iranistik 14, 640; Kulturanthropologie 14, 1138; Philologie 15/2, 264
Religionskriege: Preußen 15/2, 542ff.; Stoizismus 15/3, 303
Religionskritik**: Epikureismus 13, 987; 993; Stoizismus 15/3, 298; Vorsokratiker 15/3, 1066
Religionspsychologie: Psychoanalyse 15/2, 599
Religionswissenschaft: Religion und Literatur 15/2, 670; Religionsgeschichte 15/2, 679; 685; 692; 694

Reliktforschung: Neugriechische Literatur 15/1, 915
Reliquiar: Steinschneidekunst: Gemmen 15/3, 282
Relique: Konstantinopel 14, 1085; Porträt 15/2, 498; Rezeptionsformen 15/2, 765; Rom 15/2, 845; 904; 906; Säule/Säulenmonument 15/2, 1042; Wallfahrt 15/3, 1083
Rembétiko: Neugriechische Literatur 15/1, 903
Remythifizierung: Lateinamerika 15/1, 45
Renaissance**: Abguß/Abgußsammlung 13, 3; Albanien 13, 56ff.; Alexandrinismus 13, 72; Altertumskunde (Humanismus bis 1800) 13, 89; Antikensammlung 13, 140; Apoll von Belvedere 13, 152; Archäologische Bauforschung 13, 196; Architekturtheorie/Vitruvianismus 13, 234; Argumentationslehre 13, 245; Aristotelismus 13, 256; Atlantis 13, 336; Atomistik 13, 339; Barock 13, 400; Biographie 13, 521; Dänemark 13, 675; Demokratie 13, 722; Deutschland 13, 767; Dialog 13, 832; Dioskuren vom Monte Cavallo 13, 863; Einbildungskraft 13, 935; Epikureismus 13, 988; Epos 13, 1016; Etruskerrezeption 13, 1050; Etruskologie 13, 1054; Fälschung 13, 1071; Festkultur/Trionfi 13, 1106; Figurenlehre 13, 1128; Humanismus 14, 540ff.; Italien 14, 675ff.; Judentum 14, 760; Klassizismus 14, 963; Laokoongruppe 15/1, 13; Lateinische Inschriften 15/1, 57ff.; Lateinische Komödie 15/1, 66; 75; Lateinische Tragödie 15/1, 83; Lateinschule 15/1, 91; Lehrplan 15/1, 113; Litauen 15/1, 173; Logik 15/1, 196; Magie 15/1, 254; Maß und Gewicht 15/1, 305; Mathematik 15/1, 319; Medizin 15/1, 365; 367ff.; Medizingeschichtsschreibung 15/1, 373; Melancholie 15/1, 378; 382; Metamorphose 15/1, 396; Mimesis 15/1, 433; Mischverfassung 15/1, 442; Mode 15/1, 483; Möbel 15/1, 518; Mönchtum 15/1, 530; Münzsammlungen 15/1, 559; Mythologie 15/1, 614–615; 622; Mythos 15/1, 645; Nacktheit in der Kunst 15/1, 651; Naturphilosophie 15/1, 770; Naturwissenschaften 15/1, 797; 837; 839; 849; 859; Niederlande und Belgien 15/1, 937; 1048; Nobilitas 15/1, 1080; Numismatik 15/1, 1110ff.; Okkultismus 15/1, 1149; 1154ff.; 1158–1159; Orient-Rezeption 15/1, 1195; 1225; Park 15/2, 171; Parnaß 15/2, 178; Philologie 15/3, 1299; Philosophie 15/2, 342; Physiognomik 15/2, 356; Poetik 15/2, 386ff.; Polen 15/2, 400; Politische Theorie 15/2, 414ff.; Preußen 15/2, 540ff.; Redegattungen 15/2, 639; Religionsgeschichte 15/2, 681; Schrift/Typographik 15/2, 1094; Spanien 15/3, 131ff.; Tempel/Tempelfassade 15/3, 374ff.; Theaterbau/Theaterkulisse 15/3, 403; Tschechien 15/3, 625; United Kingdom 15/3, 797; Unterwasserarchäologie 15/3, 922; Ut pictura poesis 15/3, 929; 932; Vasen/Vasenmalerei 15/3, 947ff.; Venedig 15/3, 961ff.; Warburg Institute, The 15/3, 1099; Weißrußland 15/3, 1109; Weltwunder 15/3, 1112; Winckelmann-Gesellschaft 15/3, 1139; Wirtschaft und Gewerbe 15/3, 1142–1143; Zoologie 15/3, 1207; Zoroastres/Zoroastrismus 15/3, 1230
Renaissance-Architektur: Triumphbogen 15/3, 583ff.
Renaissance-Basilika: Basilika 13, 426
Renaissance-Humanismus → Humanismus
Renaissance-Klassizismus: Barock 13, 398; 401
Renaissancen: Rezeptionsformen 15/2, 763
Renart-Stoff: Tierepos 15/3, 496
Renovatio imperii: Möbel 15/1, 518; Politische Theorie 15/2, 439; Rom 15/2, 862; 876
Repaganisierung: Neuhumanismus 15/1, 922
Repetitio: Glossatoren 14, 223
Replik: Abguß/Abgußsammlung 13, 1; Kitsch 14, 883; Souvenir 15/3, 78ff.
Repräsentamen: Semiotik 15/3, 7
Repräsentanz: Revolution 15/2, 743
Repräsentation (vgl. auch → Herrscherrepräsentation): Abguß/Abgußsammlung 13, 3; Antikensammlung 13, 143; Barock 13, 411; Demokratie 13, 723–724; Epos 13, 1027; Mausoleum 15/1, 338; München, Glyptothek und Antikensammlungen 15/1, 546; Preußen 15/2, 546; Reiterstandbild 15/2, 653; Republik 15/2, 732ff.
Reproduktion: Abguß/Abgußsammlung 13, 1; Dioskuren vom Monte Cavallo 13, 865; Steinschneidekunst: Gemmen 15/3, 285ff.
Republik**, Republikanismus: Athen 15, 289; Demokratie 13, 721; 727; 732; Diktatur 13, 853ff.; 857; 859ff.; Epochenbegriffe 13, 1000; Lateinamerika 15/1, 34; Menschenrechte 15/1, 387; Monarchie 15/1, 540; 542–543; Politische Theorie 15/2, 413; 416; 421ff.; 426; 449; Revolution 15/2, 743; 749
– *antik:* Politische Theorie 15/2, 425f.; Revolution 15/2, 741
– *frühneuzeitlich:* Politische Theorie 15/2, 419
– *römisch:* Demokratie 13, 726; 728; Deutschland 13, 786; Polen 15/2, 398; Politische Theorie 15/2, 415ff.; Redegattungen 15/2, 638; Republik 15/2, 717; Rom 15/2, 878; Romantik 15/2, 984
Res* publica: Politische Theorie 15/2, 446; Republik 15/2, 715; Verfassung 15/3, 972
Res sacrae: Herrscher 14, 378
Res sanctae: Herrscher 14, 378
Reservatkultur: Psalmodie 15/2, 587

Residenz: Renaissance 15/2, 712; Rom 15/2, 880
Residenzstadt: Rom 15/2, 842ff.
Restaurierung: Apoll von Belvedere 13, 152; Archäologischer Park 13, 216; Athen 13, 306; 309; 318; Baalbek 13, 370; Barberinischer Faun 13, 389; Barock 13, 414; Delphi 13, 720; Fälschung 13, 1075; Kassel, Staatliche Kunstsammlungen Antikenabteilung 14, 868; Milet 15/1, 426; München, Glyptothek und Antikensammlungen 15/1, 551; Mykene 15/1, 609; Orchomenos 15/1, 1190; Ostia und Porto 15/1, 1250; Pompeji 15/2, 474; Rom 15/2, 917
Restitutionsprägung: Numismatik 15/1, 1107
Rettungsgrabung (vgl. auch → Notgrabung): Nationale Forschungsinstitute 15/1, 667; Nida-Frankfurt 15/1, 982
Revitalisierung: Paganismus 15/2, 13; 16
Revolution**: Neugriechische Literatur 15/1, 899; Politische Theorie 15/2, 422; 425f.; Rom 15/2, 877; Sklaverei 15/3, 52ff.; Thukydidismus 15/3, 488; Trajanssäule 15/3, 550; Tyrannis 15/3, 693; United States of America 15/3, 846; Verfassung 15/3, 976
Revolutionsarchitektur: Forum/Platzanlage 13, 1159; Klassizismus 14, 959; Orient-Rezeption 15/1, 1205; Pantheon 15/2, 60
Revolutionskalender: Kalender 14, 782
Rezension: Literaturkritik 15/1, 179
Rezeptionsformen**: Rezeptionsformen 15/2, 759–770
Reziprozität*: Kulturanthropologie 14, 1139; Sozial- und Wirtschaftsgeschichte 15/3, 89
»Rhetorica ad Herennium«: Argumentationslehre 13, 242; Mnemonik/Mnemotechnik 15/1, 468; Rhetorik 15/2, 775ff.; 791; 797
Rhetorik*/**: Argumentationslehre 13, 240ff.; 242; Artes liberales 13, 276; Dialektik 15/3, 1251ff.; Frankreich 14, 10; 36; 45–46; Geschichtsmodelle 14, 161; 172; Geschichtswissenschaft/Geschichtsschreibung 14, 186; Homiletik/Ars praedicandi 14, 523ff.; Humanismus 14, 546ff.; Ironie 14, 648; Italien 14, 663; 668; Leichenrede 15/1, 116; Musik 15/1, 593; Philologie 15/3, 1298; Poetik 15/2, 384ff.; Redegattungen 15/2, 626ff.; 630; Renaissance 15/2, 703; Serbien 15/3, 29; Vulgarismusforschung/Vulgarrecht 15/3, 1072
Rhetorikschule: Religionsgeschichte 15/2, 680; Rhetorik 15/2, 814
Rhetoriktheorie, spätantike: Redegattungen 15/2, 645
Rhetorikunterricht: Argumentationslehre 13, 247; Panegyrik 15/2, 50ff.; Rom 15/2, 902
Rhetorische Trias: Rhetorik 15/2, 801
Richter: Notar 15/1, 1092

Ries: Papier 15/2, 63
Rigorismus, ethischer: Redegattungen 15/2, 635
Ringen*: Sport 15/3, 215
Riss, kolorierter: Paestum 15/2, 10
Rite de passage → Initiation; → Übergangsritus
Ritterakademie**: Ritterakademie 15/2, 821–824
Ritterdichtung: Mythologie 15/1, 623
Ritterepik: Adaptation 13, 10; 13
Ritterroman: Adaptation 13, 13; Neugriechische Literatur 15/1, 899; United Kingdom 15/3, 781
Rittertum: Ritterakademie 15/2, 821
Ritual*, Ritus: Kulturanthropologie 14, 1139; Leichenrede 15/1, 115; Mythos 15/1, 646; Religion und Literatur 15/2, 671ff.; Religionsgeschichte 15/2, 688
Ritualismus: Niederlande und Belgien 15/1, 1060
»Rivista di Archeologia Cristiana«: Christliche Archäologie 13, 644
Rockefeller Foundation: Lexikographie 15/1, 144
Römer-Germanen-Antithese: Nationalsozialismus 15/1, 727
»Römerbrief«: Stoizismus 15/3, 298
Römerdrama: Deutschland 13, 783
Römersiedlung: United Kingdom 15/3, 761f.
Römertum: Deutschland 13, 818; Dritter Humanismus 13, 881; Philologie 15/2, 317ff.
Römerwerte: Philologie 15/2, 318ff.
Römisch**-Germanische Kommission (RGK): Akademie 13, 49; Deutsches Archäologisches Institut 13, 753; Deutschland 13, 807; Klassische Archäologie 14, 910; Limes, Limesforschung 15/1, 164; Nationalsozialismus 15/1, 731; 740; Provinzialrömische Archäologie 15/2, 579
Römische Kunst: Epochenbegriffe 13, 1005
»Römische Mitteilungen«: Pompeji 15/2, 479
Römische Republik → Republik; → Res publica
Römisches** Recht (vgl. auch → Recht): Anspruch 13, 133; Byzanz 13, 603; Deutschland 13, 811; Eigentum 13, 929ff.; Frankreich 14, 10; 29; Geschichtswissenschaft/Geschichtsschreibung 14, 199; Glossatoren 14, 225; Herrscher 14, 369; Humanismus 14, 554ff.; Italien 14, 665; Lateinamerika 15/1, 34; 41; Lehnsrecht 15/1, 99ff.; Monarchie 15/1, 538; Mönchtum 15/1, 533; Naturrecht 15/1, 773; Norwegen 15/1, 1084; Notar 15/1, 1096; Papyrologie 15/2, 92; Polen 15/2, 403; 410–411; Politische Theorie 15/2, 412; Portugal 15/2, 517; 522; Redegattungen 15/2, 633; Republik 15/2, 717; Rhetorik 15/2, 808; Roman Dutch Law 15/2, 948; Romanistik/Rechtsgeschichte 15/2, 960ff.; Sacrum Imperium 15/2, 1035; Schuldrecht 15/2, 1105; Staufische Renaissance 15/3, 273; 276ff.; Strafrecht 15/3, 312ff.; Südafrika

15/3, 344ff.; Textstufenforschung 15/3, 394ff.; Tyrannis 15/3, 687; Vertrag 15/3, 1025; Völkerrecht 15/3, 1046; Vulgarismusforschung/Vulgarrecht 15/3, 1071ff.; Weißrußland 15/3, 1109
Rokoko: Deutschland 13, 784; Epikureismus 13, 992; Möbel 15/1, 519
Rolle*: Papyrussammlungen 15/2, 96
Rollsiegelsammlung: New York, Metropolitan Museum 15/1, 973
Rom-Elegie: Rom 15/2, 877
Rom-Idee: Faschismus 13, 1097; Imperium 14, 578; Philologie 15/2, 313; Rom 15/2, 873ff.; 876; Troja 15/3, 597
Rom-Ideologie: Faschismus 13, 1084; 1097; 1099ff.; 1102; 1104; Nationalsozialismus 15/1, 723ff.; Rom 15/2, 842
Rom-Ikonographie: Trajanssäule 15/3, 546
Rom-Illustration: Druckwerke 13, 884
Rom-Paradigma: Athen 13, 278; Epochenbegriffe 13, 999; Klassizismus 14, 962
Rom-Renovatio: Altertumskunde (Humanismus bis 1800) 13, 89; 94
Rom-Topographie: Altertumskunde (Humanismus bis 1800) 13, 89
Roma aeterna: Rom 15/2, 874; Sacrum Imperium 15/2, 1036
Roma instaurata: Altertumskunde (Humanismus bis 1800) 13, 90
Roma triumphans: Altertumskunde (Humanismus bis 1800) 13, 90
Roman*/** (vgl. auch → Alexanderroman und → Kriminalroman): DDR 13, 693; Deutschland 13, 764; 786; Epos 13, 1032; 1034ff.; Frankreich 15/3, 1259; 1264; Georgien 14, 137; Italien 14, 695; 700; Karthago 14, 851ff.; Klassizismus 14, 970; 972ff.; Kynismus 14, 1157; Neugriechische Literatur 15/1, 912ff.; Philologie 15/2, 267; 15/3, 1303; Polen 15/2, 397; Pompeji/Rezeption des freigelegten Pompeji in Literatur und Film 15/2, 492; Spanien 15/3, 141; Tierepos 15/3, 496ff.; United Kingdom 15/3, 807; 813; 819ff.; 822ff.; United States of America 15/3, 851; 875ff.; Vandalen 15/3, 944
– allegorischer: Park 15/2, 171ff.
– biographischer: Biographie 13, 522ff.
– historischer: Deutschland 13, 820ff.; 827; Finnland 13, 1148
– höfischer: Adaptation 13, 10; Epos 13, 1017
– mythologischer: Mythologie 15/1, 620
– Tatsachenroman: Sachbuch 15/2, 1031
»Roman Antiquities«: Altertumskunde (Humanismus bis 1800) 13, 95
Roman Club: Klassizismus 14, 976
»Roman de la Poire«: Frankreich 14, 18

»Roman de la Rose«: Frankreich 14, 18; 20; Karthago 14, 849
»Roman d'Enéas«: Adaptation 13, 8
»Roman de Thebes«: Adaptation 13, 8
»Roman de Troie«: Adaptation 13, 8
Roman** Dutch Law: Römisches Recht 15/2, 829
Romanik**: Dänemark 13, 675; Deutschland 13, 761; Erotica 13, 1041; Frankreich 14, 12; 19; Nacktheit in der Kunst 15/1, 649; Orient-Rezeption 15/1, 1210; Polen 15/2, 400; Spolien 15/3, 199
Romanische Kunst: Polen 15/2, 400
Romanische** Sprachen: Mittellatein 15/1, 447–448; Moldova 15/1, 533; Rumänien 15/2, 998–999
Romanisierung*: Akkulturation 15/3, 1247; Portugal 15/2, 516; Romanische Sprachen 15/2, 957ff.; Rumänien 15/2, 997; Spanien 15/3, 128
Romanistik**/Rechtsgeschichte: Strafrecht 15/3, 312ff.; Vulgarismusforschung/ Vulgarrecht 15/3, 1072
Romanità/Italianità: Cäsarismus 13, 628
Romantik**: Athen 13, 310; Bukolik/Idylle 13, 567; Décadence 13, 699; Deutschland 13, 813; Epochenbegriffe 13, 1002; Frankreich 15/3, 1257; Historienmalerei 14, 438; Homerische Frage 14, 514ff.; Italien 14, 701ff.; Keltisch-Germanische Archäologie 14, 871; Metamorphose 15/1, 397; Metapher/ Metapherntheorie 15/1, 405; Mimesis 15/1, 432; 435; Musen 15/1, 565; 567; Mythologie 15/1, 630; Mythos 15/1, 639ff.; 646; Neugriechische Literatur 15/1, 905; Niederlande und Belgien 15/1, 1051; Okkultismus 15/1, 1155; 1160; Orient-Rezeption 15/1, 1226; Philhellenismus 15/2, 233ff.; Philologie 15/2, 300; Platonismus 15/2, 372; Poetik 15/2, 390; Portugal 15/2, 523; Preußen 15/2, 552ff.; Psychoanalyse 15/2, 594; Schlachtorte 15/2, 1080; Zeitrechnung 15/3, 1177; Zoroastres/Zoroastrismus 15/3, 1231ff.
– Frühromantik: Platonismus 15/2, 370
Romanzo: Adaptation 13, 10; Epos 13, 1018ff.; Gattung/Gattungstheorie 14, 90–91
»Romulus Nilatinus«: Fabel 13, 1067
Romulus-Hügel: Rom 15/2, 916
Romulus-Hütte: Rom 15/2, 916
Romulus-Mauer: Rom 15/2, 920
Rosc (Spruchdichtung): Irland 14, 643
Rosenkreuzer: Magie 15/1, 257; Naturwissenschaften 15/1, 872; Okkultismus 15/1, 1148ff.; 1155; Orient-Rezeption 15/1, 1197
Rosette, Stein von: Ägyptologie 13, 17; Entzifferungen 13, 960; Inschriftenkunde,

griechische 14, 594; London, British Museum 15/1, 213
»Rosse** von San Marco«/Quadriga: Venedig 15/3, 961
Rota Vergilii: Klassizismus 14, 967
Rote Halle: Pergamon 15/2, 205; 208
Royal Numismatic Society: Numismatik 15/1, 1116
Rückbau: Athen 13, 306; Baalbek 13, 371
Ruhmeshalle: Denkmal 13, 741
Ruine: Altertumskunde (Humanismus bis 1800) 13, 89; Modell/Korkmodell 15/1, 494; Niederlande und Belgien 15/1, 1037; Orient-Rezeption 15/1, 1211; Ostia und Porto 15/1, 1248; Paestum 15/2, 8; Provinzialrömische Archäologie 15/2, 577; Rezeptionsformen 15/2, 763; Rom 15/2, 845; 869; Ruine/Künstliche Ruine 15/2, 991ff.; Villa 15/3, 1039; Vorderasiatische Archäologie 15/3, 1058; Werbung 15/3, 1128
Ruine**/Künstliche Ruine: Ruine/Künstliche Ruine 15/2, 991–997
Ruinenbild: Historienmalerei 14, 438
Ruinenlandschaft: Pompeji 15/2, 478; Ruine/Künstliche Ruine 15/2, 992
Ruinentempel: Rom 15/2, 937
Rūm milleti: Neugriechische Literatur 15/1, 896; 898; 900
Rundbau/Rotunde: Architekturkopie/-zitat 13, 233; Pantheon 15/2, 59
Rundfunk/Audio: Medien 15/1, 347ff.
»Ruodlieb«: Bayern 13, 431; Deutschland 13, 764; Numismatik 15/1, 1109

S

Saalburg*: Archäologischer Park 13, 219; Limes, Limesforschung 15/1, 159; Nida-Frankfurt 15/1, 981
Sabier von Ḥarrān: Arabisch-islamisches Kulturgebiet 13, 164; 168
Sacco di Roma: Altertumskunde (Humanismus bis 1800) 13, 90; Klassische Archäologie 14, 903; Rom 15/2, 843; 884
Sach-/Realphilosopie: Böckh-Hermann-Auseinandersetzung 13, 524
Sachbuch**: Sachbuch 15/2, 1030–1033
Sachenrecht: Deutscher Usus modernus 13, 747; Schuldrecht 15/2, 1107
Sachkultur: Germanische Sprachen 14, 151; Rezeptionsformen 15/2, 767
»Sachsenspiegel«: Historische Rechtsschule 14, 464; Lehnsrecht 15/1, 101
»Sacra Rota Romana«: Kanonisten 14, 797
»Sacrae Congregationes«: Kanonisten 14, 797
Sacratissimus (Titulatur): Herrscher 14, 379

Sacrum Imperium**: Antike 13, 137; Deutschland 13, 762; Rom 15/2, 876; Staufische Renaissance 15/3, 274; Verfassung 15/3, 976ff.
Sacrum palatium: Herrscher 14, 379
Säftelehre*/**: Affektenlehre (musikalisch) 13, 21; Arabisch-islamisches Kulturgebiet 13, 166; Diätetik 13, 828; Geriatrie 14, 147; Lykanthropie 15/1, 245; Medizin 15/1, 369; Melancholie 15/1, 378; 381; Naturwissenschaften 15/1, 838; Säftelehre 15/2, 1039ff.; United Kingdom 15/3, 804; Zoologie 15/3, 1201
Säkularisierung: Mönchtum 15/1, 530; Münzsammlungen 15/1, 561; Philologisches Seminar 15/2, 329; Spanien 15/3, 119
Säule/Säulenmonument**: Paestum 15/2, 10; Säule/Säulenmonument 15/2, 1042ff.; Stützfiguren/Erechtheionkoren 15/3, 326ff.; Trajanssäule 15/3, 543ff.; Trier 15/3, 568; Überlieferung 15/3, 698; Wirtschaft und Gewerbe 15/3, 1147
Säulenbasilika: Architekturkopie/-zitat 13, 224; Ottonische Renaissance 15/1, 1255
Säulenordnung**: Architekturkopie/-zitat 13, 230; Architekturtheorie/Vitruvianismus 13, 235; 238; Barock 13, 416; Klassizismus 14, 959; Renaissance 15/2, 705; Säule/Säulenmonument 15/2, 1047; Stützfiguren/Erechtheionkoren 15/3, 326ff.; Tempel/Tempelfassade 15/3, 373ff.; Toranlagen/Stadttore 15/3, 511; United States of America 15/3, 859; 869
– französische: Säulenordnung 15/2, 1051
– nationale: Säulenordnung 15/2, 1052
Säulenstraße: Aizanoi 13, 39
Sagum*: Mode 15/1, 482
Sakralaltertümer ägyptische: Altertumskunde (Humanismus bis 1800) 13, 94
– hebräische: Altertumskunde (Humanismus bis 1800) 13, 93
Sakralarchitektur, christliche: Stadt 15/3, 262; Stützfiguren/Erechtheionkoren 15/3, 326ff.
Sakramentaltheologie: Sprachphilosophie/Semiotik 15/3, 223ff.
Salernitaner-Schule: Medizin 15/1, 364
Salonkultur: Aphorismus 13, 150
Salonmusik: Akademie 13, 56; Musen 15/1, 569
Salutatio*: Briefkunst/Ars dictaminis 13, 549
Salze: Geologie (und Mineralogie) 14, 127; 129; Naturwissenschaften 15/1, 860
Salzgewinnung: Ostia und Porto 15/1, 1247
Sammelbiographie: Porträtgalerie 15/2, 503; 508
Sammlung (vgl. auch → Antikensammlung; → Handschriftensammlung; → Originalsammlung; → Papyrussammlung; → Privatsammlunga; → Skulpturensammlung): Archäologische Methoden 13, 202; Ägyptologie 13, 20;

Bibliothek 13, 498ff.; Frankreich 14, 25; Geflügelte Worte 14, 100; Gotha, Schloßmuseum 14, 231ff.; Kopenhagen 14, 1091ff.; Köln 14, 1023; 1027; Museum 15/3, 1273; Paris Louvre 15/2, 107; Polen 15/2, 401; Renaissance 15/2, 712; Rezeptionsformen 15/2, 765; Rom 15/2, 867; 913; 931; 940; Rumänien 15/2, 1011ff.; Schweiz 15/2, 1146; 1151; Steinschneidekunst: Gemmen 15/3, 283; Südafrika 15/3, 346; Türkei 15/3, 657ff.; Vasen/Vasenmalerei 15/3, 947; Vorsokratiker 15/3, 1062; Weltwunder 15/3, 1112; Wien, Kunsthistorisches Museum 15/3, 1130; Winckelmann-Gesellschaft 15/3, 1141; Zoologie 15/3, 1199
Samos-Grabung: Deutsches Archäologisches Institut 13, 753
San Vitale zu Ravenna: Architekturkopie/-zitat 13, 224; Deutschland 13, 762
Sanchuniathonische Streitfrage: Orient-Rezeption 15/1, 1226
Sankt Michael, Hildesheim: Deutschland 13, 762
Sankt Peter (Benediktiner): Patristische Theologie/Patristik 15/2, 198
Sanskrit: Religionsgeschichte 15/2, 684
Sapientia: Ciceronianismus 13, 647; Stoizismus 15/3, 303
Sapphische Strophe: Estland 13, 1047
Sarapiskult: Papyrologie 15/2, 94
Sargkartonage: Papyri (Fundgeschichte) 15/2, 67
Sarkophag*: Frankfurt am Main, Liebieghaus – Museum alter Plastik 14, 1; Kairo, Ägyptisches Museum 14, 773; Paris Louvre 15/2, 116; Rom 15/2, 905; Sepulchralkunst 15/3, 17ff.; Spolien 15/3, 201; 203; Türkei 15/3, 657; 675
Sarkophagplastik: Christliche Archäologie 13, 643; 645; Porträt 15/2, 497
Sarmatismus: Polen 15/2, 393; 398ff.
Satellitenprospektion: Archäologische Methoden 13, 210; Luftbildarchäologie 15/1, 231
Satire*/*: Byzanz 13, 606; Deutschland 13, 764; 768ff.; 777ff.; 784; Epos 13, 1019–1021; Fabel 13, 1070; Mythologie 15/1, 634; Roman 15/2, 946; Satire 15/2, 1067ff.
Satyrspiel*: Papyri, literarische 15/2, 72
Scaligergräber: Mausoleum 15/1, 332
Schachtgrab: Aigina 13, 29; Kretisch-Mykenische Archäologie 14, 1101; Mykene 15/1, 605
Schattenmalerei*: Stil, Stilanalyse, Stilentwicklung 15/3, 289
Schattenspiel: Neugriechische Literatur 15/1, 915
Schatz des Priamos: Troja 15/3, 610
Schatzfund: Mykene 15/1, 606; Numismatik 15/1, 1108; 1120ff.; Rumänien 15/2, 1011; 1013
Schatzgräberei: Ägyptologie 13, 18; Klassische Archäologie 14, 925; Nida-Frankfurt 15/1, 981

Schatzhaus des Minyas: Orchomenos 15/1, 1188; 1190
Schatzkammer: Numismatik 15/1, 1109; Steinschneidekunst: Gemmen 15/3, 282
Schatzkunst: Spolien 15/3, 202
Schauerstück: Neugriechische Literatur 15/1, 898
Schauspieler: Theater 15/3, 398
Scheidungsrecht: Ehe 13, 924ff.
Schicksal*: Stoizismus 15/3, 299ff.
Schiffsbau: Handel/Handelswege 14, 351
Schiffsfund: Unterwasserarchäologie 15/3, 925ff.
Schiffswrack: Unterwasserarchäologie 15/3, 925
»Schilder-Boeck«: Niederlande und Belgien 15/1, 1040
Schisma um 1400: Rom 15/2, 842; 846
Schisma von 1054: Byzanz 13, 609
Schlachtengemälde: Historienmalerei 14, 426
Schlachtorte**: Schlachtorte 15/2, 1074–1092
Schlußlehre: Logik 15/1, 198
Schmuck*: Altertumskunde (Humanismus bis 1800) 13, 89; Griechenland 14, 292; Medaillen 15/1, 340
Schönheit: Bildung 13, 511ff.; Deutschland 13, 798; 801ff.; Drei Grazien 13, 872ff.; Einbildungskraft 13, 935; Ekphrasis 13, 942; Epochenbegriffe 13, 1002; Mimesis 15/1, 434; Musik 15/1, 591; Neuhumanismus 15/1, 919; Romantik 15/2, 983f.
Schöpfungstheologie: Arabisch-islamisches Kulturgebiet 13, 168; Philosophia perennis 15/2, 331ff.
Scholastik: Akademie 13, 44; Alexandrinismus 13, 72; Allegorese 13, 77; Arabisch-islamisches Kulturgebiet 13, 172; Aristotelismus 13, 254; 259; Barock 13, 400; Bildung 13, 509; Deutschland 13, 763; 769; Ehe 13, 924; Enzyklopädie 13, 966; Frankreich 14, 10; 28–30; Lateinamerika 15/1, 32–33; Logik 15/1, 193; Menschenrechte 15/1, 386; Mnemonik/Mnemotechnik 15/1, 468; Mönchtum 15/1, 529; Musik 15/1, 581; Mythos 15/1, 639; Naturrecht 15/1, 775; Naturwissenschaften 15/1, 797; Österreich 15/1, 1136; Philosophie 15/2, 340; 344; Polen 15/2, 392; Praktische Philosophie 15/2, 526; Querelle des Anciens et des Modernes 15/2, 617ff.; Rhetorik 15/2, 816; Staufische Renaissance 15/3, 272ff.
»Scholia Veronensia«: Kommentar 14, 1059
Scholien*: Kommentar 14, 1062; Philologie 15/2, 240
Schottisch-Gälisch: Keltische Sprachen 14, 874ff.
Schottische Aufklärung: Politische Theorie 15/2, 426ff.; Sklaverei 15/3, 48ff.; Sozial- und Wirtschaftsgeschichte 15/3, 83ff.
Schreibmaterial*: Schriftwissenschaft 15/2, 1100

Schreibschule, mittelalterliche: Paläographie lateinische 15/2, 44
Schreibwerkzeug: Schriftwissenschaft 15/2, 1100
Schrift**/Typographik: Griechisch 14, 298ff.; Keltische Sprachen 14, 875; Lateinische Inschriften 15/1, 56; Rezeptionsformen 15/2, 761; Schrift/Typographik 15/2, 1092ff.; 1097ff.; Überlieferung 15/3, 715; 724
Schriftgeschichte
– *griechische*: Paläographie, griechischische 15/2, 41ff.
– *lateinische*: Paläographie, lateinische 15/2, 43
Schriftkultur, slavische: Rußland 15/2, 1014ff.
Schriftlichkeit: Epos 13, 1035; Neugriechische Literatur 15/1, 914; Religion und Literatur 15/2, 671
Schriftsinn: Allegorese 13, 81
– *dreifacher*: Allegorese 13, 81
– *vierfacher*: Allegorese 13, 77
Schriftsprache: Romanische Sprachen 15/2, 958
Schriftsystem: Religionsgeschichte 15/2, 686; Schriftwissenschaft 15/2, 1098
Schriftträger: Schriftwissenschaft 15/2, 1100
Schrifttyp: Philologie 15/2, 285; Schriftwissenschaft 15/2, 1099ff.
Schriftwissenschaft**: Schriftwissenschaft 15/2, 1098–1101
Schulbuch**: Schulbuch 15/2, 1101–1105
Schuldrecht**: Deutscher Usus modernus 13, 747; Romanistik/Rechtsgeschichte 15/2, 967; Schuldrecht 15/2, 1105ff.; Vertrag 15/3, 1026
Schule von Chartres: Allegorese 13, 81ff.; Metaphysik 15/1, 414; Mittellatein 15/1, 456; Monarchie 15/1, 537; Mythos 15/1, 645; Naturphilosophie 15/1, 768; Naturwissenschaften 15/1, 794; Platonismus 15/2, 366; Religionsgeschichte 15/2, 681; Rhetorik 15/2, 815
Schule von Córdoba: Pharmakologie 15/2, 221; 224
Schule von Fontainebleau: Renaissance 15/2, 712
Schule von Montecassino: Redegattungen 15/2, 629
Schulfunk: Medien 15/1, 351ff.
Schulmedizin: Säftelehre 15/2, 1041
Schulprogramm**: Deutschland 13, 809; Tschechien 15/3, 629ff.
Schulrhetorik: Argumentationslehre 13, 247; Rhetorik 15/2, 794
Schultheater: Lateinische Komödie 15/1, 70
Schulübersetzung: Übersetzung 15/3, 737ff.
Schulwesen**: Bayern 13, 434; 438; Bulgarien 13, 571; Deutschland 13, 794; Faschismus 13, 1099; Griechenland 14, 275ff.; Irland 14, 645; Island 14, 651; Italien 14, 659ff.; 677; Kommentar 14, 1058; Niederlande und Belgien 15/1, 987; Österreich 15/1, 1139; Polen 15/2, 404; Prüfungsordnungen 15/2, 583ff.; Realschule 15/2, 623ff.; Rhetorik 15/2, 795; 801ff.; 815; Rumänien 15/2, 1010; Rußland 15/2, 1022; 1025; Schulbuch 15/2, 1101; Schulwesen 15/2, 1110ff.; Schweden 15/2, 1115; Schweiz 15/2, 1125; 1133; 1142ff.; Serbien 15/3, 26; Slowakei 15/3, 63ff.; 65; 67; Slowenien 15/3, 70; Spanien 15/3, 103ff.; 106ff.; 115ff.; Stundentafeln 15/3, 336ff.; Südafrika 15/3, 345ff.; Tschechien 15/3, 639; Ungarn 15/3, 753; United Kingdom 15/3, 770
– *kirchliches*: Altsprachlicher Unterricht 13, 124; Realschule 15/2, 623
Schwefel*: Naturwissenschaften 15/1, 861
Schwefel-Quecksilber-Lehre: Naturwissenschaften 15/1, 866; 868
Schweizer Altphilologenverband: Lexikographie 15/1, 144
Schweizerische Numismatische Gesellschaft: Numismatik 15/1, 1116
Schweizerischer Nationalfond: Philologie 15/2, 256
Schwertritter-Orden: Lettland 15/1, 122
Science Fiction: Film 13, 1133; Romantik 15/2, 975
Scienza nuova: Historismus 14, 481
Scotismus: Querelle des Anciens et des Modernes 15/2, 621
Scotland**, Law of: Scotland, Law of 15/3, 1–4
Sechs-Verfassungsformen-Lehre: Verfassungsformen 15/3, 983
Seedarlehen*: Geld/Geldwirtschaft/Geldtheorie 14, 109; Handel/Handelswege 14, 352
Seehandel: Handel/Handelswege 14, 351
Seelenlehre*: Alexandrinismus 13, 72; Arabisch-islamisches Kulturgebiet 13, 167; Aristotelismus 13, 258; Pädagogik 15/2, 3; Physiognomik 15/2, 349; Platonismus 15/2, 362ff.; Politische Theorie 15/2, 463; Praktische Philosophie 15/2, 530; 533; Stoizismus 15/3, 299ff.
Seidenstraße*: Pakistan/Gandhara-Kunst 15/2, 34ff.
Selbstanalyse: Autobiographie 13, 362ff.
Selbstbildnis: Porträtgalerie 15/2, 509
Selbstreflexion: Aphorismus 13, 151
Selbstreflexivität: Komödie 14, 1067
Semantik: Semiotik 15/3, 7ff.; Sprachphilosophie/Semiotik 15/3, 222; Sprachwissenschaft 15/3, 247–248
Semantisches Dreieck: Sprachphilosophie/Semiotik 15/3, 222
Seminar: Philologisches Seminar 15/2, 328ff.
Semiotik** (vgl. auch → Sprachphilosophie): Italien 14, 708; Kulturanthropologie 14, 1142; Sprachphilosophie/Semiotik 15/3, 220ff.; 223ff.; Ut pictura poesis 15/3, 933
Semiotisches Dreieck: Sprachphilosophie/Semiotik 15/3, 222
Semipelagianismus*: Augustinismus 13, 351ff.

Semitische* Sprachen: Semitistik 15/3, 10ff.
Semitistik**: Altorientalische Philologie und Geschichte 13, 102; Arabistik 13, 189
Senat/Senatus: Nobilitas 15/1, 1077; Rom 15/2, 880
Sensualismus: Musik 15/1, 600
Sentenzensammlung (vgl. auch → Spruchsammlung): Panegyrik 15/2, 55; Tacitismus 15/3, 355ff.
Sentimentalische, das: Klassizismus 14, 956
Sepulchralanlage: Reiterstandbild 15/2, 651
Sepulchralkunst**: Etruskerrezeption 13, 1051; Mausoleum 15/1, 334; Orient-Rezeption 15/1, 1197; Renaissance 15/2, 708; Romanik 15/2, 952; Rosse von San Marco/Quadriga 15/2, 988
Serbien**: Byzanz 13, 616
Serbische Gesellschaft für Archäologie: Serbien 15/3, 30
Seriation: Archäologische Methoden 13, 203; 211–212
Servianische Mauer: Rom 15/2, 894
Sestine: Lyrik 15/1, 249
Sexualität*: Frankreich 14, 19; Gender Studies 14, 114ff.; 117; Physiognomik 15/2, 361; Psychoanalyse 15/2, 588ff.; 601
Sexualmoral: Bevölkerungswissenschaft/Historische Demographie 13, 484; 487
Sibyllentempel: Park 15/2, 134
Sieben Weltwunder: Babylon 13, 377; Halikarnass 14, 339; Mausoleum 15/1, 330; Orient-Rezeption 15/1, 1223
Siedlungsanalyse: Archäologische Methoden 13, 211
Siedlungsarchäologie: Ägyptologie 13, 19
Siedlungsgeschichte: Provinzialrömische Archäologie 15/2, 574
Siedlungskontinuität*: Albanien 13, 59ff.; Mainz 15/1, 268; Milet 15/1, 420; Stadt 15/3, 266
Siedlungssysteme: Archäologische Bauforschung 13, 200; Archäologische Methoden 13, 213
Siegel*: Steinschneidekunst: Gemmen 15/3, 287
Siegelsammlung: Paris, Louvre 15/2, 122
Siegesideologie: Park 15/2, 147
Siegessäule: Säule/Säulenmonument 15/2, 1043ff.
Signatura Apostolica: Kanonisten 14, 797
Significatio: Sprachphilosophie/Semiotik 15/3, 224
Signifikant, Signifikat: Semiotik 15/3, 5; Strukturalismus 15/3, 321
Signum*: Sprachphilosophie/Semiotik 15/3, 221
Silbenschrift: Entzifferungen 13, 962; Schriftwissenschaft 15/2, 1099
Silber*: Naturwissenschaften 15/1, 860
Silberne Latinität: Epochenbegriffe 13, 1009; 1013; Neulatein 15/1, 926
Silbernes Zeitalter: Epochenbegriffe 13, 1008
Silberwährung: Geld/Geldwirtschaft/Geldtheorie 14, 105

Simulation: Archäologische Methoden 13, 206
Singstil: Affektenlehre (musikalisch) 13, 22
Singularisierung: Komödie 14, 1067
Sintflut-Tafel: Altorientalische Philologie und Geschichte 13, 103; London, British Museum 15/1, 224
Siphnier-Schatzhaus: Delphi 13, 717
Skala/Tonleiter: Sphärenharmonie 15/3, 188ff.; Tonartenlehre 15/3, 508
Skaldendichtung: Norwegen 15/1, 1085
Skamander-Gruppe: Polen 15/2, 397
Skepsis → Skeptizismus
Skeptizismus*/**: Epikureismus 13, 989; Geschichtsmodelle 14, 178; Philosophie 15/2, 339ff.; Platonismus 15/2, 368; Politische Theorie 15/2, 429; Praktische Philosophie 15/2, 533; Querelle des Anciens et des Modernes 15/2, 611; Sklaverei 15/3, 52ff.; Stoizismus 15/3, 301
Sklavenhaltergesellschaft: Epochenbegriffe 13, 999; Sklaverei 15/3, 49ff.; 52; Sozialismus 15/3, 94
Sklavenhandel*: Handel/Handelswege 14, 353
Sklavenrevolution: Sklaverei 15/3, 53
Sklaverei*/**: Lateinamerika 15/1, 34; Marxismus 15/1, 298; Politische Theorie 15/2, 427; 430; 433; Rußland 15/2, 1026ff.; Sozial- und Wirtschaftsgeschichte 15/3, 83ff.; Technikgeschichte 15/3, 367ff.; United States of America 15/3, 843ff.; 860; Wirtschaftslehre 15/3, 1149; 1151
Skriptorium: Bayern 13, 431; Bibliothek 13, 495ff.; Frankreich 14, 6ff.; 11; 18; Italien 14, 661; Karolingische Renaissance 14, 827; Luxemburg 15/1, 236; Verlag 15/3, 1001
Skulpturengarten: Park 15/2, 140
Skulpturensammlung: München, Glyptothek und Antikensammlungen 15/1, 548ff.; Polen 15/2, 402; Preußen 15/2, 543; Rom 15/2, 931; 936; Sankt Petersburg, Eremitage 15/2, 1063
Skultpur → Bildhauerei
Skylla-Gruppe: Sperlonga 15/3, 183
Skythische Kultur: Sankt Petersburg, Eremitage 15/2, 1062
Slavenmission: Slavische Sprachen 15/3, 60; Slowakei 15/3, 63
Slavische*/** Sprachen: Serbien 15/3, 25ff.
Social Anthropology: Kulturanthropologie 14, 1132; Religionsgeschichte 15/2, 686; 694
Società Italiana dei Papiri: Papyri (Fundgeschichte) 15/2, 67
Societas civilis: Marxismus 15/1, 300
Societatea de Studii Clasice: Rumänien 15/2, 1010
Societé Académique Roumaine: Rumänien 15/2, 998

Société des Antiquités: Kassel, Staatliche
  Kunstsammlungen Antikenabteilung 14, 861; 864
Société Française de Numismatique: Numismatik
  15/1, 1116
Société psychanalytique de Paris: Psychoanalyse
  15/2, 590
Society of Antiquaries: Altertumskunde
  (Humanismus bis 1800) 13, 91; Klassische
  Archäologie 14, 910; Limes, Hadrianswall
  15/1, 153
Society** of Dilettanti: Aigina 13, 29;
  Altertumskunde (Humanismus bis 1800) 13, 91;
  93; Antikensammlung 13, 144; Athen 13, 281;
  Druckwerke 13, 884; 893; Eleusis 13, 947;
  Etruskologie 13, 1055; Inschriftenkunde,
  griechische 14, 590; Klassische Archäologie
  14, 904; Klassizismus 14, 954; 976; Knidos
  14, 989; Parthenon 15/2, 193; Priene
  15/2, 559; Samos 15/2, 1054; Säulenordnung
  15/2, 1052; Troja 15/3, 604
Society of Roman Knights: Klassizismus 14, 976
Solidus*: Maß und Gewicht 15/1, 309
Solözismus: Küchenlatein 14, 1125
Sonett: Lyrik 15/1, 249
Sophistik*: Frieden 14, 68; Philosophie 15/2, 343;
  Platonismus 15/2, 362; 374; Politische Theorie
  15/2, 433; Querelle des Anciens et des Modernes
  15/2, 620; Redegattungen 15/2, 637; 641;
  Rhetorik 15/2, 813
»Sources Chrétiennes«: Geschichtswissenschaft/
  Geschichtsschreibung 14, 215
Souvenir**: Etruskerrezeption 13, 1054; Klassische
  Archäologie 14, 928; Orient-Rezeption
  15/1, 1204; Rezeptionsformen 15/2, 766;
  Rom 15/2, 906; Vasen/Vasenmalerei
  15/3, 950; Wirtschaft und Gewerbe 15/3, 1147
Souveränität: Bund 13, 581ff.; Diktatur 13, 853;
  Mischverfassung 15/1, 444; Monarchie
  15/1, 540ff.; Politische Theorie 15/2, 417ff.;
  450; Republik 15/2, 723; 726; 731; Revolution
  15/2, 743; Verfassung 15/3, 976ff.;
  Verfassungsformen 15/3, 983
SOV-Sprache: Sprachwissenschaft 15/3, 241
Sozial**– und Wirtschaftsgeschichte: Geschichts-
  modelle 14, 181ff.; Geschichtswissenschaft/
  Geschichtsschreibung 14, 194; 206ff.;
  Historische Methoden 14, 458; 460; Nobilitas
  15/1, 1073
Sozialanthropologie: Kulturanthropologie 14, 1134
Sozialdarwinismus: Nationalsozialismus 15/1, 723ff.
Sozialdemokratie: Sparta 15/3, 162
Soziale Frage: Sozialismus 15/3, 95; Sparta
  15/3, 162ff.
Soziale Selektion: Altsprachlicher Unterricht 13, 115;
  125
Sozialgeographie: Historische Geographie 14, 451

Sozialgeschichte: Sklaverei 15/3, 47ff.
Sozialismus**: Demokratie 13, 733; Deutschland
  13, 812; Diktatur 13, 859; Sparta 15/3, 162;
  169; Wirtschaftslehre 15/3, 1150
Sozialismuskritik: DDR 13, 690
Sozialistische Revolution: Bulgarien 13, 575
Sozialistischer Humanismus: DDR 13, 689
Sozialistischer Realismus: China 13, 637
Soziallehre, katholische: Sozialismus 15/3, 98
Sozialstruktur*: Sozial- und Wirtschaftsgeschichte
  15/3, 83ff.; 90
Sozialtheorie: Republik 15/2, 736
Sozialwissenschaft: Politische Theorie 15/2, 437
Soziolekt: Sprachwissenschaft 15/3, 249
Soziolinguistik: Sprachwissenschaft 15/3, 249
Soziologie: Historische Methoden 14, 459;
  Pädagogik 15/2, 2; Religionsgeschichte
  15/2, 695
Spätantike*: Epochenbegriffe 13, 1000; 1006; 1010;
  1013; Franz-Joseph-Dölger-Institut 14, 63;
  Geschichtswissenschaft/Geschichtsschreibung
  14, 213ff.; Griechisch 14, 302ff.; Nobilitas
  15/1, 1076; Numismatik 15/1, 1108;
  Philologie 15/2, 304; Spolien 15/3, 196ff.;
  Stadt 15/3, 262ff.
Spätlatein: Mittellatein 15/1, 447
Spätscholastik: Billigkeit 13, 517; Ehe 13, 925–926
Spanisch-arabischer Bürgerkrieg: Spanien 15/3, 140
Spanischer Bürgerkrieg: Spanien 15/3, 144
Sparta-Athen-Antithese: Sparta 15/3, 153ff.; 159
Sparta-Ideologie: Nationalsozialismus 15/1, 723ff.;
  733; 735; 747
Sparta-Paradigma: Athen 13, 278
Spartakus-Bund: Sozialismus 15/3, 93
»Spectator«: Klassizismus 14, 971
Specula: Geschichtsmodelle 14, 172
Sphärenharmonie*/**: Musik 15/1, 602; Natur-
  wissenschaften 15/1, 798; 826; Okkultismus
  15/1, 1159; Parnaß 15/2, 181
Sphärenmodell: Arabisch-islamisches Kulturgebiet
  13, 168
Sphinx*: Orient-Rezeption 15/1, 1194; 1196ff.;
  1199; 1203
Spiele**: Stadt 15/3, 264
Spiele, Kapitolinische: Papyri, literarische 15/2, 78
Spielmannsepik: Adaptation 13, 13; Orient-Re-
  zeption 15/1, 1224
Spiritualismus, französischer: Platonismus 15/2, 372
Spolien*/**: Altertumskunde (Humanismus bis 1800)
  13, 89; Antikensammlung 13, 139; Architek-
  turkopie/-zitat 13, 224; Bulgarien 13, 572;
  Byzanz 13, 612; Deutschland 13, 777;
  Frankreich 14, 20; Konstantinopel 14, 1088;
  Lateinische Inschriften 15/1, 47; Möbel
  15/1, 518; Ostia und Porto 15/1, 1247;
  Ottonische Renaissance 15/1, 1255; Paestum

15/2, 8; Park 15/2, 145; Porträt 15/2, 498; Rezeptionsformen 15/2, 764; Rom 15/2, 853ff.; Romanik 15/2, 953ff.; Säulenordnung 15/2, 1048; Serbien 15/3, 32; Sparta 15/3, 174; Stadt 15/3, 264; 266; Staufische Renaissance 15/3, 272; Überlieferung 15/3, 698; Vasen/Vasenmalerei 15/3, 946
Spolienexport: Rom 15/2, 855
Spoliensäule: Säule/Säulenmonument 15/2, 1047
Sport*/**: Olympia 15/1, 1167; Stadion 15/3, 256ff.
Sprachwissenschaft**: Finnland 13, 1151; Griechenland 14, 285; Inschriftenkunde, griechische 14, 606ff.; Iranistik 14, 633ff.; Psychoanalyse 15/2, 590; Schweden 15/2, 1119; Semitistik 15/3, 10ff.
Sprachbund: Sprachwissenschaft 15/3, 239
Sprachdiffusion: Rezeptionsformen 15/2, 762
Sprachenstreit: Griechenland 14, 270; 277; 285; Neugriechische Literatur 15/1, 902–903; 908
Sprachgeschichte: Griechisch 14, 293ff.; Philologie 15/2, 312; Sprachphilosophie/Semiotik 15/3, 226
Sprachgesellschaft: Akademie 13, 43; Barock 13, 394
Sprachgliederung: Sprachwissenschaft 15/3, 238ff.
Sprachkompetenz, aktive: Lexikographie 15/1, 134
Sprachkontakt*: Slavische Sprachen 15/3, 63f.; Sprachwissenschaft 15/3, 249
Sprachkritik: Literaturkritik 15/1, 183; Neulatein 15/1, 926
Sprachphilosophie**: Neuhumanismus 15/1, 920; Philosophie 15/2, 340; Stoizismus 15/3, 297
Sprachstatistik: Platonismus 15/2, 373
Sprachsystem: Schriftwissenschaft 15/2, 1098
Sprachtheorie*: Platonismus 15/2, 373; Sprachphilosophie/Semiotik 15/3, 220ff.; Sprachwissenschaft 15/3, 242ff.
Sprachtypologie: Sprachwissenschaft 15/3, 231ff.
Sprachursprung: Sprachphilosophie/Semiotik 15/3, 225ff.; Sprachwissenschaft 15/3, 230ff.
Sprachvergleichung: Sprachwissenschaft 15/3, 230ff.
Sprachverwandtschaft*: Sprachwissenschaft 15/3, 238ff.
Sprachzeichen: Sprachphilosophie/Semiotik 15/3, 221
Sprechakttheorie: Sprachwissenschaft 15/3, 249
Sprecherkompetenz: Sprachwissenschaft 15/3, 247f.
Sprechsprache: Romanische Sprachen 15/2, 958
Sprichwort*: Aphorismus 13, 151; Lexikographie 15/1, 135
Spruchsammlung (vgl. auch → Sentenzensammlung): Arabisch-islamisches Kulturgebiet 13, 167; Deutschland 13, 764

Staat*: Dritter Humanismus 13, 880; 882; Politische Theorie 15/2, 431; 446; Preußen 15/2, 540
Staatsallegorie: Parnaß 15/2, 184
Staatsformen: Verfassung 15/3, 974ff.
Staatsgräberstraße: Athen 13, 317
Staatskirchenrecht: Theologie und Kirche des Christentums 15/3, 459ff.
Staatskunst: Abguß/Abgußsammlung 13, 4
Staatsmodell: Platonismus 15/2, 369ff.
Staatsporträt: Porträtgalerie 15/2, 510
Staatsräson: Monarchie 15/1, 540; Politische Theorie 15/2, 416
Staatsrecht: Historische Rechtsschule 14, 468
Staatsreform: Neuhumanismus 15/1, 921
Staatstheorie: Platonismus 15/2, 365; Politische Theorie 15/2, 419; 451
Staatsverfassung → Verfassung
Staatswirtschaft: Sozial- und Wirtschaftsgeschichte 15/3, 85ff.
Staatswissenschaft: Politische Theorie 15/2, 455
Stab/Szepter: Herrscher 14, 381
»Stadiasmus Lyciae«: Inschriftenkunde, griechische 14, 597
Stadion*/**: Faschismus 13, 1090
Stadt**, Städtebau: Babylon 13, 377; Ostia und Porto 15/1, 1249; Priene 15/2, 565; Ritterakademie 15/2, 821; Sozial- und Wirtschaftsgeschichte 15/3, 84
Stadtbibliothek: Bibliothek 13, 499
Stadtbürger: Bürger 13, 557
Stadtflucht: Stadt 15/3, 268
Stadtgeschichte: Geschichtsmodelle 14, 165; Rom 15/2, 841ff.; 872ff.
Stadtmauer: Babylon 13, 377; Pompeji 15/2, 474; 477
Stadtplan: Priene 15/2, 560
Stadtplanung: Pergamon 15/2, 208; Stadion 15/3, 257
Stadtschule, lateinische: Schulwesen 15/2, 1111
Stadtstaat: Mischverfassung 15/1, 442; Republik 15/2, 726
Stadttor → Toranlagen/Stadttore
Stadtwirtschaft: Sozial- und Wirtschaftsgeschichte 15/3, 86
Ständeordnung: Neuhumanismus 15/1, 918
Ständewesen: Ritterakademie 15/2, 821
Stalinismus: Sklaverei 15/3, 52
Stammbaum: Sprachwissenschaft 15/3, 238ff.
Stammesgeschichte: Geschichtsmodelle 14, 170; 173
Stammesgesellschaft: Religionsgeschichte 15/2, 688
Stammesreligion: Religionsgeschichte 15/2, 684
Standarte von Ur: London, British Museum 15/1, 228
Statik: Arabisch-islamisches Kulturgebiet 13, 170; Architekturtheorie/Vitruvianismus 13, 238

Statistik: Archäologische Methoden 13, 207; Politische Theorie 15/2, 419
Statuargesetzgebung: Strafrecht 15/3, 312ff.
»Statue of Liberty«: Denkmal 13, 741
Statuengalerie: Philosophie 15/2, 345
Statuenliebe: Knidische Aphrodite 14, 982ff.
Statuenprogramm: Park 15/2, 127ff.
»Statuette des Mantiklos«: Boston, Museum of Fine Arts 13, 535
Status-Lehre: Argumentationslehre 13, 242
Staufische Kunst: Staufische Renaissance 15/3, 275
Staufische Renaissance: Autobiographie 13, 361; Sizilien 15/3, 32ff.
Stein der Weisen: Okkultismus 15/1, 1150
Steindenkmälersammlung: Polen 15/2, 402
Steinraub: Alexandria 13, 68; Limes, Hadrianswall 15/1, 150; 152; Nida-Frankfurt 15/1, 980; Orchomenos 15/1, 1191; Ostia und Porto 15/1, 1247
Steinschneidekunst**: Gemmen: Staufische Renaissance 15/3, 279
Stele von Xanthos: Inschriftenkunde, griechische 14, 594ff.
Stellionatus*: Strafrecht 15/3, 316
Stempeluntersuchung: Numismatik 15/1, 1119
Stereotypen: Künstlerlegenden 14, 1126
Stereotypisierung: Orientalismus 15/1, 1239
Sternkunde (vgl. auch → Astrologie; → Astronomie): Arabisch-islamisches Kulturgebiet 13, 168
Stich: Druckwerke 13, 894
Stiftsschule: Schulwesen 15/2, 1111; Schweiz 15/2, 1125ff.
Stiftung: Istituto (Nazionale) di Studi Romani 14, 653; Kunsterwerb/Kunstraub 14, 1148
Stil**, Stilanalyse, Stilentwicklung: Altertumskunde (Humanismus bis 1800) 13, 97; Archäologische Methoden 13, 202ff.; Architekturkopie/-zitat 13, 232; Deutschland 13, 816; Gattung/Gattungstheorie 14, 89; Mittellatein 15/1, 455; Steinschneidekunst: Gemmen 15/3, 286; Thukydidismus 15/3, 485
Stilepochen: Epochenbegriffe 13, 1002; Klassische Archäologie 14, 907
Stilgeschichte: Klassische Archäologie 14, 916; Neulatein 15/1, 926; Numismatik 15/1, 1118
Stilistik: Figurenlehre 13, 1124; Rhetorik 15/2, 789
Stillehre, antike: Poetik 15/2, 386
Stilrhetorik: Argumentationslehre 13, 247
Stiltheorie: Figurenlehre 13, 1124; 1128
Stilübung: Altsprachlicher Unterricht 13, 120; Übersetzung 15/3, 731ff.
Stilwandel: Torso (Belvedere) 15/3, 514
Stoa**, Stoizismus: Aufklärung 13, 347; Deutschland 13, 783–784; Diana von Ephesus 13, 838; Frieden 14, 68; Gerechtigkeit 14, 140; 143; Menschenrechte 15/1, 386; Monarchie 15/1, 540; Mythos 15/1, 639; Naturphilosophie 15/1, 771; Naturwissenschaften 15/1, 797; 832; Philosophie 15/2, 339ff.; Politische Theorie 15/2, 429; 445; Praktische Philosophie 15/2, 526; 531; Sparta 15/3, 176ff.; 179; Sprachphilosophie/Semiotik 15/3, 225; Ungarn 15/3, 751; United States of America 15/3, 840; 843; 847; Wirtschaftslehre 15/3, 1159
Strafrecht**: Historische Rechtsschule 14, 468; Römisches Recht 15/2, 833
Straßensystem: Pergamon 15/2, 208
Stratifikation: Archäologische Methoden 13, 211
Stratigraphie: Archäologische Methoden 13, 211; Klassische Archäologie 14, 910; 924; 927ff.; 942; Knossos 14, 992; 1001; Kretisch-Mykenische Archäologie 14, 1107; Lateinische Inschriften 15/1, 49; Orchomenos 15/1, 1190
Stratigrapie: Archäologische Methoden 13, 202
Strenger* Stil: Epochenbegriffe 13, 1003; Klassische Archäologie 14, 913; 924; 928
Strukturalismus**: Archäologische Methoden 13, 208; Historische Methoden 14, 461; Italien 14, 708; Klassische Archäologie 14, 913; Kulturanthropologie 14, 1134; Matriarchat 15/1, 327; Mythos 15/1, 644; Psychoanalyse 15/2, 598; Religionsgeschichte 15/2, 697; Semiotik 15/3, 5ff.; Sprachwissenschaft 15/3, 237; 243ff.; 246ff.
Strukturforschung: Archäologische Methoden 13, 204; Stil, Stilanalyse, Stilentwicklung 15/3, 295f.
Studenten: Universität 15/3, 910ff.; 914ff.
Studentenbewegung: Universität 15/3, 917
Studia humanitatis: Artes liberales 13, 274–275; Bayern 13, 432; Bildung 13, 512; Ciceronianismus 13, 647; Deutschland 13, 767; 793; Italien 14, 677; Neulatein 15/1, 935
Studiensammlung: Steinschneidekunst: Gemmen 15/3, 286
Studium generale: Niederlande und Belgien 15/1, 988
Stützfiguren**/Erechtheionkoren: Stützfiguren/Erechtheionkoren 15/3, 326–335
Stukkatur: Groteske 14, 324ff.
Stundenplan: Stundentafeln 15/3, 336ff.
Stundentafeln**: Stundentafeln 15/3, 336–338
Sturm** und Drang: Sturm und Drang 15/3, 338–342
Subjekt, handelndes: Strukturalismus 15/3, 323ff.
Subjektives Recht: Anspruch 13, 133
Substanzverlust: Überlieferung 15/3, 707ff.
Substitutionstheorie: Metapher/Metapherntheorie 15/1, 403
Substratsprache: Onomastik 15/1, 1177
Subversive Antike: Fin de siècle 13, 1143
»Suda«: Lexikographie 15/1, 127; Philologie 15/2, 242

Sündenbock: Religion und Literatur 15/2, 676ff.
Sündenfall: Politische Theorie 15/2, 450
Sufismus*: Platonismus 15/2, 366
Sumerische Stadtstaaten: Philadelphia, University of Pennsylvania Museum of Archaeology and Anthropology, Ancient Near Eastern Section 15/2, 226
Sumerologie: Altorientalische Philologie und Geschichte 13, 106; Philadelphia, University of Pennsylvania Museum of Archaeology and Anthropology, Ancient Near Eastern Section 15/2, 230
Summa: Glossatoren 14, 223
»Summaria Alexandrinorum«: Arabische Medizin 13, 185
»Summaria Alexandrinourm«: Arabisch-islamisches Kulturgebiet 13, 166
»Superman«: Comics 13, 658
Supplemente: Adaptation 13, 9; Fälschung 13, 1083; Lateinische Komödie 15/1, 67; Neulatein 15/1, 939
»Supplementum Orientale«: Arabisch-islamisches Kulturgebiet 13, 172
Suppositionslehre: Logik 15/1, 194
Surrealismus: Metamorphose 15/1, 398; Mimesis 15/1, 433; Moderne 15/1, 498; 501; 506; Psychoanalyse 15/2, 597; Spanien 15/3, 148
Survey: Archäologische Methoden 13, 206; 209; Rezeptionsformen 15/2, 765
SVO-Sprache: Sprachwissenschaft 15/3, 241
Sydenham Society: Medizingeschichtsschreibung 15/1, 374
»Sylloge Nummorum Graecorum«: Numismatik 15/1, 1118
Syllogismus: Argumentationslehre 13, 241ff.
Syllogistik: Logik 15/1, 196; 198–199
Symbol: Allegorese 13, 83; Allegorie 13, 85; Deutschland 13, 799; Mythos 15/1, 646; Romantik 13, 980; Semiotik 15/3, 7
Symbolik: Revolution 15/2, 750
Symbolismus: Georgien 14, 138; Metapher/Metapherntheorie 15/1, 405; Neugriechische Literatur 15/1, 909; Niederlande und Belgien 15/1, 1057; Platonismus 15/2, 372; Poetik 15/2, 385; Portugal 15/2, 524; Religionsgeschichte 15/2, 684ff.
Symboltheorie: Warburg Institute, The 15/3, 1105
Symmachía: Bund 13, 578; 581
Symmetrie, anthropometrische: Stützfiguren/Erechtheionkoren 15/3, 328
Synagoge*: Jerusalem 14, 723; 726
Synkretismus*: Eklektik 13, 939; Frankreich 15/3, 1258; Rezeptionsformen 15/2, 761; Romantik 15/2, 975; United States of America 15/3, 852

Synode: Theologie und Kirche des Christentums 15/3, 439
Syntaktik: Semiotik 15/3, 7ff.
Syphilis: Pharmakologie 15/2, 219
Syrisch*: Arabisch-islamisches Kulturgebiet 13, 163; Semitistik 15/3, 13ff.
Systemdenken: Platonismus 15/2, 365ff.
Systemlinguistik: Sprachwissenschaft 15/3, 244
Systemtheorie: Archäologische Methoden 13, 206
Systemvergleich: Sparta 15/3, 168
Szientifizierung: Politische Theorie 15/2, 436ff.
Szientismus: Politische Theorie 15/2, 436

T
Tabellio: Notar 15/1, 1095
»Tabula Peutingeriana«: Altertumskunde (Humanismus bis 1800) 13, 91; Österreich 15/1, 1137
»Tabula Smaragdina«: Okkultismus 15/1, 1148
Tachygraphie*: Notar 15/1, 1089
Tacitismus**: Ciceronianismus 13, 650; Deutschland 13, 786; Geschichtsmodelle 14, 175; Geschichtswissenschaft/Geschichtsschreibung 14, 187; 202; Monarchie 15/1, 540; Philologie 15/2, 293; Tacitismus 15/3, 353ff.; Thukydidismus 15/3, 486
Tadelrede: Redegattungen 15/2, 642ff.
Tafelmalerei: Byzanz 13, 613; 618; Orient-Rezeption 15/1, 1211
»Táktika«*: Krieg 14, 1111
Talmud*: Judentum 14, 764
Tanagra-Figuren: Fälschung 13, 1076
Tanz*/**: Frankreich 15/3, 1272; Mode 15/1, 490; Neohumanismus 15/1, 892; Spanien 15/3, 148
Tarantismus: Paganismus 15/2, 15
Tarock: Spiele 15/3, 193
Tatareneinfall: Byzanz 13, 618
»Tatler«: Klassizismus 14, 971
Tatsachenroman: Sachbuch 15/2, 1031
Tatumstände: Strafrecht 15/3, 314
Tauschwirtschaft: Wirtschaftslehre 15/3, 1153ff.
Teatro Farnese, Parma: Lateinische Komödie 15/1, 77; Theaterbau/Theaterkulisse 15/3, 405
Teatro Olimpico, Vicenza: Lateinische Komödie 15/1, 77; Theaterbau/Theaterkulisse 15/3, 404f.
Technik/Technologie: Naturwissenschaften 15/1, 813ff.; Philosophie 15/2, 341
Technikgeschichte**: Philologie 15/2, 270
Technische Hochschule: Schweiz 15/2, 1143
Technisierung: Politische Theorie 15/2, 437
Technopaignion: Figurengedicht 13, 1115
Telamon*: Stützfiguren/Erechtheionkoren 15/3, 326
Telesteriongebäude: Eleusis 13, 947ff.
Temenos*: Aigina 13, 29

Tempel**/Tempelfassade: Etruskerrezeption 13, 1050; Jerusalem 14, 723ff.; 728; Ruine/Künstliche Ruine 15/2, 994; Samos 15/2, 1054; Syrien, Museen 15/3, 348; Typologie 15/3, 679; United States of America 15/3, 859; Überlieferung 15/3, 698; Villa 15/3, 1040; Wallfahrt 15/3, 1080
– *Capitol*: United States of America 15/3, 846
– *dorisch*: Deutschland 13, 797; Paestum 15/2, 6
– *griechisch*: Säulenordnung 15/2, 1052
Tempelarchitektur: Architekturkopie/-zitat 13, 232; Paestum 15/2, 9
Tempelinventar: Numismatik 15/1, 1105
Tempelraub: Kunsterwerb/Kunstraub 14, 1149
Tempelrekonstruktion: Rom 15/2, 941
Tempeltor von Kalbscha: Berlin 13, 474
Temperamentelehre: Physiognomik 15/2, 352ff.; Säftelehre 15/2, 1040
Templum Pacis (Konstantinsbasilika): Architekturtheorie/Vitruvianismus 13, 235; Rom 15/2, 898ff.
Terminologie**: Figurenlehre 13, 1127; Maß und Gewicht 15/1, 305ff.
Territorialstaat: Lehnsrecht 15/1, 102
Terror: Politische Theorie 15/2, 455
Testament*: Erbrecht 13, 1037ff.
Tetrarchengruppe: Konstantinopel 14, 1088
Text und Kontext: Philologie 15/3, 1315ff.
Textanalyse: Philologie 15/2, 314
Textausgabe → Edition
Textedition → Edition
Textgeschichte*: Papier 15/2, 64; Philologie 15/2, 287
Textinterpretation: Philologie 15/2, 253ff.; 308; Typologie 15/3, 677
Textkonstitution: Philologie 15/2, 252; 290
Textkritik: Literaturkritik 15/1, 179; Niederlande und Belgien 15/1, 998; 1003ff.; 1006ff.; Papyrologie 15/2, 85; Philologie 15/2, 244; 247; 251; 267; 287; 290; 308; Spanien 15/3, 110ff.
Textsammlung: Altertumskunde (Humanismus bis 1800) 13, 95; Neulatein 15/1, 942; Physiognomik 15/2, 355
Textsorte → Literarische Gattung
Textstufenforschung**: Interpolationsforschung 14, 618
Textualität: Philologie 15/3, 1312ff.
Textüberlieferung: Karolingische Renaissance 14, 819ff.; Niederlande und Belgien 15/1, 996; Papyri, literarische 15/2, 71; Rhetorik 15/2, 772; Überlieferung 15/3, 725
– *christliche*: Rußland 15/2, 1015; 1017
Textwissenschaft: Philologie 15/2, 306; Rezeptionsformen 15/2, 768
Theater*/**: Adaptation 13, 15; Frankreich 15/3, 1257; 1262; 1264; Georgien 14, 136; Italien 14, 680; 708ff.; Lateinische Komödie 15/1, 77; Neohumanismus 15/1, 892; Polen 15/2, 397; Portugal 15/2, 519; Revolution 15/2, 756; Rumänien 15/2, 1005; Slowakei 15/3, 64f.; Spanien 15/3, 140f.; 142ff.; Sparta 15/3, 175; Theaterbau/Theaterkulisse 15/3, 404f.; Tragödie/Tragödientheorie 15/3, 533ff.; 535; Tschechien 15/3, 635ff.; Türkei 15/3, 646; United Kingdom 15/3, 804; 824ff.; United States of America 15/3, 878ff.; Wagnerismus 15/3, 1075ff.; Weißrußland 15/3, 1109; Zensur 15/3, 1197
– *episches*: Poetik 15/2, 385
Theaterbau**/Theaterkulisse: Lateinische Komödie 15/1, 75ff.; Orient-Rezeption 15/1, 1213; Theater 15/3, 397ff.
Theaterverbot: Lateinische Komödie 15/1, 65
Théâtre de la cruauté: Niederlande und Belgien 15/1, 1060
Theatre of Catastrophe: United Kingdom 15/3, 825f.
Thelemiten: Magie 15/1, 259
Thematologie**/Stoff- und Motivforschung: 15/3, 407–412
Themenordnung, byzantinische: Rumänien 15/2, 1000
Theodosius-Säule: Altertumskunde (Humanismus bis 1800) 13, 96
Theokrasie: Rezeptionsformen 15/2, 761
Theologia naturalis: Aristotelismus 13, 260
Theologie*: Aristotelismus 13, 256; Bildung 13, 507; Byzanz 13, 603; Irland 14, 642; Jesuitenschulen 14, 752; Politische Theorie 15/2, 447; Religionsgeschichte 15/2, 681; Revolution 15/2, 743; Stoizismus 15/3, 299; Typologie 15/3, 677; Zoologie 15/3, 1211
– *arabische*: Aristotelismus 13, 253
– *euhemeristische*: Religionsgeschichte 15/2, 682ff.
– *humanistische*: Theologie und Kirche des Christentums 15/3, 432ff.
– *mystische*: Philosophia perennis 15/2, 333
– *natürliche*: Aristotelismus 13, 260
– *philosophische*: Metaphysik 15/1, 410; Philosophia perennis 15/2, 331
– *rationale*: Platonismus 15/2, 363
– *reformatorische*: Theologie und Kirche des Christentums 15/3, 435
Theologie** und Kirche des Christentums: Theologie und Kirche des Christentums 15/3, 412–462
Theologiegeschichte: Patristische Theologie/Patristik 15/2, 197ff.; Theologie und Kirche des Christentums 15/3, 412ff.
Theologiestudium: Bildung 13, 506
Theologische Literatur: Byzanz 13, 592
»Theophaneia«: Franz-Joseph-Dölger-Institut 14, 62

Theophrast-Übersetzung: Biographie 13, 522
Theorie**/Praxis: Musik 15/1, 584; 597
Theosophie: Horoskope 14, 536; Philosophia perennis 15/2, 331; 333; 336; Platonismus 15/2, 367; 372
Theosophische Gesellschaft: Magie 15/1, 258; Okkultismus 15/1, 1150
Therapeutisches Handbuch: Pharmakologie 15/2, 216
Thermaltherapie, gallische: Pharmakologie 15/2, 216
Thermoluminiszenz: Archäologische Methoden 13, 213
Thermometer: Meteorologie 15/1, 417
Thermopylenschlacht: Sparta 15/3, 167ff.
Thesaurus*: Enzyklopädie 13, 967
»Thesaurus Brandenburgicus«: Deutschland 13, 788
»Thesaurus Ciceronianus«: Ciceronianismus 13, 649
»Thesaurus Graecae Linguae«: Frankreich 14, 31; Lexikographie 15/1, 129; Philologie 15/2, 250
»Thesaurus Latinitatis Antiquae«: Philologie 15/2, 302
»Thesaurus Linguae Graecae« (TLG): Byzantinistik 13, 584; Lexikographie 15/1, 130
»Thesaurus Linguae Latinae« (TLL): Akademie 13, 50; Bayern 13, 445; Lateinamerika 15/1, 29; Lexikographie 15/1, 140; 143ff.; Philologie 15/2, 291; Preußen 15/2, 557
»Thesaurus Palatinus«: Deutschland 13, 788
Theseus-Tempel: Park 15/2, 134
»Theuerdank«: Epos 13, 1030
Thiessen-Polygon: Archäologische Methoden 13, 209
Tholos*: Delphi 13, 720
Thrakisch-pelasgischer Stamm: Albanien 13, 58
Thron*: Herrscher 14, 382
»Thronende Göttin«: Berlin 13, 452
Thukydidismus**: Thukydidismus 15/3, 480-494
Thyssen-Stiftung: Philologie 15/2, 256
Tiberbrücke: Rom 15/2, 851
Tiefenpsychologie: Psychoanalyse 15/2, 596
Tier- und Pflanzenkunde (vgl. auch → Botanik; → Zoologie): Arabisch-islamisches Kulturgebiet 13, 170
Tieranalogie: Physiognomik 15/2, 354
»Tierbezwinger«: Orient-Rezeption 15/1, 1211
Tierepos*/**: Deutschland 13, 763ff.; Epos 13, 1034; Zoologie 15/3, 1208
Tiergarten: Park 15/2, 125
Tierkreis*: Arabisch-islamisches Kulturgebiet 13, 168; Naturwissenschaften 15/1, 832; 835
Tierkunde → Zoologie
Tiryns-Grabung: Deutsches Archäologisches Institut 13, 753; Deutschland 13, 815
Titulatur: Herrscher 14, 376
»Tituli Asiae Minoris« (TAM): Inschriftenkunde, griechische 14, 601

Tod*: Dialog 13, 834; Kulturanthropologie 14, 1141; Poetik 15/2, 390; Pompeji/ Rezeption des freigelegten Pompeji in Literatur und Film 15/2, 494; Religionsgeschichte 15/2, 690; Sepulchralkunst 15/3, 20ff.; Totengespräch 15/3, 520ff.
Todestrieb: Psychoanalyse 15/2, 595ff.
»Toledanische Tafeln«: Arabisch-islamisches Kulturgebiet 13, 181
Toleranz, religiöse: Republik 15/2, 723
»Tomičov-Evangelium«: Bulgarien 13, 572
Tonartenlehre**: Affektenlehre (musikalisch) 13, 21
Tonleiter → Skala
Tonplastik, etruskische: Paris Louvre 15/2, 110
Tonsystem: Musik 15/1, 589
Tontafeln: Philadelphia, University of Pennsylvania Museum of Archaeology and Anthropology, Ancient Near Eastern Section 15/2, 226; 230
Tontafelsammlung: Altorientalische Philologie und Geschichte 13, 105; Berlin 13, 466; Chicago, Oriental Institute Museum 13, 635; Philadelphia, University of Pennsylvania Museum of Archaeology and Anthropology, Ancient Near Eastern Section 15/2, 225
Tophet (Kinderfriedhof): Karthago 14, 840
Topik*: Argumentationslehre 13, 241ff.; 244; 248; Deutscher Usus modernus 13, 748; Geschichtswissenschaft/Geschichtsschreibung 14, 186; Rhetorik 15/2, 788; 790; 804; 811
Topographie: Altertumskunde (Humanismus bis 1800) 13, 89; 95; Athen 13, 285; 318; Etruskologie 13, 1056; Geschichtswissenschaft/ Geschichtsschreibung 14, 201; Hethitologie 14, 416; Historische Geographie 14, 451; Köln 14, 1016ff.; 1026; 1031; Sparta 15/3, 179
Topos, Topoi → Loci communes
Tora: Psalmodie 15/2, 586
Toranlagen**/Stadttore: New York, Metropolitan Museum 15/1, 963; 966; Triumphbogen 15/3, 585; 591ff.
Torso** von Belvedere: Laokoongruppe 15/1, 13; Wirtschaft und Gewerbe 15/3, 1143
Totalität: Metamorphose 15/1, 397; 400; Metaphysik 15/1, 413
Totalitarismus: Politische Theorie 15/2, 413
Totalitarismuskritik: Sparta 15/3, 168
Totengespräch**: Dialog 13, 834
Tourismus**: Archäologischer Park 13, 216; Ägyptologie 13, 19; Ostia und Porto 15/1, 1249; Rezeptionsformen 15/2, 764; 766; Rom 15/2, 844; 889; Vorderasiatische Archäologie 15/3, 1051; 1057; Weltwunder 15/3, 1116
Toxikologie: Pharmakologie 15/2, 223
Tractatus: Glossatoren 14, 223

Tradition: Theologie und Kirche des Christentums 15/3, 413ff.; Überlieferung 15/3, 695ff.
Tragédie lyrique: Oper 15/1, 1182
Tragicomoedia: Lateinische Komödie 15/1, 66
»Tragicorum Graecorum Fragmenta« (TGF): Philologie 15/2, 267
Tragödie**/Tragödientheorie(vgl. auch → Griechische Tragödie; → Lateinische Tragödie): Aufklärung 13, 347; Deutschland 13, 783; 786; 813–814; 824–825; Frankreich 14, 40; 15/3, 1263ff.; Gattung/Gattungstheorie 14, 88; Geschichtsmodelle 14, 161; Italien 14, 687; 692ff.; 698ff.; Karthago 14, 850; Mythologie 15/1, 629; Nietzsche-Wilamowitz-Kontroverse 15/1, 1066; Oper 15/1, 1180–1182; Papyri, literarische 15/2, 72; Philologie 15/2, 267; Preußen 15/2, 556; Spanien 15/3, 140f.; 142; Theater 15/3, 397ff.; Troja 15/3, 616ff.; United Kingdom 15/3, 807ff.; Vertonungen antiker Texte 15/3, 1023; Zoroastres/Zoroastrismus 15/3, 1231
Trajan-Panegyricus: Panegyrik 15/2, 52f.; 55
Trajaneum: Pergamon 15/2, 204; 209
Trajansforum: Rom 15/2, 900ff.
Trajanssäule**: Denkmal 13, 738; Druckwerke 13, 893; Sepulchralkunst 15/3, 23
Traktatliteratur: Panegyrik 15/2, 53
Trancekult: Paganismus 15/2, 15
Transgression: Metamorphose 15/1, 397; Okkultismus 15/1, 1162
Transkription: Schriftwissenschaft 15/2, 1100
Translatio imperii: Bildung 13, 506; Epos 13, 1026–1027; Geschichtsmodelle 14, 163; 169; Geschichtswissenschaft/Geschichtsschreibung 14, 199; Imperium 14, 578ff.; Konstantinische Schenkung 14, 1083; Krone 14, 1124; Leichenrede 15/1, 118; Porträt 15/2, 497ff.; Rom 15/2, 876; Sacrum Imperium 15/2, 1034; United States of America 15/3, 850
Translatio studii: Bildung 13, 506
Transmutation: Naturwissenschaften 15/1, 867; 870–871; Okkultismus 15/1, 1147; 1158
Transzendentalismus: United States of America 15/3, 862ff.
Transzendentalphilosophie: Platonismus 15/2, 366; 370ff.
Transzendentalpoesie: Romantik 15/2, 973
Transzendenz*: Politische Theorie 15/2, 464; 466
»Trauben des Zeuxis«: Mimesislegenden 15/1, 437
Traumdeutung**: Arabisch-islamisches Kulturgebiet 13, 171; Mythos 15/1, 647; Psychoanalyse 15/2, 601
Travestie: Adaptation 13, 13; Karikatur 14, 801; Neugriechische Literatur 15/1, 905; Österreich 15/1, 1143
Trieb*: Psychoanalyse 15/2, 595ff.

Trigonometrie: Arabisch-islamisches Kulturgebiet 13, 170; Mathematik 15/1, 321
Trilingue von Bisutun: Entzifferungen 13, 958ff.; Orient-Rezeption 15/1, 1211; 1226
Trilingue, lykisch-griechisch-aramäische: Inschriftenkunde, griechische 14, 594ff.
Trinität*: Geschichtsmodelle 14, 169; Theologie und Kirche des Christentums 15/3, 438ff.; 448ff.
Triopion*: Knidos 14, 990
Triplex oratio: Sprachphilosophie/Semiotik 15/3, 222
Triumph: Festkultur/Trionfi 13, 1106; Herrscher 14, 370ff.; Revolution 15/2, 755; Triumphbogen 15/3, 582ff.
Triumphalikonographie: Rosse von San Marco/Quadriga 15/2, 990; Säule/Säulenmonument 15/2, 1043; Trajanssäule 15/3, 545ff.
Triumphator: Herrscher 14, 378
Triumphbogen**: Barock 13, 417; Denkmal 13, 738; Deutschland 13, 761; Frankreich 14, 42; Rom 15/2, 884ff.; Romanik 15/2, 951; Rosse von San Marco/Quadriga 15/2, 991; Ruine/Künstliche Ruine 15/2, 994; Stadion 15/3, 257; Toranlagen/Stadttore 15/3, 510–511; Triumphbogen 15/3, 588ff.; Überlieferung 15/3, 699; Werbung 15/3, 1123; Zeitrechnung 15/3, 1169
Trivialisierung: Bukolik/Idylle 13, 563; Pompeji/Rezeption des freigelegten Pompeji in Literatur und Film 15/2, 494
Trivialliteratur: Neugriechische Literatur 15/1, 905
Trivium: Argumentationslehre 13, 245; Artes liberales 13, 274ff.; Bildung 13, 506ff.; Estland 13, 1046; Frankreich 14, 28ff.; 35; Humanismus 14, 547; 551; Italien 14, 668; Musik 15/1, 578; Naturwissenschaften 15/1, 804
Troja-Roman: Bulgarien 13, 572; Epos 13, 1031; Neugriechische Literatur 15/1, 898
Trojanischer Krieg: Deutschland 13, 825; Epos 13, 1032; Geschichtsmodelle 14, 170; Papyri, literarische 15/2, 74; Schlachtorte 15/2, 1080; United Kingdom 15/3, 779ff.
Trompe l'oeil: Druckwerke 13, 891; Mimesislegenden 15/1, 440
Tropenlehre: Mnemonik/Mnemotechnik 15/1, 465; 477
Trophäen: Spolien 15/3, 197ff.
Trostliteratur: Konsolationsliteratur 14, 1079; 1081
Tübinger Schule: Preußen 15/2, 553; Rhetorik 15/2, 803
Tübinger Vertrag: Menschenrechte 15/1, 384
Tugend*: Demokratie 13, 724ff.; 726; 729; Naturrecht 15/1, 773; Nobilitas 15/1, 1080; Politische Theorie 15/2, 421; 426; 444ff.; 465ff.; Porträtgalerie 15/2, 511; Praktische Philosophie 15/2, 526ff.; 533; 537ff.; Republik

15/2, 715; 736; Revolution 15/2, 744ff.;
Stoizismus 15/3, 301ff.
Tugendrepublikanismus: Republik 15/2, 733ff.
Tumba: Sepulchralkunst 15/3, 18
Tumulus*: Albanien 13, 60; Samos 15/2, 1060; Troja 15/3, 595; 603
Tunica*: Mode 15/1, 482
Turfanforschung: Iranistik 14, 639ff.
Turm der Winde: Architekturkopie/-zitat 13, 232; Park 15/2, 134
Turm von Babel: Babylon 13, 374; Orient-Rezeption 15/1, 1211; 1220
Turnen: Sport 15/3, 210
Turnfest, Turnverein: Olympia 15/1, 1167
Tuskanische Säule: Etruskerrezeption 13, 1050
Typographik → Schrift
Typologie*/**: Allegorese 13, 77; 79; Archäologische Methoden 13, 203; 212; Epos 13, 1026; Interpretatio Christiana 14, 621ff.; Judentum 14, 766; Sprachwissenschaft 15/3, 240; United States of America 15/3, 837; 849–850
Typus: Komödie 14, 1067
Tyrannenmord*: Praktische Philosophie 15/2, 529; Provinzialrömische Archäologie 15/2, 576; Republik 15/2, 720; Revolution 15/2, 750; Tyrannis 15/3, 690
Tyrannis**: Diktatur 13, 852ff.; 855; Monarchie 15/1, 537; 540; Politische Theorie 15/2, 435ff.; 450; Republik 15/2, 724; United Kingdom 15/3, 809ff.; United States of America 15/3, 842; 852; Zensur 15/3, 1193

U
Überbauung: Limes, Hadrianswall 15/1, 152; 154; Limes, Limesforschung 15/1, 165; Mainz 15/1, 269; Milet 15/1, 426; Mykene 15/1, 609–610; Nida-Frankfurt 15/1, 982; Orchomenos 15/1, 1191
Überbevölkerung: Bevölkerungswissenschaft/ Historische Demographie 13, 485; 489
Übergangsritus/Rite de passage (vgl. auch → Initiation): Kulturanthropologie 14, 1140; Religion und Literatur 15/2, 674
Überlieferung**: Arabische Medizin 13, 186; Bibliothek 13, 495ff.; Digesten/Überlieferungsgeschichte 13, 845; Textstufenforschung 15/3, 394ff.; Thukydidismus 15/3, 483ff.; Vorderasiatische Archäologie 15/3, 1050
Übersetzung*/**: Barock 13, 411; Deutschland 13, 770; Epos 13, 1020; 1023; 1025; 1028; Estland 13, 1049; Finnland 13, 1148; Klassizismus 14, 963; 966ff.; Kommentar 14, 1061; Lebendiges Latein 15/1, 95; Litauen 15/1, 173; Mönchtum 15/1, 533;

Pharmakologie 15/2, 218; Philologie 15/3, 1303; Platonismus 15/2, 367; Portugal 15/2, 518ff.; Rhetorik 15/2, 781; Romanistik/Rechtsgeschichte 15/2, 964; Römisches Recht 15/2, 836; Rumänien 15/2, 1005; Rußland 15/2, 1015ff.; 1018ff.; 1026ff.; 1030; Serbien 15/3, 25ff.; Sizilien 15/3, 34ff.; Slavische Sprachen 15/3, 60ff.; Slowakei 15/3, 64; 67; Slowenien 15/3, 72ff.; Spanien 15/3, 102ff.; 104ff.; 108; 111ff.; 114ff.; 119; 122; 124; 129; 131; Südafrika 15/3, 345; Terminologie 15/3, 383; Thukydidismus 15/3, 483ff.; Troja 15/3, 600; Tschechien 15/3, 631; 636; Türkei 15/3, 646; 649; Ukraine 15/3, 746ff.; Ungarn 15/3, 752; United Kingdom 15/3, 765ff.; 802ff.; United States of America 15/3, 837; Verfassung 15/3, 977ff.; Verlag 15/3, 1001; Weißrußland 15/3, 1108; Zensur 15/3, 1193; Zoologie 15/3, 1204; 1215
– *altbulgarische:* Bulgarien 13, 570
– *althochdeutsche:* Ottonische Renaissance 15/1, 1257
– *arabische:* Arabisch-islamisches Kulturgebiet 13, 163; 165ff.; 179; Arabische Medizin 13, 185ff.; Frankreich 14, 9; Landvermessung 15/1, 2; Mathematik 15/1, 316; Medizin 15/1, 362ff.; Musik 15/1, 580; Naturwissenschaften 15/1, 815; 837; 857; 868; Physiognomik 15/2, 359
– *armenische:* Armenien 13, 269ff.
– *chinesische:* China 13, 636
– *deutsche:* Bayern 13, 433; 436; Neohumanismus 15/1, 891
– *französische:* Verwandlungen/Illustrationen von Ovid-Texten 15/3, 1032
– *georgische:* Georgien 14, 136
– *griechische:* Byzanz 13, 593; 607; Frankreich 14, 9; 48
– *hebräische:* Aristotelismus 13, 254
– *irische:* Irland 14, 646
– *isländische:* Island 14, 651
– *lateinische:* Arabisch-islamisches Kulturgebiet 13, 182ff.; Aristotelismus 13, 254; Epos 13, 1016; Griechisch 14, 301; 303ff.; Italien 14, 664; Mathematik 15/1, 317; Mittellatein 15/1, 454; Naturwissenschaften 15/1, 793; Neulatein 15/1, 943; Niederlande und Belgien 15/1, 989
– *lettische:* Lettland 15/1, 124ff.
– *neugriechische:* Neugriechische Literatur 15/1, 904; 906
– *spanische:* Arabisch-islamisches Kulturgebiet 13, 183; Lateinamerika 15/1, 23
– *syrische:* Arabisch-islamisches Kulturgebiet 13, 165ff.; Arabische Medizin 13, 185

- *volkssprachliche*: Adaptation 13, 11ff.; Epos 13, 1018; Übersetzung 15/3, 728ff.
Überzeugung: Argumentationslehre 13, 240
Übungsbuch *jesuitisches*: Panegyrik 15/2, 52
- *rhetorisches*: Panegyrik 15/2, 53
Uffizien (vgl. auch Museum): Park 15/2, 167
Umanesimo volgare: Humanismus 14, 540
Umdeutung: Laokoongruppe 15/1, 14; Numismatik 15/1, 1107; 1109; Triumphbogen 15/3, 582; United Kingdom 15/3, 767
- *christliche*: Aristotelismus 13, 258; Interpretatio Christiana 14, 620; United Kingdom 15/3, 789
Umnutzung: Altertumskunde (Humanismus bis 1800) 13, 89; Byzanz 13, 612; Lateinische Inschriften 15/1, 47; Limes, Hadrianswall 15/1, 152; Mainz 15/1, 269; Numismatik 15/1, 1105; 1108; 1121; Spolien 15/3, 195ff.; Trier 15/3, 560ff.; Überlieferung 15/3, 697ff.; 702
- *architektonische*: Lateinische Komödie 15/1, 65
- *christliche*: Antikensammlung 13, 139; Athen 13, 291; 301ff.; Baalbek 13, 368; Bulgarien 13, 572; Sepulchralkunst 15/3, 17ff.; Stadt 15/3, 264f.; Staufische Renaissance 15/3, 275; Steinschneidekunst: Gemmen 15/3, 282; United Kingdom 15/3, 762f.; Wallfahrt 15/3, 1081
- *islamische*: Baalbek 13, 368
- *osmanische*: Athen 13, 301ff.
- *siedlungsbedingte*: Stadt 15/3, 262ff.
Umrißgedicht: Figurengedicht 13, 1115ff.; 1122
Umwidmung: Rom 15/2, 852
Unabhängigkeit: Republik 15/2, 727
- *amerikanische*: Porträtgalerie 15/2, 512
Unabhängigkeitsbewegung: Lateinamerika 15/1, 27; 35
Unabhängigkeitserklärung: Menschenrechte 15/1, 386
Unabhängigkeitskrieg
- *amerikanischer*: Philhellenismus 15/2, 233; Politische Theorie 15/2, 422
- *griechischer*: Athen 13, 281; Bayern 13, 442; Deutschland 13, 812; Philhellenismus 15/2, 232ff.; Romantik 15/2, 974; Schlachtorte 15/2, 1080; Schweiz 15/2, 1145
Unbewußte, das: Psychoanalyse 15/2, 588; 593; Romantik 15/2, 976
Ungarisch: Finnisch-ugrische Sprachen 13, 1146ff.
Unio mystica → Mystische Vereinigung
Universalgeschichte: Geschichtsmodelle 14, 160; 177; Geschichtswissenschaft/Geschichtsschreibung 14, 198; 200; Historische Methoden 14, 459
Universalgrammatik: Sprachphilosophie/Semiotik 15/3, 224ff.; Sprachwissenschaft 15/3, 229–230
Universalien, phonologische: Strukturalismus 15/3, 15/3ff.

Universalienstreit: Frankreich 14, 22; Naturrecht 15/1, 774; Naturwissenschaften 15/1, 793
Universalismus: Gerechtigkeit 14, 146; Kulturanthropologie 14, 1135
Universalmonarchie: Herrscher 14, 363; 400; Monarchie 15/1, 538
Universalpoesie: Romantik 15/2, 971; 978; 980
Universalreligion: Romantik 15/2, 980
Universalwissenschaft: Akademie 13, 43
Universität**: Abguß/Abgußsammlung 13, 5; Afrika 13, 25; Akademie 13, 44; Altsprachlicher Unterricht 13, 123; Aristotelismus 13, 255; Artes liberales 13, 275; Australien und Neuseeland 15/3, 1248ff.; College 13, 654; Dänemark 13, 679; DDR 13, 683; Deutschland 13, 767ff.; 792; 807; Domschule 13, 868; Estland 13, 1046ff.; Finnland 13, 1149; Frankreich 14, 16; 22ff.; 55; 15/3, 1256; Fürstenschule 14, 72; Georgien 14, 132; Griechenland 14, 284ff.; Humanismus 14, 547; 560; Irland 14, 645; Italien 14, 664; Lateinamerika 15/1, 22–23; 25–26; 28–31; Litauen 15/1, 177; Mittellatein 15/1, 454; Musik 15/1, 586; Nationalsozialismus 15/1, 738ff.; Neulatein 15/1, 936; Niederlande und Belgien 15/1, 988; 994ff.; 1007; 1011; Österreich 15/1, 1136; 15/3, 1292ff.; Philologie 15/2, 291; Philologisches Seminar 15/2, 328; Philosophie 15/2, 344; Polen 15/2, 392; 404; Portugal 15/2, 517; 524; Preußen 15/2, 540ff.; 550; 555; Prüfungsordnungen 15/2, 583ff.; Querelle des Anciens et des Modernes 15/2, 611; 620; Realschule 15/2, 624; Religionsgeschichte 15/2, 682; Rhetorik 15/2, 780; 800; Romanistik/Rechtsgeschichte 15/2, 966; Römisches Recht 15/2, 829ff.; Rumänien 15/2, 1010ff.; Rußland 15/2, 1020ff.; 1025; Säftelehre 15/2, 1039; Schweden 15/2, 1116ff.; Schweiz 15/2, 1128; 1142ff.; Slowakei 15/3, 63ff.; Slowenien 15/3, 69; Spanien 15/3, 105ff.; 107; 113; 115ff.; 120f.; 123; Südafrika 15/3, 345ff.; Ungarn 15/3, 755; United Kingdom 15/3, 771; Verlag 15/3, 1001; Weißrußland 15/3, 1108; 1110; Zensur 15/3, 1196
- *Berlin, FU*: Winckelmann-Gesellschaft 15/3, 1140
- *Bratislava/Preßburg*: Tschechien 15/3, 640; Ungarn 15/3, 749
- *Brno*: Tschechien 15/3, 640
- *Charkiw*: Ukraine 15/3, 746
- *Franeker*: Niederlande und Belgien 15/1, 1005
- *Frankfurt am Main*: Numismatik 15/1, 1121
- *Groningen*: Niederlande und Belgien 15/1, 1006
- *Ingolstadt*: Bayern 13, 431; 436
- *Jerusalem, Hebräische Universität*: Jerusalem 14, 745
- *Kiew*: Ukraine 15/3, 745

- *Landshut*: Bayern 13, 436–437
- *Leiden*: Niederlande und Belgien 15/1, 994
- *Lemberg*: Ukraine 15/3, 745
- *Leuven*: Patristische Theologie/Patristik 15/2, 198
- *London*: Warburg Institute, The 15/3, 1103
- *München*: Bayern 13, 439
- *Pennsylvania*: Altorientalische Philologie und Geschichte 13, 108
- *Prag*: Tschechien 15/3, 627ff.; 639ff.
- *Thessaloniki*: Vergina 15/3, 992
- *Utrecht*: Niederlande und Belgien 15/1, 1005
- *Virginia*: United States of America 15/3, 846
- *Wien*: Numismatik 15/1, 1121

Universitätsbibliothek: Bibliothek 13, 503
- *Göttingen*: Bibliothek 13, 502
- *Neapel*: Bibliothek 13, 504

Unterhaltungskultur: Spiele 15/3, 193ff.
Unterrichtsmethodik: Rhetorik 15/2, 802
Unterwasserarchäologie**: Alexandria 13, 70; Archäologische Methoden 13, 214; Luftbildarchäologie 15/1, 232; Nationale Forschungsinstitute 15/1, 698; 700; Türkei 15/3, 670
Unzialschrift: Schrift/Typographik 15/2, 1093
Uomini illustri: Historienmalerei 14, 422ff.; Porträtgalerie 15/2, 505
Urania*: DDR 13, 688
Urbane Revolution: Archäologische Methoden 13, 205
Urbanisierung: Stadt 15/3, 263
Urbanistik: Provinzialrömische Archäologie 15/2, 574; Rezeptionsformen 15/2, 763; Rom 15/2, 843ff.; Rumänien 15/2, 999; Schweiz 15/2, 1123
Urgeschichtliche Archäologie: Provinzialrömische Archäologie 15/2, 579
Urindogermanisch: Sprachwissenschaft 15/3, 242
Urkunde: Inschriftenkunde, griechische 14, 604ff.; Paläographie, lateinische 15/2, 43; Papyri (Fundgeschichte) 15/2, 65; Papyrologie 15/2, 86; Rumänien 15/2, 1008
Urkundenlehre: Byzantinistik 13, 584
Urkundenrecht: Notar 15/1, 1090
Urkundenschreiber: Notar 15/1, 1092
Urmonotheismus: Religionsgeschichte 15/2, 687
Urnormal: Maß und Gewicht 15/1, 308
Uroffenbarung: Religionsgeschichte 15/2, 683ff.
Ursprache: Sprachwissenschaft 15/3, 238
Ursprungsmythos: Atlantis 13, 336ff.; Okkultismus 15/1, 1149; United Kingdom 15/3, 779
Urteilstheorie: Logik 15/1, 198
Usus Modernus → Deutscher Usus Modernus
Ut** pictura poesis: Ekphrasis 13, 940; 942; Fabel 13, 1065
Utilitarismus: Platonismus 15/2, 372; Praktische Philosophie 15/2, 537

Utopie*/**: Atlantis 13, 336; 338; Bevölkerungswissenschaft/Historische Demographie 13, 484; Deutschland 13, 802ff.; Krieg 14, 1113; Monarchie 15/1, 541; Neohumanismus 15/1, 888; Park 15/2, 137; Philosophia perennis 15/2, 337; Philosophie 15/2, 346–347; Politische Theorie 15/2, 413; 450; 453; Pompeji/Rezeption des freigelegten Pompeji in Literatur und Film 15/2, 493; Sozialismus 15/3, 93ff.; Sparta 15/3, 155ff.; Villa 15/3, 1038

V

Vagantendichtung: Deutschland 13, 764; Spanien 15/3, 131
Vandalen**: Arabisch-islamisches Kulturgebiet 13, 176; Karthago 14, 847
Vandalismus: Vandalen 15/3, 942ff.
Vanitas-Motiv: Park 15/2, 137; Rom 15/2, 885; Ruine/Künstliche Ruine 15/2, 991; 996
Vaphio-Becher: Kretisch-Mykenische Archäologie 14, 1101
Variationslinguistik: Sprachwissenschaft 15/3, 248ff.
Vasall: Lehnsrecht 15/1, 99
Vasen**/Vasenmalerei: Athen 13, 286; Basel, Antikenmuseum und Sammlung Ludwig 13, 419; Druckwerke 13, 899; Frankfurt am Main, Liebieghaus – Museum alter Plastik 14, 1; Gotha, Schloßmuseum 14, 234; 236; Klassische Archäologie 14, 908–909; Paris Louvre 15/2, 110; Werbung 15/3, 1122; Zeitrechnung 15/3, 1166
Vasenmanie: Vasen/Vasenmalerei 15/3, 951ff.
Vasensammlung: Klassizismus 14, 955; Kopenhagen 14, 1097; New York, Metropolitan Museum 15/1, 955; Vasen/Vasenmalerei 15/3, 949
Vaterrecht: Matriarchat 15/1, 323ff.
Vatikanische Bibliothek: Bibliothek 13, 498; 501; 504; Papyrussammlungen 15/2, 103; Rom 15/2, 863
Vatikanisches Archiv: École française de Rome 13, 919; Nationale Forschungsinstitute 15/1, 682; 684; 694
Vedute: Druckwerke 13, 892; Historienmalerei 14, 438; Park 15/2, 134; Pompeji 15/2, 479; Rom 15/2, 885
Vegetation: Religion und Literatur 15/2, 675
Veiovis-Tempel: Rom 15/2, 926
Venetokratie: Neugriechische Literatur 15/1, 897
Venezianische Eroberung: Athen 13, 302
»Venus Colonna«: Knidische Aphrodite 14, 983
»Venus von Medici«: Abguß/Abgußsammlung 13, 4; Barock 13, 410
»Venus von Milo«**: Venus von Milo 15/3, 963ff.; Werbung 15/3, 1125f.; 1129

Venustempel: Baalbek 13, 366
Verbrechergalerie: Porträtgalerie 15/2, 513
Verbum: Sprachphilosophie/Semiotik 15/3, 223
Vercingetorix-Mythos: Faschismus 13, 1104
Vereinigung der Freunde des humanistischen Gymnasiums: Berufsverbände 13, 475
Vereinte Nationen: Frieden 14, 70
Verfassung*/**: Monarchie 15/1, 537; 540; Politische Theorie 15/2, 468; Redegattungen 15/2, 637; Republik 15/2, 714; Sparta 15/3, 153ff.; Thukydidismus 15/3, 487; United States of America 15/3, 839ff.; 842ff.; Universität 15/3, 890ff.; Wirtschaftslehre 15/3, 1153; 1157
– *amerikanische*: Politische Theorie 15/2, 423
– *Kreislauf*: Politische Theorie 15/2, 472; Revolution 15/2, 746
– *Mischverfassung*: Demokratie 13, 721; Politische Theorie 15/2, 420; 422; Redegattungen 15/2, 638–639; Republik 15/2, 716ff.; Revolution 15/2, 742; Sparta 15/3, 154ff.; Thukydidismus 15/3, 488; United States of America 15/3, 841ff.
– *republikanische*: Mischverfassung 15/1, 442
– *Sechs-Verfassungsformen-Lehre*: Verfassungsformen 15/3, 983
Verfassungsgeschichte: Geschichtsmodelle 14, 181; Geschichtswissenschaft/Geschichtsschreibung 14, 201–202
Verfassungsreform: Neuhumanismus 15/1, 921
Verfilmung: Film 13, 1134ff.
Vergesellschaftung: Archäologische Methoden 13, 207
Vergleichende Indogermanische Sprachwissenschaft: Philologie 15/2, 266
Vergleichende Religionswissenschaft: Religionsgeschichte 15/2, 692
Vergöttlichung*: Apotheose 13, 160; Park 15/2, 130
Verhüttung: Naturwissenschaften 15/1, 858
Verismus: Porträt 15/2, 496ff.
Verkehrswege/-mittel: Tourismus 15/3, 528
Verkehrte Welt-Modell: Matriarchat 15/1, 327; Religion und Literatur 15/2, 673
Verlag**: Bayern 13, 433; Spanien 15/3, 138ff.
Verlagsbuchhandlung: Philologie 15/2, 285
Verlandung: Alexandria 13, 68
Vermarktung: Souvenir 15/3, 81
Vermönchung: Philologie 15/2, 239
Verner'sches Gesetz: Sprachwissenschaft 15/3, 233
Vernunft (vgl. auch → Rationalismus, → Rationalität): Aufklärung 13, 342; 344; Musik 15/1, 600; Naturrecht 15/1, 775; Politische Theorie 15/2, 448ff.; Praktische Philosophie 15/2, 527; 532; 537; Querelle des Anciens et des Modernes 15/2, 608ff.; Stoizismus 15/3, 299ff.

– *praktische*: Aristotelismus 13, 264; Stoizismus 15/3, 310
Vernunftreligion: Aufklärung 13, 345
Vernunftsrecht: Politische Theorie 15/2, 454
Vers** mesuré: Odenkomposition, metrische 15/1, 1130
Verschriftlichung: Orthographie 15/1, 1244
Versepos (vgl. auch → Epos): Deutschland 13, 783; Epos 13, 1021
Verskunst**: Armenien 13, 270; Byzanz 13, 606; Estland 13, 1048; Neugriechische Literatur 15/1, 902; 909–910; 912; Neulatein 15/1, 930; Slowenien 15/3, 72
Verslehre → Metrik; → Verskunst
Versmaß → Metrik
Versroman: Neugriechische Literatur 15/1, 915
Verssatire: Satire 15/2, 1072
Verstoßungsrecht: Ehe 13, 924
Vertonungen** antiker Texte: Messe 15/1, 393–394; Vertonungen antiker Texte 15/3, 1021–1025
Vertrag*/**: Völkerrecht 15/3, 1046
Vertragsrecht: Politische Theorie 15/2, 417; Romanistik/Rechtsgeschichte 15/2, 967; Schuldrecht 15/2, 1105ff.
Vervielfältigung: Byzanz 13, 593; Souvenir 15/3, 77ff.; Spanien 15/3, 104; Steinschneidekunst: Gemmen 15/3, 283ff.; 285ff.; Stil, Stilanalyse, Stilentwicklung 15/3, 292; Verlag 15/3, 1002
Verwandlungen/Illustrationen von Ovid-Texten**: Verwandlungen/Illustrationen von Ovid-Texten 15/3, 1031–1037
Verwandtschaft*: Kulturanthropologie 14, 1140
Vesuvausbruch: Pompeji/Rezeption des freigelegten Pompeji in Literatur und Film 15/2, 492ff.
Vesuvstädte: Stabia/Stabiae 15/3, 253ff.
Via dell'Imperio: Faschismus 13, 1085
»Victoria aus Fossombrone«: Kassel, Staatliche Kunstsammlungen Antikenabteilung 14, 864
Viehzucht: Landwirtschaft 15/1, 4
Viktorianismus: United Kingdom 15/3, 814ff.
Villa*/**: Luxemburg 15/1, 235; Park 15/2, 143; Pompeji 15/2, 473ff.; Säulenordnung 15/2, 1050; Souvenir 15/3, 78; Sperlonga 15/3, 181; Stabia/Stabiae 15/3, 253ff.
Villa Albani: Rom 15/2, 936ff.
Villa Aldobrandini: Park 15/2, 131
Villa dei Papiri → Pisonen Villa
Villa Giulia: Rom 15/2, 940ff.
Villa Hadriana: Park 15/2, 124; 129; 134ff.
Villa Lante: Park 15/2, 129
Villa Mattei: Park 15/2, 129
Villa rustica: Stabia/Stabiae 15/3, 254
Villenarchitektur: Pantheon 15/2, 61; Park 15/2, 124; Renaissance 15/2, 710

Virchow-Denkmal, Berlin: Denkmal 13, 743
»Virginia Declaration of Rights«: Aufklärung 13, 348
Virginia State Capitol: United States of America 15/3, 848
Virtus → Tugend
Visionsliteratur*: Allegorese 13, 77
Vita activa: Aristotelismus 13, 264; Deutschland 13, 766; Körperkultur 14, 1046
Vita apostolica: Mönchtum 15/1, 526
Vita contemplativa: Deutschland 13, 766; Körperkultur 14, 1046
Vitenbuch: Porträtgalerie 15/2, 503; 505
Vitruvianismus → Architekturtheorie
Vituperatio: Panegyrik 15/2, 50ff.
Vocabularium iuris: Glossatoren 14, 224
Völkerbund: Frieden 14, 70
Völkerrecht*/**: Naturrecht 15/1, 775; Wirtschaftslehre 15/3, 1162
Völkerschlacht-Denkmal: Mausoleum 15/1, 337
Völkerverständigung: Sport 15/3, 218
Völkerwanderung*: Geschichtsmodelle 14, 168; Moldova 15/1, 532; Norwegen 15/1, 1084; Österreich 15/1, 1132; Rhetorik 15/2, 815; Rumänien 15/2, 1013
Völkischer Staat: Sparta 15/3, 165
Vokalsystem: Aussprache 13, 357
Volgarizzamento: Adaptation 13, 11
Volk*: Philologie 15/2, 318; Politische Theorie 15/2, 416
Volksbildung: Abguß/Abgußsammlung 13, 5
Volksdichtung: Albanien 13, 57; Neugriechische Literatur 15/1, 907; 910; 914
Volksetymologie*: Österreich 15/1, 1136
Volksglauben: Religionsgeschichte 15/2, 685
Volkskultur: Griechenland 14, 285; Neugriechische Literatur 15/1, 914
Volkskunde (vgl. auch → Ethnologie): Neugriechische Literatur 15/1, 908
Volksrecht*: Papyrologie 15/2, 92
Volksschule: Schulwesen 15/2, 1113
Volkssouveränität: Fürstenspiegel 14, 82; Monarchie 15/1, 542; Politische Theorie 15/2, 451; Republik 15/2, 727ff.; 735
Volkssprache: Frankreich 14, 13; 19; 31; 56; Germanische Sprachen 14, 152ff.; Griechenland 14, 269; 274; 277ff.; Griechisch 14, 294ff.; Humanismus 14, 541; 544; Irland 14, 642ff.; Island 14, 650ff.; Italien 14, 668ff.; Karolingische Renaissance 14, 828ff.; Kroatien 14, 1119; 1121; Leichenrede 15/1, 118; Lyrik 15/1, 248; Makkaronische Dichtung 15/1, 282; Mythologie 15/1, 612; 620; Neugriechische Literatur 15/1, 898; 900ff.; 904; 908ff.; Neulatein 15/1, 926; 936; Orthographie 15/1, 1245; Panegyrik 15/2, 54; Pharmakologie 15/2, 220; Platonismus 15/2, 370; Religionskritik 15/2, 701; Satire 15/2, 1069; Sprachwissenschaft 15/3, 229; United Kingdom 15/3, 785ff.
Volkstheater, Wien: Österreich 15/1, 1144
Volkswagenstiftung: Philologie 15/2, 256
Volkswille: Mischverfassung 15/1, 445
Volkswirtschaft: Sozial- und Wirtschaftsgeschichte 15/3, 86
Volonté générale: Naturrecht 15/1, 777
Voluntarismus: Politische Theorie 15/2, 448
Vor- und Frühgeschichte: Albanien 13, 60; Römisch-Germanische Kommission (RGK) 15/2, 827
Vorderasiatische** Archäologie: Altorientalische Philologie und Geschichte 13, 102ff.; Deutsche Orient-Gesellschaft 13, 744
Vorderasiatische Sammlung: London, British Museum 15/1, 221
Vorderasien: Orient-Rezeption 15/1, 1211; 1223ff.
Vorderer Orient: Chicago, Oriental Institute Museum 13, 632
Vorromanik: Ottonische Renaissance 15/1, 1255
Vorsatz: Strafrecht 15/3, 313ff.
Vorsehung: Geschichtsmodelle 14, 165; 172; Stoizismus 15/3, 297ff.
Vorsokratiker*/**: Naturphilosophie 15/1, 770; Philologie 15/2, 272; Philosophie 15/2, 343; Platonismus 15/2, 362
Vortrag mündlicher: Adaptation 13, 10
Votiv: Souvenir 15/3, 79
VSO-Sprache: Sprachwissenschaft 15/3, 241
Vulgärhumanismus: Humanismus 14, 551ff.
Vulgärlatein*: Mittellatein 15/1, 447; Romanische Sprachen 15/2, 955ff.
Vulgärplatonismus: Politische Theorie 15/2, 462ff.
Vulgarismusforschung**/Vulgarrecht: Vulgarismusforschung/Vulgarrecht 15/3, 1071–1073
Vulgata*: Philologie 15/2, 247; 288

W
Währung: Geld/Geldwirtschaft/Geldtheorie 14, 104
»Wagenlenker«: Delphi 13, 718
Wagnerismus**: Oper 15/1, 1183ff.; Philhellenismus 15/2, 232
Wahl: Republik 15/2, 720
Wahrheit*: Redegattungen 15/2, 638; Romantik 15/2, 987; Stoizismus 15/3, 298ff.
Wahrscheinlichkeit: Argumentationslehre 13, 240; Stil, Stilanalyse, Stilentwicklung 15/3, 290
Wahrscheinlichkeitsrechung: Archäologische Methoden 13, 207
Walhalla: Bayern 13, 441; Denkmal 13, 741
Wallfahrt**: Wallfahrt 15/3, 1080–1098
Wallfahrtsort: Souvenir 15/3, 79
»Waltharilied«: Deutschland 13, 764

Wandmalerei*: Bulgarien 13, 573; Byzanz 13, 610; 615ff.; 621; Gotha, Schloßmuseum 14, 236; Historismus 14, 489; Kopenhagen 14, 1094; Mimesislegenden 15/1, 440; Pompeji 15/2, 473ff.; 482; Pompeji/Rezeption des freigelegten Pompeji in Literatur und Film 15/2, 493; Rekonstruktion/Konstruktion 15/2, 661; Thera 15/3, 472ff.
Warburg** Institute: Deutschland 13, 819; Naturwissenschaften 15/1, 843
Warengeld: Geld/Geldwirtschaft/Geldtheorie 14, 104
Wasserautomaten: Park 15/2, 125
Wasserbau: Pergamon 15/2, 208
Wasserleitung: Konstantinopel 14, 1084; Pergamon 15/2, 204; 207; Samos 15/2, 1060
Wasserorgel: Parnaß 15/2, 183
Wasserspiele*: Park 15/2, 127
Wassertheater: Park 15/2, 128; Parnaß 15/2, 183
Wasserversorgung*: Stadt 15/3, 263
Wasserzeichen: Kodikologie 14, 1011; Papier 15/2, 64
Wedgwood-Keramik: Orient-Rezeption 15/1, 1204; Vasen/Vasenmalerei 15/3, 950; Wirtschaft und Gewerbe 15/3, 1144ff.
Weiblichkeiten: Gender Studies 14, 112ff.; Psychoanalyse 15/2, 595
Weimarer Klassik (vgl. auch → Klassik, deutsche): Mimesis 15/1, 432; Neuhumanismus 15/1, 922; Poetik 15/2, 390; Preußen 15/2, 553; Rezeptionsformen 15/2, 768
Weimarer Republik: Altsprachlicher Unterricht 13, 115; Diktatur 13, 861; Schulwesen 15/2, 1113
Weisheit*: Stoizismus 15/3, 303ff.
Wellentheorie: Sprachwissenschaft 15/3, 239
Weltalter-Modell: Epochenbegriffe 13, 996; 1009; 1013; Geschichtsmodelle 14, 163; Triumphbogen 15/3, 589
Weltausstellung: Orient-Rezeption 15/1, 1214; Ostia und Porto 15/1, 1249; 1251
Weltchronik: Geschichtsmodelle 14, 167–168
Weltchronologie: Altertumskunde (Humanismus bis 1800) 13, 92
Weltenzeit: Philosophia perennis 15/2, 336
Weltfremdheit: Künstlerlegenden 14, 1129
Weltfrieden: Frieden 14, 68
Weltgeschichte: Adaptation 13, 9; Geschichtsmodelle 14, 168; Geschichtswissenschaft/Geschichtsschreibung 14, 201
Weltharmonik: Naturwissenschaften 15/1, 798
Weltherrschaft: Monarchie 15/1, 536
Weltkulturerbe: Limes, Hadrianswall 15/1, 150; Limes, Limesforschung 15/1, 156; Park 15/2, 157
Weltmonarchie: Herrscher 14, 397

Weltreichstheorie: Babylon 13, 380; Sacrum Imperium 15/2, 1035
Weltschmerz: Melancholie 15/1, 381ff.
Weltseele: Naturwissenschaften 15/1, 780; 785; Philosophia perennis 15/2, 335
Weltvernunft: Naturrecht 15/1, 773
Weltwissen: Rhetorik 15/2, 793
Weltwunder**: Weltwunder 15/3, 1110–1117
Weltzeitalter: Theologie und Kirche des Christentums 15/3, 441; 441ff.
Werbung*/**: Film 13, 1140; Geflügelte Worte 14, 104; Mode 15/1, 491; Mythologie 15/1, 635
Werwolf: Lykanthropie 15/1, 243ff.
Westgoten*: Arabisch-islamisches Kulturgebiet 13, 176; 179; Portugal 15/2, 516
Wettkampf: Sport 15/3, 211ff.
Wettstreit: Ekphrasis 13, 941; Künstlerlegenden 14, 1127; Neugriechische Literatur 15/1, 906; Papyri, literarische 15/2, 78
Wicca-Kult: Magie 15/1, 261
Widerstand, bürgerlicher: Kynismus 14, 1156
Widerstandsrecht: Politische Theorie 15/2, 416; Republik 15/2, 721
Wiederaufführung: Griechische Komödie 14, 311–312; Griechische Tragödie 14, 317; Theater 15/3, 398
Wiederbesiedlung: Stadt 15/3, 269
Wiener Kirchenvätercorpus: Philologie 15/2, 302
Wiener Kreis: Philosophie 15/2, 341
Wiener Moderne: Fin de siècle 13, 1144
Wiener Psychoanalytische Vereinigung: Psychoanalyse 15/2, 589
Wildpark: Park 15/2, 124
Wille, freier: Naturrecht 15/1, 777; Stoizismus 15/3, 299
Winckelmann-Gesellschaft**: DDR 13, 687
»Winckelmannsprogramme«, »Berliner«: Klassische Archäologie 14, 910
Windautomaten: Park 15/2, 125
Wirkstoffe: Pharmakologie 15/2, 223ff.
Wirkungsästhetik: Physiognomik 15/2, 357
Wirtschaft** und Gewerbe: Verlag 15/3, 1005; Werbung 15/3, 1120; 1123
Wirtschaftsgeschichte: Bücher-Meyer-Kontroverse 13, 552; Philologie 15/2, 264; Sklaverei 15/3, 47ff.; Sozial- und Wirtschaftsgeschichte 15/3, 83ff.
Wirtschaftsbürgertum: Politische Theorie 15/2, 430
Wirtschaftslehre**: Deutschland 13, 812
Wissen: Adaptation 13, 11; Mnemonik/Mnemotechnik 15/1, 470; Orientalismus 15/1, 1237; Rezeptionsformen 15/2, 767; Rhetorik 15/2, 783
Wissenschaft*: Akademie 13, 45; Atlantis 13, 338; Griechenland 14, 273ff.; Philologisches Seminar

15/2, 329; Philosophie 15/2, 345; Politische Theorie 15/2, 465; Querelle des Anciens et des Modernes 15/2, 609ff.; 15/3, 888ff.; Universität 15/3, 888
Wissenschaftliche Buchgesellschaft: Philologie 15/2, 320
Wissenschaftlicher Großbetrieb: Akademie 13, 50; Nietzsche-Wilamowitz-Kontroverse 15/1, 1063
Wissenschaftsgeschichte: Arabisch-islamisches Kulturgebiet 13, 171; Philologie 15/2, 276
Wissenschaftsideal: Politische Theorie 15/2, 439
Wissenschaftskritik: Alexandrinismus 13, 74; Nietzsche-Wilamowitz-Kontroverse 15/1, 1069
Wissenschaftslehre: Aristotelismus 13, 258–259
Wissenschaftsoptimismus: Alexandrinismus 13, 73
Wissenschaftsreligiösität: Paganismus 15/2, 19
Wissenschaftssprache: Germanische Sprachen 14, 153; Lateinschule 15/1, 91; Lebendiges Latein 15/1, 94; Neulatein 15/1, 927; 929; 936; 938
Wissenschaftstheorie: Aristotelismus 13, 259; Böckh-Hermann-Auseinandersetzung 13, 525; Logik 15/1, 200; Metaphysik 15/1, 409; Philosophie 15/2, 341; Querelle des Anciens et des Modernes 15/2, 616; 620
Wölfin (Lupa Romana): Park 15/2, 128
Wohlfahrtsdiktatur: Revolution 15/2, 750
Wohlfahrtsstaat: Politische Theorie 15/2, 457; Schweden 15/2, 1117
Wohnhöhle: Albanien 13, 60
Wolfsmensch: Lykanthropie 15/1, 243
Women's Studies: Gender Studies 14, 112ff.
Wortfeld: Sprachwissenschaft 15/3, 245
Wortphilologie: Böckh-Hermann-Auseinandersetzung 13, 524
Wortstellungstypologie: Sprachwissenschaft 15/3, 241
Würdeformel: Triumphbogen 15/3, 581; 591
Würfelkapitel: Ottonische Renaissance 15/1, 1255
Würfellaufspiel: Spiele 15/3, 192ff.
Wunderbare, das: Barock 13, 403ff.; Epos 13, 1021

X
»**Xenien**«: Epigrammatik 13, 984

Y
Yoruba-Stamm: Afrika 13, 24
»**Ysengrimus**«: Deutschland 13, 764
Yunani-Medizin: Arabische Medizin 13, 188; Medizin 15/1, 371

Z
Zahlentheorie: Mathematik 15/1, 320
Zarzuela: Spanien 15/3, 137
»**Zauberflöte**«: Orient-Rezeption 15/1, 1204
Zeichen: Semiotik 15/3, 5ff.; Sprachphilosophie/Semiotik 15/3, 220–221; Strukturalismus 15/3, 321
Zeichensystem: Semiotik 15/3, 4ff.; Sprachphilosophie/Semiotik 15/3, 220
Zeichentheorie: Allegorese 13, 77; Semiotik 15/3, 5ff.; 7ff.; Sprachphilosophie/Semiotik 15/3, 220ff.; Strukturalismus 15/3, 321
Zeichentrickfilm: Comics 13, 672
Zeichnung: Stil, Stilanalyse, Stilentwicklung 15/3, 291ff.
Zeitbegriff: Augustinismus 13, 352
Zeitgeschichte: Geschichtsmodelle 14, 178
Zeitrechnung*/**: Vorderasiatische Archäologie 15/3, 1060ff.
Zeitschrift: Klassizismus 14, 971
Zensur*/**: Physiognomik 15/2, 355; Spanien 15/3, 106; 144ff.
Zentralbau*: Architekturkopie/-zitat 13, 224; Byzanz 13, 595; Deutschland 13, 762; Pantheon 15/2, 58ff.; Renaissance 15/2, 704; 709
Zentralgewalt: Revolution 15/2, 743
Zentralperspektive: Renaissance 15/2, 704
Zepter → Stab
Zeremoniell*: Redegattungen 15/2, 647
Zerstörung, christlich motivierte: Antikensammlung 13, 139; 143; Athen 13, 301–302
Zeus- und Athenagruppe: Pergamonaltar 15/2, 212
Zeus-Tempel: Aizanoi 13, 35ff.; Olympia 15/1, 1169; Paris, Louvre 15/2, 109; Pergamonaltar 15/2, 212
Zeusstatue von Olympia: Weltwunder 15/3, 1114
Zikkurat: Orient-Rezeption 15/1, 1214ff.
Zins*: Handel/Handelswege 14, 352
Zionismus: Jerusalem 14, 745
Zisterzienserorden: Mönchtum 15/1, 528
Zitat: Architekturkopie/-zitat 13, 223ff.; Moderne 15/1, 498; 503
Zivilisation: Politische Theorie 15/2, 424f.; 427; 431
Zivilistik: Pandektistik 15/2, 45; 47
Zivilität: Politische Theorie 15/2, 427
Zivilrecht: Romanistik/Rechtsgeschichte 15/2, 963; Scotland, Law of 15/3, 2
Zivilrechtswissenschaft, europäische: Romanistik/Rechtsgeschichte 15/2, 965
Zivilreligion: Paganismus 15/2, 23; Republik 15/2, 730; Revolution 15/2, 744; 750
Zölibat: Bevölkerungswissenschaft/Historische Demographie 13, 484; 486ff.; Philologie 15/2, 238
Zóion politikón: Sozialismus 15/3, 94
Zoll*: Inschriftenkunde, griechische 14, 604

Zoologie**: Aristotelismus 13, 257; Physiognomik 15/2, 349; 359
Zoroastrismus**: Byzanz 13, 608
Zufall*: Stoizismus 15/3, 298ff.; Strafrecht 15/3, 313
Zufallsfund: Klassische Archäologie 14, 930; Lateinische Inschriften 15/1, 49; Numismatik 15/1, 1124
Zunftwesen: Möbel 15/1, 518
Zweikammersystem: Mischverfassung 15/1, 444; Nobilitas 15/1, 1078
Zweinaturenlehre: Theologie und Kirche des Christentums 15/3, 449
Zweisprachigkeit: Arabisch-islamisches Kulturgebiet 13, 163; Barock 13, 395; Bulgarien 13, 569
Zweitausendjahrfeier: Faschismus 13, 1099–1100; 1104
Zweites Athen: Epos 13, 1029
Zweites Rom: Byzanz 13, 592; Rom 15/2, 874ff.; Spolien 15/3, 197
Zweite Schlesische Schule: Elegie 13, 943
Zweite Sophistik*: Panegyrik 15/2, 50; 53; Redegattungen 15/2, 628ff.; 644ff.; Rhetorik 15/2, 784
Zwölftafel-Gesetze: Altertumskunde (Humanismus bis 1800) 13, 93
Zyklentheorie, stoische: Politische Theorie 15/2, 419
Zynismus → Kynismus